제4판

K-IFRS 보통주 복합상품 주식선택권 주주간 계약 공정가치측정과 회계

공정가치평가

강진홍 공인회계사 저

Financial Valuation

감수의 글

김 성 훈, 한국공인회계사
딜로이트 안진회계법인 파생상품전문그룹 리더
연세대학교 경영학과 졸업
한국외국어대학교 경영학부 겸임교수(현)
한국회계기준원 금융상품전문위원회 위원(전)

2007년 3월 발표한 한국 회계감독당국의 국제회계기준(International Financial Reporting Standards, "IFRS") 도입 로드맵에 따라 2011년부터 한국도 IFRS를 전면 도입하게 되었다. IFRS의 가장 두드러진 특징은 전 세계 회계기준의 통일화라는 대명제에 의해 기존의 Rule-based principal이 아닌 '원칙중심(Principal-based)'의 회계기준체계를 가지고 있다는 점이며, 이는 기존의 개별 사안에 대한 구체적인 회계처리 방법의 제시가 아닌 각 회계담당자가 경제적 실질에 부합하는 합리적인 회계처리 방법론을 스스로 탐색하여 해석해야 한다는 것을 의미한다. 특히, 파생상품의 경우 자본시장법의 시행 등의 이유로 다양성 및 복잡성이 갈수록 더해지고 있는 바, 그 회계처리에 있어서도 IFRS하에서는 해석의 난해함으로 인해 실무 회계담당자의 관련 원칙 적용에 있어서 많은 어려움을 겪고 있다.

1990년대 중반 미국회계기준을 중심으로 정립된 현대 파생상품 회계원칙은 IFRS 뿐만 아니라 한국의 경우에도 많은 영향을 주었으며, 감수자 본인의 실무 경험상 파생상품 회계원칙의 실제 적용에 있어서 많은 실무 담당자들이 어려움을 호소하고 있다. 이는 파생상품회계가 단순히 회계영역에만 머무르는 것이 아니라 해당 상품의 손익구조, 개발동기 및 공정가치 평가이론을 숙지해야만 회계원칙의 해석과 적용이 가능하기 때문이다.

파생상품거래에 대해 회계기준을 적용하면서 겪는 어려움을 경험칙으로 분석한 바 크게 세 가지 유형의 이슈를 발견할 수 있었다. 첫 번째는 '순수한 평가' 이슈로서 일반적으로 수용되는 평가이론 또는 K-IFRS 제1113호(공정가치측정)에 부적합한 경우가 있으며, 두 번째는 '회계기준 또는 감사기준 적용'의 이슈로서 '회계기준' 적용의 적합성 검토가 선행되어야 하지만 그렇지 못하거나 'Estimation 감사절차'상 공정가치 추정에 사용된 경영진의 가정에 대한 그 적정성과 관련된 이슈이다. 그리고, 가장 난해하고 흔히 발생하는 문제인 세 번째는 '회계기준과 평가이론 간의 부정합된 적용'의 이슈이다. 이는 궁극적으로는 '평가'상 이슈이지만 회계정책 및 회계처리방법에 있어서 다양성이 존재하거나 Diversity in accounting view가 존재하는 경우 '회계기준' 적용방법과 그 적정성이 피감사회사 또는 감사인에 의해서 우선 결정 또는 검토되어야 회계기준에 정합된 평가가 가능하다. 하지만 '회계원칙'에 부합되지 않게 '평가'가 이루어지는 경우가 빈번하게 발생한다.

강진홍 회계사의 〈공정가치평가〉는 특히 위 세 번째 이슈에 대한 Solution으로서 큰 의미를 가지는 바, '평가'이론 이슈만으로 획일적으로 판단하면 안 되는 전환금융상품의 공정가치평가에 대해서 '평가'영역과 '회계'영역을 동시에 고려하여 설명하고 있으며, 관련 분야의 국내 저서로는 유일하다는 생각이다.

근래 회계업계 종사자들은 도전적 환경에 봉착하고 있으며 회계감사를 수행하는 회계법인과 공인회계사들도 '도덕적 해이와 일탈된 윤리의식의 직업전문가'라는 오명을 쓰기도 한다. 금융업 회계감사를 오랜 기간 수행한 직업 전문가인 감수자 본인도 회계는 평가와 책임을 위한 도구이며 시장의 합리적인 자원배분을 이루는 질서임을 각인하고 업무에 임하고 있다. 자본주의 시장은 신뢰(Trust)에 기반해야 하며 그 자본시장에 신뢰를 부여하는 공인회계사를 비롯한 외부감사인들은 '자본시장의 파수꾼'이라는 명예로운 역할을 수행하여 왔고 자긍심을 가지고 있다. 자본시장이 시장참여자에게 편의 없는 기대를 형성하게 하고 완성된 시장으로서 작동하기 위해서는 회계정보와 그 투명성에 대한 믿음이 강력해야 한다. 자본주의 시장질서 속에서 외부감사인은 신뢰의 대상에서 더 나아가 신뢰 그 자체가 되어야 한다는 직업적 신념을 가지고 있다. 자본주의 시장과 공동체가 진화되면서 축적되어온 신뢰는 시장의 자생적 질서를 형성하여 왔으며 그 질서는 그 어떤 설정적 법규보다도 강력하다. 공인회계사를 비롯한 회계전문가들은 그러한 시장의 자생적 질서 속에서 단순하게 시장참여자로서의 역할에서 더 나아가 질서 그 자체로 작동해야 하며 하나의 사회적 자본으로서 역할을 수행해야 한다.

지금 이 순간에도 새로운 상품이 개발되고 있는 금융시장 또한 신뢰(Trust)의 기반이 없이는 발전적 작동이 이루어질 수 없다. 내 재산, '나'라는 자신과 동등하게 타인과 타인의 그것을 신의성실하게 대하는 태도가 '신용(Credit)'을 필요충분조건으로 하는 금융시장을 발전시킬 수 있는 것이다. 회계는 바로 그 금융시장의 중요한 measure이자 language이며, 강진홍 회계사의 본 저서가 그 중요한 역할과 출발점이 될 것이라 믿어 의심치 않는다.

감수의 글

신 명 기, 이학박사
딜로이트 안진회계법인 파생상품전문그룹
서울대학교 계산과학(계산금융전공) 박사
하나금융투자 Sales & Trading Desk Quant(전)
나이스피앤아이 금융공학연구소 모형개발팀(전)

본인은 금융공학 관련 전공자로서 과거 채권평가회사와 증권회사에 근무할 때부터 현재까지 파생상품 관련 업무를 하고 있다. 이 과정에서 투자자들의 흥미로운 행동 패턴을 발견하였는데, 대부분의 투자자는 파생상품의 개념을 이해하는 것이 어렵고 본인과는 상관없다고 주장하면서도 주가연계증권(ELS)이나 파생연계증권(DLS)과 같은 파생형 금융상품에 망설임 없이 투자하곤 하는 것이다. 시장경제원칙에 따라 투자자는 자신의 선택에 책임을 지는 것이 합당하지만 이는 금융상품에 대해 올바른 정보를 충분히 제공받은 상황을 전제로 해야 할 것이다. 마찬가지로 전환금융상품을 발행한 기업의 주주와 채권자 그리고 기타 이해관계자는 전환금융상품에 관한 정확한 공정가치회계 정보가 제공되어야 하는 것은 필연적이라 할 것이다. 그러한 면에서 이 책이 설명하는 옵션평가모형은 국제회계기준에 의한 재무보고 목적의 파생상품 평가방법을 기업의 회계담당자나 외부감사인과 같은 금융공학 비전공자도 쉽게 이해할 수 있도록 설명하고 있다는 점에서 시사하는 바가 크다고 생각된다.

최근 들어 투자자는 전통적인 자금조달 방법 대신 전환사채(CB)나 신주인수권부사채(BW) 그리고 전환상환우선주(RCPS)와 같이 원본증권이 보통주와 같은 다른 유형의 금융상품으로 전환(conversion)될 수 있는 전환금융상품을 선호하고 있어 이들 전환금융상품의 가치평가방법론은 초미의 관심사가 되고 있다. 이와 관련하여 본인은 그간 저자와 금융상품에 내재된 파생요소의 공정가치평가 방법론에 관한 여러 실무적인 문제들을 논의하고 해결해 왔다(물론 앞으로 해결해야 할 문제들이 더 있을 것으로 생각한다). 본인은 전환금융상품과 같은 파생형 금융상품의 가치평가를 위해 작성된 「제2부 가치평가모형」의 「제3장 옵션평가모형」 부분을 깊이 있게 살펴보았다. 이 책은 옵션평가를 위한 기본적인 모형으로 블랙숄즈모형을 설명하면서 옵션평가에 필수적인 개념들을 아울러 설명하고, 스톡옵션 평가에 주로 활용되는 이항옵션모형과 그러한 이항옵션모형을 발전시켜 전환금융상품 가치평가에 사용되는 트리(tree) 모형들(Goldman-Sachs 모형 및 Tsiveriotis-Fernandes 모형) 그리고 상환옵션이 첨부된 채권가치평가를 위한 이자율 트리모형들(Black-Derman-Toy 모형 및 Hull-White 모형)까지 기술하고 있다. 인상적인 부분은 이 책이 소개하는 전환금융상품 평가모형과 이자율평가모형은 파생형 금융상품의 가치평가실무에 적용할 수 있는 내용을 위주로 잘 정리하였다는 점이다. 더불어, 옵션가격 결정요소 중 주요 투입변수인 기초자산 가격변동성을 반영함에 있어 역사적 변동성(historical volatility)을 이용하는 과정에서 활용되는 다양한 보정(robust estimation) 방법들은 실무적으로 적용함에 있어 무리 없는 방법론을 소개하는 점도 눈에 띈다. 본인이 이 책을 살펴본 소회는 파생상품이나 파생요소의 공정가치평가 과정에서 여러 문제를 접하는 독자들도 이 책을 통해 저자와 같이 해결하는 즐거움을 느끼길 바라는 마음이다.

"가치평가에 대한 저자의 높은 식견과 직관이 녹여진 본서가 재무제표 이용자, 기업, 평가전문가, 외부감사인, 학계와 정책당국 등에 등대역할을 할 것으로 기대한다"

김 종 일, 가톨릭대학교 경영학부 교수, 부총장
한국공인회계사회 가치평가위원회 위원장
한국회계학회 공정가치회계위원회 위원장
기업가치평가실무 대표저자
기업가치평가(McKinsey & Company) 역자

IASB는 IFRS 13 'Fair Value Measurement'를 2011년 5월에 제정 및 공표하였으며, 동 기준서는 2013년 1월 1일 이후 개시되는 사업연도부터 모든 상장회사에 적용되어 시행되었다. IASB는 새로운 기준서의 적용 후 2년 경과 후에 사후이행검토(Post-Implementation Review) 작업을 진행하였는데 몇 가지 의미 있는 결과가 나왔다. 공정가치 주석 공시사항을 검토한 결과, 항목별 공시 미흡사항이 빈번하고 회사 특성별 편차가 컸다. 이해관계자 인터뷰 결과, 다수의 이해관계자가 공정가치 공시항목이 이해도와 유용성이 낮다고 답변하였다. 향후 공정가치측정 및 공시에 있어서 데이터, 평가기관 등 제도적·실무적 인프라 개선 외에 기업, 재무제표 이용자 등의 전반적인 교육과 의식개선이 필요하다고 제안하였다.

아마 가치평가가 궁금하여 서점에 들려 보면 생각보다 많은 관련 서적에 적잖이 놀랄 것이다. 그런데 대부분의 가치평가 관련 서적이 일반적인 모형 소개에 그치거나 M&A 등 deal 중심으로 되어 있어 재무제표 작성 및 이해에 초점을 맞춘 도서는 없다는 것에 다시 놀란다. 공정가치가 핵심적인 특징인 K-IFRS를 전면 시행한 지 벌써 8년이 넘어가고 있으나 여전히 재무제표 작성자나 이용자 모두 이러한 공정가치에 부담감을 느끼고 있는 것이 현실이다.

이러한 상황에서 저자가 가치평가 업계에 커다란 사건을 만들었다. 널리 알려진 일반적인 가치평가모형과 K-IFRS의 접목이라는 대단한 일을 저지른 것이다. 사실 회계를 위한 별도의 가치평가모형이 존재하는 것은 아니다. 그런데 회계기준과 가치평가 양쪽 모두를 충분히 이해하고, 이론과 실무 양쪽 모두를 경험해야 쓸 수 있는데, 이번에 네 박자를 모두 갖춘 책이 나온 것이다. 책의 목차가 이러한 구성으로 이뤄졌다.

많은 독자들은 감사보고서를 접하면서 엄청나게 증가한 주석의 양에 질리고 주석의 상당 부분을 공정가치가 차지하고 있으며 공정가치의 주석 내용이 외래어 수준으로 어렵다는 것에 좌절감을 느낀 경험이 많을 것이다. 일명 귀족형 회계기준이라고 불리는 K-IFRS는 재무제표 작성자뿐만 아니라 재무제표 이용자도 과거에 비해 많은 시간을 할애해야 하고 학습을 해야 제대로 재무제표를 이해할 수 있다. 공정가치라는 어렵고 추상적인 개념을 쉽고 구체적으로 구현한 제대로 된 가이드북이 이번에 출간된 것에 진심 어린 감사와 축복을 드리는 바이다.

IAS 39의 복잡성과 불명확성으로 인해 단순하면서 글로벌한 단일회계기준이 필요하여 IFRS 9 금융상품이 제정되어 2018년 시행되었다. 공정가치의 핵심적인 분야는 금융상품으로 볼 수 있으며 저자의 높은 식견과 직관이 녹여진 본서가 재무제표 이용자, 기업, 평가전문가, 외부감사인, 학계 및 정책당국 등에 하나의 등대의 역할을 할 것으로 기대해 본다.

추천의 글

"가치평가이론을 금융상품의 인식과 측정방법에 실무적으로 접목하는 이 책의 노력이 금융상품의 가치평가실무에 있어 단비가 되리라 믿는다"

박 대 준, 삼일회계법인 Deal 부문 대표
한국공인회계사회 가치평가위원회 위원
Valuation(실무자를 위한 기업가치평가 이론과 해설) 대표저자

이 책은 한국채택 국제회계기준에서 요구하는 공정가치회계의 인식과 측정에 필요한 이론서적이면서 금융상품의 공정가치평가 실무를 위한 가이드북이라 할 만하다. 이 책은 가치평가에 관한 입문서 수준을 넘는 전문서적으로서 독자들이 소설처럼 편하게 읽어 나가기는 어려울 것이다. 독자들은 전문서적을 백과사전처럼 이용할 수 있기를 원하기도 하지만, 전문서적을 처음부터 끝까지 정독해야 한다는 부담을 가질 필요는 없다.

대신, 이 책을 먼저 접한 입장에서 제언하자면, 제2부의 여러 가치평가모형이 제3부 공정가치측정 부분과 유기적으로 연결되어 있는 점을 꼭 기억하길 바란다. 제2부에서 설명하는 현금흐름할인모형이나 옵션평가모형은 제3부의 첫 번째 파트인 금융상품의 인식과 측정에 관한 국제회계기준의 세세한 설명을 거쳐 두 번째 파트인 각 금융상품 유형별 공정가치평가로 연결된다. 가치평가모형이라는 씨실과 공정가치회계라는 날실이 만나 금융상품의 공정가치평가라는 잘 짜여진 천이 완성되는 과정을 보여주고 있다. 원칙중심으로 구성된 국제회계기준의 어렵고 모호한 표현으로 인해 가치평가모형과 공정가치회계의 연결과정에서 자칫 얼기설기 짜여진 조잡한 결과물을 얻을 수 있는 위험을 무릅쓰고 매끄럽게 마무리한 점이 돋보인다.

이 책은 국제회계기준에서 공정가치측정을 요구하는 다양한 금융상품 유형을 다룬다. 지금까지 대부분의 가치평가 전문서적이 보통주와 같은 지분상품의 가치평가에 집중되어 있다. 가치평가서적에서 가장 많이 다루고 있는 현금흐름할인모형은 지분상품의 대표적인 공정가치 평가방법이라 하겠다. 이 책 역시 현금흐름할인모형에 상당한 지면을 할애하고 있다. 보통주 발행자는 후속적으로 공정가치를 측정할 필요가 없지만 다른 기업이 발행한 보통주를 매입한 금융자산 보유자는 기준서에서 정한 바에 따라 후속적으로 공정가치로 측정해야 하며 그 결과는 보유자의 재무제표에 중요한 영향을 미치므로 현금흐름할인모형에 대한 이해는 금융상품의 공정가치 측정에서도 가장 중요한 부분이라 하겠다.

반면, 이 책이 단연 돋보이는 점은 보통주의 공정가치측정을 넘어 실무적으로 자주 접하는 다양한 유형의 금융상품의 인식과 공정가치 측정에 대해 다루고 있다는 점이다. 이에는 우선주와 같은 다른 유형의 지분상품이나 원리금 구성이 다양한 형태의 채무상품이 포함된다. 특히, 전환사채나 전환상환우선주와 같이 파생요소가 내재된 복합상품의 인식과 측정방법에 대해서 실무적인 모형을 제시하고 있는 점이 눈에 띈다. 전환사채와 같은 복합상품은 하나 이상의 가치평가모형을 이해하고 적용할 수 있어야 하며 내재된 파생요소의 특성에 따라 그 인식과 측정방법이 달라질 수 있음을 구체적인 사례로 설명하고 있는 점에서 실무적으로 큰 도움이 되리라 믿는다.

국제회계기준을 적용하는 기업들에게 금융상품의 공정가치측정이 점점 중요해지고 있는 회계환경에서 이론적 가치평가모형을 금융상품의 인식과 측정방법에 실무적으로 접목해 나가는 이 책의 노력이 금융상품의 가치평가실무에 있어 그간의 아쉬움에 단비가 되리라 믿는다.

추천의 글

"가치평가 업무에 종사하는 전문가들에게 매우 큰 도움이 될 것이라 확신하며, 전문가들에게 새로운 교과서로 자리매김하게 될 것을 기대한다"

손 호 승, 삼정회계법인 재무자문본부 부대표
한국공인회계사회 가치평가위원회 위원

회계법인에서 재무자문 업무를 전문으로 하고, 그 중에서도 가치평가 업무에 특화하여 업무를 해 온 지 십수 년이 넘었지만, 가치평가 업무는 항상 새로운 문제의식을 느끼게 하고, 가지고 있는 지식이 적절하고 유효한 것인지 항상 스스로 고민하고 확인하게 하는 매력이 있다. 아마 이런 것이 업무적인 스트레스에도 불구하고 계속해서 이 업무를 해 온 이유일 것이다. 고민이 될 때마다 참고문헌 등을 검색하게 되는데, 그때마다 저자의 저서는 해석하기 어려운 해외의 전문서적이나 문헌과 비교하여 이해하기 쉬운 설명과 함께 실무적인 측면에서의 견해를 친절하게 제공하여 가치평가 업무에 종사하고 있는 사람으로서 우선하여 찾게 되는 매력을 가진 책이다.

저자와는 3년여 전 한국공인회계사회의 가치평가위원회 위원으로 선임되어 처음으로 인사하게 되었다. 저자에 대한 심리적 존경심이 이미 마음속에 있었지만 위원회의 위원으로 활동하면서 저자가 가치평가 업무에 대해 가지고 있는 열정, 이론적 깊이 그리고 풍부한 경험에 번번이 놀라곤 했는데, 예상치 못하게 이번 개정판의 추천 글을 써 달라는 부탁을 받게 되었다.

저자의 저서 〈공정가치평가〉는 가치평가 업무에 종사하는 전문가들을 대상으로 한 전문서적이다. 사람들에게 쉽게 다가갈 수 있는 통상적인 입문서라고 보기는 어렵지만 전문가들이 필요에 따라 내용을 확인하며 본인의 고민을 덜어낼 수 있는 훌륭한 전문서적이라고 요약해서 평가할 만하다. 가치평가와 관련된 저서들이 주로 지분상품, 현금흐름할인모형에 초점을 두고 많은 설명을 하는 경우가 많지만, 〈공정가치평가〉는

제2부에서 현금흐름할인모형 외에 상대가치평가모형과 최근 많이 주목되고 있는 옵션평가모형에 큰 비중을 할애하고 있으며, 더 나아가 제2부의 가치평가모형이 제3부 공정가치회계 및 측정으로 연결되어 완성된 형태로 저서를 마무리한다.

국제회계기준을 적용하게 되면서 공정가치 측정이 중요해지고 회사들이 발행 또는 투자하는 거래에서 활용되는 지분상품이나 채무상품이 일반적으로 이해하는 고전적인 형태의 단순한 상품보다 파생요소가 내재된 복합상품이 일반적인 현상이 된 최근의 흐름에 발맞추어 저자의 〈공정가치평가〉는 이와 같은 복합상품에 관하여 사례를 포함하여 구체적이고 체계적인 설명을 제시함으로써 가치평가 업무에 종사하는 전문가들에게 매우 큰 도움이 될 것이라 확신하며, 전문가들에게 새로운 교과서로 자리매김하게 될 것을 기대한다.

마지막으로 개정판을 출고하기까지 고통의 시간을 견뎌냈을 저자에게 새로운 전문서의 등장에 대한 반가움과 고마움을 전하며, 특히 한 번도 경험해 보지 못한 추천의 글을 쓰게 해 주신 친절함에 다시 한번 감사 인사를 전한다.

"금융상품의 가치평가라는 미지의 섬을 원거리에서 스케치하고, 근거리에서 실무적으로 응용이 가능하도록 하며 보이지 않는 부분의 합리적인 추론을 통해 전반적인 섬의 지도를 체계적으로 완성해 가는 접근이 돋보인다"

이 종 우, 공인회계사
딜로이트 안진회계법인 파트너 이사회 의장
딜로이트 안진회계법인 재무자문본부 부대표

저자의 전작인 〈기업가치평가실무〉의 초판이 나온 지 어느새 12년이 흘렀다. 〈기업가치평가실무〉는 당시 이론적 성향의 해외 평가서들에 비해, 혁신적이라고 생각될 만큼 명쾌한 설명과 실무적 견해를 제공하여 많은 가치평가실무자들의 사랑을 받으며 오랜 기간 스테디셀러의 자리를 차지해 왔다.

이번 그의 신작 〈공정가치평가〉는 그러한 전통을 이어가면서도, 보다 미지의 영역으로 파고든다. 이번 신작은 IFRS에서 요구하는 회계처리를 위한 금융상품의 공정가치평가에 초점이 맞춰져 있고, 이를 쉽고 체계적으로 정리한 국내 첫 번째 시도로 생각된다. 따라서 회계처리 및 평가를 담당해야 하는 실무자 입장에서는 상당히 반가운 책이 될 것이다. 또한 동시에 금융상품의 고도화, 복잡화 추세에서 본질적으로 분석에 깊이가 따를 수밖에 없으므로, 소위 말하는 평가전문가들이 배워갈 점들이 많다. 이 책을 권하는 이유다.

회계기준서에 모든 세부적인 사항이 정리되어 있지 않은 상황에서, 금융상품 평가영역과 관련한 현실적 접근에 시장의 고민이 많다. 이 책에서는 그러한 미지의 섬을 원거리에서 측정하여 스케치하고, Zoom in하여 근거리에서 실무적으로 응용이 가능하도록 하며, 특히 보이지 않는 부분은 합리적인 추론으로 연결하여, 전반적인 섬의 지도를 체계적으로 완성해 나간다.

개인적으로 저자를 알아온 지 20년이 되었다. 꼼꼼하고 야무진 그 성격이 이 책에서도 유감없이 드러나 있다. 상당히 어렵고 전문가들에게도 명쾌하지 않은 영역임에도 불구하고 이를 끈질기게 연구하여 그 체계를 잘 보여주고, 다양한 논리적 추론과 아이디어들을 제안하는 그의 열정과 집중력이 부러우면서도 자랑스럽다.

"가치평가방법론에 대해 고민하는 독자들에게 항상 옆에 두고 볼 수 있는, 단연 최고의 백과사전이자 참고서가 될 것이라고 감히 말하고 싶다"

김 준 한, 공인회계사
한국기업평가 사업가치평가본부 본부장

본인은 저자와 같은 직장에서 근무한 적이 있고 현재에도 광의로 보면 동종업계에서 근무하는 동료이자 친구로서, 가끔씩 술 한잔을 기울이기도 하지만 평소 Valuation과 관련한 지식을 공유하는 데 주저하지 않는 지적인 사이이기도 하다.

며칠 전 저자로부터 연락을 받았다. 으레 Valuation과 관련해 논의할 사항이 있으려니 생각하였는데, 저자로부터 추천의 글을 써달라는 다소 부담스러운 부탁을 받았다. 잠시 망설이기도 했으나, 순간 추천의 글로 떠오르는 한 꼭지의 문장이 있어 흔쾌히 수락하였다. 시중에 나가보면 국내외 저명한 "Guru" 들이 집필한 Valuation 서적을 접할 수 있다. 대부분 저명한 대학교수들이나 금융투자회사에 근무하는 실무자들이 쓴 것으로, 그런 서적들을 접할 때마다 한 가지 떨칠 수 없는 생각이 있었으니 그것은 바로 "책"과 "현실" 간의 괴리였다. Valuation 업무를 수행하는 현장에 있는 사람으로서 많은 이슈와 문제상황을 접하게 되고 이러한 문제를 해결하기 위해 Valuation 서적을 찾게 되지만, 정작 Valuation 서적에는 이러한 문제상황에 대한 예시가 아예 없거나, 있더라도 정작 실무에 활용하기에는 불친절하고 애매한 경우가 많은 것이 사실이다.

나는 평소 저자의 이전 저서 〈기업가치평가실무〉가 가치평가의 실무적인 측면에서 내가 알고 있는 기존 서적 중 단연 최고라고 생각한다. 저자는 이전 저서 〈기업가치평가실무〉에서도 "책"과 "현실" 간의 괴리를 좁히고자 Valuation 이론을 다양한 문제상황에 접목하려고 많은 노력을 기울였다. 이제 이러한 저자의 노력이 본서에서 보다 구체화되고 완성된 느낌이다. 최근 K-IFRS를 적용하는 기업들이 증가함에 따라 재무보고 목적의 가치평가 영역이 점차 확대되고 있는 추세이다. 그럼에도 불구하고 K-IFRS에서는 금융상품 가치평가에 대해 포괄적이고 개념적으로 규정하고 있고 금융상품 평가에 대한 업계와 전문가들의 공감대(Consensus)와 가이드라인이 아직 부족한 것이 사실이다.

그런 측면에서 본서 출간은 시의적절하고 큰 의미가 있다고 생각된다. 금융상품의 공정가치평가를 고민하는 독자들에게 나는 본서가 항상 옆에 두고 볼 수 있는, 단연 최고의 "백과사전"이자 "참고서"가 될 것이라고 감히 말하고 싶다. 마지막으로 Valuation을 향한 저자의 끊임없는 열정에 진심 어린 박수를 보낸다.

추천의 글

"채권평가과정에 대한 이론적이고 구체적이며 실증적인 분석은
재무담당자나 채권평가관련 실무자들에게
큰 도움을 줄 것이라 확신한다"

박 종 현, 크레딧애널리스트
한화자산운용 FI 운영본부

본인은 금융기관에 근무하는 크레딧애널리스트로서 이 책의 채권평가모형에 대한 설명을 흥미롭게 읽었다. 채권평가와 관련해 대부분의 금융기관은 채권가격이나 채권가격을 구성하는 선도이자율과 같은 항목을 수기로 계산하지 않고 대개 Infomax나 check 같은 채권 단말기나 전용프로그램에서 제공하는 결과물을 수동적으로 이용하고 있다. 하지만 많은 분야에서 그렇듯이 그 값들의 생성원리와 이론적 배경을 알지 않고서는 이를 활용하고 예측하는 데 있어 한계에 봉착하곤 한다. 그런 면에서 이 책에서 다루는 이자율구조에 대한 설명이나 채권평가과정에 대한 이론적이고 구체적이며 실증적인 분석은 채권분석 전문가 입장에서도 간과하고 있던 부분을 짚어 준다. 특히, 채권평가모형을 국제회계기준에서 정한 내용에 기초해 다양한 이자구조를 가진 채권금융상품의 가치평가에 절묘하게 접목시켜 나가는 모습이 인상적이다.

이 책은 채권의 가치평가라는 다소 딱딱하고 어려운 주제를 저자 특유의 간명하고 직접적인 화법으로 깔끔하게 풀어내었다. 책을 읽는 기업의 재무담당자나 채권평가와 관련된 일선의 실무자들에게 큰 도움을 줄 것이라 확신한다.

프롤로그

본서는 K-IFRS의 공정가치회계를 이해하고 재무보고를 위한 공정가치측정의 다양한 평가기법을 소개하는 것을 목적으로 집필되었다. K-IFRS 1113호, 1032호와 1109호 그리고 1102호에서 기술하고 있는 공정가치회계에서 요구하는 제반 사항들을 본서에서 소개하는 다양한 가치평가기법들과 접목하는 과정은 일반적인 가치평가와는 다른 특징을 가진다. 이는 전통적인 가치평가기법에 익숙한 전문가들에게도 K-IFRS의 공정가치회계에 대한 이해가 부족할 경우 재무보고 목적의 가치평가결과가 왜곡될 위험이 있음을 뜻한다.

금번 개정 4판은 원칙중심의 회계기준인 K-IFRS의 특성으로 인해 공정가치회계와 그에 따른 측정에 있어 실무현장에서의 고민과 토론과정에서 다뤄져 온 이슈들에 초점을 맞추었다. 예를 들어, 원칙위주로 기술된 공정가치회계의 특정 분야에 대한 새로운 의견들이 공감대를 얻게 되면 이와 연계된 공정가치측정을 위한 추가적인 고민과 토론이 반복되는 상황이 이어져왔다. 저자도 공정가치회계와 측정에 대한 새로운 의견개진과 그와 관련된 다양한 토론의 과정에서 많은 것을 배울 수 있는 소중한 계기가 되기도 하였다.

아래에서는 전편과 비교하여 금번 개정 4판에서 추가된 내용을 간략히 소개한다.

「제2부 가치평가모형」 중 〈현금흐름할인모형〉의 주요 개정내용은 다음과 같다.

- 현금흐름할인모형의 할인율 구성요소인 시장위험프리미엄(MRP)을 추정하는 다양한 방법(설문조사 MRP, 내재적 MRP, 역사적 MRP 및 총체적 MRP 등)과 그 적용방식 및 한계점 등에 대해 기술하였다. 또한, 전통적인 CAPM에 의존하는 할인율을 보완하는 현실적인 방법으로 사용되는 규모위험프리미엄(SRP)에 대해서도 소개한다.
- 현금흐름할인모형은 기대현금흐름의 확률적 변동은 고려하지 아니하며 미래현금흐름의 불확실성을 할인율의 크기로 측정하는 방법을 사용한다. 반면, 신약이나 신기술과 같이 미래현금흐름의 불확실성을 투자자의 요구수익률만으로 설명할 수 없는 사업모형을 가진 기업들의 경우 전통적인 현금흐름할인모형에 더하여 미래현금흐름의 불확실성에 대한 단계별 성공확률(PTS : Probability of Technical Success)을 추가로 고려하는 위험조정할인모형(risk adjusted Net Present Value Method)이 사용되고 있다. 최근 들어 신약이나 신기술 개발은 우리나라의 미래 먹거리로 주목받고 있어 이러한 기업들에 대한 공정가치측정이 중요해지고 있는

상황을 고려하여 위험조정할인모형에 대해 소개하였다.

「제2부 가치평가모형」 중 〈옵션평가모형〉의 주요 개정내용은 다음과 같다.

- 옵션평가모형에 공통적으로 적용되는 사항으로서 옵션의 기초자산에 배당이 예상되고 옵션보유자가 배당을 수취할 권리가 없는 경우 옵션의 공정가치측정 과정에서 배당락 효과의 고려는 필수적이다. 개정판은 배당락 효과에 대해 간략하게 설명한 기존의 내용을 보완하여 유러피안 옵션과 아메리칸 옵션 유형에서 연속배당형 시가배당률을 가정한 방법 및 이산적 기대배당금을 가정하는 방법에 따른 가치측정방법을 기술하였다. 배당락 효과의 고려는 전환사채와 같은 채무형 전환금융상품에도 활용될 수 있다.
- 일부 독자들은 몬테카를로 시뮬레이션 모형을 다뤄주기를 요청하였다. 몬테카를로 시뮬레이션이 재무보고 목적의 옵션가치평가에서 다뤄지는 경우는 흔하지 않지만 몬테카를로 시뮬레이션을 사용해야 하는 불가피한 상황(예 : 시장조건인 성과조건이 포함된 주식선택권의 공정가치측정)이 발생하기도 한다. 이에 아메리칸 옵션 유형에 주로 사용되는 최소자승-몬테카를로 시뮬레이션(LSMC)에 대한 개념과 적용방법에 대해 소개하였다.
- 스타트업 기업과 같이 합리적인 사업계획을 수립할 능력이 부족한 경우에는 현금흐름할인모형을 적용하는 데 상당한 어려움을 겪곤 한다. 이에 미국공인회계사회는 기업의 생명주기상 스타트업 기업(Stage-1 또는 Stage-2 중 일부)에 대해 간편한 가치평가기법으로 Backsolve 방법(2014년)과 Calibration 방법(2019년)을 소개하였다. 이중 Calibration 방법은 제5차 금융위 회계감독지침에서 지분상품 평가방법의 하나로 소개되기도 하였다. 그러나, 국내모험투자시장을 고려할 때 AICPA의 Backsolve 방법이나 Calibration 방법은 현실적으로 적용이 쉽지 않다. 대신에 KICPA는 실무해설서를 통해 이들 방법들을 전환금융상품의 가치평가기법에 접목하여 지분상품의 공정가치를 역으로 도출하고 나아가 후속적으로 공정가치측정의 투입변수로 활용하는 방법을 소개하였다. 이러한 방법론은 합리적인 사업계획 수립이 어려운 초기기업에 대해 제한된 상황에서는 유용하게 활용될 수 있는 대안이 될 수 있다. 이에 본서는 해당 방법의 이론적 기반과 적용방법을 소개하였다.

「제3부 공정가치회계 및 측정」 중 〈공정가치회계〉의 주요 개정내용은 다음과 같다.

- 공정가치측정은 재무보고를 위한 개념체계에서 설명하고 있는 회계단위와 밀접한 관련이 있다. 복수의 계약으로부터 발생하는 자산과 부채를 하나의 회계단위로 취급해야 하거나 하나의 계약으로부터 서로 다른 자산과 부채를 분리하여 각각의 회계단위로 인식해야 할 수 있다. 또, 일부 계약은 권리와 의무를 모두 성립시키면서 상호의존적이고 분리될 수 없는 상황으로 인해 하나의 회계단위로 인식해야 할 수 있다. 회계단위의 인식은 그에 맞게 공정가치측정이 이뤄져야 하므로 금번 개정판에서는 회계단위에 대한 설명을 보완하였다.
- 기준서는 기업이 금융부채를 당기손익-공정가치측정 금융부채(FVPL-금융부채)로 지정하는 경우 시장변화에 따른 가치변동과 자기신용위험 변화에 따른 가치변동을 구분하도록 하고 있다. 개정판에서는 FVPL-금융부채로 지정할 수 있는 사유와 그에 따른 자기신용위험 변동효과에 대한 설명을 추가하였다.
- 전편에서 다루지 않은 주식기준보상에 대한 공정가치회계를 추가하였다. 주식선택권을 포함한 주식기준보상의 유형별 가득조건에 따른 공정가치회계는 공정가치측정에도 직접적인 영향을 미친다. 주식기준보상에 용역제공조건 외에 성과조건이 추가된 경우에는 성과조건의 특성에 따른 인식과 측정이 달라짐을 설명하였다. 아울러 주식기준보상의 조건변경에 따른 증분공정가치 인식에 대해서도 기술하였다.

「제3부 공정가치회계 및 측정」 중 〈공정가치측정〉의 주요 개정내용은 다음과 같다.

- 공정가치측정 부분은 〈공정가치회계〉에서 추가로 다루고 있는 부분과 연계된 공정가치측정 방법을 위주로 보완하였다. FVPL-금융부채로 지정된 경우의 공정가치측정 및 주식선택권에 부여된 다양한 가득조건에 따른 공정가치측정 방법에 대해 적절한 예제를 통해 설명하였다.
- 주주간 계약을 포함한 다양한 계약유형에 따른 파생상품을 인식하고 측정하는 방법을 추가하였다. 파생금융상품은 K-IFRS 1109호에 기술된 파생상품의 정의를 만족하는지 확인하고 계약의 특성에 따른 회계단위를 정의한 후, K-IFRS 1113호에서 요청하는 채무불이행 위험을 감안하여 그에 맞는 적절한 가치평가기법을 통해 공정가치를 측정해야 한다. 개정판은 주주간 계약을 포함한 다양한 계약유형에서 발생할 수 있는 선도계약 유형, 콜옵션 계약유형 및 풋옵션 계약유형의 공정가치측정 방법에 대해 추가하였다.

2011년 국제회계기준을 도입한 이래 상당한 시간이 흘렀음에도 여전히 국제회계기준에서 사용하는 언어는 어렵고 모호한 표현이 많다. 각국마다 다른 경제 환경과 법적 규제에 따라 재무제표의 구성이나 회계처리방식이 달라질 것인데 국제회계기준은 이러한 개별 국가의 상황을 아우를 수 있는 단일의 회계처리 방식을 제시해야 하므로 구체적인 회계처리지침을 제공하기보다 원칙중심의 회계기준을 지향한다. 이러한 이유로 국제회계기준에서 사용하는 회계언어의 구현방식이 정보이용자에게 불편함을 가져오는 것이 사실이다. 특히 금융상품은 각국의 다양한 금융환경을 폭넓게 반영하기 위해 우리가 흔히 접하는 유형의 금융상품을 구체적으로 나열하는 대신 금융상품의 회계적 특성에 따라 분류하고 측정하도록 하고 있어 실무현장에서는 더욱 어렵게 느껴질 수밖에 없다. 지금도 새로운 유형의 신종금융상품이 꾸준히 개발되고 있고 우리에게 익숙한 형태의 금융상품이라도 그 금융상품에 특별한 계약조건이 추가되면 명칭에 관계없이 전혀 다른 특성을 가진 금융상품이 될 수 있으므로 금융상품의 본질적인 특성을 제대로 파악하고 그에 맞춰 회계처리가 이뤄져야 한다.

2018년부터 한국채택 국제회계기준(K-IFRS)은 기존의 1039호를 대체하는 1109호를 도입하였는데 이는 금융상품의 인식과 공정가치측정에 있어 새로운 변환점이 될 것으로 보인다. K-IFRS 1109호는 기업이 보유한 금융상품 중 계약상 현금흐름이 원리금만으로 구성된 경우를 제외한 모든 금융자산에 대해 공정가치로 측정하도록 하고 있으며 이러한 공정가치측정 결과에 따라 후속적으로 기업의 당기손익에 직접적이고 중요한 재무적 영향을 미치게 되었다. 특히, 보통주와 같은 지분상품에 대해 원가측정이 원칙적으로 허용되지 않기 때문에 이러한 금융자산을 보유한 기업의 부담이 커질 것으로 예상된다.

본서는 다양한 유형의 금융상품에 대한 공정가치 평가방법론을 제시한다. 금융상품이라는 용어는 국제회계기준에 익숙지 않은 일반인들에게 정기예금이나 수익증권과 같이 금융기관이 판매하는 협의의 금융상품을 떠오르게 한다. 반면 국제회계기준에서 정의하는 금융상품은 금융기관이 판매하는 협의의 금융상품을 포함하여 보다 광범위한 금융상품의 범주를 다룬다. 즉, 금융상품에는 우리에게 익숙한 보통주나 우선주와 같은 지분상품을 비롯해 차입금이나 회사채와 같은 채무상품, 그리고 파생상품요소가 내재된 전환사채나 신주인수권부사채와 같은 복합상품이 포함된다. 본서는 이러한 금융상품의 공정가치를 측정하기 위한 가치평가모형의 이해에서 시작해 국제회계기준에서 정한 금융자산과 금융부채의 인식 및 측정방법에 따라 이들 금융상품의 공정가치를 측정하는 구체적인 방법론을 제시한다.

본서는 총 3개의 부분으로 구성되었다.

「제1부 공정가치개요」는 K-IFRS 1113호에서 제시하는 공정가치평가의 틀을 설명한다. 공정가치의 정의를 비롯하여 일반적인 가치평가기법에 대한 설명 그리고 공정가치 서열체계에 대해 다룬다. 공정가치 서열체계는 재무제표의 일부를 구성하는 주석 공시의 범위를 결정하는데, 공정가치 서열체계의 수준에 따라 재무제표 이용자에게 부수적으로 제공해야 할 정보의 범위와 양에서 큰 차이가 있다.

「제2부 가치평가모형」은 금융상품 공정가치평가의 기초가 되는 여러 유형의 가치평가모형의 이론적 배경과 실무적인 적용방법에 대해 설명한다. 본서는 금융상품의 공정가치 평가를 위해 선행적으로 이해해야 할 핵심적인 가치평가모형으로 현금흐름할인모형, 상대가치평가모형 및 옵션평가모형을 제시하였다. 이들 가치평가모형은 국제회계기준에 따른 금융상품의 가치평가기법에 한정되지 않는다. 이들 가치평가모형은 재무정보 산출을 위한 금융상품의 인식과 측정 외에도 기업의 인수합병이나 경영진의 중요한 재무적 의사결정과정에서 필요한 가치평가에 활용될 수 있다. 제2부에서 설명하는 가치평가모형의 이론적 배경과 실무적 적용방법에 대한 설명은 구체적이고 실용적으로 활용할 수 있도록 이론적 타당성의 근거와 저자의 실무경험을 최대한 반영하였다.

「제3부 공정가치회계 및 측정」은 2개의 장으로 구성되었다. 「제1장 공정가치회계」는 K-IFRS 1032호와 1109호에 따른 금융상품의 인식과 분류 그리고 측정방법에 대해 구체적으로 설명한다. 특히 1109호는 금융자산과 금융부채에 대한 광범위하면서 상당한 분량으로 구성되어 있는데 이중 공정가치평가와 관련된 부분을 집중적으로 정리함으로써 금융상품의 인식과 분류 그리고 측정에 대한 이해도를 높일 수 있도록 하였다. 또한, K-IFRS 1102호의 주식기준보상의 인식과 측정에서 고려해야 할 가득조건을 다룬다. 「제2장 공정가치측정」은 다양한 유형의 금융상품 중 실제 시중에서 발행 및 유통되는 대표적인 금융상품들의 공정가치 측정과 회계처리에 대한 실무적 방법론을 제시하였다. 여기에는 「제2부 가치평가모형」에서 설명한 모형들을 이용해 금융상품의 공정가치를 측정하고 이를 인식하는 방법에 대해 구체적으로 설명하였다. 「제2장 공정가치측정」은 금융상품에 대한 기준서의 내용과 일반적인 가치평가모형을 접목한 최초의 시도이다. 국제회계기준은 금융상품의 명칭이나 법적 형태와 관계없이 금융상품의 실질과 계약구조에 따라 인식하고 공정가치를 측정해야 한다. 따라서 금융상품 유형별로 제시한 공정가치측정의 구체적인 접근방법이 금융상품의 명칭이나 법적 형태에 맞춤형으로 제공되는 것이 아니라 그러한 금융상품의 계약구조에 따라 달라질 수 있음을 각별히 주의해야 한다. 아울러 공정가치회계와 그에 따른 측정이 중요한 부분을 차지하는 주식기준보상에 대해서도 다양한 가득조건에 따른 공정가치측정의 방법에 대해 기술하였다.

본서의 내용이 방대한데다 익숙지 않은 표현들로 인해 독자의 전체적인 이해를 돕기 위해 핵심적인 부분을 정리할 필요가 있다고 생각된다. 아래의 설명들은 전체적인 이해를 돕기 위해 일부분을 정리한 것에 불과하므로 실제 활용과정에서는 해당 부분을 충분히 숙지하기를 당부한다.

제1부 공정가치개요

공정가치는 측정일에 시장참여자 사이의 정상거래에서 자산을 매도할 때 받거나 부채를 이전할 때 지급하게 될 가격(유출가격)으로 정의된다. 공정가치를 측정하기 위해서는 활성시장에서 공시가격을 직접적으로 관측하거나(〈수준1〉 투입변수), 활성시장에서 〈수준1〉의 공시가격 외의 직접적 또는 간접적 공시가격 등(〈수준2〉 투입변수)을 관측함으로서 측정하기도 한다. 반면, 금융상품의 활성시장 공시가격을 직접적 또는 간접적으로 관측할 수 없다면 이러한 금융상품은 일반적으로 인정되는 가치평가모형을 통해 공정가치를 측정하게 되며 가치평가모형의 적용은 관측할 수 없는 투입변수(〈수준3〉 투입변수)를 사용하게 된다. 즉, 본서에서 설명하는 가치평가모형은 관측할 수 없는 투입변수인 〈수준3〉 투입변수를 활용한 공정가치 측정방법이다. 기준서는 〈수준3〉 투입변수로 측정된 공정가치에 대해서는 재무제표 이용자를 위해 공정가치 측정에 도입된 가정과 부수적인 정보에 대해 충분한 정보를 주석으로 제공하도록 하고 있다. 또, 금융자산과 부채의 최초측정에 있어 〈수준3〉 투입변수로 측정된 공정가치와 실제 거래가격에 차이가 있다면 일반적으로는 거래가격으로 인식할 것이나, 공정가치와 거래가격의 차이가 유의적으로 중요하다면 단순히 거래가격이 아닌 공정가치로 인식해야 하는 상황이 있을 수 있음에 유의해야 한다. 특히 주의할 점은 금융상품의 공정가치 측정에 사용된 투입변수 중 일부가 낮은 수준의 공정가치 서열체계에 해당될 경우 그 결과물인 금융상품의 공정가치는 낮은 수준의 서열체계로 분류된다는 것이다. 예를 들어 지분상품의 공정가치평가를 위해 활성시장에서 관측되는 유사상장기업의 주가를 활용하여 평가하였더라도 이는 〈수준2〉 투입변수가 아닌 〈수준3〉 투입변수로 측정된 공정가치이다. 마찬가지로 채무상품의 공정가치측정에 있어 신용위험이 비슷한 다른 채무상품의 활성시장 유통수익률(예 : 유사채무상품의 만기수익률) 관측치를 이용하였더라도 이는 〈수준3〉 투입변수로 측정된 공정가치이다. 본서에서 설명하는 대부분의 가치평가방법론과 실무적용방법에 대한 설명은 〈수준3〉 투입변수로 측정된 공정가치임을 기억하기 바란다.

제2부 가치평가모형

본서는 금융상품의 공정가치측정을 위한 가치평가모형으로 현금흐름할인모형, 상대가치평가모형과 옵션평가모형을 제시하였다. 또한 각 모형의 설명과정에서 부수적으로 배당할인모형과 채권평가모형에 대해서도 설명한다. 이들 가치평가모형은 제3부 「제2장 공정가치측정」에서 실무적으로 적용할 수 있도록 가급적 구체적인 내용을 담을 수 있도록 하였다.

본서는 지분상품의 대표적 가치평가모형인 현금흐름할인모형에 대해 입문서 수준을 넘어 실무적으로 부딪히는 다양한 상황에 대한 접근방법을 제시한다. 이에는 이월결손금이 있는 기업의 고려방법, 우선주나 복합상품을 발행한 기업의 평가에 있어 자본비용 추정 및 희석화 고려 방법과 이들을 감안한 보통주 가치평가방법, 비지배지분 등 연결실체의 지분가치에서 제외하여야 할 항목 등을 설명한다. 특히, 복합상품(전환사채 등)의 전환옵션이나 주식선택권(스톡옵션)과 같이 잠재적으로 보통주 지분의 가치를 감소시키는 잠재적 지분가치의 고려방법 등 복잡한 상황에서의 실무적 문제를 다룬다. 또, 자본구조가 일정하지 않고 변동되는 기업에 적합한 가치평가모형인 조정현재가치모형(APV)에 대해서도 설명한다. 아울러 신약이나 신기술과 같이 미래현금흐름의 불확실성을 투자자의 요구수익률만으로 설명할 수 없는 사업모형을 가진 기업들에 대해 미래현금흐름의 불확실성에 대한 단계별 성공확률을 추가로 고려하는 방법인 위험조정할인모형(risk adjusted Net Present Value Method)에 대해서도 적절한 예제를 통해 소개하였다.

가치평가모형의 적용은 금융상품의 계약구조에 따라 하나 또는 둘 이상의 평가모형이 필요할 수 있다. 예를 들어 현금흐름할인모형(DCF)과 상대가치평가모형은 대표적인 지분상품(주로 보통주)의 가치평가모형이지만 기업의 재무구조나 금융상품의 계약조건에 따라 가치평가모형의 구체적인 접근방법은 달라질 수 있다.

옵션평가모형은 계약의 특성에 따라 다양한 상황에서 공정가치측정의 수단으로 사용되고 있는데 대표적으로 K-IFRS 1102호에 따른 주식선택권의 공정가치측정을 위해 옵션평가모형은 필수적이다. 이외에도 다양한 상황에서 옵션평가모형이 필요할 수 있는데, 예를 들어 지분상품(보통주)을 매입한 기업이 그 지분상품을 일정한 기간 내에 일정한 가격으로 매각할 수 있는 권리가 있다면 지분상품을 매입한 기업은 그 지분상품을 매도한 기업이나 지분상품 발행기업의 대주주에게 정해진 가격으로 매각할 수 있는 선택적 권리인 풋옵션 계약의 공정가치측정을 위해 옵션평가모형이 활용된다. 이때, 지분상품 매매계약(SPA)과 풋옵션 계약의 거래당사자가 같다면, 지분상품 거래가격은 지분상품의 공정가치와 풋옵션 계약의 공정가치를 구분 인식해야 할 수 있다. 이 경우 지분상품 매입기업(매도기업)은 풋옵션을 별도의 파생상품자산(파생상품부채)으로 인식하고 후속적으로 공정가치로 측정하여야 할 것이므로 지분상품과 파생상품자산을 분리하여 각각 당기손익-공정가치측정 금융자산(FVPL-금융자산)으로 인식하여야 할 것이다(지분상품 매도자는 FVPL-금융부채 인식). 이러한 거래의 결과로 지분상품 매입기업은 후속적으로 지분상품에 대해서는 현금흐름할인모형 등 지분상품에 일반적으로 사용되는 평가모형을, 풋옵션 계약에 대해서는 회계단위를 정의하고 계약적 특성에 맞게 본서에서 소개하는 다양한 옵션평가모형을 각각 적용하여 후속적으로 공정가치를 측정하게 된다. 본서의 가치평가모형은 금융상품 및 주식선택권의 다양한 계약조건에 따라 적용할 수 있는 공정가치 측정방법을 제시한다.

국제회계기준은 전통적인 유형의 금융상품의 현금흐름을 변형시키는 파생요소의 대표적인 예인 옵션요소를 중요하게 다룬다. 선물거래나 스왑거래와 같은 파생거래는 최초 거래시점에 파생요소의 공정가치가 「0」인 경우가 대부분인 반면 옵션은 거래시점부터 옵션대가(옵션프리미엄)를 지불하므로 금융상품에 옵션요소가 내재되어 있거나 별도로 인식되어야 할 옵션요소가 있다면 이들의 분리와 측정여부는 최초측정과 후속측정에서 매우 중요하다. 본서는 이러한 상황을 고려하여 기본 옵션평가모형인 블랙숄즈모형과 이항옵션모형을 살펴보고 실무적으로 요구되는 전환금융상품 평가모형으로 널리 활용되고 있는 Goldman-Sachs 모형, Tsiveriotis-Fernandes 모형 등을 설명한다. 아울러 채권가격(또는 신용위험에 대응되는 시장이자율)을 기초자산으로 하는 옵션의 대표적 가격결정모형인 Black-Derman-Toy 모형과 Hull-White 모형을 설명한다. 이항모형에 기초해 전환금융상품을 평가하는 모형인 Goldman-Sachs 모형과 Tsiveriotis-Fernandes 모형은 전환사채와 전환상환우선주에 내재된 전환옵션(전환권대가), 신주인수권부사채에 내재된 신주인수옵션(신주인수권대가), 교환사채에 내재된 교환옵션(교환권대가)의 평가에 유용하다. 또한, 이항모형은 주식기준보상의 대표적인 유형인 주식선택권(스톡옵션)의 공정가치 평가모형으로도 적절하게 활용될 수 있다.

본서는 이항옵션모형을 집중적으로 다루면서 실무적으로 발생할 수 있는 복잡한 상황하에서의 옵션가치 평가방법론도 제시한다. 옵션가격결정요인 중 가장 중요한 요소인 변동성의 측정방법과 기초자산의 배당금을 고려하는 방법에 대해서 설명한다. 아울러 금융상품의 거래대가에 풋요소가 내재된 경우를 상정하여 이항옵션모형을 활용한 풋옵션가격 평가방법에 대해서도 설명한다. 기초자산이 주식가격인 풋옵션은 다양한 풋가능 금융상품(또는 풋옵션이 부여된 금융상품 거래)의 평가에 유용하게 활용될 수 있다. 때로는 주식선택권의 가득조건이 주가 등 시장요인에 의해 결정되는 경우(예: 주가연계 조건강화형 주식선택권)가 있을 수 있는데 시장조건을 성과조건으로 하는 주식선택권의 공정가치측정에 유용하게 활용할 수 있는 최소자승-몬테카를로 시뮬레이션(LSMC)에 대해서도 소개한다.

또한, 본서는 옵션평가모형 중 시장이자율(또는 채권가격)을 기초자산으로 하는 콜옵션이나 풋옵션의 평가에 가장 널리 활용되는 Black-Derman-Toy 모형과 Hull-White 모형에 대해 심도 있게 다룬다. Black-Derman-Toy 모형과 Hull-White 모형은 전환사채와 같은 복합상품에 내재된 상환권대가의 공정가치 평가에 유용한 옵션평가모형이다. 전환사채나 전환상환우선주와 같은 복합상품에는 투자자가 만기 이전에 시장이자율이 상승(채권가격하락)할 경우 약정된 행사가격(조기상환수익률)으로 발행자에게 매도할 권리(조기상환권)가 부여되는 경우가 많은데 이때의 조기상환권은 투자자가 복합상품 매입시점에 풋옵션을 매입한 것이므로 복합상품의 거래가격 중 일부를 풋옵션가치에 배분해야 한다. 반면, 복합상품에는 발행자가 만기 이전에 시장이자율이 하락(채권가격상승)할 경우 약정된 행사가격(수의상환수익률)으로 투자자로부터 복합상품을 매입할 권리(수의상환권)가 부여되는 경우도 있는데 이때의 수의상환권은 발행자가 복합상품 발행시점에 콜옵션을 매입한 것이므로 복합상품의 거래가격 중 일부를 콜옵션가치에 배분해야 한다. 이와 같이 복합상품에 내재된 상환옵션(조기상환권 및 수의상환권)은 기초자산이 시장이자율(채권가격)이면서 그러한 기초자산의 만기가 존재하는 특별한 구조이므로 기초자산가격이 확산되는 형태를 가정한 블랙숄즈모형이나 이항옵션모형으로는 옵션가치를 구현할 수 없다. 본서는 이러한 상환옵션의 공정가치평가에 가장 일반적으로 활용되는 모형인 Black-Derman-Toy 모형과 Hull-White 모형에 대해 이론적 배경과 구체적인 적용방법에 대해 심도 있게 다룬다. 또한, 본서는 Black-Derman-Toy 모형과 Hull-White 모형을 이해하는 과정에서 이자율의 기간구조와 채권평가모형을 함께 설명한다. 이자율 측정방식에는 만기수익률(YTM), 현물이자율(Spot-rate) 및 선도이자율(Forward rate) 등이 있는데, 이들 시장이자율의 유형은 원본채권(채무상품)의 계약상 현금흐름의 구성과 밀접한 관련을 가진다. 예를 들어 전형적인 유형의 고정금리채권(정해진 이자를 만기까지 일정하게 지급하는 채권)의 내재수익률인 만기수익률 관측치를 신용위험이 같은 할인채권(만기이전에는 이자지급 없이 만기에 액면금액 또는 액면금액에 만기이자를 지급하는 채권)이나 비고정금리채권(step-up 방식으로 이자지급률이 변동되는 채권)의 할인율로 사용하여 채권의 현재가치(채무상품의 공정가치)를 측정할 수는 없다. 고정금리채권의 계약상 현금흐름의 유형과 할인채권 또는 비고정금리채권의 계약상 현금흐름이 다르므로 내재된 위험도 다르기 때문이다. 예를 들어 BBB 등급으로 만기가 5년이며 매분기에 이자를 지급하는 고정금리채권의 만기수익률(관측가능한 시장이자율은 대부분 만기수익률이다)이 7.0%라고 할 때, 같은 BBB 등급이면서 만기(5년 후)에 액면금액을 지급하는 할인채권의 할인율로 7.0%를 그대로 사용할 경우 이러한 할인채권의 가치는 적절한 공정가치가 아니다(일반적인 이자율 기간구조하에서는 5년 현물이자율이 5년 만기수익률보다 높다). 만기와 신용위험이 같더라도 계약상 현금흐름 유형이 다를 경우 각 금융상품의 위험은 서로 다르기 때문이다. 이자율의 기간구조 곡선의 변동폭이 클수록 5년 만기 현물이자율과 5년 만기수익률 간에는 상당한 차이가 있을 수 있다. 또, 5년 만기 확정금리부 채권이라 하더라도 만기 이전에는 낮은 액면이자를 지급하다가 만기에는 높은 보장수익률을 제공하는 step-up 이자지급 유형의 채권에 대해서도 단순히 신용위험이 같은 만기수익률 관측치를 사용할 수 없다. 할인채권이나 이자지급이 step-up 방식인 채권에 대해서는 기간별 현물이자율을 이용한 채권평가방식이 적용되어야 한다. 본서는 시장이자율의 유형과 현물이자율의 추출방법 그리고 단기선도이자율의 추정방법을 설명한다. 특히, 현물이자율에 대한 이해 및 도출방법은 Black-Derman-Toy 모형과 Hull-White 모형에 대한 이론적 배경을 설명하는 데 일차적인 목적이 있지만 전환사채와 같은 복합상품의 주계약(채무상품)의 공정가치 평가에서 참고할 만하다. 전환사채와 같은 복합상품의 계약상 현금흐름은 만기 이전에는 낮은 액면이자를 지급하다가 만기까지 전환이 이뤄지지 않을 경우 높은 만기보장수익률을 제공하기 때문에 관측가능한 만기수익률에 내포된 현금흐름과 다르므로 이러한 복합계약의 주계약(채무상품)의 공정가치측정은 만기수익률이 아니라 현물이자율을 이용하는 것이 타당하다.

제2부에서 다루는 가치평가모형은 K-IFRS에 따른 금융상품 및 주식선택권의 공정가치 측정방법에만 적용되는 것은 아니다. 즉, 제2부에서 핵심적으로 다루는 현금흐름할인모형, 상대가치평가모형 및 옵션평가모형은 재무정보 산출을 위한 평가모형에 국한되지 않고 기업의 다양한 의사결정과정에서 요구되는 보통주나 우선주의 주식가치, 복합상품의 가치평가에 일반적으로 사용될 수 있다.

제3부 공정가치회계 및 측정

금융상품의 분류 및 인식을 포함한 공정가치회계에 대한 기준서의 내용을 정리하고 회계인식에 기초한 공정가치측정에 대한 내용을 정리하였다. K-IFRS 1109호는 방대한 분량을 담고 있어 동 기준서의 모든 내용을 다루는 것은 본서의 취지와 맞지 않으므로 가급적 금융상품의 분류 및 인식 그리고 공정가치 측정과 직접적 또는 간접적으로 관련된 부분을 발췌하여 집중적으로 기술하였다. 기준서의 설명방식이 매우 어렵고 모호한 표현이 많으므로 이해를 돕기 위해 최대한 풀어 쓰려고 노력하였다. 이 과정에서 해석의 차이가 있을 수 있음에 유의하기 바란다. 기준서가 일반적인 회계인식상황을 구체적으로 나열하고 설명하는 방식이 아니기 때문에 회계전문가 사이에도 다른 해석이 나올 수 있는 점을 피력하지 않을 수 없다. 국제회계기준이 우리 회계기준으로 뿌리내리는 데 시간이 더 필요하리라 본다.

「제1장 공정가치회계」는 금융상품의 인식 및 측정의 기초인 회계단위의 개념을 설명하고 〈금융자산〉 파트, 〈금융부채 및 지분상품〉 파트, 〈복합계약〉 파트 및 〈주식선택권〉 파트로 나눠 설명한다. K-IFRS 1032호나 1109호는 금융상품(금융자산, 금융부채 및 지분상품)을 일괄적으로 설명하면서 금융자산에 한정된 내용과 금융부채에 한정된 내용을 부가적으로 설명하는 방식을 취하고 있다. 이러한 기준서의 접근을 본서에서 그대로 따를 경우 기준서의 기술내용이 금융자산에 대한 부분인지 금융부채에 대한 부분인지 혼란을 일으킬 수 있으므로 금융자산과 금융부채를 분리하여 설명하는 것이 효율적이라 판단하였다. 발행자 입장에서, 지분상품(자본)은 후속측정이 불필요하므로 K-IFRS 1032호에서 지분상품의 정의와 조건을 설명하고 지분상품의 정의와 조건을 만족하는 금융상품은 1109호에서의 측정이 적용되지 않는다는 점을 유의하기 바란다. 이는 자본에 대해서는 역사적 원가로 인식하고 측정하는 종래의 회계인식방법과 동일하다. 따라서, 발행자 입장에서 어떤 금융상품이 지분상품인지 또는 금융부채인지를 판단하는 것은 매우 중요하다. 예를 들어 기업공개를 준비하는 기업들에게 흔한 투자방식인 전환상환우선주는 일반기업회계기준에 따라 자본으로 인식하지만 K-IFRS는 전환상환우선주에 내재된 상환옵션으로 인해 금융부채로 분류하도록 하고 있다. 전환상환우선주를 자본으로 인식하게 되면 최초 거래가격을 자본으로 인식한 후 어떠한 후속측정도 불필요하지만 K-IFRS를 적용하게 되면 주계약을 금융부채로 인식함은 물론이고 내재파생요소(전환옵션 및 상환옵션)를 분리인식할지와 그러한 내재파생요소를 분리한다면 금융부채(파생상품부채)로 보아 후속적으로 공정가치로 측정할지에 대한 판단이 필요하다. 내재파생요소를 지분상품으로 분류할지 또는 금융부채로 분류할지에 따라 발행기업의 재무적 영향이 유의적으로 달라지는데 이러한 회계인식 결과가 발행기업의 급격한 손익악화로 이어져 기업공개가 지연되거나 무산되기도 한다.

2018년부터 적용되는 K-IFRS 1109호는 금융상품의 보유자 즉, 금융자산의 분류와 측정에 있어 새로운 변화를 요구하고 있다. 종래의 금융자산은 크게 4종류로 분류되었다. 보유자는 금융자산의 특성과 보유목적에 따라 대여금 및 수취채권, 당기손익인식 금융자산, 매도가능금융자산 및 만기보유금융자산으로 분류하였으나, 1109호의 적용으로 그 금융자산의 계약상 현금흐름의 특성과 기업의 사업모형에 따라 상각후원가측정 금융자산(AC - 금융자산), 기타포괄손익 - 공정가치측정 금융자산(FVOCI - 금융자산) 및 당기손익 - 공정가치측정 금융자산(FVPL - 금융자산) 중 어느 하나로 분류한다. 이러한 분류에 있어 가장 중요한 포인트는 금융자산의 계약상 현금흐름이 원리금으로만 구성되었는지의 여부다. 만일, 금융자산이 원리금만으로 구성되었다면 기업의 사업모형에 따라 위의 3가지 항목 중 어느 하나로 분류할 수 있지만 그렇지 않은 금융자산은 원칙적으로 FVPL - 금융자산으로 분류해야 한다. 이러한 회계기준의 변경은 기업의 재무구조에 중요한 영향을 미칠 것으로 예상된다. 금융자산의 계약상 현금흐름이 원리금으로만 구성되지 않은 대부분 유형의 금융자산에 대해서는 공정가치로 측정하고 그 공정가치변동분을 당기손익으로 반영해야 하기 때문이다. FVPL - 금융자산에는 보통주나 우선주와 같은 지분상품은 물론이고 전환사채나 전환상환우선주와 같은 복합상품이 모두 포함되므로 기업의 공정가치 인식대상 금융자산이 크게 확대될 것으로 예상된다. 또한, 법적형식에 불구하고 계약상 현금흐름에 따라 판단해야 하므로 각 금융자산별로 계약상 현금흐름의 특성을 판단하는 것도 중요한 이슈가 될 것이다.

「제2장 공정가치측정」은 이 책의 결과물이라 할 수 있겠다. 제2부에서 설명한 가치평가모형에서 하나 또는 둘 이상의 모형이 제3부 제1장에서 설명한 공정가치회계의 설명과 연결하여 궁극적으로 다양한 유형의 금융상품 및 주식선택권의 공정가치 측정과 회계인식방법을 다룬다. 특히, 금융상품 발행자(금융부채 또는 지분상품)와 금융상품 보유자(금융자산)는 공정가치측정이 달라질 수 있으므로 보유자와 발행자 각각의 입장에서 공정가치측정과 인식을 설명하였다. 예를 들어 보통주를 발행한 기업은 이를 후속측정할 필요가 없지만, 그 보통주를 매입한 기업은 FVPL - 금융자산을 매입한 것이므로 후속측정이 보유기업에 중요한 영향을 미칠 수 있다. 또, 전환사채와 같은 복합상품을 발행한 기업은 발행시점에 주계약과 내재파생요소의 분리여부와 인식방법이 공정가치회계의 핵심을 구성하지만, 그러한 전환사채를 매입한 기업은 발행기업의 회계처리와 관계없이 후속적인 공정가치 측정과 그 결과의 인식이 더 중요하다.

금융상품의 유형별 공정가치측정과 인식에 대한 설명은 국내 금융환경에서 가장 활발하게 발행 및 유통되는 금융상품을 중심으로 설명하였다. 이에는 지분상품의 대표격인 보통주를 시작으로 다양한 유형의 우선주의 공정가치 측정방법을 설명한다. 아울러 신주인수권과 같은 독립된 파생상품인 지분상품의 공정가치 측정방법에 대해서도 기술한다. 회사채와 같은 채무상품을 발행한 기업은 후속적으로 상각후원가로 측정하는 것이 일반적이므로 공정가치측정의 이슈가 상대적으로 덜하다. 반면, 채무상품을 보유한 기업은 사업모형에 따라 공정가치로 측정해야 할 수 있으므로 채권평가모형을 활용한 공정가치측정방법을 제시하였다. 이에는 할인채권이나 영구채권과 같은 계약상 현금흐름이 전형적이지 않은 채무상품의 공정가치측정이 포함된다. 공정가치측정에 있어 본서의 차별화된 부분은 다양한 유형의 복합상품의 공정가치측정과 인식에 대한 구체적인 접근방법을 제시하고 있다는 점이다. 이러한 복합상품에는 전환사채, 신주인수권부사채, 교환사채 및 전환상환우선주를 예로 들었다. 이들 금융상품은 저자가 가치평가실무에서 주로 다뤄온 대표적인 복합상품이며 국내 금융환경에서 가장 많이 발행되고 있는 금융상품이다. 이들 금융상품이 활발히 발행되는 상황에 비해 체계적이면서 구체적인 가치평가방법을 기술한 서적이 부족하다보니 회계실무에서 이들 금융상품의 공정가치측정 결과를 이해하고 해석하는 데 상당한 어려움이 있었다. 복합상품의 공정가치측정 및 회계인식에 대한 본서의 내용이 이들 복합상품을 발행하였거나 보유하고 있는 기업의 갈증을 조금이나마 해소해 주길 희망한다.

본서가 K-IFRS가 적용되는 금융상품 및 주식선택권의 공정가치측정 방법론을 제시하고 있지만 독자들은 K-IFRS가 저자에 의해 온전히 재해석되었거나 특정 금융상품 또는 주식선택권의 공정가치측정의 절대적인 방법론을 제시한 것으로 오해하지 않기를 바란다. 반복해서 강조하지만, K-IFRS는 원칙중심의 기준을 제시하고 있으므로 구체적인 상황에 따라 전혀 다른 접근이 요구될 수 있다는 점을 상기하기 바란다.

본서의 개정과정에서 귀한 지식과 조언을 아낌없이 나눠주신 딜로이트 안진회계법인의 김성훈 회계사님과 신명기 박사님께 깊은 감사를 드린다. 또한, 가치평가와 관련된 각 분야에서 존경받는 분들이 망설임 없이 졸작에 아낌없는 격려의 글을 써주신 데 대해서도 감사의 말씀을 전하고 싶다. 한국공인회계사회 가치평가위원회 위원장이신 가톨릭대학교의 김종일 교수님, 삼일회계법인 박대준 대표님, 삼정회계법인 손호승 부대표님, 안진회계법인 이종우 의장님, 한국기업평가 사업가치평가본부 김준한 본부장님 그리고 한화자산운용 박종현 애널리스트에게 지면을 빌려 깊은 감사의 말씀을 드린다.

2025년 1월

저자 강진홍

Contents

제 1 부

공정가치개요

제 2 부

가치평가모형

제1장 현금흐름할인모형

Contents

Contents

Contents

제 3 부

공정가치 회계 및 측정

제1장 공정가치회계

Contents

Contents

제 1 부

공정가치개요

Financial Valuation

제1장 공정가치

K-IFRS 1113호는 한국채택 국제회계기준을 적용한 기업의 재무보고를 위해 공정가치를 어떻게 측정할 것인지를 설명한다. 이 기준서는 공정가치를 정의하고 공정가치측정을 위한 체계를 하나의 기준서로 제시하지만 재무보고 목적 이외의 가치평가기준을 설정하거나 가치평가실무에 영향을 미치고자 하는 의도는 없음을 분명히 하고 있다. 따라서, K-IFRS 1113호는 국제회계기준을 채택한 기업의 재무정보 산출의 지침이 되지만 이 기준서가 공정가치를 측정하는 세부적인 방법을 결정하는 것은 아니므로 기업은 공정가치측정을 필요로 하는 다양한 상황에서 지침의 범위 내에서 합리적인 평가방법을 선택하여 적용하게 된다.

1 공정가치의 정의

공정가치는 측정일에 시장참여자 사이의 정상거래에서 자산을 매도할 때 받거나 부채를 이전할 때 지급하게 될 가격(유출가격)으로 정의한다.[1][K-IFRS 1113 문단 9]

공정가치 개념을 구성하는 용어는 개별적으로 중요한 의미를 가지는데 기업이 측정한 공정가치가 기준서에서 정한 공정가치의 요건을 만족하는지를 판단하는 기준이 되므로 공정가치의 정의를 구성하는 각 용어가 어떤 의미를 가지는지를 살펴볼 필요가 있다.[2]

1) 공정가치에 대한 종전의 정의는 「합리적인 판단력과 거래의사가 있는 독립된 당사자 사이의 거래」를 언급하였다. IASB는 종전의 정의가 K-IFRS 1113호의 공정가치에 대한 정의와 같은 개념을 나타내지만 종전의 정의는 덜 명확하다고 보았다. 이에 K-IFRS 1113호는 시장참여자를 서로 독립되고(특수관계자가 아님) 자산이나 부채에 대한 합리적인 판단력이 있으며 자산이나 부채에 대해 거래할 수 있으며 거래할 의사가 있는 주된(또는 가장 유리한) 시장의 매수자와 매도자로 정의한다.

2) 공정가치의 정의에 있어 미국회계기준(US-GAAP)과 국제회계기준은 큰 차이가 없다. 미국회계기준은 공정가치(fair value)를 "The Price that would be received to sell an asset or paid to transfer a liability in an orderly transaction between market participants at the measurement date"로 정의한다(FASB ASC 820, Fair Value Measurement). 즉, 미국회계기준에서도 공정가치의 정의를 구성하는 주요 요소(market participants, orderly transaction, asset or liability and price)에 있어 국제회계기준과 유사한 것으로 볼 수 있겠다.

공정가치의 정의를 구성하는 각 용어를 다음의 4가지로 구분하여 살펴본다.

① 시장참여자

② 정상거래

③ 자산 또는 부채

④ 가격

1.1. 시장참여자

시장참여자란 다음의 특성을 모두 가진 주된 시장 또는 가장 유리한 시장의 매입자와 매도자를 말한다.[K-IFRS 1113 부록A 용어의 정의]

① 서로 독립적이다. 서로 독립적이라는 것은 거래의 당사자가 기준서(K-IFRS 1024호)에서 정의하는 특수관계자가 아니어야 함을 뜻한다. 다만, 특수관계자 거래가 시장조건에 따라 이루어졌다는 증거가 있다면 그 거래가격이 공정가치측정을 위한 투입변수로 사용될 수 있다.

② 합리적인 판단력이 있다. 모든 이용 가능한 정보(통상적이고 관습적인 실사를 통해 얻을 수 있는 정보 포함)를 이용하여 자산이나 부채 및 거래를 합리적으로 이해한다.

③ 자산이나 부채에 대한 거래를 체결할 수 있다.

④ 자산이나 부채에 대한 거래를 체결할 의사가 있다. 즉 거래할 동기가 있으나 거래하도록 강제되거나 강요받지는 않는다.

기업은 시장참여자가 경제적으로 최선의 행동을 한다는 가정하에 시장참여자가 자산이나 부채의 가격을 결정할 때 사용할 가정에 근거하여 자산이나 부채의 공정가치를 측정해야 한다. 그러나 그러한 가정을 도출하기 위하여 특정 시장참여자를 식별할 필요는 없다. 다만, 다음 모두에 특정된 요소를 고려하여 일반적으로 시장참여자를 구분하는 특성을 식별한다.[K-IFRS 1113 문단 22~23]

- 자산이나 부채
- 자산이나 부채의 주된 시장 또는 가장 유리한 시장
- 그 시장에서 거래하게 될 시장참여자

시장참여자의 독립성을 판단함에 있어 특수관계자가 아닐 것을 요구하고 있는데, 특수관계자 거래가 항상 제외되는 것은 아니다. 즉, 특수관계자 간의 거래가 시장조건에 따라 이루어졌다는 증거가 있다면 그 거래가격도 공정가치측정의 투입변수로 사용할 수 있다. 시장참여자는 기업만큼 자산이나 부채에 대해 합리적인 판단력이 있는 것으로 가정된다. 이는 시장참여자가 자산이나 부채에 대해 거래할 의사가 있다면 통상적이고 관습적인 실사 등을 통해 자산이나 부채에 대해 합리적으로 판단하는 데 필요한 노력을 할 것이며 관련된 모든 위험을 측정에 고려할 것으로 보는 것이다.[K-IFRS 1113 BC57~59]

1.2. 정상거래

공정가치측정은 자산이나 부채가 측정일 현재의 시장상황에서 자산을 매도하거나 부채를 이전하는 시장참여자 사이의 〈정상거래〉에서 교환되는 것을 가정한다. 정상거래란 측정일 이전에 일정기간 동안 자산이나 부채와 관련되는 거래를 위한 통상적이고 관습적인 마케팅활동을 할 수 있도록 시장에 노출되는 것을 가정하는 거래를 말한다. 강제된 거래, 예를 들어 강제 청산 또는 재무적 어려움에 따른 매각은 정상거래가 아니다.[K-IFRS 1113 문단 15~21]

공정가치측정에 있어 정상거래는 자산이나 부채의 「주된 시장」(자산이나 부채의 주된 시장이 없는 경우에는 가장 유리한 시장)에서 거래가 이뤄짐을 가정한다. 특정자산이나 부채의 주된 시장이 있으며 동시에 그 자산이나 부채가 거래되는 더 유리한 다른 시장이 있더라도 공정가치의 측정은 주된 시장의 가격이 공정가치의 측정치가 되도록 해야 하며, 주된 시장에서 직접 관측가능하거나 다른 가치평가기법을 이용하여 추정하더라도 주된 시장의 가격을 우선 적용한다.

① 주된 시장 : 주된 시장이란 해당 자산이나 부채에 대한 거래의 규모나 빈도가 가장 큰 시장을 말한다.

② 가장 유리한 시장 : 가장 유리한 시장은 거래원가나 운송원가를 고려했을 때 자산을 매도하면서 수취하는 금액을 최대화하거나 부채를 이전하면서 지급하는 금액을 최소화하는 시장이다.

주된 시장이나 가장 유리한 시장은 접근가능성을 전제한다. 서로 다른 활동을 하는 다른 기업은 각자 다른 시장에 접근할 수 있기 때문에 같은 자산이나 부채라 하더라도 기업별로 주된 시장이나 가장 유리한 시장은 다를 수 있다.

- 주된 시장 또는 가장 유리한 시장은 각 기업의 관점에서 고려하며 이에 따라 다른 활동을 하는 기업 간의 차이는 허용된다.

- 공정가치는 측정일에 그 시장에 접근할 수 있는 것을 전제로 하지만 그 시장가격에 근거하여 공정가치를 측정할 수 있도록 측정일에 특정 자산을 매도할 수 있거나 특정 부채를 이전할 수 있어야만 하는 것은 아니다.
- 또, 측정일에 자산의 매도나 부채의 이전에 대한 가격결정 정보를 제공할 수 있는 관측가능한 시장이 없더라도 공정가치측정은 자산을 보유하거나 부채를 부담하는 시장참여자의 관점에서 고려된 거래가 측정일에 이뤄진다고 가정한다. 이러한 가정에 따른 거래가 자산을 매도하거나 부채를 이전하는 가격을 추정하기 위한 근거가 되는 것이다.

In-depth **정상적이지 않은 거래의 식별** [K-IFRS 1113 B43~44]

자산이나 부채의 정상적인 거래활동과 관련하여 그 자산·부채의 거래 규모나 거래 빈도가 유의적으로 줄어든 경우에 거래가 정상적인지를 판단하는 것은 매우 어려우며, 그러한 시장의 모든 거래가 정상적이지 않다고 결론내리는 것은 적절하지 않다. 거래가 정상적이지 않은 것을 나타낼 수 있는 상황은 다음을 포함한다. 이때, 구할 수 있는 증거의 비중을 고려하여 아래의 상황들을 평가하고 거래가 정상적인지 판단한다.

① 측정일 전의 일정기간에 현재의 시장상황에서 해당 자산이나 부채와 관련되는 거래를 위한 통상적이고 관습적인 마케팅활동을 할 수 있을 정도로 충분한 시장노출이 없었다.
② 일반적이고 관습적인 마케팅활동 기간은 있으나 매도자가 하나의 시장참여자에게 자산이나 부채에 대한 마케팅활동을 하였다.
③ 매도자가 파산이나 법정관리 상태에 있거나 거의 그러한 상황이다(매도자가 재무적 어려움을 겪고 있다).
④ 매도자가 법적 요구사항을 충족하기 위하여 매도할 것을 요구받았다(매도가 강제되었다).
⑤ 거래가격이 같거나 비슷한 자산이나 부채의 최근 다른 거래와 비교하여 거래가격이 예외적이다.

정상거래를 판단하기 위해 광범위한 노력을 기울일 필요는 없지만 합리적으로 구할 수 있는 정보를 무시하지는 않는다. 기업이 거래당사자인 경우 거래가 정상적인지를 결론내릴 충분한 정보를 가진 것으로 본다. 이를 감안하여 공정가치를 측정하거나 시장위험프리미엄을 추정할 경우 다음 사항을 고려한다.

① 어떤 증거가 거래가 정상적이지 않다는 사실을 나타낸다면 해당 거래가격에 대해 다른 공정가치 지표와 비교하여 거의 비중을 두지 않는다.
② 어떤 증거가 거래가 정상적이라는 사실을 나타낸다면 그 거래가격을 고려한다. 다른 공정가치 지표와 비교하여 해당 거래가격에 부여되는 비중의 정도는 다음과 같은 사실과 상황에 따라 결정될 것이다.
  - 거래의 규모
  - 측정하는 자산이나 부채에 대한 해당 거래의 비교가능성
  - 해당 거래일이 측정일에 가까운 정도

③ 거래가 정상적인지를 결론내릴 충분한 정보가 없다면 그 거래가격을 고려하지만 그 거래가격은 공정가치를 나타내지 못할 수 있다. 즉, 그 거래가격이 반드시 공정가치를 측정하거나 시장위험프리미엄을 추정하는 유일하거나 주요한 근거가 되지는 않는다. 특정거래가 정상적인지를 결론내릴 충분한 정보가 없다면 정상적이라고 알려진 다른 거래와 비교하여 그러한 거래에는 더 적은 비중을 부여한다.

공정가치측정 과정에서 전문평가기관이 제시한 공시가격이나 기타 공정가치측정에 필요한 정보[3])를 이용할 수 있다. 평가기관이나 중개인과 같은 제3자가 제공한 공시가격이 기준서에 따라 산출되었다고 기업이 판단한 경우에 제3자가 제공한 그 공시가격의 사용을 배제하지 않는다. 자산·부채의 거래규모나 거래빈도가 유의적으로 줄어든 경우 제3자가 제공한 공시가격이 정상거래를 반영한 현재의 정보나 위험에 대한 가정을 포함한 시장참여자의 가정을 반영한 가치평가기법을 사용하여 개발되었는지를 파악한다. 공정가치측정의 투입변수로서 공시가격에 비중을 부여할 때 거래결과를 반영하지 않는 공시가격에 거래결과를 반영한 다른 공정가치 지표와 비교하여 더 적은 비중을 부여한다. 또, 구할 수 있는 증거에 비중을 부여할 때 공시가격의 성격 예를 들어 공시가격이 단순한 가격에 대한 제시인지 혹은 구속력 있는 가격제안인지 등을 고려하여 구속력 있는 가격제안을 나타내는 제3자 제공한 공시가격에 더 많은 비중을 부여한다.[K-IFRS 1113 B45~47]

1.3. 자산 또는 부채

공정가치측정은 특정 자산이나 부채에 대한 것이므로 공정가치측정에는 시장참여자가 측정일에 자산·부채의 가격을 결정할 때 고려하는 그 자산이나 부채의 특성을 고려한다. 그러한 특성의 예는 다음과 같다.[K-IFRS 1113 문단 11~12]

① 자산의 상태와 위치

② 자산의 매도나 사용에 제약이 있는 경우에 그러한 사항

자산이나 부채의 어떤 특성을 시장참여자가 어떻게 고려하느냐에 따라 공정가치의 측정은 달라질 것이다. 즉, 시장참여자가 자산의 가격을 결정할 때 자산의 매도나 사용에 대한 제약을 고려한다면 그러한 제약은 공정가치에 영향을 미치게 된다.

3) 예를 들어, 채권평가사가 제공하는 신용등급별 만기수익률(YTM)에 관한 정보는 금융상품의 공정가치측정에서 결제자의 신용위험을 고려할 때 활용된다.

예 제 지분상품의 매각 제약[K-IFRS 1113 IE28]

기업은 법률상 또는 계약상 매각의 제약이 있는 지분상품(금융자산)을 보유하고 있다. 매각의 제약은 그 상품의 특성이므로 시장참여자에게 이전될 것이다. 매각 제약이 있는 지분상품의 공정가치는 공개된 시장에서 거래되는 같은 발행자의 제약이 없는 동일한 지분상품의 공시가격에 기초하되 제약에 대한 영향을 반영하기 위해 조정하여 측정될 것이다. 조정은 공개된 시장에서 제약이 있는 지분상품에 대해 특정 기간에 접근할 수 없는 위험으로 인해 시장참여자가 요구하는 금액을 반영할 것이며 다음의 모든 사항에 따라 조정은 달라질 것이다.

① 제약의 성격과 기간
② 매입자가 제약에 의해 제한되는 정도(예 : 제한되는 투자자의 수가 많을 수 있음)
③ 상품 및 발행자 모두에게 특유한 질적 요소와 양적 요소

1.4. 가격

공정가치는 측정일 현재의 시장 상황에서 주된 시장 또는 가장 유리한 시장에서의 정상거래에서 자산을 매도할 때 받거나 부채를 이전할 때 지급하게 될 유출가격으로 그 가격은 직접 관측할 수도 있으며 다른 가치평가기법을 사용하여 추정할 수도 있다. 이때, 공정가치는 시장에 근거한 측정치이며 기업특유의 측정치가 아니다. 일부 자산과 부채의 경우에는 관측할 수 있는 시장거래나 시장정보를 구할 수 있으나 다른 자산과 부채의 경우에는 관측할 수 있는 시장거래와 시장정보를 구하지 못할 수 있다.[K-IFRS 1113 문단 2, 24~26]

- 자산이나 부채의 공정가치를 측정하기 위하여 주된 시장 또는 가장 유리한 시장의 가격에서 거래원가는 조정하지 않는다. 거래원가는 자산이나 부채의 특성이 아니고 거래에 특정된 것이므로 자산이나 부채를 어떻게 거래하는지에 따라 달라진다. 거래원가는 다른 기준서에서 정한 바에 따라 회계처리한다.
- 거래원가에는 운송원가가 포함되지 않는다. 즉, 위치가 자산의 특성이라면 현재의 위치에서 그 시장까지 자산을 운송하는 데 발생하게 될 원가가 있을 경우 주된 시장 또는 가장 유리한 시장의 가격에서 그 운송원가를 조정해야 한다.

예제 〈수준1〉의 주된 또는 가장 유리한 시장[K-IFRS 1113 IE18~22]

하나의 자산이 서로 다른 활성시장에서 서로 다른 가격으로 거래되는 경우의 공정가치를 측정하기 위해 〈수준1〉 투입변수를 사용하는 것에 대해 설명한다. 〈수준1〉 투입변수는 공정가치 서열체계 중 활성시장의 조정되지 않은 공시가격을 의미[4]한다.

공정가치측정 대상이 되는 금융자산은 아래의 활성시장A와 활성시장B에서 서로 다른 가격으로 매도될 수 있다. 기업은 두 시장에서 모두 거래하고 측정일에 그 금융자산에 대한 두 시장의 가격을 이용할 수 있으며 그 정보는 다음과 같다.

구분	활성시장A	활성시장B
받을가격	26원	25원
거래원가	3원	1원
운송원가	2원	2원
받을 순금액	21원	22원

〈상황1〉

활성시장A가 자산에 대한 거래규모와 거래빈도가 가장 큰 시장(주된 시장)이라면 금융자산의 공정가치는 받을가격(26원)에서 운송원가(2원)를 차감한 받을가격(24원)으로 측정된다.

〈상황2〉

- 두 활성시장 중 어떤 시장도 금융자산에 대한 주된 시장이 아니라면 금융자산의 공정가치는 가장 유리한 시장의 가격을 사용하여 측정한다. 가장 유리한 시장은 거래원가와 운송원가를 모두 고려했을 때 자산의 매도로 받게 될 금액을 최대화하는 시장이다.
- 따라서 두 활성시장 중 어떤 시장도 금융자산에 대한 주된 시장이 아니라면 금융자산의 공정가치는 받을 순금액이 더 큰 활성시장B를 가장 유리한 시장으로 판단하며, 시장가격(25원)에서 운송원가(2원)를 차감한 23원으로 측정한다.
- 주의할 점은 어떤 시장이 가장 유리한 시장인지를 결정할 때에는 거래원가를 고려하여 판단하지만 자산의 공정가치를 측정하기 위해서는 운송원가만 고려하고 거래원가를 차감조정하지 않는다는 점이다.

일부에서는 자산·부채를 거래할 때 거래원가는 회피불가능하다고 주장하지만, 거래원가는 특정기업이 어떻게 거래를 하느냐에 따라 다를 수 있으므로 거래원가는 자산·부채의 특성이 아닌 거래의 특성이다. 반면, 거래원가는 현재의 위치에서 주된 시장 또는 가장 유리한 시장까지 자산을 운송하는 데 발생할 원가인 운송원가와 다르다. 거래로 인해 생기며 자산이나 부채의 특성을 바꾸지 않는 거래원가와 달리 운송원가는 자산의 특성(자산의 위치)을 바꾸는 사건 즉, 운송으로 인해 생긴다. 즉, 위치가 자산의 특성인 경우, 주된

4) 〈수준1〉 투입변수에 대한 자세한 설명은 공정가치 서열체계 부분에서 설명한다.

시장 또는 가장 유리한 시장의 가격에서 현재의 위치에서 그 시장까지 자산을 운송하는 데 발생할 원가를 조정해야 한다. 예를 들어, 생물자산이나 수확물의 공정가치를 측정할 때 운송원가를 차감한다.[K-IFRS 1113 BC60~62]

한편, 금융상품의 거래과정에서 발생하는 거래원가는 후술할 금융상품의 분류와 인식 과정에서 중요하다. 공정가치측정 과정에서 거래원가는 가감하지 않지만 공정가치로 측정된 금융상품(금융자산, 금융부채 및 지분상품)의 최초인식에 있어서는 그 거래원가를 가감(예 : 금융부채는 거래원가를 차감한 금액으로 최초인식)하기도 하고 즉시 비용으로 인식(당기손익 - 공정가치측정 금융자산의 취득관련 거래원가는 공정가치에 가산하지 않고 즉시 비용처리)하기도 한다. 거래원가에 관련된 이러한 인식방법의 차이는 그 금융상품의 후속측정에 영향을 미치기도 한다. 자세한 내용은 「제3부 공정가치회계 및 측정」을 참고하기 바란다.

2 공정가치의 적용

한국채택 국제회계기준에서의 금융상품은 금융자산과 금융부채 그리고 지분상품을 아우르는 개념이다. 기본적으로 공정가치평가 영역은 평가대상인 금융상품이 자산이나 부채인지 또는 지분상품인지를 구분하지 않지만 공정가치회계와 연관되면 금융상품의 분류에 따라 공정가치평가 결과의 적용이 달라질 수 있으며 평가대상 금융상품의 측정시기에 따라 평가결과의 활용방법이 다를 수 있다. 금융상품 공정가치평가의 구체적인 적용방법은 본서의 전 영역에 걸쳐 세밀하게 다루게 될 것이므로 여기서는 금융상품을 포함한 일반적인 자산과 부채의 공정가치적용에 대한 개략적인 내용을 살펴보겠다.

2.1. 비금융자산의 적용

본서는 금융상품의 공정가치평가를 중점적으로 다루며 재고자산이나 유형자산과 같은 비금융자산의 공정가치평가를 주요 논제로 하지 않는다. 그러나, 어떤 경우에는 금융자산의 공정가치평가 과정에서 부수적으로 비금융자산의 공정가치평가가 수반되어야 할 수 있다. 예를 들어, 기업이 보유하고 있는 유휴 부동산과 같은 비영업자산은 지분상품의 가치평가에 중요한 영향을 미칠 수 있으며 이 경우에는 해당 비금융상품의 평가에 있어 기준서에서 정한 기본원칙을 따르는 것이 필요하리라 생각된다.

최고 최선의 사용

비금융자산의 공정가치측정에서는 시장참여자 자신이 그 자산을 최고 최선으로 사용하거나 최고 최선으로 사용할 다른 시장참여자에게 그 자산을 매도함으로써 경제적 효익을 창출할 수 있는 시장참여자의 능력을 고려한다. 비금융자산의 최고 최선의 사용을 고려하는 것은 다음과 같이 물리적으로 가능하고 법적으로 허용될 수 있으며 재무적으로 실행할 수 있는 자산의 사용을 고려하는 것이다.[K-IFRS 1113 문단 27~30]

① 물리적 사용가능성 : 물리적으로 사용할 수 있는지를 고려한다는 것은 시장참여자가 자산의 가격을 결정할 때 고려하는 자산의 물리적 특성[5]을 고려하는 것이다.

② 법적 사용가능성 : 법적으로 사용이 허용되는지를 고려한다는 것은 시장참여자가 자산의 가치를 측정할 때 고려하는 자산사용의 법적 제한[6]을 고려하는 것이다.

③ 재무적 사용가능성 : 재무적으로 사용할 수 있는지를 고려한다는 것은 물리적으로 사용할 수 있고 법적 사용이 허용되는 자산을 사용하여 시장참여자가 그 사용에 투입한 자산투자에서 요구할 투자수익을 얻기에 충분한 수익이나 현금흐름(자산을 그러한 사용을 위해 전환하는 데 드는 원가를 고려)을 창출할 수 있는지를 고려하는 것이다.

최고 최선의 사용은 기업이 다르게 사용할 의도가 있더라도 시장참여자의 관점에서 판단한다. 그러나 시장참여자가 비금융자산을 다르게 사용하여 그 가치를 최대화할 것이라는 점이 시장이나 그 밖의 요소에 의해 제시되지 않으면 기업이 비금융자산을 현재 사용하는 것을 최고 최선의 사용으로 본다. 또한 경쟁력 있는 지위를 보호하거나 그 밖의 이유로 취득한 비금융자산을 의도적으로 활발히 사용하지 않으려 하거나 최고 최선으로 자산을 사용하지 않으려 하더라도 비금융자산의 공정가치는 시장참여자의 최고 최선의 사용을 가정하여 측정한다.

5) 자산의 물리적 특성이란 자산의 위치나 크기와 같은 특성을 뜻한다.

6) 자산사용의 법적제한에는 다양한 유형이 존재할 수 있다. 자산이 부동산일 경우 부동산에 적용될 수 있는 구획정비규정 등은 자산사용의 법적제한의 좋은 예가 될 수 있다.

In-depth **금융자산·부채에 최고 최선의 사용을 적용하지 않는 이유**[K-IFRS 1113 BC63]

비금융자산의 최고 최선의 사용과 가치평가 전제의 개념을 금융자산이나 금융부채에 적용하지 않는데 그 이유는 다음과 같다.

① 금융자산은 특정 계약조건을 가지고 있어 대체적인 사용이 불가능하며 금융자산의 특성(계약조건)이 변동된 경우에만 다른 사용이 있을 수 있는데, 특성이 변동되면 그 금융자산은 다른 자산이 된다. 공정가치를 측정하는 목적은 측정일에 존재하는 자산을 측정하는 것이다.

② 기업이 다른 방식으로 부채와 관련된 의무를 면제시킴으로써 그와 관련된 현금흐름을 변동시킬 수 있다고 하더라도 이는 대체 사용이 아니다. 더구나 다른 시장참여자보다 더 효율적으로 또는 덜 효율적으로 부채를 이행할 수 있는 기업 특유의 이점이나 불리한 점을 가지고 있더라도 기업 특유의 요소는 공정가치에 영향을 미치지 않는다.

③ 그러한 개념은 본래 토지와 같은 비금융자산의 가치를 측정하는 가치평가전문가들 사이에서 개발되었다.

가치평가전제

비금융자산의 최고 최선의 사용은 다음과 같이 비금융자산의 공정가치를 측정할 때 사용하는 가치평가의 전제가 되며 이러한 전제는 구체적으로 다음과 같다.[K-IFRS 1113 문단 31~32]

(1) 비금융자산을 다른 자산 또는 부채와 집합적으로 사용

비금융자산의 최고 최선의 사용은 다른 자산과 함께 집합으로 사용하거나 다른 자산 및 부채와 함께 사용함으로써 시장참여자에게 최대의 가치를 제공할 경우가 있다.

① 자산의 최고 최선의 사용이 다른 자산과 함께 집합으로 사용하는 것이나 다른 자산·부채와 함께 사용하는 것이라면 자산의 공정가치는 다음의 가정하에 그 자산을 매도하는 현재의 거래에서 받게 될 가격이다.

- 자산은 다른 자산이나 다른 자산·부채와 함께 사용될 것이다.
- 시장참여자는 그러한 다른 자산이나 부채(그 자산의 보완적인 자산 및 관련 부채)를 구할 수 있을 것이다.

② 자산에 관련된 부채와 보완적인 자산에 관련된 부채는 운전자금을 조성하는 부채를 포함하지만 자산 집합 내 자산이 아닌 그 밖의 자산을 조성하기 위해 사용하는 부채는 포함하지 않는다.

③ 비금융자산의 최고 최선의 사용에 대한 가정은 그 자산이 사용되는 자산 및 집합 내 또는 자산이나 부채 집합 내 최고 최선의 사용과 관련되는 모든 자산에 대해 일관되게 적용해야 한다.

(2) 비금융자산의 독립적 사용

비금융자산의 최고 최선의 사용은 독립적으로 시장참여자에게 최대의 가치를 제공할 수도 있다. 자산의 최고 최선의 사용이 독립적으로 자산을 사용하는 것이라면 자산의 공정가치는 그 자산을 독립적으로 사용할 시장참여자에게 그 자산을 매도하는 현재의 거래에서 받게 될 가격이다. 한편, 비금융자산의 공정가치측정은 다른 기준서에서 특정하는 회계단위(또는 개별자산)와 일관되게 자산을 매도하는 것을 가정한다. 이는 공정가치를 측정할 때 자산의 최고 최선의 사용이 다른 자산과 함께 집합으로 또는 다른 자산과 부채와 함께 그 자산을 사용할 것으로 가정하는 경우에도 마찬가지이다. 그 이유는 공정가치측정은 시장참여자가 이미 보완적인 자산과 부채를 이미 보유하고 있는 것으로 가정하기 때문이다.

2.2. 부채 및 자기지분상품에 대한 적용

앞서 설명한 공정가치의 정의와 그 세부내용은 공정가치측정을 필요로 하는 자산 또는 부채에 공통적으로 적용된다. 다만, 기준서는 부채와 자기지분상품의 특성을 고려하여 부채와 자기지분상품의 공정가치측정에 있어 추가적인 적용방법을 설명한다.

▎일반원칙

공정가치측정의 목적은 측정일 현재의 시장 상황에서 부채 또는 지분상품을 이전하는 시장참여자 사이의 정상거래에서 이뤄지는 가격을 추정하는 것이다. 이러한 공정가치측정 목적을 이루기 위해 지켜야 할 가장 중요한 원칙은 〈관측할 수 있는 관련된 투입변수를 최대한으로 사용하고 관측할 수 없는 투입변수를 최소한으로 사용해야 한다〉는 점이다.[K-IFRS 1113 문단 36] 부채와 자기지분상품의 공정가치측정도 이러한 핵심원칙을 기본적으로 전제하되, 자산의 측정방법과 달리 부채나 자기지분상품의 특성을 고려하여 이들에 대한 공정가치측정 원칙을 추가로 설명한다.

부채 및 자기지분상품의 공정가치측정은 측정일에 부채(금융부채 및 비금융부채) 또는 자기지분상품이 시장참여자에게 이전되는 것으로 〈가정〉한다. 부채나 자기지분상품의 이전에 대한 가정에는 다음의 내용이 포함된다.[K-IFRS 1113 문단 34, BC81~82]

- 부채는 여전히 남아 있으며 시장참여자인 인수자가 그 의무를 이행하여야 한다. 그 부채는 측정일에 거래상대방에게 결제되지 않으며 소멸되지도 않는다.
- 자기지분상품은 여전히 남아 있으며 시장참여자인 인수자가 지분상품과 관련된 권리와 책임을 인수한다. 측정일에 지분상품은 취소되거나 소멸되지 않는다.
- 기업은 실제로 부채를 제3자에게 이전할 의도가 없거나 이전하지 못할 수도 있지만 부채와 자기지분상품의 이전을 가정하여 측정한 공정가치가 시장의 기준치를 제공할 수 있다.
- 부채를 공정가치로 측정하면 기업 자신의 내부 자원을 사용하여 부채를 결제하는 기업의 상대적 효율성이 결제과정에 걸쳐 당기손익에 나타난다. 더구나 부채를 제3자에게 이전할 수 없다고 하더라도 이전의 개념은 유동성, 불확실성 및 부채와 관련된 다른 요인에 대한 시장참여자의 기대를 반영하므로 공정가치측정에 그러한 가정이 필요한 것이다.

(1) 다른 상대방이 자산으로 보유한 경우

부채 또는 자기지분상품의 계약상 또는 다른 법률적 제약으로 이전이 제한됨에 따라 부채 또는 자기지분상품의 이전에 대한 가격결정 정보를 제공할 관측가능한 시장이 없는 경우라도 다른 상대방이 그러한 항목을 자산으로 보유하고 있다면 그러한 항목에 대해 관측할 수 있는 시장이 있을 수 있다. 동일하거나 비슷한 부채 또는 자기지분상품을 이전하기 위한 공시가격을 구할 수 없으나 다른 상대방이 동일한 항목을 자산으로 보유하고 있는 경우에 부채 또는 지분상품의 공정가치는 측정일에 동일한 자산으로 보유하고 있는 다른 시장참여자(보유자)의 관점에서 측정하며 이 경우 부채와 지분상품의 공정가치는 다음과 같이 측정한다.[K-IFRS 1113 문단 35~38]

① 다른 상대방이 자산으로 보유하고 있는 동일한 항목에 대한 활성시장의 공시가격을 구할 수 있다면 그 공시가격을 사용한다.

② 활성시장의 공시가격을 구할 수 없다면 다른 상대방이 자산으로 보유하고 있는 동일한 항목에 대해 비활성시장에서 공시되는 가격 등 그 밖의 관측할 수 있는 투입변수를 사용한다.

③ 동일한 항목에 대한 활성시장 또는 비활성시장의 공시가격을 구할 수 없다면 이익접근법 또는 시장접근법과 같은 가치평가기법을 사용한다.

다른 상대방이 자산으로 보유하고 있는 부채 또는 자기지분상품의 공시가격은 그 부채 또는 지분상품의 공정가치측정에 적용할 수 없는 자산에 대한 특정된 요소가 있는 경우에만 조정한다.

자산의 공시가격을 조정해야 하는 예는 다음과 같다.[K-IFRS 1113 문단 39]

- 자산의 공시가격이 다른 상대방이 자산으로 보유하고 있는 비슷하지만 동일하지는 않은 부채 또는 지분상품과 관련되어 있다. 예를 들어, 부채 또는 지분상품은 자산으로 보유하고 있는 비슷한 부채 또는 지분상품의 공정가치에 반영된 특성과는 다른 특성(예 : 발행자의 신용상태)을 가지고 있을 수 있다.
- 자산의 회계단위가 부채 또는 지분상품의 회계단위와 같지 않다. 예를 들어 부채의 경우 자산의 가격이 발행자가 지급해야 하는 금액과 제3자의 신용보강으로 구성되는 묶음의 결합가격을 반영한 경우가 있다. 부채의 회계단위가 결합된 묶음이 아니라면 부채의 공정가치를 측정하는 목적은 결합된 형태의 공정가치가 아닌 발행자 부채의 공정가치를 측정하는 것이다. 따라서 그러한 경우에 관측된 자산의 가격에서 제3자의 신용보강의 영향이 제외되도록 조정한다.

이와 관련하여, 기준서는 다른 상대방이 보유한 자산가격에는 그 자산의 매도를 제한하는 제약의 영향을 반영해선 안 된다고 명시하고 있는데, 이는 그 자산의 공시가격에는 자산의 매도를 제한하는 효과가 반영되지 않는다고 보는 것으로 해석된다.

예 제 **상대방이 자산으로 보유하면서 공시가격이 있는 채무**[K-IFRS 1113 IE40~42]

기업은 20×1년 1월 1일 BBB등급의 회사채(고정금리 채무상품)를 액면금액 2백만원, 매년 말 후급으로 10%의 이자를 지급하는 조건으로 액면발행하였다. 회사채의 만기는 5년이며, 거래소에서 거래된다. 기업은 이 회사채를 당기손익 - 공정가치측정 항목으로 지정하였다. 최초 발행 후 20×1년 12월 31일 첫 이자지급 후 거래소에서 액면금액 1,000원당 929원에 자산으로 거래되고 있다.

- 기업은 20×1년 12월 31일 활성시장의 자산 공시가격을 이용해 이 회사채의 공정가치를 측정한다. 기업이 발행한 회사채의 공정가치는 1,858,000원[= 2,000,000원×(929원÷1,000원)]으로 측정된다.
- 활성시장의 자산 공시가격이 부채의 공정가치를 나타내는지를 판단할 때 기업은 자산의 공시가격에 부채의 공정가치측정에 적용할 수 없는 요인의 영향이 포함되어 있는지

검토한다. 예를 들어 제3자의 신용보강이 발행자의 관점에서 분리하여 회계처리될 경우에는 자산의 공시가격에 그러한 신용보강의 영향이 포함되어 있는지 검토한다. 만일, 기업이 이 회사채의 공시가격에 신용보강 등의 영향이 없다고 판단한다면 공시가격을 이용하게 되며 이때에는 공정가치 서열체계 〈수준1〉로 분류하고 공시한다.

(2) 다른 상대방이 자산으로 보유하지 않은 경우

동일하거나 비슷한 부채 또는 자기지분상품을 이전하기 위한 공시가격을 구할 수 없으며 다른 상대방이 동일한 항목을 자산으로 보유하지 않은 경우에는 부채를 부담하거나 자본에 대한 청구권을 발행한 시장참여자의 관점에서 가치평가기법을 사용하여 부채 및 지분상품의 공정가치를 측정한다. 부채 및 지분상품의 공정가치를 측정함에 있어 시장참여자의 관점에서 사용하는 가치평가기법 중 현재가치기법을 적용하는 경우에는 다음 중 하나를 고려할 수 있다.[K-IFRS 1113 문단 40~41]

① 시장참여자가 의무를 인수할 때 요구하는 보상을 포함하여 시장참여자가 의무를 이행할 때 생길 것으로 예상하는 미래 현금유출액

② 시장참여자가 같은 계약조건을 갖는 부채나 지분상품을 발행하기 위하여 주된 시장 또는 가장 유리한 시장에서 동일한 상품(예 : 같은 신용특성이 존재)의 가격을 결정할 때 사용할 가정을 사용하여 시장참여자가 동일한 부채 또는 지분상품에 대해 계약을 체결하거나 발행하면서 받게 될 금액

예 제 **현재가치기법을 이용한 채무의 공정가치측정**[K-IFRS 1113 IE43~47, 저자일부수정]

기업은 20×1년 1월 1일 BBB등급의 회사채(고정금리 채무상품)를 액면금액 2백만원, 매년말 후급으로 10%의 이자를 지급하는 조건으로 사모방식으로 액면발행하였다. 회사채의 만기는 5년이다. 기업은 이 금융부채를 당기손익-공정가치측정 항목으로 지정하였다.

20×1년 12월 31일 기업은 여전히 BBB 등급을 유지하고 있다. BBB 등급 및 유동성에 대한 신용스프레드와 구할 수 있는 이자율과 같은 시장조건은 회사채가 발행된 후 변동하지 않았다. 그러나 기업의 신용스프레드는 불이행위험 변동으로 50베이시스 포인트만큼 악화되었다. 기업은 이러한 시장상황을 고려한 결과 후속측정일(20×1년 12월 31일)에 이 회사채를 발행한다면 이자율은 10.5%가 되거나 할인발행해야 할 것으로 판단한다.

• 기업은 20×1년 12월 31일 당기손익-공정가치로 측정하기로 한 이 회사채의 공정가치를 다음과 같이 측정한다.

㉠ 20×1년 12월 31일 채무상품의 조건

액면금액	표면이자율	잔여만기	시장이자율
2,000,000	10.0%	4	10.5%

㉡ 20×1년 12월 31일 현재가치기법에 기초한 부채의 공정가치측정 결과

	현재가치	20×2년	20×3년	20×4년	20×5년
계약상현금흐름		200,000	200,000	200,000	2,200,000
현가계수(10.5%)		0.9050	0.8190	0.7412	0.6707
현재가치	1,968,641	180,995	163,797	148,232	1,475,617

- 기업은 시장참여자가 부채를 부담하는 것에 대한 보상으로서 요구할 수 있는 위험이나 이익에 대하여 어떠한 추가 투입변수도 현재가치기법에 포함시키지 않는다. 기업의 채무는 금융부채이기 때문에 시장참여자가 부채를 부담하는 것에 대한 보상으로서 요구하는 위험이나 이익은 이미 이자율에 반영되어 있다고 판단한다. 또, 금융부채를 이전하지 못하도록 하는 제약이 있더라도 현재가치기법을 조정하지 않는다.

추가고려사항

부채 및 자기지분상품의 공정가치를 측정함에 있어 추가적으로 다음의 사항을 고려한다.

(1) 불이행위험

부채의 공정가치에는 불이행위험이 반영된다. 불이행위험은 기업자신의 신용위험을 포함하지만 신용위험만으로 한정되는 것은 아니다. 부채의 공정가치측정에 있어 불이행위험은 부채의 이전 전·후에 동일한 것으로 가정한다. 부채의 공정가치측정 시에는 신용위험의 영향뿐만 아니라 의무가 이행되거나 이행되지 않을 가능성에 영향을 줄 수 있는 그 밖의 요소를 고려한다. 그러한 영향의 예는 다음과 같으며 부채에 따라 다를 수 있다.[K-IFRS 1113 문단 42~44]

- 부채가 현금을 인도할 의무(금융부채)인지, 재화나 용역을 인도할 의무(비금융부채)인지
- 부채와 관련된 신용보강이 있다면 그 신용보강의 조건

부채의 공정가치는 회계단위에 근거하여 불이행위험의 효과를 반영한다. 제3자의

신용보강을 포함하여 부채를 발행했지만 이를 부채와 분리하여 회계처리하는 경우 발행자는 부채의 공정가치를 측정할 때 신용보강(예 : 채무에 대한 제3자의 보증)의 영향을 포함하지 않는다. 신용보강을 부채와 분리하여 회계처리하는 경우에 발행자는 부채의 공정가치측정에서 자신의 신용수준을 고려하되 제3자 보증인의 신용수준은 고려하지 않는다.

예 제 **불이행위험과 부채의 측정**[K-IFRS 1113 IE30~32]

부채의 공정가치측정은 부채가 금융부채이든 비금융부채이든 측정일에 시장참여자에게 이전되는 것으로 가정한다. 부채는 여전히 남아있으며 시장참여자인 인수자는 의무를 이행하여야 한다. 측정일에 부채는 거래상대방에게 결제되지 않으며 소멸되지도 않는다.

부채의 공정가치는 불이행위험의 영향을 반영한다. 부채와 관련된 불이행위험은 기업자신의 신용위험을 포함하며 이것만으로 한정되는 것은 아니다. 기업의 의무를 자산으로 보유하고 있는 기업들은 지급할 의사가 있는 가격을 추정할 때 기업의 신용수준에 대한 영향을 고려할 것이므로, 부채를 공정가치로 측정하는 모든 기간의 부채의 공정가치에 신용위험(신용수준)의 효과를 고려한다.

- 기업X와 기업Y는 5년 후 기업Z에게 현금(500원)을 지급해야 할 계약상 의무를 진다.
- 기업X는 AA 신용등급이며 6%에 차입할 수 있고 기업Y는 BBB 신용등급이며 12%에 차입할 수 있다.
- 기업X는 이 계약으로 374원(5년 후의 500원을 6%로 할인한 현재가치)을 받을 것이고, 기업Y는 284원(5년 후의 500원을 12%로 할인)을 받을 것이다. 각 기업 부채의 공정가치(대가)는 각 기업의 신용수준을 반영하고 있다.

In-depth **불이행위험이 부채의 이전 전·후가 같다고 가정하는 이유** [K-IFRS 1113 BC94]

공정가치측정에서 부채와 관련된 불이행위험은 부채의 이전 전·후가 같다는 가정은 실제 거래에서는 현실적이지 않을 수 있으나 다음의 이유로 공정가치측정에서 필요하다.

① 의무를 인수하는 시장참여자는 부채와 관련된 불이행위험이 변동하면서 가격이 그러한 변동을 반영하지 않는 거래는 하지 않을 것이다. 예를 들어 채권자는 채무자가 신용수준이 더 낮은 다른 상대방에게 의무를 이전하는 것을 허용하지 않을 것이며 신용수준이 더 높은 인수자는 계약조건이 인도자의 더 낮은 신용수준을 반영한다면 인도자가 합의한 것과 같은 조건의 의무를 부담할 의사가 없을 것이다.

② 의무를 인수하는 기업의 신용수준을 구체적으로 밝히지 않는다면 시장참여자인 인수자의 특성에 대한 기업의 가정에 따라 근본적으로 다른 부채의 공정가치가 존재할 수 있다.

③ 기업의 의무를 자산으로 보유하게 될 자는 자산의 가격을 결정할 때 기업의 신용위험의 영향과 그 밖의 위험요인을 고려할 것이다.

(2) 이전을 제한하는 제약

부채 또는 자기지분상품의 이전을 제한하는 제약이 존재하더라도 부채 또는 자기지분상품의 공정가치를 측정함에 있어 다른 투입변수를 조정하거나 별도의 투입변수를 포함시키지 않는다. 이는 부채 또는 자기지분상품의 이전을 제한하는 제약의 영향은 공정가치측정을 위한 다른 투입변수에 암묵적 혹은 명시적으로 포함되어 있기 때문이다.[K-IFRS 1113 문단 45~46]

- 예를 들어 채권자와 채무자는 의무의 이전을 제한하는 제약을 포함하고 있다는 점을 충분히 인지하고 부채의 거래가격을 받아들인 것이므로 그러한 제약이 거래가격에 포함되어 있는 것이다.
- 따라서 이전에 대한 제약의 영향을 반영하기 위해 거래일에 별도의 투입변수나 기존 투입변수에 대한 조정은 불필요한 것이다. 또한, 후속측정일에도 이전에 대한 제약의 영향을 반영하기 위하여 별도의 투입변수나 기존투입변수에 대한 조정이 반드시 필요하지는 않다.

(3) 요구불특성

요구불예금과 같이 요구불특성을 가진 금융부채의 공정가치는 요구하면 지급하여야 하는 첫날부터 할인한 금액 이상이어야 한다. 일부에서는 요구불특성이 있는 금융부채의 공정가치는 지급요구가 가능한 최초일로부터 할인한 금액인 「요구불금액」보다 작은 금액, 즉 예금이 예치될 것으로 예상되는 기간에 할인한 예금금액으로 측정하는 것이 위험관리 목적에 적절하므로 요구불특성을 가지는 금융부채의 공정가치는 요구불금액보다 작다고 주장하기도 한다. 그러나, 요구불특성을 가진 금융부채의 공정가치는 적어도 요구하면 지급요구가 가능한 최초일에 할인한 금액 이상으로 봄이 타당하다. 그러한 금융부채에 대해 관측가능한 시장가격은 고객과 요구불예금 수취기관 사이에 최초로 발생한 가격인 요구불금액이며 요구불특성을 가진 금융부채를 요구불금액 미만으로 인식하여 예금의 발생 즉시 이익을 발생시키는 것은 부적절하다.[K-IFRS 1113 문단 47]

2.3. 최초인식시점의 공정가치

일반적으로 자산이나 부채의 최초 거래가격은 공정가치와 같을 것이다. 최초 인식시점의 공정가치가 거래가격과 같은지를 판단할 때에는 거래에 특정한 요소 및 자산이나 부채에 특정된 요소를 고려해야 하는데 어떤 경우에는 최초 인식시점의 거래가격이 자산이나 부채의 공정가치와 다를 수 있다. 이에 기준서는 최초 인식시점의 공정가치와 최초 측정에 대한 기본적인 방향을 제시하고 있는데 다른 기준서에서 최초 측정시점의 자산이나 부채의 거래가격과 공정가치가 다를 경우에 별도로 제시한 방법이 없다면 거래가격과 공정가치의 차이를 당기손익으로 인식하도록 하고 있다.[K-IFRS 1113 문단 58~60]

실무적으로 자산과 부채를 처음 인식하는 시점에 거래가격과 공정가치가 다르다면 상당한 혼란이 있을 수 있다. 최초 인식시점의 거래가격과 공정가치가 다른지에 대한 확신을 얻기가 쉽지 않고 공정가치측정의 불확실성도 상존하기 때문이다.

K-IFRS 1113호는 최초 인식시점의 공정가치에 대해 일반적인 가이드라인을 제시하고 있는데, 본서에서 주로 다루게 될 금융상품의 경우 최초 인식시점의 공정가치는 K-IFRS 1109호에서 세부적으로 설명한다. 따라서 자산이나 부채 중 금융상품의 범주에 해당되는 항목은 K-IFRS 1109호에 따라 최초 인식하는 것이 타당하다.

- K-IFRS 1109호는 원칙적으로 매출채권을 제외한 금융자산이나 금융부채는 최초 인식시점에 공정가치로 측정하도록 하고 있으므로 K-IFRS 1113호의 최초 인식시점의 처리방법과 기본적으로 동일하다.
- K-IFRS 1113호는 최초 인식시점의 공정가치가 거래가격과 다를 경우 그 차이를 즉시 당기손익으로 인식하도록 포괄적으로 정하고 있으나 K-IFRS 1109호는 금융자산의 최초 인식에 있어 공정가치와 거래가격이 다를 경우 상황에 따라 달리 적용하도록 하고 있다.

금융상품(금융자산, 금융부채 및 지분상품)의 최초인식에 있어 일반적인 경우(K-IFRS 1113호의 일반원칙)와 구분하는 것은, 금융상품은 다른 자산이나 부채와 비교하여 볼 때 특수관계자와의 거래 등 특별한 상황이 아니라면 재화나 용역과 같이 가치측정이 모호한 경우와 달리 최초 거래가격이 공정가치일 가능성이 높기 때문이다. K-IFRS 1109호는 최초 인식시점의 금융상품의 공정가치를 설명하는 최선의 증거는 일반적으로는 거래가격임을 인정하면서 공정가치와 거래가격이 다르다고 판단되는 상황에서는 공정가치측정의 신뢰성에 기초해 다음과 같이 처리한다.[K-IFRS 1109 B5.1.1~5.1.2A]

① 측정된 공정가치가 금융자산이나 부채에 대한 활성시장의 공시가격에 따라 입증되거나 관측가능한 시장의 자료만을 사용하는 평가기법에 기초한다면 공정가치로 최초 측정하고 공정가치와 거래가격의 차이는 당기손익으로 인식한다.

② 그 밖의 모든 경우에는 거래가격으로 최초인식하고 공정가치와의 차이는 이연하여 반영한다.

활성시장의 공시가격은 후술할 공정가치 서열체계에서 〈수준1〉 투입변수를 말하고, 관측가능한 시장의 자료만을 사용하는 경우는 〈수준2〉 투입변수를 말한다. 따라서, 그 밖의 모든 경우란 공정가치를 〈수준3〉 투입변수로 측정된 경우를 뜻한다. 이를 다시 정리하면 공정가치측정을 위해 투입된 변수가 〈수준1〉 또는 〈수준2〉만으로 측정된 경우에는 거래가격이 아닌 공정가치로 최초 측정하고 그 차이는 즉시 당기손익으로 인식하며 공정가치측정을 위해 투입된 변수가 〈수준3〉으로 측정된 경우에는 거래가격으로 최초 측정하고 공정가치와 거래가격의 차이는 이연하여 후속적으로 반영하게 된다.

예 제　금융상품의 최초인식 : 〈수준3〉으로 측정된 공정가치

기업은 1주당 10,000원으로 전환할 수 있는 전환사채를 액면금액인 10,000원으로 발행하였다. 전환사채는 일반적인 채무상품에 향후 보통주로 전환될 수 있는 권리인 전환옵션이 부여되어 있다. 이 전환사채는 활성시장에서 거래되지 않는다. 기업은 이 전환사채의 발행시점에 공정가치를 10,200원으로 측정하였다. 전환사채 공정가치 10,200원은 옵션평가모형을 이용하여 측정되었으며, 채권평가모형을 이용해 측정된 순수채무상품의 가치 7,000원을 차감하여 전환옵션의 공정가치를 3,200원으로 측정하였다.

- 기업은 최초 측정일에 전환사채에 대해 공정가치 서열체계 〈수준3〉으로 측정된 공정가치인 10,200원이 아니라 거래가격인 10,000원으로 측정하며 최초측정일의 공정가치와 거래가격의 차이인 200원을 당기손익으로 인식하지 않는다.
- 기업이 〈수준3〉으로 측정된 전환사채 공정가치 10,200원이 아닌 거래가격으로 최초인식한 것은 거래가격이 공정가치의 최선의 추정치이면서 거래가격과 공정가치의 차이가 유의적으로 중요하지 않기 때문이다. 만일 거래가격과 〈수준3〉으로 측정된 금융상품의 공정가치가 유의적으로 중요한 경우에는 추가적인 고려가 필요한데 이에 대해서는 「제3부 공정가치회계 및 측정」에서 구체적으로 다루고자 한다.

Financial Valuation

제 2 장 가치평가기법과 서열체계

공정가치측정은 상황에 적합하며 관련된 관측할 수 있는 투입변수를 최대한 사용하고 관측할 수 없는 투입변수를 최소한으로 사용하며 공정가치를 측정할 때 충분한 자료를 구할 수 있는 가치평가기법을 사용해야 한다. 가치평가기법을 사용하는 목적은 측정일에 현재의 시장상황에서 시장참여자 사이에 이루어지는 자산을 매도하거나 부채를 이전하는 정상거래에서의 가격을 추정하는 것이다. 활성시장의 공시가격이 없거나 이를 관측할 수 없는 상황에서 자산 또는 부채의 공정가치를 측정하는 방법으로 널리 사용하는 가치평가기법은 시장접근법, 원가접근법 및 이익접근법이다.

공정가치를 측정하기 위하여 이러한 접근법 중 하나 이상의 접근법과 일관된 가치평가기법을 사용한다. 하나의 가치평가기법만으로 충분할 수도 있고 복수의 가치평가기법이 더 적절할 수도 있다. 공정가치를 측정하기 위해 복수의 가치평가기법을 사용하는 경우에는 그 결과값, 즉 공정가치에 대한 각각의 지표에 나타나는 여러 값들의 범위에 대한 합리성을 고려해 그 결과값들을 평가해야 한다. 공정가치측정치는 그러한 상황에서 공정가치를 가장 잘 나타내는 범위 내의 값이다.[K-IFRS 1113 문단 61~63]

1 가치평가기법

본서는 기준서에 따른 자산이나 부채, 특히 금융자산, 금융부채 및 지분상품의 공정가치평가 방법과 그 회계처리 방법을 다루는 것을 주된 목적으로 하고 있다. 따라서 본서의 많은 부분을 금융상품의 유형과 특성에 맞는 가치평가기법을 설명하는 데에 할애한다. 이와 관련하여 K-IFRS 1113호는 가치평가기법과 가치평가기법의 변경에 대한 개괄적인 내용을 설명하고 있는데 이에 대해 정리해 본다.

1.1. 가치평가기법

K-IFRS 1113호는 공정가치측정을 위한 체계를 하나의 기준서로 제시하지만, 재무보고 목적 이외의 가치평가기준을 설정하거나 가치평가실무에 영향을 미치고자 하는 의도는 없으므로 이 기준서가 공정가치를 측정하는 세부적인 방법을 결정하는 것은 아니다. 따라서, 기업은 공정가치측정을 필요로 하는 다양한 상황에서 지침의 범위 내에서 합리적인 평가방법을 선택하여 적용한다. K-IFRS 1113호는 공정가치를 측정하기 위한 세부적인 평가방법에 대한 기술보다는 가치평가 접근법을 위주로 설명한다. 기준서는 공정가치 측정을 위한 가치평가기법으로 시장접근법, 원가접근법 및 이익접근법으로 구분하고 이익접근법의 세부방법으로 현재가치기법, 옵션가격결정모형 및 다기간초과이익법 등을 예로 들고 있다.

▎시장접근법

시장접근법은 동일하거나 비교할 수 있는 비슷한 자산, 부채, 사업과 같은 자산과 부채의 집합에 대한 시장거래에서 생성된 가격이나 그 밖의 목적적합한 정보를 사용한다. 예를 들어, 시장접근법과 일관된 가치평가기법에서는 비교할 수 있는 대상들로부터 도출한 시장배수를 사용한다. 배수는 각각 비교할 수 있는 서로 다른 배수를 포함하는 그 범위에 있을 수 있고 그 범위에서 적절한 배수를 선택하기 위해 측정치에 특유한 질적요소와 양적요소를 고려하는 판단이 필요하다.[K-IFRS 1113 B5~6] 본서의 「제2부 가치평가모형」에서 설명하고 있는 〈상대가치평가모형〉은 시장접근법의 대표적인 유형이다.

▎원가접근법

원가접근법은 자산의 사용능력을 대체할 때 현재 필요한 금액을 반영하는데 현행대체원가라고 불리기도 한다. 시장참여자인 매도자의 관점에서 자산에 대해 받게 될 가격은 시장참여자인 매입자가 이와 비슷한 유용성이 있는 대체자산을 취득하거나 건설하기 위한 원가(진부화를 반영하여 조정한 후의 금액)를 기준으로 한다. 이는 시장참여자인 매입자가 그 자산의 사용능력을 대체할 수 있는 자산에 대한 금액보다 더 지급하지는 않을 것이기 때문이다. 진부화는 물리적 악화, 기능적 또는 기술적 진부화, 경제적 또는 외적 진부화를 포괄하며 재무보고 목적상 역사적원가 배분이나 세무목적상 특정내용연수의 적용을 통한 감가상각보다 그 범위가 넓다. 여러 경우에 현행 대체원가법은 다른 자산과 함께 사용하거나 다른 자산과 부채와 함께 사용하는 유형의 자산에 대한 공정가치를 측정하는 데에 사용한다.[K-IFRS 1113 B8~9]

이익접근법

이익접근법은 미래현금흐름이나 미래이익을 현재의 할인된 금액으로 전환하는 방법이다. 이익접근법을 사용한 공정가치측정치는 미래금액에 대한 현재의 시장기대를 반영한다. 이익접근법은 다음의 가치평가기법이 포함된다.[K-IFRS 1113 B10~12]

- 현재가치기법
- 옵션가격결정모형
- 다기간초과이익법

기준서는 현재가치기법의 유형으로 할인율조정기법과 기대현금흐름의 현재가치 기법에 중점을 두고 설명한다. 그렇지만 하나의 특정된 현재가치기법만을 사용하도록 규정하거나 기준서에서 설명하고 있는 방법만으로 현재가치기법의 사용을 제한하는 것은 아니다. 공정가치측정을 위해 사용하는 현재가치기법은 측정하는 자산이나 부채에 특유한 사실이나 상황, 예를 들어 비교할 수 있는 자산이나 부채의 가격을 시장에서 관측할 수 있는지와 같은 상황과 충분한 자료의 사용가능성에 따라 결정된다.

(1) 현재가치 측정요소

현재가치기법은 할인율을 사용하여 미래금액을 현재금액으로 연계시킬 때 사용하는 방법이다. 현재가치기법을 사용하는 자산이나 부채의 공정가치측정은 측정일에 시장참여자의 관점에서 다음의 모든 요소를 고려한다.[K-IFRS 1113 B13]

① 기대미래현금흐름 : 측정하는 자산이나 부채의 미래현금흐름의 추정

② 위험과 불확실성 : 현금흐름에 내재된 불확실성을 나타내는 예상현금흐름의 금액과 시기의 변동에 대한 기대

③ 무위험이자율 : 현금흐름이 발생하는 기간과 일치하는 만기일이나 듀레이션을 가지며 보유자에게 시기의 불확실성이나 채무를 이행하지 않을 위험이 없는 무위험 화폐성자산에 대한 수익률

④ 위험프리미엄 : 현금흐름에 내재된 불확실성이라는 위험을 부담하는 가격

⑤ 불이행위험 : 부채의 경우 채무자인 기업의 자기신용위험을 포함하는 해당 부채에 관련된 불이행위험

⑥ 그 밖의 요소 : 주어진 상황에서 시장참여자가 고려할 그 밖의 요소

(2) 일반원칙

현재가치기법들은 위의 기대 미래현금흐름 등의 요소를 어떻게 고려하는지에 따라 서로 달라지나 다음의 일반원칙은 공정가치를 측정하기 위해 사용하는 모든 현재가치기법에 해당된다.[K-IFRS 1113 B14]

- 현금흐름과 할인율은 시장참여자가 자산이나 부채의 가격을 결정할 때 사용할 가정을 반영해야 한다. 현금흐름과 할인율은 측정하는 자산이나 부채에 관련된 요소만을 고려한다.
- 이중계산이나 위험요소의 영향이 누락되지 않도록 하기 위해 할인율은 현금흐름에 내재된 가정과 일관된 가정을 반영해야 한다. 예를 들어, 대여금의 계약상 현금흐름에 대한 할인율은 미래의 채무불이행에 대한 기대의 불확실성을 반영한 할인율(할인율조정기법)이 적절하다. 만약 확률가중 기대현금흐름을 사용(기대현재가치법)하는 경우에는 그 같은 할인율을 사용해서는 안 되는데, 그 이유는 기대현금흐름이 이미 미래 채무불이행의 불확실성에 가정을 반영하고 있기 때문이다. 그러므로 대여금에 대해 확률가중 기대현금흐름을 사용할 경우 기대현금흐름에 내재된 위험에 적합한 할인율을 사용해야 한다.
- 현금흐름과 할인율에 대한 가정은 내부적으로 일관되어야 한다. 예를 들어 인플레이션의 영향을 포함하는 명목현금흐름은 인플레이션의 영향을 포함하는 이자율로 할인하여야 한다. 명목무위험이자율도 인플레이션의 영향을 포함한다. 반대로 인플레이션의 영향을 제외한 실질현금흐름은 인플레이션의 영향을 제외한 이자율로 할인해야 한다. 같은 논리로 세후현금흐름은 세후할인율로 할인하고 세전현금흐름은 그러한 현금흐름과 일관된 이자율로 할인해야 한다.
- 할인율은 현금흐름이 표시되는 통화에 내재된 경제적 요소와 일관되어야 한다.

(3) 위험과 불확실성

현재가치기법을 사용한 공정가치측정은 사용하는 현금흐름이 알려진 금액이 아닌 추정치이기 때문에 불확실한 조건에서 행해진다. 많은 경우에 현금흐름의 금액과 시기

모두 불확실하다. 대여금과 같이 계약상 확정금액도 채무불이행 위험이 있는 경우 기대 현금흐름은 불확실한 것이다. 따라서, 시장참여자는 자산이나 부채의 현금흐름에 내재된 불확실성을 부담하는 것에 대한 추가적인 보상 즉, 위험프리미엄(risk premium)을 요구한다. 공정가치측정은 시장참여자가 현금흐름에 내재된 불확실성에 대한 보상으로 요구할 금액을 반영한 위험프리미엄을 포함해야 한다. 그렇지 않으면, 해당 측정은 공정가치를 충실히 나타내지 못할 것이다. 일부 경우에는 적절한 위험프리미엄을 산정하기 어려울 수 있다. 그러나 어려움의 정도만으로는 위험프리미엄을 배제하는 충분한 이유가 되지 않는다.[K-IFRS 1113 B15~17]

현재가치기법들은 위험을 반영하여 조정하는 방법과 사용하는 현금흐름의 종류가 서로 다른데 예를 들면 다음과 같다.

① 할인율조정기법 : 할인율조정기법은 위험조정 할인율과 계약상 약정되었거나 발생가능성이 가장 높은 현금흐름을 사용한다.

② 기대현재가치기법 : 기대현재가치기법은 기대현금흐름에 위험을 조정할지 여부를 판단하고 이에 대응되는 할인율을 사용한다.

㉠ 기대현재가치기법 중 첫 번째 방법은 위험조정 기대현금흐름과 이에 대응되는 무위험이자율을 사용한다.

㉡ 기대현재가치기법 중 두 번째 방법은 위험을 조정하지 않은 기대현금흐름과 시장참여자가 요구하는 위험프리미엄을 포함하여 조정한 할인율을 사용한다. 이때 할인율은 할인율조정기법에서 사용하는 할인율과는 다르다.

(4) 할인율조정기법

할인율조정기법은 가능한 추정금액의 범위에서 단일의 현금흐름을 사용한다. 이러한 현금흐름은 계약상 현금흐름 또는 채권과 같이 약정된 현금흐름이나 발생가능성이 매우 높은 현금흐름이 될 수 있다. 그러한 현금흐름은 특정사건의 발생을 조건으로 하는데 예를 들어 채권의 계약상 또는 약정된 현금흐름은 채무자가 채무를 이행하는 것을 조건으로 하는 것들이다. 할인율조정기법에서 사용하는 할인율은 시장에서 거래되는 비교할 수 있는 자산이나 부채에서 관측한 수익률에서 도출한다. 따라서, 계약상 약정되었거나 발생가능성이 가장 높은 현금흐름은 그러한 조건부 현금흐름에 대해 관측하였거나 추정한 시장이자율로 할인한다.

할인율조정기법은 비교할 수 있는 자산이나 부채에 대한 시장자료의 분석이 필요하다. 비교가능성은 계약상 현금흐름인지, 비계약상 현금흐름인지, 현금흐름이 경제적 조건의 변동에 비슷하게 반응할 것인지 등과 같은 현금흐름의 성격과 신용등급, 담보, 듀레이션, 제한약정 및 유동성과 같은 그 밖의 요소를 고려하여 설정한다. 비교할 수 있는 하나의 자산이나 부채가 측정하는 자산이나 부채의 현금흐름에 내재된 위험을 적절히 반영하지 못한다면 그 대안으로 무위험수익률 곡선과 함께 비교할 수 있는 여러 자산이나 부채에 대한 자료를 사용하여 할인율을 도출할 수 있는데 이를 요소가산접근법(build-up method) 또는 적산법이라 한다.[K-IFRS 1113 B18~19]

예 제 **요소가산접근법**[K-IFRS 1113 B20~21]

금융상품A는 1년 후에 800원을 받기로 한 계약상 권리이다. 금융상품A의 현금흐름에 대한 시기상 불확실성은 없다. 금융상품A와 비교할 수 있는 자산에 대한 안정된 시장이 있고 가격정보를 포함하여 그 자산에 대한 정보를 구할 수 있다. 금융상품A와 비교할 수 있는 자산의 내용은 다음과 같다.

① 금융자산B는 1년 후 1,200원을 받기로 하는 계약상 권리이며 시장가격은 1,083원이다. 따라서 금융자산B에 내재된 1년 시장수익률은 10.8%[=(1,200원÷1,083원)-1]이다.

② 금융자산C는 2년 후 700원을 받기로 하는 계약상 권리이며 시장가격은 566원이다. 따라서 금융자산C에 내재된 2년 시장수익률은 11.2%[=(700원÷566원)$^{0.5}$-1]이다.

③ 금융자산 A, B, C 모두 가능한 지급액 및 신용의 분산을 고려한 위험과 관련하여 서로 비교할 수 있다.

- 계약상 지급액의 시기를 비교해 볼 때 금융자산B는 1년이고 금융자산C는 2년이므로 금융자산B가 금융자산A와 비교하기에 더 알맞다고 본다. 금융자산A에 대해 받을 수 있는 계약상 지급액 800원과 금융자산B에서 도출한 1년 시장수익률 10.8%를 사용하면 금융자산A의 공정가치는 722원[800원÷(1+10.8%)]으로 측정된다.
- 금융자산B에 대해 구할 수 있는 시장정보가 없는 경우에 1년 시장수익률을 요소가산접근법을 사용하여 금융자산C에서 도출할 수 있다. 이때는 금융자산C가 나타내는 2년 시장수익률 11.2%는 무위험수익률곡선의 기간구조를 이용하여 1년 시장수익률로 조정될 것이다.
- 1년 만기자산의 위험프리미엄과 2년 만기자산의 위험프리미엄이 같은지를 판단하기 위하여 추가정보와 분석이 필요할 수도 있다. 1년 만기자산의 위험프리미엄과 2년 만기자산의 위험프리미엄이 같지 않다고 판단되면 2년 만기 시장수익률은 그러한 영향을 반영하여 추가 조정될 것이다.

할인율조정기법을 확정된 현금흐름의 수취나 지급에 적용한다면 측정하는 자산이나 부채의 현금흐름에 내재된 위험의 조정이 할인율에 포함된다. 확정된 수취나 지급이 아닌 현금흐름에 할인율조정기법을 적용하는 일부 경우에는 할인율이 도출되는 관측한 자산이나 부채와 비교할 수 있도록 하기 위하여 현금흐름에 대한 조정이 필요할 수도 있다.[K-IFRS 1113 B22]

(5) 기대현재가치기법

기대현재가치기법은 모든 가능한 미래현금흐름의 확률가중평균 즉, 기대현금흐름을 나타내는 하나의 현금흐름을 시작점으로 사용한다. 도출한 추정치는 기댓값과 동일하며 통계용어로는 이산확률변수가 가질 수 있는 값에 각각의 확률을 가중치로 곱하여 구한 가중평균이다. 모든 가능한 현금흐름이 확률로 가중평균되므로 도출한 기대현금흐름은 할인율조정기법에서 사용한 현금흐름과 달리 특정사건의 발생을 조건으로 하지 않는다. 투자결정을 하면서 위험회피적인 시장참여자는 실제 현금흐름이 기대현금흐름과 서로 다를 수 있는 위험을 고려할 것이다. 포트폴리오 이론은 아래의 두 종류의 위험을 구분한다.[K-IFRS 1113 B23~24]

① 분산가능한 비체계적 위험으로서 특정자산이나 부채에 특유한 위험

② 분산불가능한 체계적 위험으로서 자산이나 부채가 분산된 포트폴리오의 다른 항목과 공유되는 공통의 위험

포트폴리오 이론은 시장이 균형인 상황에서 시장참여자가 현금흐름에 내재된 체계적 위험을 부담하는 경우에만 보상받을 것이라고 본다. 반면 비효율적이거나 불균형인 상황의 시장에서는 다른 종류의 수익이나 보상이 가능할 수 있다.

기대현재가치기법은 아래의 두 가지 방법을 고려할 수 있다.[K-IFRS 1113 B25~26]

① 기대현재가치기법의 〈방법1〉은 현금 위험프리미엄(위험조정 기대현금흐름)을 차감함으로써 체계적 위험에 대한 자산의 기대현금흐름을 조정한다.

- 기대현금흐름은 확실성등가 현금흐름을 나타내며 무위험이자율로 할인된다. 확실성등가 현금흐름은 시장참여자가 확실한 현금흐름을 기대현금흐름과 교환하는 것에 대해 무차별하게 받아들이도록 위험이 조정된 기대현금흐름을 나타낸다.
- 예를 들어, 시장참여자가 1,200원의 기대현금흐름과 1,000원의 확실한 현금흐름을 교환하려 한다면 1,000원이 1,200원에 대한 확실성등가이고 200원이

현금 위험프리미엄이 되는 것이며 시장참여자는 보유한 자산에 대해 무차별하게 받아들일 것이다.

② 기대현재가치기법의 〈방법2〉는 위험프리미엄을 무위험이자율에 적용함으로써 체계적 위험을 반영하여 조정한다. 따라서 기대현금흐름은 확률가중 현금흐름과 연관된 기대이자율에 상응하는 이자율 즉, 기대수익률로 할인한다.

- 자본자산가격결정모형(CAPM : Capital Asset Pricing Model)과 같이 위험자산의 가격을 결정하는 데에 사용하는 모형을 기대수익률을 추정하기 위해 사용할 수 있다.
- 할인율조정기법에서 사용하는 할인율이 조건부 현금흐름과 관련된 수익률이기 때문에 그러한 할인율은 기대현재가치기법 〈방법2〉의 할인율보다 더 높을 가능성이 크다.

공정가치측정을 위해 기대현재가치기법을 사용하는 경우, 〈방법1〉이나 〈방법2〉를 선택적으로 사용할 수 있다. 〈방법1〉이나 〈방법2〉의 선택은 측정하는 자산이나 부채에 특정한 사실이나 상황 및 충분한 자료를 구할 수 있는 정도와 판단을 적용하는 정도에 따라 결정될 것이다.[K-IFRS 1113 B30]

예 제 **기대현재가치기법**[K-IFRS 1113 B27~29]

금융자산A의 가능한 현금흐름과 확률에 기초해 산정된 1년 후 기대현금흐름은 아래와 같이 780원이다. 1년 무위험이자율은 5%이며 금융자산A와 같은 위험특성을 가진 자산에 대한 체계적 위험프리미엄은 3%이다.

가능한 현금흐름	확률	확률가중 현금흐름
500원	15%	75원
800원	60%	480원
900원	25%	225원
기대현금흐름	100%	780원

- 기대현금흐름(780원)은 가능한 세 가지 결과의 확률가중치를 나타낸다. 현실에서 가능한 결과가 더 많을 수 있지만 기대현재가치기법을 적용하기 위하여 복잡한 모형과 기법을 사용하여 가능한 모든 현금흐름의 분포를 항상 고려할 필요는 없으며 가능한 현금흐름의 배열을 포착하는 제한된 수의 이산적 시나리오와 확률을 개발하는 것이 효율적일 수 있다. 시장참여자의 가정을 고려하여 일부 관련된 과거기간에 실현된 현금흐름에 후속적으로 일어나는 상황의 변동(예 : 경제적 조건, 시장조건, 산업추세, 경쟁을 포함하는

외부요인의 변동과 기업에 더 특유하게 영향을 미치는 내부요인의 변동 등)을 반영한 후 조정하여 사용할 수도 있다.

- 이론적으로 금융자산A의 현금흐름의 현재가치(공정가치)는 〈방법1〉을 사용하여 산정하든지 〈방법2〉를 사용하여 산정하든지 아래에서 보는 것처럼 같다.

㉠ 〈방법1〉을 사용하면 기대현금흐름은 체계적 위험을 반영하여 조정한다. 위험조정금액을 직접 나타내는 시장자료가 없는 경우에 조정은 확실성 등가의 개념을 사용하여 자산가격결정모형에서 도출할 수 있다. 위험조정(현금 위험프리미엄은 22원)은 체계적 위험프리미엄 3%를 사용하여 위험조정 기대현금흐름은 758원이 된다. 758원은 780원의 확실성 등가이며 무위험이자율(5%)로 할인된다. 금융자산A의 현재가치 즉, 금융자산A의 공정가치는 722원이다.

구분	금액	산식
현금위험프리미엄	22원	=780원-(780원×(1.05÷1.08)
위험조정 기대현금흐름	758원	=780원-22원
금융자산A 공정가치	722원	=780원÷1.08 또는 758원÷1.05

㉡ 〈방법2〉를 사용하면 기대현금흐름은 체계적 위험을 반영하여 조정하지 않는다. 그러한 위험조정은 할인율에 반영되므로 기대현금흐름은 기대수익률 8%(무위험이자율 5%에 체계적 위험프리미엄 3% 가산)로 할인된다. 금융자산A의 현재가치, 즉 금융자산A의 공정가치는 722원[780원÷(1.08)]이다.

1.2. 가치평가기법의 변경

공정가치측정을 위해 사용하는 가치평가기법은 일관되게 적용하는 것이 원칙이다. 같은 자산이나 부채에 대해 보고일마다 다른 가치평가기법을 적용하게 되면 공정가치측정 결과에 대한 신뢰성이 훼손되기 때문이다. 그러나 가치평가기법이나 그 적용방법을 변경하는 것이 그 상황에서 공정가치를 똑같이 또는 더 잘 나타내는 측정치를 산출해낸다면 이러한 변경은 적절할 것이다. 가치평가기법의 변경이 타당한 경우는 다음의 사건이 일어나는 경우가 해당될 수 있다.[K-IFRS 1113 문단 65]

① 새로운 시장이 발달한다.

② 새로운 정보를 구할 수 있다.

③ 이전의 정보를 더 이상 구할 수 없다.

④ 가치평가기법이 개선된다.

⑤ 시장상황이 변동한다.

기준서는 가치평가기법 변경의 예로 여러 가치평가기법을 사용하는 경우에 그 가중치를 변경하거나 가치평가기법에 적용하는 조정을 변경하는 것들을 들고 있는데 위의 사항을 고려할 때 동일한 가치평가기법 내의 변수를 조정하는 것 외에도 가치평가기법 자체를 변경하는 것도 허용된다고 판단된다. 예를 들어 지분상품의 공정가치측정에 필요한 미래현금흐름 추정에 충분한 정보가 부족하여 시장접근법에 의해 공정가치를 측정하였으나 후속측정에 있어 미래현금흐름 추정에 요구되는 충분한 정보가 확보되고 그러한 정보에 기초해 지분상품을 평가하는 것이 공정가치를 더 잘 나타내는 측정치로 판단된다면 가치평가방법을 변경하는 것이 타당할 것이다.

만일 가치평가기법이나 그 적용방법을 수정하게 되면 K-IFRS 1008호에 따라 회계추정의 변경으로 회계처리한다. 그러나 가치평가기법이나 그 적용방법이 바뀜에 따른 수정의 경우에 회계추정의 변경에 대한 K-IFRS 1008호의 공시가 반드시 필요한 것은 아니다.[K-IFRS 1113 문단 66]

2 가치평가기법에의 투입변수

가치평가기법에서의 투입변수는 시장참여자가 위험에 대한 가정을 포함하여 자산이나 부채의 가격을 결정하는 경우 사용할 가정을 뜻한다. 이때, 투입변수에는 위험에 대한 조정이 포함되는데 이는 시장참여자가 자산 및 부채의 가격을 결정할 때 이러한 조정을 할 것이기 때문이다. 투입변수에 위험에 대한 조정을 포함함으로써 공정가치측정치가 자산·부채에 대한 유출가격, 즉 현재의 시장 조건에 따라 측정일에 자산을 매도하는 정상거래에서 받거나 부채를 이전하는 정상거래에서 지급하게 될 가격을 반영하도록 한다. [K-IFRS 1113 BC149~150]

상황에 따라 위험조정을 계량화하는 것은 어려울 수 있다. 그러나 시장참여자는 위험조정이 반영된 투입변수를 고려하므로 위험조정의 계량화가 어렵다는 이유로 위험조정을 고려한 투입변수를 제외하는 것은 정당화되기 어렵다. 따라서 공정가치를 측정함에 있어 가치평가기법(예 : 가격결정모형)에 내재된 위험에 대한 조정과 가치평가기법에의 투입변수에 내재된 위험(투입변수위험)에 대한 조정이 필요하다.

2.1. 일반원칙

공정가치측정을 위한 가치평가기법의 적용에 있어 가장 중요한 일반원칙은 관련된 관측할 수 있는 투입변수를 최대한으로 사용하고 관측할 수 없는 투입변수를 최소한으로 사용한다는 것이다. 이는 기준서에 의한 가치평가에서 끊임없이 강조되는 가장 중요한 원칙이며 가치평가실무에서도 가장 중요한 적용기준이 된다. 투입변수를 관측할 수 있는 시장으로는 거래소시장, 딜러시장, 중개시장 및 직거래시장 등을 예로 들 수 있다.[K-IFRS 1113 문단 67~68, BC151]

- 기준서는 투입변수를 관측할 수 있는 투입변수와 관측할 수 없는 투입변수를 구분하고 기존 기준서의 공정가치측정지침과 일관되게 관련된 관측할 수 있는 투입변수를 최대한으로 사용하고 관측할 수 없는 투입변수를 최소한으로 사용하도록 한다.
- 일부 전문가들은 관측가능성이 유일한 판단기준으로 적절치 않음을 주장하기도 한다. 특히 2007년 국제적 금융위기의 경우에 자산이나 부채에 대해 관측가능한 투입변수로 측정된 공정가치가 적절한 측정치인지 의문이 제기됨에도 불구하고 관측할 수 있는 투입변수의 사용이 요구되는 것은 적절하지 않다는 것이다. 이에 가치평가기법의 투입변수 선택에서 관측가능성이 유일한 적용기준이 되어서는 안 되며 어떤 경우에는 기업이 자산이나 부채의 특성과 측정일의 상황(예 : 시장조건)을 고려하여 구할 수 있고 관측할 수 있는 투입변수에 유의적인 조정을 해야 할 수 있다.

In-depth **거래소시장, 딜러시장, 중개시장 및 직거래시장** [K-IFRS 1113 B34]

투입변수를 관측할 수 있는 시장의 예는 다음을 포함한다.

① 거래소시장(Exchange markets) : 거래소시장에서 종가를 쉽게 구할 수 있으며 일반적으로 공정가치를 나타낸다. 한국의 경우 한국거래소가 대표적인 예이다.

② 딜러시장(Dealer markets) : 딜러시장에서 딜러는 자기계정으로 매입하거나 매도하는 거래를 할 준비가 되어 있으며 그럼으로써 시장을 조성하기 위한 항목의 재고를 보유하기 위하여 자신의 자본을 사용하여 유동성을 공급한다. 딜러가 매입하려는 가격과 매도하려는 가격을 나타내는 매입호가와 매도호가를 종가보다 쉽게 구할 수 있다. 가격이 공개적으로 보고되는 장외시장은 딜러시장이다. 또, 딜러시장은 일부 금융상품, 일반상품, 중고장비와 같은 실물자산을 포함하는 그 밖의 일부 자산과 부채에 대해서도 존재한다.

③ 중개시장(Brokered markets) : 중개시장에서 중개인은 매입자와 매도자의 연결을 시도하지만 자기계정으로 거래할 준비가 되어 있지는 않다. 달리 말하면 중개인은 시장을 조성하기 위한 항목의 재고를 보유하기 위하여 자신의 자본을 사용하지 않는다. 중개인은 매입자와 매도자 각각의 호가를 알고 있지만 매입자와 매도자는 상대방이 가격에 대해 요구하는 사항을 알지 못하는

경우가 많다. 체결된 거래의 가격을 가끔 구할 수 있다. 중개시장은 매입과 매도주문이 일치하면 거래가 성사되는 전자통신망, 상업용 부동산시장, 주거용 부동산 시장을 포함한다.

④ 직거래시장(Principal-to-principal market) : 직거래시장에서는 최초거래와 재판매거래 모두 중개인 없이 독립적으로 협상한다. 그러한 거래에 대한 정보는 공개적으로 구하기가 쉽지 않다.

2.2. 투입변수의 조정

때로는 공정가치평가의 목적과 평가대상 자산 또는 부채의 특성을 고려하여 관측가능한 투입변수를 조정해야 할 경우가 있다. K-IFRS 1113호는 공정가치측정 과정에서의 투입변수의 조정에 대한 개략적인 기준을 제시하고 있다.

(1) 할증과 할인의 적용

시장참여자가 자산과 부채의 거래에서 고려할 그 자산과 부채의 특성과 일관되는 투입변수를 선택한다. 어떤 경우에 그러한 특성은 지배력 할증이나 비지배지분 할인과 같은 조정을 적용하게 된다. 그러나 공정가치측정치는 공정가치측정을 요구하거나 허용하는 기준서의 회계단위와 일관되지 않는 할증이나 할인은 포함하지 않는다. 〈자산이나 부채의 특성〉(예 : 지배지분의 공정가치를 측정하는 경우의 지배력 할증)이 아니라 〈기업의 보유특성〉으로서 거래의 규모를 반영한 할증이나 할인은 공정가치를 측정할 때에는 허용되지 않는다.[K-IFRS 1113 문단 69]

- 할증이나 할인이 허용되지 않는 기업의 보유특성이란 기업이 보유하고 있는 수량을 소화할 만큼 시장의 정상 일일 거래규모가 크지 않기 때문에 자산이나 부채의 공시가격을 조정하게 하는 대량보유요소와 같은 특성을 말한다.
- 모든 경우에, 자산이나 부채에 대해 활성시장의 공시가격 즉, 〈수준1〉 투입변수가 있는 경우에는 일부 예외적인 경우를 제외하고는 공정가치측정에 있어 그 가격을 조정하지 않고 사용한다.[1)]

가치평가실무에서 할증 또는 할인적용은 중요한 이슈가 되므로 공정가치측정에 있어 할증 또는 할인적용의 배경과 제한사항에 대해 좀 더 살펴볼 필요가 있다. 기준서는

---

1) 일부에서는 〈수준1〉 투입변수에 대해서도 지배력 할증 또는 할인을 적용할 수 있다는 주장이 있다. 기준서는 〈수준1〉 투입변수에 대해 공시가격을 조정하는 예외적인 상황을 제시하고 있는데, 이에 대해서는 후술할 공정가치서열체계의 내용을 참고하기 바란다.

할증과 할인에 대한 상세한 설명이나 공정가치측정에서 할증과 할인의 적용에 관한 상세한 지침은 제공하지 않는다. 할증과 할인의 적용은 측정일의 사실과 상황에 따라 다르기 때문에 기준서가 할증 및 할인에 대한 기술이나 지침을 제공하면 지나치게 규범적일 수 있기 때문이다. 서로 다른 사실과 상황으로 인해 특정한 할증이나 할인이 일부 자산과 부채에는 관련될 수 있지만 다른 자산과 부채에는 관련되지 않을 것이다. 기준서는 기업이 보유한 규모에 관련된 요소 즉, 대량보유요소에 대해서만 할증 또는 할인의 적용을 배제함을 명시하고 이를 제외한 특정한 할증이나 할인의 사용을 배제하는 것은 아니다.[K-IFRS 1113 BC159]

기준서가 대량보유요소(blockage factor)에 대해 할증 또는 할인의 적용을 배제하는 이유는 다음과 같다.[K-IFRS 1113 BC152]

- 금융상품에 대한 회계단위는 공정가치 서열체계 내에서의 금융상품 분류에 따라 달라져서는 안 된다.
- 시장참여자는 자산의 공정가치를 극대화하거나 부채의 공정가치를 최소화하는 금융상품 매도거래를 체결할 것이다. 기업이 각각의 금융상품을 개별적으로 매도하는 것이 아니라 전체 보유분을 매도하기 때문에 덜 이로운 가격으로 매도하기로 결정하는 것은 해당 보고실체에 특유한 요소이다.

즉, 대량보유요소를 실현하는 기업의 결정은 자산이나 부채에 특유한 것이 아니라 기업에 특유한 것이다. 재무보고에서 금융상품에 대한 회계단위는 개별 금융상품인데 기업의 보유규모가 공정가치측정에 관련되지는 않는다. 기업이 많은 수량의 동일한 자산이나 부채로 구성된 하나의 집합(block)을 매도하는 거래를 체결할 경우 기업은 대량보유 요소를 실현할 것인데 〈대량보유요소〉는 기업이 자산이나 부채의 거래를 어떻게 체결하느냐에 따라 달라진다는 점에서 개념적으로 거래원가와 비슷하다고 본다. 기업이 하나의 집합을 매도하는 계약을 체결하기로 결정하는 경우 공정가치측정치가 분류된 공정가치서열체계의 수준에 상관없이 결정이 이루어진 시점에 그러한 결정의 결과를 인식해야 하는 것이다.[K-IFRS 1113 BC157]

(2) 매입가격과 매도가격에 근거한 투입변수

공정가치로 측정하는 자산이나 부채의 매입호가와 매도호가가 있는 경우 그 투입변수가 공정가치 서열체계 〈수준1〉, 〈수준2〉 그리고 〈수준3〉 내에서 어떻게 분류되든 상관없이 그 상황에서 공정가치를 가장 잘 나타내는 매입 - 매도 스프레드 내의 가격을 사용하여 공정가치를 측정한다. 자산포지션에 대해서는 매입호가를 사용하고 부채포지션에 대해서는 매도호가를 사용할 수 있으나 반드시 사용해야 하는 것은 아니다. 또, 시장참여자가 공정가치측정을 위해 매입 - 매도 스프레드 내에서 중간시장 가격결정이나 그 밖의 가격결정 관례를 실무적 편의를 위해 사용하는 것을 배제하지 않는다.[K-IFRS 1113 문단 70~71]

(3) 거래규모 등이 유의적으로 줄어든 경우

자산이나 부채에 대한 정상적 시장활동과 관련하여 해당 자산이나 부채에 대한 거래규모나 거래빈도가 유의적으로 줄어든 경우에 해당 자산이나 부채의 공정가치가 영향받을 수 있다. 예를 들어 한국거래소와 같은 활성시장에서 거래되고 있는 지분상품(보통주)의 거래가 일시적 또는 잠정적으로 중단되었거나 거래규모 등이 유의적으로 감소하였을 경우 그 공시가격이 지분상품의 공정가치를 충분히 설명할 수 있는지에 대한 검토가 필요하다. 코넥스와 같이 거래규모가 작고 거래빈도가 불규칙한 시장의 공시가격의 경우에도 충분하고 합리적인 정보를 제공하는지에 대한 검토가 요구된다. 이때에는 구할 수 있는 증거에 기초하여 자산이나 부채의 거래규모 또는 거래빈도가 부족하거나 유의적으로 줄었는지를 판단하기 위해 다음과 같은 요인들의 유의성과 관련성을 평가한다.[K-IFRS 1113 B37]

① 최근 거래가 거의 없다.

② 공시가격을 현재의 정보를 사용하여 개발하지 않는다.

③ 공시가격이 시간이나 시장조성자에 따라 실질적으로 변동한다.

④ 과거에 자산이나 부채의 공정가치와 매우 높은 상관관계에 있던 지표가 해당 자산이나 부채의 최근 공정가치 지표와 명백하게 상관관계가 없다.

⑤ 자산이나 부채의 신용위험과 그 밖의 불이행위험에 대해 구할 수 있는 모든 시장자료를 고려하여 기대현금흐름에 대한 기업의 추정치와 비교할 때 관측한 거래나 공시가격에 대한 내재 유동성 위험프리미엄, 수익률 그리고 연체율이나 손실강도와 같은 성과지표가 유의적으로 늘었다.

⑥ 매입 - 매도 스프레드가 크거나 매입 - 매도 스프레드가 유의적으로 늘었다.

⑦ 자산이나 부채 또는 비슷한 자산이나 부채의 발행시장의 거래가 유의적으로 줄었거나 그러한 시장이 없다.

⑧ 공개적으로 구할 수 있는 정보가 거의 없다.

자산이나 부채에 대한 정상적 시장활동과 관련하여 해당 자산이나 부채에 대한 거래규모나 거래빈도가 유의적으로 줄었다고 결론내릴 경우 거래나 공시가격을 추가로 분석할 필요가 있다.[K-IFRS 1113 B38~41]

- 거래규모나 거래빈도가 줄어든 것만으로 거래가격이나 공시가격이 공정가치를 나타내지 못하거나 해당시장의 거래가 비정상적임을 의미하지는 않는다. 다만, 정상적이지 않은 거래 등으로 인해 거래가격 또는 공시가격이 공정가치를 나타내지 못한다고 판단한다면 그 가격을 공정가치측정의 근거로 사용하거나 거래나 공시가격에 대한 조정이 전체적으로 공정가치측정에 유의적일 수 있다면 조정이 필요할 것이다. 조정은 다른 상황, 예를 들어 비슷한 자산의 가격이 측정되는 자산과 비교할 수 있도록 하기 위해 유의적인 조정이 필요하거나 가격이 측정된 지 오래된 경우와 같은 때에서도 필요할 수 있다.
- 자산이나 부채의 거래규모나 거래빈도가 유의적으로 줄었다면 가치평가기법을 바꾸거나 복수의 가치평가기법을 사용하는 것이 적절할 수 있다. 복수의 가치평가기법을 사용하여 나온 공정가치의 지표들에 가중치를 부여하는 경우에 공정가치측정치의 범위의 합리성을 고려한다. 그 목적은 현재의 시장상황에서 공정가치를 가장 잘 나타내는 범위의 값을 산정하는 것이다. 공정가치측정의 범위가 넓다는 것은 추가분석이 필요함을 암시할 수 있다.
- 또, 자산이나 부채의 거래규모나 거래빈도가 유의적으로 줄어든 경우에 현재의 시장상황에서 측정일에 시장참여자가 거래를 체결할 의도가 있는 가격을 추정하는 것은 측정일의 사실과 상황에 따라 달라지며 판단이 요구된다. 공정가치는 시장에 근거한 측정치이며 기업특유의 측정치가 아니기 때문에 자산을 보유하거나 부채를 결제 또는 이행할 기업의 의도는 공정가치측정에 관련되지 않는다.

2.3. 가치평가기법의 보정

앞서 K-IFRS 1109호의 적용대상인 〈금융상품〉의 경우 최초인식 시점의 공정가치와 거래가격이 다르고 그 공정가치가 〈수준3〉 투입변수로 측정된 경우에는 측정된 공정가치가 아닌 거래가격으로 인식함을 설명한 바 있다. 하지만 최초측정에서 공정가치와 거래가격이 달라 거래가격으로 인식하였더라도 그 금융상품이 후속적으로 공정가치로 측정하는 금융상품인 경우에, 예외적인 상황이 아니라면 이후 도래하는 보고일의 후속측정에서는

〈수준3〉 투입변수를 통해 공정가치를 측정해야 한다. 이때에는 후속측정과의 일관성을 유지할 수 있도록 최초인식시 가치평가기법에 따른 결과값이 거래가격과 같아지도록 가치평가기법을 보정해야 한다. 보정은 가치평가기법이 현재의 시장상황을 반영하도록 하는 것이며 가치평가기법에 대한 조정이 필요한지를 판단하는 데 도움이 된다. 최초인식 후 관측할 수 없는 투입변수를 사용하는 하나의 또는 복수의 가치평가기법을 사용해 공정가치를 측정하는 경우에는 그러한 가치평가기법들이 측정일에 관측할 수 있는 시장자료를 반영해야 한다.[K-IFRS 1113 문단 64]

가치평가에 있어 그 측정의 불확실성은 오래된 숙제인데, 특히 활성시장에서 관측가능하지 않는 자산 및 부채의 공정가치를 측정함에 있어 거래가격과 공정가치의 조정은 다음의 내용을 참고하여 판단한다.[K-IFRS 1113 BC145]

① 가치평가기법에 반영되지 않은 자산·부채의 특성을 고려하기 위한 가치평가기법에 대한 조정(이러한 조정의 필요성은 일반적으로 관측할 수 있는 시장정보를 사용한 가치평가기법을 사용하여 계산한 값을 조정하는 과정에서 식별됨)

② 공정가치를 가장 잘 나타내는 매입-매도 스프레드 내의 값 적용

③ 불이행위험(예 : 자기신용위험이나 거래상대방의 신용위험)을 고려하기 위한 조정

④ 측정의 불활실성을 고려하기 위한 조정(자산이나 부채 또는 유사한 자산이나 부채에 대한 정상적인 시장활동과 비교하여 거래규모나 거래빈도가 유의적으로 감소한 경우와 거래가격이나 공시가격이 공정가치를 나타내지 못할 경우)

K-IFRS 1113호는 가치평가보정에 대한 일반적인 지침을 제공한다. 반면, K-IFRS 1109호는 금융상품(금융자산, 금융부채 및 지분상품)의 특성을 고려하여 금융상품의 최초인식에 있어 가치평가의 보정에 대해 구체적인 방법을 기술하고 있다. 금융상품의 최초인식 시점의 가치평가보정 방법은 그 금융상품의 후속측정에 중요한 영향을 미치는데 금융상품의 거래당사자(보유자 또는 발행자), 금융상품의 내재구성요소(자본요소 또는 부채요소) 및 후속측정 방법(상각후원가 또는 공정가치측정)과 직접적인 관련이 있다. 금융상품의 최초측정 시점의 가치평가보정에 대한 구체적인 내용은 「제3부 공정가치회계 및 측정」 부분을 참고하기 바란다.

예 제　금융상품의 최초인식과 가치평가보정

기업은 전환사채를 10,000원에 발행하였다. 전환사채는 주계약인 일반채무상품에 향후 확정수량의 보통주로 전환될 수 있는 권리인 전환권이 부여된 복합상품이다. 이 전환사채는 활성시장에서 거래되지 않는다. 기업은 옵션평가모형을 이용하여 전환사채 발행시점의 공정가치를 9,800원으로 측정하였으며, 전환사채 전체 공정가치에서 채권평가모형을 이용해 측정된 일반채무상품 공정가치 7,900원을 차감하여 전환권가치를 1,900원으로 측정하였다.

- 전환사채 발행시점인 최초측정일에 〈수준3〉 투입변수를 이용한 가치평가기법에 따른 결과값(9,800원)이 최초거래가격(10,000원)과 같아지도록 가치평가기법을 보정한다.
- 확정수량의 보통주로 전환할 수 있는 전환권은 지분상품요건을 만족한다. 따라서, 기업은 전환사채의 주계약(일반채무상품)을 금융부채로 분류하고 전환사채의 내재파생요소인 전환옵션을 자본으로 분류한다. 자본요소로 분류된 전환권은 후속측정하지 않으므로 전환옵션에 대해 공정가치서열체계 〈수준3〉 투입변수로 측정된 공정가치(1,900원)는 금융상품의 최초측정 및 후속측정에서 유의미한 정보가 아니다.

3 공정가치 서열체계

공정가치측정 과정에서의 일관성과 비교가능성을 높이기 위해 기준서는 공정가치측정에 사용하는 가치평가기법의 투입변수를 3개의 수준으로 분류하는 공정가치 서열체계를 다음과 같이 정한다.

① 〈수준1〉 투입변수는 동일한 자산이나 부채에 대한 활성시장의 조정하지 않은 공시가격을 포함한다.

② 〈수준2〉 투입변수는 공정가치 서열체계의 〈수준1〉에 포함되지 않는 그 밖의 관측할 수 있는 투입변수를 포함한다.

③ 〈수준3〉 투입변수는 관측할 수 없는 투입변수를 포함한다(특정 상황에서 시장참여자가 사용할 가정을 반영하기 위하여 필요한 경우 조정한 기업자체의 자료를 포함).

K-IFRS 1113호의 공정가치 서열체계는 다른 기준서에서 관측할 수 있는 시장거래나 가치평가기법을 사용한 공정가치측정에도 동일하게 인용된다. 예를 들어 금융상품의 측정방법을 다루는 K-IFRS 1109호에서도 공정가치 서열체계를 같은 방식으로 분류하고 있다.[K-IFRS 1113 BC167]

① 활성시장에서 가격이 공시되는 금융상품

② 같은 금융상품(수정하거나 재구성하지 아니한)의 그 밖의 관측할 수 있는 현재의 시장거래와의 비교에 의해 입증되거나 관측할 수 있는 시장의 자료만을 변수로 포함한 평가기법에 기초하는 공정가치의 금융상품

③ 같은 금융상품(수정하거나 재구성하지 아니한)의 관측할 수 있는 현재의 시장거래에서의 가격으로 확인되지 않으며 구할 수 있고 관측할 수 있는 시장자료에 기초하지 않는 가정에 기반한 가치평가기법을 전체적으로 또는 부분적으로 사용하여 산정된 공정가치의 금융상품

공정가치 서열체계는 동일한 자산이나 부채에 대한 활성시장의 조정하지 않은 공시가격인 〈수준1〉 투입변수에 가장 높은 순위를 부여하며 관측할 수 없는 투입변수인 〈수준3〉 투입변수에 가장 낮은 순위를 부여한다.[K-IFRS 1113 문단 72~75]

- 하나의 자산이나 부채의 공정가치를 측정하기 위해 사용하는 여러 투입변수가 공정가치 서열체계 내에서 서로 다른 수준으로 분류되는 경우가 있는데 이때는 측정치 전체에 유의적이면서 가장 낮은 수준의 투입변수와 같은 수준의 공정가치 서열체계로 공정가치측정치 전체를 분류한다.
- 측정치 전체에 대한 특정 투입변수의 유의성을 평가하기 위해서는 자산이나 부채에 특정된 요소를 고려하여 판단하여야 한다. 순공정가치의 측정을 위한 매각부대원가와 같이 공정가치측정치를 얻기 위한 조정은 공정가치 서열체계 내 어느 수준으로 분류할 것인가를 판단하는 데에 고려하지 않는다.

투입변수의 사용가능성과 이들 투입변수의 상대적인 주관성은 적절한 가치평가기법을 선택하는 데에 영향을 미칠 수 있다. 그러나 공정가치 서열체계는 가치평가기법 적용 시 투입변수에 우선순위를 부여하는 것이지 공정가치를 측정하기 위해 사용하는 가치평가기법에 우선순위를 부여하는 것이 아님에 주의한다.

- 예를 들어 현재가치기법을 사용해 산출한 공정가치는 측정치 전체에 유의적인 투입변수와 그 투입변수를 분류하는 공정가치 서열체계 내의 수준에 따라 〈수준2〉나 〈수준3〉으로 분류할 수 있다. 만일, 관측할 수 없는 투입변수인 〈수준3〉 투입변수를 사용해 관측할 수 있는 투입변수를 조정해야 하고 그 조정으로 인해 공정가치측정치가 유의적으로 더 높아지거나 더 낮아진다면 그 측정치는 〈수준3〉으로 분류하게 된다.
- 시장참여자가 자산의 가격을 추정할 때 자산의 매각제약에 대한 영향을 고려할 것이라면 기업은 그 제약의 영향을 반영할 수 있도록 공시가격을 조정할 것이다. 이때 공시가격이 〈수준2〉 투입변수이고 그러한 조정이 관측할 수 없는 투입변수로 측정치

전체에 유의적인 경우라면 그 측정치는 〈수준3〉으로 분류해야 할 것이다.

3.1. 수준1 투입변수

공정가치 서열체계 〈수준1〉 투입변수는 측정일에 동일한 자산이나 부채에 대해 접근할 수 있는 활성시장의 조정하지 않은 공시가격을 말한다. 활성시장의 공시가격은 공정가치의 가장 신뢰성 있는 증거를 제공하며 예외적인 경우를 제외하고는 조정하지 않고 사용해야 한다. 활성시장에서 거래되는 금융자산과 금융부채는 〈수준1〉 투입변수를 구할 수 있고 어떤 경우에는 복수의 활성시장에서 거래될 수도 있다. 〈수준1〉의 주안점은 다음의 두 가지 사항을 판단하는 데 있다.[K-IFRS 1113 문단 76~78]

- 자산이나 부채의 주된 시장 또는 주된 시장이 없는 경우에는 자산이나 부채의 가장 유리한 시장
- 측정일에 자산이나 부채를 그러한 시장의 가격으로 거래할 수 있는지

활성시장은 지속적으로 가격정보를 제공하기에 충분한 정도의 빈도와 규모로 자산이나 부채를 거래하는 시장으로 정의된다. 활성시장은 거래소, 딜러, 중개인, 산업집단, 가격평가기관 또는 감독기구를 통해 공시가격을 용이하고 정기적으로 구할 수 있으면서 그 가격이 독립된 당사자 사이에서 정기적으로 발생한 실제 시장거래를 나타내는 시장이다. 활성시장은 다음의 조건을 모두 충족한다.[K-IFRS 1113 BC169]

① 거래되는 항목들이 동질적이다.
② 일반적으로 거래의사가 있는 구매자들과 판매자들을 언제든지 찾을 수 있다.
③ 가격이 공개되어 구할 수 있다.

〈수준1〉 투입변수는 조정하지 않는다. 다만, 공시가격에 전적으로 의존하기보다 〈수준1〉 투입변수에 대한 조정이 필요할 수 있는 아래와 같은 예외적인 상황에는 투입변수를 조정할 수 있다.[K-IFRS 1113 문단 79, BC170]

① 공정가치로 측정하는 대량의 비슷한 자산이나 부채를 보유하고 있으며 개별적으로 각각의 자산이나 부채에 대한 활성시장의 공시가격을 구할 수 있지만 쉽게 접근할 수 없는 경우
   - 대량의 비슷한 자산이나 부채를 보유하고 있다면 측정일에 각각의 개별자산이나 부채에 대한 가격정보를 얻기 어려울 것이다. 이 경우 실무상 편의를 위해 공시가격에 전적으로 의존하지 않는 대체적인 가격결정방법(예 : 매트릭스 가격결정방법)을

사용해 공정가치를 측정할 수 있다. 그러나 대체적인 가격결정방법을 사용하게 되면 공정가치측정치를 공정가치 서열체계 내의 더 낮은 수준으로 분류한다.

② 활성시장 공시가격이 측정일의 공정가치를 나타내지 않는 경우

- 이러한 상황은 측정일 전에 시장이 종료된 후 유의적인 사건(예 : 시장이 종료된 후 직거래시장에서의 거래, 중개시장에서의 거래나 공시 등)이 발생하는 경우가 해당될 수 있다.
- 공정가치측정에 영향을 미칠 수 있는 그러한 사건을 식별할 수 있도록 정책을 수립하여 일관되게 적용한다. 그러나 공시가격을 새로운 정보로 인해 조정한다면 공정가치측정치를 공정가치 서열체계 내의 더 낮은 수준으로 분류한다.

③ 활성시장에서 자산으로 거래되는 동일한 항목의 공시가격을 사용하여 부채 또는 자기지분상품의 공정가치를 측정하고 그 항목이나 자산의 특정한 요소에 대해 그 가격을 조정할 필요가 있는 경우

- 자산의 공시가격을 조정할 필요가 없다면 그 공정가치측정치는 〈수준1〉로 분류하나 자산의 공시가격을 조정한다면 공정가치측정치를 공정가치 서열체계 내의 더 낮은 수준으로 분류한다.

하나의 자산이나 부채의 포지션을 보유하고 그 자산이나 부채가 활성시장에서 거래되는 경우에, 자산이나 부채의 공정가치는 개별 자산이나 부채의 공시가격과 기업이 보유하고 있는 수량을 곱하여 〈수준1〉로 측정한다. 시장의 일일 정상거래 규모가 보유하고 있는 수량을 소화할 만큼 크지 않고 하나의 거래에서 매도주문을 하는 것이 공시가격에 영향을 미칠 수 있는 경우도 이에 해당한다.[K-IFRS 1113 문단 80]

3.2. 수준2 투입변수

공정가치 서열체계 〈수준2〉 투입변수는 〈수준1〉의 공시가격 이외에 자산이나 부채에 대해 직접적으로나 간접적으로 관측할 수 있는 투입변수이다. 자산이나 부채에 특정한 계약상 조건이 있는 경우 〈수준2〉 투입변수는 자산이나 부채의 실질적인 전체 조건에 대해 관측할 수 있어야 한다.

다음은 〈수준2〉의 투입변수에 포함된다.[K-IFRS 1113 문단 81~82]

- 비슷한 자산이나 부채에 대한 활성시장의 공시가격
- 동일하거나 비슷한 자산이나 부채에 대한 비활성시장의 공시가격

• 자산이나 부채에 대한 공시가격 외의 관측할 수 있는 투입변수. 이에는 다음과 같은 것들이 있다.

㉠ 일반적으로 정기적으로 공시되는 관측할 수 있는 이자율과 수익률 곡선

㉡ 내재변동성

㉢ 신용스프레드

• 시장에서 입증된 투입변수

〈수준2〉의 투입변수는 〈수준1〉에 포함되는 공시가격 이외에 자산이나 부채에 대해 직접적으로 또는 간접적으로 관측할 수 있는 투입변수이다. 위의 〈수준2〉 투입변수의 예시 중 「시장에서 입증된 투입변수」와 관련하여 직접적으로 관측할 수 없지만 관측할 수 있는 시장자료에 기초하거나 그 시장자료로 확인되는 시장에서 입증가능한 투입변수를 〈수준2〉에 포함하는데 그 이유는 이러한 투입변수가 〈수준3〉으로 분류된 관측할 수 없는 투입변수보다 덜 주관적이기 때문이다.[K-IFRS 1113 BC171]

〈수준1〉 투입변수의 조정은 예외적인 경우를 제외하고는 허용하지 않지만 〈수준2〉 투입변수는 자산이나 부채에 특정된 요소에 따라 조정이 필요할 수 있다. 〈수준2〉 투입변수와 관련한 공정가치측정치의 조정은 다음 요소를 고려한다.[K-IFRS 1113 문단 83~84]

① 자산의 상태나 위치

② 자산이나 부채와 비교할 수 있는 항목과 투입변수가 관련되는 정도

③ 투입변수를 관측하는 시장에서 거래규모나 거래빈도

공정가치측정치에 대해 유의적인 〈수준2〉 투입변수를 적용하되 유의적이지만 관측할 수 없는 투입변수를 사용하여 조정하는 경우, 그러한 조정에 따른 공정가치측정치는 공정가치 서열체계 내에서 〈수준3〉으로 분류할 수 있다.

〈수준2〉 투입변수의 예는 다음과 같다.[K-IFRS 1113 문단 85, B35]

① 고정금리를 받고 런던은행 간 금리(LIBOR)의 스왑금리에 기초하여 변동금리를 지급하는 이자율스왑 : 실질적으로 전체 스왑기간에 LIBOR 스왑금리를 일반적으로 공시되는 간격으로 관측할 수 있다면 그 스왑금리는 〈수준2〉 투입변수가 될 것이다.

② 고정금리를 받고 외화로 표시된 수익률곡선에 기초해 변동금리를 지급하는 이자율스왑 : 실질적으로 전체 스왑기간에 외화로 표시된 수익률곡선에 기초한 스왑금리를 일반적으로 공시되는 간격으로 관측할 수 있다면 그 스왑금리는 〈수준2〉 투입변수가 될 것이다.

• 예를 들어, 스왑기간은 10년이며 스왑금리를 9년 동안 일반적으로 공시되는 가격으로 관측할 수 있는 경우에 10년째 기간에 대해 수익률 곡선을 구하는 합리적인 외삽법(extrapolation)이 전체 스왑의 공정가치측정에 유의적이지 않다면 그 스왑금리는 〈수준2〉 투입변수가 될 것이다.

③ 고정금리를 받고 특정은행의 우대금리에 기초하여 변동금리를 지급하는 이자율스왑 : 외삽법을 활용하여 도출한 은행의 우대금리의 값이 실질적으로 전체 스왑기간에 관측할 수 있는 이자율과의 상관관계 등 관측할 수 있는 시장자료로 확증할 수 있다면 그 우대금리는 〈수준2〉 투입변수가 될 것이다.

④ 상장주식에 대한 3년 만기 옵션 : 다음의 조건을 모두 충족하는 경우 〈수준2〉 투입변수는 3년째 기간에 대해 외삽법을 활용하여 도출한 주식의 내재변동성일 것이다. 이 경우 내재변동성은 주식에 대한 1년 만기 옵션과 2년 만기 옵션의 내재변동성에서 외삽법을 활용하여 도출할 수 있으며 비교할 수 있는 기업의 주식에 대해 3년 만기 옵션의 내재변동성으로 확증한다. 다만, 1년의 내재변동성과 2년의 내재변동성 간의 상관관계가 존재해야 한다.

• 그 주식에 대한 1년 만기 옵션과 2년 만기 옵션가격을 관측할 수 있다.
• 3년 만기 옵션에 대해 외삽법으로 구한 내재변동성을 실질적으로 전체 옵션기간에 대해 관측할 수 있는 시장자료로 확증한다.

⑤ 라이선스약정 : 사업결합에서 라이선스 약정을 취득하였으며 최근에 취득자(라이선스 약정의 주체)가 특수관계가 없는 상대방과 라이선스 약정을 협상한 경우에 〈수준2〉 투입변수는 약정의 최초시점에 특수관계가 없는 상대방과의 계약서의 로열티일 것이다.

⑥ 소매상점의 완제품 재고 : 사업결합에서 취득한 완제품 재고의 경우 〈수준2〉 투입변수는 소매시장에서의 고객에 대한 가격이거나 도매시장에서의 소매상에 대한 가격이다. 다만, 필수적인 판매노력을 완료할 때나 다른 소매상에게 재고를 판매하는 거래에서 받게 될 가격을 공정가치측정치가 반영할 수 있도록 이러한 가격은 해당 재고항목과 비교할 수 있는 비슷한 재고항목 사이의 조건과 위치의 차이를 조정해야 한다.

• 개념적으로 소매가격에 대한 조정(하향)이나 도매가격에 대한 조정(상향)에 상관없이 공정가치측정치는 같을 것이다. 일반적으로 가장 적은 주관적 조정이 필요한 가격을 공정가치측정치로 사용해야 한다.

⑦ 보유하여 사용하고 있는 건물 : 〈수준2〉 투입변수는 관측할 수 있는 시장자료, 예를

들어 비슷한 위치의 비교할 수 있는 비슷한 건물과 관련된 관측할 수 있는 거래의 가격에서 도출된 배수 등의 시장자료에서 도출한 건물의 제곱미터당 가격(가치평가배수)이 될 수 있다.

⑧ 현금창출단위 : 〈수준2〉 투입변수는 관측할 수 있는 시장자료에서 도출한 가치평가배수로 이에는 이익이나 수익 또는 비슷한 성과측정치의 배수를 들 수 있는데 운영, 시장, 재무 및 비재무 요인을 고려하여 비교할 수 있는 비슷한 사업과 관련된 관측할 수 있는 거래의 가격에서 도출한 배수가 〈수준2〉 투입변수가 된다.

3.3. 수준3 투입변수

공정가치 서열체계 〈수준3〉 투입변수는 자산이나 부채에 대한 관측할 수 없는 투입변수이다. 관측할 수 없는 투입변수는 측정일에 자산이나 부채에 대한 시장활동이 거의 없는 상황에서 사용이 허용되는 것으로 관측할 수 있는 투입변수를 구할 수 없는 경우에 공정가치를 측정하기 위해 사용한다. 공정가치를 측정하는 목적은 자산을 보유하거나 부채를 부담하는 시장참여자의 관점에서 측정일의 유출가격을 측정하는 것이므로 위험에 대한 가정을 포함하여 자산이나 부채의 가격을 결정할 때 시장참여자가 사용할 가정을 관측할 수 없는 투입변수에 반영한다.[K-IFRS 1113 문단 86~89]

- 위험에 대한 가정에는 공정가치를 측정하기 위해 사용하는 가치평가기법에 내재된 위험과 가치평가기법의 투입변수에 내재된 위험이 포함된다. 시장참여자가 자산이나 부채의 가격을 결정할 때 위험에 대한 조정을 포함한다면 위험에 대한 조정을 포함하지 않는 측정치는 공정가치측정치를 나타내지 못한다.
- 예를 들어, 측정의 불확실성이 유의적인 경우에는 위험에 대한 조정을 가격결정에 포함할 필요가 있을 것이다. 측정의 불확실성이 유의적인 경우란 자산이나 부채 또는 비슷한 자산이나 부채에 대한 정상적인 시장의 활동과 비교했을 때 거래규모나 거래빈도가 유의적으로 줄었으며 거래가격이나 공시가격이 공정가치를 나타내지 못한다고 판단되는 경우와 같은 때이다.
- 구할 수 있는 최선의 정보를 사용하여 관측할 수 없는 투입변수를 개발하며 그러한 정보에는 기업자신의 정보가 포함될 수 있다. 관측할 수 없는 투입변수를 개발할 때에는 기업자신의 자료에 기초할 수 있지만 합리적으로 구할 수 있는 정보를 활용해 다른 시장참여자가 다른 자료를 이용하거나 다른 시장참여자가 구할 수 없는 것으로서 기

업에 특정된 것(예 : 기업특유의 시너지효과)이 있다는 사실을 알게 된 경우에는 기업자신의 자료를 조정한다.

• 이때, 시장참여자가 사용하는 가정에 대한 정보를 얻기 위해 광범위한 노력을 기울일 필요는 없지만 합리적으로 구할 수 있는 시장참여자의 가정에 대한 모든 정보를 고려해야 한다. 이와 같은 방법으로 개발된 관측할 수 없는 투입변수는 시장참여자의 가정으로 여겨지며 공정가치측정의 목적에 부합하는 것으로 볼 수 있다.

〈수준3〉 투입변수의 예는 다음과 같다.[K-IFRS 1113 문단 90, B36]

① 장기통화스왑 : 〈수준3〉 투입변수는 관측할 수 없고 일반적으로 공시되는 간격이나 실질적인 전체 통화스왑 기간에 관측할 수 있는 시장자료로는 확증할 수 없는 특정 통화의 이자율일 것이다. 통화스왑의 이자율은 각 국가의 수익률곡선에서 계산된 스왑이자율이다.

② 상장주식에 대한 3년 만기 옵션 : 〈수준3〉 투입변수는 역사적 변동성, 즉 주식의 역사적 가격에서 도출한 해당 주식의 변동성일 것이다. 비록 역사적 변동성이 옵션의 가격을 정할 때 구할 수 있는 유일한 정보이더라도 그 변동성은 미래 변동성에 대한 현재 시장참여자의 예상을 나타내지 않는다.

③ 이자율스왑 : 〈수준3〉 투입변수는 직접적으로 관측할 수 없고 관측할 수 있는 시장자료로는 확증할 수 없는 자료를 사용하여 개발한 스왑에 대한 비구속적 중간시장합의가격(mid-market consensus, 예 : 매입호가와 매도호가의 중간가격)에 대한 조정일 것이다.

④ 사업결합에서 부담한 사후처리부채 : 〈수준3〉 투입변수는 의무를 이행하기 위하여 지급할 미래현금유출액에 대한 기업자신의 자료를 사용한 현재의 추정치일 것이다. 다만 이 경우에 시장참여자가 다른 가정을 사용할 것임을 나타내는 합리적으로 구할 수 있는 정보가 없어야 한다.

  • 그러한 〈수준3〉 투입변수는 다른 투입변수와 함께 현재가치기법에 사용할 것이다. 다른 변수의 예는 현재의 무위험이자율이나 신용조정 무위험이자율(부채의 공정가치에 대한 기업자신의 신용상태의 영향이 미래현금유출액의 추정에 반영되는 것이 아니라 할인율에 반영되는 경우)이다.

⑤ 현금창출단위 : 〈수준3〉 투입변수는 기업자신의 자료를 사용하여 개발한 현금흐름이나 당기손익과 같은 재무예측일 것이다. 단, 이 경우에 시장참여자가 다른 가정을 사용할 것임을 나타내는 합리적으로 구할 수 있는 정보가 없어야 한다.

In-depth **〈수준3〉에 의해 측정된 공정가치 용어의 적정성** [K-IFRS 1113 BC173]

일부에서는 〈수준3〉 투입변수와 같은 유의적이지만 관측할 수 없는 투입변수를 사용한 측정을 「공정가치측정」으로 기술하는 것은 오해를 불러일으킬 수 있으며, 관측할 수 없는 투입변수는 시장참여자가 고려하지 않을 기업의 특유한 요소를 포함할 수 있으므로 〈수준3〉 투입변수와 같이 유의적이지만 관측할 수 없는 투입변수를 사용한 측정은 다른 명칭을 사용할 것을 제안하였다. 그러나 IASB는 다음을 근거로 〈수준3〉 투입변수에 의해 측정된 가치에 대해 공정가치의 명칭을 사용하는 것이 재무제표 이용자들에게 더 유용하다고 판단하였다.

① 공정가치 정의는 가치평가기법 및 그 투입변수에 대한 명확한 목적을 식별한다. 즉, 시장참여자가 고려할 모든 요소를 고려하며 시장참여자가 제외할 모든 요소를 제외한다. 〈수준3〉의 측정에 대한 다른 명칭은 이러한 명확한 목적을 식별하지 못할 것이다.

② 〈수준2〉와 〈수준3〉의 구별은 불가피하게 주관적이다. 이러한 주관적인 경계의 어느 한 쪽에 다른 측정목적을 채택하는 것은 바람직하지 않다.

IASB는 유의적이지만 관측할 수 없는 투입변수를 사용한 공정가치측정에 대해 다른 명칭을 요구하는 대신 측정의 주관성에 대한 우려는 향상된 공시를 요구함으로써 가장 잘 다루어진다고 판단한다. 또 〈수준3〉의 투입변수에 대한 시작점이 기업이 개발한 추정치일 수 있다는 점을 인정하지만 시장참여자가 자산이나 부채의 가격을 결정할 때 다른 자료를 사용할 것이라는 것을 합리적으로 구할 수 있는 정보로 알 수 있거나 기업에 특정된 것으로 다른 시장참여자가 구할 수 없는 무언가(예 : 기업특유의 시너지)가 있다면 투입변수를 조정해야 한다.

- 일부에서는 기업이 감사인이나 감독기구로 인해 시장참여자가 자산이나 부채의 가격을 결정할 때 사용할 가정에 대한 정보를 얻기 위하여 광범위한 노력을 기울일 수밖에 없으며, 반대되는 자료가 없다고 주장할 때 그들의 판단이 의문시될 수 있음을 우려하지만, IASB는 이러한 광범위한 노력이 필요하지 않을 것으로 본다. 다만, 시장참여자의 가정에 대한 합리적 정보를 구할 수 있다면 기업은 그러한 정보를 무시할 수 없다.

4 공정가치 공시

공정가치측정과 관련된 공시는 공정가치 서열체계에 따른 분류에 집중된다. 이는 측정된 공정가치의 도출과정에 대한 충분한 정보를 공시함으로써 재무제표 이용자에게 유의한 재무정보를 제공하기 위함이다. 기업은 재무제표 이용자가 다음의 사항을 평가하는 데에 도움이 되는 정보를 공시한다.[K-IFRS 1113 문단 91]

① 최초인식 후 반복적 또는 비반복적으로 재무상태표에 공정가치로 측정하는 자산과 부채의 경우에 가치평가기법과 추정치를 개발하기 위해 사용한 투입변수

② 유의적이지만 관측할 수 없는 투입변수인 〈수준3〉 투입변수를 사용하여 반복적으로

공정가치를 측정하는 경우에 해당 기간 중 측정치가 당기손익이나 기타포괄손익에 미친 영향

기업은 공정가치측정과 관련한 정보를 공시함에 있어 다음의 모든 사항을 고려해야 한다.[K-IFRS 1113 문단 92]

- 공시 요구사항을 충족하기 위하여 필요한 상세화의 수준
- 다양한 요구사항 각각을 위하여 강조하는 수준
- 통합하거나 세분화하는 수준
- 재무제표이용자가 공시된 양적 정보를 평가하기 위해 추가정보가 필요한지 이 기준서와 다른 기준서에 따라 제공된 공시가 재무제표이용자에게 불충분하다면 필요한 추가정보를 공시한다.

기업은 최초인식 후 재무상태표에 공정가치로 측정하는 자산과 부채의 종류별로 최소한 다음의 정보를 공시한다. 최초측정에서는 거래가격이 공정가치로 여겨지는 경우가 많은 반면, 후속측정에서는 〈수준3〉에 의한 공정가치측정에 도입된 가정, 공정가치측정 과정 그리고 측정결과는 더욱 중요해질 것이므로 〈수준3〉에 의한 공정가치측정 시에는 보다 많은 정보의 공시를 필요로 하며 기준서도 이를 강조하고 있다.[K-IFRS 1113 문단 93]

① 반복적인 공정가치측정치와 비반복적인 공정가치측정치의 경우에는 보고기간 말의 공정가치측정치, 비반복적인 공정가치측정치의 경우에는 그러한 측정의 이유
   - 반복적인 공정가치측정은 다른 기준서에서 보고기간말마다 재무상태표에 요구하거나 허용하는 경우이다. 예를 들어, 공정가치로 측정하는 금융자산이나 금융부채는 매 보고기간에 후속측정 결과를 재무상태표에 반영한다.
   - 비반복적인 공정가치측정은 다른 기준서에서 특정상황의 경우에 재무상태표에 요구하거나 허용하는 경우이다. 이러한 예로는 K-IFRS 1105호 매각예정비유동자산과 중단영업에 따라 매각예정자산의 순공정가치가 장부금액보다 작아 순공정가치로 그 자산을 측정하는 경우를 들 수 있다.

② 반복적인 공정가치측정치와 비반복적인 공정가치측정치의 경우 공정가치 서열체계에서 공정가치측정치 전체를 분류하는 수준

③ 보고기간말에 보유하고 있으며 반복적으로 공정가치로 측정하는 경우 〈수준1〉과 〈수준2〉 사이에 이동한 금액과 이동의 이유 및 수준 사이에 이동을 하게 되었다고 여겨지는 시점을 판단하는 기업의 정책

• 각 수준으로의 이동은 각 수준에서의 이동과 별도로 공시하고 논의한다.

④ 〈수준2〉와 〈수준3〉으로 분류하는 반복적인 공정가치측정치와 비반복적인 공정가치측정치의 경우 가치평가기법과 공정가치측정에 사용한 투입변수에 대한 설명

• 가치평가기법의 변경(예 : 시장접근법에서 이익접근법으로의 변경이나 추가적인 가치평가기법의 사용)이 있었다면 이러한 변경사실과 그 이유를 공시한다.

⑤ 〈수준3〉에 의한 공정가치측정의 경우 공정가치측정에 사용한 유의적이고 관측할 수 없는 투입변수에 대한 양적정보

• 관측할 수 없는 양적 투입변수가 기업에서 개발한 것이 아니라면(예 : 이전의 거래나 제3자의 가격결정정보에서 얻은 가격을 조정 없이 사용하는 경우), 이 공시 요구사항을 따르기 위해 양적정보를 반드시 산출해야 하는 것은 아니다.

• 이러한 공시를 제공하는 경우 기업은 공정가치측정에 유의적이고 합리적으로 구할 수 있지만 관측할 수 없는 양적 투입변수를 무시할 수 없다.

⑥ 반복적인 공정가치측정치를 〈수준3〉으로 분류하는 경우, 기초잔액과 기말잔액의 차이조정

• 다음 항목에 해당하는 기간 동안의 변동을 구분하여 공시한다.

㉠ 당기손익으로 인식된 해당 기간의 총손익과 그 손익으로 인식된 당기손익의 개별항목

㉡ 기타포괄손익으로 인식된 해당 기간 동안의 총손익과 그 손익으로 인식된 기타포괄손익의 개별항목

㉢ 매입, 매도, 발행, 결제(변동의 각 형태별로 구분하여 공시)

㉣ 〈수준3〉으로의 이동이나 〈수준3〉으로부터의 이동금액, 이동의 이유와 수준 사이에 이동을 하게 되었다고 여겨지는 시점을 판단한 기업의 정책. 〈수준3〉으로의 이동은 〈수준3〉으로부터의 이동과 별도로 공시한다.

⑦ 반복적인 공정가치측정치를 〈수준3〉으로 분류하는 경우 보고기간 말에 보유하고 있는 자산·부채와 관련된 미실현손익의 변동으로 인해 당기손익에 포함된 해당기간 동안의 총손익금액과 그 미실현손익이 인식된 당기손익의 개별항목

⑧ 〈수준3〉으로 분류하는 반복적인 공정가치측정치와 비반복적인 측정치의 경우 기업이 사용한 가치평가과정(예 : 기업이 가치평가정책과 절차를 결정하는 방법과 기간별 공정가치측정치의 변동을 분석하는 방법)에 대한 설명

⑨ 〈수준3〉으로 분류하는 반복적인 공정가치측정치의 경우에는 다음을 공시한다.

㉠ 측정치 모두에 대하여 관측할 수 없는 투입변수가 다른 금액으로 변동됨으로써 공정가치측정치가 유의적으로 더 높아지거나 낮아질 수 있다면 관측할 수 없는 투입변수의 변동으로 인한 공정가치측정치의 민감도에 대한 서술. 그러한 투입변수가 공정가치측정에 사용한 그 밖의 관측할 수 없는 투입변수 간 상호관계가 있는 경우에는 그러한 상호관계에 대해서도 설명하고 상호관계가 관측할 수 없는 투입변수의 변동이 공정가치측정치에 어떻게 영향을 미치는지에 대해서도 설명한다. 이러한 요구사항에 따라 공시할 때에는 최소한 위 ④에 따라 공시되는 관측할 수 없는 투입변수 변동으로 인한 민감도에 대한 서술에 그러한 투입변수를 포함한다.

㉡ 금융자산과 금융부채의 경우에 가능성이 어느 정도 있고 대체할 수 있는 가정을 반영하기 위해 하나 이상의 관측할 수 없는 투입변수 변동이 공정가치를 유의적으로 변동시킨다면 그러한 사실을 언급하고 변동의 영향을 공시한다. 합리적으로 가능한 대체할 수 있는 가정을 반영한 변동의 영향이 어떻게 계산되었는지를 공시한다. 이러한 목적을 위하여 유의성은 당기손익, 그리고 총자산이나 총부채와 관련하여 판단하거나 공정가치의 변동이 기타포괄손익으로 인식되는 경우에는 총자본과 관련하여 판단한다.

⑩ 반복적인 공정가치측정치와 비반복적인 공정가치측정치의 경우 비금융자산의 최고 최선의 사용이 현재의 사용과 다르다면 그러한 사실과 비금융자산을 최고 최선의 사용과 다른 방식으로 사용하는 이유를 공시한다.

또, 서열체계 〈수준1〉에서 〈수준2〉로 이동하거나 〈수준1〉 또는 〈수준2〉에서 〈수준3〉으로 이동하는 경우 공정가치 서열체계 수준 사이에 이동되었다고 여겨지는 시점을 판단하는 기업정책을 공시하고 그 정책을 일관되게 적용한다. 이동을 인식하는 시기에 대한 정책은 수준으로의 이동과 수준으로부터의 이동이 같다. 이동의 시기를 판단하는 정책의 예는 다음과 같다.[K-IFRS 1113 문단 95]

- 이동을 초래한 사건이나 상황변동이 발생한 날짜
- 보고기간 초
- 보고기간 말

제 2 부

가치평가모형

제2부 가치평가모형에서는

다양한 가치평가기법들을 소개한다. K-IFRS 1113호는 일반적으로 활용되는 가치평가기법을 시장접근법, 원가접근법 및 이익접근법으로 구분하면서 이익접근법으로 현재가치기법, 옵션가격결정모형 그리고 다기간 초과이익법 등을 예로 들고 있다. 본서는 이와 같이 기준서에서 정한 다양한 유형의 금융상품의 공정가치를 측정하는 가치평가기법들의 적용방법을 제시한다. 특히 제2부 가치평가모형은 K-IFRS 1113호가 제시한 평가기법이 가치평가실무에서 적용되는 구체적인 평가방법에 대해 설명한다. 이 책에서 다루고 있는 가치평가모형은 다음과 같다. 일부 평가방법은 별도의 장으로 구분하여 설명하지만 일부는 부가적으로 설명되기도 한다.

지분상품 및 채무상품 평가모형

- 현금흐름할인모형(DCF : Discounted Cash Flow)
- 상대가치평가모형(RV : Relative Valuation)
- 배당할인모형(DDM : Discounted Dividend Model)
- 채권평가모형

옵션평가모형

- 블랙숄즈모형(Black Scholes Option Pricing Model)
- 이항옵션모형(Binominal Option Pricing Model)
- 몬테카를로 시뮬레이션(Monte Carlo Simulation)
- Goldman-Sachs 모형
- Tsiveriotis-Fernandes 모형
- Black-Derman-Toy 모형
- Hull-White 모형
- Backsolve and Calibration Approach

위 평가모형 중 현금흐름할인모형, 상대가치평가모형, 배당할인모형은 보통주나 우선주와 같은 지분상품을 평가하는 데 주로 활용되고, 채권평가모형은 채무상품의 평가에 유용하다. 블랙숄즈모형과 이항옵션모형은 옵션평가모형의 기본개념을 이해하는 데 필수적인 모형이다. Goldman-Sachs 모형과 Tsiveriotis-Fernandes 모형은 전환특성과 상환특성이 동시에 존재하는 전환형 복합상품의 공정가치평가에 유용하다. 또한, Black-Derman-Toy 모형과 Hull-White 모형은 채무상품을 기초자산으로 하는 금리옵션부채권 평가에서 널리 이용되는 모형이다. 특수한 상황에서는 보다 복잡한 평가기법이 요구될 수 있는데 기초자산이 2개 이상이거나 기초자산의 확률적 변동이 옵션의 행사조건에 영향을 미치는 상황에서는 몬테카를로 시뮬레이션 방법을 활용해야 할 수 있다. 또한, 본서는 실무적 편의를 감안하여 활용되고 있는 Backsolve and Calibration Approach에 대해서도 소개한다.

자산 또는 부채의 공정가치평가에 있어 여러 평가모형이 동시에 적용되기도 하는데 자산 또는 부채를 구성하는 각 요소들의 평가를 통해 최종적인 공정가치가 측정되는 경우에는 각 요소들의 특성에 맞게 가치평가가 이뤄지게 된다. 또한, 하나의 특성을 가지는 자산에 대해 여러 평가기법들을 활용하여 측정된 값을 평균하여 사용할 수 있다. K-IFRS 1113호는 이러한 접근방법을 허용한다.

Financial Valuation

제1장 현금흐름할인모형

현금흐름할인모형(DCF : Discounted Cash Flow method)에 의한 공정가치는 미래 예상 현금흐름을 적절한 할인율, 즉 현금흐름에 대한 기대수익률로 할인하여 구한 현재가치로 정의된다. 또, 현금흐름할인모형에 의한 공정가치는 현금창출단위(또는 기업)가 영업활동을 통해 창출하는 미래 예상현금흐름을 투자주체(또는 주주 및 채권자)의 요구수익률로 할인한 가치로도 설명된다. 현금흐름할인모형에서 가치를 결정짓는 요소는 「미래의 현금흐름」과 「예측된 현금흐름의 불확실성을 반영한 할인율」이 된다.

현금흐름할인모형에 의해 산출되는 가치는 과거의 경영성과나 현재의 외부환경요인 자체가 아닌 외부환경에 대응하는 기업의 역량에 의해 창출될 수 있는 미래의 현금흐름에 의해 측정된다는 점에서 논리적으로 가장 우수한 평가방식으로 인정받고 있다. 다만, 미래의 불확실한 현금흐름과 할인율을 추정해야 하므로 공정가치측정 결과에 대한 신뢰성에 의문이 제기되기도 한다. 이런 한계점으로 현금흐름할인모형에 의해 측정된 가치는 절대적인 가치가 아니며 이용가능한 정보를 최대한 활용한 추정가치이다. 따라서, 정보의 불확실성이 제거되거나 이용가능한 정보의 내용이 변경되면 현금흐름할인모형에 의한 공정가치평가 결과도 달라진다.

1 현금흐름할인모형의 개요

현금흐름할인모형은 이익접근법의 대표적인 유형이다. K-IFRS 1113호는 현금흐름할인모형을 「현재가치기법」의 한 유형으로 설명하고 있다. 현금흐름할인모형은 보통주나 우선주와 같은 지분상품 외에도 회사채 등 채무상품의 평가방법[1]으로도 유용하다. 계약상 현금흐름에 기초해 채권자의 요구수익률로 할인한 현재가치인 채무상품의 공정가치에

1) 채무상품의 평가방법에 대한 구체적 설명은 「6. 금리옵션부채권 평가모형」에서 다룬다.

비해 기업이 영업활동을 통해 창출할 기대현금흐름을 투자자의 요구수익률로 할인하여 산정하는 지분상품가치는 훨씬 복잡한 과정을 거친다.

본서의 현금흐름할인모형은 기업에 귀속될 현금흐름에 기초한 지분(주식)의 공정가치를 측정하는 가치평가기법임을 전제로 그 내용을 설명하기로 한다.

1.1. 전체기업가치

지분상품(주식)의 가치평가는 추정 미래현금흐름과 적용할인율에 대한 정의에 따라 자기자본가치 현금흐름할인모형(Equity based Discounted Cash Flow method)과 전체기업가치 현금흐름할인모형(Entity based Discounted Cash Flow method)으로 구분된다.

① 자기자본가치 접근법 : 주주에게 귀속되는 기대잉여현금흐름(FCFE : Free Cash Flow to Equity)을 주주요구수익률(자기자본비용)로 할인해 현재가치를 추정하는 방법

② 전체기업가치 접근법 : 기업전체에 귀속되는 기대잉여현금흐름(FCFF : Free Cash Flow to Firm)을 주주와 채권자의 가중평균 요구수익률(WACC : Weighted Average Cost of Capital)로 할인하여 전체기업가치를 계산한 후 타인자본가치를 차감하여 지분가치를 추정하는 방법

추정현금흐름과 현금흐름의 위험에 적절히 대응되는 할인율을 사용한다면 두 현금흐름할인모형의 평가결과는 이론적으로 같다. 실무적으로는 두 접근방법 중 전체기업가치 접근법이 보편적으로 사용되고 있는데 그 이유는 다음과 같다.

- 전체기업가치 접근법은 영업가치를 우선 평가하므로 최종 산출물인 자기자본가치 외에도 사업자체의 가치를 측정할 수 있어 보다 유용한 정보를 제공한다. 사업의 투자과정과 현금회수과정을 명확히 파악함으로써 사업타당성 평가의 효과를 얻을 수 있다.
- 사업가치는 가치를 창출하는 과정의 결과물이며 자기자본가치와 부채가치는 가치의 배분과정인데 정보이용자는 가치의 배분결과 외에도 가치창출과정에 대한 정보를 제공받을 수 있다. 전체기업가치 접근법은 가치창출의 핵심요인이 어디에 있는지 파악하는 데 도움을 준다.
- 여러 사업부문을 가지고 있는 기업의 경우 사업부문별 가치를 측정하여 합산함으로써 부분가치와 전체가치에 대한 정보를 함께 제공할 수 있다.

본서는 지분가치평가를 위한 현금흐름할인모형 접근법 중 이론적으로 우수하고 보편적으로 사용되고 있는 전체기업가치 접근법을 중심으로 설명하되 특정 프로젝트를 위한

특수목적회사의 평가와 같이 특별한 상황에서 자기자본가치 접근법을 응용한 조정현재가치모형을 추가로 설명하기로 한다.

1.2. 가치의 창출과 배분

전체기업가치 접근법은 기업의 「전체기업가치」에서 「타인자본가치」를 차감하여 「지분가치(자기자본가치)」를 산출하는 방식이다. 이때, 보통주보다 변제순위가 높은 우선주가 있다면 이를 추가적으로 차감한 후 보통주 지분가치를 추정한다.2)

영업가치(Operating Value)는 「잉여현금흐름(FCFF)」을 기업전체에 적용될 할인율 즉, 자기자본과 타인자본 현금흐름의 위험을 모두 반영한 할인율인 「가중평균자본비용(WACC)」으로 할인하여 계산한 가치이다. 영업가치는 영업활동으로부터 창출된 가치이며 궁극적으로 타인자본과 자기자본에 귀속될 현금흐름을 창출하는 원천이다.

- 영업가치에 영업활동과 무관한 자산의 운용결과 창출된 가치(비영업자산의 가치)를 추가로 가산하여 전체기업가치를 도출한다. 즉, 「{영업가치 + 비영업자산의 가치} → {타인자본가치 + 자기자본가치}」가 된다.
- 창출된 기업가치는 채권자 등에게 배분되는 가치인 타인자본가치와 주주에게 배분되는 가치인 자기자본가치(지분가치)로 배분된다. 타인자본 제공자(채권자)는 창출된 기업가치 중 채권 원본금액과 이자상당액에 대한 우선청구권이 있다. 창출된 기업가치 중 채권자의 몫을 제외한 잔여가치는 모두 주주에게 귀속되므로 기업의 적절한 자본조달 및 배분정책에 의해 자기자본가치의 크기도 달라진다. 반면, 창출된 기업가치가 채권자의 원본금액과 이자상당액보다 작은 경우에는 주주의 몫이 없어지게 된다.

2 지분가치 평가구조

현금흐름할인모형에 의한 자기자본가치(지분가치)의 공정가치평가는 미래잉여현금흐름(FCF)의 현재가치인 「영업가치」에 비영업자산의 가치를 더하여 「전체기업가치」를 구한 후 타인자본가치를 차감하여 도출한다.

① **[Step1]** 영업가치(Operating Value) 측정 : 영업가치는 기대잉여현금흐름(FCF : Free

2) 구체적인 상황에 따라 우선주 외에도 비지배지분 및 잠재적 지분가치 등 추가로 고려할 요소가 있다. 자세한 내용은 후술한다.

Cash Flow)을 가중평균자본비용(WACC)으로 할인하여 측정한다.

- 기대잉여금흐름(Estimated FCF)의 추정
- 가중평균자본비용(WACC)의 추정
- 목표자본구조(Target Debt ratio)의 추정
- 예측기간설정 및 영구성장률(stable growth rate)에 대한 가정

② **[Step2]** 비영업자산가치(non-Operating Asset Value) 측정 : 아래의 사항을 고려하여 영업가치 창출에 직접적으로 기여하지 아니한 (또는, 잉여현금흐름 추정에서 고려되지 아니한) 비영업자산의 공정가치를 측정한다.

- 비영업자산의 구분
- 비영업자산의 공정가치 측정방법

③ **[Step3]** 전체기업가치(Firm Value) 측정 : 전체기업가치는 영업가치와 비영업자산가치의 합으로 계산한다.

④ **[Step4]** 타인자본가치(Debt Value) 측정 : 아래의 사항을 고려하여 타인자본의 공정가치를 측정한다.

- 타인자본(IBD : Interest Bearing Debt)의 구분
- 타인자본비용의 추정
- 내재파생요소를 가진 채무형 복합상품에 대한 가정 및 평가

⑤ **[Step5]** 지분가치(Equity Value) 및 주당가치 측정 : 지분가치는 전체기업가치에서 타인자본가치를 차감하여 산출하되 아래의 사항을 고려한다.

- 경제적 특성을 고려할 때 보통주와 구분되는 것이 합리적인 것으로 판단되는 우선주가 있는 경우, 우선주 공정가치를 전체기업가치에서 차감한다.
- 연결실체 단위로 현금흐름할인모형을 적용할 경우 전체기업가치에서 비지배지분의 공정가치를 차감한다.
- 경제적 특성을 고려할 때 보통주와 구분되는 것이 합리적인 것으로 판단되는 잠재적 지분이 있는 경우, 이를 전체기업가치에서 차감한다. 반면, 잠재적 지분의 희석화를 가정할 경우 잠재적 지분을 전체기업가치에서 차감하지 아니하며 발행주식수에 희석될 주식수를 가산한다.
- 지분가치를 측정일 현재 유통주식수로 나누어 주당가치를 산정한다. 유통주식수는 총발행주식수에서 자기주식(자기지분상품)을 제외하고 희석화를 가정한 잠재적 지분의 희석주식을 포함한다.

2.1. 영업가치

영업가치는 미래 잉여현금흐름(FCF)을 주주와 채권자의 요구수익률인 가중평균자본비용(WACC)으로 할인한 가치다. 잉여현금흐름은 영업활동을 통해 창출한 현금흐름에서 투자소요금액과 영업관련 운전자본의 순증가액을 차감한 금액을 말한다. 투자소요금액은 유형자산, 무형자산 또는 영업관련 투자자산에 대한 투자금액을 의미한다.

$$영업가치=\frac{FCF_1}{(1+WACC)}+\frac{FCF_2}{(1+WACC)^2}+\frac{FCF_3}{(1+WACC)^3}+\cdots\frac{FCF_n}{(1+WACC)^n}$$

FCF_i(잉여현금흐름) = 세후영업이익(NOPLAT) + 비현금비용 - 순운전자본 증가액 - 투자소요금액

- 세후영업이익(NOPLAT) : 영업이익(EBIT)에 영업이익에 대한 법인세를 차감한 금액
- 비현금비용 : 현금유출이 없는 비용
- 순운전자본 증가액 : 영업관련 운전자본의 순증가액
- 투자소요금액(CAPEX) : 유무형자산 신규투자 및 재투자 금액

WACC(가중평균자본비용) = 타인자본과 자기자본의 가중평균 요구수익률

아래에서는 영업가치를 구성하는 각 항목에 대한 대략적인 내용을 우선 설명하며, 영업가치 구성항목의 세부적인 내용은 별도의 장에서 다시 살펴보기로 한다.

2.2. 잉여현금흐름

잉여현금흐름(FCF)은 영업활동을 통해 창출되는 현금흐름에서 투자소요금액을 차감하여 계산한다. 이때, 영업활동을 통해 창출되는 현금흐름은 세후영업이익[3]에 비현금비용을 더하고 순운전자본 증가액을 뺀 값이다. 비현금비용은 감가상각비 또는 무형자산상각비와 같이 현금지출을 수반하지 않는 비용을 말한다. 영업활동 현금흐름에 투자소요금액을 차감하면 잉여현금흐름이 도출된다.

잉여현금흐름의 출발은 영업이익(EBIT : Earning Before Interest and Tax)에서 시작된다. EBIT는 이자비용 및 세금공제 전 이익으로 해석되는데 기업의 영업활동과 관련하여 지속적이고 반복적인 형태로 발생하는 항목이 고려된 이익이다. 실무에서는 영업이익과 EBIT가 거의 동의어로 사용되지만 현금흐름할인모형의 이론적 개념에서 정의하는 EBIT

3) 세후영업이익의 정확한 개념은 세후EBIT이다. 세후EBIT는 NOPLAT(Net Operating Profit Less Adjusted Tax)으로 정의된다. 실무적으로 NOPLAT을 세후영업이익으로 사용하고 있으므로 본서도 편의상 NOPLAT을 세후영업이익으로 표시한다.

는 영업이익과 차이가 있다.

- EBIT에는 이자비용과 이자수익과 같은 금융비용 및 금융수익과 외화환산손익이나 자산의 처분손익 등 기타수익과 비용, 그리고 영업의 중단으로부터 발생한 손익이나 비영업자산의 투자로부터의 투자손익은 제외된다. 이때, 금융수익과 금융비용 그리고 기타수익과 기타비용의 항목 중 영업활동 관련 항목으로서 지속적이고 반복적으로 발생하는 항목은 재무보고 목적의 영업이익으로 분류되지 않더라도 EBIT에 포함하는 것이 타당하다.
- 반면, 실무적으로는 EBIT와 영업이익은 큰 차이가 없는 것으로 보아 손익계산서상의 영업이익을 EBIT의 개념으로 사용하고 있다. 본서도 EBIT와 영업이익은 실질적으로 같은 것으로 보아 EBIT를 영업이익으로 표시하기로 한다.

잉여현금흐름은 영업활동을 통해 창출된 현금흐름에서 기업의 생존과 성장을 위해 반드시 재투자되어야 할 투자소요금액(CAPEX : Capital Expenditure)을 차감한 나머지 현금흐름을 말한다. 즉 잉여현금흐름은 주주와 채권자에게 최종적으로 귀속되는 현금흐름이다. 기업이 투자와 회수의 반복과정을 통해 창출된 가치를 주주와 채권자에게 돌려주는 것이다.

- 투자가 집중된 시점에는 투자소요금액(CAPEX)이 영업활동을 통해 창출된 현금을 초과(부의 잉여현금흐름을 창출)하므로 주주 및 채권자에게 손을 벌리게 된다. 반면, 투자과실이 맺어지는 시점에는 영업활동을 통해 창출된 현금흐름이 투자비 부담을 초과(정의 잉여현금흐름을 창출)하므로 주주와 채권자에게 귀속될 몫이 커진다.
- 즉, 「잉여」는 주주와 채권자에게 귀속되며 영업을 통해 창출한 현금흐름 중 재투자(CAPEX)까지 끝난 자유로운(Free) 현금이라는 의미를 가진다. 이때, 특정 시점의 현금이 아닌 여러 기간에 걸쳐 발생하는 현금의 변동상황을 뜻하므로 「흐름(flow)」이라는 용어를 사용한다.

잉여현금흐름은 재무회계상의 이익(Earning)이 아닌 현금흐름(Cash Flow)에 초점을 맞춘다. 재무회계에 의해 큰 금액의 이익을 보고하였더라도 대규모 투자지출이 집행되거나 운전자본 소요로 인해 보고된 이익과 달리 현금이 부족한 경우에는 실질적으로 주주와 채권자에게 귀속될 가치가 없을 수 있다. 따라서 잉여현금흐름은 「이익」이라는 회계 보고 금액이 아닌 실질적인 「현금흐름」을 중시하는 것이다. 세후영업이익(NOPLAT)에서 비현금비용과 순운전자본변동액을 가감하는 것은 재무회계에서 보고된 세후영업이익을 영업현금흐름으로 전환하는 과정이다. 항목별 조정내용은 이후 자세히 설명하도록 한다.

예 제 잉여현금흐름의 계산

기업의 향후 5년간 세후영업이익과 감가상각비, 순운전자본 그리고 예상투자소요금액에 대한 정보는 다음과 같다. 표시된 금액단위는 백만원이다.

잉여현금흐름 추정에 요구되는 정보는 다음과 같다.

① 기업의 세후영업이익 및 순운전자본 추정결과는 다음과 같다.

	20×1년	20×2년	20×3년	20×4년	20×5년
세후영업이익(NOPLAT)	2,080	2,163	2,250	2,340	2,433
순운전자본	520	541	562	585	608

② 현재시점(20×1년초)의 순운전자본 잔액은 505백만원이다.

③ 기업의 투자소요금액 및 감가상각비 추정결과는 다음과 같다. 감가상각비를 제외한 비현금비용은 없다.

	20×1년	20×2년	20×3년	20×4년	20×5년
투자소요금액	300	500	250	200	160
감가상각비	200	230	225	190	165

• 위 정보를 이용해 기업의 잉여현금흐름을 추정할 결과는 다음과 같다.

	20×1년	20×2년	20×3년	20×4년	20×5년
세후영업이익(NOPLAT)	2,080	2,163	2,250	2,340	2,433
비현금비용	200	230	225	190	165
순운전자본증가액	15	21	21	23	23
영업활동현금흐름	2,265	2,372	2,454	2,507	2,575
투자소요액	300	500	250	200	160
잉여현금흐름	1,965	1,872	2,204	2,307	2,415

• 계산의 예 : 20×1년 잉여현금흐름

㉠ 순운전자본 증가액(15백만원) : 기말(20×1년말) 순운전자본(520백만원) - 기초(20×1년초) 순운전자본(505백만원)

㉡ 영업활동현금흐름(2,265백만원) : 세후영업이익(2,080백만원) + 비현금비용(200백만원) - 순운전자본 증가액(15백만원)

㉢ 잉여현금흐름(1,965백만원) : 영업활동 현금흐름(2,265백만원) - 투자소요금액(300백만원)

2.3. 비현금비용

잉여현금흐름 추정과정에서 세후영업이익(NOPLAT)에 가산하는 대표적인 비현금비용은 유형자산에 대한 감가상각비와 무형자산상각비이다. 비현금비용을 가산하는 이유는 발생주의 회계를 현금흐름으로 전환하기 위해서이다. 재무회계는 유형자산을 취득하는 시점에 자산으로 인식한 후 향후 내용연수에 걸쳐 비용(감가상각비)을 인식하여 사용기간에 걸쳐 원가로 배분한다.

- 현금흐름할인모형은 투자소요계획에 따른 유무형자산 투자시점에 부(-)의 현금흐름으로 반영되므로 감가상각비 자체는 현금흐름에 영향을 미치지 않는다.
- 이때, 잉여현금흐름은 세후영업이익(NOPLAT)을 기초로 하는데 세후영업이익은 재무회계에 의해 추정된 것이므로 투자시점에 이미 현금유출로 차감된 유무형자산 투자금액에 대한 감가상각비를 다시 차감하는 문제가 생긴다. 따라서 세후영업이익에 감가상각비를 다시 더해 줌으로써 현금흐름으로 조정된다.

만일 세후영업이익을 현금기준으로 직접 추정이 가능하다면 감가상각비는 더해 줄 필요 없이 감가상각비 절세효과만 고려하면 될 것이다. 감가상각비는 현금유출이 없는 비용이지만 법인세계산에 있어서는 기업의 비용으로 인정되므로 감가상각비에 법인세율을 곱한 금액만큼 법인세를 절감하는 효과가 있다. 다만, 실무적으로 세후영업이익 대신 세후영업현금흐름을 직접 추정하는 경우는 거의 없으므로 감가상각비 절세효과를 고려할 경우는 없을 것으로 판단된다.

2.4. 순운전자본 증감액

운전자본은 매출채권, 재고자산, 매입채무 등 영업활동 과정에서 발생하는 채권과 채무를 말한다. 회계과목의 명칭여하를 막론하고 잉여현금흐름에서 고려하는 운전자본은 영업활동과의 관련성 여부이다. 잉여현금흐름 계산에서 매출채권이나 재고자산과 같은 자산항목의 운전자본 증가는 차감하고 매입채무나 미지급금 등 부채항목의 운전자본 증가는 가산한다. 잉여현금흐름 계산에 있어 세후영업이익에 운전자본 증가금액을 차감하는 과정을 거치는 이유는 잉여현금흐름의 계산이 재무회계에서 사용되는 「영업이익」에서 시작된다는 점 때문이다.

매출채권의 예를 들어 보자. 세후영업이익은 매출액에서 매출원가와 판매관리비를 차감한 후 영업이익에 대한 법인세를 고려하여 계산한다. 이때 매출액은 현금기준의 매출액이 아닌 재무회계의 「수익인식기준」(K-IFRS 1115호 또는 일반기업회계기준 제16장)에 따라 계산된다. 「수익인식기준」에 따른 매출은 비록 현금판매가 이루어지지 않았더라도 수익인식기준을 만족할 경우 매출로 표시하되 현금유입이 없으므로 매출채권을 인식한다.

- 잉여현금흐름의 추정이 재무회계상의 수익인식기준에 따른 「매출」인식으로 기록된 영업이익을 기반으로 하므로 영업현금 유입액과는 차이가 발생한다. 이러한 재무회계상의 수익인식기준과 현금흐름할인모형의 차이를 조정해 주기 위한 방법으로 운전자본을 차감하는 것이다.

예 제　수익인식기준과 운전자본

기업은 경영진의 판매정책에 따라 현금판매와 외상판매를 병행한다. 당기 중 거래처에 1,000원에 해당하는 물품을 공급하면서 700원은 현금으로 회수하였으나 나머지 300원은 익월에 받기로 하였다. 수익인식기준 매출액과 현금기준 매출액을 집계하고 운전자본 변동액을 이용해 조정하는 과정을 살펴보자.

① 수익인식기준 매출액 : 1,000원, 현금주의 매출액 : 700원

② 운전자본 증감액을 이용한 조정과정

㉠ 운전자본 증가액 : 기말매출채권(300원) - 기초매출채권(0원) = 300원

㉡ 현금 매출액 : 수익인식기준 매출액(1,000원) - 운전자본 증가액(300원) = 700원

수익인식기준에 따른 매출은 현금주의 매출과 매출채권(운전자본)만큼 차이가 발생하게 된다. 매출채권 기초잔액이 있는 경우 기초매출채권 잔액의 당기 회수분은 현금주의 매출에 가산되어야 한다. 따라서 수익인식기준 매출을 현금주의 매출로 조정하는 과정은 다음과 같이 정리된다.

현금주의 매출 = 수익인식기준 매출 - 매출채권 순증가액
= 수익인식기준 매출 - {기말매출채권 - 기초매출채권}

매출원가나 판매비와관리비와 같은 원가는 발생주의에 따라 인식하게 되는데 발생주의 원가에서 현금주의 원가로의 조정은 수익인식기준 매출에서 현금주의 매출로 조정하는 과정과 동일하며 조정되는 순운전자본이 재고자산과 매입채무라는 점만 다르다.

현금주의 원가 = 발생주의 원가 - 재고자산 순증가액 + 매입채무 순증가액
= 발생주의 원가 - {기말재고자산 - 기초재고자산} + {기말매입채무 - 기초매입채무}

매출채권, 재고자산 및 매입채무 외에도 기업의 운전자본에는 미수금, 미수수익, 기타당좌자산과 미지급금, 기타유동부채 등을 고려해야 할 수 있다. 매출채권, 재고자산 및 매입채무는 영업활동과 직접 관련된 운전자본이므로 영업활동 현금흐름 계산에서 일반적으로 고려해야 하는 운전자본항목이다. 반면, 미수금이나 미지급금 등 기타 자산과 부채에 포함된 항목은 영업활동과 관련될 수도 있고 투자나 재무활동과 관련될 수도 있다.

- 이러한 자산이나 부채가 영업활동과 관련된 순운전자본이라면 영업이익에서 조정해 주어야만 현금주의 영업이익이 도출될 것이다. 반면, 이러한 자산이나 부채가 투자나 재무활동과 관련된 항목이라면 영업활동 현금흐름과 관련 없으므로 영업운전자본으로 조정할 필요가 없으며 별도로 고려해야 한다.
- 영업활동 현금흐름을 계산하기 위해 미수금, 미지급금 등의 순운전자본을 가감할 것인지의 판단에 있어 계정과목의 명칭은 중요하지 않으며 기업의 회계처리정책에 따른 실질적인 내용을 확인해야 한다. 실무적으로 미수금, 미지급금 등의 금액이 미미한 경우에는 순운전자본 증감액으로 조정하지 않을 수 있다.

예 제 발생기준 원가와 운전자본

기업은 거래처에 판매하기 위해 당기 중 1,000원의 상품을 매입하면서 600원은 현금으로 지급하고 나머지 400원은 익월에 지급하기로 하였다. 또, 당기 매입한 1,000원 중 700원에 해당하는 상품을 1,000원에 판매(현금판매 700원 및 외상판매 300원)하였으나 나머지 300원은 판매하지 못하고 재고로 남게 되었다. 이 상황에서 발생주의에 의한 매출원가와 영업이익에 기초해 현금주의 원가와 순운전자본 변동효과를 이용해 영업현금흐름을 계산해 보자.

① 발생주의 매출원가 및 현금주의 매출원가
　㉠ 발생주의 매출원가(700원) : 기초재고(0원) + 당기매입(1,000원) - 기말재고(300원)
　㉡ 현금주의 매출원가(600원) : 당기 현금매입액(600원)

② 발생주의 영업이익(300원) : 매출액(1,000원) - 매출원가(700원)

③ 순운전자본 변동효과를 이용한 영업현금흐름 계산
　㉠ 영업현금흐름의 직접추산 : 현금매출액(700원) - 현금매입액(600원) = 100원

ⓛ 순운전자본 변동효과를 이용한 영업현금흐름 계산 :
발생주의 영업이익 - 순운전자본 증감액
= 영업이익(300원) - {매출채권 증가액(300원) + 재고자산증가액(300원) - 매입채무 증가액(400원)}
= 300원 - 200원 = 100원

이처럼 현금흐름할인모형에서 미래현금흐름을 직접 추정하지 않고 재무회계상의 영업이익을 현금흐름 추정의 기본자료로 이용하는 이유는 회계처리기준에 따라 계상된 과거 회계자료를 기초로 미래이익을 추정하는 것이 더 쉽기 때문이다.

한편, 잉여현금흐름 추정과정에서 순운전자본을 차감하는 형식을 취하는 또 다른 이유는 매출채권과 같은 운전자본도 영업정책에 따라 유형자산에 투자하는 것처럼 관리될 수 있기 때문이다.

- 일반적으로 기업은 운전자본 운영정책을 유지한다. 경영진은 재화 또는 용역을 공급할 때 현금으로 판매할지 외상으로 판매할지 의사결정을 하게 된다. 신용판매(외상)는 기업의 영업정책과 관련된다. 운전자본규모는 기업의 영업정책에 의해 일정수준 통제가능하다. 신용이 낮은 거래처의 신용판매 비율을 낮추고 현금판매 비중을 높이는 것이 일반적이지만, 시장경쟁상황에 따라 반드시 그러하지는 않다. 때로는 신규 거래처에 대해 전략적으로 외상판매를 해서라도 장기적인 거래처를 확보하기도 한다. 기업의 사업유형에 따라 운전자본 순증감액이 잉여현금흐름에 미치는 영향이 큰 경우가 있다.
- 규모가 작은 기업은 순운전자본의 효율적인 관리가 더욱 중요하다. 회계이익을 기록하면서도 도산하는 이른바 흑자도산의 많은 경우가 순운전자본의 관리에 허점이 있기 때문이다. 매출채권과 재고자산이 많은 기업은 운영자금이 운전자본에 묶여 있다는 뜻이며 매입채무가 적은 기업은 채무가 발생하는 즉시 대금을 지급하는 불리한 입장에 있다는 뜻이다. 일반적인 재무분석과 달리 가치평가에서는 과다한 수준의 매출채권, 재고자산 등의 운전자본은 기업가치를 훼손하는 것이며 적절한 수준의 매입채무가 오히려 가치를 높이기도 한다. 때에 따라서는 운전자본의 효율적 관리, 즉 운전자본을 최소화하는 것만으로 가치가 창출되기도 한다.

2.5. 투자소요금액

잉여현금흐름 계산에서 세후영업이익(NOPLAT)에서 차감하는 투자소요금액(CAPEX)은 유무형자산과 영업 관련한 그 밖의 자산에 대한 투자금액을 말한다. 유형자산은 영업활동에 사용할 것을 목적으로 장기간 보유하는 자산으로 유형의 실체를 가진 자산을 말한다. 유형자산은 영업활동을 통해 판매될 목적으로 보유하는 자산인 재고자산과 구분되며 장기 시세차익이나 배당 또는 이자수익의 획득이나 다른 기업의 지배 등을 위해 보유하는 투자자산과도 구별된다. 일반적으로 유형자산 투자금액은 잉여현금흐름 계산시 차감되는 투자소요금액으로 분류한다. 유형자산은 영업활동 현금흐름을 창출하기 위한 밑거름이기 때문이다.

- 유형자산의 취득원가는 영업활동으로 인한 수익에 대응하기 위해 유형자산의 경제적 내용연수에 따라 상각하여 비용으로 인식한다. 즉 재무회계에서는 유형자산의 취득시점에는 「자산」으로 인식하며 비용인식은 내용연수 동안 배분되는 효과가 있다.
- 유형자산 투자 외의 투자소요금액은 기업의 회계처리 방식과 관계없이 잉여현금흐름 창출에 필요한 그 밖의 자산에 대한 투자를 고려할 수 있다. 예를 들어 기업의 영업활동에서 직영 매장확대를 위해 임차보증금에 대한 투자가 지속적으로 이뤄져야 한다면 이러한 자산에 대한 투자도 투자소요금액으로 판단한다. 투자목적의 유가증권을 포함하여 기업이 보유한 금융자산은 운전자본이거나 비영업자산인 경우가 일반적이다.

감가상각비는 영업이익에서 차감되지만 실제로는 현금유출을 수반하지 않는 비현금비용이므로 현금흐름에 영향이 없다. 유무형자산 등의 투자소요금액도 현금이 실제 지출되는 시점을 기준으로 투자액을 산정해야 한다.

- 유형자산 등의 투자총액을 추정할 수 있으나 구체적인 현금지출시기를 예측하기가 쉽지 않을 수 있다. 실무적으로 투자소요금액을 지출시점별로 구분하지 않고 현금흐름을 추정할 수 있으나 투자금액이 크고 중요한 경우(예 : 대규모 건설사업의 투자비 지출시기의 추정)에는 지출시점을 구분해야 한다.
- 현금흐름할인모형에서는 현금흐름을 기초로 하므로 유무형자산의 취득과 동시에 실제 현금지출시점에 맞추어 「투자소요금액」으로 인식하여 세후영업이익에서 차감한다. 재무회계에서는 할부로 구입한 유무형자산의 경우에도 실질적인 사용가능 여부를 따져 자산으로 인식하지만 현금흐름할인모형에서는 실제 현금지출 여부가 중요하다. 장기할부로 취득할 경우에는 예상지출시점에 맞추어 투자금액을 인식해야 하며 선급금이나 건설중인자산도 그 지출시점으로 해야 한다.

예 제 재무회계와 현금흐름할인모형에서의 유형자산에 대한 처리방법 비교

기업은 20×1년말 생산활동에 사용할 목적으로 300원의 기계장치를 구입하였다. 기계장치 구입대금 중 200원은 구입과 동시에 지급하고 잔금 100원은 20×2년말에 지급하기로 하였다. 기계장치는 20×1년말 현재 사용가능하며 기업은 이를 반환할 의무가 없다. 기업의 감가상각비 회계처리정책에 따르면, 기계장치는 5년간 정액법으로 상각한다.

① 재무회계에서의 인식 : 기업은 20×1년말 현재 취득한 기계장치를 사용가능하며 반환할 의무가 없으므로 즉시 자산으로 인식하고 내용연수(5년) 동안 상각한다. 일반적인 기업회계기준에 따른 회계처리결과는 다음과 같다.

	20×1년	20×2년	20×3년	20×4년	20×5년	20×6년
유형자산	300	240	180	120	60	-
미지급금	100	-	-	-	-	-
감가상각비	-	60	60	60	60	60

㉠ 연간감가상각비 : 취득원가(300원) ÷ 내용연수(5년) = 60원

㉡ 20×2년말 유형자산 장부금액 : 취득원가(300원) - 감가상각비(60원) = 240원

② 현금흐름의 추정 : 재무회계에서의 인식방법과 달리 기계장치 구입과 관련하여 지출된 시기의 현금흐름을 다음과 같이 추정한다. 이때, 재무회계에서 인식한 감가상각비(연간 60원)는 비현금비용으로 세후영업이익에 가산한다.

	20×1년	20×2년	20×3년	20×4년	20×5년	20×6년
유형자산투자액	-200	-100	-	-	-	-

2.6. 할인율

현금흐름할인모형을 올바르게 적용하기 위해서는 현금흐름에 대응되는 적절한 할인율을 사용하여야 한다. 할인율은 창출된 영업가치의 배분대상, 즉 자기자본과 타인자본의 기회비용 또는 요구수익률이 반영되어야 한다.

- 동일한 영업현금흐름에 대해서도 자금의 조달원천인 주주(자기자본)와 채권자(타인자본)의 요구수익률 수준은 다르다. 각 투자자들은 동일한 위험을 부담하는 다른 투자기회에 투자하는 경우와 비교하여 요구하는 수익률 수준을 결정하게 되므로 동일한 기대영업현금흐름에 대해서도 그 위험 정도에 따라 요구수익률도 달라진다.
- 잉여현금흐름에 대응되는 할인율은 영업현금흐름의 위험과 주주와 채권자의 상대적인 청구권 관련 위험의 크기, 즉 자본구조에 따른 위험을 함께 고려하여 결정되어야

한다. 영업현금흐름의 위험과 각 자본의 구성비율에 따른 가중치를 부여하여 산출된 가중평균자본비용(WACC)을 할인율로 이용하게 된다.

잉여현금흐름에 대응되는 할인율은 복잡한 과정을 통해 도출된다. 본서는 할인율 결정의 중요성을 고려하여 할인율 추정에 대하여는 「6. 자본비용」에서 구체적으로 다루겠다.

2.7. 비영업자산

비영업자산(non-Operating Assets)은 「영업가치 창출에 직접적으로 기여하지 못하는 자산」 또는 「잉여현금흐름 추정 시 고려되지 않는 자산」을 말한다. 유·무형자산이나 매출채권, 재고자산과 같은 운전자본을 영업자산 또는 핵심자산으로 지칭하는데, 이들을 제외한 자산을 「비영업자산」이라 하며 「비핵심자산」으로도 불린다. 현금흐름할인모형에 따른 전체기업가치는 영업가치와 비영업자산의 가치의 합으로 계산되는데, 비영업자산으로부터 발생하는 미래현금흐름이 잉여현금흐름에는 포함되지 않지만 기업가치에는 영향을 미치므로 평가시점의 비영업자산의 가치를 영업가치에 가산한다. 이는 평가시점의 비영업자산의 가치를 시장가치로 즉시 처분하여 현금화한다는 가정에 기초하며 비영업자산의 미래현금흐름의 현재가치는 평가시점의 시장가치와 동일한 것으로 가정한다. 비영업자산의 가치가 기업가치에 직접적인 영향을 미치므로 이의 인식과 평가문제는 매우 중요하다. 이러한 비영업자산의 예로는 초과보유현금, 투자유가증권, 유휴자산 및 기타 투자자산 등이 있다. 비영업자산의 식별 및 평가방법은 「7. 비영업자산」에서 구체적으로 설명한다.

2.8. 타인자본가치와 지분가치

영업가치와 비영업자산가치의 합인 「전체기업가치」에서 타인자본가치를 차감하여 자기자본가치(지분가치)를 도출한다. 타인자본가치는 타인자본 투자자에게 귀속될 현금흐름의 현재가치이다.

- 일반적으로 타인자본은 이자발생부채(interest-bearing debt) 즉, 요구수익률이 있는 부채를 말한다. 매입채무나 미지급금과 같은 영업관련 부채는 부(-)의 운전자본이며 타인자본에 포함되지 않는다.
- 타인자본은 계약상 현금흐름만을 수취하거나 계약상 현금흐름 외에 기타 현금흐름에 대한 청구권을 가지면서 자기자본 투자자에 비해 기업의 자산 또는 현금흐름에 대한

우선적 청구권을 가지므로 상대적으로 낮은 수익률을 요구하는 투자자이다.

금융기관 차입금이나 회사채, 금융리스부채 등은 대표적인 이자발생부채로 타인자본에 포함된다. 이들 타인자본은 원칙적으로 타인자본의 예상현금흐름을 타인자본의 시장이자율(또는 추정된 타인자본 요구수익률)을 이용하여 공정가치로 평가한다. 타인자본에는 다음과 같은 항목들이 포함된다.

① 차입금

② 회사채

③ 금융리스부채

④ 복합상품의 부채요소

- 부채요소와 자본요소를 모두 가진 금융상품인 복합금융상품(전환사채, 신주인수권부사채, 전환상환우선주 등)은 주계약(부채요소)에서 자본요소를 분리하여 부채요소는 타인자본가치로, 자본요소(보통주 전환요소)는 잠재적 지분가치로 분류한다. 잠재적 지분은 기존 주주와 기업의 순자산청구권(전체기업가치에서 타인자본가치를 차감한 가치)을 공유(희석)한다. 이는 기업이 복합상품의 내재파생상품을 어떻게 처리하였는지와 무관하다.[4]
- 충당부채는 이자부부채가 아니지만 타인자본에 포함되기도 한다. 충당부채는 과거사건에 의해 발생하였으며 장래에 기업으로부터 현금이 유출될 것으로 예상되는 현재의무로 그 지출의 시기와 금액이 불확실한 부채이다. 충당부채는 결제에 필요한 미래지출의 시기 또는 금액의 불확실성으로 인해 매입채무와 미지급비용과 같은 기타 부채와 구별된다. 충당부채는 그 발생시기를 특정할 수 없으므로 잉여현금흐름에서 반영하기 쉽지 않다. 따라서, 충당부채요소의 예측가능성을 고려해 잉여현금흐름에서 고려하거나 그렇지 못할 경우 이러한 충당부채를 타인자본으로 분류한다.
- 타인자본가치는 평가시점 현재의 타인자본만이 포함된다. 미래에 추가적으로 발생할 타인자본이 있다 하더라도 이를 타인자본가치에 포함하지 않는다. 미래에 발생할 타인자본은 순현금유입(자금의 조달)과 순현금유출(자금의 상환 및 이자지급)의 현재가치가 「0」이기 때문이다. 미래에 발생할 금융부채 등이 타인자본가치에는 영향을 미치지

4) 예를 들어, 기업이 전환사채의 계약조건에 따라 전환사채의 전환옵션을 파생상품부채로 분리하여 공정가치로 평가하거나 혹은 자본요소로 보아 최초인식시점의 전환옵션가치를 자본으로 분류하고 후속적으로 공정가치로 평가하지 않은 경우 모두에 있어 현금흐름할인모형은 전환옵션을 잠재적 지분가치로 분류하고 공정가치로 평가하며 이로 인해 기존 주주의 지분가치는 희석되는 것으로 본다. 즉, 기업의 회계처리방식과 관계없이 복합상품의 내재파생요소 중 주주전환가치는 잠재적 지분가치로 분류한다. 자세한 내용은 「9. 지분가치」에서 설명한다.

아니하나 자본비용 계산 시 목표자본구조에 영향을 줄 수 있음에 유의해야 한다.

한편, 타인자본의 현재가치를 계산하기 위한 할인율(타인자본비용)은 동일하거나 유사한 만기와 위험을 갖는 타인자본에 적용되는 현재의 시장이자율과 같다. 타인자본비용의 계산과정은 「6. 자본비용」에서 구체적으로 살펴보겠다.

자기자본가치(지분가치)는 전체기업가치에서 타인자본가치를 차감하여 계산한다. 이때, 자기자자본가치는 기업가치의 가장 후순위에 있는 보통주의 지분가치 외에 우선주나 종업원 주식선택권(Stock Option) 등 다른 잠재적 지분가치가 포함되어 있을 수 있다. 기업가치의 가장 후순위에 있는 보통주 지분가치를 산정하기 전에 우선적으로 고려해야 하는 자기자본가치 구성항목은 다음과 같다.

① 우선주 지분가치
② 비지배지분(종속기업의 기타주주지분)
③ 잠재적 지분가치
- 전환형 복합상품의 지분전환요소
- 종업원 주식선택권

우선주 등 보통주 가치에 우선한 자기자본가치 항목들에 대한 구체적인 개념과 공정가치평가 방법에 대해서는 「9. 지분가치」에서 살펴본다.

전체기업가치 접근법은 전체기업가치에서 타인자본가치를 차감하고 보통주 지분가치에 우선한 잠재적 지분가치 등을 차감하여 최종적으로 잔여가치인 보통주 지분가치를 얻는다. 자기자본가치접근법이나 배당평가모형에서 직접 자기자본에 귀속될 현금흐름을 추정하여 가치를 평가하는 것과 달리 전체기업가치 접근법은 지분가치가 수동적으로 도출된다. 이론적으로는 어떤 방식이든 평가결과는 동일해야 한다.

예 제 전체기업가치접근법에 의한 지분가치 산정

기업의 보통주 지분가치를 평가하기 위하여 현금흐름할인모형에 의해 전체기업가치를 산정한 결과 188억으로 추정되었다. 기업의 전체기업가치는 연결실체 단위로 평가되었으며 종속회사의 비지배지분은 유의미한 중요성이 있다고 판단된다.

기업의 재무상태표상 부채현황은 다음과 같다.

- 영업관련부채 : 12억(매입채무 : 2억, 미지급금 9억, 기타부채 : 1억)
- 타인자본부채 : 43억(은행차입금 : 25억, 전환사채 : 18억)

또한, 기업은 우선주를 발행하였으며 종업원에게 주식선택권을 부여하고 있다. 기업의 보통주 지분가치평가를 위해 타인자본과 우선주 등 보통주 지분가치에 우선한 항목들의 공정가치를 다음과 같이 평가하였다.

- 은행차입금 : 25억(장부금액과 일치)
- 전환사채 : 28억(부채요소 : 18억, 지분전환요소 : 10억)
- 우선주 : 10억
- 주식선택권 : 2억
- 비지배지분 : 4억

지분가치는 전체기업가치에서 타인자본가치를 차감하되 잠재적 지분가치 등 보통주에 우선청구권이 있는 가치를 추가적으로 차감한다. 매입채무와 같은 운전자본은 영업가치에서 이미 고려되었으므로 타인자본에 포함하지 않는다. 타인자본가치로 분류된 항목은 공정가치로 측정한다.

- 자기자본가치는 전체기업가치(188억)에서 타인자본가치(43억)를 차감한 145억이다.
  - ㉠ 타인자본가치 : 은행차입금(25억) + 전환사채 부채요소(18억) = 43억
  - ㉡ 자기자본가치 : 전체기업가치(188억) - 타인자본가치(43억) = 145억
- 보통주 지분가치는 자기자본가치(145억)에서 잠재적 지분가치 등 우선청구권가치(26억)를 차감하여 계산한다.
  - ㉠ 우선청구권가치 : 지분전환요소(10억) + 우선주가치(10억) + 주식선택권(2억) + 비지배지분(4억) = 26억
  - ㉡ 보통주 지분가치 : 자기자본가치(145억) - 우선청구권가치(26억) = 119억
- 본 예제에서는 전환사채의 부채요소를 타인자본가치로 표시하였으나, 전환사채의 전환가격이 보통주가격을 상회하는 내가격 상황에서 전환사채의 부채요소를 타인자본가치로 분류하는 것은 적절치 않다. 이러한 점을 고려하여 다양한 실무적 접근법이 제시되고 있으며 관련 내용은 후술한다.

3 현금흐름할인모형의 주요가정

현금흐름할인모형은 미래의 예상되는 잉여현금흐름을 적절한 요구수익률로 할인하여 현재가치로 계산하는 방식이므로 명시적 예측기간에 대한 가정과 현금흐름의 시기에 대한 가정을 필요로 한다.

3.1. 명시적 예측기간에 대한 가정

현금흐름할인모형은 미래의 예상현금흐름을 추정하는 모형의 특성상 현금흐름 추정기간 즉, 기업의 존속기간에 대한 가정이 필요하다. 일반적으로 인정된 회계원칙이나 재무관리 이론에서는 프로젝트성 사업평가를 제외하고는 「계속기업을 가정(Going Concern)」한다. 이는 기업은 영원히 존속할 것을 가정하는 것으로 특정기간 내에 해산 또는 청산되지 않는다는 것이다.

- 잉여현금흐름은 예측되는 영업이익의 규모와 투자예상액이 일정하게 유지되지 않고 매년 달리 나타나게 되므로 장기적인 잉여현금흐름의 추정이 불가피하지만 무한 존속하는 기업의 현금흐름을 장기간 추정하는 것은 불가능할 뿐 아니라 추정의 실익도 없다. 예를 들어 50년~100년 정도가 지나면 아무리 큰 현금흐름이라 하더라도 현재가치는 무시할 정도로 작아진다.
- 신뢰성이 높은 명시적 예측기간(5년~10년)의 현금흐름을 예측하고 예측기간을 경과한 기간의 현금흐름은 영구현금흐름모형에 따라 향후 같은 금액 또는 일정 성장률을 적용한 금액을 이용하게 된다. 전자를 「예측기간가치」라 하고 후자를 「영구기업가치(CV)」 또는 「잔존기업가치(TV)」라 한다.

영업가치(Operating Value) = 예측기간가치 + 영구기업가치

- 예측기간가치 : Explicit Forecast Period Value
- 영구기업가치 : Continuous Value(CV) 또는 Terminal Value(TV)

▍예측기간가치와 영구기업가치

영업가치는 명시적으로 설정된 예측기간가치와 예측기간 이후의 영구기업가치(잔존가치)로 구성된다. 예측기간가치와 영구기업가치의 산정방식을 살펴보자.

예측기간이 「n기간」인 경우의 예측기간가치의 계산식은 다음과 같다.

$$\text{예측기간가치} = \frac{FCF_1}{(1+WACC)} + \frac{FCF_2}{(1+WACC)^2} + \frac{FCF_3}{(1+WACC)^3} + \cdots \frac{FCF_n}{(1+WACC)^n}$$

$$= \sum_{i=1}^{n} \frac{FCF_i}{(1+WACC)^i}$$

영구성장률(또는 안정성장률)이 g%인 경우의 영구기업가치의 계산식은 다음과 같다.

$$영구기업가치 = \frac{\frac{FCF_{n+1}}{(WACC-g)}}{(1+WACC)^n}$$

- FCF_{n+1} : 영구현금흐름 첫해(n+1)의 잉여현금흐름
- g : 영구성장률

영구기업가치는 예측기간 이후 영구현금흐름 첫해(n+1)의 현금흐름(FCF_{n+1})을 항상성장 영구연금공식을 이용해 예측기간(n) 말 현재의 가치를 구한 후 이를 다시 현재시점 가치로 할인하는 방법으로 계산한다. 즉, 영구기업가치는 다음과 같은 단계를 통해 산출한다.

① 영구기간 첫해의 잉여현금흐름(FCF_{n+1}) 산출

② 예측기간말 현재 영구현금흐름의 가치[FCF_{n+1}/(WACC - g)] 산출

③ 영구기업가치[FCF_{n+1}/(WACC - g)×PVF_n] 산출

영구잉여현금흐름의 표준화

영구기간 첫해의 잉여현금흐름(FCF_{n+1})은 영구기업가치 산출에 중요한 영향을 미친다. 영구현금흐름 첫해의 잉여현금흐름의 산출은 다음 중 하나의 방식이 가능하다.

① 예측기간말 잉여현금흐름(FCF_n)에 영구성장률을 이용해 산출하는 방법

② 영구현금흐름 첫해의 표준화된 잉여현금흐름(FCF_{n+1})을 산출하는 방법

첫 번째 방법은 예측기간말 잉여현금흐름(FCF_n)에 단순히 영구성장률을 곱하여 계산하는 방식으로 영구현금흐름 첫해의 잉여현금흐름(FCF_{n+1})은 영구성장률(g)을 이용하여 「FCF_n×(1+g)」로 계산한다. 반면, 두 번째 방법은 영구 잉여현금흐름을 표준화(normalization)하는 방식으로 잉여현금흐름 구성항목 중 「세후영업이익(NOPLAT)」에 대해서는 예측기간말 대비 영구성장률(g)만큼 증가하는 것을 가정하되, 다른 구성요소 즉 투자소요금액, 비현금비용 및 순운전자본은 별도로 추정한다. 이는 영구기업가치가 영업가치에 미치는 영향이 크므로 예측기간말 잉여현금흐름의 일시적 요인으로 영구기업가치가 왜곡되는 것을 방지하기 위한 것이다. 잉여현금흐름의 표준화를 통해 예측기간말 투자소요금액과 순운전자본 변동분이 영구기업가치에 미치는 영향을 최소화시키는 것이다. 가치평가실무에서는 잉여현금흐름을 표준화시키는 두 번째 방법이 선호된다.

예 제 예측기간가치와 영구기업가치

기업의 향후 5년간 잉여현금흐름 추정결과는 다음과 같다. 영구성장률은 1%로 추정되었으며 할인율(WACC)은 10%이다. 세후영업이익에 영구성장률 1%를 적용하여 계산된 20×6년(Terminal) 세후영업이익은 아래 표와 같이 958백만원이고 감가상각비 스케줄에 따라 예상되는 감가상각비는 200백만원이다.

	20×1년	20×2년	20×3년	20×4년	20×5년	Terminal
영업이익(EBIT)	1,000	1,050	1,103	1,158	1,216	1,228
영업이익에 대한 법인세	220	231	243	255	267	270
세후영업이익(NOPLAT)	780	819	860	903	948	958
비현금비용	350	380	420	280	220	200
순운전자본증감액	50	53	55	58	61	-
투자소요금액	500	300	150	120	150	200
잉여현금흐름	580	847	1,075	1,005	957	958
현가계수	0.9091	0.8265	0.7513	0.6830	0.6209	0.5645

기업의 영구기업가치 계산은 아래의 두 가지 방법을 고려하기로 한다.

- 예측기간 말 현금흐름이 영구성장률(1%)만큼 매년 증가할 것으로 가정하는 경우
- 영구현금흐름 첫해의 현금흐름(위의 표의 「Terminal」)을 별도로 추정하는 경우

단, 영구현금흐름 첫해의 현금흐름을 별도로 추정하는 경우 순운전자본 증감액은 없는 것으로 보았으며 투자소요금액은 감가상각 스케줄에 따른 20×6년 감가상각비만큼 발생할 것으로 가정한다(일반적으로 영구성장률이 0%가 아닌 경우에는 그에 따른 운전자본 증가가 예상되므로 영구현금흐름 첫해의 현금흐름에서 순운전자본 증감을 고려한다. 다만, 본 예제에서는 편의상 순운전자본 증감은 없는 것으로 가정하였다).

① 예측기간가치 : 예측기간가치는 다음과 같이 3,315백만원으로 추정된다.

	20×1년	20×2년	20×3년	20×4년	20×5년	합계
잉여현금흐름	580	847	1,075	1,005	957	
현가계수	0.9091	0.8265	0.7513	0.6830	0.6209	
잉여현금흐름 현재가치	527	700	808	686	594	3,315

② 예측기간말 현금흐름이 영구성장률(1%)로 성장할 것을 가정한 경우의 영구기업가치와 영업가치는 다음과 같이 계산된다.

㉠ 20×6년 잉여현금흐름 : 20×5년 잉여현금흐름(FCF_n)×(1+g%)
=957백만원×1.01=967백만원

㉡ 20×5년말 현재 영구기업가치 : 20×6년 잉여현금흐름(FCF_{n+1})÷(WACC-g)
=967백만원÷(10%-1%)=10,743백만원

ⓒ 영구기업가치 : 20×5년말 현재 영구기업가치÷$(1+WACC)^5$
= 10,743백만원×0.6209 = 6,671백만원

ⓓ 영업가치 : 예측기간가치 + 영구기업가치
= 3,315백만원 + 6,671백만원 = 9,986백만원

③ 영구현금흐름 첫해의 현금흐름을 별도로 추정하는 방식의 영구기업가치와 영업가치는 다음과 같다.

ⓐ 영구현금흐름 첫해(20×6년) 잉여현금흐름 : 958백만원

ⓑ 20×5년말 현재 영구기업가치 : 20×6년 잉여현금흐름(FCF_{n+1})÷(WACC - g)
= 958백만원÷(10% - 1%) = 10,640백만원

ⓒ 영구기업가치 : 20×5년말 현재 영구기업가치÷$(1+WACC)^5$
= 10,640백만원×0.6209 = 6,606백만원

ⓓ 영업가치 : 예측기간가치 + 영구기업가치
= 3,315백만원 + 6,606백만원 = 9,921백만원

예측기간 설정기준

가치평가실무에서 예측기간설정은 매우 중요하다. 예측기간이 짧으면 예측기간가치보다 영구기업가치의 상대적인 비율이 커지게 되는데 영구기업가치는 중요한 몇 가지 변수, 즉 추정기간말 잉여현금흐름(또는 영구기간 첫해 잉여현금흐름)과 가중평균자본비용(할인율) 그리고 영구성장률에 의해 결정되며 이들 변수가 가치평가결과에 중요한 영향을 미칠 수 있다.

- 적절한 예측기간을 설정하는 일반적인 기준은 향후의 투자계획 및 잉여현금흐름의 안정성을 고려하여 판단하는 것이다. 일상적인 투자가 아닌 대규모 투자가 발생한 경우에는 그러한 투자효과가 실현되는 고성장기간을 감안하여 예측기간을 설정하여야 하며 영업활동의 변동성으로 인해 단기적인 잉여현금흐름의 변동이 클 것으로 예상되면 그러한 잉여현금흐름이 안정화되는 시점을 참고하여 예측기간을 설정한다.

특수한 상황의 예측기간

어떤 경우에는 예측기간과 영구기간을 구분하지 않아야 할 때가 있다. 사업기간이 한정된 프로젝트사업은 실시협약을 통해 정해진 사업기간 동안 운영 후 사업권을 반환하게 되는데 이러한 프로젝트사업을 운영하는 특수목적회사(SPC)의 예측기간은 실시협약에 따른 관리운영기간이 될 것이며 영구기업가치는 산출하지 않는다.

예 제 **프로젝트사업의 예측기간 설정**

기업은 민간자본을 투입하여 고속도로를 건설하여 정부에 소유권을 이전한 후 관리운영권을 부여받아 30년간 운영하는 수익형 민간투자사업(BTO) 사업자이다. 기업은 정부와의 실시협약 체결을 통해 사업을 승인받고 대주단과의 프로젝트 금융약정을 통해 투자소요자금을 조달한다. 기업은 실시협약에 따라 고속도로 준공일로부터 30년간 고속도로를 운영하며 고속도로 통행료 수입과 그에 대응되는 운영 및 유지비용을 사업모형으로 한다.

- 기업의 지분가치 평가를 위한 현금흐름예측기간은 관리운영권이 종료되는 30년이다.
- 평가시점부터 운영종료일까지의 매년의 잉여현금흐름을 추정하고 영구성장률을 이용한 영구기업가치 산출은 불필요하다.

어떤 경우에는 기준서에서 예측기간설정을 요구하기도 한다. 자산손상에 대한 기준서인 K-IFRS 1036호는 자산의 손상여부를 판단함에 있어 기준이 되는 회수가능액을 순공정가치와 사용가치 중 큰 금액으로 하면서 미래현금흐름의 현재가치인 사용가치의 측정 시 예측기간은 5년으로 하고 영구성장률은 고정 또는 감소하는 것으로 가정할 것을 요구한다. 따라서 자산손상 여부를 판단할 때에는 기준서에서 정한 바에 따라 예측기간을 설정해야 할 것이다.

In-depth **자산손상테스트를 위한 사용가치 추정 시 현금흐름예측기간의 설정**

자산의 손상이란 장부금액이 회수가능금액을 초과한 경우를 말한다.[K-IFRS 1036 문단 6, 8]

- 「회수가능액」이란 자산(또는 현금창출단위)의 「순공정가치」와 「사용가치」 중 큰 금액이다.
- 「순공정가치」는 합리적인 판단력과 거래의사가 있는 독립된 당사자 사이의 거래에서 자산 또는 현금창출단위의 매각으로부터 수취할 수 있는 금액(공정가치)에서 처분부대원가를 차감한 금액을 말한다.
- 「사용가치」는 자산이나 현금창출단위에서 창출될 것으로 기대되는 미래현금흐름의 현재가치를 말한다.

사용가치를 추정할 때 미래현금흐름은 최선의 추정치를 반영하여 경영진이 승인한 최근의 재무예산 및 예측을 기초로 5년간 추정하되 대상기간 후의 성장률은 고정 또는 감소하는 것으로 가정한다.[K-IFRS 1036 문단 33, 35~37]

① 예측기간은 최장 5년으로 설정 : 현금흐름은 경영진이 승인한 최근의 재무예산 및 예측을 기초로 추정한다. 그러나 미래의 구조조정 또는 자산 성능의 향상에서 발생할 것으로 기대되는 추정 미래 현금유입이나 현금유출은 제외한다. 이러한 재무예산 및 예측에 기초한 추정대상기간은 정당한 사유가 없는 한 최장 5년으로 한다.

- 일반적으로 5년을 초과하는 기간의 미래현금흐름에 대해서는 상세하고 신뢰성 있는 재무예산 및 예측을 이용하기 어려우므로 경영진의 미래현금흐름 추정치는 향후 최장 5년에 대한 최근의 재무예산 및 예측에 기초한다.
- 그러나 경영진이 미래현금흐름 추정에 대한 신뢰성을 확신하고 과거의 경험에 비추어 5년을 초과하는 기간의 미래현금흐름을 정확하게 예측할 수 있는 능력을 보일 수 있다면 5년을 초과하는 기간에 대한 재무예산 및 예측에 근거하여 현금흐름을 추정할 수 있다.

② 영구성장률 설정 : 최근 재무예산 및 예측의 대상기간 후의 성장률은 고정되거나 계속 감소한다고 가정하여 현금흐름을 추정하며 이러한 성장률은 기업의 제품, 기업이 속한 산업, 기업이 영업을 하는 국가 및 자산이 사용되는 시장의 장기평균성장률을 초과할 수 없다. 다만, 정당한 사유가 있다면 증가하는 성장률을 사용하거나 장기평균성장률을 초과하는 성장률을 사용할 수 있다.

- 자산의 내용연수말까지의 현금흐름을 추정할 때 재무예산 및 예측의 범위를 벗어나는 후속연도에 대해서는 재무예산 및 예측에 근거한 현금흐름추정에 일정한 성장률을 적용하여 추정한다. 제품 또는 산업의 수명주기와 관련된 객관적인 정보에 부합하지 않는 한 후속연도에 대해 적용되는 성장률은 증가할 수 없고 일정하거나 감소하여야 한다. 경우에 따라서는 성장률이 영(0)이 되거나 음(−)의 값이 될 수도 있다.
- 환경이 유리한 경우에는 경쟁자의 시장진입으로 기업의 성장이 둔화될 수 있다. 따라서 제품, 산업, 국가 혹은 기업이 영업을 하는 국가들 및 자산이 사용되는 시장에 대하여 기업이 장기간(예 : 20년) 과거의 평균성장률을 초과하여 성장하는 데 어려움을 겪을 것이다.

3.2. 현금흐름의 시기에 대한 가정

현금흐름할인모형에 의한 영업가치는 아래의 산식에 따라 계산된다.

$$\text{영업가치} = \frac{FCF_1}{(1+WACC)} + \frac{FCF_2}{(1+WACC)^2} + \frac{FCF_3}{(1+WACC)^3} + \cdots \frac{FCF_n}{(1+WACC)^n}$$

FCF_i(잉여현금흐름) = 세후영업이익(NOPLAT) + 비현금비용 - 순운전자본 증가액 - 투자소요금액

- 세후영업이익(NOPLAT) : 영업이익(EBIT)에 영업이익에 대한 법인세를 차감한 금액
- 비현금비용 : 현금유출이 없는 비용
- 순운전자본 증가액 : 영업관련 운전자본의 순증가액
- 투자소요금액(CAPEX) : 유무형자산 신규투자 및 재투자 금액

WACC(가중평균자본비용) = 타인자본과 자기자본의 가중평균 요구수익률

위 산식은 각 기간별 현금흐름이 「기말시점」에 발생함을 가정한 것이다. 예를 들어 1기말 잉여현금흐름(FCF_1)에 대한 할인율은$(1+WACC)^1$인데 WACC = 10%일 때의 현가

계수(1/(1.1) = 0.9090)를 이용하여 잉여현금흐름의 현재가치를 계산한다. 즉, n기말 현금흐름의 현재가치는 「$FCF_n \times n$시점의 현가계수」의 방법으로 계산할 수 있다. 같은 방법으로 WACC = 10%일 때 2기말의 현가계수는 $1/(1.1)^2 = 0.8264$로 계산되고 2기말 현재가치는 $FCF_2 \times 0.8264$가 된다. 현금흐름예측기간 내의 현금흐름이 100으로 동일하고 WACC = 10%인 경우 예측기간의 가치는 다음과 같이 계산된다.

구분	20×1년	20×2년	20×3년	20×4년	20×5년
잉여현금흐름(FCF)	100	100	100	100	100
현가계수(PVF)	0.9091	0.8264	0.7513	0.6830	0.6209
현가계수산식	$=1/(1.1)^1$	$=1/(1.1)^2$	$=1/(1.1)^3$	$=1/(1.1)^4$	$=1/(1.1)^5$
현재가치(PV)	90.91	82.64	75.13	68.30	62.09

채무상품은 원리금 지급이 후급인 경우가 일반적이므로 계약상 현금흐름이 기말시점에 일시적으로 발생하는 것으로 가정하는 것이 합리적이다. 반면, 기업의 잉여현금흐름이 기말시점에 일시적으로 발생할 것으로 가정하는 것은 현실적이지 않다. 기업의 현금흐름은 기중 고르게 발생하기도 하며 현금흐름의 유형에 따라 기초에 발생하거나 기말에 발생할 수 있으므로 각 현금흐름 발생시기에 맞는 할인율을 적용하는 것이 이상적이다. 그러나 현금흐름 발생시기를 정확히 추적하는 것은 불가능하므로 현금흐름의 발생시기에 대한 가정을 필요로 한다.

현금흐름의 발생시기에 대한 가정은 다음의 두 가지 중 하나를 고려할 수 있다.

① 기말현금흐름가정 : 연간 잉여현금흐름이 기말시점에 일시에 발생한다.

② 기중현금흐름가정 : 연간 잉여현금흐름이 연중 고르게 발생한다.

가치평가실무에서는 대부분 기중현금흐름을 가정한다. 기중 현금흐름을 가정하면 잉여현금흐름이 100으로 동일한 경우의 예측기간의 가치는 다음과 같이 수정된다.

구분	20×1년	20×2년	20×3년	20×4년	20×5년
잉여현금흐름(FCF)	100	100	100	100	100
현가계수(PVF)	0.9535	0.8668	0.7880	0.7164	0.6512
현가계수산식	$=1/(1.1)^{0.5}$	$=1/(1.1)^{1.5}$	$=1/(1.1)^{2.5}$	$=1/(1.1)^{3.5}$	$=1/(1.1)^{4.5}$
현재가치(PV)	95.35	86.68	78.80	71.64	65.12

때로는 평가기준시점이 연말 또는 연초가 아닌 사업연도 중(기중)이 되기도 한다. 평가기준시점이 기중인 경우, 예를 들어 20×1년 9월 30일이 평가시점이면 20×1년의 추정

기간은 10월부터 12월까지 3개월이 될 것이다. 이러한 경우 20×1년의 현가계수는 3개월의 기간을 할인한다. 평가시점이 기중인 상황에서 현금흐름의 발생시기에 대한 가정을 기말시점과 기중시점으로 각각 가정하는 경우 위의 예시는 다음과 같이 계산된다.

① 평가시점이 3분기말(20×1년 3Q)이고 「기말현금흐름」을 가정할 경우

구분	20×1년 3Q	20×2년	20×3년	20×4년	20×5년
잉여현금흐름(FCF)	100	100	100	100	100
현가계수(PVF)	0.9765	0.8877	0.8070	0.7336	0.6669
현가계수산식	$=1/(1.1)^{0.25}$	$=1/(1.1)^{1.25}$	$=1/(1.1)^{2.25}$	$=1/(1.1)^{3.25}$	$=1/(1.1)^{4.25}$
현재가치(PV)	97.65	88.77	80.70	73.36	66.69

② 평가시점이 3분기말(20×1년 3Q)이고 「기중현금흐름」을 가정할 경우

구분	20×1년 3Q	20×2년	20×3년	20×4년	20×5년
잉여현금흐름(FCF)	100	100	100	100	100
현가계수(PVF)	0.9882	0.9310	0.8464	0.7694	0.6995
현가계수산식	$=1/(1.1)^{(0.25\times0.5)}$	$=1/(1.1)^{(0.25+0.5)}$	$=1/(1.1)^{(1.25+0.5)}$	$=1/(1.1)^{(2.25+0.5)}$	$=1/(1.1)^{(3.25+0.5)}$
현재가치(PV)	98.82	93.10	84.64	76.94	69.95

4 재무성과분석

미래잉여현금흐름 추정에 있어 현재의 재무상황과 과거의 재무성과를 돌아보는 것은 중요하다. 재무성과에 대해 올바르게 이해함으로써 미래현금흐름 추정을 위한 전체적인 시각과 논리를 갖추어 신뢰성 있는 추정결과를 얻을 수 있다. 잉여현금흐름 추정을 위한 재무정보는 현재 및 과거의 재무정보 그리고 비교대상기업 또는 산업의 재무정보로 구분하여 볼 수 있다.

① 현재의 재무정보 : 평가시점 현재 기업의 재무정보를 파악함으로써 장래의 잉여현금흐름 추정에 필요한 정보를 얻을 수 있고 합리적 추정결과를 도출할 수 있다. 현재의 재무정보는 다음과 같은 것들이 있다.

- 기업의 자산구성에 관한 정보
- 기업의 자본구조에 관한 정보
- 기업의 투자수익성과 미래의 재투자규모

• 기업의 수익구조와 비용구조

② 과거의 재무정보 : 평가시점 이전 일정기간 재무정보의 시계열 분석을 통해 장래의 잉여현금흐름 추정에 필요한 정보를 얻을 수 있다. 과거의 재무정보는 다음과 같은 것들이 있다.

• 기업의 수익 및 이익의 성장성
• 기업의 주가변동에 관한 정보
• 기업의 투자활동에 관한 정보

③ 비교대상기업 또는 산업의 재무정보

• 기업이 속한 산업 또는 전후방 산업에 관한 정보
• 기업의 경쟁자 또는 비교대상기업의 재무정보
• 기업이 속한 업종의 위험, 성장성 및 현금흐름 유형에 대한 정보

재무제표는 기업의 현재와 과거의 재무정보를 쉽게 파악할 수 있는 정보를 제공한다. 재무제표 분석을 통해 미래현금흐름추정의 기초자료들을 얻을 수 있으며 재무제표를 통해 추가적인 분석자료를 얻고 미래추정치와 비교함으로써 추정의 합리성을 검토할 수 있다. 재무제표를 가치평가에 이용함에 있어 재무제표의 특성과 관련된 주의할 점은 재무제표의 신뢰성과 기간별 비교가능성이다.

① 재무제표의 신뢰성 : 기업이 외부감사대상이 아니라면 재무제표의 신뢰성은 상대적으로 낮아질 수 있다. 또, 재무제표는 경영자의 의도에 따라 부분적으로 왜곡되거나 이익이 조작되기도 한다. 금융기관 대출이나 경영자 평가보상 등 다양한 이유로 경영자는 재무제표를 과대포장하기도 하고 세금을 절감할 목적으로 과소포장하기도 한다. 우리나라뿐 아니라 엔론, 월드컴 등 외국의 대형기업들도 재무제표의 의도적인 왜곡, 즉 분식회계[5]로 문을 닫은 회사가 적지 않다. 분식회계의 가능성 또는 이익의 기간왜곡에 대한 의혹 등을 이유로 과거 재무제표를 이용하지 않고 미래현금흐름을 추정하는 것은 불가능하다. 따라서 재무제표를 이용할 때에는 재무제표 각 항목간의 유기적인 관계와 특성을 충분히 활용[6]해야 한다.

② 재무제표의 기간별 비교가능성 : 상장기업에 적용되는 국제회계기준과 비상장기업에 적용되는 일반기업회계기준은 매년 약간씩 변동되기도 하고 새로운 기준서가

5) 분식회계 : 粉飾會計, window dressing settlement

6) 예를 들어 현금흐름표의 활용할 고려할 수 있다. 분식회계는 가공매출, 매출채권 및 재고자산의 평가감 누락, 차입금 누락 등의 여러 유형이 있지만, 현금을 가공으로 처리하는 것은 매우 어렵다.

새로 도입되기도 한다. 회계기준의 변경으로 인해 최근의 재무제표에서 사용하는 계정과목의 명칭이나 처리방법이 과거와 차이가 있을 경우 기간별 재무분석이 어려워진다. 분석에 중요한 영향을 미칠 것으로 예상되는 항목에 대해서는 중요한 회계변경이 있었는지 확인해 볼 필요가 있다.

재무성과분석은 그 분석결과가 미래잉여현금흐름 추정에 어떻게 활용할 것인가 하는 문제와 관련된다. 재무성과분석을 통해 파악된 정보를 기초로 하여 잉여현금흐름을 추정하게 되므로 단순한 재무비율의 나열이 아닌 미래현금흐름을 창출에 중요한 역할을 하게 될 가치창출요소를 파악하는 데 주안점을 두어야 한다.

4.1. 성장성 분석

기업은 외부경영환경과 기업내부의 핵심역량에 따라 성장하기도 하고 쇠퇴하기도 한다. 외형의 성장은 매출액 또는 이익규모의 증가 등으로 측정된다. 기업의 성장성 분석의 대표적인 지표는 매출액 증가율과 영업이익 증가율을 들 수 있다.

$$\text{매출액 증가율(\%)} = \frac{\text{당기 매출액}}{\text{전기 매출액}} - 1$$

$$\text{영업이익 증가율(\%)} = \frac{\text{당기 영업이익}}{\text{전기 영업이익}} - 1$$

(1) 매출액 증가율

매출액 증가율은 대표적인 성장성 지표로 잉여현금흐름의 분석과 추정과정에서 폭넓게 활용된다. 매출액 증가율은 전기와 비교하여 매출규모가 얼마나 증가하였는지를 보여주는데 기업전체의 매출 증가율 외에 주요 제품(또는 용역) 유형별로 증가율을 살펴야 한다. 매출 증가율은 미래매출추정의 기초자료가 되는 중요한 분석지표이다.

- 과거 매출액 증가율이 미래에도 그대로 유지될 것으로 단순히 가정하는 것은 적절하지 않다. 실무적으로 과거 매출성장률의 시계열 분석결과를 이용해 미래 매출증가율로 사용되는 경우도 있는데 과거 성장률이 미래에도 유지될 것으로 예측할 만한 합리적 근거가 있어야 할 것이다.

(2) 영업이익 증가율

영업이익 증가율은 매출액 증가대비 영업이익 증가의 추세분석에 유용하다. 매출액 증감에 비해 영업이익의 증감이 현저히 크거나 현저히 작다면 영업이익을 구성하는 항목 중 고정비의 부담이 큰 것으로 유추할 수 있다. 반면, 매출액 증가율과 영업이익 증가율이 비슷하게 변동된다면 원가구성항목 중 변동비 비중이 높은 것으로 유추할 수 있다.

- 영업이익 증가율은 기업의 이익창출구조에 대한 이해를 높이는 데 유용하지만 영업이익 증가율 자체로 잉여현금흐름 추정에 활용하는 것은 적절치 않다. 영업이익의 증감에는 매출과 원가의 복합적인 정보가 혼재되어 있으므로 일률적으로 판단하기는 어렵기 때문이다. 한편, 당기순이익에는 영업이익 외에 자본비용과 관련된 이자비용과 비반복적이고 비경상적인 손익항목 등 미래현금흐름 추정 시 고려하지 않는 요소가 모두 포함되어 있기 때문에 당기순이익 증가율은 중요한 재무정보로 활용되는 데에 한계가 있다.

4.2. 수익성 분석

수익성 분석은 기업의 수익구조 분석에서 시작된다. 수익구조 분석은 기업의 수익을 구성하는 각 항목의 비중, 특성 및 추세 등을 파악하는 것이다. 기업이 제공하는 주요 제품(또는 용역)이 무엇인지, 수익에서 각 제품이 차지하는 비중은 어떤지, 주력제품이 변하고 있는지를 확인한다. 매출성장이 항상 기업가치 증가로 이어지지는 않는다. 어떤 제품은 판매할수록 손실을 보기도 하고 어떤 제품의 매출증가는 기업의 이익을 극적으로 개선하기도 한다. 수익성이 낮은 항목의 매출성장은 제한된 자원을 활용해야 하는 기업전체의 수익성을 악화시킬 수 있으므로 효율적 자원배분을 위해 기업 전체의 수익률 분석보다는 일반적인 수익구조분석과 더불어 원가구조분석을 통한 공헌이익분석이 유효하다.

(1) 일반적인 수익성분석지표

일반적으로 사용되는 수익성분석지표는 매출총이익률 또는 영업이익률이다. 영업이익률은 기업의 주된 영업활동에 의한 성과를 판단하기 위한 지표로서 제조 및 판매활동과 직접 관계가 없는 영업외손익을 제외한 순수한 영업이익만을 매출액과 대비한 것으로 영업효율성을 나타내는 지표이다.

- 하나의 재화(또는 용역)를 공급하는 기업이라면 과거의 영업이익률이 장래에도 중

요한 정보를 제공할 수 있으나 여러 종류의 재화(또는 용역)를 공급하는 경우라면 향후 제품포트폴리오가 변경될 수 있으므로 영업이익률 분석은 참고자료로만 활용되어야 한다.

$$\bullet\ \text{매출이익률(\%)} = \frac{\text{매출총이익}}{\text{매출액}} \qquad \bullet\ \text{영업이익률(\%)} = \frac{\text{영업이익}}{\text{매출액}}$$

매출총이익률은 매출액 대비 매출총이익의 비율이다. 매출총이익은 매출액에서 매출원가를 차감한 금액이므로 제품의 판매금액에서 판매원가를 차감한, 제품 또는 기업의 수익성을 나타낸다.

- 매출총이익률은 재화(또는 용역)별로 분석한다. 매출총이익률이 낮은 재화(또는 용역)의 매출성장률이 높다면 기업의 수익성은 낮아질 것이며 매출총이익률이 높은 재화(또는 용역)의 매출성장률이 높다면 미래수익성이 개선될 것으로 기대할 수 있다.
- 기업의 회계처리과정에서 발생한 원가를 매출원가로 처리할 것인가 또는 판매비와관리비로 처리할 것인가에 대해 기업별로 다를 수 있다. 어떤 기업은 매출총이익을 별도로 표시하기도 하며, 다른 기업은 영업수익과 영업비용으로 구분하여 영업이익을 바로 표시하기도 한다. 특히 서비스업에 속한 기업은 매출원가와 판매비와관리비의 구분이 중요치 않은 경우가 있다.

영업이익률은 매출액 대비 영업이익의 비율이다. 영업이익률은 영업효율성을 나타내는 지표로 생산효율성과 관리효율성으로 구분하여 분석할 수 있다.

$$\text{영업이익률(\%)} = \frac{\text{영업이익}}{\text{매출액}} = \frac{\text{매출총이익}}{\text{매출액}} \times \frac{\text{영업이익}}{\text{매출총이익}}$$

$$\text{영업효율성} = \text{생산효율성} \times \text{관리효율성}$$

이러한 구분에 의해 영업이익률의 변화가 어느 부문활동의 효율성 변화에 기인하는지 파악할 수 있다.

(2) 공헌이익에 의한 수익성 분석

가치평가과정에서 수익성 분석은 기업이 공급하는 개별 재화(또는 용역)별로 미래현금흐름 창출에 얼마나 기여할 것인가에 대한 분석을 필요로 한다. 이를 위해서는 원가구조분석이 선행되어야 하는데 원가구조 분석의 구체적인 방법에 대해서는 별도로 설명하기로 한다.

수익성 분석은 원가구조 분석을 통해 제품별 공헌이익(CM : contribution margin)에 의해 제품별 수익성을 분석하는 방법이 유용하다.

$$\text{제품별 공헌이익} = \text{제품별 매출액} - \text{제품별 변동원가}$$

$$\text{제품별 공헌이익률(\%)} = \frac{\text{제품별 공헌이익}}{\text{제품별 매출액}}$$

공헌이익은 제품별(또는 용역별) 판매금액에서 변동원가를 차감한 것이다. 변동원가는 제품 1단위를 추가 생산할 경우 추가적으로 발생하는 원가이다. 예를 들어 제품 1단위를 추가로 판매할 경우 추가적으로 발생하는 1단위 포장비용이 발생한다면 이는 변동원가이다. 반면, 제품판매 여부와 관계없이 발생하는 감가상각비 등은 고정원가(또는 비변동원가)이다. 따라서 단위당 공헌이익은 1개의 제품을 추가로 판매할 경우 기업의 총이익에 직접적으로 미치는 이익이다. 만일, 단 1개의 제품도 판매하지 못하였다면 고정원가만 발생할 것이다. 즉 고정원가는 회피불가능한 원가이며 변동원가는 회피가 능한 원가이다.

제품별 수익성을 분석할 때에는 제품별 공헌이익을 기준으로 하는 것이 유용하다. 공헌이익이 큰 제품은 판매할수록 기업 전체의 이익이 좋아진다. 반대로 공헌이익이 작은 제품을 많이 판매하면 수익성은 악화된다. 제품별 매출총이익률은 공헌이익률과는 차이가 있는데 제품별 매출액 총이익률은 판매비와 관리비가 고려되지 않고 매출원가에는 직접원가뿐 아니라 제품별로 추적이 되지 않은 간접원가도 일정한 배분방식에 의해 배분되므로 공헌이익과는 차이가 발생한다. 따라서 제품별 매출액 총이익률보다는 제품별 공헌이익률에 관한 정보가 가치평가에 유용하다.

4.3. 활동성 분석

활동성 분석은 매출채권, 재고자산 및 매입채무 등 주요 운전자본의 회전율 분석에 이용한다. 운전자본 회전율 분석결과는 잉여현금흐름 추정 시 운전자본 증가액 계산의 기초자료가 된다.

- 매출채권 회전율(회) = $\frac{\text{매출액}}{\text{매출채권}}$; 매출채권 평균회수기간(일) = $\frac{365}{\text{매출채권회전율}}$
- 재고자산 회전율(회) = $\frac{\text{매출액(매출원가)}}{\text{재고자산}}$; 재고자산 평균회수기간(일) = $\frac{365}{\text{재고자산회전율}}$
- 매입채무 회전율(회) = $\frac{\text{매출액(매출원가)}}{\text{매입채무}}$; 매입채무 평균지급기간(일) = $\frac{365}{\text{매입채무회전율}}$

활동성 지표를 이용할 때 주의할 점은 재무제표 분석결과 정상적인 운전자본에 대해서만 회전율을 계산해야 한다는 점이다. 이때 정상적인 운전자본이란 정상적인 영업활동을 통해 발생한 운전자본으로 부도어음이나 장기미회수채권 등 향후에 반복적으로 발생하지 않을 것으로 예상되는 부분은 제외함이 바람직하다.

5 잉여현금흐름과 영업가치

잉여현금흐름(FCF)의 추정은 기업의 과거 재무성과분석에 기초한다. 즉, 경영환경분석을 통해 기업이 속한 산업의 특성과 전망을 살펴보고 산업 내에서의 입지와 경쟁우위요소를 평가하여 성장성과 안정성 정도를 파악한다. 이러한 분석을 통해 파악된 정보는 추정재무제표를 구성하는 각 항목 추정치의 기본자료로 활용된다. 현금흐름할인모형에 의한 가치평가는 미래잉여현금흐름의 추정에 기초하지만 미래잉여현금흐름의 추정에는 추정재무제표가 필수적이다. 추정재무제표는 현금흐름의 추정 외에 미래의 자산부채현황, 손익전망 등의 정보를 제공해 주며 추정결과에 대한 검증도구로 활용된다. 잉여현금흐름을 추정하는 일반적인 단계는 다음과 같다.

① [Step 1] : 매출추정
- 해당산업 및 전후방산업 분석
- 수익구조 및 영업성과 지표분석
- 수요예측기법의 활용

② [Step 2] : 원가 및 투자소요금액 추정
- 원가구조분석

- 변동원가/고정원가 추정
- 투자소요계획

③ [Step 3] : 순운전자본 추정

- 영업관련 운전자본 파악
- 운전자본 회전율

④ [Step 4] : 추정재무제표 산출

- 법인세 추정
- 추정손익계산서 및 재무상태표

⑤ [Step 5] : 잉여현금흐름 추정

- 세후영업이익(NOPLAT)
- 추정 잉여현금흐름
- 영구기간 첫해 잉여현금흐름

5.1. 매출추정

매출추정은 기업의 경영환경과 수익구조 분석 결과에 기초한다. 거시경제요소에 대한 분석과 기업이 속한 산업에 대한 전반적인 평가가 이루어지면 시장규모 및 시장점유율 분석을 통해 매출추정의 기초정보를 확보할 수 있다.

- 기업이 속한 시장의 현재 규모와 시장점유율은 미래의 시장규모와 점유율 추정의 척도가 될 수 있다. 시장 성장성과 안정성은 개별 기업이 통제하기 어려운 반면 기업 경쟁력 제고를 통한 시장점유율 확대를 꾀할 수 있다.
- 시장점유율 변경을 포함한 시장 경쟁구조의 변경에 대한 가정은 기업의 경쟁우위전략에 대한 충분한 연구가 선행되어야 한다. 기업이 다른 참여자들과 비교하여 가질 수 있는 경쟁우위는 원가우위를 바탕으로 한 가격우위전략과 차별화된 재화나 서비스를 통한 차별화 우위전략 등을 고려할 수 있다.

시장규모와 시장경쟁상황에 대한 분석에 따라 매출추정이 이뤄지면 기업의 생산능력을 검토해야 한다. 시장이 빠르게 성장하고 있고 기업의 시장점유율 증가가 예상되더라도 공급능력이 받쳐주지 못하는 경우에는 시장성장이 기업의 매출증가로 이어지지 못한다.

- 추정되는 시장규모 및 점유율에 맞추어 기업의 공급능력이 확보가능한지 검토해야 한다. 어떤 경우에는 공급능력을 단기간 내에 확보하지 못하는 경우가 있다. 생산시설

설치에만 상당한 기간이 소요되는 경우도 있고 생산시설이 갖추어져 있더라도 유통 시설 등이 부족해 적시에 공급하지 못할 수 있다.

- 공급능력의 확보는 제조업뿐 아니라 서비스업에서도 마찬가지이다. 우수한 인적자원을 바탕으로 하는 서비스업의 경우 제조업보다 공급능력 확대가 오히려 어려울 수 있다.

시장규모 및 시장경쟁상황(점유율)에 대한 예측을 근간으로 기업의 경쟁력과 공급능력을 모두 고려하여 매출추정이 이루어진다. 또한 장기적으로 매출이 증가할 것으로 예상한다면 현재의 공급능력과 필요 생산능력을 고려하여 투자소요계획에 반영되어야 한다. 시장규모와 시장경쟁상황 분석결과를 바탕으로 매출을 추정할 경우 기업의 매출성장률은 다음과 같이 시장규모 성장률과 시장점유율의 곱으로 표시할 수 있다.

$$1+\text{매출성장률}^e(\%) = 1+\text{시장규모성장률}^e(\%) \times \frac{MS_2}{MS_1}$$

- MS_1 : 기업의 현재 시장점유율
- MS_2 : 기업의 예상 시장점유율

만일 기업이 여러 사업부문으로 나뉘어 있고 각 사업부문이 속한 산업분야가 다르다면 매출추정은 각 사업부문별로 이뤄져야 한다. 사업부문별 매출추정은 사업부문별 경영환경분석을 필요로 한다.

매출액을 매출물량(Q)과 매출단가(P)로 구분하여 파악하기도 한다. 이 경우 매출성장률은 매출물량 증가율과 매출단가 증가율로 표시된다. 이러한 접근법에서의 시장규모 성장률은 매출물량 증가율만을 의미할 수도 있고 매출단가까지 고려한 증가율일 수도 있다. 대개 시장점유율의 상승 또는 하락은 매출물량에 1차적으로 영향을 주지만 시장 내에서의 경쟁강도가 달라지므로 매출단가에도 영향을 미치게 된다.

$$[1+\text{매출성장률}^e(\%)] = [1+\text{매출물량(Q) 증가율}(\%)] \times [1+\text{매출단가(P) 상승률}(\%)]$$

매출추정 방법론

매출액 또는 매출성장률 추정의 실무적인 방법은 다음의 세 가지로 구분할 수 있다. 어떤 방식이든 시장규모의 성장률과 시장경쟁상황(시장점유율)에 대한 예측정보를 활용한다.

① 단일변수로서의 매출성장률을 직접 추정

② 시장규모와 시장점유율을 각각 추정

③ 매출물량과 매출단가를 각각 추정

(1) 단일변수로서 매출성장률 추정

매출성장을 구성하는 항목을 구분하지 않고 단일변수로서 매출성장률을 추정하는 방법이다. 경영환경 분석이 충분하지 않은 상황에서 매출성장패턴이 일관성 있는 기업에 적용할 수 있다. 시장규모와 시장점유율 파악이 쉽지 않고 매출물량과 매출단가를 구분하는 것도 어려운 경우 단일변수로서 매출성장률을 추정하는 방법을 사용할 수 있다. 단일변수인 매출성장률을 사용한 매출추정은 제한적으로 이뤄져야 한다. 복잡한 경영환경과 치열한 경쟁하에 있는 대부분의 기업에 있어 과거의 일정한 매출성장률이 향후에도 유지되리라고 가정하는 것은 합리적인 매출추정으로 보기 어렵기 때문이다.

(2) 시장규모와 시장점유율을 이용한 매출추정

매출성장의 구성요소인 「시장규모의 증가율」과 「시장점유율」을 각각 추정함으로써 매출성장률을 추정하는 방법을 이용할 수 있다. 산업분석을 통해 파악된 미래 시장규모 또는 시장규모의 성장률을 추정하고, 경영환경분석을 통해 파악된 정보를 바탕으로 기업의 시장점유율을 예측함으로써 매출을 추정하는 방식이다. 이러한 접근방법은 비교적 시장을 명확하게 정의할 수 있고 시장 내의 경쟁자들에 대한 정보가 확인될 수 있는 경우 유용하다.

예 제 시장규모증가율과 시장점유율을 이용한 매출추정

기업은 지역도시가스 공급업체로서 시장규모의 증가율과 기업이 속한 시장의 점유율을 예측하는 방법으로 매출을 추정하고자 한다. 기업이 속한 도시가스 공급시장은 지역 내 과점 사업구조로 시장이 안정되어 있으므로 향후 시장규모가 큰 폭으로 확대되지 않을 것으로 예상된다. 반면, 기업은 자사의 도시가스공급지역을 확대할 기회를 포착하여 시장점유율이 20×2년 현재 점유율(8.1%)보다 단계적으로 증가하여 5년 후인 20×7년에는 11.0%까지 증가할 것으로 예상하였다. 시장분석전문기관의 도시가스공급 시장현황 및 시장규모 추정결과는 다음과 같다. 모든 금액단위는 억원이다.

구분	20×1A	20×2A	20×3F	20×4F	20×5F	20×6F	20×7F
시장규모	98,567	99,345	100,456	101,879	103,450	104,236	104,967
시장규모 증가율	0.9%	0.8%	1.1%	1.4%	1.5%	0.8%	0.7%

시장규모에 대한 예측자료와 기업의 경쟁력 확대를 고려한 시장점유율 추정치를 이용하여 아래와 같이 매출을 추정하였다.

구분	20×1A	20×2A	20×3F	20×4F	20×5F	20×6F	20×7F
시장규모	98,567	99,345	100,456	101,879	103,450	104,236	104,967
시장점유율	7.9%	8.1%	8.5%	9.2%	9.6%	10.4%	11.0%
매출추정	7,787	8,047	8,539	9,373	9,931	10,841	11,546
매출증가율	2.9%	3.3%	6.1%	9.8%	6.0%	9.2%	6.5%

- 기업이 속한 시장은 안정성장산업으로 시장규모는 향후 1%의 내외의 낮은 성장이 예상되지만 기업의 매출은 6~9%의 성장이 예상된다. 매출성장률이 산업평균 성장률보다 높은 것은 시장점유율 증가(8.1%에서 11%로 증가)가 예상되기 때문이다.
- 기업이 시장성장률보다 높거나 낮은 성장을 보일 것이라는 예측을 위해서는 경영환경분석을 통해 기업이 속한 산업에서의 위치, 기업의 강점 및 약점과 위기요인과 기회요인에 대한 충분한 분석이 뒤따라야 할 것이다.

(3) 매출물량과 매출단가를 이용한 매출추정

매출액은 매출물량(Q)과 매출단가(P)의 곱으로 표시되므로 매출추정은 매출물량과 매출단가를 각각 추정하는 방법이 가능하다. 매출물량 추정은 시장규모의 성장률, 시장 내의 경쟁정도 등 경영환경분석에서 파악된 내용이나 시장분석기관의 추정자료를 이용할 수도 있다. 매출단가는 시장가격 변동추이, 기업의 가격정책, 산업 내 경쟁강도 및 물가상승률 등을 감안하여 추정한다. 매출물량과 매출단가 추정은 궁극적으로 시장규모 성장률과 시장점유율 추정을 참고하게 되지만 시장규모 성장률과 시장점유율에 대한 정보를 매출추정의 직접적인 요소로 고려하는 것이 아니라 매출물량과 매출단가 추정을 위한 2차 정보로 활용된다는 점에서 차이가 있다. 실무적으로 가장 많이 활용되는 방법이다.

예 제 　매출물량과 매출단가를 이용한 매출추정

기업은 매출물량(Q)과 매출단가(P)를 이용해 매출을 추정한다. 매출물량추정은 시장규모 성장률에 대한 예측자료를 활용(즉 시장점유율의 변동은 없는 것으로 가정)하며 매출단가는 기업의 과거 단가상승에 대한 분석결과를 반영하여 소비자물가상승률(3%) 수준으로 상승할 것으로 추정하였다. 기업이 속한 산업의 시장전체 규모와 시장성장률 추정치에 근거한 매출물량 추정결과는 다음과 같다.

구분	20×1A	20×2A	20×3F	20×4F	20×5F	20×6F	20×7F
시장규모(톤)	36,784	38,071	39,975	41,814	43,905	46,100	48,405
시장성장률	1.0%	3.5%	5.0%	4.6%	5.0%	5.0%	5.0%
매출물량(톤)	1,104	1,180	1,239	1,296	1,361	1,429	1,501

기업의 매출물량이 시장성장률과 동일한 비율로 증가하므로 매출물량을 기준으로 한 시장점유율에는 변동이 없음을 가정한다. 판매단가는 소비자물가상승률만큼 증가하는 것으로 하여 계산되었다. 기업의 추정매출은 매출물량과 판매단가를 곱하여 산정하는데 매출성장률은 단일변수로의 매출성장률을 직접 추정하는 방법과 달리 사후적으로 계산된다. 기업의 매출물량은 시장성장률만큼 증가하지만 판매단가는 소비자물가상승률만큼 증가할 것으로 예상하였으므로 매출성장률은 시장성장률보다 높은 연간 8% 내외로 추정되었다.

구분	20×1A	20×2A	20×3F	20×4F	20×5F	20×6F	20×7F
매출물량(톤)	1,104	1,180	1,239	1,296	1,361	1,429	1,501
판매단가(억원)	35.00	36.00	37.08	38.19	39.34	40.52	41.73
매출추정(억원)	38,623	42,488	45,950	49,506	53,541	57,904	62,624
매출성장률	3.0%	10.0%	8.1%	7.7%	8.2%	8.2%	8.2%

(4) 마일스톤 접근법을 이용한 매출추정

마일스톤(milestone)이란 프로젝트 진행과정에서 특기할 만한 사건(event)을 뜻한다. 마일스톤 접근법을 이용한 매출추정은 기업의 마일스톤 달성에 대한 진행상황과 마일스톤 달성확률 등을 종합적으로 고려하여 향후 매출을 추정하는 방법을 말한다. 마일스톤 접근법을 이용한 매출추정은 스타트업(start-up) 기업과 같이 본격적인 수익실현 이전 단계지만 향후 마일스톤 달성 정도에 따라 수익창출규모를 예측할 수 있는 경우에 주로 적용된다. 마일스톤단계는 기업의 업종에 따라 다양할 수 있는데 일반적으로 재무적 지표(예 : 매출성장률, 현금소진율 등), 기술적 지표(예 : 기술개발단계, 규제승인단계 등) 또는 영업적 지표(예 : 가입자수, 시장점유율 등)를 이용하여 설정한다.

예 제　마일스톤 접근법을 이용한 매출추정

기업은 신약개발을 목적으로 설립되었으며 기업이 현재 개발하고 있는 파이프라인은 임상 1상 완료 후 글로벌 제약사 등으로의 기술이전을 통한 수익을 기대하고 있다. 기업의 매출은 신약후보물질의 기술이전(License Out) 수익으로 구성되는데 계약과 동시에 총 계약금액의 일부를 기술이전계약금(Up-front fee)으로 수취하고 계약에 따른 진행경과(임상단계)에 따른 성과금(마일스톤 수수료)을 수취할 계획이다.

기업은 마일스톤 단계별로 예상되는 수익금액과 신약개발 관련 마일스톤 단계별 성공확률을 이용하여 아래와 같이 매출을 추정한다. 기술이전 계약금과 마일스톤 수수료는 최근 라이선스 거래사례를 참조하여 기업의 경영진이 임상진행 단계별로 기대하는 금액으로서 제품판매에 따른 수수료(Running royalty)는 고려하지 않았다. 모든 금액단위는 억원이다.

구분	20×1A	20×2A	20×3F	20×4F	20×5F	20×6F	20×7F
마일스톤단계	임상전단계	임상1상완료	임상2상완료	임상3상진행	임상3상진행	임상3상완료	제품승인
기술이전계약금	-	10,000	-	-	-	-	-
마일스톤수수료	-	-	5,000	5,000	5,000	7,000	8,000
합계	-	10,000	5,000	5,000	5,000	7,000	8,000
마일스톤 성공확률	90%	57%	17%	17%	17%	10%	8%
기술이전수익	-	5,700	850	850	850	700	640

마일스톤 접근법은 신기술의 연구개발을 사업모형으로 하는 기업의 가치평가에 주로 활용된다. 신기술 연구개발은 기술개발의 성공여부에 따라 미래현금흐름이 크게 달라질 수 있어 미래현금흐름추정 과정에서 사업성공에 대한 불확실성을 추가로 고려하는 것이 필수적이다. 이에 가치평가실무에서는 신기술이 성공할 것을 전제로 수립된 사업계획에 해당 신기술의 마일스톤(milestone) 단계별 성공확률을 추가로 반영함으로써 미래현금흐름의 불확실성을 추가로 고려하는 위험조정할인모형(r-NPV : risk adjusted Net Present Value Method)을 활용하고 있다. 위험조정할인모형(r-NPV)은 신기술 개발의 성공을 전제로 수립한 기본 사업계획에 신기술의 단계별 성공확률(PTS : Probability of Technical Success)을 추가로 고려하여 위험조정된 기대현금흐름(risk adjusted Expected Free Cash Flow)을 투자자의 요구수익률로 할인하여 기업가치를 추정하는 방법이다. 본서는 마일스톤 접근법의 대표적인 유형인 위험조정할인모형이 신약연구 개발기업의 가치평가에 광범위하게 사용되고 있으므로 세부적인 내용은 후술할 「위험조정할인모형」에서 설명한 내용을 참고하기 바란다.

(5) 시나리오 접근법을 이용한 매출추정

시나리오 접근법은 미래의 예측가능한 다양한 시나리오(scenario)를 상정하고 각 시나리오별 예상매출과 실현확률을 이용하여 예상매출을 추정하는 방법이다. 시나리오 접근법은 마일스톤 접근법과 함께 스타트업 기업과 같이 본격적인 매출을 실현하기 이전 기업의 매출추정에 주로 활용된다. 시나리오는 기업의 상황에 따라 다양하게 설정할 수 있는데 성공 또는 실패 시나리오로 설정하거나 실적달성수준(낙관적, 중립적, 비관적)에 따라 시나리오를 설정하기도 한다.

예 제 　시나리오 접근법을 이용한 매출추정

기업은 차량공유 플랫폼 사업을 영위할 목적으로 설립되었다. 기업이 개발한 플랫폼은 기술개발 완료 후 상용화 단계에 있으며 활발한 마케팅을 통해 초기 가입자를 일부 확보하고 있다. 기업이 개발한 차량공유 플랫폼의 사업모형은 가입자가 지불하는 수수료 수입과 광고수입으로 구성된다. 따라서, 수수료 수입과 광고수입은 가입자 규모에 직접적인 영향을 받으며 가입자 규모의 불확실성과 변동성이 큰 것으로 분석된다.

기업은 향후 가입자수에 대해 낙관적 시나리오, 중립적 시나리오 그리고 비관적 시나리오를 설정하고 시나리오별 예상확률을 각각 20%(낙관적), 60%(중립적) 및 20%(비관적)로 예상하였으며, 기업이 시나리오에 따른 예상 가입자수와 가입자당 수입(ARPU) 그리고 예상매출 추정결과는 다음과 같다.

구분	시나리오	기대확률	20×1A	20×2A	20×3F	20×4F	20×5F
가입자수(천명)	낙관적	20%	300	360	468	608	730
	중립적	60%	200	240	288	346	415
	비관적	20%	70	77	85	93	102
기대가입자수			194	231	283	348	415
가입자당 기대수익(원)			100,000	100,000	100,000	100,000	100,000
기대수익(억원)			194	231	283	348	415

시나리오 접근법(Scenario-based method)을 실무적으로 활용하는 대표적인 방법은 미국공인회계사회(AICPA)가 2019년 발표한 「Calibration 방법」을 들 수 있다. AICPA가 소개한 Calibration 방법은 최근의 거래가격과 공정가치가 같다는 전제하에 거래가격과 가치평가기법에 따른 결과값이 일치하도록 만드는 관측되지 아니한 투입변수를 역산으로 산출하는 방법을 말하는데, 공정가치산정을 위한 가치평가기법으로 시나리오(scenario)를 설정하고 시나리오를 구성하는 다양한 투입변수(기업이 속한 시장상황, 경제

환경 변화, 기업의 내부역량 변화 및 기타 가치평가에 도입된 투입변수)의 변화를 관측한 후 투입변수들의 일부를 재보정함으로써 후속보고일의 공정가치를 측정하기도 한다. 이때, 시나리오 접근법은 하나 또는 그 이상의 실현가능한 미래의 시나리오(possible future scenario)를 미래전망적(Forward-looking)으로 설정하는 방법을 말한다. 또한, 시나리오 접근법은 성공과 실패의 두 가지로 예상되는 미래의 가능한 시나리오를 설정하는 단순 시나리오 분석(simplified scenario analysis)과 성공과 실패 외에 일부 성공의 세 가지 이상의 시나리오를 설정하는 상대가치 시나리오(relative value scenario analysis)로 분류된다. 시나리오 접근법의 대표적인 유형인 AICPA의 Calibration 방법의 세부적인 내용은 본서에서 후술할 「제3장 옵션평가모형」의 「Backsolve and Calibration Approach」에서 설명한 내용을 참고하기 바란다.

매출추정을 위한 기본정보수집

매출추정 방법을 선택하기 위해서는 이용가능한 정보는 무엇이며 정보를 어떤 식으로 수집·정리하여 활용할지에 대해 파악해야 한다. 예를 들어 시장규모 성장률과 시장점유율을 이용하여 매출을 추정하고자 하면 관련 정보가 통계·관리되고 있어야만 가능하다. 따라서 매출추정 방법의 선택은 활용가능한 정보가 무엇인지 확인하는 것이 우선적으로 요구된다.

(1) 과거성장률 자료

기업의 과거 매출성장률과 같은 역사적 자료는 미래성장률 추정의 기초지표가 될 수 있다. 특히 단일지표로서 매출성장률을 추정하는 경우에는 과거성장률과의 비교분석이 중요하다. 매출성장률이 안정적인 기업 또는 안정적인 산업에 속한 기업은 과거성장률이 향후 매출성장률과 상관관계가 높을 것이나 바이오기업이나 기술기업과 같이 고성장산업의 경우 과거성장률 자료는 유의미하지 않은 경우가 대부분이다. 시계열분석기법은 과거성장률과 같은 역사적 자료를 활용하여 미래성장률을 추정하는 대표적인 방법이다.

(2) 전문기관의 조사결과

시장분석전문가의 조사결과나 추정자료는 시장규모, 시장점유율 및 시장성장률에 대한 유용한 정보를 제공한다. 전문분석기관들은 시장의 변동상황과 향후 시장전망에 대한 예측자료를 주기적으로 발표한다. 대개 시장전문가의 조사결과는 관련 시장의 평균적인 상황이므로 기업의 점유율과 매출성장률 추정은 별도로 이루어져야 한다.

- 매출추정을 위해 사용되는 여러 수요예측기법들은 추가적인 비용과 시간을 필요로 하므로 전문기관에서 조사한 시장분석 및 예측보고서를 활용하는 경우가 많다. 이를 바탕으로 기업의 공급능력, 경쟁전략을 참고하여 시장점유율을 예측할 수 있다. 전문기관의 예측자료도 다양한 수요예측기법을 이용한 결과이므로 시간과 비용을 줄일 수 있는 장점이 있지만 기업의 맞춤형 정보가 아니므로 추가적인 분석이 필요하다.
- 전문기관의 조사 및 추정자료는 시장전반의 다양한 자료를 제공하는데 이에는 주요제품의 판매단가에 대한 정보가 포함되기도 한다. 판매단가는 어떤 기업에는 판매단가가 될 수 있으며 다른 기업에는 재료비 단가가 될 수 있다.

(3) 기업의 매출성장률 관련 정보

미래의 매출규모 또는 매출성장률을 추정하기 위해서는 시장정보에 추가하여 기업의 개별 특성을 파악해야 한다. 기업이 산업 평균성장률에 비례해 성장할 것으로 예상하지 않는 한 기업의 기본역량에 의해 매출규모(또는 매출성장률)가 결정되기 때문이다. 기업의 성장률은 새로운 자산에 얼마나 투자하고 핵심역량을 키워나가는가에 의해 결정되는 것이지 산업성장률이나 과거성장률에 의해서만 결정되는 것이 아니다. 산업성장률이 정체 또는 저성장하고 있는 상황에서 시장점유율 확대로 기업성장률이 높아지려면 기업의 고유역량이 높아져야 한다. 기업의 성장방식은 기존산업에서의 입지 강화뿐 아니라 새로운 산업으로의 진출 등 다양한 방식이 있으므로 경영환경분석과 내부역량에 대한 분석을 종합하여 기업의 개별 특성정보가 확보되어야 합리적인 매출추정이 가능하다.

5.2. 원가추정

기업의 원가구성 항목에 대한 분석, 즉 원가구조분석은 원가추정의 필수적인 단계이다. 원가구조분석 결과를 바탕으로 매출추정과 연계하여 원가를 추정하는 방식이 일반적으로 사용된다.

▌원가구조분석

기업은 매출 관련 정보를 중점적으로 관리, 분석하는 반면 원가구조분석을 통한 경영 효율화에는 소홀한 경우가 많다. 특히 소규모기업은 원가 관련 데이터를 집계하고 경영 의사결정에 활용하는 능력과 노력이 부족한 편인데 최근 들어 중소기업들도 ERP와 같은 전산시스템을 통해 원가관리체계가 자리를 잡아가고 있다. 원가구조분석은 오랜 기간의 정보가 축적되고 체계적이고 효과적으로 정보관리가 이뤄지는 경우에 의미 있는 분석이 가능하다.

(1) 사업단위의 파악

원가구조분석은 원가가 집계되는 사업단위를 파악하는 데서 시작된다. 사업부문이 여러 개로 나뉘어져 있는 기업은 사업부문별로 원가를 집계하고 분석하는 것이 바람직하다. 사업부문별로 동일한 관리항목하에 집계된 원가라 하더라도 각 사업부문별 원가의 성격이 다를 수 있다. 예를 들어 거래처에 지급한 수수료에 대해 A사업부문에서는 판매활동과 유기적으로 작용하여 발생하는 변동원가의 성격이나 B사업부문은 판매와 관련 없이 발생하는 고정원가일 수 있다. 이런 경우 원가구조분석은 각 사업부문별로 이루어져야 할 것이다.

(2) 원가특성의 이해

사업단위를 정의하면 원가항목별로 특성을 분석한다. 일반적으로 원가특성의 이해는 해당 원가가 변동원가인지 또는 고정원가인지를 판단하는 과정이다. 원가발생유형이 단순하지 않기 때문에 많은 경우에 변동원가와 고정원가를 명확히 구분하기 어렵다.

- 원가특성의 이해 즉, 어떤 원가를 고정원가로 분류하고 어떤 항목을 변동원가로 분류할지는 생산 및 판매관리 담당자와의 인터뷰와 추가적인 분석을 통해서 가능하며 통계적인 기법을 활용하여 원가특성을 파악하기도 한다.

- 원가특성을 규정하지 못하면 재료비, 인건비, 감가상각비 등 주요 항목별로 전체적인 원가의 특성을 결정하기도 한다. 중요한 원가인 경우에는 원가 내에서 변동원가 부분과 고정원가 부분을 구분하는 것을 고려해야 한다.

원가항목별 특성분석은 변동원가와 고정원가의 구분만을 의미하지는 않는다. 특정 원가는 회피가능한 원가인지 또는 회피불가능한 원가인지 살펴야 한다. 또, 일시적인 원가인지 또는 지속적으로 발생할 원가인가도 확인해야 한다.

(3) 원가동인

원가분석의 핵심은 원가동인(Cost Driver)을 파악하는 것이다. 원가동인은 원가를 발생시키는 원인이 되는 사건 또는 항목을 말한다. 예를 들어 재료비의 원가동인은 생산량(또는 판매량)일 것이다. 또, 공장 전력비의 원가동인은 공장가동시간일 것이다.

- 원가항목별로 원가동인이 다르기 때문에 하나의 원가동인에 의해 변동원가와 고정원가를 구분하는 것은 현실적으로 어렵다. 이때는 원가동인의 개념을 확대하기도 한다. 예를 들어 재료비와 전력비의 원가동인은 서로 다를 수 있지만 궁극적으로 판매량에 비례하여 증가하는 원가동인으로 볼 수 있다. 판매량과 공장가동시간이 완전히 비례하지 않지만 유사한 원가동인을 묶어 줌으로써 원가분석의 효율을 높일 수 있다. 유사한 방식으로 판매량과 매출액을 동일한 원가동인 묶음으로 본다면 매출액을 원가동인으로 볼 수 있는 원가항목은 재료비, 전력비 등 매출원가 관련항목과 광고선전비, 접대비, 판매수수료 등 판매비와 관리비 항목에서도 동일한 원가동인 묶음에 속하는 항목을 찾을 수 있다.
- 고정원가(fixed cost)는 원가동인에 의해 변동원가(variable cost)로 구분되는 원가를 제외한 원가로 특정 원가동인에 의해 영향받지 않는 원가이다. 이론적으로는 원가동인의 변동과 관계없이 발생하는 고정된 원가라는 의미로 사용되나, 완전한 의미의 고정원가는 존재하지 않으므로 고정원가는 변동원가가 아닌 원가로 볼 수 있다. 따라서 고정원가는 과거 및 미래에 변함없이 발생하는 원가가 아닌 별도로 분석 및 관리해야 하는 원가이며 이러한 의미에서 고정원가는 「비변동원가」로 표현하는 것이 적절할 것이다. 예를 들어 대표적인 고정원가인 감가상각비는 원가동인에 의해 영향을 받지 않는 원가이나 유형자산의 변동에 따라 증가 및 감소된다.

원가구조분석방법

원가구조분석은 원가항목의 특성과 원가에 대한 정보 및 개별원가가 차지하는 중요성에 따라 분석을 달리할 수 있다. 원가구조분석은 원가의 특성을 파악하여 변동원가와 고정원가로 분류하는 정성적 방법과 원가정보를 통계적 방법을 통해 구분하는 정량적 방법이 있다. 실무적으로는 기업의 특성을 고려하여 구조가 단순하고 별도로 추정되는 중요한 원가를 제외한 나머지 원가는 정성적 방법을 통해 원가구조를 분석한다. 반면, 원가특성이 복잡하고 원가가 차지하는 비중이 중요하다면 통계적 방법에 의한 분석을 고려한다.

(1) 정성적 방법에 의한 원가구조분석

정성적 방법에 의한 원가구조분석이란 원가담당자와의 인터뷰 등을 통해 개별원가의 특성을 파악하고 각 원가의 특성에 따라 변동원가와 고정원가로 구분하는 방법이다. 예를 들어 판매비와 관리비 중 지급수수료 항목의 과거 발생내역을 분석한 결과 매출액 등의 여타 원가동인과 어떠한 관계도 찾아낼 수 없으며 원가의 발생 원인이 특정되지 않을 경우 고정원가 성격으로 분류하고 광고선전비와 같이 매출액에 대해 일정비율로 발생되는 것으로 볼 수 있는 경우에는 변동원가로 분류하는 방법이다. 개별원가가 차지하는 비중이 크지 않고 원가정보가 제한되어 있을 때 정성적 방법에 의한 원가구조분석이 이루어진다.

(2) 통계적 방법에 의한 원가구조분석

통계적 방법에 의한 원가구조분석은 원가항목별로 원가동인을 규정하고 원가동인과 원가발생 금액과의 일정한 관계를 통계적으로 도출해 냄으로써 변동원가 또는 고정원가로 분류하는 방법이다. 통계적 방법에 의한 원가구조분석은 원가에 대한 충분한 정보가 있고 개별원가항목이 전체원가에서 차지하는 비중이 중요한 경우에 사용된다. 통계적 방법에 의한 원가구조분석은 상관계수를 이용하는 방법이나 회귀분석을 이용한 원가구조분석이 활용될 수 있다.

① 상관계수를 이용한 원가구조분석 : 상관계수란 두 개의 변수 간에 상관정도를 측정하여 수치로 표현한 것이다. 예를 들어 X변수와 Y변수가 있을 때 두 개의 변수 간에 얼마나 밀접한 상관관계가 있는지를 측정하여 (-)1에서 (+)1 사이의 값으로 표현한 것이다. 상관계수가 「1」이면 완전한 양의 상관관계가 있다고 하

며, 「(-)1」이면 완전한 음의 상관관계가 있다고 한다. 상관계수(ρXY)를 구하는 공식7)은 다음과 같다.

$$상관계수(\rho_{xy}) = \frac{\sigma_{xy}}{\sigma_x \cdot \sigma_y}$$

$$\sigma_{xy} = COV(x, y) = E[(X-\overline{X}) \cdot (Y-\overline{X})]$$

- 상관계수를 이용한 원가구조분석은 원가동인(X값)과 분석대상원가(Y값)를 각각 독립변수와 종속변수로 두고 상관계수를 측정하여 상관계수가 1에 가까운 경우에는 변동원가로 분류하고 그렇지 않은 경우에는 고정원가로 분류하는 방법을 말한다. 이때 상관계수가 1에 가까운 정도에 대한 판단은 대략 0.7 이상인 정도가 적정하다. 상관계수가 0.7 이하인 경우에는 동일한 자료를 이용한 회귀분석결과 적합하지 않은 것으로 나올 가능성이 높다.

예 제 **상관계수를 이용한 원가구조분석**

기업의 최근 1년의 월별 매출액과 전력비 발생현황이 다음과 같을 때 상관계수를 이용하여 전력비가 매출액을 원가동인으로 하는 변동원가로 분류할 수 있는지 살펴본다.

	매출액	전력비		매출액	전력비
1월	12,457	548	7월	16,892	946
2월	13,675	711	8월	15,432	741
3월	11,670	747	9월	13,457	592
4월	19,754	1,185	10월	12,905	583
5월	17,654	777	11월	17,652	918
6월	20,876	960	12월	20,054	1,027

- 엑셀프로그램의 함수에서 CORREL(Array1, Array2)에서 「Array1」, 「Array2」를 각각 매출액 및 전력비로 하여 상관계수를 계산할 수 있다. 최근 1년간 월별 매출액과 전력비 발생금액의 상관계수는 0.8594로 계산된다. 이는 매출액과 전력비 간에 높은 상관관계가 있음을 뜻한다. 따라서 전력비는 매출액을 원가동인으로 하는 변동원가 항목으로 구분될 수 있다.

7) 상관계수는 엑셀프로그램의 함수를 이용하여 계산할 수 있다. 엑셀함수 CORREL(Array1, Array2)에서 「Array1」, 「Array2」를 각각 X값 또는 Y값으로 하여 계산할 수 있다.

• 매출액과 전력비의 상관계수 0.8594는 두 변수 간의 상관관계가 높음을 뜻하지만 전력비 전체가 변동원가임을 의미하지는 않는다. 전력비 중에는 고정원가가 포함되어 있으므로 별도로 고려해야 할 수 있다. 다만, 전력비가 전체원가에서 차지하는 비중이 크지 않다면 전력비 전체를 변동원가로 규정할 수 있다. 전력비 전체를 변동원가로 본다면 연간매출액(192,478) 대비 누적전력비 발생금액(9,735) 비율인 5.1%를 변동비율로 볼 수 있다. 이러한 가정이 적절하지 않은 경우에는 고정원가에 대한 합리적인 추정을 필요로 한다. 변동원가와 고정원가의 구분은 반드시 원가동인을 매출액이나 특정제품 매출액으로 규정하지 않으며 각 원가항목의 원가특성에 따른 원가동인이 따로 있을 수 있다.

② 회귀방정식을 이용한 원가구조분석 : 회귀방정식이란 회귀분석을 통해 두 개 이상의 변수(독립변수와 종속변수) 간의 관계를 파악하여 하나의 함수식으로 표현한 것이다. 회귀분석을 통해 도출된 결과는 변동원가와 고정원가의 구분이 가능하게 하며 원가구조분석결과 원가추정에 직접 사용될 수 있다.

• 회귀분석은 두 개의 변수, 즉 독립변수와 종속변수 간의 관계를 수학적인 함수의 형태로 제시하고 독립변수의 예상방향에 의해 종속변수가 어떤 결과로 나타날지에 대한 예측근거를 제공한다. 독립변수는 종속변수의 변화에 대한 원인을 제공하고 종속변수는 독립변수에 영향을 받는 결과치로서 독립변수를 설명변수라 하고 종속변수를 피설명변수라고 하기도 한다.

• 회귀분석은 독립변수의 수에 따라 단순회귀분석과 다중회귀분석으로 나눌 수 있다. 단순회귀분석은 독립변수가 하나이며 독립변수의 일차 함수식을 통해 종속변수의 행태를 분석하게 된다. 다중회귀분석은 다수의 독립변수로 구성된 모형을 통해 종속변수의 형태를 분석한다. 독립변수는 X로 종속변수는 Y로 표현하는데 독립변수 X와 종속변수 Y의 관계는 확정적이지 않고 확률적이다. 이러한 독립변수와 종속변수의 확률적 관계식을 추정하여 분석하는 기법을 회귀분석(regression analysis)이라 한다.

• 회귀분석을 원가구조분석에 활용하고자 할 때에는 복잡한 회귀분석식을 도출해 내고 결과를 분석하는 작업을 직접 수행하기란 만만치 않은 작업이므로 SPSS와 같은 통계프로그램이나 엑셀프로그램을 주로 이용한다. 이들 프로그램은 간단한 데이터 입력만으로 결과를 도출할 수 있고 도출해 낸 회귀분석식의 모형의 적합성과 통계적 유의성을 검증할 수 있다.

▌변동원가와 고정원가

원가구조분석을 통해 원가의 특성을 파악하여 변동원가와 고정원가로 분류하는 정성적 방법과 원가정보를 통계적 방법을 통해 구분하는 정량적 방법이 있음을 살펴보았다. 기업의 부가가치 창출과정에서 투입되는 주요원가를 핵심원가(Prime Cost)라고 하는데 제조업에 있어서는 「재료비」를, 서비스업에 있어서는 「인건비」를 대표적인 핵심원가로 꼽는다. 재료비는 매출액 또는 판매량(또는 생산량)에 비례하여 발생하는 변동원가로 분류된다. 반면 인건비는 변동원가로 분류하기도 어렵고 고정원가로 분류하기도 애매한 특성을 지닌다. 인건비는 제조업에서도 중요한 비중을 차지하는 만큼 인건비의 분석 및 추정에는 신중함이 필요하다.

주요 원가의 일반적인 특성과 그에 따른 원가추정방법에 대해 살펴보자.

① 재료비 : 기업이 합리적 생산관리를 통해 과도한 재고를 보유하지 않거나 안정적 원재료 시장을 통해 물량확보가 쉽고 구매단가가 안정적이라면 재료비도 안정적일 것으로 예상할 수 있지만 제조원가에서 재료비 비중이 클수록 원재료 시장이 불안정한 경우가 많다. 원재료시장(국제곡물시장, 알루미늄·니켈 등 국제금속시장)이 불안정하고 공급자 주도시장(원유, 희토류 등의 거래시장)인 경우 원재료 산업분석을 통해 예상구매단가의 적정성 등을 충분히 고려해야 하고, 필요한 경우 원재료 수급상황을 반영하여 매출추정을 재검토해야 한다.

- 일반적으로 재료비추정은 추정 판매물량을 기초로 투입물량(Q)과 투입단가(P)에 기초해 투입원가를 계산하며 관련된 기초 및 기말재고를 추정한다. 때로는 투입물량의 추정과정에서 생산수율이 중요한 변수가 되기도 한다.
- 재료비 투입물량과 생산물량 추정과정에서 기업의 생산능력(Capacity)을 고려해야 한다. 만일 생산소요량이 생산능력을 넘어서거나 생산능력에 근접한 경우, 즉 가동률이 100%를 초과하였거나 근접하였다면 추정된 매출달성이 어려우므로 추가설비 투자계획을 검토하여야 한다. 생산소요량이 생산능력을 초과함에도 다른 이유로 인해 투자소요계획에 반영하지 않았다면 매출추정치를 변경해야 할 수도 있다.

② 인건비 : 인건비는 서비스업에서 가장 큰 비중을 차지하는 원가이며 제조업에서도 중요한 원가를 구성하므로 가치추정과정에서 인건비 분석과 추정은 중요한 절차이다. 인건비는 전통적인 생산관리 교과서에서 직접원가와 간접원가로 분류하면

서 직접원가를 구성하는 인건비를 변동원가로 보기도 하였으나 현실에서는 인건비가 가지는 비탄력성으로 인해 고정원가의 특성이 강해지고 있다. 즉, 인건비를 일률적으로 변동원가나 고정원가로 분류하기는 어렵고 별도로 분석·추정되는 원가이다.

• 많은 경우에 근로자들은 노동조합을 통해 보호되고 기업들도 우수인력의 안정적인 확보를 위해 판매시장이 단기적으로 등락하더라도 보유인력을 탄력적으로 조정하지 않으므로 매출증감에 비례하여 인원소요나 인건비가 증감하지 않지만 매출변동이 일정수준을 초과하여 증감하면 보유인력을 조정하게 된다.

• 인건비는 매출추정 등 기업의 경영계획을 종합적으로 고려하여 「인원소요계획」을 세우고 이를 바탕으로 관련 원가를 추정하는 과정을 거친다. 인건비에는 급여와 상여 외에도 인건비성 비용인 퇴직급여와 복리후생비도 포함된다. 인원소요계획에 의해 도출된 급여와 상여 등 직접인건비 추정결과에 따라 퇴직급여 등 인건비성 비용의 추정결과도 달라진다. 산업 특성이나 경영환경에 따라 매출이 증가하더라도 최소의 인원은 유지한 채 추가인원은 외부인력이나 외주업체를 이용하기도 한다.

• 인건비 추정은 이러한 산업 및 기업환경의 특성에 맞는 인력운용정책을 고려해야 한다. 일반적인 인건비 추정 절차는 다음과 같다.

㉠ 인원구조 및 인력운영계획 파악 : 조직구조 및 인사규정의 검토

㉡ 인건비 구조의 이해 : 급여규정과 급여대장의 검토

㉢ 인원소요계획수립 : 매출추정결과와 외주업체 운영정책 및 계획 고려

㉣ 인건비추정 : 인원소요계획 및 급여상승률 반영

㉤ 인건비성비용 추정 : 인건비와 상관관계 고려

③ 기타 변동원가 및 고정원가 : 원가정보가 충분한 경우 통계적 기법을 이용한 원가구조분석을 통해 변동원가 또는 고정원가로 구분할 수 있으며 때로는 원가담당자와의 인터뷰 등 정성적 방법에 의한 원가분류만으로 충분한 경우도 있다.

• 기타원가는 통계적 기법을 이용한 원가구조분석으로 상관계수를 도출함으로써 변동원가 또는 고정원가로 분류하는 방법을 이용할 수 있다. 예를 들어 전력비(또는 전력사용량)가 변동원가인가 여부를 파악하기 위해서 전력비 발생금액과 매출액과의 상관계수를 이용할 수 있다. 특정원가와 원가동인과의 상관계수가 1에 가까울수록 변동원가의 성격을 띠는 것으로 볼 수 있다.

• 고정원가는 매출액 등의 원가동인과 무관하게 발생하는 비용이다. 그러나 완전한 변동원가가 없듯이 완전한 고정원가도 없다. 일반적으로는 소비자물가상승률 등을 이용한 단순예측법을 활용하는 경우가 많지만 고정원가로 분류한 원가 중 준고정원가 성격의 원가는 일정규모 이상의 매출발생 시 조정이 필요한지 여부를 검토해야 한다.

• 원가추정 과정에서 과거에 발생한 비용 중 비경상적 항목이 있는지 파악하는 것도 중요하다. 만일 원가 발생금액 중 일시적이고 비경상적 항목이 포함되어 있다면 정상원가로 표준화(normalization) 여부를 고려한다. 또한, 과거에는 발생하지 않았지만 원가특성이나 기업의 경영계획에 따라 향후 발생할 것으로 예상되는 원가가 있다면 이러한 원가의 발생가능성 및 합리적인 추정방법을 고려해야 한다.

④ 투자소요계획 및 감가상각비 : 감가상각비(무형자산상각비 포함)는 일반적으로 고정원가로 분류되지만 그 원가특성으로 인해 별도의 추정이 요구된다. 감가상각비는 평가시점에 보유한 자산의 잔여내용연수와 감가상각방법에 의해 예상원가가 거의 확정적으로 산출이 가능하며 매출추정을 감안한 투자소요계획에 연계하여 장래의 예상원가를 추정하여야 하기 때문이다.

• 기업의 현재 생산능력은 매출추정과정에서 고려해야 할 주요 변수이다. 현재의 생산능력이 향후 시장규모의 성장 및 매출추정결과에 미치지 못한다면 별도의 투자소요계획을 수립해야 한다. 투자소요계획에 따라 기간별 투자소요금액이 정해지면 연도별 감가상각비가 산출된다.

• 감가상각비는 평가시점 보유하고 있는 자산으로부터 예상되는 감가상각비와 투자소요계획에 따라 새로운 자산에 대한 감가상각비를 구분하여 추정한다. 보유하고 있는 자산의 장부금액은 장래의 현금흐름과는 무관하지만 그 자산으로부터 계산되는 감가상각비 절세효과는 현금흐름에 영향을 미친다. 따라서 기업의 유형(무형)자산 미상각잔액 및 기업의 감가상각방법에 대한 정책과 상각내용연수를 고려하여 감가상각비를 추정한다.

5.3. 순운전자본 추정

순운전자본(Net Working Capital)은 매출채권이나 재고자산 등 영업활동 관련자산에서 매입채무나 미지급비용 등 영업활동 관련부채를 차감하여 계산한다. 재무상태표를 구성하는 항목 중 미수금이나 미지급금 등이 영업관련 운전자본에 해당하는지 판단하기가 어려운 경우가 있다. 기업의 회계정책에 따라 일반적인 영업활동에서 발생하는 채권·채무를 미수금·미지급금으로 기표하기도 하고 투자활동과 관련된 채권·채무에 한해 미수금·미지급금으로 기표하기도 한다. 미수금·미지급금과 같은 항목 중 영업활동 관련 부분과 투자활동 관련부분으로 구분하여 영업활동 해당액만 운전자본으로 분류하고 투자활동 해당액은 투자소요계획 수립 시 현금지급분으로 고려함이 원칙이다. 실무적으로는 금액적 중요성을 고려하여 일괄적으로 분류하는 경우가 많다.

미래현금흐름의 추정에 있어서 발생주의에 의한 영업이익에 운전자본 순증감액을 가감함으로써 현금주의로 전환할 수 있음을 설명한 바 있다. 일반적으로 운전자본의 추정은 재무성과분석에서 파악된 운전자본회전율과 기업의 운전자본 운영정책을 고려한다. 운전자본의 추정과정을 정리하면 다음과 같다.

① 운전자본 항목별 특성파악
- 영업 운전자본과 비영업 운전자본의 구분
- 매출연동 운전자본과 비연동 운전자본의 구분

② 과거재무성과분석을 기초로 한 운전자본 회전율 계산
- 평균 운전자본회전율과 회전기간의 계산
- 비정상적 항목이 있는 경우 정상회전율 계산

③ 운전자본 순증감액 추정
- 기업의 운전자본 정책 파악 및 운전자본 회전율 측정치와 비교
- 매출연동 운전자본과 비연동 운전자본을 구분하여 추정
- 운전자본 순증감액 추정

운전자본 추정과정에 대해 항목별로 살펴보자.

(1) 운전자본 항목별 특성파악

일반적으로 운전자본으로 분류되는 항목은 매출채권, 재고자산, 미수금, 매입채무 및 미지급금 등이다. 이 중 매출·매입 등 주요 영업활동 관련 채권·채무는 영업운전자본으로 구분하고 투자나 재무활동 관련 채권·채무는 비영업운전자본으로 구분할 수 있다. 그러나 기업별로 회계처리방침이 다르므로 영업관련 운전자본과 비영업 운전자본으로 일률적으로 구분되지는 않는다.

- 운전자본 개별항목별 특성 파악을 통해 영업 운전자본과 비영업 운전자본을 구분한다. 예를 들어 제조과정에서 발생한 외주용역비 미지급금은 영업 운전자본으로 분류되며 유형자산의 취득 관련 미지급금은 투자 및 재무 관련 항목이므로 비영업 운전자본으로 구분된다. 그러나 실무에서 회계과목별로 영업 운전자본 해당액과 비영업 운전자본 해당액을 일일이 구분하는 것은 대단히 어려우므로 운전자본 항목에 대한 특성파악을 통해 해당항목을 영업 운전자본 또는 비영업 운전자본으로 분류하는 것이 일반적이다.
- 영업 운전자본 중에도 매출 또는 매입과 연동되어 증감하는 항목이 있는가 하면 그렇지 않은 항목이 있을 수 있다. 예를 들어 매출채권과 매입채무 그리고 재고자산은 매출·매입과 연동되어 증감하는 운전자본이다. 때로는 미수금, 미지급금 등의 내용이 매출과 직접 연동되어 있을 수 있다. 따라서, 매출 또는 매입과 연동된 운전자본은 매출 및 원가추정에 의해 운전자본을 추정하며 매출 또는 매입과 연동되지 않은 영업 운전자본은 별도의 추정이 요구된다.

(2) 운전자본 회전율

유무형자산의 투자소요계획과 달리 운전자본 소요계획을 별도로 세우는 것은 어려우므로 재무성과 분석결과 파악된 운전자본회전율을 이용하여 운전자본을 추정하는 것이 일반적이다. 운전자본 추정은 주로 기업의 과거 운전자본 회전율을 활용한다.

- 매출채권 회전율(회) = $\frac{\text{매출액}}{\text{매출채권}}$; 매출채권 평균회수기간(일) = $\frac{365}{\text{매출채권회전율}}$
- 재고자산 회전율(회) = $\frac{\text{매출액 (매출원가)}}{\text{재고자산}}$; 재고자산 평균회수기간(일) = $\frac{365}{\text{재고자산회전율}}$
- 매입채무 회전율(회) = $\frac{\text{매출액 (매출원가)}}{\text{매입채무}}$; 매입채무 평균지급기간(일) = $\frac{365}{\text{매입채무회전율}}$

기업의 과거 운전자본회전율이 기간별로 불규칙적이라면 과거 회전율의 적정성에 대한 검토가 필요하다. 예를 들어 매출채권회전율이 기간별로 불규칙이라면 특정기간에 큰 규모의 부실채권이 발생했거나 재무제표 보고일에 일시적으로 매출채권이 과다하게 발생한 경우 등의 원인이 있다. 재무제표 보고일에 인식된 운전자본금액이 비정상적이라면 회전율도 왜곡된다. 비정상적이고 일시적인 운전자본의 발생으로 기간별 운전자본회전율이 왜곡되었다면 비정상적 항목을 제외한 정상운전자본의 회전율을 계산해서 적용하는 것이 바람직하다. 운전자본 운영계획이 안정적이지 못해 실제 운전자본 회전율이 불규칙적인 경우이다. 불규칙적인 회전율을 보인 특정연도의 운전자본에 대해서는 조정을 고려한다.

(3) 운전자본 추정

운전자본의 항목별 특성을 파악하고 재무성과를 바탕으로 운전자본회전율의 검토가 끝나면 매출추정 및 운전자본 운용계획을 바탕으로 운전자본을 추정한다. 매출·매입과 연동된 운전자본의 추정은 매출추정결과에 재무성과를 바탕으로 계산된 정상운전자본회전율을 이용하되 채권회수 및 대금지급정책 등 기업의 전반적인 운전자본 운용정책을 고려한다. 예를 들어 재무성과분석에 의해 파악된 매출채권의 평균회수기일이 40일이지만 기업의 매출채권 회수정책은 30일인 경우 이들 고려요소를 감안하여 추정회수기간을 30~40일 사이에 결정할 수 있다.

5.4. 추정재무제표와 잉여현금흐름

지금까지 잉여현금흐름 추정을 위하여 매출추정에서 운전자본추정까지 살펴보았다. 여기에 영업이익에 대한 법인세를 추가로 고려하여 미래잉여현금흐름을 도출한다. 또한, 잉여현금흐름 추정과정에서 도출된 정보를 이용하여 추정재무제표(재무상태표, 손익계산서 및 현금흐름표)를 산출하게 된다.

▌법인세

재무회계는 법인세법에 의한 과세소득과 재무회계에 의한 기간귀속의 차이를 반영한 「이연법인세」 제도를 도입하고 있다. 그러나 현금흐름할인모형에 따른 〈영업이익에 대한 법인세〉는 실제부담금액, 즉 현금흐름에 초점을 맞추므로 재무회계에 의한 법인세비용과 이연법인세는 원칙적으로 고려하지 않는다. 잉여현금흐름 계산과정에서의 법인세는 실제 납부할 법인세를 의미하지만 이자비용의 법인세 절감효과는 자본비용에 반영하므로 영업이익에 대한 법인세를 계산한다는 점에 주의해야 한다.

- 현금흐름할인모형은 자본의 조달원천을 타인자본과 자기자본으로 구분한다. 법인

세법에 의한 과세표준은 영업이익에서 타인자본비용(이자비용)을 차감한 이익, 즉 자기자본에 귀속될 이익에 과세되므로 타인자본을 사용함으로써 얻는 절세효과는 자기자본에 귀속된다. 기업은 타인자본을 적절히 이용함으로써 미래현금흐름의 유출을 감소시킬 수 있으므로 타인자본비용의 절세효과만큼 낮은 수익률을 요구하는 것이다. 타인자본비용의 법인세효과는 자본비용에 반영하므로 당기순이익을 과세표준으로 하여 법인세를 계산하여 현금흐름에 반영하지 않도록 주의한다.

- 영업이익에 대한 법인세를 계산하기 위해 적용할 법인세율은 기업이 실제 부담할 세율(유효법인세율)을 적용하는 것을 원칙으로 하지만 실무적으로는 과세구간별 법정세율을 적용하는 것이 일반적이다. 유효법인세율을 적용하기 위해서는 법인세 부담액 중 영업이익에 대한 법인세와 영업외 항목에 대한 법인세를 구분해야 하고, 일시적인 세금의 감면이나 절세효과가 예측기간 및 예측기간 이후에 지속될지 여부를 신중하게 고려해야 하므로 실무적용에 어려움이 있기 때문이다. 조세특례제한법에서는 여러 조세특례조항을 두고 있으며 이로 인한 세금감면 또는 절감규모가 중요한 경우가 있다.
- 반면, 연결실체 기준으로 잉여현금흐름을 추정할 경우에는 영업이익에 대응되는 유효법인세율을 활용하는 것이 불가피하다. 법인세법은 연결납세를 적용할 수 있는 조건을 엄격하게 정하고 있으므로 연결실체의 영업이익에 대해 법정세율을 적용할 경우 중요한 왜곡을 초래하기 때문이다. 영업이익에 대한 법인세는 잉여현금흐름에 중요한 영향을 미치는 핵심원가이므로 가치평가 이론서에서 연결재무제표 기준으로 잉여현금흐름을 추정할 것을 권고함에도 불구하고 실무적으로는 개별재무제표 기준으로 잉여현금흐름을 추정하는 이유이기도 하다.

평가시점에 기업의 이월결손금이 있는 경우에는 「이월결손금 세금절감효과의 현재가치」를 별도로 산정한다. 이월결손금은 미래의 현금유출을 감소시킬 것으로 합리적으로 예측할 수 있고 미래잉여현금흐름에 기여하지만, 일반적으로 추정기간 잉여현금흐름에서 직접 고려하지 않고 이월결손금의 세금절감효과 실현시기를 고려하여 계산된 현재가치를 비영업자산으로 분류하고 영업가치에 가산한다. 이월결손금의 현재가치는 사업초기 대규모 투자가 필요한 사업의 가치평가에 매우 중요한 영향을 미치므로 신중하게 접근할 필요가 있다. 이때, 주의할 점은 K-IFRS 1036호에서 정한 바에 따라 현금창출단위(CGU : Cash Generating Unit)의 사용가치(Value in Use)를 측정할 경우에는 평가시점의 이월결손금 세금절감효과의 현재가치를 고려하지 않는다는 점이다. 이러한 내용을 포함한 이월결손금 세금절감효과의 현재가치에 대해서는 「7. 비영업자산」에서 구체적으로 설명한다. 일반적으로 영업이익에 대한 법인세 계산 시 법인세법상의 과세표준 구간별 법인세율을 이용하며 지방소득세는 추가로 고려해야 한다.

추정재무제표

잉여현금흐름 추정을 위해 추정재무제표가 반드시 요구되는 것은 아니다. 재무제표를 구성하는 항목의 추정은 미래현금흐름의 각 요소를 추정하기 위함이지 재무제표 자체를 추정하기 위해서는 아니기 때문이다. 그럼에도 일반적으로 가치평가 과정에서 추정재무상태표와 추정현금흐름표를 작성하게 되는데 그 이유는 다음과 같다.

- 추정재무제표 작성을 통해 현금흐름추정 과정에서 발생할 수 있는 오류를 발견할 수 있다. 재무제표는 재무상태표와 손익계산서 그리고 현금흐름표의 유기적인 구조로 이루어져 있어 현금흐름 추정과정의 실수는 재무제표에 나타나므로 오류를 스스로 확인할 수 있다.
- 추정재무제표와 과거 재무제표 간의 기간별 비교와 분석적 검토를 통해 이상항목을 발견할 수 있고 추정치의 변동상황에 대한 이해가 가능하다. 또, 이러한 분석적 검토를 통해 장기적인 재무상황을 한눈에 확인할 수 있다. 추정재무제표를 통해 장기적인 재무비율의 추정치를 얻을 수 있으며 이익잉여금(또는 결손금) 등 주주이익에 직접적인 영향을 주는 항목에 대한 추정정보를 제공한다.

잉여현금흐름

잉여현금흐름(FCF : Free Cash Flow)을 추정하는 목적은 추정 잉여현금흐름의 현재가치인 영업가치(Operating Value)를 산출하는 데 있다. 잉여현금흐름(FCF)은 세후영업이익(NOPLAT : Net Operating Profit Less Adjusted Tax)에 비현금비용을 더하고 운전자본증감액을 가감한 금액에 투자활동 현금흐름을 차감하여 계산한다.

예 제　추정재무제표와 추정잉여현금흐름

기업의 과거(20×1년) 실적과 향후 5년(20×2년~20×6년)간 매출액 및 관련원가 그리고 영업외손익과 법인세를 포함한 당기순이익을 다음과 같이 추정하였다. 원가에는 투자소요계획에 의해 추정된 감가상각비가 포함되어 있다. 모든 금액단위는 백만원이다.

• 추정손익계산서

구분	20×1A	20×2F	20×3F	20×4F	20×5F	20×6F
매출	85,670	90,382	95,805	102,320	107,948	112,806
매출원가	64,253	63,267	62,273	67,531	69,087	69,940
매출총이익	21,418	27,115	33,532	34,789	38,861	42,866
판매비와관리비	17,134	18,076	16,287	18,418	19,431	19,741
영업이익	4,284	9,038	17,245	16,371	19,431	23,125
기타수익	-	-	-	-	-	-
기타비용	1,986	1,988	1,988	1,988	1,988	1,988
이자비용	1,856	1,856	1,856	1,856	1,856	1,856
기타	130	132	132	132	132	132
세전이익	2,298	7,050	15,257	14,383	17,443	21,137
법인세	708	2,171	4,699	4,430	5,372	6,510
당기순이익	1,590	4,879	10,558	9,953	12,070	14,627

• 투자소요계획 및 감가상각비 추정

구분	20×1A	20×2F	20×3F	20×4F	20×5F	20×6F
투자금액	1,200	600	1,800	700	2,000	560
감가상각비	1,323	1,416	1,570	1,222	1,533	1,372
취득원가	9,800	10,400	12,200	12,900	14,900	15,460
감가상각누계액	6,860	8,276	9,846	11,067	12,600	13,973
장부금액	2,940	2,124	2,354	1,833	2,300	1,487

• 순운전자본추정 : 재무성과 분석결과 파악된 운전자본회전율과 기업의 운전자본 운용정책 등을 감안하여 추정한 순운전자본은 다음과 같다.

구분	20×1A	20×2F	20×3F	20×4F	20×5F	20×6F
매출채권	8,214	8,666	9,186	9,810	10,350	10,816
기타유동자산	1,324	1,324	1,324	1,324	1,324	1,324
매입채무	5,868	6,191	6,562	7,008	7,394	7,726
기타유동부채	2,876	2,876	2,876	2,876	2,876	2,876
순운전자본	794	923	1,072	1,250	1,404	1,537
순운전자본의 증감	101	129	149	178	154	133

• 기업의 자산·부채에는 위 유형자산 및 운전자본 외에 투자자산 5,670백만원, 차입금 5,300백만원 및 자본금 5,000백만원이 있다. 20×1년말 현재 이익잉여금은 1,432백만원이다. 투자자산과 차입금 및 자본금 잔액은 변동이 없을 것으로 예상되며 배당계획은 없다.

위 정보를 바탕으로 추정현금흐름표와 추정재무상태표를 작성하고 영업가치 산정의 기초자료인 추정잉여현금흐름(FCF)을 다음과 같이 산출한다.

① 추정현금흐름표의 작성

구분	20×1A	20×2F	20×3F	20×4F	20×5F	20×6F
1. 영업활동현금흐름	2,812	6,166	11,979	10,997	13,449	15,866
당기순이익	1,590	4,879	10,558	9,953	12,070	14,627
현금유출 없는 비용가산	1,323	1,416	1,570	1,222	1,533	1,372
– 감가상각비	1,323	1,416	1,570	1,222	1,533	1,372
현금유입 없는 수익 차감	-	-	-	-	-	-
영업활동 관련 자산 부채의 변동	-101	-129	-149	-178	-154	-133
2. 투자활동현금흐름	-1,200	-600	-1,800	-700	-2,000	-560
유형자산투자	-1,200	-600	-1,800	-700	-2,000	-560
3. 재무활동현금흐름	-	-	-	-	-	-
4. 현금의 증감	1,612	5,566	10,179	10,297	11,449	15,306

㉠ 영업활동현금흐름은 당기순이익에 감가상각비 및 무형자산상각비와 같이 현금유출이 없는 비용과 투자 및 재무활동관련 비용(예 : 유형자산처분손실)을 더한다. 반면, 현금유입이 없는 수익이나 투자 및 재무활동관련 수익(예 : 지분법평가이익)은 차감한다. 여기에 영업활동관련 자산부채의 변동을 가감하는데 이 금액은 순운전자본의 추정결과 순운전자본의 증감액을 가감한다.

㉡ 투자활동현금흐름은 투자소요계획에 의한 투자금액을 투자활동 현금유출로, 비영업자산의 처분으로 현금유입이 발생하면 투자활동 현금유입으로 한다.

㉢ 재무활동현금흐름은 차입금의 조달이나 상환, 유상증자 또는 감자 등 재무거래와 관련한 현금흐름을 뜻한다.

㉣ 현금의 증감액은 영업활동 현금흐름에 투자활동 현금흐름과 재무활동 현금흐름을 가감하여 순증감액을 계산하는 것으로 추정재무상태표상의 현금잔액을 증가시킨다.

② 추정재무상태표의 작성

구분	20×1A	20×2F	20×3F	20×4F	20×5F	20×6F
현금	2,328	7,894	18,073	28,369	39,818	55,125
매출채권	8,214	8,666	9,186	9,810	10,350	10,816
기타당좌자산	1,324	1,324	1,324	1,324	1,324	1,324
투자자산	5,670	5,670	5,670	5,670	5,670	5,670
유형자산	2,940	2,124	2,354	1,833	2,300	1,487
자산총계	20,476	25,677	36,606	47,006	59,462	74,421
매입채무	5,868	6,191	6,562	7,008	7,394	7,726
기타유동부채	2,876	2,876	2,876	2,876	2,876	2,876
차입금	5,300	5,300	5,300	5,300	5,300	5,300
부채총계	14,044	14,367	14,738	15,184	15,570	15,902
자본금	5,000	5,000	5,000	5,000	5,000	5,000
이익잉여금	1,432	6,311	16,869	26,822	38,892	53,519
자본총계	6,432	11,311	21,869	31,822	43,892	58,519
부채와 자본총계	20,476	25,677	36,606	47,006	59,462	74,421

• 20×2F 자산부채 항목의 계산 :

㉠ 현금 = 20×1A 현금(2,328) + 20×2F 현금흐름표상 현금의 증가(5,566) = 7,894

㉡ 매출채권 = 20×2F 운전자본 추정결과

㉢ 기타당좌자산 = 20×2F 운전자본 추정결과

㉣ 투자자산 = 20×1A 잔액

㉤ 유형자산 = 20×2F 투자소요계획에 의한 유형자산 장부금액 추정결과

㉥ 매입채무 = 20×2F 운전자본 추정결과

㉦ 기타유동부채 = 20×1A 잔액

㉧ 차입금 및 자본금 = 20×1A 잔액

㉨ 이익잉여금 = 20×1A 이익잉여금(1,432) + 20×2F 추정당기순이익(4,879) = 6,311

③ 추정잉여현금흐름

구분	20×1A	20×2F	20×3F	20×4F	20×5F	20×6F
영업이익	4,284	9,038	17,245	16,371	19,431	23,125
영업이익에 대한 법인세	1,319	2,784	5,311	5,042	5,985	7,123
세후영업이익 (NOPLAT)	2,964	6,254	11,933	11,329	13,446	16,003
비현금비용	1,323	1,416	1,570	1,222	1,533	1,372

구분	20×1A	20×2F	20×3F	20×4F	20×5F	20×6F
순운전자본 변동액	-101	-129	-149	-178	-154	-133
투자소요금액 (CAPEX)	-1,200	-600	-1,800	-700	-2,000	-560
잉여현금흐름	2,986	6,941	11,555	11,672	12,825	16,682

• 20×2F 잉여현금흐름의 계산 :

㉠ 영업이익 = 추정손익계산서상의 20×2F 추정영업이익 9,038

㉡ 영업이익에 대한 법인세 = 9,038 × 30.8% = 2,784

㉢ 세후영업이익 = 영업이익(9,038) - 영업이익에 대한 법인세(2,784) = 6,254

㉣ 비현금비용 = 20×2F 감가상각비(1,416)

㉤ 순운전자본 변동액 = 20×2F 운전자본 순증감액 추정결과(129)

㉥ 투자소요금액 = 20×2F 투자소요계획상의 유형자산 투자예정금액(-600)

㉦ 잉여현금흐름 = 세후영업이익(NOPLAT : 6,254) + 비현금비용(1,416) - 순운전자본 변동액(129) - 투자소요금액(600) = 6,941

6 자본비용

현금흐름할인모형에 의한 기업가치는 미래잉여현금흐름을 적절한 할인율로 할인한 현재가치로 측정한다. 지금까지는 미래잉여현금흐름의 합리적 추정을 위한 내용을 다루었는데 가치평가에 있어 잉여현금흐름 추정 못지않게 현금흐름에 대응되는 할인율, 즉 자본비용의 측정도 중요하다. 현금흐름할인모형은 미래현금흐름을 할인한 현재가치에 기초하므로 할인율 추정은 기업가치에 중요한 영향을 미친다. 미래현금흐름은 실적현금흐름과의 비교를 통해 차이원인에 대한 분석이 가능하지만 자본비용은 그렇지 못하다.

자본비용은 투자자(채권자와 주주)의 요구수익률이다. 투자자 요구수익률의 합리적인 계산은 어려운 문제로 재무관리 이론서와 가치평가 실무서에서 가장 중점적으로 다루는 분야이기도 하다. 자본비용은 투자자들의 기대수익률이 반영되어야 한다. 기대수익률은 동일한 위험을 가진 다른 투자안을 포기한 기회비용이다. 기대수익률은 추정치이므로 실현수익률과 일치하지 않는다. 이하에서 자본비용에 대한 이론적·실무적 접근방법에 대해 살펴본다.

6.1. 자본비용 계산의 일반원칙

본서는 현금흐름할인모형 중 전체기업가치 접근법[8]을 기본으로 한다. 이에 본서에서 다른 언급이 없다면 미래현금흐름은 전체기업에 귀속되는 잉여현금흐름(FCFF : Free Cash Flow to Firm)을 말한다. 따라서, 잉여현금흐름에 대응되는 위험에 대한 할인율인 자본비용도 주주와 채권자의 요구수익률을 모두 반영한 가중평균자본비용(WACC)이 사용된다. 가중평균자본비용은 주주의 요구수익률인 자기자본비용과 채권자의 요구수익률인 타인자본비용을 각각의 자금조달방법의 비율에 따라 가중평균한 비용이다. 가중평균자본비용의 추정에는 아래의 원칙이 지켜져야 한다.

(1) 자본의 원천별 수익률을 자본구성비율에 따라 가중평균

가중평균자본비용은 자기자본(주주)과 타인자본(채권자) 등 자본의 원천별로 요구하는 수익률을 각각의 자본구성비율에 따라 가중평균하여 계산한다. 즉 가중평균자본비용은 두 종류의 자본을 그 가치비율로 가중평균하여 계산된 할인율이다. 미래잉여현금흐름에 대한 청구권은 주주와 채권자 각각의 요구수익률에 의해 평가되어야 한다. 또한 미래현금흐름은 영구히 발생할 것으로 가정하는 것이며 가까운 시일 내에 청산할 것을 전제하지 않으므로 두 종류의 자본의 상대적인 비율은 평가시점의 공정가치기준 자본구성비율 또는 장기적으로 달성될 목표자본구조에 의해 가중치가 설정되어야 한다.

(2) 이자비용의 세금효과 반영

잉여현금흐름은 세후영업이익(NOPLAT : Net Operating Profit Less Adjusted Tax)을 기초로 한다. 타인자본비용은 법인세를 감소시켜 주는데 잉여현금흐름 계산시 이자비용 차감 전 이익을 기준으로 세금효과를 측정하므로 자본비용 계산시 세금효과를 반영해야 한다. 즉 이자비용의 세금절감효과를 타인자본비용 계산에서 고려한다.

(3) 체계적 위험에 대한 보상

각 자본공급자들은 체계적 위험(Systematic Risk)에 대한 보상을 원하므로 자본비용 계산 시 체계적 위험을 감안하여 조정한다. 자본시장에 참여하는 투자자들은 포트폴리오를 구성함으로써 개별기업의 고유위험인 비체계적위험을 제거할 수 있는 것으로 가

8) 기업전체에 귀속되는 기대잉여현금흐름을 주주와 채권자의 가중평균 요구수익률(WACC)로 할인하여 전체기업가치를 계산한 후 타인자본가치를 차감하여 지분가치를 추정하는 방법

정한다. 따라서 자본시장은 투자안의 체계적 위험에 대한 대가를 지급할 뿐 제거가능한 위험인 비체계적 위험은 보상대상이 아니다. 다만, 지분상품이 활성시장에서 자유롭게 거래되지 않는 비상장기업 등에서는 투자자가 포트폴리오를 구성하더라도 개별기업의 고유위험이 제거되기 어려우므로 비체계적 위험에 대한 보상을 고려하기도 한다.

6.2. 가중평균자본비용

자기자본과 타인자본만으로 구성된 단순한 구조하의 가중평균자본비용 추정공식은 다음과 같다.

$$WACC = K_e \times \frac{E}{V} + K_d \times (1-T) \cdot \frac{D}{V}$$

- K_e : 자기자본비용(COE : Cost of Equity)
- K_d : 타인자본비용(COD : Cost of Debt)
- T : 한계법인세율
- V : 전체기업가치(V=E+D)
- E/V : 자기자본비율
- D/V : 타인자본비율

가중평균자본비용 공식에서 표시된 기업가치 대비 자기자본비율(E/V)과 타인자본비율(D/V)은 〈공정가치에 의한 자본구성비율〉 또는 〈목표자본구조〉이다. 타인자본은 요구수익률이 있는 부채(이자부부채, IBD : Interest Bearing Debt)를 말한다. 매입채무와 같이 요구수익률이 없는 부채는 부(-)의 운전자본으로 타인자본이 아님에 주의한다.

위의 가중평균자본비용 산식은 기업의 조달재원이 금융기관 차입금 또는 회사채와 같은 단순한 구조의 타인자본과 보통주 자기자본만으로 구성된 경우를 가정한 것이다. 만일 기업이 우선주를 발행하였거나 전환사채나 전환상환우선주와 같은 복합상품을 발행하였다면 전체기업가치는 보다 복잡한 구조의 요구수익률을 가진 투자자에 배분되어야 하므로 위의 가중평균자본비용 산식은 수정되어야 한다. 이와 같이 복잡한 자본구조의 가중평균자본비용의 산정방식은 뒤에서 다시 설명하기로 하고 여기서는 타인자본이 단순한 형태의 채무상품으로만 구성되고 자기자본도 보통주로만 구성된 단순한 자본구조에서의 가중평균자본비용을 설명하기로 한다.

단순한 자본구조하에서의 가중평균자본비용 계산의 이론적 구조는 3가지 핵심요소,

즉 자본구성비율과 타인자본비용 및 자기자본비용으로 구성된다. 이하에서는 자본구성비율, 타인자본비용 및 자기자본비용에 대한 개념과 추정방법에 대해 설명하도록 하겠다.

6.3. 자본구성비율

가중평균자본비용은 자기자본비용과 타인자본비용을 전체기업가치 대비 자기자본비율(E/V)과 타인자본비율(D/V)로 각각 가중평균하여 계산한다. 전체기업가치(V=E+D)와 자기자본가치(E) 및 타인자본가치(D)는 모두 공정가치(또는 시장가치)이다. 즉 가중평균자본비용은 각 자금조달자의 기회비용(자본비용)을 각각의 공정가치(또는 시장가치)를 가중평균하여 산정하며 평가시점의 타인자본과 자기자본의 장부가치(Book Value)로 계산된 자본구성비율로 측정하지 않음에 주의한다. 현금흐름할인모형은 오랜 기간에 걸쳐 예상되는 잉여현금흐름을 하나의 가중평균자본비용으로 할인하여 평가시점의 기업가치를 산정하는 것이므로 가중평균자본비용의 추정에 있어 자본구성비율의 산정은 다음의 사항을 고려해야 한다.

① 자본구성비율은 타인자본과 자기자본의 공정가치(또는 시장가치)로 측정한다. 이는 향후 현금흐름을 창출하기 위해 투자 및 원가에 소요되는 투자금(타인자본 및 자기자본)은 현재시점의 공정가치 기준 자본구조에 의해 조달되기 때문이다.

② 평가시점의 자본구성비율은 장기적으로 유지될 것을 가정한다. 미래잉여현금흐름에 대응되는 가중평균자본비용은 단일의 할인율을 적용한 현재가치를 기업가치로 측정하는 것이므로 잉여현금흐름 발생시기별로 자본구성비율이 달라지지 않음을 가정한다.

만일, 가중평균자본비용의 산정과정에서의 자본구성비율이 위의 가정을 만족하지 못한다고 판단되는 경우 자본구성비율의 적용은 다음의 내용을 고려한다.

- 평가시점의 공정가치(또는 시장가치) 기준 자본구성비율이 기업의 최적화된 자본구조가 아니며 기업의 경영계획 및 재무계획에 따라 장기적으로 달성될 자본구성비율이 있다면 평가시점의 공정가치(또는 시장가치) 기준 자본구성비율이 아닌 장기적으로 달성될 〈목표자본구조〉를 적용할 것을 고려한다.
- 미래현금흐름에 대응되는 각 시점별 자본구성비율이 달라질 것으로 예상된다면 단일의 가중평균자본비용을 적용하여 산정된 가치는 왜곡된 값을 가져올 수 있으므로 조정순현재가치(APV) 모형과 같은 대체적 방법을 고려한다. 예를 들어, 프로젝트파이낸싱을 위한 특수목적법인(SPC)의 지분가치 평가 시에는 금융협약에 의해 타인자본의

상환계획이 정해져 있으며 운영사업권이 종료되는 시점까지 자본구성비율이 매 시점 별로 변동되므로 단일의 가중평균자본비용을 이용한 방법보다 APV모형 등을 적용하는 것이 유의미한 평가결과를 얻을 수 있다. 이러한 특수한 자본구성비율이 있는 기업에 대한 APV모형의 적용은 별도로 설명하기로 한다.

(1) 공정가치기준 자본구조

일반적인 상황에서 자본구성비율의 실무적 적용방법은 평가시점의 〈공정가치 자본구조〉 또는 〈목표자본구조〉가 주로 사용된다. 필자의 의견은 기업이 현재의 자본구조가 아닌 장기적으로 최적화된 자본구조가 달성될 것으로 예상되는 합리적인 근거가 없다면 평가시점 공정가치(또는 시장가치) 자본구조를 적용하는 것이 타당하다고 판단된다. 현금흐름할인모형에 의한 가치평가 측정치는 미래잉여현금흐름의 현재가치이며 이는 현재시점의 주주와 채권자의 청구권이므로 주주와 채권자의 현재 구성비율이 장기적으로 변경될 만한 합리적인 이유가 없다면 현재시점의 투자자의 청구권 비율을 사용하는 것이 타당하다.

- 공정가치 자본구조를 자본구성비율로 사용할 경우 기술적인 문제가 있다. 공정가치 자본구조를 적용하려면 자기자본과 타인자본의 공정가치를 측정해야 하는데 타인자본과 자기자본의 공정가치를 측정하려면 자본구성비율을 산정해야만 할인율로 사용될 가중평균자본비용을 추정할 수 있으므로 〈순환계산〉의 문제가 생긴다.
- 순환계산의 문제가 있더라도 평가시점의 공정가치 자본구조를 적용하는 것이 가장 합리적인 접근방법이므로 가치평가전문가들은 평가시점 공정가치 자본구조를 적용할 것을 추천한다. 물론, 상장기업의 가치평가에 있어서는 평가시점 타인자본과 자기자본의 시장가치를 이용하여 자본구성비율을 적용할 수 있으므로 순환문제를 피할 수 있겠다.

(2) 목표자본구조

기업이 장기적으로 달성할 최적화된 자본구조 즉, 목표자본구조를 자본구성비율로 적용함이 타당하다고 판단되는 경우 목표자본구조의 산정은 다음의 방법들을 고려할 수 있다.

① 비교대상기업의 자본구조 : 활성시장에서 거래되고 있는 유사상장기업의 재무구

조가 안정적이고, 이들 기업이 장기적으로 달성하게 될 목표자본구조에 근접해 있을 것으로 판단될 경우 유사상장기업 또는 이들 기업의 평균적인 자본구조를 기업이 장기적으로 도달할 목표자본구조로 추정할 수 있다. 이때, 유사상장기업의 자본구조를 활용할 경우 아래의 사항에 유의해야 한다.

- 비교대상이 되는 유사상장기업이 효율적 자본구조를 달성하고 있는지에 대한 합리적 근거를 검토한다. 만일, 비교대상 유사상장기업의 자본구조 중 이상치가 있는 경우 제외하는 것이 바람직하다.
- 유사상장기업의 타인자본에는 요구수익률이 있는 타인자본만이 포함되어야 하며 부(-)의 운전자본은 제외하여야 한다. 또, 유사상장기업의 자본구조는 시장가치(지분가치를 시가총액으로 측정)로 측정해야 한다. 평가시점 기업의 자본구조는 공정가치(또는 시장가치) 자본구조이므로 비교대상인 유사상장기업의 자본구조도 시장가치로 측정한다. 장부가치로 측정된 자본구조는 유용한 정보가 아니다.

② 상대가치 평가모형에 의해 평가된 자본구조 : 본서에서 후술할 상대가치 평가모형에 의해 산정된 자기자본의 공정가치를 이용해 평가시점 자본구성비율을 산정하는 방법을 고려할 수 있다. 상대가치 평가모형은 비교대상 유사상장회사의 주가정보를 이용하여 평가기업의 지분가치를 추정하는 방법이다. 상대가치 평가모형은 시장배율(market multiple)을 이용하여 비교적 단순한 과정을 통해 산출되므로 쉽게 적용가능하다.

③ 경영진의 재무적 목표를 감안한 자본구조 : 경영진의 자금조달계획 및 재무적 목표를 감안해 산정된 목표자본구조를 적용할 수 있다.

그러나 위의 접근방법에 따라 자본구성비율을 기업의 목표자본구조로 적용함에 있어 반론이 만만치 않다. 위의 접근방법을 적용할 경우의 문제점은 다음과 같은 것들이 있다.

- 비교대상 유사상장기업의 자본구조를 목표자본구조로 하는 방법은 그 기업들의 자본구성비율이 장기적인 자본효율성을 달성했다고 간주할 만한 객관적인 근거를 찾기 쉽지 않다. 최적화된 자본구조에 대한 연구와 논쟁은 지금도 진행 중이며 최적화된 자본구조에 대한 합리적 근거를 찾더라도 각 기업의 산업 및 사업환경에 따라 자본구성을 최적화하는 방법을 일률적으로 제시하기 어려울 것이다. 또, 비슷한 산업에 속한 기업의 영업위험은 유사할 수 있지만 재무위험은 개별기업의

재무전략에 따라 다를 것이다.

- 상대가치 평가모형을 이용해 평가시점 자본구조를 측정한 결과를 목표자본구조로 사용하는 경우 현금흐름할인모형에 의해 측정된 지분가치와 자본구성비율 산정을 위해 도입된 상대가치 평가모형에 의한 자본가치에 큰 차이가 있다면 도입된 가정과 측정결과 간에 발생한 불일치를 설명할 합리적 이유를 제시하기 쉽지 않다.
- 경영진의 재무목표나 재무계획은 대개 단기적이며 이러한 재무목표와 재무계획이 공정가치기준으로 예측되었는지를 확인하기 어렵다. 또 경영진의 재무목표나 재무계획은 임의적인 목표치가 될 수 있으므로 객관성을 유지하기 어려울 것이다.

위와 같은 이유로 일반적인 상황에서 가중평균자본비용의 산정에 도입되는 자본구조에 대한 가정은 평가시점의 공정가치 기준 자본구성비율을 기초로 하되, 산업의 평균적 자본구조(또는 유사회사 평균자본구조)가 장기적인 기업의 최적 자본구조의 참고자료가 될 수 있는지에 대해 검토하는 것이 적절하리라 판단된다.[9)]

예 제 목표자본구조의 한계

기업가치 및 자기자본가치 추정을 위한 기초자료는 다음과 같다. 자기자본가치 추정을 위해 기업과 비교대상이 되는 유사상장회사의 평균 부채구성비율(D/V) 20%를 이용해 가중평균자본비용의 구성비율(가중치)을 적용하였다. 모든 금액단위는 백만원이다.

- 잉여현금흐름의 현재가치 추정결과

구분	20×1F	20×2F	20×3F	20×4F	20×5F
잉여현금흐름(FCF)	10,200	-1,400	28,700	23,750	22,560
현가계수	0.8929	0.7972	0.7118	0.6356	0.5674
현재가치	9,107	-1,116	20,429	15,096	12,801

9) 이와 관련하여 「IFRS Foundation Training Materials」 문단 81은 다음과 같이 설명한다. "WACC를 산출할 때, 총자본에 대한 타인자본과 자기자본의 상대적 비중[즉 D/(D + E)와 E/(D + E)]은 대체로 장기적인 피투자자의 최적 자본구조에 대한 시장참여자의 기대와 일관된다. 다시 말하면, WACC를 산출할 때 피투자자가 자신의 자본구조를 목표 또는 최적 부채대총자본비율로 관리한다고 가정한다. 따라서 피투자자의 실제 부채대총자본비율은 일반적으로 산출에 결정적이지 않다. 일부 경우에 산업의 평균적 자본구조가 장기적인 피투자자의 최적 자본구조의 평가를 위한 적절한 참조로 고려될 수 있다. 그러나 주어진 피투자자의 재무적 건전성, 현재의 금융시장조건 및 산업표준에 속한 기업과 피투자자 간 타인자본에 대한 접근성 차이하에서 산업의 평균적 자본구조가 어떻게 도출되는지 그리고 피투자자가 그러한 자본구조를 달성할 것으로 기대되는지를 투자자가 이해하는 것이 중요할 것이다. 다시 말하면, 산업의 평균적 자본구조가 피투자자의 기채능력과 대여자가 제공하게 될 부채조달금액을 반영한다면, 그러한 산업의 평균적 자본구조를 피투자자의 최적자본구조를 평가하는 데 참조하는 것이 적절하다" 또한 McKinsey, 「Valuation」은 "목표자본구조를 도출하기 위해서는 먼저 회사의 현재 시장가치(공정가치)를 기초로 자본구조 추정, 다음으로는 비교가능한 유사회사의 자본구조 검토, 마지막으로 자금조달에 대한 경영진의 묵시적 또는 명시적 접근법과 암묵적 목표자본구조를 검토하는 단계를 거친다"라고 설명한다.

• 가중평균자본비용(WACC) = 12%
• 목표자본구조 = 기업가치대비 부채비중(D/V) = 20%
• 타인자본금액 = 135,000백만원
• 영구성장률 = 1%

유사상장회사의 부채구성비율을 목표자본구조로 하여 계산된 가중평균자본비용을 이용하여 추정된 기업가치의 산출과정을 살펴보고 이러한 추정과정의 문제점이 무엇인지 파악해 보자.

① 기업가치 및 자기자본가치추정

• 예측기간의 가치 = 예측기간 잉여현금흐름의 현재가치 합 = 56,316백만원
• 영구기업가치 = {22,560백만원 × (1 + 1%)/(12% - 1%)} × 0.5674 = 117,532백만원
• 전체기업가치 = 56,316백만원 + 117,532백만원 = 173,848백만원
• 자기자본가치 = 173,848백만원 - 135,000백만원 = 38,848백만원

② 목표자본구조와 산출된 공정가치기준 자본구조의 비교

• 산출된 공정가치기준 부채구성비율(D/V) = 135,000백만원 ÷ 173,848백만원 = 77.7%
• 가중평균자본비용 계산을 위해 적용된 목표자본구조(D/V)는 20%인 반면 목표자본구조를 이용해 계산된 공정가치기준 부채구성비율(D/V) = 77.7%로 큰 차이가 있다. 이러한 차이는 기업의 경영자가 지속적으로 타인자본을 상환하여 장기적으로 부채구성비율을 낮출 것이라는 합리적 가정이 요구된다. 그러한 가정이 현실적이지 못하다면 이 가치평가결과는 왜곡된 것이며 목표자본구조를 높이는 방향으로 조정하거나 공정가치기준 자본구조로 재계산할 것을 고려해야 할 것이다.

(3) 목표자본구조 산출의 실무적 고려사항

기업의 목표자본구조의 추정에 있어 다수의 이론서는 기업이 속한 산업의 자본구조의 평균값[10](mean) 또는 중앙값[11](median)을 사용할 것을 권고한다. 반면, 국내에서는 기업과 영업위험이 유사한 것으로 판단되는 유사상장회사의 평균값(mean) 또는 중앙값(median)을 기업의 목표자본구조로 가정하는 방법론이 실무적으로 자리를 잡은 것으로 보인다. 일반적으로 유사상장회사는 영업위험(operating risk)의 유사성을 기준으로 판단하므로 영업위험의 유사성이 재무위험(financial risk)의 유사성과 일관되는 것으로 가정하는 것은 적절치 않을 수 있다. 이를 포함하여 기업의 목표자본구조 추정에 있어

10) 「IFRS Foundation Training Materials」는 기업이 속한 산업의 평균적 자본구조를 피투자자의 최적자본구조를 평가하는 데 참조하는 것이 적절할 수 있음을 기술하고 있다.

11) McKinsey, 「Valuation」은 목표자본구조의 적용에 있어 비교가능한 회사들의 자본구조를 검토하는 과정은 기업이 속한 산업의 특성에 따라 자본구조가 달라질 수 있으며 산업별 기업가치 대비 부채비율의 중앙값을 비교 분석할 것을 권고한다.

실무적으로 다음의 내용들을 고려한다.

① 산업평균 자본구조 : 유사상장회사의 선정은 후술할 자기자본비용의 산출과정에서 영업위험이 유사한 상장기업의 관측된 시장베타 또는 부채베타(Levered beta)에서 재무위험을 제거하고 영업위험만으로 재측정되는 무부채베타(Unlevered beta)를 도출하기 위한 과정을 구성한다. 즉, 유사상장회사의 선정이 기업의 재무위험수준을 결정하는 과정을 반드시 포함하는 것은 아니다.

- 이는 선정된 유사상장회사의 평균자본구조가 기업의 목표자본구조와 일치할 것으로 가정하는 것은 적절치 않을 수 있음을 의미한다. 때로는 유사상장회사 중 일부의 왜곡된 자본구조가 기업의 장기적인 목표자본구조에 투영됨으로써 목표자본구조가 왜곡될 수 있는 문제를 야기할 수 있다.
- 기업의 영업위험 수준을 측정하기 위해 선정된 유사상장회사의 평균자본구조와 기업이 장기적으로 달성할 것으로 기대되는 목표자본구조는 반드시 일관될 필요는 없으며 다수의 이론서에서 제시한 바와 같이 기업이 속한 산업의 평균자본구조가 기대 목표자본구조로서 더 적절할 수 있음을 고려한다. 즉, 선정된 유사상장회사는 기업의 영업위험 즉, 무부채베타 측정에 한하여 적용하고 목표자본구조는 기업이 속한 산업전체의 평균자본구조를 활용할 수 있다.

② 유사상장회사의 비지배지분 : 활성시장에서 관측되는 상장기업 주가는 연결실체 단위 기준으로 관측된다. 즉, 시장참여자는 상장기업의 공정가치를 판단함에 있어 상장기업이 지배하고 있는 종속기업을 포함하는 것이며 때로는 (상장 또는 비상장) 종속기업의 공정가치가 지배기업을 상회하는 것으로 평가받기도 한다. 이때, 선정된 유사상장회사가 종속기업들을 완전지배(즉, 지분율 100% 또는 그와 유사한 수준의 지분을 확보한 상황)하고 있다면 종속기업 공정가치의 전부 또는 대부분이 지배기업의 주가에 반영되어 있으므로 목표자본구조 산정에 있어 비지배지분에 대한 고려는 불필요할 것이다. 반면, 유사상장회사가 종속기업을 완전지배하지 못한 상황이라면 유사상장회사의 주가는 연결실체 중 지배지분으로 제한되고 비지배지분의 가치는 유사상장회사의 주가와 무관하다. 이때, 유사상장회사의 자본구조 계산에 있어 타인자본(이자부부채)은 연결실체 전체의 타인자본을 이용하게 되므로(연결재무상태표의 타인자본은 지배지분과 비지배지분을 구분하지 않고 총액으로 표시됨) 비지배지분이 있는 상황에서는 유사상장회사의 연결재무상태표상의 타인자본 중 지배지분에 해당하는 부분과 주가를 비교하는 방식으로 자

본구조를 산출함이 원칙이다. 다만, 종속회사가 많거나 연결실체의 지배구조가 복잡한 상황이라면 연결재무상태표의 타인자본 중 지배지분에 해당하는 부분을 별도로 산출하는 것이 매우 어렵고 비효율적일 수 있다. 이에 실무에서는 다음과 같은 방법이 활용되곤 한다.

- 유사상장회사의 연결실체에서 비지배지분이 차지하는 비중이 유의적으로 낮거나 금액적 중요성이 크지 않은 경우에는 완전지배회사로 간주하여 유사상장회사의 자본구조는 연결재무상태표상의 타인자본과 시가총액을 직접 비교하여 자본구조를 산정한다.
- 유사상장회사의 연결실체에서 비지배지분이 차지하는 비중이 중요하고 지배구조가 단순한 경우에는 연결재무제표의 타인자본 중 비지배지분에 해당하는 부분을 제외한 지배지분에 귀속되는 타인자본과 시가총액을 비교하여 자본구조를 산정한다.
- 연결재무제표의 타인자본 중 「비지배지분에 귀속되는 타인자본」을 산정하는 것은 실무적으로 상당한 어려움이 있다. 비지배지분에 귀속되는 타인자본은 연결재무제표의 타인자본총액을 지배기업의 별도재무제표에 귀속되는 타인자본과 종속기업 타인자본으로 구분한 후 해당 종속기업 타인자본 중 지배기업 귀속분과 비지배지분 귀속분을 다시 구분하는 작업이 필요하다. 일반적으로 다수의 종속기업으로 구성되어 있거나, 종속기업 간 지분관계가 있는 경우, 종속기업의 종속기업이 있는 경우 및 순환출자관계가 형성되어 있는 경우 등 지배 종속구조가 복잡하게 얽혀 있는 경우가 있다. 이러한 복잡한 지배 종속구조에 있는 유사상장회사의 지배지분에 귀속되는 타인자본을 계산하는 것은 비효율적이므로 실무에서는 연결재무상태표의 비지배지분 장부금액을 시가총액에 가산하는 방식을 대안으로 사용하기도 한다. 즉, 유사상장회사의 자본구조로 '지배지분 귀속 타인자본 대비 시가총액'의 비율을 사용하는 대신 '연결실체 전체의 타인자본 대비 연결실체 전체의 시가총액'의 비율을 이용하여 일관성을 유지하는 방식이다. 이는 '연결재무제표의 비지배지분의 장부금액은 공정가치이다'는 가정을 적용한 것이며, 다른 의미로 비지배지분의 주당 순자산배율(PBR)을 1로 간주한 것이다. 비지배지분에 대한 이러한 대체적 방법은 '장부금액은 공정가치와 같다'는 제한적 가정이 도입되어 있으나 그 편의성으로 인해 유사상장회사의 자본구조 계산에 있어 실무적으로 광범위하게 사용되고 있다.

③ 기술적 문제 : 산업평균 자본구조 또는 유사상장회사 평균자본구조를 기업의 목표자본구조로 활용하고자 할 경우 계산방법의 기술적 접근에 따라 차이가 발생할 수 있다. 자본구조를 표시하는 방법 중 '부채비율(D/E)'은 타인자본(Debt) 대비 자기자본(Equity)의 상대적 비율을 의미하는데, 공정가치평가에서는 타인자본과 자기자본 모두 장부금액이 아닌 공정가치(또는 시장가치)를 사용한다. 자본구조를 표시하는 다른 방법으로 총자본(TIC : Total Invested Capital) 대비 타인자본(Debt) 비율(D/TIC)이 있는데 총자본(TIC)은 자기자본과 타인자본 공정가치의 합을 의미한다. 부채비율(D/E)과 타인자본비율(D/TIC)은 간단한 교환식으로 표시할 수 있으므로 목표자본구조를 부채비율과 타인자본비율 중 무엇을 사용하더라도 결과는 다르지 않다.

- 다만, 기업의 목표자본구조를 산출함에 있어 유사상장회사(또는 산업) 자본구조의 평균값을 도출하는 기술적 과정에서 중요한 차이가 발생할 수 있다. 예를 들어 유사상장회사의 부채비율(D/E)의 평균값과 유사상장회사의 타인자본비율(D/TIC)의 평균값 사이에는 교환식이 성립하지 않으므로 목표자본구조를 부채비율(D/E)로 표시할지, 또는 타인자본비율(D/TIC)로 표시할지에 따라 가중평균자본비용 계산결과에 영향을 미친다. 특히 선정된 유사상장회사들의 자본구조에 차이가 큰 경우 두 방법 간의 차이는 클 수 있음에 유의해야 한다.
- 실무적으로는 기업의 목표자본구조 산출에 있어 유사상장회사 부채비율(D/E)의 평균보다 타인자본비율(D/TIC)의 평균이 선호된다. 타인자본비율은 기업가치(TIC) 대비 타인자본가치(D)의 비율로 경영자가 실질적으로 관리하는 지표로 볼 수 있고 부채비율보다 변동성이 적어 안정성이 높은 장점이 있어 선호되고 있다.

예 제　유사상장회사를 이용한 목표자본구조 산정

기업과 영업위험이 유사한 것으로 판단되는 아래의 4개 유사상장회사의 평균자본구조를 이용하여 목표자본구조를 산출하기로 하였다. 모든 금액단위는 억원이다.

① 유사상장기업의 현황은 다음과 같다.

구분	A사	B사	C사	D사
시가총액	100	50	100	2,000
지배회사 타인자본(㉠)	80	50	100	150

구분	A사	B사	C사	D사
종속회사 타인자본(ⓒ)	20	450	-	50
연결실체 타인자본 합계(ⓒ=㉠+ⓒ)	100	500	100	200
비지배지분 장부금액	10	80	-	150
비지배지분 지분율	20%	45%	0%	10%

② 유사상장기업의 재무현황과 관련된 추가정보는 다음과 같다.

- 지배회사 타인자본(㉠) 및 종속회사 타인자본(㉡)은 지배회사와 종속회사 각각의 별도재무상태표상 이자부부채 장부금액이며 공정가치와 같다. 지배회사와 종속회사 간 내부거래는 고려하지 아니한다.
- 연결실체 타인자본 합계(㉢)는 연결재무상태표상 이자부부채 장부금액이며 공정가치와 같다.
- 비지배지분 지분율은 종속회사 총발행주식수 대비 비지배주주 주식수의 비율이다.

유사상장회사의 자본구조를 이용하여 기업의 목표자본구조를 도출함에 있어 비지배지분에 대한 가정과 계산과정에서의 기술적 문제에 따라 그 결과가 달라지는 내용을 살펴보자.

① 유사상장회사의 부채비율(D/E) 도출 : 각 유사상장회사의 종속회사 타인자본 중 지배지분에 귀속되는 타인자본을 계산하여 이론적 부채비율을 다음과 같이 계산하였다.

구분	A사	B사	C사	D사
지배지분 귀속 타인자본(㉠)	96	298	100	195
비지배지분 귀속 타인자본(㉡)	4	203	0	5
타인자본총액(㉢=㉠+㉡)	100	500	100	200
시가총액(지배지분 자기자본)(㉣)	100	50	100	2,000
부채비율(D/E=㉠÷㉣)	96%	595%	100%	10%

- A사 지배지분 귀속 타인자본=80억원+20억×(1-20%)=96억원
- A사 부채비율(D/E)=지배지분 귀속 타인자본(96억원)÷시가총액(100억원)=96%

② 각 유사상장회사의 지배회사와 종속회사의 지분구조가 복잡하게 구성되어 있어 각 유사상장회사의 지배지분에 귀속되는 타인자본을 계산하는 것이 비효율적이거나 사실상 불가능한 상황이라면 비지배지분 장부금액을 공정가치로 가정하는 간편법을 적용할 수 있다. 간편법에 따라 유사상장회사의 부채비율(D/E)을 다음과 같이 계산하였다.

구분	A사	B사	C사	D사
시가총액(㉠)	100	50	100	2,000
비지배지분 공정가치(㉡)	10	80	0	150
자기자본총액(㉢=㉠+㉡)	110	130	100	2,150
타인자본총액(㉣)	100	500	100	200
부채비율(D/E=㉣÷㉢)	91%	385%	100%	9%

• A사 비지배지분 공정가치 = 비지배지분 장부금액(10억원)
• A사 자기자본총액 = 시가총액(100억원) + 비지배지분 공정가치(10억원) = 110억원
• A사 타인자본총액 = 연결재무상태표의 타인자본 공정가치(100억원)
• A사 부채비율 = 100억원 ÷ 110억원 = 91%
• A사의 이론적 부채비율(96%)과 간편법에 의한 부채비율(91%) 간에 약간의 차이가 있으나 유의적으로 중요한 차이는 발생하지 아니하였다. 연결재무제표에서 비지배지분이 차지하는 비중이 작을수록 이론적 부채비율과 간편법에 의한 부채비율 간에 차이가 작아진다.
• 반면, B사의 경우 이론적 부채비율(595%)과 간편법에 의한 부채비율(385%) 간에 큰 차이가 발생하는데 연결재무제표에서 비지배지분이 차지하는 비중이 크고 종속회사의 타인자본이 연결실체에서 차지하는 비중이 클 경우에는 이론적 부채비율과 간편법에 의한 부채비율 간에 차이가 크게 나타난다.

③ 기업은 가중평균자본비용의 산정에 있어 유사상장회사의 평균자본구조를 장기적인 목표자본구조로 가정하였다. 이때 유사상장회사의 부채비율(D/E)의 평균을 사용하는 경우와 타인자본비율(D/TIC)의 평균을 사용하는 경우를 비교하였다. 비지배지분에 대해서는 위의 간편법을 적용하여 산정한 결과를 이용한다.

구분	A사	B사	C사	D사	평균
부채비율(D/E)	91%	385%	100%	9%	146%
타인자본비율(D/TIC)	48%	79%	50%	9%	46%
타인자본총액(D)	100	500	100	200	
전체기업가치(TIC)	210	630	200	2,350	

• 유사상장회사의 평균 부채비율(D/E)인 146%를 교환식을 이용하여 타인자본비율(D/TIC)을 계산하면 59%[= 146% ÷ (1+146%)]로 계산되어 타인자본비율(D/TIC)의 평균(46%)과 차이가 있다.
• 같은 방식으로 유사상장회사의 평균 타인자본비율(D/TIC)인 46%를 교환식을 이용하여 부채비율(D/E)을 계산하면 86%[= 46% ÷ (1-46%)]로 계산되어 평균부채비율(146%)과 차이가 있는 것이 뚜렷하게 확인된다.
• 일반적으로 재무레버리지가 높은 기업일수록 주가변동에 따른 부채비율의 변동폭이 크게 나타나므로 재무레버리지가 높은 유사상장회사가 있을 타인자본비율(D/TIC)이 부채비율(D/E)에 비해 상대적으로 안정적인 경향을 보인다. 실무적으로 기업의 목표자본구조로 유사상장회사의 평균 타인자본비율(D/TIC)이 더 선호된다.

6.4. 타인자본비용

타인자본은 기업과의 계약에 따라 만기시점까지의 현금흐름이 원금과 이자로 구성된 부채를 말한다. 타인자본은 이자비용이 발생하며 일반적으로 만기가 정해져 있다. 대표적인 타인자본으로는 금융기관 차입금이나 회사채 또는 금융리스부채 등이 있다. 매입채무 및 미지급금 등 영업관련 부채는 요구수익률을 가진 부채가 아니므로 타인자본이 될 수 없다.

타인자본조달 시장

자본조달 시장인 금융시장은 직접금융방식과 간접금융방식으로 구분된다. 주식을 발행하거나 회사채를 발행할 경우에는 투자자로부터 직접 자금을 조달하게 되는데 이러한 시장을 직접금융시장이라고 한다. 반면, 은행과 같은 간접금융기관을 통해 자금을 차입하는 것을 간접금융방식이라 한다. 직접금융방식에 의한 자금조달은 투자자가 채무불이행위험을 부담하게 되는 데 반해 간접금융방식에 의한 자금조달은 간접금융의 매개자인 금융기관(주로 은행)이 기업의 재무위험이 투자자에게 전가되지 않도록 하는 특징이 있다.

(1) 간접금융시장

은행과 같은 금융기관은 대출심사를 통해 자금의 위탁자로부터 예탁받은 자금을 대출하여 운영한다. 따라서 은행 등 금융기관 차입금은 다수의 시장참여자로 구성된 시장이 아니므로 요구수익률(이자율)은 금융기관에 의해 결정된다. 금융기관들은 내부적으로 정해진 이자율 산정 프로세스에 기초해 담보 또는 신용평가를 바탕으로 대출규모와 이자율을 제시한다. 소규모 기업은 회사채와 같은 직접금융시장을 이용할 여력이 없는 경우가 대부분이므로 은행과 같은 간접금융기관에 의존하는 비율이 크다.

- 간접금융방식의 대표적인 예로 은행차입금을 포함하여 당좌차월, 어음할인, 팩터링, 단자차입, 보험차입, 시설담보자금차입, 외화차입, 리스 등이 있다. 당좌차월은 당좌예금을 거래하고 있는 거래처에 예금액 이상의 어음·수표를 발행하는 것이다. 어음할인은 상업어음을 지불기일이 도달하기 전에 은행이 그 기일까지의 이자를 공제한 금액으로 매입하는 방식으로 자금을 대여한다. 한국기업의 경우 유럽이나 미국기업들에 비해 간접금융에 대한 의존이 높다. 외환위기 이후 간접금융방식의 문제점이 드러나면서 직접금융방식에 의한 자본조달이 활발해졌으나 아

직까지 대부분의 기업들은 직접금융보다는 간접금융방식을 선호하고 있는 것이 현실이다.

- 간접금융에 의한 타인자본비용은 다수의 시장참여자에 의해 결정되지 않으며 간접금융기관의 내부적인 이자율 결정 프로세스에 의해 담보 또는 신용평가를 바탕으로 대출규모와 이자율을 제시하므로 금융기관에서 정한 이자율을 시장이자율로 보는 것이 실무적 관행이다. 즉, 간접금융시장에서 조달된 타인자본의 요구수익률은 조달비용을 시장이자율로 판단한다.

(2) 직접금융시장

직접금융방식의 대표적인 예로 보통주와 같은 지분증권과 회사채 발행을 꼽을 수 있다. 회사채는 채권에 투자하고자 하는 투자자에게 계약에 따라 일정한 이자를 지급하고 만기에 원금을 상환하기로 약정한 증권을 발행하는 것이다. 투자자로부터 자금을 직접 조달한다는 점에서 금융기관 대출과 같은 간접금융방식과 다르다. 회사채는 이자지급방법, 상환방법 및 회사채에 부가된 추가적인 옵션의 유무 및 보증 여부에 따라 여러 종류로 구분된다. 회사채가 가진 위험에 대한 평가기준은 신용등급을 통해 기초정보가 제공되고 유통시장이 있는 경우 신용등급별 유통수익률을 활용할 수 있다.

대표적 직접금융방식의 타인자본인 회사채의 요구수익률은 만기수익률(YTM)을 대용치(proxy)로 활용할 수 있다. 이때 액면이자율은 발행기업이 투자자에게 약속한 계약상 이자에 불과하므로 액면이자율이 타인자본 요구수익률로 사용되지 않도록 주의한다. 만기수익률은 채권의 계약상 현금흐름의 현재가치가 채권가격과 같아지는 할인율(유효이자율)이며 만기가 3년인 회사채라면 아래와 같은 방식으로 계산된다.

$$V(0,3) = \frac{coupon_1}{(1+YTM_3)} + \frac{coupon_2}{(1+YTM_3)^2} + \frac{coupon_3 + FV}{(1+YTM_3)^3}$$

- V(0, 3) : 3년 만기 채권의 현재가격
- $coupon_i$: i시점의 액면이자
- FV : 채권액면가액
- YTM_3 : 3년 만기 채권의 만기수익률

- 만기수익률을 타인자본비용으로 사용할 경우 평가시점의 잔여만기와 신용위험이 반영된 만기수익률이 적용되어야 한다. 타인자본가치는 장부금액이 아닌 공정가

치(또는 시장가치)로 측정하기 때문이다. 따라서, 최초발행시점 만기수익률은 더 이상 타인자본가치 추정에 있어 유효한 정보가 아님에 주의한다.

- 기업이 발행한 회사채에 다양한 옵션(전환옵션, 상환옵션 및 교환옵션 등)이 부여되어 있는 경우에는 위의 단순화된 채권의 만기수익률을 그대로 이용할 수 없고 지분요소와 채무요소를 복합적으로 고려한 자본비용을 고민해야 한다. 기업이 전환사채와 같은 전환형 복합상품을 발행한 경우에는 복합상품이 즉시 전환된 것으로 가정하는 등의 실무적인 방법이 적용되고 있는데 이에 대해서는 후술내용을 참고하기 바란다.

타인자본비용 추정

타인자본비용은 시장이자율 수준과 회사의 채무상환능력 그리고 채무와 관련된 법인세효과에 의해 결정된다. 시장이자율이 오르거나 기업의 지급불능위험(default risk)이 증가할수록 타인자본비용도 상승한다. 시장이자율은 수시로 변동되며 기업의 채무상환능력도 변동되므로 평가시점의 상황에 따라 타인자본비용도 변동된다. 또한, 시장이자율이나 기업의 지급능력의 변화가 없더라도 법인세율이 변경된다면 타인자본비용은 변동된다. 타인자본비용은 법인세 절세효과를 감안한 「세후타인자본비용」을 아래와 같이 측정한다.

세후타인자본비용 = 타인자본비용(K_d) × (1 - T)

- 타인자본비용 : 현재자본구조 또는 최적자본구조하에서의 타인자본비용
- T : 기업의 한계법인세율

타인자본비용은 유사투자안의 자본조달방법 중 하나로서 타인자본을 조달할 경우 현재 시점에 매입 또는 매각할 경우 기대할 수 있는 타인자본의 기대수익률로 정의된다. 타인자본비용은 기업이 현재 부담하고 있는 액면이자가 아니라 타인자본의 계약상 현금흐름을 고려한 기대수익률이 되어야 한다. 이러한 점을 고려할 때, 평가시점 해당 타인자본의 만기수익률(YTM)은 타인자본의 이론적 개념에 부합하지 않는다. 다만, 신용등급이 높은 회사의 경우 파산가능성이 낮으므로 타인자본비용의 대용치(proxy)로 만기수익률을 이용할 수 있을 것이다.[12]

12) Mckinsey는 이와 관련하여, 현재의 만기수익률을 바탕으로 한 기업가치평가는 이론적으로는 일관성이 없으므

타인자본비용에 대한 추정은 기업이 최적자본구조(목표자본구조)에 이른 경우와 그렇지 못한 경우에 따라 달라질 수 있다. 기업이 최적자본구조를 달성한 상황에서는 현재시점의 신용위험에 대응되는 기대수익률로 타인자본을 조달할 것을 가정할 수 있으나, 기업이 현재시점에 최적자본구조를 달성하지 못한 경우에는 장기적인 최적자본구조하에 가능한 기대수익률을 별도로 추정해야 할 수 있다.

(1) 최적자본구조하에서의 타인자본비용

기업의 자본구조가 시장참여자가 기대하는 장기 최적자본구조를 달성한 상황이라면 기업의 타인자본비용은 현재시점 타인자본비용의 기대수익률이다.[13] 기업이 다양한 유형의 타인자본구성을 통해 최적자본구조를 이루고 있다면 타인자본 공정가치를 가중치로 계산된 가중평균 타인자본비용이 적절할 것이다.

- 일반적인 상황에서는 만기수익률을 직접 산정하기보다 회사채 신용등급에 대응되는 평가시점의 관측가능한 시장 만기수익률을 활용할 수 있다. 타인자본비용은 기업이 현재 부담하고 있는 액면이자나 만기수익률이 아닌 유사투자안의 자본조달방법 중 하나로서 타인자본을 조달할 경우 현재 시점의 타인자본의 기대수익률이다. 다만, 실무적인 관점에서 타인자본비용의 대용치로 신용등급에 대응되는 관측가능한 시장 만기수익률을 사용할 수 있다.
- 기업이 다양한 종류의 타인자본을 조달할 경우 그 타인자본의 특성을 고려할 필요가 있다. 한국기업은 회사채와 같은 직접금융시장을 통한 조달보다는 금융기관 대출에 의존하는 비율이 높으며 이러한 타인자본의 특성은 타인자본의 시장기대수익률을 일괄적으로 적용할 수 있는지에 대한 의문을 제공한다. 기업이 현재시점에 장기 최적자본구조를 달성하였거나 유사한 수준에 이르렀다면 다양한 타인자본의 특성을 고려한

로 기대 잉여현금흐름은 약정수익률이 아닌 기대수익률로 할인되어야 하지만 채권의 신용등급이 높은 회사의 경우 파산가능성이 낮으므로 타인자본비용을 평가하기 위해 만기수익률은 적절한 대용치가 될 수 있다고 주장한다. 만기수익률을 결정하기 위해 회사채 등급을 이용하는 것은 직접적으로 만기수익률을 계산하는 것에 대한 좋은 대안으로 채권의 액면이율로 만기수익률의 근사치를 추정할 수 없는 것으로 설명한다("Valuation : Measuring and Managing the value of Companies").

13) 「IFRS Foundation Training Materials」 문단 106은 "피투자자의 실제 자본구조가 시장참여자가 기대하는 피투자자의 장기 최적자본구조와 일관된다면 피투자자의 타인자본원가는 기존 차입금에 대해 차입시장에서 과거에 협상된 이자율이 아니라 최근 차입금에 대해 측정일에 발생되는 장기 이자율을 사용하여 추정될 수 있으며 적절한 이자율을 결정하려면 피투자자의 증분차입이자율을 고려하는 것이 필요할 수 있다"고 설명한다. 이러한 판단을 위한 정보의 가능한 원천은 첫째, 재조달의 필요를 고려한 최근 피투자자가 조달한 부채의 원가(피투자자의 실제자본구조가 시장참여자가 기대하는 피투자자의 장기 최적자본구조와 일관되는 경우)와 둘째, 피투자자와 비슷한 신용상태를 가지고 있는 유사기업들이 조달한 차입금의 현행 시장원가를 들고 있다.

각각의 기대수익률을 가중평균한 타인자본비용으로 함이 타당하리라 판단된다. 이때, 관측가능한 기대만기수익률이 없는 차입금과 같은 타인자본의 경우에는 최근 기간의 조달된 장기차입이자율을 대용치로 사용할 수 있을 것이다.

- 평가시점 기댓값으로 측정된 타인자본비용과 비교하여 타인자본 장부금액과 계약상 현금흐름을 일치시키는 만기수익률이 같거나 유사한 경우 타인자본 장부금액을 타인자본 공정가치의 대용치(proxy)로 활용할 수 있을 것이다. 반면, 기댓값으로 측정된 타인자본비용과 만기수익률의 차이가 큰 경우 타인자본의 공정가치를 별도로 측정해야 한다.

예 제　최적자본구조하에서의 타인자본비용 추정

20×1년과 20×2년 말 기업의 타인자본현황은 다음과 같다. 기업은 기업이 속한 산업 및 기업과 영업위험이 유사한 상장회사의 자본구조와 비교할 때 기업의 타인자본 공정가치 수준은 목표자본구조(최적자본구조)에 근접한 것으로 평가된다. 한계법인세율은 22.0%이다. 기업은 매 보고일의 세후타인자본비용을 산출한다. 모든 금액단위는 백만원이다.

① 20×1년 말 기업의 타인자본과 가중평균 타인자본비용

	발행금액	잔존만기	약정이자율	시장이자율	공정가치
차입금	2,500	1년	4.0%	4.0%	2,500
회사채	5,000	3년	6.0%	6.0%	5,000
합계	7,500		5.3%	5.3%	7,500

- 타인자본의 발행(또는 차입)시점 약정이자율과 20×1년 말 시장이자율이 같으므로 20×1년 말 발행금액(장부금액)과 공정가치는 일치한다. 따라서 각 타인자본 시장이자율을 공정가치를 기준으로 가중평균한 타인자본비용은 약정이자율인 5.3%이며 세후타인자본비용은 4.16%[=5.3%×(1-22.0%)]로 측정된다.

② 20×2년 말 현재 타인자본과 가중평균 타인자본비용

	발행금액	잔존만기	약정이자율	시장이자율	공정가치
차입금	2,500	1년	3.0%	3.0%	2,500
회사채	5,000	2년	6.0%	8.0%	4,822
합계	7,500		5.0%	6.3%	7,322

- 신규차입과정에서 담보능력개선으로 약정이자율이 3%로 하락하였다. 단기차입금은 시장이자율을 별도로 측정하기 어려우므로 은행과의 최근 약정이자율이 단기차입금의 시장이자율로 간주되었다. 반면, 회사채는 1년이 경과한 시점에 동일위험채권의 잔존만기 2년에 대한 시장이자율(YTM)이 8%로 상승하였다. 따라서, 회사채의 공정

가치는 약정이자와 액면금액을 평가시점 시장이자율로 할인하여 4,822백만원으로 조정되고 회사채의 타인자본비용은 변경된 시장이자율을 적용한다. 이에 따른 가중평균 타인자본비용은 6.3%이며 세후타인자본비용은 4.9%[6.3%×(1 - 22.0%)]로 측정된다.

(2) 최적자본구조를 충족하지 못한 상태에서의 타인자본비용

기업의 현재 자본구조가 시장참여자가 기대하는 장기 최적자본구조를 달성하지 못한 상황이라면 기업의 장기적인 타인자본비용은 현재시점 타인자본비용의 기대수익률과 차이가 있을 것이다. 기업이 최적자본구조에 이르지 못한 원인은 기업의 신용위험이 최적자본구조(예 : 기업이 속한 산업평균 또는 유사상장회사의 평균자본구조)를 달성한 기업의 신용위험에 이르지 못하였거나 기업의 자본구조가 비효율적으로 구성된 것에 기인한다. 가중평균자본비용의 일부를 구성하는 타인자본비용은 최적자본구조(또는 목표자본구조)를 달성한 상황을 가정하므로 최적자본구조를 달성하지 못한 기업의 경우 현재시점 타인자본의 기대수익률(예 : 기업의 현재시점 신용위험에 대응되는 회사채의 기대만기수익률)은 적절하지 않다.

- 최적자본구조를 달성하지 못한 기업의 타인자본비용은 목표자본구조하에서 기대되는 타인자본의 기대수익률을 적용함이 타당하다. 예를 들어, 기업의 현재 신용위험이 높아 자기자본에 의존하는 상황에서 장기적인 목표자본구조는 타인자본 비중이 높아질 것으로 예상된다면 현재시점의 높은 신용위험에 대응되는 기대수익률이 아닌 목표자본구조에 대응되는 타인자본을 조달할 수 있는 수준의 기대수익률로 조정하는 것이 합리적이다.
- 가치평가실무에서는 목표자본구조를 달성할 수 있는 최소한의 기대수익률로 투자적격등급 최하단의 신용등급(BBB-) 수준을 주로 적용[14]한다. 타인자본비용 기대수익률의 대용치로 주로 회사채 등급을 사용하고 있는 상황을 고려할 때 현재시점 기업의 신용위험이 투기등급에 해당할 경우 현재시점 기업의 신용위험으로는 목표자본구조를 달성할 수 없으므로 현실적으로 조달가능한 최소한의 신용위험(BBB-)에 대응되는 기대수익률을 대용치로 사용하는 것이 실무적 관행으로 자리 잡고 있다.[15]

---

14) 직접금융시장에서 투기등급으로 회사채가 발행되는 경우가 매우 드물어 관측가능하고 신뢰할 수 있는 정보가 부족하다. 투기등급에 해당하는 경우 전환사채와 같은 복합상품으로 발행되거나 다른 투기등급 회사채와 포트폴리오를 구성하여 Primary CBO 형태로 발행되는 것이 일반적이다.

15) 전환형 복합상품(전환금융상품)을 발행한 기업의 상당수는 투기등급에 해당한다. 전환금융상품의 공정가치평

• 만일, 기업의 신용위험이 투자적격 등급에 해당된다면 최적자본구조와의 괴리는 자본구조가 비효율적으로 구성된 것에 원인이 있으므로 기업의 현행 타인자본 기대수익률을 사용할 수 있을 것이다.

6.5. 자기자본비용

자기자본비용은 자기자본(여기서는 보통주로 한정함)을 발행하여 자본을 조달하는 대가로 지급하는 비용을 말한다. 자기자본은 타인자본과 비교하여 자본사용의 대가로 얼마를 지급하게 될 것인지 자본조달시점에서는 알 수가 없다. 자기자본 투자자들은 기업의 미래 경영성과에 따라 높은 수익률을 얻을 수도 있으며 투자금액 원본을 회수하지 못할 수도 있다. 또한 타인자본에 비해 기업가치에 대한 청구권이 후순위이므로 상대적으로 더 큰 위험에 노출되어 있다. 자기자본비용에는 이러한 불확실성을 부담하는 대가인 위험프리미엄(risk premium)이 포함된다. 자기자본비용 계산에 있어 위험프리미엄의 도출은 가장 핵심적인 과제가 된다.

위험한 자산이 안전한 자산보다 높은 수익을 올릴 것으로 기대하는 것은 당연한 것이다. 완벽하게 안전한 무위험자산이 있다고 할 때, 위험자산에 대한 기대수익률은 무위험자산의 수익률과 무위험자산 수익률을 초과하는 수익률로 나눌 수 있는데 이때의 초과수익률은 그 자산이 가지고 있는 위험에 대한 대가이다.

위험프리미엄을 고려한 자기자본비용을 추정하기 위한 모형으로 자본자산가격결정모형(CAPM : Capital Asset Pricing Model), 차익거래가격결정모형(APM : Arbitrage Pricing Model) 및 배당평가모형(Dividend Valuation Model) 등이 있다. 자기자본비용은 이론적 구조도 복잡하고 실무적 적용방법도 다양하다. 자기자본비용을 올바르게 추정하기 위해서는 계산된 결과가 이론적으로 합당한 모형에 기초하여 논리적으로 접근되었는가를 따져야 한다. 본서는 실무적으로 가장 널리 이용되고 있는 CAPM에 의한 자기자본비용 계산방식을 중심으로 설명한다.

가는 해당 기업의 투기등급을 그대로 사용하는 데 반해 전환금융상품의 기초자산인 보통주 평가에 있어서는 장기적인 목표자본구조에 대응되는 투자적격등급을 타인자본비용으로 사용하는 것이 일관되지 못하다는 주장이 있을 수 있는데 이는 재무보고 목적의 공정가치평가에 대한 오해로 생각된다. 전환금융상품을 발행하는 기업 대부분은 투자적격등급에 해당하지 못하여 직접금융시장에서 회사채로 타인자본을 조달하지 못하므로 전환권 또는 조기상환권과 같은 투자자에게 추가적인 효익을 제공하는 금융상품을 활용하는 것으로서 전환금융상품의 부채요소의 공정가치평가(주계약 공정가치평가)는 기업의 현재 신용위험을 반영하는 것이 재무보고 목적의 공정가치평가 방법으로 타당하다.

자본자산가격결정모형

자본자산가격결정모형(CAPM)은 자산의 위험에 따라 기대수익률이 어떻게 결정되는지 보여주는 가장 일반적인 이론[16]이다. CAPM은 균형가격의 결정과정을 밝히는 여러 가격결정모형 중 가장 널리 알려졌을 뿐 아니라 지금까지도 가장 일반적으로 이용되고 있는 모델이다.

CAPM은 위험과 기대수익률 사이의 균형관계를 보여주는 가격결정이론으로 마코위츠(Markowitz. H.)의 평균-분산 포트폴리오이론[17]을 기초로 몇 가지 가정을 추가하여 완성되었다. 「평균-분산포트폴리오이론」은 포트폴리오를 구성함으로써 위험의 일부를 없앨 수 있다는 것인데 모든 투자자들은 위험회피형으로 기대효용을 극대화하고 평균-분산모형에 따라 포트폴리오를 선택하고 모든 투자자들은 무위험이자율로 차입 또는 대출이 가능하며 세금과 거래비용이 없음을 가정한다. 또한, 투자자는 완전경쟁시장하에서 정보의 편의가 없으며 자산의 기대수익률과 분산에 대해 같은 기대를 함을 가정한다. CAPM은 기본적으로 1기간을 투자기간으로 한다. CAPM은 다소 비현실적 상황을 가정한 이론으로 현실적으로 CAPM의 이론이 성립되는 시장은 존재하지 않지만 CAPM은 자기자본비용을 추정하기 위한 어떤 이론보다 이론적으로 우수하고 적용과정도 비교적 쉬워 실무적으로 많이 사용되고 있다.

CAPM의 계산구조는 다음과 같다. 주주의 기회비용인 〈자기자본비용〉은 무위험수익률에 시장위험프리미엄에 대한 체계적 위험(beta)을 곱한 값을 더해 준다. 이를 산식으로 표시하면 다음과 같다.

$$K_e = R_f + [E(R_m) - R_f] \times beta$$

- K_e : 자기자본비용
- R_f : 무위험수익률
- $E(R_m) - R_f$: 시장위험프리미엄
- beta : 위험자산의 체계적 위험

시장위험프리미엄[$E(R_m) - R_f$]은 위험자산에 고루 분산하여 투자하는 경우 무위험자산

16) CAPM은 샤프(William Sharpe)의 자본자산가격-위험하의 시장균형(「Capital Asset Prices : A Theory of Market Equilibrium under Conditions of Risk」, Journal of Finance 19)을 통해 처음 소개된 이후 모신(Mossin, J.), 린트너(Lintner) 등에 의해 보완되었다.

17) 「Portfolio Selection」, Journal of Finance

에 투자하는 수익률을 초과하여 얻는 수익률, 즉 위험의 시장가치이다. 시장위험프리미엄은 시장의 모든 위험자산에 시장가치에 비례하여 투자하여 얻을 수 있는 수익률인 시장수익률(R_m)의 기대치에서 무위험수익률을 차감한 값이다.

CAPM 산식에서 알 수 있듯이 자기자본비용은 시장위험프리미엄에 베타(beta)를 곱하여 계산한 금액과 무위험수익률의 합에 해당하는 기대수익률이다. 이때 베타는 체계적 위험(systematic risk)으로 불린다. 체계적 위험이란 주식의 분산투자를 통해서도 제거될 수 없는 위험을 말한다. 시장의 각 위험자산은 비체계적 위험을 가지지만 분산투자에 의해 비체계적 위험은 제거되고 체계적 위험은 제거되지 않는다. CAPM 이론은 자본시장이 이러한 체계적 위험에 대해서만 보상함을 가정한다. 시장포트폴리오의 베타는 1이며 가격변동이 시장포트폴리오와 비슷하게 움직이는 주식의 베타는 1에 근접한다. CAPM을 이용하여 자기자본비용을 추정하려면 CAPM의 주요 결정요소인 무위험수익률, 시장위험프리미엄 및 체계적 위험에 대한 이해가 필요하다.

무위험수익률

위험 - 수익대응모형은 무위험자산의 존재를 가정한다. 위험자산의 기대수익률은 무위험수익률에 위험프리미엄을 가산함으로 계산되기 때문이다. 투자자는 자신이 보유한 자산으로부터 시간이 경과함에 따라 일정한 수익을 기대한다. 이때, 자산의 보유기간 동안 실현된 수익은 투자자가 기대했던 수익과는 다를 것이다. 위험은 기대했던 수익과 실현된 수익이 다르게 발생할 수 있는 변동성의 관점에서 정의된다. 이러한 전제하에서 무위험자산에의 투자는 실현될 수익이 기대했던 수익과 항상 동일해야 한다.

CAPM에서의 무위험수익률은 지급불이행위험이 없는 자산의 수익률이며 다른 어떤 자산의 수익률과도 상관관계가 없는 제로(zero)베타포트폴리오 수익률로 정의한다. 제로베타포트폴리오 수익률은 현실적으로 존재하지 않는다. 따라서, CAPM을 현실적으로 적용하기 위해서는 무위험자산의 요건을 검토하고 그 요건에 가장 근사한 자산을 무위험자산으로 분류할 수 있다.

무위험자산은 실현될 수익이 기대수익과 동일한 자산이다. 실현될 수익과 기대수익이 동일하려면 다음의 조건이 만족되어야 한다.

① 지급거절위험(채무불이행위험) : 실제수익과 기대수익이 동일하려면 지급거절위험(default risk)이 없어야 한다. 이런 이유로 기업이 발행한 증권은 무위험자산이

될 수 없다. 무위험자산이 될 수 있는 자격을 갖춘 것은 통화를 발행할 수 있는 정부가 발행하는 국채뿐이다. 통화를 발행할 권한이 있는 정부채권의 지급거절위험은 없거나 아주 작다. 물론 모라토리엄(moratorium) 선언을 한 국가에서 볼 수 있듯이 비록 통화 발행권한이 있더라도 일부 정부의 채권을 무위험자산으로 규정하는 데에는 한계가 있다.

② 재투자위험 : 실현될 수익과 기대수익이 동일하기 위해서는 재투자위험이 없어야 한다. 예를 들어 6월 만기 미재무성 단기증권(Treasury Bill)은 지급거절위험이 없더라도 무위험자산의 요건을 만족하지 못한다. 6개월 이상의 추정기간에 대해 6월 만기 T-Bill을 이용하면 매 6개월이 지날 때마다 이자율 변동에 따른 재투자위험에 노출되기 때문이다. 또 장기국채도 액면이자가 있는 경우에는 액면이자를 재투자함에 따른 위험이 있다. 따라서 가장 좋은 무위험자산 수익률은 장기국채 중 할인채권(zero coupon bond)이 바람직하다.

장기할인국채가 무위험수익률의 요건에 가장 부합하지만 현실적으로 장기할인채권은 거의 발행되지 않는다(할인채권의 대부분은 단기채권이다). 이러한 이유로 일반적인 가치평가에서는 만기가 긴 이표국채의 이자율을 무위험수익률로 이용한다. 미국의 경우 장기재정증권(T-bond)은 대략 10~30년의 만기를 가진 이표채권을 많이 발행한다. 이 때, 어느 정도의 만기가 무위험이자율로 적절한지에 대해서는 이견이 있다. 예를 들어, 10년물 국채가 무위험수익률을 가장 잘 나타낸다고 주장하는 측은 30년물 국채는 기대하지 않은 인플레이션에 민감한 반응을 하므로 만기가 지나치게 장기인 채권은 무위험수익률로 적절치 않다는 입장이다. 20~30년물 국채가 더 적절하다는 주장은 현금흐름할인모형은 영구기업을 가정하므로 장기채권일수록 현금흐름에 효과적으로 대응된다고 판단한다.[18] 한국의 경우 과거에는 주로 3년물 또는 5년물 국고채 수익률을 사용하는 경우가 많았으나 최근 들어 10년물이 활발하게 발행되고 있어 국내기업의 자기자본비용 계산에 있어 실무적으로 10년물 국채수익률이 무위험수익률로 주로 활용되고 있다.

---

18) McKinsey는 무위험수익률의 이론적 개념에 부합하기 위해서는 각 기간과 유사한 만기를 국채 할인채수익률(spot-rate)을 사용하는 것이 타당하나 실무적으로는 미국의 경우 10년 만기 T-Bond 할인채를 사용하고 유럽의 경우 10년 만기 독일정부 할인채권을 사용하는 경우가 보편적인 것으로 설명하고 있다("Valuation : Measuring and Managing the value of Companies").

시장위험프리미엄

시장위험프리미엄(MRP : Market Risk Premium 또는 Equity Risk Premium)은 시장포트폴리오에 대한 기대수익률과 무위험수익률 간의 차이이다. 시장위험프리미엄은 주식을 소유한 자가 기대하는 미래현금흐름의 불확실성에 대한 대가이다. 극단적인 위험회피자라면 무위험자산에만 투자할 것인 반면, 위험자산에 투자하는 투자자는 자신이 부담하는 위험에 대한 대가로 무위험자산의 수익률보다 높은 수익을 원한다.

시장위험프리미엄은 기댓값을 사용한다. 시장위험프리미엄은 미래현금흐름에 대응되는 할인율을 계산하기 위한 것이기 때문이다. 기댓값을 합리적으로 측정하는 것이 쉽지 않으므로 실무적으로 시장위험프리미엄(MRP)을 측정하는 다양한 방법이 제시되고 있는데, 전문가를 대상으로 한 설문조사를 통해 시장위험프리미엄 기대치를 추정하는 방법, 역사적 시장위험프리미엄(Historical MRP)을 기대시장위험프리미엄의 대용치(Proxy)로 가정하는 방법, 주식시장가치(시가총액)와 그 주주에게 귀속되는 이익(배당금 또는 주주의 기대현금흐름)의 현재가치가 일치되는 요구수익률로부터 도출하는 내재적 시장위험프리미엄(Implied MRP)을 도출하여 사용하는 방법, 그리고 성숙시장의 역사적 시장위험프리미엄에 국가위험프리미엄(CRP : Country Risk Premium)을 가산하는 방식으로 해당 국가의 시장위험프리미엄을 추정하는 방법 등이 사용된다.

(1) 설문조사에 의한 시장위험프리미엄의 추정

시장위험프리미엄은 무위험자산 대비 위험자산에 대한 추가적인 요구수익률이며 자기자본의 요구수익률을 구성하는 기댓값은 기본적으로 시장참여자의 합리적인 추정에 근거하므로 시장참여자에 대한 설문조사는 시장위험프리미엄을 추정하는 주요 방법 중 하나로 꼽힌다. 시장참여자는 개인투자자, 기관투자자, 전문투자자, 경영자 및 학계 등 다양한 그룹으로 구성될 수 있다. 설문조사에 의한 시장위험프리미엄 추정방법은 해외에서 비교적 활발하게 연구되고 있는데 이 중 'IESE Business School'의 Pablo Fernandez, Diego Garcia 및 Lucia F. Acin은 2008년부터 매년 전 세계 시장참여자들을 대상으로 설문조사를 실시하고 그 결과를 통계적으로 분석하여 각국의 시장위험프리미엄을 발표하고 있다. Fernandez 등이 발표하는 각국의 시장위험프리미엄은 매년 증가하여 2024년 발표에서는 우리나라[19]를 포함하여 총 96개국의 시장위험프리미

19) Pablo Fernandez, Diego Garcia and Lucia F. Acin이 2024년 3월 11일 발표한 우리나라의 설문조사 기반 시장위험프리미엄은 평균 및 중간값 모두 5.8%를 제시하였다.

엄 기댓값을 발표하고 있다. Fernandez 등은 설문조사를 실시함에 있어 각국의 시장규모를 감안하여 설문조사 대상 시장참여자수를 결정하는 데 미국의 경우 약 1,200명 이상을 대상으로 하는 반면 우리나라의 경우 약 20명 내외에 불과해 설문조사 결과에 대한 통계적 유의성에 대한 의문이 제기될 수 있다. 따라서, 설문조사에 의한 한국의 시장위험프리미엄의 추정방법을 활용하고자 하면 보다 많은 시장참여자를 대상으로 자체적인 설문조사가 필요하다는 요구가 커지고 있다.[20]

(2) 역사적 시장위험프리미엄에 의한 추정

투자자들은 위험회피성향이 있으며 위험자산에 대한 투자에는 프리미엄을 요구하게 되는데 투자자의 위험회피성향이 시간이 지나도 변하지 않음을 가정한다면, 과거의 위험자산에 대한 초과수익률은 미래 기대시장위험프리미엄의 대용치로 사용가능하며 과거에 발생한 경제적 사건은 미래에도 유사한 형태로 발생할 것으로 기대되므로 과거의 누적된 정보는 미래추정치와 유사할 것이라는 가정에 기초한다. 역사적 시장위험프리미엄은 가치평가실무에서 가장 많이 활용되고 있는데 이는 기대시장위험프리미엄을 추정하는 모델의 신뢰성이 낮기 때문이다. 다만, 역사적 시장위험프리미엄에 의한 추정방법에도 여러 논란이 있는데 이에는 역사적 시장위험프리미엄을 측정할 기간은 어느 정도가 적당한지, 시장위험프리미엄의 평균은 기하평균을 사용할지 또는 산술평균을 사용할지, 시장포트폴리오에 대응되는 무위험이자율로 무엇을 사용할 것인지에 따라 결과값이 달라질 수 있는 한계[21]가 있기 때문이다.

(3) 내재적 시장위험프리미엄에 의한 추정

내재적 시장위험프리미엄(Implied MRP)은 자기자본가치를 활성시장에서 관측가능한 시가총액으로 하고 주주에게 귀속되는 배당금 또는 기대현금흐름의 현재가치와 자기자본가치가 일치되는 요구수익률을 이용하여 시장위험프리미엄을 도출하는 방법이다. 내재적 시장위험프리미엄을 추정하는 기술적 방법은 여러 유형이 있으나 여기서는 상대적으로 가장 많이 사용되는 배당할인모형을 이용하는 방법과 자기자본에 대한 잉여현금흐름(FCFE : Free Cash Flow to Equity)을 이용한 현금흐름할인모형을 소개한다.

---

20) 한국공인회계사회, 가치평가위원회는 한국의 시장위험프리미엄의 참고자료로 활용하고자 2024년부터 학계, 기관투자자, 시장분석가 및 평가실무자 등을 대상으로 자체적인 설문조사를 실시하고 있다.

21) 역사적 자료를 이용한 시장위험프리미엄의 추정과정의 구체적 설명은 저자의 다른 도서인 「기업가치평가실무((주)조세통람)」를 참고하기 바란다.

① 배당할인모형을 이용한 내재적 시장위험프리미엄 추정 : 내재적 시장위험프리미엄을 측정하는 가장 간단한 방법은 배당할인모형을 이용하는 것이다. 배당할인모형(DDM : Dividend Discount Model)은 기업의 미래예상 배당금을 자기자본의 요구수익률, 즉 자기자본비용(Cost of Equity)으로 할인한 값을 기업의 주가(자기자본가치)로 평가하는 방법이다. 이를 시장포트폴리오(예 : 코스피시장 시가총액) 단위로 확대하면 시장포트폴리오의 자기자본가치는 시장포트폴리오 전체기업의 기대배당금을 자기자본 요구수익률로 할인한 값이 된다. 이때 시장포트폴리오의 자기자본가치는 관측가능하며 시장포트폴리오 전체기업의 기대배당금에 대한 합리적인 추정이 가능하다면 시장포트폴리오의 요구수익률(R_m)을 역산할 수 있고 여기에 무위험수익률(R_f)을 차감하면 내재적 시장위험프리미엄이 도출가능하다.

- 기업의 기대배당금은 장기적으로 성장 또는 감소할 것이므로 단순한 배당할인모형에서 나아가 고든의 배당성장모형을 이용하여 내재적 시장위험프리미엄을 측정하는 방법이 활용된다. 고든의 배당성장모형은 영구연금할인모형을 이용하여 다음 기간의 기대배당금이 영구성장률만큼 매년 증가하는 경우의 자기자본가치를 산출하는 방법이다. 고든의 배당성장모형을 산식으로 표시하면 다음과 같다.

$$P_0 = \frac{Div_1}{(1+COE)} + \frac{Div_1 \times (1+g)}{(1+COE)^2} + \frac{Div_1 \times (1+g)^2}{(1+COE)^3} + \cdots = \frac{Div_1}{(COE-g)}$$

- P_0 : 현재시점 주가(자기자본가치)
- Div_1 : 다음기간의 기대배당금
- COE : 자기자본 요구수익률(자기자본비용)
- g : 기대배당금 장기성장률

- 고든의 배당성장모형은 주가를 측정하기 위한 모형인데 반해 주가를 활성시장에서 관측가능하고 기대배당금과 기배당금의 장기성장률을 합리적으로 예측가능하다면 고든의 배당성장모형을 응용하여 상대적으로 측정이 가장 어려운 자기자본요구수익률(COE)을 다음과 같이 도출할 수 있다.

$$P_0 = \frac{Div_1}{(COE-g)},\ COE - g = \frac{Div_1}{P_0},\ COE = \frac{Div_1}{P_0} + g$$

• 기업의 주가(P_0) 대신 시장포트폴리오(예 : 코스피시장) 가치(V_0)를 사용하고 기업의 기대배당금 및 장기성장률 대신 시장포트폴리오의 기대배당금과 장기성장률을 이용하면 시장포트폴리오의 기대수익률(R_m)을 도출할 수 있다. 여기에 무위험수익률(R_f)을 차감하면 최종적으로 시장위험프리미엄(R_m-R_f)을 추정할 수 있다.

$$E(R_m) = \frac{DIV_1}{V_0} + G,\ Implied\,MRP = E(R_m) - R_f = (\frac{DIV_1}{V_0} + G) - R_f$$

• V_0 : 현재시점 시장포트폴리오 가치

• DIV_1 : 시장포트폴리오 구성자산의 다음기간 기대배당금

• G : 시장포트폴리오 기대배당금 장기성장률

• 고든의 배당성장모형을 이용한 시장위험프리미엄 도출방법은 기업의 시가배당수익률이 높은 수준을 유지했던 시기에는 활발히 연구되었으나 핵심산업이 신기술 기업으로 변화하면서 배당수익률보다는 높은 성장률을 기대하는 시장참여자가 증가한 최근의 시장상황에는 한계가 있다는 지적이 있다. 즉, 배당할인모형을 이용한 내재적 시장위험프리미엄 추정방법을 사용할 경우 우리나라와 같은 성장시장에는 유의미한 결과값을 얻기 어려우며 성숙시장에서도 마찬가지로 다른 방법으로 도출한 값과 괴리가 커 널리 활용되지 못하고 있다.

② 현금할인모형을 이용한 내재적 시장위험프리미엄 추정 : 자기자본의 시장가치는 주주에게 귀속되는 현금흐름의 현재가치를 주주의 요구수익률로 할인한 가치이므로 자기자본가치 접근방식의 현금흐름할인모형은 내재적 시장위험프리미엄 추정의 훌륭한 대안이 될 수 있다. 즉, 주주에게 귀속되는 잉여현금흐름(FCFE : Free Cash Flow to Equity)과 자기자본가치를 일치시키는 요구수익률을 시장포트폴리오의 기대수익률로 추산하는 방법을 사용할 경우 기업의 배당성향에 관계없이 기대 잉여현금흐름의 추정과 시장포트폴리오의 가치를 일치시키는 내재적 시장위험프리미엄을 효과적으로 추정할 수 있다.

$$P_0 = \frac{FCFE_1}{(1+COE)} + \frac{FCFE_2}{(1+COE)^2} + \frac{FCFE_3}{(1+COE)^3} + \cdots = \frac{FCFE_{n+1}/(COE-g)}{(1+COE)^n}$$

$$V_0 = \frac{FCFE^m{}_1}{(1+E(R_m))} + \frac{FCFE^m{}_2}{(1+E(R_m))^2} + \frac{FCFE^m{}_3}{(1+E(R_m))^3} + \cdots = \frac{FCFE^m{}_{n+1}/(E(R_m)-G)}{(1+E(R_m))^n}$$

• P_0	: 현재시점 주가(자기자본가치)	• V_0	: 현재시점 시장전체가치
• $FCFE_i$	: 주주귀속 기대잉여현금흐름	• $FCFE^m{}_i$	: 전체시장의 주주귀속 기대잉여현금흐름
• COE	: 자기자본 요구수익률	• $E(R_m)$	: 시장포트폴리오 요구수익률
• g	: 주주귀속 잉여현금흐름 장기성장률	• G	: 전체시장의 주주귀속 잉여현금흐름 장기성장률

- 현금흐름할인모형을 이용한 내재적 시장위험프리미엄은 위의 산식을 이용하여 시장포트폴리오 가치를 관측하고 전체시장의 주주귀속 잉여현금흐름과 장기성장률을 추정하여 역산[22]된 시장포트폴리오 요구수익률[$E(R_m)$]에 무위험이자율(R_f)을 차감하는 방식으로 계산할 수 있다.

현금흐름할인모형을 이용한 내재적 시장위험프리미엄(Implied MRP)은 다수의 시장정보제공기관이 사용하는 방식이다. 이 방법을 사용할 경우 시장포트폴리오의 공정가치(예 : 코스피시장 시가총액)와 무위험이자율(예 : 10년물 국채수익률)은 쉽게 관측가능하므로 시장포트폴리오를 구성하는 기업들의 미래잉여현금흐름과 잉여현금흐름의 성장률을 합리적으로 추정할 수 있다면 신뢰할 수 있는 내재적 시장위험프리미엄을 도출할 수 있다. 그러나, 최근 들어 글로벌 금융정보기관에서 제공하고 있는 내재적 시장위험프리미엄 간에 상당한 차이가 있는 것으로 확인되며 해당 금융정보기관 중 일부가 제시된 시장위험프리미엄의 수준이 전문가들의 통상적인 예측과 과도하게 차이가 나는 경우가 자주 발생하고 있어 현금흐름할인모형을 이용한 내재적 시장위험프리미엄의 신뢰도에 의문을 제기하고 있는 것이 사실이다. 이는 현금흐름할인모형을 이용한 내재적 시장위험프리미엄에 다음과 같은 중요한 한계가 있기 때문이다

- 시장포트폴리오의 가치(예 : 코스피시장 시가총액)는 실시간으로 변화하는 데 반해 기대잉여현금흐름(FCFE)은 일정기간 단위로 업데이트[23]되므로 시장참여자의 기대와 기대잉여현금흐름에 대한 예측치 사이에 시차가 발생함에 따라 내재적 시장위험프리미엄의 일변동성이 크게 발생한다. 기업가치평가에서 전 기간에 걸쳐 하나의 할인율을 적용하므로 내재적 시장위험프리미엄과 같이 실시간으로 변화하는 경우 장기추정의 불확실성을 가져올 위험이 있다.
- 시장참여자의 기대로 형성되는 시장포트폴리오의 가치와 기대잉여현금흐름 간의 상

22) 시가총액과 추정현금흐름을 일치시키는 내부수익률(IRR)을 도출하는 방식으로 역산한다.
23) 내재적 시장위험프리미엄 도출을 위한 기대잉여현금흐름은 대개 증권사 리서치센터의 추정정보를 취합한 컨센서스를 활용하는 경우가 많다. 리서치센터의 컨센서스는 실시간으로 업데이트되지 않으며 기업의 규모별로 컨센서스가 발표되는 주기에도 상당한 차이가 있다.

관관계가 약화될 경우 내재적 시장위험프리미엄의 신뢰도는 도전 받을 수 있다. 예를 들어 특정시점에 바이오산업이나 신소재산업[24]이 시장포트폴리오의 상승을 견인하는 상황에서 시장포트폴리오를 구성하는 기대잉여현금흐름은 전통산업 위주로 구성된다면 그러한 정보들로부터 도출된 내재적 시장위험프리미엄은 시장참여자들이 신뢰할 수 있는 값으로 활용되기 어려울 것이다.

- 한국과 같이 특정산업 또는 특정기업에 과도하게 의존하는 경우 그러한 특정산업 또는 특정기업의 잉여현금흐름 추정변경이 단기적으로 내재적 시장위험프리미엄의 변동성을 확대시킬 수 있다.
- 내재적 시장위험프리미엄 산출의 기술적인 문제도 실무적으로 이슈가 될 수 있다. 동일한 정보에 기초하더라도 여러 시장정보 제공기관이 제공하는 값에 상당한 차이가 발생하기도 하는데 이들 시장정보 제공기관의 기술적 계산 방식의 차이가 있을 것으로 예상된다. 예를 들어 현금흐름할인모형을 적용함에 있어 예측기간의 설정,[25] 장기안정성장률에 대한 가정, 기대잉여현금흐름 인용방식 및 대상범위[26] 등에 있어 차이가 있을 경우 그러한 기술적 문제로 인한 시장위험프리미엄의 결과값에 중요한 차이[27]를 유발할 수 있음에 주의할 필요가 있다.

(4) 성숙시장 시장위험프리미엄과 국가위험프리미엄에 의한 추정

설문조사 방식이나 내재적 시장위험프리미엄(Implied MRP) 산출방식은 시장참여자의 기대를 반영할 수 있는 장점에 불구하고 측정결과의 신뢰성에 의문이 꾸준히 제기되어 왔으며 해외의 가치평가실무에서도 설문조사 방식이나 내재적 시장위험프리미엄 산출방식보다 역사적 시장위험프리미엄이 광범위하게 사용되고 있다. 다만, 한국과 같이

---

24) 바이오산업이나 신소재산업의 기대현금흐름은 상당한 기간이 경과한 이후에 발생할 것이나 활성시장의 참여자는 즉각적으로 반응하는 경향이 있다. 한국에서도 바이오산업과 2차 전지 등 신소재산업이 장기적인 현금흐름과 무관하게 증권시장에서는 즉각적으로 반영되어 내재적 시장위험프리미엄의 구성요소 간 불일치 문제가 제기될 수 있다.

25) 개별기업의 잉여현금흐름 추정은 실무적으로 예측기간을 5년으로 설정하는 것이 선호된다. 반면, 내재적 시장위험프리미엄 추정과정에서는 안정성장기에 이른 기업 외에도 중장기적인 투자를 통해 장기적인 현금흐름 창출이 기대되는 기업들도 포함될 수 있는데 이들 기업에 대한 충분한 정보를 제공받지 못한 상황에서 시장정보 제공기관의 예측기간 설정은 시장위험프리미엄 도출결과에 중요한 영향을 미칠 수 있다.

26) 시장포트폴리오를 구성하는 모든 기업들의 컨센서스가 제공되지 아니하므로 시장포트폴리오를 구성하는 기업 중 기대잉여현금흐름을 반영하는 방식과 대상기업의 범위설정은 시장위험프리미엄 도출결과에 중요한 영향을 미칠 수 있다.

27) 국내가치평가 실무에서는 그동안 글로벌 금융정보회사들이 제공하는 내재적 시장위험프리미엄 정보를 무비판적으로 사용하고 있으나 대부분의 금융정보 제공회사는 내재적 시장위험프리미엄을 도출하는 과정과 투입된 가정 및 변수에 대한 구체적인 설명을 제공하지 않는 문제가 있으므로 사용상에 주의를 요한다.

주식시장의 짧은 역사와 낮은 성숙도는 한국의 역사적 시장위험프리미엄을 그대로 사용하는 데 제약이 될 수 있다. 이에 전문가들은 미국의 S&P 500과 같은 성숙한 주식시장의 위험프리미엄(Base Premium for Mature Equity Market)에 국가위험프리미엄(CRP : Country Risk Premium)을 가산하여 조정된 시장위험프리미엄(Modified Market Risk Premium)을 사용할 것을 권고한다. 물론 일부 전문가들은 국가위험 역시 개별기업의 비체계적 위험과 같이 분산가능하므로 국가위험프리미엄을 고려할 필요가 없다는 주장도 있으나 시장참여자 대부분은 이머징마켓에는 이론적인 분산투자에 의해 회피가능하지 않은 위험이 실존하므로 많은 지지를 얻고 있지 못하다. 성숙시장 시장위험프리미엄에 국가위험프리미엄을 가산하는 방식은 성숙시장에 대한 정의, 국가위험의 측정 및 국가위험프리미엄의 추정의 단계를 거친다.[28]

Market Risk Premium = Mature Market Risk Premium + CRP

- 성숙된 주식시장은 일반적으로 미국 주식시장을 뜻한다. 미국 주식시장을 성숙된 시장으로 보는 이유는 오랜 주식시장의 역사에 기초한다. 미국 주식시장은 경제대공황, 제1·2차 세계대전, 한국전쟁, 베트남전쟁, 오일쇼크 등 주식시장에 미치는 다양한 경제적 사건을 겪어 왔으며 잘 정리된 통계적 자료를 가지고 있다. 이러한 사실은 미국 주식시장의 시장위험프리미엄을 합리적이고 체계적으로 추정하는 데 중요한 기초가 된다.
- 글로벌 3대 신용평가기관인 Standards & Poor's, Moody's 및 Fitch는 각국의 위험을 등급으로 평가하여 고시하고 있는데 이들이 발표하는 국가위험등급은 국가신용위험을 측정하는 손쉽고 객관적인 자료로 활용할 수 있다. 신용평가기관이 발표하는 국가위험등급은 국가의 채무불이행 위험(default risk)으로써 한 국가의 주식시장, 부동산시장, 기타 실물시장 등에서 파생되는 다양한 요소들의 영향을 받는다. 일반적으로 국채 스프레드(Country Bond Spread)를 국가위험으로 측정하는 것이 적당하다는 것이 다수 전문가들의 주장이다. 반면, 일부 전문가들은 국채 스프레드는 국채가 거래되는 시장의 참가자가 너무 적으며 보다 많은 정보를 포함하지 못하므로 국채 대신 회사채를 사용하는 것이 더 타당하다는 주장도 있다. 한국의 경우 글로벌 시장에서 국채거래가 매우 활발하게 이뤄지므로 국채 스프레드를 이용하여 국가위험을 측정하

28) 본서에서는 성숙시장 프리미엄에 국가위험 프리미엄을 가산하는 방식의 개략적인 부분만 소개한다. 국가위험 프리미엄 가산방식의 구체적 설명은 저자의 다른 도서인 「기업가치평가실무」(㈜조세통람)를 참고하기 바란다.

는 것이 일반적이다.

- 국가위험등급에 따른 스프레드는 지급불능위험만을 설명하므로 국가위험프리미엄을 측정하기 위해서는 위험자산의 상대적 크기를 추가로 고려할 필요가 있다. 일반적으로 주식시장의 변동성(Volatility)은 국채시장의 변동성보다 큰 것으로 볼 수 있으므로 두 시장의 수익률 간의 표준편차를 이용하여 위험의 상대적인 크기를 측정함으로써 국가위험프리미엄을 측정할 수 있다.

$$\text{Country Risk Premium} = \text{Default Spread} \times \frac{\sigma_{\text{equity}}}{\sigma_{\text{country bond}}}$$

(5) 총체적 접근법에 의한 시장위험프리미엄에 의한 추정

시장위험프리미엄은 시장포트폴리오에 대한 기대수익률과 무위험수익률 간의 차이이므로 시장참여자의 장기적인 기대치를 합리적으로 반영해야 한다. 지금까지 살펴본 여러 시장위험프리미엄 추정방법론은 각각의 장단점을 가지고 있으며 가치평가자가 어느 하나의 방법만을 취사선택하거나 장기시계열 자료가 왜곡될 경우 공정가치 평가결과의 신뢰성이 훼손될 위험이 있을 수 있다. 특히, 실무적으로 자주 사용되어 온 글로벌 금융정보기관들이 제공하는 내재적 시장위험프리미엄은 그 측정구조와 투입된 변수에 대한 정보를 공개하지 않아 다른 방법으로 측정한 결과와 중대한 차이가 있을 경우 해당 시장위험프리미엄이 합리적으로 도출되었는지 정보이용자가 판단하기 어려운 문제가 있다. 이러한 이유로 특정한 하나의 방법에 의존하기보다 특정 연구기관이나 비영리기관의 주관하에 설문조사결과, 역사적 시장위험프리미엄 변동추이, 내재적 시장위험프리미엄 측정결과 그리고 성숙시장 위험프리미엄을 이용한 방법 등을 종합적으로 고려하여 총체적 접근방식(look-at-everything approach)에 따라 시장위험프리미엄을 발표하는 경우가 있다. 총체적 접근방식은 유럽 일부 국가의 공인회계사 단체에서 시장위험프리미엄에 대한 권고안을 발표하는 방법으로 사용한 바 있는데 한국의 경우 한국공인회계사회 주관하에 2022년부터 매년 총체적 접근방식에 의한 시장위험프리미엄을 발표하고 있으며, 한국공인회계사회에서 발표하는 시장위험프리미엄은 재무보고 목적 외에도 인수합병 등 재무적 의사결정에서도 폭넓게 활용되고 있다.

베타

위험을 많이 부담하는 투자자에 대해서는 위험에 상응하는 보상이 필요하다. 기대수익은 이러한 위험측정치의 함수로 표시된다. 포트폴리오 이론에서는 분산투자에 의해 개별자산이 가진 비체계적 위험(non-systematic risk)은 제거되고 시장포트폴리오를 구성함으로써 체계적 위험(systematic risk)만이 남게 되는데 잘 분산된 투자에서도 제거되지 않은 체계적 위험을 베타(beta)라고 한다. CAPM은 단일변수모형이므로 시장포트폴리오에 대한 베타에 의해 개별자산의 요구수익률을 측정하며 APM 등 다변수모형은 각기 다른 변수와 관련된 여러 개의 베타를 통해 시장위험을 측정한다.

- 베타는 시장 전체의 위험을 1로 보았을 때 개별 주식이 갖는 위험의 상대적인 크기를 나타낸다. 다시 말해 시장포트폴리오의 수익률의 변화에 대한 개별자산의 수익률이 얼마나 민감하게 변화하는가를 의미한다. 시장포트폴리오의 베타는 1이 되며 베타가 1보다 커 시장포트폴리오의 수익률 변화보다 더 크게 변동하는 주식을 공격적 주식이라 하고, 베타가 1보다 작은 주식을 방어적 주식이라 한다.

이론적 베타는 현실에서 한계가 있다. 개별자산의 베타는 시장포트폴리오와 같이 잘 분산된 투자에 대해 추가적으로 갖는 상대적인 위험의 크기로 정의되는데 잘 분산된 투자의 범위가 활성시장에서 거래되고 있는 주식만을 말하는지 아니면 다른 자산들도 모두 포함되어야 하는지, 국내 자산만을 포트폴리오로 구성할 것인지 아니면 글로벌 자산을 포함하여야 하는지에 대해서 고민하게 된다.

- CAPM은 어떠한 거래비용도 없고 잘 분산된 투자는 모든 종류의 자산을 포함하여야 한다고 가정한다. 따라서 주식뿐 아니라 투자가능한 모든 자산이 포함되어야 하며 국제적으로 분산되어야 한다. 현실적으로 시장에서는 거래비용이 존재하며 주식 외의 모든 자산을 포함하고 국제적으로 분산된 포트폴리오를 구성하는 것은 어려움이 있으므로 이론적으로 완벽한 베타의 도출은 불가능하다.
- 대신 우리는 한계투자자의 관점에서 접근가능하다. 비록 완전한 의미의 베타는 존재하지 않지만 기존의 최대한 분산된 투자에 대한 상대적인 위험의 크기는 측정이 가능하다. 한계투자자는 이론적으로 완전한 베타에 관심이 있는 것이 아니라 현실 시장에서 최대한 분산된 시장포트폴리오(예 : S&P 500이나 KOSPI 지수)에 대한 상대적인 위험에 관심이 있기 때문이다.

베타는 일정기간 시장포트폴리오(market portfolio) 수익률에 대해 특정 자산수익률을 회귀분석[29](regression analysis)하여 도출할 수 있다. 시장포트폴리오 수익률을 X축의 독립변수로 하고 특정자산의 수익률을 Y축의 종속변수로 하여 시장포트폴리오 수익률과 특정자산의 수익률을 회귀분석하면 다음과 같은 회귀분석식을 얻게 된다.

$$R_i = \alpha + \beta \cdot \mathrm{R_m}$$

R_i는 i라는 자산의 투자수익률이며 R_m은 시장포트폴리오의 수익률이다. 회귀분석식에서 중요한 의미를 가지는 것은 시장포트폴리오 수익률에 대비한 특정자산의 수익률(R_i)의 변동정도를 나타내는 β이다. β는 회귀분석식의 기울기로 표시되며 시장포트폴리오 수익률에 대해 추가되는 위험으로 측정된다.

효율적인 시장에서 잘 분산된 시장포트폴리오를 구성하였다면 개별주식의 β를 가중평균한 값은 1이 될 것이다. 그러나 지금까지의 연구결과 완전한 시장포트폴리오에 근접한 시장지수(market index)는 찾지 못했다. 현실시장에서 베타를 합리적으로 추정하기 위해 고려하여야 할 것은 무엇인가에 대해 알아보자.

① 시장지수(market index) : 시장지수는 잘 분산된 시장포트폴리오로서 특정 산업에 대한 의존도가 높은 지수는 시장지수로서 적절하지 않다. 완전한 시장포트폴리오를 구성하고 있는 시장지수를 찾는 것은 불가능하다. 대신 여러 주식시장과 채권시장의 지수를 이용할 수 있다. 예를 들어 S&P 500지수는 대표적인 시장지수이다. S&P 500지수는 500개의 업종대표 대형주 주식가격을 시장가치에 따라 가중평균한 지수이다. 일부에서는 글로벌 위험분산을 고려하여 MSCI 지수를 시장지수로 활용할 것을 주장하기도 한다. 반면, 미국의 NASDAQ 지수나 한국의 KOSDAQ 지수는 상대적으로 특정 산업에 대한 의존도가 높은 것으로 보아 시장지수로 잘 활용되지 않는다. 국내기업의 가치평가에서는 KOSPI 지수가 시장지수로 주로 사용되는데, 이는 KOSDAQ 시장에 상장된 유사기업의 베타측정에 있어서도 시장지수는 KOSDAQ 지수가 아닌 KOSPI 지수를 사용함을 뜻한다.

② 기간(time period) : 회귀분석모형에 의해 베타를 측정하려면 얼마나 긴 기간 동안의 수익률 자료를 이용할지 결정해야 한다. 일반적으로 과거기간을 많이 반영할수록 회귀분석을 위한 기초자료가 풍부해져 보다 나은 베타를 구할 수 있을 것이다. 시장위험프리미엄이나 무위험수익률은 장기간의 자료를 이용하므로 베타 추정을

29) 회귀분석은 통계프로그램이나 엑셀프로그램을 이용할 수 있다.

위한 데이터도 많은 과거자료가 포함되는 것이 유리하다. 그러나 통계적으로 보면 데이터가 무한정 많다고 정확한 베타가 도출되는 것은 아니다. 단지 1년 정도의 통계 데이터로도 회귀분석 결과가 유의미한 수준으로 나타날 수 있는 반면 긴 기간의 수익률 자료를 이용하더라도 통계적으로 유의한 결론을 얻지 못할 수도 있다. 즉 베타는 통계분석에 의해 도출되는 값이므로 회귀분석 과정 중 분산분석(分散分析)에 의한 모델의 적합성 확인이 필요할 수 있다.

- 장기간의 데이터를 이용하는 것이 오히려 좋지 않은 결과를 얻기도 한다. 기업은 시간이 지남에 따라 위험과 특성이 변할 수 있기 때문이다. 사업구조나 재무구조가 바뀔 경우 과거의 영업위험이나 재무위험이 최근의 위험으로 측정되는 문제가 발생할 수 있다. 실무적으로는 최소 2년 이상의 수익률 자료를 회귀분석한 베타가 주로 이용된다.
- 일반적으로 베타 측정기간(time period)과 아래에서 설명할 측정주기(interval)는 상호대체(trade-off)되는 효과가 있는 것으로 분석된다. 즉, 베타 측정기간이 긴 상황에서 지나치게 자주 측정할 경우(예 : 5년의 측정기간에 일일 단위로 측정) 불필요한 소음도 측정되는 부작용(thin-trading problem)이 있으므로 베타 측정기간과 측정주기의 배분에 유의할 필요가 있다.

③ 측정 주기(return interval) : 베타추정에 있어 마지막으로 고려하여야 할 것은 수익률 측정기간이다. 수익률은 매일 집계되기도 하며 매주 또는 매월 혹은 연간으로 측정될 수 있다. 짧은 기간 간격으로 수익률을 측정할 경우 회귀분석을 위한 보다 많은 원시자료를 제공할 수 있다. 반면, 짧은 간격으로 수익률을 측정함으로써 반드시 바람직한 결과값을 얻는 것은 아니다. 예를 들어 측정기간을 매일 집계한다면 어떤 주식은 거래가 별로 없거나 감독기관의 관리·통제 등으로 인해 거래가 일정기간 없더라도 시장수익률은 계속해서 변화하므로 특정주식과 시장지수와의 상관관계가 제대로 측정되지 않을 수 있고 시장의 비정상적인 등락을 지나치게 반영하는 결과를 얻을 수도 있다.

- 이러한 문제를 해결하기 위해 가치평가 전문가들은 보다 긴 시간 간격(주간 또는 분기)을 이용할 것을 권고한다. 일부 실증연구결과[30]는 베타측정을 위한 수익률 기간을 적용함에 있어 일일(daily) 단위로 베타를 측정한 것이 주간(weekly), 2주

30) 「Estimating Systematic Risk, The Choice of Return Interval and Estimation Period」, Phillip R Daves 외

간(two-weekly) 또는 월간(monthly) 단위로 측정하는 경우에 비하여 표준오차가 낮으므로 베타의 측정에 있어 일일(daily) 단위를 적용해야 한다고 주장하고 있는 반면, 다른 연구결과는 시장의 비정상적인 등락으로부터 발생하는 오류를 배제할 수 있도록 주간(weekly) 단위 또는 월간(monthly) 단위로 측정하는 것이 베타 추정치로 더 적절한 것으로 보고[31]되기도 하였다.

- 최근 들어, 국내기업의 가치평가실무에서는 베타 측정기간 및 측정주기에 있어 2년 주간 단위(2year-weekly) 또는 5년 월간 단위(5year-monthly)로 측정된 베타를 많이 사용하고 있는데 어떤 기간 단위가 유용한지는 베타측정의 표준오차를 최소화하는지에 따라 달라질 것이며, 이에 대한 실증연구를 통해 보완되어야 할 것이다.

(1) 부채베타와 무부채베타

회귀분석모형에 의해 베타를 추정하는 경우에는 회귀분석기간 동안의 기업의 평균 재무레버지리가 반영된다. 베타추정을 위해 회귀분석모형을 이용한다면 과거의 수익률 자료를 이용하여 부채베타(또는 주식베타, Levered beta)를 먼저 도출하고 평균부채비율(D/E)을 이용하여 무부채베타(Unlevered beta)를 계산하는 과정을 거친다. 이어서 무부채베타와 기업의 자본구성비율을 이용하여 기업의 부채베타를 도출한다. 부채베타를 무부채베타로 변환하고 이를 기업의 자본구성비율을 이용하여 부채베타로 추정하는 방식을 하마다(Hamada)모형이라고 한다.

① 무부채베타(Unlevered beta)

무부채베타는 다음의 산식으로 계산된다.

$$\text{무부채베타}(\beta_u) = \frac{\beta_L}{\left[1+(1-T)\times\dfrac{D}{E}\right]}$$

- β_u : 재무레버리지가 반영되지 않은(Unlevered) 무부채베타
- β_L : 재무레버리지가 반영된(Levered) 부채베타
- T : 한계법인세율
- D/E : 공정가치기준 부채비율

31) IFRS Foundation Training Materials 문단 86

② 부채베타(Levered beta)

부채베타는 다음의 산식으로 계산된다.

$$부채베타(\beta_L) = \beta_u \times \left[1 + (1-T) \times \frac{D}{E}\right]$$

- β_u : 재무레버리지가 반영되지 않은(Unlevered) 무부채베타
- β_L : 재무레버리지가 반영된(Levered) 부채베타
- T : 한계법인세율
- D/E : 공정가치기준(또는 목표자본구조에 따른) 부채비율

과거 일정기간의 수익률 자료를 이용하여 회귀분석방식으로 추정된 베타는 몇 가지 한계를 보인다. 시장지표의 선정, 기간의 결정 및 수익률 간격의 결정 등에 따라 베타측정값이 달라짐은 이미 설명하였다. 회귀분석방식은 통계적으로 산출되므로 통계적으로 유의한 분석결과를 얻으면 그에 따른 베타는 신뢰성이 높을 것이나 실제 회귀분석을 위한 통계분석 결과는 표준오차(standard error)가 크게 나타나는 경우가 있다. 회귀분석식이 도출되더라도 모형의 설명력(결정계수, R^2)이 떨어지는 경우나 분산분석결과 모형의 적합성이 떨어지기도 한다. 회귀분석에 의한 베타 추정은 이러한 통계적 오류가능성을 고려해야 한다.

회귀분석모형은 시장에서 거래되고 있는 주식의 과거 수익률 자료를 이용하게 되므로 상장되어 있지 않거나 상장된 지 얼마 되지 않아 자료가 축적되지 않은 경우에는 이용하기 어렵다. 이러한 경우에는 다음에 설명하는 Bottom-up 방식에 의한 베타 추정이 필요하다.

(2) 베타의 결정변수

회귀분석을 통해 산출된 베타는 활성시장에서 거래되지 않는 비상장기업에는 적용할 수 없고 상장기업의 경우에도 과거의 수익률 자료에 근거한 통계적 결과에만 주목할 뿐 기업의 근본적인 의사결정과 그에 따른 영업 및 재무위험에 대해서는 고려하지 않는다. 기업의 최고경영자는 어디에 투자할지 원가구조는 어떻게 구성할지 부채는 얼마나 조달할지에 대해 고민하며 그러한 의사결정이 기업의 위험수준을 결정하게 되므로 이러한 근본변수를 분석하여 추정함으로써 베타를 추정하는 방법을 「Bottom-Up 방식」이라 한다. Bottom-Up 방식은 베타를 결정하는 세 가지 변수를 고려해 베타를 추정한다.

베타에 영향을 미치는 결정변수는 사업의 유형, 영업레버리지의 정도와 재무레버리지의 정도이다. 기업은 영업위험과 재무위험의 특성에 따라 각기 다른 베타를 보이게 된다.

① 사업유형 : 베타는 시장지수에 대한 기업의 상대적인 위험으로 측정되므로 각 기업의 사업여건이 시장상황에 보다 민감한 경우에는 베타가 높게 나타난다. 일반적으로 호황과 불황을 되풀이하는 경기순환회사는 그렇지 않은 회사보다 베타가 높다.

② 영업레버리지 정도 : 영업레버리지의 정도는 기업의 비용구조, 즉 총비용 대비 고정원가 비율과 관련이 있다. 고정원가 비중이 커 높은 영업레버리지를 가진 기업은 비슷한 제품(또는 용역)을 생산·판매하더라도 낮은 고정원가 비율을 가진 기업보다 영업이익의 변동성이 크기 마련이다. 다른 조건이 같다면 영업레버리지가 큰 기업의 베타는 이익의 변동성이 크므로 베타가 커진다. 이러한 사실은 기업의 전략적 방향에 따라 베타가 변동될 수 있음을 의미한다. 즉 기존 시설의 확장이나 최신 기술의 도입을 꾀하는 기업은 경기하락기에는 보다 큰 위험을 안게 된다. 현실적으로 영업레버리지 측정이 어려운 경우가 많으므로 사업유형에 따라 영업레버리지가 높은지 또는 낮은지를 판단하게 된다.

③ 재무레버리지의 정도 : 동일한 사업유형이나 동일한 영업레버리지하에서도 재무레버리지가 큰 기업의 베타는 크게 나타난다. 부채에 대한 지불부담이 큰 경우 순이익의 변동성이 커지므로 경기하락기에는 이익의 하락폭이 커진다. 무부채베타는 사업의 유형과 영업레버리지 효과만 반영된 베타이다.

(3) Bottom-Up 방식의 베타추정

사업유형, 영업레버리지 및 재무레버리지로 구분함으로써 베타를 추정하는 방법은 비상장기업이나 수익률 자료가 부족하여 회귀분석모형이 적합하지 아니한 상장기업에 적용할 수 있다. 또, 프로젝트단위의 사업성분석을 위한 할인율 산정에도 이용할 수 있다. 기업이 둘 이상의 사업으로 구성된 경우 사업 또는 자산의 시장가치에 따라 가중평균한 베타를 계산해야 한다. Bottom-Up 방식에 의한 베타의 추정은 다음의 단계로 이루어진다.

① 사업유형의 정의 : 기업의 사업은 무엇이며 어떤 사업들로 구성되었는지 파악하는 것이 중요하다. 기업의 주된 수익구조가 하나의 주요사업 중심으로 구성된 경우가 일반적이지만 전혀 다른 몇 개의 사업부문으로 구성된 기업들도 있다.

이러한 경우에는 각 사업부문별로 구분하여야 한다.

② 유사기업 베타측정 : 활성시장에 상장되어 있는 유사기업의 부채베타(Levered beta)를 측정한다. 기업의 영업위험과 유사한 것으로 판단되는 유사기업(comparable company)을 선정하여 앞서 설명한 시장지수(market index), 측정기간(time period) 및 측정주기(return interval)를 참고하여 유사기업의 부채베타를 측정[32]한다. 일반적으로 베타는 장기적으로 평균으로 회귀한다는 주장(Marshall Blume, 1975)이 실무적으로 수용되고 있으므로 베타의 장기평균 회귀효과(베타평준화)를 반영하여 단순회귀분석에 의해 측정된 부채베타를 조정한 베타를 사용하고 있다. 장기평균 회귀효과를 반영하는 베타조정은 다음의 산식을 참고할 수 있다.

$$adj.\beta = \left[\frac{\sigma^2{}_\epsilon}{\sigma^2{}_\epsilon + \sigma^2{}_b}\right] * 1.0 + \left[1 - \frac{\sigma^2{}_\epsilon}{\sigma^2{}_\epsilon + \sigma^2{}_b}\right] * \beta_{raw}$$

- σ_ϵ : the standard error of the estimated beta
- $\sigma^2{}_b$: the estimated cross-sectional variance of the betas of stocks in the index

한편, 실무적으로는 아래의 블룸버그 방식의 베타조정 방법이 선호되고 있다.

$$adj.\beta = \frac{2}{3} \times \beta_{raw} + \frac{1}{3} \times \beta_m$$

- β_m : beta of market portfolio

③ 유사기업 자본구조 측정 : 평가시점 유사기업의 자기자본 공정가치와 타인자본 공정가치를 측정하여 유사기업의 자본구조(D/E : 공정가치기준 부채비율)를 측정한다. 평가시점 유사기업의 자기자본 공정가치는(자기주식이 제외된) 유통주식수와 주가를 곱하여 도출된 시가총액을 활용할 수 있다. 타인자본가치는 평가시점 유사기업의 금융부채를 측정하는데, 주의할 점은 유사기업의 시가총액은 연결실

32) 한국공인회계사회는 코스콤에 의뢰하여 2022년부터 국내기업의 베타를 소속 회원들에게 무료로 조회할 수 있는 서비스를 제공하고 있다. 한국공인회계사회가 제공하는 베타조회 서비스는 사용자가 측정기간 및 측정주기에 대해 다양한 선택을 할 수 있도록 하고 있으며 전용단말기가 불필요한 웹기반 서비스이므로 시간과 장소에 관계없이 조회할 수 있는 편의를 제공하고 있다. 해당 서비스는 실질베타(Raw Beta) 정보만을 제공하므로 실무적으로 주로 사용되고 있는 조정베타를 적용하고자 할 경우 사용자는 블룸버그 방식의 베타조정을 이용해 간편하게 조정베타를 산출할 수 있다.

체의 자기자본가치이므로 연결실체의 재무상태표에 표시된 총 금융부채 중 비지배지분에 해당되는 부분은 제외하는 것이 합리적이라는 것이다.[33)]

④ 유사기업의 무부채베타 도출 : 하마다 모형(Hamada model)을 이용하여 유사기업의 무부채베타를 도출한다. 이때 각 유사기업별로 재무위험이 다를 것이므로 유사기업 각각의 무부채베타를 추정하는 것이 합리적이다. 즉, 기업과 유사한 영업위험을 가진 두 개의 유사기업을 선정하였다고 하면 두 기업 각각의 주식베타를 각각의 부채비율을 이용해 무부채베타를 계산하고 이를 평균하여 기업의 무부채베타 추정치로 사용한다. 유사기업 부채베타의 무부채베타로의 전환은 아래의 하마다 모형(Hamada model)을 주로 이용한다.

$$\text{무부채베타}(\beta_u) = \frac{\beta_L}{\left[1+(1-T)\times\frac{D}{E}\right]}$$

- β_u : 재무레버리지가 반영되지 않은(Unlevered) 무부채베타
- β_L : 재무레버리지가 반영된(Levered) 부채베타
- T : 한계법인세율
- D/E : 공정가치기준 부채비율

• Hamada 모형에서 주의할 것은 부채비율은 반드시 공정가치(또는 시장가치) 기준으로 계산된 부채비율을 이용해야 한다는 점이다. 재무회계에 의해 산출된 부채비율을 이용해서는 안 되며 자기자본 공정가치(또는 보통주시가총액)와 타인자본 공정가치 기준으로 부채비율을 산출해야 한다.

⑤ 가중평균 베타 : 기업이 여러 개의 사업으로 나뉘어 있다면 사업의 공정가치(또는 시장가치)비율로 가중평균한 베타를 구하여야 한다. 다만, 사업의 공정가치를 산정하는 것은 순환계산의 문제 등으로 인해 현실적으로 적용이 어려우므로 실무적으로는 사업별 가중평균 무부채베타를 도출하지 않고 유사기업의 단순평균 무부채베타를 사용하는 경우가 많다.

---

33) 비지배지분이 연결실체에서 차지하는 비중이 크지 않은 경우 비지배지분에 해당하는 금융부채가 유사기업 자본구조(D/E)에 유의적으로 중요한 영향을 미치지 아니하므로 실무적으로 비지배지분을 고려하지 않기도 한다. 반면, 유사기업의 연결실체에 포함된 종속회사가 많거나 복잡한 연결구조를 가진 경우 연결실체의 재무상태표에 표시된 금융부채 중 비지배지분 해당분 금융부채를 제외하는 방법 대신 연결실체의 비지배지분 금액을 자기자본가치에 가산하여 상대적 자본구조(D/E)를 측정하기도 한다. 이는 연결실체의 비지배지분 장부금액은 공정가치와 같은 것임을 가정하는 방법이다.

$$가중평균\ 무부채베타(\beta_u^*) = \beta_U^1 \times \omega_1 + \beta_U^2 \times \omega_2 + \beta_U^3 \times \omega_3$$

- β_u^* : 가중평균 무부채베타
- β_U^i : i사업부 무부채베타
- ω_i : i사업부 가중치

⑥ 부채베타 추정 : 무부채베타에 기업의 자본구성비율(공정가치 자본구조 또는 목표자본구조)을 이용해 재무위험(financial risk)이 반영된 베타를 도출한다. 재무위험이 반영된 레버리지베타(Levered Beta)는 Hamada 모형을 이용하여 다음의 식에 의해 계산한다.

$$부채베타(\beta_L) = \beta_u \times \left[1 + (1 - T) \times \frac{D}{E}\right]$$

- β_u : 재무레버리지가 반영되지 않은(Unlevered) 무부채베타
- β_L : 재무레버리지가 반영된(Levered) 부채베타
- T : 한계법인세율
- D/E : 공정가치기준(또는 목표자본구조에 따른) 부채비율

In-depth **베타의 한계**

베타는 잘 분산된 투자를 통해서도 제거할 수 없는 체계적 위험을 계량화한 것이다. 제거할 수 없는 체계적 위험이란 개별자산이 가지는 고유한 위험이 아니라 같은 사업을 영위하는 기업들이 공통적으로 부담하는 위험을 의미한다. 베타는 여러 가지 제거할 수 없는 위험요인들의 집합체라 할 수 있다. 예를 들어, 자동차 제조기업은 환율변동위험에 노출되어 있다. 환율변동은 자동차 제조기업의 수익성에 직접적인 영향을 미치지만 개별 자동차 제조기업은 환율변동을 통제할 수 없는 위치에 있다. 투자자는 분산투자를 통해 환율변동의 위험을 제거할 수 없다. 또 환율변동이 미치는 영향은 자동차 제조기업과 다른 산업 예를 들어, 유통기업에 있어 차이가 있다. 이로 인해 환율변동과 같이 제거되지 않는 위험이 시장포트폴리오에 분산투자하는 경우와 자동차 제조기업에 투자하는 경우에 있어 차이가 발생한다. 또한 같은 자동차 제조기업이라 하더라도 시장변동성에 대한 개별주식의 변동성에는 차이가 있으므로 서로 다른 베타값이 측정된다.

베타와 관련된 논란은 개별주식의 주가수익률 변동성과 시장포트폴리오수익률 변동성을 이용하여 측정된 베타값이 개별기업의 현금흐름의 변동성을 충분히 설명하고 있는가 하는 것이다. 할인율, 즉 투자자 요구수익률은 투자자산의 현금흐름의 변동성의 크기를 고려하여 결정한다고 하였다. 정기예금에 투자하는 투자자보다 주식에 투자하는 투자자의 요구수익률이 필연적으로 높은 것은 정기예금의 예상 현금흐름의 실현가능성이 기업의 예상 현금흐름의 실현가능성보다 월등히 높기 때문이

다. 주식투자자가 국채나 정기예금과 같은 자산에 투자하는 것보다 높은 수익률을 기대하는 것을 시장위험프리미엄으로 표현된다. 반면, 모든 자산에 분산 투자된 시장포트폴리오에 투자하지 않고 개별주식에 투자하는 투자자는 시장포트폴리오와 다른 현금흐름의 변동성에 직면하게 된다. 안정된 사업을 영위하는 기업의 미래현금흐름 예상치와 사업이 불투명한 기업의 미래현금흐름 예상치의 변동성은 큰 차이가 있기 마련이다. 이때, 시장포트폴리오 대비 개별기업의 변동성 정도를 나타내는 유일한 지표가 바로 베타이다. CAPM의 산식을 되돌아보면 무위험수익률과 시장위험프리미엄은 개별기업의 특성과 무관하게 모든 투자자에게 동일하게 적용되는 변수이며 베타만이 개별기업의 현금흐름의 변동성을 설명한다. 따라서 베타가 자기자본비용의 추정에 있어 의미가 있으려면 베타 측정치가 현금흐름의 변동성을 설명할 수 있어야 한다. 베타는 개별기업의 주가와 시장포트폴리오 수익률 간의 회귀분석을 통해 도출되었으므로 결과적으로 개별기업의 주가는 개별기업의 현금흐름의 변동성을 적절히 반영하고 있어야 한다. 베타가 개별기업의 현금흐름의 변동성과 무관하게 각종 비시장요인에 의해 영향을 받는 상황에서는 추정치로 적절하지 않은 것이다.

베타는 완전자본시장 가정에서 도출된 개념으로 현실자본시장에서는 왜곡된 주가변동에 많은 영향을 받게 되므로 한계를 지닌다. 그럼에도 우리는 베타를 측정하여 사용하는 방법보다 더 적절한 방법을 찾지 못하고 있으므로 베타의 사용은 불가피하다. 베타는 개별기업의 잉여현금흐름의 변동성을 대변하므로 일시적인 주가 급등락으로 왜곡된 베타는 사용하지 않는 것이 바람직하다. 왜곡된 베타는 비상장기업의 평가를 위해 활용하는 경우는 물론이고 상장기업일 때에도 마찬가지이다. 반대로 잉여현금흐름의 변동은 크지만 투자자의 무관심으로 인해 낮은 베타를 보이는 기업의 베타도 적절치 않을 수 있다.

규모위험 프리미엄

같은 경영환경에 있는 경우라 하더라도 소형기업은 대형기업에 비해 보다 많은 위험에 노출되어 있어 소형기업의 주주는 대형기업의 주주보다 높은 수익률을 요구할 것이므로 위험에 상응하는 추가적인 보상 즉, 규모위험 프리미엄(SRP : Size Risk Premium)을 지불해야 한다는 주장이 있다. 규모위험 프리미엄을 고려할 경우 자기자본비용은 다음과 같이 수정된다.

$$K_e = R_f + [E(R_m) - R_f] \times beta + SRP$$

- K_e : 자기자본비용
- R_f : 무위험수익률
- $E(R_m) - R_f$: 시장위험프리미엄(MRP)
- $beta$: 위험자산의 체계적 위험
- SRP : 규모위험 프리미엄(Size Risk Premium)

1992년, 시카고 대학의 Eugene Fama와 Kenneth French는 전통적인 CAPM 모형에 통계적 분석으로 확인된 3가지 요인을 추가(build-up)하여 자기자본비용을 산출하는 「Fama-French 3요인 모형」을 제시하였다. 이 모형에서 기존 CAPM에 추가로 고려되는 3가지 요인은 시장초과수익(market excess return), 대형기업 대비 소형기업의 초과수익(outperformance of small versus big companies) 그리고 시장가치 대비 장부금액이 높은 기업의 초과수익(outperformance of high book/market versus low book/market companies)을 말한다.

〈Fama-French 3요인 모형〉 중 규모위험 프리미엄에 대해 살펴보자.

1981년, Rolf Banz는 지난 40년간 뉴욕증권거래소(NYSE) 및 AMEX 상장기업 중 소형기업의 수익률이 대형기업의 수익률보다 높게 나타남을 발견하고 이를 규모프리미엄(size premium)으로 정의한 이후 학술적으로 꾸준히 논의되어 왔다. 시장분석 전문기관인 Ibbotson Associate은 NYSE, NASDAQ 및 AMEX에 상장된 기업을 시가총액 기준으로 10개 그룹으로 구분하고 이 중 하위 20%의 작은 기업을 소형주로 하여 그 성과를 측정한 결과, 1926년에서 2000년까지 75년간 나머지 80% 주식에 비해 평균 5.43%의 초과수익을 기록하였으며 이에 따라 시장포트폴리오 대비 규모위험 프리미엄은 2.62% 수준에 이르는 것으로 분석[34)]하였다. 반면 일부 연구결과에 따르면 연구대상 기간을 1980년대 이후로 설정할 경우 규모효과가 나타나지 않거나 역규모효과가 나타난다는 실증결과가 보고되기도 한다.[35)]

가치평가실무에서는 규모위험 프리미엄을 고려하는 경우가 많다. 가치평가실무에서 규모위험 프리미엄을 반영하는 실질적인 이유는 전통적인 CAPM에 따를 경우 CAMP의 엄격한 가정의 한계와 자기자본비용이 베타에 과도하게 의존적인 문제가 있기 때문인 것으로 파악된다. 즉, 규모위험 프리미엄의 존재여부에 대한 학계의 논쟁과 별개로 CAPM의 한계로 인해 반영되지 못하는 다양한 위험요인을 규모위험 프리미엄에 반영하고자 하는 시도로 보인다.

규모위험 프리미엄은 시장정보기관에서 제공하는 정보를 활용하는 경우가 일반적인데 대표적으로 미국 시카고 소재 시장분석전문기업인 Kroll Inc.(Duff & Phelps와 Kroll의 통합 후 2022년 Kroll Inc.으로 사명 변경)가 제공하는 「CRSP Decile Size Study」가 있다.

---

34) Ibbotson Associate, 「Technical Analysis of the Size Premium」, Michael W Barad

35) 규모효과가 존재하지 않는다는 연구결과는 Berk(1997), Horowitz(2000), Amihud(2002), Schwert(2003) 및 Chaibi(2015) 등 다수의 학자에 의해 제시되었다. 규모효과가 존재하는지에 대해서는 실증연구의 가정에 따라 달라질 수 있으므로 어느 일방의 연구결과가 절대적으로 옳다고 단정하기는 어렵다.

1992년, Roger Grabowski는 시카고 대학의 CRSP(Center for Research in Security Prices)로부터 얻은 데이터에 기초해 시가총액 기준 회사규모와 주가수익률 간의 연구를 수행하였으며 이를 기반으로 1996년부터 Duff & Phelps를 통해 CRSP Decile Size Study를 발표하고 있다. CRSP Decile Size Study는 시카고 대학의 CRSP 재무자료를 바탕으로 기업규모를 3분위 또는 10분위로 나누어 기업규모에 기반한 초과수익률을 제공한다. 해당 연구자료는 뉴욕증권거래소(NYSE), NYSE MKT(옛 AMEX) 및 나스닥(NASDAQ)을 포함한 미국의 상장회사 전체를 대상으로 1926년 이후 주가데이터에 기반해 규모위험 프리미엄을 측정하고 제시한다.

국내 가치평가실무에서 규모위험 프리미엄을 고려할 경우 Duff & Phelps의 CRSP Decile Size Study에서 제공하는 3분위 또는 10분위의 규모위험 프리미엄을 주로 사용하여 왔다. 그러나 Duff & Phelps에서 제공하는 분위별 규모위험 프리미엄은 미국의 주식시장을 시장포트폴리오로 가정하여 산출된 값으로서, 국내 기업의 가치평가과정에서 주로 사용되는 시장포트폴리오(코스피지수)와 다르므로 시장포트폴리오 대비 소형기업의 초과수익률이라는 규모위험 프리미엄의 이론적 개념에 부합하지 않는 한계가 있다. 이에 따라 한국공인회계사회는 한국의 시장포트폴리오에 대응되는 규모위험 프리미엄에 대한 연구를 의뢰하여 그 연구결과를 정기적으로 발표하고 있다. 해당 연구결과는 미국시장에 비해 규모와 역사에 있어 한계가 있는 한국시장의 상황을 고려하여 시가총액을 기준으로 3분위와 5분위의 규모위험 프리미엄을 제공[36]하고 있다.

기타 할증 또는 할인프리미엄

CAPM과 같은 이론적인 모형에 따라 산출된 자기자본 요구수익률을 그대로 사용하지 않고 기업의 특성을 고려하여 일정한 할인 또는 할증 프리미엄을 고려해야 할 수 있다. 위에서 설명한 규모위험 프리미엄 외에 이론적 모형과 비교하여 기업의 특성 등을 고려해 할증 또는 할인요소를 고려할 만한 상황은 다음과 같다.

① 활성시장에서 거래되지 않는 비상장주식의 유동성 제약에 대한 할인
② 지배주주의 지배력 할증 또는 비지배주주의 지배력 할인
③ 거래규모를 고려한 대량보유요소에 대한 할증 또는 할인
④ 기술기반 스타트업 기업의 사업화 위험에 대한 할인

36) 규모위험 프리미엄에 대한 연구결과에 따른 3분위 및 5분위별 규모위험 프리미엄수준은 한국공인회계사회 홈페이지에 게시하고 있으며 누구나 열람할 수 있도록 하고 있다.

유동성제약에 대한 할인은 활성시장에서 거래되지 않는 기업에 대해 CAPM으로 산출된 자기자본비용에 유동성프리미엄을 추가로 고려하는 경우이다. 지배력 할증 또는 할인이란 기업의 현금흐름은 지배적인 이해관계자에 의해 통제되므로 지배력에 대해서는 할증요소를 소수주주에 대해서는 할인요소를 고려해야 한다는 주장이다. 지배력 할증은 경영권프리미엄이라고도 한다. 거래규모를 고려한 대량보유요소는 대량보유에 따른 거래량부족으로 인한 할증 또는 할인프리미엄이다.

합리적인 이유가 있다면 할증 또는 할인요소를 고려할 수 있다. 예를 들어 유동성할인(프리미엄)은 실무에서 흔히 고려되는 요소이다. 주주 요구수익률로 가장 많이 활용되는 CAPM모형은 시장에서 거래되는 기업을 가정하여 산출된 모형으로 비상장기업 지분과 같이 자유롭게 거래되지 못할 경우 거래당사자는 추가적인 수익률을 요구할 수 있기 때문이다. 또, 실제거래에서는 지배력을 행사하는 경우(종속기업) 또는 유의적인 영향력을 보유한 경우(관계기업)의 지분은 지배력 할증(경영권프리미엄)을 요구하기도 한다. 다만, 이들 할증 또는 할인요소를 고려해야 할 경우와 그렇지 않은 경우를 일괄적으로 정하기는 어렵다고 판단된다.

이와 관련하여 K-IFRS는 공정가치평가에 있어 할증 또는 할인요소의 반영방법을 다음과 같이 설명하고 있다.[K-IFRS 1113 BC159]

- 기준서는 공정가치측정에서 할증과 할인에 대한 상세한 설명이나 적용방법에 관한 상세한 지침을 제공하지 않는다. 할증과 할인의 적용은 측정일의 사실과 상황에 따라 다르기 때문에 할증과 할인에 대한 자세한 기술이나 지침은 지나치게 규범적일 수 있기 때문이다.
- 다만, 〈대량보유요소〉와 같이 자산과 부채의 특성과 관련되지 않은 기업의 보유특성과 관련된 요소에 대해서는 할증 또는 할인을 고려하지 않는다. 기업의 보유특성이란 기업이 보유하고 있는 수량을 소화할 만큼 시장의 정상 일일거래규모가 크지 않기 때문에 자산이나 부채의 공시가격을 조정하게 하는 대량보유요소와 같은 특성을 말한다.
- 자산과 부채의 특성과 관련된 요소에 대해서는 할증 또는 할인의 적용을 배제하지 않는다. 예를 들어 지배력 할증이나 비지배지분 할인과 같은 조정은 기업의 자산과 부채의 특성에 해당한다.

정리하면, 기준서는 기업이 보유한 자산 또는 부채의 규모에 관련된 요소 즉, 대량보유요소(blockage factor)에 대해서만 할증 또는 할인의 적용을 배제함을 명시하고 이를 제외한 특정한 할증이나 할인의 사용을 배제하지는 않는다. 대량보유요소에 대해 할증 또는 할인적용을 배제하는 이유는 다음과 같다.[K-IFRS 1113 BC152]

- 금융상품에 대한 회계단위는 공정가치 서열체계 내에서의 금융상품 분류에 따라 달라져서는 안 된다. 시장참여자는 자산의 공정가치를 극대화하거나 부채의 공정가치를 최소화하는 금융상품 매도거래를 체결할 것이다. 기업이 각각의 금융상품을 개별적으로 매도하는 것이 아니라 전체 보유분을 매도하기 때문에 덜 이로운 가격으로 매도하기로 결정하는 것은 해당 보고실체에 특유한 요소이다.

기준서에 따른 공정가치를 측정함에 있어 CAPM에 따라 산출된 주주 요구수익률을 이용하여 지분가치를 산정할 때 지분의 유동성 또는 지배력 등과 같이 자산(부채)의 특성과 관련된 경우에는 그 할증 또는 할인요소를 고려할 수 있으나 대량보유요소와 같이 보유기업에 특유한 경우에는 할증이나 할인을 고려해서는 안 된다.

한편, 기술기반의 초기사업을 영위하는 기업(스타트업 기업)의 경우 개발 중인 기술의 성공 가능성, 개발기술의 사업화 가능성 및 관련 시장진출 가능성 등에 대한 추가적인 위험으로 인해 기업이 예상한 사업계획이 계획대로 실현가능할지에 대한 상당한 불확실성에 노출되어 있다. 즉, 기술기반의 스타트업 기업은 상용화된 제품을 보유하지 못한 상태이며 충분한 원가정보를 가지고 있지 못해 기업이 계획한 잉여현금흐름의 불확실성이 전통적인 기업에 비해 높으므로 투자자는 CAPM에 의해 도출된 주주의 요구수익률보다 높은 수익률을 요구하게 된다.[37] 이러한 기술기반의 초기사업을 현금흐름할인모형을 이용하여 공정가치를 측정할 경우에 요구되는 추가적인 위험프리미엄에 대해 다양한 기관에서 연구결과[38]를 제공하고 있으므로 이를 활용하여 자기자본비용을 조정할 것을 고려할 수 있다.

---

37) 이러한 이유로, AICPA는 스타트업 기업 중 포트폴리오 기업(벤처캐피탈 또는 PEF 투자기업)에 대한 공정가치 평가 방법으로 이익접근법이나 시장접근법을 적용하기보다 시장참여자인 벤처캐피탈 또는 PEF의 투자과정에서 도입된 여러 가정을 후속측정일에 보정하는 공정가치평가기법인 "Calibration" 기법을 사용할 것을 권고한다. 본서는 AICPA가 제시한 Calibration 방법에 대해 제3장 옵션평가모형에서 개략적으로 설명한다. 스타트업 기업 중 포트폴리오 기업의 공정가치측정 방법의 하나인 "Calibration"에 대한 자세한 내용은 AICPA가 2019년 발행한 "Accounting and Valuation Guide, Valuation of Portfolio Company Investments of Venture Capital and Private Equity Funds and Other Investment Companies"를 참고하기 바란다.

38) 국내에서는 산업통상자원부가 발간한 "기술평가 실무가이드"에서 기술기반 스타트업 기업에 대해 적용가능한 기술사업화 위험프리미엄을 제공하고 있다. 동 가이드에서는 기술사업화 평점에 따라 기술기반의 스타트업 기업에 적용할 다양한 수준의 기술사업화 위험프리미엄을 제공하고 있다.

6.6. 우선주 자본비용

우선주(Preferred Stock)는 법적형식은 자본이지만 의결권이 없고 보통주에 비하여 이익이나 이자의 배당 또는 잔여 재산의 분배 등의 재산적 이익에 관하여 우선적 지위에 있어 채권의 성격을 동시에 가지고 있다. 즉, 우선주 보유자는 기업의 주주이면서 확정되거나 합리적으로 예상가능한 배당수익을 기대하는 채권자이다. 또 우선주 투자자는 배당을 얻지 못하거나 법에서 정한 특별한 상황에서는 보통주 주주와 같은 의결권을 가진다. 우선주는 전통적 의미의 타인자본과 보통주의 중간적 성격으로 우선주 투자자의 요구수익률은 타인자본보다는 높고 보통주보다는 낮은 것으로 볼 수 있다. 또, 우선주 투자자에 배분되는 가치(배당)에 대해서는 법인세 절감효과가 없다. 이러한 우선주의 특성으로 인해 기업이 보통주 외에 우선주를 발행하였다면 가중평균자본비용 산정에 있어 우선주 투자자의 요구수익률을 별도로 고려해야 할 수 있다.

우선주를 고려한 가중평균자본비용

이론적으로 우선주는 타인자본이나 보통주 주주의 요구수익률과는 다르므로 기업이 우선주를 발행하였다면 가중평균자본비용은 다음과 같이 수정되어야 한다.

$$WACC = K_e \times \frac{E}{V} + K_d \times (1-T) \times \frac{D}{V} + K_p \times \frac{P}{V}$$

- K_e : 보통주 자본비용
- K_d : 타인자본비용
- K_p : 우선주 자본비용
- E/V : 보통주 자본구성비율
- D/V : 타인자본 구성비율
- P/V : 우선주 자본구성비율
- V : 전체기업가치(V = E + D+P)
- T : 한계법인세율

우선주는 여러 면에서 채권과 유사하다. 계약을 통해 우선주 투자자에게 약정된 배당수익을 제공하기도 하고 원금을 상환하는 옵션이 있는 경우[39]도 있다. 하지만 타인자본과 달리 우선주 배당은 법인세 절감효과가 없다. 우선주가 부채요소에 가깝다 하더라도

39) 상환옵션이 있는 우선주는 K-IFRS에 따라 부채로 분류한다.

타인자본으로 분류할 수 없는 이유다. 만일, 일괄적으로 우선주를 타인자본에 포함하여 가중평균 타인자본비용에 포함할 경우 법인세 절감효과로 인해 자본비용이 왜곡될 수 있으므로 우선주는 자본구성에서 보통주나 타인자본과는 분리하는 것이 타당하다.

▎우선주 자본비용

우선주의 특성을 고려할 때 우선주 주주의 요구수익률인 우선주 자본비용은 보통주나 타인자본의 요구수익률과 다르므로 별도로 측정하여야 한다. 우선주는 법적형식이 자본이므로 타인자본에 비하여 기업가치에 대한 청구권이 후순위이며 보통주에 비해 앞선다. 타인자본은 계약상 현금흐름(원금과 이자)이 정해져 있어 채무불이행 상황이 아니면 계약상 현금흐름이 예정대로 집행되는 반면 우선주는 배당가능한 이익이 있는 경우에 한하여 배당이 가능하다. 또 의결권이 없는 우선주는 보통주에 비해 위험부담이 작은 대신 기업의 과실(기업가치)에 대한 몫도 작다.

우선주가 타인자본과 보통주의 중간적 위치에 있는 자본이다 보니 우선주 요구수익률을 어떻게 측정할 것인지 애매한 상황이다. 안타깝게도 국내외 재무이론에서 우선주 투자자의 요구수익률에 대한 체계적인 연구가 부족하다. 우선주와 관련한 대부분의 연구자료에서는 우선주 시장가격과 예상배당금, 배당성장률을 이용한 우선주 내재수익률[40]에 대한 연구만 다루고 있다. 우선주를 발행한 기업이 상장기업이 아니라면 내재수익률을 이용한 우선주 자본비용 추정은 불가능하다.

본서는 우선주 자본비용에 대한 이론체계가 부족함을 고려하여 실무적으로 주로 활용되는 방식을 제안한다. 우선주 자본비용 추정의 실무적 접근은 우선주를 발행한 기업의 재무상황과 우선주 발행 당시의 계약형태, 과거 배당성향 및 이익성장률을 고려하여 다음의 두 가지 중 하나의 방식을 따른다.

① 안정배당형 기업의 우선주 자본비용 : 신용위험이 유사한 채무상품의 시장이자율

② 성장기업의 우선주 자본비용 : 보통주 자본비용

(1) 안정배당형 기업의 우선주 자본비용

우선주의 법적형식은 자본이지만 일반적으로 우선주 투자자는 배당수익을 획득할 목적을 가지고 있다. 따라서 충분한 배당가능이익을 확보하면서 안정적인 배당성향[41)]

---

40) 예상배당금을 우선주 시장가격으로 나눠 산출된 우선주 요구수익률을 말한다.

41) 당기순이익에서 주주에게 지급하는 배당금 비율, 즉 배당성향 = 배당지급액 ÷ 당기순이익

을 유지하는 기업의 우선주나 계약을 통해 우선주 투자자에게 일정한 배당수익을 약정한 경우에는 그 기업이 발행한 무보증 회사채에 투자한 것과 비슷하다. 따라서, 안정배당형 기업의 경우 기업이 발행하였거나 기업과 신용위험이 유사한 채무상품의 시장이자율을 우선주 자본비용으로 추정할 수 있다. 이러한 주장의 근거는 다음과 같다.

- 충분한 배당가능이익과 안정적인 배당성향을 유지하는 안정배당형 기업의 우선주 투자자는 미래배당액을 합리적으로 예상할 수 있으므로 기업의 신용위험이 반영된 채무상품의 현금흐름 변동성과 유사하다.
- 때로는 발행기업과 우선주 투자자 간의 계약에 의해 지급해야 할 배당액이 확정되기도 하는데 이는 채권의 액면이자와 유사하므로 우선주 투자자의 위험은 보증되지 아니한 채무상품(예 : 무보증 회사채)의 투자자와 유사하다. 실무적으로 사모방식으로 발행되는 우선주의 다수는 배당지급액을 약정한다.

안정배당형 기업의 우선주 자본비용으로 기업이 발행하였거나 기업과 비슷한 신용위험의 보증되지 아니한 채무상품의 시장이자율을 적용함에 있어 다음의 상황을 고려한다.

- 우선주 투자자는 채권(채무상품) 투자자와 달리 기업의 이익성장에 따른 배당성장을 기대한다. 일반적인 채권투자자는 기업의 이익상승에 불구하고 계약상 현금흐름을 초과하는 금액을 수취할 수 없으나 우선주 투자자는 배당성향이 같다면 이익성장에 비례하여 배당금이 증가하므로 배당성장률을 추가로 고려해야 할 수 있다.
- 우선주는 채무상품과 달리 기업이 보유한 현금유동성과 무관하게 배당가능이익이 없으면 배당수익을 얻을 수 없으며 경영자가 우선주에 배당금을 지급하지 않더라도 채무불이행이 아니므로 현금흐름의 불확실성이 더 크다. 오랜 기간 충분한 이익과 안정적 배당성향을 유지한 기업은 이러한 위험이 감소할 것이지만 그렇지 못한 기업은 현금흐름의 불확실성이 회사채와 같은 채무상품에 비해 커지므로 이러한 추가적인 위험을 고려해야 한다.
- 우선주는 법적형식이 자본이므로 계속기업의 가정에 따라 우선주 투자자의 요구수익률 측정기간은 기간제한을 고려하지 않는 반면, 채무상품은 상대적으로 짧은 기간의 현금흐름 불확실성을 부담한다. 따라서, 안정배당형 기업의 우선주 자본비용으로 유사한 신용위험을 부담하는 채무상품의 시장이자율을 이용할 경우 가급적 만기가 긴 시장이자율(예 : 잔존만기가 긴 만기수익률)을 이용하는 것이 바람직하

다. 이러한 사항을 고려하여 안정배당형 기업의 우선주 자본비용 추정산식은 다음과 같이 정리할 수 있다.

> 우선주자본비용(K_p) = 유사위험 채무상품 시장수익률 - 배당성장률^e + 추가변동위험
>
> • 유사위험 채무상품 시장수익률 : 기업이 발행하였거나 신용위험이 유사한 다른 채무상품의 시장이자율
> • 배당성장률^e : 예상 이익성장률 및 배당성향을 고려한 장기배당성장률
> • 추가변동위험 : 배당가능이익의 부족 또는 경영정책에 의한 예상배당의 불확실성을 고려한 추가적인 위험

실무적으로는 충분한 이익과 안정적인 배당정책을 유지해 온 기업이나 투자계약에 따라 약정배당을 지급하기로 하면서 배당가능한 이익이 충분할 것으로 판단되는 경우에는 배당성장률이나 추가변동위험의 고려 없이 유사위험 채무상품의 시장이자율을 우선주 자본비용으로 판단하는 경우가 많다.

(2) 성장기업의 우선주 자본비용

배당성향이 낮은 성장형 기업과 만성 적자기업 그리고 사업초기(Start-Up) 기업이 발행한 우선주는 장래 배당수익의 불확실성이 크므로 이들 기업이 발행한 우선주는 회사채보다 보통주에 가깝다. 이러한 기업의 우선주 투자자는 가까운 시기에 회수할 배당수익보다 기업의 장기성장에 따른 이익배당 또는 시세차익을 얻을 목적이 강하다. 따라서 이익에 비해 배당성향이 낮거나 배당수익이 불확실한 기업의 우선주 투자자는 보통주와 유사한 요구수익률을 기대한다.

- 성장기업, 만성적자기업 및 스타트업 기업 등은 배당가능이익과 배당성향을 예측할 수 없으므로 그러한 기업의 우선주는 그 기업이 발행한 보증되지 아니한 채무상품(예 : 무보증회사채)의 현금흐름의 변동성과 차이가 있으며 오히려 보통주에 가깝다.
- 성장기업, 만성적자기업 및 스타트업 기업 등의 우선주는 배당가능이익이 없을 경우 의결권이 부활되어 우선주와 보통주 간 주주권리의 차이가 거의 사라지므로 그러한 기업의 우선주는 보통주 요구수익률과 유사하다.

그러나 적자기업이라 하더라도 가까운 시일 내에 흑자 전환될 것으로 충분히 예상된다면 보통주 요구수익률을 우선주 자본비용으로 볼 수 없다. 일시적 적자로 인해 잠

깐 회복된 우선주 의결권으로 인해 보통주의 기대현금흐름 및 변동성과 같은 것으로 바뀌는 것은 아니기 때문이다. 국내 상장기업 중 일시적 적자기업의 우선주와 보통주 주가간의 괴리율이 상당한 폭으로 유지되는 것은 이를 반증한다.

일반적으로 우선주는 배당우선주를 말하지만 기업은 전환우선주, 상환우선주 또는 전환상환우선주와 같은 다양한 내재파생요소를 지닌 우선주를 발행하기도 한다. 이러한 복합상품은 법적형식은 우선주이지만 내재적으로 파생적 자본요소나 파생적 부채요소를 가진다. 이러한 내재파생요소가 있는 우선주는 잠재적 희석주식에 해당하며 본서의 잠재적 지분가치 부분에서 살펴본다.

7 비영업자산

비영업자산(non-Operating Assets)은 「영업가치 창출에 직접적으로 기여하지 못하는 자산」 또는 「잉여현금흐름 추정 시 고려되지 않는 자산」을 말한다. 유무형자산이나 매출채권, 재고자산과 같은 운전자본을 영업자산 또는 핵심자산으로 지칭하는데, 이들을 제외한 자산을 「비영업자산」이라 하며 「비핵심자산」으로도 불린다. 현금흐름할인모형에 따른 기업가치평가 과정에서 비영업자산의 가치를 영업가치에 더하여 전체기업가치를 구한다. 왜 비영업자산의 가치를 더해 주는 것일까?

영업가치는 잉여현금흐름의 현재가치이다. 잉여현금흐름은 세후영업이익(NOPLAT)에 비현금비용을 더하고 투자소요금액과 순운전자본 증가액을 차감하여 계산한다. 즉 잉여현금흐름 계산에서 직접적인 영업활동과 무관한 자산인 비영업자산으로부터 발생하는 현금흐름은 배제된다. 영업활동 현금흐름은 기업이 존속하는 한 계속 발생하는데 비해 비영업자산으로부터 발생하는 현금흐름은 영업활동이 아니므로 일시적이고 단절적으로 발생하게 된다.

비영업자산으로부터 발생하는 미래현금흐름이 잉여현금흐름에는 포함되지 않지만 기업가치에 영향을 미치는 것은 분명하다. 그러므로 평가시점 비영업자산의 공정가치를 영업가치에 가산하는 것이다. 이는 평가시점의 비영업자산의 가치를 시장가치로 처분하여 현금화한다는 가정 또는 비영업자산의 미래현금흐름의 현재가치는 평가시점의 시장가치와 동일한 것임을 전제한다. 비영업자산의 가치가 전체기업가치에 직접적인 영향을 미치므로 이의 인식과 평가문제는 매우 중요하다.

비영업자산의 예로는 초과보유현금(excess cash), 투자유가증권, 유휴자산 및 기타 투자자산 등이 있다. 또한, 주식선택권 미행사분을 잠재적 주식으로 하여 발행주식수에 가산하는 경우에는 주식선택권의 행사에 따른 행사대금을 비영업자산에 포함[42]한다. 비영업자산의 구별은 가치평가과정에서 영업가치 창출과정에 기여하는지의 여부 판단이 어려운 경우가 많아 가치평가자의 주관이 개입되므로 주의를 요한다. 비영업자산으로 처리되는 주요 항목과 그 내용을 보자.

7.1. 초과보유현금

기업이 적정현금수준을 초과하여 보유하는 초과보유현금은 비영업자산으로 분류할 수 있다. 초과보유현금은 영업활동을 지원하기 위하여 보유해야 할 적정현금잔고 이상으로 보유하는 현금을 말한다. 이때의 현금은 지폐, 동전과 같은 통화뿐 아니라 보통예금과 같은 현금성자산과 금융상품도 포함된다. 현금성자산이란 거래비용의 부담 없이 즉시 현금화할 수 있는 예금 등을 말한다. 기업은 여유자금이 생기면 내부적으로 수립한 재무계획에 따라 보통예금이나 정기예적금 등 장단기금융상품[43]에 예치할 수 있다. 초과보유현금을 계산할 때에는 현금성자산과 함께 이들 장단기금융상품에 포함된 항목을 함께 고려해야 한다. 어떤 형태의 금융상품에 예치하느냐는 경영자의 재무의사결정이므로 기업가치에 영향을 주어서는 안 된다.

기업이 보유한 현금 중 적정현금을 초과하는 초과보유현금의 판단은 어려운 부분이다. 일반적인 영업활동을 위해 일정 수준의 현금은 반드시 필요하며 정상적인 현금보다 월등히 많은 현금을 잉여자금으로 보유할 수 있고 단순한 운영자금일 수도 있다. 전문가 중에는 영업가치에 가산하는 비영업자산으로서의 초과보유현금을 판단함에 있어 산업에 따라 차이가 있으나 매출의 2%를 초과하는 현금은 필요 유동성을 초과해 보유하는 비영업자산으로 볼 수 있다고 주장[44]하기도 하고, 장기 국고채 이상의 이자수익을 창출하지 못하는 현금은 영업현금으로 보고 이를 초과하는 현금을 비영업자산으로 분류할 것을 주장하기도 한다. 그러나, 기업의 사업특성에 따라 매출유형이 다르고 재무계획에 따라 여유자금

42) 주식선택권 행사금액을 비영업자산에 포함시키는 것에 대한 세부적인 내용은 본서의 「잠재적 지분가치」부분을 참고하기 바란다.

43) 초과보유현금에서 설명하는 금융상품은 K-IFRS 1032호에서 정의하는 금융상품(채무상품 및 지분상품 등 유가증권 성격의 금융상품을 모두 포함한 금융상품)이 아니라 통상적으로 예적금과 같이 단순한 금융상품을 말한다.

44) Valuation, Measuring and Managing the Value of Companies, McKinsey & Company

의 운영방식이 다르므로 이러한 접근법을 초과보유현금의 판단기준으로 일반화하기는 어려워 보인다. 초과보유현금 규모측정을 위한 방법 중 하나는 기업이 보유하고 있는 현금 중 일반적인 필요 유동성 규모(예 : 1~3개월 영업비용 소요예상금액)를 파악하고 그 이상 보유하고 있는 현금은 초과보유현금으로 판단하는 것이다. 기업마다 운영자금 소요액이 다를 것이므로 비영업자산으로 분류하는 초과보유현금은 개별적으로 판단해야 할 것이다. 실무적으로는 평가시점에 기업이 보유하고 있는 현금성자산과 장단기금융상품 중 사용의 제한이 있는 부분을 제외한 나머지 전체를 비영업자산으로 분류하는 경우가 많다.

7.2. 유가증권

기업이 보유한 유가증권은 보유특성에 따라 비영업자산 해당여부를 판단한다. 유가증권이란 말 그대로 가치를 가지고 있는 증권으로서 보통주와 같은 지분상품이나 회사채와 같은 채무상품이 포함된다. K-IFRS 1109호는 이들 유가증권을 포함한 금융상품을 「상각후원가(AC)측정 금융자산」, 「기타포괄손익 - 공정가치(FVOCI)측정 금융자산」 그리고 「당기손익 - 공정가치(FVPL)측정 금융자산」으로 분류한다.[45] 또, K-IFRS 1028호는 이들 금융상품 외에 기업이 피투자기업에 대해 유의적인 영향력(의결권의 20% 이상 확보 등)을 보유한 지분상품은 관계기업투자지분으로 구분한다.

그렇다면 가치평가목적에서 어떤 유가증권을 비영업자산으로 분류하고 어떤 유가증권을 영업용 자산으로 분류할 것인가? 이론적으로는 잉여현금흐름 추정 시 고려되는 유가증권은 영업자산으로 분류하고 잉여현금흐름 추정 시 고려되지 못하는 유가증권은 비영업자산으로 분류함이 타당하다. 비영업자산으로의 분류를 검토할 유가증권에 대해 구체적으로 살펴보자.

(1) 공정가치측정 금융자산

K-IFRS 1109호에 따라 매보고일에 공정가치로 측정하는 금융자산 즉, 당기손익 - 공정가치(FVPL) 측정 금융자산과 기타포괄손익 - 공정가치(FVOCI) 측정 금융자산은 그 가액을 비영업자산으로 분류하고 영업가치에 가산하는 것이 일반적이다. 일반기업회계기준을 적용하는 기업[46]은 국제회계기준을 적용하는 기업과 달리 같은 금융자산에 대

45) K-IFRS에 의한 금융자산의 분류방법은 본서 「제3부 공정가치회계 및 측정」에서 구체적으로 다룬다.

46) 일반기업회계기준을 적용하는 기업은 공정가치측정 금융자산 등으로 표시하지 않고 종전과 같은 방식으로 단기매매증권, 매도가능증권 및 만기보유증권으로 표시한다. 본서는 기업이 국제회계기준을 적용하는 것을

해서도 공정가치로 측정하지 않는 경우가 많은데 이때는 별도의 공정가치측정 과정을 거쳐야 할 것이다.

(2) 상각후원가 측정 금융자산

K-IFRS 1109호에 의한 상각후원가(AC) 측정 금융자산은 매출채권, 대여금 그리고 공정가치측정 금융자산으로 분류되지 않은 채무상품 등이다. 이 중 매출채권은 대표적인 영업 운전자본이므로 비영업자산으로 분류하지 않는다. 반면, 대여금이나 채무상품은 원리금을 수취할 목적으로 보유하는 금융자산으로 잉여현금흐름 추정에서 고려되지 않았다면 비영업자산으로 분류하고 영업가치에 가산한다. 대개 대여금과 채무상품의 계약상 현금흐름은 그 기업의 신용상태 및 시장조건에 따라 결정되므로 이들 금융상품은 측정된 장부금액을 비영업자산의 가치로 측정하는 것이 일반적이다.

(3) 관계기업 지분투자

기업이 피투자기업에 대해 유의적인 영향력(의결권의 20% 이상 확보 등)을 보유한 관계기업 투자지분은 일반적으로 비영업자산으로 분류하고 공정가치로 재측정하여 영업가치에 더해준다. 관계기업 지분투자는 피투자기업의 순자산 변동액 중 투자기업의 몫만큼 장부금액을 조정하는 방법 즉, 지분법에 따라 처리하게 된다. 지분법 회계처리는 피투자기업의 순자산 변동액을 인식하는 것이므로 평가시점의 공정가치와는 차이가 있다. 따라서, 관계기업 지분투자를 비영업자산으로 분류하되 활성시장에서 거래되고 있다면 활성시장가격에 의한 공정가치로 측정하고 활성시장에서 거래되지 않는다면 별도의 가치평가기법을 활용하여 공정가치를 평가해야 할 것이다.

(4) 종속기업 지분투자

종속기업은 사업결합(business combination)의 한 유형으로 기업이 다른 기업의 의결권의 전부 또는 일부를 취득함으로써 다른 기업을 실질적으로 지배하게 될 경우 두 회사의 재무제표를 하나로 합친 연결재무제표를 작성하게 되며 연결재무제표상에서 종속기업 지분투자가 표시되지 않는다. 이론적으로 합리적인 현금흐름할인모형의 접근법은 연결재무제표를 기초재무정보로 하는 것이며 이때는 연결실체(지배기업과 종속기업)

가정하여 비영업자산을 설명하고 있으나 일반기업회계기준을 적용하는 기업의 비영업용자산도 K-IFRS 1109호를 준용해 분류가능하다.

의 미래잉여현금흐름으로 영업가치를 산출하므로 종속기업 지분투자는 고려할 필요가 없다. 현금흐름할인모형에 의한 지분가치 평가에서 연결재무제표를 기초 재무정보로 하는 이유는 다음과 같다.

① 기업의 영업활동 계획과 현금흐름의 통제는 실질적인 지배하에 있는 종속기업을 포함하여 이뤄지므로 종속기업을 분리할 경우(종속기업 지분투자를 비영업자산으로 분류) 연결기업의 가치가 왜곡될 수 있다.

② 종속기업을 분리할 경우 지배기업과 종속기업 간의 내부거래로 인해 지배기업의 재무성과를 과대평가할 수 있으며 내부미실현손익으로 인해 이익구조가 왜곡될 수 있다.

③ 기업의 재무정보를 이용하는 시장참여자는 주로 연결재무제표에 기초해 투자 및 경영상의 의사결정을 한다.

④ 종속기업을 분리하더라도 종속기업 투자지분에 대한 별도의 가치평가를 필요로 하며 그 결과는 연결재무제표에 기초한 것과 이론적으로 같다.

이와 같이 연결재무제표를 기초 재무제표로 하여 지분가치를 평가할 경우 종속기업 지분투자는 비영업자산으로 고려할 필요가 없다. 반면, 실무적으로는 별도재무제표를 기준으로 연결실체 각각의 잉여현금흐름을 추정한 후 공정가치로 측정된 종속기업 지분투자를 지배기업 공정가치에 가산하는 방법이 주로 활용되고 있다. 이와 같이 종속기업 지분투자를 별도로 분리하여 비영업자산으로 분류하더라도 가치평가 결과를 중요하게 왜곡하는 것이 아니라는 주장도 있는데 그러한 상황은 다음과 같다.

- 지배기업과 종속기업의 업종이 서로 다르고(예 : 지배기업이 제조업이고 종속기업이 금융업인 경우) 내부거래가 없거나 미미하다면 연결재무제표를 기초로 하지 않더라도 가치평가가 왜곡되지 않는다.
- 종속기업이 단순한 판매법인이나 생산법인인 경우에는 자체적인 가치창출활동이 미미하고 연결기업의 가치는 대부분 지배기업에 귀속된다.
- 실무적으로 기업의 기초재무정보는 독립적으로 산출되므로 미래의 현금흐름 추정을 연결기업 단위로 분석하는 것은 현실적인 한계가 있다.

별도 재무제표를 기준으로 지배기업의 공정가치를 측정한 후 종속기업 지분투자의 공정가치를 가산하는 방법이 주로 활용되는 데에는 가치평가과정의 실무적인 문제도 있다. 예를 들어, 법인세는 연결실체 단위로 과세되지 아니하므로 영업이익에 대한 법인세 산출과정에서 연결실체 내의 법인세 배분의 문제가 있을 수 있다. 또한, 지배기업과 종속기업 간의 사업모형의 차이(서로 다른 업종)가 큰 경우 지배기업과 종속기업의 요구수익률을 각각 측정하는 것이 평가목적에 더 적합할 수 있는데 이는 지배기업과 종속기업의 소재 국가가 다른 경우에도 마찬가지이다. 그럼에도 불구하고, 연결재무제표를 기초재무정보로 하여 미래잉여현금흐름을 추정하고 연결실체의 영업가치를 측정하는 방법을 적용할 경우에는 종속기업의 비지배지분[47]에 대한 고려가 필요하다. 종속기업의 비지배지분에 대해서는 「9. 지분가치」에서 구체적으로 살펴본다.

In-depth **상속세및증여세법상 주식가치평가에서 종속회사 지분투자**

상속세 또는 증여세의 과세표준이 되는 재산의 평가에 있어 비상장주식은 (매매사례 등 시가로 인정되는 가액이 없는 경우) 순자산가치와 순손익가치를 가중평균하는 방법(보충적 평가방법)을 사용한다. 상속세및증여세법상 비상장주식의 보충적 평가방법은 연결실체 단위가 아닌 별도 재무제표를 기준으로 한다. 따라서, 보충적 평가방법에서 정한 순자산가치의 평가에 있어서는 K-IFRS 또는 일반기업회계기준서에서 정한 종속회사와 관계회사의 구분은 무의미하며 지배회사, 종속회사 및 관계회사를 같은 방법으로 각각 평가하여 지배회사의 순자산가치에 가산해야 한다. 이때, 비상장주식의 평가실무의 어려움을 고려하여 비상장법인이 다른 비상장법인의 발행주식의 10% 이하의 주식을 소유하는 경우에는 그 피투자회사의 평가를 취득가액으로 할 수 있도록 하고 있다(상속세및증여세법 시행령 제54조 제3항).

7.3. 유휴자산 및 중단사업

유휴자산은 회사의 영업활동을 위해 더 이상 사용하지 않는 자산을 말한다. 유휴자산은 자산의 일시적 임대 또는 매각을 통해 현금흐름이 창출된다. 일반적으로 유휴자산으로부터의 현금유입은 잉여현금흐름 추정에서 제외하고 그 공정가치를 별도로 측정하여 영업가치에 가산한다. 이때, 미래잉여현금흐름의 추정에 있어 직접적이든 간접적이든 유휴자산의 활용이 포함되어 있다면 비영업자산으로 분류되어서는 안 된다.

중단사업은 매각했거나 폐업한 사업을 말한다. 중단된 사업으로부터의 경영성과는 손익계산서에 별도로 표시하고 관련 자산도 재무상태표에 구분하여 표시한다. 중단사업이 있을 경우 재무성과 분석에 있어 중단사업부문을 분리하고 미래현금흐름 추정에서도 배제하여야 함에 주의한다. K-IFRS는 중단사업 관련 자산 및 부채를 공정가치로 측정하도록 하고 있으므로 그 장부금액을 비영업자산의 가치로 분류하는 것이 타당하다.

47) 비지배지분은 종속기업의 지분 중 지배기업이 보유하지 않은 지분을 말한다.

In-depth 유형자산 장부금액

미래현금흐름을 추정함에 있어 기업의 유형자산 장부금액은 어떤 의미가 있는가? 현금흐름할인모형하에서는 이미 투자된 유형자산 장부금액은 매몰원가(sunk cost)로 가치추정에 아무런 영향이 없다. 기업의 미래현금흐름은 현재시점에 이미 투자된 자산과 이에 더하여 미래에 추가로 투자될 자산에 의해 창출된다. 만일 미래에 추가로 투자될 자산이 없다면 현재 투자된 자산만이 미래의 현금흐름 창출의 원동력이 될 것이다. 따라서 유형자산의 장부금액은 미래현금흐름의 현재가치로 측정되므로 유형자산의 장부금액을 가치측정 시 추가로 고려한다면 가치를 이중으로 계산하게 되는 것이다. 반면, 어떤 경우에는 이미 투자된 유형자산을 비영업자산으로 분류하는 것이 타당한 경우가 있다. 매각할 목적으로 보유하고 있는 투자부동산이나 영업활동에 사용하고 있지만 대체가능한 자산을 재취득함으로써 매각대가를 수취할 수 있는 경우에는 비영업자산으로 분류할 수 있다.

7.4. 이월결손금의 현재가치

이월결손금은 세무상의 손실누적액으로 일정기간 내의 이월결손금은 향후 기업의 과세이익이 있을 경우 이를 차감함으로써 미래의 법인세를 절감하는 현재의 자산[48)]이다. 기업이 향후 이익을 통해 법인세를 절감할 수 있다고 예상되는 경우에는 법인세 절감효과의 시기를 추정하여 이월결손금의 현재가치 즉, 결손금의 공정가치를 측정하여 비영업자산으로 분류하고 영업가치에 가산한다. 이월결손금의 현재가치는 사업초기 대규모 투자가 필요한 기업의 경우 공정가치측정에 중요한 영향을 미치므로 신중한 접근이 필요하다.

법인세법에 의한 이월결손금은 사업연도의 개시일로부터 소급하여 10년 이내에 개시한 사업연도에서 발생한 세무상결손금 중 미공제분을 말한다. 가치평가에서의 이월결손금의 고려는 평가시점 현재 세무상 미공제결손금과 예측기간 중 예상되는 예상결손금을 구분한다.

비영업자산으로 분류되는 이월결손금의 현재가치란 평가시점 이월결손금과 미래에 예상되는 결손금의 발생시기별로 법인세 절감효과를 측정하여 평가시점의 현재가치로 계산한다. 이월결손금의 법인세 절감효과를 측정함에 있어 다음의 사항을 고려한다.

- 이월결손금은 법인세법에 의한 결손금으로 판단한다. 법인세법상 결손금과 회계상 결손금은 다른 개념이며 세금절감효과는 법인세법에 의한 결손금만 인정된다.
- 이월결손금은 예측기간 추정손익계산서에 의해 예상되는 법인세 차감 전 이익을 통

48) 평가시점 기업에 존재하는 세무상 이월결손금의 현재가치를 비영업자산으로 분류하는 것은 지분상품의 공정가치평가에서 고려될 수 있으나 K-IFRS 1036호에 따른 현금흐름창출단위의 사용가치를 측정할 때에는 제외되어야 함에 주의한다. K-IFRS 1036호의 사용가치는 기본적으로 세후현금흐름을 기준으로 산정하기 때문이다.

해 실현되는 것으로 판단한다. 이월결손금의 법인세 절감효과를 현재가치로 측정하므로 이익의 발생시점은 이월결손금의 현재가치 산정에 있어 중요하다.

- 이월결손금의 실현시기에 따른 법인세 절감 예상현금흐름을 적절한 할인율로 현재가치로 계산한 금액을 비영업자산으로 분류한다.

이월결손금 법인세 절감의 현재가치를 산정함에 사용될 할인율은 자기자본비용이 타당하다고 판단된다. 비영업자산으로 판단하는 이월결손금은 세무상 과세표준에 기초하므로 이월결손금의 법인세 절감효과는 자기자본에 귀속되는 현금흐름이고 그에 대응되는 할인율은 자기자본비용이 적합하다.

예 제 이월결손금의 현재가치

기업은 최근 대규모 투자로 평가시점 직전 사업연도에 67.0억원의 세무상 결손금을 보고했다. 기업은 중소기업으로 한계법인세율은 22.0%이고 CAPM으로 산출한 자기자본비용은 15%이다. 기업의 추정기간 연도별 세전이익을 추정하여 아래와 같이 법인세효과를 측정하여 이월결손금의 현재가치로 10.8억원으로 추정하였다. 모든 금액단위는 억원이다.

발생시기	평가시점	20×1F	20×2F	20×3F	20×4F	20×5F
세전이익		12.0	23.0	35.0	40.0	43.0
결손금공제		12.0	23.0	32.0	-	-
법인세효과		2.6	5.1	7.0	-	-
현가계수		0.8696	0.7561	0.6575	0.5718	0.4972
현재가치	10.8	2.3	3.8	4.6	-	-

이월결손금 현재가치를 추정함에 있어 다음의 사항을 참고한다.

- 세무상 결손금의 발생시점을 고려한다. 이 기업은 평가시점 직전 사업연도에 발생한 결손금이므로 예측기간 동안 공제가능한 것으로 판단되나 그렇지 않은 경우 발생시기를 파악하여 공제가능하지 않은 결손금의 유무를 확인한다.
- 할인율은 자기자본비용을 사용한다. 가중평균자본비용이나 타인자본비용은 이월결손금의 법인세효과와 관련된 현금흐름에 대응되지 못한다.
- 현금흐름의 시기에 대한 가정은 기말현금흐름을 가정하는 것이 합리적이다. 일반적으로 잉여현금흐름은 기중발생을 가정하지만, 법인세 효과는 기말에 일시에 발생될 가능성이 높다. 그러나 반드시 기말현금흐름을 가정해야 하는 것은 아니다.

8 타인자본가치

전체기업가치에서 타인자본가치를 차감하여 자기자본가치(또는 지분가치)를 산정한다. 차입금이나 회사채와 같은 이자부부채는 대표적인 타인자본항목이며 여기에 전환사채와 같은 복합상품의 부채요소 및 충당부채가 포함될 수 있다. 타인자본가치를 구성하는 항목을 살펴본다.

8.1. 이자부부채

금융기관 차입금이나 회사채, 금융리스부채[49] 등은 대표적인 이자발생부채로 타인자본에 포함된다. 이들 타인자본은 타인자본의 예상현금흐름을 타인자본의 시장이자율(또는 추정된 타인자본 요구수익률)을 이용하여 현재가치로 평가하는 것이 원칙이다. 회사채의 경우 실무적으로 발행시점의 유효이자율을 이용해 계산된 상각후원가, 즉 장부금액을 타인자본으로 간주하는 경우도 있지만 발행시점의 시장이자율(유효이자율)과 평가시점의 시장이자율의 중요한 차이가 있다면 평가시점의 타인자본가치로 다시 평가해야 한다. 만일 기업이 차입금이나 회사채 등 금융부채를 K-IFRS 1109호에 따라 공정가치측정 항목으로 지정한 경우에는 장부금액이 공정가치가 되겠다.

8.2. 복합상품

전환사채(CB), 신주인수권부사채(BW) 및 전환상환우선주(RCPS)와 같은 복합상품은 주계약에 내재된 파생요소에 의해 지분상품요소와 채무상품요소를 동시에 가지고 있는 하이브리드 금융상품이다. 복합상품 투자자는 채무상품의 장점과 지분상품의 장점을 모두 가지게 되며 복합상품에 내재된 옵션을 통해 하나의 금융상품에서 다른 금융상품으로 전환이 가능하거나 다른 선택적 권리를 가지게 된다. 예를 들어 전환사채 보유자는 계약상 현금흐름을 수취하는 방식의 채무상품에 투자하면서 전환사채에 내재된 지분상품으로 전환할 수 있는 선택적 권리(전환옵션)를 이용해 지분상품으로 전환할 수 있다. 또 상환우선주 투자자는 지분상품인 우선주에 투자하면서 기업에 지분상품을 매입해 줄 것을 요청

49) 금융리스부채는 리스제공자로부터 자금을 차입하여 비금융자산을 매입하는 것이므로 이론적으로 이자부부채에 해당한다. 다만, 실무적으로는 지급리스료를 잉여현금흐름에서 영업비용으로 가정하는 경우가 많은데 이때는 해당 금융리스부채를 타인자본에서 제외하여야 할 것이다.

할 수 있는 선택적 권리(상환옵션)를 통해 채무상품의 특성을 보유하게 된다. 이러한 복합상품[50]은 채무상품과 지분상품의 특성을 모두 가지고 있기 때문에 현금흐름할인모형에서 이들 복합상품을 일반사채와 같은 방식으로 평가할 경우 가치평가결과를 왜곡할 수 있다.

전환사채와 같은 복합상품을 발행한 기업의 타인자본가치 평가방법을 살펴보자. 전환사채 등 복합상품의 주계약은 대개 타인자본으로 분류되지만 지분상품과 관련된 내재파생요소(전환옵션)로 인해 지분가치평가와 연계된다.

기업이 복합상품을 발행한 경우 다음의 세 가지 방법 중 하나를 고려한다.

① 복합상품의 시장가치 : 복합상품의 활성시장 공시가격이 있는 경우 시장가치로 평가한다. 그러나 복합상품은 상품특성상 사모방식으로 발행되는 경우가 대부분이다. 복합상품 발행기업이 상장기업이라 하더라도 복합상품이 활성시장에서 거래되는 경우는 드물기 때문에 시장가치를 이용할 수 있는 경우는 많지 않으리라 본다.

② 부채요소와 자본요소의 분리 : 옵션평가모형[51]을 이용해 복합상품에 내재된 파생요소의 공정가치를 평가하여 복합상품을 부채요소와 자본요소를 분리한다. 복합상품의 부채요소는 타인자본가치로 분류하고 자본요소는 잠재적 지분가치로 분류한다. 이 잠재적 지분가치를 차감하여 보통주 지분가치를 계산하므로 복합상품의 자본요소는 보통주 지분가치를 감소시킨다. 복합상품의 파생요소는 그 성격에 따라 부채요소로 분류되기도 하고 자본요소로 분류되기도 한다. 일반적으로 상환옵션과 교환옵션은 부채요소로 분류되고 전환옵션과 신주인수옵션은 자본요소로 분류된다.

③ 지분가치로 평가 : 복합상품에 내재된 파생요소 중 자본요소(전환옵션 또는 신주인수옵션)가 행사될 것을 가정한다(if-converted method : 전환가치법). 예를 들어 전환사채를 전환가치로 평가하여 전환사채 전제를 잠재적 지분가치로 분류한다. 이는 전환옵션의 공정가치를 평가하는 것이 아니라 모든 전환사채가 보통주 지분으로 즉각 전환됨을 가정한다. 즉, 기초자산인 보통주 가격이 전환옵션 행사가격보다 상당히 높은

---

50) 본서는 보통주와 같은 지분상품이나 일반사채와 같은 단순채무상품 외에 다양한 유형의 복합상품의 평가방법 설명을 주요 내용으로 하고 있다. 전환사채 등 복합상품의 세부적인 평가방법에 대해서는 「제3부 공정가치회계 및 측정」에서 설명하기로 하고 여기서는 현금흐름할인모형을 이용한 지분가치 평가과정에서 복합상품을 발행한 기업의 타인자본가치 산정방식에 대해서만 설명한다.

51) McKinsey(「Valuation」, Measuring and Managing the Value of Companies)는 블랙숄즈모형에 따라 평가할 것을 권고하지만 복합상품에 부여된 전환옵션 등 파생요소는 대부분 아메리칸 옵션 유형이므로 유러피안 옵션을 가정한 블랙숄즈모형은 복합상품 평가모형으로 적합하지 않다. 필자는 후술할 이항옵션모형에 의해 복합상품의 공정가치를 평가할 것을 권고한다. 최근의 추세도 복합상품의 평가방법으로 블랙숄즈모형이 아닌 이항옵션모형을 적용하고 있다.

상태 즉, 깊은 내가격(in the money) 상태를 가정한 것이다. 그러나, 전환사채 투자자는 전환권 행사기간 내에 언제든지 전환권을 행사할 권리를 가지므로 깊은 내가격 상태에서 권리를 행사할 가능성은 높지만 행사되지 않은 전환옵션을 행사된 것으로 가정하는 것에는 이론이 제기될 수 있다. 특히, 깊은 내가격 상태임을 확인하려면 기초자산인 지분가치를 도출해야 하는데 현금흐름할인모형을 이용해 지분가치를 도출하기 전에 그 지분가치가 깊은 내가격 상태인 것으로 판단하기가 쉽지 않고 전환사채에 내재된 전환옵션은 내가격 상태에서만 가치가 있는 것이 아니라 기초자산 변동성에 따라 외가격(out of the money) 상태에서도 가치를 지닌다. 즉, 복합상품 전체를 지분가치로 평가할 경우 외가격 상태에서의 복합금융상품의 가치는 측정할 수 없는 문제가 있으므로 이러한 접근방법은 한계가 있다.

타인자본가치는 시장가치(또는 공정가치)로 추정함이 원칙이므로 기업이 발행한 복합상품의 활성시장 공시가격이 있다면 그 가격을 활용함이 타당하다. 그러나 복합상품의 활성시장 공시가격이 없는 경우가 대부분이므로 채권평가모형과 옵션평가모형에 의해 복합상품의 공정가치를 평가하여 부채요소와 자본요소를 분리한 후 부채요소는 타인자본으로 분류하고 자본요소는 잠재적 지분가치로 분류하는 방법이 가장 합리적인 접근법이다. 다만, 복합상품의 부채요소와 자본요소를 분리하는 방법은 사전적으로 기초자산인 보통주의 공정가치를 평가해야 하는 순환평가 문제가 있어 실무적으로 적용하기에 상당한 어려움이 있다. 이러한 이유로 복합상품을 지분가치로 평가하는 방식(if-converted method : 전환가치법)이 보다 폭넓게 이용되는 현실이다.

예제 복합상품의 자본요소의 인식방법에 따른 지분가치평가

평가시점 전체기업가치는 2,000원으로 측정되었다. 기업의 타인자본에는 전환사채가 유일하다. 평가시점 보통주는 총 100주가 발행되었으며, 전환사채 보유자가 전환옵션을 모두 행사할 경우 추가로 100주가 발행될 것이다. 평가시점 전환사채의 내용과 공정가치평가 결과는 다음과 같다.

- 채무상품(주계약) 공정가치 : 250원(장부금액 : 250원)
- 전환옵션 공정가치 : 450원(장부금액 : 100원)

기업은 위 전환사채의 전환옵션이 지분상품요건을 만족함에 따라 발행시점의 공정가치(100원)를 자본으로 인식하였다. 또, 주계약(채무상품)은 상각후원가로 측정된 금액을 부채로 인식하였으며, 평가시점에 장부금액과 공정가치는 250원으로 같다. 보통주 지분가치를 평가함에 있어 기업은 아래의 세 가지 평가방법을 고려하고 있다.

① 전환사채 장부금액을 타인자본으로 분류하고 잠재적 지분가치를 고려하지 않는다.
② 전환사채를 보통주 지분으로 분류한다. 즉, 전환옵션이 행사되었음을 가정한다.
③ 전환사채의 부채요소와 자본요소를 분리한다. 부채요소는 타인자본으로, 자본요소는 잠재적 지분가치로 각각 분류한다.

전환사채를 발행한 기업의 보통주 지분가치를 평가함에 있어 위 ①의 방법을 적용하는 경우가 있다. 이 방법은 전환사채가 실제로 전환되기 전까지 타인자본으로 분류하는 방법이다. 그러나 이러한 접근법은 보통주 지분가치를 과대평가하는 문제가 있다. 전환옵션 보유자는 적은 금액의 프리미엄을 지불하고 기초자산의 가격상승에 무한대의 이익을 얻을 수 있으며 그러한 옵션보유자의 이익은 기존 보통주 주주의 지분가치를 감소시키기 때문이다(기존 보통주 주주의 공정가치가 옵션보유자에게 이전된다. 옵션은 제로섬 게임이기 때문이다).

① 전환사채를 타인자본으로 분류하고 잠재적 지분가치를 고려하지 않는 경우 : 전환옵션 보유자가 권리를 행사하지 않을 것을 가정하는 방법으로 보통주 지분가치는 다음과 같이 측정된다.
   - 타인자본가치 : 부채로 인식된 전환사채 장부금액(250원)
   - 자기자본가치 : 전체기업가치(2,000원) - 타인자본가치(250원) = 1,750원
   - 보통주 지분가치 : 자기자본가치(1,750원) - 잠재적 지분가치(0원) = 1,750원
   - 보통주 주당가치 : 1,750원 ÷ 100주 = 17.^{50}원
   - 전환옵션이 행사되지 않을 것을 가정하므로 보통주 주당가치 계산을 위한 발행주식수는 평가시점 발행주식수(100주)로 한다.
② 전환사채를 보통주 지분으로 분류하는 경우 : 전환옵션 보유자가 권리를 행사한 것을 가정하므로 전환사채와 관련하여 어떠한 타인자본가치도 인식하지 않는다. 이러한 방법에 따른 보통주 지분가치는 다음과 같이 측정된다.
   - 타인자본가치 : 전환사채가 전환된 것으로 가정하므로 타인자본가치는 0이다.
   - 자기자본가치 : 전체기업가치(2,000원) - 타인자본가치(0원) = 2,000원
   - 보통주 지분가치 : 자기자본가치(2,000원) - 잠재적 지분가치(0원) = 2,000원
   - 보통주 주당가치 : 2,000원 ÷ 200주 = 10.^{00}원
   - 전환옵션이 행사되었음을 가정하므로 보통주 주당가치 계산을 위한 발행주식수는 평가시점 발행주식수(100주)와 전환으로 발행될 주식수(100주)를 합하여 계산한다.
③ 전환사채의 자본요소와 부채요소를 분리하는 경우 : 평가시점에 옵션보유자가 권리를 행사할지 알 수 없으므로 자기자본가치 중 옵션보유자의 지분가치(잠재적 지분가치)를 분리하는 방법으로 보통주 지분가치를 계산한다.
   - 타인자본가치 : 전환사채 주계약의 공정가치(250원)
   - 자기자본가치 : 전체기업가치(2,000원) - 타인자본가치(250원) = 1,750원
   - 보통주 지분가치 : 자기자본가치(1,750원) - 잠재적 지분가치(450원) = 1,300원
   - 보통주 주당가치 : 1,300원 ÷ 100주 = 13.^{00}원

• 자기자본가치(1,750원)를 보통주 지분가치(1,300원)와 잠재적 지분가치(450원)로 구분하였으므로 보통주 주당가치 계산을 위한 보통주는 평가시점 발행주식수인 100주이다.

각 평가방법에 따라 보통주의 1주당가치에 차이가 있음을 알 수 있다. 일반적으로 전환사채를 부채로만 분류하는 경우에 보통주 지분가치는 과대평가되며, 전환사채가 전환된 것으로 가정할 경우 보통주 지분가치가 과소평가될 수 있다. 특히, 위 방법 중 전환사채를 부채로 분류하는 방법은 전환사채와 같은 복합상품의 특성을 무시하고 일반채무상품과 동일하게 분류한 것으로 보통주 지분가치의 희석효과가 배제되기 때문에 과대평가되는 문제가 있음에 주의해야 한다. 또한, 평가시점에 전환사채가 전환된 것으로 가정하는 방법은 전환옵션의 내재가치가 커질수록 왜곡된 가치를 측정할 수 있다. 전환옵션 보유자는 정해진 행사가격으로 보통주를 인수하게 되는데 전환옵션이 깊은 내가격이 될 경우 옵션보유자는 적은 금액으로 자기자본가치를 공유하게 되므로 내재가치가 커질수록 그러한 현상이 심해진다. 만일, 내재가치가 깊은 내가격상태가 되면 기존의 보통주 주주는 자신의 가치가 잠재적 주주에게 이전되므로 때로는 전환옵션을 분리하는 방법에 의한 보통주 가치가 ②의 방법에 의한 가치보다 더 작아질 수 있다.

복합상품을 발행한 기업의 지분가치를 추정하는 과정에서 복합상품에 내재된 요소를 부채요소와 자본요소로 분리하여 최종적으로 지분가치를 평가하는 방법이 가장 합리적인 방법이다. 이 방법을 적용할 경우 몇 가지 고려할 사항이 있다.

• 복합상품에 내재된 부채요소와 자본요소를 분류한 결과와 K-IFRS 1032호에 의해 복합상품을 재무제표에 표시하는 방식은 다를 수 있다. 예를 들어 전환사채에 내재된 전환옵션은 잠재적 지분이므로 자기자본가치의 일부를 구성하지만 기준서에서 정해진 바에 따라 전환사채의 전환옵션의 조건에 따라 자본으로 분류되기도 하고 부채로 분류[52]되기도 한다. 현금흐름할인모형은 기업가치의 배분권자인 각 투자자 청구권의 공정가치를 측정하여 최종적인 지분가치를 도출하는 방식이므로 회계처리방식과 관계없이 복합상품 내재요소별 특성에 따라 분류한다. 즉, 전환옵션은 자기자본가치의 일부를 구성하는 잠재적 지분이며 기존 주주의 보통주 가치를 감소시킨다.
• 부채요소와 자본요소를 동시에 갖는 복합상품의 공정가치평가에 있어 순환문제가 발생하기도 한다. 자기지분상품으로 전환할 수 있는 전환옵션은 최종결과물인 지분가치가 복합상품의 기초자산이 되므로 지분가치와 복합상품 중 어느 한쪽의 평가가 선행되어야 하는데 서로 참조해야 하는 순환의 문제가 발생한다. 이를 위해서는 시행착

52) 전환옵션을 통해 발행할 지분상품의 수량과 금액이 확정되지 아니한 경우, 즉 전환비율이 조정될 수 있는 경우(re-fixing)에는 전환옵션을 파생상품부채로 분류한다.

오방식이나 순환참조 반복계산의 방식을 사용해야 할 것이다. 기초자산의 활성시장 공시가격이 있다면 전환옵션의 기초자산으로 활성시장 공시가격을 활용할 수 있다.

- 복합상품 투자자는 단순원리금을 획득할 목적이 아닌 복잡하면서 다양한 옵션기회를 통해 높은 요구수익률 기대한다. 따라서 복합상품을 발행한 기업의 가중평균자본비용 계산에서 복합상품의 요구수익률 산정방식을 결정해야 한다. 복합상품에 내재된 기본채무상품의 시장수익률은 타인자본비용으로 산정함이 타당하다. 또한, 복합상품의 부채요소 공정가치가 타인자본비용 산정의 가중치가 되고 복합상품의 자본요소의 요구수익률은 자기자본비용이 된다. 다만, 기업이 다수의 복합상품을 발행한 경우(둘 이상 유형의 복합상품을 발행하였거나 여러 시리즈의 복합상품을 발행한 경우)에는 복합상품에 내재된 요소를 부채요소와 자본요소로 분리하여 순환참조 방식으로 산출하는 방법은 사실상 적용이 불가능하다. 따라서, 실무적으로는 복합상품을 발행한 기업의 가치평가에는 전환형 복합상품(주식선택권 포함)이 즉시 전환될 것임을 가정한 전환가치법(if-converted method)을 적용하는 것이 일반적이다.

8.3. 충당부채

충당부채는 과거사건에 의하여 발생하였으며 경제적 효익이 내재된 자원이 기업으로부터 유출됨으로써 이행될 것으로 기대되는 현재의무로 정의된다. 충당부채는 그 지출의 시기 또는 금액이 불확실한 부채이다. 즉, 부채의 기본적인 정의를 충족하지만 지출시기나 금액이 불확실한 경우 기업은 충당부채를 인식한다. 충당부채는 결제에 필요한 미래지출의 시기 또는 금액의 불확실성으로 인해 매입채무와 미지급비용과 같은 기타부채와 구별된다.[K-IFRS 1037 문단 10~11]

- 매입채무는 공급받았거나 제공받은 용역에 대하여 송장을 받았거나 공급자와 공식적으로 합의한 경우에 지급하여야 하는 부채이다. 미지급비용은 공급받은 재화나 제공받은 용역에 대하여 아직 그 대가를 지급하지 않았거나 송장을 받지 않았거나 공급자와 공식적으로 합의하지 못한 경우에 지급하여야 하는 부채이다. 미지급비용도 지급시기 또는 금액을 추정할 필요가 있는 경우가 있지만 일반적으로 충당부채보다는 불확실성이 훨씬 작다.

기업은 현재의무를 이행하기 위하여 소요되는 지출의 최선의 추정치를 충당부채로 인식하게 된다. 현재의무를 이행하기 위하여 소요되는 지출에 대한 최선의 추정치는 기업이 그 의무를 이행하거나 제3자에게 이전시키는 경우에 합리적으로 지급하여야 하는 금액이다. 이를 위해 경영자는 과거의 경험, 독립적인 전문가의 보고서 및 보고기간 후의 사건에 의해 확인할 수 있는 추가적 증거 등을 종합적으로 고려하여 판단한다. 충당부채에 대한 최선의 추정치를 구할 때에는 관련된 사건과 상황에 대한 불가피한 위험과 불확실성을 고려한다. 이때 위험은 결과의 변동성을 의미하는데 모든 가능한 결과와 그와 관련된 확률을 가중평균하여 추정하는 기대가치를 측정하여 충당부채로 표시한다.[K-IFRS 1037 문단 36~42]

현금흐름할인모형하의 지분가치 산정과정에서 충당부채를 어떤 관점에서 보아야 할까? 이에는 두 가지 방법을 생각해 볼 수 있는데, 타인자본의 한 유형으로 보아 타인자본의 현재가치로 측정하는 방법과 미래잉여현금흐름 추정에서 장래에 지출될 현금흐름으로 고려하는 방법을 생각해 볼 수 있다. 충당부채를 어떤 관점에서 볼 것인가에 따라 평가결과는 달라질 수 있는데 그 이유는 다음과 같다.

- 충당부채를 타인자본으로 보아 미래현금흐름의 현재가치로 추정한 후 전체기업가치에서 차감하는 경우 충당부채의 현재가치를 계산하는 과정에서 적용되는 할인율은 타인자본 요구수익률이다.
- K-IFRS는 충당부채의 현재가치를 계산함에 있어 예상되는 지출액의 현재가치로 평가하되, 할인율은 부채의 특유위험과 현행시장의 평가를 반영한 세전이율을 사용하며, 이 할인율에 반영되는 위험에는 미래현금흐름을 추정할 때 고려된 위험은 반영하지 않도록 하고 있다. 즉, K-IFRS에 따라 충당부채를 공정가치로 측정하였다면 그 충당부채는 타인자본으로 분류함이 타당하다.
- 반면, 현재가치로 측정된 충당부채로부터 장래에 지출될 것으로 예상되는 현금유출액을 미래잉여현금흐름에서 직접 고려하는 방법은 기업의 영업활동 현금흐름의 일부로 판단하게 되며 충당부채로부터 장래에 지출될 것으로 예상되는 잉여현금흐름은 가중평균자본비용으로 할인되어 영업가치에 반영된다. 가중평균자본비용은 자기자본비용과 세후 타인자본비용의 가중평균이다.

충당부채를 타인자본으로 보아 충당부채로부터 발생할 현금흐름을 타인자본비용으로 할인하여 추정하는 방법과 잉여현금흐름에서 직접 차감하여 영업가치에서 고려하는 방법에는 차이가 있다. 현금흐름할인모형에 따른 지분가치를 산정하는 과정에서 충당부채의 처리방법에 대한 본서의 의견은 다음과 같다.

- 계속적인 영업활동과 관련된 충당부채(품질보증 또는 반품관련 충당부채 등)는 기업의

영업활동과 직접적으로 관련된 현금흐름이므로 미래잉여현금흐름 추정에서 현금의 유출로 추정하고 가중평균자본비용으로 할인하여 영업가치에 반영되도록 한다. 계속적인 영업활동과 관련된 충당부채는 미래잉여현금흐름에서 합리적으로 예측가능하며 영업가치의 일부를 구성하므로 타인자본과 자기자본의 요구수익률이 함께 고려되는 것이 타당하다.

- 계속적인 영업활동이 아닌 비연속적, 장기적으로 발생할 충당부채(구조조정 관련 충당부채)나 투자활동과 관련된 충당부채(매입한 유형자산의 원상복구 또는 환경관련 의무 등)는 잉여현금흐름에서 개별적으로 추정하는 것이 어려우므로 이러한 충당부채는 타인자본의 일부로 보아 충당부채로부터 발생할 현금흐름을 타인자본비용으로 할인하여 현재가치를 측정한다. 이때 충당부채의 미래지출액은 세전현금흐름이므로 할인율로 사용되는 타인자본비용도 법인세효과를 고려하지 아니한 할인율이 사용되는 것이 타당하다. 실무적으로 볼 때, 기업이 이러한 충당부채를 K-IFRS 1037호에서 정한 바에 따라 예상되는 지출액의 현재가치로 인식하고 있다면 장부금액의 조정 없이 타인자본가치로 이용할 수 있을 것으로 판단된다.

9 지분가치

지분가치(자기자본가치)는 전체기업가치에서 타인자본가치를 차감함으로써 산출된다. 그러나 현대화된 기업의 자본구조는 단순히 자본과 부채로 구분되지 않는 복잡한 구조를 지니므로 전통적인 유형의 기업의 지분가치평가와는 다른 문제들을 고려해야 한다. 예를 들어 기업이 보통주에 비해 청구권이 앞서 있는 다른 지분상품인 우선주를 발행하였거나 복합상품을 발행한 경우에는 우선청구권이나 기존 주주의 가치를 나눠야 하는 잠재적 지분가치를 추가로 고려해야 한다.

9.1. 우선주 지분가치

기업이 우선주를 발행하였다면 우선주의 공정가치를 차감하여 보통주 지분가치를 산정한다. 우선주는 법적으로 자본형태이므로 타인자본에 비해 기업가치 청구권이 후순위이며 보통주에 비해 앞선다. 타인자본은 계약상 현금흐름(원금과 이자)이 정해져 있어 기업의 채무불이행 상황이 아니면 계약상 현금흐름이 예정대로 집행되는 반면 우선주는 배당가능한 이익이 있는 경우에 한하여 배당이 가능하고 경영진의 정책에 의해 배당률이 달라진다. 의결권이 없는 우선주는 보통주에 비해 위험부담이 작은 대신 기업의 과실(기업가치)에 대한 몫도 작다.

우선주 가치 평가에 일반적으로 적용되는 방법은 배당할인모형(DDM : Discounted Dividend Model)이다. 배당할인모형을 적용할 경우 우선주에 귀속되는 예상현금흐름(배당예상액)을 우선주 요구수익률로 할인하여 다음과 같이 측정한다.

$$P_p = \sum_{i=1}^{n=\infty} \frac{div^e{}_i}{(1+r_p)^i}$$

- P_p : 우선주의 공정가치
- $div^e{}_i$: i기 예상배당금
- r_p : 우선주 요구수익률

우선주 배당이 매년 일정할 것으로 예상되면 영구연금모형을 이용할 수 있고 배당이 일정한 성장률(g)로 증가할 것으로 예상되면 항상성장 영구연금모형을 이용하여 다음과 같이 우선주 공정가치를 평가한다.

매년 배당이 일정할 경우	매년 배당이 성장할 경우
$P_p = \frac{div^e{}_1}{r_p}$	$P_p = \frac{div^e{}_1}{(r_p - g)}$

- P_p : 우선주 공정가치
- $div^e{}_i$: i기 예상배당금
- r_p : 우선주 요구수익률
- g : 배당성장률

우리는 앞서 우선주 자본비용을 살펴보았다. 우선주 자본비용은 우선주로부터 기대되는 현금흐름의 예측방법에 따라 달리 적용된다. 전통적인 배당우선주로 기업이 충분한 배당가능이익을 확보하고 있고 안정적 배당성향을 유지하는 경우에는 채권투자자와 유사한 수준의 위험을 부담하므로 기업의 신용위험을 반영한 채무상품의 시장수익률을 우선주 요구수익률로 보아 우선주의 공정가치를 측정한다. 반면, 배당가능이익이 충분하지 않거나 안정적인 배당성향을 유지하지 못하는 기업은 보통주 자본비용을 우선주 요구수익률로 보아 보통주의 평가와 유사한 방식을 사용할 수 있다. 보통주 자본비용을 활용하는 경우에는 실질적으로 우선주 지분가치는 보통주 지분가치와 동일한 방식으로 평가하게 된다.

일반적으로 우선주는 배당우선주를 말하지만 기업은 전환우선주, 상환우선주 또는 전환상환우선주와 같은 다양한 내재파생요소를 지닌 우선주를 발행하기도 한다. 이러한 복합상품은 법적형식은 우선주이지만 내재적으로 파생적 자본요소나 파생적 부채요소를 가진다. 이러한 내재파생요소가 있다면 복합상품의 접근방식을 따라야 할 것이다.

9.2. 비지배지분

현금흐름할인모형에 의한 지분가치평가에 있어 연결실체를 기준으로 할 경우에는 비지배지분의 고려가 필요하다. 다만, 지배기업이 종속기업의 지분전체를 보유(100% 자회사)한 경우에는 연결실체 단위로 추정된 미래잉여현금흐름으로 영업가치와 전체기업가치를 도출하므로 비지배지분의 고려는 불필요하다. 그러나 종속기업 지분 중 지배기업이 보유하지 않은 부분 즉, 비지배지분이 있는 경우에는 연결실체의 전체기업가치에는 비지배지분에 귀속될 가치가 포함되어 있으므로 비지배지분에 대한 조정을 필요로 한다. 원칙적으로 비지배지분은 지배주주의 보통주 지분가치를 산출하는 과정에서 차감되어야 한다.

연결실체의 지분가치를 산정하는 과정에서 비지배지분의 고려는 비지배지분의 중요성을 감안하여 다음의 방법들 중 하나를 적용할 수 있다.

① 연결실체에서 비지배지분이 차지하는 비중이 미미하다면 비지배지분에 대한 고려를 생략할 수 있다. 연결실체에서 비지배지분이 차지하는 비중이 유의적으로 중요한지에 대해서는 주관적 판단이 불가피한데 아래의 경우에는 비지배지분이 중요하지 않다고 판단할 수 있겠다.

- 종속회사의 지분구조에서 비지배지분이 차지하는 비중이 미미하여 연결실체의 전체기업가치에서 비지배지분에 배분될 가치가 무시할 정도로 작은 것으로 판단된다면 비지배지분의 고려를 생략할 수 있다.
- 종속회사의 지분구조에서 비지배지분이 차지하는 비중이 유의적으로 중요하지 않으면서 연결실체 전체에서 종속회사가 차지하는 비중이 작은 경우에는 연결실체의 전체기업가치에서 비지배지분에 배분될 가치가 크지 않을 것이므로 비지배지분의 고려를 생략할 수 있다.

② 연결실체에서 비지배지분이 유의적으로 중요하다면, 연결실체의 전체기업가치에서 비지배지분 가치를 차감하여 연결실체의 지분가치를 산정한다. 이때 비지배지분의 가치를 산정하는 방법은 다음 중 하나의 방식을 고려할 수 있다.

㉠ 종속회사의 지분이 활성시장에서 거래되고 있는 경우에는 비지배지분의 활성시장 가격으로 평가한다.

㉡ 종속회사의 지분이 활성시장에서 거래되고 있지 않은 경우에는 종속회사의 지분가치평가를 통해 비지배지분의 가치를 산정한다. 이때, 종속회사의 가치평가는 이용가능한 정보를 최대한 활용하되 효율적인 방법을 사용하는 것이 일반적이다. 즉, 연결실체의 지분가치평가 과정에서 수집된 정보를 활용하여 현금흐름할인모형에 따라 평가할 수도 있으나 본서에서 후술하게 될, 비교적 평가과정이 단순한 상대가치평가모형 등을 이용하여 비지배지분가치를 평가할 수 있다.

③ 현금흐름할인모형을 적용함에 있어 연결실체 단위가 아닌 지배회사와 종속회사를 별개의 회사로 각각의 지분가치를 평가하여 종속회사의 지분가치를 지배회사의 비영업자산으로 분류하는 것을 고려할 수 있다. 어떤 경우에는 이러한 접근방법이 정보이용자에게 보다 목적적합한 정보를 제공하기도 한다. 즉, 지배회사와 종속회사 각각의 가치를 분리하여 제시함으로써 정보이용자는 정보의 활용도를 높일 수 있다. 다만, 지배회사와 종속회사의 지분가치를 각각 평가하는 방식을 사용할 경우에는 다음의 사항을 고려하여야 한다.

- 지배회사와 종속회사 간의 내부거래가 없거나 미미한 경우에 한해 지배회사와 종속회사의 지분가치를 각각 산정하는 것이 가능하다. 만일, 지배회사와 종속회사 간에 지속적이고 중요한 내부거래가 있을 경우 연결실체 내부의 미실현이익이 제거되지 않은 상태이므로 각각의 가치가 과대평가될 수 있고 지배회사와 종속회사가 서로 의존적인 경우 개별적으로 창출한 가치의 합이 연결실체가 창출한 가치와는 큰 차이가 발생할 수 있다.
- 종속회사와 지배회사 간의 내부거래가 중요한 경우라 하더라도 연결실체에서 종속회사가 차지하는 비중이 작고, 종속회사는 단순한 생산법인이나 판매법인에 불과하여 자체적으로 가치를 창출하기 어렵다고 판단된다면, 실무적으로 종속회사의 순자산 장부금액으로 평가하기도 한다.

9.3. 잠재적 지분가치

기업이 자본요소가 포함된 복합상품을 발행하였거나 임직원에게 스톡옵션을 발행한 경우 기존의 보통주 지분은 이들 복합상품 등을 발행하지 않았을 경우에 비해 가치가 희석(dilution)될 위험에 처한다. 복합상품 투자자나 스톡옵션을 부여받은 자는 정해진 가격으로 기업의 자기지분상품을 매입할 수 있는 선택적 권리를 가지고 있으므로 기존의 보통주 주주는 정해진 행사가격보다 높은 가치로 자신의 지분가치를 이들 잠재적 주주에게 분배해야 한다. 즉, 기업은 잠재적 투자자에게 보통주 지분 공정가치보다 낮은 금액으로 자기지분상품을 교부하며 이는 기존 보통주 주주의 가치에서 배분하는 것이다. 따라서 이들 보통주 지분가치 산정과정에서 잠재적 지분의 고려는 매우 중요하다.

잠재적 지분가치는 자기자본가치의 일부를 구성하지만 현금흐름할인모형을 통해 궁극적으로 도출하고자 하는 보통주 지분가치를 감소시킨다. 즉, 이론적으로 잠재적 지분이 있는 기업의 보통주 지분가치는 전체기업가치에서 타인자본가치, 우선주 및 비지배지분가치 그리고 잠재적 지분가치를 차감하여 계산한다.

일반적으로 잠재적 지분가치는 다음의 유형들이 있다.

① 전환사채에 내재된 전환옵션
② 신주인수권부사채에 내재된 신주인수옵션
③ 전환상환우선주에 내재된 전환옵션
④ 신주인수권
⑤ 주식선택권(스톡옵션)

▌복합상품

기업이 자본요소가 내재된 복합상품을 발행하였다면 복합상품에 내재된 자본요소(전환옵션 및 신주인수옵션)를 잠재적 지분가치로 분류하고 이러한 잠재적 지분가치를 차감하여 보통주 지분가치를 산정하는 것이 원칙이다. 복합상품은 부채요소 및 자본요소로 분리할 수 있으며 이 중 자본요소는 복합상품을 정해진 행사가격으로 발행기업의 지분상품(보통주)으로 전환(전환옵션)할 수 있거나 정해진 행사가격으로 발행기업의 지분상품을 인수(신주인수옵션)할 수 있는 파생요소이다. 복합상품의 부채요소는 타인자본으로 분류하고 자본요소는 잠재적 지분가치로 분류한다.

다만, 복합상품의 자본요소와 부채요소를 분류하지 않고 복합상품이 보통주로 궁극적으로 전환될 것임을 가정하여 전환될 보통주를 발행주식수에 포함하여 지분가치를 계산하고 복합상품의 부채요소는 타인자본에서 제외하는 방법(전환가치법)이 실무적으로 폭넓게 사용되고 있다. 아래에서는 복합상품의 유형별 구성요소를 부채요소와 자본요소로 분류하는 방법을 적용할 경우의 적용방법이다.

① 전환사채 : 전환사채의 주계약(채무상품)과 상환옵션은 부채요소이므로 타인자본으로 분류하고 전환옵션은 잠재적 지분으로 분류한다.

② 신주인수권부사채 : 신주인수권부사채의 주계약(채무상품)과 상환옵션은 부채요소이므로 타인자본으로 분류하고 신주인수옵션은 잠재적 지분으로 분류한다.

③ 신주인수권 : 신주인수권은 발행기업의 지분상품을 정해진 행사가격으로 인수할 수 있는 파생상품이므로 잠재적 지분으로 분류한다.

④ 상환우선주 : 상환우선주의 주계약과 내재파생요소인 상환옵션은 부채이므로 타인자본으로 분류한다. 다만, 상환우선주를 타인자본으로 분류하면 상환우선주 요구수익률을 타인자본비용으로 보게 되는데, 상환우선주 이자비용(상환우선주 배당금)은 법인세법에 따른 비용이 아니므로 절세효과를 고려할 수 없다. 이러한 이유로 상환우선주를 타인자본이 아닌 잠재적 지분으로 분류[53]하는 것이 효율적일 수 있다.

⑤ 전환상환우선주 : 전환우선주와 상환우선주의 내재파생요소가 모두 포함된 전환상환우선주의 주계약은 부채이므로 타인자본으로 분류한다. 전환상환우선주에 내재된 전환옵션은 잠재적 지분으로 분류하고 상환옵션은 타인자본으로 분류한다. 다만, 상환우선주와 마찬가지로 전환상환우선주의 주계약을 타인자본이 아닌 잠재적 지분으로 분류하는 것이 효율적일 수 있다.

⑥ 교환사채 : 교환사채의 주계약과 내재파생요소인 교환옵션은 부채이므로 교환사채 전체를 타인자본으로 분류한다.

정리하면, 복합상품의 파생요소 중 발행기업이 보통주를 발행하는 방법으로 결제해야하는 전환옵션이나 신주인수옵션 등은 잠재적 지분이다. 그러나, 기초자산이 보통주가 아닌 상환옵션은 잠재적 지분으로 분류되지 않는다. 즉, 복합상품에 내재된 파생요소의 특성에 따라 잠재적 지분으로 분류할지 여부를 판단해야 한다. 그러나 앞서 설명하였

53) K-IFRS는 상환우선주를 부채로 분류하고 일반기업회계기준은 자본으로 분류한다. 그러나 보통주 지분가치 산정과정에서 우선 차감하는 것은 동일한 원리이기 때문에 회계상 부채 또는 자본으로 분류하는 방법에 의해 달라지지는 않는다. 부채로 분류하더라도 이자비용의 절세효과가 없으므로 가중평균자본비용 산정시에 우선주 자본비용으로 분류하여야 왜곡되지 않기 때문에 타인자본으로 분류하지 않고 잠재적 지분으로 분류하는 것이 효율적일 수 있다.

듯이 잠재적 지분의 가치를 별도로 산출하기 위해서는 기초자산인 지분가치를 도출해야 하는 순환문제가 발생하는 현실적인 한계가 있으므로 실무적으로는 위의 복합상품 중 부채요소로만 구성된 금융상품(상환우선주 및 교환사채)을 제외한 전환형 복합상품에 대해서는 잠재적 지분가치를 별도로 고려하지 않고 전환가치법을 적용하여 전환형 복합상품 전체를 자기자본으로 분류하는 방식이 주로 사용된다.

▌주식선택권

스톡옵션(Stock Option) 또는 주식선택권은 대표적인 주식기준 보상거래이다. 주식기준 보상거래란 기업이 종업원 또는 거래상대방으로부터 재화나 용역을 제공받는 대가로 기업의 지분상품(주식 또는 주식선택권)을 부여하거나 기업의 주식이나 다른 지분상품의 가격에 기초한 금액만큼 부채를 부담하는 거래를 말한다. 주식기준 보상거래는 기업의 지분상품을 부여하는 다양한 거래를 포함한 개념이지만 국내 현실에서는 주식기준 보상거래의 대표적인 유형인 주식선택권, 그 중에서도 종업원 주식선택권이 대부분을 차지한다. 따라서 본서는 지분가치 평가과정에서 고려할 주식기준 보상거래는 종업원 주식선택권임을 전제한다.

종업원 주식선택권은 일정한 가득조건(일정기간 용역제공조건 또는 성과조건)을 충족한 종업원이 사전에 약속된 행사가격으로 기업의 지분상품을 매입(주식결제형 주식선택권)하거나 기업의 지분상품의 가격에 기초한 금액만큼 차액을 현금으로 보상(현금결제형 주식선택권)받을 수 있는 선택적 권리이다. 주식선택권은 종업원이 용역을 제공하는 시점에 주식보상비용으로 인식한다. 이때, 주식결제형 주식선택권은 주식보상비용 해당액을 자본으로 처리하는 반면 현금결제형 주식선택권은 주식보상비용을 부채로 인식한다. 또, 주식결제형은 주식선택권 부여일의 공정가치를 가득기간 동안 비용 및 자본으로 인식하는 반면 현금결제형 주식선택권은 매 보고기간에 공정가치를 측정하여 비용 및 부채로 인식한다. 이러한 회계처리방식의 차이는 현금흐름할인모형에 따른 지분가치 산정과정에서 중요한 영향을 미친다. 지분가치 산정과정에서 주식결제형과 현금결제형 주식선택권의 반영방법은 다음과 같다.

① 현금결제형 주식선택권 : 현금결제형 주식선택권은 옵션보유자가 권리를 행사할 경우 기초자산가격과 행사가격의 차액을 현금으로 결제하므로 자기자본을 구성하지 않는다. 따라서, 현금결제형 주식선택권은 잠재적 지분이 아니며 영업관련 운전자본도 아니므로 타인자본으로 분류한다.

② 주식결제형 주식선택권 : 주식결제형 주식선택권은 옵션보유자가 권리를 행사할 경우 보통주 지분을 정해진 행사가격으로 교부해야 하므로 기존 보통주 주주의 공정가치를 감소시킨다. 따라서, 주식결제형 주식선택권은 잠재적 지분으로 분류한다.

주식결제형 주식선택권이 부여된 경우 주식선택권의 공정가치(콜옵션가치)를 잠재적 지분가치로 분류한다. 즉, 전체기업가치에서 잠재적 지분가치인 주식선택권을 차감하여 보통주 지분가치를 계산하므로 주식선택권을 잠재적 지분으로 분류함으로써 보통주 지분가치를 감소(희석)시키는 효과가 반영된다.

- 주식선택권은 선택적 권리(콜옵션)이다. 콜옵션 가치는 기초자산의 변동성이 클수록 그리고 행사기간이 길수록 가치가 커지는데 일반적으로 주식선택권은 부여일로부터 행사가능기간까지 상당히 긴 기간이 소요되기 때문에 주식선택권이 부여된 기업의 지분가치 평가에서 주식선택권의 고려는 중요하다.
- 주식선택권의 공정가치는 옵션평가모형을 이용해 측정한다. 주식선택권은 스톡옵션 부여계약에 따라 사전에 정해진 행사가격으로 기초자산인 부여기업의 자기지분상품(보통주)을 매입할 수 있는 선택적 권리이므로 이항옵션모형 등과 같은 옵션평가모형을 이용하여 가치를 평가할 수 있다(보통주를 기초자산으로 하는 콜옵션 가치평가의 세부적인 방법은 「옵션평가모형」에서 설명한다).
- 기업은 주식선택권에 대해 부여일 시점의 공정가치를 측정하여 자본으로 인식한다. 주식선택권을 자본으로 인식하므로 부여일 이후의 주식선택권의 공정가치를 재측정하지 않는다. 따라서, 잠재적 지분가치를 구성하는 주식선택권의 공정가치는 부여일 시점에 기업이 재무상태표에 인식한 금액이 아니며 평가시점에 재측정해야 한다. 국제회계기준을 포함한 모든 회계기준에서 자본항목(지분가치)은 후속측정하지 않는데 현금흐름할인모형은 그 지분가치의 공정가치를 측정하는 모형이다.

실무적으로는 주식선택권을 잠재적 지분가치에 포함하지 않고 주식선택권이 즉시 행사될 것을 가정한 방법(행사가치법)이 선호된다. 주식선택권의 공정가치를 잠재적 지분가치로 분류할 경우 주식선택권의 기초자산인 보통주 가치를 사전적으로 도출해야 하는 순환평가 문제가 발생하므로 실무적인 어려움이 있다. 이에 평가시점에 주식선택권이 모두 행사될 경우 발행될 보통주를 발행주식수에 포함하여 보통주 지분가치를 산정하는 〈행사가치법〉이 폭넓게 활용되고 있다. 다만, 행사가치법을 적용할 경우에는 주식선택권의 행사를 통해 유입될 행사가액을 비영업자산으로 가산해야 함에 유의한다. 전환사채와 같은 복합상품에 대해 전환가치법을 적용할 경우 전환을 통해 추가적인 현금유입이 없으므로 전환가액을 고려하지 않고 타인자본에서 제외하는 방식을 적용함에 비해 주식선택권에 대해 행사가치법을 적용할 경우 권리행사를 통해 유입될 현금흐름을 추가로 고려해야 한다.

9.4. 보통주 지분가치

보통주 주주는 기업가치의 청구권에서 가장 후순위에 있는 투자자다. 따라서 보통주 주주의 예상현금흐름은 다른 투자자에 비해 불확실성이 높고 보다 높은 수익률을 요구한다. 보통주 지분가치는 전체기업가치에서 타인자본가치, 우선주가치, 비지배지분 및 잠재적 지분가치를 모두 차감한 후의 최종적인 잔여가치이다.

보통주 지분가치에 발행주식수를 나누어 보통주 주당가치를 산출한다. 이때, 발행주식수는 다음의 사항을 고려한다.

- 복합상품에 내재된 자본요소로 인해 희석될 주식수는 고려하지 않는다. 이들 잠재적 지분가치를 차감하여 보통주 지분가치를 산정한 것이므로 보통주 지분가치는 기존 주주의 몫이다. 단, 복합상품에 내재된 자본요소가 즉시 행사될 것을 전제하여 복합상품을 자기자본으로 분류하고 이를 보통주 지분가치에 포함하는 전환가치법을 적용한다면 이들을 잠재적 지분가치로 고려하지 않은 것이므로 복합상품의 즉시 전환에 의해 희석될 주식수량을 포함하여 발행주식수를 산정해야 한다. 실무적으로는 이러한 전환가치법이 폭넓게 활용되고 있다.
- 기업이 자기지분상품을 보유(자기주식)하고 있다면 보유한 자기주식수량을 차감하여 발행주식수를 산정한다. 다만, 가까운 시일 내에 자기주식을 매각할 계획을 가지고 있다면 자기주식수량을 차감하지 않는 것이 논리적이다.

예 제 **잠재적 지분가치를 고려한 보통주 지분가치평가**

기업은 전환옵션이 내재된 전환사채를 발행하였으며 임직원에게 주식선택권을 부여하였다. 이 기업의 보통주 지분가치평가를 위한 평가시점 현재의 정보는 다음과 같다. 모든 금액 단위는 억원이다.

- 현금흐름할인모형에 의해 측정된 전체기업가치 : 500억원

• 재무상태표상 금융부채(장부금액) 현황

	금융기관차입금	전환사채	파생상품부채	합계
금융부채	98	150	18	266

• 전환사채 인식 : 기업은 전환사채에 내재된 전환옵션(13억원)을 전환사채의 주계약에서 분리하여 자본으로 표시하고 상환옵션(18억원)을 공정가치로 평가하여 파생상품부채로 표시하였다. 전환사채 장부금액(150억원)은 발행시점의 유효이자율을 이용하여 평가시점까지 유효이자율법을 적용하여 계산한 전환사채 주계약의 상각후원가금액이다.

• 평가시점의 전환사채 장부금액과 가치구성요소별 공정가치평가의 내용은 다음과 같다.

구분	공정가치	장부금액	세부내용
주계약	170	150	채권평가모형에 따라 측정한 공정가치
전환옵션	35	13	= 전환사채가치 - (주계약가치 + 상환옵션가치)
상환옵션	18	18	Black-Derman-Toy 모형에 따라 측정한 가치
전환사채	223	181	Tsiveriotis-Fernandes 모형에 따라 측정한 가치

• 임직원에게 부여한 주식선택권(스톡옵션)은 부여시점의 공정가치를 가득기간 동안 주식보상비용으로 인식한 금액(12억원)을 자본으로 표시하였다. 평가시점의 보통주 가격을 고려하여 옵션평가모형을 이용하여 주식선택권의 공정가치를 평가한 결과 22억원으로 측정되었다.

① 현금흐름할인모형에 의한 보통주 지분가치는 전체기업가치에서 타인자본가치를 차감하여 자기자본가치를 산정한 후 자기자본가치에서 우선주, 비지배지분 및 잠재적 지분가치를 추가로 차감한 잔여가치이다. 이때, 타인자본가치를 포함한 모든 항목은 기업이 인식한 장부금액이 아닌 공정가치(또는 시장가치)로 측정한다.

② 타인자본가치 : 타인자본은 장부금액이 아닌 공정가치로 측정한다. 타인자본의 공정가치는 금융기관 차입금(98억), 전환사채 주계약(170억) 및 상환옵션(18억)의 합인 286억원으로 산정되었다. 이때, 전환사채 주계약 장부금액(150억)이 아닌 공정가치로 평가해야 한다. 금융기관 차입금과 상환옵션의 공정가치는 장부금액과 같다.

③ 자기자본가치 : 자기자본가치는 전체기업가치(500억)에서 타인자본가치(286억)를 차감한 214억원으로 계산한다. 그러나, 잠재적 지분가치가 있는 경우 이러한 자기자본가치와 보통주 잔여가치는 같지 않다. 보통주 잔여가치는 자기자본가치에서 아래의 잠재적 지분가치를 차감하여 산정한다.

④ 잠재적 지분가치 : 재무회계는 자본요소에 대해 원칙적으로 후속측정하지 않는다. 따라서, 기업이 재무제표에 인식한 전환옵션과 주식선택권은 공정가치와 다르다. 잠재적 지분가치는 자기자본가치의 일부를 구성하지만 보통주 지분가치는 자기자본가치에서 잠재적 지분가치를 차감한 잔여가치이므로 공정가치로 측정한다. 평가시점 잠재적 지분가치는 전환옵션 공정가치(35억)와 주식선택권 공정가치(22억)의 합인 57억원이다.

⑤ 보통주 지분가치 : 보통주 지분가치는 자기자본가치(214억)에서 잠재적 지분가치(57억)를 차감한 157억원으로 계산된다. 이때, 잠재적 지분가치를 구성하는 전환옵션과 주식선택권(스톡옵션)의 기초자산은 이 기업의 보통주 지분가치이므로 순환계산의 문제가 발생할 수 있다. 이때는 시행착오법 등을 통해 보통주 지분가치와 전환옵션 등의 기초자산가치가 일치하는 값을 적용해야 할 것이다. 다만, 현실적으로는 이러한 순환계산의 문제로 인해 전환사채와 주식선택권이 즉시 전환 또는 행사될 것으로 가정하여 타인자본에 포함하지 않음과 동시에 이들의 전환 또는 행사를 통해 발행된 보통주식수를 발행주식수에 가산한 희석주식수를 기초로 보통주의 주당가치를 산정하는 것이 일반적이다.

9.5. 자기자본가치 접근법

본서는 전체기업에 귀속되는 잉여현금흐름(FCFF : Free Cash Flow to Firm)을 가중평균자본비용으로 할인하여 현재가치를 추정하는 전체기업가치 접근법을 기본으로 한다. 전체기업가치 접근법은 자본의 조달 및 배분이라는 구조 하에 타인자본과 자기자본을 요구수익률이 다르고 기업가치의 청구권의 순위가 다른 투자자로 구분하지만 투자자의 구성에 따라 기업가치를 달리 설명하지는 않는다.

어떤 경우에는 이러한 접근방법이 적절하지 않을 수 있다. 예를 들어 은행과 같은 금융기관의 타인자본 범위는 다소 애매하다. 은행은 고객으로부터 예수금을 조달하여 자금을 대여함으로서 가치를 창출하는 기업인데 고객예수금은 일반기업의 타인자본 투자자와 달리 영업부채의 성격이 강하다. 따라서, 은행과 같은 금융기관의 지분가치 평가시에는 고객예수금 및 은행채 등 외부자금조달 수단은 영업부채로 분류하고 지분에 귀속되는 잉여현금흐름(FCFE : Free Cashflow to Equity)을 자기자본비용으로 할인하는 방식인 자기자본가치 접근법을 적용하는 것이 가치평가목적에 적합할 수 있다. 다만, 일반기업의 지분가치평가에 있어서 이론적으로는 전체기업가치 접근법과 자기자본 접근법의 차이는 없어야 한다. 자기자본접근법에 의한 지분가치평가는 자기자본에 귀속되는 잉여현금흐름(FCFE)을 자기자본 요구수익률(K_e)로 할인하는 방식으로 산출한다.

(1) 자기자본귀속 잉여현금흐름

자기자본귀속 잉여현금흐름은 영업이익(EBIT)에서 타인자본비용과 법인세비용을 차감한 세후순이익(당기순이익)에서 시작한다. 세후순이익에 비현금비용을 가산하고 순운전자본변동액과 투자소요금액을 차감한다. 여기에 타인자본의 조달 및 상환액을 가감함으로써 자기자본귀속 잉여현금흐름(FCFE)을 도출한다.

(2) 지분가치

자기자본귀속 잉여현금흐름에 자기자본 요구수익률(K_e)로 할인하여 지분가치를 산정한다. 이때, 자기자본 요구수익률은 타인자본 사용에 대한 재무레버리지를 고려해야 한다. 어떤 경우에는 타인자본규모가 예측기간 동안 큰 폭으로 변화하기도 하는데 예측기간 동안 자본구성비율이 크게 변화한다면 이러한 재무레버리지 효과를 반영해야 한다. 재무레버리지의 변동폭이 큰 경우 전체기업가치 접근법의 대안으로 자기자본가치 접근법을 사용하는 것이 적절하다는 주장도 있는데 자기자본 요구수익률은 재무레버리지 변화에 의한 요구수익률 변동폭이 가중평균자본비용보다 크기 때문에 오히려 왜곡된 결과를 얻게 되므로 주의를 요한다. 이러한 상황에서는 후술할 조정현재가치모형(APV)이 적절하다.

예 제 자기자본가치 접근법

자기자본가치 접근법에 의한 지분가치 평가를 위해 필요한 정보와 그 평가결과는 다음과 같다.

- 자기자본비용(K_e) : 15.0%
- 한계법인세율 : 22.0%
- 가중평균 타인자본비용(K_d) : 3.0%
- 영구성장률 : 0%
- 자기자본가치 접근법에 따른 지분가치 평가결과

	20×1F	20×2F	20×3F	20×4F	20×5F	20×6F
영업이익	4,284	4,712	5,655	6,503	7,153	7,153
이자비용	-30	-36	-41	-41	-41	-41
법인세	-936	-1,029	-1,235	-1,422	-1,565	-1,565
당기순이익	3,318	3,648	4,379	5,041	5,548	5,548
비현금비용	428	471	565	650	715	715
운전자본변동액	-129	-141	-170	-195	-215	-
투자소요금액	-1,200	-430	-250	-270	-345	-715
타인자본변동액	-200	-150	-	-	-	-
자기자본현금흐름	2,218	3,397	4,525	5,226	5,704	5,548

	20×1F	20×2F	20×3F	20×4F	20×5F	20×6F
현가계수	0.9325	0.8109	0.7051	0.6131	0.5332	0.4636
현재가치	2,068	2,755	3,191	3,204	3,041	2,572
지분가치	33,979					

① 자기자본가치 접근법은 타인자본을 영업부채로 판단한다. 즉, 타인자본비용은 영업비용이며 타인자본 변동액은 영업운전자본의 변동액으로 분류하는 방법과 같다. 그런 의미에서 자기자본가치 접근법은 타인자본이 영업부채의 성격을 갖는 은행 등 금융기관의 지분가치 평가방법으로 적합하다. 금융기관은 타인자본비용(이자비용)이 영업비용이므로 이자비용은 영업이익 계산에서 고려되는 것으로 수정된다.

② 자기자본비용은 타인자본을 사용하는 재무레버리지 위험이 반영된 주주의 요구수익률이다. 만일 예측기간 타인자본 변동액 규모가 크다면 자기자본비용은 왜곡되므로 기간별 자기자본비용을 별도로 추정하거나 조정현재가치법과 같은 대안적인 방법을 사용하는 것이 바람직하다.

9.6. 조정현재가치법

미래잉여현금흐름의 현재가치는 적절한 할인율을 사용하여 계산되는데, 전체기업가치 접근법은 가중평균자본비용(WACC)을 할인율로 사용하고 자기자본가치 접근법은 자기자본비용(K_e)을 할인율로 사용한다. 이러한 접근법은 전체기간(예측기간 및 영구기간)의 미래 잉여현금흐름(FCFF 또는 FCFE)에 대해 하나의 할인율을 적용한다. 하나의 할인율을 적용하므로 자본구성비율은 안정적일 것임을 전제한다. 만일 예측기간 또는 영구기간 동안 자본구성비율의 변동이 크다면 기간별 재무레버리지가 달라지므로 하나의 할인율을 사용하는 것은 공정가치평가 결과를 왜곡할 수 있다.

자본구성비율의 변동으로 인해 기간별로 다른 재무레버리지를 구성하는 경우에는 기간별로 다른 할인율을 사용할 수 있지만 기간별 할인율을 적용하기 위해서는 타인자본과 자기자본가치의 공정가치(또는 시장가치)를 일일이 적용해야 하므로 이러한 접근은 사실상 불가능하다. 따라서, 예측기간 또는 전체기간의 자본구성비율의 변동이 유의적으로 중요하다고 판단된다면 재무레버리지 효과를 별도로 측정하는 방식인 조정현재가치법(APV : Adjusted Present Value)을 적용할 수 있다.

기간별 자본구성비율이 지속적으로 변동되는 대표적인 기업유형은 프로젝트 파이낸스 방식의 민간투자사업을 수행하는 특수목적법인을 들 수 있다. 대개 민간투자사업은 도로,

항만, 터널 등의 인프라시설에 대해 중앙정부나 지방자치단체와의 실시협약을 바탕으로 금융기관과 프로젝트 금융약정을 맺고 인프라시설의 관리운영권에 기초한 수익금액에서 운영비용을 차감한 이익으로 프로젝트 대출금을 상환하는 방식이다. 프로젝트사업은 인프라시설의 완성과 동시에 중앙정부 등에 기부채납한 후 일정기간 관리운영권을 가지는 방식(BTO : Build-Transfer-Operate)과 약정기간 만료시점에 인프라시설을 기부채납하는 방식(BOT : Build-Operate-Transfer)이 활용된다. 프로젝트 금융방식의 민간투자사업은 실시협약에 따라 사업기간(대개 20~30년)이 미리 정해져 있고[54] 프로젝트 금융약정에 따라 프로젝트 대출금의 상환스케줄이 정해져 있다는 특징이 있다. 따라서 프로젝트를 추진하는 특수목적법인의 타인자본은 사업개시로부터 사업만료시점까지 상환스케줄에 의해 꾸준히 감소하므로 평가시점에 자본구성비율을 특정하기 어려운 구조이다. 프로젝트금융방식의 민간투자사업과 같이 자본구성비율이 예측기간 동안 일정하지 않고 타인자본의 상환스케줄이 예측가능하다면 이러한 기업의 지분가치는 기존의 전통적인 방식보다는 조정현재가치법이 유용하다.

조정현재가치법은 기업이 타인자본을 사용하지 않고 자기자본만으로 잉여현금흐름을 창출할 경우의 기업가치에 타인자본사용으로 인한 절세효과를 기간별로 측정한 현재가치를 더해주는 방식이다. 조정현재가치법에 의한 보통주 지분가치 산정과정은 다음과 같다.

① 잉여현금흐름의 현재가치 : 전체기업 잉여현금흐름(FCFF)을 자기자본 요구수익률(K_e)로 할인한 현재가치를 측정한다.

- 조정현재가치기법은 타인자본을 사용하지 않는 것으로 가정하므로 잉여현금흐름은 전체기업 기준으로 추정한다. 전체기업 잉여현금흐름(FCFF)을 자기자본비용으로 할인하여 잉여현금흐름의 현재가치를 측정한다. 조정현재가치법이 전체기업에 귀속되는 잉여현금흐름을 추정한다는 점에서 자기자본가치 접근법과는 다른 개념이다.
- 타인자본을 사용하지 않는 것을 가정하므로 자기자본 요구수익률(K_e) 산정과정에서 기간별 재무레버리지 변동으로 인한 왜곡이 없다. 전체기업 미래잉여현금흐름의 요구수익률을 자기자본비용을 사용하므로 타인자본의 낮은 자본비용이 반영된 가중평균자본비용보다 높은 요구수익률이 적용된다.

② 타인자본비용의 절세효과 : 기간별 타인자본규모와 타인자본규모에 해당하는 이자

54) 이러한 이유로 프로젝트사업을 수행하는 특수목적법인의 가치평가는 계속기업의 가정을 배제하여 사업기간 전체를 잉여현금흐름 예측기간으로 설정하고 관리운영권 반납시점에 청산됨을 가정한다.

비용을 감안하여 타인자본비용 절세효과를 추정한다. 타인자본비용 절세효과를 발생시기에 따라 현재가치로 측정한다. 이때 타인자본비용 절세효과의 현재가치에 사용되는 할인율은 자기자본비용이 된다.

③ 보통주 지분가치 : 잉여현금흐름의 현재가치에 타인자본비용 절세효과의 현재가치를 더한 금액을 영업가치로 한다. 만일 비영업자산이 있다면 영업가치에 비영업자산을 가산하여 전체기업가치를 측정한다. 전체기업가치에서 타인자본가치 및 우선주가치와 비지배지분, 기타 잠재적 지분가치를 차감하여 최종적으로 보통주 지분가치를 평가한다.

예 제 조정현재가치법

기업은 프로젝트 파이낸싱을 통해 조달한 자금으로 민자도로를 건설하고 20년간 관리운영권을 보유한 후 국토교통부에 인프라시설 일체를 기부채납하는 특수목적법인이다. 실시협약상 재무모델에 따른 잉여현금흐름의 추정결과와 프로젝트 금융약정에 따른 대출금상환약정에 대한 정보, 기타 가치추정에 필요한 정보는 다음과 같다. 모든 금액단위는 억원이다.

• 자기자본비용(K_e) : 10.0%(타인자본이 없을 경우임)
• 한계법인세율 : 22.0%
• 타인자본비용(K_d) : 5.0%
• 관리운영기간의 잉여현금흐름 및 타인자본 상환계획 등의 추정내용은 다음과 같다.

	잉여현금흐름	대출금잔액	상환스케줄	이자비용
2001F	3,265	39,600	-	1,980
2002F	4,587	39,600	-	1,980
2003F	4,890	39,600	-	1,980
2004F	4,809	39,600	-	1,980
2005F	5,106	39,600	3,300	1,980
2006F	5,234	36,300	3,300	1,815
2007F	5,094	33,000	3,300	1,650
2008F	3,467	29,700	3,300	1,485
2009F	5,457	26,400	3,300	1,320
2010F	5,890	23,100	3,300	1,155
2011F	6,254	19,800	3,300	990
2012F	6,543	16,500	3,300	825

	잉여현금흐름	대출금잔액	상환스케줄	이자비용
2013F	6,653	13,200	3,300	660
2014F	6,875	9,900	3,300	495
2015F	6,987	6,600	3,300	330
2016F	6,989	3,300	3,300	165
2017F	6,991	-	-	-
2018F	7,001	-	-	-
2019F	7,023	-	-	-
2020F	5,687	-	-	-

① 승인된 사업기간(20년) 동안의 차입금은 약정된 스케줄에 따라 상환된다. 차입금 잔액이 예측기간 동안 일정하지 않으므로 각 시점별 재무레버리지는 차이가 발생하며, 이에 따라 잉여현금흐름에 대한 할인율로 가중평균자본비용이나 재무레버리지를 반영한 자기자본비용을 사용할 경우 가치왜곡이 발생할 수 있다. 이러한 경우 조정현재가치법이 유용하다.

② 조정현재가치법은 전체기업 잉여현금흐름에 대해 타인자본을 사용하지 않을 경우의 자기자본비용으로 할인한 현재가치에 타인자본 사용으로 인한 절세효과를 현재가치로 측정한 금액을 더하는 방식이므로 기간별 재무레버지리의 변동으로 인한 왜곡이 없다.

	현가계수	잉여현금흐름	이자비용	절세효과	잉여현금흐름	절세효과
					현재가치	현재가치
2001F	0.9535	3,265	1,980	436	3,113	415
2002F	0.8668	4,587	1,980	436	3,976	378
2003F	0.7880	4,890	1,980	436	3,853	343
2004F	0.7164	4,809	1,980	436	3,445	312
2005F	0.6512	5,106	1,980	436	3,325	284
2006F	0.5920	5,234	1,815	399	3,099	236
2007F	0.5382	5,094	1,650	363	2,742	195
2008F	0.4893	3,467	1,485	327	1,696	160
2009F	0.4448	5,457	1,320	290	2,427	129
2010F	0.4044	5,890	1,155	254	2,382	103
2011F	0.3676	6,254	990	218	2,299	80
2012F	0.3342	6,543	825	182	2,187	61
2013F	0.3038	6,653	660	145	2,021	44

	현가계수	잉여현금흐름	이자비용	절세효과	잉여현금흐름	절세효과
					현재가치	현재가치
2014F	0.2762	6,875	495	109	1,899	30
2015F	0.2511	6,987	330	73	1,754	18
2016F	0.2283	6,989	165	36	1,595	8
2017F	0.2075	6,991	-	-	1,451	-
2018F	0.1886	7,001	-	-	1,321	-
2019F	0.1715	7,023	-	-	1,204	-
2020F	0.1559	5,687	-	-	887	-
합계				4,574	46,675	2,797

③ 조정현재가치법에 따른 영업가치와 보통주 지분가치는 다음과 같이 산정된다.

- 영업가치 : 잉여현금흐름 현재가치(46,675) + 이자절세효과 현재가치(2,797) = 49,472억원
- 보통주 지분가치 : 영업가치(49,472억) - 타인자본가치(39,600억) = 9,872억원

④ 프로젝트사업을 위한 특수목적법인은 타인자본 의존율이 높다. 이러한 기업은 차입금상환계획에 따라 연도별 재무레버리지가 지속적으로 변동되므로 일정한 자본구성비율을 가정하는 전통적인 요구수익률을 적용하는 방법보다 조정현재가치법을 이용해 보통주 지분가치를 평가함으로써 보다 유의미한 결과를 얻을 수 있다.

10 위험조정할인모형

지금까지 살펴본 현금흐름할인모형은 기대현금흐름의 확률적(Stochastic) 변동은 고려하지 아니하며 미래현금흐름의 불확실성을 투자자(주주 및 채권자)의 요구수익률(할인율)의 크기로 측정하는 방법이다. 그러나 어떤 상황에서는 경영진의 사업계획의 불확실성이 커 미래현금흐름의 불확실성을 투자자의 요구수익률(WACC)만으로는 설명할 수 없는 경우가 있는데 이에 해당하는 대표적인 사업모형은 신기술의 연구개발을 들 수 있다. 신기술 연구개발은 기술개발의 성공여부에 따라 미래현금흐름이 완전히 달라질 수 있어 미래현금흐름추정 과정에서 사업성공에 대한 불확실성을 추가로 고려하는 것이 필수적이다. 즉, 신기술이 성공할 것을 전제로 수립된 사업계획에 해당 신기술의 성공확률을 추가로 반영

함으로써 미래현금흐름의 확률적 변동을 보완적으로 반영하는 방법이 요구되며 이의 대표적인 평가방법이 위험조정할인모형(risk adjusted Discounted Model 또는 risk adjusted Net Present Value Method, 이하 본서에서 「r-NPV」)이다.

위험조정할인모형(r-NPV)은 신기술 개발의 성공을 전제로 수립한 기본 사업계획에 신기술의 단계별 성공확률을 추가로 고려하여 위험조정된 기대현금흐름(risk adjusted Expected Free Cash Flow)을 투자자의 요구수익률로 할인하여 기업가치를 추정하는 방법이다. 위험조정할인모형은 주로 신약개발을 사업모형으로 하는 기업에 적용된다. 신약개발의 경우 장기간에 많은 비용이 소요되고 신약개발과정에서 임상성공확률 등의 불확실성 요소로 인해 미래현금흐름의 불확실성을 고려하는 것이 필수적인 대표적인 사업모형이다. 실무적으로 위험조정할인모형은 신약개발 부분에서 활용되고 있으므로 본서에서 설명하는 위험조정할인모형은 신약개발을 사업모형으로 하는 경우로 가정한다.

10.1. 위험조정할인모형의 개요

위험조정할인모형[55](r-NPV)은 신약개발기업의 가치평가모형에 주로 사용된다. 신약개발기술은 기술집약적인 고부가가치 기술로서 개발기간이 길고 상당한 개발비용이 요구된다. 특히 임상3상 이상의 개발단계에서 요구되는 연구비용은 스타트업 기업들이 감당할 수 없는 수준이므로 일반적인 연구개발기업은 개발진행단계에서 글로벌 제약회사에 기술을 이전(L/O : License Out)하고 기술을 이전받은 글로벌 제약회사의 임상진행단계에 따라 마일스톤 수수료(Milestone fee)를 수취하는 사업모형을 채택하고 있다. 또한, 기술을 이전한 연구개발기업은 신약허가신청 및 승인(NDA/BLA) 후 글로벌 제약회사의 신약판매 매출액의 일정비율을 산정한 수수료 즉, 로열티를 수취하게 된다.

일부 신약연구 개발기업은 개발진행단계에서 기술을 이전하지 않고 임상단계를 직접 진행하여 신약의 판매승인을 모두 획득한 후 해당 신약의 생산 및 판매를 전문으로 하는 기업(CDMO[56] : Contract Development Manufacturing Organization)에 위탁생산을 맡기는 사업모형을 채택[57]하기도 한다.

---

55) 본서에서 설명하는 위험조정할인모형(r-NPV)은 산업통상자원부가 발간한 기술평가실무가이드의 내용을 상당부분 인용하였다. 위험조정할인모형에 대한 보다 구체적인 내용은 해당 자료를 참고하기 바란다.

56) CDMO는 항체 바이오 의약품 위탁생산(CMO : Contract Manufacturing Organization)과 위탁개발(CDO : Contract Development Organization)을 함께 수행하는 경우를 말한다. 신약개발기업으로부터 세포주를 받아 생산하는 경우를 CMO라 하고, 신약개발기업으로부터 DNA로 받아 세포주를 만든 후 생산하는 경우를 CDO라 한다.

- 신약개발은 크게 기초연구(과학적 발견, 가설수립 및 개념검증)를 통해 응용(연구용 전임상 또는 허가용 전임상), 개발(임상1상, 임상2상) 및 실용화 단계(임상3상, 시판후 연구)로 이뤄진다. 신약개발은 기초연구부터 개발 및 실용화 단계까지 역할분담이 이뤄지는 것이 일반적인데 기초연구에 해당하는 후보물질 도출 및 최적화는 대학 및 연구소 중심으로 이뤄지고 전임상 및 임상단계는 신약개발기업들이 맡는 경우가 많다.
- 신약후보물질(Candidate)은 약물의 작용기전을 탐색하는 타깃 발굴을 거쳐 유효물질(Hit)에서 선도물질(Lead)을 선정하고 연구용 전임상을 거쳐 GLP(Good Laboratory Practice) 및 GLC(Good Clinical Practice)와 같은 허가받은 시험기관에서의 허가용 전임상(동물실험)을 통해 안전성과 유효성을 확보한 물질을 말한다.

신약후보물질의 탐색 · 도출(기초연구)에서 신약허가신청(NDA : New Drug Application)까지의 과정을 정리하면 다음과 같다.[58]

구분	정의	내용
후보물질 탐색 및 도출 (기초연구)	질병원인과 목표를 규명 선정한 후 구조변경 등 최적화하여 후보물질도출	• 목표 적응증 설정 • 생물학적 분석 : 화학적 구조 합성 • in vitro(시험관내) 스크리닝 • 구조변경 : 동물모델을 이용한 생물학적 분석 • in vitro/in vivo(생체내) 스크리닝
전임상 (응용단계)	동물모델을 대상으로 유효성 및 안전성 평가	• 전임상 유효성(Efficacy) 평가 제제학적 연구 : 안정성, 흡수성, 용해도, 제제형태 일반약리 연구 : 여러 장기의 기능에 미치는 효과 약동학적(PK) 연구 : 흡수/분포/대사/배설 연구 약력학적(PD) 연구 : 주요 약리작용의 프로필 연구 • 전임상 안전성(Safety) 평가 제제학적 연구2 독성(toxicity-단독/반복, 특이적) 연구
임상시험계획 신청(IND)	전임상을 통해 후보물질의 안전성과 유효성이 검증되면 인체대상의 임상시험계획 승인을 신청	

57) 신약개발을 승인받은 후 제조설비(GMP : Good Manufacturing Practice)에서의 생산공정의 승인도 요구되므로 글로벌 제약회사가 아닌 신약연구개발 전문기업들은 CDMO 기업을 적극적으로 활용하는 경향이 있다.
58) 표는 식품의약품안전처, 의약품안전나라(nedrug.mfds.go.kr)의 의약품 개발 및 허가과정과 고려대학교 병원의 임상시험 윤리 강의록(2010)을 인용한 산업통상자원부의 기술평가실무가이드 자료를 재인용하였음을 밝힌다.

구분	정의	내용
임상1상 (개발단계)	소규모 건강한 지원자를 대상으로 안전성 확인 (질병 위험도가 높은 항암제 등은 환자를 대상으로 함)	• 소수 건강한 지원자에서 시험약의 Tolerance(안전하게 투여할 수 있는 내약용량)와 PK/PD 특성을 확인하며 부작용 등 안전성 검토(환자를 대상으로 하는 경우 유효성의 가능성 타진) • 임상1a (단일용량상승시험) 단독용량 투여 후 안전성과 내약성 확인 더 높은 용량 투여하면서 최대 내약용량 확인 • 임상1b (다중용량상승시험) 반복용량 투여시 평형상태(steady-state) 혈중농도확인
임상2상 (개발단계)	예상 적응증 환자를 대상으로 작용기전에 따라 작용하는 지 검토 및 최적용량과 방법을 분석	• 소수의 환자에서 비교적 단기간에 걸친 초기 임상시험으로 용량-반응 탐색, 최적의 용량/용법을 결정 • 약리효과 확인, 용량/용법 결정 및 부작용 검토로 신약가능성을 탐색 • 임상2a (Pilot study) 약효 확인, 유효용량 검토 • 임상2b (Pivotal study) 약효 입증, 용량-반응 검토, 최적의 용량/용법결정
임상3상 (실용화단계)	대규모 환자를 대상으로 안전성과 유효성 및 전체적인 benefit-risk 관계를 통계학적으로 검증	• 다수의 환자에서 시험약의 안전성과 유효성을 대조약과 비교하여 통계학적으로 검증 • 용량-반응에 대한 관계 확립 및 효과에 대한 검증 (피험자 수가 많아 다국가, 다기관 연구로 수행)
신약허가신청 (NDA)	임상을 통해 후보물질의 안전성과 유효성이 검증되면 신약허가 승인을 신청	

위의 표와 같이 신약개발단계는 후보물질의 탐색 및 발견과 같은 기초연구에서 임상완료 후 신약허가가 이뤄지는 실용화 단계까지 나눠져 있고 신약개발기업이 위의 표 중 어느 단계에 있는지에 따라 미래현금흐름의 불확실성 정도는 큰 차이가 있다. 따라서, 일반적인 현금흐름할인모형에서 사용되는 할인율(WACC)은 신약개발단계별 위험이 아닌 개발단계 전반에 걸친 전체 위험에 대해서만 설명할 수 있으므로 신약개발단계가 진행됨에 따라 감소하는 위험을 합리적으로 반영하지 못하는 한계가 있다. 따라서 위험조정할인모형에서 다루는 신약개발단계별 성공확률(PTS[59]) : Probability of Technical Success)을 추가적으로 고려함으로써 미래현금흐름의 확률적 변동을 보완하는 장점이 있다.

59) 신약개발은 연구단계별 성공확률(PTS) 외에 최종적으로 승인의 단계가 요구되므로 신약연구단계별 성공확률을 PTRS(Probability of Technical and Regulatory Success)로 표현하기도 한다.

10.2. 위험조정할인모형 평가구조

신약개발기업의 사업모형은 아래와 같이 2개 유형으로 구분된다.

첫 번째 유형은 개발진행단계에서 글로벌 제약회사에 기술을 이전(L/O)하고 기술을 이전받은 글로벌 제약회사의 임상진행단계에 따라 마일스톤 수수료(Milestone fee)를 수취하고 기술을 이전받은 글로벌 제약회사가 신약허가신청 및 승인(NDA/BLA)을 얻은 후 신약판매 매출에 따른 로열티를 수취하는 사업모형이다.

- 신약개발단계에서 기술이전을 통해 마일스톤 수수료와 로열티 수수료를 수취하는 사업모형을 채택한 기업은 신약개발의 성공을 전제로 한 마일스톤 수수료 및 로열티 수수료 추정치에 연구개발단계별 성공확률을 추가로 적용하여 위험조정매출(risk adjusted Revenue)을 산출한다.
- 이러한 유형의 신약개발기업의 경우 개발진행단계별 연구개발비용 및 기타 판매관리비용 등에 대해서는 연구단계별 성공확률을 고려하지 않는다. 기술을 이전한 기업은 기술이전 후 신약개발비용이 추가로 발생하지 않으며 신약개발 및 승인에 성공하더라도 신약의 생산 및 판매는 기술을 이전받은 글로벌 제약회사에게 귀속되기 때문이다.

두 번째 유형은 기술이전 없이 임상단계를 직접 진행하여 신약의 판매승인을 획득한 후 기업이 직접 생산 및 판매하거나 신약의 생산 및 판매를 전문으로 하는 기업(CDMO)에 위탁생산을 맡기는 사업모형이다.

- 이러한 유형의 신약개발기업은 장기간에 걸쳐 상당한 연구개발비용이 소요되므로 일반적으로 다수의 Pipeline을 가지고 있으며 기존의 Pipeline에서 수익을 창출하고 있는 상황에서 추가적인 신약을 연구개발하는 경우가 일반적이다.
- 이때에는 연구개발이 진행되고 있는 Pipeline에 대해 연구개발 단계별 성공확률을 고려한 위험조정매출(risk adjusted Revenue)과 해당 Pipeline과 관련된 연구개발비용과 신약개발 및 판매승인 후 예상되는 생산 및 판매원가에 연구개발 단계별 성공확률을 고려한 위험조정원가(risk adjusted Cost)를 산출하는 방법을 사용한다.

위험조정할인모형을 이용한 신약개발기업의 공정가치평가를 위한 주요 평가요인은 신약의 단계별 성공 및 승인확률(PTRS), 시장성평가(시장규모 및 시장점유율 및 로열티율) 등에 대한 가정을 꼽을 수 있다. 아래에서는 위험조정할인모형의 주요 평가요인을 살펴보고 이에 따른 적용방법을 설명하기로 한다.

신약승인확률

신약개발단계별 성공확률은 대상기술 약물이 현재의 연구개발단계에서 다음 연구개발단계로 성공적으로 진행될 확률을 의미한다. 가치평가시점에서의 연구개발단계를 확인한 후 평가시점 이후 단계별 성공확률을 이용하여 평가시점에 추정기간의 시점별 누적성공확률(결합성공확률)을 산정할 수 있다.

신약개발은 초기 개발단계일수록 성공에 대한 불확실성이 높다. 특히 기초연구단계(전임상 이전 단계)와 연구개발단계(임상1상, 임상2상) 및 실용화 단계(임상3상) 간에는 상당한 차이가 있다. 따라서, 신약개발단계별 성공확률(PTRS)은 기초연구단계와 연구개발단계를 구분하여 살펴보아야 한다.

(1) 기초연구단계 성공확률

기초연구단계(전임상 이전 단계)는 해당 신약이 유효물질, 선도물질, 후보물질 단계에 있는 상태를 말한다. 기초연구단계에 있는 신약에 대해 임상1상~임상3상의 단계별 성공확률만을 반영하면 대상 물질에 내재된 위험을 충분히 반영하지 못할 수 있으므로 전임상 단계의 후보물질 또는 전임상 이전 단계의 유효물질이나 선도물질인 경우 이와 관련된 불확실성(성공확률)을 추가로 반영하여야 한다. 기초연구단계(전임상 이전 단계)의 성공확률에 대해서는 Nature Reviews Drug Discovery[60]가 제시한 아래의 단계별 성공확률이 주로 사용된다.

구분	유효물질발견	선도물질도출	선도물질최적화	전임상(후보물질)
단계별 성공확률	80.0%	75.0%	85.0%	69.0%
누적 성공확률	80.0%	60.0%	51.0%	35.2%

(2) 임상단계 성공확률

2016년, Biotechnology Innovation Organization(BIO)과 Biomedtracker 그리고 Amplion은 공동연구[61]를 통해 질환군별, 항암제 암종별, 희귀성 질환 및 만성질환별, 바이오마커 유무별, 신약유형별로 임상1상 이후의 개발단계에 따른 성공확률을 발표하였다. 또한, 2021년에는 BIO, Informa 및 QLS(Quantitative Life Sciences)는 2011

60) Nature Reviews Drug Discovery, How to improve R&D productivity : the pharmaceutical industry's grand challenge, 2010

61) BIO, Biomedtracker, Amplion, "Clinical Development Sucess Rates 2006-2015", 2016

년부터 2020년까지 9,704개의 의약품 개발 프로그램을 분석한 「Clinical Development Sucess Rates and Contributing Factors 2011-2020」을 발간하였다. 해당 보고서는 임상진행단계(임상1상, 임상2상, 임상3상 및 NDA)의 개발단계별로 다음 단계로 진행 또는 중단되는 프로그램의 수를 계산하여 신약개발 단계별 성공확률(PTRS)을 제시하였다.

- BIO 등에서 발표한 해당 연구자료[62]는 의약품의 세부유형별 개발단계별 성공확률을 제시하고 있으므로 기업이 개발 중인 신약이 해당되는 의약품 세부유형을 확인하여 개발단계별 성공확률을 적용할 수 있다.
- 예를 들어, 해당 자료에서 면역항암치료제(IO : Immuno-Oncology)의 단계별 성공확률과 누적성공확률은 다음과 같음을 찾을 수 있다.

구분	Phase I to Phase II	Phase II to Phase III	Phase III to NDA/BLA	NDA/BLA to Approval
단계별 성공확률	64.0%	40.2%	49.0%	98.4%
누적 성공확률	64.0%	25.7%	12.6%	12.4%

만일, 기업이 개발 중인 핵심신약(Prime Pipeline)이 기초연구단계에 있다면 기초연구단계 성공확률과 임상단계 성공확률을 모두 고려한 누적성공확률을 고려해야 할 것이다.

시장성 평가

시장성 평가는 기업이 연구개발 중인 신약이 포함된 시장규모와 해당 신약의 적응증이 발현될 확률, 예상 시장점유율(Market Share) 및 완제의약품(DP : Drug Product)의 예상판매가격 등의 추산을 통해 미래현금흐름을 추정하는 과정을 말한다.

(1) 목표시장규모

신약은 어느 특정 국가에서 연구개발 및 승인이 완료되더라도 다른 국가에서 판매하기 위해서는 해당 국가의 승인을 별도로 얻어야 한다.[63] 신약개발에는 막대한 개발비

62) BIO, Informa 및 QLS가 발표한 "Clinical Development Sucess Rates and Contributing Factors 2011-2020"은 제약산업정보포털(www.khidi.or.kr/epharmakorea)을 통해 무료로 다운로드 받을 수 있다.

63) 신약개발의 연구개발 및 승인에 대한 일련의 과정에 대해 신뢰성을 얻은 국가에서 승인된 임상결과의 일부 또는 전부에 대해 다른 국가에서 간단한 심사를 통해 인정하기도 하는데 이는 많은 신약연구개발기업이 미국 시장에서 임상을 진행하는 이유가 된다. 예를 들어 한국에서 임상3상을 통과한 약제에 대해 미국 FDA는 임상1상까지의 단계를 생략하고 임상2상을 진행하는 것을 허용하기도 한다.

용이 소요되므로 신약의 실용화 단계인 임상3상은 목표시장으로 설정한 복수의 국가에서 동시에 수행하는 경우가 많으며 이는 신약개발이 글로벌 제약회사들에 집중되는 결과를 가져오는 원인이 되기도 한다. 목표시장규모는 신약이 시판될 국가의 인구수, 인구증가율, 대상질환의 환자수 및 유병률, 대상질환의 환자증가율, 진단비율 또는 처방비율을 종합적으로 살펴 추정한다. 예를 들어 목표시장이 되는 국가마다 인구대비 대상질환의 환자수 비율, 유병률 및 환자증가율은 다를 수 있으므로 목표시장규모 파악을 위한 충분한 자료[64]를 확보하여야 한다.

(2) 기술성

시장성을 평가하기 위해서는 기업이 연구개발 중인 신약의 정확한 범위설정이 필요하다. 이는 기업이 연구개발 중인 신약의 특성을 반영한 적응증 및 적용범위 등을 고려한 범위를 설정하고 해당 신약이 속한 시장에서의 미충족 수요(unmet needs)를 파악함으로써 해당 신약이 목표시장에 진입할 수 있는 기술적인 측면을 검토하는 단계이다. 연구개발 중인 신약의 기술성에 대한 판단은 전문적인 지식에 기초해야 하며, 해당 신약의 기술성은 기업이 자체적으로 보유한 실험결과(예 : 연구개발 중인 신약이 타깃하는 적응증의 발현율)에 의존할 수밖에 없는 한계가 있다.

(3) 시장점유율

시장점유율은 연구개발 중인 신약의 상대적 효능, 환자 편의성, 경쟁약물의 수, 기업의 마케팅 역량 등 다양한 변수에 영향을 받으므로 정량적 분석과 정성적 분석이 모두 요구된다. 시장점유율은 출시시점 점유율, 최대 점유율(Peak Market Share Ratio) 및 새로운 경쟁약물로 인한 점유율 감소라는 일반적인 패턴을 가정한다. 시장점유율 결정에는 연구개발 중인 신약의 기술성과 사업성에 대한 분석결과를 종합적으로 반영해야 하고 신약물질마다 고유의 확산 및 감소 패턴을 가지므로 일괄적으로 설정할 수 없다.

- 몇몇 기관은 기존에 출시된 의약품을 대상으로 한 시장점유율 분석결과를 제시하기도 한다. 예를 들어 McKinsey & Co.는 EvaluatePharma에서 제공한 자료를 바탕으로 1986년부터 2012년까지 약 27년의 기간 동안 492개 신약에 대해 시장진입시

---

64) 예를 들어 GlobalData와 같은 시장조사전문기관은 각국의 유병환자수 및 환자증가율 등에 대한 광범위한 정보를 제공하고 있다.

점부터 10년간의 최대 시장점유율(Peak M/S Ratio) 자료를 아래 표와 같이 발표[65]하였다. 같은 적응증을 가진 신약이라도 시장진입순서에 따라 최대 시장점유율은 차이를 보일 수밖에 없는데 McKinsey의 연구자료는 최초로 진입한 신약(First-in-class)의 10년 최대점유율을 40%로 발표하였으며, 같은 시장에 6번째로 진입한 신약의 최대점유율은 2%에 불과하여 큰 차이가 있는 것으로 나타났다.

구분	1st to Market	2nd to Market	3rd to Market	4th to Market	5th to Market	6th to Market
10년 최대점유율	40%	33%	19%	13%	8%	2%
해당 약품수	131	131	84	52	31	53

- 또한, Boston Consulting Group은 1990년에서 2010년 사이에 출시된 15개의 작용기전, 53개 약물을 대상으로 동일 작용기전을 가지는 약물 내에서 시장진입 순위, 치료효능 우위의 2가지 변수를 기준으로 분석시점(2013년)에서의 약물 매출액을 현가로 환산하여 분석하고 시장진입순위와 치료효능 우위에 따른 상대적 시장점유율을 제시[66]하기도 하였다.
- 연구개발 중인 신약의 시장점유율을 예측함에 있어 신뢰성 있는 기관의 정량적 자료를 참고하되 정성적 평가를 추가적으로 고려하는 노력이 필요하다. 즉, 정량적 예측자료 외에 신약의 상대적 효능, 환자 편의성 및 기업의 마케팅 역량 등 정성적 요소에 대한 고려가 필수적이다.

위험조정할인모형의 적용

위험조정할인모형의 적용과정은 예제[67]를 통해 설명한다. 기업이 연구개발 중인 신약(Pipeline)은 자연살해세포(NK cell, Natural Killer cell) 생산방법이며 이 기술의 적응증은 비소세포폐암(NSCLC : Non-Small Cell Lung Cancer)으로써 현재 임상1상이 진행

65) Mckinsey & Company, "First entrants on average achieve higher market share ten years after launch", 2014, Based on analysis of 492 drug launches in 131 classes over a 27-year period (1986-2012), Sourced from EvaluatePharma

66) Ulrik Schulze & Michael Ringel, "What Matters most in commercial success : first-in-class or best-in-class?", Nature Reviews Drug Discovery, 12(6), 419-420, 2013

67) 본 예제는 산업통상자원부가 발간한 「기술평가 실무가이드(2021)」의 예제를 수정 인용하였음을 밝힌다. 본서는 지면의 한계로 인해 해당 자료에서 소개한 예제 내용을 모두 기술하지 아니하였으며 이해를 돕기 위해 내용의 일부를 편집하였음을 감안하기 바란다. 따라서, 편집되지 않은 예제의 전체 내용은 산업통상자원부가 발간한 「기술평가 실무가이드(2021)」를 참고하기 바란다.

중이며, 임상2상 완료 후 글로벌 제약회사에 기술을 이전할 계획을 가지고 있다. 기업은 글로벌 제약회사에 기술이전과 동시에 기술이전 수수료(upfront fee)를 수취하고 임상 진행단계에 따른 마일스톤 수수료(stage based milestone fee)를 수취하며, 기술을 이전받은 글로벌 제약회사의 완제의약품(DP) 판매액의 일정비율을 경상로열티(Royalty)로 수취하는 사업모형을 가지고 있다. 연구개발 중인 이 기술의 목표시장은 미국, 유럽 및 중국으로 설정하고 있으며, 기업의 경영진은 임상1상 중인 현재시점(2×01년 말)에서 신약승인까지 8년이 소요될 것으로 예상하고 있다.

① 임상소요기간 및 출시기간

• 경영진이 예상하고 있는 임상소요 예상기간 및 출시기간은 다음과 같다.

	2×01	2×02	2×03	2×04	2×05	2×06	2×07	2×08	2×09
진행단계	임상1상		임상2상		임상3상		허가 및 승인		출시1
	2×10	2×11	2×12	2×13	2×14	2×15	2×16	2×17	
진행단계	출시2	출시3	출시4	출시5	출시6	출시7	출시8	출시9	

② 목표시장규모 및 완제의약품 매출추정

• 목표시장은 미국, 유럽 및 중국으로 면역세포치료제를 적용할 수 있는 비소세포폐암(NSCLC) 환자이다. 목표시장의 비소세포폐암 신규 환자 수 및 향후 증가율을 적용하여 비소세포폐암 신규 환자수를 전망하고 비소세포폐암 치료제 중 면역세포치료제 비중(40%)을 통해 기업이 개발 중인 신약사용이 예상되는 환자 수를 다음과 같이 추정하였다.

	2×01	2×02	2×03	2×04	2×05	2×06	2×07	2×08	2×09
NSCLC 신규환자수(A)	1,254,683	1,273,990	1,293,594	1,313,500	1,333,712	1,354,235	1,375,074	1,396,234	1,417,719
면역치료제 적용환자 수 (B = A×40%)	501,873	509,596	517,438	525,400	533,485	541,694	550,030	558,494	567,088
	2×10	2×11	2×12	2×13	2×14	2×15	2×16	2×17	
NSCLC 신규환자수(A)	1,439,535	1,461,686	1,484,179	1,507,017	1,530,207	1,553,754	1,577,663	1,601,940	
면역치료제 적용환자 수 (B = A×40%)	575,814	584,675	593,671	602,807	612,083	621,502	631,065	640,776	

• 시장점유율은 McKinsey & Co.의 신약출시 10년 후 시장진입순위에 따른 시장점유율을 활용하였다. 비소세포폐암 면역치료제로 사용되고 있는 치료제 및 임상시험 중인 치료제의 현황분석을 통해 경영진은 개발 중인 신약이 5번째로 시장에 진입한 것으로 판단하였으며 이에 따라 최대시장점유율(Peak M/S Ratio)이 8%에 이를 것으로 가정하였다. 또한, 시장침투율은 기술성 및 시장성 분석결과를 종합하여 시장진입 1차연도에 5%의 시장침투율을 보이고 5차연도에 100% 시장침투율을 보인 후 점차 감소하는 것으로 추정하였다. 이러한 가정하에 기업이 개발 중인 신약의 예상 시장점유율을 다음과 같이 산정하였다.

	2×09	2×10	2×11	2×12	2×13	2×14	2×15	2×16	2×17
최대점유율	8%	8%	8%	8%	8%	8%	8%	8%	8%
시장침투율	5%	25%	50%	75%	100%	-	-	-	-
시장점유율	0.4%	2.0%	4.0%	6.0%	8.0%	8.0%	6.0%	4.5%	3.4%

• 완제의약품(DP) 매출액은 면역치료제 적용 환자 수에 예상 시장점유율을 곱하여 개발 중인 신약의 적용이 예상되는 환자 수를 구한 후 환자당 연간치료비[68]로 15백만원을 곱하여 신약 매출액을 다음과 같이 추정하였다.[69]

	2×09	2×10	2×11	2×12	2×13	2×14	2×15	2×16	2×17
적용환자수(A)	567,088	575,814	584,675	593,671	602,807	612,083	621,502	631,065	640,776
시장점유율(B)	0.4%	2.0%	4.0%	6.0%	8.0%	8.0%	6.0%	4.5%	3.4%
목표환자수 (C = A×B)	2,234	11,342	23,033	35,080	47,494	48,225	36,725	27,968	21,298
연간치료비(D)	15	15	15	15	15	15	15	15	15
제품매출액 (E = C×D)	33,510	170,126	345,488	526,207	712,406	723,368	550,875	419,514	319,477

③ 마일스톤 수수료 추정

• 경영진은 개발 중인 신약의 임상2상을 완료(2×04년 말 또는 2×04년 초)한 후

68) 연간 치료비(Annual treatment cost)는 Clarivate Decision Resource Group 등의 기관들이 현재 사용되고 있는 의약품의 단위당 판매가격에 해당 약제별 연간 투약횟수(cycle)를 곱하여 산정한 정보를 제공하고 있다. 이러한 정보를 이용하여 개발 중인 신약의 완제의약품과 유사한 약제의 단위당 판매가격과 개발 중인 신약의 연간 예상 투약횟수를 이용해 환자당 연간치료비를 추정하는 방법을 사용할 수 있다.

69) 예제에서는 환자당 연간치료비가 판매개시 시점부터 일정한 것으로 가정하고 있으나 실무적으로는 판매개시시점의 완제의약품의 예상판매가격을 예상하는 것이 불가능하므로 평가시점의 유사약제의 연간 치료비를 참고하여 산정한 해당 신약의 예상 연간치료비에 물가상승률을 감안하여 명목가격으로 조정하는 것이 일반적이다.

2×05년에 글로벌 제약회사에 기술이전(L/O : License Out)을 통해 마일스톤 수수료를 수취할 것으로 예상하고 있다. 총 마일스톤 수수료(total milestone fee)는 기술이전과 동시에 수취하는 기술이전 수수료(upfront fee)와 임상3상 완료 시점 및 신약승인의 단계별로 수취하는 단계별 수수료(stage-based milestone fee)로 구분된다.

• 경영진은 총 마일스톤 수수료(total milestone fee)로 기업의 신약연구 개발비용 총액(28,800백만원)의 150%에 해당하는 43,200백만원으로 예상하고 있다. 신약연구 개발비용 총액은 임상1상이 진행 중인 현재시점(2×01년 말)까지 누적 투입된 신약개발 연구개발비용(22,500백만원)과 임상2상이 완료되는 2×04년 말까지 추가로 투입될 예상 연구개발비용(6,300백만원)의 합계로 구성된다.

	2×01	2×02	2×03	2×04	2×05	2×06	2×07	2×08	2×09
연구개발비용	22,500	1,300	2,500	2,500	-	-	-	-	-

• 경영진은 임상 단계별 비율을 고려하여 총 마일스톤 수수료(43,200백만원) 중 기술이전 수수료(upfront fee)로 38.6%(16,675백만원)를 배분하였으며 임상3상 완료시점에 26.9%(11,621백만원)를, 신약승인 시점에 나머지 34.5%(14,904백만원)를 각각 수취할 것으로 예상[70]하고 있다.

	2×01	2×02	2×03	2×04	2×05	2×06	2×07	2×08	2×09
연구개발단계 (Stage)	임상1상 진행 중	임상1상 완료 및 임상2상 개시	임상2상 진행 중	임상2상 진행 중	임상2상 완료 및 임상3상 개시	임상3상 진행	임상3상 완료 및 승인 신청	승인 심사	승인 완료 판매 개시
마일스톤구분	-	-	-	-	upfront	-	mile stone-2	-	mile stone-3
적용비중	-	-	-	-	38.6%	-	26.9%	-	34.5%
마일스톤 수수료	-	-	-	-	16,675	-	11,621	-	14,904

④ 경상로열티 추정

• 경영진은 개발 중인 신약의 완제품 매출액의 6.72%에 해당하는 금액을 경상

70) 총 마일스톤 수수료의 연구단계별 수수료 배분은 기술이전 시점의 연구개발단계(Stage) 수준 및 기타 제반사항을 고려하여 거래당사자 간에 결정하는 것이므로 일반화하기 어려운 한계가 있다. 따라서, 총 마일스톤 수수료의 연구단계별 수수료 배분은 유사 약제의 배분사례를 활용하거나 평가시점에 기술이전 계약이 체결되었다면 해당 계약에 약정된 마일스톤 수수료 약정을 반영하여야 할 것이다.

로열티율로 추정71)하였다. 이에 따른 경상로열티 추정결과는 다음과 같다.

	2×09	2×10	2×11	2×12	2×13	2×14	2×15	2×16	2×17
제품매출액	33,510	170,126	345,488	526,207	712,406	723,368	550,875	419,514	319,477
로열티수입	2,252	11,432	23,217	35,361	47,874	48,610	37,019	28,191	21,469

⑤ 매출(총 로열티) 추정

• 기술이전에 따른 마일스톤 수수료와 완제의약품 판매에 따른 경상로열티를 모두 포함한 총 로열티 수입을 다음과 같이 추정하였다.

	2×01	2×02	2×03	2×04	2×05	2×06	2×07	2×08	2×09
제품매출액	-	-	-	-	-	-	-	-	33,510
마일스톤	-	-	-	-	16,675	-	11,621	-	14,904
경상로열티	-	-	-	-	-	-	-	-	2,252
총 로열티	-	-	-	-	16,675	-	11,621	-	17,156
	2×10	2×11	2×12	2×13	2×14	2×15	2×16	2×17	
제품매출액	170,126	345,488	526,207	712,406	723,368	550,875	419,514	319,477	
마일스톤	-	-	-	-	-	-	-	-	
경상로열티	11,432	23,217	35,361	47,874	48,610	37,019	28,191	21,469	
총 로열티	11,432	23,217	35,361	47,874	48,610	37,019	28,191	21,469	

⑥ 신약승인확률

• 경영진은 신뢰성 있는 기관이 발표한 약제별 신약승인확률 자료를 이용하여 개발 중인 신약에 대한 연구개발 단계별 성공확률(PTRS)과 누적성공확률을 다음과 같이 추정하였다.

연구단계	전임상 완료	임상1상 완료	임상2상 완료	임상3상 완료	신약승인/판매
현재상태	완료	진행중	-	-	-
단계별 성공확률	100%	64.1%	23.0%	34.2%	79.6%
누적 성공확률	100%	64.1%	14.7%	5.0%	4.0%
달성시점	-	2×02	2×05	2×07	2×09

71) 로열티 수수료율은 기술평가 실무가이드의 자료를 참고하여 기준로열티율, 기술의 비중, 조정계수 및 개척률 등을 감안하여 산정하거나 유사 약제의 로열티 수수료 정보를 활용할 수 있다. 만일, 평가시점에 기술이전계약이 체결된 경우에는 일반적으로 완제의약품 판매에 따른 경상로열티 수수료율이 계약에 정해지므로 그에 따라야 할 것이다.

⑦ 위험조정 매출추정

• 매출(총 로열티 수입) 추정결과에 신약승인확률을 곱하여 산정된 위험조정 매출 추정결과는 다음과 같다.

	2×01	2×02	2×03	2×04	2×05	2×06	2×07	2×08	2×09
총 로열티	-	-	-	-	16,675	-	11,621	-	17,156
신약승인확률	100%	64.1%	64.1%	64.1%	14.7%	14.7%	5.0%	5.0%	4.0%
위험조정매출	-	-	-	-	2,451	-	581	-	686
	2×10	2×11	2×12	2×13	2×14	2×15	2×16	2×17	
총 로열티	11,432	23,217	35,361	47,874	48,610	37,019	28,191	21,469	
신약승인확률	4.0%	4.0%	4.0%	4.0%	4.0%	4.0%	4.0%	4.0%	
위험조정매출	457	929	1,414	1,915	1,944	1,481	1,128	859	

살펴본 바와 같이, 위험조정할인모형(r-NPV)은 신기술개발의 성공을 전제로 수립한 기본 사업계획에 신기술의 단계별 성공확률을 추가로 고려하여 위험조정된 기대현금흐름(risk adjusted Expected Free Cash Flow)을 투자자의 요구수익률로 할인하여 기업가치를 추정하는 방법으로서, 신약 또는 신기술의 연구개발을 사업모형으로 하는 기업의 가치평가에 널리 활용되고 있다. 다만, 위험조정할인모형은 경영진의 합리적인 사업계획이 전제되지 않을 경우 공정가치 평가결과에 대한 신뢰성이 제한될 수밖에 없다. 이러한 이유로 미국공인회계사회는 스타트업 기업 중 기업생명주기(Company Life Cycle)상 「Stage 1」 또는 「일부 Stage 2」 기업에 해당하면서 합리적인 사업계획을 수립할 수 있는 경영진을 확보하지 못한 경우, 대안적인 방법으로 「Backsolve 방법」과 「Calibration 방법」을 제시한 바 있으며, 해당 가치평가기법에 대한 자세한 내용은 본서의 「제3장 옵션평가모형」에서 설명한 내용을 참고하기 바란다.

Financial Valuation

제2장 상대가치평가모형

시장가치비교모형(Market Multiple Method)이라고도 불리는 상대가치평가모형(Relative Valuation)은 기업의 재무상황과 영업환경이 유사한 활성시장의 공시가격이 있는 다른 기업의 가격정보를 이용하여 가치를 평가하는 방법이다. 기업과 재무 및 영업환경이 유사한 비교기업을 합리적으로 선정할 수 있다면 가치평가결과의 신뢰성을 높일 수 있고 다양한 방법으로 평가가 가능하다. 상대가치평가모형은 적용이 쉽고 단순한 방법으로 가치를 측정할 수 있지만 평가방법이 단순한 만큼 가치평가과정에서 오류 발생가능성이 높으므로 주의를 필요로 한다.

1 상대가치평가모형의 기본개념

상대가치평가모형은 두 가지의 핵심 구성요소에 대한 이해가 필요하다.

- 상대가치평가모형은 기업과 유사한 영업위험이나 재무위험, 또는 영업위험과 재무위험이 모두 유사한 비교기업(또는 가격)을 선정할 수 있어야 한다. 이러한 유사기업을 찾는 것은 매우 어려운 일이다. 기업과 완전히 동일한 성격의 유사기업은 존재할 수 없으며 동일한 사업영역에 속해 있더라도 부담하는 위험이 다르며, 잠재적 성장률과 미래현금흐름의 특성은 다를 수밖에 없기 때문이다.
- 상대가치평가모형은 비교가능하고 표준화된 가격(또는 비율)을 관측할 수 있어야 한다. 표준화된 가격(또는 비율)은 주당순이익(EPS), 주당순자산(BPS) 또는 EBITDA 등 여러 지표가 있다. 표준화된 가격은 평가기업과 유사기업 모두 산출 또는 관측할 수 있어야 한다.

상대가치평가모형은 핵심구성요소의 요건을 만족하면 쉽고 빠르게 적용할 수 있다. 현금흐름할인모형에 비해 미래성과추정이 간략하며 평가결과에 대한 이해·분석이 쉽다.

또 상대가치평가모형은 기업의 본질적인 가치 외에 평가시점의 시장분위기가 반영된다는 특징이 있다.

이러한 상대가치평가모형의 장점은 단점이기도 하다. 유사기업이 잘못 선정되거나 선정된 유사기업의 특성이 평가기업의 특성을 충분히 설명하지 못하는 경우에는 평가결과가 왜곡된다. 몇 개의 변수에 의해 가치평가가 이뤄지므로 가치평가의 핵심요소인 위험, 성장 그리고 현금흐름에 대한 깊은 고민은 생략된다. 또 현재의 시장상황을 그대로 반영하기 때문에 시장이 일시적으로 과대평가 또는 과소평가된 상황에서는 평가기업의 가치도 과대 또는 과소평가된다. 이러한 이유로 상대가치평가모형은 유사기업과 표준화된 가격의 선정과정에서 전문적 판단이 요구된다.

1.1. 모형의 적용방법

상대가치평가모형은 활성시장의 공시가격을 관측할 수 있는 유사기업이 존재해야 한다. 모형은 기업과 영업위험 또는 재무위험(혹은 영업위험과 재무위험 모두)이 비슷한 유사기업을 선정하는 것에서 시작된다. 유사기업이 선정되면 그 유사기업의 표준화된 가격 즉 시장배수(Market Multiple)를 관측한다. 관측된 시장배수와 기업의 표준화된 가격을 이용해 기업의 공정가치를 측정한다.

① 유사기업 선정 : 기업과 영업위험이 비슷한(또는 영업위험과 재무위험 모두 유사한) 유사기업을 선정한다. 이때, 유사기업은 그 유사기업이 발행한 금융상품(보통주 등)의 활성시장 공시가격을 측정할 수 있어야 한다.

② 표준가격(비율) 결정 : 여러 상대가치평가모형 중 적용할 표준화된 가격(비율)을 결정한다. 상대가치평가모형은 주당순이익배수(PER), 주당순자산배수(PBR) 및 EV-EBITDA 배수 등의 방법이 있다.

③ 유사기업 시장배수 관측 : 적용할 표준가격(비율)에 따라 유사기업의 시장배수(Market Multiple)를 관측한다. 때로는 신뢰성 있는 유사기업의 시장배수를 관측할 수 없는 경우가 있고 유사기업이 선정되었더라도 평가기업의 신뢰성 있는 표준가격 산출이 어려울 수 있다. 이 경우에는 상대가치평가모형을 적용할 수 없게 된다.

④ 평가기업 가치측정 : 유사기업의 시장배수와 평가기업의 표준화된 가격을 이용하여 평가기업의 공정가치를 측정한다.

상대가치평가모형은 지분상품의 공정가치측정에 한해 활용되는 것은 아니지만, 일반적으로 활성시장에서 관측가능한 자산(또는 부채)의 대부분이 지분상품이므로 본서는 공정가치측정 대상 자산이 지분상품(주식)임을 가정한다.

1.2. 모형의 종류

지분상품가격은 측정된 지분가치를 발행주식수로 나눈 값이다. 지분가치가 같더라도 발행주식수는 서로 다르므로 1주당 가격을 유사기업의 지분상품 가격과 직접 비교하는 것은 의미가 없다. 평가기업과 유사기업의 가치를 비교하기 위해서는 어떤 방식을 통해 가치를 표준화할 필요가 있다. 가치비교를 위해 표준화된 것이 바로 PER 등으로 대표되는 P-Multiple과 EV-EBITDA와 같은 EV-Multiple이다.

① PER(Price Earning Ratio) : 주당순이익배율

② PBR(Price Book-value Ratio) : 주당순자산배율

③ PSR(Price Sales Ratio) : 주당매출배율

④ EV-EBITDA

대표적인 P-Multiple인 PER은 유사기업의 PER 또는 유사기업군의 평균PER을 관측하고, 평가기업의 주당순이익(EPS)을 이용하여 지분상품 가격을 도출할 수 있다. 그러나 P-Multiple에 의해 평가한 결과는 유사기업 또는 평가기업의 재무상황에 따라 이상치(outlier)가 나타날 경우가 많으며 적자기업은 사용할 수 없는 단점이 있다.

최근에는 EV-Multiple이 선호되고 있다. EV-Multiple은 P-Multiple에 비해 고려해야 할 변수가 더 있지만 전체기업가치 접근법을 사용하고 있다는 점과 회계처리방법의 차이로 인한 왜곡가능성을 부분적으로 제거할 수 있다는 점에서 각광받고 있다. 또 EV-Multiple의 대표적인 방법인 EV-EBITDA 비율에서의 EBITDA는 영업이익을 기준으로 측정되므로 기업의 장기적인 이익창출능력의 표준이 될 수 있으며 당기순이익에 비해 비교적 안정적이므로 가장 뛰어난 지표로 평가받고 있다. 또한, EBITDA는 당기순이익보다 부(-)의 값이 나올 가능성이 적으므로 적용가능한 비교기업수가 PER방식보다 늘어나는 장점이 있다.

1.3. 모형적용 시 고려사항

상대가치평가모형은 쉽게 적용할 수 있으나 제한된 투입변수와 단순한 평가구조로 인해 적용과정에서 잘못 적용될 위험이 있다. 단순한 평가모형은 암묵적인 가정이 많이 내재되므로 그 가정들을 무시하고 적용할 때에는 오류발생 위험이 높아진다.

(1) 표준가격의 정의

PER은 지분상품의 활성시장 공시가격을 주당순이익(EPS)으로 나눈 값이다. PER과 같이 단순한 방법일수록 평가자별로 전혀 다른 평가결과를 얻을 수 있는데, PER과 같이 단순한 산식에서도 많은 변수들이 존재하기 때문이다. 유사기업의 PER을 이용하므로 먼저 비교대상 유사상장기업의 PER을 구해야 한다. 유사기업의 PER 계산을 위해 지분상품의 공시가격(주가)을 알아야 하는데 이때 사용될 주가의 선정에 있어 평가시점 당일의 주가를 활용할지 또는 일정기간의 평균주가를 활용할지의 결정 등 선택해야 할 정보가 많다. 또한 유사기업과 평가기업의 주당순이익을 측정함에 있어 과거의 주당순이익을 이용할 것인지 추정주당순이익을 이용할 것인지와 확정된 주당순이익을 사용할 것인지 또는 희석주당순이익(diluted EPS)을 사용할 것인지 등의 문제에서 전문적 판단이 필요하다.

이러한 표준가격의 정의 문제는 다른 평가방법에서도 마찬가지다. PBR, PSR 또는 EV-Multiple에서 사용할 주가와 장부금액, 매출액, EBITDA값도 어느 시점을 이용할 것인가에 대한 판단이 필요하다. 그러나 이에 대한 일반적인 적용방법이 특정되지 않는다. 평가자의 전문적 판단에 의해 변수들이 정의되고 선택될 수밖에 없다. 또 공정가치평가 목적이 단기추정인지 또는 장기추정인지에 따라 달리 적용될 수 있다. 변수인 이익에 예외항목이 포함되어 있는가도 고려해야 할 부분이다.

(2) 일관성의 유지

상대가치평가모형은 가치와 변수간의 일관성이 요구된다. P-Multiple에서의 가치는 지분가치가 되며 EV-Multiple에서는 전체기업가치가 된다. 이에 대응되는 변수는 주당순이익(EPS), 매출액, 영업이익, 장부가치 또는 EBITDA가 된다. 일관성의 유지는 비교되는 가치가 지분가치인 경우 변수의 귀속주체도 지분가치가 되는 것이 바람직하다. 예를 들어 PER은 일관성이 유지되는 경우이다. PER은 주가 대비 주당순이익이므로 측정가치와 변수 모두 지분과 관련된 항목이다. EV-EBITDA도 일관성이 유지되는 경우이다. EV는 전체기업가치이며 EBITDA도 전체기업에 귀속되는 이익이다. 반면, PSR의 경우 측정된 가치는 지분가치이지만 변수는 전체기업에 해당하므로 일관성이 결여된 경우이다.

2 유사기업의 선정

상대가치평가모형은 비교대상인 유사상장기업의 주가를 이용하여 평가기업의 주가를 측정하는 방법이므로 유사기업의 선정은 상대가치평가모형의 첫걸음이자 가장 중요한 절차이다. 비교대상 유사기업 선정의 전통적인 방법은 같거나 유사한 산업 또는 사업구조를 가진 상장기업을 유사회사로 선정하는 것이다. 그러나 같은 업종의 상장기업을 일괄적으로 유사기업으로 선정하는 방식이 최선의 방법인가에 대한 의문이 있다. 유사기업으로 선정하기 위한 일반적인 조건을 만족하는지를 검토하는 과정이 필요하기 때문이다. 유사기업을 선정하는 일반적인 기준은 평가기업과 영업위험 및 재무위험, 잠재적 성장률이 비슷한 경우이다. 유사기업 선정의 핵심은 위험, 성장 그리고 궁극적으로는 현금흐름 측면에서 선정된 평가기업과 유사기업이 얼마나 비슷한가에 달려 있다. 그러나 유사기업 선정에 아무리 주의를 기울인다 하더라도 유사기업과 평가기업 간에는 반드시 차이가 존재하기 마련이므로 유사기업 선정 후에 평가기업과의 근본적인 차이를 조정해 주는 작업이 고려해야 한다.

2.1. 유사기업 선정의 이론적 검토

유사기업은 평가기업과 영업위험, 재무위험 및 잠재적 성장률이 유사한 기업이다. 또 기업규모를 추가로 고려할 수 있다. PER의 결정변수를 통해 유사기업 선정에서 이러한 요소들을 고려해야 하는 이론적 근거를 살펴보자. PER은 주가를 주당순이익으로 나눈 값이다. 상대가치평가모형에 의해 평가기업의 지분가치를 측정하려면 유사기업의 PER을 측정한 후 평가기업의 주당순이익을 곱해 계산한다.

- 매년 「EPS_1」만큼의 주당순이익이 예측되는 기업이 있다. 기업은 순이익을 모두 배당하며 세금은 없다고 가정한다. 이 기업의 주주는 매년 순이익 전체를 영구기간 동안 배당으로 받게 될 것($EPS_1 = DIV_1$)이므로 주당지분가치는 다음과 같다.

$$P = \sum_{i=1}^{n=\infty} \frac{EPS^e{}_i}{(1+K_e)^i} = \frac{EPS_1}{K_e}$$

• 위 산식에서 양변을 EPS_1로 나누어 주면 아래의 산식이 도출된다.

$$\frac{P}{EPS_1} = \frac{EPS_1/K_e}{EPS_1} = \frac{1}{K_e}$$

• 이때 좌변의 P/EPS가 바로 PER이므로 이론적 PER*은 다음과 같이 정리된다.

$$PER^* = \frac{1}{K_e}$$

위 산식은 이론적 PER*의 결정변수가 자기자본비용(K_e)임을 설명한다. 즉 자기자본비용의 결정변수에 의해 PER가 달리 측정된다. 자기자본비용 추정의 여러 방법 중 대표적인 방법인 자본자산결정모형(CAPM)은 자기자본비용의 결정요소로 영업위험과 재무위험을 함께 고려하도록 하고 있다.

$$K_e = R_f + [E(R_m) - R_f] \times beta$$

• K_e : 자기자본비용
• R_f : 무위험수익률
• $E(R_m) - R_f$: 시장위험프리미엄
• beta : 위험자산의 체계적 위험

• CAPM에 의한 자기자본비용은 무위험수익률(R_f), 시장위험프리미엄($[E(R_m) - R_f]$) 및 베타(beta)로 구성된다. 이 중 개별기업의 특성이 반영되는 것은 시장위험프리미엄에 대한 변동성 정도를 나타내는 베타인데, 베타는 영업위험과 재무위험이 모두 반영된다. 이는 PER을 이용한 상대가치평가는 비교기업과 평가기업의 영업위험과 재무위험을 함께 고려해야 한다는 의미이다. 자기자본비용이 높을수록 이론적 PER*은 낮아지므로 두 기업의 주당순이익이 같더라도 영업위험과 재무구조가 현저히 다르다면 측정오류 가능성이 높아진다.

앞에서는 기업이 순이익을 모두 배당한다고 가정하였으나 실제로는 발생한 이익 전체를 배당하지 않고 일부를 유보하였다가 재투자에 사용한다. 기업이 미래성장을 위하여 유보하는 이익을 유보이익이라 하며 외부로부터 자금조달이 없다면 성장에 필요한 투자자금은 유보이익으로 조달된다. 유보이익이 총이익에서 차지하는 비율을 유보율이라고 하고 유보율의 반대개념은 배당성향(payout ratio)이다. 유보율을 b로 규정하고 유보이익의 재투자수익률이 과거 투자성과와 동일하다면 유보이익의 재투자수익률은 자기자본이익률(ROE)로 볼 수 있다.

- 유보이익의 재투자결과는 미래배당수익의 성장을 가져올 것이므로 유보이익의 재투자는 배당가능이익의 성장률이다.

배당성장률(g) = 유보율(b) × 자기자본이익률(ROE)

- 성장률을 고려할 경우 이론적 PER*은 아래 산식과 같이 자기자본비용과 성장률의 함수로 표시할 수 있다.

$$PER^* = \frac{1}{K_e - g}$$

정리하면, 비교대상 유사기업을 선정할 때 고려해야 할 변수는 영업위험과 재무위험을 고려한 자기자본비용과 ROE 등을 고려한 성장률이다. 여기에 더하여 기업규모를 고려할 수 있다. 대개 소규모기업은 대형기업보다 수익률 변동성이 크므로 유사기업과 평가기업 간의 규모차이가 중요하다면 유사기업으로 선정할 것인지에 대해 고민해야 할 것이다.

2.2. 유사기업 선정기준

이론적 검토에서 살펴본 내용을 참고하여 상대가치평가모형을 이용해 지분가치를 평가할 경우 유사기업의 선정기준은 다음과 같이 정리할 수 있다.

① 영업위험 : 같은 산업에 속한 경우 유사한 영업위험을 부담하고 있는 것으로 볼 수 있다. 같은 산업에 속한 기업 중 평가기업과 비슷한(또는 경쟁관계에 있는) 제품 또는 서비스를 제공하는 기업은 영업위험이 유사한 것으로 추정한다.

• 유사기업 선정기준 중 가장 중요한 항목은 영업위험이다. 대개 같거나 유사한 산업에 속한 경우 비슷한 영업위험을 부담하는 것으로 추정된다. 일반적인 산업분류에 따라 동일산업으로 범위를 정할 경우 다른 제품 또는 서비스를 제공하는 기업이 포함될 가능성이 높지만 비교기업의 세부적인 사업현황을 살펴봄으로써 비교가능성을 높이는 노력이 필요하다. 예를 들어 한국표준산업분류표에 따라 동일한 세분류코드 내의 기업은 같은 영업위험을 부담하는 것으로 간주[1]하는 것은 적절하지 않을 수 있다. 표준산업분류표에 따른 분류는 통계적 목적으로 작성되는 것에 불과하고 기업의 사업구조는 수시로 변화하므로 유사기업과 평가기업이 유사한 영업위험을 부담하는지에 대한 세심한 분석이 필요하다.

② 재무위험 : 부채비율이나 이자보상배율 등의 재무지표가 비슷한 기업은 재무위험이 유사한 것으로 추정한다.

• 재무위험은 부채비율이나 이자보상배율과 같은 재무적 안정성을 나타내는 지표를 이용할 수 있다. 주당순이익 대비 지분상품가격으로 표시하는 PER은 비교기업과 평가기업 간 재무위험의 비교는 더욱 중요하다.

③ 기업규모 : 기업규모는 현금흐름의 크기에 영향을 미친다. 기업규모의 척도는 총자산이나 순자산 규모, 매출규모, 지분상품 시가총액 등을 참고할 수 있다.

일반기준을 모두 만족하는 유사기업을 찾기란 쉽지 않다. 그러나 유사기업선정은 상대가치평가모형의 전반에 걸쳐 가장 중요한 영향을 미치므로 일반기준을 만족하지 못하는 비교기업이 선정됨으로써 평가기업의 가치측정치의 신뢰성을 떨어지지 않도록 유사기업 선정과정에서 세심한 주의가 필요하다.

유사기업을 선정하는 과정은 상대가치평가모형에 따른 가치측정결과에 가장 중요한 영향을 미친다. 따라서 상대가치평가의 결과가 잠재적으로 시장참여자 등에 영향을 미칠 것을 고려하여 유사기업 선정기준을 마련한 경우가 있다. 〈자본시장과 금융투자업에 관한 법률(자본시장법)〉과 〈상속세및증여세법〉은 각각 시장참여자 보호와 합리적 재산평가를 위해 유사기업 선정기준을 정하고 있다. 다만, 이러한 기준이 유사기업 선정의 절대적인 기준을 제공하는 것은 아님에 주의해야 한다.

---

1) 일부 상대가치평가에서 표준산업분류표 내의 세분류코드에 포함된 모든 유사기업의 시장배율을 일괄적으로 적용하기도 한다. 그러나 표준산업분류표 상 세분류코드에 포함된 기업들의 내용을 살펴보면 유사기업과 평가기업 간 영업위험이 유사한 것으로 판단할 근거가 없는 경우가 많다. 오히려 밀접한 경쟁관계에 있는 기업이 서로 다른 분류코드 내에 있는 경우도 종종 발견된다.

(1) 자본시장법상 선정기준

자본시장법[2]은 상장법인[3]과 합병하는 비상장법인의 합병가액 산정 시 상장법인 중 유사기업을 선정하여 상대가치평가모형에 따른 결과를 비교·공시하도록 하고 있다. 이때, 자본시장법상 유사기업의 선정기준은 다음의 3단계 선정기준을 따른다. 만일 선정된 유사기업이 3개사 미만인 경우에는 상대가치를 산정하지 않는다.

① 1차 선정기준 : 한국거래소 업종분류에 따른 소분류 업종이 동일한 상장법인 중 매출액에서 차지하는 비중이 가장 큰 제품(또는 용역)의 종류가 유사한 기업

② 2차 선정기준 : 1차 선정된 기업 중 다음 요건을 구비하는 3개 이상의 기업

- 「주당 법인세비용차감전계속사업이익」이 액면가액의 10% 이상일 것
- 「주당순자산」이 액면가액 이상일 것
- 상장일이 속하는 사업연도의 결산을 종료하였을 것
- 최근 사업연도 재무제표에 대한 감사의견이 적정 또는 한정일 것

③ 3차 선정기준 : 2차 선정된 기업 중 상장기업의 「주당 법인세비용차감전계속사업이익」과 「주당순자산」이 평가기업의 「주당 법인세비용차감전계속사업이익」과 「주당순자산」의 30% 이내의 범위에 있는 기업

예 제 유사기업선정 [이노션 예비투자설명서 편집인용]

코스피상장을 앞둔 이노션은 광고대행업을 주된 영업으로 하고 있으며 한국표준산업분류 세세분류상 광고대행업(M71310)에 속한다. 기업이 속한 산업분류와 실질적인 사업내용의 유사성을 고려하여 다음의 선정기준을 적용하여 최종적으로 국내 유사기업으로 제일기획 1개사를 해외 유사기업으로 WPP PLC를 비롯한 8개사를 선정하였다.

유사기업 선정내용 중 국내 유사기업 선정과정은 다음과 같다.

① 1차 유사기업선정 : 한국표준산업분류상 광고업(소분류 M713000)을 영위하는 상장기업과 이노션과 동일산업분류는 아니나 2014년 국내 취급액 기준 10대 광고대행회사 중 하나인 HS애드와 엘베스트를 100% 보유한 지주회사인 지투알을 추가하여 모집단으로 선정하고 이 중 이노션과 동일한 종합광고 대행업을 영위하는 4개 회사를 1차 비교대상기업으로 선정하였다.

회사명	주요 사업	선정 여부	제외사유
제일기획	종합광고대행	선정	-

2) 자본시장과 금융투자업에 관한 법률 시행령 제176조의 5

3) 코넥스시장 상장법인 제외

회사명	주요 사업	선정 여부	제외사유
오리콤	종합광고대행	선정	-
지투알	종합광고대행	선정	-
와이지플러스	종합광고대행, 화장품판매	선정	-
이엠넷	온라인광고집행 및 성과관리, 광고분석솔루션 제공등	제외	온라인 위주
나스미디어	광고매체판매대행(미디어렙)	제외	미디어렙
제이콘텐트리	출판, 광고, 방송프로그램 제작, 극장업 등	제외	콘텐츠제작위주

② 2차 유사기업선정 : 1차 유사기업으로 선정된 4개사 중 최근 영업이익 및 당기순이익을 보고한 3개 회사를 2차 유사기업으로 선정하였다.

- 2차 선정된 유사기업 : 제일기획, 오리콤, 지투알
- 2차 선정 제외기업 : 와이지플러스(당기순손실 보고)

③ 3차 유사기업선정 : 2차 유사기업으로 선정된 3개사 중 최근 국내 및 해외 총취급액 규모기준으로 이노션과 유사(이노션 총취급액인 3조 6천억원의 50% 이상)한 회사인 제일기획을 선정하였다. 제일기획은 최근 2년간 관리종목으로 지정된 적이 없고 같은 기간 합병 또는 중요한 영업양수도 등 경영상 주요이벤트가 발생한 바 없으며 같은 기간 감사의견이 적정이다. 또 상장 후 1년 이상이 경과하여 유사기업으로 선정하였다.

본 예제는 자본시장법에 의한 비상장기업의 합병가액산출이 아니므로 자본시장법에서 정한 유사기업 선정기준을 그대로 따른 것은 아니지만 자본시장법에서 정한 방법을 준용하여 유사기업을 선정한 경우이다.

(2) 상속세및증여세법상 선정기준

상속세및증여세법(상증법)은 상속재산 또는 증여재산에 대한 과세기초를 마련하기 위한 재산의 평가기준을 제시하고 있다. 상증법에서 정한 재산평가기준 중 비상장기업이 발행한 주식(비상장주식)은 활성시장의 공시가격이 없으므로 이를 평가할 대체적인 방법으로 평가시점 순자산가치와 최근 경영성과가 미래에도 유지될 것임을 가정한 순손익가치를 가중평균하는 방법(보충적 평가방법)을 정하고 있다. 그러나 보충적 평가방법은 기업의 미래가치를 제대로 반영할 수 없는 한계가 있으므로 보충적 방법이 불합리한 것으로 인정되는 경우 평가심의위원회에 현금흐름할인모형 등의 가치평가기법을 이용해 지분가치를 평가할 수 있도록 하고 있다. 이를 규정한 「재산평가심의위원회 운영규정」은 보충적 평가방법의 대체적인 평가기법으로 상대가치를 포함하고 있는데 동 규정에서 정한 유사회사 선정기준을 살펴본다.

상증법상 상대가치평가를 적용하기 위한 유사기업은 다음 요건에 모두 해당하는 코스피 또는 코스닥시장 상장법인이어야 한다.[4)]

① 일반기준

- 상장일로부터 6월이 경과할 것
- 최근 2년간의 감사의견이 적정의견에 해당할 것
- 최근 2년간 경영에 중대한 영향을 미칠 수 있는 합병, 영업양수도, 분할 등이 없을 것
- 최근 2년간 기업회계기준 위배로 인한 조치를 받은 사실이 없을 것
- 최근 6월 이내에 관리종목으로 지정된 사실이 없을 것
- 1주당 경상이익 및 1주당 순자산가액이 양수일 것

② 업종기준

- 국세청장이 결정하는 기준경비율[5)] 및 단순경비율의 업종분류를 기준으로 평가기업과 같은 중분류 이내에 해당하는 업종을 영위하되 도·소매 및 소비자용품 수리업의 경우 소분류 이내에 해당하는 업종을 영위할 것.
- 해당 비상장기업 및 유사기업이 둘 이상의 업종을 영위하는 경우에는 매출의 비중이 가장 높은 업종을 주업종으로 한다.

③ 규모기준[6)]

- 유사기업의 총자산가액이 평가기업 총자산가액의 5배를 초과하지 않을 것
- 유사기업의 매출액이 평가기업 매출액의 5배를 초과하지 않을 것

유사기업은 위 요건을 만족하는 기업으로서 「업종기준」에서 정한 업종분류를 기준으로 하여 세세분류가 같은 둘 이상의 기업으로 하며 세세분류가 같은 기업이 2개에 미달하는 경우에는 세분류, 소분류, 중분류까지 순차로 적용하여 둘 이상의 기업을 선정한다. 그리고 선정된 둘 이상의 유사기업 중 자본이익률(당기순이익÷자산총계)이 평가기업의 자본이익률과 가장 근접한 상위 2개 법인과 하위 2개 법인을 유사기업으로 선정한다. 단, 유사기업의 수가 각각 2개에 미달하는 경우에는 그 미달하는 법인을 유사기업

---

4) 유사상장기업이 자본시장법에 따른 집합투자기구, 사모투자집합기구, 투자목적회사, 기업인수목적회사, 공정거래법에 따른 지주회사, 금융지주회사법에 따른 지주회사인 경우에는 제외한다.

5) 「소득세법 시행령」 제145조 제1항에서 정한 기준경비율 및 단순경비율

6) 총자산가액 및 매출액은 「법인세법」 제60조에 따라 제출한 평가기준일이 속하는 사업연도의 직전 사업연도의 재무상태표 및 손익계산서에 기재된 자산총계 및 매출액에 의한다.

으로 선정한다. 상증법상 유사기업 선정기준은 선정요건의 까다로움으로 인해 실질적으로 유사기업으로 선정되는 경우는 매우 드문 것으로 알려져 있다.

자본시장법과 상증법에서 정한 유사기업 선정기준은 해당 법률의 목적에 맞춰 정해진 것으로 이러한 기준이 절대적인 의미를 갖는 것은 아니다. 다만, 이들 법률에서 정한 유사기업 선정기준이 이론적 검토에서 살펴본 유사기업 선정기준의 틀을 크게 벗어나는 것은 아니므로 실무적으로 참고할 만하다.

3 P - Multiple

P-Multiple은 PER, PBR 및 PSR과 같이 지분상품가격(주가)과 주당순이익(EPS), 주당순자산(BPS) 및 주당매출액 등의 재무성과지표를 직접 비교하는 방법이다.

3.1. 주당순이익배율(PER)

유사기업의 주당순이익, 주당경상이익 또는 주당영업이익과 같은 이익자료를 활용하여 평가하는 방법을 이익배율(Earning Multiple)이라 한다. 이 중 주당순이익배율(PER)은 상대가치평가모형 중 가장 널리 이용되는 방법이다. PER은 쉽고 간단하게 적용될 수 있어 신속한 정보를 필요로 하는 상황에 적합하다.

주당순이익배율(PER)은 다음과 같이 주당순이익 대비 1주당 가격의 상대적인 비율이다. 따라서, PER에는 주당순이익이 높을수록 주당가격도 비례하여 높을 것이라는 가정이 내포되어 있다.

$$\text{주당순이익배율(PER)} = \frac{\text{1주당 가격}}{\text{주당순이익(EPS)}}$$

PER에서 사용되는 주당순이익(EPS)은 당기주당이익이 사용될 수 있고 추정주당이익이 사용될 수도 있는데, 당기주당이익을 이용해 계산된 PER을 「현행(current)PER」이라 하고, 추정주당이익을 이용하는 것을 「추정(forward)PER」이라 한다. 주당순이익은 당기순이익을 발행주식수로 나눈 값이다. 당기순이익은 영업이익에서 이자비용 등 영업외손익을 모두 가감한 값이므로 타인자본 조달비용이 이미 고려되어 있다. 따라서 영업환경이 동일하더라도 재무환경이 다른 기업 간의 주당순이익은 차이가 발생한다. 유사상장기업의 PER을 이용한 상대가치평가는 다음의 순서대로 적용한다.

① 평가기업과 영업위험 및 재무위험이 유사한 유사상장기업 선정
② 유사상장기업 평균PER 계산
③ 평가기업 주당순이익(EPS) 계산(또는 추정)
④ 평가기업 주당가치 산정

평가기업 주당가치는 다음과 같이 계산한다.

평가기업 주당가치 = 평가기업 주당순이익(EPS) × 유사상장기업 평균PER*

$$\text{* 유사상장기업 평균PER} = \frac{\text{유사상장기업의 1주당 활성시장 공시가격}}{\text{유사상장기업 주당순이익(EPS)}}$$

(1) 유사상장기업 평균PER

PER은 부(-)의 값을 가질 수 없다. 손실을 보고한 기업의 PER은 평가기업과 유사기업 모두 계산이 불가능하다. 여러 유사기업이 선정된 경우, 유사기업군의 평균PER을 이용할 때 손실을 보고한 기업이 있는 경우의 유사상장기업 평균PER 계산은 아래와 같은 방법들을 제시할 수 있다.

① 손실을 기록한 회사를 제외하고 PER을 계산하되 상향편의(upward bias)된 PER을 임의로 하향조정하는 방법
② 유사기업군 전체의 지분가치총액과 당기순이익(손실)의 합을 구하여 유사기업군을 하나의 기업으로 보고 전체누적PER(aggregated PER)을 계산하는 방법
③ 손실을 기록한 유사기업을 포함하여 평균PER보다 크게 높거나 낮은 기업의 PER은 이상치(outlier)로 보아 유사기업군에서 제외하는 방법

그러나 유사기업군 중 손실을 보고한 기업의 주가가 높다면(일시적인 손실일 경우 이러한 현상의 발생가능성은 높다) 손실을 보고한 기업의 PER가 항상 상향편의되는 것이 아니므로 첫 번째 방법은 오류가능성이 있다. 이때는 유사기업군의 지분가치 총액을 가중치로 한 가중평균PER로 계산하거나 전체누적PER을 계산하는 방법(②의 방법)을 고려할 수 있다. 그러나 이러한 방법도 유사기업군 표본이 충분히 많은 경우에만 유의미한 정보를 제공한다. PER을 적용함에 있어 유사상장기업은 평가기업과 영업위험 및

재무위험이 모두 유사한 기업을 선정해야 하는데 충분한 유사기업 후보를 선정하는 것이 상당히 어려우므로 이상치를 제외하는 방법(③의 방법)이 실무적으로 가장 선호된다.

(2) 유사상장기업 활성시장 공시가격

유사상장기업 평균PER을 계산함에 있어, 유사상장기업의 주가(유사기업의 1주당 활성시장 공시가격)는 평가시점 현재의 주가를 이용할 수도 있고, 과거 일정기간의 평균주가(예 : 평가시점으로부터 3개월간의 평균주가)를 이용할 수도 있다. 평가시점 주가는 일시적으로 급등하거나 급락할 수 있어 이를 그대로 이용하면 일시적 시장요인이 지나치게 반영되는 문제가 발생하므로 가급적 일정기간 주가를 평균한 값을 사용하는 것이 합리적이다. 이때, 유사상장기업 평균주가는 매일의 종가를 단순평균하여 계산(단순평균주가)할 수도 있고 매일의 주가에 일별 거래량을 가중평균한 값(가중평균주가)을 적용할 수도 있다.[7] 일평균 거래량이 충분한 상장기업의 경우 단순평균주가와 가중평균주가의 차이가 크지 않은 반면, 일평균 거래량이 충분하지 않은 경우[8] 그 차이가 클 수 있다. 거래가 동반되지 않은 공시가격에는 일시적인 거래요소가 지나치게 반영될 위험이 있으므로 거래량을 가중치로 하여 계산된 가중평균주가를 이용하는 것이 바람직하다.

(3) 현행PER과 추정PER

PER을 이용한 상대가치평가를 위해서는 유사상장기업과 평가기업의 주당순이익(EPS)을 각각 계산해야 한다. 주당순이익 산정방법은 PER에 의한 상대가치 평가결과에 가장 중요한 영향을 미치므로 상당한 주의가 요구된다. 이때, 유사상장기업의 PER을 추정주당순이익으로 산출한다면 평가기업도 추정주당순이익을 이용하는 것이 합리적이다. 실적이익에 의해 계산된 PER을 「현행(current)PER」이라 하고 추정이익에 의해 계산된 PER을 「추정(forward)PER」이라 한다.

- 이론적인 의미에서 주가는 미래현금흐름을 반영한 가치이며 활성시장에서 공시되는 주가는 미래의 예상이익을 반영하여 형성되는 가격이므로 추정주당순이익을 반영하는 것이 바람직하다. 증권회사의 리서치본부에서 발표하는 기업분석정보는

---

7) 활성시장에서 거래되는 상장기업의 평균주가 계산방법은 각종 법령에 명시되기도 한다. 예를 들어 상속 및 증여재산의 평가를 목적으로 하는 「상속세및증여세법」은 상장주식의 시가평가방법으로 평균주가를 계산하도록 하는데, 이때의 평균주가는 매일의 종가를 단순평균한 주가이다. 반면, 「자본시장과 금융투자업에 관한 법률」에서 제시하는 기준주가는 매일의 종가를 거래량을 기준으로 가중평균한 주가를 사용하도록 하고 있다.

8) 코넥스시장의 경우 총발행주식수 대비 일평균 거래량이 적은데다 매수호가 또는 매도호가만으로 공시가격의 등락이 크게 나타나므로 가급적 코넥스시장에 상장된 기업은 유사상장기업으로 선정하지 않는 것이 바람직하다.

추정이익에 의한 PER, 즉 추정PER을 적용하는 추세이다. 그러나 현실 시장에서의 정보는 불안정하고 효율적이지 못하므로 가장 신뢰성 있는 정보인 실적 주당순이익을 이용한 현행PER을 활용하는 것이 타당하다는 주장도 있다.

실무적으로는 실적 주당순이익을 기초로 예외항목을 조정(normalization)한 후 예상되는 이익효과를 추가 반영한 추정이익(proforma EPS)에 의해 추정PER을 산정하는 방식을 많이 사용한다. 이러한 방법은 객관적이고 신뢰성 있는 실적 주당순이익을 기초로 하되 예외항목과 기대항목을 조정해 주는 방식이므로 단순히 추정이익을 추산하는 방식보다 선호되고 있다.

- 예외항목의 조정은 원칙적으로 유사상장기업 및 평가기업 모두에 동일하다. 다만, 유사상장기업의 주당순이익에 예외항목을 분석하여 조정하는 것은 현실적인 어려움이 있으므로 이러한 예외항목으로 인해 이상치를 보이는 PER은 유사상장기업에서 제외하는 것이 일반적이다.
- 평가기업의 주당순이익에 대한 예외항목 조정은 주당순이익의 구성항목 중 일시적인 손익항목의 향후 발생가능성을 고려하여 조정(normalization)한다. 다만, 추정PER을 이용할 경우 추정주당순이익을 계산하는 시점에 과거에 발생한 예외항목을 배제하기 때문에 예외항목에 대한 조정 작업은 불필요하다.

(4) 이상치 조정

PER은 상한 또는 하한이 없다. 때로는 유사상장기업 PER 중 터무니없이 큰 PER가 관측되기도 한다. 높은 PER은 주당순이익 대비 주가가 높기 때문일 수도 있으나 일시적 주당순이익의 등락에 기인하는 경우가 많다. 주가는 장기적인 미래현금흐름을 반영하는 데 반해 주당순이익은 1기간의 순이익을 나타내는 지표이기 때문이다. 이러한 이상치는 평균PER을 왜곡할 가능성이 높으므로 제외하는 것이 바람직하다.

(5) 주당순이익의 질

주당순이익의 질(質)은 PER의 측정에서 중요하다. 외부감사를 받는 기업의 주당순이익은 신뢰성이 확보되지만 그렇지 않은 기업의 주당순이익은 외부검증이 없어 왜곡된 경우가 많다. 이 경우 경영자의 의도에 따라 주당순이익이 과대 혹은 과소표시되어 있을 수 있으므로 주의를 요한다. 또 외부감사를 받는 기업 간 주당순이익의 질에 차이가 있을 수 있다. 일반적으로 인정된 회계원칙에 의해 작성된 재무제표는 경영자의 재무적 추정이나 판단이 불가피하다. 이러한 경영자의 재무추정 및 판단에 기초한 회계처리에 따라 기업의 주당순이익은 바뀔 수 있다. 예를 들어 기업의 매출채권에 대한 대손충당금 적립정책에 따라 충당금 설정액이 바뀔 것이며, 이는 주당순이익에 영향을 미친다. PER에 의한 상대가치를 평가함에 있어 이러한 이익의 질에 대한 조정작업의 필요성을 살펴야 한다.

예 제　PER에 의한 가치평가　[해태제과식품 예비투자설명서 편집인용]

해태제과식품은 PER을 이용하여 보통주 지분가치를 추정하였다. PER을 이용함에 있어 해태제과식품과 영업위험 및 재무위험이 비슷한 것으로 판단한 롯데푸드, 빙그레, 오리온, 롯데제과 및 농심 등 5개사를 유사기업으로 선정하였다.

① 유사기업 주가 : 유사기업 주가는 시장상황의 일시적인 단기변동성을 배제하기 위해 유사기업의 보통주를 기준으로 평가시점의 종가, 평가시점 이전 1주일간의 종가평균, 및 1개월간의 종가평균 중 가장 작은 값을 산정하였다.

② 유사기업 평균PER : 해태제과식품의 보통주 지분가치를 평가함에 있어 유사기업 평균PER은 2015년 실적을 기준으로 산출한 값을 활용하였다. 유사기업 5개사의 평균PER은 아래와 같이 29.55배로 측정되었다.

	롯데푸드	빙그레	농심	오리온	롯데제과	평균
주당순이익	36,711	2,512	19,291	27,161	52,927	
기준주가	870,000	65,900	379,000	904,000	2,376,000	
PER	23.70	26.23	19.65	33.28	44.89	29.55

③ 유사기업 평균PER을 이용한 비교가치 : 유사기업의 평균PER을 이용하여 2015년 해태제과식품의 실적 주당순이익을 적용하여 추정한 해태제과식품의 비교가치는 17,117원으로 추정하였다.

- 평가기업 주당순이익 : 579.[26]원
- 유사기업 평균PER : 29.55배
- 평가기업 비교가치 : 579.[26]원×29.55배=17,117원

3.2. 주당순자산배율(PBR)

PBR은 다음의 산식과 같이 1주당주가와 같은 지분상품가격을 주당순자산(BPS)으로 나눈 값(배율)이다.

$$\text{주당순자산배율(PBR)} = \frac{\text{1주당 가격}}{\text{주당순자산(BPS)}}$$

PBR은 P-Multiple의 여러 방법 중 PER 다음으로 많이 활용되는 방법이다. 손실을 기록한 기업에 대해서도 적용할 수 있으며 순자산가치를 공정가치로 보고하는 금융기관이나 자산가치가 중요한 기업에 주로 적용된다.

유사상장기업의PBR을 이용한 상대가치평가는 다음의 순서대로 적용한다.

① 평가기업과 영업위험 및 재무위험이 유사한 유사상장기업 선정

② 유사상장기업 평균PBR 계산

③ 평가기업 주당순자산(BPS) 계산

④ 평가기업 주당가치 산정

PBR에 의한 평가기업 주당가치는 다음과 같이 계산한다.

$$\text{평가기업 주당가치} = \text{평가기업 주당순자산(BPS)} \times \text{유사상장기업 평균PBR}^{*}$$

$$^{*}\text{유사상장기업 평균PBR} = \frac{\text{유사상장기업의 1주당 활성시장 공시가격}}{\text{유사상장기업 주당순자산(BPS)}}$$

변동성이 큰 주당순이익에 비해 주당순자산(BPS)은 안정적이다. 주당순이익의 변동성은 PER의 변동성도 커지게 되는데 비해 주당순자산은 순이익이 누적된 가치를 반영하므로 PBR은 상대적으로 안정적이다. 다만, PBR은 발생시점별로 측정된 역사적 원가이므로 순자산의 공정가치가 제대로 반영되지 못할 수 있다. 자산가치가 오르더라도 감가상각을 통해 원가를 배분하는 작업을 하므로 순자산은 하락한다. 회계처리방법에 따라 가치가 달라질 수 있는 위험은 PER이나 PSR도 마찬가지지만 PBR은 그 영향이 누적적으로 나타날 수 있다.

PBR에 의한 비교가치는 기업의 장부가치가 공정가치를 반영하고 있다는 가정에 근거한다. 자산 및 부채가 공정가치에 따라 평가되는 비율이 높은 은행을 비롯한 금융기관 평가에 유용하다. 반면, 장부가치가 크더라도 자산의 투자효율이 낮거나 부실자산이 많다면 PBR이 적정한 비교가치를 제공하지 못한다. PBR도 예상순자산가치를 적용하는 것이 이론적으로 타당하나 주당순이익과 달리 현재값과 추정값의 차이가 크지 않은 것이 일반적이므로 평가시점의 주당순자산을 주로 이용한다.

예 제 **PBR에 의한 가치평가**

PBR을 이용한 비교가치를 다음과 같이 추정하였다. 기업의 발행주식수는 1백만주이다.

① 평가기업과 영업위험 및 재무위험이 비슷한 것으로 판단되는 유사상장기업을 선정하였으며 이들 유사상장기업의 평균PBR을 1.75배로 산정하였다.

② 평가기업의 최근사업연도 주당순자산(BPS)은 다음과 같이 69,000원으로 산출하였다.

- 자산총액 : 1,560억원, 부채총액 : 870억
- 순자산총액 : 자산총액(1,560억) - 부채총액(870억) = 690억원
- 주당순자산(BPS) : 690억원 ÷ 1,000,000주 = 69,000원

③ PBR에 의한 평가기업의 1주당가치 : 평가기업 주당순자산(69,000원) × 유사상장기업 평균PBR(1.75배) = 120,750원

3.3. 주당매출액배율(PSR)

PSR은 지분상품(보통주) 가격을 주당매출액으로 나눈 값이다.

$$주당매출액배율(PSR) = \frac{1주당\ 가격}{주당매출액}$$

PER이나 PBR은 회계처리방법의 영향이 중요할 수 있으나 PSR은 그 영향이 상대적으로 덜하다. 그럼에도 PSR의 활용도는 높지 않은데 주당매출액이 비슷한 기업이라도 이익률 차이가 크면 PSR의 적용 결과는 왜곡되며 이익률이 비슷하다면 PER과 차이가 없기 때문이다.

유사상장기업의 PSR을 이용한 상대가치평가는 다음의 순서대로 적용한다.

① 평가기업과 영업위험 및 재무위험이 유사한 유사상장기업 선정

② 유사상장기업 평균 PSR 계산

③ 평가기업 주당매출액 계산

④ 평가기업 주당가치 산정

PSR에 의한 평가기업 주당가치는 다음과 같이 계산한다.

$$\text{평가기업 주당가치} = \text{평가기업 주당매출액} \times \text{유사상장기업 평균PSR}^{*}$$

$$^{*}\ \text{유사상장기업 평균PSR} = \frac{\text{유사상장기업의 1주당 활성시장 공시가격}}{\text{유사상장기업 주당매출액}}$$

PER과 달리 PSR은 적자기업에도 적용가능하다. 장기적으로 이익이 나지 않는 기업의 가치는 영(0)이다. 부(-)의 미래현금흐름이 예상되면 주주에 귀속될 몫이 없기 때문이다. PSR 역시 장기적으로는 이익이 발생할 것이며 궁극적으로 매출액 대비 이익률이 유사상장기업 수준에 도달할 것이라는 것이다. 그러나, 주주에게 귀속되는 현금흐름은 매출액이 아니라 이익이므로 매출액이 비슷한 두 기업의 주주가치를 동일하게 평가하는 것은 바람직하지 않다. PSR방식이 제한적으로 사용되는 이유이다. 과거 단기적인 손실을 보고한 인터넷기업에 PSR방식으로 비교가치를 사용하여 과대평가함으로써 버블의 원인을 제공하기도 하였는데 이익을 내지 못하는 기업은 PSR보다 현금흐름할인모형 등보다 정교한 평가방법을 사용하는 것이 타당하다. 이러한 이유로 최근에는 PSR에 의한 상대가치평가모형이 거의 사용되지 않는다.

4 EV - Multiple

EBITDA[9]는 영업이익에 감가상각비와 무형자산상각비 등 비현금비용을 더한 금액이다. 대표적인 EV-Multiple인 EV-EBITDA 배율의 결정변수가 「EBITDA」이기 때문에 EV-Multiple도 PER과 같은 이익배수(Earning Multiple)의 한 종류이다. 그럼에도 우리는 EV-Multiple을 독립적으로 다루기로 한다. EV(사업가치, Enterprise Value)의 측정은 전체기업가치 접근을 시도하는 것으로 PER과는 차이가 있기 때문이다. 특히, 최근 가치평가에서 EV-Multiple이 대표적인 상대가치평가모형으로 자주 채택되는데 그 이유는 다음과 같다.

① EBITDA는 세전영업이익에 감가상각비 등 비현금비용을 더하기 때문에 당기순이익보다 부(-)의 값을 가질 확률이 줄어들어 유사기업이 늘어난다.

② 감가상각방법의 차이로 인한 왜곡효과를 줄일 수 있다. 어떤 기업은 모든 자산을 정액법으로 상각하는 반면, 다른 기업은 건물에 대해서는 정액법, 기타 자산에 대해

9) EBITDA : Earning Before Interest, Tax, Depreciation and Amortization

서는 정률법을 적용할 경우 감가상각방법의 차이가 현금흐름에 영향을 미치지 아니함에도 서로 다른 비교가치가 도출된다. EBITDA는 이러한 상각방법의 차이를 상쇄한다.

③ EV와 EBITDA 모두 기업 전체의 가치 또는 이익과 관련이 있다. 당기순이익은 이자비용(타인자본비용)이 차감된 값으로 보통주 주주에게 귀속되는 이익임에 비해 EBITDA는 자본의 구성요소별로 이익청구권이 차감되지 아니한 상태이다. 재무위험이 다른 기업 간에도 비교가능성을 높일 수 있는 것이다. 즉, EV-EBITDA 배율을 적용할 경우 (영업위험은 유사하지만) 재무위험이 다른 기업도 유사상장기업으로 선정될 수 있다.

EV-Multiple은 전체기업 사업가치(EV)를 계산한 후 타인자본의 몫을 차감하여 지분가치를 구하는 방식이다. 이런 점에서 주주가치를 직접 구하는 P-Multiple과 비교된다. EV-Multiple은 자기자본과 타인자본을 함께 고려하기 때문에 전체기업 성과측정을 바탕으로 하며 자본비율에 따른 기업 간 차이비교에 효과적이다.

EV-Multiple에는 EBIT(영업이익)을 이용하는 EV-EBIT 배율과 EBITDA를 이용하는 EV-EBITDA 배율이 있다. EV-EBITDA 배율은 EV를 EBITDA로 나눈 값이다.

$$\text{EV-EBITDA 배율} = \frac{\text{EV}}{\text{EBITDA}}$$

- EV(Enterprise Value) = 자본가치총액(시가총액) + 순차입금 - 비영업자산 가치
- EBITDA = 영업이익(EBIT) + 감가상각비 + 무형자산상각비
- 순차입금 = 이자부부채 - {현금및현금성자산[10] + 시장성유가증권}

EV-Multiple의 결정요인에 대해 살펴보자. 만일 평가기업의 미래 잉여현금흐름(FCF)이 EBITDA와 동일하고 영구히 일정한 현금흐름이 예상될 경우 현금흐름할인모형에 따라 사업가치(EV)를 구하면 영구연금공식에 의해 다음과 같이 계산된다.

$$\text{EV} = \frac{\text{EBITDA}}{\text{WACC}}$$

$$\text{s.t. EBITDA} = \text{FCFF}$$

10) 순차입금 계산을 위한 현금및현금성자산에는 사용제한이 없는 장단기금융상품을 포함할 수 있다.

EBITDA는 전체기업에 귀속되는 현금흐름이다. 따라서 EBITDA에 대응되는 할인율은 가중평균자본비용(WACC)이다. 위 식에 양변을 EBITDA로 나누면 EV-EBITDA 배율은 가중평균자본비용의 역수가 된다.

$$\frac{EV}{EBITDA} = \frac{\frac{EBITDA}{WACC}}{EBITDA} = \frac{1}{WACC}$$

위 식과 같이 EV-EBITDA 배율은 가중평균자본비용의 역수이므로 EV-EBITDA 배율은 가중평균자본비용이 높을수록 낮아진다. 같은 현금흐름에서는 가중평균자본비용이 높을수록 기업가치가 감소하는 현금흐름할인모형과 같은 결론이 도출된다.

EV-EBITDA 배율이 가중평균자본비용의 역수이므로 가중평균자본비용에 내재된 특성이 EV-EBITDA 배율에도 적용된다. 가중평균자본비용은 자기자본과 타인자본을 자본구성비율에 따라 가중평균한 값이므로 EV-EBITDA 배율은 자기자본비용, 타인자본비용 및 자본구성비율 모두의 영향을 받는다. 즉 EV-Multiple은 P-Multiple과 달리 자본구조에 의한 기업가치 변동효과를 반영한다.

유사기업과 평가기업의 EBITDA를 이용하여 비교가치를 평가함에 있어 투자소요금액(CAPEX)이 제대로 반영되기 어려운 한계에 주의할 필요가 있다. EBITDA를 미래잉여현금흐름으로 보아 이를 기초로 한 사업가치(EV)를 추정함에 있어 투자효과가 반영되지 않기 때문이다. 만일 평가기업이 향후 1~2년간 막대한 투자를 필요로 하는 반면 유사상장기업은 최근 대규모 투자를 마무리했다고 가정하면 EV-Multiple방식이 이러한 투자효과를 제대로 반영하지 못하며, 평가기업의 가치는 미래투자에 따른 부(-)의 현금흐름을 반영하지 못하므로 과대평가될 위험이 있다.

본서는 대표적인 EV-Multiple인 EV-EBITDA 배율[11]을 설명한다. 유사상장기업의 EV-EBITDA 배율을 이용한 상대가치평가는 다음의 순서대로 적용한다.

① 평가기업과 영업위험이 유사한(재무위험을 고려하지 않음) 유사상장기업 선정
② 유사상장기업 평균 EV-EBITDA 배율 계산
③ 평가기업 EBITDA 계산(또는 추정)
④ 평가기업 사업가치(EV) 추정

---

11) EV-EBIT 비율은 EBITDA 대신에 EBIT를 바꿔 사용가능하다.

⑤ 평가기업 자기자본가치 추정

⑥ 평가기업 주당가치 계산

EV-EBITDA 배율을 이용한 평가기업 주당가치는 다음과 같이 계산한다.

EV-EBITDA 배율에 의한 평가기업 주당가치
={(평가기업 EBITDA×유사상장기업 평균 EV-EBITDA 배율*)-평가기업 순차입금 +평가기업 비영업자산가치}÷발행주식수

$$\text{* 유사상장기업 평균 EV-EBITDA 배율} = \frac{\text{유사상장기업 EV}}{\text{유사상장기업 EBITDA}}$$

4.1. 유사상장기업 사업가치

유사상장기업의 사업가치(EV)는 유사상장기업의 시가총액에 순차입금을 더하고 비영업자산을 차감하여 계산한다. 즉 사업가치는 지분가치(주식의 시가총액)와 타인자본가치(순차입금)의 합에서 비영업자산을 차감한 영업가치를 말한다. P-Multiple과 달리 자기자본뿐 아니라 타인자본가치를 고려하는 것은 기업의 미래영업현금흐름 창출을 위한 자금조달은 자기자본뿐 아니라 타인자본에 의해서도 이루어지며 자기자본과 타인자본의 구성방법에 따라 기업가치도 달라지기 때문이다. EV-Multiple에서 사용하는 순차입금(Net Debt)은 이자부부채를 의미하며 매입채무와 같은 부(-)의 운전자본은 해당하지 않는다. 또 순차입금은 이자부부채에서 현금·예금(장단기금융상품 포함)과 시장성유가증권을 차감한 금액으로 정의된다. 현금이나 예금 그리고 즉시 현금화할 수 있는 유가증권은 이자부부채 상환에 이용할 수 있기 때문이다. 따라서 순차입금 계산을 위해 차입금에서 차감하는 현금·예금은 초과보유현금으로 제한하는 것이 논리적이다. 보유현금 중 일부는 운전자금 상환을 위해 일시적 자금일 수 있기 때문이다. 그러나 실무에서는 기업이 보유한 현금·예금 총액을 차입금 총액에서 차감하여 순차입금을 계산하는 경우가 많다. 유사기업과 평가기업의 보유현금 중 초과보유현금을 구분하기 모호하기 때문이다. 또, 사업가치에 비영업자산은 포함되지 않으므로 순차입금에서 이미 차감된 시장성유가증권은 비영업자산에 포함하지 않는다. 순차입금에서 이미 차감한 시장성유가증권을 비영업자산으로 분류하면 이중으로 차감되기 때문이다.

예 제 **사업가치(EV)의 계산**

EV-EBITDA를 적용하기 위해 유사상장기업의 EV를 다음과 같이 산정하였다.

① 유사상장기업의 주가정보
- 유사상장기업 주가 : 23,200원
- 발행주식수 : 15,203,348주
- 지분시가총액 : 23,200원×15,203,348주=3,527억

② 유사상장기업의 재무정보
- 현금및현금성자산 : 25억
- 시장성유가증권 : 12억
- 운전자본부채 : 매입채무 116억, 미지급금 445억, 선수금 75억
- 이자부부채 : 단기차입금 85억, 회사채 948억, 장기차입금 94억

③ 유사상장기업 사업가치(EV) 계산
- 유사상장기업 순차입금 : 단기차입금(85억)+회사채(948억)+장기차입금(94억)-현금성자산(25억)-시장성유가증권(12억)=1,090억
- 사업가치(EV) : 주식시가총액(3,527억)+순차입금(1,090억)-비영업자산(0)=4,617억

사업가치(EV)를 구성하는 상장기업의 시가총액은 활성시장에서 연결실체 단위 기준으로 관측된다. 즉, 시장참여자는 상장기업의 공정가치를 판단함에 있어 상장기업이 지배하고 있는 종속기업을 포함하는 것이며 때로는 (상장 또는 비상장) 종속기업의 공정가치가 지배기업을 상회하는 것으로 평가받기도 한다. 이때, 선정된 유사상장회사가 종속기업들을 완전지배(즉, 지분율 100% 또는 그와 유사한 수준의 지분을 확보한 상황)하고 있다면 종속기업 공정가치의 전부 또는 대부분이 지배기업의 주가에 반영되어 있으므로 유사상장회사의 사업가치 산정에 있어 비지배지분에 대한 고려는 불필요할 것이다.

유사상장회사가 종속기업을 완전지배하지 못한 상황이라면 유사상장회사의 주가는 연결실체 중 지배지분으로 제한되고 비지배지분의 가치는 유사상장회사의 주가와 무관하다. 반면, 유사상장회사의 연결재무제표 기준 EBITDA는 연결실체의 EBITDA를 이용[12)]하게 되므로 비지배지분이 있는 상황에서는 유사상장회사의 연결재무재표 중 지배지분에 귀속되는 EBITDA를 산출하여 유사회사의 EV-EBITDA 배율을 산정함이 원칙이다. 그러나, 유사상장회사 재무제표 중 지배지분에 귀속되는 EBITDA를 구분하는 것은 어려울 뿐만 아니라 종속회사가 많거나 연결실체의 지배구조가 복잡한 상황이라면 지배지분에

12) 유사상장회사의 EBITDA는 연결손익계산서 및 연결현금흐름표 및 재무제표에 대한 주석에 기재된 정보를 이용하게 되는데 해당 정보는 연결실체를 기준으로 표시되며 지배지분과 비지배지분을 구분하지 아니한다.

귀속되는 EBITDA를 별도로 산출하는 것은 사실상 불가능할 것이다. 이에 실무에서는 다음과 같은 방법이 활용되곤 한다.

- 유사상장회사의 연결실체에서 비지배지분이 차지하는 비중이 중요하고 지배구조가 단순하며 지배지분에 귀속되는 EBITDA를 산출할 수 있는 추가적인 정보를 획득할 수 있는 경우에는 지배지분의 EBITDA와 활성시장에서 관측된 EV를 비교하여 유사상장회사의 EV-EBITDA 배율을 산정한다.
- 대부분의 경우에 유사상장회사의 지배지분에 귀속되는 EBITDA를 산출하는 것은 현실적으로 불가능할 것이다. 이에 가치평가실무에서는 연결재무상태표의 비지배지분 장부금액을 시가총액에 가산하여 유사상장회사의 사업가치(EV)를 계산하는 방식을 대안으로 사용하기도 한다. 즉, 유사상장회사의 EV-EBITDA 배율을 '지배지분 귀속 사업가치(EV) 대비 지배지분 귀속 EBITDA'의 배율을 사용하는 대신 '연결실체의 사업가치(EV) 대비 연결실체 EBITDA'의 배율을 이용하여 일관성을 유지하는 방식이다. 이는 '연결재무제표의 비지배지분의 장부금액은 공정가치이다'는 가정을 적용한 것이며, 다른 의미로 비지배지분의 주당 순자산배율(PBR)을 1로 간주한 것이다. 비지배지분에 대한 이러한 대체적 방법은 '장부금액은 공정가치와 같다'는 제한적 가정이 도입되어 있으나 그 편의성으로 인해 실무적으로 광범위하게 사용되고 있다.
- 유사상장회사의 연결실체에서 비지배지분이 차지하는 비중이 유의적으로 낮거나 금액적 중요성이 크지 않은 경우에는 완전지배회사로 간주하여 비지배지분을 고려하지 않는다.

4.2. 추정 EBITDA

유사기업과 평가기업의 EBITDA는 추정 EBITDA를 사용하는 것이 바람직하다. 실적 EBITDA를 이용하려면 실적 EBITDA가 추정 EBITDA와 큰 차이가 없을 것으로 예상되는 경우에 한하여 사용할 수 있다. 주가는 미래현금흐름을 반영한 가치이며 활성시장에서 공시되는 주가는 미래의 예상이익을 반영하여 형성되는 가격이므로 추정 EBITDA를 반영하는 것이 바람직하다.

- 이론적으로는 유사상장기업과 평가기업 모두에 대해 추정 EBITDA를 사용함이 원칙이나 유사상장기업의 추정 EBITDA를 도출하는 것은 쉽지 않은 일이므로 유사상장기업의 「실적 EBITDA」[13)]를 「추정 EBITDA」의 대용치로 사용하되, 평가기업에 대해서

는 추정 EBITDA를 사용하는 것이 일반적이다.

- 추정 EBITDA는 단일기간 또는 향후 일정기간의 추정손익에 기초해 산출되기도 한다. EV-EBITDA 배율을 비롯한 상대가치의 여러 방법론들은 단기 추정이익과 시장참여자의 관점에 기초하는 것이 일반적이나 재무보고목적의 가치평가에 있어서는 단기 추정이익보다 장기 추정이익이 더 적합할 수 있다. 만일 추정 EBITDA를 미래 일정기간의 추정손익에 기초해 평가할 경우에는 각 시점별 추정 EBITDA의 현재가치를 현재시점의 추정 EBITDA로 사용해야 할 것이며 이때 현재가치를 도출하기 위한 할인율은 전체기업에 대응되는 가중평균자본비용(WACC)이 사용됨이 타당하다.

실무적으로는 실적 EBITDA에서 향후 반복적으로 발생하지 않을 것으로 예상되는 항목을 조정(normalization)한 「Normalized EBITDA」를 추정 EBITDA의 대용치로 사용하기도 한다. 나아가 실적 EBITDA를 기초로 예외항목을 조정한 후 향후 예상되는 이익효과를 추가 반영한 「Pro-forma EBITDA」를 활용할 수 있다. 이러한 방법은 객관적이고 신뢰성 있는 실적 EBITDA를 기초로 하되 예외항목과 기대항목을 조정해 주는 방식이므로 기업의 미래 EBITDA를 추정하는 것보다 시간과 비용면에서 활용도가 높다고 볼 수 있겠다.

- 예외항목의 조정은 원칙적으로 유사상장기업과 평가기업 모두에 동일하다. 다만, 유사상장기업의 EBITDA에서 예외항목을 분석하여 조정하는 것은 현실적인 어려움이 있으므로 이러한 예외항목으로 인해 이상치를 보이는 유사상장기업은 제외하는 것이 바람직하다.
- 평가기업의 EBITDA에 대한 예외항목 조정은 실적 EBITDA의 구성항목 중 일시적인 손익항목의 향후 발생가능성을 고려하여 조정(normalization)한다.

13) 유사상장기업의 실적 EBITDA를 사용함으로써 발생할 수 있는 일관성 결여 문제는 다수의 유사상장기업의 실적 EBITDA 대비 EV배율의 평균값을 사용하고 이상치를 적절히 배제함으로써 보완할 수 있다.

예 제　EV-EBITDA 배율에 의한 상대가치평가　[BGF리테일 예비투자설명서 편집인용]

BGF리테일의 보통주 지분가치를 EV-EBITDA 배율에 의해 다음과 같이 평가하였다. 모든 금액단위는 억원이다.

① 유사상장기업선정 : BGF리테일은 편의점 체인화사업을 주된 영업으로 하고 있으며 동사가 속해 있는 한국표준산업분류와 주요 상품 등 실질적인 사업내용의 유사성을 고려하여 세부적인 선정기준에 따라 최종적으로 3개 기업(GS리테일, 롯데쇼핑, 이마트)을 유사상장기업으로 선정하였다.

② 유사상장기업 EV : EV-EBITDA 배율은 유사상장기업의 기준주가를 이용하여 사업가치(EV)를 계산하고 각사의 EBITDA를 기준으로 EV-EBITDA 배율을 도출한다. 시가총액은 기준주가를 산정하여 발행주식수를 곱하여 계산하되 시장상황의 단기변동성을 배제하기 위해 유사상장기업의 보통주를 기준으로 평가시점부터 소급하여 1개월간 및 1주일간의 산술평균종가와 평가시점 전일의 종가와 비교하여 이 중 가장 낮은 주가를 기준주가로 사용하였다.

		GS리테일	롯데쇼핑	이마트
시가총액		20,944	100,897	66,930
이자부부채	단기금융부채	600	47,739	14,517
	장기금융부채	5,381	79,011	20,330
소계		5,981	126,750	34,848
현금성자산		3,699	20,178	1,793
순부채		2,282	106,572	33,055
사업가치(EV)		23,226	207,468	99,984

③ 유사상장기업 평균 EV-EBITDA 배율산정 : 유사상장기업 3개사의 평균 EV-EBITDA 배율은 다음과 같이 8.32배로 계산되었다.

	GS리테일	롯데쇼핑	이마트	평균
영업이익(EBIT)	1,551	14,853	7,351	
감가상각비	1,411	7,132	3,760	
무형자산상각비	308	1,077	183	
EBITDA	3,270	23,062	11,294	
사업가치(EV)	23,226	207,468	99,984	
EV/EBITDA	7.10	9.00	8.85	8.32

④ 평가기업 상대가치 : BGF리테일의 실적 EBITDA와 유사상장기업 평균EV-EBITDA 배율을 이용해 BGF리테일의 지분가치를 평가한 결과 주당 68,410원으로 산정되었다.

- 평가기업 추정영업이익(EBIT) : 1,050억

• 감가상각비 : 921억, 무형자산상각비 163억
• 평가기업 추정 EBITDA : 영업이익(1,050억) + 감가상각비(921억) + 무형자산상각비 (163억) = 2,134억
• 평가기업(BGF리테일)의 사업가치(EV) : 평가기업 추정 EBITDA(2,134억) × 유사상장기업 평균 EV-EBITDA 배율(8.32배) = 17,754억
• 순부채 : 898억
• 지분가치추정액 : 사업가치(17,754억) - 순부채(898억) = 16,856억
• 주당가치 : 16,856억 ÷ 24,640천주 = 68,410원

5 추가고려사항

상대가치평가모형을 적용함에 있어 추가로 고려할 사항을 정리해 본다. 상대가치평가모형을 적용함에 있어 유사기업과 평가기업 간의 차이조정, 유동성할인 그리고 경영권프리미엄 등의 이슈가 있는데 이들에 대해 간략하게 살펴본다.

5.1. 기업 간 차이조정

지금까지 유사기업을 선정하고 표준가격에 따라 유사기업과 평가기업의 가치를 비교평가하는 부분을 살펴보았다. 그러나 영업위험, 재무위험 및 기업규모 등을 감안하여 유사기업을 적절히 선택하였다 하더라도 비교기업과 평가기업 간에는 중요한 차이가 있을 수 있다. 만일 유사기업에 중요한 비영업자산이 있고 그 비영업자산으로 인해 유사기업의 주가가 높게 형성되어 있다면 유사기업의 시장배수를 평가기업에 조정 없이 반영할 경우 평가기업의 가치는 과대평가되는 문제가 발생할 수 있다. 유사기업과 평가기업 간의 중요한 차이는 비영업자산 외에도 규모 및 성장률의 차이, 비경상적 항목의 유무 및 중요한 회계처리방법에 의한 차이 등이 있다.

(1) 비영업자산의 고려

비영업자산(non-Operating Asset)은 현재의 영업활동에 기여하지 못하는 자산, 예를 들어 투자유가증권, 투자목적의 부동산, 초과보유현금 등을 말한다.[14] 이들 자산의

---

14) 비영업자산에 대한 자세한 내용은「제1장 현금흐름할인모형 7.비영업자산」부분을 참고하기 바란다.

운영 또는 매각을 통해 벌어들여지는 수익은 영업활동 현금흐름이 아니므로 통상적으로 영업이익(EBIT)에 포함되지 못한다. 그럼에도 불구하고 이들 자산은 기업가치의 일부를 구성하므로 비영업자산의 가치는 별도로 고려하여야 한다.

합리적인 투자자는 기업의 영업활동 현금흐름의 현재가치뿐 아니라 비영업자산의 가치도 고려하므로 지분가치총액에는 비영업자산 가치도 포함된다. 향후 동일한 영업 현금흐름이 예상되는 두 기업 중 현금을 많이 보유하고 있거나 투자자산을 다수 보유하고 있는 기업의 가치가 그렇지 못한 기업보다 큰 것이 합리적이기 때문이다. 유사기업의 비영업자산의 규모가 중요하고 평가기업에는 비영업자산이 없는 경우에는 비교기업의 시장배율 계산시 비영업자산가치만큼 차감해야 한다. 반대로 유사기업에는 비영업자산이 없으나 평가기업에는 비영업자산이 중요하다면 평가기업의 사업가치에 비영업자산의 가치를 더해 주어야 한다. 단, 비영업자산이 전체 자산에서 차지하는 비중이 작다면 생략되기도 한다. 상대가치평가모형 중 EV-Multiple의 경우 유사상장기업 및 평가기업의 비영업자산을 기본적으로 고려하므로 다른 평가방법에 비해 비영업자산과 관련한 이슈에서 자유롭다.

예 제 비영업자산의 고려 [하나금융투자 기업분석보고서 편집인용]

KCC는 국내 최대의 건축, 산업자재 및 도료 생산업체이다. KCC의 보통주 지분가치를 평가함에 있어 EV-NOPLAT배율을 적용하였으며 중요한 비영업자산을 추가로 고려하였다.

- Target EV-NOPLAT배율 : 11.5배
- 평가기업 NOPLAT : 257억
- 평가기업 사업가치 : NOPLAT(257억)×EV-NOPLAT배율(11.5배) = 2,956억
- 비영업자산 : 투자부동산(1,031억) + 투자유가증권(3,187억) + 자기주식(273억) = 4,491억
- 비영업자산가치 : 4,491억×[1 - NAV할인(25%)] = 3,368억
- 기업가치 : 사업가치(2,956억) + 비영업자산(3,368억) = 6,324억
- 순차입금 : 987억
- 지분가치 : 기업가치(6,324억) - 순차입금(987억) = 5,337억

(2) 회계차이조정

유사기업과 평가기업 간의 회계처리방법에 있어 중요한 차이가 있는 경우 시장배수가 왜곡될 수 있다. 예를 들어 유사기업은 재고자산을 선입선출법(FIFO)으로 처리하는데 반해 평가기업은 후입선출법(LIFO)에 의해 처리하고 있다면 이러한 회계처리방법의

차이로 인해 같은 영업실적을 기록하였음에도 기간손익에는 차이가 있을 수 있다. 회계정책의 차이효과는 유형자산의 경우 크게 나타날 수 있다. 유형자산의 취득 초기에는 정액법에 의한 회계처리와 정률법에 의한 회계처리 간에는 손익의 기간 귀속효과의 차이가 클 수 있다. 그러나, 유사기업과 평가기업 간의 회계처리방법의 차이조정을 실무에 적용하기 어려운 것이 사실이다. 예를 들어 유사기업과 평가기업의 감가상각방법이 다르다고 하여 유사기업의 유형자산의 감가상각비를 재계산하여 조정된 시장배수를 계산한다는 것은 대단히 어려운 일이다. 유사기업과 평가기업 간의 회계처리방법에 있어 차이가 클 경우 차이를 조정하기보다 유사기업에서 제외하거나 차이조정이 반영된 다른 배수, 예를 들어 EV-EBITDA 배율을 이용할 수 있다. 단, EV-EBITDA 배율도 감가상각비나 무형자산상각비가 아닌 다른 항목의 회계처리방법에 중요한 차이가 있다면 적용하기 어렵다.

5.2. 유동성할인

유동성이란 자산을 최소의 비용으로 빠르게 현금화할 수 있는 능력을 말한다. 비상장주식과 같이 자산을 처분하여 현금화하는 데 비용과 시간이 소요되는 경우에는 활성시장에서 언제든지 최소의 비용으로 현금화할 수 있는 상장주식에 비해 낮게 평가될 수 있다. 유동성이 부족한 자산은 투자자에게 매력도가 떨어지기 때문이다. 가치평가에 있어 다른 모든 요소가 동일하더라도 유동성이 부족한 비상장주식 가치는 유사상장기업의 주식가치를 할인하여 평가하기도 하는데 이를 유동성할인(Liquidity discount)이라 한다.

비상장주식의 유동성 부족을 반영할 할인율에 대한 국내연구는 미흡한 상황이다. 해외의 연구결과[15]를 참고할 때 비상장기업의 유동성할인은 30~40% 수준으로 분석된다. 참고로, 「증권의 발행 및 공시 등에 관한 규정」에 따른 상대가치평가에서는 상장기업의 시장배율을 이용하여 산정된 비교가치의 30% 이상을 할인하도록 하고 있다. 이에 기업공개와 관련된 가치평가실무에서 유사기업의 시장배율에 의해 측정된 비상장주식의 비교가치에 30~40%가량 할인하는 경우가 있다. 반면, 재무보고목적의 가치평가에 있어서 K-IFRS에서 그러한 할인 또는 할증을 배제하고 있지 아니하나 실무적으로 유동성 할인을 추가로 고려하는 경우는 많지 않은 것으로 파악된다.

---

15) John. D Emory, The Valuation of Marketability as illustrated in Initial Public Offerings of common stock, Business Valuation Review 외 다수의 연구결과가 보고되었다.

5.3. 경영권프리미엄

경영권(Right of Management)은 기업경영의 책임자로서 사용자가 가지는 권리로 대내적으로는 생산방법 및 생산계획의 결정이나 임직원의 인사 및 재무에 관계되는 사항의 결정권 등을 포함하고 대외적으로는 주주·노동조합·금융기관·정부·고객·지역사회 등의 이해관계집단과의 관계에서 경영과 관련하여 독립적으로 행사할 수 있는 권리를 말한다.

엄밀한 의미에서 경영권 자체는 지분가치평가와는 무관하다고 할 수 있다. 만일 소유와 경영이 완전히 분리되어 있다면 소유권이 변동되더라도 경영권이 위협받지 않기 때문이다. 현실에서는 소유권 변동이 일어나면 경영권이 위협받게 된다. 즉 소유자인 주주의 의사결정이 경영자의 의사결정에 영향을 미치는 것이다. 현실 경영환경에서 소유와 경영이 완전히 분리되어 있지 않으며 대주주는 재무적 목적 외에 전략적 목적으로 투자하는 경우가 많다. 전략적 목적의 투자자는 기업의 정상적인 가치에 더하여 경영에 대한 권리를 얻고 싶어 하기 때문에 보다 높은 가격을 지불하게 되는데 이것이 경영권프리미엄(Control Premium)이다. 상장기업의 경우에도 경영권을 수반한 지분의 인수는 장내에서 이루어지지 않고 장외매매방식에 의해 이루어진다.

경영권을 포함한 지분이동이 있을 경우의 지분가치평가는 복잡한 요소를 고려해야 한다. 경영권프리미엄을 고려해야 할지에 대해서는 평가기업의 지분구조나 기타 필요한 사항에 대한 이해가 필요하다. 경영권프리미엄은 평가기업의 지분비율만을 고려할 것은 아니며 평가기업의 주주구성 현황, 주주 간 관계, 관련 법규에서 정한 주식소유비율 한도 등을 함께 고려해야 한다. 경영권프리미엄은 주주 간 복합적인 관계와 M&A과정의 제반 상황을 함께 고려해야하므로 체계적으로 정하는 것은 어렵다.

경영권프리미엄은 가치평가이론에 근거하기보다 거래당사자 간의 협상능력과 거래상황에 따라 달라진다. 경영권프리미엄을 그나마 효과적으로 분석할 수 있는 방법은 실증적으로 확인하는 방법이다. 예를 들어 상장기업들의 M&A사례에서 장내 거래금액 대비 거래가격을 분석한 결과를 통해 경험적으로 산출하거나 경영권프리미엄이 포함된 M&A거래금액과 일반 거래금액을 비교하여 측정할 수 있다.

경영권프리미엄을 측정하기 위한 국내 연구는 부족한 상황이다. 국내 M&A시장이 아직 성숙단계에 이르지 않아 경영권프리미엄 측정에 필요한 충분한 자료가 축적되지 못하였기 때문이다. 국내의 M&A거래를 통해 파악된 경영권프리미엄 수준은 인수합병시장 및 인수합병기업의 개별상황에 따라 큰 차이를 보이는데 시장가격보다 2~3배 높은 가격에 거래되는 경우가 있는가 하면 할인거래되는 사례도 발견된다.

지분가치평가에 있어 경영권프리미엄의 고려는 매수자가 지분취득을 통해 경영에 중대한 영향을 미칠 수 있는 위치에 오를 수 있는지에 따라 판단해야 할 것이다. 실무적으로 경영권프리미엄을 반영하여 지분가치를 평가할 경우, 평균적인 경영권프리미엄 할증률인 20~30%를 적용하기도 한다. 참고로, 상속세및증여세법은 최대주주와 그 특수관계자가 보유한 주식은 20%(중소기업은 10%)를 할증하고, 보유지분이 50%를 넘으면 30%(중소기업은 15%)를 할증하도록 하고 있어 경영권프리미엄을 지분가치평가에 반영하도록 하고 있다.

예 제 **경영권프리미엄** [딜로이트 안진회계법인 외부평가기관 평가의견서 편집인용]

본 평가는 인수기업이 유통업을 영위하는 인수대상 평가기업의 보통주 지분 28.37%를 경영권을 포함하여 양수하는 점을 감안하여 경영권프리미엄을 추가로 검토하였다. 경영권이 포함된 지분거래는 활성시장 공시가격과는 다르게 형성되는 것이 일반적이다. 활성시장에서 형성되는 주가는 주로 소액주주간의 거래를 통해서 형성이 되는 가격이므로 경영권이 수반되어 있지 않는 거래가격이라고 할 수 있다. 따라서 경영권이 수반되는 본 거래의 경우에는 활성시장 주가에 추가로 경영권프리미엄을 반영한 가격을 적정한 주식가격으로 산정하였다.

- 경영권프리미엄 측정을 위해 평가시점부터 과거 3년간 최대주주가 변경된 사례(일부 부적합한 거래제외)를 분석하였다. 기준주가는 이사회결의일 전일을 기준으로 산정하였다.

시기	발행회사	양수도지분율	주당양수도가액	기준주가	경영권프리미엄
2012년	하이마트	65.25%	81,026	58,300	38.98%
2012년	한섬	34.65%	49,222	29,250	68.28%
2011년	아이마켓코리아	37.15%	24,100	20,150	19.60%
2010년	SK가스	20.39%	46,850	42,500	10.24%
2010년	대우인터내셔널	68.15%	49,102	32,000	53.44%
2009년	현대종합상사	22.00%	21,057	19,400	8.54%

- 상기 M&A거래사례를 기준으로 경영권프리미엄을 분석한 결과, 경영권프리미엄의 단순평균값은 33.18%이고 최소 8.54%에서 최대 68.28%의 범위로 산정되었다.

Financial Valuation

제 3 장 옵션평가모형

옵션(Option)은 미리 정해진 가격(행사가격)으로 정해진 기간(행사기간) 동안 특정 자산이나 부채를 사거나 팔 수 있는 권리를 말한다. 옵션은 거래의무가 아니라 거래할 수 있는 권리이기 때문에 옵션소유자는 언제든지 그 권리를 포기할 수 있다. 옵션은 기초증권의 가격에 따라 수익이 결정되는 조건부 청구권으로 옵션의 근간이 되는 증권을 기초자산(또는 기초증권)이라 한다.

옵션은 기초자산을 살 수 있는 권리와 팔 수 있는 권리로 구분되는데 미리 약속한 기초자산을 정해진 기간 내에 정해진 가격으로 살 수 있는 권리가 부여된 증권을 콜옵션(Call Option)이라 하고 팔 수 있는 권리가 부여된 증권을 풋옵션(Put Option)이라 한다. 옵션의 만기와 관련하여 행사기간 내에 언제든지 권리를 행사할 수 있는 아메리칸 옵션(American Option)과 옵션만기에만 권리를 행사할 수 있는 유러피안 옵션(European Option)으로 구분된다. 옵션매입자는 옵션매도자로부터 거래할 권리를 부여받기 때문에 옵션계약시점에서 권리에 대한 대가를 지불해야 하며 이를 옵션가격(Option Price) 또는 옵션프리미엄(Option Premium)이라고 한다.

1 옵션의 개념

현대화된 자본시장은 시장참여자의 다양한 요구를 반영하여 다양한 유형의 파생상품이나 파생요소가 내재된 복합계약 형태의 금융상품이 활발히 거래되고 있다. 시장참여자는 전통적인 방식의 지분상품(보통주 및 우선주)이나 채무상품(채권) 투자에 그치지 않고 전형적인 금융상품에 다양한 유형의 파생요소를 첨부함으로써 투자자의 위험관리를 보완하거나 투자수익을 극대화시킨다. 본서는 다양한 유형의 파생요소 중 옵션(option)의 공정가치를 평가하는 모형을 설명한다. 여러 유형의 파생상품 중 옵션은 최초인식과 후속측정에서 모두 공정가치를 가지는 파생상품이며 복합상품에 내재된 파생요소의 대부분이 옵션이기 때문이다. 본서에서 다루는 옵션평가모형은 독립적인 파생상품과 복합상품의 내재파생요소(전환옵션, 신주인수옵션, 교환옵션 및 상환옵션 등)의 공정가치평가 모두에 활용될 수 있다.

1.1. 옵션가격결정요인

옵션평가모형을 이해하기 위해서는 옵션가격을 구성하는 요소(옵션가격결정요인)에 대한 이해를 필요로 한다. 옵션가격결정요인은 옵션의 기초개념이 되면서 각 요인의 변동이 옵션가격을 변화시키므로 이에 대한 이해는 필수적이다.

옵션의 가격을 결정하는 요인은 아래의 5가지이다.

① 기초자산(S) : 옵션은 독립적으로 존재하는 것이 아니라 이미 존재하는 다른 자산의 가격변동에 따라 이익이 결정되는 조건부 청구권이다. 선택적 권리인 옵션의 행사여부는 다른 자산의 가격에 따라 달라진다. 기초자산은 옵션의 근간이 되는 다른 자산을 말한다.

② 행사가격(K) : 행사가격(Strike Price)은 행사기간 동안 옵션계약에 따라 기초자산을 매입(매도)할 수 있는 가격을 사전에 정해두는 것이다.

③ 만기(T) : 옵션계약에서 기초자산을 거래할 수 있는 기간을 미리 정해두는데 이를 옵션만기(Maturity)라 한다.

④ 기대변동성(σ) : 변동성은 기초자산가격이 어느 정도 변화하는 지를 수치화한 것이다. 옵션투자자는 매입시점 이후 기초자산가격이 변동될수록 더 많은 기회를 부여받게 된다. 옵션가격 결정요인으로서의 기초자산 변동성은 옵션기간 동안의 기댓값을 의미하는데 이러한 기대변동성의 대용치로 활성시장에서 관측되는 옵션가격을 통해 관측할 수 있는 내재변동성(IV : Implied Volatility)과 기초자산의 역사적 가격을 통해 측정하는 역사적 변동성(HV : Historical Volatility)이 주로 사용된다. 이론적으로 기대변동성은 시간의 경과에 따라 변하는 것이나 현실적인 문제로 인해 옵션기간 동안 일정하게 유지됨을 가정한다.

⑤ 무위험이자율(R_f) : 무위험이자율은 지급불이행 위험이 없는 자산의 수익률이다. 대개 신용등급이 양호한 국가의 국채수익률을 무위험이자율로 분류한다.

옵션가격을 결정하는 5가지 요인 중 행사가격과 만기는 옵션계약에 명시된다. 반면,

기초자산가격과 기대변동성 및 무위험이자율은 시장상황에 의해 결정된다. 즉, 행사가격과 옵션만기는 옵션의 거래당사자가 통제할 수 있는 계약요소이며 기초자산가격과 기대변동성 및 무위험이자율은 거래당사자가 통제할 수 없는 시장요인이다.

옵션가격을 결정하는 5가지 요인이 옵션가격에 미치는 영향을 살펴보자.

① 기초자산 : 기초자산가격이 높을수록 콜(call)옵션가격은 높아지고 기초자산가격이 낮을수록 풋(put)옵션가격은 높아진다. 다른 조건이 동일하다면 평가시점의 기초자산가격이 높을수록 콜옵션 행사로 인한 이익이 증가하고 기초자산가격이 낮을수록 풋옵션 행사로 인한 이익이 증가하기 때문이다.

② 행사가격 : 다른 조건이 동일하다면 콜옵션 투자자는 콜옵션 행사가격이 낮을수록 더 큰 대가를 지불할 의사가 있으므로 콜옵션가격은 높아지고, 콜옵션 행사가격이 높을수록 콜옵션가격은 낮아진다. 반대로 풋옵션 투자자는 풋옵션 행사가격이 높을수록 더 큰 대가를 지불할 의사가 있으므로 풋옵션가격은 높아지고, 풋옵션 행사가격이 낮을수록 풋옵션가격은 낮아진다.

③ 옵션만기 : 옵션만기가 길수록 기초자산가격이 변할 수 있는 시간여유가 많기 때문에 옵션(콜옵션 및 풋옵션)가치는 커진다. 다만 만기가 길수록 반드시 옵션가치가 커진다고 볼 수는 없는데, 옵션 행사기간 동안 언제든지 옵션을 행사할 수 있는 아메리칸 옵션 투자자는 만기가 길수록 기초자산가격이 충분히 오른 시점에 언제든 권리를 행사할 수 있기 때문에 만기가 길수록 유리하다고 볼 수 있으나 만기시점에만 옵션행사가 가능한 유러피안 옵션은 옵션행사기간이 길다고 하여 반드시 옵션보유자에게 유리한 것은 아니기 때문이다. 이는 옵션의 기초자산변동성과 관련된 것으로 일반적으로는 옵션만기가 길수록 옵션가치는 커진다.

④ 기대변동성 : 기초자산의 가격변동성이 클수록 옵션(콜옵션 및 풋옵션)의 가격도 높아진다. 이는 기초자산의 가격변동성이 크면 기초자산의 가격이 상승(또는 하락)할 기회가 많아지므로 옵션보유자의 이익이 커지는 것이다. 기초자산의 가격변동성이 크다는 것은 기초자산이 크게 오를 수도 혹은 크게 내릴 수도 있다는 의미이다. 이때, 옵션가격은 항상 「0」보다 크므로 기초자산 가격이 크게 내리더라도 콜옵션투자자는 이미 지불한 옵션대가 외에 추가로 지불할 비용은 없는데 반해, 기초자산가격이 크게 오름으로써 얻는 이익은 제한이 없기 때문이다. 풋옵션 투자자도 기초자산의 가격이 크게 오르더라도 이미 지불한 옵션대가 외에 추가로 지불할 비용이 없는데

반해 기초자산가격이 크게 내림으로써 얻는 이익은 무한대가 된다.[1)]

⑤ 무위험이자율 : 무위험이자율이 높을수록 콜옵션 가격은 높아지고 풋옵션 가격은 낮아진다. 콜옵션은 미래에 행사가격을 지불하고 기초자산을 매입할 권리인데 무위험이자율이 높을수록 예치해야 할 금액이 작아지므로 콜옵션매입자는 높은 이자율을 선호하게 되고 옵션가격은 높아지게 된다. 즉 무위험이자율이 높을수록 행사가격의 현재가치가 상대적으로 낮아지므로 콜옵션매입자에게 유리한 것이다. 또 풋옵션은 미래에 행사가격을 지불하고 기초자산을 매도할 권리인데 무위험이자율이 낮을수록 예치해야 할 금액이 작아지므로 풋옵션매입자는 낮은 이자율을 선호하게 된다. 무위험이자율이 높을수록 콜옵션 가격이 높아지는 현상은 후술할 옵션평가모형을 통해서도 확인할 수 있는데 이항옵션모형은 헤지포트폴리오를 구성함으로써 궁극적으로 옵션매입자는 무위험이자율만큼 이익을 얻을 수 있음을 가정하고 있으므로 무위험이자율이 높을수록 콜옵션 가격이 상승함을 알 수 있다.

1.2. 만기옵션가치

옵션은 옵션투자자가 미리 정해진 기간 동안에 정해진 행사가격으로 기초자산을 사거나 팔 수 있는 계약상의 권리이다. 옵션투자자는 본인에게 유리한 경우에만 선택적 권리를 행사하고 불리한 경우에는 권리를 행사하지 않는다. 옵션투자자가 옵션을 통해 얻을 수 있는 이익을 이해하기 위해 만기옵션가치를 살펴보도록 한다.

콜옵션의 만기가치

콜옵션은 행사가격으로 기초자산을 매입할 수 있는 권리이므로 만기시점에 기초자산의 가격이 높을수록 콜옵션매입자(long Position)에게 유리하다. 옵션만기시점에 기초자산가격이 행사가격보다 높으면 콜옵션매입자는 행사가격으로 기초자산을 매입한 후 시장가격에 기초자산을 매도함으로써 이익을 얻을 수 있기 때문이다. 반대로 만기시점에 기초자산가격이 행사가격보다 낮으면 콜옵션매입자가 얻을 수 있는 이익이 없으므로 권리를 포기하게 되고 콜옵션의 가치는 「0」이 된다.

• 만기시점(T)의 콜옵션가치(C_T)는 만기시점의 기초자산가격(S_T)의 수준과 행사가격

1) 풋옵션은 기초자산가격이 "0"이 될 때 최대이익이 되므로 엄밀한 의미에서 풋옵션의 이익이 무한대가 되는 것은 아니다.

(K)에 따라 다음과 같이 표시할 수 있다.

$$S_T > K : \quad C_T = S_T - K$$
$$S_T < K : \quad C_T = 0$$

• 이를 정리하면 만기시점의 콜옵션가격(C_T)은 다음의 식으로 표시할 수 있다.

$$C_T = Max\{S_t - K, 0\}$$

• 이때, 콜옵션을 매입한 자와 콜옵션을 매도한 자의 이익(손실)은 기초자산의 가격수준에 따라 반대가 되는 제로섬(zero sum) 게임이다. 콜옵션 매입자(long position)는 만기시점 기초자산가격이 높을수록 무한대의 이익을 얻지만 기초자산가격이 행사가격보다 낮더라도 미리 지급한 옵션대가가 최대손실이 된다. 반면, 콜옵션 매도자(short position)는 만기시점 기초자산가격이 높을수록 무한대의 손실을 얻게 되나 기초자산가격이 높더라도 미리 받은 옵션대가가 최대이익이 된다.

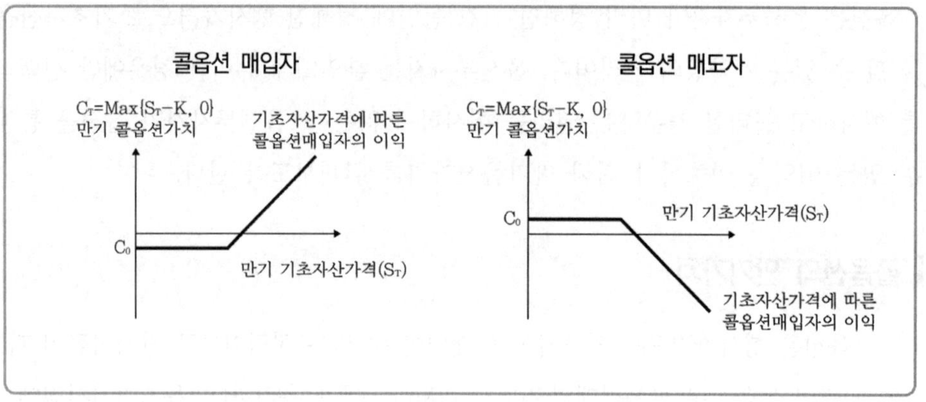

풋옵션의 만기가치

풋옵션은 행사가격으로 기초자산을 매도할 수 있는 권리이므로 만기시점에 기초자산의 가격이 낮을수록 풋옵션 매입자(long position)에게 유리하다. 옵션만기시점에 기초자산가격이 행사가격보다 낮으면 풋옵션 매입자는 행사가격으로 기초자산을 매도한 후 시장가격에 그 기초자산을 매입함으로써 이익을 얻을 수 있기 때문이다. 반대로 만기시점에 기초자산가격이 행사가격보다 높으면 풋옵션 매입자가 얻을 수 있는 이익이 없으므로 권리를 포기하게 되고 풋옵션의 가치는 「0」이 된다.

- 만기시점(T)의 풋옵션가치(P_T)는 만기시점의 기초자산가격(S_T)의 수준과 행사가격(K)에 따라 다음과 같이 표시할 수 있다.

$$S_T < K \ : \quad P_T = K - S_T$$

$$S_T > K \ : \quad P_T = 0$$

- 이를 정리하면 만기시점의 풋옵션가격(P_T)은 다음의 식으로 표시할 수 있다.

$$P_T = Max\{K - S_t, 0\}$$

- 풋옵션을 매입한 자와 풋옵션을 매도한 자의 이익(손실)은 기초자산의 가격수준에 따라 반대가 되는 제로섬(zero sum) 게임이다. 풋옵션 매입자(long position)는 만기시점 기초자산가격이 낮을수록 이익을 얻지만 기초자산가격이 행사가격보다 높더라도 미리 지급한 옵션대가가 최대손실이 된다. 반면, 풋옵션 매도자(short position)는 만기시점 기초자산가격이 낮을수록 손실을 입게 되나 기초자산가격이 높더라도 미리 받은 옵션대가가 최대이익이 된다. 이때, 풋옵션은 만기시점의 기초자산가격이 「0」 이하가 될 수 없기 때문에 콜옵션과 달리 무한대의 이익(또는 손실)이 되지는 않는다.

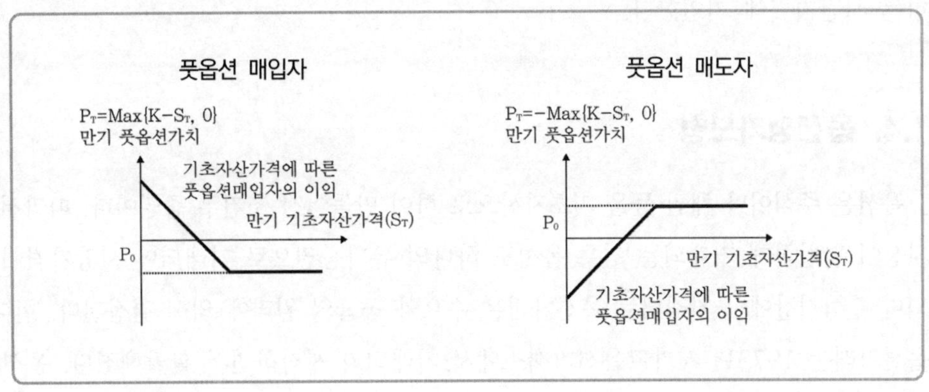

1.3. 내재가치와 시간가치

옵션가치는 내재가치(intrinsic value)와 시간가치(time value)로 구성된다. 내재가치는 지금 즉시 옵션을 행사할 경우 옵션투자자가 얻을 수 있는 가치를 말한다. 예를 들어 기초자산가격이 10,000원이고 행사가격이 8,000원인 콜옵션의 내재가치는 지금 즉시 옵션을 행사함으로써 얻을 수 있는 이익인 2,000원이 내재가치이다. 반면, 같은 상황에서 기초자산가격이 7,000원이면 옵션행사로 얻을 수 있는 이익이 없으므로 내재가치는 「0원」이 된다.

반면, 옵션의 시간가치는 옵션만기까지 남은 기간 동안 기초자산가격의 변화에 따라 이익을 얻을 수 있는 가능성에 대한 가치이다. 위의 기초자산가격이 7,000원인 상황에서 콜옵션가치가 2,000원이라면, 내재가치는 0원이지만 옵션만기까지 기초자산의 변동성으로 인해 콜옵션 매입자는 이익을 얻을 기회가 있으므로 그때의 옵션가치는 시간가치가 되는 것이다. 즉, 옵션가치는 내재가치와 시간가치의 합으로 구성되고 현재시점의 옵션가치에서 옵션을 즉시 행사할 경우의 가치인 내재가치를 차감한 나머지가 시간가치가 된다.

현재시점 기초자산가격과 옵션의 행사가격을 비교하여 옵션을 행사함으로써 이익을 얻는 상태를 내가격(in-the-money, ITM) 상태라 하고 옵션을 행사함으로써 이익을 얻지 못하는 상태를 외가격(out-of-the-money, OTM) 상태라 한다. 기초자산가격과 행사가격이 같은 상태는 등가격(at-the-money, ATM) 상태라 한다. 옵션만기가 도래하지 않은 상황에서 외가격상태라 하더라도 옵션의 가치는 「0」이 되지 않는데 이는 옵션가치를 구성하는 시간가치에 기인한다.

1.4. 옵션평가모형

옵션은 주식이나 채권 등을 기초자산으로 하여 만들어진 조건부 증권이다. 따라서 기초자산이 활발하게 거래되는 경우 옵션도 하나의 유가증권으로 거래되어 시장가격이 형성되며 활성시장에서 거래되는 옵션가격은 수요와 공급의 원리에 의해 결정된다. 현대적인 옵션거래는 1973년 시카고옵션거래소에서 거래되기 시작하면서 활발해졌다. 옵션은 선물(Futures)과 함께 기초자산의 가격변동성을 회피하기 위한 수단으로 거래되었으나 옵션 자체가 하나의 투자수단으로 자리 잡으면서 옵션이 가지는 높은 레버리지효과로 투기대상이 되기도 한다. 옵션은 적은 증거금으로 무한대의 이익을 얻을 수 있기 때문이다.

1987년 블랙먼데이를 초래한 주범으로 선물거래와 옵션거래가 지목되기도 하였다. 옵션거래가 활발해 지면서 옵션가격결정모형에 대한 연구가 계속되어 왔다. 그 중 체계적인 옵션가격결정모형으로 처음 제시된 것은 1973년 블랙과 숄즈가 발표한 논문[2]을 통해서 알려졌다.

블랙숄즈모형은 수학적으로 도출된 모형으로 비현실적인 가정에 기초한데다 현실시장에서 발행되고 있는 옵션조건과 차이가 많아 이론적 모형에 불과하다는 비판이 계속되었는데 1976년 콕스(Cox)와 루빈스타인(Rubinstein)에 의해 이항옵션모형이 제시되면서 옵션평가모형은 진일보하게 된다. 이항옵션모형은 간편한 구조와 다양한 확장성으로 인해 현재까지도 가장 활발히 활용되고 있는 모형이다. 다만, 이항옵션모형은 기초자산의 경로가 재결합하는 격자(Lattice) 모형[3]으로 확률적 변동에 따른 기초자산의 경로가 재결합되지 않는 상황이나 기초자산의 경로에 따라 옵션가격의 다른 결정요인이 결정되는 경우에는 한계를 가진다. 이러한 한계를 해결하기 위해 기초자산의 독립적인 경로를 가정하는 최소자승-몬테카를로 시뮬레이션(LSMC : Least Square Monte Carlo Simulation) 모형이 이항옵션모형의 대안으로 활용되기도 한다.

본서는 옵션평가모형을 통해 옵션의 공정가치를 측정하는 방법에 대해 설명한다. 다만, 개별 파생상품으로서의 옵션의 공정가치 외에도 전환사채와 같은 복합상품에 내재된 파생요소나 스톡옵션의 공정가치와 같이 K-IFRS에서 필수적으로 요구하는 공정가치측정에 필요한 내용을 정리한다.

보통주를 기초자산으로 하는 전환형 복합상품(전환금융상품) 또는 전환형 복합상품에 내재된 파생요소(전환옵션 및 상환옵션)의 공정가치를 측정하기 위해서는 전환금융상품의 계약상 특성이 잘 반영되도록 평가모형을 구체화할 필요가 있는데, 이를 위하여 이항옵션모형과 같은 일반적인 옵션평가모형에 기초한 다양한 실무모형이 제시되고 있다.

본서는 기본 옵션평가모형으로 블랙숄즈모형, 이항옵션모형 및 몬테카를로 시뮬레이션과 이들 기본 옵션평가모형을 기반으로 하는 응용모형을 소개한다. 이에는 전환금융상품의 가치측정을 위한 여러 평가모형 중 실무적으로 널리 활용되고 있는 Goldman-Sachs 모형과 Tsiveriotis-Fernandes 모형을 소개한다. 또한, 전환금융상품에 조기상환옵션(put option) 또는 수의상환옵션(call option)이 부여되는 경우 상환권의 공정가치평가가

2) Journal of Political Economy, "The Pricing of Options and Corporate Liabilities"
3) 경로가 재결합하는 격자형태를 가정함으로써 이항옵션모형은 수많은 경로의 경우의 수를 단순화시키는 장점이 있다. 이항옵션모형의 격자유형으로 인해 Tsiveriotis-Fernandes 모형이나 Black-Derman-Toy 모형 등 옵션요소가 내재된 금융상품을 평가하는 다른 응용모형에서 framework 역할을 하는 것으로 발전하였다.

필요할 수 있는데 본서는 시장이자율을 기초자산으로 하는 금리옵션부채권 평가에 널리 활용되고 있는 Black-Derman-Toy 모형과 Hull-White 모형을 설명한다. 마지막으로 미국공인회계사회가 제시한 Backsolve 모형과 Calibration 모형을 한국공인회계사회에서 실무적으로 응용할 수 있도록 제시한 Backsolve and Calibration Approach[4)]를 소개한다.

본장에서 설명하는 옵션평가모형은 다음과 같다.

① 기본 옵션평가모형
- 블랙숄즈모형(1973년)
- 이항옵션모형(1976년)
- 최소자승-몬테카를로 시뮬레이션(1996년)

② 전환금융상품 평가모형
- Goldman-Sachs 모형(1994년)
- Tsiveriotis-Fernandes 모형(1998년)

③ 금리옵션부 채권평가모형
- Black-Derman-Toy 모형(1990년)
- Hull-White 모형(1994년)

④ 기타모형
- Backsolve and Calibration Approach

4) 미국공인회계사회(AICPA)는 스타트업 기업 등 현금흐름예측의 불확실성이 큰 기업에 대해 주식(지분상품)가치를 간편하게 도출할 수 있는 가치평가방법으로 2014년 Backsolve 모형을, 2019년 Calibration 모형을 각각 제시하였는데 기본적으로 두 모형은 다른 가정과 구조를 가진 모형이다. 반면, 한국공인회계사회(KICPA)는 두 모형을 적절히 혼용하여 전환금융상품의 기초자산가격(보통주)을 역산하는 방법(Backsolve)을 제시하였는데 본서는 KICPA가 제시한 해당 방법이 현금흐름예측의 불확실성이 큰 스타트 기업의 평가방법으로 유용한 것으로 판단하였으며, 이에 본서는 KICPA가 제안한 방법을 「Backsolve and Calibration Approach」로 정의하였다. 즉, 본서에서 설명하는 「Backsolve and Calibration Approach」는 미국공인회계사회에서 제시한 모형과는 차이가 있음에 유의하기 바란다.

2 블랙숄즈모형

블랙과 숄즈는 옵션가격을 결정하는 수학적 모형을 제시하였는데 이를 블랙숄즈모형(Black-Scholes Model)이라 한다. 블랙숄즈모형은 만기에만 옵션을 행사할 수 있는 유러피안 콜옵션을 기본모델로 하고 있다. 블랙숄즈모형은 매우 엄격한 가정하에 도출되어 실험실 모형이라는 비판을 받기도 한다. 블랙숄즈모형에 도입된 가정은 다음과 같다.

① 기초자산과 옵션이 거래되는 자본시장은 완전시장으로 시장참여자에게는 정보의 편의가 없고 시장에는 차익거래 기회가 존재하지 않으며 기초자산 및 옵션투자자는 무위험이자율로 대출과 차입이 가능하다. 이때 무위험이자율은 옵션만기까지 일정함을 전제한다. 또 거래비용과 관련된 세금이 없으며 누구나 기초자산의 공매도를 자유롭게 할 수 있다.

② 기초자산의 확률과정과 이에 연동된 옵션거래는 단절 없이 연속적으로 일어나는 연속시간(continuous time) 모형을 가정한다.

③ 블랙숄즈모형에서의 옵션은 행사만기일에만 행사가 가능한 유러피안 옵션이며 옵션만기까지 기초자산의 배당은 없다.

④ 기초자산가격은 기하브라운 운동(geometric Brownian motion)을 따르고 표준정규확률분포로 연속적으로 변화하며 기초자산 수익률의 분산으로 측정되는 기초자산가격 변동성은 시간의 경과에 관계없이 일정하다.

2.1. 블랙숄즈모형 구조

블랙숄즈는 위에서 제시한 가정하에 다음과 같이 유러피안 콜옵션의 가격을 결정하는 모형을 제시하였다.[5)]

5) 블랙숄즈모형의 도출과정을 이해하려면 상당한 수준의 금융수학적 지식이 필요하다. 블랙숄즈모형은 기초자산가격이 기하브라운운동을 따른다고 가정하고 기초자산의 매수와 콜옵션 매도의 포트폴리오를 취하여 무위험포트폴리오를 구성하는 과정을 편미분 방정식을 통해 유도한다. 블랙숄즈모형의 구체적 도출과정은 「실물옵션과 불확실성하의 가치평가」(박범조, 시그마프레스)를 참고하기 바란다.

$$C = S \cdot N(d_1) - K \cdot e^{-R_f \cdot T} \cdot N(d_2)$$

- S : 기초자산의 현재가격
- K : 행사가격
- R_f : 무위험이자율
- T : 옵션의 만기(년)
- σ : 기초자산 수익률의 연간표준편차
- N(d) : 표준정규분포의 z = d까지의 누적확률
- d_1 : $\dfrac{In\left(\dfrac{S}{K}\right)+\left(R_f+\dfrac{1}{2}\sigma^2\right)\cdot T}{\sigma\cdot\sqrt{T}}$
- d_2 : $d_1-\sigma\cdot\sqrt{T}$
- e = 2.71828, 자연로그의 밑수

블랙숄즈모형에 의한 유러피안 콜옵션가격은 기초자산가격(S), 행사가격(K), 무위험이자율(R_f), 만기(T), 그리고 기초자산 수익률의 표준편차(σ)의 함수로 구성된다. 블랙숄즈모형에 의한 옵션가격 결정변수 중 행사가격(K)과 만기(T)는 옵션계약에 미리 정해져 있고 기초자산가격(S), 무위험이자율(R_f)은 시장에서 관측된다. 자산가격의 기대변동성을 뜻하는 기초자산 수익률의 표준편차(σ)는 별도로 추정(또는 산출)해야 한다.

옵션가격을 결정하는 5가지 변수 중 계약에 의해 결정되는 변수(행사가격 및 만기)는 옵션투자자가 통제할 수 있는 반면, 기초자산가격, 가격변동성 그리고 무위험이자율과 같은 시장변수는 옵션투자자가 통제할 수 없는 변수이다. 시장변수 중 무위험이자율은 그 변화가 크지 않고 옵션가격에 미치는 영향이 작다. 반면 기초자산가격과 그 가격의 변동성은 옵션가격에 유의적으로 중요한 영향을 미치며 이들 변수의 변화에 따라 옵션가격이 민감하게 변화하게 된다. 따라서 블랙숄즈모형의 결정변수 중 중요한 시장변수인 기초자산가격과 변동성이 가지는 특징에 대해 조금 더 살펴볼 필요가 있다.

2.2. 기초자산가격

옵션가격을 결정하는 여러 변수 중 기초자산(underlying assets)의 현재가격 수준과 가격변동성이 가장 중요한 영향을 미친다. 이들 변수는 옵션투자자가 통제할 수 없는 시장변수이므로 옵션평가모형을 도출함에 있어 기초자산의 가격변동에 대한 가정은 중요하다.

블랙숄즈모형은 기초자산가격이 기하브라운운동(geometric Brownian motion)을 따르고 표준정규확률분포로 연속적으로 변화하며 기초자산가격의 변동성(기초자산 수익률의 분산)은 시간의 경과에 관계없이 일정함을 가정한다. 블랙숄즈모형의 활용에 있어 기초자산가격에 대한 가정인 기하브라운운동의 구체적인 내용을 반드시 이해할 필요는 없다. 이는 주가움직임에 대한 가정일 뿐이며 모형을 실제 활용함에 있어 이의 이해가 필수적으로 요구되는 것은 아니다. 따라서 기하브라운운동에 대한 구체적인 내용은 금융수학 전공자에게 맡기기로 하고 개략적인 내용만 살펴본다.

폴 새뮤얼슨에 의해 주장된 기하브라운운동은 확률변수를 시간으로 한 확률과정(stochastic process)의 한 유형으로 여러 옵션평가모형에서 기초자산가격의 움직임에 대한 가정으로 종종 인용된다. 기하브라운운동은 바슐리에의 브라운운동(Brownian Motion)이론을 수정한 것으로 브라운운동 이론의 특징을 모두 반영한다. 바슐리에는 금융시장의 가격변동을 브라운운동으로 모형화하여 주식가격이 무작위적인 양만큼 상승하거나 하락하는 현상을 설명하였다. 즉 브라운운동 이론에 기초해 예측가능한 호재와 악재에 대한 정보는 이미 주가에 반영되어 있으므로 주가는 무작위적이며 주가변화는 근본적으로 예측불가능하다는 것이다. 브라운운동 이론을 활용한 기하브라운운동 이론도 주식가격은 예측불가능성, 무작위성을 표방하며 전체적인 주가변화는 정규분포를 따름을 가정한다.

기하브라운운동의 예측불가능성과 무작위성은 랜덤워크과정의 특성이다. 즉, 기하브라운운동 이론은 랜덤워크과정에 대한 이해에서 시작된다.

▍랜덤워크과정

랜덤워크(Random Walk)는 기초자산(주가)의 움직임에서 정해진 규칙성을 찾을 수 없기 때문에 미래의 가격예측이 불가능하다는 주장이다. 마치 술 취한 사람이 비틀거리며 걸어가는 모습으로 묘사되어 취보(醉步)라고도 한다. 랜덤워크과정은 기초자산의 변화는 과거 기초자산의 가격변화와 관계없이 독립적으로 움직인다는 효율적 시장가설의 하나이다. 즉, 주가와 같은 기초자산가격의 변동은 시계열적으로 매기 독립적이며 동일한 형태의 확률분포를 갖는 확률변수라는 것이다. 주가변동이 시계열적으로 독립적이라는 것은 과거주가와 현재주가 그리고 미래주가는 서로 상관성이 없으며 과거의 시계열자료로 미래의 주가를 예측하는 것은 의미가 없고 매일의 무질서한 주가의 변동은 과거정보와는 아무런 상관성이 없이 무작위적(random)으로 변동한다고 가정한다.

기초자산의 가격변동에 대한 랜덤워크과정은 흔히 동전던지기로 설명된다. 동전던지기에서 앞면과 뒷면이 나오는 횟수를 누적해서 그려나가면 랜덤워크과정을 표현할 수 있다. 동전을 N번 던져서 앞면이 나오면 「$X_i = +1$」로, 뒷면이 나오면 「$X_i = -1$」로 정의하자. 즉, 앞면이 나오면 1점, 뒷면이 나오면 -1점으로 점수화해본다. 이때, 1번째에서 N번까지의 X_i를 모두 더한(점수를 누적하면) N번째의 누적값(누적점수)을 S_n이라 하자. 이를 정리하면 다음과 같다.

$$X_i = \begin{cases} 1 \\ -1 \end{cases}$$

$$S_n = \sum_{i=1}^{n} X_i \quad (i = 1,\ 2,\ 3\ \cdots),\ S_0 = 0,\ S_1 = X_1$$

이때 S_n값을 균형랜덤워크(symmetric random walk)라 한다.

랜덤워크도 일종의 확률과정이므로 평균과 분산의 특성을 가진다. 이때 랜덤워크결과인 S_n의 평균은 「+1」과 「-1」의 조합으로 만들어졌으므로 그 값은 「0」이 된다. 반면 동전던지기 X_i의 분산은 위아래로 1씩 움직이므로 1이 된다.

$$E(S_n) = 0 \qquad Var(X_i) = 1$$

랜덤워크과정은 이어 설명할 브라운운동 이론의 기초개념이다.

브라운운동

브라운운동은 액체나 기체 속에서 미소입자들이 불규칙하게 운동하는 현상을 일컫는다. 흔히 표류(漂流)라고 말하는 물체의 움직임이 바로 브라운운동이다. 주로 수학이나 물리학에서 연구되어 온 브라운운동을 금융수학에 처음 도입한 바슐리에는 금융시장의 가격변동을 브라운운동으로 모형화하여 주식가격이 무작위적으로 상승하거나 하락하는 현상을 설명하고 이를 이론화하였다. 브라운운동 이론에 의하면 주가가 모든 정보와 합리적 예측을 반영한다면 미래의 주가변동은 예측이 불가능하고 무작위적으로 변동한다. 브라운운동이론은 주가가 무작위 행보를 할 때 일정시간 후 특정가격에 이를 확률이 정규분포를 따른다는 사실을 증명하였으며 주가의 변동폭은 시간의 제곱근에 비례한다는 가설하에 투자자의 기댓값은 0이라고 주장한다.

이와 같이 브라운운동 이론은 랜덤워크과정에 기초한다. 따라서 랜덤워크과정을 조금 변형하면 브라운운동의 확률과정을 도출할 수 있다. 브라운운동은 아래의 조건을 만족하는 확률과정을 말한다.

① 확률과정의 출발위치는 0이며, 출발위치부터 n시점까지 변화된 양은 평균이 「0」[즉, $E(S_n)=0$]이고, 분산이 n[즉, $Var(S_n)=n$]인 정규분포를 따른다.

② 각 구간마다 변화된 확률과정의 양은 서로 독립적이며 특정시점의 변화된 양은 연속형이다.

브라운운동은 위의 랜덤워크과정의 동전던지기 실험을 연속형으로 근사하는 방법이다. 동전던기기 실험의 구간을 더 나누어서 실험 사이사이에 또 여러 번의 동전던지기를 수행한다고 가정하자. 예를 들어 첫 시간(t = 1)에 1,2,3⋯n번의 실험을 하고 다시 두 번째 시간(t = 2)에 1,2,3⋯n번의 실험을 반복하여 t회까지 실험하는 것을 가정한다. 이런 방식으로 위의 랜덤워크과정을 연속적으로 세분화해서 다음과 같이 표시할 수 있다.

$$W^{(n)}(t) = S_{nt}$$

「$W^{(n)}(t)$」는 「S_{nt}」를 모형으로 표시한 것으로 t시간 동안 동전던지기를 n회 실시한 경우의 누적점수를 말한다. 이때 위식에서 n이 무한히 커질 경우를 가정한 아래의 식을 「브라운운동(Brownian motion)이론」 또는 「위너과정(Wiener Process)」이라 한다. 또, n이 무한히 커질 것을 반영하여 scale을 조정하였으므로 「scaled 랜덤워크」라고도 한다.

$$W^{(n)}(t) = \frac{1}{\sqrt{n}} S_{nt}$$

브라운운동 이론은 미래의 주가를 예측하는 것이 아니라 주가의 움직임은 불확실성과 무작위성을 지님을 주장하는 이론이다. 위의 브라운운동 산식(위너과정)은 통계적 산식으로서 주가예측모형이 아님을 주의해야 한다.

엑셀프로그램을 이용해 브라운운동 이론을 살펴보자. 엑셀프로그램의 「RAND함수」를 이용해 무작위의 X_i값을 산출하되 0.5보다 큰 수가 나오면 「$X_i = +1$」이 되게 하고 [if(rand( ))≥0.5,1, -1], 0.5보다 작은 수가 나오면 「$X_i = -1$」이 되게 한다. 동전던지기를 무제한으로 확장하는 의미에서 총 5,000회[(nt 또는 i) = 5,000회, 누적적으로 i로 표시]

를 실시한다고 가정하자. 매회 실시되는 동전던지기(X_i)의 누적점수(ΣS_i)를 스퀘어를 반영한 누적점수($\Sigma S_i = 1/\sqrt{5{,}000} \times \Sigma X_i$)를 계산한 후 그래프로 표시하면 다음과 같다.

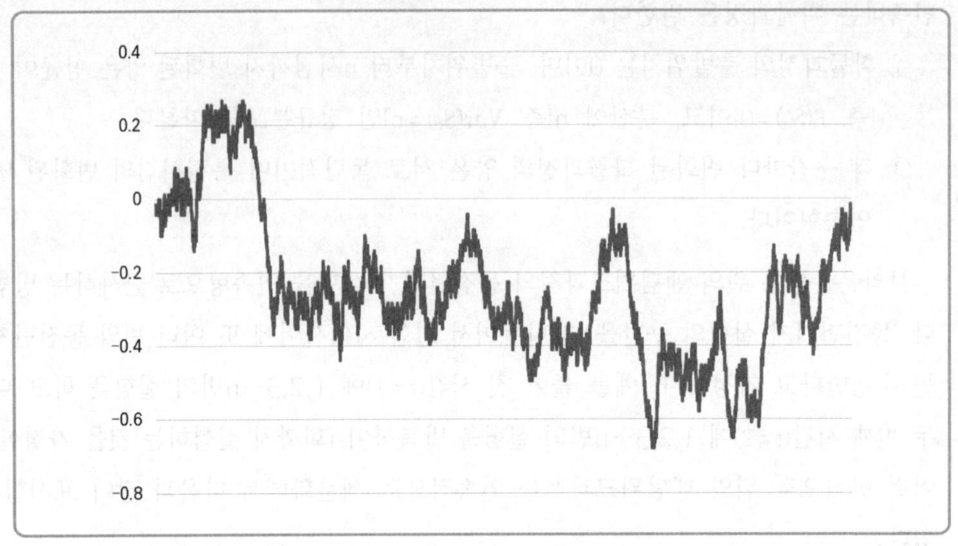

브라운운동에 의한 표본은 무작위로 추출된 것이므로 위의 그래프는 무작위추출[=RAND(X_i)을 실행]을 할 때마다 매번 다른 그래프를 도출한다. 따라서, 위의 브라운운동 그래프상의 어떤 특정한 시점의 값은 아무 의미가 없다. 이는 브라운운동이 기초자산가격의 예측모형이 아니라 일련의 무작위이고 예측 불가능한 움직임을 표방하기 때문이다.

기하브라운운동

폴 새뮤얼슨은 바슐리에의 브라운운동 이론을 보완하여 기하브라운운동(Geometric Brownian Motion) 이론을 제시하였다. 바슐리에의 이론은 주목받지 못했지만 이를 보완한 기하브라운운동 이론에 의해 재조명되었다. 기하브라운운동은 브라운운동에서 주가가 「0」 아래로 떨어지는 것을 고려하지 않은 부분을 보완한 것으로 블랙숄즈모형과 같은 옵션모형의 기본가정으로 채택되는 등 현대금융공학에서 빼놓을 수 없는 중요한 이론으로 자리 잡았다.

주식가격의 특성에는 일정 범위의 변동성이 존재하고 장기적으로 인플레이션 효과 등을 고려한 무위험이자율만큼 상승한다. 따라서 무작위적인 위너과정만으로는 주가의 변동을 설명하는 모형을 만들기 어렵다. 즉 무위험이자율만큼 상승하는 추세에 주가의 최근 변동성을 반영한 위너과정의 효과를 추가하여 주가모형을 만든 것이 기하브라운운동 이론이다.

기하브라운운동 이론을 유도하기 위해 주가의 움직임을 아래 그림과 같이 설정해 본다. 주가의 움직임은 앞서 설명한 동전던지기의 랜덤워크를 따른다. 최초(t = 0) 주가가 S_0일 때 다음 기(t = 1)의 주가는 오를 수도 있고 떨어질 수도 있다. 동전던지기 게임을 적용하여 동전의 앞면(H)이 나오면 주가가 상승하고 뒷면(T)이 나오면 주가가 하락하는 것으로 설정한다.

$$
S_0 \begin{array}{l} \nearrow S_0\left(1+\frac{r_f}{n}+\frac{\sigma}{\sqrt{n}}\right) \begin{array}{l} \nearrow S_0\left(1+\frac{r_f}{n}+\frac{\sigma}{\sqrt{n}}\right)^2 \\ \searrow S_0\left(1+\frac{r_f}{n}+\frac{\sigma}{\sqrt{n}}\right)\left(1+\frac{r_f}{n}-\frac{\sigma}{\sqrt{n}}\right) \end{array} \\ \searrow S_0\left(1+\frac{r_f}{n}-\frac{\sigma}{\sqrt{n}}\right) \begin{array}{l} \nearrow \\ \searrow S_0\left(1+\frac{r_f}{n}-\frac{\sigma}{\sqrt{n}}\right)^2 \end{array} \end{array}
$$

주가상승 또는 하락에는 화폐의 시간가치가 있기 때문에 주가가 상승하든지 하락하든지 관계없이 무위험이자율(r_f)만큼은 오른다. 또 매기의 주가상승(하락)에는 주가변동성, 즉 주가수익률의 표준편차(σ)만큼 오르거나 떨어지는 것을 가정한다. 이때 연간 무위험이자율을 일간으로 환산한 값은 「r_f/n」이고 주가수익률의 변동성은 연간변동성(σ)을 일간변동성($\sigma/\sqrt{n}$)으로 반영한다. 이때 매기 적용되는 주가수익률은 모두 같은 것으로 가정한다.

주가의 흐름을 위의 그림과 같이 설정하면 시간이 경과함에 따라 주가는 동전던지기 게임과 동일한 형태가 된다. 즉 t시점의 주가(S_t)는 동전의 앞면(H)이 나온 횟수만큼 상승수익률이 적용되고 뒷면(T)이 나온 횟수만큼 하락수익률이 적용되어 주가트리가 생성된다. 이를 모형화하면 아래와 같이 표시할 수 있다.

$$
S_t = S_0\left(1+\frac{r_f}{n}+\frac{\sigma}{\sqrt{n}}\right)^H\left(1+\frac{r_f}{n}-\frac{\sigma}{\sqrt{n}}\right)^T
$$

폴 새뮤엘슨은 위의 일반모형을 수학적으로 다시 정리하여 아래와 같이 기하브라운운동 산식을 도출했다.[6] 이때 W_t는 앞에서 정리한 위너과정을 의미하고 주가의 변동이 연속적으로 이뤄짐을 고려하여 지수함수(e)로 표시하였다.

6) 기하브라운운동 산식은 랜덤워크를 가정한 기본모형에 복잡한 수학정리를 통해 최종적으로 산출되었으며 본서는 이의 중간산출과정은 생략한다. 산식의 도출과정을 모두 설명하기보다는 모형의 구조를 이해하는 것이 유용하리라 판단된다.

$$S_t = S_0 \cdot e^{\sigma W_t + \left(r_f - \frac{\sigma^2}{2}\right)t}$$

기하브라운운동 산식은 동전던지기 게임을 이용하여 주가가 시간에 따라 변화하는 과정을 모형화한 것이다. 즉 주가 움직임을 동전던지기의 홀짝 게임으로 본 것이다. 이때 주가는 불확실성 및 무작위성이 감안된 위너과정(W_t)을 포함하고 있기 때문에 기하브라운운동 산식은 주가를 예측하는 모형이 아니라 확률론적인 산식에 불과하다. 이 산식은 매기마다 표준편차(주가변동성)가 일정하게 적용되는 문제점이 있으나 단순한 모형으로서 금융공학에서 널리 이용되고 있으며, 블랙숄즈모형도 기초자산의 가격변동에 대해 기하브라운운동을 가정한다.

2.3. 블랙숄즈모형의 적용

블랙숄즈모형의 도출과정은 복잡한 금융수학적 지식이 필요하지만 모형의 실제적용은 아래의 콜옵션모형을 엑셀프로그램의 함수로 구현하여 투입변수를 입력하면 간단히 블랙숄즈모형에 의한 콜옵션가격을 계산할 수 있다.

$$C = S \cdot N(d_1) - K \cdot e^{-R_f \cdot T} \cdot N(d_2)$$

- S : 기초자산의 현재가격
- K : 행사가격
- R_f : 무위험이자율
- T : 옵션의 만기(년)
- σ : 기초자산 수익률의 연간표준편차
- N(d) : 표준정규분포의 z=d까지의 누적확률
- d_1 : $\dfrac{In\left(\frac{S}{K}\right) + \left(R_f + \frac{1}{2}\sigma^2\right) \cdot T}{\sigma \cdot \sqrt{T}}$
- d_2 : $d_1 - \sigma \cdot \sqrt{T}$
- e=2.71828, 자연로그의 밑수

예를 들어, 현재주가(S)가 10,000원인 기초자산(주식)에 대해 행사가격(K)이 9,000원이고 옵션만기(T)가 1년인 콜옵션가격(C)을 블랙숄즈모형을 이용해 구해보자. 기초자산은 활성시장에서 공시가격이 관측되는 상장기업의 보통주로 기초자산가격의 최근 1년간 수익률의 표준편차(σ) 즉, 기초자산가격의 변동성은 0.50이고 연간 무위험이자율(R_f)은 2.0%임을 가정한다.

① d_1과 d_2 산출

$$d_1 = \frac{In\left(\frac{S}{K}\right)+\left(R_f+\frac{1}{2}\sigma^2\right)\cdot T}{\sigma\cdot\sqrt{T}}$$

$$= \frac{In\left(\left(\frac{10,000}{9,000}\right)+2.0\%+\frac{1}{2}0.5^2\right)\cdot 1}{0.5\cdot\sqrt{1}} = 0.5007210$$

$$d_2 = d_1 - \sigma\cdot\sqrt{T}$$

$$= 0.5007210 - 0.5\cdot\sqrt{1} = 0.0007210$$

② $N(d_1)$과 $N(d_2)$ 산출

블랙숄즈모형은 기초자산 가격의 확률과정이 정규분포를 따른다고 가정하므로 누적표준 정규확률분포표를 이용하여 d_i값에 대응하는 $N(d_i)$값을 찾는다. 실무적으로는 누적표준정규확률분포표를 일일이 확인하지 않고 엑셀프로그램 함수(NORMSDIST)를 이용하여 다음과 같이 간단히 계산할 수 있다.

$$N(d_1) = Normsdist\,(0.5007210) = 0.6917163$$
$$N(d_2) = Normsdist\,(0.0007210) = 0.5002876$$

③ 콜옵션가격 계산

기초자산가격(S = 10,000원), 행사가격(K = 9,000원) 및 $N(d_1)$과 $N(d_2)$ 값을 모형에 각각 대입하면 블랙숄즈모형에 의한 현재시점 콜옵션가격(C)은 아래와 같이 2,504원으로 계산된다.

$$C = S\cdot N(d_1) - K\cdot e^{-R_f\cdot T}\cdot N(d_2)$$

$$= 10,000\cdot 0.6917163 - 9,000\cdot e^{-R_f\cdot T}\cdot 0.5002876$$

$$s.t\ \cdots\ e^{-R_f\cdot T} = \exp(-2\%, 1) = 0.9801987$$

$$C=10{,}000 \cdot 0.6917163-9{,}000 \cdot 0.9801987 \cdot 0.5002876$$
$$=2{,}504$$

2.4. 가격변동성

블랙숄즈모형에서 사용된 기초자산 수익률의 표준편차(σ)를 변동성이라 하며 이는 기댓값이다. 기대변동성은 시간이 지남에 따라 기초자산의 가격이 얼마나 변화할 것인지에 대한 불확실성의 측정치(또는 추정치)로 위험을 측정하는 변수이다. 이론적으로 시장참여자들이 기초자산가격의 변동성을 정확히 알고 있다면 변동성을 통해 산출한 헤지비율(hedge ratio)을 이용해 파생상품과 기초자산의 포트폴리오를 구성함으로써 차익거래 이익을 얻을 수 있다. 그러나, 현실적으로 기초자산가격의 변동성을 정확히 알 수 없을뿐더러 변동성은 매순간 변화하므로 행사기간의 변동성을 정확히 알 수는 없다.

블랙숄즈모형에서 기초자산의 가격변동성은 현재시점부터 옵션만기까지 일정함을 전제로 하는데 모형에 적용할 기초자산의 변동성을 추정(또는 측정)하여 그 변동성이 옵션만기까지 유지되는 것을 가정하는 것은 무리가 있으며 이러한 가정이 블랙숄즈모형의 큰 단점 중 하나이다. 변동성을 확률변수로 놓으면 블랙숄즈모형을 도출하기 위한 편미분방정식의 해를 구하기 어렵기 때문에 불가피하게 단순화시킨 것이다. 이러한 문제로 인해 블랙숄즈모형에 따른 이론적 가치와 실제 옵션가치는 차이가 발생한다.[7] 기초자산의 가격변동성에 대한 가정은 옵션가치에 중요한 영향을 미치므로 변동성을 어떤 방식으로 측정할 것인지에 대해 살펴볼 필요가 있다.

기초자산의 가격변동성은 활성시장에서 관측된 옵션가격을 옵션평가모형에 대입하여 역산하여 산출한 내재변동성(IV : Implied Volatility)과 기초자산가격의 역사적 변동성(HV : Historical Volatility)을 이용하는 방법이 있다.

내재변동성

내재변동성(IV : Implied Volatility)은 옵션평가모형에서 산출된 이론가격이 활성시장에서 관측되는 옵션가격과 같아지도록 하는 변동성을 의미한다. 내재변동성은 옵션의

7) 이는 블랙숄즈모형에 한정되는 문제는 아니다. 후술할 이항옵션모형도 기초자산의 가격변동성이 옵션만기까지 일정함을 전제하므로 대부분의 옵션평가모형에서 같은 한계가 있다.

활성시장 공시가격이 존재할 경우 그 시장가격과 옵션평가모형에 의해 산출된 공정가치가 일치되도록 역추적된 변동성 수치이므로 내재변동성은 시장참여자들이 예측(기대)하는 기초자산가격의 변동성을 의미한다.

내재변동성은 다음의 한계가 있다.

- 내재변동성을 측정하려면 해당 옵션이 활성시장에서 거래되어야 하며 관측치가 내재변동성을 설명할 수 있을 정도로 충분한 정보를 제공해야 한다. 그러나 현실에서 옵션이 활성시장에서 거래되는 경우는 드물고 거래되는 경우라 하더라도 공정가치를 측정하고자 하는 옵션과 내재된 계약조건이 다를 경우 유의미한 정보가 아니다.
- 활성시장에서 거래되는 동일한 조건의 옵션가격을 관측하여 옵션평가모형에 의한 공정가치를 일치시키는 내재변동성을 측정하더라도 그 내재변동성이 옵션만기까지 유지될 것으로 가정할 수는 없으며 특정시점에 측정된 내재변동성은 실시간으로 변한다.

내재변동성의 한계에도 불구하고 활성시장에서 공시되는 동일조건(또는 유사한 조건의) 옵션가격이 관측가능하다면 이를 활용하는 것이 K-IFRS 1113호에 의한 공정가치 측정 원칙에 부합한다. 즉, 공정가치측정은 관측가능한 변수를 최대한 이용하는 것이 바람직하다. 하지만, 현실적으로 옵션이 활성시장에서 거래되는 경우는 드물기 때문에 내재변동성을 이용하는 경우는 흔치 않다. 대부분의 경우에는 아래의 역사적 변동성을 이용하게 된다.

역사적 변동성

옵션이 활성시장에서 거래되는 경우는 많지 않으므로 기초자산의 가격변동성은 대개 역사적 변동성(HV : Historical Volatility)을 이용한다. 역사적 변동성을 측정하기 위해서는 활성시장에서 관측가능한 기초자산의 공시가격이 있어야 한다.

역사적 변동성은 과거 일정기간 동안 기초자산의 가격변화율을 활용하는 방법으로 과거의 기초자산 수익률변동이 옵션기간 동안 유지될 것을 가정한다. 만일, 주가를 기초자산으로 한 역사적변동성(HV)을 측정할 경우 주가의 변화한 값들의 표준편차를 계산하여 변동성을 추정하며, 다음과 같이 정의된다.

$$HV(\sigma) = \sqrt{\frac{1}{(n-1)}\sum_{t=1}^{n}(R_t - \overline{R})}$$

$$\overline{R} = \frac{1}{n}\sum_{t=1}^{n}R_t \qquad R_t = \frac{In\ P_t}{In\ P_{t-1}}$$

즉, 위 역사적변동성 산식은 과거 주가수익률의 표준편차를 산출한 것이다. 어떤 기업의 최근 11일간의 주가를 이용해 역사적변동성을 측정해 보자.

일자	주가	P_n/P_{n-1}	$R_t = \ln(P_n/P_{n-1})$
20×1/06/29	46,650	99.679%	-0.321%
20×1/06/28	46,800	97.602%	-2.428%
20×1/06/27	47,950	102.021%	2.001%
20×1/06/26	47,000	100.750%	0.747%
20×1/06/25	46,650	98.730%	-1.278%
20×1/06/22	47,250	100.425%	0.424%
20×1/06/21	47,050	100.106%	0.106%
20×1/06/20	47,000	100.000%	0.000%
20×1/06/19	47,000	100.858%	0.855%
20×1/06/18	46,600	97.796%	-2.228%
20×1/06/15	47,650		

역사적 변동성은 주가수익률(R_t) 변동의 표준편차를 계산하는 것이며 표준편차 계산 함수(STDEV)를 이용해 계산할 수 있다. 위에서 표준편차 함수로 계산된 주식의 일간(daily) 변동성(σ)은 1.3996%로 계산된다. 즉, 11일간의 주가를 이용해 계산한 이 기업 주식의 일간변동성은 1.3996%이다. 이때, 블랙숄즈모형은 연간변동성을 측정하므로 최근 1년 영업일수[8](248일)를 반영하여 연간변동성으로 환산하면 22.04%($=\sqrt{248} \times$ 1.3996%)로 계산된다.[9]

---

8) 실무적으로 연간 영업일수는 246일~250일을 주로 사용한다. 영업일수는 옵션잔존기간의 실제 영업일수를 사용함이 원칙이나 영업일수에 대한 가정이 공정가치에 미치는 영향이 크지 않고 선거 또는 대체공휴일 지정 등으로 인해 옵션잔존기간의 실제 영업일수를 적용하는 것의 실익이 미미한 것으로 판단된다. 참고로 Python의 QuantLib Library를 이용하여 2021년~2025년 평균 영업일수를 계산(대체공휴일 반영)한 결과 약 248일로 측정되었다.

9) 편의상 짧은 기간의 주가를 이용한 것으로 실제 11일 정도의 짧은 기간의 주가정보만으로 역사적 변동성을 측정하면 통계적으로 유의하지 않을 수 있다. 따라서 측정기간은 통계적으로 유의한 기간으로 확장하는 것이 바람직하다. 실무적으로는 180일 영업일간 측정된 역사적 변동성을 주로 활용한다.

기초자산이 활성시장에서 거래되고 있다면 활성시장의 공시가격을 이용해 과거 일정 기간의 가격변동성을 측정할 수 있지만, 기초자산의 활성시장이 없다면 기초자산과 위험이 유사한 자산의 역사적 변동성을 활용해야 할 것이다. 예를 들어 기초자산이 활성시장에서 거래되지 않는 보통주의 가격이면 영업위험과 재무위험이 유사한 유사상장기업의 역사적 주가변동성을 측정하여 활용할 수 있다.

한편, 활성시장에서 거래되는 기초자산 가격의 역사적 변동성을 추정변동성으로 이용하는 데에도 한계가 있다. 실제 기초자산의 변동성은 안정적이지 못하고 기간별로 크게 달라지기도 한다. 연구결과에 의하면 활성시장에서 관측된 내재변동성과 역사적 변동성에는 괴리가 있는 것으로 알려졌는데 이 경우 역사적 변동성을 활용하여 옵션가격을 측정하게 되면 옵션가치가 과대 혹은 과소평가될 수 있다. 이에 실무적으로 역사적 변동성을 그대로 적용하지 않고 측정된 변동성을 체계적으로 조정(robust estimation)하거나 대체적인 방법을 사용하기도 한다. 역사적 변동성의 실무적 활용에 대해서는 이항옵션모형 부분에서 다시 다루도록 하겠다.

▎변동성미소

블랙숄즈모형은 옵션기간 동안 변동성이 일정함을 가정하므로 기초자산과 옵션기간이 동일하면서 행사가격이 다른 옵션의 내재변동성은 같아야 한다. 그러나 실증분석에 의하면 행사가격이 낮은 옵션의 내재변동성은 행사가격이 높은 옵션의 내재변동성보다 큰 것으로 관측된다. 행사가격에 따른 내재변동성 곡선이 미소(smile) 모양을 띈다고 하여 변동성미소라 한다. 변동성미소(Volatility Smile)는 옵션의 시장가격이 블랙숄즈모형을 따르지 않는다는 증거가 된다. 변동성미소 현상의 원인으로는 다음의 이유들이 제시되고 있다.

- 기초자산인 주가는 블랙숄즈모형에서 가정한 것처럼 일정한 변동성을 가진 기하브라운운동을 따르지 않는다. 주가는 때때로 급등 또는 급락하는 현상이 있고 상대적으로 급등보다는 급락하는 현상이 종종 관측된다.
- 주가가 하락하면 위험회피 투자자들로 인해 더 급락하게 되고 변동성이 증가하는 경향이 있어 블랙숄즈모형의 가정처럼 변동성이 일정하게 유지될 수 없다.
- 블랙숄즈모형은 (로그)정규분포를 가정하는데 실제 주식시장은 평상시에는 대체로 로그정규분포를 따르지만 가격의 양극단에서는 실증적으로 두터운 꼬리를 갖는 분포를 따른다.

변동성미소는 기초자산가격의 변동성이 일정함을 가정하는 옵션평가모형의 본질적인 한계를 입증한다. 그렇지만 블랙숄즈모형을 비롯한 대부분의 옵션평가모형은 변동성을 일정하게 가정하고 있어 옵션평가모형에 의해 측정된 공정가치가 시장가치를 반영하는 데에는 한계가 있다.

2.5. 풋-콜 패러티

옵션의 기초자산이 주식인 경우, 주식과 콜옵션 그리고 풋옵션을 결합하여 주식의 가격변동위험을 완전히 제거한 무위험포트폴리오를 만들 수 있는데 이를 통해 동일한 기초자산에 대해 동일한 만기와 행사가격을 갖는 콜옵션과 풋옵션의 균형가격을 도출하는 산식을 풋-콜 패러티(Put-Call Parity)라고 한다. 풋-콜 패러티를 이용해 동일한 만기와 행사가격을 갖는 콜옵션가격으로 풋옵션가격을 계산할 수 있다.

풋-콜 패러티는 다음과 같은 무위험포트폴리오를 구성하여 도출한다.

① 현재가격이 S_0인 기초자산 주식을 1주 매입한다.

② 위의 주식을 기초자산으로 한 풋옵션(P) 1계약을 매입한다.

③ 위의 주식을 기초자산으로 한 콜옵션(C) 1계약을 매도한다.

위와 같은 포트폴리오를 구성할 경우 현재시점($t=0$)의 현금흐름은 「주식매입(S_0)+풋옵션매입(P)-콜옵션매도(C)」가 된다. 이 포트폴리오의 만기(T)가 도래했을 때 주식가격(S_T)이 행사가격(K)보다 높은 경우와 낮은 경우로 나눠볼 수 있다.

① 만기 주식가격(S_T)이 행사가격(K)보다 높은 경우($S_T > K$) : 만기 주식가격이 행사가격보다 높으면 포트폴리오를 구성한 투자자는 풋옵션권리를 포기하는 반면 콜옵션 매입자는 그 권리를 행사할 것이므로 위의 포트폴리오를 구성한 투자자의 만기 현금흐름은 「$S_T-(S_T-K)=K$」가 된다.

② 만기 주식가격(S_T)이 행사가격(K)보다 낮은 경우($S_T < K$) : 만기 주식가격이 행사가격보다 낮으면 콜옵션 매입자는 권리를 포기하는 반면 포트폴리오를 구성한 투자자는 풋옵션을 행사할 것이므로 위의 포트폴리오를 구성한 투자자의 만기 현금흐름은 「$S_T+(K-S_T)=K$」가 된다.

포트폴리오를 구성한 투자자는 옵션 만기시점의 주가가 행사가격보다 높거나 낮은 상황에 관계없이 행사가격 만큼의 수익을 갖는 무위험포트폴리오를 구성할 수 있다. 따라서 차익거래가 발생하지 않기 위해서는 만기시점의 확정현금흐름(K)을 무위험이자율로 할인한 가격이 현재의 포트폴리오와 일치해야 하므로 다음의 산식이 도출되는데, 이를 풋-콜 패러티라고 한다.

$$S+P-C=\frac{K}{(1+R_f)^T}$$

- 이때, 풋-콜 패러티 산식을 풋옵션가격을 중심으로 정리하면 동일한 만기와 행사가격을 갖는 풋옵션가격을 다음과 같이 도출할 수 있다.

$$P=C+\frac{K}{(1+R_f)^T}-S$$

- 풋-콜 패러티는 만기에만 권리를 행사할 수 있는 유러피안 옵션에서 유용한데 유러피안 옵션을 가정한 블랙숄즈모형에 의해 도출된 콜옵션가격을 이용해 풋옵션가격을 계산할 수 있다. 이때 블랙숄즈모형은 무위험이자율을 연속복리로 계산하므로 위의 산식을 연속복리형태로 재정리하면 다음과 같다.

$$P=C+K\cdot e^{-R_f\cdot T}-S$$

- 앞의 예에서 블랙숄즈모형으로 도출한 콜옵션가격(2,503.[73])에 풋-콜 패러티를 이용해 풋옵션가격을 계산하면 다음과 같이 1,326원이 도출된다.

$$\begin{aligned}P&=C+K\cdot e^{-R_f\cdot T}-S\\&=2{,}503.^{73}+9{,}000\cdot \exp(-2\%\cdot 1)-10{,}000=1{,}326\end{aligned}$$

풋-콜 패러티에서 가정한 무위험포트폴리오는 만기에만 행사가능한 풋옵션과 콜옵션을 구성한 것이므로 행사기간 동안 언제든지 권리를 행사할 수 있는 아메리칸 옵션에는 적용되지 않는다. 따라서 풋-콜 패러티는 이론적인 모형에 불과하고 실제 거래되는 옵션의 가격을 결정하는 모형으로는 적합하지 않은 점에 유의해야 한다.

2.6. 배당이 있는 경우

블랙숄즈모형은 기본적으로 배당이 없는 경우를 가정하는데 이는 비현실적인 가정이다. 이에 머튼(Robert Merton)은 옵션기간 중 배당이 있는 경우의 수정모형을 제시하였다. 배당이 있고 옵션보유자가 그 배당을 수취할 권리가 없는 경우[10]의 블랙숄즈모형은 현재주가에서 배당의 현재가치만큼 차감한 수정주가를 이용한다. 이때, 배당지급이 연속적인 경우와 이산적인 경우를 나눠서 볼 수 있다.

▎시가배당률을 가정하는 경우

블랙숄즈모형에서 시가배당률을 가정할 경우 현재주가에 대한 연속배당수익률을 이용하여 콜옵션가격을 계산하는 수정모형은 다음과 같다.

• 연속배당수익률을 q라고 할 경우 현재주가(S_0)는 다음과 같이 수정($S_0{}^q$)된다.

$$S_0{}^q = S_0 \cdot e^{-q \cdot T}$$

q : 연속배당수익률

• 배당수익률을 고려하여 수정된 현재주가($S_0{}^q$)를 적용한 현재시점의 콜옵션가격은 다음과 같이 수정된다.

$$C = S_0 \cdot e^{-q \cdot T} \cdot N(d_1) - K \cdot e^{-R_f \cdot T} \cdot N(d_2)$$

• S : 기초자산의 현재가격
• q : 연속배당수익률
• K : 행사가격
• R_f : 무위험이자율
• T : 옵션의 만기(년)
• σ : 기초자산 수익률의 연간표준편차
• N(d) : 표준정규분포의 z = d까지의 누적확률
• d_1 : $\dfrac{In\left(\dfrac{S}{K}\right)+\left(R_f+\dfrac{1}{2}\sigma^2\right)\cdot T}{\sigma \cdot \sqrt{T}}$

10) 옵션보유자에게 배당금을 수취할 권리가 있다면 배당금이 없는 경우와 동일한 방식으로 모형을 적용한다. 이에 대한 자세한 설명은 이항옵션모형에서 다룬다.

- $d_2 : d_1 - \sigma \cdot \sqrt{T}$
- e=2.71828, 자연로그의 밑수

기대배당금을 가정하는 경우

현실에서는 배당지급이 연속적이지 않고 이산적으로 이뤄지며 기업은 주가의 변화에 따라 주가의 일정비율 즉, 시가배당률에 해당하는 배당금을 지급하는 경우는 거의 없으며 대개는 일정한 수준의 배당금을 지급할 것으로 예상하는 것이 합리적이다. 이 경우 블랙숄즈모형은 현재시점 수정주가를 옵션기간 동안 시점별로 예상되는 배당금을 무위험이자율로 할인한 금액을 차감하여 계산하고 이외에는 기존과 동일한 산식을 적용하게 된다. 쉽게 이해하기 위해 앞의 예에서 옵션기간(1년) 중 6개월 후에 1,000원의 배당이 예상된다고 가정하여 콜옵션가격을 계산해 보자.

① 배당의 현재가치 : 무위험이자율로 할인된 배당의 현재가치는 다음과 같이 990원으로 계산된다.

$$PV\,of\,div^e = 1{,}000 \times \frac{1}{1 + 2.0\% \times \frac{6}{12}} = 990$$

② 배당을 고려한 현재시점의 수정주가 : 현재시점 주가에 배당의 현재가치를 차감한 수정주가는 9,009원으로 계산된다.

$$S_0{}^q = S_0(10{,}000) - PV of\,div^e(990.^{10}) = 9{,}009$$

③ 콜옵션가격 : 수정주가를 현재주가로 하여 블랙숄즈모형의 산식에 각 변수를 투입하여 콜옵션가격을 재계산하면 아래와 같이 1,856원으로 계산된다.

$$d_1 = \frac{In\left(\frac{S^q}{K}\right) + \left(R_f + \frac{1}{2}\sigma^2\right) \cdot T}{\sigma \cdot \sqrt{T}}$$

$$= \frac{In\left(\left(\frac{9{,}090.^{10}}{9{,}000}\right) + 2.0\% + \frac{1}{2}0.5^2\right) \cdot 1}{0.5 \cdot \sqrt{1}} = 0.292199$$

$$d_2 = d_1 - \sigma \cdot \sqrt{T}$$

$$= 0.5007210 - 0.5 \cdot \sqrt{1} = -0.207801$$

$$N(d_1) = Normsdist\ (0.292199) = 0.6149328$$

$$N(d_2) = Normsdist\ (-0.207801) = 0.4176922$$

$$C = S^q \cdot N(d_1) - K \cdot e^{-R_f \cdot T} \cdot N(d_2)$$

$$= 9{,}090.^{10} \cdot 0.6149328 - 9{,}000 \cdot 0.9801987 \cdot 0.4176922$$

$$= 1{,}856$$

$$s.t\ \cdots\ e^{-R_f \cdot T} = \exp(-2\%, 1) = 0.9801987$$

2.7. 모형의 한계

블랙숄즈모형은 최초의 체계적인 옵션가격결정모형으로 제시되면서 학계에서 다양한 옵션평가모형 연구의 기초가 되었다. 그러나 블랙숄즈모형은 지나치게 비현실적이어서 실용성을 갖기 어려운 이론적 모형에 불과하다는 비판을 받고 있다. 블랙숄즈모형의 비현실적 가정에도 불구하고 모형의 현실설명력은 뛰어나다는 주장도 있으나 모형을 이해하기 위해서는 높은 수준의 수학지식을 필요로 해 실무적으로 다양한 조건을 추가하여 응용하기가 쉽지 않다.

블랙숄즈모형이 옵션가격평가에 있어 실무적으로 활용되지 않는 가장 큰 이유는 모형의 설계과정에서 도입된 여러 가정 중 옵션의 행사가 만기에만 가능한 유러피안 옵션을 가정한 부분 때문이다. 현실세계에서 만기에만 권리행사가 가능한 유러피안 옵션형태는 드물다. 옵션이 파생상품 그 자체로 거래되는 경우나 전환사채나 신주인수권부사채 등 복합상품에 부가된 권리를 구성하는 경우 모두에 있어 옵션구조는 만기 동안 언제든 또는 조건부로 행사가능한 아메리칸 옵션이 대부분이다. 따라서 실무적으로 블랙숄즈모형을 이용해 옵션가격을 평가하는 경우는 제한적이며 후술할 이항옵션모형이 주로 활용된다.

3 이항옵션모형

이항옵션모형은 1976년 콕스(Cox)와 루빈스타인(Rubinstein)에 의해서 제시된 옵션평가모형으로 기초자산의 가격변동이 상승과 하락, 즉 이항확률분포를 따른다는 가정하에

도출되었다. 이항옵션모형은 평가방법이 단순하면서도 옵션가격이 결정되는 원리를 쉽게 이해할 수 있으며 옵션만기를 단계적으로 확대함으로써 만기 중 언제든지 권리를 행사할 수 있는 아메리칸 옵션에 적용할 수 있는 장점이 있다. 또 이항옵션모형의 기본가정을 응용하여 다양한 조건이 부여된 파생요소 평가에 활용가능하다.

3.1. 단일기간모형

이항옵션모형에 도입된 가정은 완전자본시장으로 차익거래 기회가 존재하지 않으며 무위험이자율로 대출과 차입이 가능하며 기초자산가격(주가)은 옵션만기시점에 단 한 번 변동하고 가격변동은 이항분포(binominal distribution)를 따른다는 것이다. 즉 옵션만기시점의 주가가 상승하면 uS, 하락하면 dS가 된다.

단일기간, 즉 1단계 이항옵션모형은 단순한 가정하에 도출된다. 1단계 이항옵션모형은 만기까지 주가가 한번 변동되고 만기의 주가가 uS일 경우 만기시점의 콜옵션가치를 「C_u」, 주가가 dS일 경우 만기시점의 콜옵션가치를 「C_d」라고 하면 만기시점 옵션가치의 확률분포는 다음과 같다.

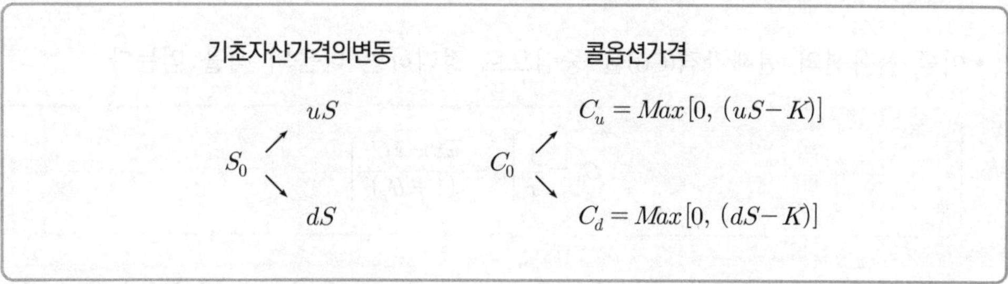

현재시점의 주가(S_o)가 1기간 후 오르거나 내린 결과 그 시점의 콜옵션가치(C_1)는 주가(S_1)와 행사가격(K)의 차이가 된다. 이때, 옵션은 그 가치가 「0」 이하가 될 수 없으므로 콜옵션가치는 최소 「0」 이상이다. 즉, 1기간 후 콜옵션가치(C_1 : C_u 또는 C_d)는 1기간 후 주가(S_1 : uS 또는 dS)와 행사가격(K)의 차이이며, 그 값이 「0」 이하일 경우 「0」이 된다.

그렇다면 1기간 후 콜옵션가치를 이용해 현재시점의 콜옵션가치(C_o)를 도출하는 과정을 살펴보자. 만일, 주식 1주를 현재가격(S_o)으로 매입한 투자자가 주가가 오를 경우(uS)와 주가가 내릴 경우(dS)에 관계없이 일정한 수익을 얻기 위해 현재시점에 매도해야 할 콜옵션 개수를 x개라고 가정하자. 이 투자자의 현재시점의 현금흐름은 「$S_0 - x \cdot C_o$」

가 된다. 이 투자자는 만기에 주가가 오르게 될 경우 「$uS - x \cdot C_u$」의 현금흐름을, 주가가 내리면 「$dS - x \cdot C_d$」의 현금흐름을 얻는다. 이때 주가가 어떻게 변동되는지 관계없이 항상 일정한 수익을 얻기 위해서는 「$uS - x \cdot C_u$」=「$dS - x \cdot C_d$」가 되어야 한다. 따라서 이 투자자가 매도해야 할 콜옵션 개수(x)는 다음과 같다.

$$x = \frac{uS - dS}{C_u - C_d}$$

- 이항옵션모형에서 차익거래기회는 존재하지 않으므로 주가변동에 관계없이 일정한 수익을 얻고자 하는 투자자가 포트폴리오 구성을 통해 얻을 수 있는 이익은 무위험이자율(R_f)이다. 따라서 포트폴리오의 만기시점수익은 현재시점 투자금액($S_0 - x \cdot C_o$)에 무위험이자율을 곱한 값과 동일해야 한다. 즉 이 투자자의 포트폴리오에는 다음의 식이 성립한다.

$$(1+R_f)\ (S_0 - x \cdot C_0) = (uS - x \cdot C_u)$$
$$(1+R_f)\ (S_0 - x \cdot C_0) = (dS - x \cdot C_d)$$

- 이를 콜옵션의 현재가격(Co)을 중심으로 정리하면 다음의 식을 얻는다.

$$C_0 = \frac{1}{x}\left[S - \frac{uS - xC_u}{(1+R_f)}\right]$$

- 위의 식에서 현재시점에 매도해야 할 콜옵션 개수(x)의 산식을 대입하여 다시 정리하면 다음과 같은 콜옵션가격(C_o)의 계산식을 얻을 수 있다.

$$C_0 = \left[\frac{P \times C_u + (1-P) \times C_d}{(1+R_f)}\right]$$

$$P = \frac{1+R_f-d}{u-d},\quad 1-P = \frac{u-(1+R_f)}{u-d}$$

- u : 주가상승계수
- d : 주가하락계수

$$C_u = Max[0,\ uS - K]$$
$$C_d = Max[0,\ dS - K]$$

이항옵션모형은 기초자산인 주식과 옵션을 적절히 결합하여 주가의 상승 또는 하락과 무관한 일정한 수익률(R_f)을 얻는 헤지포트폴리오를 구성함으로서 현재시점의 옵션가격을 도출하는 것이다. 이항옵션모형에서 도출된 옵션가격은 투자자들이 주관적으로 평가하는 주가의 상승 또는 하락 확률과는 관계없이 결정되며 옵션가격을 결정하는 변수는 헤지확률(p)이다. 이때 헤지확률은 주가변동성[주가상승률(u) 및 하락률(d)]에 의해 결정된다. 이항옵션모형은 기대수익이 무위험수익률을 구성하는 옵션가격을 도출하는 과정이므로 이러한 옵션가격의 결정변수인 P를 위험중립형확률(risk neutral probability)이라 하고 이항옵션모형을 위험중립형 평가방법이라고 한다.

한편, 이항옵션모형에서 현재시점의 콜옵션가격이 위의 산식에서 도출된 콜옵션가격보다 현재시점의 주가와 행사가격의 차액이 더 클 경우 투자자는 차익거래를 얻게 되므로 콜옵션가격은 항상 헤지확률을 통해 도출된 옵션가격(C_o)과 현재주가와 행사가격의 차액(S_0 - K) 중 큰 값이어야 한다. 이를 모두 고려하여 1기간 이항옵션모형에 따른 콜옵션가격(C_o) 산식을 정리하면 다음과 같다.

$$C_0 = Max\left[(S-K),\ \ \frac{P\times C_u+(1-P)\times C_d}{(1+R_f)}\right]$$

- S : 기초자산의 현재가치
- K : 행사가격
- P : 헤지확률(hedge probability) 또는 위험중립형확률
- C_u : 주가가 상승한 시점의 콜옵션가치
- C_d : 주가가 하락한 시점의 콜옵션가치
- R_f : (연속복리) 무위험이자율

$$C_u = Max[0,\ uS-K]$$

$$C_d = Max[0,\ dS-K]$$

$$P=\frac{1+R_f-d}{u-d}$$

u = (1 + 주가상승률) = exp(σ)

σ : 기초자산변동성

d = (1 - 주가하락률) = $\frac{1}{u}$

3.2. 위험중립확률

이항옵션모형은 옵션투자자가 주관적으로 평가하는 주가의 상승 또는 하락확률과는 관계없이 기대수익이 무위험수익률이 되도록 하는 헤지확률(P)에 의해 옵션가격이 결정되며, 헤지확률은 주가상승률(u) 및 하락률(d)에 의해 결정된다고 하였다. 이 헤지확률을 위험중립확률이라고 하는데 이항옵션모형은 위험중립확률에 기초하므로 이에 대해 살펴볼 필요가 있다.

위험중립확률을 이해하기 위해 공 뽑기 게임을 예로 들어보자.

상자 안에는 흰 공과 검정 공이 모두 6개씩 총 12개가 들어 있다. 흰 공과 검정 공의 개수가 모두 6개씩이므로 흰 공과 검정 공을 뽑을 확률은 각각 50%이다. 흰 공을 뽑은 경우와 검정 공을 뽑은 경우의 결과에 따른 상금이 각각 다른 아래의 세 가지 게임을 가정한다.

① 게임1 : 1,000원을 투자한 후 흰 공이 나오면 상금으로 2,000원을 받고 검정 공이 나오면 500원을 받는다.

② 게임2 : 1,000원을 투자한 후 흰 공이 나오면 상금으로 1,500원을 받고 검정 공이 나오면 500원을 받는다.

③ 게임3 : 1,000원을 투자한 후 흰 공이 나오면 상금으로 1,200원을 받고 검정 공이 나오면 400원을 받는다.

• 상자의 흰 공과 검정공의 개수가 같으므로 각각의 공이 나올 확률은 50%이다. 이에 각 게임의 기댓값은 다음과 같이 계산된다.

  ① 게임1의 기댓값 = 2,000원 × 50% + 500원 × 50% = 1,250원

  ② 게임2의 기댓값 = 1,500원 × 50% + 500원 × 50% = 1,000원

  ③ 게임3의 기댓값 = 1,200원 × 50% + 400원 × 50% = 800원

• 각 게임의 기댓값을 비교해 보면, 참가자 입장에서 게임1은 유리한 게임이고 게임3은 불리한 게임이며 게임2는 공정한 게임이다. 이 게임 모두를 공정한 게임으로 만들려면 기댓값이 투자금인 1,000원이 되도록 〈확률〉이 바뀌어야 한다. 즉, 상자의 흰 공과 검정공의 개수를 바꾸어 참가자가 이길 수 있는 확률을 조정할 수 있다고 하자. 게임1과 게임3의 기댓값이 모두 1,000원이 되기 위해서는 상자 안의 흰 공과 검정공의 수가 다음과 같이 조정되어야 한다.

  ① 게임1 : 흰 공의 수는 4개, 검정공의 수는 8개(흰 공을 뽑을 확률 : 1/3)

② 게임2 : 흰 공의 수와 검정공의 수는 각각 6개(흰 공을 뽑을 확률 : 1/2)

③ 게임3 : 흰 공의 수는 9개, 검정공의 수는 3개(흰 공을 뽑을 확률 : 3/4)

- 위와 같이 확률이 조정된 공 뽑기 게임을 할 경우 게임별로 기댓값은 다음과 같이 모두 1,000원으로 계산된다.

① 게임1의 기댓값 = 2,000원 × 1/3 + 500원 × 2/3 = 1,000원

② 게임2의 기댓값 = 1,500원 × 1/2 + 500원 × 1/2 = 1,000원

③ 게임3의 기댓값 = 1,200원 × 3/4 + 400원 × 1/4 = 1,000원

- 이제 공 뽑기 게임에서 참가자는 투자금으로 1,000원을 지금 지불하고 상금은 1년 후에 받는다고 하자. 1년 무위험수익률이 10%라고 하면 1,000원을 투자한 참가자는 위험부담 없이 1년 후에 1,100원을 얻을 수 있으므로 1년 후 기댓값이 1,000원인 위의 게임은 불공정한 게임이 된다. 이 게임이 공정해지려면 모든 게임의 1년 후 기댓값이 1,100원이 되어야 한다. 즉, 공정한 게임이 되려면 게임 참여 후 1년 후 흰 공이 나올 확률(P)에 따라 받을 상금(X_i)과 검은 공이 나올 확률(1 - P)에 따라 받을 상금(Y_i)을 무위험이자율(r_f)로 할인한 현재가치는 현재시점 투자금(V_0)이어야 한다. 이를 산식으로 정리하면 다음과 같다.

$$V_0 = \frac{1}{(1+r_f)}(X_i \times P + Y_i \times (1-P))$$

- V_0 : 현재시점의 투자금
- r_f : 무위험이자율
- P : 흰 공이 나올 확률
- 1 - P : 검정공이 나올 확률
- X_i : 흰 공이 나올 경우의 상금
- Y_i : 검정공이 나올 경우의 상금

- 이 산식을 흰 공이 나올 확률(P)을 중심으로 다시 정리하면 다음과 같다.

$$P = \frac{(V_0 \cdot (1+r_f) - Y_i)}{(X_i - Y_i)}$$

위의 P는 게임이 공정해지도록 조정해주는 확률이다. 즉, 공 뽑기 게임 참여자의 기댓값은 현재 투자금이 무위험이자율을 곱한 금액과 일치하게 만드는 확률이다. 따라서,

이 P가 「위험중립확률」이 되는 것이다. 각 게임에 대해 위의 식을 이용하여 P값을 계산하면 게임1의 P값은 40%, 게임2의 P값은 60%, 게임3의 P값은 87.5%가 된다. 즉, 시간의 기회비용(무위험이자율)을 고려하지 않았을 경우의 P값(1/3, 1/2 및 3/4)과 달라지는데, 이는 위험중립확률에 무위험이자율 수준이 고려되기 때문이다.

이항옵션모형에서의 위험중립확률도 같은 논리를 적용할 수 있다.

위의 공 뽑기 게임을 활용해 이항옵션모형에서의 위험중립확률을 도출해 보자. 현재시점의 투자금(V_0)을 현재시점의 주가(S)로 바꾸고, 흰 공과 검정공의 상금을 주가상승률(u)과 주가하락률(d)을 반영한 1년 후 주가(uS와 dS)로 바꿔보자. 무위험이자율(r_f)까지 감안하면 현재시점의 주가(S)는 다음의 식으로 표시된다.

$$S=\frac{1}{(1+r_f)}(uS\times P+dS\times(1-P))$$

- S : 현재주가
- r_f : 무위험이자율
- P : 주가상승확률
- 1 - P : 주가하락확률
- uS : 주가가 상승한 경우 1년 후 주가
- dS : 주가가 하락한 경우 1년 후 주가

- 위의 식을 P를 중심으로 다시 정리해보자. 먼저, 위의 식을 S값을 중심으로 아래와 같이 전환한다.

$$(1+r_f)S=uSP+dS-dSP$$

$$(1+r_f)S=(uP+d-dP)S$$

- 양변의 S를 없애면 아래와 같이 정리된다.

$$(1+r_f)=(uP+d-dP)$$

- 이를 다시 P값을 중심으로 정리하면 아래와 같이 이항옵션모형에서 사용한 위험중립확률이 도출된다.

$$P = \frac{1 + r_f - d}{u - d}$$

위험중립확률의 도출과정에서 살펴보았듯이 이항옵션모형은 무위험이자율(r_f)과 주가 변동성(u · d)을 이용하여 계산된 위험중립확률(P)을 통해 미래기대수익이 무위험이자율이 되도록 구성하는 방식이다.

한편, 이항옵션모형에서의 위험중립확률(P)은 다음과 같이 연속함수로 표시할 수 있다.

$$P = \frac{\mathrm{EXP}(r_f) - d}{u - d}$$

3.3. 다기간모형

1단계 이항옵션모형은 기초자산가격이 옵션만기시점까지 단 1회 변한다는 것을 가정한다. 따라서 1단계 이항옵션모형은 블랙숄즈모형에 따라 평가한 값과 큰 차이가 발생하지 않으며 블랙숄즈모형이 가지는 한계를 동일하게 내포한다. 현실의 기초자산가격은 만기까지 지속적으로 변하게 되고 옵션투자자는 매 시점마다 기초자산가격과 행사가격을 비교하여 옵션을 행사할지 여부를 결정하게 된다. 따라서 기초자산가격의 기간별 변동상황을 적절히 반영하기 위해 다기간모형으로 확장하여 평가할 수 있다.

먼저, 단일기간 이항옵션모형을 아래와 같이 2단계로 확장해보자.

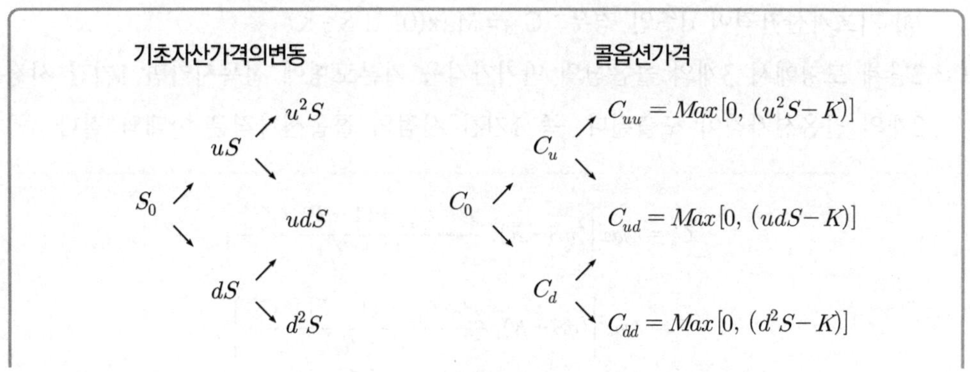

$$C_0 = Max\left[(S-K),\ \frac{P\times C_u + (1-P)\times C_d}{(1+R_f)}\right]$$

$$C_u = Max\left[(uS-K),\ \frac{P\times C_{uu} + (1-P)\times C_{ud}}{(1+R_f)}\right]$$

$$C_d = Max\left[(dS-K),\ \frac{P\times C_{ud} + (1-P)\times C_{dd}}{(1+R_f)}\right]$$

2단계 이항옵션모형은 1단계 모형의 단순 확장으로 도출된다. 즉 매 시점의 주가는 두 가지 상황, 즉 가격이 오르거나 내리는 상황이 발생하는데 기간이 확장될수록 경우의 수가 늘어날 뿐이다. 1단계 모형에서 현재주가가 오르는 상황(uS)과 내리는 상황(dS)이 발생하는데 1기간 후 2기간에서는 1차로 주가가 오른 상황(uS)에서 다시 주가가 오른 상황(u^2S)과 내린 상황(udS)이 발생하고, 1기간에서 주가가 내린 상황(dS)은 2기간에서 주가가 오른 상황(udS)과 주가가 또 내린 상황(d^2S)으로 확장된다.

기초자산의 가격변동트리(tree)가 완성되면 옵션가격트리를 만들 수 있다. 이때 옵션가격트리는 옵션 만기시점에 확정되는 옵션가격을 먼저 구현하고 이를 현재시점까지 소급하여 구조화하는 작업을 하게 된다. 먼저 단일기간모형을 2단계 모형으로 확장해 보자.

- 만기가 2기인 콜옵션의 만기시점 가격은 3개의 콜옵션가격이 도출된다. 즉 만기가 2기인 콜옵션 만기시점의 콜옵션가격은 아래와 같다. 어떤 상황에서도 콜옵션가격은 「0」 이하가 될 수 없다는 점에 주의하기 바란다.
  ① 기초자산가격이 u^2S인 경우 : $C_{uu} = Max(0,\ u^2S - K)$
  ② 기초자산가격이 udS인 경우 : $C_{ud} = Max(0,\ udS - K)$
  ③ 기초자산가격이 d^2S인 경우 : $C_{dd} = Max(0,\ d^2S - K)$
- 2단계 모형에서 3개의 콜옵션의 만기가격을 기본모형에 접목시키면 1기간 시점의 2개의 콜옵션가격이 도출된다. 즉 1기간 시점의 콜옵션가격은 아래와 같다.

$$C_u = Max\left[(uS-K),\ \frac{P\times C_{uu} + (1-P)\times C_{ud}}{(1+R_f)}\right]$$

$$C_d = Max\left[(dS-K),\ \frac{P\times C_{ud} + (1-P)\times C_{dd}}{(1+R_f)}\right]$$

- 같은 방식으로 현재시점의 콜옵션가격(C_0)은 다음과 같이 표시된다.

$$C_0 = Max\left[(S-K),\ \frac{P\times C_u + (1-P)\times C_d}{(1+R_f)}\right]$$

정리하면, 다기간 이항옵션모형은 현재시점(t=0)에서 옵션만기까지 기초자산가격의 오르고 내림을 반영한 「기초자산 가격트리」를 생성하고, 만기시점의 콜옵션가격에서 현재시점까지 소급(rolled-back)하여 「옵션가격트리」를 생성하여 현재시점의 콜옵션가격(C_0)을 도출하는 과정이다. 이러한 트리(tree)방식의 옵션평가모형은 기초자산의 가격변동횟수만큼 생성할 수 있기 때문에 무한한 확장성을 가진다. 즉 위의 2단계 이항옵션모형을 확장하여 기초자산의 가격변동횟수(time steps)만큼 확장함으로써 만기가 긴 기간 동안 기초자산의 가격이 매일, 매주 또는 매월 변동되는 경우에도 적용할 수 있는 다중트리방식의 이항옵션모형을 도출할 수 있는 것이다.

다중트리방식으로 확장된 이항옵션모형은 만기까지의 기간 중 언제든지 행사가능한 옵션의 가치를 산출하는 것이 가능하므로 아메리칸 옵션의 가치평가에 유용하게 활용될 수 있다.

이제 다기간으로 확장된 이항옵션모형을 이용하여 콜옵션가격을 산출해 보자.

보통주를 미리 정해진 행사가격으로 매입할 수 있는 권리인 신주인수권(warrant)이 있다고 하자. 이 신주인수권은 현재시점부터 6개월 동안 매월 말일에 한해 권리를 행사할 수 있다. 신주인수권은 매입자가 미리 정해진 행사가격으로 보통주를 매입할 수 있는 권리로, 행사가격보다 주가가 높으면 옵션권리를 행사하여 이익을 얻을 수 있고 행사가격보다 주가가 낮으면 그 권리를 포기할 수 있는 콜옵션이다.

신주인수권의 현재가격(C_0)을 계산하기 위해 주어진 조건은 다음과 같다.

- 기초자산(보통주)의 현재가격(S) : 1,000원
- 행사가격(K) : 900원
- 무위험이자율(R_f) : 1.2%(월 0.1%)
- 월간 주가변동성(σ) : 5%
- 옵션만기(T) : 현재시점으로부터 6개월
- 기대배당금 : 없음

이 신주인수권은 주어진 행사가격으로 언제든지 기초자산(보통주)을 매입할 수 있는 아메리칸 콜옵션이다. 다만, 본 예제에서는 편의상 무위험이자율의 기간구조를 고려하지 아니한다. 즉, 추정기간 무위험이자율은 만기에 관계없이 연 1.2%로 동일한 것으로 가정한다(무위험이자율의 기간구조를 고려할 경우 단기선도 무위험이자율을 산출해야 하며 동적 헤지를 구성하는 헤지확률을 측정시점별로 산출해야 한다. 자세한 내용은 후술한다). 이항옵션모형을 이용해 현재시점의 콜옵션가치(C_0)는 다음의 3단계로 도출할 수 있다.

① 기초자산 가격트리 생성
② 만기시점 콜옵션가격 계산
③ 콜옵션 가격트리 생성

이항옵션모형을 이용한 현재시점의 콜옵션가격을 단계적으로 살펴보자.

(1) 기초자산 가격트리 생성

옵션만기는 현재시점에서 6개월이고 주가변동성을 매월 단위로 측정하기로 하였으므로 기초자산 가격트리는 아래와 같이 총 6개의 time step으로 구성된다.

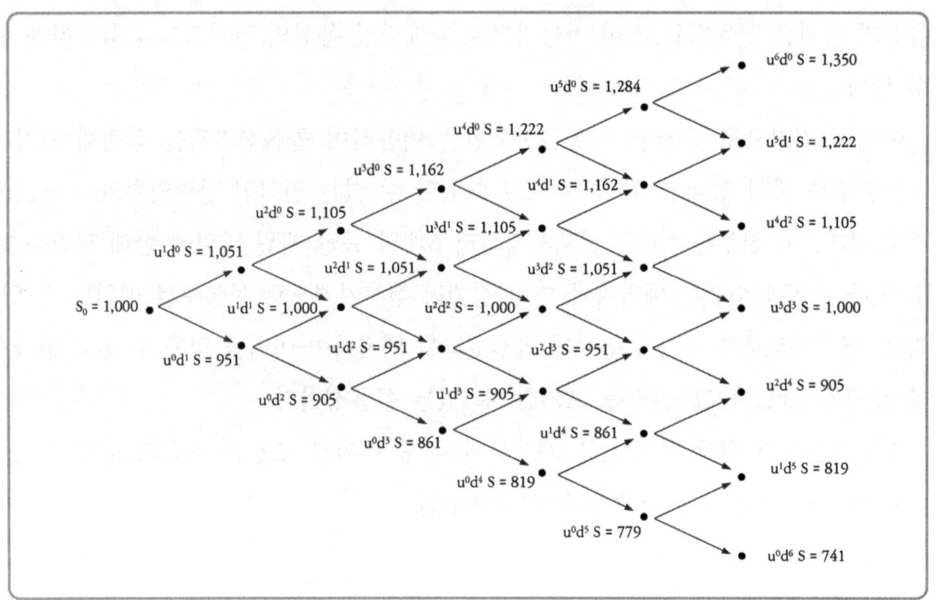

- 기초자산인 보통주의 현재주가는 1,000원이며, 이 보통주의 변동성은 월간 5%의 변동성을 가지므로 1기간(1개월) 후 주가는 5%만큼 오르거나 5%만큼 내릴 것으로 예상된다. 이때 주가변동성계수는 연속복리방식으로 다음과 같이 계산한다.

$$u = exp(5\%) = 1.0513, \quad d = \frac{1}{u} = 0.9512$$

• 주가변동계수를 이용해 1기(1개월 후)의 주가가 오른 경우(uS)와 내린 경우(dS)는 다음과 같이 계산된다.

$$uS = 1{,}000 \times 1.0513 = 1{,}051, \qquad dS = 1{,}000 \times 0.9512 = 951$$

• 같은 방식으로 time step별로 위 표의 주가트리를 생성한다. 6개월 후 현재주가가 1,000원인 주가가 하락 없이 6회 상승하는 경우(u^6d^0S)는 1,350원이 되고, 상승 없이 6회 하락하는 경우(u^0d^6S)는 741원이 된다. time step이 6회인 경우 총 27개 노드(node)의 수[11]가 발생함을 알 수 있다.

(2) 만기시점 콜옵션가격

이항옵션모형에 의한 콜옵션가격은 옵션 만기시점의 주가트리를 이용해 만기시점의 콜옵션가격을 구한 후 이항옵션모형을 적용하여 매 time step별 콜옵션가격을 계산하게 된다. 따라서 만기시점의 콜옵션가격을 우선 도출한다. 만기시점의 콜옵션가격은 「time step수+1」만큼 생성된다.

콜옵션가격산식	콜옵션가격
Cu^6d^0 = Max [0, ($u^6 \times d^0 \times S$) - K] = Max [0, (1,350 - 900)] =	450
Cu^5d^1 = Max [0, ($u^5 \times d^1 \times S$) - K] = Max [0, (1,222 - 900)] =	321
Cu^4d^2 = Max [0, ($u^4 \times d^2 \times S$) - K] = Max [0, (1,105 - 900)] =	205
Cu^3d^3 = Max [0, ($u^3 \times d^3 \times S$) - K] = Max [0, (1,000 - 900)] =	100
Cu^2d^4 = Max [0, ($u^2 \times d^4 \times S$) - K] = Max [0, (905 - 900)] =	5
Cu^1d^5 = Max [0, ($u^1 \times d^5 \times S$) - K] = Max [0, (819 - 900)] =	-
Cu^0d^6 = Max [0, ($u^0 \times d^6 \times S$) - K] = Max [0, (741 - 900)] =	-

(3) 옵션가격트리 생성

옵션가격트리는 만기시점 옵션가격에서 소급(rolled-back)하여 현재시점까지 역순으로 도출한다. 즉 위에서 구한 만기 콜옵션가격에서 아래와 같이 time step의 역순으로 이항옵션모형에 따라 현재시점까지 계산한다.

---

11) 이는 모든 time-step의 총 노드의 수가 27개임을 의미하며 주가경로의 경우의 수와는 다름에 주의한다. 격자(lattice) 형식의 이항옵션모형은 주가가 재결합하는 상황을 가정하므로 총 6개의 time-step일 때의 주가경로(path)의 경우의 수는 2^6=64개이다. 이항옵션모형은 이러한 격자형식을 통해 주가경로의 경우의 수를 재결합 형태로 구성함으로써 노드수를 획기적으로 줄이는 장점이 있다.

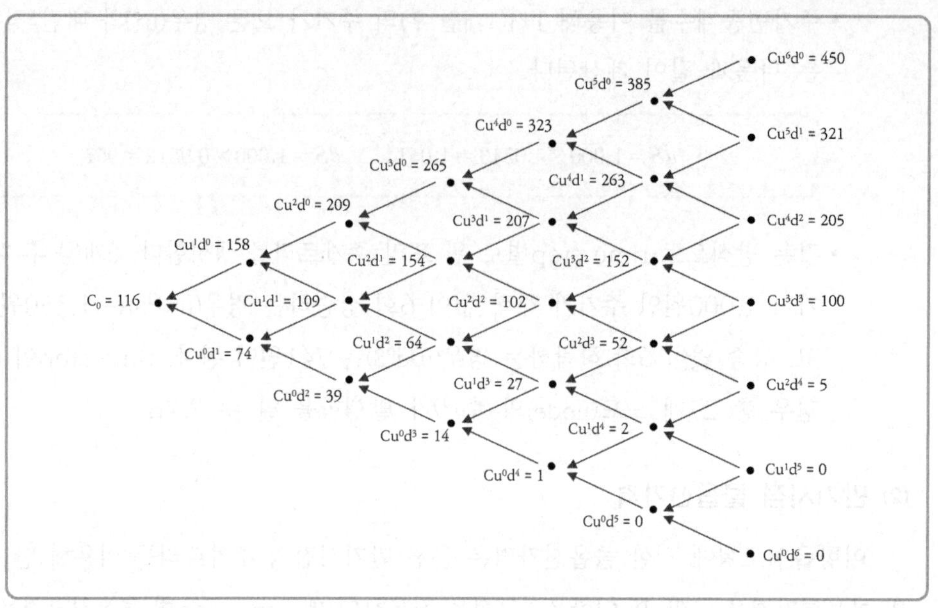

- 각 기간별 콜옵션가격을 계산하기 위해서는 위험중립확률, 즉 헤지확률(p)을 먼저 계산해야 한다. 헤지확률은 다음과 같이 계산된다.

$$P=\frac{1+r_f-d}{u-d}=\frac{1+0.1\%-0.9512}{1.0513-0.9512}=0.4975$$

- 헤지확률과 이항옵션평가모형을 이용하여 옵션가격트리를 생성한다. 예를 들어 5기간의 콜옵션가격 중 $\text{Cu}^5\text{d}^0=385$원은 다음과 같이 계산된다.

$$Cu^5d^0=Max\left[(u^5d^0S-K),\ \frac{P\times Cu^6d^0+(1-P)\times Cu^5d^1}{(1+R_f)}\right]$$

$$\begin{aligned}Cu^5d^0&=Max[(1{,}284-900),\ (0.4975\times 450+(1-0.4975)\times 321)\times \exp(-0.1\%)]\\&=385\end{aligned}$$

- 상기와 같은 방식으로 기간별 옵션가격트리를 각 노드(node)별로 계산하여 현재 시점까지 소급하면 콜옵션(신주인수권)의 가치는 116원으로 계산된다. 콜옵션 매입자는 옵션만기 전까지 언제든지 옵션권리를 행사할 수 있으므로 각 시점별·노드별 주가와 행사가격의 차액과 이항옵션모형에 따라 계산된 옵션가격 중 큰 금액으로 평가되어야 한다.

다기간 이항옵션모형은 옵션을 행사할 수 있는 각 시점 및 노드별로 투자자는 기초자산가격과 행사가격 그리고 이항옵션모형에 따라 생성된 가격을 비교하여 옵션을 행사할지 여부를 고려한다. 이 점으로 인해 다기간 이항옵션모형은 행사기간 내 언제든지 권리를 행사할 수 있는 아메리칸 옵션의 평가에 유용하다. 또한 다기간 이항옵션모형이 기초자산의 가격변동트리와 비교하여 옵션가치를 산정하므로 기초자산이 주식가격인 경우 외에도 금리, 원자재가격 등 다양한 유형의 기초자산에 대해 옵션가격을 산정할 수 있는 확장성을 가지고 있다.

특히, 이항옵션모형은 블랙숄즈모형에 비해 다양한 제한조건을 옵션평가에 반영할 수 있는 장점을 가진다. 예를 들어 주식선택권(stock-option)의 경우 가득기간에는 옵션을 행사할 수 없고 가득일 이후 행사기간 중에는 언제든지 옵션을 행사할 수 있는데 이러한 행사기간의 제한을 블랙숄즈모형을 이용해 평가할 경우 기대행사기간을 추정해야 하는 문제가 발생하는 반면 이항옵션모형은 매기(time-step)별로 행사가능 여부를 감안하여 옵션가격을 계산할 수 있고 가득기간 내에 주가가 일정 수준 이상 오를 경우에만 가득되는 조건과 같은 시장조건을 각 time-step별로 고려할 수 있는 장점이 있다. 이외에도 다양한 제한조건을 time-step별로 고려할 수 있어 옵션평가모형 중 이항옵션모형이 실무적으로 가장 폭넓게 활용되고 있다.

동일한 조건하에서 이항옵션모형에 의한 옵션평가결과가 블랙숄즈모형에 따른 평가결과 간의 차이는 크지 않다. 위의 예를 블랙숄즈모형으로 평가하면 다음과 같이 계산된다. 두 모형의 결과값에 있어 큰 차이가 없음을 알 수 있다.

- 연간변동성(σ) = 5% $\times \sqrt{12}$ = 17.32%
- d_1 = 0.970492
- d_2 = 0.948018
- $N(d_1)$ = 0.834099
- $N(d_2)$ = 0.801786
- 콜옵션가격 = 117원

이와 같이 같은 조건하에서 이항옵션모형에 의한 평가결과와 블랙숄즈모형에 따른 콜옵션 공정가치평가 결과에 있어 그 차이가 크지 않은 이유는 두 모형이 무위험이자율에 의해 차익거래가 발생하지 않도록 구성되었기 때문이다. 기초자산의 가격변동에 대한 두 모형 간의 차이로 인해 콜옵션 가치가 완전히 같은 값을 제공하지는 않지만 궁극적으로 두 모형 모두 무위험이자율을 초과하는 수익이 제공되지 않도록 콜옵션가치를 도출하는 무차익 거래모형이므로 결과 차이가 크지 않은 것이 일반적이다. 그러나, 실무적용과정에서는 다음과 같은 이유로 두 모형의 콜옵션가치 측정결과에 있어 중요한 차이가 있을 수 있다.

- 이자율 기간구조를 고려[12]할 경우 블랙숄즈모형과 이항옵션모형에 의해 각각 도출된 콜옵션가치는 차이가 발생한다. 블랙숄즈모형은 유러피안 옵션을 가정하므로 무위험이자율을 하나의 값으로 사용하는데 반해 무위험이자율의 기간구조(term structure)를 반영한 이항옵션모형은 옵션가격트리의 매 시점(time-step)별로 무위험 선도이자율과 그에 따른 위험중립확률이 도출된다. 즉, 이항옵션모형에서 이자율 기간구조를 고려할 경우 매 시점별로 무위험 선도이자율이 적용되고 그에 따라 차익거래를 제공하지 않는 위험중립확률도 매 시점별로 도출되므로 하나의 무위험이자율(옵션만기에 해당하는 무위험이자율)을 적용하는 블랙숄즈모형에 따른 측정결과와 차이가 발생한다.
- 만기까지 옵션행사가격이 변하는 경우 블랙숄즈모형과 이항옵션모형 간의 콜옵션 평가결과는 중요한 차이가 발생할 수 있다. 블랙숄즈모형은 만기에만 행사가능한 유러피안 옵션으로써 하나의 행사가격을 적용하므로 시간의 경과에 따라 각 시점별로 행사가격이 변하는 경우에는 사용할 수 없다. 반면, 이항옵션모형은 각 시점별로 행사가격을 달리 적용함으로써 현재시점의 콜옵션 가격을 도출할 수 있으며 이에 따른 평가결과는 블랙숄즈모형과 차이가 발생한다.
- 기타 행사조건이 변동될 경우에도 두 모형 간에 차이가 있을 수 있다. 예를 들어, 이자율 기간구조를 고려한 상황에서 권리행사가 가능한 시점이 제한된다면 두 모형의 측정결과는 달라진다. 일반적으로 권리행사 가능시점 자체는 무차익거래에 영향을 미치지 않기 때문에 권리행사 가능시점이 제한된다고 하여 반드시 두 모형의 결과값에 차이가 발생하지 않지만 그러한 권리행사 가능시점이 이자율 기간구조, 행사가격변동과 같은 다른 변수와 함께 적용될 경우에는 두 모형의 평가결과에 중요한 차이가 발생할 수 있다.

12) 무위험이자율의 기간구조 개념과 구체적인 적용방법에 대해서는 후술 내용을 참고하기 바란다.

3.4. 풋옵션가격

이항옵션모형에 의한 풋옵션 계산방식은 기본적으로 콜옵션과 동일하다. 다만, 콜옵션과 달리 각 시점별 행사가격이 기초자산가격을 초과하는지를 체크한다. 위험중립확률(P*)을 사용하여 현재시점의 풋옵션가격을 계산하는 산식을 표시하면 다음과 같다.

$$P_0 = Max\left[(K-S),\ \frac{P^* \times P_u + (1-P^*) \times P_d}{(1+R_f)}\right]$$

- S : 기초자산의 현재가치
- K : 행사가격
- P^* : 위험중립형확률
- P_u : 주가가 상승한 시점의 풋옵션가치
- P_d : 주가가 하락한 시점의 풋옵션가치
- R_f : (연속복리) 무위험이자율

$$P_u = Max[0,\ K-uS]$$

$$P_d = Max[0,\ K-dS]$$

$$P^* = \frac{1+R_f-d}{u-d}$$

u=(1+주가상승률)=exp(σ)

σ : 기초자산변동성

d=(1 - 주가하락률)= $\frac{1}{u}$

앞의 예에서 다룬 변수를 이용해 이항옵션모형에 의한 풋옵션가치를 계산해 보자.

기업이 보유하고 있는 기초자산(보통주)에 대해 아래의 조건으로 매각할 수 있는 권리를 가지고 있다고 하면 이 기업은 보유한 보통주를 정해진 행사가격으로 매각할 수 있는 풋옵션을 보유한 것이다.

- 기초자산(보통주)의 현재가격(S) : 1,000원
- 행사가격(K) : 900원
- 무위험이자율(R_f) : 1.2%(월 0.1%)
- 월간 주가변동성(σ) : 5%
- 옵션만기(T) : 현재시점으로부터 6개월
- 기대배당금 : 없음

① 기초자산 가격트리 생성 : 풋옵션의 기초자산 가격트리는 앞의 콜옵션의 기초자산 가격트리와 같다.

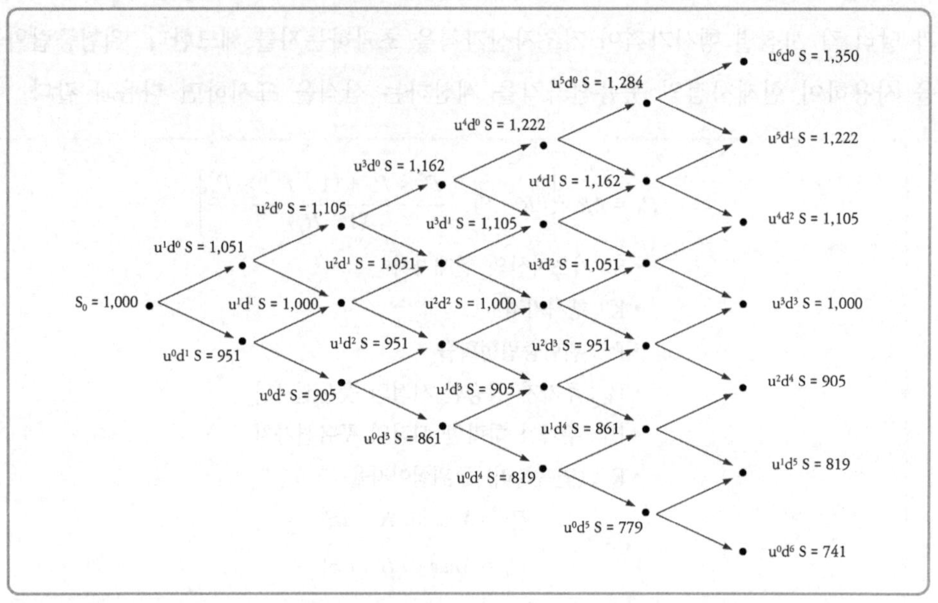

② 만기시점 풋옵션가격 : 만기시점의 풋옵션가격은 다음과 같이 도출된다.

풋옵션가격산식	풋옵션가격
Pu^6d^0 = Max [0, K - ($u^6 \times d^0 \times S$)] = Max [0, (900 - 1,350)]	-
Pu^5d^1 = Max [0, K - ($u^5 \times d^1 \times S$)] = Max [0, (900 - 1,222)]	-
Pu^4d^2 = Max [0, K - ($u^4 \times d^2 \times S$)] = Max [0, (900 - 1,105)]	-
Pu^3d^3 = Max [0, K - ($u^3 \times d^3 \times S$)] = Max [0, (900 - 1,000)]	-
Pu^2d^4 = Max [0, K - ($u^2 \times d^4 \times S$)] = Max [0, (900 - 905)]	-
Pu^1d^5 = Max [0, K - ($u^1 \times d^5 \times S$)] = Max [0, (900 - 819)]	81
Pu^0d^6 = Max [0, K - ($u^0 \times d^6 \times S$)] = Max [0, (900 - 741)]	159

③ 옵션가격트리 생성 : 풋옵션가격트리도 콜옵션과 마찬가지로 만기시점 풋옵션가격에서 소급하여 현재시점까지 역순으로 도출한다. 헤지확률은 콜옵션의 경우와 같다.

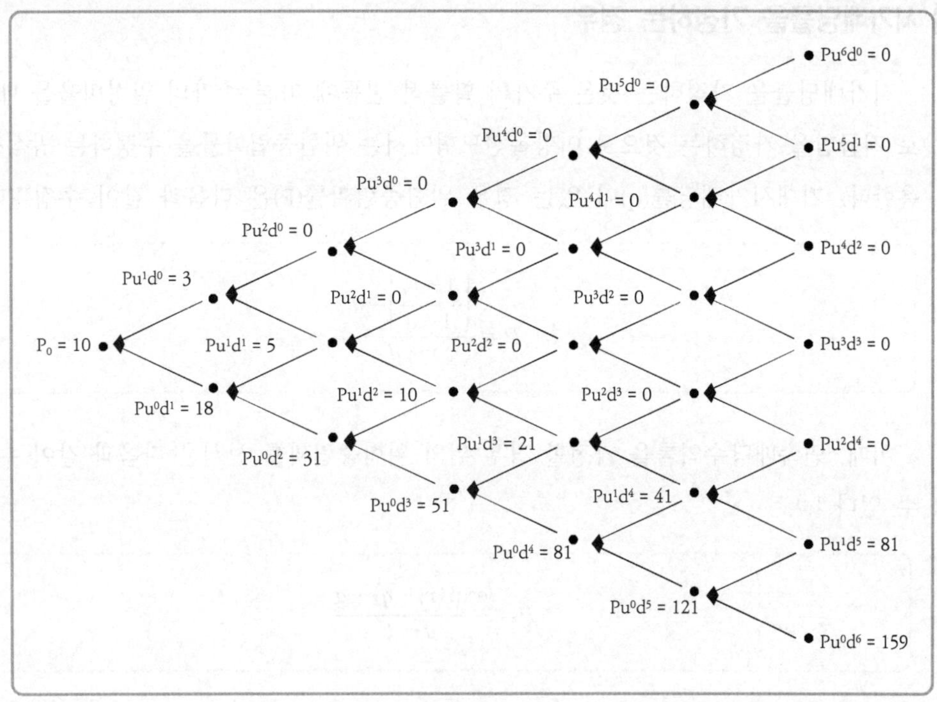

상기와 같은 방식으로 기간별 옵션가격트리를 각 노드(node)별로 현재시점까지 소급(rolled-back)하여 계산하면 풋옵션의 가치는 10원으로 산정된다. 풋옵션 매입자는 옵션만기 전까지 언제든지 옵션권리를 행사할 수 있으므로 행사가격과 각 시점별·노드별 주가의 차액(K - S)과 이항옵션모형에 따라 계산된 옵션가격 중 큰 금액으로 평가된다.

3.5. 배당이 있는 경우

우리는 앞의 블랙숄즈모형에서 옵션만기 동안 배당이 예상되고 옵션보유자가 그 배당을 수취할 권리가 없는 경우에는 수정주가를 이용하는 방법을 설명하였다. 이항옵션모형에서 배당효과를 반영하는 방법은 블랙숄즈모형과 마찬가지로 시가배당률을 가정하는 경우와 기대배당금을 가정하는 경우로 구분하여 살펴본다.

▌시가배당률을 가정하는 경우

시가배당률을 가정하는 것은 주가의 확률적 변동에 따른 주가의 일정비율을 배당으로 지급함을 가정하는 것으로 이항옵션모형에서는 위험중립확률을 수정하는 방식을 사용한다. 기대시가배당률(q)이 있는 경우 위험중립확률(P)은 다음과 같이 수정된다.13)

$$P=\frac{\left[\frac{1+r_f}{1+q}\right]-d}{u-d}$$

이때, 연속배당수익률을 가정할 경우 위의 위험중립확률 산식은 다음과 같이 수정할 수 있다.14)

$$P=\frac{\exp(r_f-q)-d}{u-d}$$

시가배당률을 고려하는 경우의 콜옵션 가격을 계산해 보자. 기업은 기초자산(보통주)에 대해 아래의 조건으로 매입할 수 있는 선택권 권리를 가지고 있다. 측정주기는 1년이며, 옵션기간 동안 시가배당률은 변동이 없다.

- 기초자산(보통주)의 현재가격(S) : 1,000원
- 행사가격(K) : 900원
- 무위험이자율(R_f) : 연 5.0%
- 주가변동성(σ) : 연 25.0%
- 옵션만기(T) : 4년
- 시가배당률 : 연 2.0%

시가배당률을 가정한 이항옵션모형에서 옵션의 가치는 위험중립확률을 수정하는 방식을 사용한다.

① 기초자산 가격트리 생성 : 시가배당률을 가정하는 경우 콜옵션의 기초자산 가격트리는 배당락 효과를 기초자산 가격트리에 반영하지 아니하며 다음과 같이 생성한다.
　기초자산 가격트리를 생성하기 위한 주가상승계수(u)는 1.2840[=exp(25%)]이고,

13) 윤평식, 「파생상품의 원리」(도서출판 탐진)
14) John C. Hull, 「Options, Futures, and Other Derivatives(선물옵션투자의 이론과 전략)」(PEARSON)

주가하락계수(d)는 0.7788(=1/u)이다.

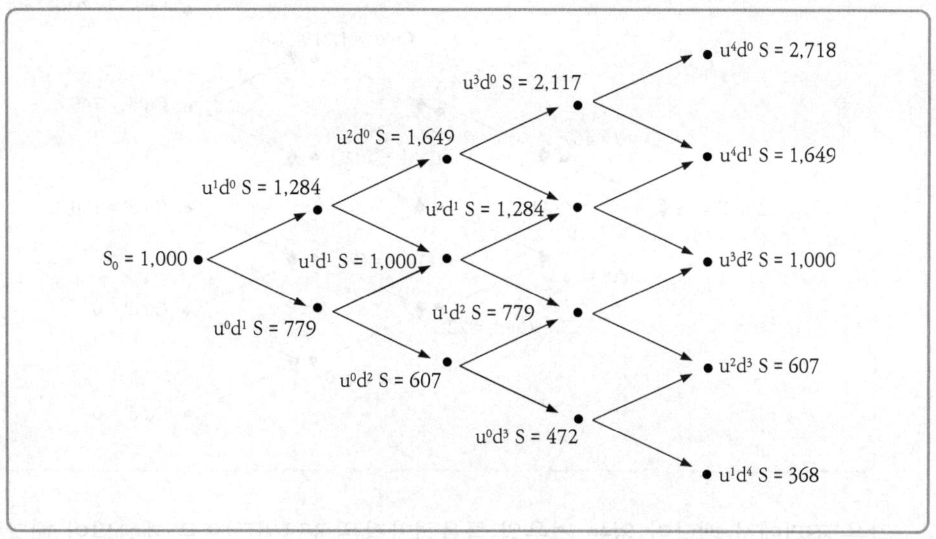

② 위험중립확률 계산 : 시가배당률(연속배당수익률)을 고려하여 위험중립확률을 다음과 같이 계산한다.

$$P=\frac{\exp(r_f-q)-d}{u-d}=\frac{\exp(5\%-2\%)-0.7788}{1.2840-0.7788}=0.4981$$

③ 만기시점 콜옵션가격 : 옵션만기시점의 주가와 행사가격을 이용하여 만기시점 콜옵션가격을 다음과 같이 계산한다.

콜옵션가격산식	콜옵션가격
Cu^4d^0 = Max [0, ($u^4 \times d^0 \times S$) - K] = Max [0, (2,718 - 900)]	1,818
Cu^3d^1 = Max [0, ($u^3 \times d^1 \times S$) - K] = Max [0, (1,649 - 900)]	749
Cu^2d^2 = Max [0, ($u^2 \times d^2 \times S$) - K] = Max [0, (1,000 - 900)]	100
Cu^1d^3 = Max [0, ($u^1 \times d^3 \times S$) - K] = Max [0, (607 - 900)]	-
Cu^0d^4 = Max [0, ($u^0 \times d^4 \times S$) - K] = Max [0, (368 - 900)]	-

④ 옵션가격트리 생성 : 만기시점 옵션가격에서 수정된 위험중립확률(p)을 이용하여 현재시점까지 역순으로 도출한 현재시점의 콜옵션가격은 다음과 같이 274원으로 계산된다.

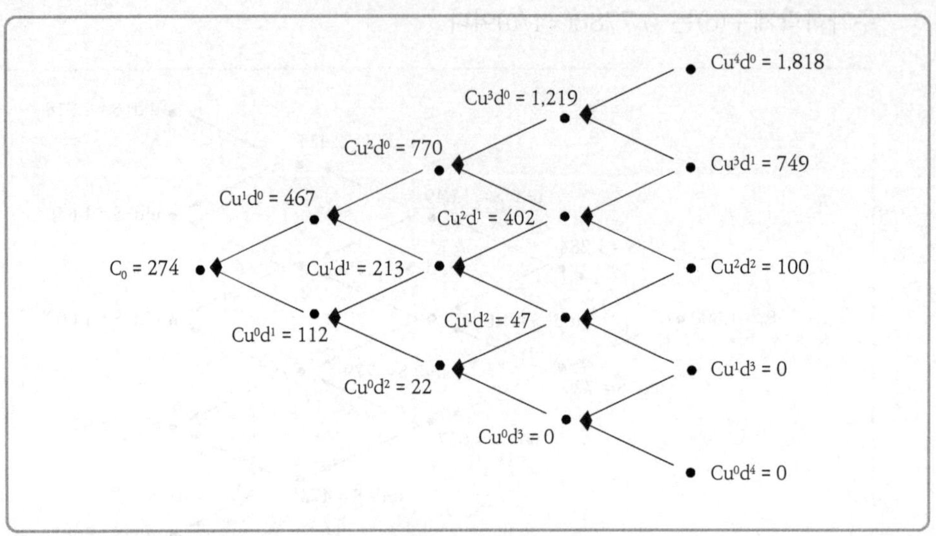

같은 조건에서 배당이 없는 경우의 콜옵션가격은 333원[15)]으로 계산되어 배당이 있는 경우 배당락 효과에 의해 콜옵션가격이 하락함을 알 수 있다. 한편, 위의 이항옵션모형과 동일한 조건하에서 블랙숄즈머튼 모형에 의해 연속배당수익률을 계산한 아래의 계산에서도 273원으로 유사한 결과가 도출됨을 알 수 있다.

① 수정주가 : 블랙숄즈머튼 모형의 연속배당수익률(q)을 고려한 수정주가는 다음과 같이 923원으로 계산된다.

$$S_0^q = S_o \cdot \exp(-q \cdot T) = 1{,}000 \times \exp(-2.0\% \times 4) = 923$$

② 콜옵션가격 : 수정주가를 현재주가로 블랙숄즈모형의 산식에 각 변수를 투입하여 콜옵션가격을 재계산하면 아래와 같이 273원으로 계산된다.

$$\begin{aligned} C_o &= S_o^q \cdot N(d_1) - K \cdot \exp(-r_f \cdot T) \cdot N(d_2) \\ &= S_o^q(923) \cdot N(d_1)(0.75826) - K(900) \cdot \exp(-r_f \cdot T)(0.81873) \cdot N(d_2)(0.57954) \\ &= 273 \end{aligned}$$

15) 배당이 없는 경우는 위험중립확률(p)이 0.5393이 적용되는 것을 제외하고 같은 방법으로 도출할 수 있다.

살펴본 바와 같이 이항옵션모형하에서 시가배당률을 이용하는 경우 위험중립확률의 수정을 통해 배당효과가 반영된 옵션가격을 간단히 산출16)할 수 있다. 그러나 시가배당률을 이용하는 경우 아래의 문제로 인해 실무적으로 적용하기에는 한계가 있다.

- 기업은 주가수준에 따라 주가의 일정한 비율로 배당을 실행하는 경우는 거의 없으며 주가변동에 무관하게 이익의 일정수준을 배당하고 있어 시가배당률 가정에 의한 옵션가격은 현실과 괴리가 있다. 이러한 이유로 시가배당률 가정은 개별 기업의 보통주를 기초자산으로 하는 옵션보다는 주가지수 등을 기초자산으로 하는 옵션가격의 평가에 주로 사용17)된다.
- 시가배당률 가정은 옵션기간 동안 연속배당수익률을 가정한다. 따라서 기대배당이 옵션만기 이전 특정시점에 실시될 경우 옵션기간 전체에 걸쳐 연속배당을 가정하는 것과 차이가 발생하므로 옵션가격이 왜곡될 가능성이 있다.
- 시가배당률은 연속배당수익률을 가정하므로 옵션기간 중 기대배당수익률이 변경되거나 일정기간이 지난 시점에 배당이 개시될 것으로 예상되는 상황에서는 옵션가격이 왜곡될 가능성이 있다.

기대배당금을 가정하는 경우

시가배당률을 가정하는 방법은 적용상의 편의가 있지만 지수옵션을 제외하고는 실제 시가배당률로 연속배당을 실시하는 기업은 매우 드물 것이다. 이러한 실무적인 문제를 해결하기 위해서는 비연속적 기대배당금을 기초자산 가격트리에 반영하는 방법이 요구되는데, 비연속적 기대배당금의 배당락 효과를 기초자산 가격트리에 반영할 경우 격자트리(lattice tree)의 재결합 가정이 성립되지 않아 적용의 문제가 있다. 관련하여 윤평식 교수는 비연속적 기대배당금의 배당락 효과를 기초자산 가격트리에 반영하는 대체적인 방법을 제시18)하였으며 본서는 해당 방법을 소개하고자 한다.

---

16) 배당락 효과를 반영하여 기초자산가격트리를 수정할 경우에도 재결합 모형은 성립하므로 시가배당수익률을 반영하여 기초자산가격트리를 수정할 수도 있다. 관련 내용은 원재환 교수의 「파생상품이론」(신론사)을 참고하기 바란다.

17) 시가배당률 가정에 기초한 옵션가격 산출방식을 제시하고 있는 John C. Hull 의 「선물옵션투자의 이론과 전략」 및 윤평식 교수의 「파생상품의 원리」 모두 지수옵션을 상정하여 설명하고 있다.

18) 기대배당금을 지급하는 경우의 옵션가격을 산출하는 대체적인 방법에 대한 세부적인 내용은 윤평식, 「파생상품의 원리」(도서출판 탐진)를 참고하기 바란다. 기대배당금을 가정하여 옵션가격을 산출하는 방법은 정액배당을 실시하는 현실적인 상황에 부합하고 기업의 배당과 관련한 재무계획(예 : 매연도 주당 배당금을 50원씩 인상)을 적절히 반영할 수 있는 장점이 있으나, 격자형태(lattice) 형태의 주가트리의 재결합이 온전하게 성립되지 않아 옵션가치가 불안정해지는 문제가 있다[원재환, 「파생상품이론」(신론사)]. 그럼에도 불구하고 기업의

이해를 돕기 위해 아래의 조건을 갖는 비연속적 콜옵션의 가격을 계산해 보자.

- 기초자산(보통주)의 현재가격(S) : 1,000원
- 행사가격(K) : 900원
- 무위험이자율(R_f) : 연 5.0% (헤지확률 = 0.5393)
- 주가변동성(σ) : 연 25.0% (주가상승계수 = 1.2840, 주가하락계수 = 0.7788)
- 옵션만기(T) : 4년
- 기대배당금 : 매년 20원의 정액배당

비연속적 기대배당금의 배당락 효과를 반영한 콜옵션가치의 산정은 아래의 4단계를 통해 도출한다.

① 1단계 : 옵션기간 동안 예상되는 「기대배당금의 각 시점별 현재가치」를 다음과 같이 계산한다. 현재가치 계산을 위한 할인율은 무위험이자율을 사용한다.

$$PV of\, Div_i = \exp(-r_f) \cdot [div_{i+1} + PV of\, div_{i+1}]$$

$$PV of\, Div_4 = 0$$

$$PV of\, Div_3 = \exp(-r_f) \cdot [div_4 + PV of\, div_4] = \exp(-5\%) \cdot [20 + \ 0] = 19$$

$$PV of\, Div_2 = \exp(-r_f) \cdot [div_3 + PV of\, div_3] = \exp(-5\%) \cdot [20 + 19] = 37$$

$$PV of\, Div_1 = \exp(-r_f) \cdot [div_2 + PV of\, div_2] = \exp(-5\%) \cdot [20 + 37] = 54$$

$$PV of\, Div_0 = \exp(-r_f) \cdot [div_1 + PV of\, div_1] = \exp(-5\%) \cdot [20 + 54] = 71$$

② 2단계 : 현재주가(1,000원)에서 기대배당금의 현재가치(71원)을 차감한 수정주가(929원)를 이용하여 수정된 기초자산 가격트리를 생성한다. 트리 생성을 위한 상승계수와 하락계수는 배당효과를 고려하기 전과 동일한 값을 사용한다. 본 단계에서 생성된 기초자산 가격트리는 임시로 생성하는 가격트리이며 배당락 효과가 제대로 반영된 최종 가격트리가 아님에 주의한다.

재무계획이 정액배당금 형태로 이뤄지고 있어 윤평식 교수가 제시한 기대배당금의 현재가치를 이용한 수정주가트리 방식이 실무적으로 주로 사용되고 있다.

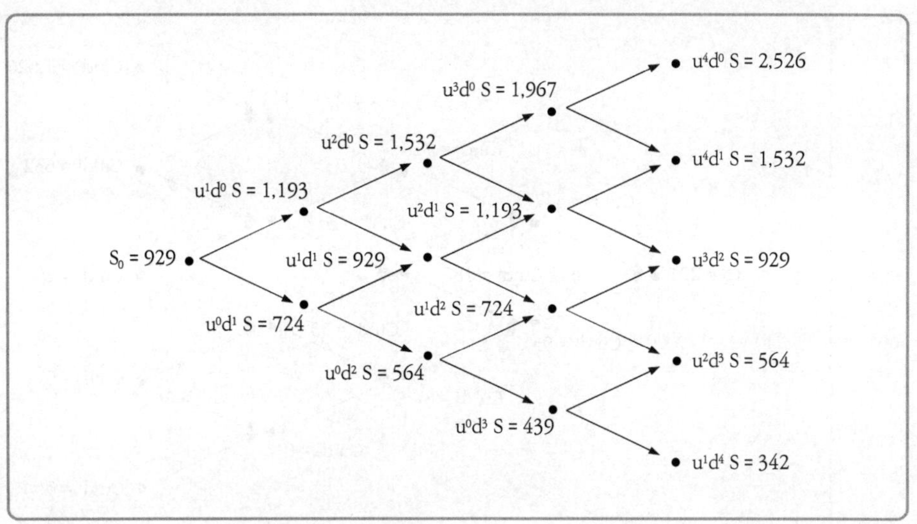

③ 3단계 : 2단계에서 생성한 수정주가의 각 time-step의 모든 노드에 대해 1단계에서 생성한 각 시점별 기대배당금의 현재가치를 가산하여 아래와 같이 배당락이 반영된 주가트리를 생성한다.

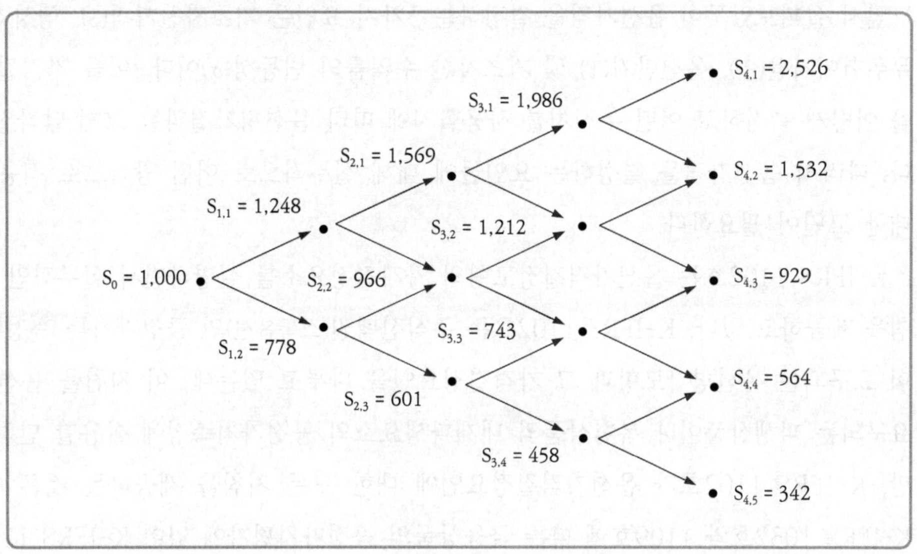

④ 4단계 : 이항옵션모형을 이용하여 콜옵션의 가치를 다음과 같이 271원으로 측정하였다.

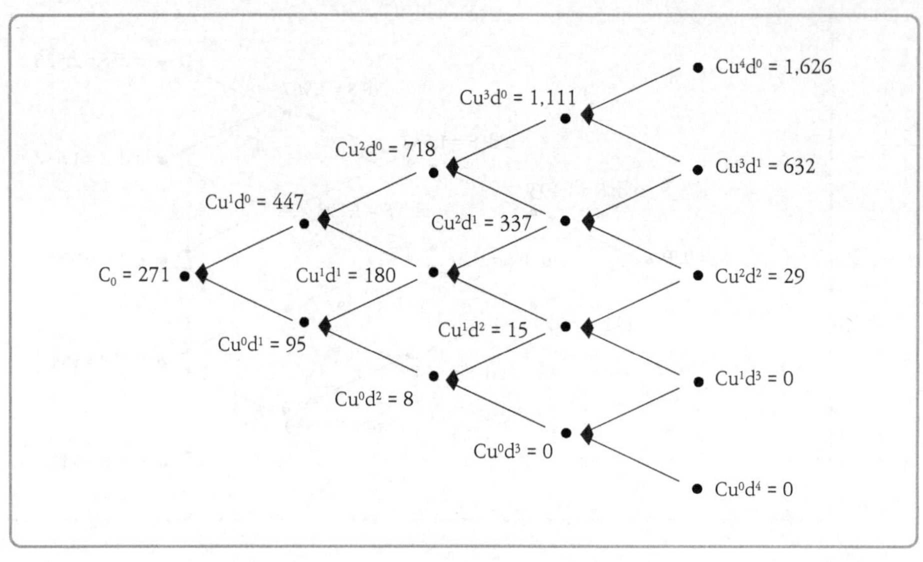

3.6. 옵션평가모형의 실무적용

앞서 살펴보았듯이 옵션가격을 결정하는 5가지 요인은 기초자산가격(S), 행사가격(K), 무위험이자율(R_f), 옵션만기(T) 및 기초자산 수익률의 변동성(σ)이다. 이들 가격결정요인을 어떻게 측정하고 어떤 추정치를 사용할지에 따라 옵션평가결과는 크게 달라질 수 있다. 따라서 옵션가격을 결정하는 요인들에 대해 실무적으로 어떤 방식으로 적용할지에 대한 고민이 필요하다.

K-IFRS 1102호는 옵션가격결정모형의 가격결정요소를 설명하면서 실무적인 적용지침을 제공하고 있다. K-IFRS 1102호는 주식선택권(스톡옵션)의 공정가치를 측정함에 있어 요구되는 옵션평가모형과 그 가격결정요인을 다루고 있는데, 이 지침을 옵션평가가 요구되는 파생상품이나 복합상품의 내재파생요소의 공정가치측정에 활용할 만하다. 다만, K-IFRS 1102호가 옵션가격결정요인에 대한 모든 지침을 제공하는 것은 아니며, K-IFRS 1032호와 1109호에 따른 금융상품의 공정가치평가에 있어 K-IFRS 1102호에서 정한 내용을 반드시 따라야 하는 것은 아니므로 K-IFRS 1102호의 내용을 이해하고 실무적으로 활용되는 방법을 함께 살펴보도록 한다.

▎옵션가격결정요소

설명의 편의를 위해 기초자산은 주식(보통주)으로 한정하기로 한다. 기초자산인 주식의 기대주가변동성(기초자산 가격변동성 또는 기초자산 수익률 변동성)과 기대배당금을 추정하는 목적은 그 주식을 기초로 하는 옵션의 시장가격과 합의된 교환가격에 반영될 기대치를 측정하기 위함이다. 이때 기대주가변동성과 기대배당금에 대한 합리적인 추정치가 일정범위에 있을 수 있는데 이 경우 범위에 있는 각 추정치의 발생확률로 가중평균하여 기댓값을 산정한다.[K-IFRS 1102 B11~B15]

- 미래에 대한 추정치는 과거 경험자료에 기초하되 미래가 과거와 다를 것이라는 합리적 기대가 있다면 적절하게 수정한다. 어떤 경우에는 과거 경험자료를 수정하지 않으면 상대적으로 부실한 미래 예측자료가 될 수 있다. 예를 들어 서로 다른 두 개의 사업을 영위하는 기업이 위험이 작은 사업을 처분하면 과거의 주가변동성은 미래의 기대주가변동성을 추정할 때 최선의 정보가 아니므로 적절치 않을 수 있다.
- 어떤 경우에는 과거정보가 없을 수 있다. 비상장기업이나 신규상장기업은 과거의 주가변동성 자료를 구하는 것이 불가능하다. 기준서는 과거 경험자료로 얼마나 적절하게 미래를 예측할 수 있는가를 고려하지 않은 채, 옵션가격을 결정하는 핵심변수인 기대주가변동성과 그 밖의 변수를 단순히 과거정보에 기초해 추정해서는 안 됨을 분명히 하고 있다.

이하에서는 옵션가격결정요인 중 K-IFRS 1102호에서 적용지침을 제공하고 있는 무위험이자율, 기대배당금 및 기초자산 수익률 변동성(기대주가변동성)에 대해 살펴보고, 이들에 대한 실무적인 접근방법론에 대해서도 설명한다. 다만, K-IFRS 1032호와 1109호에 따른 금융상품의 공정가치평가에 있어 K-IFRS 1102호에서 정한 내용을 반드시 따라야 하는 것은 아니므로 실무적으로 활용되는 다양한 방법에 대해서도 함께 살펴보도록 한다.

▎무위험이자율

옵션평가모형에 사용될 무위험이자율은 무이표국공채(할인채)에서 구할 수 있는 현행 내재수익률을 사용한다. 이때, 무이표국공채는 행사가격이 표시되는 통화권의 국가가 발행한 것이다. 무위험이자율은 지급불이행위험과 재투자위험이 없어야 하므로 지급불이행 위험이 없거나 매우 낮은 것으로 볼 수 있는 국가 발행채권 중 재투자위험이 없도록 무이표채(할인채)이면서 행사가격과 같은 통화권의 국가가 발행한 것으로 제한한다.[K-IFRS 1102 B37] 무위험이자율을 적용함에 있어 실무적으로 다음의 상황을 고려할 수 있다.

① 이표 국공채 사용 : 무위험이자율에 대한 기준서의 적용지침은 현실적인 제약이 있다. 일부 국가에서는 할인채권이 발행되기도 하지만 한국을 비롯한 많은 경우에 국공채는 주로 이표채권이다. 이에 기준서도 적절한 국공채가 없거나 무이표국공채의 내재수익률이 무위험이자율로 적절하지 아니한 경우에는 적절한 대체이자율을 사용하는 것을 허용한다. 한국정부가 발행한 국공채는 지급불이행 위험이 낮은 것으로 판단되나 무이표채가 발행되는 경우가 드물기 때문에 불가피하게 이표채권을 사용하여야 할 것이다.

- 이표 국공채의 만기수익률을 이용하여 현물이자율을 추출하여 사용할 수도 있다. 현물이자율이 할인채의 시장이자율이기 때문이다. 이표채권의 만기수익률에서 현물이자율을 추출(bootstrapping)하는 과정은 후술 내용을 참고하기 바란다. 다만, 다른 위험채권과 달리 국공채의 만기수익률과 그 만기수익률을 통해 추출한 현물이자율의 차이가 크지 않으므로 이표 국공채의 만기수익률을 이용할 수 있다고 판단된다.

② 무위험이자율의 만기 : 무위험이자율로 사용할 국공채가 옵션의 잔여만기와 같도록 하여야 한다. 예를 들어 옵션의 잔여만기가 5년이면 옵션평가모형의 투입변수로 사용할 무위험이자율은 잔여만기가 5년인 국공채 수익률을 사용하여야 한다. 다만, 무위험이자율은 만기에 따라 값이 달라지는 이자율 기간구조의 특성을 가지는데 이항옵션모형을 이용하여 옵션가격을 도출할 때에는 동적 헤지(dynamic hedging)를 위해 무위험 선도이자율을 이용하여 각 시점별로 위험중립확률을 계산하고 이에 따른 옵션가치를 도출한다. 이자율 기간구조를 고려할 경우 각 시점별로 옵션의 소급가치(rolled-back value)가 달라지므로 무차익거래 포트폴리오를 구성하는 방법이 달라지기 때문이다. 실무적으로는 옵션가격트리의 각 시점별로 무위험이자율과 그에 따른 위험중립확률을 각각 적용하는 방식을 사용하되 무위험 선도이자율을 산정하지 않고 시점별 무위험 만기수익률을 계산하는 방식이 사용되기도 한다. 측정주기가 짧을수록 무위험 선도이자율과 시점별 무위험 만기수익률의 차이가 유의하지 않기 때문이다.

예 제 이자율 기간구조를 고려한 이항옵션모형의 적용

기업은 20×1년 초, 보통주를 기초자산으로 하는 만기 5년의 콜옵션을 매도하였다. 기업은 이 콜옵션의 매도일 현재 공정가치를 이항옵션모형을 이용하여 측정하고자 한다.

- 콜옵션 매도일(20×1년 초)의 공정가치측정을 위한 정보는 다음과 같다. 편의상 옵션측정주기는 1년으로 한다.
  - ㉠ 보통주 공시가격 : 10,000원
  - ㉡ 콜옵션 행사가격 : 10,000원
  - ㉢ 연간 주가변동성 : 25.0%, 주가상승계수(u) : 1.2840, 주가하락계수(d) : 0.7788
- 콜옵션 매도일(20×1년 초)의 단기선도 무위험이자율과 그러한 단기선도 무위험이자율에 주가변동성을 고려하여 산정한 기간별 위험중립확률(P)은 다음과 같다.

	1년	2년	3년	4년	5년
단기선도 무위험이자율	1.6%	1.7%	1.8%	1.9%	2.0%
위험중립확률(P)	0.4697	0.4718	0.4738	0.4758	0.4778

위 콜옵션의 행사조건과 공정가치 투입변수를 이용하여 콜옵션 매도일의 콜옵션 가치를 다음과 같이 측정하였다. 이때, 이자율 기간구조를 고려하는 경우와 그렇지 않은 경우를 구분하여 측정한다.

① 이자율 기간구조를 고려하지 않는 경우

- 기초자산 가격트리 생성

	t=0	20×1	20×2	20×3	20×4	20×5
0	10,000	12,840	16,487	21,170	27,183	34,903
1		7,788	10,000	12,840	16,487	21,170
2			6,065	7,788	10,000	12,840
3				4,724	6,065	7,788
4					3,679	4,724
5						2,865

- 옵션만기시점(20×5년 말)의 콜옵션가격

콜옵션가격산식	콜옵션가격
$Cu^5d^0 = \max[0, (u^5 \times d^0 \times S) - K] = \max[0, (34,903 - 10,000)] =$	24,903
$Cu^4d^1 = \max[0, (u^4 \times d^1 \times S) - K] = \max[0, (21,170 - 10,000)] =$	11,170
$Cu^3d^2 = \max[0, (u^3 \times d^2 \times S) - K] = \max[0, (12,840 - 10,000)] =$	2,840
$Cu^2d^3 = \max[0, (u^2 \times d^3 \times S) - K] = \max[0, (7,788 - 10,000)] =$	-
$Cu^1d^4 = \max[0, (u^1 \times d^4 \times S) - K] = \max[0, (4,724 - 10,000)] =$	-
$Cu^0d^5 = \max[0, (u^0 \times d^5 \times S) - K] = \max[0, (2,865 - 10,000)] =$	-

• 5년 만기 무위험이자율(2.0%)과 그에 따른 위험중립확률(0.4778)을 옵션가격트리 전체에 동일하게 적용하여 콜옵션 가격트리를 다음과 같이 생성하며, 콜옵션의 공정가치를 2,701원으로 평가한다.

	t=0	20×1	20×2	20×3	20×4	20×5
0	2,701	4,527	7,366	11,562	17,381	24,903
1		1,135	2,104	3,812	6,685	11,170
2			292	623	1,330	2,840
3				-	-	-
4					-	-
5						-

② 이자율 기간구조를 고려하는 경우

• 이자율의 기간구조를 고려하는 경우와 그렇지 않은 경우 모두에 있어 기초자산 가격트리와 옵션만기시점 콜옵션 가격은 동일하다.

• 단기선도 무위험이자율과 그에 따른 각 시점별 위험중립확률을 옵션가격트리에 각각 적용하여 콜옵션 가격트리를 다음과 같이 생성하며, 콜옵션의 공정가치를 2,661원으로 평가한다.

	t=0	20×1	20×2	20×3	20×4	20×5
0	2,661	4,492	7,342	11,552	17,381	24,903
1		1,120	2,092	3,805	6,685	11,170
2			289	621	1,330	2,840
3				-	-	-
4					-	-
5						-

• 무위험이자율에 대해 이자율 기간구조를 고려하는 경우(2,661원)와 고려하지 않는 경우(2,701원)를 비교하여 볼 때 콜옵션 가격에는 차이가 발생함을 알 수 있다.

• 최근의 무위험이자율은 낮은 수준을 유지하고 있으므로 이자율 기간구조가 콜옵션 가격에 유의적으로 중요한 영향을 미치지는 아니한다. 다만, 후술할 전환형 복합상품의 평가에서는 위험이자율에 대한 이자율 기간구조 고려가 필수적으로 요구되므로 무위험이자율에 대해서도 일관성 있게 이자율 기간구조를 고려하는 방법이 실무적으로 통용되고 있다.

기대배당금

옵션평가모형을 적용함에 있어 배당과 관련하여 다음의 상황을 고려해야 한다.

① 배당가능성에 대한 검토 : 기초자산(보통주)에 대한 기업의 배당가능성을 살펴야 한다. 만일, 과거에 배당을 한 적이 없고 옵션만기 내에 배당가능성이 거의 없다고 판단한다면 옵션평가모형에서 배당을 고려하지 않을 수 있다.

② 기대배당금의 추정 : 기업이 기초자산인 보통주에 꾸준히 배당을 하였거나 기업의 배당정책 또는 계약에 의해 앞으로 배당이 지급될 것이라는 합리적인 기대가 있다면 기대배당금을 추정해야 한다.

③ 옵션보유자의 배당권리에 대한 검토 : 기대배당에 대한 합리적인 추정이 있다면 옵션보유자가 그 배당에 대한 권리를 보유하였는지에 대한 검토가 필요하다. 옵션보유자가 배당을 받을 권리가 있는지의 여부에 따라 옵션평가모형이 달리 적용된다.

일반적으로 기대배당금에 대한 가정은 공개된 정보에 근거해야 한다. 기업이 배당금을 지급하지 않고 있으며 앞으로도 그러한 계획이 없다면 기대배당금을 영(0)으로 가정한다. 그러나 설립초기의 기업은 과거에 배당실적이 없더라도 옵션의 잔여만기에 배당금을 지급하기 시작할 것으로 예상할 수도 있는데 이러한 기업은 과거의 배당수익률(0)과 적절하게 비교가능한 유사기업들의 평균배당수익률을 평균한 값을 사용할 수 있다. 기대배당수익률을 가격결정요소로 하는 옵션평가모형도 기대배당수익률이 아닌 기대배당금을 사용할 수 있도록 수정할 수 있다.[19] 이때, 기대배당금은 과거의 배당금 증가형태를 고려해야 한다. 예를 들어 기업의 배당정책에 의해 매년 3% 정도 배당금이 올랐다면 충분한 증거가 있는 경우를 제외하고는 옵션의 잔여만기 동안 고정배당금을 지급하는 것으로 가정해서는 안 된다.[20][K-IFRS 1102 B35~B36] 기업의 과거 배당정책이나 기대배당금에 대한 합리적인 추론에 의해 배당이 없을 것으로 예상된다면, 기초자산(보통주) 보유자와 옵션보유자 모두 배당에 대한 권리가 없을 것이므로 옵션평가모형에서 이를 고려할 필요가 없다.

---

19) 본서는 블랙숄즈모형 및 이항옵션모형 각각에 대해 시가배당률을 가정하는 경우와 기대배당금을 가정하는 경우를 구분하여 설명한 바 있다. 평가방법의 자세한 설명은 본서의 블랙숄즈모형과 이항옵션모형 내용을 참고하기 바란다.

20) 옵션기간 동안 배당이 일정하게 유지되지 않고 변경되는 경우에는 시가배당률을 적용하는 것은 불가능하므로 기준서에서 설명한 바에 따라 배당이 증가할 것으로 예상된다면 기대배당금을 가정하는 모형을 적용하여야 할 것이다. 기대배당금 가정에 따른 평가방법의 자세한 설명은 본서의 블랙숄즈모형과 이항옵션모형의 내용을 참고하기 바란다.

옵션의 잔여만기 동안 배당이 있을 것으로 예상되는 경우 즉, 기대배당금이 「0」이 아닌 경우에 대해 구체적으로 살펴보자. 배당이 예상될 경우에는 옵션보유자가 그 배당금을 수취할 권리가 있는 경우와 그렇지 않은 경우에 따라 옵션평가모형의 적용방법이 달라진다.

(1) 옵션보유자에게 배당금을 수취할 권리가 있는 경우

옵션보유자가 기초자산인 주식에 지급되는 배당금이나 배당등가물(배당금 해당액을 현금으로 지급하거나 배당금만큼 행사가격을 조정)에 대한 권리가 있다면 옵션평가모형에서 배당이 없는 것처럼 평가한다. 즉, 옵션보유자가 배당을 수취할 권리가 있다면 옵션평가모형에서의 기대배당금은 「0」이다. 이와 비슷하게 옵션 부여일 현재의 기초자산의 공정가치를 추정할 때 기대배당금과 관련하여 어떤 조정도 필요하지 않다.[K-IFRS 1102 B31~B33]

- 이는 옵션보유자가 옵션기간 동안 지급될 배당금을 수취할 권리가 있다면 기초자산인 주식의 배당지급에 따른 현금흐름이 옵션보유자에게도 귀속되므로 배당락에 의한 기초자산 가격하락효과가 상쇄되기 때문이다. 실무적으로 옵션보유자에게 배당금을 수취할 권리가 있는 대표적인 경우는 전환상환우선주[21] 보유자나 기초자산을 보유한 상태인 풋옵션 매입자이다.
- 기준서는 종업원에게 부여된 주식선택권의 경우에도 기초주식에 배당이 지급될 경우 주식선택권을 보유한 종업원이 배당금(또는 배당등가물)을 수취할 권리가 있는 경우를 고려하고 있다. 다만, 실무적으로 주식선택권을 보유한 종업원에게 기초자산 배당금을 지급하는 사례는 매우 드물기 때문에 주식선택권의 공정가치평가에 있어서는 아래의 배당금을 수취할 권리가 없는 경우가 대부분일 것이다.

(2) 옵션보유자에게 배당금을 수취할 권리가 없는 경우

옵션보유자가 기초주식에 지급될 배당금(또는 배당등가물)에 대한 권리를 갖고 있지 않다면 기대배당금의 현재가치를 고려하여 기초자산의 현재가격을 조정하는 방식으로 옵션의 공정가치를 측정해야 한다. 즉, 옵션의 공정가치를 측정할 때 기대배당금을 옵션평가모형에 반영하여야 한다. 기대배당금의 옵션평가모형에의 반영은 일반적으로 기초자산의 현재가격에서 기대배당금의 현재가치를 차감하는 방식으로 평가한다.[K-IFRS

21) 전환상환우선주는 보통주에 대해 배당이 있는 경우 배당금을 수취할 권리가 발생하는 것이 일반적이다.

1102 B34] 옵션보유자가 옵션기간 동안 예상되는 배당금을 수취할 권리가 없다면 가격변동성을 반영한 기초자산가격은 배당락효과가 반영되지 않아 과대평가되므로 기대배당금의 현재가치만큼 조정되어야 하는 것이다.

- 일반적인 콜옵션의 경우 옵션보유자에게 배당금을 수취할 권리가 없는 경우가 대부분이다. 예를 들어 전환사채나 신주인수권 또는 신주인수권부사채 보유자는 전환옵션(신주인수옵션)을 행사하기 전까지는 기초주식의 배당이 있더라도 배당금을 수취할 권리가 없으며 종업원 주식선택권에도 배당금 수취권이 없는 경우가 대부분이다. 따라서 옵션기간 중 배당금이 예상되지만 옵션보유자에게는 배당금을 수취할 권리가 없다면 앞에서 다룬 배당이 있는 경우의 옵션평가모형을 참고하여 공정가치평가에 반영해야 한다.

기대변동성 및 변동성 보정

기초자산이 활성시장에서 거래된다면 옵션가격결정요인 중 현재시점에서 유일하게 관측되지 않는 변수가 기초자산 수익률의 기대변동성이다. 우리는 블랙숄즈모형을 다루면서 기초자산 수익률 변동성의 유형으로 내재변동성과 역사적 변동성에 대해 살펴본 바 있다. 그러나 기대변동성은 추정치이기 때문에 옵션평가모형에 적용함에 있어 내재변동성과 역사적 변동성 모두 근본적인 한계가 있다. 옵션가격결정요인 중 유일하게 관측이 어려운 기대변동성은 옵션의 공정가치평가 결과에 가장 중요한 영향을 미치기도 한다. 따라서 옵션평가에 있어 변동성을 어떤 방식으로 다룰지에 대해 깊은 고민이 필요하다. 이와 관련하여 K-IFRS 1102호는 옵션가격결정요인에 대한 적용지침에서 기초자산 가격변동성에 대해 다음과 같이 설명하고 있다.[K-IFRS 1102 B22~B30]

- 기초자산의 가격변동성 즉, 기대주가변동성은 일정한 기간에 주가가 등락하는 정도에 대한 추정치이다. 옵션평가모형에서 사용하는 기대주가변동성은 일정기간 예상되는 주식의 연속복리투자수익률의 연환산표준편차를 말한다. 주가변동성은 계산에 사용하는 기간(일간, 주간 및 월간)에 관계없이 일반적으로 비교가능한 연환산치로 표시된다.
- 주식의 일정기간 투자수익률(양이나 음의 수치)은 배당금과 주가상승(또는 하락)으로 주주가 얻은 효익을 측정한다. 이때, 연환산기대주가변동성으로 주식에 대한 연속복리투자수익률이 대략 2/3의 확률로 실현되는 범위를 알 수 있다. 예를 들어 12%

의 연속복리투자수익률이 기대되고 주가변동성이 30%인 주식이 있다면 1년 동안 이 주식의 수익률이 (-)18%(=12%-30%)와 42%(=12%+30%) 사이에 있을 확률은 대략 2/3임을 의미한다. 연초에 주가가 100원이고 연중에 배당금이 지급되지 않는다고 가정하면, 연말의 주가는 대략 2/3의 확률로 83.[53]원(=100원×e-0.18)과 152.[20]원(=100×e0.42) 사이에서 실현될 것이다.

기대주가변동성을 추정할 때 고려하여야 할 요소에는 다음의 사항이 포함된다.

① 기업의 주식을 기초로 하는 시장성 있는 옵션이나 기업이 발행한 것으로서 옵션의 특성이 포함된 시장성 있는 금융상품의 내재가격변동성

② 최근 기간의 과거 주가변동성 : 일반적으로 최근 기간은 옵션의 존속기간에 비례하며 옵션의 남은 만기와 예상되는 조기행사의 효과를 고려한다.

③ 기업의 주식이 공개되어 거래된 기간 : 신규 상장된 기업의 주가변동성은 오래전에 상장된 비슷한 기업의 주가변동성보다 높을 것이므로 별도로 고려한다.

④ 변동성이 장기평균치로 회귀하는 경향과 미래의 기대주가변동성이 과거의 주가변동성과는 다를 것임을 시사하는 다른 요소들 : 예를 들어 식별가능한 기간에 경영권인수 제안거부나 대규모 구조조정 등으로 주가가 비정상적으로 등락하였다면 그 기간은 과거 연환산주가변동성을 산정할 때 제외할 수 있다.

⑤ 적절하고 장기적인 주가관측 주기 : 주가관측치는 기간별로 일관성이 있어야 한다. 예를 들어 기업은 주가관측치로 매주의 종가나 매주의 최고가를 사용할 수 있지만 어떤 주에는 종가를 사용하고 다른 주에는 최고가를 사용하는 등 일관성 없는 관측주기는 사용하지 않아야 한다. 또한 주가관측치는 행사가격과 같은 통화로 표시한다.

K-IFRS 1102호는 기대주가변동성을 추정함에 있어 최근 기간의 과거 주가변동성을 고려하며 이때의 최근 기간은 옵션의 존속기간에 비례하여 정하도록 하고 있으므로 주식선택권의 공정가치를 측정함에 있어 역사적 변동성 측정기간은 주식선택권의 옵션잔존기간에 비례하여 측정하는 것을 권고한다. K-IFRS 1102호에서 권고하는 바와 같이 과거 주가변동성 측정기간을 옵션의 잔존기간에 비례하여 정한다면(Term Matching) 대개 측정기간이 장기간이 되므로 과거 주가의 이상치나 비시장요인이 자연적으로 희석되고 장기평균회귀효과가 반영되는 장점이 있는 반면, 기업의 주된 사업모형이 수시로 변경되는 최근의 기업환경을 고려할 때 장기간의 과거주가 관측치가 기대변동성의

대용치로 부적절할 수 있다. 특히, 유사상장기업의 과거 주가변동성을 비상장기업의 기대변동성의 대용치로 사용할 경우 이러한 문제는 두드러질 수 있는데 유사상장기업의 사업모형 변경(또는 사업모형 변경은 없으나 투자자의 관심이 주된 사업모형이 아닌 경우[22])이 있거나 유사상장기업의 상장기간이 짧아 영업위험의 높은 유사성에도 불구하고 배제되는 상황이 있을 수 있다. 또한, K-IFRS 1032호 또는 1109호의 금융상품 유형 중 전환형 복합상품에 이러한 기준을 적용할 경우 매 측정일마다 금융상품의 잔존만기에 맞춰 과거변동성 측정기간을 설정해야 하는 문제도 무시할 수 없을 것이다.[23]

한편, 신규 상장기업의 과거 주가변동성에 대한 충분한 자료가 없더라도 그 주식의 거래를 관측할 수 있는 최장의 기간에 대해 과거 주가변동성을 산정한다. 경우에 따라서는 비슷한 기업의 과거 주가변동성을 고려할 수 있다. 예를 들어 기초자산이 상장한 지 1년에 불과하지만 옵션의 잔여만기가 5년인 경우 동종산업에 속한 비슷한 기업의 상장 후 처음 6년 동안의 주가변동성 형태와 수준을 고려할 수 있다. 반면, 비상장기업의 경우 기대주가변동성을 추정하기 위해 근거로 삼을 수 있는 과거 주가정보가 없다. 비상장기업의 주가변동성 추정은 아래의 내용을 참고한다.

① 옵션의 기초자산이 비상장기업 주식인 경우 기업내부에 시장이 형성될 수 있다. 만일 내부시장에서 결정되는 주가의 변동성은 기대주가변동성을 추정할 때 고려할 수 있다.

② 기대주가변동성을 추정할 때 주가나 옵션가격에 대한 정보를 사용할 수 있는 비슷한 상장기업의 과거 주가변동성 또는 내재변동성을 고려할 수 있다. 이 방법은 기초자산의 공정가치를 추정할 때 비슷한 상장기업의 주가에 기초한 경우 적합할 것이다.

③ 기초주식의 가치를 추정할 때 비슷한 상장기업의 주가를 사용하지 않고 다른 평가방법을 사용한 경우에도 기대주가변동성은 그러한 평가방법과 일관되게 추정할 수 있다. 예를 들어 기초주식의 가격을 순자산이나 순이익에 기초하여 추정한 때에는 순자산이나 순이익의 기대변동성을 고려할 수 있다.

---

22) 예를 들어 2차 전지 관련기업의 주가변동성이 확대되는 시점의 해당 상장기업의 주된 사업모형(화학, 에너지, 모바일 등)과 시장참여자의 기대와는 상당한 괴리가 발생한 바 있다. 이러한 현상은 산업고도화가 빠르게 진행되는 상황에서 흔히 발생할 수 있는 부분이다.

23) 이러한 이유로 실무적으로 옵션의 공정가치를 측정하기 위한 역사적 변동성 측정기간을 180일 영업일로 하는 경우가 많다. 실증적으로 볼 때, 역사적 변동성 측정기간을 확장한다고 하여 공정가치측정의 목적적합성이 높아지는 것은 아니므로 옵션의 잔존기간에 비례하도록 변동성을 측정할 필요는 없다는 주장이 우세하다.

기대주가변동성의 실무적 적용은 현실적으로 상당한 어려움이 있다. 옵션평가모형에서 이론적 주가변동성을 실무적으로 적용함에 있어 문제점과 실무적 접근방법에 대한 본서의 견해는 다음과 같다.

- 실무적으로 옵션의 내재변동성을 측정할 수 있는 예는 드물다. 또 활성시장에서 거래되는 옵션가격을 관측할 수 있어 내재변동성을 측정하더라도 그 내재변동성이 기대변동성을 충분히 반영할 수 있는지에 대한 확신을 얻기 어렵다. 특히 관측가능한 내재변동성은 대개 단기변동성인 반면 복합상품에 내재된 파생요소나 주식선택권의 옵션만기는 장기간인 경우가 많으므로 비교가능하지 않은 경우가 많다. 따라서 내재변동성을 측정할 수 있는 상황이라 하더라도 기간차이를 무시하고 이를 그대로 이용해서는 안 되며 적절한 조정이 필요할 수 있다.
- 과거 주가변동성 즉, 역사적 변동성은 일반적으로 내재변동성보다 큰 경우가 많으므로 역사적 변동성을 그대로 이용하여 옵션가치를 평가할 경우 과대평가될 위험이 있다. 다만, 실무적으로 역사적 변동성을 기대변동성으로 활용하는 것이 불가피한데 기초자산 변동성이 장기평균치로 회귀하는 경향을 충분히 고려하여야 한다. 즉, 변동성이 장기평균치로 회귀함을 고려하여 해당 기업의 주가변동성과 유사기업 주가변동성을 비교하여 해당 기업의 역사적 변동성의 조정여부를 고려할 필요가 있다.
- 옵션의 잔여만기와 일치되는 기간으로 역사적 변동성을 측정하는 것을 기본으로 하되 이를 그대로 활용할 필요는 없다고 판단된다. 복합상품의 내재파생요소나 주식선택권의 옵션만기는 장기간(5년~10년)인 경우가 많은데 장기간에 걸친 기초자산의 역사적 변동성이 비경상적 요인으로 왜곡될 우려가 있으므로 측정기간의 선정에는 신중을 기할 필요가 있다.

K-IFRS 1102호는 변동성이 장기평균치로 회귀하는 경향과 미래의 기대주가변동성이 과거의 주가변동성과는 다를 것임을 시사하는 요소들을 고려하도록 하고 있다. 실무에서도 기대변동성의 대용치로 역사적 변동성을 사용하는 경우 과거에 발생한 이상치(outlier)가 포함된 변동성이 장기추정치로 사용되는 위험을 배제하기 위해 단순히 표준편차로 측정된 역사적 변동성을 보정(robust estimations)하는 방법이 널리 활용되고 있다.

역사적 변동성에 포함된 이상치를 보정하는 방법으로 여러 방법이 제시되고 있는데 「IQR(Inter-Quartile Range)」, 「MAD(Median Absolute Deviation)」 및 「MSD(Mean plus minus Standard Deviation)」와 같은 방법들이 활용되고 있다.

(1) IQR : Inter-Quartile Range method

「4분위법」이라고도 불리는 「IQR method」는 전통적인 이상치 조정방법으로 분석대상 데이터를 낮은 값에서 높은 값의 순서로 배열한 뒤 중앙값(median)을 Q_2로 표시하고, Q_2보다 낮은 값들의 중앙값을 Q_1으로, Q_2보다 높은 값들의 중앙값을 Q_3로 하면, 분석대상 데이터를 4분위값으로 배열하게 된다. 그리고, 이상치를 배제하기 위한 기준으로 IQR을 다음과 같이 계산하고, $Q_1 - 1.5 \times IQR$보다 낮은 값들과 $Q_3 + 1.5 \times IQR$보다 높은 값들은 이상치로 보아 분석대상 데이터에서 배제하는 방법이다.

$$IQR = Q_3 - Q_1$$

- 정상범위 하단 : $Q_1 - 1.5 \times IQR$
- 정상범위 상단 : $Q_3 + 1.5 \times IQR$

예를 들어, 다음과 같이 총 11개의 데이터가 관측되었다고 하자.

10.2, 14.1, 14.4, 14.4, 14.5, 14.6, 14.7, 14.9, 15.1, 16.5, 16.7

- 위 11개 데이터의 중앙값(median), 즉 $Q_2 = 14.6$으로 측정되고, $Q_1 = 14.4$ 그리고 $Q_3 = 15.1$로 측정된다. 또, IQR은 $Q_3 - Q_1 = (15.1 - 14.4) = 0.7$로 계산된다.
- IQR에 의해 이상치(outlier)로 분류되는 데이터값은 다음과 같이 10.2, 16.5 그리고 16.7로 측정된다.
  ㉠ 정상범위 하단 : $Q_1 - 1.5 \times IQR = 14.4 - 1.5 \times 0.7 = 13.4$
  ㉡ 정상범위 상단 : $Q_3 + 1.5 \times IQR = 15.1 + 1.5 \times 0.7 = 16.2$
  ㉢ 정상값 : 14.1, 14.4, 14.4, 14.5, 14.7, 14.9, 15.1
  ㉣ 이상치 : 10.2, 16.5, 16.7
- 이상치를 보정(robust)한 후 정상 데이터값만으로 필요한 정보를 도출하게 되는데, 이상치를 제외한 정상 데이터값만으로 평균, 표준편차 및 기타 필요한 정보를 생성함으로써 과거 통계정보를 효율적으로 추정자료로 활용할 수 있다. 예를 들어 위에서 이상치를 포함한 모든 데이터값의 표준편차는 1.7로 측정되지만 정상 데이터값만으로 측정된 표준편차는 0.3으로 조정된다.

(2) MSD : Mean plus minus Standard Deviation

「MSD」는 관측된 모든 데이터값에서 이상치를 제외하는 방법으로 평균값(mean)에서 표준편차의 일정배수(2.0, 2.5 또는 3.0)를 가감한 범위 내의 값을 정상 데이터값으로 분류하고 범위를 벗어나는 값을 이상치로 분류하는 방법이다. IQR과 비교하여 보면, 기준값을 평균으로 단일화하고 정상범위 상하단 판단을 IQR값 대신 표준편차(standard deviation)로 한다는 점에서 차이가 있다. 이 방법은 관측된 데이터값이 표준정규분포를 이룰 경우 평균값에서 표준편차의 3배로 측정된 정상데이터값이 99.87% 확률로 분포한다는 주장(Howell, 1998)에 근거한다. 따라서, 나머지 0.13%에 해당하는 이상치를 제외함으로써 정상데이터값만으로 기댓값을 구성할 수 있다. 또한, 추가 연구(Miller, 1991)를 통해 표준편차의 2.0배 또는 2.5배로 정상범위를 구성함으로써 보다 합리적인 이상치 조정 결과를 얻을 수 있다고 주장되기도 한다.

- MSD는 평균값을 기준으로 하여 정상범위 하단과 상단의 범위를 다음과 같이 정의한다. 이때, 표준편차의 배수는 3.0, 2.5 및 2.0을 사용할 수 있는데 일반적으로 3.0은 보수적(conservative), 2.5는 적정수준(moderate conservative) 그리고 2.0은 공격적(poorly conservative)인 가정으로 알려져 있다.

> • 정상범위 하단 : mean - 2.5×standard deviation
> • 정상범위 상단 : mean + 2.5×standard deviation

위 IQR의 예제를 이용하여 MSD를 통해 이상치를 분류해 보자. 정상범위 산정을 위한 표준편차의 배수는 2.5(moderate conservative)를 사용한다.

㉠ 평균값(mean) : 14.6

㉡ 표준편차(STD : standard deviation) : 1.7

㉢ 정상범위 하단 : mean - 2.5×STD = 14.6 - 2.5×1.7 = 10.4

㉣ 정상범위 상단 : mean + 2.5×STD = 14.6 + 2.5×1.7 = 18.9

㉤ 정상값 : 14.1, 14.4, 14.4, 14.5, 14.7, 14.9, 15.1, 16.5, 16.7

㉥ 이상치 : 10.2

- 이상치를 제외한 후 정상범위의 데이터값만으로 재측정된 표준편차는 0.9가 된다. 이는 모든 데이터값의 표준편차인 1.7과 차이가 있다.

MSD는 IQR과 유사한 접근방법을 취하지만 정상 데이터값만으로 재측정된 표준편차 결과에 있어 차이가 있다. 이러한 차이는 MSD가 실무적으로 많이 사용되는 방법이지만 다음과 같은 한계가 있기 때문이다.

- MSD는 이상치 데이터값을 포함하여 표준정규분포를 가정한다. 그러나 데이터값들이 표준정규분포를 구성하지 않는 경우가 많고 이상치 자체가 표준정규분포를 왜곡할 수 있다. 동시에 정상범위의 기준점인 평균값이 이상치의 영향을 받으므로 정상범위의 설정에 있어 오류가 발생할 수 있다. 게다가, 관측된 데이터수가 적다면 이상치를 감지하지 못할 가능성이 크게 높아지는 문제가 있다.
- 예를 들어, 관측된 데이터값이 1, 3, 3, 6, 8, 10, 10 그리고 1000이라고 가정하자.[24] 관측된 데이터값의 분포를 살펴보면, 굳이 계산을 하지 않더라도 1000은 이상치로 분류될 것이며 표준정규분포를 가정하기도 어려울뿐더러 관측된 데이터의 수가 적어 이상치의 판단이 모호해진다. 이들 관측값의 평균은 130.13이고 조정되지 않은 표준편차는 328.80이다. 표준편차의 배수를 3.0으로 할 경우 정상범위는 -856.27과 1116.52으로 산정되므로 MSD에 의한 이상치 조정은 전혀 엉뚱한 결론을 얻게 되는 문제가 있다.

이러한 MSD의 한계를 고려하여 최근 들어서는 중앙값을 이용하여 이상치를 조정하는 방법인 아래의 MAD가 실무적으로 활발하게 활용되는 추세이다.

(3) MAD : Median Absolute Deviation

중앙값(median)은 평균값(mean)과 마찬가지로 중심집중경향(central tendency)을 설명하는 지표로 사용되는데 평균값에 비해 이상치의 존재로부터 덜 민감하게 반응하는 결과를 도출할 수 있는 장점이 있다. 예를 들어, 관측된 데이터값이 1, 3, 3, 6, 8, 10, 10 그리고 1000일 때 평균값은 130.13으로 이상치의 영향에 따라 중심집중경향을 충분히 설명하지 못하지만, 중앙값은 7.0으로 계산되어 이상치인 1000의 존재로부터 영향을 덜 받게 되는 것이다.

최근 들어, 통계학자들은 변동성의 주요 척도로 단순표준편차(SD)가 아닌 절대표준편차 즉, MAD(Median Absolute Deviation)를 사용해야 한다고 주장한다. MAD는 중앙값의 특성을 이용해 단순히 표준편차로 측정하는 방법과 비교하여 데이터가 적더라도

24) 「Journal of Experimental Social Psychology」, Detecting outliers의 예제를 인용하였다.

이상치로 인한 왜곡현상을 회피할 수 있는 장점이 있다. MAD는 통계수학 분야에서 오랜 기간 연구가 이뤄져 왔는데 실증검증 결과, 정규분포에서 단순표준편차(SD)와 절대표준편차(MAD)의 두 통계량 간의 비율은 0.79788 수준으로 측정되어 단순표준편차가 이상치에 취약한 것으로 밝혀지기도 하였다(Geary, R. C, 1935[25]). 이에 통계학자들은 단순표준편차(SD)에 비해 MAD가 일반인들이 평균과의 차이를 생각하는 방식에 더 가까우므로 변동성 개념을 이해하기에 유리하다고 판단하고 있으며 미국의 일부 고등학교에서는 MAD를 통계커리큘럼에 포함하기도 하였다.

MAD는 중앙값의 특성을 이용한다는 점에서 IQR과 유사하지만 IQR에 비해 보다 이상치 조정효과가 큰 것으로 알려져 있다(Rousseeuw & Croux, 1993). MAD는 앞서 설명한 4분위법(IQR)과 유사한 방식으로 이상치를 측정하는데 아래의 산식에 따라 비교적 손쉽게 이상치를 제외할 수 있는 장점이 있다.

$$MAD = k \times median\{\,|\,X_i - median(X_i)\,|\,\}$$

- X_i : 관측된 데이터값
- k : 표준화 상수(1.4826)
- | | : 절대값 함수(ABS 함수)
- 정상범위 하단 : Median(X_i) - 2.5 × MAD
- 정상범위 상단 : Median(X_i) + 2.5 × MAD

- 위 MAD 산식에서 표준화 상수(k = 1.4826)는 MAD를 표준편차의 대용으로 사용하기 위해 표준정규분포를 만족하도록 조정하는 값이다.[26] 또한, IQR에서 정상범위 설정과 마찬가지의 방법을 적용하되, IQR 대신 MAD를 사용한다. 정상범위 상단과 하단의 범위를 결정하기 위한 배수도 IQR과 마찬가지로 3.0, 2.5 그리고 2.0 중 하나를 사용할 수 있다.

앞의 IQR의 예제를 이용하여 MAD를 통해 이상치를 분류하는 방법을 사용하여 비교해 보자. MAD 배수는 2.5를 사용한다.

---

25) Geary, R. C. (1935). The ratio of the mean deviation to the standard deviation as a test of normality. Biometrika, 27(3/4), 310~332

26) $k = 1/(\Phi^{-1}(0.75)) \approx 1.4826$, Rousseeuw. P.J & Croux.C(1993), 「Alternatives to the median absolute deviation」 "Journal of the American Statistical Association"

㉠ 관측된 데이터값(X_i) : 10.2, 14.1, 14.4, 14.4, 14.5, 14.6, 14.7, 14.9, 15.1, 16.5, 16.7

㉡ median(X_i) : 14.6

㉢ $| X_i - \text{median}(X_i) |$: (관측된 데이터값 순서대로) 4.4, 0.5, 0.2, 0.2, 0.1, 0.0, 0.1, 0.3, 0.5, 1.9, 2.1

㉣ $MAD = k \times \text{median}\{ | X_i - \text{median}(X_i) | \} = 1.4826 \times 0.30 = 0.4448$

㉤ 정상범위 하단 : $\text{median} - 2.5 \times MAD = 14.6 - 2.5 \times 0.4448 = 13.5$

㉥ 정상범위 상단 : $\text{median} + 2.5 \times MAD = 14.6 + 2.5 \times 0.4448 = 15.7$

㉦ 정상값 : 14.1, 14.4, 14.4, 14.5, 14.7, 14.9, 15.1

㉧ 이상치 : 10.2, 16.5, 16.7

- MAD에 의한 이상치 측정결과는 IQR과 동일하게 관측된다. 따라서 위 예에서 이상치를 제외한 정상범위의 데이터값만으로 재측정된 표준편차는 0.3으로 IQR과 동일하다. 다만, 예제에서도 알 수 있듯이 IQR과 비교하여 MAD의 정상데이터 범위가 좁게 측정됨을 알 수 있다. 이는 MAD가 IQR에 비해 이상치의 영향을 덜 받도록 설계된 결과이다.
- 반면, MSD에 의해 이상치가 제거된 데이터값의 표준편차(0.9)와는 다소 차이가 있다. 이는 중심집중경향에 대한 관측방법으로 중앙값을 사용할지 또는 평균값을 사용할지와 밀접한 관계가 있다. 앞서 설명하였듯이 평균값은 이상치에 의해 영향을 더 받게 되므로 중앙값을 사용하는 것이 보다 합리적이라는 것이 일반적인 의견이다.

예 제　변동성 조정 : IQR, MSD, MAD

기업의 일별 주가와 최근 20영업일의 일별 주가변동자료는 다음과 같다. 기업은 최근 20영업일의 역사적 주가자료에 기초해 기대주가변동성(volatility)을 측정하고자 한다. 이를 위해 기업은 조정되지 아니한 표준편차(STD : standard deviation)로 측정된 변동성에 따른 과거의 일시적 주가 변화가 미래에 반복적으로 발생하기 어렵다고 판단하고 중심집중경향을 설명할 수 있도록 4분위법(IQR), MSD 그리고 MAD에 의해 이상치가 조정된 표준편차를 기대주가변동성으로 사용하고자 한다. 단, MSD 및 MAD를 적용함에 있어 표준편차 및 MAD의 조정배수는 2.5배(moderate conservative)를 적용한다.

- 일자별 주가 및 주가상승·하락률 측정결과
  - ㉠ 주가변동 평균값(mean) : 0.30%
  - ㉡ 주가변동 중앙값(median) : 0.41%

일자	일별주가	상승/하락률	P_n/P_{n-1}	$\ln(P_n/P_{n-1})$	$abs(x_i-median)$
20×1.05.27.	3,045	0.66%	100.66%	0.66%	0.25%
20×1.05.26.	3,025	-5.47%	94.53%	-5.62%	6.03%
20×1.05.25.	3,200	1.11%	101.11%	1.10%	0.69%
20×1.05.22.	3,165	-10.85%	89.15%	-11.48%	11.89%
20×1.05.21.	3,550	-4.05%	95.95%	-4.14%	4.55%
20×1.05.20.	3,700	18.97%	118.97%	17.37%	16.96%
20×1.05.19.	3,110	1.30%	101.30%	1.29%	0.88%
20×1.05.18.	3,070	1.15%	101.15%	1.15%	0.74%
20×1.05.15.	3,035	-2.10%	97.90%	-2.12%	2.53%
20×1.05.14.	3,100	0.16%	100.16%	0.16%	0.25%
20×1.05.13.	3,095	-7.61%	92.39%	-7.92%	8.33%
20×1.05.12.	3,350	8.59%	108.59%	8.24%	7.83%
20×1.05.11.	3,085	-1.91%	98.09%	-1.93%	2.34%
20×1.05.09.	3,145	-1.72%	98.28%	-1.73%	2.14%
20×1.05.08.	3,200	3.56%	103.56%	3.50%	3.09%
20×1.05.07.	3,090	-3.44%	96.56%	-3.50%	3.91%
20×1.05.06.	3,200	8.29%	108.29%	7.97%	7.56%
20×1.05.04.	2,955	5.16%	105.16%	5.03%	4.62%
20×1.05.03.	2,810	-3.10%	96.90%	-3.15%	3.56%
20×1.05.02.	2,900	1.05%	101.05%	1.04%	0.63%
20×1.05.01.	2,870				

① 단순표준편차로 측정된 기대주가변동성은 6.29%로 계산된다.

- 단순표준편차에 의해 측정되는 주가변동성은 위 $\ln(P_n/P_{n-1})$의 측정값에 대해 표준편차를 측정하는 엑셀프로그램 STDEV(X_i)를 활용하여 6.29%로 계산할 수 있다.

② IQR에 의해 이상치가 조정된 표준편차로 측정된 주가변동성은 다음의 산출과정을 거쳐 4.97%로 계산된다.

- 주가상승 및 하락의 관측값을 중앙값(0.41%)을 기준으로 아래와 같이 재배열한다.
  - ㉠ 하위값(X^d_i) : -11.48%, -7.92%, -5.62%, -4.14%, -3.50%, -3.15%, -2.12%, -1.93%, -1.73%, 0.16%
  - ㉡ 상위값(X^u_i) : 0.66%, 1.04%, 1.10%, 1.15%, 1.29%, 3.50%, 5.03%, 7.97%, 8.24%, 17.37%

- Q_1 = median($X^d{}_i$) = -3.33%
- Q_3 = median($X^u{}_i$) = 2.40%
- IQR = Q_3 - Q_1 = 5.72%
- 정상범위 하단 : Q_1 - 1.5×IQR = -3.33% - 1.5×5.72% = -11.91%
- 정상범위 상단 : Q_3 + 1.5×IQR = 2.40% + 1.5×5.72% = 10.98%
- 정상범위 하단 및 상단의 범위 외의 값인 17.37%는 이상치(outlier)로 분류되어 제외하고 나머지 19개 관측값을 정상값으로 분류한다.
- IQR에 의해 이상치가 제외된 19개 관측값의 표준편차로 측정된 기대주가변동성 : 4.97%

③ MSD에 의해 이상치가 조정된 표준편차로 측정된 주가변동성은 다음의 산출과정을 거쳐 4.97%로 계산된다.

- 정상범위 하단 : mean - 2.5×STD = 0.30% - 2.5×6.29% = -15.42%
- 정상범위 상단 : mean + 2.5×STD = 0.30% + 2.5×6.29% = 16.02%
- 정상범위 하단 및 상단의 범위 외의 값인 17.37%는 이상치(outlier)로 분류되어 제외하고 나머지 19개 관측값을 정상값으로 분류한다.
- MSD에 의해 이상치가 제외된 19개 관측값의 표준편차로 측정된 기대주가변동성 : 4.97%

④ MAD에 의해 이상치가 조정된 표준편차로 측정된 주가변동성은 다음의 산출과정을 거쳐 4.97%로 계산된다.

- 표의 abs(x_i-median) 값을 이용하여 MAD를 계산한다. 즉, MAD = k×median{ | X_i - median(X_i) | } = 1.4826×median{ | X_i - 0.41 | } = 4.93%
- 정상범위 하단 : median - 2.5×MAD = 0.41% - 2.5×4.93% = -11.92%
- 정상범위 상단 : median + 2.5×MAD = 0.41% + 2.5×4.93% = 12.74%
- 정상범위 하단 및 상단의 범위 외의 값인 17.37%는 이상치(outlier)로 분류되어 제외하고 나머지 19개 관측값을 정상값으로 분류한다.
- MSD에 의해 이상치가 제외된 19개 관측값의 표준편차로 측정된 기대주가변동성 : 4.97%

⑤ 이상치의 조정(robust) 없이 단순표준편차로 측정된 기대주가변동성은 6.29%로 측정된 반면, 이상치를 배제한 IQR, MSD 및 MAD에 의한 기대주가변동성은 모두 4.97%로 측정되었다. 이러한 측정결과의 차이는 17.37%의 관측값이 앞으로도 지속적이고 반복적으로 발생할 것인지에 대한 기대와 관련된다. 이러한 관측값은 미래에도 발생할 수 있지만 지속적이고 반복적으로 발생할 것이라고 예상하는 것은 바람직하지 아니하므로 일반적으로 배제되는 것이 타당하다.

⑥ 본 예제에서 IQR, MSD 및 MAD에 의해 이상치가 배제된 표준편차가 4.97%로 모두 동일하게 측정되었다고 하여 3가지 측정값이 항상 동일하게 도출되는 것은 아니다. 이는 IQR, MSD 및 MAD에 의해 측정된 정상범위 하단 및 상단이 모두 다르게 측정되

는 것으로 확인할 수 있다. 일반적으로 IQR과 MAD는 유사한 정상치 범위를 도출하고 MSD는 정상범위를 상대적으로 넓게 측정하는 경향이 있는데 극단적인 이상치가 있을 경우 그러한 경향이 심해진다. 이는 평균값(mean)과 중앙값(median) 모두 중심집중 경향을 관측하는 측정방법이지만 평균값 자체가 이상치 자체의 영향을 받기 때문에 극단적인 이상치가 있거나 관측값의 분포가 넓을수록 MSD는 정상범위를 넓게 측정하기 때문이다. 이러한 현상은 본 예제에서도 확인할 수 있는데, IQR과 MAD의 정상범위가 유사하게 관측되는 데 반해 MSD의 정상범위는 보다 넓게 측정됨을 알 수 있다.

4 몬테카를로 시뮬레이션

몬테카를로 시뮬레이션(Monte Carlo Simulation)은 미국 로스 알라모스(Los Alamos) 과학연구소의 핵무기 개발 연구과정에서 만들어진 방법이다. 해당연구에서 스타니스와프 울람(Stanislaw Ulam)이 당대 최고의 수학자인 존 폰 노이만(John von Neumann)과 함께 새로운 수치 해석방법을 만들었는데 당시 핵무기 연구는 극비사항이라 코드명이 필요하였고 울람의 동료였던 니콜라스 메트로폴리스(Nicholas Metropolis)가 울람의 삼촌이 친척들에게 돈을 빌려 자주 가던 도박의 도시 카지노의 이름을 코드명으로 추천하여 이름 지어졌다(1947년). 몬테카를로 시뮬레이션은 맨해튼 계획으로 원자폭탄을 성공적으로 개발하고 난 후 수소폭탄 개발계획을 세울 때 고안된 것이다. 당시에 이미 제2차 세계대전은 끝난 상황에서 수소폭탄 제조를 위해 참고할 자료가 없는 상황에서 많은 재원이 소요되는 실험을 시행하기 전에 마침 등장한 초기 컴퓨터를 이용해 시뮬레이션을 돌려보는 과정에서 탄생한 알고리즘이 바로 몬테카를로 시뮬레이션이다. 본서는 몬테카를로 시뮬레이션의 개념에 대해 간략히 소개하고 파생상품평가에 주로 사용되는 최소자승-몬테카를로 시뮬레이션(LSMC : Least Squares Monte Carlo simulation)을 이용하여 아메리칸 옵션의 가치를 평가하는 방법에 대해 설명하고자 한다.

4.1. 몬테카를로 시뮬레이션

몬테카를로 시뮬레이션은 무작위로 추출된 난수(Random Number)를 이용하여 원하는 함수의 값을 확률적으로 구하기 위한 알고리즘(Algorithm)으로써 자유도가 높거나 닫힌 형식(Closed form)의 해석적 해(Analytical Solution)를 구할 수 없는 문제들에 널리 사용되고 있으나 시뮬레이션 횟수 등에 의해 어느 정도의 오차를 감안해야 하는 단점이 있다.[27] 몬테카를로 시뮬레이션은 확률모형(Stochastic Model)을 적용할 수 있는 다양한 분야, 예를 들어 반도체공학, 통계물리학, 기계신뢰성의 예측, 유체역학 등 과학 및 공학의 여러 분야뿐만 아니라 파생상품 가격결정, 증권가치 예측, 리스크 예측 등의 금융 분야에서도 활용되고 있다.

몬테카를로 시뮬레이션은 생성된 난수를 통해 단위 변수의 패턴을 도출하여 풀이를 목표로 하는 함수가 가진 확률변수들의 확률분포를 추정하는 작업이 핵심이다. 모델링의 통계적인 유의값을 구할 때까지 계산이 반복되고 평균 기댓값과 표준편차가 반영된 확률분포를 도출한다. 대상에 대한 통계자료가 많고 입력 값의 분포가 고를수록 정밀한 시뮬레이션이 가능한 특징이 있다. 무작위 난수를 이용하여 반복시행을 통해 확률분포를 추출하여야 하므로 컴퓨터를 이용한 시뮬레이션을 적용해야 한다.

몬테카를로 시뮬레이션을 옵션평가에 적용하고자 하면 몬테카를로 시뮬레이션의 특성상 유러피안 옵션 유형의 평가에 적합하다. 몬테카를로 시뮬레이션은 통계적인 유의값을 구할 때까지 반복하여 시행하는 것이므로 현재시점의 주가(S_0)에 대해 특정 확률분포[28]를 가정한 결과로서의 옵션 만기시점(T)의 주가(S_t)를 구하고 이를 기초로 옵션가격을 계산할 수 있기 때문이다.

몬테카를로 시뮬레이션을 이용하여 유러피안 콜옵션의 가격을 계산해 보자. 기업은 기초자산(보통주)에 대해 아래의 조건으로 매입할 수 있는 선택권 권리를 가지고 있다. 측정주기는 1년이며, 옵션기간 동안 배당은 없다.

- 기초자산(보통주)의 현재가격(S) : 1,000원
- 행사가격(K) : 900원
- 무위험이자율(R_f) : 연 5.0%
- 주가변동성(σ) : 연 25.0%
- 옵션만기(T) : 4년
- 주가의 확률변동에 대한 가정 : 기하브라운운동(Geometric Brownian Motion)

27) 몬테카를로 시뮬레이션은 시행횟수 등에 의해 오차가 발생할 수 있으며 실행할 때마다 차이가 발생할 수 있으며 오차를 줄이기 위해서는 많은 데이터를 소모해야 하므로 다른 모형으로 해결할 수 있는 문제를 굳이 몬테카를로 시뮬레이션을 이용하는 것은 불필요하다.

28) 몬테카를로 시뮬레이션은 난수를 생성하여 확률변수들의 확률분포를 추정하는 작업이 핵심이다. 다만, 본서는 옵션평가모형의 도구로서 몬테카를로 시뮬레이션을 소개하는 것이므로 주식가격의 확률분포에 대한 가정 즉, 기하브라운운동 또는 로그정규분포 등의 확률과정 또는 확률분포를 미리 설정할 것이므로 확률분포를 추정하는 과정은 생략한다.

몬테카를로 시뮬레이션을 이용한 유러피안 콜옵션 가격을 계산하고 동일한 확률변동에 대한 가정을 표방하는 블랙숄즈모형에 따른 평가결과와 비교하자. 통계적 유의값을 충분히 갖도록 시뮬레이션 횟수(Iteration)는 1백만회를 시행[29)]한다.

① 주가의 확률과정에 대한 가정에 따른 함수 생성 : 기하브라운운동을 가정하는 미래의 주가는 다음과 같이 표시할 수 있다.

$$S_t = S_0 \cdot e^{\sigma W_t + (r_f - \frac{\sigma^2}{2})t}$$

② 만기시점(T) 주가($S_{t,i}$) 추정 : 기하브라운운동 하에 몬테카를로 시뮬레이션에 의한 난수생성을 통해 만기시점 주가를 다음의 산식에 따라 추정하되, 만기시점 주가는 반복 시행횟수(1백만회)만큼 생성한다.

$$S_t = S_0 \cdot \exp\left(\left((\sigma \cdot sqrt(T)) + \left(r_f - \frac{\sigma^2}{2}\right) \cdot T\right) \cdot NORMSINV(RAND(\ ))\right)$$

• 주어진 조건에 맞게 위의 산식을 다음과 같이 구성할 수 있다.

$$S_t = 1{,}000 \cdot \exp\left(\left((25\% \cdot sqrt(4)) + \left(5\% - \frac{25\%^2}{2}\right) \cdot 4\right) \cdot NORMSINV(RAND(\ ))\right)$$

③ 시행회차별 콜옵션가격($C_{0,i}$) 추정 : 시뮬레이션 결과에 따른 만기시점 주가($S_{t,i}$)에 기초해 시행회차별로 콜옵션가격($C_{0,i}$)을 다음과 같이 도출한다.

$$C_0 = \exp(R_f \cdot T) \cdot Max(S_T - K, 0)$$

④ 콜옵션가격(C_0) 추정 : 통계적인 유의값을 가질 수 있을 수준의 시행횟수(본 예제에서는 1백만회)만큼 시뮬레이션한 콜옵션가격의 평균값을 다음과 같이 333원[30)]으로 측

29) 시행횟수가 많을수록 몬테카를로 시뮬레이션에 의한 결과값의 오차는 감소한다. 특히 확률분포를 알 수 없거나 함수구조가 복잡할수록 시행횟수를 늘려 통계적 유의값을 찾는 것이 바람직하다. 본 예제는 주가의 확률분포에 대한 가정이 존재하고 함수구조가 비교적 단순하므로 1백만회 정도의 시행횟수로도 충분하리라 판단된다.

30) 같은 조건에서 블랙숄즈모형을 이용해 콜옵션 가격을 도출하면 333원으로 같은 값을 얻을 수 있다. 따라서, 단순한 유형의 유러피안 옵션에 대해 몬테카를로 시뮬레이션을 활용하는 것은 효율적이지 않다. 게다가 시행횟수에 따라 몬테카를로 시뮬레이션에 의한 콜옵션 가격이 때로는 332원이 도출되기도 하고 때로는 334원이

정하였다. 시뮬레이션 결과는 엑셀프로그램을 활용하면 간단히 얻을 수 있는데 시행회차별 만기주가와 콜옵션가격은 매번 변경되므로 아래 엑셀프로그램의 시행회차별 개별 값은 무의미하다.

	A	B	C	D	E	F	G	H
1								
2		Monte Carlo Simulation						
3								
4		Stock Price	1,000		Iteration	St	C0	
5		Risk free rate	5.0%		1	1,746.38	692.96	
6		Yearly Volatility	25.0%		2	1,273.34	305.67	
7		Maturity	4		3	1,960.77	868.49	
8		Iteration	1,000,000		4	636.89	0.00	
9		Strike Price	900		5	2,094.82	978.24	
10		Call Option Price	333		6	721.49	0.00	
11					7	386.97	0.00	
12					8	1,286.72	316.62	
13					9	739.03	0.00	
14					10	631.32	0.00	
15					11	2,511.80	1,319.63	
16					12	965.54	53.66	
17					13	1,247.65	284.63	
18					14	706.18	0.00	
19					15	1,624.36	593.06	
20					16	1,356.00	373.34	
21					17	1,245.22	282.64	
22					18	974.30	60.83	
23					19	1,169.32	220.50	
000004					1000000	1,056.16	127.86	

4.2. 최소자승 몬테카를로 시뮬레이션

1990년대 초반까지는 만기이전에 권리행사가 가능한 아메리칸 옵션의 가치를 평가하는 데 있어 몬테카를로 시뮬레이션의 기본적인 메커니즘이 전진(forward) 추정방식이기 때문에 행사가능시점에 행사를 하여야 할지 계속 보유를 해야 할 것인지에 대한 최적 행사규칙을 결정하는 것이 불가능한 것으로 알려져 왔다. 그러나 기초자산이 2개 이상이거나 행사조건이 경로의존적인 파생상품의 경우 몬테카를로 시뮬레이션을 이용해야 효율적으로 가치를 계산해 낼 수 있다는 점으로 인해 1990년 중반부터 아메리칸 옵션의 가치를 계산하고자 하는 시도가 이뤄지기 시작하였다.

몬테카를로 시뮬레이션을 아메리칸 옵션에 적용한 최초의 시도는 1993년, Tilley J. A가 bundling 기법과 역행 귀납법 알고리즘을 이용하여 최초의 정보로부터 도출된 최

도출되기도 한다. 몬테카를로 시뮬레이션의 작은 오차를 줄이기 위해서는 시행횟수를 더 늘림으로써 해결할 수 있는데 예제와 같은 단순한 조건의 유러피안 옵션은 닫힌 형식(Closed form)의 분석적 해(Analytical Solution)를 구할 수 있는 상황이므로 몬테카를로 시뮬레이션을 이용할 필요가 없을 것이다.

적결과를 이용하여 다음 단계를 차례대로 반복적으로 풀어나가는 동적계획법(Dynamic Programming)을 활용31)하면서 부터이다.

Least-Squares Monte Carlo Simulation 모형

몬테카를로 시뮬레이션은 결과(outcome)의 무작위 추출(random sampling)을 사용하여 확률적 과정(stochastic process)을 시뮬레이션하는 것으로 이를 옵션모형에 적용하는 방법은 수많은 독립적인 주가경로(independent stock price path)를 생성하여 각각의 경로에서의 옵션가격을 계산하고 모든 경로에 대하여 평균값을 구하는 것이다. 몬테카를로 시뮬레이션에서는 주가경로가 독립적이므로 옵션이익(pay-off)이 주식가격의 경로에 의존하는 경우에도 적용할 수 있으며 옵션의 기초자산이 늘어나는 경우에도 적용가능하다는 장점이 있다. 반면, 처리해야 할 데이터가 많고 계산시간이 오래 걸리는 단점이 있다. 무엇보다 주가경로가 독립적인 특성으로 인해 보유가치(holding value) 계산이 필요한 아메리칸 옵션에 바로 적용시키기 어렵다는 점으로 인해 몬테카를로 시뮬레이션은 결정적인 한계를 가지고 있었다.

- 아메리칸 옵션을 보유한 합리적인 투자자는 최적의 이익을 얻기 위해 옵션을 행사하였을 때의 이익이 옵션을 보유할 때의 가치보다 큰 경우에만 행사할 것이므로 만기이전의 옵션가치 산정에는 옵션행사이익(pay-off)이 보유가치(holding value)의 기댓값보다 큰 최적의 옵션행사시점을 찾는 과정이 필요하다.
- 각 행사 시점에서 옵션의 기대보유가치는 직접적으로 계산할 수 없으므로 기대보유가치를 추정하기 위한 여러 방법이 제안되었는데 이에는 모수적 추정(parametric approximation), 무작위트리 방법(random tree method), 상태-공간 분리법(state-space partitioning), 추계적 망상법(stochastic mesh method) 및 회귀분석기반 기법(regression-based method) 등이 있다.
- 기대보유가치를 계산하는 여러 방법 중 회귀분석기반 기법이 고차원의 문제에서 가장 좋은 결과를 보이는 것으로 알려짐에 따라 많은 학자들이 회귀분석을 이용하여 아메리칸 옵션가격을 계산하는 연구를 수행하였으며 그 중 UCLA의 Francis A. Longstaff와 Eduardo S. Schwartz가 제시한 Simple Least-Squares Approach가 널리 사용되고 있다.

---

31) Tilley, J. A., 「Valuing American Options in a Path Simulation Model」 (1993)

아메리칸 옵션의 기대보유가치는 미래의 값을 소급하여 계산(backward induction)하는 것이므로 실제와 편차가 발생하게 되는데 이를 고평가 경향(high bias)이라고 하며 이러한 고평가 경향 문제는 단순 회귀분석에 의한 몬테카를로 시뮬레이션 방법의 가장 큰 걸림돌이 되었다. 이에 Broadie와 Glasserman은 고평가 경향 문제를 보완하기 위해 low-bias estimator를 제시[32]하였다. 이후 Longstaff와 Schwartz는 보다 정확한 계산을 위해 두 가지 편향(bias)을 없애고자 다항회귀(polynomial regression)를 이용하여 high-bias estimator와 low-biased estimator의 중간 형태를 가지는 estimator를 제안[33]하였으며, 이들이 제안한 방법이 최초자승-몬테카를로 시뮬레이션(LSMC : Least-Squares Monte Carlo Simulation)의 대명사로 인정되고 있다. 이하 본서에서 LSMC 모형은 Longstaff and Schwartz가 제시한 방법론으로 한정하기로 한다.

몬테카를로 시뮬레이션은 대표적인 수치해석 방법으로서 닫힌 형식(Closed Form)의 분석적 해(Analytical Solution)를 도출할 수 없는 경우에 사용된다. LSMC 모형을 이용한 옵션가격결정의 기본 구조는 위험중립하의 주가 프로세스를 생성하여 특정시점의 기대이득(행사이익과 보유가치 중 큰 값)을 계산한 후 이를 무위험이자율로 할인하는 것이다.

본서는 Longstaff and Schwartz가 그들의 논문에서 제시한 LSMC 모형에 따른 아메리칸 풋옵션(American Put Option) 가치를 평가하는 과정을 먼저 설명하고 이어 LSMC 모형에 의한 콜옵션가치에 대해 추가로 설명하고자 한다.

풋옵션평가를 위한 기본정보는 다음과 같다.

- 기초자산(보통주)의 현재가격(S_0) : USD 1.00
- 행사가격(K) : USD 1.10
- 무위험이자율(R_f) : 연 6.0%
- 옵션만기(T) : 3년
- 옵션행사 가능시기 : 현재시점부터 1년이 되는 시점부터 만기(3년)까지

본서는 LSMC 모형에 대한 이해를 돕기 위해 논문에 압축적으로 기술된 내용을 총 7단계의 평가절차로 세분화하였으며 필요한 산식을 덧붙여 설명하기로 한다.

---

32) M.Broadie and P.Glasserman, 「A stochastic meth method for pricing high-dimensional American option」. Paine Webber Working Papers in Money, Economic and Finance, Columbia Business School, New York (1997)

33) Francis A. Longstaff and Eduardo S. Schwartz(UCLA), 「Valuing American Option by Simulation : A Simple Least-Squares Approach (2001)

① 주가경로 생성 : LSMC 모형을 이용해 옵션의 가격을 결정하는 첫 번째 단계는 기초자산가격, 즉 주가의 확률과정(stochastic process)을 모형화하는 것이며, 앞서 유러피안 옵션에서 설명한 바와 같이 기하브라운운동(Geometric Brownian Motion)을 따르는 것을 가정할 경우 만기시점(T) 주가(S_T)는 다음과 같다.

$$S_t = S_0 \cdot \exp\left(\left(r_f - \frac{1}{2} \cdot \sigma^2\right) \cdot t + \sigma \cdot \sqrt{t} \cdot NORMSINV(RAND(\ ))\right)$$

- 아메리칸 옵션은 현재시점부터 만기까지 독립적인 주가경로를 생성해야 하므로 위의 산식을 다음과 같이 수정하여 매 시점(time-step)별로 주가를 생성한다.

$$S_{i+1} = S_i \cdot \exp\left(\left(r_f - \frac{1}{2} \cdot \sigma^2\right) \cdot (t_{i+1} - t_i) + \sigma \cdot \sqrt{(t_{i+1} - t_i)} \cdot NORMSINV(RAND(\ ))\right)$$

- 기하브라운운동을 가정한 상기의 산식에 의해 생성된 주가경로는 다음과 같음을 가정한다. 시행횟수는 8회이다. 생성된 주가경로는 서로 독립적이며 시뮬레이션을 실행할 때마다 난수생성에 의해 값은 변하게 된다.

Iteration	t = 0	t = 1	t = 2	t = 3
1	1.00	1.09	1.08	1.34
2	1.00	1.16	1.26	1.54
3	1.00	1.22	1.07	1.03
4	1.00	0.93	0.97	0.92
5	1.00	1.11	1.56	1.52
6	1.00	0.76	0.77	0.90
7	1.00	0.92	0.84	1.01
8	1.00	0.88	1.22	1.34

② 내가격 경로 생성 : LSMC 모형은 독립적인 하나의 경로(path)에 대해 하나의 최적행사시점(Optimized Exercise Point)을 결정하는 것이 궁극적인 목표이므로 생성된 주가경로에서 내가격(ITM : In-The-Money) 상태의 경로(ITM Path)를 생성한다. 즉, 주가경로 내에 내가격인 상태의 주가만 도출하고 외가격에 해당하는 값은 제거한다.

Iteration	t = 0	t = 1	t = 2	t = 3
1		1.09	1.08	
2				
3			1.07	1.03
4		0.93	0.97	0.92
5				
6		0.76	0.77	0.90
7		0.92	0.84	1.01
8		0.88		

• 매 시점별로 ITM Path의 판단도 독립적이다. 즉, 특정시점에 내가격으로 측정한 결과는 동일 경로의 다른 시점의 내가격 측정여부와는 무관[34]하다.

③ 내가격 경로의 보유가치 계산[35) : 만기이전 시점의 내가격 경로(ITM Path)의 보유가치(Rolled back Holding Value, r-HV)를 계산한다. 보유가치 계산을 위한 할인율은 무위험이자율(R_f)이다. 일반적으로 보유가치는 내가격상태 및 외가격상태 모두에 있어 존재하지만 내가격 경로의 보유가치는 최소자승 회귀분석을 통해 도출할 변수(parameter) 계산을 위한 임시값으로 최종적인 보유가치가 아님에 주의한다.

• 만기이전 시점의 보유가치는 내가격의 옵션이익을 무위험이자율로 할인하여 다음과 같이 계산한다. 내가격 경로의 보유가치는 최소자승 회귀분석을 통해 도출할 변수를 찾기 위한 과정이므로 보유가치 계산결과를 편의상 해당 내가격 시점에 표시하였다.

Iteration	t = 0	t = 1	t = 2	t = 3
1		0.0000	0.0000	
2				
3			0.0659	
4		0.1224	0.1695	
5				
6		0.3108	0.1884	
7		0.2449	0.0848	
8		0.0000		

34) ITM Path에서 동일경로의 다른 시점의 내가격 측정여부는 무관하지만 추후 최적행사시점의 판단시에는 동일경로의 다른 시점별 행사여부가 서로 영향을 미친다. 관련 내용은 이후 단계에서 설명한다.

35) Longstaff and Schwartz의 논문은 본서에서 설명한 2단계(내가격 경로 생성)부터 4단계(회귀계수 계산)까지의 과정을 하나의 절차로 묶어 설명하고 있다. 이에 본서는 이해를 돕기 위해 논문의 내용을 세분화하고 필요한 경우 함수에 대한 자체적인 정의를 곁들여 설명하고 있으므로 필요한 경우 원문을 참고하기 바란다.

④ 회귀계수 계산 : 회귀분석은 단순선형회귀분석(linear regression), 다중선형회귀분석(polynomial linear regression) 및 비선형회귀분석(non-linear regression)으로 구분된다. 비선형회귀분석을 사용하는 Longstaff and Schwartz의 산식은 다음과 같다. 비선형 회귀분석은 회귀계수(parameters : a, b_1 및 b_2)를 도출하기 위해 잔차(residual) 경로를 생성한다. 비선형 회귀분석을 통한 회귀계수는 「해찾기」 방식으로 계산하므로 상기 회귀분석을 적용함에 있어 만기직전 시점(T-1)부터 소급[36)]하여 변수들을 도출해야 한다.

$$\gamma = a + b_1 \cdot X + b_2 \cdot X^2 + \epsilon$$

γ : rolled back HV of ITM path (step 3) set "r-HV_{ij}"
X : stock price of ITM path (step 1) set "S_{ij}"
ϵ : residual

• 비선형회귀분석을 통해 시행회차별로 각 시점의 잔차생성결과와 잔차의 합을 최소화(아래의 「sum of residual」이 0이 되거나 0에 근접하도록 함)하는 변수들을 도출한 결과는 다음과 같다.

Iteration	t=0	t=1	t=2	t=3
1		-0.0133	-0.0368	
2				
3			0.0200	
4		0.0137	0.0520	
5				
6		0.0246	0.0365	
7		0.1278	-0.0716	
8		-0.1528		
sum of residual		0.000	0.000	
a		2.037	-1.070	
b1		-3.334	2.983	
b2		1.355	-1.813	

36) 회귀계수는 보유가치의 오차(high bias 및 low bias)를 최소화하는 값으로 회귀계수를 전진적(forward)으로 도출하면 후행 회귀계수 값에 의해 직전 회귀계수가 무의미해지므로 소급가치인 보유가치를 구성하는 회귀계수는 반드시 소급적으로 계산해야 한다.

• 도출된 비선형 회귀계수를 산식으로 표현하면 다음과 같다.

$$\gamma_{(t=2)} = -1.070 + 2.983 \cdot X - 1.813 \cdot X^2$$

$$\gamma_{(t=1)} = 2.037 - 3.334 \cdot X - 1.355 \cdot X^2$$

⑤ 최적옵션가치 : 최적옵션가치는 하나의 경로에서 각 시점별로 최적의 의사결정에 따른 가치를 계산한 결과이다. 이 단계에서의 최적옵션가치는 각 경로별로 여러 개의 가치를 산출하며 특정시점에서 행사가치를 최적옵션가치로 결정하더라도 이후시점에 보유가치를 '0'으로 측정하는 것은 아니다. 즉, 이 단계에서 최적행사시점이 최종 결정된 것이 아님에 주의[37]한다.

• 옵션만기(T)에는 보유가치가 없고 행사여부에 따라 행사가치만 존재한다. 풋옵션 행사가치는 행사가격(K = USD 1.10)에서 만기시점 주가(S_T)를 차감한 값이며 행사가격이 주가보다 낮은 경우에는 옵션보유자는 풋옵션을 포기하면 되므로 0이 된다. 옵션만기에 행사가격보다 주가가 낮은 3회, 4회, 6회 및 7회 시도분(iteration)의 경우 행사가치를 도출하고 행사가격보다 주가가 높은 1회, 2회, 5회 및 8회 시도분의 경우 '0'을 도출한다.

Iteration	t = 0	t = 1	t = 2	t = 3
1				0.0000
2				0.0000
3				0.0700
4				0.1800
5				0.0000
6				0.2000
7				0.0900
8				0.0000

• 만기이전에는 각 시점(time-step)별로 행사가치(Exercise Value)와 비선형회귀계수를 이용해 계산한 최소자승 보유가치(Least Squared HV, λ-HV)를 비교하여 행사가치 최소자승 보유가치보다 큰 경우에는 행사가치를 선택하고, 최소자승 보유가치가 행사가치보다 큰 경우에는 직전 최적옵션가치의 현재가치를 무위험이자율

37) 본서는 독자의 이해를 돕기 위해 논문의 내용을 풀어쓰는 과정에서 단계를 세분화하여 표시하고 있으며 불가피하게 논문에서 사용하지 않는 용어를 본서에 임의로 사용하고 있음을 감안하기 바란다.

로 할인한 값을 선택한다.

- 먼저 t=1 시점의 행사가치와 최소자승 보유가치를 비교하면 다음과 같이 1회 및 5회 시도분의 경우 최소자승 보유가치가 행사가치보다 크고 나머지 시도분은 행사가치가 큰 것을 확인할 수 있다.

Iteration	λ-HV	EX-Value
1	0.0133	0.0100
2	-0.0066	0.0000
3	-0.0131	0.0000
4	0.1088	0.1700
5	0.0063	0.0000
6	0.2862	0.3400
7	0.1170	0.1800
8	0.1528	0.2200

- 또한, t=2 시점의 행사가치와 최소자승 보유가치를 비교하면 다음과 같이 1회 및 3회 시도분의 경우 최소자승 보유가치가 행사가치보다 크고 나머지 시도분은 행사가치가 큰 것을 확인할 수 있다.

Iteration	λ-HV	EX-Value
1	0.0368	0.0200
2	-0.1899	0.0000
3	0.0460	0.0300
4	0.1175	0.1300
5	-0.8288	0.0000
6	0.1519	0.3300
7	0.1564	0.2600
8	-0.1294	0.0000

- 위와 같이 행사가치와 최소자승 보유가치를 비교하여 행사가치가 최소자승 보유가치보다 큰 경우에는 행사가치를 선택하고, 최소자승 보유가치가 행사가치보다 큰 경우에는 직전 최적옵션가치의 현재가치를 무위험이자율로 할인한 값을 선택한다. 이러한 과정을 거쳐 계산된 각 시점별 최적옵션가치는 다음과 같다.

Iteration	t=0	t=1	t=2	t=3
1		0.0000	0.0000	0.0000
2		0.0000	0.0000	0.0000
3		0.0000	0.0659	0.0700
4		0.1700	0.1300	0.1800
5		0.0000	0.0000	0.0000
6		0.3400	0.3300	0.2000
7		0.1800	0.2600	0.0900
8		0.2200	0.0000	0.0000

- 주의할 점은 최소자승 보유가치가 행사가치보다 큰 경우 직전 최적옵션가치의 현재가치를 무위험이자율로 할인한 값이 최적옵션가치가 된다는 점이다. 예를 들어 t=1 시점의 1회차 시도분의 경우 위에서 최소자승 보유가치(0.0133)가 행사가치(0.0100)보다 크므로 직전 최적옵션가치의 현재가치를 무위험이자율로 할인한 값으로 계산되는데 직전 최적옵션가치가 0이므로 해당 시점의 최적옵션가치도 0이 되는 것이다.

⑥ 행사시점결정 : 최적옵션가치에서 얻은 정보를 토대로 최적의 옵션행사시점을 선택한다. 옵션행사시점은 독립된 각각의 경로(path)에서 하나의 최적행사시점을 결정하는 것이며 이는 전진적(forward)으로 판단한다. 최적행사시점은 특정시점에서 최적옵션가치(위 ⑤에서 도출한 최적옵션가치)와 행사가치가 같은 시점으로 이 시점에 옵션행사(exercise option)를 결정하므로 「stopping point」라고 정한다. 반면, 최적옵션가치와 행사가치가 같지 않은 시점에는 옵션을 행사하지 않고 보유(hold option)를 결정하므로 「waiting point」라고 정한다. 최적행사시점(stopping point)을 "1"로 표시하고 옵션을 보유하거나 최적행사시점이 지난 시점(waiting point)을 "0"으로 표시하여 전진적으로 판단하는 최적행사시점을 다음과 같이 산정할 수 있다.

Iteration	t=0	t=1	t=2	t=3
1		0	0	0
2		0	0	0
3		0	0	1
4		1	0	0
5		0	0	0
6		1	0	0
7		1	0	0
8		1	0	0

⑦ 옵션가치계산 : 독립적인 경로별 옵션의 현재가치는 최적행사시점(위 ⑥에서 도출한 최적행사시점)의 최적옵션가격(위 ⑤에서 도출한 최적옵션가격)을 무위험이자율로 할인하여 계산한다. 각 경로별 최적옵션가격은 최적행사시점에 단 하나의 값이 존재한다. 각 경로별 옵션의 현재가치를 도출한 후 이를 평균한 값이 LSMC 모형에 의한 옵션가격이 된다. 본 예제의 경우 풋옵션가치는 아래와 같이 0.1144로 계산[38]되었다.

Iteration	t=0	t=1	t=2	t=3
1	0.0000	0.0000	0.0000	0.0000
2	0.0000	0.0000	0.0000	0.0000
3	0.0585	0.0000	0.0000	0.0000
4	0.1601	0.1700	0.0000	0.0000
5	0.0000	0.0000	0.0000	0.0000
6	0.3202	0.3400	0.0000	0.0000
7	0.1695	0.1800	0.0000	0.0000
8	0.2072	0.2200	0.0000	0.0000
Option Price	0.1144			

LSMC 모형을 이용한 콜옵션 평가

LSMC 모형을 이용한 아메리칸 콜옵션(American Call Option) 가치를 평가하는 과정은 기본적으로 아메리칸 풋옵션 가치를 평가하는 과정과 같다. 다만, 콜옵션과 풋옵션의 기본적인 차이만 있을 뿐이다. 이해를 돕기 위해 풋옵션 평가과정에서 사용한 Longstaff and Schwartz의 논문에서 제시한 예시를 이용하여 LSMC 모형을 이용한 아메리칸 콜옵션 가치를 평가하는 과정을 설명하기로 한다.

콜옵션평가를 위한 기본정보는 다음과 같다.

- 기초자산(보통주)의 현재가격(S_0) : USD 1.00
- 행사가격(K) : USD 1.10
- 무위험이자율(R_f) : 연 6.0%
- 옵션만기(T) : 3년
- 옵션행사 가능시기 : 현재시점부터 1년이 되는 시점부터 만기(3년)까지

38) 본서에서 다룬 예제는 Longstaff and Schwartz의 논문에서 제시한 LSMC 모형에 의한 풋옵션가치 계산과정을 인용하였음을 다시 한 번 밝힌다. 따라서, 풋옵션가격도 해당 논문의 값과 일치한다. 그러나 실제 LSMC 모형은 단순히 8회 정도의 시도로 계산되는 것은 아니므로 실제로는 해당 논문에서 계산된 풋옵션가격은 아무런 의미가 없으며 이해를 돕기 위해 제시된 것임에 유의하기 바란다.

LSMC 모형을 이용한 아메리칸 콜옵션을 7단계의 과정으로 다음과 같이 계산하였다.

① 주가경로 생성 : 기하브라운운동을 가정하여 생성된 주가경로는 다음과 같다.[39) 시행횟수는 8회이다. 생성된 주가경로는 서로 독립적이며 시뮬레이션을 실행할 때마다 난수생성에 의해 값은 변하게 된다.

Iteration	t=0	t=1	t=2	t=3
1	1.00	1.09	1.08	1.34
2	1.00	1.16	1.26	1.54
3	1.00	1.22	1.07	1.03
4	1.00	0.93	0.97	0.92
5	1.00	1.11	1.56	1.52
6	1.00	0.76	0.77	0.90
7	1.00	0.92	0.84	1.01
8	1.00	0.88	1.22	1.34

② 내가격 경로 생성 : LSMC 모형은 독립적인 하나의 경로(path)에 대해 하나의 최적 행사시점(Optimized Exercise Point)을 결정하는 것이 궁극적인 목표이므로 생성된 주가경로에서 내가격(ITM : In-The-Money) 상태의 경로(ITM Path)를 생성한다. 즉, 주가경로 내에 내가격인 상태의 주가만 도출하고 외가격에 해당하는 값은 제거한다.

Iteration	t=0	t=1	t=2	t=3
1				1.34
2		1.16	1.26	1.54
3		1.22		
4				
5		1.11	1.56	1.52
6				
7				
8			1.22	1.34

• 매 시점별로 ITM Path의 판단도 독립적이다. 즉, 특정시점에 내가격으로 측정한 결과는 동일 경로의 다른 시점의 내가격 측정여부와는 무관하다.

39) 앞서 설명한 아메리칸 풋옵션의 주가경로와 같은 값을 생성하였다.

③ 내가격 경로의 보유가치 계산 : 만기이전 시점의 내가격 경로(ITM Path)의 보유가치(Rolled back Holding Value, r-HV)를 계산한다. 보유가치는 내가격상태 및 외가격상태 모두에 있어 존재하지만 내가격 경로의 보유가치는 최소자승 회귀분석을 통해 도출할 변수(parameter) 계산을 위한 임시값으로 최종적인 보유가치가 아님에 주의한다.

- 만기이전 시점의 보유가치는 내가격의 옵션이익을 무위험이자율(R_f)로 할인하여 다음과 같이 계산한다. 내가격 경로의 보유가치는 최소자승 회귀분석을 통해 도출할 변수를 찾기 위한 과정이므로 보유가치 계산결과를 편의상 해당 내가격 시점에 표시하였다.

Iteration	t=0	t=1	t=2	t=3
1				
2		0.3902	0.4144	
3		0.0000		
4				
5		0.4332	0.3955	
6				
7				
8			0.2260	

④ 회귀계수 계산 : 아래의 Longstaff and Schwartz의 비선형회귀분석(non-linear regression) 산식을 이용해 회귀계수(parameters : a, b_1 및 b_2)를 도출한다. 비선형회귀분석을 통한 회귀계수는 「해찾기」 방식으로 계산하므로 상기 회귀분석을 적용함에 있어 만기직전 시점(T-1)부터 소급하여 변수들을 도출해야 한다.

$$\gamma = a + b_1 \cdot X + b_2 \cdot X^2 + \epsilon$$

γ : rolled back HV of ITM path (step 3) set "r-HV_{ij}"
X : stock price of ITM path (step 1) set "S_{ij}"
ϵ : residual

- 비선형회귀분석을 통해 시행회차별로 각 시점의 잔차생성결과와 잔차의 합을 최소화(아래의 「sum of residual」이 0이 되거나 0에 근접하도록 함)하는 변수들을 도출한 결과는 다음과 같다.

Iteration	t = 0	t = 1	t = 2	t = 3
1				
2		0.1190	-0.0562	
3		-0.2823		
4				
5		0.1632	0.3335	
6				
7				
8			-0.2773	
sum of residual		0.000	0.000	
a		2.104	-0.952	
b1		-3.257	3.141	
b2		1.446	-1.597	

⑤ 최적옵션가치 : 최적옵션가치는 옵션만기와 만기이전을 구분하여 다음과 같이 계산한다.

- 옵션만기(T)에는 보유가치가 없고 행사여부에 따라 행사가치만 존재한다. 콜옵션 행사가치는 만기시점 주가(S_T)에서 행사가격(K = USD 1.10)을 차감한 값이며 주가가 행사가격보다 낮은 경우 옵션보유자는 콜옵션을 포기하면 되므로 이때의 콜옵션가치는 0이 된다. 옵션만기에 행사가격보다 주가가 높은 1회, 2회, 5회 및 8회 시도분(iteration)의 경우 행사가치를 도출하고 주가가 행사가격보다 낮은 3회, 4회, 6회 및 7회 시도분의 경우 '0'을 도출한다.

Iteration	t = 0	t = 1	t = 2	t = 3
1				0.2400
2				0.4400
3				0.0000
4				0.0000
5				0.4200
6				0.0000
7				0.0000
8				0.2400

- 만기이전에는 각 시점(time-step)별로 행사가치(Exercise Value)와 비선형회귀계수를 이용해 계산한 최소자승 보유가치(Least Squared HV, λ-HV)를 비교하여 행사가치 최소자승 보유가치보다 큰 경우에는 행사가치를 선택하고, 최소자승 보유가치가 행사가치보다 큰 경우에는 직전 최적옵션가치의 현재가치를 무위험 이자율로 할인한 값을 선택한다.

• 먼저 t = 1 시점의 행사가치와 최소자승 보유가치를 비교하면 다음과 같이 모든 시도분에서 최소자승 보유가치가 행사가치보다 큰 것을 확인할 수 있다.

Iteration	λ-HV	EX-Value
1	0.2715	0.0000
2	0.2712	0.0600
3	0.2823	0.1200
4	0.3254	0.0000
5	0.2700	0.0100
6	0.4637	0.0000
7	0.3312	0.0000
8	0.3574	0.0000

• 또한, t = 2 시점에는 다음과 같이 5회 시도분을 제외한 나머지 시도분에서 최소자승 보유가치가 행사가치보다 큰 것을 확인할 수 있다.

Iteration	λ-HV	EX-Value
1	0.5777	0.0000
2	0.4706	0.1600
3	0.5807	0.0000
4	0.5923	0.0000
5	0.0620	0.4600
6	0.5197	0.0000
7	0.5597	0.0000
8	0.5033	0.1200

• 위와 같이 행사가치와 최소자승 보유가치를 비교하여 행사가치가 최소자승 보유가치보다 큰 경우에는 행사가치를 선택하고, 최소자승 보유가치가 행사가치보다 큰 경우에는 직전 최적옵션가치의 현재가치를 무위험이자율로 할인한 값을 선택한다. 이러한 과정을 거쳐 계산된 각 시점별 최적옵션가치는 다음과 같다.

Iteration	t = 0	t = 1	t = 2	t = 3
1		0.2129	0.2260	0.2400
2		0.3902	0.4144	0.4400
3		0.0000	0.0000	0.0000
4		0.0000	0.0000	0.0000
5		0.4332	0.4600	0.4200
6		0.0000	0.0000	0.0000
7		0.0000	0.0000	0.0000
8		0.2129	0.2260	0.2400

⑥ 행사시점결정 : 최적옵션가치에서 얻은 정보를 토대로 최적의 옵션행사시점을 선택한다. 옵션행사시점은 독립된 각각의 경로(path)에서 하나의 최적행사시점을 결정하는 것이며 이는 전진적(forward)으로 판단한다. 최적행사시점(stopping point)을 "1"로 표시하고 옵션을 보유하거나 최적행사시점이 지난 시점(waiting point)을 "0"으로 표시하여 전진적으로 판단하는 최적행사시점을 다음과 같이 산정할 수 있다.

Iteration	t = 0	t = 1	t = 2	t = 3
1		0	0	1
2		0	0	1
3		0	0	0
4		0	0	0
5		0	1	0
6		0	0	0
7		0	0	0
8		0	0	1

⑦ 옵션가치계산 : 독립적인 경로별 옵션의 현재가치는 최적행사시점의 최적옵션가격을 무위험이자율로 할인하여 계산한다. 각 경로별 최적옵션가격은 최적행사시점에 단 하나의 값이 존재한다. 각 경로별 옵션의 현재가치를 도출한 후 이를 평균한 값이 LSMC 모형에 의한 옵션가격이 된다. 본 예제의 경우 콜옵션가치는 아래와 같이 0.1471로 계산되었다.

Iteration	t = 0	t = 1	t = 2	t = 3
1	0.2005	0.0000	0.0000	0.2400
2	0.3675	0.0000	0.0000	0.4400
3	0.0000	0.0000	0.0000	0.0000
4	0.0000	0.0000	0.0000	0.0000
5	0.4080	0.0000	0.4600	0.0000
6	0.0000	0.0000	0.0000	0.0000
7	0.0000	0.0000	0.0000	0.0000
8	0.2005	0.0000	0.0000	0.2400
Option Price	0.1471			

LSMC 모형의 활용

몬테카를로 시뮬레이션은 수많은 독립적인 주가경로(independent stock price path)를 생성하여 각각의 경로에서의 옵션가격을 계산하고 모든 경로에 대하여 평균값을 구하는 방법이므로 LSMC 모형은 처리해야 할 데이터가 많고 계산시간이 오래 걸리는 치명적인 단점이 있다. 따라서, 닫힌 형식(Closed Form)의 분석적 해(Analytical Solution)를 도출할 수 있는 상황에서 굳이 LSMC 모형을 사용하는 것은 자원낭비에 불과하다. 반면, LSMC 모형은 주가경로가 독립적이므로 옵션이익(pay-off)이 주가경로에 의존하는 경우에도 적용할 수 있고 옵션의 기초자산이 복수인 경우에도 적용가능하므로 이러한 상황하에서는 LSMC 모형의 활용이 필수적이다.

- 경로의존형 파생상품이나 주식선택권의 공정가치 평가에서 LSMC 모형은 널리 활용되고 있다. 예를 들어, 주식선택권의 행사조건이 일정기간 동안의 평균주가가 목표주가를 상회할 경우에 한해 주식선택권을 행사할 수 있거나 일정기간 동안 매일의 주가가 목표주가를 상회하는 경우에 한해 주식선택권을 행사할 수 있는 추가적인 조건이 있는 경우에는 재결합(Lattice) 방식으로 주가경로를 단순화한 이항모형에서는 기초자산의 경로추적이 불가능하여 행사가능여부를 반영할 수 없는 반면 LSMC 모형은 주가경로가 독립적이므로 경로의존형 파생상품 및 주식선택권의 공정가치 평가에서도 활용가능하다.
- 주가가 경영자의 주요 성과지표인 미국 등에서는 주가와 연계된 주식선택권 부여가 활발하게 이뤄지고 있으나 국내에서는 주가를 성과평가지표로 한 주식선택권이 활발하게 활용되지는 않고 있다. 다만, 국내에서도 최고경영자 수준에서 목표주가 달성 또는 유지여부를 조건으로 한 경로의존형 주식선택권이 부여되는 경우가 종종 있으므로 이러한 상황에서는 LSMC 모형이 유용한 방법으로 사용된다.
- 경로의존형 옵션약정이 있는 주주간 계약에 대해서도 LSMC 모형은 유용하다. 예를 들어 재무적 투자자가 특정 기업의 유상증자에 참여한 후 해당 기업의 주가가 일정기간 동안 일정수준 이상을 유지하지 못할 경우 재무적 투자자가 보유한 주식을 최대주주에게 매각할 수 있는 권리(풋옵션)를 가질 수 있는데 이러한 주주간 계약은 옵션행사조건을 발동시킬 수 있는 가장 중요한 변수가 주가이므로 재결합모형인 이항모형으로는 구현이 불가능하며 LSMC 모형을 적절하게 활용할 수 있다.
- LSMC 모형은 독립적인 주가경로(independent stock price path)를 생성하므로 경로

의존적 특성(예 : 시가변동에 따라 전환가액이 조정되는 약정)이 포함된 전환금융상품의 가치평가방법으로 논의되기도 한다. 본서는 전환사채와 같은 전환금융상품의 대표적인 가치평가모형으로 Goldman-Sachs 모형과 Tsiveriotis-Fernandes 모형을 소개[40]하고 있는데 이들 모형은 주가경로가 재결합(Lattice)하는 이항모형에 기반하고 있어 전환금융상품에 포함된 경로의존적 특성을 반영하는 데 한계가 있다. 다만, 전환금융상품은 비파생계약인 주계약에 전환권과 조기상환권과 같은 파생요소가 내재된 특성을 갖고 있어 주계약의 계약상 현금흐름, 전환권과 조기상환권의 상호의존성 및 상호억제성으로 인해 경로의존적 특성을 반영하는 과정에서 비파생요소 및 파생요소 간의 상호영향이 제대로 반영되지 못할 위험이 있음에 주의할 필요가 있다. 즉, 경로의존적 특성을 적절히 반영함으로써 전환옵션의 평가가 목적적합해지는 장점과 전환금융상품을 구성하는 다른 비파생 및 파생요소 간의 상호효과가 왜곡될 수 있는 단점을 모두 감안할 경우 전환금융상품에 대해 LSMC 모형을 적용하기보다 전통적인 이항모형 기반으로 공정가치를 평가하는 것이 이익형량 측면에서 더 적절한 것으로 판단된다.

5 전환금융상품 평가모형

지금까지 블랙숄즈모형, 이항옵션모형 그리고 몬테카를로 시뮬레이션을 이용한 옵션평가모형을 살펴보았다. 블랙숄즈모형, 이항옵션모형 및 몬테카를로 시뮬레이션을 이용한 옵션평가모형은 기초자산 가격의 변동에 따라 옵션 보유자는 사전에 정해진 행사가격에 기초해 최적의 의사결정을 함으로써 이익을 최대화할 수 있다. 이 모형들은 정형화된 형태의 옵션가격결정모형으로 사용되지만 채무상품 등 정형화된 금융상품에 부여된 전환옵션의 평가에 독립적으로 사용되기에는 한계가 있다. 일반적으로 전환사채와 같은 전환금융상품(전환형 복합상품)은 주계약인 채무상품에서 전환옵션을 분리하여 거래할 수 없으므로 독립적으로 행사가격이 결정되기 어렵기 때문이다. 따라서, 전환사채, 신주인수권부사채, 전환상환우선주 및 교환사채와 같은 전환금융상품의 특성을 고려한 체계적인 평가방법에 대한 다양한 연구가 이어지고 있다. 본서는 전환사채와 같은 전환금융상품의 공정가치평가 접근방법과 실무적으로 널리 사용되는 몇 가지 방법을 소개한다.

40) 전환금융상품의 개념과 특성 그리고 전환금융상품의 대표적인 평가모형에 대해서는 후술내용을 참고하기 바란다.

5.1. 전환금융상품 평가방법론

전환금융상품(Convertibles)은 채무상품과 같은 전형적인 유형의 금융상품을 사전에 정해진 전환가격으로 원본증권을 기초자산으로 전환할 수 있는 금융상품으로 정의된다. 전환금융상품에는 전환사채나 신주인수권부사채와 같이 일반적인 채무상품에 전환사채 발행기업의 보통주로 전환할 수 있는 전환옵션(conversion option)이 부여된 형태가 일반적이다. 또한, 채무상품의 특성을 가진 상환우선주에 발행기업의 보통주로 전환할 수 있는 권리가 부여된 전환상환우선주나 채무상품에 발행기업의 보통주가 아닌 다른 금융상품으로 교환할 수 있는 권리인 교환옵션이 부여된 교환사채도 포함된다.

전환금융상품 투자자는 기초자산가격이 주계약인 채무상품가격보다 높은 때에는 전환옵션을 행사함으로써 이익을 얻을 수 있고 기초자산가격이 채무상품 가격보다 낮은 때에는 전환하지 않고 보유(hold)하거나 상환(redemption)함으로써 손실을 방어할 수 있다. 따라서 전환금융상품의 가치는 기초자산가격의 변동만을 감안하여 독립적으로 산출되지 않고 기초자산가격 수준과 같은 시점의 채권가격 수준을 비교하여 결정된다. 이에 더하여 전환금융상품 보유자의 조기상환옵션(put option)이나 발행자의 수의상환옵션(call option)이 있는 경우에는 기초자산가격, 채무상품가격, 조기상환가격 및 수의상환가격을 모두 고려하여 최적화된 가치를 도출하게 된다.

▌전환금융상품의 특성

전환금융상품의 가치평가방법을 살펴보기 위해 전환금융상품의 가치를 구성하는 항목에 대한 이해가 필요하다. 이에 전환금융상품과 관련된 용어와 전환금융상품의 일반적 특성에 대해 살펴본다.

전환금융상품은 일반적인 채무상품에 기본적으로 전환옵션이 부여되는 특성을 가진다. 따라서, 전환금융상품을 이해하기 위해서는 채무상품의 구성항목과 전환옵션의 구성항목을 살펴볼 필요가 있겠다.

① 만기(T : maturity) : 전환금융상품의 주계약인 채무상품이 소멸되는 계약만기

- 일반적으로 전환사채나 신주인수권부사채는 채무상품의 만기가 명시되어 있으나 전환상환우선주와 같이 채무상품의 특성을 가진 지분상품이 주계약인 경우에는 전환금융상품의 존속기간이나 상환옵션의 만기로 설정될 수 있다.

② 액면금액(FV : Face Value or Par Value) : 전환금융상품의 주계약인 채무상품의

액면금액

• 액면금액은 만기상환금이나 액면이자의 산정기준이 된다. 전환사채, 신주인수권부사채 및 교환사채와 같은 채무상품형 전환금융상품은 액면금액이 명시되어 있으나 전환상환우선주는 발행금액이 액면금액으로 간주된다.

③ 만기상환원리금(Red : Redemption) : 전환금융상품이 만기까지 기초자산으로 전환되지 않을 경우 지급될 금액

• 만기상환원리금은 종종 액면금액 대비 비율로 표시되기도 한다. 만기상환원리금은 만기보장수익률이 있는 경우 액면금액에 만기보장이자를 더한 금액으로 계산된다.

④ 액면이자($coupon_i$) : 특정시점(i-time)에 액면금액에 액면이자율을 곱하여 지급하는 이자

• 액면이자는 대개 단리(simple interest)로 지급되나 예외적으로 복리(compound interest)로 지급되기도 한다. 국내에서 발행되는 전환금융상품의 액면이자 지급주기는 대부분 분기(quarterly) 단위이다.

⑤ 전환가격(conversion price) : 전환금융상품 보유자가 전환옵션을 행사할 경우 기초자산으로 전환하는 행사가격

• 전환가격은 발행시점에 약정에 의해 확정되지만 계약조건에 따라 전환가격이 조정(re-fixing)되기도 한다.

⑥ 전환비율(Cr : Conversion ratio) : 주계약인 채무상품이 기초자산으로 전환되는 비율

• 전환사채와 같은 채무형 전환금융상품은 액면금액을 전환가격으로 나누어 계산한다. 즉, 전환비율은 전환금융상품의 액면금액을 전환가격으로 나눈 값(Par Vale÷conversion price)이다. 채무형 전환금융상품은 채무상품이 단위가 다른 지분상품형 기초자산으로 교환되기 때문이다.

• 전환상환우선주와 같은 지분상품형 전환금융상품은 발행금액을 전환가격으로 나눈 값이다. 즉, 1주의 전환상환우선주가 1주의 보통주로 전환될 경우 전환비율은 1.0이 된다. 전환상환우선주 1주가 복수의 보통주로 전환되는 계약조건일 경우 지분상품형 전환금융상품의 전환비율이 1.0이 아닌 경우도 있을 수 있다.

⑦ 전환가치(Parity : Conversion Value) : 전환금융상품 보유자가 전환옵션을 행사함으로써 주계약이 기초자산으로 전환될 경우의 가치

• 전환가치는 특정시점(i-time)·특정노드(j-node)의 기초자산가격($S_{i,j}$)에 전환비율

(Cr)을 곱한 금액(Parity = Cr × $S_{i,j}$)이다.

⑧ 채권가치(BF_i : Bond Floor) : 전환금융상품이 기초자산으로 전환되지 아니한 특정 시점의 채무상품가치

- 채무상품가치는 시장이자율 변동에 따라 변동되나 전환금융상품의 가치평가에서 시장이자율은 평가시점의 시장이자율로 확정적(determinant)인 것으로 가정하는 경우가 일반적[41]이다.
- 평가시점의 시장이자율이 확정된 것임을 가정하더라도 이자율의 기간구조(term structure)를 감안해야 하므로 하나의 시장이자율로 채무상품가치를 측정하는 것은 아니다.

⑨ 상환가치(Put_i, $Call_i$) : 전환금융상품 보유자(Put) 또는 발행자(Call)가 만기 이전에 상환을 청구할 경우 발행자가 지급해야 할 특정시점(i-time)의 상환금액

- 상환가치는 약정에 따라 액면금액에 일정한 수익률을 제공하는 형태로 결정된다. 시간의 경과에 따라 상환수익률이 단리 또는 복리로 산정되므로 매 상환가능시점마다 상환가치가 산출된다. 반면, 상환가치는 시장이자율에 의해 변동되는 것으로 약정되지 않는 한 평가시점에 확정적(determinant)이다.

전환금융상품은 전형적인 유형의 금융상품에 기초자산으로 전환할 수 있는 전환옵션이 부여되어 있으므로 전환금융상품 보유자는 기초자산 가격의 변동과 주계약인 금융상품(일반채무상품)의 가격을 고려하여 전환금융상품을 보유(hold)하거나 전환(conversion)할지 또는 상환(redemption)할지 여부를 결정할 수 있다. 아래 그림은 특정시점(i-time)에 기초자산의 가격과 채무상품의 가격에 따라 전환금융상품의 가치가 어떻게 산정되는지를 보여 준다.

---

41) 전환형 복합상품 보유자는 기초자산가격 변동과 상환옵션의 가치를 결정하는 시장이자율의 변동을 모두 고려하여 전환, 보유 또는 상환의 의사결정을 할 수 있으므로 보유가치와 상환옵션가격에 대해서도 기초자산인 시장이자율을 확정적(determinant)으로 가정할 것이 아니라 확률적(stochastic) 변동을 고려하는 것이 타당하다. 그러나 실무적으로 주가와 시장이자율에 대해 동시에 확률적 변동을 고려하는 것에는 상당한 어려움이 있으므로 보유가치와 상환옵션가격에 대해서는 시장이자율이 확정적임을 가정하는 것이 불가피하다. 본서에서 소개하는 Goldman-Sachs 모형이나 Tsiveriotis-Fernandes 모형도 전환옵션의 기초자산인 주가에 대해서만 확률적 변동을 고려한다.

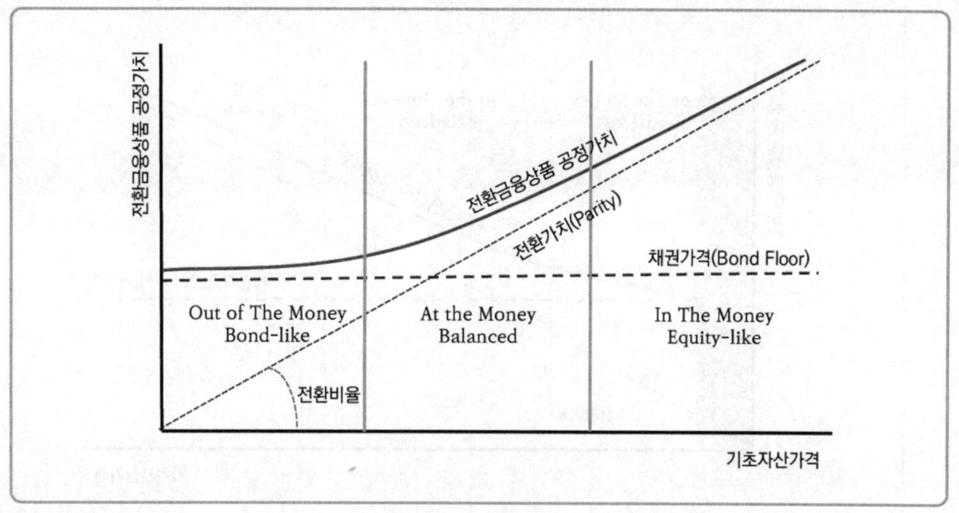

특정시점(i-time)의 전환금융상품 공정가치는 기초자산 가격수준과 채권가격을 비교하여 아래의 3가지 상태로 구분할 수 있다.

① 지분전환상태(Equity-like) : 기초자산가격이 전환가격에 비해 충분히 높은 내가격상태(ITM : In The Money)로 전환가치(Parity)가 채권가격을 상회하는 상황이다. 전환금융상품 공정가치는 전환가치에 근접하고 시장이자율이나 신용위험변화보다 기초자산가격 변화에 보다 민감하게 변동되는 특성이 나타난다.

② 균형상태(Balanced) : 기초자산가격이 전환가격과 유사한 상태에서 거래되는 등가격상태(ATM : At The Money)로 전환금융상품 공정가치는 기초자산가격 변화, 시장이자율 및 발행기업 신용위험의 변화에 모두 민감하게 변동되는 특성이 나타난다.

③ 채권보유상태(Bond-like) : 기초자산가격이 전환가격에 비해 낮은 외가격상태(OTM : Out of The Money)로 보유자는 전환에 따른 이득이 없어 전환이 이뤄지지 않는 상황이다. 전환금융상품 공정가치는 시장이자율이나 신용위험변화에 민감하게 변동되고 기초자산가격 변화는 무시된다.

위의 그림은 발행자의 지급거절위험(default risk) 또는 신용위험(credit risk)을 채권가치(BF : Bond Floor)에서 고려하되 기초자산가격(주가)이 지급거절위험에 미치는 영향을 고려하지 아니한다. 반면, 아래 그림은 주가가 극단적으로 하락할 경우 그러한 주가하락이 지급거절위험에 미치는 영향을 추가로 고려한다.

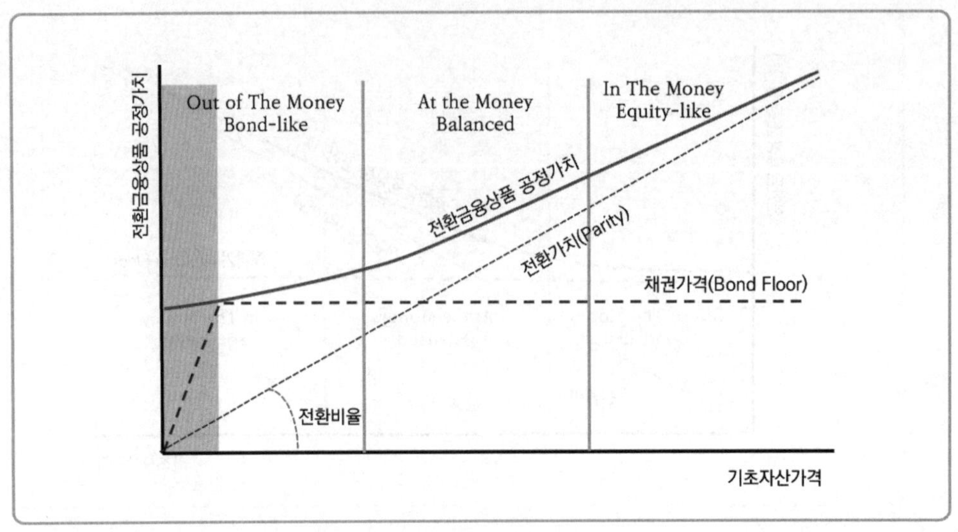

일반적으로 채권가치는 발행자의 신용위험에 따라 달리 산정되므로 두 그림 모두 발행자의 신용위험이 고려된 것으로 볼 수 있는데, 두 번째 그림은 주가의 극단적인 하락이 발행자의 신용위험에 중요한 영향을 미치는 것을 가정한 것이므로 보다 현실적이라 할 수 있다.

- 실무적으로 이러한 주가의 극단적인 하락에 따른 채권가치 변동효과를 고려하는 경우는 드문데 평가시점 발행자의 신용위험을 고려하는 것만으로 전환금융상품 가치평가에 충분하고 그러한 주가하락이 전환금융상품 공정가치에 미치는 영향이 유의적으로 중요하지 않은 것으로 분석되기 때문이다.
- 또한, 극단적인 주가하락이 신용위험에 미치는 정도에 대한 체계적인 지표도 부족한 상황이다. 본서에서 다루는 전환금융상품 평가모형들도 이러한 극단적인 주가하락에 따른 추가적인 신용위험은 고려하지 아니한다.

한편, 전환금융상품에 보유자의 조기상환옵션(put option)이 있는 경우 전환금융상품 보유자는 시장이자율 수준을 고려하여 만기이전이라도 전환금융상품을 조기에 상환할지에 대한 추가적인 옵션이 부여될 수 있는데 이 경우 보유자는 전환금융상품의 보유(holding), 전환(conversion), 조기상환(put)의 의사결정을 할 수 있다. 이에 더하여 전환금융상품에 발행자의 수의상환옵션(call option)이 있는 경우 전환금융상품 발행자는 시장이자율 수준을 고려하여 만기이전이라도 전환금융상품을 조기에 상환할 수 있으므로 전환금융상품 보유자는 발행자의 수의상환요구를 피하기 위해 전환금융상품을 보유하지 않고 기초자산(보통주)으로 전환을 유도(forced conversion)하는 효과가 발생한다.

전환금융상품은 전환옵션이 기본적으로 부여되고 보유자의 조기상환옵션(put)이나 발행자의 수의상환옵션(call)이 추가로 부여되는 구조이므로 전환금융상품의 공정가치 측정에는 다음과 같은 특성을 고려해야 한다.

① 전환유도효과(forced conversion effect) : 발행자의 상환청구가능기간(call period)에 사전에 정해진 수의상환가격($call_i$)으로 상환옵션을 행사할 것으로 예상되는 경우, 보유자는 발행자의 상환청구를 피하기 위해 전환을 청구할 수가 있는데 이를 전환유도(forced conversion)라고 한다. 예를 들어, 특정시점에 전환가치가 채권가격을 상회하는 상황에서 전환가치(parity : $Cr \times S_{i,j}$)보다 보유가치(holding value)가 크다면 보유자는 전환금융상품을 즉시 전환하지 않고 보유하는 것을 선호하지만 발행자의 수의상환옵션이 유효한 시점에는 수의상환청구를 피하기 위해 보유자는 불가피하게 즉시 전환하는 것을 선택하는 것을 말한다.

② 전환제한조건(CoCo : Contingent Conversion) : 때로는 전환금융상품 보유자가 전환옵션을 행사할 수 있는 기간이 제한되기도 한다.[42] 전환옵션의 행사가 불가능한 시점에서의 전환금융상품 공정가치는 비록 기초자산가격이 내가격상태라 하더라도 전환가치로 측정될 수 없고 보유가치(holding value 또는 rolled-back value)로만 측정될 것이다. 따라서, 전환금융상품의 공정가치측정은 전환제한조건(CoCo)을 적절히 반영해야 한다. 특히, 전환금융상품에 발행자 상환권(call option)이 부여된 경우 발행자 상환권의 행사기간 동안 투자자의 전환권리가 제한되는 경우가 있는데, 전환금융상품에 이러한 전환제한조건이 부여된 경우에는 전환금융상품의 공정가치에 유의적으로 중요한 영향을 미치므로 발행자 상환권 행사기간 동안 제한된 전환권리가 있는 경우에는 이러한 전환제한조건(CoCo)의 고려는 매우 중요하다.

③ 소극적 수의상환조건(soft callability) : 어떤 경우에는 전환금융상품 보유자의 투자안정성을 제고하기 위해 기초자산가격이 일정수준 이하로 하락한 시점에는 발행자의 수의상환권리를 제한하는 경우가 있다.[43] 전환금융상품은 채권보유와 지분보유의 장점을 혼합한 유형인데, 기초자산가격 하락에 따라 보유자가 전환의

42) 전환옵션의 행사기간제한은 전환사채나 신주인수권부사채와 같은 채무상품형 전환금융상품에 일반적이다. 국내에서는 자본시장법에 따라 상장기업이 발행하는 전환사채 등에 대해 최소 1년 이상의 전환제한조건을 의무적으로 부여하기도 한다. 반면, 전환상환우선주와 같은 지분상품형 전환금융상품에는 일반적으로 전환제한조건을 부여하지 않는다.

43) 국내 금융시장에서는 전환금융상품에 소극적 수의상환조건(soft call)이 부여되는 경우는 거의 발견되지 않고 있다.

기회를 충분히 갖지 못할 위험을 방지하기 위해 이러한 소극적 수의상환조건이 부여되기도 한다. 소극적 수의상환조건(soft call)이 부여된 경우 전환금융상품의 공정가치는 기초자산가격 수준에 따라 발행자 수의상환권리를 제한하는 상황을 고려하여야 한다.

④ 상환제한조건 : 전환금융상품 발행자에게 수의상환조건(call option)이 부여된 경우 때로는 발행자 수의상환권리의 행사기간 동안 투자자의 조기상환권리(put option)가 제한되는 경우가 있다. 전환금융상품 발행계약에 이러한 조기상환권리의 제한조건이 있는 경우 전환금융상품의 공정가치에 유의적으로 중요한 영향을 미칠 수 있으므로 이러한 상환제한조건을 적절히 고려해야 한다.

⑤ 전환가격조정(re-fixing) : 전환금융상품 보유자의 투자안정성을 확보하기 위해 기초자산가격이 일정수준 이하로 하락한 시점에는 발행시점에 약정된 전환가격(또는 전환비율)이 조정되는 경우가 있다.[44] 전환가격조정이 부여된 경우 전환금융상품의 공정가치는 기초자산가격 수준에 따라 전환비율이 조정되는 상황을 고려하여야 한다.

전환금융상품 평가방법

학계에서는 앞서 설명한 전환금융상품의 특성을 고려하여 공정가치를 측정하는 다양한 연구가 진행되어 왔다. Poensgen(1965년), Brigham(1966년) 등이 제시한 초기 전환금융상품 평가이론은 미래의 주가 및 금리 수준에 대한 가상적 상황을 먼저 설정하고 전환금융상품의 공정가치를 미래 일정시점의 채권가치와 전환가치 중 큰 값의 현재가치로 측정하는 방법으로 연구되었다. 이후, 블랙숄즈모형(1973년)과 이항옵션모형(1976년)이 제시되면서 전환금융상품에 대한 새로운 평가방법론이 제시되었는데, Ingersoll 모형(1977년) 및 Brennan-Schwartz 모형(1977년) 등은 블랙숄즈모형을 이용해 전환금융상품이 가지는 조건부 청구권(contingent claims)적 특성을 적절히 반영하였다. 그러나 이들 평가모형은 유러피안 옵션 유형을 가정한 블랙숄즈모형에 기초해 편미분방정식 해를 도출하는 방식이므로 실무적으로 사용하기에는 한계를 보인다. 반면, Goldman-Sachs(1994년)와 Tsiveriotis-Fernandes(1998년)는 이항모형에 기초해 기초자산 가격트리를 생성하고 조기상환가능성(puttability)과 수의상환가능성(callability)

---

44) 기초자산가격 하락에 따른 전환가액조정을 시가조정 리픽싱이라 하는데, 국내 금융시장에서의 전환가액 조정은 시가조정 리픽싱 외에도 IPO 리픽싱 등 다양한 유형이 있다.

을 고려하고 이항격자(lattice)에 다양한 추가 조건을 부여할 수 있는 유연성을 제공함으로써 실무적 활용 가능성을 높인 전환금융상품 모형을 제시하였다.

- Goldman-Sachs 모형과 Tsiveriotis-Fernandes 모형은 이항모형에 기초해 전환금융상품의 공정가치를 평가하는 모형으로 발행자의 신용위험을 적절히 고려한다. 두 모형은 공통적으로 전환가치 측정에는 무위험이자율을 적용하고 채무상품 보유가치 측정에는 발행자의 신용위험이 반영된 위험이자율을 적용하는 위험가중할인모형(blended discount model)이다.
- Goldman-Sachs 모형과 Tsiveriotis-Fernandes 모형은 발행자의 신용위험을 고려하는 위험가중할인모형이지만 이자율의 확률변동(stochastic)을 고려하지 아니한 비확률변동(determinant) 모형이다. 또한, 두 모형은 주가의 극단적인 하락과 관련된 파산위험(default risk)에 따른 채권가치 하락과 동반되는 전환금융상품의 가치하락 효과는 고려하지 않는다. 발행기업의 주가가 극단적으로 하락한 상태에서는 파산위험이 커지므로 전환금융상품의 채권가치도 하락하지만 두 모형은 이러한 효과를 고려하지 않는다.
- 그럼에도 불구하고, Goldman-Sachs 모형과 Tsiveriotis-Fernandes 모형은 실무적으로 가장 선호되는 모형이다. 전환금융상품은 주가와 시장이자율 등 2개의 기초자산이 생성되므로 주가 외에 시장이자율에 대해서도 확률변동을 고려하는 2요인 모형(Two-Factor model)은 기초자산 가격트리가 3차원으로 형성되어야 하므로 실무적으로 다루기 어려운 한계가 있고 주가와 비교하여 시장이자율의 확률변동이 제한되므로 전환금융상품의 가치평가결과에 유의적으로 중요한 영향을 미치지 아니한다.[45] 주가하락에 따른 추가적인 파산위험을 고려한 몇몇 모형(Ayache-Forsyth-Vetzal 모형, 2003년)이 제시되고 있으나 실무적으로 선호되지는 않는다.

---

45) 전환금융상품에 투자자 풋옵션이 부여된 경우에는 전환금융상품 평가모형에서 시장이자율의 확률변동을 고려하지 않더라도 공정가치평가 결과에 미치는 영향이 더욱 감소할 수 있다. 대개 전환금융상품은 신용위험이 낮은 기업보다는 신용위험이 높은 기업이 발행하는 경우가 일반적이고, 투자자 풋옵션 행사가격은 내재파생요소가 없는 유사채무상품의 공정가치보다 높은 경우가 대부분이므로 풋옵션이 행사가능한 기간에는 시장이자율의 확률변동에 불구하고 모든 노드에서 전환금융상품의 공정가치는 풋옵션가격이 유사채무상품의 공정가치보다 높은 경향이 있다. 따라서, 투자자 풋옵션이 부여된 경우에는 전환금융상품의 공정가치측정에서 시장이자율의 확률변동은 중요한 영향을 미치지 아니하며 주가 변동성과 풋옵션 행사조건이 중요한 요인이 된다. 즉, 투자자 풋옵션이 있는 경우 주가와 시장이자율의 확률변동을 동시에 고려하는 것(2요인 모형)과 시장이자율의 확률변동을 고려하지 않는 것(1요인 모형)의 차이가 미미한 수준으로 감소할 수 있다.

본서는 전환금융상품의 공정가치평가에 실무적으로 가장 널리 활용되고 있는 Goldman-Sachs 모형과 Tsiveriotis-Fernandes 모형을 중심으로 설명한다. 이 중 Goldman-Sachs 모형은 신용위험을 가중평균할인율에 반영하는 방식(probability of conversion-weighted discounting)이고 Tsiveriotis-Fernandes 모형은 전환금융상품을 지분가치와 채권가치로 구분한 현금흐름을 가중평균하는 방식(Equity and bond cash flow-weighted discounting)이다.

- Goldman-Sachs 모형과 Tsiveriotis-Fernandes 모형은 발행자의 신용위험이 고려된 위험가중할인모형(blended discount model)으로 신용위험을 고려하는 방식에 있어 차이가 있으나 공정가치평가 결과에는 유의미한 차이를 보이지는 아니한다.
- 다만, Tsiveriotis-Fernandes 모형이 기초자산가격 수준에 따라 지분가치와 채권가치 그리고 보유가치를 직관적으로 파악함으로써 단순히 전환금융상품의 공정가치평가 결과 외에도 전환금융상품에 부여된 다양한 조건에 따른 특성 즉, 전환유도(forced conversion), 전환제한조건(CoCo : Contingent Conversion) 및 전환가격조정(re-fixing) 등의 효과를 확인할 수 있고 적용과정에서의 유연성이 높다는 점에서 실무적으로 더 선호되고 있다.

먼저, 전환금융상품의 공정가치평가 모형의 개념을 이해하기 위해 신용위험을 고려하지 않는 상황을 상정한다.[46] 신용위험이 없는 상황에서 이항옵션모형을 이용해 전환금융상품의 가치를 측정하는 방법에 대해 살펴본다.

- 전환금융상품의 만기시점(T)에 보유자는 주계약(채무상품)을 만기상환하거나 기초자산으로 전환해야 한다. 보유자는 전환가치($Cr \times S_{T,j}$)가 만기상환원리금(Red)보다 클 경우 전환의 의사결정을 하고 전환가치가 만기상환원리금보다 작을 경우 만기상환의 의사결정을 할 것이다. 따라서, 만기시점(T), 각 노드(j)의 전환금융상품 공정가치($V_{T,j}$)는 다음과 같이 전환가치($Cr \times S_{T,j}$)와 만기상환원리금(Red) 중 큰 값으로 측정된다. 전환가치(Parity)는 전환비율(Cr)과 기초자산가격($S_{T,j}$)의 곱으로 측정된다.

$$V_{T,j} = Max(Cr \times S_{T,j},\ Red)$$

46) Goldman-Sachs 모형과 Tsiveriotis-Fernandes 모형은 신용위험을 고려하지만 신용위험을 고려하지 않는 상황에서는 두 모형의 가치평가결과의 차이가 없다.

• 만기이전에는 전환금융상품을 「보유」함으로서 예상되는 현금흐름에 대해 위험중립확률47)(P : risk neutral probability)로 가중평균한 기대현금흐름을 할인한 가치에 전환금융상품 보유에 따른 액면이자($coupon_i$)를 더한 금액으로 측정된다. 이때, 신용위험이 없는 상황에서는 할인율로 무위험이자율(r_f)을 사용한다. 이와 같이 측정된 만기이전 가치는 보유자가 전환금융상품을 전환하지도, 상환하지도 않은 상태로 「보유(holding)」하고 있으므로 보유가치(HV : holding value)라 한다. 또한, 이항모형에서 직전 격자(lattice)에 측정된 가치를 소급하여 측정되므로 소급가치(rolled-back value)라고 하기도 한다. 만기이전(i,j) 전환금융상품의 보유가치($HV_{i,j}$)는 다음과 같이 표시된다.

$$HV_{i,j} = \frac{p \cdot V_{i+1,\,j+1} + (1-p) \cdot V_{i+1,\,j}}{(1+r_f)} + coupon_i$$

• 이때, 전환금융상품 보유자는 만기이전에 기초자산으로의 전환이 가능하므로 보유가치와 전환가치를 비교하여 유리한 값을 선택할 수 있다. 따라서, 만기이전 시점 (i,j)의 전환금융상품의 가치($V_{i,j}$)는 보유가치($HV_{i,j}$)와 전환가치($Cr \times S_{i,j}$) 중 큰 값으로 측정된다. 주의할 점은 전환금융상품의 전환가능기간이 제한되는 경우에는 그러한 제한사항을 고려해야 한다. 즉, 전환이 불가능한 기간에는 보유만 가능하므로 전환이 불가능한 기간의 전환금융상품가치는 보유가치로만 측정된다.

$$\begin{aligned} V_{i,j} &= Max\left(HV_{i,j},\ Cr \times S_{i,j}\right) \\ &= Max\left(\left(\frac{p \cdot V_{i+1,\,j+1} + (1-p) \cdot V_{i+1,\,j}}{(1+r_f)} + coupon_i\right),\ Cr \times S_{i,j}\right) \end{aligned}$$

• 만일, 전환금융상품 「발행자」가 수의상환옵션(call option)을 가진다면 이를 추가로 고려해야 한다. 수의상환옵션이 있을 경우, 발행자는 수의상환가격($Call_i$)이 보유가치보다 작을 경우 수의상환옵션을 행사하는 것이 유리하다. 따라서 만기이전 시점 (i,j)의 보유가치($HV_{i,j}$)와 수의상환가격($Call_i$) 중 작은 값으로 측정되며, 이에 대응하여 보유자는 전환가치와 비교하여 아래와 같이 전환금융상품의 가치($V_{i,j}$)를 측정한다. 다만, 상환가능기간이 제한되는 경우에는 그러한 제한사항을 고려해야 한다.

47) 위험중립확률(P)의 개념 및 산정방법에 대해서는 본서의 이항옵션모형 부분을 참고하기 바란다.

결과적으로 보유가치가 수의상환가격을 상회하는 경우, 이러한 수의상환조건이 보유자의 보유(hold)를 억제하고, 다시 전환가치가 수의상환가치를 상회한다면 보유자는 전환을 선택할 수밖에 없으므로 전환금융상품가치는 최종적으로 전환가치로 측정되는데 이를 전환유도효과(forced conversion effect)라 한다.

$$V_{i,j} = Max\left(Min\left(\left(\frac{p \cdot V_{i+1,\,j+1} + (1-p) \cdot V_{i+1,\,j}}{(1+r_f)} + coupon_i\right),\ Call_i\right),\ Cr \times S_{i,j}\right)$$

- 마지막으로, 전환금융상품 「보유자」가 조기상환옵션(put option)을 가진다면 이를 추가로 고려해야 한다. 조기상환옵션이 있을 경우, 보유자는 보유가치, 전환가치 및 조기상환가격(Put_i) 중 가장 큰 가치를 선택하는 의사결정을 할 수 있으므로 아래와 같이 전환금융상품의 가치($V_{i,j}$)를 측정한다. 다만, 상환가능기간이 제한되는 경우에는 그러한 제한사항을 고려해야 한다.

$$V_{i,j} = Max\left(Min\left(\left(\frac{p \cdot V_{i+1,\,j+1} + (1-p) \cdot V_{i+1,\,j}}{(1+r_f)} + coupon_i\right),\ Call_i\right),\ Cr \times S_{i,j},\ Put_i\right)$$

- 위 전환금융상품 가치($V_{i,j}$)를 매 기간(time-step)마다 각 노드(node)별로 산정하여 현재시점까지 소급(rolled-back)하여 이항모형으로 측정하는 방법을 통해 현재시점의 전환금융상품 공정가치(V_0)를 측정하게 된다.

위와 같이 산정된 전환금융상품 가치는 신용위험을 고려하지 않은 상황 즉, 보유가치의 측정에서 요구되는 할인율을 무위험이자율로 하였으므로 현실적이지 않다.[48] 즉, 전환금융상품 발행기업에는 신용위험이 있으므로 전환금융상품 가치는 발행기업의 신용위험을 고려해야 한다. 본서는 발행자의 신용위험(credit risk)을 고려한 전환금융상품의 평가방법(blended discount model)으로 Goldman-Sachs 모형과 Tsiveriotis-Fernandes 모형을 소개한다. 이들 모형도 위에서 제시한 기본적인 접근방법을 사용한다.

48) 신용위험이 없는 경우란 재정적으로 안정된 채무불이행 위험이 전혀 없는 정부가 발행한 전환금융상품이다. 실제 정부가 전환금융상품을 발행하는 경우는 찾아볼 수 없으므로 신용위험이 없는 경우의 전환금융상품 가치평가모형은 실무적으로 사용될 수 없으며 모형의 이해를 위한 참고모형으로서만 의미가 있다.

5.2. Goldman-Sachs 모형

글로벌 투자은행인 골드만삭스(Goldman-Sachs)는 Emanuel Derman 등 5인[49]의 연구결과에 기초해 1994년, 이항모형을 이용한 전환금융상품의 평가모형으로 위험조정 할인율(credit-adjusted discount rate)을 적용한 실무적 평가모형을 제시하였다.[50] Goldman-Sachs 모형은 앞에서 설명한 신용위험을 고려하지 않은 평가모형에서 무위험이자율(r_f) 대신 가중평균 위험조정할인율($y_{i,j}$)을 할인율로 사용하는 점에서 차이가 있다. Goldman-Sachs 모형은 이전의 모형과 달리 학술적인 의미에서의 전환금융상품 평가방법론에서 벗어나 실무적으로 활용가능한 효율적인 모형을 제시하였다는 점에서 큰 의미를 가진다. Goldman-Sachs 모형 이후 여러 모형들이 추가적으로 제시되었지만 후술할 Tsiveriotis-Fernandes 모형과 함께 금융실무에서 여전히 가장 널리 활용되고 있는 모형으로 자리매김하고 있다.[51]

❙ 위험조정 할인율

Goldman-Sachs 모형은 앞서 설명한 신용위험이 고려되지 아니한 상황에서의 전환금융상품 평가모형에서 보유가치($HV_{i,j}$: rolled-back value) 측정을 위한 할인율로 위험조정 할인율을 사용하는 점에서 차이가 있다. 따라서, Goldman-Sachs 모형은 이러한 위험조정 할인율(credit-adjusted discount rate)을 측정하는 과정이 가장 중요하다고 할 수 있겠다.

Goldman-Sachs 모형에서 위험조정 할인율($y_{i,j}$)은 다음과 같이 무위험이자율(r_f)과 위험이자율(r_d)을 전환확률($q_{i,j}$)로 가중평균하여 계산한다.

$$y_{i,j} = q_{i,j} \times r_f + (1 - q_{i,j}) \times r_d$$

- 위험조정 할인율($y_{i,j}$)에 사용되는 무위험이자율(r_f)은 지급거절위험이 없는 무위험자산의 수익률로 일반적으로 국가 또는 정부가 발행한 채권을 사용한다. 주의할 점은

49) Emanuel Derman, Indrajit Bardhan, Alex Bergler, Cemal Dosembet, Iraj Kani
50) 「Quantitative Strategies Research Notes」, "Valuing Convertible Bonds as Derivatives", 11, 1994
51) 저자가 실증적으로 분석한 결과, 두 모형의 접근방법에 있어 차이가 있으나 일반적인 조건에서 Goldman-Sachs 모형과 Tsiveriotis-Fernandes 모형에 의해 평가된 전환금융상품의 평가결과의 차이는 크지 않은 것으로 분석된다. 다만, Goldman-Sachs 모형과 달리 Tsiveriotis-Fernandes 모형은 전환금융상품 보유자의 의사결정과정에서 보유가치, 전환가치 및 상환가치의 현금흐름과 특성이 명확히 제시되고 평가모형이 제대로 구축되었는지 확인할 수 있는 장점으로 인해 실무적으로는 더 선호되고 있다.

Goldman-Sachs 모형은 이항모형에 기초하므로 측정기간(time-step)별로 무위험 이자율의 기간구조를 고려하여 별도로 측정해야 한다는 것이다.

- 위험이자율(r_d)은 전환금융상품 발행기업의 신용위험(신용등급)에 대응되는 이자율을 의미한다. 또한, 위험이자율과 마찬가지로 측정기간(time-step)별로 위험이자율의 기간구조를 고려하여 별도로 측정해야 한다.
- 전환확률($q_{i,j}$)이란 전환금융상품의 매 측정기간의 각 노드별로 전환가치($Cr \times S_{i,j}$), 상환가치(Red, $Call_i$ 또는 Put_i)와 보유가치($HV_{i,j}$)를 비교하여 전환금융상품이 전환되는 경우에는 위험조정 할인율이 무위험이자율로 적용되고($y_{i,j} = r_f$), 상환되는 경우에는 위험조정 할인율이 위험이자율로 적용되며($y_{i,j} = r_d$), 전환도 상환도 하지 않는 경우 즉, 전환금융상품을 보유(hold)하는 경우에는 전기(lattice)의 전환확률을 소급(rolled-back)하여 다음과 같이 계산한다. 이때, 보유상태의 전환확률($q_{i,j}$) 계산을 위한 가중치(P)는 위험중립확률(hedge ratio)이다.

$$q_{i,j} = p \times q_{i+1,j+1} + (1-p) \times q_{i+1,j}$$

- 보유상태에서의 전환확률을 전기의 전환확률을 소급하여 계산하므로 보유가치 산정을 위한 위험조정 할인율($y_{i,j}^*$)은 다음과 같이 표시할 수 있다. 이때, 보유상태에서의 전환확률은 보유가치를 산정하기 위해 잠정적으로 측정된 값으로서 전환금융상품의 가치의 측정결과에 따라 최종적인 전환확률은 재설정될 수 있다는 점에 주의해야 한다.

$$y^*_{i,j} = (p \cdot q_{i+1,j+1} + (1-p) \cdot q_{i+1,j}) \times r_f + (1-(p \cdot q_{i+1,j+1} + (1-p) \cdot q_{i+1,j}) \times r_d$$

모형의 적용

만기를 제외한 특정시점, 특정노드(i,j)에서 Goldman-Sachs 모형에 의한 전환금융상품가치($V_{i,j}$)는 다음과 같이 측정된다. 앞서 신용위험이 없는 경우의 전환금융상품 가치와 비교하여 보유가치($HV_{i,j}$)에서의 할인율로 전환확률($q_{i,j}$)을 고려한 위험조정 할인율($y_{i,j}$: credit-adjusted discount rate)을 사용한다는 점에서 차이가 있다.

$$V_{i,j} = Max\left(Min\left(\left(\frac{p \cdot V_{i+1,\,j+1} + (1-p) \cdot V_{i+1,\,j}}{(1+y_{i,\,j})} + coupon_i\right), Call_i\right), Cr \times S_{i,\,j}, Put_i\right)$$

- $y_{i,\,j}$: Credit-adjusted discount rate at node$_{(i,\,j)}$
- $Call_i$: Call price at i-time
- Put_i : Put price at i-time
- $Cr \times S_{i,\,j}$: Parity at node$_{(i,\,j)}$

예제를 통해 Goldman-Sachs 모형을 적용한 전환금융상품의 평가방법을 살펴보자. 기업은 보통주로 전환할 수 있는 계약만기가 3년인 전환사채를 발행하였으며 이 전환사채의 액면금액과 평가시점 기초자산(보통주) 주가는 모두 10,000원이다(전환비율 : 1.0). 이 전환사채의 구체적인 발행조건은 다음과 같다. 편의상 측정기간은 연간으로 하며, 위험이자율 및 무위험이자율의 기간구조를 고려하지 않기로 한다.[52)]

- 연간 무위험이자율(r_f) : 2%, 연간 위험이자율(r_d) : 10%
- 기초자산(보통주) 연간 가격변동성(volatility) : 40%
- 주가상승계수(u) : 1.49182, 주가하락계수(d) : 0.67032
- 위험중립확률(P) : 0.4259
- 전환청구기간 : 발행일로부터 만기까지
- 액면이자 : 연단리 2.0%(연 200원, 전환 시 기간경과분 액면이자 미지급)[53)]
- 만기보장수익률 : 연단리 5.0%
- 만기보장원리금(Red) : 11,100원{= 10,000 × [1 + (5% × 3년 - 2% × 2년)]}
- 조기상환옵션(put-option) 행사조건 : 발행일로부터 2년이 되는 시점(1회)에 한하여 연리 5%를 가산한 금액에서 기지급된 액면이자를 차감한 금액{10,800원 = 10,000 ×

---

52) 전환금융상품의 측정주기를 일간, 주간, 월간, 분기 또는 연간으로 할 수 있으나 대부분의 전환금융상품의 전환옵션 행사주기는 일간이므로 일간 또는 최소 주간으로 측정하는 것이 바람직하다. 이때, 일간 측정과 주간 측정의 공정가치 차이는 유의적이지 않은 것으로 분석되지만 월간, 분기 또는 연간으로 측정할 경우 차이가 있을 수 있으므로 월간 이상의 측정주기는 피하는 것이 좋다. 특히, 위험이자율 및 무위험이자율의 기간구조를 고려할 경우 측정주기가 길수록 공정가치의 결과차이가 커지므로 주의가 필요하다.

53) 본 예제는 편의상 액면이자가 연간 단위로 지급되고 직전 액면이자 지급일로부터 전환시점까지 액면이자의 기간경과분을 지급하지 않음을 가정한다. 그러나 실무적으로 전환금융상품의 액면이자는 분기단위 또는 월간 단위로 지급되는 경우가 일반적이므로 전환금융상품의 계약조건에 따라 모형이 설계되어야 한다. 또한, 이자 지급일 사이에 전환이 이뤄지는 경우 액면이자의 기간경과분이 지급될 수도 있고 그렇지 않을 수도 있으므로 그러한 계약조건에 따라 모형이 설계되어야 한다. 즉, 액면이자 지급주기 및 보유자의 전환 청구시 기간경과이자 지급여부 등 구체적 계약조건에 따라 공정가치평가 결과는 달라지며 그러한 차이가 유의적으로 중요할 수 있으므로 주의가 필요하다.

[1 + (5% × 2년 - 2% × 1년)]}

• 수의상환옵션(call-option) 행사조건 : 조기상환옵션 행사조건과 동일($Call_i$ = 10,800원)

전환금융상품의 공정가치측정은 기초자산 가격트리 생성에서 시작한다. 기초자산(보통주) 가격트리는 현재가격(S_0 = 10,000원)에서 주가상승계수(u = 1.49182)와 주가하락계수(d = 0.67032)를 이용해 다음과 같이 도출한다.

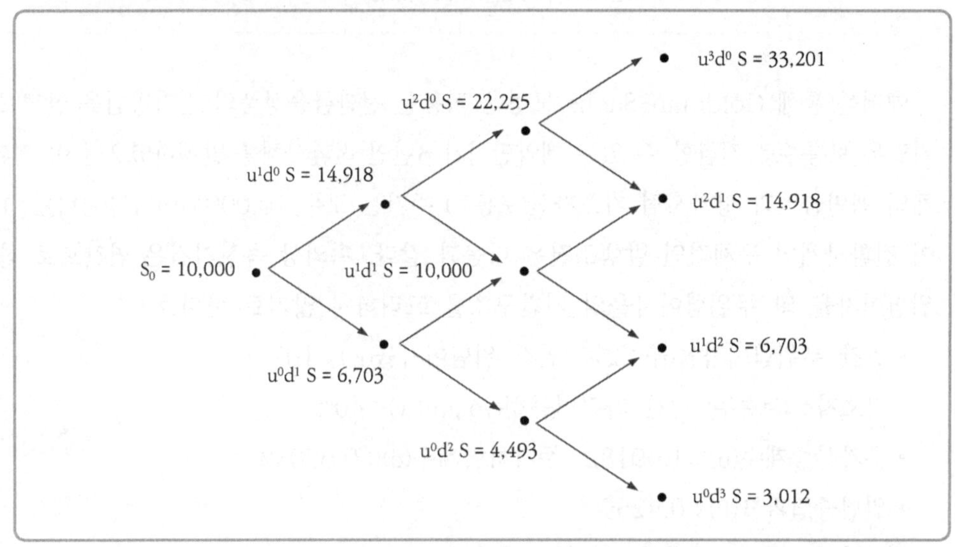

먼저, 만기시점(T : pay-off), 각 노드(j)의 전환금융상품 공정가치($V_{T,j}$)는 다음과 같이 전환가치($Cr \times S_{T,j}$)와 만기상환원리금(Red) 중 큰 값으로 측정된다. 전환가치는 전환비율(Cr)과 기초자산가격($S_{T,j}$)의 곱으로 측정된다.

$$V_{T,j} = Max(Cr \times S_{T,j}, Red)$$

만기시점 전환금융상품 가치산식	만기가치
$V_{3,0}$ = max ($Cr \times u^3d^0S$, Red) = max (1.0 × 33,201, 11,100) =	33,201
$V_{3,1}$ = max ($Cr \times u^2d^1S$, Red) = max (1.0 × 14,918, 11,100) =	14,918
$V_{3,2}$ = max ($Cr \times u^1d^2S$, Red) = max (1.0 × 6,703, 11,100) =	11,100
$V_{3,3}$ = max ($Cr \times u^0d^3S$, Red) = max (1.0 × 3,012, 11,100) =	11,100

Goldman-Sachs 모형에 따른 현재시점 전환사채의 공정가치(V_0)는 다음과 같이 11,308원으로 측정된다.

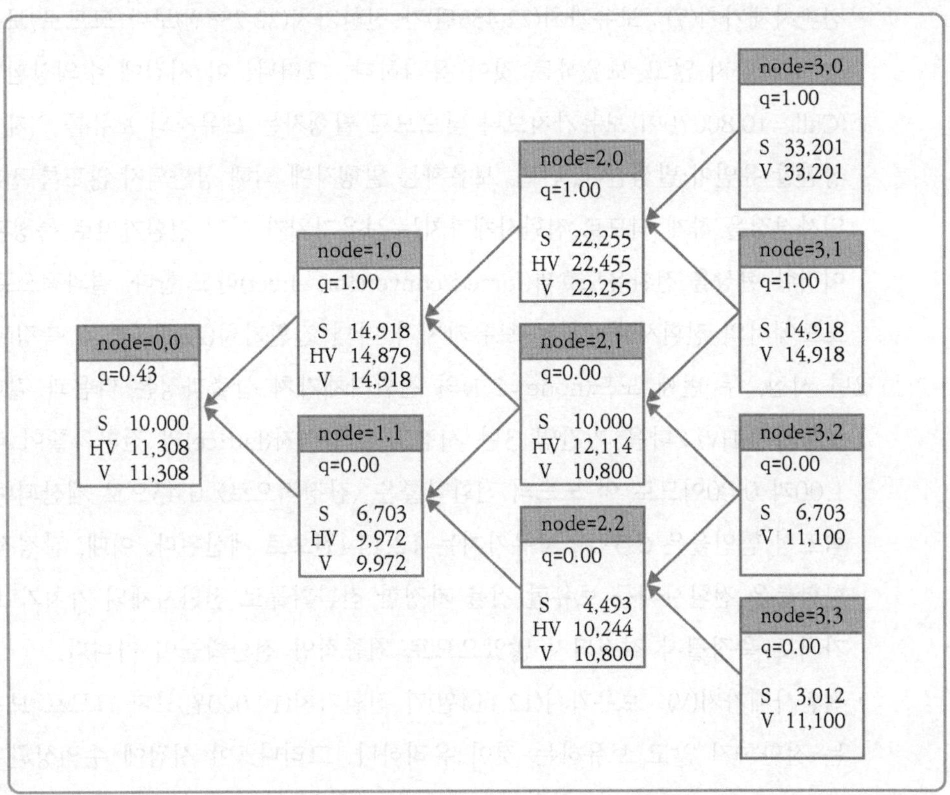

전환사채 만기에는 만기상환 또는 전환의 의사결정만 가능하므로 보유가치의 계산은 불필요하다. 그러나, 만기이전에는 전환사채를 전환할지 또는 보유할지를 판단해야 하므로 노드별로 전환확률에 따른 보유가치와 전환가치를 비교하여 유리한 값을 선택하게 된다. 또한, 조기상환(put) 또는 수의상환(call)이 가능한 시점(본 예제에서 2년이 되는 시점)에는 조기상환가격(Put_i)과 수의상환가격($Call_i$)을 추가로 고려한다.

① 예를 들어, 2년 시점의 첫 번째 노드(node = 2,0)에서의 전환사채가치 산출과정은 다음과 같다.

- 보유가치(HV) : 다음 기간인 3년 시점 이항격자(lattice)의 전환확률이 모두 1.00이므로 이 노드의 전환확률도 1.00으로 계산되며 위험조정 할인율은 무위험이자율인 2.0%가 되고 보유가치는 다음과 같이 22,455원으로 계산된다.

$$HV_{i,j} = \frac{p \cdot V_{i+1,\, j+1} + (1-p) \cdot V_{i+1,\, j}}{(1+y_{i,j})} + coupon_i$$

$$= \mathrm{EXP}(-2\%) \times (0.4259 \cdot 33{,}201 + (1-0.4259) \cdot 14{,}918) + 200 = 22{,}455$$

- 전환사채가치(V) : 보유가치(22,455원)가 전환가치(22,255원)보다 크므로 보유자는 전환하지 않고 보유하는 것이 유리하다. 그러나, 이 시점에 수의상환가격($Call_i$ = 10,800원)이 보유가치보다 낮으므로 발행자는 보유자의 보유를 억제하고 상환할 유인이 발생한다. 반면, 보유자는 발행자에 의해 상환되지 않도록 전환의 의사결정을 하게 되므로 전환사채가치는 보유가치가 아닌 전환가치로 측정된다. 이러한 현상을 전환유도효과(forced conversion effect)라고 한다. 결과적으로 이 노드에서의 전환사채가치는 보유가치가 아닌 전환가치(22,255원)로 측정된다.

② 2년 시점, 두 번째 노드(node = 2,1)의 전환사채가치 산출과정은 다음과 같다.

- 보유가치(HV) : 다음 기간인 3년 시점의 이항격자(lattice)의 전환확률이 각각 1.00과 0.00이므로 이 노드의 전환확률은 〈잠정적으로〉 0.43으로 계산되며 위험조정 할인율은 6.59%, 보유가치는 12,114원으로 계산된다. 이때, 잠정적 전환확률은 전환사채를 보유할 것을 가정한 전환확률로 전환사채의 가치가 보유가치로 측정될지 결정되지 않았으므로 최종적인 전환확률이 아니다.
- 전환사채가치(V) : 보유가치(12,114원)가 전환가치(10,000원)보다 크므로 보유자는 전환하지 않고 보유하는 것이 유리하다. 그러나, 이 시점에 수의상환가격($Call_i$ = 10,800원)이 보유가치보다 낮으므로 발행자는 보유자의 보유를 억제하고 상환할 유인이 발생한다. 이에 대응하여 보유자는 발행자에 의해 상환되지 않도록 전환 또는 조기상환의 의사결정을 하게 되는데, 전환보다 조기상환이 유리하므로 전환사채가치는 보유가치가 아닌 조기상환가격(Put_i = 10,800원)으로 측정된다. 이를 상환유도효과(forced put effect)라고 한다. 이에 최종 전환확률은 잠재적 전환확률(0.43)이 아닌 상환확률(0.00)로 수정된다.

③ 2년 시점, 세 번째 노드(node = 2,2)의 전환사채가치 산출과정은 다음과 같다.

- 보유가치(HV) : 다음 기간인 3년 시점의 이항격자(lattice)의 전환확률이 모두 0.00이므로 이 노드의 전환확률은 0.00으로 계산되며 위험조정 할인율은 위험할인율인 10%, 보유가치는 10,244원으로 계산된다.
- 전환사채가치(V) : 보유가치(10,244원)가 전환가치(4,493원)보다 크므로 보유자는 전환하지 않고 보유하는 것이 유리하다. 또, 이 시점의 수의상환가격($Call_i$ = 10,800원)이 보유가치보다 크므로 발행자는 상환할 유인이 없다. 반면, 보유자는 보유가치보다 조기상환가격(Put_i = 10,800원)이 크므로 보유자는 보유하지 않고

상환하는 것을 선택하게 되며, 전환사채가치는 조기상환가격인 10,800원으로 측정된다.

④ 같은 방식으로 1년 시점, 각 노드의 전환사채가치를 산출한다. 다만, 1년 시점 보유자와 발행자의 상환옵션은 행사가 불가능하므로 조기상환가격과 수의상환가격을 고려하지 않고 전환가치와 보유가치만으로 전환사채가치를 측정한다.

⑤ 마지막으로 현재시점(t=0)의 전환사채가치를 산출한다. 보유가치 산출을 위한 현재시점의 전환확률은 전기 이항격자(lattice)의 전환확률인 1.00과 0.00을 위험중립확률로 가중평균하여 산출하며 이에 따른 보유가치(11,308원)가 전환가치(10,000원)보다 크므로 전환사채가치는 보유가치인 11,308원으로 측정된다. 만일, 전환옵션 행사가능시점이 일정기간 이후(CoCo)인 경우에는 현재시점의 전환사채가치(V_0) 산출에서 전환가치를 고려해서는 안 되며 보유가치로만 측정한다.

5.3. Tsiveriotis-Fernandes 모형

1998년, 모건스탠리(Morgan Stanley)의 Kostas Tsiveriotis와 Chris Fernandes는 지분가치와 채권가치를 구분하여 전환금융상품의 가치를 평가하는 모형을 제시하였다.[54] 또한, John Hull은 Tsiveriotis-Fernandes 모형을 이항모형으로 구현함으로써 보다 다양한 전환금융상품의 발행조건에서도 적용할 수 있도록 수정 제시하였는데(2000년), 이후 Tsiveriotis-Fernandes 모형은 지금까지 실무적으로 가장 널리 이용되는 모형으로 자리 잡고 있다. 특히, Tsiveriotis-Fernandes 모형은 전환금융상품 보유자의 의사결정과정에서 보유가치, 전환가치 및 상환가치의 현금흐름과 특성이 명확히 제시되고 평가모형이 제대로 구축되었는지 확인할 수 있는 장점으로 인해 선호되고 있다.

▎모형의 구조

Tsiveriotis-Fernandes 모형은 전환금융상품의 현금흐름을 지분과 채권 현금흐름으로 구분하고 지분가치 측정을 위한 할인율은 무위험이자율을, 채권가치 측정을 위한 할인율은 위험이자율을 사용하여 지분가치와 채권가치의 합으로 보유가치를 계산하는 방식으로 전환금융상품의 공정가치를 측정하는 모형(equity and bond cashflow weighted discounting model)이다. 모형의 구조에 대해 구체적으로 살펴보겠다.

---

54) 「The Journal of Fixed Income」"Valuing Convertibles Bonds with Credit Risk", 1998.

① 만기가치($V_{T,j}$) : 전환금융상품의 만기시점(T)에 전환금융상품 보유자는 주계약(채무상품)을 만기상환하거나 기초자산으로 전환해야 한다. 보유자는 전환가치($Cr \times S_{T,j}$)가 만기상환원리금(Red)보다 클 경우 전환의 의사결정을, 전환가치가 만기상환원리금보다 작을 경우 상환의 의사결정을 할 것이다.

- 만기시점(T) 각 노드(j)의 「전환금융상품가치($V_{T,j}$)」는 만기지분가치($V^e{}_{T,j}$)와 만기부채가치($V^b{}_{T,j}$)의 합으로 구성된다.

$$V_{T,j} = V^e{}_{T,j} + V^b{}_{T,j}$$

- 만기시점(T) 각 노드(j)의 「지분가치($V^e{}_{T,j}$)」는 전환가치($Cr \times S_{T,j}$)가 만기상환원리금(Red)보다 큰 경우에는 전환가치로, 전환가치($Cr \times S_{T,j}$)가 만기상환원리금(Red)보다 작은 경우에는 「0」으로 측정된다.

$$\begin{aligned} &Cr \times S_{T,j} > Red, \quad && V^e{}_{T,j} = Cr \times S_{T,j} \\ &Cr \times S_{T,j} < Red, \quad && V^e{}_{T,j} = 0 \end{aligned}$$

- 만기시점(T) 각 노드(j)의 「부채가치($V^b{}_{T,j}$)」는 전환가치($Cr \times S_{T,j}$)가 만기상환원리금(Red)보다 큰 경우에는 「0」으로, 전환가치($Cr \times S_{T,j}$)가 만기상환원리금(Red)보다 작은 경우에는 만기상환원리금(Red)으로 측정된다.

$$\begin{aligned} &Cr \times S_{T,j} > Red, \quad && V^b{}_{T,j} = 0 \\ &Cr \times S_{T,j} < Red, \quad && V^b{}_{T,j} = Red \end{aligned}$$

- 만기 전환금융상품가치는 전환가치 또는 만기상환원리금 중 어느 하나로 측정될 것이므로 결과적으로 Tsiveriotis-Fernandes 모형과 Goldman-Sachs 모형의 만기가치는 일치한다. 만일, 전환금융상품 만기전환이 불가능한 조건[55]이 부여된 경우 만기 전환금융상품가치는 만기상환원리금이 된다.

55) 전환금융상품 발행약정에 따라 보유자의 전환청구는 만기로부터 일정 기간 이전에만 가능한 경우가 있다.

② 전환지표[56]($q_{i,j}$) : 만기 전 전환금융상품 보유자는 전환(conversion), 보유(hold) 또는 상환(put · call)의 의사결정을 할 수 있다. Tsiveriotis-Fernandes 모형은 전환 여부에 대한 지표(q-parameter, $q_{i,j}$)를 제시하고 있는데, 전환금융상품이 전환될 경우는 「$q_{i,j}=1$」로 표시하고, 전환금융상품이 보유 또는 상환될 경우에는 「$q_{i,j}=0$」으로 표시한다.

③ 지분가치($V^e_{i,j}$) : 만기 전 지분가치는 전환이 유리할 경우($q_{i,j}=1$)에는 전환가치($Cr \times S_{i,j}$)로 측정되고 상환(put · call)이 유리할 경우($q_{i,j}=0$)에는 0으로 측정된다. 반면, 지분상태로 보유(hold as Equity)가 유리할 경우($q_{i,j}=0$)에는 아래와 같이 전기 지분가치의 소급가치(rolled-back)로 측정된다. 이때, 지분 보유가치의 측정에는 무위험이자율(r_f)이 사용된다.[57]

if converted,	$V^e{}_{i,j} = Cr \times S_{i,j}$
if Put_i or $Call_i$,	$V^e{}_{i,j} = 0$
if holding,	$V^e{}_{i,j} = \left(\dfrac{p \cdot V^e{}_{i+1,\,j+1} + (1-p) \cdot V^e{}_{i+1,\,j}}{(1+r_f)} \right)$

④ 부채가치($V^b_{i,j}$) : 만기 전 부채가치는 전환이 유리할 경우($q_{i,j}=1$)에는 0으로 측정되고, 상환(put · call)이 유리할 경우($q_{i,j}=0$)에는 상환가격(Put_i, $Call_i$)으로 측정된다. 반면, 부채상태로 보유(hold as Debt)가 유리할 경우($q_{i,j}=0$)에는 아래와 같이 전기 부채가치의 소급가치(rolled-back)로 측정된다. 이때, 부채 보유가치의 측정에는 위험이자율(r_d)이 사용된다.[58]

56) Tsiveriotis-Fernandes 모형에서 사용한 전환지표(q-parameter)와 Goldman-Sachs 모형에서 사용하는 전환확률($q_{i,j}$)이 같은 기호를 사용하지만 개념은 전혀 다른 점에 주의한다. Tsiveriotis-Fernandes 모형에서 전환지표는 전환여부에 따라 0 또는 1의 값으로 단순히 표시하는 것이며, Goldman-Sachs 모형에서 전환확률은 전환가능성을 의미하여 0 이상 1이하의 값으로 표시한다.

57) 본서는 지분 보유가치 산식과 이어지는 예제의 무위험이자율에 대해 편의상 이자율의 기간구조를 고려하지 아니하였으나 모형의 실제 적용에서는 이자율의 기간구조를 반드시 고려해야 한다. 즉, 지분 보유가치의 할인율로 사용되는 무위험이자율은 측정기간이 반영된 단기선도 무위험이자율(short-term forward risk-free rate)이 되어야 하며, 동시에 이항모형의 동적 헤지(dynamic hedging)를 반영할 수 있도록 위험중립확률을 매 시점별로 재측정해야 함에 주의하기 바란다.

58) 무위험이자율과 마찬가지로, 본서는 부채 보유가치 산식과 이어지는 예제에서 편의상 위험이자율의 기간구조를 고려하지 아니하였으나 모형의 실제 적용에서는 이자율의 기간구조를 반드시 고려해야 한다. 즉, 부채 보유가치의 할인율로 사용되는 위험이자율은 측정기간이 반영된 단기선도 위험이자율(short-term forward risky rate)이 되어야 한다. 특히 위험이자율은 무위험이자율과 비교하여 만기에 따른 이자율 기간구조의 영향이 크므로 이자율 기간구조의 고려 여부는 전환금융상품 공정가치측정 결과에 유의적으로 중요한 영향을 미치므로 주의가 필요하다.

$$\text{if converted,} \quad V^{b}{}_{i,j} = 0$$
$$\text{if } Put_i \text{ or } Call_i, \quad V^{b}{}_{i,j} = Put_i \text{ or } Call_i$$
$$\text{if holding,} \quad V^{b}{}_{i,j} = \left(\frac{p \cdot V^{b}{}_{i+1,\,j+1} + (1-p) \cdot V^{b}{}_{i+1,\,j}}{(1+r_d)} + coupon_i \right)$$

⑤ 전환금융상품가치($V_{i,j}$) : 만기전 전환금융상품가치는 기본적으로 신용위험이 없는 상태에서의 전환금융상품가치 평가구조와 같다.

$$V_{i,j} = Max(Min(V^{e}{}_{i,j} + V^{b}{}_{i,j},\ Call_i),\ Cr \times S_{i,j},\ Put_i)$$

- 전환금융상품가치($V_{i,j}$)는 보유가치($HV_{i,j}$)와 전환가치($Cr \times S_{i,j}$) 중 큰 값으로 측정된다. 이때, 전환기간이 제한되는 경우에는 그러한 제한사항을 고려해야 한다. 즉, 전환이 불가능한 기간에는 보유만 가능하므로 전환이 불가능한 기간의 전환금융상품가치는 보유가치로만 측정된다.
- 만일, 전환금융상품 〈발행자〉가 수의상환옵션(call option)을 가진다면 이를 추가로 고려해야 한다. 수의상환옵션이 있을 경우, 발행자는 수의상환가격($Call_i$)이 보유가치보다 작을 경우 수의상환옵션을 행사하는 것이 유리하므로 보유가치($HV_{i,j}$)와 수의상환가격($Call_i$) 중 작은 값으로 측정되며, 이에 대응하여 보유자는 전환가치와 비교하여 전환금융상품가치($V_{i,j}$)를 측정한다. 다만, 상환가능기간이 제한되는 경우에는 그러한 제한사항을 고려해야 한다. 결과적으로 보유가치가 수의상환가격을 상회하는 경우, 수의상환조건이 보유자의 보유(hold)를 억제하고, 다시 전환가치가 수의상환가치를 상회한다면 보유자는 전환을 선택할 수밖에 없으므로 전환금융상품가치는 최종적으로 전환가치로 측정되는 전환유도효과(forced conversion effect)가 발생한다.
- 전환금융상품 〈보유자〉가 조기상환옵션(put option)을 가진다면 이를 추가로 고려해야 한다. 조기상환옵션이 있을 경우 보유자는 보유가치, 전환가치 및 조기상환가격(Put_i) 중 가장 큰 가치를 선택하는 의사결정을 할 수 있으므로 위 산식과 같이 전환금융상품의 가치를 측정한다. 다만, 상환가능기간이 제한되는 경우에는 그러한 제한사항을 고려해야 한다.

모형의 적용

예제를 통해 Tsiveriotis-Fernandes 모형을 적용한 전환금융상품의 평가방법을 살펴보자.[59] 기업은 보통주로 전환할 수 있는 계약만기가 3년인 전환사채를 발행하였으며 이 전환사채의 액면금액과 평가시점 기초자산(보통주) 주가는 모두 10,000원이다(전환비율 : 1.0). 전환사채의 구체적인 발행조건은 다음과 같다. 편의상 측정기간은 연간으로 하며, 위험이자율 및 무위험이자율의 기간구조를 고려하지 않기로 한다.

- 연간 무위험이자율(r_f) : 2%, 연간 위험이자율(r_d) : 10%
- 기초자산(보통주) 연간 가격변동성(volatility) : 40%
- 주가상승계수(u) : 1.49182, 주가하락계수(d) : 0.67032
- 위험중립확률(P) : 0.4259
- 전환청구기간 : 발행일로부터 만기까지
- 액면이자 : 연단리 2.0%(연 200원, 전환 시 기간경과분 액면이자 미지급)[60]
- 만기보장수익률 : 연단리 5.0%
- 만기보장원리금(Red) : 11,100원{= 10,000 × [1 + (5% × 3년 - 2% × 2년)]}
- 조기상환옵션(put-option) 행사조건 : 발행일로부터 2년이 되는 시점(1회)에 한하여 연단리 5%를 가산한 금액에서 기지급된 액면이자를 차감한 금액{10,800원 = 10,000 × [1 + (5% × 2년 - 2% × 1년)]}
- 수의상환옵션(call-option) 행사조건 : 조기상환옵션 행사조건과 동일($Call_i$ = 10,800원)

Goldman-Sachs 모형에서 사용한 예제와 같은 조건으로 Tsiveriotis-Fernandes 모형에 의해 측정된 전환사채가치(V_0)는 다음과 같이 11,298원으로 측정된다.[61]

---

59) 모형 비교를 위하여 Goldman-Sachs 모형에서 사용한 예제와 동일한 조건으로 비교한다. 본 예제는 설명의 편의상 단순한 계약구조를 상정하였으며 모형의 투입변수도 단순화하였으므로 실제 전환금융상품 발행계약에서 제시되는 복잡한 계약구조와 여러 제한조건을 고려하여야 함에 주의하기 바란다. 또한, 본 예제에서 편의상 고려되지 아니한 이자율의 기간구조 등 투입변수의 실무적용에도 각별한 주의를 요한다.

60) 본 예제는 편의상 액면이자가 연간 단위로 지급되고 직전 액면이자 지급일로부터 전환 시점까지 액면이자의 기간경과분을 지급하지 않음을 가정한다. 그러나 실무적으로 전환금융상품의 액면이자는 분기단위 또는 월간 단위로 지급되는 경우가 일반적이므로 전환금융상품의 계약조건에 따라 모형이 설계되어야 한다. 또한, 이자 지급일 사이에 전환이 이뤄지는 경우 액면이자의 기간경과분이 지급될 수도 있고 그렇지 않을 수도 있으므로 그러한 계약조건에 따라 모형이 설계되어야 한다. 즉, 액면이자 지급주기 및 보유자의 전환 청구시 기간경과이자 지급여부 등 구체적 계약조건에 따라 공정가치평가 결과는 달라지며 그러한 차이가 유의적으로 중요할 수 있으므로 주의가 필요하다.

61) 저자가 실증적으로 분석한 결과, 같은 조건에서 Goldman-Sachs 모형과 Tsiveriotis-Fernandes 모형 간에 대략 1% 이내의 결과값의 차이가 발생하였다. 두 모형에서 각 노드별 의사결정(전환, 보유, 상환)에는 차이가 없으나 보유가치의 측정방법의 차이에 기인하는 것으로 분석된다.

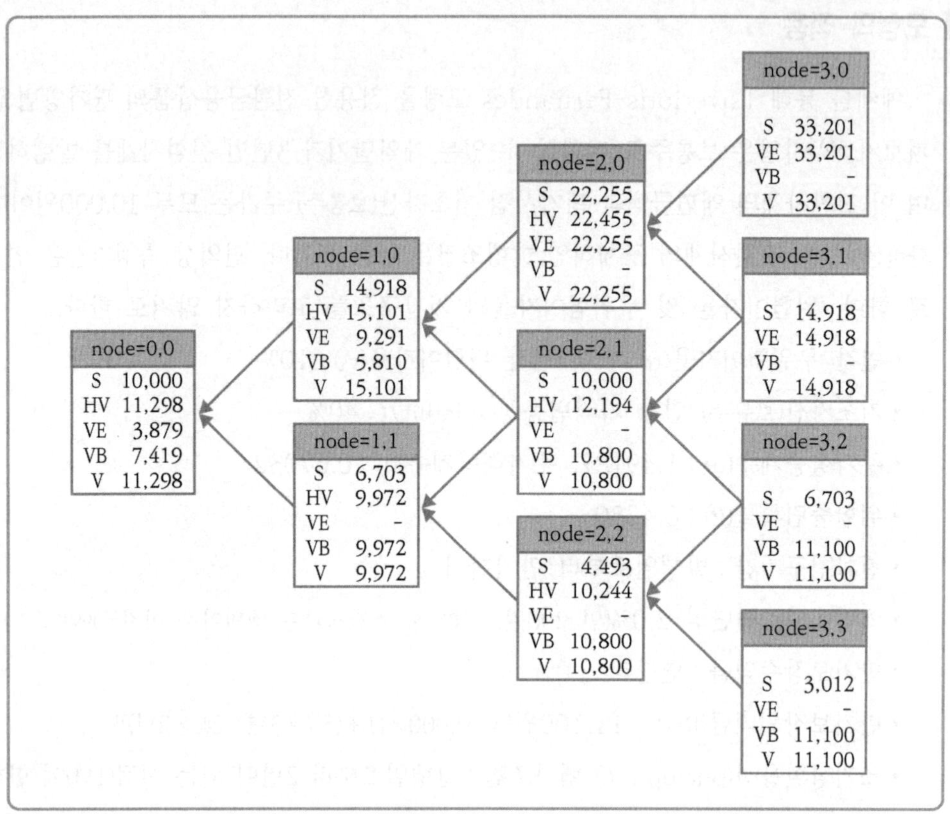

Tsiveriotis-Fernandes 모형에 의한 예제의 전환사채 공정가치측정을 단계적으로 살펴보자.

① 만기가치($V_{T,j}$) : 전환사채의 만기시점(T)에 보유자는 주계약(채무상품)을 만기상환하거나 기초자산으로 전환해야 한다. 보유자는 전환가치($Cr \times S_{T,j}$)가 만기상환원리금(Red)보다 클 경우 전환의 의사결정을, 전환가치가 만기상환원리금보다 작을 경우 상환의 의사결정을 할 것이다. 만기시점(T) 각 노드(j)의 전환사채가치($V_{T,j}$)는 만기지분가치($V^e_{T,j}$)와 만기부채가치($V^b_{T,j}$)의 합으로 구성된다.

- 만기지분가치($V^e_{T,j}$)는 다음과 같다.

만기시점 지분가치 산식	만기 지분가치
$V^e_{3,0}$ = if ($Cr \times u^3d^0S$ 〉 Red, $Cr \times u^3d^0S$, 0) =	33,201
$V^e_{3,1}$ = if ($Cr \times u^2d^1S$ 〉 Red, $Cr \times u^2d^1S$, 0) =	14,918
$V^e_{3,2}$ = if ($Cr \times u^1d^2S$ 〉 Red, $Cr \times u^1d^2S$, 0) =	-
$V^e_{3,3}$ = if ($Cr \times u^0d^3S$ 〉 Red, $Cr \times u^0d^3S$, 0) =	-

• 만기부채가치($V^b_{T,j}$)는 다음과 같다.

만기시점 부채가치 산식	만기 부채가치
$V^b_{3,0}$ = if (Cr × u^3d^0S 〉 Red, 0, Red) =	-
$V^b_{3,1}$ = if (Cr × u^2d^1S 〉 Red, 0, Red) =	-
$V^b_{3,2}$ = if (Cr × u^1d^2S 〉 Red, 0, Red) =	11,100
$V^b_{3,3}$ = if (Cr × u^0d^3S 〉 Red, 0, Red) =	11,100

• 만기 전환사채가치($V_{T,j}$)는 각 노드의 지분가치와 부채가치의 합으로 측정된다. 만일, 만기시점에 전환이 불가능한 경우에는 만기시점 모든 노드의 지분가치는 0이므로 모든 노드의 전환사채가치는 만기상환원리금으로 측정된다.

② 만기이전에는 전환사채를 전환할지 또는 보유할지를 판단해야 하므로 노드별로 보유가치와 전환가치를 비교하여 유리한 값을 선택하게 된다. 또한, 조기상환(put) 또는 수의상환(call)이 가능한 시점(본 예제에서 2년이 되는 시점)에는 조기상환가격(Put_i)과 수의상환가격($Call_i$)을 추가로 고려한다.

③ 예를 들어, 2년 시점의 첫 번째 노드(node = 2,0)에서의 전환사채가치 산출과정은 다음과 같다.

• 보유가치(HV) : 보유가치는 지분가치와 부채가치의 산식에서 보유를 가정한 상태의 각각의 값의 합산으로 표시된다. 보유(hold)를 가정한 상태의 값은 전기 지분 및 부채가치의 소급가치(rolled-back value)이며, 지분가치의 할인율은 무위험이자율이, 부채가치의 할인율은 위험이자율이 사용된다.

$$HV_{i,j} = \left(\frac{p \cdot V^e{}_{i+1,\,j+1} + (1-p) \cdot V^e{}_{i+1,\,j}}{(1+r_f)}\right) + \left(\frac{p \cdot V^b{}_{i+1,\,j+1} + (1-p) \cdot V^b{}_{i+1,\,j}}{(1+r_d)} + coupon_i\right)$$

$$= \text{EXP}(-2\%) \times (0.4259 \cdot 33,201 + (1-0.4259) \cdot 14,918)$$

$$+ (\text{EXP}(-10\%) \times (0.4259 \cdot 0 + (1-0.4259) \cdot 0) + 200) = 22,455$$

• 전환사채가치(V) : 보유가치(22,455원)가 전환가치(22,255원)보다 크므로 보유자는 전환하지 않고 보유하는 것이 유리하다. 그러나, 이 시점에 수의상환가격($Call_i$ = 10,800원)이 보유가치보다 낮으므로 발행자는 보유자의 보유를 억제하고 상환할 유인이 발생한다. 반면, 보유자는 발행자에 의해 상환되지 않도록 전환의 의사결정을 하게 되므로 전환사채가치는 보유가치가 아닌 전환가치로 측정

된다. 이러한 전환유도효과(forced conversion effect)에 의해 이 노드에서의 전환사채가치는 보유가치가 아닌 전환가치(22,255원)로 측정된다.

④ 2년 시점, 두 번째 노드(node = 2,1)의 전환사채가치 산출과정은 다음과 같다.

- 보유가치(HV) : 첫 번째 노드와 같은 방식으로 보유(hold)를 가정한 상태의 값은 전기 지분 및 부채가치의 소급가치(rolled-back value)로 측정된 보유가치를 계산한다. 보유가치는 무위험이자율을 할인율로 하여 소급가치로 계산된 지분가치(6,228원)와 위험이자율을 할인율로 하여 소급가치로 계산된 부채가치(5,966원)의 합계인 12,194원으로 계산된다.
- 전환사채가치(V) : 보유가치(12,194원)가 전환가치(10,000원)보다 크므로 보유자는 전환하지 않고 보유하는 것이 유리하다. 그러나, 이 시점에 수의상환가격($Call_i$ = 10,800원)이 보유가치보다 낮으므로 발행자는 보유자의 보유를 억제하고 상환할 유인이 발생한다. 이에 대응하여 보유자는 발행자에 의해 상환되지 않도록 전환 또는 조기상환의 의사결정을 하게 되는데, 전환보다 조기상환이 유리하므로 전환사채가치는 보유가치가 아닌 조기상환가격(Put_i = 10,800원)으로 측정되어 상환유도효과(forced put effect)가 발생한다.

⑤ 2년 시점, 세 번째 노드(node = 2,2)의 전환사채가치 산출과정은 다음과 같다.

- 보유가치(HV) : 보유가치는 무위험이자율을 할인율로 하여 소급가치로 계산된 지분가치(0원)와 위험이자율을 할인율로 하여 소급가치로 계산된 부채가치(10,244원)의 합계인 10,244원으로 계산된다.
- 전환사채가치(V) : 보유가치(10,244원)가 전환가치(4,493원)보다 크므로 보유자는 전환하지 않고 보유하는 것이 유리하다. 또, 이 시점의 수의상환가격($Call_i$ = 10,800원)이 보유가치보다 크므로 발행자는 상환할 유인이 없다. 반면, 보유자는 보유가치보다 조기상환가격(Put_i = 10,800원)이 크므로 보유자는 보유하지 않고 상환하는 것을 선택하게 되며 전환사채가치는 조기상환가격인 10,800원으로 측정된다.

⑥ 같은 방식으로 1년 시점, 각 노드의 전환사채가치를 산출한다. 다만, 1년 시점 보유자와 발행자의 상환옵션은 행사가 불가능하므로 조기상환가격과 수의상환가격을 고려하지 않고 전환가치와 보유가치만으로 전환사채가치를 측정한다.

⑦ 마지막으로 현재시점(t = 0)의 전환사채가치를 산출한다. 보유가치(11,298원)가 전환가치(10,000원)보다 크므로 전환사채가치는 보유가치로 측정된다. 만일, 전환옵

션 행사가능시점이 일정기간 이후인 경우(CoCo)에는 현재시점의 전환사채가치 (V_0) 산출에서 전환가치를 고려해서는 안 되며 보유가치로만 측정한다.

In-depth **전환금융상품 평가모형의 측정주기**

본서에서 설명하는 Goldman-Sachs 모형 및 Tsiveriotis-Fernandes 모형과 관련된 각종 예제는 지면의 한계로 인해 불가피하게 전환금융상품의 측정주기를 연간 단위로 하고 있으나 실제 대부분의 전환금융상품은 전환옵션 행사가능기간 내에는 언제든지 권리행사가 가능하므로, 전환금융상품 평가모형의 측정주기를 긴 기간 예를 들어, 연간 또는 월간 단위로 하는 것은 전환금융상품의 공정가치 평가 결과를 중요하게 왜곡시킬 수 있으므로 주의가 필요하다. 즉, 전환금융상품의 액면이자 지급주기 및 상환옵션의 행사주기는 연간이 아닌 월간 또는 분기 단위인 경우가 대부분이며, 전환옵션은 보유자의 전환의사 표시만으로 권리가 행사되므로 실질적으로 전환옵션의 측정주기는 일간 단위라고 할 수 있다.

주식선택권과 같은 단순한 형태의 콜옵션은 옵션만기와 같은 다른 변수가 같다면, 측정주기는 공정가치평가 결과에 유의적으로 중요한 영향을 미치지 아니한다. 단순한 형태의 콜옵션 모형은 무위험 포트폴리오를 구성하기 때문이다. 반면, 전환금융상품은 전환가치, 부채가치 및 보유가치를 동시에 고려하여 이들의 상호의존성을 반영하고 전환옵션 외의 파생요소(풋옵션 및 콜옵션)의 상호억제성의 영향으로 공정가치평가 모형에서의 측정주기는 평가결과에 유의적으로 중요한 영향을 미친다. 일반적으로는 측정주기가 짧을수록 보유자는 보다 많은 의사결정의 기회를 가지므로 전환금융상품의 공정가치평가 결과가 높아지는 것으로 실증분석되고 있다. 따라서, 본서에서 불가피하게 측정주기를 연간으로 하여 전환금융상품의 계약상 현금흐름의 특성과 기초자산 트리에 따른 보유자의 의사결정과정이 연간으로 이뤄짐을 가정하였지만 실제 평가모형은 최소한 주간 단위로 이뤄져야 평가결과를 왜곡시키지 않음을 유의하길 바란다. 한편, 전환금융상품의 측정주기는 만기보장원리금, 상환옵션 행사가격(풋옵션 및 콜옵션)에도 영향을 미치는 점도 주의가 필요하다. 본서의 예제에서 측정주기를 연간으로 설정함에 따라 만기보장원리금이나 상환옵션 행사가격의 설정에서 불가피하게 간략하게 표시하였으나 실제 평가모형의 설계에서는 구체적인 계약조건을 충분히 반영할 수 있도록 주의를 기울여야 한다.

In-depth **신주인수권부사채의 공정가치평가**

Goldman-Sachs 모형이나 Tsiveriotis-Fernandes 모형과 같은 Blended Discount 모형은 전환사채, 전환상환우선주(상환전환우선주) 또는 교환사채와 같은 전환금융상품의 공정가치평가에 최적화된 모형이다. 반면, 전환형 복합상품 중 신주인수권부사채는 계약구조에 따라 Blended Discount 모형이 적합하지 않을 수 있으므로 주의가 필요하다.

신주인수권부사채는 분리형(detachable BW)과 비분리형(non-detachable BW)으로 구분되는데, 분리형 신주인수권부사채는 신주인수권(warrant)을 주계약으로부터 독립적으로 행사할 수 있으므로 분리형 신주인수권부사채의 신주인수권은 내재파생요소가 아닌 별도의 파생상품이다. 따라서, 분리형 신주인수권부사채는 신주인수권과 주계약의 공정가치를 각각 평가하여 합산하는 방법이 합리적이다(이를 Bond plus Option 모형이라 한다). 이때, 자기지분상품을 기초자산으로 하는 신주인수권은 이항옵션모형과 같은 일반적인 콜옵션 평가방법을, 주계약은 채권평가모형을 각각 이용하여 공정가치를 평가할 수 있다.

비분리형 신주인수권부사채는 신주인수권을 행사하더라도 주계약(채무상품)이 그대로 유지되므로 기본적으로 분리형 신주인수권부사채와 같은 방식으로 평가하는 것이 합리적이나, 국내에서 발행되는 대부분의 비분리형 신주인수권부사채는 대용납입(신주인수대가를 채무상품으로 납입)이 가능한 구조로 되어 있고, 발행기업의 신용위험보다 만기보장수익률이 낮은 경우가 일반적이므로 투자자는 순수채권을 만기회수하기보다 대용납입하는 것이 유리하게 되며 이는 경제적 실질에서 전환사채와 같음을 뜻한다.

결론적으로, 대용납입이 가능한 비분리형 신주인수권부사채의 공정가치평가는 전환사채와 마찬가지로 본서에서 설명하고 있는 Blended Discount 모형이 적합하다고 할 수 있으며, 대용납입이 불가능한 비분리형 신주인수권부사채와 분리형 신주인수권부사채는 Bond plus Option 모형이 적합하다고 볼 수 있겠다. 다만, 신주인수권부사채의 세부 계약내용에 따라 구체적 적용은 달라질 수 있음에 유의하기 바란다.

배당이 있는 경우

전환금융상품의 기초자산에 대해 배당이 이뤄질 경우에는 전환금융상품 보유자가 배당을 수취할 권리가 있는지에 따라 달라진다. 전환금융상품의 기초자산에 배당이 이뤄질 때 전환금융상품 보유자도 해당 배당을 수취할 권리가 있을 경우에는 배당에 따른 기초자산가격 하락(배당락 효과)을 고려할 필요가 없으나 전환금융상품 보유자가 기초자산에 지급되는 배당을 수취할 권리가 없는 경우에는 기초자산가격 하락효과를 고려하여야 한다.

- 전환금융상품 중 지분형 복합상품(전환상환우선주 및 전환우선주) 보유자는 일반적으로 기초자산인 보통주에 배당이 지급될 경우 전환금융상품 보유자도 해당 배당을 수취할 수 있는 권리(참가적 배당권)가 있다. 이러한 지분형 복합상품 보유자는 보통주 배당액을 수취할 권리가 있으므로 배당효과를 고려하지 아니한다.
- 전환금융상품 중 채무형 복합상품(전환사채, 신주인수권부사채 및 교환사채) 보유자는 기초자산인 보통주에 배당이 지급되더라도 해당 배당을 수취할 수 있는 권리가 없다. 따라서, 채무형 복합상품 보유자는 발행기업이 기초자산(보통주)에 배당을 실시할 것으로 예상된다면 기대배당에 따른 배당락 효과를 고려하여 공정가치를 측정하여야 한다. 기초자산에 대한 배당이 예상되고 그 배당을 수취할 권리가 없는 채무형 복합상

품의 공정가치측정은 시가배당률을 가정하는 경우와 기대배당금을 가정하는 경우로 구분된다.

(1) 시가배당률을 가정하는 방법

시가배당률을 가정하는 방법[62]은 주가의 확률적 변동에 따른 주가의 일정비율을 배당으로 지급함을 가정하는 것으로 이항옵션모형에서는 위험중립확률을 수정하는 방식을 사용한다. 이항옵션모형하에서 시가배당률을 이용하는 경우 위험중립확률의 수정을 통해 배당효과가 반영된 옵션가격을 간단히 산출할 수 있는 장점이 있으나 시가배당률을 이용하는 경우 아래의 문제로 인해 실무적으로 적용하기에는 한계가 있다.

- 기업은 주가수준에 따라 주가의 일정한 비율로 배당을 실행하는 경우는 거의 없으며 주가변동에 무관하게 이익의 일정수준을 배당하고 있어 시가배당률 가정에 의한 옵션가격은 현실과 괴리가 있다. 이러한 이유로 시가배당률 가정은 개별 기업의 보통주를 기초자산으로 하는 옵션보다는 주가지수 등을 기초자산으로 하는 옵션가격의 평가에 주로 사용[63]된다.
- 시가배당률 가정은 옵션기간 동안 연속배당수익률을 가정한다. 따라서 기대배당이 옵션만기 이전 특정시점에 실시될 경우 옵션기간 전체에 걸쳐 연속배당을 가정하는 것과 차이가 발생하므로 옵션가격이 왜곡될 가능성이 있다.
- 시가배당률은 연속배당수익률을 가정하므로 옵션기간 중 기대배당수익률이 변경되거나 일정기간이 지난 시점에 배당이 개시될 것으로 예상되는 상황에서는 옵션가격이 왜곡될 가능성이 있다.

(2) 기대배당금을 가정하는 방법

시가배당률을 가정하는 방법은 적용상의 편의가 있지만 지수옵션을 제외하고는 실제 시가배당률로 배당을 실시하는 기업은 드물 것이다. 이러한 문제를 해결하기 위해서는 〈비연속적 기대배당금〉을 기초자산 가격트리에 반영하는 방법이 요구되는데, 비연속적 기대배당금의 배당락 효과를 기초자산 가격트리에 반영할 경우 격자트리(lattice tree)의 재결합 가정이 성립되지 않는 한계가 있다. 관련하여 윤평식 교수는 비연속적

62) 시가배당률을 가정하는 방법의 구체적인 적용방법은 본서의 「3. 이항옵션모형」의 "배당이 있는 경우"에 대한 설명내용을 참고하기 바란다.

63) 시가배당률 가정에 기초한 옵션가격 산출방식을 제시하고 있는 John C. Hull 의 「선물옵션투자의 이론과 전략」 및 윤평식 교수의 「파생상품의 원리」 모두 지수옵션을 상정하여 설명하고 있다.

기대배당금의 배당락 효과를 기초자산 가격트리에 반영하는 대체적인 방법을 제시[64]하고 있으며, 해당 방법론을 활용하여 기대배당금의 배당락 효과가 반영된 기초자산 가격트리를 재구성한 후 본서에서 설명한 전환금융상품 평가모형을 활용할 수 있다.

6 금리옵션부채권 평가모형

지금까지 살펴본 옵션평가모형은 기초자산이 주가나 원재료 가격과 같이 가격측정이 단순한 경우이다. 반면, 채권가격(또는 시장이자율)과 같이 보다 복잡한 유형의 기초자산에 대한 옵션은 다른 접근을 필요로 한다. 예를 들어 회사채를 매입한 투자자가 채권만기 전이라도 사전에 정해진 가격으로 조기상환을 청구할 수 있는 권리를 가졌다면, 그 투자자는 시장이자율이 오를 경우 만기까지 기다리지 않고 조기상환옵션을 행사하여 사전에 정해진 행사가격으로 기존 회사채를 매도하고 동일한 신용위험을 가진 다른 회사채를 보다 저렴하게 매입할 수 있는 기회를 얻게 된다. 즉 조기상환옵션을 가진 〈투자자〉는 시장이자율변동에 따라 이 회사채를 발행자에게 매각할 수 있는 풋옵션을 가지게 되며, 이때 기초자산은 채권가격(또는 시장이자율)이 되는 것이다. 반대로 회사채 〈발행자〉가 수의상환옵션을 가지게 되면 시장이자율이 하락할 경우 기존의 회사채를 조기에 상환하고 보다 낮은 이자율(또는 높은 채권발행가격)로 회사채를 발행할 수 있는 콜옵션을 가지게 된다.

채권의 상환옵션과 같이 채권가격(또는 시장이자율)을 기초자산으로 하는 금리옵션부채권의 평가를 위해서는 이자율 평가모형이 필요하다. 기초자산인 채권가격과 금리옵션부채권의 채권가격은 옵션만기까지 단기선도이자율 추정이 선행되어야 하기 때문이다. 본서는 일반적인 채권평가모형에 대해 살펴본 후 금리옵션부채권의 평가에 사용되는 기간이자율 평가모형 중 실무적으로 가장 널리 활용되고 있는 Black-Derman-Toy 모형(BDT 모형)과 Hull-White 모형을 소개한다.

---

64) 비연속적 기대배당금을 가정하는 방법의 구체적인 적용방법은 본서의 「3. 이항옵션모형」의 "배당이 있는 경우"에 대한 설명내용을 참고하기 바란다. 본서에서 소개한 방법은 윤평식 교수의 「파생상품의 원리」(도서출판 탐진)에서 제시한 방법으로 비연속적 기대배당금을 지급하는 경우 옵션가격을 산출하는 방법에 대해 세부적으로 이해하고자 할 경우 해당 서적에 기술된 내용을 참고하기 바란다.

6.1. 이자율 구조와 채권평가

금리옵션부채권의 기초자산인 일반채권의 가치평가에 대해 먼저 살펴보자.

채권(Bond)은 발행자가 소유자에게 계약에 의해 정해진 금액을 지급하기로 약속한 증권을 말한다. 이때, 액면금액(Face Value 또는 Par Value)은 채권의 권면에 기재된 금액으로 채권만기에 이자 외에 지불하는 금액을 말하고, 표면이자 또는 액면이자(coupon)는 액면금액에 액면이자율(coupon rate)을 곱한 금액을 말한다.

▍채권평가모형

채권은 발행자와 투자자 간 협의에 의해 다양한 유형의 증권으로 발행될 수 있는데, 본서는 구분의 편의를 위해 계약상 현금흐름이 원리금만으로 구성된 채권을 「일반채권」으로 칭하기로 한다.

일반채권은 표면이자 유무에 따라 할인채권(무이표채)과 이표채권(coupon bond)으로 구분되고, 다시 이표채권은 표면이자를 결정하는 조건에 따라 확정금리부채권과 변동금리부채권으로 구분할 수 있다.

① 할인채권(zero coupon bond) : 표면이자 없이 만기에 액면금액을 지급[65]하면서 이자상당액을 액면금액에서 차감하여 할인발행하는 채권을 말한다. 할인채권은 발행시점에 만기수익률이 확정되고 액면이자의 재투자위험이 없어진다.

② 확정금리부채권(fixed rate bond) : 계약에 의해 확정된 이자율에 의한 일정금액을 약정기일에 지급하는 채권으로 시중에 발행되고 있는 국공채 및 회사채 등 대부분의 채권이 확정금리부채권이다. 확정금리부채권은 아래와 같이 고정-확정금리부채권과 비고정-확정금리부채권으로 구분할 수 있다.

㉠ 고정-확정금리부채권 : 발행일로부터 만기까지 계약에 따라 정해진 일정한 액면이자를 확정지급하는 전형적인 유형(plain-vanilla type)의 이표채권을 말한다. 대부분의 국공채 및 회사채는 고정-확정금리부채권 유형이다.

㉡ 비고정-확정금리부채권 : 발행일로부터 특정시점까지 낮은 액면이자를 지급하다가 특정시점 이후부터 높은 액면이자를 지급(만기상환할증금을 추가로 지급하는 경우 포함)하는 방식(step-up 이자지급방식)으로 계약상 현금흐름이 구성되

---

65) 할인채권은 만기에 액면금액을 상환하는 유형에만 한정되지 않는다. 예를 들어 만기이전에 이자지급이 없지만 만기시점에 할증이자를 일시에 지불하는 유형도 할인채권으로 분류할 수 있다. 다만, 설명의 편의를 위해 특별한 언급이 있는 경우를 제외하고는 만기에 액면금액을 지급하는 경우를 가정한다.

는 채권을 말한다. 이러한 비고정 - 확정금리부 채권은 이자지급이 일정하지 않지만 이자의 지급방식이 계약에 의해 정해져 있으므로 시장금리에 따라 변동되는 변동금리부 채권과 구분된다. 국내에서 발행되는 다수의 전환금융상품의 주계약이 비고정 - 확정금리부채권 유형이다.

③ 변동금리부채권(floating rate note : FRN) : 기준금리 변동에 따라 지급이자율이 변동되는 것으로 금리변동에 따른 위험을 채권보유자가 아닌 발행자가 부담한다. 금융시장의 불확실성이 높아짐에 따라 대개 장기금리변동에 따른 위험을 최소화하기 위하여 발행한다.

(1) 할인채권 평가모형

할인채권은 발행일로부터 만기까지 액면이자 지급이 없고 오로지 만기에 액면금액을 지급하는 단순한 유형의 채권이다. 액면이자가 없으므로 액면이자의 재투자에 따른 이자율 변동위험이 없다. 할인채권은 만기에만 현금흐름이 발생하므로 다음과 같이 평가한다.

$$V_0 = \frac{FV}{(1+r)^n}$$

- V_0 : 채권의 현재가치
- FV : 액면금액
- r : 채권요구수익률
- n : 채권만기

- 예를 들어, 만기가 3년이고 액면금액이 10,000원인 할인채권의 시장수익률(채권요구수익률)이 5%인 경우의 할인채권의 가치는 다음과 같이 8,638.38원으로 평가된다.

$$V_0 = \frac{FV}{(1+r)^n} = \frac{10,000}{(1+5\%)^3} = 8,638.^{38}$$

- 이때, 할인채권의 현재가치와 만기(n) 계약상 현금흐름을 일치시키는 시장수익률을 현물이자율(r_i : spot-rate)이라 한다. 발행일로부터 만기 전까지 액면이자 지급이 없으나 만기에 상환할증금을 추가 지급하는 경우도 할인채권의 유형으로 볼

수 있다.

(2) 이표채권 평가모형

이표채권은 계약에 의해 정해진 시기에 액면이자를 지급하고 만기에 액면이자와 채권의 액면금액(또는 상환할증금을 포함한 금액)을 지급한다. 이표채권은 액면이자를 지급하는 시점의 시장이자율에 재투자해야 하므로 시장이자율 변동에 따른 재투자위험에 노출된다. 만기까지 일정한 이자를 지급하는 전형적인 유형의 이표채권의 현재가치는 다음과 같이 계산된다.

$$V_0 = \frac{C_1}{(1+r)} + \frac{C_2}{(1+r)^2} + \cdots + \frac{C_n + FV}{(1+r)^n}$$

$$\sum_{i=1}^{n} \frac{C_i}{(1+r)^i} + \frac{FV}{(1+r)^n}$$

- V_0 : 채권의 현재가치
- C_i : 액면이자
- FV : 액면금액
- r : 채권요구수익률
- n : 채권만기

- 위의 산식에서 액면이자(C_i)가 고정된 경우를 확정금리부채권이라 하고, 기준이 되는 시장이자율에 따라 액면이자가 변동되는 경우의 채권을 변동금리부채권이라 한다. 변동금리부채권은 이자지급시점의 시장이자율을 고려하여 이자율이 조정되므로 확정금리부채권에 비해 재투자위험이 감소되지만 완전히 제거되지는 않는다. 재투자위험이 완전히 제거되는 것은 순수할인채권만 가능하다.

만기까지 일정한 이자를 지급하는 전형적인 유형의 이표채권의 평가방법을 살펴보자. 만기(n)가 3년이고 액면금액이 10,000원인 이표채권의 액면이자율이 2%($C_i = 200$)이며 이 채권의 시장요구수익률(r)이 5%인 경우 현재시점의 채권가치(V_0)는 다음과 같이 계산된다.

$$V_0=\sum_{i=1}^{n}\frac{C_i}{(1+r)^i}+\frac{FV}{(1+r)^n}$$

$$=\frac{200}{(1+5\%)}+\frac{200}{(1+5\%)^2}+\frac{10,200}{(1+5\%)^3}=9,183.^{03}$$

지금까지는 채권의 요구수익률(r)이 주어진 상태에서 현재시점의 채권가격을 계산하는 과정을 살펴보았다. 이 요구수익률은 채권의 계약상 현금흐름과 현재시점의 채권가격을 일치시키는 할인율이다. 이를 내재이자율 또는 만기수익률이라 한다.

만기수익률(YTM : Yield to Maturity)은 만기까지 일정한 이자를 지급하는 전형적인 유형의 이표채권을 만기까지 보유할 때의 기대수익률이자 채권의 미래현금흐름의 현재가치와 채권가격을 같게 하는 할인율이다. 만기수익률은 앞의 예에서 현재시점의 채권가격(V_0)을 알고 있으나 요구수익률(r = YTM)을 모르는 경우로 바꿔서 볼 수 있다.

$$V_0=\frac{C_1}{(1+r)}+\frac{C_2}{(1+r)^2}+\frac{C_n+FV}{(1+r)^n}$$

$$9,183.^{03}=\frac{200}{(1+r)}+\frac{200}{(1+r)^2}+\frac{200+10,000}{(1+r)^3}$$

위 식을 만족시키는 할인율(r)은 재무계산기나 엑셀프로그램(IRR)을 이용해 간단히 계산할 수 있다. 계산된 할인율 즉, 만기수익률(YTM)은 5.0%로 계산된다. 만기수익률은 채권가격을 결정짓는 대표적인 채권수익률이다. 일반적으로 채권가격과 채권의 만기 그리고 채권수익률 간에는 다음의 관계가 성립된다.

① 채권가격과 채권수익률은 반비례 관계이다. 즉, 채권수익률이 높아지면 채권가격은 떨어지고 채권수익률이 낮아지면 채권가격은 오른다.

② 채권만기가 길수록 채권가격의 변동폭이 커진다. 만기가 길수록 액면이자의 재투자효과에 의해 이자율변동에 따른 채권가격 변동폭이 커진다.

③ 액면이자율이 낮을수록 이자율 변동에 따른 채권가격 변동폭이 커진다.

반면, 만기까지 일정하지 아니한 이자를 지급하는 이표채권의 평가에는 만기수익률을 이용할 수 없다. 만기수익률은 만기까지 일정한 이자를 지급하는 경우의 내재수익률이기 때문이다. 확정 - 이표채권 중 이자율이 일정하지 아니한 채권은 이자발생시점에 대응되는 현물이자율66)을 이용하여 평가한다.

- 예를 들어, 만기(n)가 3년이고 액면금액이 10,000원인 이표채권의 액면이자율이 2%(C_i = 200)이며, 만기에는 상환할증금으로 연단리 4%를 보장하는 비고정 - 확정금리부채권의 가치는 다음과 같이 계산된다. 이때, 연도별 현물이자율(r_i)은 1년말 4%, 2년말 5% 그리고 3년말 6%로 가정한다.

$$V_0 = \frac{coupon_1}{(1+spot_1)} + \frac{coupon_2}{(1+spot_2)^2} + \frac{coupon_3 + FV}{(1+spot_3)^3}$$

$$\frac{200}{(1+4\%)} + \frac{200}{(1+5\%)^2} + \frac{800+10,000}{(1+6\%)^3} = 9,441.^{60}$$

- 만기이자는 만기보장이자(1,200원 = 400원 × 3회)에서 전기까지 지급된 누적액면이자(400원 = 200원 × 2회)를 차감한 금액이다.

이자율의 기간구조

이자율의 기간구조(term structure of interest rate)는 채권수익률의 기간구조라고도 하는데 만기를 제외한 다른 모든 조건이 같은 상황에서 채권 만기와 채권수익률 간의 관계를 말한다. 또한, 이자율의 기간구조를 그림으로 나타낸 것을 수익률곡선(yield curve)이라 한다. 채권수익률은 만기수익률, 현물이자율 및 선도이자율 등으로 표시할 수 있다. 이자율의 기간구조는 이들 채권수익률 간의 관계를 설명한다.

(1) 현물이자율

현물이자율(spot rate)이란 순수할인채권의 내재이자율을 말한다. 즉, 만기이전엔 이자지급이 없고, 만기시점의 현금흐름(액면금액 또는 액면금액에 상환할증금을 포함한 금액)과 현재시점의 채권가격을 일치시키는 채권수익률이다. 현물이자율은 특정 만기의 유일한 현금흐름의 현재가치이므로 하나의 이표채권에 대해 현금흐름 시기별로 현물이자율로 할인하여 계산된 현재가치와 단일의 만기수익률로 계산된 현재가치는 일치해야 한다. 이는 본서에서 설명할 이자율평가모형과 채권가격 평가에서 중요한 개념이다.

이해를 위해 간단한 예를 들어보자. 액면금액(10,000원)이 같고 만기(1년~9년)가 다

66) 현물이자율의 구체적인 개념과 측정방법은 후술한다.

른 순수할인채권의 가격이 아래와 같이 관측된다면 각 할인채권가격을 이용해 만기별 현물이자율(r_i)을 계산할 수 있다.

만기	1년	2년	3년	4년	5년	7년	9년
할인채권 가격	9,708.74	9,245.56	8,638.38	7,920.94	7,129.86	5,834.90	4,604.28

- 예를 들어, 3년 만기 할인채권의 현물이자율(r_3)은 다음과 같이 5.0%로 계산된다.

$$V_{0,\,n} = \frac{FV}{(1+r_n)^n} \qquad r_n = \sqrt[n]{\frac{FV}{V_{0,\,n}}} - 1$$

$$r_3 = \sqrt[3]{\frac{10{,}000}{8{,}638.^{38}}} - 1 = 5.0\%$$

- 현물이자율을 위의 식에서 만기(n)를 달리하여 같은 방식으로 계산할 수 있다. 이와 같은 방식으로 계산된 만기별 현물이자율(r_i)은 다음과 같다.

만기	1년	2년	3년	4년	5년	7년	9년
채권가격	9,708.74	9,245.56	8,638.38	7,920.94	7,129.86	5,834.90	4,604.28
현물이자율	3.0%	4.0%	5.0%	6.0%	7.0%	8.0%	9.0%

현물이자율은 현재시점부터 만기까지의 내재이자율임을 기억하기 바란다. 즉, 5년 만기 현물이자율(r_5)은 현재시점부터 만기(5년)까지의 단일이자율로 만기 전에는 현금흐름(이자지급)이 발생하지 않는다.

만기가 서로 다른 현물이자율을 알면 만기수익률(YTM)을 모르더라도 이표채권의 현재가치를 계산할 수 있다. 할인채권을 통해 추출한 위의 만기별 현물이자율을 이용해 이표채권의 현재가치를 계산해 보자.

- 예를 들어, 액면금액이 10,000원이고 액면이자율이 2%이며 만기가 2년인 이표채권의 현재가치를 1년 현물이자율($r_1 = 3.0\%$)과 2년 현물이자율($r_2 = 4.0\%$)을 이용해 다음과 같이 계산할 수 있다.

$$V_0 = \frac{C_1}{(1+r_1)} + \frac{C_2 + FV}{(1+r_2)^2} = \frac{200}{(1+3\%)} + \frac{200+10{,}000}{(1+4\%)^2} = 9{,}624.^{65}$$

• 현물이자율은 할인채권의 만기수익률이므로 각 현금흐름 시점에 맞는 만기별 현물이자율을 이용해 이표채권의 현재가치를 계산한다. 현물이자율을 이용할 경우 만기수익률과 달리 이표채권의 현금흐름 발생시점별 현물이자율을 알아야 한다.
• 3년 현물이자율($r_3 = 5.0\%$)을 추가해 만기가 3년인 경우로 확장해보자. 만기가 3년인 이표채권의 현재가치는 다음과 같이 계산된다.

$$V_0 = \frac{C_1}{(1+r_1)} + \frac{C_2}{(1+r_2)^2} + \frac{C_3 + FV}{(1+r_3)^3}$$

$$\frac{200}{(1+3\%)} + \frac{200}{(1+4\%)^2} + \frac{200+10,000}{(1+5\%)^3} = 9,190.^{23}$$

지금까지 각 현금흐름 시기별 현물이자율을 이용해 이표채권의 현재가치를 계산하였는데 이 이표채권의 현재가치(V_0)와 계약상 현금흐름을 이용해 만기수익률(YTM)을 역산으로 구할 수 있다. 위의 예에서 3년 만기 이표채권의 현재가격($9,190.^{23}$원)과 채권의 계약상 현금흐름(C_i : 200원, FV : 10,000원)의 현재가치를 일치시키는 만기수익률(YTM)은 엑셀프로그램(IRR)을 이용해 다음과 같이 4.97%로 계산할 수 있다.

$$V_0 = \frac{C_1}{(1+YTM)} + \frac{C_2}{(1+YTM)^2} + \frac{C_3 + FV}{(1+YTM)^3}$$

$$9,190.^{23} = \frac{200}{(1+YTM)} + \frac{200}{(1+YTM)^2} + \frac{200+10,000}{(1+YTM)^3}$$

$$YTM = 4.97\%$$

• 만기별 현물이자율(r_i)을 이용해 도출한 채권의 현재가치와 만기수익률(YTM)을 이용해 계산한 채권의 현재가치가 일치하지 않으면, 차익거래가 발생하므로 이론적으로 두 방법에 의한 채권가치는 항상 일치한다.67) 이와 같이 만기가 다른 현물이자율을 알고 있을 경우 만기수익률을 계산할 수 있고, 반대로 만기수익률을 알고 있을 경우 만기별 현물이자율을 도출할 수 있게 된다.

현실적으로 할인채권이 발행되는 경우는 드물기 때문에 시장에서 관측되는 채권수

67) 이론적으로 항상 일치한다는 것은 현실에서는 일치하지 않을 수도 있다는 의미이기도 하다. 이는 거래비용이나 세금 등으로 인해 차익거래가 발생하지 않을 수 있는데, 실제로는 이표채권과 할인채권이 동시에 발행되는 경우가 거의 드물기 때문이다.

익률은 대개 만기수익률이다. 후술할 이자율평가모형은 관측이 어려운 만기별 현물이자율을 필요로 하는데, 관측가능한 이표채권의 만기수익률을 이용해 현물이자율을 도출하며, 이러한 방법을 이를 「붓스트래핑(bootstrapping)」[68]이라 한다.

(2) 선도이자율

선도이자율(forward rate)이란 현물이자율의 기간구조를 이용해 도출한 미래의 특정기간의 이자율을 말한다. 선도이자율과 현물이자율은 모두 현재시점에서 측정되지만 현물이자율이 일정 투자기간의 연평균이자율인 반면, 선도이자율은 미래 일정기간에 대한 이자율이라는 점에서 차이가 있다. 선도이자율과 현물이자율의 관계는 다음과 같다. 이때, 1기 현물이자율(r_1)은 1기 선도이자율($_0f_1$)과 같다.

$$(1+r_i)^i = (1+{}_0f_1)\ (1+{}_1f_2)\ (1+{}_2f_3)\ \cdots\ (1+{}_{i-1}f_i)$$

- 예를 들어, 1년 현물이자율(r_1)이 3.00%이고 2년 현물이자율(r_2)이 5.00%인 경우 1년에서 2년 사이 기간의 선도이자율($_1f_2$)은 다음과 같이 계산된다.

$$(1+r_2)^2 = (1+{}_0f_1)\ (1+{}_1f_2)$$
$$(1+5.00\%)^2 = (1+3.00\%)\ (1+{}_1f_2)$$

- 앞의 산식을 만족하는 1년에서 2년 사이의 선도이자율($_1f_2$)은 7.04%로 계산된다. 또, 3년 현물이자율이 6.00%라고 하면 2년에서 3년 사이의 선도이자율($_2f_3$)은 다음과 같이 8.03%로 계산된다.

$$(1+r_3)^3 = (1+{}_0f_1)\ (1+{}_1f_2)\ (1+{}_2f_3)$$
$$(1+6.00\%)^3 = (1+3.00\%)\ (1+7.04\%)\ (1+{}_2f_3)$$
$${}_2f_3 = 8.03\%$$

- 이러한 현물이자율과 선도이자율의 관계를 그림으로 정리하면 다음과 같다.

68) 붓스트래핑의 개념 및 구체적인 내용은 후술한다.

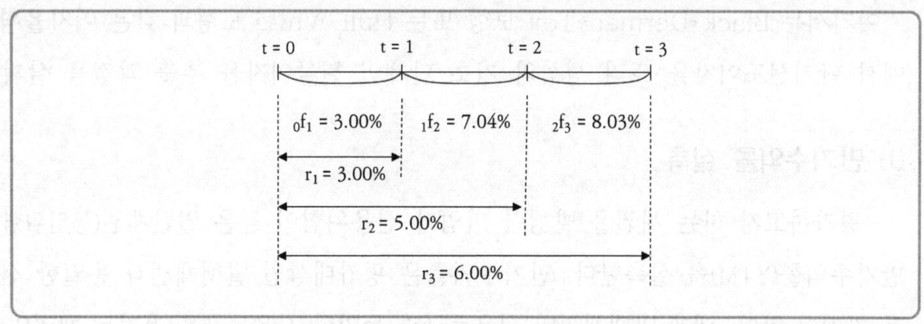

이와 같이 특정기간의 선도이자율을 현재시점에서 관측(또는 추출)되는 현물이자율을 이용해 도출할 수 있다. 즉, 선도이자율은 특정기간 동안의 미래이자율이지만 현재시점의 현물이자율을 통해 측정 가능한 이자율이다. 물론 선도이자율이 미래시점에서 실제로 형성되는 현물이자율과 꼭 일치하지는 않는다. 위에서 2년 현물이자율(r_2= 5.00%)을 이용해 관측된 1기간에서 2기간 사이의 선도이자율($_1f_2$)이 7.04%이지만 실제 1기간이 경과된 후 시점에 1년 현물이자율(r_1)이 7.04%가 되는 것은 아니라는 의미이다. 이는 선도이자율이 미래이자율에 대한 현재시점의 투자자들이 고려하는 미래의 불확실성에 따른 위험이며 그 기간이 도래했을 때의 시장상황에 따라 실제 이자율은 달리 적용되기 때문이다. 선도이자율은 현재시점 투자자들의 기댓값이다.

특정기간 선도이자율(단기선도이자율)은 이항옵션모형 방식의 채권가치평가를 위한 기초자료인 이자율 평가모형의 궁극적 목표가 된다. 즉, 현재시점부터 옵션만기까지의 기간 동안 각 기간의 단기선도이자율을 추정함으로써 채권만기로부터 단기선도이자율을 할인채권의 단기할인율로 사용하여 현재시점까지 이항옵션모형을 적용할 수 있게 된다.

▌현물이자율 추출

후술할 이자율평가모형은 단기선도이자율(short-term forward rate) 트리를 생성하는 과정이 필수적이다. 앞서 설명하였듯이 선도이자율은 미래 특정기간의 이자율을 의미하며 현물이자율의 기간구조를 이용해 도출가능하다. 이때, 관측되는 채권수익률은 대개 이표채권의 만기수익률이므로 현물이자율은 관측이 불가능한 것이 현실이다. 이에 관측가능한 이표채권의 만기수익률을 이용해 현물이자율을 추출하는 붓스트래핑(bootstrapping) 과정을 거친 후 추출된 현물이자율을 이용해 단기선도이자율 트리를 생성하게 된다.

여기서는 Black-Derman-Toy 모형 또는 Hull-White 모형과 같은 이자율평가모형에서 단기선도이자율 트리 생성의 기초 단계인 현물이자율 추출 과정을 살펴본다.

(1) 만기수익률 실측

평가하고자 하는 채권을 발행한 기업과 신용위험이 같은 일반채권(동일위험채권)의 만기수익률(YTM)을 실측한다. 만기수익률은 평가대상인 발행채권과 동일한 신용위험을 가져야 한다. 대개 발행채권의 신용등급과 동일한 신용등급을 가지는 채권의 만기수익률을 이용하게 되는데, 일반적으로 채권시장 또는 채권평가기관에서 공시된 자료를 이용하게 된다. 이때 만기수익률의 관측단위는 옵션의 잔존만기와 행사주기를 고려해야 한다. 예를 들어 현재시점부터 옵션행사의 잔존기간이 3년이고 옵션행사 주기가 매 분기라면 추출해야 하는 만기수익률은 3개월 단위로 12개 분기단위의 잔존만기수익률이 필요하다.

예를 들어, 만기가 5년인 옵션부채권 발행기업의 신용등급이 BBB인 경우 동일위험이표채권(무보증회사채)의 현재시점의 만기수익률(YTM)을 다음과 같이 실측하였다고 하자.

	t=1	t=2	t=3	t=4	t=5
만기수익률	5.00%	5.50%	6.00%	6.50%	7.00%

위의 실측된 만기수익률은 연간 단위로 이자가 지급되는 연간 만기수익률[69]임을 가정한다. 만일, 평가대상 채권의 이자지급시기 및 옵션행사주기가 분기단위이면 만기수익률도 분기단위로 실측되어야 한다. 즉, 만기수익률은 5년×4분기 = 20개의 만기수익률이 실측된다.

이때, 만기수익률이 실측되지 않는 이자율구간이 있을 수 있다. 실무적으로 만기수익률은 대부분 3월 단위로 실측되는데, 만기가 길수록 실측되지 않는 이자율 구간이 많아진다. 실측되지 않는 구간에 대해서는 보간법을 이용해 이자율을 추정할 수 있다. 보간법은 여러 방식[70]이 적용가능한데 가장 간단하면서 쉽게 적용할 수 있는 대표적인 내사법 유형인 선형보간법을 살펴본다.

---

69) 국내 채권평가사들이 고시하는 만기수익률은 분기단위로 액면이자를 지급하는 채권(단, 국고채의 경우 6개월 단위)의 연환산 만기수익률을 의미한다. 따라서, 실무적으로는 본서의 예제에서 다루는 연간 단위로 액면이자가 지급되는 경우가 아닌 분기단위로 액면이자가 지급되는 만기수익률임을 감안하여 현물이자율 추출을 수행해야 함에 주의한다.

70) 보간법의 유형으로는 선형보간법, 뉴튼(Newton) 보간법 및 라그랑쥬(Lagrange) 보간법 등이 있다.

- 보간법(interpolation)이란 측정하지 않았거나 측정할 수 없는 값을 구해야 할 경우에 사용하는 방법을 말한다. 보간법은 X_0 〈 X_1 〈 … 〈 X_n으로 주어진 N+1개의 변수에 대한 함수 값을 알고 있을 때, 이들 N+1개의 모든 점을 통과하는 근사함수를 이용하여 X_0~X_n 내의 임의의 점 X_i에 대한 함수값을 구하는 방법을 말한다. 보간법은 아래와 같은 다항식이 주로 사용된다.

$$f(x) = a_0 + a_1x + a_2x^2 + \cdots + a_nx^n$$

- 다항식은 N+1개의 데이터가 있을 때, 모든 점을 통과하는 직선 또는 곡선의 함수를 얻을 수 있다. 반면, 이를 단순화시킨 선형보간법(linear interpolation)은 두 개의 점이 주어졌을 때 두 점을 지나는 함수 f(x)를 직선의 방정식으로 구하는 방법이다. 즉, 「$f(x) = a_o + a_1X$」를 직선의 방정식으로 하여 아래와 같이 두 개의 점[(x_0, $f(x_0)$ 및 (x_1, $f(x_2)$)]을 지나는 직선함수를 구할 수 있다.

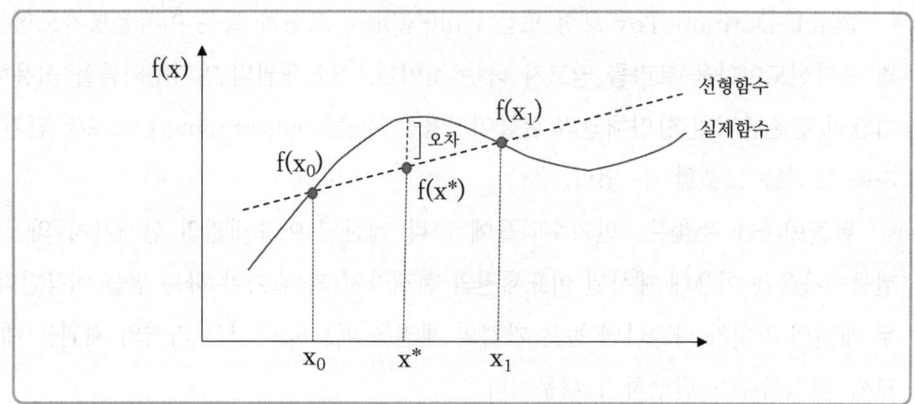

- 이를 수식으로 정리하면 다음과 같은 선형보간식을 도출할 수 있다.

$$P(x^*) = f(x_0) + \frac{(f(x_1) - f(x_0))}{(x_1 - x_0)} \times (x^* - x_0)$$

- 예를 들어, 위 1년 만기수익률(YTM_1 = 5.00%)과 2년 만기수익률(YTM_2 = 5.50%) 사이의 1.5년의 만기수익률($YTM_{1.5}$)을 선형보간법으로 구하면 다음과 같이 5.25%로 계산된다.

$$P(x^*=1.5) = f(x_0=1) + \frac{\{f(x_1=2)-f(x_0=1)\}}{(x_1-x_0)} \times (x^*-x_0)$$
$$= 5.00\% + \frac{\{5.50\%-5.00\%\}}{(2-1)} \times (1.5-1)$$
$$= 5.25\%$$

선형보간법은 데이터 점들 사이의 간격이 작을수록 근삿값을 얻을 수 있다. 위의 그림에서 보듯이 선형함수와 실제함수 간에는 차이(오차)가 발생하는데 데이터값(X_0, X_1)의 간격이 작으면 연속함수를 직선으로 근사할 수 있어 선형으로 근사한 값($P(x^*)$)의 오차가 작지만 데이터 간격이 넓다면 근사한 값의 오차가 커질 수 있으므로 주의가 필요하다.

(2) 현물이자율 추출

Black-Derman-Toy 모형 또는 Hull-White 모형과 같은 이자율평가모형은 기간별 단기선도이자율 트리를 얻고자 하는 것이며, 이표채권의 만기수익률을 이용해 같은 기간의 잔존만기별 할인채권의 현물이자율을 추출(bootstrapping)함으로써 단기선도이자율 트리를 도출할 수 있다.

현물이자율 추출은 「만기수익률에 따라 계산된 이표채권의 현재가치」와 「기간별 현물이자율을 이용해 계산된 이표채권의 현재가치」가 같아야 하는 점을 이용한다. 만일 두 채권의 가치가 다르다면 높은 가격의 채권을 매도하고 낮은 가격의 채권을 매입함으로써 차익거래가 발생하기 때문이다.

앞에서 실측한 만기수익률을 이용해 기간별 현물이자율을 추출해보자.

① 1년 현물이자율(r_1) 추출 : 1년 현물이자율은 1년 만기수익률과 같다[71]. 즉 1년 만기수익률($YTM_1 = 5.00\%$)이 1년 현물이자율($r_1 = 5.00\%$)이 된다.

② 2년 현물이자율(r_2) 추출 : 2년 현물이자율은 1년 현물이자율($r_1 = 5.00\%$)과 2년 만기수익률($YTM_2 = 5.50\%$)을 이용해 추출한다. 이때, 액면금액이 10,000원인 이

71) 국내 채권평가사가 고시하는 만기수익률은 분기단위로 액면이자를 지급하는 채권(단, 국채의 경우 6개월 단위)의 연환산 만기수익률을 의미한다. 이때 액면이자는 단리로 지급(simple payment)하는 채권이므로 실무적으로 1년 만기수익률이 1년 현물이자율과 같지 않다. 채권평가사는 대개 3개월 만기수익률부터 고시하고 있는데 마찬가지 이유로 3개월 만기수익률(만기가 3개월인 연간만기수익률)과 3개월 현물이자율(만기가 3개월인 연간 현물이자율)은 일치하지 않는 점에 주의하기 바란다. 다만, 본서에서는 편의상 연간 단위로 이자를 지급하는 구조를 가정하였으므로 1년 만기수익률이 1년 현물이자율과 같은 것으로 표시하였다.

표채권에 대해 2년 만기수익률(YTM_2 = 5.50%)과 동일한 액면이자(C_i = 550원)를 지급하는 이표채권의 현재가치는 아래와 같이 액면금액(10,000원)이 된다.

$$V(0,2) = \frac{c_1}{(1+YTM_2)} + \frac{c_2+FV}{(1+YTM_2)^2}$$

$$= \frac{550}{(1+5.50\%)} + \frac{10,550}{(1+5.50\%)^2} = 10,000.^{00}$$

• 차익거래가 발생하지 않기 위해서는 2년 만기수익률(YTM_2 = 5.50%)을 이용해 계산한 2년 만기 이표채권의 현재가치(10,000원)가 아래의 기간별 현물이자율(r_i)을 이용하여 계산한 2년 만기 이표채권의 현재가치와 일치해야 한다. 두 산식에 의한 채권가격이 일치해야 함을 이용해 2년 현물이자율을 추출하는 것이다.

$$V(0,2) = \frac{c_1}{(1+r_1)} + \frac{c_2+FV}{(1+r_2)^2}$$

$$= \frac{550}{(1+r_1)} + \frac{10,550}{(1+r_2)^2} = 10,000.^{00}$$

• 위 산식을 만족하는 2년 현물이자율(r_2)은 다음과 같이 5.51%로 계산된다. 이때, 1년 현물이자율은 앞에서 구한 값(r_1 = 5.00%)을 이용한다.

$$r_2 = \sqrt[2]{\frac{c_2+FV}{V(0,2) - \left(\frac{c_1}{(1+r_1)}\right)}} - 1 = 5.51\%$$

$$r_1 = 5.00\%$$

③ 3년 현물이자율(r_3) 추출 : 3년 현물이자율은 1년 현물이자율(r_1 = 5.00%), 2년 현물이자율(r_2 = 5.51%) 그리고 3년 만기수익률(YTM_3 = 6.00%)을 이용해 다음과 같이 추출된다. 이때, 3년 만기수익률(YTM_3 = 6.00%)과 동일한 액면이자(C_i = 600원)를 지급하는 이표채권의 현재가치는 아래와 같이 액면금액(10,000원)이 된다.

$$V(0,3)=\frac{c_1}{(1+YTM_3)}+\frac{c_2}{(1+YTM_3)^2}+\frac{c_3+FV}{(1+YTM_3)^3}$$

$$=\frac{600}{(1+6.00\%)}+\frac{600}{(1+6.00\%)^2}+\frac{10,600}{(1+6.00\%)^3}=10,000.^{00}$$

• 2년 현물이자율을 구할 때와 마찬가지로 3년 만기수익률(YTM_3 = 6.00%)을 이용해 계산한 3년 만기 이표채권의 현재가치(10,000원)는 기간별 현물이자율(r_i)을 이용하여 계산한 3년 만기 이표채권의 현재가치와 일치해야 한다.

$$V(0,3)=\frac{c_1}{(1+r_1)}+\frac{c_2}{(1+r_2)^2}+\frac{c_3+FV}{(1+r_3)^3}$$

$$=\frac{600}{(1+r_1)}+\frac{600}{(1+r_2)^2}+\frac{10,600}{(1+r_3)^3}=10,000.^{00}$$

• 위 산식을 만족하는 3년 현물이자율(r_3)은 다음과 같이 6.04%로 계산되며, 앞에서 구한 1년 현물이자율(r_1 = 5.00%)과 2년 현물이자율(r_2 = 5.51%)을 이용한다.

$$r_3=\sqrt[3]{\frac{c_3+FV}{V(0,3)-\left(\frac{c_1}{(1+r_1)}+\frac{c_2}{(1+r_2)^2}\right)}}-1=6.04\%$$

$$r_1=5.00\% \qquad r_2=5.51\%$$

위와 같은 방식으로 r_1, r_2, r_3, … r_i (i = 잔존만기)까지 구할 수 있으며, r_i는 i시점을 만기로 하는 할인채권의 현물이자율이다. 즉, 위에서 추출한 r_3는 3년 만기 할인채권의 현물이자율(spot rate)이 된다. 위와 같은 방식으로 나머지 만기의 현물이자율을 추출(bootstrapping)하면, 4년 현물이자율(r_4)은 6.59%, 5년 현물이자율(r_5)은 7.15%로 추출된다. 만기가 길수록 같은 기간의 만기수익률(YTM)에 비해 현물이자율(r_i)이 더 높아지는 현상이 관측된다.

추출된 만기별 현물이자율(r_i)을 정리하면 다음과 같다.

	r_1	r_2	r_3	r_4	r_5
현물이자율	5.00%	5.51%	6.04%	6.59%	7.15%

6.2. 이자율 평가모형

지금까지 채권가치평가의 중요한 투입변수 중 하나인 만기수익률(YTM), 현물이자율(spot-rate) 그리고 선도이자율(forward rate)의 개념과 그러한 이자율 간의 관계에 대해 살펴보았다. 일반적으로 채권가치는 특정시점에서 관측가능한 확정 수익률 즉, 시간의 경과에 따라 변동되지 않음(determinant)을 가정한 수익률을 사용한다. 반면, 풋옵션부채권(puttable bond)이나 수의상환채권(callable bond)과 같은 금리옵션부채권은 시간 경과에 따라 이자율이 확률적으로 변동(stochastic)되는 것을 가정한다. 옵션 보유자는 시간 경과에 따라 이자율 변동에 따른 채권가치 변동에 투자하는 것이기 때문이다. 본서에서 소개하는 Black-Derman-Toy 모형과 Hull-White 모형은 이자율 평가모형의 대표적 유형72)이다.

금리변동성

변동성은 옵션가격을 결정하는 중요한 요인이다. 기초자산이 시장이자율(채권가격)인 경우에도 기초자산이 주식가격인 경우와 마찬가지로 역사적 변동성을 주로 사용한다. 역사적 변동성은 과거 일정기간의 관측 값을 표본으로 하여 표준편차(σ)로 측정한다. 즉, 변동성은 다음과 같은 표준편차(STDEV) 계산식을 사용한다.

$$\sigma = \sqrt{\frac{\sum_{i=1}^{n}(x_i - \bar{x})^2}{n}}$$

- 변동성 산식을 이용해 금리변동성을 금리변화의 표준편차로 하여 다음과 같이 측정한다.

$$\sigma = \sqrt{\frac{\sum_{i=1}^{n}(r_i - \bar{r})^2}{n-1}}$$

72) Black-Derman-Toy 모형과 Hull-White 모형은 이자율의 확률적 변동을 추정하는 이자율 평가모형의 유형이나 본서는 이 모형들을 금리옵션부채권의 평가에 활용하는 방법을 제시하고 있으므로 편의상 이 모형들을 금리옵션부채권 평가모형으로 설명한다.

• 한편, 금리변화에 대해 일반적으로 로그정규분포를 가정하므로 금리변동성은 다음과 같이 엑셀프로그램(STDEV 및 LN 함수)을 이용해 간략하게 측정할 수 있다.

$$\sigma = STDEV\left(LN\left(\frac{r_i}{r_{i-1}}\right)\right)$$

대개 금리변동성은 주가변동성에 비해 낮은 편이므로 금리변동성이 옵션가격에 미치는 영향은 크지 않다. 또, 금리변동성은 로그정규분포를 가정한 옵션만기까지의 선도이자율 트리(기초자산 가격트리)를 결정하는데, 후술할 Black-Derman-Toy모형과 Hull-White 모형은 선도이자율 트리를 차익거래가 발생하지 않도록 조정해 주므로 금리변동성이 선도이자율 추정에 유일한 영향을 미치지는 않는다.

균형모형과 무차익모형

이자율의 확률적 변동을 다루는 모형은 균형모형(equilibrium model)과 무차익모형(no-arbitrage model)으로 구분된다. 균형모형은 단기이자율(short rate)의 확률과정을 유도하고 단기이자율의 확률과정이 채권가격과 금리옵션부 채권가격에 미치는 영향을 제시하는 모형이다. 균형모형의 대표적인 예로 「Rendleman-Barter 모형」, 「Vasicek 모형」 및 「Cox-Ingersoll-Ross 모형」 등을 들 수 있다. 그러나 균형모형은 모형으로부터 추정된 이자율의 확률적 변동에 따른 기간구조가 현재의 기간구조에 일치하지 않음으로써 차익거래가 발생할 문제를 고려하지 않는 문제가 있다. 반면, 무차익모형은 추정된 이자율의 확률적 변동에 따른 기간구조가 현재의 이자율 기간구조와 정확히 일치하도록 조정계수(drift rate)에 의해 조정함으로써 차익거래가 발생하지 않도록 한다. 즉, 균형모형은 단순히 단기이자율을 추정하는 산출물을 제시하는 반면 무차익모형은 그러한 산출물을 투입물로 활용하여 차익거래가 발생하지 않도록 조정된 이자율 트리를 생성할 수 있다. 이러한 무차익모형은 T.S.Y Ho와 한양대 이상빈 교수가 최초의 무차익모형을 제시(1986년)한 이래 Black-Derman-Toy 모형(1990년), Hull-White 모형(1990년) 및 Black-Karasinski 모형(1991년) 등이 잇따라 발표되었다.

(1) Ho-Lee 모형

1986년, T.S.Y Ho와 한양대 이상빈 교수는 최초의 무차익모형을 제시하였다.[73] 이 모형은 채권가격을 이항모형으로 구현하면서 단기이자율의 표준편차(σ)와 시장위험가격(신용위험)을 투입변수로 사용한다. Ho-Lee 모형에 따른 확률과정은 위너과정[74] (dz)에 기초해 다음과 같이 표시된다.[75]

$$dr = \theta(t)dt + \sigma dz$$

위 모형에서 단기이자율의 순간표준편차(σ)는 상수이고, 시간(t)의 함수인 θ(t)는 현재의 이자율 기간구조에 일치시키는 조정계수(drift rate)이다. 변수 θ(t)는 이자율이 특정시점(t)에서 움직이는 평균적인 방향을 정의하게 되지만 이자율과는 독립적인 변수이다. 아래의 Black-Derman-Toy 모형과 Hull-White 모형은 Ho-Lee 모형을 발전시킨 무차익모형이다.

(2) Black-Derman-Toy 모형

1990년, F.Black과 E.Derman 그리고 W.Toy는 이항모형을 이용한 단기이자율의 대수정규 확률과정을 발표하였다.[76] Black-Derman-Toy 모형의 확률과정은 다음과 같이 표시할 수 있다.

$$d\,In\,r = (\theta(t) - a(t) \cdot In\,r)dt + \sigma dz$$

- $\theta(t)$: $no-arbitrage\,factor\,(function\,of\,time)$
- $a(t) = \dfrac{\sigma'(t)}{\sigma(t)}$
- σ : $standard\,deviation\,of\,short-rate$
- dz : $weiner\,process$

---

73) T.S.Y Ho and S.B.Lee "Term Structure Movements and Pricing Interest Rate Contingent Claims", Journal of Finance 1986.11.

74) 위너과정(Wiener Process)에 대해서는 본서의 블랙숄즈모형에서 설명한 부분을 참고하기 바란다.

75) Ho-Lee 모형을 포함한 모든 무차익모형은 시간(t)의 함수인 위너과정을 따른다.

76) F.Black, E.Derman and W.Toy, "A One-Factor Model of Interest Rates and Its Application to Treasury Bond Prices", Financial Analysts Journal, 1990.2.

이때, $\sigma'(t)$는 순간표준편차(σ)의 시간에 대한 도함수이다. Ho-Lee 모형이나 후술할 Hull-White 모형은 이자율이 음(-)의 값을 가질 수 있는 문제가 있으나, 이 모형은 이자율에 대해 자연로그함수를 사용하므로 이자율이 음의 값을 갖지 않는다는 장점이 있다. 다만, 현실적으로 변동성 투입변수 $\sigma'(t)$를 시간의 변수로 사용하는 것은 불가능하므로 모형을 실무적으로 사용하기 위해서는 $\sigma'(t)$가 상수일 것을 가정해야 한다. 이 경우 모수 a(t)가 「0」이 되므로 모형은 다음과 같이 수정된다.

$$d\,In\,r = \theta(t)dt + \sigma dz$$

위와 같이 수정된 Black-Derman-Toy 모형은 단기이자율에 대해 자연로그를 가정한다는 점을 제외하고는 Ho-Lee 모형과 같아진다. 즉, Black-Derman-Toy 모형은 자연로그 단기이자율에 대한 Ho-Lee 모형이라고 할 수 있다.

(3) Hull-White 모형

1990년, J.Hull과 A.White는 Vasicek의 균형이론에 기초해 차익거래가 발생하지 않도록 현재의 이자율 기간구조에 부합하도록 조정하는 이자율 평가모형을 제시하였다.[77] Hull-White 모형(1요인 모형)[78]은 다음과 같이 표시된다.

$$dr = (\theta(t) - a \cdot r)dt + \sigma dz = a \cdot \left(\frac{\theta(t)}{a} - r\right)dt + \sigma dz$$

이 모형은 상수인 a의 속도로 평균회귀하는 Ho-Lee 모형이라 할 수 있다. 기초자산이 주가인 경우와 달리 이자율은 시간 경과에 따라 장기 평균금리 수준으로 되돌아가려는 경향이 있는데 이를 평균회귀(mean reversion)라 한다. 이자율의 평균회귀 경향에 의해 이자율이 높은 때에는 확률과정의 순간평균이 음수가 되고 이자율이 낮은 때는 양수가 되는 경향이 생기는 것이다. Hull-White 모형은 단기이자율이 t시점에 a의 속도로 $\theta(t)/a$에 회귀하는 것을 가정한다.[79]

77) J.Hull and A.White, "Pricing Interest Rate Derivative Securities", Review of Financial Studies 1990.

78) Hull-White는 1요인 모형 발표 이후(1994년), 이자율(r)과 장기회귀요소(u)를 이용한 2요인 모형을 추가 발표하였다(J.Hull and A.White, "Numerical Procedures for Implementing Term Structure Models II : Two Factor Models", Journal of Derivatives). 다만, 이자율 평가모형의 실무적용은 대부분 1요인 모형을 사용하고 있으므로 본서는 2요인 모형에 대한 설명은 생략한다.

지금까지 확률분포를 고려한 몇 가지 이자율 평가모형에 대해 개략적으로 살펴보았다. 본서는 금리옵션부채권의 가치평가에 요구되는 여러 이자율 평가모형 중 실무적으로 널리 활용되고 있는 무차익모형인 Black-Derman-Toy 모형과 Hull-White 모형을 활용하는 방법에 대해 구체적으로 살펴본다.

6.3. Black-Derman-Toy 모형

Black-Derman-Toy 모형(BDT 모형)은 Fischer Black과 Emanual Derman 등이 공동으로 개발한 대표적인 무차익거래 이자율 평가모형이다. BDT 모형은 추정된 단기선도이자율을 이항옵션모형에 적용해 옵션부채권의 공정가치를 산정하는 방법으로 널리 활용되고 있다. BDT 모형에 의한 채권가격은 기간별 단기이자율에 의해 산정되고 기간별 단기이자율은 로그정규분포(Log Normal Distribution)를 따르며, 단기이자율의 변동성(Volatility)은 시간의 함수로 결정됨을 가정한다.

▎모형의 구조

BDT 모형에 의한 채권가치는 이항옵션모형에 기초한다. BDT 모형에 의한 금리옵션부채권가치평가는 먼저 단기이자율의 변동성을 고려해 단기선도이자율(short-term forward rate) 트리를 생성하고, 만기시점부터 현재시점까지 소급하여 이항모형으로 각 노드별 단기선도이자율($f_{i,j}$)을 기간할인율로 하여 가격을 산정하는 방식이다.

BDT 모형은 할인채권의 현재가치와 이항모형으로 계산된 할인채권의 현재가치가 일치하도록 조정[80]한 할인율 즉, 단기선도이자율 트리를 도출하는 것이 핵심이다. 또, 도출된 단기선도이자율 트리를 이용해 일반채권의 현재가치와 금리옵션부채권의 현재가치를 비교함으로써 옵션가치를 계산할 수 있다. 이때, 할인채권의 현재가치를 계산하기 위해 현물이자율을 추출해야 하고, 현물이자율을 추출하기 위해 만기수익률(YTM)을 실측하게 된다. 즉, BDT 모형의 궁극적인 목표인 옵션부채권의 가치를 도출하기 위해 다음과 같은 과정을 〈역순〉으로 거치게 된다.

---

79) Hull-White 모형에서 평균회귀속도(a)를 0으로 보면, Ho-Lee 모형과 같아진다.

80) 균형모형과 무차익모형에서 설명한 조정계수(θ(t)) 또는 본서에서 후술할 조정계수(drift rate)에 의해 차익거래가 발생하지 않도록 조정함을 의미한다.

① BDT 모형은 기초자산이 일반채권가격(또는 금리)인 옵션가치를 산출하는 평가모형이다. BDT 모형은 이항모형을 이용해 금리옵션부채권의 현재가치와 일반채권의 현재가치를 각각 계산하여 그 차이를 옵션의 공정가치로 한다.

② 금리옵션부채권과 일반채권의 현재가치를 이항모형을 이용해 산출하기 위해서는 현재시점부터 만기까지의 각 기간별·노드별 단기선도이자율($f_{i,j}$) 트리가 필요하다.

③ 단기선도이자율은 이자율변동에 따라 각 기간별(현재부터 만기까지) 그리고, 노드별(각 기간에서의 이자율의 상승과 하락상태)로 트리형태로 도출한다. 이때, 차익거래가 발생하지 않는 단기선도이자율은 현물이자율(r_i)을 이용해 계산한 할인채권의 현재가치와 단기선도이자율 트리를 이용해 이항모형으로 계산한 할인채권의 현재가치가 일치하는 기간할인율이다.

④ 현물이자율을 이용해 계산한 할인채권의 현재가치를 계산하기 위해서는 만기별 현물이자율을 알아야 한다. 그러나 현실세계에서 할인채권이 발행되는 경우는 드물기 때문에 현실에서 직접 관측하기 어렵다.

⑤ 현물이자율은 잔존만기수익률(YTM)을 실측함으로써 추출가능하다. 즉, 이표채권의 잔존만기수익률을 이용해 현물이자율을 추출(bootstrapping)한다.

BDT 모형은 위의 과정을 거꾸로 거슬러 단계적으로 단기선도이자율과 채권가치를 평가하는 과정이다. 단기선도이자율 트리를 도출하는 과정을 살펴보자. BDT 모형에 의한 기간별 단기선도이자율($f_{i,j}$) 트리추정은 다음의 3단계를 거친다.[81)]

① 동일위험채권의 만기수익률(YTM) 실측

② 만기별 할인채권의 현물이자율(r_i) 추출

③ 무차익거래를 만족하는 단기선도이자율($f_{i,j}$) 트리의 추정 및 조정

모형의 적용

BDT 모형에서의 채권가격은 단기선도이자율 요소에 의해 결정되고 단기이자율은 로그정규분포를 따르는 것을 가정한다. 문제는 로그정규분포에 따라 단순히 계산된 기간별 단기선도이자율을 이용해 각 시점(time-step)별로 단기할인채권의 현재가치를 이항모형으로 계산된 채권가치와 위에서 구한 현물이자율을 이용하여 계산한 만기별 할

81) 이를 위해서는 앞에서 살펴본 만기수익률과 현물이자율의 관계, 현물이자율과 선도이자율의 관계에 대한 충분한 이해가 필요하다. BDT 모형은 이들 채권수익률의 특성을 이용해 최종적으로 선도이자율을 도출하는 과정이다.

인채권의 현재가치가 서로 일치하지 않을 경우 두 채권 중 높은 값의 채권을 매각하고 낮은 값의 채권을 매입함으로써 차익거래가 발생할 수 있다.

BDT 모형은 로그정규분포에 따라 일차로 추정한 기간별 단기선도이자율을 차익거래가 발생하지 않도록 단기선도이자율을 조정한다. 이를 위해 기간별 단기할인채권을 이항모형으로 계산한 현재가치와 현물이자율을 이용하여 계산된 잔존만기별 할인채권의 현재가치가 일치하도록 하는 조정과정(calibration)을 거쳐 최종적으로 기간별 단기선도이자율을 계산하게 된다. 이 과정을 단계적으로 살펴보자.

(1) 현물이자율을 이용한 할인채권의 현재가치 계산

우리는 앞서 만기수익률 실측을 통해 현물이자율을 추출하는 과정을 살펴보았다. 현물이자율을 추출하는 목적은 현물이자율을 이용해 만기별 할인채권의 현재가치를 계산하기 위함이다. 이는 선도이자율 추정과정에서 꼭 필요한 과정이다.

이해를 돕기 위해 앞에서 다룬 예를 이어간다. 앞에서 우리는 BBB 등급의 1년 만기~5년 만기의 현물이자율을 다음과 같이 추출하였다.

	r_1	r_2	r_3	r_4	r_5
현물이자율	5.00%	5.51%	6.04%	6.59%	7.15%

할인채권은 액면이자 없이 액면금액을 만기에 일시 지급하는 채권이며 현물이자율로 할인한 금액으로 할인발행하게 된다. 만기액면금액(10,000원)을 위의 만기별 현물이자율로 할인하여 다음의 산식에 의해 할인채권의 현재가치를 계산한다.

$$V(0, n) = \frac{FV}{(1+r_n)^n}$$

- V(0, n) : 만기가 n인 할인채권가치
- FV : 액면금액
- r_n : 현물이자율
- n : 만기

- 예를 들어, 3년물 할인채권과 5년물 할인채권은 다음과 같이 각각 8,386.[45]원과 7,079.[57]원으로 계산된다.

$$V(0, 3) = \frac{10,000}{(1+6.04\%)^3} = 8,386.^{45}$$

$$V(0, 5) = \frac{10,000}{(1+7.15\%)^5} = 7,079.^{57}$$

정리하면, 만기별 현물이자율을 이용해 액면금액이 10,000원인 만기별 할인채권의 현재가치는 다음과 같이 계산된다.

	1년물	2년물	3년물	4년물	5년물
할인채권가치	9,523.81	8,982.17	8,386.45	7,748.35	7,079.57

만기별 할인채권의 현재가치는 차익거래가 발생하지 않도록 하는 단기선도이자율의 조정(calibration) 과정에 필요한 정보이다.

(2) 조정 전 단기선도이자율 트리 생성

조정 전 단기선도이자율은 일종의 밑그림이다. 조정 전 단기선도이자율은 추출된 1기간의 현물이자율(r_1)이 로그정규분포를 가정하여 금리변동성에 따라 기간별로 단기선도이자율이 상승 또는 하락하는 모양의 이자율트리를 생성하는 것이다. 이를 위해서는 사전에 동일위험 채권의 금리변동성(σ)을 미리 측정한다. 금리변동성에 기초해 금리상승계수(u)와 하락계수(d)를 도출한다. 즉 조정 전 단기선도이자율 트리를 생성하는 과정은 앞에서 살펴본 다기간 이항옵션모형의 기초자산 가격트리를 생성하는 과정과 같다.

로그정규분포를 가정한 단기선도이자율 트리의 생성과정을 예를 통해 살펴보자.

앞에서 예로 다룬 BBB 등급의 5년 만기 채권의 연간 금리변동성이 10.00%로 측정되었다면 이를 반영한 금리상승계수는 1.1052[u = EXP(10.00%)]로, 금리하락계수는 0.9048 (d = 1 ÷ 1.1052)로 계산된다. 이를 이용하여 조정 전 단기선도이자율 트리를 생성하면 다음과 같다.

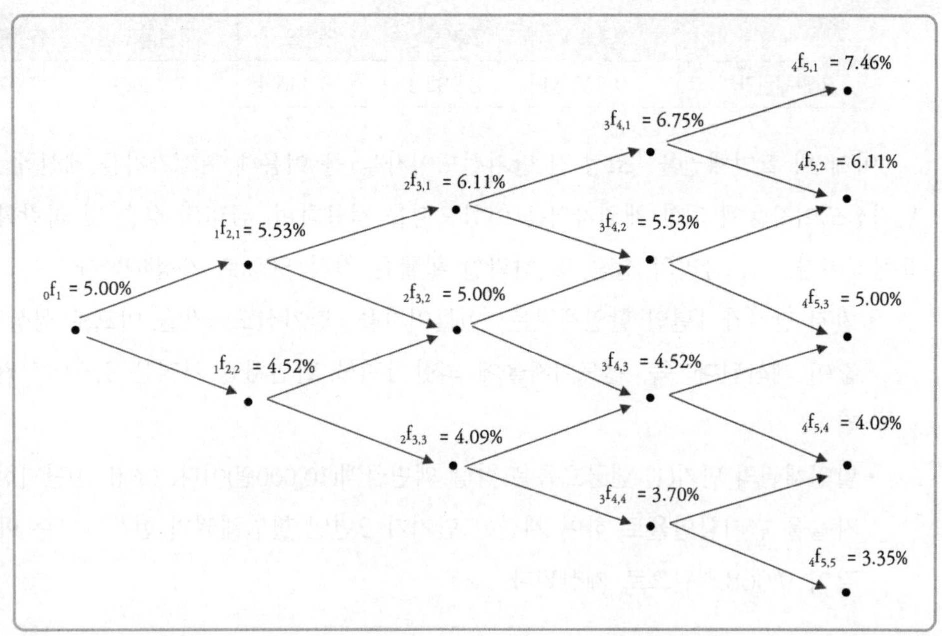

1기간 현물이자율(r_1)을 시점으로 로그정규분포 가정하에 생성된 위의 선도이자율 트리는 기초 이자율표에 불과하다. 왜냐하면 앞에서 설명하였듯이 로그정규분포에 따라 추정한 단기선도이자율을 단기할인율로 사용하여 계산된 채권가격과 위에서 구한 현물이자율을 이용하여 계산한 만기별 할인채권의 현재가치가 서로 일치하지 않을 경우 차익거래가 발생하기 때문이다. 따라서 차익거래가 발생하지 않도록 1차로 생성한 기초 이자율표를 아래와 같이 조정(calibration)하는 과정을 필요로 한다.

(3) 조정된 단기선도이자율 트리생성

로그정규분포를 가정하여 1차로 생성한 단기선도이자율 트리는 완전한 수치가 아니다. 기초자산이 주식인 경우와 달리 채권은 만기가 정해져 있고 만기 현금흐름은 액면금액이므로 단순한 형태의 주식과 달리 금리는 복잡한 구조를 가지기 때문에 확산형 기초자산 가격트리를 생성할 수 없다. 따라서 로그정규분포로 1차로 생성한 단기선도이자율 트리에 의한 할인채권가격과 현물이자율에 의한 할인채권가격이 서로 일치하도록 단기선도이자율을 조정하는 과정을 필요로 하는 것이다.

앞에서 액면금액 10,000원인 BBB 등급의 할인채권을 현물이자율을 이용해 계산한 현재가치는 만기별로 다음과 같이 계산되었다.

	1년물	2년물	3년물	4년물	5년물
할인채권가치	9,523.81	8,982.17	8,386.45	7,748.35	7,079.57

이제 위 할인채권을 「조정 전 단기선도이자율」을 이용해 현재가치를 계산해 보자. 단기선도이자율에 의한 채권가격은 이항모형을 적용하며, 금리의 상승 및 하락확률은 독립적이다. 즉, 금리의 상승 및 하락할 확률은 각각 50%로 가정[82]한다.

- 먼저 만기가 1년인 할인채권은 「현물이자율 = 단기선도이자율」이므로 항상 같은 값이 계산된다. 즉, 선도이자율에 의한 1년물 할인채권 가격은 9,523.81원으로 같다.
- 할인채권의 만기(T) 현금흐름은 항상 액면금액(10,000원)이다. (조정 전)단기선도이자율을 단기할인율로 하여 계산된 만기가 2년인 할인채권의 현재가치는 아래와 같이 9,068.34원으로 계산된다.

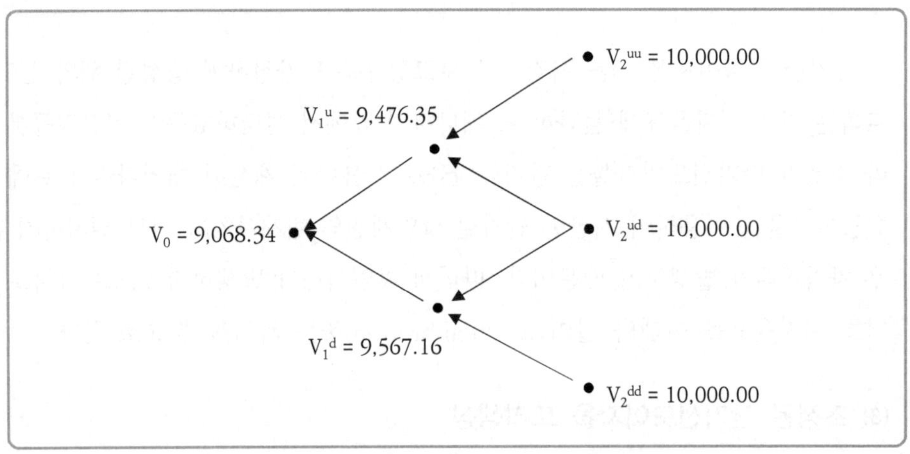

- 주식과 달리 채권은 만기가 존재하고, 만기(T) 시점의 현금흐름이 모든 노드에 있어 동일한 금액으로 고정된다. 할인채권은 만기의 모든 노드에 있어 액면금액(FV = 10,000원)으로 고정되는 점에 유의하기 바란다. 만기상환금액(FV)을 단기선도이자율로 할인한 1년 말 현재 각 노드의 채권가치는 다음과 같이 계산된다.

82) BDT 모형은 금리의 상승 및 하락확률이 독립적임을 가정한다. 반면, 후술할 Hull-White 모형은 복잡한 상태변화확률을 도입하고 있다.

$$V_1^{\,u} = \frac{\frac{1}{2}\cdot FV + \frac{1}{2}\cdot FV}{(1+{}_if_{i,j})} = \frac{10{,}000}{(1+5.53\%)} = 9{,}476.^{35}$$

$$V_1^{\,d} = \frac{\frac{1}{2}\cdot FV + \frac{1}{2}\cdot FV}{(1+{}_if_{i,j})} = \frac{10{,}000}{(1+4.52\%)} = 9{,}567.^{16}$$

- 또한, 1년 말 현재 각 노드의 채권가치(V_1^u, V_1^d)를 단기선도이자율(${}_if_{i,j}$)로 할인하여 2년 만기 할인채권의 현재가치[$V_{(0,2)}$]를 구한다.

$$V_{(0,\,2)} = \frac{\frac{1}{2}\cdot V_1^{\,u} + \frac{1}{2}\cdot V_1^{\,d}}{(1+{}_if_{i,j})} = \frac{\frac{1}{2}\cdot 9{,}476.^{35} + \frac{1}{2}\cdot 9{,}567.^{16}}{(1+5.00\%)} = 9{,}068.^{34}$$

여기에는 문제가 있다. 앞서 2년 현물이자율을 이용해 계산한 2년 만기 할인채권의 현재가치(8,982.[17]원)와 (조정 전)기간별 단기선도이자율을 이항모형으로 계산한 2년 만기 할인채권의 현재가치(9,068.[34]원) 간에 차이(86.[17]원)가 발생한 것이다. 신용위험과 만기가 같으면서 동일한 계약상 현금흐름(할인채권)의 채권 간에 다른 가격이 형성될 수 없다. 이때에는 (조정 전)단기선도이자율로 측정된 과대평가 채권을 매각하고 현물이자율로 측정된 정상채권을 매수한 후 만기까지 보유함으로써 금리변동위험 없이83) 차익거래를 얻을 수 있다. 이는 로그정규분포로 추정된 단기선도이자율 트리가 조정되어야 함을 의미한다.

단기선도이자율 트리의 조정(calibration) 과정은 다음과 같다. 현물이자율에 의한 할인채권의 현재가치는 공정가치이므로 단기선도이자율에 각 노드에 관계없이 일정한 조정계수(drift rate)를 구하여 조정된 단기선도이자율 트리를 이용한 할인채권의 현재가치와 일치하도록 한다.

- 즉, 단기선도이자율 트리를 이용해 계산한 2년 만기 할인채권의 현재가치는 다음과 같이 8,982.[17]원이어야 한다.

---

83) 두 채권 모두 할인채권이므로 금리변동에 따른 재투자위험이 없다.

$$V_{(0,2)} = \frac{\frac{1}{2}\cdot V_1{}^{u} + \frac{1}{2}\cdot V_1{}^{d}}{(1+{}_{i}f_{i,j})} = 8{,}982.^{17}$$

• 산식에서 이를 만족하는 조정계수[84](d_2)를 다음과 같이 구한다.[85]

$$= \frac{\frac{1}{2}\left[\frac{\frac{1}{2}\cdot FV+\frac{1}{2}\cdot FV}{(1+d_2+{}_1f_{2,1})}\right]+\frac{1}{2}\left[\frac{\frac{1}{2}\cdot FV+\frac{1}{2}\cdot FV}{(1+d_2+{}_1f_{2,2})}\right]}{(1+{}_0f_1)}$$

$$= \frac{\frac{1}{2}\left[\frac{10{,}000}{(1+d_2+5.53\%)}\right]+\frac{1}{2}\left[\frac{10{,}000}{(1+d_2+4.52\%)}\right]}{(1+5.00\%)}$$

$$= 8{,}982.^{17}$$

• 위 산식을 만족하는 조정계수(drift rate : d_2)는 1.01%로 계산된다. 그리고, 조정계수를 이용해 변경된 선도이자율(${}_1f_2$)은 다음과 같다.

㉠ ${}_1f_{2,1} = 5.53\% + 1.01\% = 6.54\%$

㉡ ${}_1f_{2,2} = 4.52\% + 1.01\% = 5.53\%$

• 조정계수에 의해 조정된 단기선도이자율로 2년 만기 할인채권의 현재가치를 다시 계산해 보자. 조정된 단기선도이자율로 계산한 할인채권의 현재가치는 현물이자율로 계산한 할인채권의 현재가치와 일치한다.

$$V_{(0,2)} = \frac{\frac{1}{2}\left[\frac{10{,}000}{(1+6.54\%)}\right]+\frac{1}{2}\left[\frac{10{,}000}{(1+5.53\%)}\right]}{(1+5.00\%)} = 8{,}982.^{17}$$

• 같은 방식으로 현물이자율로 계산된 3년 만기 할인채권의 현재가치와 차익거래가 발생하지 않도록 하는 선도이자율 조정계수(d_3)를 구해보자. 먼저, 현물이자율로 계산된 3년 만기 할인채권의 현재가치는 8,386.^{45}원이므로 단기선도이자율에 의한 3년 만기 할인채권의 현재가치도 같아야 한다.

---

84) 1기 단기선도이자율은 현물이자율과 같으므로 1기 조정계수(d_1)는 항상 「0」이다.

85) 조정계수(drift rate)는 엑셀프로그램의 목표값 찾기의 방법으로 구할 수 있다.

$$V_{(0,3)} = \frac{\frac{1}{2} \cdot V_1{}^u + \frac{1}{2} \cdot V_1{}^d}{(1 + {}_0f_1)} = 8{,}386.^{45}$$

$${}_0f_1 = 5.00\%$$

• 3년 만기 할인채권의 1년 말 시점의 가치 $V_1{}^u$와 $V_1{}^d$는 다음과 같다. 이때, 단기선도이자율은 차익거래가 발생하지 않도록 조정된 값이다.

$$V_1{}^u = \frac{\frac{1}{2} \cdot V_2{}^{uu} + \frac{1}{2} \cdot V_2{}^{ud}}{(1 + {}_1f_{2,1})} \qquad V_1{}^d = \frac{\frac{1}{2} \cdot V_2{}^{ud} + \frac{1}{2} \cdot V_2{}^{dd}}{(1 + {}_1f_{2,2})}$$

$${}_1f_{2,1} = 6.54\% \qquad {}_1f_{2,2} = 5.53\%$$

• 또, 3년 만기 할인채권의 2년 말 시점의 가치 $V_2{}^{uu}$와 $V_2{}^{ud}$ 그리고, $V_2{}^{dd}$는 다음과 같다. 이때, 단기선도이자율은 조정 전 값이다.

$$V_2{}^{uu} = \frac{FV}{(1 + d_3 + {}_2f_{3,1})} = \frac{10{,}000}{(1 + d_3 + 6.11\%)}$$

$$V_2{}^{ud} = \frac{FV}{(1 + d_3 + {}_2f_{3,2})} = \frac{10{,}000}{(1 + d_3 + 5.00\%)}$$

$$V_2{}^{dd} = \frac{FV}{(1 + d_3 + {}_2f_{3,3})} = \frac{10{,}000}{(1 + d_3 + 4.09\%)}$$

• 3년 만기 할인채권을 단기선도이자율을 단기할인율로 하여 이항모형으로 현재시점까지 소급하여 계산된 가치가 8,386.^{45}원이 되는 조정계수(d_3)를 목표값 찾기의 방법으로 계산하면 2.06%로 계산된다. 그리고, 조정계수를 이용해 변경된 선도이자율(${}_2f_3$)은 각 노드별로 다음과 같다.

㉠ ${}_2f_{3,1} = 6.11\% + 2.06\% = 8.17\%$

㉡ ${}_2f_{3,2} = 5.00\% + 2.06\% = 7.06\%$

㉢ ${}_2f_{3,3} = 4.09\% + 2.06\% = 6.15\%$

• 조정된 단기선도이자율을 이용해 3년 만기 할인채권의 현재가치를 이항모형으로 계산하면 다음과 같이 8,386.^{45}원으로 계산된다. 이는 현물이자율로 계산된 값

(8,386.45원)과 같음을 알 수 있다.

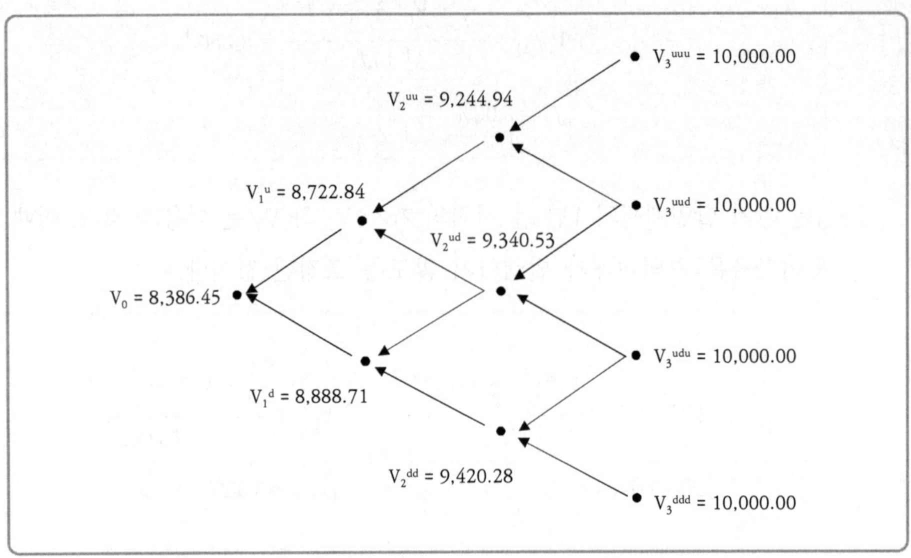

- 4년 만기 할인채권과 5년 만기 할인채권에 대해서도 같은 방법으로 조정계수(drift rate)를 다음과 같이 도출할 수 있다.

  ㉠ $d_4 = 3.17\%$

  ㉡ $d_5 = 4.37\%$

- 이제 모든 조정계수(drift rate)를 반영한 「조정 후 단기선도이자율 트리」를 다음과 같이 재생성할 수 있다.

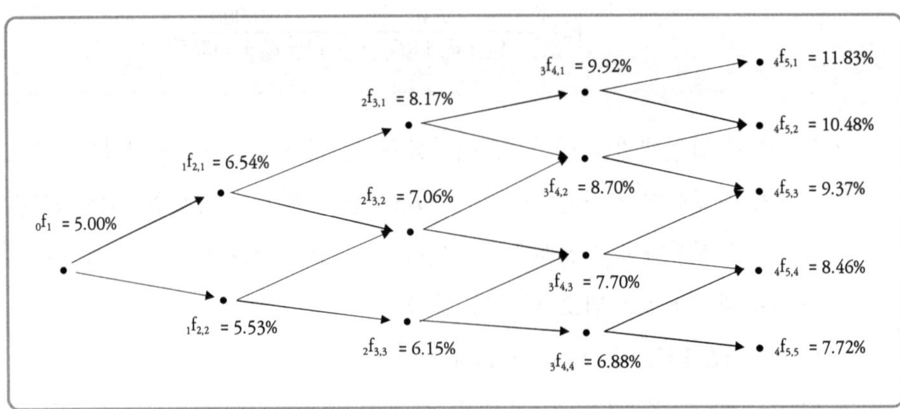

상기와 같이 조정계수를 반영한 단기선도이자율 트리를 이용하여 일반채권가격 및 금리옵션부 채권(풋옵션부채권 및 콜옵션부채권 등)을 평가할 수 있다. BDT 모형에 의해 도출된 단기선도이자율 트리를 이용해 금리옵션부 채권평가에 대해서는 후술한다.

6.4. Hull-White 모형

Hull-White 모형(H-W 모형)은 1990년, John Hull과 Allen White가 공동으로 개발한 모형으로 삼항모형에 기초해 단기선도이자율의 확률적 변동을 추정하는 대표적인 무차익 이자율 평가모형이다. Hull-White 모형은 이자율의 평균회귀(mean reversion) 경향을 반영하기 위해 가지치기 방식을 이용한 삼항모형(tri-nominal model)으로 보정(robust)하는 점에서 현실적인 제약으로 인해 평균회귀 경향을 고려하지 못하는 BDT 모형보다 개선되었다는 평가를 받고 있다.86)

▍모형의 구조

Hull-White 모형은 다음과 같이 정의된다.

$$dr = (\theta(t) - a \cdot r)dt + \sigma dz = a \cdot \left(\frac{\theta(t)}{a} - r\right)dt + \sigma dz$$

- a : *mean reversion factor, constant*
- σ : *standard deviation of short-rate, constant*
- dz : *wiener process*
- $\theta(t)$: *no-arbitrage factor (function of time)*

Hull-White 모형은 이자율의 장기평균회귀 경향을 반영하며 회귀수준이 시간에 따라 달라짐을 가정한다. 이 모형에서는 단기이자율이 특정 시점(t)에서 평균회귀계수(a)의 속도로 θ(t)/a에 회귀한다. 이때, 모형의 실증적용을 위해 평균회귀계수(a)와 이자율 변동의 순간표준편차(σ)는 일정(constant)한 것으로 설정한다.

Hull-White 모형은 삼항모형과 가지치기 방법을 사용한다. 가지치기는 이자율 변동이 일반적인 상황(type A : normal)과 하향평균 회귀하는 상황(type B : downward mean reversion) 그리고 상향평균 회귀하는 상황(type C : upward mean reversion)으로 분류한다. 또한, 이자율이 상승하는 경우와 하락하는 경우로만 가정하는 이항모형(binominal model)에 비해 삼항모형은 3가지 가지치기 유형에 각각 이자율이 상승(upside transition), 유지(mid-side transition) 및 하락(downside transition)하는 상황을 상정한다.

---

86) BDT 모형도 구조적으로는 평균회귀현상을 고려하고 있으나 현실적으로 이자율 변동성을 변수로 설정하는 것이 불가능해 변동성을 상수값을 사용하게 되므로 실무적인 적용에서는 평균회귀경향이 고려되지 못하는 한계가 있다. 자세한 내용은 Black-Derman-Toy 모형의 설명내용을 참고하기 바란다.

① 일반적인 상황(type A) : 이자율의 평균회귀 경향이 고려되지 않는 일반적인 상황(normal)에서의 가지치기 유형과 일반적인 상황에서 이자율의 상승확률($P^u_{i,j}$), 유지확률($P^m_{i,j}$) 및 하락확률($P^d_{i,j}$)에 대한 산식은 다음과 같다.

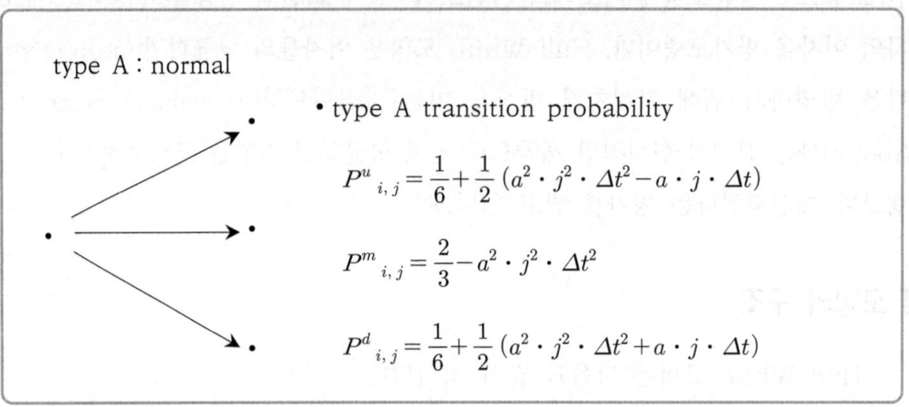

② 하향평균회귀 상황(type B) : 하향평균회귀 상황(downward mean reversion)에서의 가지치기 유형과 하향평균회귀 상황에서 이자율의 상승확률($P^u_{i,j}$), 유지확률($P^m_{i,j}$) 및 하락확률($P^d_{i,j}$)에 대한 산식은 다음과 같다.

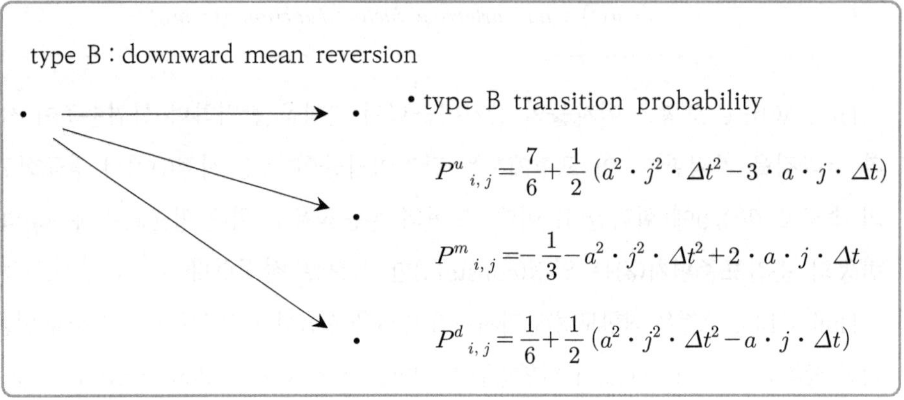

③ 상향평균회귀 상황(type C) : 상향평균회귀 상황(upward mean reversion)에서의 가지치기 유형과 상향평균회귀 상황에서 이자율의 상승확률($P^u_{i,j}$), 유지확률($P^m_{i,j}$) 및 하락확률($P^d_{i,j}$)에 대한 산식은 다음과 같다.

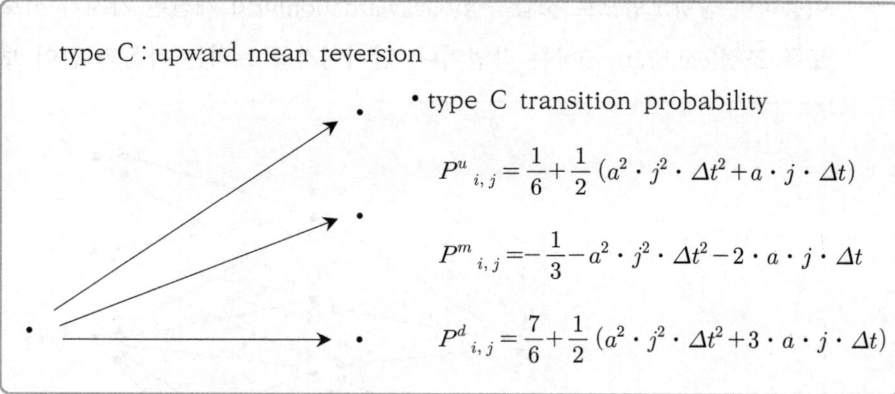

④ 조정되지 아니한 단기이자율 삼항과정 : 각 상황에서 단기이자율의 상승, 유지 및 하락확률을 반영한 단기이자율의 삼항과정을 표현하면 다음과 같다. 이는 차익거래가 발생하지 않도록 조정하는 과정이 반영되지 아니한 상태이다.

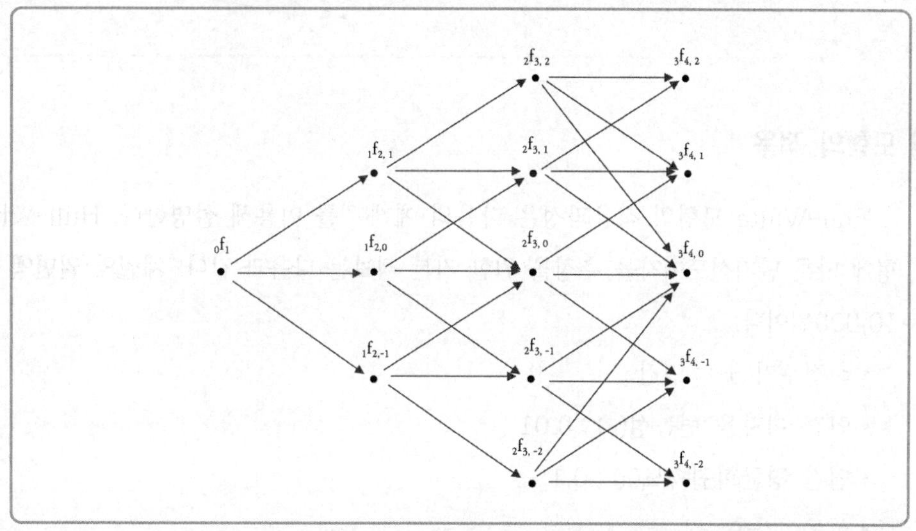

Hull-White 모형도 BDT 모형과 마찬가지로 위의 조정되지 아니한 이자율 트리에 조정계수(drift $rate_i$)를 이용하여 현재의 이자율 기간구조에 정확하게 들어맞도록 함으로써 차익거래가 발생하지 않는 이자율 트리를 도출한다.

$$adjusted\ {}_{i-1}f_{i,j}=not-adjusted\ {}_{i-1}f_{i,j}+drift\ rate_i$$

이는 BDT 모형에서 설명한 바와 같이, 현물이자율로 측정된 할인채권의 현재가치와 조정된 단기이자율(adjusted ${}_{i-1}f_{i,j}$) 및 상태변화확률(또는 전이확률 : P^u, P^m, P^d)을 이용하여 삼항모형으로 소급측정(backwardation)하여 계산된 가치가 서로 일치하도록 조정(calibration)하는 작업이다. 단기이자율 트리는 다음과 같이 보정된다.

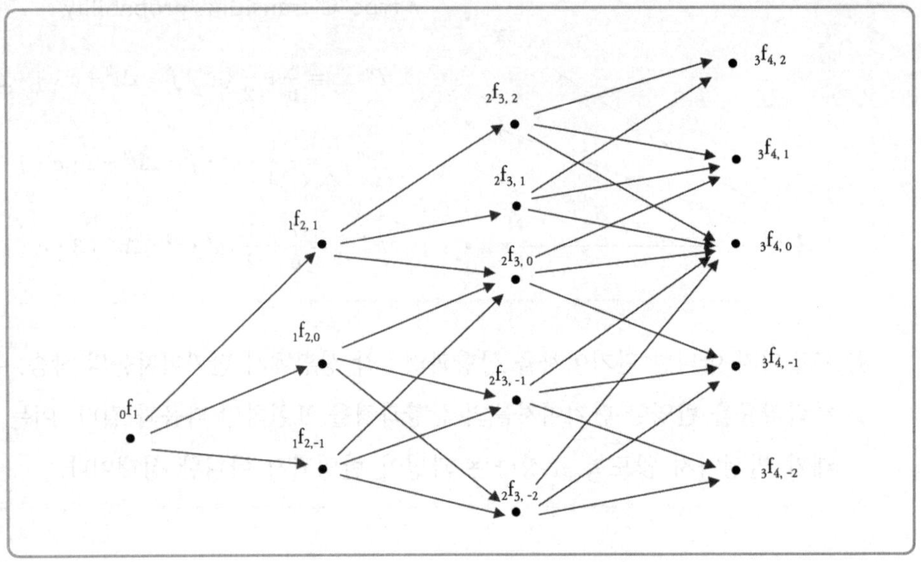

모형의 적용

Hull-White 모형의 적용과정은 다음의 예제87)를 이용해 설명한다. Hull-White 모형에 따른 단기선도이자율 추정을 위한 기본 정보는 다음과 같다. 채권의 권면액 단위는 10,000원이다.

- 측정주기(Δt) : 연간
- 연간 이자율 변동성(σ) : 0.01
- 연간 평균회귀속도(a) : 0.1
- 현물이자율 :

	1년물	2년물	3년물
현물이자율	3.824%	4.512%	5.086%

Hull-White 모형의 적용과정은 조정 전 단기이자율 트리를 먼저 생성하고, 조정계수(drift rate)를 이용하여 차익거래가 발생하지 않도록 조정된 단기이자율 트리를 생성한다는 점에서 BDT 모형과 기본적으로 유사하다. 다만, Hull-White 모형은 조정 전 이

87) 예제는 John C. Hull의 저서 「Options, Futures, and Other Derivatives」에서 제시한 예제를 인용하되 이해를 돕기 위하여 일부 수정하였다.

자율 트리의 확률분포가 정규분포를 구성함을 가정한다는 점에서 로그정규분포를 가정하는 BDT 모형과 차이가 있다. 주어진 조건에서 Hull-White 모형에 의한 단기선도이자율 트리생성과정을 단계적으로 살펴보자.

(1) 조정 전 단기선도이자율 트리생성

조정 전 단기선도이자율은 1기간의 현물이자율(r_1)이 정규분포를 가정하여 금리변동성에 따라 기간별로 단기선도이자율이 상승, 유지 또는 하락하는 삼항모형의 이자율 트리를 생성하는 것이다. 이를 위해서는 사전에 동일위험 채권의 금리변동성(σ)을 미리 측정한다. Hull-White는 변동성 측정결과(σ)와 측정주기(Δt)를 이용하여 이자율 변동폭(Δr)을 다음과 같이 측정한다.

$$\Delta r = \sigma \cdot \sqrt{3 \cdot \Delta t}$$

그리고, 각 노드별로 아래의 산식을 이용해 조정 전 단기선도이자율($_{i-1}f_i$) 트리를 생성한다. Hull-White 모형은 조정 전 단기선도이자율의 최초 기간의 이자율을 0%로 하고 측정기간 경과에 따라 노드값(j)을 정수값으로 생성[88]한다(j = ⋯-2, -1, 0, 1, 2⋯).

$$_{i-1}f_{i,\,j} = \sigma \cdot \sqrt{3 \cdot \Delta t} \cdot j$$

예를 들어, 최초 기간 이자율에서 이자율이 상승(j = 1)한 시점의 조정 전 단기선도이자율($_1f_{2,1}$)은 다음과 같이 1.732%로 계산된다.

$$_1f_{2,\,1} = \sigma \cdot \sqrt{3 \cdot \Delta t} \cdot j = 0.01 \cdot \sqrt{3 \cdot \Delta 1} \cdot 1 = 1.732\%$$

Hull-White 모형은 이자율의 장기평균회귀 경향을 반영하기 위하여 가지치기 방식을 도입하고 있으므로 가지치는 시점, 즉 하향평균회귀 기준 노드(j_{max})와 상향평균회귀 기준 노드(j_{min})의 설정이 중요하다. 이에 대해 Hull-White 모형은 상향 및 하향평균회귀 기준 노드값의 설정방식을 다음과 같이 제시한다.

---

88) 산식은 Hull-White가 모형의 오차를 최소화하기 위해 제시한 것이나, 산식에 의해 도출된 조정 전 단기선도이자율은 일종의 밑그림에 불과함을 참고하기 바란다.

$$j_{\max} = roundup\left(\frac{0.184}{a \cdot \Delta t}, 0\right)$$

$$j_{\min} = -j_{\max}$$

본 예제에서는 하향평균회귀 및 상향평균회귀 기준노드가 다음과 같이 「j = 2」로 측정된다.

$$j_{\max} = roundup\left(\frac{0.184}{a \cdot \Delta t}, 0\right) = roundup\left(\frac{0.184}{0.1 \cdot 1}, 0\right) = 2$$

$$j_{\min} = -j_{\max} = -2$$

위 산식들을 이용하여 조정 전 단기선도이자율 트리를 생성하면 다음과 같다.

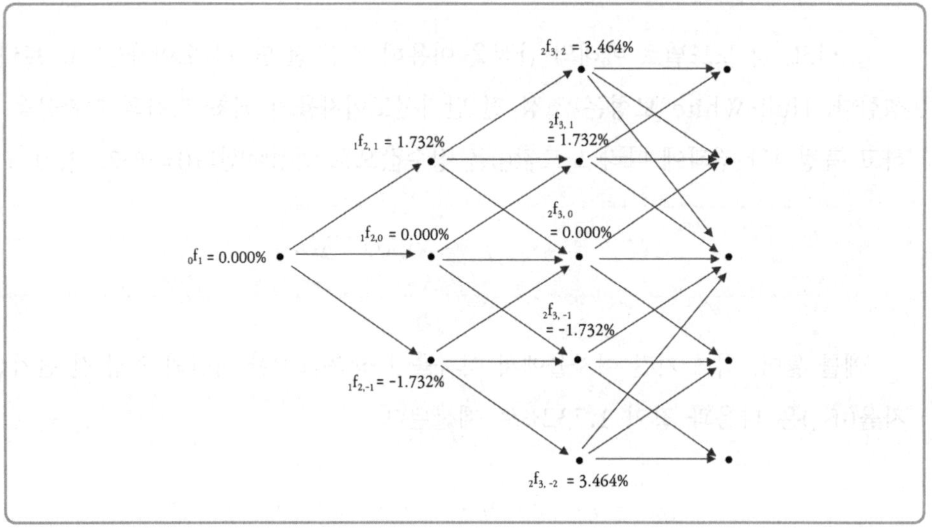

(2) 상태변화확률

조정 후 단기선도이자율을 도출하기 위해 상태변화확률(P)을 산정한다. 상태변화확률(또는 전이확률)은 일반적인 상황(type A), 하향평균 회귀상황(type B) 그리고 상향평균 회귀상황(type C)별로 상승($P^u_{i,j}$), 유지($P^m_{i,j}$), 하락($P^d_{i,j}$)의 상태변화확률을 도출[89)]한다. 예제의 조건에 대해 Hull-White 모형에서 제시한 장기평균회귀 유형별(type A, B, C)

89) Hull-White 모형은 가지치기 방식으로 장기평균회귀 경향을 고려하면서 삼항모형에 기초하므로 복잡한 상태변화확률을 필요로 한다. 반면, BDT 모형은 이항모형에 기초하면서 상태변화를 독립적으로 가정(P = 0.5)한다.

로 상승, 유지, 하락상태별로 상태변화확률 산식을 이용하여 다음과 같이 계산한다.

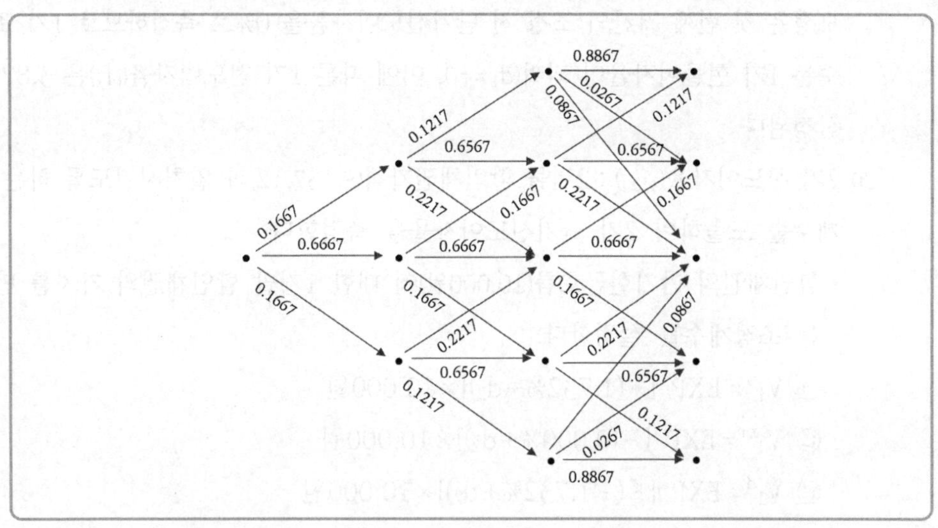

(3) 조정된 단기선도이자율 트리생성

마지막 단계로, 정규분포를 가정하여 1차로 생성한 단기선도이자율 트리에 의한 할인채권가격과 현물이자율에 의한 할인채권가격이 서로 일치하도록 단기선도이자율을 조정(calibration)한다. 즉, 차익거래가 발생하지 않도록 조정계수(d_i : drift rate)를 통해 조정된 단기선도이자율 트리를 다음과 같이 생성한다.

$$adjusted\ {}_{i-1}f_{i,j} = not - adjusted\ {}_{i-1}f_{i,j} + d_i$$

$$d_i\ :\ drift\ rate\ fitting\ short-rate$$

차익거래가 발생하지 않는 조정된 단기선도이자율의 도출과정은 기본적으로 BDT 모형에서 설명한 방식과 동일하다. Hull-White 모형이 BDT 모형과 다른 점은 삼항모형에 기초해 평균회귀현상을 고려하므로 상태변화확률을 각 노드별로 개별적으로 적용해야 하는 점에서 차이가 있다.

① 먼저, 현물이자율을 이용하여 할인채권의 현재가치를 계산하면 다음과 같다.

	1년물	2년물	3년물
현물이자율	3.824%	4.512%	5.086%
할인채권가격	9,624.82	9,137.12	8,584.90

② 1기 선도이자율($_0f_1$) : 1기 현물이자율(r_1)과 선도이자율($_0f_1$)은 같다. Hull- White 모형은 첫 번째 기간의 조정 전 단기선도이자율을 0%로 측정하므로 1기 조정계수는 1기 현물이자율이 되며($d_1 = r_1$), 이에 따른 1기 선도이자율($_0f_1$)은 3.824%로 산정된다.

③ 2기 선도이자율($_1f_{2,j}$) : 2년물 할인채권가격(9,137.12)과 일치시키도록 하는 조정계수를 도출하여 2기 단기선도이자율을 측정한다.

- 할인채권의 만기현금흐름(10,000원)에 대한 1기말 할인채권의 가치를 만족하는 조정계수를 설정한다.
  - ㉠ $V_1^u = EXP\ [-(1.732\% + d_2)] \times 10,000$원
  - ㉡ $V_1^m = EXP\ [-(0.000\% + d_2)] \times 10,000$원
  - ㉢ $V_1^d = EXP\ [-(-1.732\% + d_2)] \times 10,000$원
- 차익거래가 발생하지 않기 위해서는 1기말 각 상태별 할인채권의 가치를 상태변화확률을 이용하여 2년물 할인채권의 현재가격을 계산하는 아래의 식을 설정한다.
  - ㉣ $V_{(0,2)} = 9,137.^{12} = EXP\{-(3.824\%)\} \times \{V_1^u \times P^u(0.1667) + V_1^m \times P^m(0.6667) + V_1^d \times P^d(0.1667)\}$
- 위 산식 ㉠, ㉡, ㉢, ㉣식을 만족하는 조정계수는 5.205%로 측정된다.[90]
- 조정계수를 고려하여 2기 선도이자율은 다음과 같이 산출된다.
  - ㉠ $_1f_{2,1} = 1.732\% + d_2 = 1.732\% + 5.205\% = 6.937\%$
  - ㉡ $_1f_{2,0} = 0.000\% + d_2 = 0.000\% + 5.205\% = 5.205\%$
  - ㉢ $_1f_{2,-1} = -1.732\% + d_2 = -1.732\% + 5.205\% = 3.473\%$

④ 3기 선도이자율($_2f_{3,j}$) : 같은 방식으로 3년물 할인채권가격(8,584.90)과 일치시키도록 하는 조정계수를 도출하여 3기 단기선도이자율을 측정한다. 3기 조정계수(d_3)는 6.252%로 계산되며, 3기 조정된 단기선도이자율은 다음과 같이 측정된다.

- $_2f_{3,2} = 3.464\% + d_3 = 3.464\% + 6.252\% = 9.716\%$
- $_2f_{3,1} = 1.732\% + d_3 = 1.732\% + 6.252\% = 7.984\%$
- $_2f_{3,0} = 0.000\% + d_3 = 0.000\% + 6.252\% = 6.252\%$
- $_2f_{3,-1} = -1.732\% + d_3 = -1.732\% + 6.252\% = 4.520\%$
- $_2f_{3,-2} = -3.464\% + d_3 = -3.464\% + 6.252\% = 2.788\%$

---

90) 조정계수는 엑셀프로그램의 목표값 찾기의 방식으로 가능하다.

⑤ Hull-White 모형에 의해 차익거래가 발생하지 않는 조정 후 단기선도이자율 트리는 다음과 같이 도출된다.

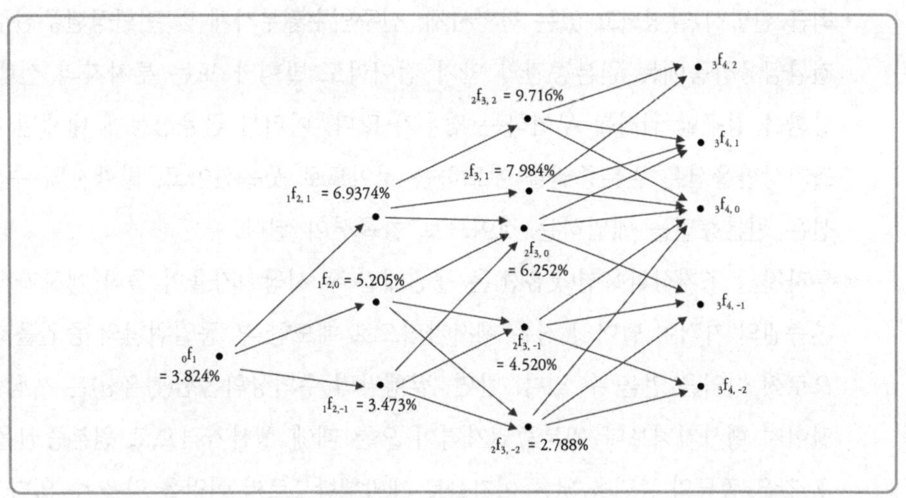

6.5. 금리옵션부채권 평가

BDT 모형 및 Hull-White 모형은 무차익거래를 만족하는 단기선도이자율 트리를 생성함으로써 매 기간(time-step)의 단기선도이자율을 단기할인율로하여 채권만기(T)부터 현재시점까지 이항모형(또는 삼항모형)으로 채권가치를 평가할 수 있다. 이항모형(또는 삼항모형)에 의한 채권가치는 일반채권과 금리옵션부채권 모두 같은 방법을 사용하되, 금리옵션부채권은 매기간의 일반채권가치와 행사가격을 비교하는 부분에 차이가 있다. 여기서는 금리옵션부채권의 평가에 있어 비교적 적용이 쉬운 BDT 모형에 기초해 설명한다.

조기상환옵션과 수의상환옵션

금리옵션부채권 중 풋옵션(put option)은 〈채권보유자〉가 매도 행사가격과 일반채권 가격을 비교하여 권리행사여부를 결정하는 옵션이며, 콜옵션(call option)은 〈채권발행자〉가 매입 행사가격과 일반채권 가격을 비교하여 권리행사여부를 결정하는 옵션이다. 이때 풋옵션을 투자자의 조기상환옵션(또는 조기상환권)이라 하고 이러한 풋옵션이 부여된 채권을 풋옵션부채권(puttable bond)이라 한다. 반면, 콜옵션은 발행자의 수의상환옵션(또는 수의상환권)이라 하고 이러한 콜옵션이 부여된 채권을 콜옵션부채권 또는 수의

상환채권(callable bond)이라 한다. 두 옵션 모두 만기 이전에 채권을 매입 또는 매도를 청구할 수 있는 상환옵션이다.[91]

- 최근 활발히 발행되고 있는 전환사채, 신주인수권부사채 및 전환상환우선주와 같은 전환금융상품에는 원본증권의 만기 전이라도 발행자 또는 투자자의 선택에 따라 상환을 청구할 권리를 부여하는 경우가 많다. 이러한 금융상품에 내재된 투자자의 조기상환옵션은 원본증권을 매도하는 것이므로 풋옵션이고, 발행자의 수의상환옵션은 원본증권을 매입하는 것이므로 콜옵션이 된다.
- 투자자의 조기상환옵션(풋옵션)은 채권매입 후 시장이자율이 올라 행사가격보다 원본증권의 가격이 떨어질 경우 행사가격으로 매도한 후 동일위험의 증권을 재매입함으로써 이익을 얻을 수 있다. 반면, 발행자의 수의상환옵션(콜옵션)은 시장이자율이 떨어져 행사가격보다 원본증권가격이 오른 때에 행사가격으로 원본증권을 매입한 후 같은 종류의 증권을 낮은 이자율로 재발행함으로써 이익을 얻을 수 있다. 즉 상환옵션(상환권)은 일반채권가격(또는 시장이자율)을 기초자산으로 하는 옵션이다.

투자자가 조기상환옵션을 갖고 있다면 투자자는 풋옵션을 매입한 것이라 하였는데, 반대로 발행자 입장에서는 풋옵션을 매도한 것이 된다. 따라서 투자자 상환옵션이 부여된 금융상품에서 투자자(풋옵션매입자)가 입을 최대손실은 발행시점의 풋옵션가치로 제한되는데 반해 발행자(풋옵션매도자)가 입을 손실은 무제한으로 확장된다.

- 이와 같이 금융상품에 부여된 상환옵션을 투자자가 가지는지 또는 발행자가 가지는지에 따라 옵션의 구분이 달라지고 각각의 포지션이 달라지는데 이를 정리하면 다음과 같다.

상환옵션보유자	기초자산	옵션구분	발행자포지션	투자자포지션
채권투자자	일반채권가격(금리)	풋옵션	매도(short)	매입(long)
채권발행자	일반채권가격(금리)	콜옵션	매입(long)	매도(short)

- 하나의 금융상품에 투자자와 발행자가 각각 상환옵션을 가질 수가 있는데 이 경우 금융상품 발행자는 풋옵션 매도와 콜옵션 매입이 각각 인식된다. 이때, 발행자 입장에서 동일한 기초자산인 일반채권가격에 대해 풋옵션 매도와 콜옵션 매입이 동시에 이뤄진 것이므로 풋-콜 패러티(Put-Call Parity)에 의해 두 옵션의 가격을 측정할

91) 조기상환옵션과 수의상환옵션은 사실상 같은 의미이다. 본서는 투자자의 풋옵션과 발행자의 콜옵션을 구분하기 위해 풋옵션을 조기상환옵션으로, 콜옵션을 수의상환옵션이라는 용어를 사용하여 분류하였다.

수 있을 것으로 생각되지만, 실제로는 발행자의 매도 풋옵션과 매입 콜옵션은 상환가능시기, 상환보장수익률 및 기타 세부조건이 다르게 책정되므로 발행자는 동일한 기초자산(일반채권가격)에 대한 매도 풋옵션과 매입 콜옵션이더라도 옵션가격결정요인의 다른 요소(주로 행사가격 및 옵션만기)들의 차이로 인해 풋-콜 패러티 모형으로 단순히 계산될 수는 없다.

한편, 조기상환옵션 또는 수의상환옵션이 부여되곤 하는 전환사채와 같은 전환금융상품에는 기초자산이 주가인 전환옵션(또는 신주인수옵션)이 기본적으로 내재된다. 전환옵션은 주가의 오르내림과 행사가격을 비교하여 기초자산으로 전환할 수 있는 선택적 권리이다. 하나의 금융상품에 일반채권가격을 기초자산으로 하는 상환옵션과 주가를 기초자산으로 하는 전환옵션이 동시에 부여되는 경우가 많다. 이러한 금융상품을 매입한 투자자는 각 옵션의 기초자산가격 즉, 주가와 일반채권가격(또는 시장금리)을 모두 관찰하면서 권리를 행사할지 여부를 결정할 것이다.

- 전환옵션과 상환옵션이 서로 다른 기초자산의 가격변화와 행사조건에 의해 옵션가격이 결정되지만 그러한 내재옵션(내재파생상품)이 원본증권에서 분리하여 거래되지 않는 한 완전히 독립적으로 가격이 결정될 수 없다.
- 앞에서 살펴본 Goldman-Sachs 모형이나 Tsiveriotis-Fernandes 모형에서 알 수 있듯이 전환금융상품 보유자의 의사결정은 전환옵션의 기초자산인 주가 변화 외에도 같은 시점의 채권가격, 조기상환옵션 그리고 수의상환옵션의 행사조건을 모두 고려하여 전환금융상품을 전환(conversion)할지, 보유(holding)할지 또는 상환(redemption)할지의 의사결정을 하게 된다.
- 따라서, 전환금융상품의 내재파생요소로서의 전환옵션과 상환옵션은 서로 의존적인 형태를 띤다. 이러한 이유로 내재파생요소로서의 전환옵션과 상환옵션의 공정가치는 전환금융상품 전체의 공정가치를 측정한 후 종속적으로 배분하는 방식으로 측정된다.

풋옵션부채권의 평가

조기상환옵션이 부여된 풋옵션부채권(puttable bond) 발행자는 투자자에게 원본증권의 조기상환권리를 부여함으로써 풋옵션을 매도(short)한 것이며, 풋옵션부채권 투자자는 옵션행사 가능 기간의 일반채권가치와 조기상환 행사가격을 비교하여 채권을 매도할지 여부를 결정할 수 있는 풋옵션을 매수(long)한 것이다.

이러한 풋옵션부채권은 일반채권과 마찬가지로 기간별 단기선도이자율과 이항모형에 따라 계산하되 매시기(time step)별 행사가격을 추가로 고려함으로써 옵션부채권의 가치를 구할 수 있다. 그리고 이항모형에 의해 평가된 풋옵션부채권과 일반채권의 현재가치의 차이금액을 풋옵션가치로 측정한다.

먼저, 풋옵션부채권의 기초자산인 일반채권의 현재가치를 BDT 모형으로 산출해 보자. BDT 모형에 의한 일반채권가치는 앞서 추정한 기간별 단기선도이자율을 이용한다. 즉 일반채권가치는 매 시점(time step)의 각 노드별 일반채권가격을 아래의 산식에 따라 계산하고 만기시점(T) 현금흐름을 이항모형을 적용하여 현재시점까지 소급하여 현재가치를 계산한다. 현실에서 발행되는 대부분의 채권은 이표채권이므로 아래의 산식은 이표채권을 가정하였다.

$$V_{(i,j)} = \frac{\frac{1}{2} \cdot V_{(i+1,\ j)} + \frac{1}{2} \cdot V_{(i+1,\ j+1)}}{(1+f_{i,j})} + CF_i$$

for i=0, 1, ⋯, i

- $V_{(i,j)}$: Node(i,j)에서의 일반채권가치
- j : 상태
- CF_i : 액면이자(FV * coupon $rate_i$)
- $f_{i,j}$: i시점의 j상태에서의 단기선도이자율(forward rate)

BDT 모형에 의한 채권가치는 채권가격의 상승 또는 하락확률을 독립적인 것으로 가정하므로 상태변화확률은 1/2이다. 위 산식은 앞에서 살펴본 이항모형에 의한 할인채권 가격을 계산하는 산식에서 액면이자를 추가로 고려한 것이다. 여기서 노드(node)란 매 시점(time step)별로 금리가 하락하는 경우와 상승하는 경우를 말한다. 이는 주가를 기초자산으로 한 이항모형에서 매 시점마다 주가의 오르내림에 따라 여러 개의 노드가 형성되는 것과 같은 것이다.

- 이항모형을 이용해 일반채권의 가치를 계산하는 과정에서 가장 중요한 요소는 매 시점의 각 노드별 단기선도이자율($f_{i,j}$)이다. 매 시점의 각 노드별 단기선도이자율 수준에 따라 채권의 단기 할인규모가 달라지며 이는 현재시점까지 단계적으로 영향을 미친다.

BDT 모형을 이용해 일반이표채권(coupon bond)의 현재가치를 계산해보자. 기간별 단기선도이자율트리는 BDT 모형의 예에서 도출한 값을 사용하기로 한다.

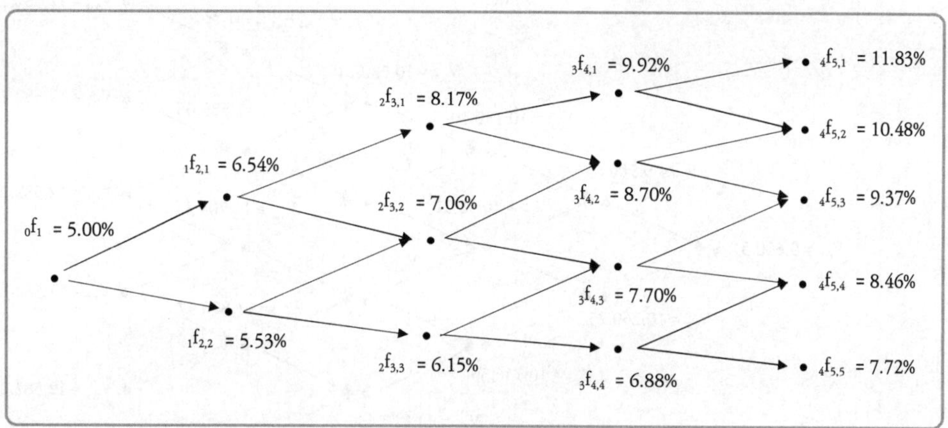

신용위험이 같은 일반이표채권의 발행조건이 다음과 같다고 하자.

① 액면금액 : 10,000원

② 채권만기 : 5년

③ 액면이자율 : 연 2.0%, 매년말 후불(연간 200원)

④ 만기보장수익률 : 연복리 6.0%

⑤ 채권발행일 : 20×1년 1월 1일, 채권만기일 : 20×5년 12월 31일

• BDT 모형을 이용한 채권가격평가는 만기(pay-off)시점 현금흐름을 구하는 것에서 시작한다. 이 일반채권은 액면이자와 별도로 만기보장수익률[92]이 있으므로 만기보장수익률을 이용해 만기(T)인 20×5년말 시점의 현금흐름을 계산한다. 만기시점 현금흐름은 다음과 같이 12,582.^{26}원으로 계산된다.

내용	산식	금액
㉠ 만기보장수익원리금	10,000원×(1+6.0%)^5 =	13,382.26
㉡ 기지급액면이자	10,000원×2.0%×4회 =	800.00
㉢ 만기상환금액(=㉠－㉡)		12,582.26

• 만기(pay-off) 현금흐름으로부터 매기간 단기선도이자율을 단기할인율로 사용하여 현재시점까지 소급하여 이항모형을 적용한 결과 일반이표채권의 현재가치는 다음

92) 단순한 형태의 일반채권은 액면이자 외에 만기보장수익률을 추가로 제공하지 않는 것이 일반적이나 전환사채와 같은 복합상품은 다른 내재파생요소(전환옵션 등)로 인해 만기보장수익률을 제공하는 경우가 있다. 본서는 이러한 상황을 가정하여 만기보장수익률이 제공되는 경우를 상정하였다.

과 같이 계산된다.

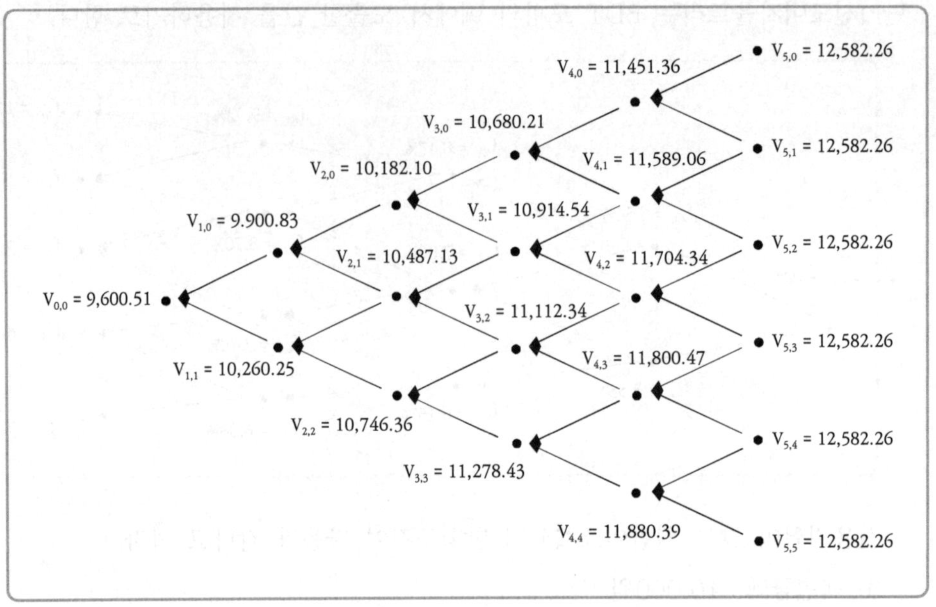

• 예를 들어, 4년말 시점의 최상위 노드의 채권가치($V_{4,0}$)인 11,451.[36]원은 다음의 방식으로 계산된다.

$$V_{(4,\,0)} = \frac{\frac{1}{2} \cdot V_{(5,\,0)} + \frac{1}{2} \cdot V_{(5,\,1)}}{(1 + {}_4f_{5,\,0})} + CF_4$$

$$= \frac{\frac{1}{2} \cdot 12{,}582.^{26} + \frac{1}{2} \cdot 12{,}582.^{26}}{(1 + 11.83\%)} + 200 = 11{,}451.^{36}$$

• 같은 방식으로 3년말 시점의 두 번째 노드의 채권가치($V_{3,1}$) 10,914.[54]원은 다음의 방식으로 계산된다.

$$V_{(3,\,1)} = \frac{\frac{1}{2} \cdot V_{(4,\,1)} + \frac{1}{2} \cdot V_{(4,\,2)}}{(1 + {}_3f_{4,\,1})} + CF_3$$

$$= \frac{\frac{1}{2} \cdot 11{,}589.^{06} + \frac{1}{2} \cdot 11{,}704.^{34}}{(1 + 8.70\%)} + 200 = 10{,}914.^{54}$$

• 이와 같이 매 시점의 각 노드별 채권가격을 이항모형으로 현재시점까지 소급하여 계산하면 위의 표와 같이 9,600.51원($V_{0,0}$)으로 계산된다. 이는 옵션부채권의 기초자산인 일반이표채권의 현재가치이다.93)

이제 조기상환옵션이 부여된 풋옵션부채권의 현재가치를 계산해 보자. 조기상환옵션이 부여된 풋옵션부채권의 도출과정도 일반채권과 비슷하다. 다만, 풋옵션부채권은 각 시점별로 상환옵션 행사가격을 비교하여 풋옵션부채권보다 행사가격이 큰 경우에는 행사가격이 추출되는 점이 다르다. 이항옵션모형을 적용하여 풋옵션부채권의 특정시점의 각 노드별 풋옵션부채권의 가격은 다음의 산식에 따라 계산한다.

$$\text{Optional } V_{(i,j)} = \text{Max}[K, V_{(i,j)}]$$
$$\text{for } i = 0, 1, \cdots, i$$

• Optional $V_{(i,j)}$: Optional Bond Value at Node(i,j)
• K : Strike Price
• $V_{(i,j)}$: Binominal Optional Bond Value at Node(i,j)

$$V_{(i,j)} = \frac{\frac{1}{2} \cdot Optional\ V_{(i+1,\,j+1)} + \frac{1}{2} \cdot Optional\ V_{(i+1,\,j)}}{(1+f_{i,j})} + CF_i$$
$$\text{for } i = 0, 1, \cdots, i$$

• j : status
• CF_i : FV · coupon $rate_i$
• $f_{i,j}$: i-시점의 j-상태에서의 단기선도이자율(forward rate)

금리옵션부채권 가격산정에서 주의할 점은 상환옵션의 〈행사가능시기〉를 감안해야 한다는 것이다. 전환옵션과 달리 상환옵션은 발행자의 직접적인 현금유출을 수반하므로 발행자에게는 상당한 부담이 될 수 있다. 가령, 채권발행 직후 시장이자율이 크게 올라 투자자가 풋옵션을 행사하게 되면 발행자는 자금운용에 낭패를 볼 수 있으므로 풋옵션부채권의 조기상환옵션은 발행 후 일정기간이 경과한 시점에 행사하도록 약정을

93) BDT 모형으로 도출된 단기선도이자율로 계산된 일반채권의 현재가치는 일반적인 채권평가모형으로 측정된 일반채권의 현재가치와 같다. 여기서 일반적인 채권평가모형이란, 채권의 계약상 현금흐름을 이자율의 확률변동을 고려하지 않는 상황(determinant)하에서 Plain Vanilla Type bond에 대해서는 만기수익률을 할인율로, Step-up Type bond 또는 할인채에 대해서는 현물이자율을 할인율로 하여 현재가치로 평가하는 모형을 뜻한다. BDT 모형은 무차익 모형이므로 이자율의 확률변동을 고려한 경우와 그렇지 않은 경우에 있어 일반채권의 현재가치의 차이는 없는 것이다. BDT 모형은 이자율의 확률변동을 고려하는 상황(stochastic)에서 각 노드의 일반채권가격과 옵션부채권의 행사가격을 비교하여 현재시점의 옵션부채권을 평가하는 데에 활용된다.

맺는 경우가 일반적이다. 따라서 풋옵션부채권을 평가할 때에는 매 시점별로 상환옵션의 행사가능시기가 도래하였는지 여부를 이항옵션모형에 반영하여야 함에 주의한다.

앞의 예를 활용하여 풋옵션부채권의 가격을 계산해 보자.

- 계약조건에 따라 풋옵션부채권의 조기상환옵션의 행사가능시기는 발행일로부터 2년이 되는 날(20×2년말)로부터 만기까지이고 조기상환수익률은 만기보장수익률과 같은 연복리 6.0%라고 하자. 즉, 조기상환 행사가격은 액면금액에 연복리 6.0%의 이자를 더한 금액에서 직전까지 이미 지급된 액면이자를 차감한 금액이다. 이를 표로 정리하면 다음과 같다.

	20×1년초 (현재)	20×1년	20×2년	20×3년	20×4년	20×5년 (만기)
행사가격	-	-	11,036.00	11,510.16	12,024.77	12,582.26

- 전환옵션이나 신주인수옵션의 경우 예외적인 상황이 아니라면 옵션행사기간 동안 특정 행사가격(전환가액 또는 신주인수가액)으로 고정되지만, 상환옵션은 매 시점별로 행사가격이 달라질 수 있다. 상환옵션의 행사가격은 각 옵션행사시점의 조기상환수익률에 의해 행사될 금액에서 기지급된 액면이자를 차감하여 계산한다. 예를 들어 20×4년말 조기상환 행사가격 12,024.77원은 다음과 같이 계산한다.

내용	산식	금액
㉠ 조기상환원리금	10,000원×(1+6.0%)^4 =	12,624.77
㉡ 기지급액면이자	10,000원×2.0%×3회 =	600.00
㉢ 조기상환행사가격(=㉠-㉡)		12,024.77

- 풋옵션부채권은 일반채권과 같은 방식으로 이항모형을 이용해 만기시점부터 현재시점까지 소급(rolled-back)하여 풋옵션부채권 트리를 생성하되, 각 시점별로 조기상환옵션의 행사가격을 비교하여 일반채권가격보다 행사가격이 큰 경우 행사가격을 추출하는 방식으로 계산한다. 풋옵션부채권 가격트리는 다음과 같이 생성된다.

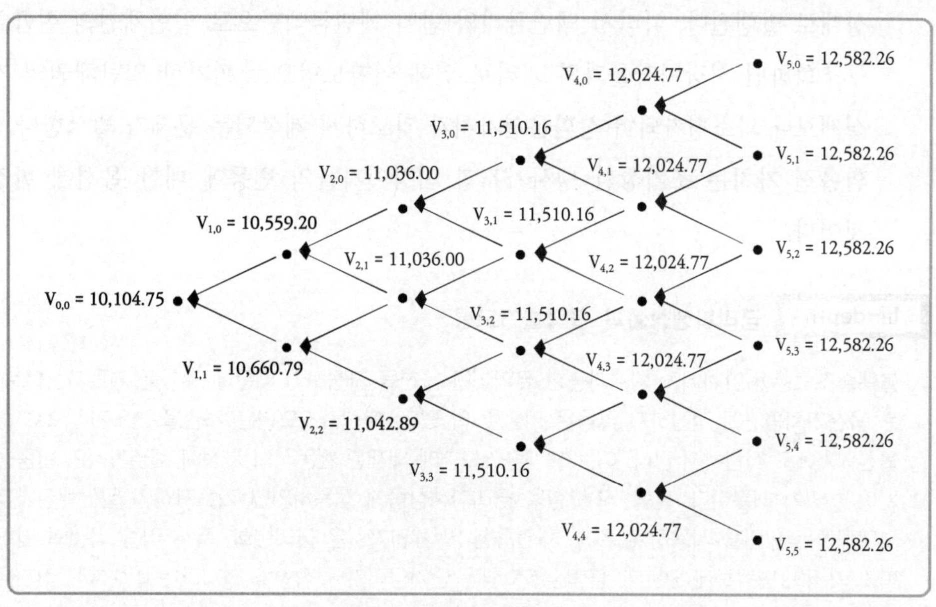

풋옵션부채권 가격트리를 살펴보면, 조기상환옵션 행사가능시점인 20×2년부터 만기까지 각 시점에서 모든 노드에 있어 위에서 구한 조기상환 행사가격이 추출된다(20×2년 세 번째 노드 제외). 이는 같은 기간의 모든 노드에서 일반채권가격보다 조기상환옵션의 행사가격(Put_i)이 크므로 조기상환옵션을 행사하는 것이 유리함을 의미한다. 매 시점 일반채권가격과 조기상환옵션 행사가격(Put_i)을 비교하여 큰 값을 선택한 후 현재시점까지 이항모형으로 소급하여 계산된 풋옵션부채권의 현재가치($V_{0,0}$)는 풋옵션부채권 가격트리에서와 같이 10,104.75원으로 계산된다. 또한, 풋옵션부채권에 부여된 조기상환옵션가치는 풋옵션부채권 현재가치와 일반채권 현재가치의 차이금액인 504.24원(= 10,104.75 - 9,600.51)으로 계산된다.

> 풋옵션가치 = 풋옵션부채권의 현재가치 - 일반채권의 현재가치

상환옵션의 공정가치평가에서 주의할 점은 일반채권과 풋옵션부채권의 옵션 행사조건을 제외한 기본현금흐름은 동일하다는 점이다. 즉 풋옵션부채권과 일반채권의 기간별 기본현금흐름은 만기상환을 가정한 현금흐름으로 동일하며, 풋옵션부채권 평가 시 조기상환옵션이 행사가능한 시점별로 행사가격을 별도로 고려하는 점만 차이가 있다. 일반채권은 복합상품에서 조기상환옵션만 제외된 것인데 대개 복합상품은 조기상환옵션 외에 전환옵션 등 다른 옵션으로 인해 액면금리가 낮게 책정된

상태로 발행된다. 따라서 액면금리와 만기 액면금액만으로 일반채권의 현금흐름을 구조화하면 시장이자율과의 괴리로 인해 이항모형으로 평가한 일반채권의 가치는 실제보다 과소평가되어 상환옵션가치가 과도하게 계상되는 문제가 발생한다. 즉 상환옵션 가치는 조기상환 행사가격과 시장이자율의 변동에 대한 옵션에 한정되는 것이다.

In-depth 금리파생상품과 블랙숄즈모형

블랙숄즈모형이 만기에만 행사가능한 유러피안 옵션을 가정하기 때문에 주가를 기초자산으로 하는 옵션가치평가에 적절하지 않음은 기술한 바 있다. 블랙숄즈모형은 채권을 기초자산으로 하는 옵션평가에도 적합하지 않다. 이는 블랙숄즈모형에 내재된 변동성의 가정이 채권가격의 변동성과 차이가 있기 때문이다. 블랙숄즈모형을 금리파생상품에 적용하려면 기초자산인 일반채권가격을 모델링하는 방법을 사용하게 된다. 채권옵션 및 채권가격은 금리변화, 즉 수익률 곡선의 변화에 따라 가격이 변동하게 되는데, 블랙숄즈모형은 단기금리가 일정함을 전제하는 비확률적 이자율변동(non-stochastic interest rate)을 가정한다. 특히 블랙숄즈모형은 시간경과에 따라 기초자산의 가격이 '0'에서 무한대(∞)로 변동될 수 있음을 전제하나 채권의 만기금액은 액면금액(또는 액면금액에 만기상환할증금이 추가된 금액)으로 고정되어 있어 실제 채권가격은 금리변화에 의해 시간경과에 따라 변동성(Volatility)이 증가하다가 만기가 다가옴에 따라 감소하는 특징을 지닌다. 이때, 블랙숄즈모형처럼 채권가격 변동성을 주가변동성과 같은 방식으로 적용한 채권가격은 만기시점에 액면가액으로 수렴하는 효과를 반영할 수 없게 된다. 따라서 상환옵션이 내재된 금리파생상품의 옵션평가모형은 채권가격의 변화가 아닌 금리변화를 기본적인 확률변수로 하여 이를 모형화한 이자율평가모형을 도출한 후 이를 이용해 일반채권 가격과 옵션부채권의 가격을 평가하는 방법을 사용하게 된다.

지금까지 풋옵션부채권의 현재가치에서 일반채권의 현재가치를 차감하는 방식으로 금리파생상품으로서의 풋옵션가치를 도출하는 방법을 설명하였다. 이때, 이항옵션모형에 의해 옵션의 현재가치를 직접 계산하는 일반적인 방식 즉, 만기시점의 풋옵션가치를 계산한 후 이를 현재시점까지 소급하여 계산하는 방식을 적용하더라도 그 결과는 같다. 이러한 방식을 적용하려면 만기시점의 풋옵션가치[94]를 먼저 계산한 후 풋옵션가격트리를 생성하여 현재시점의 풋옵션가치를 계산할 수 있다.

콜옵션부채권의 평가

콜옵션부채권(Callable Bond)은 채권발행자가 원본증권의 만기전이라도 계약에 따라

94) 만기시점의 일반채권가치와 옵션부채권가치는 만기상환금액이 되므로 조기상환수익률과 만기상환수익률이 서로 다른 예외적인 상황이 아니라면 일반적으로 만기시점의 풋옵션가치는 0이 된다.

정해진 조건으로 수의상환할 수 있는 권리가 부여된 채권이다. 콜옵션부채권 발행자는 옵션행사기간의 일반채권가치와 수의상환 행사가격을 비교하여 채권을 매수할지 여부를 결정할 수 있는 콜옵션을 매수한 것이다.

콜옵션부채권은 기간별 단기선도이자율과 이항모형에 따라 계산하되 매시기(time step)별 수의상환 행사가격($Call_i$)을 추가로 고려함으로써 옵션부채권의 공정가치를 구할 수 있으며, 이항모형에 의해 평가된 콜옵션부채권과 일반채권의 현재가치의 차이금액을 금리파생상품으로서의 콜옵션가치로 측정한다.

수의상환옵션이 부여된 콜옵션부채권가치의 계산과정은 풋옵션부채권과 비슷하다. 다만, 콜옵션부채권은 각 시점별로 수의상환권 행사가격($Call_i$)과 비교하여 행사가격과 옵션부채권 중 작은 금액이 추출되는 점이 다르다. 이항모형을 적용하여 특정시점의 각 노드별 콜옵션부채권의 가격은 다음의 산식에 따라 계산한다.

$$\text{Optional } V_{(i,j)} = \text{Min}[K,\ V_{(i,j)}]$$
$$\text{for } i = 0, 1, \cdots, i$$

- Optional $V_{(i,j)}$: Optional Bond Value at Node(i,j)
- K : Strike Price
- $V_{(i,j)}$: Binominal Optional Bond Value at Node(i,j)

$$V_{(i,j)} = \frac{\frac{1}{2}\cdot Optional\ V_{(i+1,\ j+1)} + \frac{1}{2}\cdot Optional\ V_{(i+1,\ j)}}{(1+f_{i,\ j})} + CF_i$$
$$\text{for } i = 0, 1, \cdots, i$$

- j : status
- CF_i : FV · coupon $rate_i$
- $f_{i,j}$: i-시점의 j-상태에서의 단기선도이자율(forward rate)

이해를 돕기 위해 앞의 예에서 수의상환옵션이 추가된 경우를 가정하여 콜옵션부채권의 가치를 계산해 보자. 채권발행자는 발행일로부터 3년이 되는 시점 즉, 20×3년말, 1회에 한해 연복리 4.0%의 수익률을 제공하는 조건으로 수의상환할 수 있는 선택적 권리가 있다고 하자. 만기보장수익률(6.0%)을 비롯하여 모든 조건은 앞의 예와 같다. 각 시점별 수의상환 행사가격을 표로 정리하면 다음과 같다.

	20×1년초 (현재)	20×1년	20×2년	20×3년	20×4년	20×5년 (만기)
행사가격	-	-	-	10,848.64	-	-

• 수의상환권 행사가격(Call$_i$)은 상환옵션 행사시점(20×3년)의 수의상환수익률에 의해 행사될 금액에서 기지급된 액면이자를 차감하여 다음과 같이 계산한다.

내용	산식	금액
㉠ 조기상환원리금	10,000원×(1+4.0%)^3 =	11,248.64
㉡ 기지급액면이자	10,000원×2.0%×2회 =	400.00
㉢ 조기상환행사가격(=㉠-㉡)		10,848.64

• 콜옵션부채권의 현재가치는 만기시점부터 현재시점까지 소급하여 콜옵션부채권 트리를 생성하되 각 시점별로 수의상환옵션 행사가격을 비교하여 일반채권가격과 행사가격 중 작은 금액을 추출하는 방식으로 계산한다. 이때, 일반채권 가격트리는 풋옵션부채권에서 도출한 가격트리를 그대로 사용하게 된다. 앞에서 도출한 일반채권 가격트리를 다시 표시하면 다음과 같다.

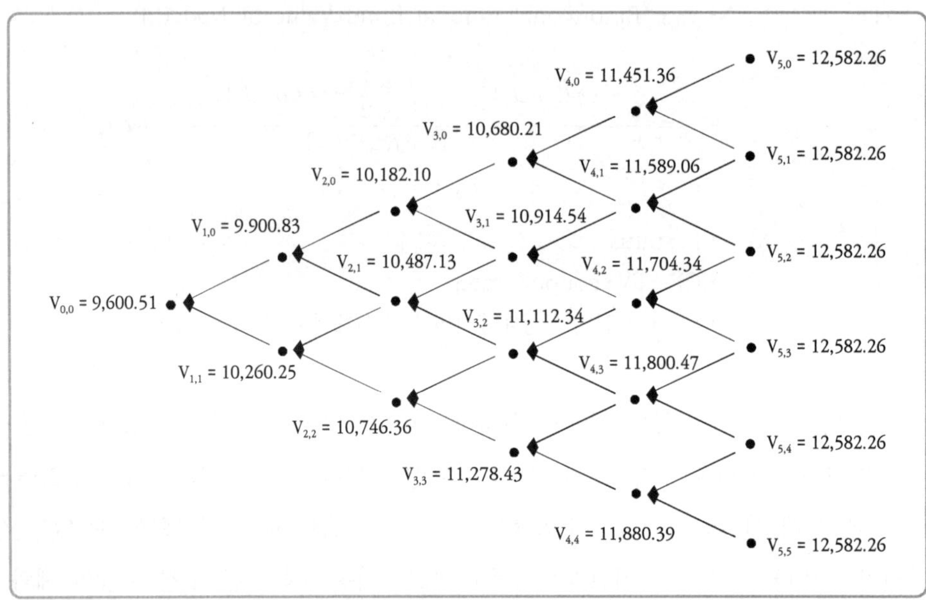

• 이제 행사가능시기(20×3년)의 수의상환권 행사가격(10,848.^{64}원)을 고려하여 콜옵션부채권 가격트리를 다음과 같이 생성할 수 있다.

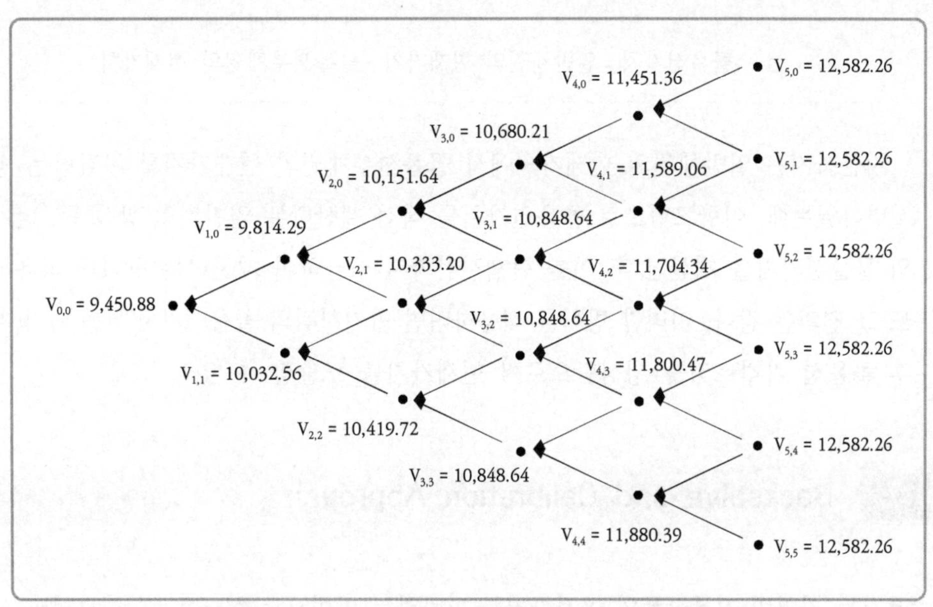

콜옵션부채권 가격트리를 살펴보면, 수의상환옵션의 행사가 불가능한 20×4년의 각 노드별 콜옵션부채권 가격은 같은 시기의 일반채권가격과 같음을 알 수 있다. 반면, 수의상환옵션 행사가능 시점인 20×3년에는 첫 번째 노드를 제외한 나머지 노드에서의 콜옵션부채권 가격은 수의상환권 행사가격($Call_i$)이 추출된다. 20×3년 첫 번째 노드의 경우 일반채권가격(10,680.21원)이 수의상환권 행사가격(10,848.64원)보다 낮으므로 콜옵션 보유자는 권리를 실행할 이유가 없기에 첫 번째 노드에서는 일반채권가격을 추출하는 것이다. 콜옵션은 기초자산가격(일반채권가격)이 수의상환권 행사가격($Call_i$)보다 높은 경우에 그 권리를 행사함을 기억하기 바란다. 반면, 20×3년의 두 번째에서 네 번째 노드에서의 콜옵션가격은 일반채권가격보다 수의상환권 행사가격($Call_i$)이 낮기 때문에 수의상환권 행사가격(10,848.64원)이 추출된다.

같은 방법으로 매 시기별로 일반채권가격과 수의상환권 행사가격($Call_i$)을 비교하여 작은 값을 선택한 후 현재시점까지 이항모형으로 소급(rolled-back)하여 콜옵션부채권의 현재가치를 계산한다. 예에서의 콜옵션부채권의 현재가치($V_{0,0}$)는 콜옵션부채권 가격트리에서와 같이 9,450.88원으로 계산된다. 또, 콜옵션부채권에 부여된 수의상환권가치는 일반채권가치(9,600.51)와 콜옵션부채권가치(9,450.88)의 차이금액인 149.63원으로 계산된다.

콜옵션가치 = 일반채권의 현재가치 - 콜옵션부채권의 현재가치

지금까지는 일반채권의 현재가치에서 콜옵션부채권의 현재가치를 차감하는 방식을 설명하였는데, 이항모형으로 콜옵션가치를 직접 계산하는 일반적인 방식 즉, 만기시점의 콜옵션가치를 계산한 후 이를 현재시점까지 소급하여 계산하는 방식을 적용하더라도 그 결과는 같다. 이러한 방식을 적용하려면 만기시점의 콜옵션가치[95]를 먼저 계산한 후 콜옵션 가격트리를 생성함으로써 현재가치를 도출할 수 있다.

7 Backsolve and Calibration Approach

본서는 기업의 지분상품의 공정가치를 평가하는 방법으로 현금흐름할인모형과 상대가치평가모형의 개념과 적용방법에 대해 설명한 바 있다. 현금흐름할인모형은 이익접근법의 대표적인 유형으로 기업의 미래예상현금흐름을 적절한 할인율(WACC)로 할인하여 지분상품의 공정가치를 계산하는 방식이다. 따라서, 현금흐름할인모형에 의한 지분상품 공정가치평가는 경영자의 합리적인 가정에 의한 사업계획과 그에 기반한 기대현금흐름의 합리적인 추정이 가능해야 한다. 또한, 상대가치평가모형은 시장접근법의 대표적인 유형으로 기업의 영업위험(또는 영업위험과 재무위험)과 유사한 상장기업(Comparable Company)의 시장배율(multiple)을 이용하여 기업의 미래예상이익(EBITDA, EPS 등)과 유사상장기업의 시장배율(PER, EV-EBITDA multiple)을 비교하여 지분상품의 공정가치를 계산하는 방식이다. 따라서, 상대가치평가모형에 의한 지분상품 공정가치는 기업의 단기적인 이익을 합리적으로 추정가능해야 함을 전제로 한다.

스타트업(Start-up)과 같이 사업초기에는 기업의 사업모형의 불확실성으로 인해 합리적인 사업계획 수립에 제약이 있거나 상당한 기간 동안 부(-)의 현금흐름 또는 장기적인 손실이 예상되어 현금흐름할인모형과 같은 이익접근법이나 상대가치평가모형과 같은 시장접근법을 적용하는 데에 한계가 있을 수 있다. 이러한 상황에서 현금흐름할인모형 또는 상대가치평가모형을 대체하여 지분상품 공정가치를 비교적 간단하게 평가하는 방법으로 미국공인회계사회(AICPA)가 제시한 「Backsolve 방법」 또는 「Calibration 방법」이 추천

95) 만기시점의 일반채권가치와 옵션부채권가치는 만기상환금액이 되므로 수의상환수익률과 만기상환수익률이 서로 다른 예외적인 상황이 아니라면 일반적으로 만기시점의 콜옵션가치는 0이 된다.

되기도 한다. 나아가 한국공인회계사회는 K-IFRS 실무사례와 해설의 11번째 시리즈인 「복합금융상품」을 발간하면서 Backsolve 방법과 Calibration 방법을 응용하여 스타트업 기업과 같이 신뢰성 있는 사업계획의 추정에 제약이 있는 상황에서 기업이 지분상품을 기초자산으로 한 복합상품을 발행한 경우 그 지분상품의 공정가치를 미지수로 정의하고 복합상품 발행가격(거래가격)의 평가모형 내에서 기초자산인 지분상품을 역산하여 추정하는 방법을 제시하고 있다.

이에 본서는 AICPA가 제시한 Backsolve 방법과 Calibration 방법의 기본개념을 소개하고 이를 응용하여 복합상품의 발행이 있는 스타트업 기업의 지분상품 공정가치를 역산하는 방법으로 KICPA가 제시한 방법(Backsolve and Calibration Approach[96])을 소개한다.

7.1. 평가방법적용의 전제조건

AICPA가 제시한 Backsolve 방법과 Calibration 방법 그리고 이를 응용하여 KICPA 실무해설서에서 제시한 Backsolve and Calibration Approach는 제한된 상황에서 불가피한 경우에 한해 사용되어야 한다. 이는 Backsolve 방법과 Calibration 방법을 적용하기 위해서는 아래의 전제조건을 충족할 수 있어야 하는데 그러한 전제조건을 충족하는 상황이 매우 제한적이기 때문이다.

❙ 거래가격과 공정가치의 일치

Backsolve 방법과 Calibration 방법은 기업의 거래가격에 기초해 지분상품 공정가치를 산출하는 방법으로 시장접근법으로 분류[97]된다. 시장접근법의 대표적인 유형인 상대가치평가모형의 경우 유사상장회사의 시장배율(market multiple)을 이용하는 반면, Backsolve 방법과 Calibration 방법은 해당 기업의 다른 금융상품[98] 등의 거래가격

96) KICPA 실무해설서는 AICPA에서 제시한 Backsolve 방법과 Calibration 방법이란 용어를 그대로 사용하고 있다. 반면, 본서는 국내 가치평가실무에서 해당 방법들을 이용하여 전환금융상품의 공정가치평가 과정에서 지분상품 공정가치를 역산으로 도출하는 방법에 대해 "Backsolve and Calibration Approach"라는 표현을 사용하였다(자세한 내용은 후술한다). 이는 AICPA가 제시한 Backsolve 방법과 Calibration 방법을 응용하여 설계한 것이므로 원문의 명칭을 그대로 사용하기보다 그러한 방법의 응용으로 보아 "접근법"이라는 표현이 더 적절한 것으로 판단하였기 때문이다. 다만, KICPA 실무해설서에서 다루는 Backsolve 등의 방법이 AICPA에서 제시한 방법론의 기본틀에서 크게 벗어나는 것은 아니므로 본서에서 사용하는 명칭으로 반드시 수정되어야 함을 주장하는 것은 아님을 밝힌다.

97) AICPA는 Backsolve 방법과 Calibration 방법을 시장접근법으로 분류하고 있다. 세부적인 내용은 후술한다.

(예 : 전환상환우선주 발행가격)을 이용해 지분상품의 공정가치를 도출하므로 그 거래가격이 공정가치와 같음을 핵심전제로 한다. 따라서 지분상품의 공정가치를 도출하는 기초가 되는 다른 금융상품(일반적으로 전환금융상품)의 거래가격이 공정가치와 일치하지 않을 수 있다면 Backsolve 방법이나 Calibration 방법을 사용하는 것은 원천적으로 불가능하다.

- 특수관계에 있지 않은 거래당사자의 거래가격은 일반적으로 공정가치로 볼 수 있다. 따라서, 기업이 Backsolve 방법 등을 적용하기 위해 기초가 될 수 있는 다른 금융상품의 거래당사자가 기관투자자와 같이 합리적인 과정을 통해 거래가격을 결정하는 상황이라면 그 거래가격은 공정가치로 가정될 수 있을 것이다.
- 그러나, 실무적으로 국내에서 발행되는 전환금융상품의 거래가격이 공정가치로 가정할 수 있는지 상당한 의문이 있다. 국내에서 발행되는 전환금융상품의 대부분은 발행가격과 전환가격이 같은 값으로 약정되고 있는데 이는 주가의 확률적 변동에 따른 전환금융상품의 시간가치가 없는 것으로 가정하는 것과 같기 때문이다. 이러한 현상은 미래가 불확실한 스타트업 기업이 기관투자자와의 협상에서 우위에 있지 아니하므로 전환금융상품의 발행가격과 전환가격 그리고 기타 조건이 기관투자자에게 유리하게 책정되기 때문이다. 다른 특별한 사유99)가 없는 한 전환금융상품의 거래가격이 공정가치가 되기 위해서는 전환가격이 발행가격보다 높은 외가격상태로 발행100)되어야 한다.
- 다만, 국내에서 발행되는 전환금융상품의 거래가격이 비록 공정가치와 일치하지 않더라도 사업초기의 스타트업 기업에 대해서는 Backsolve 방법 적용에 대해 실무적으로 허용되기도 한다. 이는 거래가격이 공정가치의 범위에서 심각하게 왜곡되지 않았다고 볼 때, 스타트업 기업의 불확실한 사업계획에 의해 이익접근법으로 측정된 지분상품의 공정가치를 사용하는 것과 비교해 볼 때, 상황에 따라 이익형량 측면에서 Backsolve 방법을 적용하는 것이 좋은 대안이 될 수 있기 때문이다.

---

98) Backsolve 방법의 토대가 되는 다른 금융상품은 보통주 및 우선주와 같은 일반적인 지분상품이 포함되지만 스타트업 기업은 대부분의 경우 전환사채 또는 전환상환우선주와 같은 전환형 복합상품을 통해 투자를 유치하므로 실무적으로 Backsolve 방법의 토대가 되는 다른 금융상품은 전환금융상품을 의미한다고 볼 수 있겠다.

99) 전환가격의 조정이 없고 존속기간 말에 자동으로 보통주로 전환되는 전환우선주와 같은 비파생금융상품은 거래가격이 공정가치로 볼 수 있을 것이다.

100) 금융선진국에서는 초기기업에 대해서도 전환상환우선주 또는 전환사채와 같은 전환금융상품은 외가격상태로 발행되는 경우가 일반적이다. 외가격상태로 발행되는 것은 투자자가 전환금융상품의 시간가치를 고려해 보통주와 전환금융상품 간의 공정가치차이를 인지하고 거래가격을 책정함을 뜻하며 이는 거래가격이 공정가치와 일치할 수 있다는 중요한 근거로 볼 수 있다.

• 한편, 임직원 등에게 부여되는 주식선택권의 행사가격은 공정가치로 볼 수 없는 대표적인 유형이다. 일반적으로 상장기업의 경우 주식선택권 행사가격을 최근 거래가격을 기초해 정하도록 하고 있으나 Backsolve 방법 등이 적용되는 스타트업 기업의 경우 우수한 인재유치를 위해 현저히 낮은 금액으로 주식선택권의 행사가격을 정하는 경우가 대부분이기 때문이다.

스타트업 기업

Backsolve 방법과 Calibration 방법은 스타트업 기업으로서 합리적인 사업계획을 제시하기 어려운 경우에 한해 제한적으로 사용되어야 한다. 예를 들어 Backsolve 방법은 이익접근법 사용이 어려운 상황에서 대체적인 방법으로 제시된 것으로써, 다른 금융상품의 거래가격에 기초해 옵션평가모형을 이용해 지분상품 공정가치를 역산하여 도출하는 평가방법이므로 기업의 사업모형과 그 특성이 충분히 고려되지 아니하며 옵션평가모형에 도입된 제가정이 시장참여자의 판단과 일치하지 않을 수 있는 한계가 있기 때문이다. 이러한 이유로 AICPA는 Backsolve 방법을 적용함에 있어 기업의 생명주기(Company Life Cycle) 중 「Stage 1」에 해당하는 기업에 가장 적합하며 「Stage 2」에 해당하는 기업은 가급적 이익접근법을 사용하되 불가피한 경우에 한해 Backsolve 방법을 적용[101]하도록 하고 있다. 반면, 「Stage 3」 이상의 기업에 대해서는 가급적 이익접근법을 이용해 공정가치를 측정하도록 설명하고 있다.

• AICPA는 기업의 생명주기에 따른 단계를 6단계로 구분하였다. Stage 1에 해당하는 기업은 사업모형이 개발단계에 머물러 아직 제품 또는 서비스 매출이 없고 발생원가가 작거나 미미한 상태로 사업계획을 수립할 관리팀이 구성되지 못한 상태의 기업을 말한다. Stage 1 단계에는 설립투자(seed capital)나 친구 또는 가족, 엔젤투자자로부터 1차 투자를 받은 상태 또는 벤처캐피탈로부터 초기단계(early-stage) 투자를 받게 된다.

• 참고로 AICPA에서 제시한 기업의 생명주기에 따른 단계(Stage 1~Stage 6)를 아래 표와 같이 정리하였다. 의미의 왜곡을 피하기 위해 원문[102]의 내용을 수정 없이 그대로 기술하였다.

101) Practice Aid, "Valuation of Privately Held Company Equity Securities Issued as Compensation", 2011 AICPA, Page 54, Chapter 6 Relationship Between Fair Value and Stage of Enterprise Development 6.04~6.05

102) "Accounting and Valuation Guide" (Valuation of Portfolio Company Investments of Venture Capital and Private Equity Funds and Other Investment Companies), 2019, AICPA, Page 12 Investment Strategies and Portfolio Company Life Cycle, Table 1-1.

Stage	Description
1	Portfolio company has no product or service revenue to date and limited expense history and typically, an incomplete management team with an idea, a plan and possibly some intial product development. Typically, seed capital, or first-round financing, is provided during this stage by friends and family, angels, or venture capital firms focusing on early-stage portfolio companies, and the interest issued to those investors are occasionally in the form of common stock but are more commonly in the form of preferred stock.
2	Portfolio company has no product or service revenue but substantive expense history because product development is under way, and business challenges are thougth to be understood. Typically, a second or third round of financing occurs during this stage. Representative investors are venture capital firms, which may provide additional management or board of directors expertise. The typical interests issued to those investors are in the form of preferred stock.
3	Portfolio company has made significant progress in product development; Key development milestones have been met (for example, hiring of a management team); and development is near completion (for example a alpha and beta testing), but generally, there is no product revenue. Typically, later round of financing occur in this stage. Representative investors are venture capital firms and strategic business partners. The typical interests issued to those investors are in the form of preferred stock.
4	Portfolio company has met additional key development milestones (for example, first customer orders or first revenue shipments) and has some product or service revenue, but it is still operating at a loss. Typically, mezzanine financing rounds occur during this stage. Also, it is frequently in this stage that discussions would start with investment banks for an initial public offering (IPO).
5	Porfolio company has product or service revenue and has recently achieved breakthrough measures of finacial success, such as operating profitability or break-even positive cash flows. A liquidity event of some sort, such as an IPO or a sale fo the portfolio company, could occur in this stage. The form of securities issued is typically all common stock, with any outstanding preferred converting to common upon an IPO (and perhaps also upon other liquidity events).
6	Portfolio Company has an established financial history of profitable operations or generation of positive cash flows. Some portfolio company may remain private for a substantial period in this stage. An IPO could also occur during this stage.

• 위의 기업생명주기에 따른 Stage 구분이 Backsolve 방법 또는 calibration 방법 적용에 있어 절대적인 기준이 될 수는 없을 것이다. 궁극적으로 볼 때, 기업의 경영진이 합리적인 가정을 통한 사업계획을 수립할 수 있는 역량을 갖춘 때에는 현금흐름할인모형과 같은 이익접근법을 사용하는 것이 바람직하며 그렇지 못한 불가피한 상황에 있는 기업들에 대해 대안적인 방법으로 Backsolve 방법 또는 Calibration 방법을 사용할 것을 고려해야 할 것이다.

7.2. Backsolve and Calibration Approach

미국공인회계사회(AICPA)는 2004년, 재무보고 목적의 가치평가 실무가이드(Practice Aid)로 「Valuation of Privately Held Company Equity Securities Issued as Compensation」을 처음 발간하였다. 또한, AICPA는 2014년, 기존의 2004년 실무가이드를 보완하는 과정에서 스타트업 기업에 대한 대체적 평가방법으로 Backsolve 방법을 처음으로 소개하였다.

▌Backsolve 방법의 개요

AICPA는 Backsolve 방법을 시장접근법(Market Approach)으로 분류하고 있으나 구체적인 적용과정에서 옵션평가모형이 접목되므로 전형적인 시장접근법과는 차이가 있다. AICPA는 Backsolve 방법을 다음과 같이 정의하고 있다.

• Backsolve 방법은 시장접근법의 한 유형으로 기업의 최근의 거래로부터 지분상품 가치를 도출하는 방법(A method within the market approach wherein the equity value for a privately held company is derived from a recent transaction in the company's own securities)으로 정의한다. 아울러 Backsolve 방법은 가치평가전문가에 의해 사용되는 용어이나 공식적인 가치평가용어는 아니라는 사실도 명시하였다(This term is used by some business valuation specialists but generally is not found in valuation literature).

• AICPA가 2014년 제시한 Backsolve 방법은 자본 유형별로 블랙숄즈모형에 의해 도출된 값과 자본의 청산우선순위[청산은 기업의 해산(dissolution) 외에 IPO 등의 방법으로 자본의 Exit 시나리오를 포함]를 이용해 지분배부법(Equity Allocation Methods)으로 계산된 총 지분가치(Total Equity Value)가 일치하도록 한 후 최종적으로 최근의

거래가격을 통해 보통주 가치를 산정하는 과정이다. AICPA에서 제시한 이러한 전통적인 Backsolve 방식은 비교적 단순한 반면, 공정가치평가에 적용하기에는 블랙숄즈모형을 이용하여 지나치게 계량적인 접근에 의존하고 있어 국내 가치평가실무에서는 AICPA의 「전통적인 Backsolve 방법」을 활용하는 경우는 드물다.[103)]

- AICPA도 전통적인 Backsolve 방법의 적용대상은 「Stage 1」 기업으로 제안하고 있으며, 「Stage 2」 기업은 원칙적으로 이익접근법을 사용하되 불가피한 경우에 한해 Backsolve 방법을 적용하도록 하고 있다. 반면, 「Stage 3」 이상의 기업에 대해서는 가급적 이익접근법을 이용해 공정가치를 측정하도록 설명하고 있다.
- 한편, AICPA는 2019년, 「Accounting and Valuation Guide」에서 기존의 전통적인 Backsolve 방법에 추가설명[104)]을 더하였는데, 의미가 보완된 Backsolve 방법은 가치평가모형에서 최초로 추정된 가정들과 거래가격으로부터 도출된 나머지 가정들을 이용한 Calibration 방법의 한 유형[The backsolve method is a form of calibration where management first estimates the other assumption used within the valuation model, and the remaining assumption (total equity value) is then inferred from the transaction price]으로 기술하고 있다.
- 이는 기존의 전통적인 Backsolve 방법을 응용하여 2019년 발표된 「Accounting and Valuation Guide」에서 제시한 Calibration 방법의 범위에 포함함으로써 보다 현실적으로 활용될수록 한 것으로 판단된다.[105)]

---

103) AICPA는 Backsolve 방법과 지분가치배부법을 이용해 최근 거래가격으로부터 지분상품의 공정가치를 도출하는 방법들을 다양한 예시로 제시하고 있다. 관련하여 AICPA가 제시한 전통적인 Backsolve 방법을 이해하기 위한 예시는 "Valuation of Privately Held Company Equity Securities Issued as Compensation", 2011 AICPA, Page 140, Appendix I – Illustration of Equity Value Allocation Methods 이하의 내용을 살펴보기 바란다.

104) "Accounting and Valuation Guide" (Valuation of Portfolio Company Investements of Venture Capital and Private Equity Funds and Other Investment Companies), 2019, AICPA, Glossary, Page 632

105) AICPA가 2019년 발표한 Accounting and Valuation Guide 본문에서는 2014년 소개한 기존의 전통적인 Backsolve 방법과 PWERM(Probility weighted expected return method) 등에 대해 언급하지 않는다. 필자는 AICPA가 기존의 선통적인 Backsolve 방법을 지분배부법과 접목히여 지분상품의 공정가치를 도출하는 방식의 한계를 인정하면서 기존의 Backsolve 방법을 2019년 소개하는 Calibration 방법과 접목하여 실무적으로 적용하기 용이한 방법을 제시하였다고 생각된다. 이는 필자의 개인적인 소견으로 AICPA의 공식적인 입장이 아님을 참고하기 바란다.

Calibration 방법의 개요

AICPA는 2019년, 「Accounting and Valuation Guide」를 통해 합리적인 사업계획 수립에 어려움을 겪는 스타트업 기업의 최근 거래가격을 이용하여 지분상품의 공정가치를 측정하는 새로운 개념으로 「Calibration 방법」을 제시하였다. Calibration은 최근의 거래가격과 공정가치가 같다는 전제 하에 거래가격과 가치평가기법에 따른 결과값이 일치하도록 만드는 관측되지 아니한 투입변수를 역산으로 산출하는 방법[106]을 말한다. 또한, Calibration 방법은 이에 그치지 않고 최초 거래가격과 가치평가기법에 따른 결과값이 일치하는 투입변수를 산출한 이후 후속보고일까지 추가적인 거래가격이 관측되지 않더라도 기업의 변화나 기업이 속한 시장상황 및 경제환경 변화 등의 변화를 관측한 후 최초 거래가격 및 가치평가기법으로부터 파악된 투입변수들(Calibration으로 산출된 투입변수와 기타 모든 변수를 포함)의 일부를 재보정함으로써 후속보고일의 공정가치를 측정할 수도 있다.[107]

- 「Calibration 방법」은 시나리오 접근법(Scenario-based method) 등에 기초[108]한다. 시나리오 접근법은 하나 또는 그 이상의 실현가능한 미래의 시나리오(possible future scenario)를 미래전망적(Forward-looking)으로 설정하는 방법을 말한다. 또한, 시나리오 접근법은 성공과 실패의 두 가지로 예상되는 미래의 가능한 시나리오를 설정하는 단순 시나리오 분석(simplified scenario analysis)과 성공과 실패 외에 일부성공의 세 가지 이상의 시나리오를 설정하는 상대가치 시나리오(relative value scenario analysis)로 분류된다.

---

106) 「Accounting and Valuation Guide」, 2019, AICPA, Glossary Page 633
"Calibration is The Process of reconciling the unobservable inputs used in a valuation technique so that the result of the valuation technique equals a specified value. The Transaction price is fair value at initial recognition and a valuation technique that uses unobservable inputs will be used to measure fair value in subsequent period, the valuation technique shall be calibrated so that at initial recognition the result of the valuation technique equals the transaction price"

107) 「Accounting and Valuation Guide」, 2019, AICPA, Glossary Page 633
"Calibration ensures that the valuation technique reflects current market condition, and it helps a reporting entity to determine whether an adjustment to the valuation technique is necessary (for example, there might be a characteristic of the asset or liability that is not captured by the valuation technique)"

108) AICPA는 Calibration 방법을 적용하기 위해 시나리오 접근법(Scenario based Approach) 또는 마일스톤 접근법(Milestone based Approach)을 기본으로 한다. 이러한 접근방법은 기존의 지나치게 계량적인 접근방법인 Backsolve 방법과 비교하여 지나치게 서술적인 측면이 있다. 본서는 시나리오 접근법을 이용한 예제를 통해 Calibration 방법의 기본 개념을 설명하고 마일스톤 접근법에 대한 설명은 생략한다.

아래에서는 Calibration 방법의 이해를 위해 단순 시나리오 분석에 기반한 적용사례를 소개한다. 아래의 예제를 포함하여 Calibration 방법의 다양한 적용사례는 2020년 1월 22일, 금융위원회 제5차 감독지침 「비상장주식에 대한 공정가치평가 관련 가이드라인」의 〈별첨자료〉를 참고하기 바란다.[109] 아래의 예제는 독자의 이해를 돕기 위해 원문의 내용을 수정보완하고 가정의 일부를 수정하였다.

(1) 최초인식시점

기업은 20×1년 초에 설립되었으며 설립투자(seed money)시 발행주식수는 180만주이다. 투자자는 설립 후 1년이 지나지 않은 20×1년 말에 이 기업에 Series A 전환우선주를 주당 1만원에 20만주(총투자금액 20억원)를 투자하여 지분율 10%를 인수하였다.

- 해당 거래는 정상적인 자금조달 거래로 거래가격과 공정가치가 일치한다. 전환우선주 Series A 투자자는 투자과정에서 IPO에 성공하는 경우와 실패하는 경우의 두 가지 시나리오만을 사용하는 단순 시나리오 분석(simplified scenario analysis)기법을 채택하고 시나리오별 투자자의 합리적인 가정을 도입하였다.
- Series A 투자자는 성공 시나리오에서는 24%의 확률로 3년 내에 3,000억원의 가치로 기업공개(IPO)에 성공할 것임을 가정하였고, 실패 시나리오에서는 회수할 수 있는 금액이 없다고 가정하였다. IPO를 통한 투자금의 회수시점, 기대기업가치 및 IPO 성공확률은 투자자의 오랜 경험과 현행 시장상황을 근거로 산출하였다.
- Series A 투자자는 IPO가 될 때까지 추가 자금조달로 인한 외부투자자 유입으로 희석화가 불가피할 것으로 전망하였다. IPO 시점의 예상 총발행주식수는 기업이 마일스톤을 달성할 때까지 소요될 것으로 예상되는 기간을 감안하여 예상되는 자금조달의 규모와 가격 등의 추정치를 고려하여 산정하였다.
- 최초인식시점에 Series A 투자현황과 그와 관련된 투자자의 가정을 통해 기업은 다음과 같이 관측되지 아니한 변수인 추정 기대수익률을 20%로 도출(calibration)하였다.

---

109) 금융위원회는 제5차 금융위원회 감독지침인 〈비상장주식에 대한 공정가치평가 관련 가이드라인〉을 발표하면서 추가로 기업현장에서 활용가능한 공정가치 평가방법으로 벤처캐피탈 협회의 도움을 받아 Calibration 방법의 적용예제를 제시하였으며, 이는 AICPA의 Calibration 방법과 동일한 접근방법을 사용한 것이다. 본서는 AICPA의 Calibration 방법을 국내 가치평가 실무에서 그대로 사용하기에는 한계가 있어 금융위의 예제를 소개하고 자세한 설명은 생략한다. 본서는 후술할 Backsolve and Calibration Approach를 이해하기 위한 과정으로 Calibration 방법의 기본 개념을 소개하는 것임을 유의하기 바란다.

구분	내용	성공 시나리오	실패 시나리오	비고
거래상황	Seed Money 주식수	1,800,000	좌동	
	시리즈 A 주식수	200,000	좌동	
	Post Money 주식수	2,000,000	좌동	
	시리즈 A 주당거래가격(원)	10,000	좌동	
시나리오 분석	회수시점의 예상기대가치(억원)	3,000	-	투자자 가정
	IPO 성공시 예상총발행주식수	4,166,667	-	투자자 가정
	IPO 성공시 예상희석률110)	52%	-	주기참고
	회수시점의 주당기대가치(원)111)	72,000	-	주기참고
	IPO 성공확률	24%	76%	투자자 가정
	확률가중 미래가치(원)112)	17,280	-	주기참고
	현재가치(원, 공정가치 = 거래가격)	10,000	-	기본핵심전제
	예상 투자실현시점(연)	3	-	투자자 가정
Calibration	추정 기대수익률113)	20%	-	주기참고

- 위 표는 원문의 내용을 이해하기 쉽도록 기업의 현재 상황과 Series A 거래내용을 재정리한 것이다. 또한, Series A 투자자가 가정한 투입변수(비고란에 "투자자 가정"으로 표시)에 기초하여 단순 시나리오분석 결과에 따른 주당 공정가치가 Series A 거래가격(주당 1만원)과 일치함을 전제로 관측가능하지 아니한 추정기대수익률을 도출(calibration)하는 과정을 보여주고 있다.
- Calibration 방법은 거래가격과 가치평가기법에 따른 결과값을 일치시키는 보정(Calibration)을 통해 관측할 수 없는 투입변수를 확인하는 방법이며, 본 예제에서 최초 인식시점에 Calibration을 통해 추정된 관측할 수 없는 투입변수는 추정 기대수익률임을 알 수 있다.
- 본 사례의 시사점은 Calibration 방법은 거래가격과 가치평가기법에 의해 산정된 공정가치가 일치함을 전제해야 하며, 투자자의 가치평가과정에서 신뢰할 수 있고 합리적인 절차를 통해 투입된 제반가정이 뒷받침되어야 의미 있다는 점이다. 투자자의 가치평가기법에 투입된 제반가정과 최초인식시점에 도출된 투입변수는 최초측정시

110) IPO 성공시 예상희석률 = (4,166,667주−2,000,000주) ÷ 4,166,667주 = 52%
111) 회수시점의 주당기대가치(원) = 3,000억원 ÷ 4,166,667주 = 72,000원
112) 확률가중 미래가치(원) = 72,000원 × 24% = 17,280원
113) 추정기대수익률 = $(17{,}280원 \div 10{,}000원)^{1/3} - 1 = 20\%$

점 이후 후속측정시점에 Calibration 방법을 적용하여 또 다른 관측가능하지 아니한 투입변수를 도출하는 밑거름이 된다.

(2) 후속인식시점 – 최초인식 후 거래가 없고 중요한 변동도 없는 경우

기업은 20×1년 말 Series A를 투자받은 이후 후속측정시점인 20×2년 말이 도래하였다. 최초인식시점 이후 후속측정시점 사이 기간이 경과하였으나 기업의 내재역량이나 시장상황의 변화가 기업의 공정가치에 변동을 줄 만한 중요한 사건이 없었으며 최초인식시점의 중요한 불확실성도 그대로 유지되고 있는 것으로 판단하였다. 또한, 최초인식시점에 설정한 다음 단계의 마일스톤에 도달할 때까지 투자가치에 중요한 변화가 없을 것으로 판단하였다.

- 기업의 경영자는 최초인식시점 이후 후속측정시점까지 기업의 공정가치를 변경시킬 어떠한 충분한 증거를 찾을 수 없었다. 따라서, 경영자는 후속측정시점의 기업의 주당 공정가치를 최초인식시점과 동일하게 주당 1만원으로 측정하였다.

구분	내용	성공 시나리오	실패 시나리오	비고
시나리오분석	시나리오분석을 위한 제반투입변수	변동 없음	변동 없음	
Calibration	후속측정시점 주당공정가치	10,000	-	

(3) 후속인식시점 – 최초인식 후 거래가 없으나 시나리오의 변화가 있는 경우

기업은 20×1년 말 Series A를 투자받은 이후 후속측정시점인 20×2년 말이 도래하였다. 후속측정시점에 경영자는 최초인식시점에 가치평가기법에서 도입한 중요한 가정 중 시장상황의 변동으로 인해 회수시점의 예상기대가치가 기존 3,000억원 수준에서 4,000억원 수준으로 상승할 것이라는 합리적인 근거를 확보하였다.

- 기업의 경영자는 후속측정시점에 시장상황의 변동으로 최초인식시점의 가치평가기법에 도입된 가정의 일부가 수정되어야 할 것으로 판단하였다. 경영자는 회수시점의 예상기대가치가 기존 3,000억원에 4,000억원으로 변동될 것이라는 합리적이고 충분한 근거를 확보하였으며, 이를 제외한 주요 가정에서는 기업의 공정가치를 변경시킬 충분한 증거를 찾을 수 없었다.
- 경영자는 최초인식시점 이후 중요한 변동상황을 반영하여 후속측정시점의 기업의 주당 공정가치를 아래와 같이 주당 13,333원으로 측정하였다.

구분	내용	시나리오 유지	시나리오 수정	비고
거래상황	Seed Money 주식수	1,800,000	1,800,000	
	시리즈 A 주식수	200,000	200,000	
	Post Money 주식수	2,000,000	2,000,000	
	시리즈 A 주당거래가격(원)	10,000	10,000	
시나리오 분석	회수시점의 예상기대가치(억원)	3,000	4,000	주요가정수정
	IPO 성공시 예상총발행주식수	4,166,667	4,166,667	주요가정유지
	IPO 성공시 예상희석률	52%	52%	-
	회수시점의 주당기대가치(원)114)	72,000	96,000	주기참고
	IPO 성공확률	24%	24%	주요가정유지
	확률가중 미래가치(원)115)	17,280	23,040	주기참고
	예상 투자실현시점(연)	2	2	주요가정유지
	추정 기대수익률	20%	20%	주요가정유지
Calibration	후속측정일 주당가치(원)116)	10,000	13,333	주기참고

- Calibration 방법은 최초인식시점(또는 직전 후속측정시점)으로부터 후속측정시점까지 새로운 거래가격이 없는 상황하에서도 가치평가기법에 도입된 제반 가정(투입변수)의 수정이 필요한 것으로 신뢰할 수 있고 합리적인 근거가 있다면 투입변수의 보정(Calibration)을 통해 후속측정시점의 기업의 공정가치를 측정할 수 있다.117)

(4) 후속인식시점 - 최초인식 후 새로운 거래가격이 있는 경우

기업은 20×1년 말 Series A를 투자받은 이후 후속측정시점 직전인 20×2년 말에 새로운 투자자로부터 Series B 전환우선주를 주당 15,000원에 666,667주(총투자금액 100억원)를 투자유치하였으며 새로운 투자자는 이를 통해 지분율 25%를 인수하였다.

- Series B 투자자는 기업이 2년 이내로 3,750억원의 가치로 IPO에 성공할 것으로 판단하였다. 또한, Series A 투자자는 Series B 투자가 정상거래임을 확인하였으며, Series B 거래가격이 공정가치와 일치하는지 검토하였으며, 가치평가기법에 의한 공

114) 회수시점의 주당기대가치(원) = 4,000억원 ÷ 4,166,667주 = 96,000원

115) 확률가중 미래가치(원) = 96,000원 × 24% = 23,040원

116) 후속측정일 주당가치(원) = 23,040원 ÷ $(1+20\%)^3$ = 13,333원

117) 본 예제는 금융감독원이 제공한 Calibration 적용 방법으로 제시된 예제는 아니며, AICPA의 「Accounting and Valuation Guide」 내용 중 최초측정일 이후 새로운 거래가격이 없는 상황에서 가치평가기법에 도입된 제반가정 또는 투입변수의 수정을 통해 후속측정일에 Calibration 방법을 적용하는 과정을 설명하기 위해 금융감독원이 제공한 기본 예제를 변형하여 제시한 것임을 밝힌다.

정가치와 거래가격이 일치하도록 가치평가기법에 도입된 제반 가정 및 투입변수의 보정(Calibration)이 필요한 것으로 판단하였다.

• Series B 투자를 통해 가치평가기법에 의해 도출된 공정가치와 Series B 거래가격이 일치하도록 보정한 결과는 다음과 같이 산정하였으며 그에 따라 경영자는 후속인식시점에 기업의 주당 공정가치를 Series B의 거래가격인 주당 15,000원으로 측정하였다.

구분	내용	수정된 시나리오	최초의 시나리오	비고
거래상황	Seed Money 주식수	1,800,000	1,800,000	
	시리즈 A 주식수	200,000	200,000	
	시리즈 B 주식수	666,667	-	
	Post Money 주식수	2,666,667	2,000,000	
	시리즈 A 주당거래가격(원)	10,000	10,000	
	시리즈 B 주당거래가격(원)	15,000	-	
시나리오 분석	회수시점의 예상기대가치(억원)	3,750	3,000	주요가정수정
	IPO 성공시 예상총발행주식수	4,166,667	4,166,667	주요가정유지
	IPO 성공시 예상희석률118)	36%	52%	
	회수시점의 주당기대가치(원)119)	90,000	72,000	주기참고
	IPO 성공확률	24%	24%	주요가정유지
	확률가중 미래가치(원)120)	21,600	17,280	주기참고
	현재가치(원, 공정가치 = 거래가격)	15,000	10,000	
	예상 투자실현시점(연)	2	3	주요가정유지
Calibration	추정 기대수익률121)	20%	20%	주기참고
	후속측정일 주당가치(원)	15,000	-	주기참고

지금까지 AICPA가 제안한 Calibration 방법에 의한 스타트업 기업의 지분상품 가치평가방법론에 대해 살펴보았다. AICPA는 신뢰할 수 있는 사업계획 수립이 어려운 스타트업 기업(주로 Stage 1 또는 Stage 2 기업)에 대해 기존의 Backsolve 방법을 개선한 Calibration 방법을 제안하였으며 제반 조건이 갖춰진 상황하에서는 Calibration 방법은 광의의 Backsolve 방법122)을 함께 활용함으로써 스타트업 기업의 가치평가방법

118) IPO 성공시 예상희석률 = (4,166,667주 − 2,666,667주) ÷ 4,166,667주 = 36%
119) 회수시점의 주당기대가치(원) = 3,750억원 ÷ 4,166,667주 = 90,000원
120) 확률가중 미래가치(원) = 90,000원 × 24% = 21,600원
121) 추정기대수익률 = $(21{,}600\text{원} \div 15{,}000\text{원})^{1/2} - 1 = 20\%$
122) 광의의 Backsolve 방법이란 AICPA가 2011년 소개한 최초의 Backsolve 방법에 대한 정의보다 확장된

의 하나로 유용한 접근법이 될 수 있을 것이다. 그러나, 국내 가치평가실무에서 Calibration 방법은 잘 사용되고 있지 않은데 그 이유는 다음과 같다.

- 예제를 통해 살펴본 바와 같이 Calibration 방법이 적극적으로 활용되기 위해서는 스타트업 기업에 대한 투자과정에서 투자자의 제반가정과 그에 따라 제시된 거래가격이 공정가치와 일치할 것이라는 합리적인 판단이 뒷받침되어야 한다. 직접금융시장이 발달되고 스타트업 기업에 체계적으로 투자하는 모험자본이 활성화된 미국시장과 달리 국내의 스타트업 기업에 대한 투자에서 모험자본가의 투자 의사결정과정에서 시나리오 분석(Scenario based analysis) 과정을 포함한 투자자의 중요한 가정들을 확보하는 것은 현실적으로 불가능하다.
- 모험투자자들의 시나리오 분석 및 분석과정에 포함된 제반 가정에 대한 정보는 투자자들의 내부의사결정 과정에 참고자료로 활용될 수 있으나 재무보고 목적의 가치평가를 위해 그러한 정보가 기업에 제공되는 경우는 매우 드물고, 투자자의 시나리오 분석내용이 확보되더라도 시나리오 분석에 투입된 제반 가정 또는 투입변수의 변동에 대한 후속관리가 쉽지 않다.
- 시나리오 분석은 기존 투자자와 새로운 투자자가 같거나 유사한 시나리오의 틀로 구성되지 않을 경우 일관성 있게 적용하기 어렵다. 서로 다른 투자자들이 기업의 마일스톤 달성과정에 맞춰 동일한 유형으로 시나리오 분석이 진행될 것으로 예상하기 어려운 점에서도 Calibration 방법의 실무적용이 쉽지 않음을 알 수 있다.
- 또한, 전통적인 Backsolve 방법이 블랙숄즈모형 등 옵션평가모형에 기반하여 지나치게 계량적 정보에 의존하는 한계가 있다면 Calibration 방법은 지나치게 서술적인 (narrative) 정보에 의존하는 점은 재무보고 목적의 가치평가기법으로 적용됨에 한계가 있는 것으로 판단된다.

Backsolve and Calibration Approach

국내 가치평가실무에서 스타트업 기업에 대해 AICPA가 제시한 원문의 방법 그대로 Backsolve 방법 또는 Calibration 방법이 활용되는 경우는 드물지만 전환금융상품의 거래가격이 공정가치와 일치함을 전제로 Backsolve 방법 및 Calibration 방법을 응용

개념으로 2019년, 「Accounting and Valuation Guide」에서 설명하고 있는 것을 의미하며, 이는 가치평가모형에서 최초로 추정된 가정들과 거래가격으로부터 도출된 나머지 가정들을 이용한 Calibration 방법의 한 유형으로 설명한 부분을 뜻한다.

하여 지분상품(보통주)의 공정가치를 측정하는 대체적 평가방법으로 사용되곤 한다.

- 국내 가치평가실무에서는 스타트업 기업이 전환상환우선주나 전환사채와 같이 지분상품으로 전환할 수 있는 선택적 권리(Option)가 포함된 전환금융상품을 발행한 경우 Backsolve 방법과 Calibration 방법을 응용하여 관측가능한 투입변수(무위험이자율, 위험이자율 및 기초자산 변동성 등)와 전환금융상품 발행계약에서 정한 다양한 조건(만기, 전환가격, 만기수익률 및 조기상환수익률 등)을 투입변수로 하여 전환금융상품가치를 산출하는 가치평가기법(Tsiveriotis-Fernandes 모형, Goldman-Sachs 모형 등 혼합할인모형)에 입력한 후 기초자산인 지분상품(보통주)의 공정가치를 역산으로 도출(Backsolve)하는 방법으로 활용되고 있다.

본서는 전환금융상품의 거래가격이 전환금융상품의 가치평가기법으로부터 도출한 공정가치와 일치함을 전제로 Backsolve 방법과 Calibration 방법을 응용하여 지분상품의 공정가치를 측정하는 방법을 「Backsolve and Calibration 접근법」으로 정하기로 한다.

Backsolve and Calibration 접근법을 도해로 표현하면 다음과 같다.

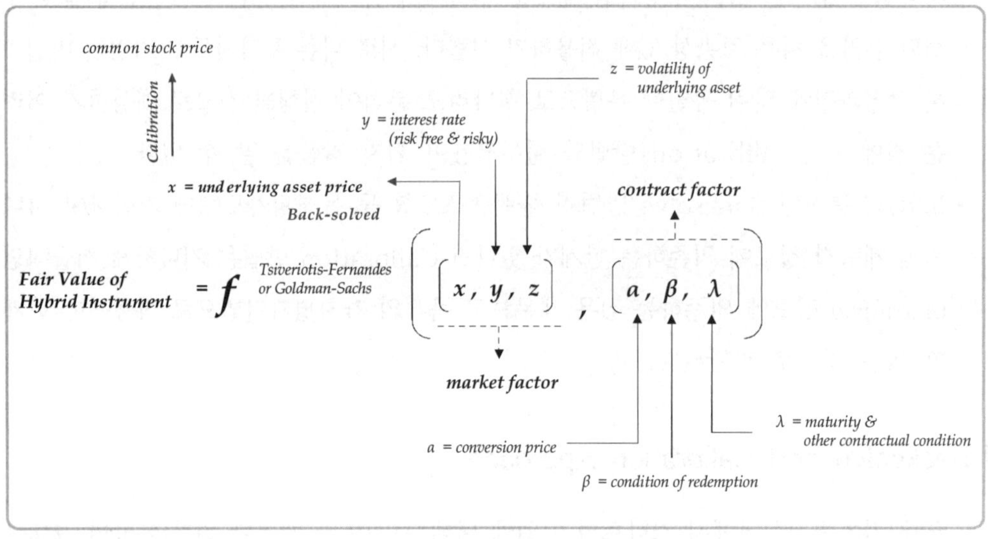

- Backsolve and Calibration 접근법을 적용하기 위해서는 앞에서 설명한 기본 전제조건을 만족해야 함을 잊지 않기를 당부한다. Backsolve and Calibration 접근법은 합리적인 사업계획을 수립할 여건이 되지 않는 수준의 스타트업 기업(Stage 1 또는 Stage 2에 속하는 기업)으로서 전환금융상품의 거래가격이 공정가치와 같거나 근사한

수준[123])에 이를 것이라는 핵심전제조건을 만족하는 경우에 한하여 적용하여야 한다. 이러한 핵심전제조건이 만족되지 않는 경우에는 현금흐름할인모형 등 이익접근법에 기반한 가치평가모형을 통해 지분상품의 공정가치를 직접적으로 산출하는 것이 바람직하다.

- 위의 도해는 스타트업 기업이 발행한 전환금융상품에 대해 일반적으로 인정되는 가치평가기법을 함수(f)로 표현하였다. 함수의 투입변수는 시장변수(x,y,z)와 해당 전환금융상품에 특정된 계약변수(α,β,λ)로 구성된다. 시장변수 중 x(지분상품가치)는 미지수이며, 나머지 시장변수인 y(시장이자율) 및 z(주가변동성)는 시장에서 관측가능하다. 또한, 계약변수인 α(전환가격), β(계약상 상환조건) 및 λ(계약만기 및 기타 제반계약조건)은 계약적 특성에 맞춰 가치평가모형에 입력할 수 있다.
- 가치평가모형에 미지수인 x(지분상품가치)를 제외한 나머지 시장변수와 계약변수를 입력하여 계산되는 전환금융상품의 공정가치가 거래가격(전환금융상품 발행가격)과 일치하도록 미지수인 x(지분상품가치)를 역산으로 도출(Backsolved) 가능하다.
- 또한, 해당 전환금융상품의 최초인식 이후 후속인식 시점까지 기업의 내재역량이나 시장상황의 변화가 기업의 공정가치에 변동을 줄 만한 중요한 사건이 없는 것으로 판단되는 경우, 해당 전환금융상품 거래가격으로부터 역산으로 도출된 지분상품가치는 후속인식시점의 전환금융상품의 공정가치평가를 위한 모형의 시장변수(x)로 활용할 수 있을 것이다.[124])

아래의 예제를 통해 Backsolve and Calibration 접근법의 개념을 이해하고 구체적인 실무적 활용방법을 설명한다.

(1) 최초인식시점

기업은 2×21년 중 설립된 스타트업 기업으로 항암면역치료 불응성 유발인자를 발굴하고 관련된 항체신약을 연구개발하여 전임상(preclinical Study) 또는 임상1상(clinical

123) 앞서 자세히 설명하였듯이 국내에서 발행되는 전환금융상품은 투자자에게 유리한 구조로 설계되는 경향이 있으며 발행가격과 전환가격이 같은 등가격 상태로 발행됨으로써 옵션의 시간가치가 상실되는 등 현실적으로 거래가격이 공정가치와 일치할 수 없는 구조로 발행되는 경우가 대부분이다. 다만, 스타트업 기업이 발행하는 전환금융상품은 상환요소가 미치는 영향이 크지 아니하므로 거래가격이 공정가치와 근사한 수준에 이르는 것을 포함하여 Backsolve and Calibration Approach를 활용할 수 있을 것으로 판단된다.

124) 다만, Calibration 방법의 기본구조인 시나리오 접근법을 활용하지 아니하였으므로 최초측정시점 이후 후속측정시점까지 기업의 내재역량의 변화(예 : 마일스톤 단계진행) 또는 중요한 시장상황의 변화(예 : 연관시장의 유의적인 확대 또는 감소)가 있는 경우 최초측정시점에 역산으로 도출된 지분상품가치는 후속인식시점의 전환금융상품의 공정가치평가를 위한 투입변수로 활용될 수 없을 것이다.

trial phase 1)단계에서 글로벌 제약회사에 기술을 이전(L/O; License Out)하여 기술이전 수수료(upfront fee)와 글로벌 임상진행단계에 따른 마일스톤 수수료(milestone fee)를 수취하고 신약의 승인 및 판매(NDA/BLA) 이후 따른 완제의약품 매출의 일부를 로열티(royalty)로 수취하는 사업모형을 가지고 있다. 기업은 2×22년 9월 6일, 투자자로부터 전환상환우선주 Series A를 주당 48,000원에 발행하였다. Series A 발행시점에 기업은 주요 파이프라인들에 대한 유효물질발견 및 선도물질도출에는 성공하였으나 후보물질도출 단계에는 이르지 못해 본격적인 전임상을 앞두고 있다. 기업의 경영진은 주요 파이프라인이 선도물질도출 수준에 머물러 연구개발 성공여부에 대한 불확실성으로 인해 합리적인 사업계획을 수립하는 데에 한계를 느끼고 있는 상황이다. 투자자는 이러한 불확실성에도 불구하고 기업의 경영진과 연구진의 미래 잠재력을 높게 평가하여 Series A를 다음과 같은 조건으로 인수하였다.

- Series A의 존속기간은 10년(만기 : 2×32년 9월 6일)이며 존속기간 말까지 투자자가 전환을 청구하지 않을 경우 보통주로 자동전환된다. Series A의 전환가격은 발행가격(48,000원)과 같은 주당 48,000원이며 투자자는 발행일로부터 존속기간 말까지 언제든지 전환권을 행사할 수 있다.
- Series A 투자자는 발행일로부터 3년이 되는 시점부터 존속기간 말까지 배당가능이익의 범위 내에서 연복리 8.0%로 조기상환의 권리(put-option)를 행사할 수 있으며 발행기업에는 수의상환권리(call-option)가 없다. 다만, Series A 투자자와 기업은 연구개발회사의 특성상 회사의 상법상 배당가능이익으로 Series A를 조기상환할 수 있는 현실적인 시점은 발행일로부터 6년이 지난 후 도래하는 정기주주총회일(2×29년 3월 31일)이 적정한 것으로 판단하고 있다. Series A에 대한 우선배당약정은 없다.
- Series A 발행일 현재 관측가능한 무위험이자율은 3.25%이며, 기업의 신용위험에 대응되는 위험이자율은 14.8%이다.[125] 또한, 경영진은 기업과 유사한 사업을 영위하고 있는 유사상장회사들을 제시하였으며 이들 유사상장회사의 역사적 변동성의 평균값은 연간 47.24%로 측정되었다.

기업의 경영진은 Series A의 발행가격과 전환가격이 같은 등가격 상태이므로 시간가치를 인정받지 못하였으나 투자자들의 합리적인 의사결정과정을 통해 결정된 거래가격이 공정가치와 근사한 것으로 판단하였으며 Backsolve and Calibration 접근법을

125) 편의상 무위험이자율 및 위험이자율의 이자율 기간구조는 고려하지 않고 예제에서 제시한 이자율이 측정기간 동안 일정함을 가정한다.

이용하여 최초인식시점의 지분상품(보통주)의 공정가치를 도출하기로 하였다.

- 경영진은 전환금융상품의 일반적인 가치평가기법인 Tsiveriotis-Fernandes 모형에 따라 산출되는 Series A의 공정가치 평가결과가 거래가격(48,000원)과 일치하는 최초 인식시점의 지분상품 공정가치를 다음과 같이 역산으로 도출하였다.
- Series A의 가치평가모형에 관측가능한 시장변수(무위험이자율, 위험이자율, 유사회사 평균주가변동성 및 그에 따른 헤지확률)와 Series A 발행계약에 명시된 계약조건(존속기간, 전환가격, 전환가능시기, 조기상환수익률 및 경영진과 투자자가 추정한 조기상환개시일 등)을 입력하였다.
- Series A의 가치평가모형에 관측가능한 시장변수 및 계약조건을 투입변수로 하여 산출될 공정가치가 거래가격(48,000원)과 일치하도록 하는 기초자산가격(보통주가치)을 목표값 찾기를 통해 37,851원[126]으로 도출하였다.

(2) 후속인식시점

2×22년 9월 6일, Series A를 투자받은 이후 후속측정시점인 2×22년 말이 도래하였다. 기업은 최초인식시점 이후 후속측정시점 사이 기간이 경과하였으나 기업의 내재역량이나 시장상황의 변화가 기업의 공정가치에 변동을 줄 만한 중요한 사건이 없었으며 최초인식시점의 중요한 불확실성도 그대로 유지되고 있는 것으로 판단하였다. 즉, 기업은 후속인식시점에 주요 파이프라인에 대한 선도물질도출에 성공한 후 여전히 후보물질도출 단계에는 이르지 못해 본격적인 전임상을 시작하지 못하고 있다. 기업의 경영진은 후속인식시점에 주요 파이프라인이 선도물질도출 수준에 머물러 연구개발 성공확률의 불확실성에 변화가 없어 합리적인 사업계획을 수립하는 데 여전히 한계를 느끼고 있는 상황이다. 이에 경영진은 최초인식시점 이후 후속측정시점까지 기업의 공정가치를 변경시킬 어떠한 충분한 증거를 찾을 수 없어 후속측정시점의 기업의 보통주 주당 공정가치를 최초인식시점에 Backsolve and Calibration 접근법으로 도출한 주당 37,851원을 유지하였다.

- 후속인식시점에 Series A의 발행계약상 제반 조건의 변경은 없으며 Series A 투자자와 기업이 예상하는 조기상환권리의 행사가능시점에 대한 추정을 변경할 다른 사유[127]는 발생하지 아니하였다.

---

126) 예제를 통해 전환금융상품과 같이 전환옵션과 상환옵션이 내재된 금융상품은 기초자산가격(보통주가치)이 전환가격보다 낮은 외가격상태로 발행되어야 거래가격(발행가격)이 공정가치가 됨을 알 수 있다.

127) 기업의 내재역량이나 기업환경의 변화가 없더라도 후속측정일 현재 자본잉여금의 결손보전을 통해 배당가능

• 후속측정일(2×22년 말) 현재 관측가능한 무위험이자율은 2.83%이며, 기업의 신용위험에 대응되는 위험이자율은 12.9%이다.[128] 또한, 경영진이 제시한 유사상장회사의 역사적 변동성 평균값은 연간 42.52%로 측정되었다.

기업의 경영진은 최초인식시점 이후 후속인식시점까지 기업의 공정가치를 변경시킬 어떠한 충분한 증거를 찾을 수 없어 후속측정시점의 기업의 보통주 주당 공정가치를 최초인식시점에 Backsolve and Calibration 접근법으로 도출한 주당 37,851원을 이용해 후속인식시점의 Series A의 공정가치를 다음과 같이 측정하였다.

• 경영진은 Tsiveriotis-Fernandes 모형을 이용하여 후속측정시점에 기초자산가격(37,851원)을 포함한 기타 관측가능한 시장변수(무위험이자율, 위험이자율, 유사회사 평균주가변동성 및 그에 따른 헤지확률)와 Series A 발행계약에 명시된 계약조건(존속기간, 전환가격, 전환가능시기, 조기상환수익률 및 경영진과 투자자가 추정한 조기상환개시일 등)을 입력하였다.
• 경영진은 후속측정시점, 가치평가모형에 기초해 관측가능한 시장변수 및 계약조건을 투입변수로 하여 Series A의 공정가치로 50,385원을 측정 및 인식하였다.

(3) 2차 후속인식시점

Series A 투자 후 2차 후속인식시점인 2×23년 말이 도래하였다. 기업은 2×23년 중 연구개발 중인 항체신약 주요 파이프라인 중 1건에 대한 후보물질 도출 및 최적화를 거쳐 전임상을 완료하였고 이를 글로벌 제약회사에 기술이전(L/O)하는 데 성공하였다.

• 기업의 경영진은 1차 후속측정시점 이후 기업의 경영환경에 중요한 변화가 발생함에 따라 직전 후속측정일의 보통주 가치(37,851원)는 더 이상 기업의 가치를 설명할 수 없는 것으로 판단하였다. 경영진은 기업의 주요 파이프라인의 기술이전 계약에 명시된 기술이전 수수료(upfront fee)와 임상진행단계에 따른 마일스톤 수수료(milestone fee) 그리고 글로벌 임상완료 후 신약판매에 따른 로열티(royalty) 지급에 대한 정보에 기초해 합리적인 사업계획을 수립할 수 있다고 판단하였다.
• 경영진은 2차 후속측정시점에 합리적인 사업계획에 기반한 현금흐름할인모형(DCF)

이익이 추가로 확보되어 조기상환 개시시점에 대한 추정이 변경될 수 있다. 다만, 자본잉여금의 존재만으로 경영진은 결손보전이 이뤄질 것으로 예상하는 것은 합리적이지 않다. 자본잉여금의 결손보전은 주주총회를 통해 이뤄져야 하므로 경영진의 합리적인 추정의 범위를 벗어나기 때문이다.

128) 편의상 무위험이자율 및 위험이자율의 이자율 기간구조는 고려하지 않고 예제에서 제시한 이자율이 측정기간 동안 일정함을 가정한다.

을 활용하여 보통주가치를 산출하였으며 이를 포함한 후속측정시점의 시장변수와 계약조건을 Tsiveriotis-Fernandes 모형을 이용하여 후속측정시점일 현재 Series A의 공정가치를 측정하였다.

만일, 기업이 주요 파이프라인에 대한 기술이전이 완료된 후 2차 후속인식시점이 도래하기 전(2×23년 중)까지 새로운 투자자로부터 Series B를 투자받았다면, Series B 거래가격을 이용해 Backsolve and Calibration 접근법으로 Series B 발행시점의 보통주가격을 도출하고 이를 2차 후속인식시점(2×23년 말)의 Series A 및 Series B의 공정가치 측정을 위한 기초자산가격으로 활용할 수 있는데 이에는 신중함이 요구된다. Backsolve and Calibration 접근법은 기업의 경영진이 합리적인 사업계획을 수립할 역량을 갖추지 못한 상태에서 현금흐름할인모형과 같은 이익접근법을 대체할 방법으로 한정하여 사용하는 것이며, 본 예제와 같이 주요 파이프라인의 기술이전계약을 통해 합리적인 사업계획을 수립할 수 있는 상황에서는 Backsolve and Calibration 접근법을 사용하는 것은 적절치 않기 때문이다.

Financial Valuation

제 3 부

공정가치 회계 및 측정

Financial Valuation

제1장 공정가치회계

제조업 중심으로 구축된 전통적인 재무회계의 개념체계는 원가의 투입과 수익의 실현 그리고 실현된 수익이 현금으로 전환되는 과정에 중점을 두고 있다. 이러한 전통적인 재무회계 개념체계에서는 자산과 부채를 투입원가중심으로 측정하는 방식이 선호되어 왔다. 그러나 제조업 중심의 전통적인 재무회계에서 벗어나야 한다는 주장이 확산되면서 재무제표의 중심이 공정가치가 반영된 재무상태표 위주로 바뀜으로서 재무제표 이용자에게 목적적합한 정보를 제공한다는 주장에 힘이 실리게 되었다. 이에 금융상품은 공정가치 측정의 핵심이 되는 항목이 되었다. 그럼에도 아직까지 우리는 금융상품에 대해 전통적 방식인 원가측정에 익숙해 있다. 금융상품에 대한 국제회계기준이 더욱 어렵게 느껴지는 이유이다.

금융상품과 관련된 기준서는 다른 기준서의 내용과 비교하여 월등히 방대한 내용을 담고 있으며 복잡한 구조를 가지고 있다. 게다가 다른 항목들과 달리 하나의 기준서에서 일괄적으로 다루지 않고 여러 기준서에서 산발적으로 설명하고 있어 이해의 어려움을 더하고 있다.

금융상품과 관련된 기준서는 다음과 같이 구성된다.

① K-IFRS 1032호 「금융상품의 표시」는 금융상품을 정의하고 금융상품을 부채와 자본으로 구분하는 기준을 제시한다.

② K-IFRS 1109호 「금융상품」은 금융자산을 분류하는 방법과 자본을 제외한 금융상품의 인식과 측정에 대한 중요한 지침을 제공한다.

③ K-IFRS 1107호 「금융상품 : 공시」는 금융상품의 공시사항을 정한다.

우리는 금융상품 회계를 직접적으로 다룬 3개의 기준서 외에도 금융상품과 관련한 공정가치측정의 기본개념을 제공하는 K-IFRS 1113호 「공정가치측정」과 주식기준보상거래에 따라 부채 또는 자본을 공정가치로 측정해 인식해야 하는 K-IFRS 1102호 「주식기준보상」, 손상인식대상인 금융자산에 대해 자산손상의 인식기준을 제시하는 K-IFRS 1036호 「자산손상」 등에 대해 이해할 필요가 있다. 나아가 지분상품의 공정가치측정 과정에서 충당부채의 공정가치를 추가로 고려할 경우 K-IFRS 1037호 「충당부채」에서 다루는 충당부채 측정방식에 대한 이해가 요구될 수 있다. 다만, 본 장에서는 금융상품에 대한 직접적인 회계지침을 제공하는 3개의 기준서를 중심으로 설명하고 각 금융상품의 공정가치 최초측정 및 후속측정 과정에서 다른 기준서의 내용을 추가설명한다.

본서는 K-IFRS에서 설명하는 금융상품 회계의 모든 부분을 설명하지 않는다. 본서는 금융상품의 분류 및 인식 그리고 공정가치측정에 집중하고 있는 점을 유의하기 바란다. 본서가 금융상품과 관련된 K-IFRS의 방대한 내용을 모두 망라하는 것은 아니므로 금융상품의 분류와 측정을 제외한 부분에 대해서는 국제회계기준을 포괄적으로 설명하는 서적을 활용해야 한다. 또, 본서는 어려운 K-IFRS 기준서의 내용을 가능하면 풀어 쓰도록 노력하였다. 이 과정에서 의미의 전달이 왜곡될 여지를 무시하지 못하므로 필요한 경우 기준서 원문을 확인하기를 권고한다.

1 금융상품

본서는 K-IFRS에 기술될 금융상품을 이해하는 과정으로 재무보고를 위한 개념체계에서 다루고 있는 회계단위의 개념을 먼저 살펴보고자 한다. 회계단위는 K-IFRS 전반에 걸쳐 적용되는 개념체계를 구성하고 있는데 금융상품의 인식과 측정에서 회계단위의 개념은 매우 중요한 역할을 맡고 있다. 이어서 금융상품의 정의와 유형에 대해 살펴보고 본서의 중요한 부분을 차지하는 파생상품과 내재파생상품에 대해서도 다루기로 한다.

1.1. 회계단위

금융상품을 이해하는 과정에서 회계단위를 먼저 살펴보는 것은 회계단위가 인식과 측정에 있어 중요한 기준이 되기 때문이다. 특히, 본서는 금융상품에 대한 공정가치회계를 기초로 공정가치측정에 대한 실무적인 방법들을 소개하는 것을 목적으로 하고 있으므로 인식과 측정의 기준이 되는 회계단위에 대한 이해는 필수적이라 할 것이다.

회계단위는 인식기준과 측정개념이 적용되는 권리나 권리의 집합(자산 또는 자산의 집합), 의무나 의무의 집합(부채 또는 부채의 집합) 또는 권리와 의무의 집합(자산과 부채의 집합)으로 정의된다.[재무보고를 위한 개념체계 문단 4.48, 문단 4.6, 문단 4.29~4.30]

① 〈권리〉는 자산의 정의와 관련된 개념이다. 자산은 과거사건의 결과로 기업이 통제하는 현재의 경제적자원이며 경제적자원은 경제적효익을 창출할 잠재력을 지닌 권리이다. 경제적효익을 창출할 잠재력을 지닌 권리는 다른 당사자의 의무에 해당하는 권리와 다른 당사자의 의무에 해당하지 않는 권리로 구분될 수 있다.

- 다른 당사자의 의무에 해당하는 권리는 현금을 수취할 권리, 재화나 용역을 제공받을 권리, 유리한 조건으로 다른 당사자와 경제적자원을 교환할 권리(예 : 유리한 조건으로 경제적자원을 구매하는 선도계약 또는 경제적자원을 구매하는 옵션) 그리고 불확실한 특정 미래사건이 발생하면 다른 당사자가 경제적효익을 이전하기로 한 의무로 인해 효익을 얻을 권리를 포함하여 다양한 형태를 갖는다.
- 다른 당사자의 의무에 해당하지 않는 권리는 유형자산 또는 재고자산과 같은 물리적 대상에 대한 권리(예 : 물리적 대상을 사용할 권리 또는 리스제공자산의 잔존가치에서 효익을 얻을 권리)나 지적재산 사용권리 등이 있다.

② 〈의무〉는 부채의 정의와 관련된 개념이다. 의무란 기업이 회피할 수 있는 실제 능력이 없는 책무나 책임을 말하며 항상 다른 당사자에게 이행해야 한다. 다른 당사자는 다른 기업(또는 사람)이나 그 집단 또는 사회 전반이 될 수 있다. 의무를 이행할 대상인 당사자의 신원을 알 필요는 없다.

- 한 당사자가 경제적자원을 이전해야 하는 의무가 있는 경우, 다른 당사자는 그 경제적자원을 수취할 권리가 있다. 그러나 한 당사자가 부채를 인식하고 이를 특정 금액으로 측정해야 한다는 요구사항이 다른 당사자가 자산을 인식하거나 동일한 금액으로 측정해야 한다는 것을 의미하지는 않는다. 예를 들어, 한 당사자의 부채와 이에 상응하는 다른 당사자의 자산에 대해, 서로 다른 인식기준이나 측정 요구사항이 표현하고자 하는 것을 가장 충실히 표현하고 가장 목적적합한 정보를 선택하기 위한 결정이라면, 특정 회계기준은 그러한 서로 다른 기준이나 요구사항을 포함할 수 있다.

인식기준과 측정개념이 자산이나 부채 그리고 관련 수익과 비용에 어떻게 적용될 것인지를 고려하여 그 자산이나 부채에 대해 회계단위를 선택한다.[재무보고를 위한 개념체계 문단 4.49~4.50]

• 어떤 경우에는 인식을 위한 회계단위와 측정을 위한 회계단위를 서로 다르게 선택하는 것이 적절할 수 있다. 예를 들어, 계약은 개별적으로 인식될 수 있지만 계약포트폴리오의 일부로 측정될 수도 있다. 표시와 공시를 위해 자산, 부채, 수익 및 비용은 통합하거나 구성요소로 분리하여야 할 수 있다. 또한, 기업이 자산의 일부 또는 부채의 일부를 이전(제거)하는 경우, 그때 회계단위가 변경되어 이전된 구성요소와 잔여구성요소가 별도의 회계단위가 될 수도 있다.

유용한 정보를 제공하기 위해 회계단위를 선택해야 하는데 이는 자산이나 부채에 대해 제공된 정보와 이와 관련된 수익과 비용에 대해 제공된 정보가 목적적합해야 함을 의미한다.[재무보고를 위한 개념체계 문단 4.51, 4.53~4.55]

• 예를 들어 다음과 같은 권리와 의무가 있는 경우, 권리와 의무의 집합을 단일의 회계단위로 취급하는 것이 각각의 권리나 의무를 별도의 회계단위로 취급하는 것보다 더 목적적합한 정보를 제공할 수 있다.
  ㉠ 별도의 거래 대상이 될 수 없거나 그럴 가능성이 낮다.
  ㉡ 서로 다른 형식으로 만료(expire)될 수 없거나 그럴 가능성이 낮다.
  ㉢ 유사한 경제적 특성과 위험을 가지며, 따라서 기업의 미래순현금유입 또는 순현금유출에 대한 전망에 대해 유사한 시사점을 가질 가능성이 높다.
  ㉣ 기업이 현금흐름을 창출하기 위해 수행하는 사업활동에 함께 사용되며, 그러한 상호의존적인 미래현금흐름의 추정치를 참고하여 측정된다.
• 자산이나 부채에 대해 제공된 정보와 이와 관련된 수익과 비용에 대해 제공된 정보는 발생한 거래나 그 밖의 사건의 실질을 충실하게 표현해야 한다. 따라서 서로 다른 원천에서 발생하는 권리나 의무를 단일 회계단위로 취급하거나 단일의 원천에서 발생하는 권리나 의무를 분리해야 할 수도 있다. 이와 마찬가지로, 서로 관련 없는 권리나 의무를 충실하게 표현하기 위해, 이들을 별도로 인식하고 측정해야 할 수 있다.
• 권리와 의무 모두 동일한 원천에서 발생하는 경우가 있다. 예를 들어, 일부 계약은 각 당사자의 권리와 의무 모두를 성립시킨다. 그러한 권리와 의무가 상호의존적이고 분리될 수 없다면 이는 단일한 불가분의 자산이나 부채를 구성하며 단일의 회계단위를 형성한다.[1] 반대로, 권리가 의무와 분리될 수 있는 경우 권리와 의무를 별도로

---

1) 이는 금융상품의 공정가치 측정과정에 중요한 영향을 미친다. 예를 들어 기업이 거래당사자에게 콜옵션 권리와 풋옵션 의무를 동시에 가지고 있으며, 그러한 계약상 권리가 상호의존적이고 분리될 수 없는 상황이라면 기업은 이를 하나의 회계단위로 인식하고 측정해야 하며 금융자산과 금융부채로 회계단위를 분리해서는 안 됨을 의미한다.

분리하여 하나 이상의 자산과 부채를 별도로 식별하는 것이 적절할 수 있다.[2)] 다른 경우에는 분리가능한 권리와 의무를 단일 회계단위로 묶어 단일의 자산이나 부채로 취급하는 것이 더 적절할 수 있다. 단일 회계단위로 권리와 의무의 집합을 처리하는 것은 자산과 부채를 상계하는 것과 다르다.[3)]

• 가능한 회계단위는 아래의 예를 들 수 있다.

㉠ 개별 권리 또는 개별 의무

㉡ 단일의 원천(계약)에서 발생하는 모든 권리, 모든 의무 또는 모든 권리와 의무

㉢ 이러한 권리 또는 의무의 하위 집합(예 : 유형자산의 한 항목에 포함된 권리집합 중 어떤 하위 집합의 권리의 소비행태가 그 유형자산 항목의 내용연수와 다른 경우에 그러한 권리의 하위 집합)

㉣ 유사한 항목들로 구성된 포트폴리오에서 발생하는 권리 또는 의무의 집합

㉤ 유사하지 않은 항목들로 구성된 포트폴리오에서 발생하는 권리 또는 의무의 집합 (예 : 단일 거래로 처분될 자산과 부채의 포트폴리오)

㉥ 개별 항목들로 구성된 포트폴리오 내의 특정 위험노출

1.2. 금융상품

금융상품은 금융자산과 금융부채 그리고 지분상품으로 구분된다. 「금융상품」은 거래당사자 어느 한쪽에게는 금융자산을 생기게 하고 거래상대방에게 금융부채나 지분상품을 생기게 하는 모든 계약을 말한다. 금융상품은 금융자산, 금융부채 및 지분상품을 모두 아우르는 개념이다.[K-IFRS 1032 문단 11]

금융상품에서 말하는 「계약」은 우리가 흔히 알고 있는 문서상의 계약으로 한정하지 않는다. 금융상품에서의 계약은 다음과 같이 정의한다.[K-IFRS 1032 문단 13]

• 「계약」이란 명확한 경제적 결과를 가지고 있고 법적으로 집행가능하기 때문에 당사자가 그러한 경제적 결과를 자의적으로 회피할 여지가 적은 둘 이상의 당사자 사이의

2) 예를 들어 금융위원회 지침에 의해 전환사채계약에 포함된 제3자 지정 콜옵션을 별도의 파생상품자산으로 분리하는 경우가 이에 해당된다. 기업은 전환사채 발행계약을 통해 금융부채(의무)를 인식함과 동시에 제3자 지정 콜옵션에 대해서는 금융자산(권리)을 인식하게 된다.

3) 권리와 의무를 하나의 회계단위로 인식하는 것은 자산과 부채를 각각 인식하고 측정한 후 이를 상계하는 것과 다름을 의미한다. 이는 공정가치측정에서 중요한 시사점을 부여한다. 예를 들어 계약에 포함된 권리와 의무가 상호의존적이고 분리할 수 없는 금융상품으로 하나의 회계단위로 인식한다면 측정과정에서 권리와 의무를 각각 측정하고 이를 상계해서는 안 되며 공정가치 측정단계에서 권리와 의무를 동시에 고려해야 함을 의미한다.

합의를 말한다.

• 금융상품을 포함하여 계약은 다양한 형태로 존재할 수 있으며 반드시 서류로 작성되어야 하는 것은 아니다.

금융상품에서 「계약」은 핵심 전제조건이다. 계약에 의하지 않은 부채나 자산은 금융상품으로 보지 않기 때문이다. 예를 들어 금융상품으로 보지 않는 자산 또는 부채 항목은 다음과 같은 것들이 있다.[K-IFRS 1032 AG10~AG12]

• 〈재고자산〉이나 〈유형자산〉과 같은 실물자산과 〈특허권〉이나 〈상표권〉과 같은 무형자산은 금융자산이 아니다. 이러한 실물자산이나 무형자산은 금융자산처럼 그 자산을 통제함으로서 현금과 같은 금융자산이 유입될 기회를 제공하지만 현금 등 금융자산을 수취할 현재의 계약상 권리가 없기 때문이다.

• 어떤 자산의 미래 경제적 효익이 현금과 같은 금융자산을 수취할 권리가 아니라 재화나 용역의 수취라면 그 자산(예 : 선급비용)은 금융자산이 아니다.

반면, 금융상품을 수취, 인도 및 교환하는 계약상 권리나 계약상 의무는 그 자체로 금융상품이다. 일련의 계약상 권리로 현금을 수취하거나 지분상품을 취득할 수 있게 된다면 그 계약상 권리는 금융상품의 정의를 충족한다. 또 계약상 의무로 현금을 지급하거나 지분상품을 발행한다면 그 계약상 의무는 금융상품의 정의를 충족한다. 이때 계약상 권리를 행사할 능력이나 계약상 의무의 이행에 필요한 조건은 절대적일 수도 있고 미래사건의 발생여부를 조건으로 할 수도 있다. 예를 들어 금융보증은 자금차입자가 채무를 이행하지 못하는 경우에 자금대여자가 보증인에게 현금을 수취할 계약상 권리이며 이에 대응하여 보증인이 자금대여자에게 현금을 지급할 계약상 의무이다. 이러한 계약상 권리와 의무는 자금대여자의 권리행사와 보증인의 의무이행 모두가 자금차입자의 채무불이행이라는 미래사건의 발생을 조건으로 하고 있더라도 보증의 부담이라는 과거사건이나 거래의 결과로 존재한다. 조건부 권리나 의무는 이에 관련되는 자산과 부채가 항상 재무제표에 인식되지 않더라도 금융자산과 금융부채의 정의를 충족한다.

금융상품과 관련한 일련의 기준서는 기본적으로 금융자산과 금융부채 그리고 지분상품을 구분하지 않고 금융상품이라는 하나의 개념으로 설명한다. 반면, 금융자산, 금융부채 및 지분상품 고유의 특성에 대해서는 이를 구분하여 기술하기도 한다. 이로 인해 자산과 부채(또는 자본)의 구분에 익숙한 입장에서는 금융상품과 관련된 기준서의 불편한 기술방식에 피곤을 느낄 수 있다. 이에 본서는 금융자산과 금융부채 및 지분상품에 동일하게 적용되는 개념에 대해 중복적으로 기술하더라도 독자의 이해편의를 위해 금융상품과 관련한 일련의 기준서를 '금융자산'과 '금융부채 및 지분상품'을 나누어 설명하기로 한다.

1.3. 파생상품

금융자산과 금융부채 및 지분상품에 대한 설명에 앞서 파생상품에 대해 먼저 살펴본다. 파생상품은 계약상 권리로 인해 금융자산이 되기도 하고 계약상 의무로 인해 금융부채가 되기도 한다. 또한, 파생상품은 회계단위를 설정함에 있어 계약의 내용에 따라 파생요소의 권리와 의무가 동시에 존재하고 그 권리와 의무의 상호의존성으로 인해 하나의 회계단위로 인식될 경우 그러한 파생상품의 측정결과에 따라 금융자산과 금융부채를 오가기도 한다.

금융상품과 관련된 기준서의 가장 큰 특징 중 하나는 다양한 상황에서 금융상품의 파생요소를 고려한다는 점이다. 일반적이고 정형화된 금융상품에 파생요소가 부여되어 있거나 금융상품의 계약상 특성이 파생상품 성격이라면 그 금융상품의 법적 형식에 불구하고 파생요소가 가지는 특성에 따라 금융상품의 분류 및 회계처리방식이 달라진다. 따라서, 파생상품에 대한 기본적인 개념과 파생요소가 갖는 특성에 대한 충분한 이해가 필요하다.

▎파생상품

파생상품은 선물(futures), 선도(forward), 스왑(swap) 및 옵션(option) 계약 등을 들 수 있다. 이들을 포함하여 기준서는 다음의 세 가지 특성을 모두 가진 금융상품이나 그 밖의 계약을 파생상품으로 정의한다.[K-IFRS 1109 부록A 용어의 정의]

① 기초변수의 변동에 따라 가치가 변동한다. 기초변수는 이자율, 금융상품가격, 일반상품가격, 환율, 가격 또는 비율의 지수, 신용등급 또는 신용지수나 그 밖의 변수를 말한다. 다만, 비금융변수의 경우에는 계약의 당사자에게 특정되지 않아야 한다.4)

② 최초계약 시 순투자금액이 필요하지 않거나(예 : 선도계약 및 선물계약), 시장요소의 변동에 비슷한 영향을 받을 것으로 예상되는 다른 유형의 계약보다 적은 순투자금액(예 : 옵션계약)이 필요하다.

③ 미래에 결제된다.

---

4) 비금융변수가 계약의 당사자에게 특정된다면 파생상품이 아니라 보험계약 또는 보증계약이다.

기업이 파생상품 계약을 체결함으로써 미래에 금융자산을 수취할 권리가 발생하거나 잠재적으로 유리한 조건으로 거래상대방과 금융자산과 금융부채를 교환할 계약상 권리를 갖게 될 경우 그 파생상품은 금융자산에 해당된다. 또 파생상품 계약을 체결함으로써 미래에 금융자산을 인도할 의무가 발생하거나 잠재적으로 불리한 조건으로 거래상대방과 금융자산과 금융부채를 교환할 의무를 부담하게 된다면 그 파생상품은 금융부채에 해당된다. 또, 금융자산인 파생상품은 계약상 현금흐름이 이자와 원금만으로 구성되지 아니하므로 「당기손익 - 공정가치측정 금융자산」으로 분류하게 되고 금융부채인 파생상품은 「당기손익 - 공정가치측정 금융부채」로 분류된다.[5)]

파생상품의 정의에서 요구되는 각 항목과 기타 고려사항에 대해 살펴보자.

(1) 기초변수

파생상품은 독립적으로 구성되지 않고 기초변수(또는 기초자산)가 있을 경우에만 존재하는 금융상품이다. 파생상품은 연계된 기초변수(또는 기초자산)의 변동에 따라 파생상품의 공정가치가 변동된다. 이때, 기초자산은 금융변수가 될 수 있고 비금융변수가 될 수 있다.

① 기초자산이 금융변수인 경우 : 주식가격, 환율, 지수(예 : KOSPI 200), 이자율(예 : LIBOR) 등

② 기초자산이 비금융변수인 경우 : 유가, 곡물가격, 지진재해지수 등

파생상품의 단위는 화폐금액, 주식수, 무게나 부피의 단위, 계약에서 정해진 그 밖의 단위를 계약단위의 수량(notional amount)으로 한다. 이때, 파생상품의 투자자나 발행자가 처음 계약할 때에 계약단위의 수량을 투자하거나 수취하여야 하는 것은 아니다. 이와는 달리 계약단위의 수량과 관계없는 미래사건의 결과에 따라 변동할 수 있는 금액(기초변수의 변동에 비례적이지 않음)이나 확정된 금액을 지급해야 하는 파생상품이 있을 수 있다. 예를 들어, 6개월 LIBOR가 100베이시스 포인트 증가하면 1,000원을 정액으로 지급하는 계약은 비록 정해진 계약단위의 수량이 없더라도 파생상품이다.[K-IFRS 1109 BA.1]

---

5) 금융자산 및 금융부채의 분류와 측정의 자세한 설명은 후술내용을 참고하기 바란다.

In-depth **기초변수가 비금융변수인 경우** [K-IFRS 1109 BA.5]

기초변수가 비금융변수라면 그 비금융변수가 계약 당사자에게 특정되지 않아야 파생상품의 정의를 만족한다. 비금융변수에는 특정지역의 지진손실지수와 특정도시의 기온지수 등이 포함된다. 계약의 당사자에게 특정된 비금융변수에는 계약 당사자의 자산을 소멸되게 하거나 훼손하는 화재의 발생이나 미발생이 포함된다.

- 공정가치가 해당 자산의 시장가격(금융변수)의 변동뿐만 아니라 보유하고 있는 특정 비금융자산의 상태(비금융변수)를 반영한다면 해당 비금융자산의 공정가치 변동은 소유자에게 특정되는 것이다. 예를 들면, 특정 자동차의 잔존가치를 보증함으로써 보증자가 해당 자동차의 물리적 상태의 변동 위험에 노출된다면 해당 잔존가치의 변동은 자동차 소유자에게 특정되는 것이다.
- 금융보증계약은 채무상품의 계약조건에 따라 지급일에 채무자가 지급하지 못할 경우 보유자가 입을 손실을 보전하기 위한 것으로 비금융 기초변수(채무불이행)가 계약 당사자에게 특정되므로 파생상품이 아니며 금융부채이다.

(2) 최초 순투자금액

파생상품을 정의하는 특성 중의 하나는 시장요인의 변동에 비슷하게 반응할 것으로 기대되는 다른 유형의 계약에 필요한 최초 순투자금액보다 적은 금액이 필요하다는 점이다. 파생상품의 유형별로 순투자금액 조건을 만족하는지 살펴보자.

① 선도계약 및 선물계약 : 선도 및 선물계약은 최초 계약시에 권리와 의무의 순공정가치가 영(0)이기 때문에 최초 순투자금액은 영(0)인 경우가 일반적이다.

- 선물거래 증거금은 거래의 이행을 보증하기 위한 것으로 순투자금액이 아니다. 증거금은 거래상대방 또는 청산소에 대한 일종의 담보이며 현금, 유가증권 또는 그 밖의 유동성이 높은 특정 자산의 형태를 가질 수 있으며 증거금은 별도로 회계처리가 필요한 별도의 자산이다[K-IFRS 1109 B.10]. 따라서, 선도계약 및 선물계약은 파생상품의 정의를 충족한다.

② 옵션계약 : 옵션이 연계된 기초금융상품을 획득하는 데에 필요한 투자금액보다 옵션프리미엄이 작으므로 옵션계약은 파생상품의 정의를 충족한다.

③ 스왑계약 : 스왑계약은 파생상상품의 정의를 충족한다. 예를 들어, 처음 계약할 때 공정가치가 같은 다른 통화를 교환하는 통화스왑은 최초 순투자금액이 영(0)이므로, 파생상품의 정의를 충족한다.

예 제 **선도계약의 선급과 순투자금액** [K-IFRS 1109 B.9]

기업A는 1년 후에 선도가격으로 B주식을 매수하는 선도계약을 체결하면서 최초계약시점에 B주식의 현행가격에 기초하여 지급의무를 선급하였다. 기업A는 1년 후에 B기업 보통주 1백만주를 매수하는 선도계약을 체결하였으며 B기업 주식에 대한 현행시장가격과 1년 후의 선도가격은 각각 주당 50원과 55원이다. 기업A는 최초계약 시 선도계약에 대하여 50백만원을 선급하여야 한다.

- 이러한 선도계약은 파생상품에 해당하지 아니한다. 이 선도계약은 최초계약시 순투자금액이 필요하지 않거나 시장요소의 변동에 비슷한 영향을 받을 것으로 기대되는 다른 유형의 계약보다 적은 순투자금액이 필요하다는 조건을 충족하지 아니한다.
- 선도계약의 최초 순투자금액인 50백만원은 기초자산인 1백만주에 적용되는 선도금액인 55백만원(55원×1백만주)보다 적다. 그러나 최초 계약 시 순투자금액은 시장요소의 변동에 비슷한 영향을 받는 다른 유형의 거래에 필요한 투자금액과 거의 동일하다. 그 이유는 최초 계약 시 B주식을 순투자금액과 동일한 가격인 50원에 매수할 수 있기 때문이다. 따라서, 선급한 선도계약은 파생상품의 조건 중 최초 계약 시 순투자금액에 관한 요건을 충족하지 아니한다.

(3) 미래 결제

파생상품은 현재시점이 아닌 미래에 결제되는 특성을 가진다. 선도거래나 선물거래는 현재시점에 계약이 체결되지만 결제는 사전에 약속된 특정일에 결제된다. 옵션은 현재시점에 옵션프리미엄이 지급되나 기초변수가격과 행사가격의 차액은 미래에 결제되므로 미래결제요건을 만족한다. 총액결제(선도거래)든 차액결제(선물거래 또는 옵션계약)든 미래결제요건을 만족한다.

- 이때, 정형화된 매매거래는 매매일과 결제일 사이에 거래가격을 고정하는 거래이므로 파생상품의 정의를 충족하지만 그 계약기간이 짧기 때문에 파생금융상품으로 인식하지 아니한다. 기준서는 정형화된 매매거래에 대한 특별한 회계처리를 정하고 있다.[6]

---

6) 금융자산의 정형화된 매입 또는 매도는 매매일이나 결제일에 인식하거나 제거한다.(K-IFRS 1109 문단 3.1.2)

예 제 **파생금융상품** [K-IFRS 1032 AG18]

기업은 액면금액 1백만원의 고정금리부 국채를 매입하기로 하면서 그 대가로 현금을 6개월 후에 지급하기로 하고 매도자는 현금 1백만원을 대가로 그 국채를 6개월 후에 인도하기로 하는 선도계약을 맺었다. 6개월 동안 거래의 당사자는 금융상품을 교환할 계약상 권리와 의무가 있다. 만일 국채의 시장가격이 1백만원을 초과하여 상승하는 경우 이러한 선도계약 조건은 매입자에게 유리하고 매도자에게 불리한 반면, 국채의 시장가격이 1백만원 미만으로 하락하는 경우에는 반대의 효과가 나타난다.

- 매입자는 매입한 콜옵션의 권리와 비슷한 계약상 권리(금융자산)를 가짐과 동시에 발행한 풋옵션의 의무와 비슷한 계약상 의무(금융부채)를 부담한다.
- 매도자는 매입한 풋옵션의 권리와 비슷한 계약상 권리(금융자산)를 가짐과 동시에 발행한 콜옵션의 의무와 비슷한 계약상 의무(금융부채)를 부담한다.
- 옵션과 마찬가지로 이러한 계약상 권리와 의무도 기초항목인 금융상품(교환대상인 국채와 현금)과는 별도의 금융자산과 금융부채를 구성한다. 선도계약의 양 당사자는 약정된 시점에 계약을 이행할 의무를 부담하는 반면에 옵션계약은 옵션의 보유자가 해당 옵션을 행사하기로 선택한 경우에만 이행한다.

(4) 비금융항목을 매입·매도하는 계약

파생상품은 기초항목(기초자산)을 인도함으로써 총액으로 결제되는 계약(예 : 고정금리부 채무상품을 매입하는 선도계약)이나 기초항목의 가격변동에 따라 차액을 결제하는 계약을 포함한다. 기초항목이 금융항목인 경우에는 파생상품의 정의를 만족하는 세 가지 요소의 해당 여부를 쉽게 판단할 수 있다. 그러나, 기초항목이 비금융항목이거나 비금융항목을 매입 또는 매도하는 계약이 파생상품의 요건을 만족하는지의 판단은 애매한 경우가 많다.

이에 대한 기준서의 설명을 정리하면 다음과 같다.[K-IFRS 1109 문단 2.4~5]

① 현금이나 다른 금융상품으로 차액결제할 수 있거나 그 금융상품의 교환으로 결제할 수 있는 비금융항목을 매입하거나 매도하는 계약(예 : 미래에 고정가격으로 일반상품을 매입하거나 매도하는 계약)을 체결한 경우 그 계약은 파생상품이다.

- 기업이 원유를 특정가격에 매입하는 계약을 체결하고 그 대금을 특정시점에 현금으로 지급하는 계약(또는 원유의 국제시세에 따라 차액을 결제하는 계약)을 체결하였다면 이 계약은 파생상품이다.

② 그 계약이 기업이 예상하는 매입, 매도 및 사용의 필요에 따라 비금융항목을 수취하거나 인도할 목적으로 체결하여 계속 유지하고 있는 계약이라면 이는 금융상

품으로 분류하지 아니한다.

- 기업이 원유를 정제하여 판매하기 위해 일상적으로 매입하는 계약은 파생상품으로 분류하지 아니하며 금융상품에 대한 기준서가 적용되지 않는다.
- 그러나, 그 계약이 예상되는 매입, 매도 및 사용을 위해 비금융항목을 수취하거나 인도할 목적으로 체결하여 계속 유지하고 있는 계약이 아니라면 해당 계약은 금융상품(파생상품)으로 분류한다.
- 기업은 그 계약을 당기손익-공정가치측정 항목으로 지정할 수 있는데 이때에는 금융상품으로 분류한다. 이러한 지정은 계약의 최초 인식시점에만 가능하며 지정하지 않는다면 금융상품으로 분류되지 아니하여 해당 계약을 인식하지 않기 때문에 생기는 회계불일치를 제거하거나 유의적으로 줄이는 경우에만 가능하다.

비금융항목을 매입하거나 매도하는 계약이 현금이나 다른 금융상품으로 차액결제할 수 있거나 금융상품의 교환으로 결제할 수 있는 경우는 다양하며 그 예는 다음과 같다.[K-IFRS 1109 문단 2.6~7]

① 계약 조건에 따라 거래 당사자 중 한쪽이 현금이나 다른 금융상품으로 차액결제할 수 있거나 금융상품의 교환으로 결제할 수 있는 경우

② 현금이나 다른 금융상품으로 차액결제하거나 금융상품의 교환으로 결제할 수 있는 명시적인 계약조건은 없지만 계약상대방과 상계하는 계약을 체결하거나 계약상 권리의 행사 또는 소멸 전에 계약을 매도하여 기업이 비슷한 계약을 현금이나 다른 금융상품으로 차액결제하거나 금융상품의 교환으로 결제한 실무 관행이 있는 경우

③ 비슷한 계약을 단기 가격변동이익이나 중개이익을 얻을 목적으로 기초자산 인수 후 단기간에 그 자산을 매도한 실무관행이 있는 경우

④ 계약의 대상인 비금융항목을 현금으로 쉽게 전환할 수 있는 경우

위의 ②나 ③에 해당하는 계약은 기업이 예상하는 매입, 매도, 사용의 필요에 따라 비금융항목을 수취하거나 인도할 목적으로 체결한 것이 아니기 때문에 금융상품에 해당한다. 만일, 비금융항목을 매입하거나 매도할 수 있는 권리를 부여하여 발행한 옵션을 위의 ①이나 ④에 따라 현금이나 다른 금융상품으로 차액결제할 수 있거나 금융상품의 교환으로 결제할 수 있는 경우에는 이를 금융상품으로 분류한다. 이러한 계약은 예

상되는 비금융상품의 매입, 매도, 사용의 필요에 따라 비금융항목을 수취하거나 인도할 목적으로 체결할 수 없기 때문이다.

예 제　비금융항목을 매입·매도하는 계약 [K-IFRS 1109 A.2]

기업은 업무용 건물을 소유하고 있다. 기업은 15억원에 그 건물을 매도할 수 있는 풋옵션 계약을 투자자와 체결한다. 건물의 현행가치는 17억원이며 풋옵션의 만기는 5년이다. 옵션이 행사되는 경우 기업의 선택에 따라 실물을 인도하거나 현금으로 차액결제할 수 있다.

- 회계처리는 이 기업의 결제에 대한 의도와 과거 실무관행에 따라 다르다. 이 계약은 파생상품의 정의를 충족하지만 기업이 옵션행사시 건물을 인도할 의도가 있고 과거에 차액결제한 실무관행이 없다면 이 계약은 파생상품으로 회계처리하지 않는다.
- 투자자는 건물의 인도를 강제할 수 없기 때문에 투자자의 예상되는 매입, 매도 또는 사용필요에 따라 이 옵션계약을 체결하였다고 결론지을 수 없다.
- 이 옵션은 현금으로 차액결제될 수 있다. 따라서 투자자는 이 계약을 파생상품으로 회계처리해야 한다. 과거 실무관행에 관계없이 투자자의 의도는 결제가 실물자산의 인도로 이루어지느냐 혹은 현금으로 이루어지느냐에 영향을 미치지 아니한다.
- 투자자가 옵션을 발행하였고 옵션보유자가 실물결제 또는 차액결제 여부를 선택할 수 있는 경우에는 옵션의 발행자가 실물의 인도를 요구할 수 없기 때문에 기업이 예상하는 매수 또는 사용의 필요에 따라 건물을 취득하는 경우에 해당되지 않으며 이 기준서의 적용에서 배제되지 않는다.
- 그러나 계약이 옵션이 아닌 선도계약이고 계약에 따라 실물 인도를 요구할 수 있으며 투자자가 차액결제하거나 단기가격 변동이익 또는 중개이익을 목적으로 건물을 인수한 후 단기간 내에 매도한 과거 실무관행이 없는 경우에는 그 계약을 파생상품으로 회계처리하지 않는다.

내재파생상품

보통주나 회사채와 같이 단순한 형태의 계약상 현금흐름구조를 가진 전통적인 금융상품에서 보다 복잡한 금융기법이 도입됨에 따라 복합적인 형태의 금융상품이 개발되고 있다. 파생요소가 내재된 복합적인 형태의 금융상품은 정형화되기도 하고 금융상품의 거래자(보유자와 발행자) 간의 개별 계약에 따라 파생요소가 부여되기도 한다. 금융상품의 계약상 현금흐름에 이러한 파생요소가 직접적으로 또는 간접적으로 부여되면 금융상품의 특성이 바뀌므로 이에 따른 회계처리 방법이 달라진다.[7)]

7) 내재파생상품의 인식과 측정은 복합상품이 금융자산이 아닌 경우, 즉 금융부채 또는 지분상품인 경우 매우 중요하다. 복합상품이 금융자산이 아닌 경우 내재파생상품의 인식과 측정은 금융부채 편에서 구체적으로 설명

• 예를 들어, 단순한 지분상품 형태인 우선주에 보통주로의 전환파생요소가 내재(전환우선주)될 경우 우선주의 계약상 현금흐름이 바뀌고 이러한 전환우선주의 회계적 특성도 바뀐다. 또, 이러한 우선주에 상환파생요소가 내재(상환우선주)되면 우선주의 기본적인 회계적 특성은 지분상품이 아니라 부채상품으로 변경되기도 한다.

파생상품은 그 자체가 독립적으로 거래되는 금융상품이지만, 비파생상품을 주계약으로 하는 금융상품에 내재(예 : 비파생상품인 채무상품에 발행자의 상환권옵션이 부여된 수의상환사채)되기도 한다. 파생요소를 독립된 파생상품으로 볼 것인지 내재파생요소로 볼 것인지는 계약의 특성에 따라 판단해야 할 것이다. 파생상품이 특정 금융상품에 부가되어 있더라도 계약상 해당 금융상품과는 독립적으로 양도할 수 있거나 해당 금융상품과는 다른 거래상대방이 있는 파생상품은 내재파생상품이 아니며 별도의 금융상품으로 분류해야 한다.

기준서는 복합계약(hybrid contract)과 복합금융상품(compound instruments)을 구별한다. 복합계약(또는 복합상품)은 비파생상품인 주계약과 파생요소가 결합된 금융상품을 말하고 복합금융상품은 금융상품의 발행자 입장에서 부채와 자본의 성격을 동시에 가지고 있는 금융상품을 말한다.[8] 또, 복합계약에 내재되어 있는 파생상품요소를 내재파생상품(embedded derivatives)이라고 한다.

「내재파생상품」은 파생상품이 아닌 주계약을 포함하는 복합상품의 구성요소로 복합상품의 현금흐름 중 일부를 독립적인 파생상품의 경우와 비슷하게 변동시키는 효과를 가져온다. 복합계약이 금융자산을 주계약으로 포함하는 경우에는 해당 복합계약 전체에 금융자산 분류기준에 따른 요구사항을 적용한다.[K-IFRS 1109 문단 4.3.1~2]

① 내재파생상품은 내재파생상품이 포함되지 않았을 경우의 계약에 따른 현금흐름의 전부나 일부를 특정된 이자율, 금융상품가격, 일반상품가격, 환율, 가격 또는 비율의 지수, 신용등급이나 신용지수 또는 그 밖의 변수(기초변수)에 따라 변동시킨다.
② 해당변수가 비금융변수인 경우는 계약의 당사자에게 특정되지 않아야 한다.
③ 특정 금융상품에 부가되어 있더라도 계약상 해당 금융상품과는 독립적으로 양도할 수 있거나 해당 금융상품과는 다른 거래상대방이 있는 파생상품은 내재파생상품이 아니며 별도의 금융상품이다.

복합계약의 주계약이 금융자산이 아닌 경우(복합계약이 금융부채 또는 지분상품인 경우)

한다.

8) 복합계약에 대해서는 K-IFRS 1109호에서, 복합금융상품에 대해서는 K-IFRS 1032호에서 설명한다.

의 내재파생상품의 분리요건 및 회계처리방법에 대해서는 금융부채 편에서 구체적으로 설명하기로 한다.

2 금융자산

금융상품은 거래당사자 어느 한쪽에게는 금융자산을 생기게 하고 거래상대방에게 금융부채나 지분상품을 생기게 하는 모든 계약을 말하므로 기업이 「금융자산」을 인식할 경우 거래상대방은 금융부채나 지분상품을 인식해야 한다.

금융자산에서 말하는 「계약」은 우리가 흔히 알고 있는 문서상의 계약으로 한정하지 않는다. 금융자산에서의 계약은 다음과 같이 정의한다.[K-IFRS 1032 문단 13]

• 「계약」이란 명확한 경제적 결과를 가지고 있고 법적으로 집행가능하기 때문에 당사자가 그러한 경제적 결과를 자의적으로 회피할 여지가 적은 둘 이상의 당사자 사이의 합의를 말한다.

• 금융자산을 포함하여 계약은 다양한 형태로 존재할 수 있으며 반드시 서류로 작성되어야 하는 것은 아니다.

2.1. 금융자산의 의의

금융자산은 다음의 자산을 말한다.[K-IFRS 1032 문단 11]

① 현금

② 다른 기업의 지분상품

③ 다음 중 어느 하나에 해당하는 계약상 권리

㉠ 거래상대방에게 〈현금 등 금융자산〉[9]을 수취할 계약상 권리

㉡ 잠재적으로 유리한 조건으로 거래상대방과 금융자산이나 금융부채를 교환하기로 한 계약상 권리

④ 기업 자신의 지분상품(자기지분상품)으로 결제되거나 결제될 수 있는 다음 중 하나의 계약

㉠ 수취할 자기지분상품의 수량이 변동가능한 비파생상품

9) 이하 설명의 편의를 위해 다른 언급이 없는 한, 기준서에서 「현금 등 금융자산」으로 표시된 항목을 「금융자산」으로 간략하게 표시한다.

㉡ 확정수량의 자기지분상품에 대하여 확정금액의 금융자산을 교환하여 결제하는 방법이 아닌 방법으로 결제되거나 결제될 수 있는 파생상품

금융자산유형

기준서에서 제시하는 금융자산의 유형을 자세히 살펴보자.

(1) 현금 및 예치금

현금은 교환수단이므로 그 자체가 금융자산이다. 현금은 화폐이며 재무제표에 모든 거래를 인식하고 측정하는 기준이 된다. 은행과 같은 금융기관에 예치한 현금은 금융기관에서 현금을 인출하거나 금융부채를 지급하기 위하여 예치된 나머지 금액에 대하여 채권자를 수취인으로 하여 수표 등을 발행할 수 있는 계약상 권리이므로 금융자산이다. [K-IFRS 1032 AG3]

(2) 다른 기업의 지분상품

지분상품은 기업의 자산에서 모든 부채를 차감한 후의 〈잔여지분〉을 나타내는 모든 계약으로 정의된다. 즉, 다른 기업이 발행한 보통주나 우선주는 금융자산이다.

- 다른 기업이 발행한 지분상품을 자산으로 보유한 자가 그 지분상품을 발행한 기업에 매도할 수 있는 풋옵션을 가지고 있다면 이러한 풋가능 금융상품의 발행자는 지분상품이 아닌 금융부채로 분류될 수 있는 반면, 풋가능 금융자산을 보유한 자는 금융자산으로 분류한다.
- 풋가능 금융상품이란 금융상품 보유자가 금융자산을 수취하기 위해 발행자에게 해당 금융상품의 환매를 요구할 권리가 부여된 금융상품과 불확실한 미래 사건이 일어나거나 금융상품 보유자가 사망하거나 퇴직하는 경우에 발행자에게 자동으로 환매되는 금융상품을 말한다.
- 금융상품에 이러한 풋옵션이 부여된 경우의 금융상품의 분류는 일반적으로 보유자(금융자산)보다 발행자(금융부채 또는 지분상품) 입장에서 중요하다.[10] 예를 들어 풋옵션이 부여된 금융상품의 보유자는 그 금융상품이 지분상품으로 분류되지 않더라도[11] 금융자산을 수취할 계약상 권리이므로 금융자산으로 분류될 수 있는

---

10) 풋가능 금융상품에 대해서는 금융부채에서 구체적으로 다룬다.

11) 보유자 입장에서 풋가능 금융상품이 지분상품으로 분류되지 않는 경우 K-IFRS 1109호에 따라 금융자산의

반면, 그러한 금융상품을 발행한 자는 금융상품에 부여된 풋옵션의 성격에 따라 금융부채 또는 지분상품으로 달리 분류되기 때문이다.

(3) 금융자산을 수취할 계약상 권리

미래에 금융자산을 수취할 계약상 권리에 해당하는 금융자산의 예는 다음과 같다.[K-IFRS 1032 AG4~AG5]

① 매출채권과 받을어음

② 대여금

③ 투자사채

위 금융자산을 수취할 계약상 권리의 예에서, 한 거래당사자가 현금을 수취할 계약상 권리는 다른 거래당사자의 계약상 의무에 대응한다. 즉, 매출채권을 금융자산으로 보유한 자의 계약상 권리는 다른 상대방에게 매입채무와 같은 계약상 의무에 대응된다. 이때, 미래에 수취할 금융자산이 반드시 현금이어야 하는 것은 아니다. 즉, 현금 외의 금융자산을 수취할 계약상 권리도 금융자산으로 분류될 수 있다.

- 예를 들어, 보유자에게 현금이 아닌 국채를 수취할 계약상 권리가 있고 발행자에게 국채를 지급할 계약상 의무가 있는 국채지급어음은 금융자산이다. 국채는 발행자인 정부가 현금을 지급할 의무를 나타내기 때문이다. 국채지급어음은 보유자와 발행자에게 각각 금융자산과 금융부채이다.
- 대여금과 투자사채는 미래에 원리금으로 구성된 금융자산을 수취할 계약상 권리이므로 금융자산이다.

(4) 잠재적으로 유리한 조건으로 교환할 계약상 권리

잠재적으로 유리한 조건으로 거래상대방과 금융자산을 교환하기로 한 계약은 금융자산이다. 이러한 계약 유형의 금융자산의 대표적 예가 「파생금융상품」[12]이다. [K-IFRS 1032 AG15~AG19]

- 금융자산은 본원적 금융상품과 파생적 금융상품을 포함한다. 파생적 금융상품은 금융상품의 정의를 충족한다. 본원적 금융상품과 파생적 금융상품의 예는 다음과

분류에는 중요한 영향을 미칠 수 있다.

12) 파생상품은 그 자체로 금융상품이지만 본원적 금융상품에 부가되어 금융상품의 기본특성을 변형시키기도 한다. 이러한 파생상품의 특성은 금융자산, 금융부채 및 지분상품의 정의와 특성에 중요한 영향을 미친다. 본서는 이러한 파생상품의 중요성을 고려하여 파생상품의 개념과 특성에 대해 별도로 기술하였다.

같다.

㉠ 본원적 금융상품 : 채권, 채무 및 지분상품 등

㉡ 파생적 금융상품 : 금융변수를 기초변수로 하는 옵션, 선물, 선도, 이자율스왑, 통화스왑 등

• 파생금융상품은 기초항목인 본원적 금융상품에 내재되어 있는 하나 이상의 금융위험을 거래상대방에게 이전하는 효과가 있는 권리와 의무를 생기게 한다.

㉠ 최초거래시점에 파생금융상품은 거래당사자 한편에게 잠재적으로 유리한 조건에 따라 금융자산이나 금융부채를 교환할 수 있는 계약상 권리를 부여한다.

㉡ 파생금융상품은 일반적으로 계약시점에 기초항목인 본원적 금융상품 자체를 이전하지 않고 계약의 만기시점에도 기초항목인 본원적 금융상품을 반드시 이전하는 것은 아니다.

㉢ 일부 금융상품 중에는 교환할 권리와 의무가 모두 생기게 하는 금융상품이 있다. 파생금융상품의 최초계약시점에 교환조건이 결정되기 때문에 금융시장의 가격변동에 따라 계약조건은 유리해질 수도 있고 불리해질 수도 있다.

• 금융자산이나 금융부채를 교환하는 풋옵션이나 콜옵션은 보유자에게 옵션계약의 기초항목인 금융상품의 공정가치변동과 관련된 잠재적인 미래 경제적효익을 얻을 권리를 부여한다. 보유자의 계약상 권리는 금융자산의 정의를 충족한다.

㉠ 옵션계약의 기초항목인 금융상품은 다른 기업의 지분상품(주식)과 채무상품을 포함하여 어떠한 금융상품도 될 수 있다.

㉡ 옵션 때문에 발행자가 금융자산을 양도하는 대신에 채무상품을 발행하는 경우도 있을 수 있으나 옵션이 행사된다면 옵션의 기초항목인 금융상품은 옵션보유자의 금융자산이 될 것이다.

㉢ 잠재적으로 유리한 조건으로 금융자산을 교환할 옵션보유자의 권리는 옵션이 행사될 때 교환되는 기초항목인 금융자산과는 구별된다. 보유자의 권리는 옵션의 행사가능성에 따라 성격이 달라지지 않는다.

• 미래에 교환하도록 하는 권리와 의무를 포함한 다양한 유형의 파생상품이 있다. 이자율스왑, 통화스왑, 금리캡, 금리칼라, 금리플로어, 대출약정, 증권인수한도약정 및 신용장이 이러한 파생적 금융상품에 포함된다.

㉠ 이자율스왑은 계약의 양 당사자가 변동이자율에 따라 계산된 현금과 고정이자율에 따라 계산된 현금을 미래에 연속적으로 교환하기로 약정한 선도계약의

한 형태로 볼 수 있다.

㉡ 선물계약은 선도계약의 다른 형태로서 계약이 정형화되어 있고 거래소에서 거래된다는 점이 주된 차이이다.

(5) 수량이 변동가능한 자기지분상품으로 결제하는 비파생계약

수취할 자기지분상품의 수량이 확정된 자기지분상품을 매입하는 계약을 체결하였다면 이는 자기지분상품(자기주식)이며 금융자산이 아니다.[13] 그러나 수량이 확정되지 않은 자기지분상품을 수취할 비파생상품 계약은 금융자산으로 분류[14]한다.

- 이는 단순히 자기지분상품을 수취하기로 한다고 해서 그 계약이 지분상품(자기주식)이 되는 것은 아님을 뜻한다. 기업은 수취할 자기지분상품의 공정가치가 계약상 권리의 금액과 일치하도록 수량이 변동되는 기업자신의 주식이나 그 밖의 지분상품을 수취할 권리를 가질 수 있다.
- 이러한 계약상 권리의 금액은 확정금액일 수도 있으며 자기지분상품의 시장가격이 아닌 다른 변수(예 : 이자율, 일반상품가격, 금융상품의 가격 등)의 변동의 전부 또는 일부에 따라 변동되는 금액일 수도 있다.

(6) 자기지분상품을 확정수량 또는 확정금액 외의 방법으로 결제하는 파생상품계약

확정수량의 자기지분상품을 확정금액의 금융자산과 교환하여 결제하는 방법 외의 방법으로 결제하거나 결제할 수 있는 파생상품은 금융자산이다. 다만, 이러한 목적상 자기지분상품에는 다음의 금융상품[15]은 포함하지 않는다.

㉠ 지분상품으로 분류하는 풋가능 금융상품

㉡ 지분상품으로 분류하는 후순위 금융상품

㉢ 자기지분상품을 미래에 수취하거나 인도하기 위한 계약인 금융상품

---

13) 반대로 계약상 의무를 이행하기 위해 인도할 자기지분상품의 수량이 확정된 경우 그 의무를 부담하는 기업은 지분상품으로 분류한다. 자세한 내용은 「3. 금융부채와 지분상품」을 참고하기 바란다.

14) 반대로 계약상 의무를 이행하기 위해 인도할 자기지분상품의 수량이 확정되지 않은 경우 그 의무를 부담하는 기업은 금융부채로 분류한다. 이는 법적형식(예 : 계약상 의무를 이행하기 위해 변동가능한 신주를 발행하여 인도하는 계약)에 불구하고 금융부채로 분류하여야 한다. 이러한 계약상 의무를 부채로 분류할지 자본으로 분류할지는 매우 중요한 재무적 영향을 미친다. 자세한 내용은 「3. 금융부채와 지분상품」을 참고하기 바란다.

15) 「지분상품으로 분류하는 풋가능 금융상품」과 「지분상품으로 분류하는 후순위 금융상품」은 기준서상의 정의가 아니며 본서가 설명의 편의를 위해 축약한 정의이다. 이러한 금융상품은 금융자산보다 금융부채에서 중요한 의미를 가지므로 「지분상품으로 분류하는 풋가능 금융상품」과 「지분상품으로 분류하는 후순위 금융상품」에 대한 본서에서의 정의와 구체적인 조건은 「3. 금융부채와 지분상품」을 참고하기 바란다.

예 제　수량이 변동가능한 자기지분상품 매입계약

기업이 자기지분상품(자기주식)을 매입함에 있어 그 자기지분상품의 수량의 확정여부에 따라 회계처리는 아래와 같이 달라진다.

- 기업이 자기주식 1,000주를 주당 1,000원에 매입하였다면, 이는 수량이 확정된 자기지분상품을 매입하는 계약이므로 금융자산이 아니며 자기주식(자본)으로 처리한다.
- 기업이 금융기관과 자기주식을 1,000,000원에 매입하는 계약을 체결하면서 그 금액에 상당하는 자기주식을 시장상황에 따라 매입하는 것으로 하였다면 수취할 자기지분상품이 확정되지 않은 비파생계약이므로 자기주식(자본)이 아닌 금융자산으로 처리한다.
- 기업이 금융기관과의 계약으로 1년 후에 자기주식 1,000주를 1,000원에 매입하는 선도계약을 체결하였다면 이는 수취할 자기지분상품의 수량이 확정된 파생계약이므로 금융자산이 아니며 기업은 이 계약을 자기주식매입선도계약(자본)으로 처리한다.

2.2. 금융자산의 분류

K-IFRS 1109호는 금융자산의 분류방법을 제시한다. 금융자산의 분류[16]는 다음 두 가지 사항 모두에 근거하여 금융자산이 후속적으로 상각후원가, 기타포괄손익 - 공정가치 또는 당기손익 - 공정가치로 측정되도록 분류한다. 즉, 금융자산의 〈분류〉와 그에 따른 〈후속측정방법〉이 일관되도록 한다.

① 금융자산의 관리를 위한 사업모형
② 금융자산의 계약상 현금흐름 특성

위의 두 가지 분류기준에 따라 금융자산은 다음의 어느 하나로 분류한다.

① 상각후원가 측정 금융자산(AC - 금융자산)
② 기타포괄손익 - 공정가치측정 금융자산(FVOCI - 금융자산)
③ 당기손익 - 공정가치측정 금융자산(FVPL - 금융자산)

금융자산의 분류에 따른 명칭에서 알 수 있듯이 금융자산의 분류는 그 금융자산의 후속측정 방법과 일관된다. 다만, 금융자산의 분류에 따른 명칭이 길다보니 실무적으로는 이를 줄여서 표현한다. 본서도 편의상 실무적으로 사용하는 용어를 활용하기로 한다. 즉, 상각후원가 측정 금융자산[17]은 「AC - 금융자산」으로, 기타포괄손익 - 공정가치측정 금융

16) 금융자산을 분류하는 종전 기준서인 K-IFRS 1039호는 금융상품의 고유특성과 보유목적에 따라 금융자산을 분류하고 최초측정 및 후속측정은 달리 적용하였는데, 2018년부터 적용되는 K-IFRS 1109호는 금융자산의 분류기준과 후속측정이 일관된 방식으로 적용되도록 한다.

17) 상각후원가(AC : Amortized Cost) 측정 금융자산

자산[18]은 「FVOCI - 금융자산」으로, 당기손익 - 공정가치측정 금융자산[19]은 「FVPL - 금융자산」으로 표현하기로 한다.

먼저, 금융자산의 두 가지 분류기준에 대해 살펴본다. 이 중 핵심적인 항목은 금융자산의 「계약상 현금흐름의 특성」이다. 계약상 현금흐름의 특성이 특정일에 원리금으로만 구성되지 않은 금융자산은 기업의 사업모형에 관계없이 「FVPL - 금융자산」으로 분류함이 원칙이기 때문이다.

① 금융자산의 계약상 현금흐름이 원리금만으로 구성된 경우 : 기업의 사업모형에 따라 위 3가지 금융자산 중 어느 하나로 분류된다.

② 금융자산의 계약상 현금흐름이 원리금만으로 구성되지 않은 경우 : 기업의 사업모형과 관계없이 FVPL - 금융자산으로 분류한다.

따라서, 금융자산의 계약상 현금흐름의 특성을 정확히 이해하고 이의 특성을 만족하는지의 여부를 판단하는 것은 그 금융자산의 분류와 후속측정에 있어 대단히 중요하다.

▎계약상 현금흐름의 특성

계약상 현금흐름의 특성이란 금융자산의 계약조건에 따라 「특정일」에 「원금과 원금잔액에 대한 이자지급(원리금 지급)만으로 구성」되어 있는지의 여부를 말한다. 실무에서는 계약상 현금흐름이 특정일에 원리금 지급만으로 구성되어 있는 것을 「SPPI」[20]라고 한다. 단순한 형태의 채무상품이나 대여금, 수취채권과 같은 금융자산은 일반적으로 계약상 원리금이 특정일에 생기는 반면, 보통주와 같은 지분상품이나 전환사채와 같은 복합상품은 계약상 원리금만으로 현금흐름이 구성되지 않는다.

어떤 금융상품이 SPPI 조건을 만족하는지 여부는 금융상품의 명칭이나 법적형식에 의해 판단하는 것이 아니라 개별적으로 SPPI 테스트를 수행하여야 한다. 금융자산의 계약상 현금흐름의 특성에 대한 판단에 따라 SPPI 테스트를 통과하지 못한 금융자산은 원칙적으로 FVPL - 금융자산으로 분류하게 된다.

계약상 현금흐름의 특성을 설명함에 있어 원금과 이자는 다음과 같이 정의된다. [K-IFRS 1109 문단 4.1.3]

① 원금 : 원금은 최초인식시점의 금융자산의 공정가치이다. 원금은 금융자산의 존속

---

18) 기타포괄손익 - 공정가치(FVOCI : Fair Value through Other Comprehensive Income) 측정 금융자산
19) 당기손익 - 공정가치(FVPL : Fair Value through Profit or Loss) 측정 금융자산
20) SPPI : Solely Payment of Principal and Interest on the principal amount outstanding

기간에 걸쳐 변동할 수 있다(예 : 원금의 상환).

② 이자 : 이자는 다음의 5가지 요소로 구성된다.

㉠ 화폐의 시간가치

㉡ 신용위험에 대한 대가

㉢ 기본적인 대여에 따른 위험과 원가

㉣ 일정기간 보유에 따른 관리원가

㉤ 이윤

원리금 지급만으로 구성되는 계약상 현금흐름(SPPI)은 기본대여계약과 일관된다. 기본대여계약에서 화폐의 시간가치와 신용위험에 대한 대가는 이자의 가장 중요한 구성요소이다. 또한, 이자는 특정기간에 금융자산을 보유하는 것과 관련된 그 밖의 위험(예 : 유동성 위험)과 원가(예 : 관리원가)를 포함할 수 있으며 기본대여계약에 대한 이윤을 포함할 수 있다.[K-IFRS 1109 B4.1.7A~10]

극단적인 경제상황에서는 금융자산 보유자가 명시적으로나 암묵적으로 특정기간에 금전의 예치에 대해 대가를 지급한다면, 그리고 그러한 수수료가 금융자산의 보유자가 화폐의 시간가치, 신용위험, 그 밖의 기본적인 대여의 위험과 원가에 대해 수취하는 대가를 초과한다면 이자가 음(-)이 될 수 있다. 그러나 주식가격이나 일반상품가격의 변동에 대한 익스포저와 같이 기본대여계약과 관련 없는 계약상 현금흐름의 위험이나 변동성에 노출시키는 계약조건은 원리금 지급만으로 구성되는 계약상 현금흐름이 생기지 않는다. 창출하거나 매입한 금융자산은 법적형식이 대여금인지 상관없이 기본대여계약에 해당할 수 있다.

계약상 현금흐름이 SPPI 조건을 만족하는지 판단할 때에는 다음 사항을 고려한다.

- 계약상 현금흐름이 SPPI 조건을 만족하는지는 금융자산의 표시통화로 평가한다. 기본대여계약의 원리금을 외화로 지급하는 경우 계약상 현금흐름이 원리금만으로 구성되지 않을 수 있다.
- 레버리지는 일부 금융자산의 계약상 현금흐름의 특성이다. 레버리지는 현금흐름의 변동성을 높이므로 이러한 계약상 현금흐름은 이자의 경제적 특성을 가지고 있지 않다. 옵션, 선도계약 및 스왑계약과 같은 파생상품(또는 내재파생요소)은 레버리지를 포함하고 있는 금융자산이며 그러한 계약은 SPPI 조건을 충족하지 못한다. 이러한 이유로 파생상품요소가 내재된 복합상품의 대부분은 SPPI 조건을 만족하지 못한다.
- 금융자산이 계약상 현금흐름의 시기나 금액을 변경시키는 계약조건을 포함하고 있

다면(예 : 만기 전에 중도상환하거나 만기를 연장할 수 있다면), 그 계약조건 때문에 해당 금융상품의 존속기간에 걸쳐 생길 수 있는 계약상 현금흐름이 원리금 지급만으로 구성되는지를 판단해야 한다.

㉠ 이 경우 금융자산의 계약상 현금흐름의 변경 전과 변경 후에 생길 수 있는 계약상 현금흐름 양쪽을 평가해야 한다.

㉡ 계약상 현금흐름의 시기와 금액을 변경시키는 우발사건의 특성에 대한 평가가 필요할 수 있다. 계약상 현금흐름이 원리금 지급만을 나타내는지를 평가할 때 우발사건 특성은 그 자체로는 결정적 요소는 아니지만 지표일 수는 있다. 예를 들어 채무자가 특정횟수를 지급하지 못한 경우에 높은 이자율로 재설정되는 이자율을 지닌 금융상품과 특정 주가지수가 특정 수준에 도달하게 되면 높은 이자율로 재설정되는 금융상품과 비교해 보면 금융상품의 존속기간에 계약상 현금흐름이 원리금 지급만으로 구성될 가능성은 지급하지 못한 것과 신용위험의 증가 간의 관계 때문에 전자의 경우가 더 높다.

In-depth **화폐의 시간가치와 변동금리** [K-IFRS 1109 B4.1.9A~B4.1.9D]

화폐의 시간가치는 오직 시간경과의 대가를 나타내는 이자요소이며 금융자산의 보유와 관련된 그 밖의 위험이나 원가에 대한 대가가 아니다. 화폐의 시간가치 요소가 오직 시간경과의 대가를 나타내는지를 평가하기 위해서는 판단이 필요하고 금융자산의 표시통화와 이자율이 설정되는 기간과 같은 관련요소를 고려해야 한다.

- 화폐의 시간가치 요소는 〈변형〉되기도 한다. 가령, 이자율이 정기적으로 재설정되지만 재설정의 빈도가 이자율의 기간과 일치하지 않는 경우(예 : 1년 이자율로 매월 재설정되는 경우)나 이자율이 정기적으로 특정 금리의 평균으로 재설정되는 경우를 들 수 있다. 이 경우 SPPI 조건을 만족하는지 판단하려면 그 변경을 평가해야 한다.
- 어떤 경우에는 화폐의 시간가치 요소에 대한 질적평가를 통해 결정할 수 있고, 다른 상황에서는 양적평가가 필수적일 수 있다.

편의상 화폐의 시간가치 요소가 변형되지 아니하였다면 생겼을 현금흐름을 기준현금흐름이라 하자. 기준현금흐름은 할인하지 아니한 현금흐름이다. 우리가 「변형된 화폐의 시간가치 요소」를 평가하는 목적은 화폐의 시간가치요소의 변형으로 인해 (할인되지 않은) 계약상 현금흐름이 기준현금흐름과 얼마나 다른지를 판단하는 것이다.

- 어떤 금융자산이 1년 이자율로 〈매월〉 재설정되는 변동금리 조건이라면 1개월 이자율로 매월 재설정되는 변동금리 조건을 제외하고는 계약조건과 신용위험이 같은 금융상품과 비교한다. 변형된 화폐의 시간가치 요소 때문에 (할인하지 아니한) 계약상 현금흐름이 기준현금흐름과 크게 다를 수 있다면 그 금융자산은 SPPI 조건을 만족하지 아니한다.

- 이러한 판단을 하기 위해서는 변형된 화폐의 시간가치 요소의 영향을 매 보고기간에 그리고 금융자산의 존속기간에 걸쳐 누적적으로 고려해야 한다. 이런 방식으로 이자율을 설정하는 이유와 해당 분석은 관련이 없다.
- 별도로 상세히 분석하지 않아도, 그 금융자산의 (할인하지 아니한) 계약상 현금흐름이 기준현금흐름과 유의적으로 다를 수 있는지가 명확하다면 상세한 평가를 수행할 필요가 없다.

변형된 화폐의 시간가치 요소를 평가할 때 미래의 계약상 현금흐름에 영향을 미치는 요소를 고려해야 한다.

- 매 6개월마다 5년 이자율로 재설정되는 5년 만기 변동금리조건의 채권을 평가한다면 단순히 평가시점의 이자율 곡선에서 5년 이자율과 6개월 이자율의 차이가 크지 않다는 이유만으로 계약상 현금흐름이 원리금 지급만으로 구성된다고 결론내릴 수는 없다.
- 대신 5년 이자율과 6개월 이자율의 관계가 해당 금융상품의 존속기간에 걸쳐 변동하여 (할인하지 아니한) 계약상 현금흐름이 기준현금흐름과 유의적으로 다르게 변동할 수 있는지 고려해야 한다.
- 그러나 모든 가능한 시나리오를 고려하는 것이 아니라 가능성이 어느 정도 있는 시나리오를 고려한다. (할인하지 아니한) 계약상 현금흐름이 기준현금흐름과 유의적으로 다를 수 있다고 결론내리면 그 금융자산은 SPPI 조건을 만족하지 못한다.

(1) SPPI 조건을 만족하는 사례

다음은 계약상 현금흐름이 SPPI 조건을 만족하는 사례이다.[K-IFRS 1109 B4.4.1.11]

① 화폐의 시간가치, 특정기간에 원금잔액과 관련된 신용위험(신용위험에 대한 대가는 최초 인식시점에만 결정될 수 있고 따라서 고정될 수 있다), 그 밖의 기본적인 대여위험과 원가에 대한 대가 및 이윤으로 구성되는 변동이자율

② 발행자(채무자)가 채무상품을 중도상환하거나 보유자(채권자)가 만기이전에 채무상품을 발행자에게 환매할 수 있게 허용하고 중도상환금액이 미지급된 원리금을 실질적으로 나타내며 이 중도상환금액에는 계약의 조기청산에 대한 합리적인 추가보상이 포함될 수 있는 계약조건

③ 발행자나 보유자가 채무상품의 계약기간을 연장할 수 있도록 허용하며(연장옵션), 이러한 연장옵션의 조건 때문에 연장된 기간의 계약상 현금흐름에는 원리금 지급만 존재하고 이 금액에는 계약의 연장에 대한 합리적인 추가보상이 포함될 수 있는 계약조건

④ 발행자가 채무상품을 중도상환할 수 있도록 허용(또는 요구)하거나 보유자가 만기이전에 채무상품을 발행자에게 환매할 수 있도록 허용(또는 요구)하는 계약조건 때문에 원리금 지급만이 계약상 현금흐름에 해당하지 않지만 이를 제외하고는

AC - 금융자산과 FVOCI - 금융자산의 요건을 충족하는 금융자산으로서 다음의 〈모든〉 조건을 충족하면 상각후원가나 기타포괄손익 공정가치로 측정할 수 있다.

㉠ 금융자산의 계약상 액면금액을 할증하거나 할인한 금액으로 매입하거나 발행한다.

㉡ 중도상환금액이 실질적으로 계약상 액면금액과 계약상 (미지급된) 이자발생액을 나타내며 이 중도상환금액에는 계약의 조기청산에 대한 합리적인 추가보상이 포함될 수 있다.

㉢ 금융자산의 최초 인식시점에 중도상환특성의 공정가치[21]가 경미하다.

예 제 원리금 지급만으로 구성되는 계약상 현금흐름 [K-IFRS 1109 B4.1.13]

다음은 계약상 현금흐름이 SPPI 조건을 만족하는 사례이다.

① 금융상품A : 금융상품A는 명시된 만기일이 있는 채권이다. 원리금지급은 이 금융상품이 발행된 통화의 인플레이션지수와 연계되어 있다. 이러한 인플레이션 연계는 레버리지 되어 있지 않으며 원금은 보장된다.

- 금융상품A의 계약상 현금흐름은 SPPI 조건을 만족한다. 원리금지급을 레버리지되지 않은 인플레이션지수와 연계하는 것은 화폐의 시간가치를 현행수준으로 재설정하는 것이다. 다시 말하면, 이 금융상품의 이자율은 실질이자를 반영한다. 따라서 이 이자금액은 원금잔액에 대한 화폐의 시간가치에 대한 대가이다.
- 만일 이자지급이 채무자의 성과(예 : 채무자의 순이익)나 주가지수와 같이 다른 변수와 연계되어 있다면 이러한 계약상 현금흐름은 SPPI 조건을 만족하지 못한다. 이는 계약상 현금흐름이 기본대여계약과 일관되지 않는 수익을 반영하기 때문이다.
- 채무자 성과와 연계함에 따라 보유자에게 신용위험의 변동에 대해서만 보상하고 계약상 현금흐름이 원리금 지급만 있는 현금흐름이 되도록 조정하는 경우는 그렇지 아니하다.

② 금융상품B : 금융상품B는 명시된 만기일이 있으며 채무자가 지속적으로 시장이자율을 선택할 수 있는 변동금리상품이다. 채무자는 이자율 재설정일에 3개월의 기간에 대해 3개월 LIBOR로 지급하거나 1개월의 기간에 대해 1개월 LIBOR로 지급하는 것을 선택할 수 있다.

- 금융상품의 존속기간에 걸쳐 지급되는 이자가 화폐의 시간가치, 금융상품과 관련된 신용위험, 그 밖의 기본적인 대여위험과 원가에 대한 대가 및 이윤을 반영한다면 이 금융상품은 SPPI 조건을 만족한다. 금융상품의 존속기간에 걸쳐 LIBOR 이자율이 재설정된다는 사실만으로 SPPI 조건을 만족하지 못하는 것은 아니다.

---

21) 중도상환특성이 있는 콜옵션부채권이나 풋옵션부채권에 대해 최초인식시점에 내재파생요소인 수의상환권옵션 또는 조기상환권옵션의 가치가 경미하지 않다면 이러한 중도상환특성이 있는 옵션부채권은 FVPL - 금융자산으로 분류해야 함을 뜻한다.

• 만일 채무자가 3개월마다 재설정되는 1개월 금리지급을 선택할 수 있다면 그 이자율은 이자율의 기간과 일치하지 않는 빈도로 재설정되는 것이다. 이는 화폐의 시간가치요소가 변형된 것이다. 이와 비슷하게 금융상품의 계약상 이자율이 금융상품의 남은 존속기간을 초과하는 기간에 기초한다면(예 : 만기가 5년인 상품으로서 정기적으로 재설정되는 변동금리를 지급하지만 항상 5년의 만기를 반영하는 경우) 화폐의 시간가치요소가 변형된 것이다. 매기 지급될 이자가 이자기산기간과 연계되어 있지 않기 때문이다.

• 이러한 경우에는 해당 현금흐름이 SPPI 조건을 만족하는지 판단하기 위해 이자율 기간이 이자기산기간과 일치하는 것을 제외하고는 모든 측면이 같은 금융상품과 비교하여 해당 계약상 현금흐름을 질적으로 또는 양적으로 평가해야 한다. 가령, 만기 5년인 채권에 대해 6개월마다 재설정되는 변동금리를 지급하지만 항상 5년의 만기를 반영하는 경우에는 6개월마다 6개월 이자율로 재설정하는 것을 제외하고는 모든 것이 같은 금융상품의 계약상 현금흐름을 고려한다.

• 차입자가 대여자의 다양한 공개된 이자율 중 선택할 수 있는 경우(예 : 채무자가 대여자의 공개된 1개월 변동이자율과 3개월 변동이자율 사이에서 선택)에도 같은 분석을 적용한다.

③ 금융상품C : 금융상품C는 명시된 만기일이 있으며 변동시장금리를 지급하는 채권이다. 이 변동금리에는 상한이 있다.

• 고정금리 금융상품과 변동금리 금융상품 모두의 계약상 현금흐름은 이자가 금융상품의 만기까지 화폐의 시간가치, 금융상품과 관련된 신용위험, 그 밖의 기본적인 대여의 위험과 원가뿐만 아니라 이윤에 대한 대가를 반영한다면 SPPI 조건을 만족한다.

• 따라서 고정금리 금융상품과 변동금리 금융상품이 결합한 금융상품(예 : 이자율 캡이 있는 채권)의 현금흐름은 SPPI 조건을 만족할 수 있다. 이러한 특성은 변동이자율에 제한(금리캡 또는 금리플로어)을 두어 현금흐름의 변동성을 줄이거나 고정금리를 변동금리로 바꾸기 때문에 현금흐름의 변동성을 높일 수 있다.

④ 금융상품D : 금융상품D는 채무자에게 무한책임(소구의무)이 있으며 담보가 있는 대여금이다.

• 소구의무가 있는 대여금에 담보가 있다는 사실 자체는 계약상 현금흐름에 SPPI 조건을 만족하는지 여부를 분석하는 데에 영향을 미치지 아니한다.

⑤ 금융상품E : 금융상품E는 은행이 발행하였으며 만기가 명시되어 있다. 고정금리를 지급하며 모든 계약상 현금흐름은 재량적이지 않다. 그러나 발행자는 특정 상황에서 감독당국이 금융상품E를 포함하여 금융상품 보유자에게 손실을 부과하도록 허용하거나 요구하는 법규를 따른다. 예를 들어 감독당국이 발행자가 심각한 재무적 어려움이 있다고 결정하거나 규제자본을 확충할 필요가 있다고 결정하거나 또는 발행자가 규제자본을 충족하지 못하였다고 결정하면 감독당국은 금융상품E의 액면금액을 상각하거나 확정 수량의 발행자 보통주로 전환시키는 힘을 보유한다.

- 보유자는 계약조건이 원리금 지급만인 현금흐름을 구성하고 기본대여계약과 일관되는 현금흐름을 일으키는지를 결정하기 위해 금융상품의 계약조건을 분석한다.
- 금융상품E의 보유자에게 손실을 부과할 수 있는 감독당국의 힘에 따라서만 생기는 지급은 분석할 때 고려하지 아니한다. 그러한 힘과 그에 따른 지급은 금융상품의 계약조건이 아니기 때문이다.
- 이와 달리, 금융상품의 계약조건이 발행자나 제3자가 보유자에게 손실을 부과하는 것을 허용하거나 요구한다면(예 : 액면금액을 제각하거나 확정수량의 발행자 보통주로 전환) 그러한 손실을 부과할 확률이 희박하더라도 이러한 계약조건이 실질적으로 유효하다면 SPPI 조건을 만족하지 못한다.

예 제 **원리금 지급만으로 구성되지 않는 계약상 현금흐름** [K-IFRS 1109 B4.1.14]

다음은 계약상 현금흐름이 SPPI 조건을 만족하지 못하는 사례이다.

① 금융상품F : 금융상품F는 확정수량의 발행자 지분상품으로 전환가능한 전환사채이다.

- 보유자는 전환사채를 전체로 분석한다. 계약상 현금흐름이 기본대여계약과 일관되지 아니하는 수익을 반영하기 때문에 금융상품F는 SPPI 조건을 만족하지 못한다. 즉, 수익이 발행자의 지분가치와 연계되어 있다.

② 금융상품G : 금융상품G는 역변동금리(시장이자율과 반비례 관계에 있는 이자율)를 지급하는 대여금이다.

- 금융상품G는 SPPI 조건을 만족하지 못한다. 즉, 이자금액은 원금잔액의 화폐의 시간가치에 대한 대가가 아니다.

③ 금융상품H : 금융상품H는 영구 금융상품이지만 발행자는 언제든 재매입할 수 있으며 보유자에게 액면금액과 지급기일까지 발생한 이자를 지급한다. 또, 발행자는 시장금리를 지급하지만 지급여력을 유지할 수 없다면 이자를 지급할 수 없다. 연체된 이자는 추가이자를 생기게 하지 않는다.

- 금융상품H는 SPPI 조건을 만족하지 못한다. 발행자는 이자지급을 연기하도록 요구받을 수 있으며 연기된 이자금액에 대해서는 추가이자가 생기지 않기 때문이다. 즉, 이자금액은 원금잔액에 대한 화폐의 시간가치로서의 대가가 아니다. 만일 연기된 금액에 이자가 생긴다면 계약상 현금흐름은 원리금 지급일 수 있다.
- 금융상품H가 영구적이라는 사실만으로 SPPI 조건을 만족하지 못함을 의미하지는 않는다. 사실상 영구금융상품은 계속적인 연장옵션이 포함되어 있다. 이자지급이 의무사항이고 영구적으로 지급해야 한다면 옵션에 따른 계약상 현금흐름은 SPPI 조건을 만족할 수 있다.
- 또, 원리금 지급을 반영하지 않는 금액으로 재매입할 수 있는 경우가 아니라면, 재매입이 가능하다는 사실만으로 SPPI 조건을 만족하지 못함을 의미하지 않는다. 재매입금액에 금융상품의 조기청산에 대해 보유자에게 적정하게 보상하는 금액이 포함되어 있더라도 계약상 현금흐름은 원리금 지급일 수 있다.

(2) SPPI 조건 검토에서 추가로 고려할 사항

보유자는 금융자산의 계약상 현금흐름이 SPPI 조건을 만족하는지 여부를 검토함에 있어 추가적으로 다음의 내용을 고려한다.[K-IFRS 1109 B4.1.15~19]

① 계약의 실질 : 금융자산이 SPPI 조건을 만족하는지 여부는 금융자산 계약의 원리금과 관련된 명목상의 명칭이 아니라 실질적인 내용을 판단해야 한다.

- 금융자산의 계약상 원리금으로 기술되어 있으나 그 금융자산이 특정자산이나 현금흐름에 대한 투자를 나타내고 있어 계약상 현금흐름이 원리금 지급만으로 구성되지 않은 경우가 이에 해당할 수 있다.
- 예를 들어, 계약조건에서 자동차가 특정 유료도로를 많이 사용할수록 금융자산의 현금흐름이 증가한다고 명시되었다면 이 계약상 현금흐름은 기본대여계약과 일관되지 않는다.

② 소구권 : 소구권이 없다는 사실만으로 SPPI 조건을 충족하지 않는 것은 아니다. 소구권이 없는 금융자산 보유자는 계약상 현금흐름이 원리금 지급인지를 판단하기 위해 특정 기초 자산이나 현금흐름을 평가해야 한다.

- 금융자산의 계약조건에 따라 원리금 지급과 일관되지 않는 방식으로 현금흐름이 제한되거나 다른 현금흐름이 생긴다면 SPPI 조건을 충족하지 못한다.
- 기초자산이 금융자산인지 또는 비금융자산인지는 그 자체로 이러한 평가에 영향을 미치지 않는다.

③ 계약상 특성이 미미한 경우 : 계약상 현금흐름 특성이 금융자산의 계약상 현금흐름에 미치는 영향이 아주 미미하다면 그 계약상 현금흐름 특성은 금융자산의 분류에 영향을 미치지 않는다.

- 이를 위해 매 보고기간과 금융자산의 존속기간에 걸쳐 누적적으로 계약상 현금흐름에 미치는 가능한 영향을 고려해야 한다.
- 계약상 현금흐름 특성이 아주 미미한 정도를 초과하여 영향을 미치지만 그 특성이 실질적으로 유효하지 않은 경우에는 금융자산의 분류에 영향을 미치지 않는다. 가능성이 매우 낮은 사건이 일어나는 경우에만 금융상품의 계약상 현금흐름에 영향을 미친다면 그 특성은 실질적으로 유효하지 않다.

④ 채권자의 우선순위 : 일반적으로 대여거래에서 채권자의 금융상품은 그 채무자의 다른 채권자들과 비교하여 우선순위가 정해진다. 채무자의 지급불이행이 계약

위반이며 채무자가 파산하는 경우에도 채권자가 미지급된 원리금에 대한 계약상 권리를 가지고 있다면 해당 금융상품이 다른 금융상품보다 후순위이더라도 원리금을 지급하는 계약상 현금흐름을 포함할 수 있다.

- 예를 들어, 일반채권자 순위인 매출채권은 SPPI 조건을 충족한다. 채무자가 담보를 제공하고 차입한 후 파산한다면 담보대여자에게 우선순위를 주지만 일반 채권자의 미지급된 원금과 지급의무가 있는 그 밖의 금액에 대한 계약상 권리에 영향을 주지 않는다면 이러한 경우에 해당한다.

▎사업모형

금융자산의 계약상 현금흐름이 특정일에 원리금만으로 구성된 경우에 한해 보유자는 사업모형을 고려하여 금융자산을 AC-금융자산, FVOCI-금융자산 또는 FVPL-금융자산 중 어느 하나로 분류한다. 거듭 강조하지만, 금융자산이 SPPI 조건을 만족하지 못하면 사업모형을 검토할 필요 없이 해당 금융자산은 FVPL-금융자산으로 분류해야 한다.

「사업모형」은 현금흐름을 창출하기 위해 금융자산을 관리하는 방식을 뜻하며 사업모형에 따라 현금흐름의 원천이 아래의 세 가지 중 하나로 구분된다.

① 금융자산의 계약상 현금흐름 수취가 목적인 사업모형

② 금융자산의 계약상 현금흐름 수취와 매도 둘 다인 사업모형

③ 그 밖의 사업모형(금융자산의 매도가 목적인 사업모형)

사업모형을 평가함에 있어 금융자산 보유자가 고려해야 할 사항을 살펴보자.

첫째, 사업모형은 최악의 상황 시나리오나 위기상황 시나리오 같이 발생할 것이라고 합리적으로 예상되지 않는 시나리오에 근거하여 평가하지 않는다. 금융자산을 위기상황 시나리오에서만 매도할 것으로 예상하는 경우 그러한 시나리오가 발생하지 않을 것이라고 합리적으로 예상한다면 그 시나리오는 해당 금융자산의 사업모형 평가에 영향을 미치지 않는다.[K-IFRS 1109 B4.1.2A]

- 현금흐름이 사업모형을 평가했던 시점의 예상과 다르게 실현되더라도(예 : 예상보다 금융자산을 더 많이 또는 더 적게 매도한 경우) 사업모형을 평가할 때 이용할 수 있었던 모든 관련 정보를 고려하였다면 재무제표에 과거기간의 오류가 있는 것은 아니며 그 사업모형에서 보유하고 있는 나머지 금융자산의 분류에 영향을 미치지 않는다.

• 새로 창출 또는 매입하는 금융자산의 사업모형 평가에는 과거 현금흐름이 실현된 방식에 대한 정보와 그 정보와 관련된 그 밖의 모든 정보와 함께 고려한다.

둘째, 사업모형은 특정사업목적을 위해 금융자산 집합을 함께 관리하는 방식을 반영하는 수준에서 결정하며 개별상품에 대한 경영진의 의도와는 무관하다. 이는 금융상품별 분류접근법이 아니며 더 높은 수준으로 통합하여 결정해야 한다.[K-IFRS 1109 B4.1.2]

• 기업은 금융상품을 관리하는 둘 이상의 사업모형을 가질 수 있으며 금융자산 분류를 보고실체 수준에서 결정할 필요는 없다. 예를 들어 계약상 현금흐름을 얻기 위해 관리하는 투자 포트폴리오와 공정가치 변동을 실현하기 위해 거래할 목적으로 관리하는 다른 투자 포트폴리오를 보유하고 있을 수 있다.
• 어떤 상황에서는 금융자산을 관리하는 수준을 반영하기 위해 금융자산 포트폴리오를 하위 포트폴리오로 세분화하는 것이 적절할 수도 있다. 예를 들면 부동산담보대출 포트폴리오를 창출하거나 매입하면서 일부는 계약상 현금흐름의 수취 목적으로 관리하고 나머지는 매도 목적으로 관리할 수 있다.

셋째, 사업모형은 단순한 주장이 아닌 사실에 근거해야 한다. 이는 사업모형의 목적을 이루기 위해 수행하는 활동을 통해 관찰할 수 있다. 사업모형을 평가할 때는 판단이 필요하며 이러한 평가는 단일요소나 하나의 활동에 좌우되지 않는다. 대신에 평가일에 이용할 수 있는 아래와 같은 증거들을 고려한다.[K-IFRS 1109 B4.1.2B]

① 사업모형과 사업모형에서 보유하는 금융자산의 성과를 평가하고 그 평가내용을 주요 경영진에게 보고하는 방식
② 사업모형과 사업모형에서 보유하는 금융자산의 성과에 영향을 미치는 위험과 위험을 관리하는 방식
③ 사업의 경영진에 대한 보상방식(예 : 관리하는 자산의 공정가치에 기초하여 보상하는지 아니면 수취하는 계약상 현금흐름에 기초하여 보상하는지)

(1) 계약상 현금흐름 수취가 목적인 사업모형

계약상 현금흐름 수취가 목적인 사업모형은 금융자산의 존속기간에 걸쳐 계약상 지급액을 수취하여 현금흐름을 실현하도록 관리한다. 즉, 금융자산을 보유하기도 하고 매도하기도 하면서 전반적인 수익을 관리하는 것이 아니라 계약상 현금흐름을 수취하기 위해 금융자산을 관리하는 경우이다.[K-IFRS 1109 B4.1.2C~3A]

- 금융자산의 현금흐름이 계약상 현금흐름의 수취를 통해 실현되는지의 판단은 과거매도의 빈도, 금액, 시기, 이유 및 미래 매도활동에 대한 예상을 고려한다.
- 매도 자체가 사업모형을 결정하지는 아니하므로 이를 단독으로 고려해서는 안 된다. 매도에 대한 과거정보와 미래예상은 금융자산을 관리하는 기업의 공식적인 목적이 어떻게 성취되는지와 구체적으로 현금흐름이 어떻게 실현되는지와 관련된 증거를 제공한다. 과거 매도의 이유와 상황을 현재 상황과 비교하여 과거의 매도 정보를 고려해야 한다.
- 사업모형의 목적이 계약상 현금흐름을 수취하기 위한 것이더라도 모든 금융상품을 만기까지 보유할 필요는 없다. 금융자산의 매도가 일어나거나 미래에 일어날 것으로 예상되는 경우에도 사업모형은 계약상 현금흐름을 수취하기 위해 금융자산을 보유하는 것일 수 있다.
- 금융자산의 신용위험이 증가하여 이를 매도하더라도 계약상 현금흐름을 수취하기 위해 자산을 보유하는 것이 목적인 사업모형일 수 있다. 신용위험이 증가했는지 판단하기 위해서 미래전망 정보를 포함하여 합리적이고 뒷받침될 수 있는 정보를 고려한다.
  ㉠ 매도의 빈도와 금액에 상관없이 신용위험 증가로 인해 매도한다고 해서 계약상 현금흐름을 수취하기 위해 금융자산을 보유하는 것이 목적인 사업모형과 상충되는 것이 아니다. 이는 금융자산의 신용의 질이 계약상 현금흐름을 수취할 수 있는 능력과 관련되기 때문이다.
  ㉡ 신용악화로 인한 잠재적인 신용손실을 최소화하는 것이 목적인 신용위험 관리활동은 이러한 사업모형에 필수적이다. 신용위험 증가로 인한 매도의 예로서 문서화한 투자방침에서 정한 신용기준을 더는 충족하지 못하게 되어 금융자산을 매도하는 경우를 들 수 있다. 그러나 이러한 방침이 없는 경우에는 다른 방법으로 신용위험의 증가로 인한 매도임을 제시할 수도 있다.
- 금융자산의 신용위험 증가로 인한 것이 아니라 신용집중 위험을 관리하기 위한 매도와 같이 그 밖의 이유로 인한 매도도 계약상 현금흐름을 수취하기 위해 금융자산을 보유하는 것이 목적인 사업모형과 일관될 수 있다.[K-IFRS 1109 B4.1.3B]
  ㉠ 매도금액이 유의적이더라도 매도가 빈번하지 않거나 매도가 빈번하더라도 매도금액이 유의적이지 않다면 계약상 현금흐름 수취를 위한 사업모형과 일관될 수 있다.

㉡ 하나의 포트폴리오에서 드물지 않게 매도가 일어나고 매도금액이 유의적인 경우에는 해당 매도가 계약상 현금흐름을 수취하는 목적과 일관되는지 평가할 필요가 있다. 평가는 제3자가 금융자산을 매도하도록 강제하는지 또는 기업의 재량에 따른 것인지와는 관련이 없다. 매도빈도나 매도금액이 증가한 이유를 설명하고 매도를 사업모형의 변경으로 반영해야 하는 것이 아님을 제시할 수 있다면 그 매도가 반드시 계약상 현금흐름을 수취하기 위해 금융자산을 보유하는 목적과 상충되는 것은 아니다.

㉢ 금융자산의 만기가 가까운 시점에 매도하고 매도로 수취하는 대가가 남은 계약상 현금흐름의 수취액과 거의 같다면 그 매도는 계약상 현금흐름을 수취하기 위해 금융자산을 보유하는 목적과 일관될 수 있다.

예 제 계약상 현금흐름 수취가 목적인 사업모형 [K-IFRS 1109 B4.1.4]

다음은 사업모형의 목적이 계약상 현금흐름을 수취하기 위해 금융자산을 보유하는 것일 수 있는 경우의 사례이다.

① 사례1 : 계약상 현금흐름을 수취하기 위해 투자상품을 보유한다. 자금수요는 예측가능하며 금융자산의 만기와 추정자금수요가 일치한다. 신용손실을 최소화하기 위해 신용위험 관리활동을 수행한다. 과거에 금융자산의 신용위험이 증가하여 문서화한 투자방침에서 정한 신용기준을 더는 충족하지 못하게 될 때 금융자산을 매도하였다. 또 예상하지 못한 자금수요에 따라 금융자산을 빈번하게 매도하지는 않았다. 경영진에게는 금융자산의 신용의 질과 계약상 수익에 초점을 맞춰 보고한다. 기업은 그 밖의 정보 중 해당 금융자산의 공정가치도 관찰한다.

- 유동성 관점에서 금융자산의 공정가치(자산을 매도할 필요가 있는 경우 실현될 금액)를 고려하더라도 기업의 목적은 금융자산을 보유하여 계약상 현금흐름을 수취하는 것이다.
- 문서화한 투자방침에서 정한 신용기준을 충족하지 않는 경우와 같이 금융자산의 신용위험이 증가하여 매도하더라도 계약상 현금흐름 수취 목적에 상충되지는 않는다. 예상하지 못했던 자금 수요(예 : 위기상황 시나리오)에 따라 빈번하지 않지만 유의적인 금액을 매도하더라도 이러한 매도 또한 계약상 현금흐름 수취목적에 상충되지는 않을 것이다.

② 사례2 : 사업모형은 대여금과 같은 금융자산의 포트폴리오를 매입하는 것이다. 포트폴리오는 신용이 손상된 금융자산을 일부 포함할 수 있다. 만일 대여금에 대한 지급이 적시에 이루어지지 않을 경우 기업은 다양한 방법(예 : 채무자와 서신, 전화, 그 밖의 방법으로 연락을 취함)으로 계약상 현금흐름을 실현하려고 노력한다. 계약상 현금흐름 수취가 목적이고 포트폴리오 내의 어떠한 대여금도 매도를 통해 현금흐름을 실현할

목적으로 관리하지 아니한다. 포트폴리오 내의 일부 금융자산의 이자율을 변동금리에서 고정금리로 변경하기 위하여 이자율스왑계약을 체결한다.

- 이 사업모형의 목적은 계약상 현금흐름을 수취가 목적인 금융자산이다.
- 계약상 모든 현금흐름을 수취할 것으로 예상하지 않더라도(예 : 금융자산 일부가 최초 인식시점에 신용이 손상되어 있는 경우) 똑같이 분석된다.
- 포트폴리오의 현금흐름을 변경하기 위하여 파생상품 계약을 체결하였다는 사실만으로 사업모형이 바뀌지는 않는다.

③ 사례3 : 기업은 고객에 대한 대여금을 실행하고 증권화기구에 그 대여금을 매도하는 사업모형을 가지고 있다. 증권화기구는 투자자에게 금융상품을 발행한다. 대여금을 실행한 기업은 증권화기구의 지배기업이므로 그 증권화기구를 연결한다. 증권화기구는 대여금의 계약상 현금흐름을 수취하여 이를 증권화기구 투자자에게 전달한다. 대여금은 증권화기구가 제거하지 않기 때문에 연결재무상태표에 계속 인식하는 것으로 가정한다.

- 연결실체는 대여금을 보유하여 계약상 현금흐름 수취를 목적으로 대여금을 실행하였다.
- 대여금을 실행한 기업의 목적은 증권화기구에 대여금을 매도함으로써 대여금의 현금흐름을 실현하는 것이다. 따라서 별도재무제표의 목적상 계약상 현금흐름을 수취할 목적으로 이 대여금을 관리하는 것으로 볼 수 없을 것이다.

④ 사례4 : 금융기관이 위기상황 시나리오(예 : 은행의 예금인출 사태)에서 발생할 수 있는 유동성 문제에 대비하기 위해 금융자산을 보유한다. 금융기관은 위기상황 시나리오가 아니면 매도하지 않았을 것으로 예상한다. 금융자산의 신용의 질을 관찰하고 관리하는 목적은 계약상 현금흐름의 수취이다. 해당 자산의 성과는 수취하는 이자수익과 실현된 신용손실에 기초하여 평가한다. 위기상황 시나리오에서 해당 자산을 매도해야할 필요가 있는 경우 실현되는 현금흐름이 유동성 수요를 충족하기에 충분한지를 확인하기 위해 유동성 관점에서 금융자산의 공정가치도 관찰한다. 정기적으로 유동성을 입증하기 위해 경미한 금액을 매도한다.

- 이 사업모형의 목적은 계약상 현금흐름의 수취이다.
- 과거의 위기상황 시나리오에서 유동성 요구를 충족하기 위한 유의적인 금액의 매도가 있었더라도 이러한 분석이 바뀌지는 않을 것이며 경미한 금액의 매도활동이 반복되더라도 계약상 현금흐름 수취 목적과 상충되지는 않는다.
- 매일의 유동성수요를 충족하기 위해 금융자산을 보유하고 유의적인 금액의 빈번한 매도가 그러한 목적의 수단이 된다면 사업모형의 목적은 계약상 현금흐름 수취가 아니다.
- 해당 자산의 유동성을 입증하기 위해 감독당국이 일상적인 금융자산 매도를 요구하고 매도하는 금융자산의 가치가 유의적이라면 사업모형은 계약상 현금흐름을 수취가 아니다. 금융자산 매도를 제3자가 강제하는지 또는 해당 활동이 기업의 재량에 따른 것인지는 관련이 없다.

(2) 계약상 현금흐름 수취와 금융자산의 매도 둘 다가 목적인 사업모형

〈계약상 현금흐름의 수취〉와 〈금융자산의 매도〉 둘 다를 통해 목적을 이루는 사업모형에서 금융자산을 보유할 수 있다. 이 사업모형에서 경영진은 계약상 현금흐름의 수취와 금융자산의 매도 둘 다가 사업모형의 목적을 이루는 데에 필수적이라고 결정한다.[K-IFRS 1109 B4.1.4A~4B]

- 다양한 목적이 이 사업모형과 일관될 수 있다. 예를 들어 매일 유동성수요를 관리하거나 특정 이자수익률 수준을 유지하거나 금융자산을 조달하는 부채의 듀레이션에 금융자산의 듀레이션을 맞추는 것일 수 있다. 이러한 목적을 이루기 위해 금융자산의 계약상 현금흐름을 수취하기도 하고 매도하기도 한다.
- 계약상 현금흐름을 수취하기 위해 금융자산을 보유하는 것이 목적인 사업모형과 비교하면 이 사업모형에서는 더 빈번하게 더 많은 금액을 매도할 것이다. 사업모형의 목적을 이루기 위해서 금융자산의 매도가 부수적이 아니라 필수적이기 때문이다.
- 계약상 현금흐름 수취와 금융자산의 매도 둘 다가 사업모형의 목적을 이루는 데에 필수적이기 때문에 이러한 사업모형에서 일어나야만 하는 매도의 빈도나 금액에 대한 기준은 없다.

예 제　현금흐름 수취와 금융자산 매도 둘 다가 목적인 사업모형 [K-IFRS 1109 B4.1.4C]

다음은 사업모형의 목적이 계약상 현금흐름의 수취와 금융자산의 매도 둘 다에 의해 이뤄질 수 있는 사례이다.

① 사례1 : 기업은 몇 년 내 자본적 지출을 예상한다. 기업은 수요가 생겼을 때 투자할 수 있도록 잉여현금을 단기금융자산과 장기금융자산에 투자한다. 금융자산의 계약상 존속기간이 기업의 예상투자기간을 초과한다. 계약상 현금흐름을 수취하기 위해 금융자산을 보유하며 기회가 있을 경우 높은 수익률의 금융자산에 투자하기 위해 해당 금융자산을 매도한다. 포트폴리오를 책임지는 관리자는 해당 포트폴리오에서 창출한 전체 수익에 기초하여 보상받는다.

- 계약상 현금흐름의 수취와 금융자산의 매도 둘 다를 통해 목적인 사업모형이다. 계약상 현금흐름의 수취와 금융자산의 매도 중 어느 것이 포트폴리오의 수익을 극대화하는지를 투자한 현금의 수요가 생길 때까지 지속적으로 의사결정 한다.
- 이와 달리, 5년 내에 자본적 지출을 위한 현금유출을 예상하고 잉여현금을 단기금융자산에 투자하는 경우를 가정하면 해당 투자의 만기가 도래한 때 해당 현금으로 새로운 단기금융상품에 재투자한다. 자금수요가 생길 때까지 이러한 전략을 유지한다.

자금수요가 생겼을 때 금융자산의 만기도래에 따른 대가를 자본적 지출의 자금으로 사용하며 신용위험이 증가한 경우를 제외하고는 만기 전에는 경미한 금액만을 매도한다면 이러한 사업모형의 목적은 계약상 현금흐름을 수취하기 위해 금융자산을 보유하는 것이다.

② 사례2 : 금융기관이 매일의 유동성수요를 충족하기 위해 금융자산을 보유한다. 유동성수요를 관리하는 원가를 최소화하려 하며 이에 금융자산의 수익을 적극적으로 관리한다. 수익은 계약상 현금흐름의 수취뿐만 아니라 금융자산의 매도에 따른 손익으로 구성된다. 따라서 금융자산의 계약상 현금흐름을 수취할 목적과 더 높은 수익의 금융자산에 재투자하거나 관련부채의 듀레이션과 더 잘 일치시키기 위해 금융자산을 매도할 목적으로 보유한다. 과거에 이러한 전략으로 인해 빈번하게 유의적인 금액의 매도활동이 있었다. 이러한 활동은 미래에도 계속될 것으로 예상한다.

- 이 사업모형의 목적은 매일의 유동성수요를 충족하기 위해 금융자산의 수익을 극대화하는 것이고 계약상 현금흐름의 수취와 금융자산의 매도 둘 다를 통해 이러한 목적을 이룬다. 다시 말하면 계약상 현금흐름의 수취와 금융자산의 매도 둘 다가 사업모형의 목적을 이루는 데에 필수적이다.

③ 사례3 : 보험회사가 보험계약부채의 상환자금 마련을 위해 금융자산을 보유한다. 보험회사는 금융자산의 계약상 현금흐름에서 생기는 대가를 지급기일이 도래한 보험계약부채를 상환하는 데에 사용한다. 금융자산에서 생기는 계약상 현금흐름이 관련 부채를 상환하기에 충분하도록 보험회사는 정기적으로 포트폴리오를 재조정하고 현금흐름수요를 충족하기 위해 유의적인 매매활동을 수행한다.

- 이 사업모형의 목적은 보험계약부채의 상환자금을 마련하는 것이다. 이 목적을 이루기 위한 자산 포트폴리오의 구성이 유지되도록 금융자산의 지급기일이 도래한 때 계약상 현금흐름을 수취하고 해당 금융자산을 매도한다. 따라서 계약상 현금흐름의 수취와 금융자산의 매도 둘 다가 사업모형의 목적을 이루는 데에 필수적이다.

(3) 그 밖의 사업모형

계약상 현금흐름 수취목적의 사업모형이나 계약상 현금흐름 수취와 매도 둘 다가 목적인 사업모형이 아닌 〈금융자산의 매도〉를 통해 현금흐름을 실현할 목적의 사업모형인 경우 해당 금융자산은 당기손익-공정가치로 측정한다.[K-IFRS 1109 B4.1.5~6]

- 금융자산의 매도를 통해 현금흐름을 실현할 목적으로 금융자산을 관리하는 사업모형은 금융자산의 공정가치에 기초하여 의사결정하고 공정가치를 실현하기 위해 관리한다.
- 이 경우 기업은 적극적으로 매입하고 매도하게 된다. 금융자산을 보유하는 동안 계약상 현금흐름을 수취하더라도 계약상 현금흐름의 수취와 금융자산의 매도 둘

다를 통해 이뤄지는 것은 아니다. 이는 계약상 현금흐름의 수취가 사업모형의 목적을 이루는 데에 필수적이 아니라 부수적이기 때문이다.

- 공정가치 기준으로 관리하고 그 성과를 평가하는 금융자산은 계약상 현금흐름을 수취하기 위해 보유하는 것이 아니며 계약상 현금흐름의 수취와 금융자산의 매도 둘 다를 위해 보유하는 것도 아니다. 기업은 공정가치정보에 중점을 두어 금융자산의 성과를 평가하고 의사결정에 공정가치정보를 이용한다.
- 단기매매의 정의를 충족하는 금융자산은 계약상 현금흐름을 수취하기 위해 보유하는 것이 아니며 계약상 현금흐름의 수취와 금융자산의 매도 둘 다를 위해 보유하는 것도 아니다. 이러한 금융자산 포트폴리오는 계약상 현금흐름의 수취가 사업모형의 목적을 이루는 데에 부수적일 뿐이다. 따라서 이러한 금융자산 포트폴리오는 당기손익 - 공정가치로 측정해야 한다.

그 밖의 사업모형에서 단기매매의 정의를 충족하는 금융자산(단기매매 금융자산)은 금융자산의 매도를 통해 현금을 실현하는 목적으로 보유하는 것으로 간주한다. 이때, 「단기매매 금융자산」은 다음의 어느 하나에 해당하는 금융자산을 말한다.[K-IFRS 1109 부록A 용어의 정의]

① 주로 단기간에 매각하거나 재매입할 목적으로 취득하거나 부담한다.

② 최초 인식시점에 공동으로 관리하는 특정 금융상품 포트폴리오의 일부로 운용형태가 단기적 이익 획득 목적이라는 증거가 있다.

③ 파생상품이다(다만 금융보증계약인 파생상품이나 위험회피수단으로 지정되고 위험회피에 효과적인 파생상품은 제외한다).

금융자산의 분류

금융자산은 지금까지 검토한 두 가지 분류기준(계약상 현금흐름 특성과 사업모형)에 따라 다음의 어느 하나로 분류한다.

① AC - 금융자산(상각후원가 측정 금융자산)

② FVOCI - 금융자산(기타포괄손익 - 공정가치측정 금융자산)

③ FVPL - 금융자산(당기손익 - 공정가치측정 금융자산)

금융자산의 분류에 따른 명칭에서 알 수 있듯이 금융자산의 분류는 그 금융자산의 후속측정방법과 일관된다. 이때, 금융자산의 분류는 계약상 현금흐름의 특성이 SPPI

조건을 만족하는지를 우선판단한다. SPPI 조건을 만족하지 못하면 기업의 사업모형에 관계없이 FVPL - 금융자산으로 분류함이 원칙이다.

① 계약상 현금흐름이 SPPI 조건을 만족하는 금융자산 : 기업의 사업모형에 따라 AC - 금융자산, FVOCI - 금융자산 및 FVPL - 금융자산 중 어느 하나로 분류한다.

② 계약상 현금흐름이 SPPI 조건을 만족하지 못하는 금융자산 : 기업의 사업모형과 관계없이 FVPL - 금융자산으로 분류한다.

금융자산의 분류를 요약정리하면 다음과 같다.

		계약상 현금흐름 특성	
		원리금만으로 구성	그 외의 경우
사업 모형	계약상 현금흐름 수취 목적	AC - 금융자산	FVPL - 금융자산 (지분상품은 FVOCI로 선택분류가능)
	계약상 현금흐름 수취 및 매도목적	FVOCI - 금융자산	
	매도목적 및 기타	FVPL - 금융자산	

(1) AC - 금융자산

다음의 두 가지 조건을 모두 충족하는 금융자산을 「AC - 금융자산」으로 분류하고 상각후원가로 측정한다.[K-IFRS 1109 4.1.2]

① 계약상 현금흐름을 수취하기 위해 보유하는 것이 목적인 사업모형 하에서 금융자산을 보유한다.

② 금융자산의 계약조건에 따라 특정일에 원금과 원금잔액에 대한 이자지급(원리금지급)만으로 구성되어 있는 현금흐름이 발생한다.

보유자가 SPPI 조건을 만족하는 금융자산으로부터 계약상 현금흐름을 수취할 것을 사업모형으로 하는 경우에는 AC - 금융자산으로 분류한다. 보유자는 금융자산을 중도에 매도할 수도 있지만 매도는 부수적인 사업의 일환이며 금융자산으로부터의 계약상 현금흐름을 수취하는 것을 기본으로 하므로 금융자산의 공정가치가 변동되더라도 그 금융자산을 빈번하게 매도할 가능성은 낮으므로 금융자산의 공정가치 변동과 관련된 정보는 유용하지 않다.

(2) FVOCI - 금융자산

다음의 두 가지 조건을 모두 충족한다면 금융자산을 「FVOCI - 금융자산」으로 분류하고 기타포괄손익 - 공정가치로 측정한다.[K-IFRS 1109 4.1.2A]

① 계약상 현금흐름의 수취와 금융자산의 매도 둘 다를 통해 목적을 이루는 사업모형하에서 금융자산을 보유한다.

② 금융자산의 계약 조건에 따라 특정일에 원리금 지급만으로 구성되어 있는 현금흐름이 발생한다.

보유자가 SPPI 조건을 만족하는 금융자산으로부터 계약상 현금흐름의 수취와 그 금융자산의 매도 둘 다를 사업모형으로 하는 경우에는 FVOCI - 금융자산으로 분류하고 후속적으로 공정가치로 측정하며 공정가치변동분의 차이는 기타포괄손익으로 인식한다.

(3) FVPL - 금융자산

AC - 금융자산 및 FVOCI - 금융자산 외의 금융자산은 「FVPL - 금융자산」으로 분류하고 당기손익 - 공정가치로 측정한다.[K-IFRS 1109 4.1.4]

금융자산의 계약상 현금흐름이 SPPI 조건을 만족하지 못하거나 SPPI 조건을 만족하는 금융자산에 대한 보유자의 사업모형이 금융자산의 매도를 통한 현금흐름 실현이 목적인 경우에는 「FVPL - 금융자산」으로 분류하고 이를 후속적으로 공정가치로 측정하며 공정가치변동분을 당기손익으로 인식한다. 기준서는 SPPI 조건을 상당히 엄격하게 해석하고 있고 SPPI 조건을 만족하지 못할 경우 보유자의 사업모형과 관계없이 FVPL - 금융자산으로 분류해야 한다. 실무적으로 SPPI 조건을 만족하는 금융자산의 유형은 제한될 것이므로 많은 경우에 금융자산은 FVPL - 금융자산으로 분류되고, 그 금융자산의 공정가치변동분은 당기손익에 유의적인 영향을 미치리라 본다.

공정가치선택권

금융자산은 두 가지 분류기준에 따라 세 가지 유형의 금융자산 중 어느 하나로 분류하고 그에 따라 일관되게 후속측정함이 원칙이다. 그러나, 기업의 보유목적이나 실무적인 관점 그리고 회계적 일관성 측면에서 볼 때 SPPI 조건과 사업모형만이 유일한 금융자산의 분류기준이 되는 것이 부적절할 수 있다.

기준서는 특정한 조건에 부합할 경우 FVPL - 금융자산을 선택적으로 FVOCI - 금융자산으로 분류하거나, AC - 금융자산 또는 FVOCI - 금융자산을 선택적으로 FVPL - 금융자산으로 분류하는 것을 허용하는데, 이를 공정가치선택권[22](FVO)이라 한다.

(1) FVOCI 선택 금융자산

기준서는 FVPL-금융자산으로 분류하여야 하는 금융자산 중 특정요건을 만족하는 〈지분상품〉에 대해서는 FVOCI-금융자산으로 선택적으로 분류하는 것을 허용한다. 즉, 〈지분상품〉에 한하여, 단기매매목적이 아니면서 사업결합에서 취득자가 인식하는 조건부 대가가 아닌 금융상품에 대해서는 공정가치변동분을 당기손익이 아닌 기타포괄손익으로 인식할 수 있도록 허용함으로써 당기손익의 지나친 변동성을 피할 수 있도록 한다. 이러한 조건을 만족하는 지분상품은 기업의 단기성과측정치보다 장기적 보유가치를 표시하는 것이 재무제표 이용자에게 목적적합한 정보를 제공한다고 판단하는 것이다.[K-IFRS 1109 4.1.4]

기업이 특정조건을 만족한 지분상품을 FVPL-금융자산이 아닌 FVOCI-금융자산으로 선택할 경우 다음의 내용을 유의한다.[K-IFRS 1109 5.7.5~6]

① 지분상품을 FVOCI-금융자산으로 선택지정하는 것은 최초인식 시점에만 가능하며 이후에 이를 취소할 수 없다.

② FVOCI-금융자산으로 선택지정된 지분상품이 제거되는 경우의 처분손익도 당기손익이 아닌 〈기타포괄손익〉으로 인식해야 한다.

③ FVOCI-금융자산으로 선택지정된 지분상품에 대한 배당은 아래의 조건을 모두 충족한 경우에 한해 당기손익으로 인식한다.

㉠ 배당을 받을 권리가 확정되었다.

㉡ 배당과 관련된 경제적 효익의 유입가능성이 높다.

㉢ 배당액을 신뢰성 있게 측정할 수 있다.

지분상품의 공정가치선택권(FVO)에 있어 주의할 점은 FVOCI-금융자산으로 선택지정하려면 그 지분상품이 K-IFRS 1032호에서 정의하는 〈지분상품의 정의〉를 만족해야 한다는 점이다. 지분상품의 부합여부는 법적형식으로 판단하는 것이 아니라 기준서에서 정한 지분상품의 정의[23]에 부합해야 한다. 예를 들어, 전환상환우선주(또는 상환우선주)와 같은 금융상품은 법적형식이 지분상품이라 하더라도 K-IRFS 1032호에 정한 지분상품의 요건을 만족하지 못하므로 전환상환우선주 보유자는 공정가치선택권을 행사할 수 없다. 즉, 보유자는 전환상환우선주를 FVPL-금융자산으로 분류해야 한다. 또

22) FVO : Fair Value Option

23) K-IFRS 1032호에 의한 지분상품요건 및 정의는 「3. 금융부채와 지분상품」을 참고하기 바란다.

한, 지분상품을 FVOCI-금융자산으로 선택분류하기 위해서는 그 지분상품이 단기매매항목이 아니어야 한다. 단기매매항목이란 다음의 어느 하나에 해당하는 금융상품을 말한다.[K-IFRS 1109 부록A 용어의 정의]

① 주로 단기간에 매각하거나 재매입할 목적으로 취득하거나 부담한다.

② 최초 인식시점에 공동으로 관리하는 특정 금융상품 포트폴리오의 일부로 운용형태가 단기적 이익획득 목적이라는 증거가 있다.

③ 파생상품이다(다만 금융보증계약인 파생상품이나 위험회피수단으로 지정되고 위험회피에 효과적인 파생상품은 제외한다).

In-depth **지분상품의 공정가치선택권 허용 배경** [K-IFRS 1109 BC5.21~28]

기준서는 단기매매항목이 아닌 지분상품에 대한 투자의 가치변동을 기타포괄손익에 표시하는 취소불가능한 선택을 허용한다.(「지분상품」은 K-IFRS 1032호에서 정의한다). 공정가치는 재무제표 이용자에게 지분상품투자에 대한 가장 유용한 정보를 제공하지만 투자가치증가를 위해서라기보다 비계약적 이익을 위해 지분상품을 보유한다면 그 지분상품의 공정가치변동분을 당기손익으로 나타내는 것이 아래의 이유로 기업의 성과를 잘 나타내는 것이 아닐 수 있다(특정 국가에서 제품을 판매하려고 할 때 그와 같은 투자가 요구될 수도 있다).

- 재무제표 이용자는 기업가치를 평가하면서 단기매매항목인 지분상품에서 발생하는 공정가치의 변동과 투자수익창출 외의 목적으로 보유하고 있는 지분상품에서 발생하는 공정가치의 변동을 종종 다르게 생각한다.
- 지분상품의 투자손익을 기타포괄손익에 표시함으로써 관련 공정가치의 변동을 쉽게 식별하고 이에 따라 평가할 수 있도록 함으로써 재무제표 이용자에게 유용한 정보를 제공할 수 있다.

지분상품의 공정가치선택권 채택과 이의 적용에 대한 내용을 살펴본다.

① 배당 : 지분상품을 FVOCI-금융자산으로 분류할 경우 그 지분상품의 배당도 기타포괄손익으로 인식해야 한다고 주장될 수 있다. 그러나, 배당은 당기손익으로 표시하는 수익의 한 형태이며 지분투자를 위한 자금조달은 때로 이자비용을 당기손익으로 인식하는 채무상품에 의해 이루어질 수 있어 배당을 기타포괄손익으로 표시할 경우 불일치를 야기한다. 일부 상장된 투자펀드에 대해 배당수익을 당기손익으로 인식하지 않는다면 그 재무제표는 투자자에게 아무런 의미가 없게 될 것이다.
  - 어떤 경우에는 배당이 투자수익이 아니라 투자금 회수를 나타낼 수 있기 때문에 거래를 설계할 기회가 여전히 남아있을 수 있는 것이므로 투자원금의 회수임을 명백히 나타내는 배당은 당기손익으로 인식할 수 없다.
  - 다만, 투자에 대한 배당정책을 통제할 능력이나 유의적인 영향력을 가진 기업은 그 투자에 대해 K-IFRS 1109호에 따라 회계처리하지 않을 것이므로 거래를 설계할 기회는 제한된다.

② 재순환 : 지분상품에 대한 공정가치선택권은 선택하면 취소할 수 없다. 즉, 공정가치변동을 지분상품의 제거시점에 당기손익으로 후속적으로 이전(재순환)하는 것을 금지한다.

- 실현손익과 미실현손익을 구분하여 관리할 수 있다. 기업의 성과는 모든 실현손익을 포함해야 한다는 주장이 제기될 수 있으나 투자에 대한 손익은 한 번만 인식해야 하며 손익을 기타포괄손익으로 인식한 후 이를 후속적으로 당기손익으로 이전하는 것은 부적절하다.
- 손익을 당기손익으로 재순환하는 것은 종전 기준서인 IRFS 1039호의 매도가능금융자산의 범주와 비슷하게 지분상품에 대한 손상평가의 이슈가 야기되는데 이는 금융상품의 재무보고와 관련된 복잡성을 유의적으로 개선하거나 줄이지 않는다. 이에 지분상품의 제거손익을 당기손익으로 재순환하는 것을 금지하는 것이 바람직하다.

③ 예외의 적용범위 : 지분상품이 전략적 투자를 나타내는지의 구분을 포함하여 공정가치변동을 당기손익(또는 기타포괄손익)으로 표시해야 하는 다른 지분투자를 식별하는 원칙이 필요할 수 있다.

- 조건부 투자와 관련하여 이를 식별하는 명백하고 견고한 원칙을 개발하는 것은 어려우며 이를 뒷받침할 일련의 지표를 제기하는 것도 불가능하다. 그러한 일련의 지표는 규칙중심적이며 모든 가능한 상황과 요소를 다룰 만큼 충분히 포괄적일 수 없다. 그러한 접근방법은 적용상의 복잡성을 일으킬 것이므로 재무제표 이용자에게 정보의 유용성을 반드시 증가시키지는 못한다.

④ 예외의 취소 불가능성 : 매매를 목적으로 하는 지분투자의 보유를 시작하거나 중단한다면 그 지분상품을 FVOCI-금융자산으로 재분류하거나 그 밖의 범주로 재분류할 수 있어야 한다는 주장이 있다.

- 기준서는 적용상의 제한을 두기 위해 선택권은 취소할 수 없어야 하며 금융자산을 공정가치로 측정하도록 지정하는 선택권도 취소할 수 없다고 판단한다.

(2) FVPL 선택 금융자산

때로는 서로 다른 기준에 따라 자산이나 부채를 측정하거나 그에 따른 손익을 인식하는 경우에 측정이나 인식의 불일치 즉, 회계불일치(accounting mismatch)가 발생할 수 있다. 이때는 보유자가 금융자산을 FVPL-금융자산으로 지정함으로써 회계불일치를 제거하거나 유의적으로 줄일 수 있는 경우에는 최초인식시점에 그 금융자산을 FVPL-금융자산으로 선택지정할 수 있다. 단, 한번 지정하면 이를 취소할 수 없다.[K-IFRS 1109 4.1.5] 기준서는 아래와 같은 상황에서는 FVPL-금융자산으로의 공정가치선택권으로 인해 더 목적적합한 정보를 가져오거나 복잡성을 줄이거나 측정의 신뢰성을 제고한다고 판단한다.[K-IFRS 1109 BCZ4.59]

① 공정가치선택권을 통해 FVPL-금융자산을 지정함으로써 회계불일치를 제거하거나 유의적으로 줄이는 경우

② 문서화한 위험관리 전략이나 투자전략에 따라 금융상품 집합을 공정가치 기준으로 관리하고 그 성과를 평가하는 경우

③ 금융상품이 특정조건을 충족하는 내재파생상품을 포함하는 경우

기업이 FVPL-공정가치선택권을 사용할 수 있게 되면 아래와 같은 효과로 인해 서로 다른 측정속성에 따른 이례적인 결과를 줄여 기준서의 적용을 쉽게 한다.

① 공정가치위험이 자연적으로 상쇄되는 경우에는 공정가치 익스포저에 대한 위험회피회계가 필요하지 않으므로 위험회피효과를 인식하고 추적·분석하는 부담을 없애준다.

② 내재파생상품을 분리하는 부담을 없애준다.

③ 금융자산은 공정가치로 측정하고 관련된 금융부채는 상각후원가로 측정하는 혼합측정모형으로 인해 발생하는 문제를 없애준다. 특히 서로 상응하는 금융자산과 금융부채의 포지션이 일관되게 측정되지 않아 발생하는 당기손익과 자본의 변동성을 없애준다.

④ 매도가능금융자산의 미실현손익을 당기손익으로 인식하는 선택권은 더는 필요하지 않게 된다.

⑤ 단기매매의 의미에 관한 해석의 논란이 줄어든다.

In-depth **내재파생상품과 공정가치선택권** [K-IFRS 1113 BCZ4.67~70]

FVPL-금융자산으로 지정할 수 있는 공정가치선택권은 특정 금융자산이 내재파생요소를 가질 때 회계적 복잡성을 줄이는데 기여한다. 기준서에 따라 거의 모든 파생상품(파생상품자산 및 파생상품부채)은 공정가치로 측정해야 하고 내재파생상품이 특정조건을 충족하면 비파생상품인 주계약을 포함한 금융상품에 내재된 파생상품에도 동일하게 적용된다. 반대로 내재파생상품이 그러한 조건을 충족하지 못하면 내재파생상품을 분리하여 공정가치로 측정할 수 없다.
이러한 요구사항을 충족하려면,

① 금융상품이 하나 이상의 내재파생상품을 포함하는지를 식별해야 하고,
② 각각의 내재파생상품을 주계약에서 분리해야 하는지 아니면 분리가 금지되는지를 판단해야 하며,
③ 분리해야 하는 내재파생상품의 경우에는 최초인식시점과 그 후 후속측정 기간에 그 내재파생상품의 공정가치를 결정해야 한다.

일반적인 부동산 담보대출의 중도상환옵션과 같은 내재파생상품의 경우 위의 절차가 간단하지만 복잡한 금융상품을 보유한 기업은 내재파생상품을 식별하고 분석해야 하는 규정(위의 ①과 ②의 내용)으로 인해 발생하는 비용이 부담될 수 있다. 복합계약에 공정가치선택권이 가능하다면 이러한 비용이 발생하지 않을 것이다.
내재파생상품을 포함하는 구조화된 금융상품에게 이러한 공정가치선택권은 유용하다. 구조화된 금융상품은 내재위험의 상당부분을 상쇄하는 파생상품으로 위험을 회피할 것이므로 위험을 발생시키는 내재파생상품을 분리하여 회계처리하는지에 상관없다.

• 이러한 금융상품을 회계처리하는 간편한 방법은 복합금융계약을 당기손익-공정가치로 측정하도록 공정가치선택권을 적용하는 것이다. 복잡한 금융상품의 경우 복합계약 전체를 공정가치로 측정하는 것이 분리하도록 요구하는 내재파생상품만을 공정가치로 측정하는 것보다 유의적으로 쉬울 수 있고 신뢰성도 더 높아진다.

복합계약

복합계약(hybrid contracts) 또는 복합상품(hybrid instruments)이란 파생상품이 아닌 주계약(예 : 일반채무상품이나 일반지분상품 등)에 파생요소가 결합된 계약을 말한다. 예를 들어, 전환사채는 채무상품(비파생상품)을 주계약으로 하면서 전환옵션(파생상품)이라는 파생요소가 결합된 복합계약(복합상품)이다. 이러한 복합상품에 내재된 파생상품을 내재파생상품이라 한다. 즉, 내재파생상품은 전환사채, 신주인수권부사채와 같은 복합상품에 내재된 전환옵션, 신주인수옵션, 상환옵션 및 교환옵션 등과 같은 파생요소를 말한다. 이들 복합상품의 주계약은 파생상품이 아닌 주계약(일반채권이나 단순지분상품 등)에 전환옵션이나 상환옵션과 같은 파생요소가 내재되어 있다. 이러한 복합상품의 보유자는 다른 금융자산의 분류방식과 마찬가지로 금융자산의 계약상 현금흐름과 사업모형에 따라 금융자산을 분류하되, 주계약과 내재파생요소를 분리하지 않고[24] 복합상품 전체에 대해 판단한다. 이러한 기준을 적용할 경우, 대부분의 복합상품은 내재된 파생요소로 인해 계약상 현금흐름이 SPPI 조건을 만족하지 못하게 되므로 FVPL-금융자산으로 분류하게 될 것이다.

내재파생상품은 다음의 정의와 요건을 만족해야 한다.[K-IFRS 1109 문단 4.3.1]

① 내재파생상품은 파생상품이 아닌 주계약을 포함하는 복합상품의 구성요소로 복합상품의 현금흐름 중 일부를 독립적인 파생상품의 경우와 비슷하게 변동시키는 효과를 가져온다. 내재파생상품은 내재파생상품이 포함되지 않았을 경우의 계약에 따른 현금흐름의 전부나 일부를 특정된 이자율, 금융상품가격, 일반상품가격, 환율, 가격 또는 비율의 지수, 신용등급이나 신용지수 또는 그 밖의 변수에 따라 변동시킨다.

② 내재파생상품의 해당 변수가 비금융변수인 경우는 계약의 당사자에게 특정되지

24) 반면, 복합계약이 금융부채인 경우에는 내재파생상품을 별도의 파생금융부채로 분리할지 여부를 반드시 검토해야 한다. 자세한 내용은 「3. 금융부채와 지분상품」을 참고하기 바란다.

않아야 한다. 비금융변수가 계약당사자에게 특정된다면 이는 보험계약이나 보증계약에 해당된다(예 : 건물화재보험).

③ 내재파생상품은 금융상품(복합상품)에서 독립적으로 양도할 수 없어야 한다. 만일 복합상품의 구성요소가 금융상품에 부가되어 있더라도 해당 금융상품과 독립적으로 양도할 수 있다면 그러한 파생요소는 별도의 파생상품으로 분류한다.

- 예를 들어, 분리형 신주인수권부사채에 내재된 신주인수권은 복합상품에서 분리하여 독립적으로 양도할 수 있으므로 이러한 신주인수권은 내재파생상품이 아니라 별도의 파생상품이다. 분리형 신주인수권부사채 보유자는 주계약(사채)과 파생상품을 분리하여 각각 별도의 금융자산으로 인식한다.
- 반면, 비분리형 신주인수권부사채에 부가된 신주인수옵션은 복합계약에서 분리하여 양도할 수 없으므로 내재파생상품이다. 복합상품 보유자는 주계약과 내재파생상품을 분리하지 않고 복합상품 전체를 금융자산으로 인식한다.

④ 내재파생상품은 주계약의 거래상대방과 일치해야 한다. 복합상품의 파생요소가 주계약의 거래상대방과 다르면 그 파생요소는 별도의 파생상품으로 분류한다.

- 만기이전에 조기상환을 청구할 수 있는 풋옵션부채권에 부가된 풋옵션의 거래당사자가 풋옵션부채권 발행자인 경우 그 조기상환옵션(풋옵션)은 내재파생상품이다. 이러한 복합상품 보유자는 주계약과 내재파생상품을 분리하지 않고 복합상품 전체를 금융자산으로 인식한다.
- 풋옵션부채권에 부가된 풋옵션의 거래당사자가 풋옵션부채권 발행자가 아닌 제3자인 경우 그 조기상환옵션(풋옵션)은 내재파생상품이 아니며 별도의 파생상품이다. 이러한 복합상품 보유자는 주계약과 파생상품을 분리하여 각각 별도의 금융자산으로 인식한다.

내재파생상품이 포함된 복합상품에 있어 그 복합상품이 금융자산인지, 부채인지에 따라 기준서는 다음과 같이 구분하여 설명한다.[K-IFRS 1109 문단 4.3.2~4.3.3]

① 복합상품의 주계약이 금융자산인 경우 : 비파생금융자산을 주계약으로 하는 복합상품은 그 복합상품 전체에 대해 금융자산의 분류기준에 따라 분류한다.

- 금융자산인 복합상품은 복합상품 전체의 계약상 현금흐름의 특성과 금융자산 관리를 위한 사업모형에 따라 그 금융자산을 AC - 금융자산, FVOCI - 금융자산 또는 FVPL - 금융자산으로 분류하며 내재파생상품을 별도로 분리하지 않는다(복합상품의 내재파생요소가 내재파생상품의 정의를 만족하지 못하여 별도의 파생상품

으로 판단되면 이를 분리하여 별도의 금융자산으로 인식한다).

- 대부분의 경우에 내재파생상품이 포함된 복합상품 금융자산은 SPPI 조건을 만족하지 못하므로 FVPL - 금융자산으로 분류될 것이다.
- 복합상품을 FVPL - 금융자산으로 분류할 경우, 내재파생상품을 분리하지 않는다는 뜻이 이의 공정가치를 측정하지 않음을 의미하는 것은 아니다. 즉, 최초측정 및 후속측정에 있어 복합상품의 주계약과 내재파생상품의 특성을 모두 반영하여 복합상품 전체의 공정가치를 평가하게 된다.

② 복합상품의 주계약이 금융부채 또는 지분상품인 경우 : 복합상품이 금융자산이 아닌 주계약을 포함하고 내재파생상품의 분리조건을 만족하는 경우, 내재파생상품을 주계약과 분리하여 별도의 파생상품으로 회계처리한다.

- 복합상품의 주계약이 금융자산이 아닌 주계약을 포함하는 경우, 즉 복합상품의 주계약이 금융부채 또는 지분상품인 경우 기준서에서 정한 분리요건을 충족한다면 그 내재파생상품을 분리하여 별도의 파생상품으로 처리한다.
- 내재파생상품의 분리요건을 충족하지 못한 복합상품은 그 내재파생상품을 분리하지 않고 복합상품을 하나의 금융부채(또는 지분상품)로 처리한다.

복합상품이 금융부채(또는 지분상품)인 경우에는 내재파생상품의 분리여부를 추가로 고려해야 하고 보다 복잡한 회계적 판단을 필요로 한다. 복합상품이 금융부채(또는 지분상품)인 경우에 대해서는 「3. 금융부채와 지분상품」에서 구체적으로 살펴본다.

2.3. 금융자산의 최초측정

최초인식 시점에 모든 금융자산은 공정가치로 측정한다. 이때, 금융자산의 최초인식 시점에 거래가격은 공정가치의 최선의 추정치이다. 금융자산의 최초인식 시에 다음의 사항을 고려한다.[K-IFRS 1109 문단 5.1.1, B5.1.1~5.1.2A]

(1) 거래원가

FVPL - 금융자산이 아닌 경우라면 해당 금융자산의 취득과 직접 관련되는 거래원가는 공정가치에 가산한다. FVPL - 금융자산은 후속적으로 공정가치로 측정하게 되므로 금융자산의 취득과 직접 관련되는 비용을 공정가치에 가산하는 방법과 그 비용을 당기비용으로 처리하는 방법 간에 당기손익에 미치는 차이가 없으므로 FVPL - 금융자산의 거래원가는 최초인식 시점의 공정가치에서 가산하지 않고 즉시 비용처리한다.

금융자산의 최초인식 시에 취득과 직접 관련되는 거래원가는 공정가치에 가산한다. 이때, 「거래원가」에는 대리인(판매대리인 역할을 하는 종업원을 포함), 고문, 중개인, 판매자에게 지급하는 수수료와 중개수수료, 감독기구와 증권거래소의 부과금과 양도세 등이 포함된다. 거래원가에는 채무할증액, 채무할인액, 금융원가, 내부관리원가, 내부보유원가는 포함되지 아니한다.[K-IFRS 1109 B5.4.8]

In-depth **거래원가가 있는 경우의 최초측정** [K-IFRS 1109 E1]

FVPL-금융자산으로 분류하지 아니하는 금융자산의 거래원가는 최초 인식시점의 공정가치에 가산한다. 금융부채의 거래원가는 최초 인식시점의 공정가치에서 차감한다.

- AC-금융자산의 거래원가는 후속적으로 유효이자율법을 사용하여 상각후원가를 계산할 때 포함하여 실질적으로 금융상품의 존속기간에 걸쳐 상각하여 당기손익에 반영한다.
- FVOCI-금융자산의 거래원가는 재측정시 공정가치변동의 일부분으로 기타포괄손익으로 인식한다. FVOCI-금융자산의 거래원가는 유효이자율법으로 상각하여 당기손익으로 인식하므로 실질적으로 금융상품의 기간에 걸쳐 상각하여 당기손익에 반영한다.
- 금융상품을 양도하거나 처분할 때 생길 것으로 예상되는 거래원가는 금융상품의 측정에 포함하지 아니한다.

예 제 **거래원가가 있는 채무상품인 금융자산의 최초측정**

기업A는 원리금만으로 구성된 회사채(채무상품)를 취득하였다. 회사채는 활성시장에서 거래되지 않는다. 기업은 이 회사채를 계약상 현금흐름을 수취할 목적으로 보유하는 사업모형에 따라 AC-금융자산으로 분류하기로 한다. 회사채의 계약상 현금흐름의 내용은 다음과 같다.

- 액면금액 : 10,000원, 액면이자율 : 연 2.0%(200원), 만기 : 3년
- 매입금액 : 9,445원(시장이자율 : 4.0%)

기업은 이 회사채를 취득하면서 거래중개인에게 수수료로 50원을 지급하였다.

- 이 회사채의 매입가격은 시장이자율 4.0%가 반영된 9,445원이나, AC-금융자산의 취득에 직접 관련되는 거래원가(50원)는 공정가치에 가산한다.
- 이 회사채의 최초측정가격은 거래원가를 가산한 9,495원(=9,445원+50원)이 되며, AC-금융자산 최초측정과 계약상 현금흐름의 현재가치를 일치시키는 유효이자율은 다음과 같이 3.81%로 조정된다.

	현재시점	1년 후	2년 후	만기
현금흐름	-9,495	200	200	10,200
유효이자율	3.81%			

예 제 FVOCI－금융자산의 거래원가 [K-IFRS 1109 B5.2.2]

기업은 금융자산을 100원에 취득하면서 매입수수료 2원을 지출하였다. 기업은 이 금융자산을 FVOCI - 금융자산으로 분류하기로 한다.

- 기업은 최초에 이 금융자산을 취득금액과 거래원가(매입수수료)를 합한 금액인 102원으로 인식한다.
- 다음 보고기간 종료일은 1일 후인데 그 시점의 금융자산의 활성시장 공시가격은 98원이다. 금융자산이 처분된다면 3원의 수수료가 지급될 것이다.
- 보고기간 종료일 현재 금융자산은 처분할 때 예상되는 수수료를 고려하지 아니한 98원으로 측정하고 공정가치변동액(손실) 4원(= 98원 - 102원)은 기타포괄손익으로 인식한다. 금융자산을 FVOCI - 금융자산으로 측정한다면 거래원가는 유효이자율법에 따라 상각하여 당기손익으로 인식한다.

(2) 거래가격에 다른 대가가 포함되어 있는 경우

최초 인식시점에 금융상품의 공정가치는 일반적으로 거래가격이다. 그러나 제공하거나 수취한 대가 중 일부가 금융상품이 아닌 다른 것의 대가라면 금융상품의 공정가치를 측정한다.

- 예를 들어, 이자를 지급하지 아니하는 장기대여금이나 장기수취채권의 공정가치는 비슷한 신용등급을 가진 비슷한 금융상품(통화, 기간, 이자율유형, 그 밖의 요소에 관하여 비슷함)의 시장이자율로 할인한 미래 모든 현금수취액의 현재가치로 측정할 수 있다. 추가로 지급한 금액이 어떤 형태로든 자산의 인식기준을 충족하지 못하면 해당 금액은 비용으로 인식하거나 수익에서 차감한다.
- 시장이자율보다 낮은 이자율(예 : 비슷한 대여금의 시장이자율이 8%일 때 5%의 이자율)로 대여하고, 그 대가로 미리 수수료를 받는다면 대여금은 공정가치(수취하는 수수료를 차감한 후 순액)로 인식한다.

(3) 공정가치와 거래가격이 다를 경우

최초 인식시점에 금융자산의 공정가치가 거래가격과 다를 경우가 있는데 일반적으로 최초 인식시점에 금융자산 공정가치의 최선의 증거는 거래가격[25])이다. 최초인식 시

25) 거래가격은 자산을 취득하면서 지급하거나 부채를 인수하면서 받는 가격(유입가격)이다. 이와 반대로 자산이나 부채의 공정가치는 자산을 매도할 때 받거나 부채를 이전할 때 지급하게 될 가격(유출가격)이다. 자산을 취득하기 위해 지급할 가격으로 반드시 자산을 매도하는 것은 아니다.[K-IFRS 1113 문단 57]

점에 금융자산의 공정가치가 거래가격과 다르다면[26] 다음과 같이 회계처리한다. [K-IFRS 1109 문단 5.1.1~1A, B5.1.2A]

① 자산이나 부채의 활성시장의 공시가격(〈수준1〉 투입변수)에 따라 입증되거나 관측 가능한 시장의 자료만을 사용하는 평가기법(〈수준2〉 투입변수)에 기초한 공정가치라면 그 금융자산을 공정가치로 회계처리한다. 최초인식 시점에 공정가치와 거래가격 간의 차이는 손익으로 인식한다.

② 그 밖의 모든 경우에는 최초인식 시점의 공정가치와 거래가격 간의 차이를 이연하기 위해 공정가치측정치에서 그러한 차이를 조정하여 회계처리한다. 최초 인식 후에는 시장참여자가 자산이나 부채의 가격을 결정하는 데에 고려하는 요소(시간 포함)의 변동에서 생기는 정도까지만 이연된 차이를 손익으로 인식한다.

지금까지 설명한 금융자산의 최초인식방법을 요약 정리하면 다음과 같다.

① 금융자산은 최초인식 시점에 공정가치로 측정한다.

② 최초인식 시점에 금융자산의 공정가치는 일반적으로 거래가격이다.

③ FVPL - 금융자산을 제외한 금융자산의 취득과 직접 관련되는 거래원가는 금융자산의 공정가치에 가산한다.

④ 최초인식 시점의 거래가격에 금융상품 이외의 대가가 포함되어 있다면 금융상품의 공정가치를 측정한다.

⑤ 최초인식 시점에 금융자산의 공정가치와 거래가격이 다르다고 결정한다면 다음과 같이 회계처리한다.

㉠ 〈수준1〉 및 〈수준2〉 투입변수에 따라 측정된 공정가치가 거래가격과 다르다면 그 차이를 최초인식 시점에 즉시 당기손익으로 인식한다.

㉡ 〈수준1〉 및 〈수준2〉 투입변수 외의 투입변수에 따라 측정된 공정가치가 거래가격과 다르다면 그 금융자산의 최초인식은 거래가격으로 인식하고 그 차이는 이연한다.

---

26) 최초 인식시점에 금융자산 공정가치의 최선의 증거는 거래가격이나 실무적으로는 최초 인식시점에 금융자산의 공정가치(수준 3으로 측정된 공정가치 포함)와 거래가격이 다른 경우가 종종 발생한다. 공정가치(수준 3으로 측정된 공정가치 포함)와 거래가격이 다른 경우가 발생하는 실무적인 이유와 그에 따른 회계처리방법에 대한 구체적인 설명은 「제2장 공정가치측정」을 참고하기 바란다.

예 제 거래가격과 공정가치가 다른 경우의 최초측정

기업A는 한국거래소에서 거래되며 매일의 가격이 공시되는 보통주를 기업B로부터 블록딜 방식으로 주당 2,000원에 매입하였다. 이 보통주의 거래당일 종가는 2,200원이다. 기업B는 보통주를 장내에서 매도할 경우 일시적인 가격하락 위험이 있으므로 공시가격보다 할인된 금액으로 매도하기로 하였다.

- 보통주는 일반적으로 SPPI 조건을 만족하지 못하므로 기업A는 사업모형과 관계없이 FVPL - 금융자산으로 분류하고 공정가치로 최초측정한다.
- 보통주의 거래가격(2,000원)은 공정가치(2,200원)보다 낮은 금액으로 거래되었으며 거래가격과 공정가치의 차이는 금융상품의 고유특성이 아닌 거래특성이다. 따라서, 기업은 이 보통주를 〈수준1〉 투입변수로 측정된 공정가치로 최초측정하고 거래가격과 공정가치의 차이(200원)는 측정일에 즉시 당기손익으로 처리한다.

2.4. 금융자산의 후속측정

최초인식 후에는 금융자산을 금융자산의 분류명칭에 따라 다음 중 하나로 측정한다.[K-IFRS 1109 문단 5.2.1]

① AC - 금융자산

② FVOCI - 금융자산

③ FVPL - 금융자산

금융자산 분류에 따른 후속측정을 요약하면 다음과 같다.

금융자산분류	상품유형	후속측정	이자수익	공정가치변동액	손상	제거
AC - 금융자산	채무상품	상각후원가	유효이자	N/A	인식	당기손익
FVOCI - 금융자산	채무상품	공정가치	유효이자	기타포괄손익	인식	당기손익
	지분상품 (FVO)	공정가치	N/A	기타포괄손익	N/A	기타포괄손익
FVPL - 금융자산	채무상품	공정가치	유효이자	당기손익	N/A	당기손익
	기타금융자산	공정가치	N/A	당기손익	N/A	당기손익

공정가치로 측정하는 금융자산의 공정가치변동분은 당기손익으로 인식한다. 다만, FVOCI - 금융자산의 공정가치변동분은 기타포괄손익으로 인식한다. 공정가치로 측정하

는 금융자산의 손익은 다음의 경우를 제외하고는 당기손익으로 인식한다.[K-IFRS 1109 문단 5.7.1]

① 위험회피관계가 적용되는 경우

② 지분상품에 대한 투자로서 공정가치선택권이 적용되어 그 투자손익을 기타포괄손익으로 표시하도록 선택한 경우

③ FVPL 측정 항목으로 지정한 금융부채로서 그 부채의 신용위험 변동 효과를 기타포괄손익으로 표시하는 경우(금융부채 관련)

④ FVOCI - 금융자산으로 공정가치변동을 기타포괄손익으로 인식해야 하는 경우

만일, 이전에 금융자산을 FVPL - 금융자산으로 측정하고 그 공정가치가 영(0) 이하로 줄어든다면 해당 금융상품은 금융부채가 된다. 그러나 금융자산을 주계약으로 하는 복합계약은 항상 복합계약에 대한 기준서의 처리방법(해당 복합계약 전체에 대해 금융자산의 분류와 측정)에 따라 측정한다.[K-IFRS 1109 B5.2.1]

AC - 금융자산

AC - 금융자산은 최초인식 후 후속적으로 유효이자율법을 적용하여 이자수익을 인식한다. 「유효이자율법」은 금융자산의 상각후원가를 계산하고 관련기간에 이자수익을 당기손익으로 인식하고 배분하는 방법을 말한다. 「유효이자율」은 금융자산의 기대존속기간에 추정미래현금지급액이나 수취액의 현재가치를 금융자산의 「총 장부금액」과 정확히 일치시키는 이자율을 말한다. 유효이자율 계산시에는 다음 사항을 고려한다.[K-IFRS 1109 부록A]

① 유효이자율을 계산할 때 해당 금융자산의 모든 계약조건(예 : 중도상환옵션, 연장옵션, 콜옵션 및 이와 비슷한 옵션)을 고려하여 기대현금흐름을 추정한다. 그러나 기대신용손실은 고려하지 아니한다.

② 유효이자율의 주요 구성요소에 해당하는 계약당사자 간에 지급·수취하는 수수료와 포인트, 거래원가 및 그 밖의 모든 할증액과 할인액을 반영하여 유효이자율을 계산한다.

③ 비슷한 금융자산 집합의 현금흐름과 기대존속기간은 신뢰성 있게 추정할 수 있다고 본다. 그러나 금융자산(또는 비슷한 금융자산의 집합)에 대한 현금흐름이나 기대존속기간을 신뢰성 있게 추정할 수 없는 드문 경우에는 전체 계약기간의 계약상 현금흐름을 사용하여 유효이자율을 구한다.

예 제　영구채무상품의 총 장부금액 [K-IFRS 1109 B.24]

발행자가 총 장부금액을 상환할 의무가 없으며 상각후원가로 측정하여야 하는 채무상품을 매입하거나 발행하는 경우가 있다. 이자율이 고정이자율이나 변동이자율일 수 있다. 이자율이 확정되거나 시장에 기초한 변동이자율로 정해진 경우에 최초인식시점에 지급하거나 수취한 금액과 만기금액인 영(0)의 차이는 상각후원가의 산정을 위하여 최초인식시점에 즉시 상각되어야 하는가?

- 그렇지 않다. 총 장부금액을 상환하지 않기 때문에 이자율이 확정되었거나 시장에 기초한 변동이자율로 정해진 경우에 최초의 금액과 만기금액과의 차이는 상각할 필요가 없다. 이자지급액이 확정되거나 시장에 기초해 정해지고 해당 이자가 영구히 지급될 것이기 때문에 상각후원가(일련의 미래현금지급액을 유효이자율로 할인한 현재가치)는 매 기간별 총 장부금액과 같다.

(1) 유효이자율법[27]

금융자산에 대해 유효이자율법을 적용할 때에는 유효이자율의 주요 구성요소에 해당하는 수수료를 식별한다. 금융자산을 공정가치로 측정하고 공정가치의 변동을 당기손익으로 인식하는 경우를 제외하고는 금융자산 유효이자율의 주요 구성요소에 해당하는 수수료는 〈유효이자율의 조정〉으로 처리한다. 금융자산을 공정가치로 측정하고 공정가치의 변동을 당기손익으로 인식하는 경우에는 그 수수료는 해당 금융자산을 최초로 인식할 때 수익이나 비용으로 인식한다.[K-IFRS 1109 B5.4.1]

AC-금융자산의 후속측정과 관련된 유효이자율의 주요 구성요소에 해당하는 〈수수료〉는 다음을 포함한다.[K-IFRS 1109 B5.4.2]

① 금융자산을 창출하거나 취득할 때 수취하는 개설수수료
- 이러한 수수료는 차입자 재무상태의 평가, 보증, 담보 및 그 밖의 보장약정의 평가와 기록, 금융상품의 조건협상, 문서작성과 처리, 거래종결과 같은 활동에 대한 보상을 포함할 수 있다. 이 수수료는 해당 금융자산에 대한 관여를 발생시키는 주요 구성요소이다.

② 대출약정을 FVPL-금융부채로 측정하지 않고 특정 대여약정을 체결할 가능성이 높은 경우로서 대여금을 창출하기 위해 기업이 수취하는 약정수수료
- 이러한 수수료는 금융자산의 취득에 대한 지속적 관여의 보상으로 본다. 회사

27) 기준서는 금융자산과 금융부채의 유효이자율에 대해 함께 설명하고 있는데 여기서는 금융자산과 관련된 내용만 추려서 기술한다. 금융부채와 관련된 유효이자율은 「3. 금융부채와 지분상품」을 참고하기 바란다.

가 대출을 실행하지 아니하고 해당 약정이 만료되는 경우에는 그 수수료는 약정이 만료될 때 수익으로 인식한다.

In-depth **유효이자율의 구성요소가 아닌 수익으로 처리하는 수수료** [K-IFRS 1109 B5.4.3]

AC-금융자산에 대해 유효이자율을 측정함에 있어 일부 수수료는 유효이자율의 구성요소가 아닌 별도의 수익으로 인식하는 항목들이 있다. 금융자산 유효이자율의 주요 구성요소에 해당하지 않고 수익인식에 관한 기준서(K-IFRS 1115호)에 따라 회계처리하는 수수료는 다음을 포함한다.

① 대여금의 관리 용역에 부과하는 수수료

② 대출약정을 FVPL-금융부채로 측정하지 않고 특정 대여약정을 체결할 가능성이 낮은 경우에 대여금을 창출하기 위한 약정수수료

③ 신디케이트론을 주선하지만 그 중 어떤 부분도 자신의 대여금으로 보유하지 아니하는 경우(또는 그 밖의 참여자로서 비교 가능한 위험에 대해 같은 유효이자율로 일부를 보유하는 경우)에 수취하는 신디케이트론 주선 수수료

AC-금융자산을 유효이자율법으로 후속측정함에 있어 유효이자율의 계산에 반영되는 수수료 등[28]을 해당 금융자산의 기대존속기간에 걸쳐 상각한다. 단, 이러한 수수료 등과 관련된 기간이 기대존속기간보다 더 짧은 경우에는 그 짧은 기간을 사용한다. 수수료 등과 관련된 변수가 해당 금융자산의 기대만기가 도래하기 전에 시장에서 적용되는 요율로 재결정되는 경우가 이에 해당할 수 있을 것이다. 이 경우 적절한 상각기간은 다음 재결정일까지가 된다.[K-IFRS 1109 B5.4.4]

- 예를 들어, 변동금리부 금융자산의 할증액이나 할인액이 마지막 이자지급일 후에 발생하는 이자를 반영하거나 시장이자율에 따라 변동이자율을 재결정한 날 후의 시장이자율 변동을 반영한다면 그 할증액이나 할인액은 다음 재결정일까지 상각한다. 이는 다음 이자율 결정일에 할증액이나 할인액과 관련된 변수, 즉 이자율이 시장이자율에 따라 재결정됨에 따라 할증액이나 할인액은 다음의 이자율 재결정일까지의 기간과 관련되기 때문이다.
- 그러나 할증액이나 할인액이 해당 금융자산에 특정된 변동이자율의 신용위험 가산율의 변동으로 생기거나 시장이자율에 따라 재결정되는 변수가 아닌 그 밖의 변수의 변동으로 생긴다면 그 할증액이나 할인액은 금융자산의 기대존속기간에 상각한다.

---

28) 수수료 등 : 수수료 및 수수료 외에 지급되었거나 수취한 포인트, 거래원가 및 그 밖의 할증액이나 할인액을 포함한다.

AC - 금융자산은 최초측정 시점에 유효이자율이 결정되며 금융상품의 잔여존속기간에 걸쳐 그 유효이자율을 사용하는 것이 일반적이다. 그러나 어떤 경우에는 유효이자율이 조정되어야 할 경우가 있다.[K-IFRS 1109 B5.4.5~5.4.7]

- 시장이자율의 변동을 반영하기 위하여 변동금리부 금융자산의 현금흐름을 주기적으로 재추정하는 경우에는 유효이자율이 변동된다. 최초인식 시점에 변동금리부 금융자산이 만기에 수취할 원금이나 지급할 원금과 같은 금액으로 인식된다면 미래이자지급액의 재추정은 금융자산의 장부금액에 유의적인 영향을 미치지 않는다.
- 금융자산의 현금흐름에 대한 추정을 변경하는 경우(계약상 현금흐름의 변경과 기대신용손실에 대한 추정의 변경은 제외) 실제 현금흐름과 변경된 계약상 추정현금흐름을 반영하여 해당 금융자산의 총 장부금액을 조정한다. 이때 해당 금융자산의 최초 유효이자율로 계약상 추정미래현금흐름의 현재가치를 계산하는 방식으로 금융자산의 총 장부금액을 재계산한다. 이러한 조정금액은 수익이나 비용으로서 당기손익으로 인식한다.

예 제　AC – 금융자산 후속측정　[K-IFRS 1109 B.26, 저자일부수정]

AC - 금융자산의 총 장부금액은 유효이자율법을 사용하여 계산한다. 금융상품에 내재된 유효이자율은 해당 금융상품의 기대존속기간이나 적절하다면 더 짧은 기간에 금융상품과 관련된 추정현금흐름의 현재가치를 최초인식 시점의 총 장부금액과 정확히 일치시키는 이자율이다. 유효이자율을 계산할 때에는 지급하거나 수취하는 수수료와 포인트(유효이자율의 주요 구성요소에 한함), 직접적으로 관련된 거래원가와 그 밖의 할증액과 할인액 등을 반영한다.

기업은 남은 기간이 5년인 채무상품을 거래원가를 포함하여 공정가치 1,000원에 매입하였다. 이 채무상품에 대한 내용은 다음과 같다.

① 금융상품의 계약상 액면금액은 1,250원이고 연 4.7%의 확정이자(매년 59원 = 1,250원 × 4.7%)가 지급된다.

② 계약에 따라 차입자는 금융상품을 액면금액으로 중도상환할 수 있는 권리를 갖고 있으며 중도상환권을 행사하는 경우에 중도상환위약금은 부과되지 않는다. 최초취득시점에 기업A는 차입자가 중도상환권을 행사하지 아니할 것으로 예상하며 금융자산의 최초인식 시점에 중도상환할 수 있는 권리의 공정가치가 경미하다고 판단한다.

기업은 이 채무상품을 AC - 금융자산으로 분류하고 유효이자율법에 따라 후속측정한다.

- 장부금액의 일정한 비율로 채무상품의 존속기간에 이자수취액과 최초 할인액을 배분하기 위해서는 이자수취액과 최초 할인액이 연 10%의 이자율로 발생되어야 한다는 것을 보일 수 있다.(계약상 현금흐름의 현재가치와 최초측정금액을 일치시키는 이자율 10%는 엑셀프로그램을 통해 산출할 수 있다)

• 아래 표는 채무상품의 매 보고기간별 총 장부금액, 이자수익 및 이자현금흐름에 대한 정보를 제공한다.

	기초총장부금액	이자수익	이자현금흐름	상각액	기말총장부금액
20×0	1,000	100	59	41	1,041
20×1	1,041	104	59	45	1,086
20×2	1,086	109	59	50	1,136
20×3	1,136	114	59	55	1,190
20×4	1,190	119	59	60	1,250

20×2년 초에 기업은 현금흐름에 대한 추정을 변경하여 20×2년 말에 계약상 액면금액의 50%가 중도상환되고 나머지 50%는 20×4년 말에 상환될 것으로 예상한다.

• 이에 따라, 기업은 20×2년의 채무상품의 총 장부금액을 조정한다(문단 B5.4.6).

• 총 장부금액은 20×2년도와 그 후의 기간에 수취할 것으로 예상하는 금액을 최초 유효이자율(10%)로 할인하여 재계산한다.

• 최초 유효이자율(10%)에 따라 이후 기간의 예상현금흐름을 현재가치로 재계산한 결과, 20×2년초의 새로운 총 장부금액은 아래와 같이 1,138원이 된다. 조정된 52원(= 1,138원 - 1,086원)은 20×2년도의 당기손익으로 기록한다.

	20×2초	20×2말	20×3말	20×4말
원 금		625	-	625
이 자		59	30	30
합 계		684	30	655
현가계수		0.9091	0.8265	0.7513
현재가치	1,138	622	24	492

• 아래 표는 이러한 추정의 변경을 고려하여 조정된 총 장부금액, 이자수익, 이자현금흐름에 대한 정보를 제공한다.

	기초총장부금액	이자수익	이자현금흐름	상각액	중도상환	기말총장부금액
20×0	1,000	100	59	41	-	1,041
20×1	1,041	104	59	45	-	1,086
20×2	1,138	114	59	55	-625	568
20×3	568	57	30	27	-	595
20×4	595	60	30	30	-	625

(2) 이자수익

AC-금융자산의 이자수익은 금융자산의 총 장부금액에 유효이자율을 적용하는 유효이자율법으로 계산하되, 다음의 경우는 제외한다.[K-IFRS 1109 문단 5.4.1~2]

① 최초 발생시점이나 매입할 때 신용이 손상되어 있는 금융자산(취득시 신용이 손상되어 있는 금융자산) : 최초인식 시점부터 상각후원가에 신용조정 유효이자율을 적용한다.

② 취득 시 신용이 손상되어 있는 금융자산은 아니지만 후속적으로 신용이 손상된 금융자산 : 후속 보고기간에 상각후원가에 유효이자율을 적용한다.

AC-금융자산의 상각후원가에 유효이자율법을 적용하여 이자수익을 계산하는 경우에는 해당 금융자산의 신용위험이 개선되어 더는 신용이 손상된 것으로 볼 수 없고, 그 개선이 후속적으로 신용이 손상된 금융자산의 요구사항을 적용한 이후에 발생한 사건과 객관적으로 관련된다면(예 : 차입자의 신용등급 개선) 후속보고기간에 총장부금액에 유효이자율을 적용하여 이자수익을 계산한다.

금융자산의 최초 인식시점에 신용위험이 매우 높아서 크게 할인한 가격으로 매입했기 때문에 최초 인식시점에 AC-금융자산의 신용이 손상된 것으로 보는 경우가 있다. 취득시 신용이 손상되어 있는 AC-금융자산에 대한 신용조정 유효이자율을 계산할 때에는 추정미래현금흐름에 최초의 기대신용손실을 포함한다. 그러나 최초 인식시점에 금융자산의 신용위험이 높다는 이유만으로 신용조정 유효이자율을 적용해야 하는 것은 아니다.

(3) 계약상 현금흐름의 변경

AC-금융자산의 계약상 현금흐름이 재협상되거나 변경되었으나 그 금융자산이 〈제거〉되지 아니하는 경우에는 해당 금융자산의 총 장부금액을 재계산하고 변경손익을 당기손익으로 인식한다.[K-IFRS 1109 문단 5.4.3]

- 금융자산의 총 장부금액이 재협상되거나 변경된 계약상 현금흐름을 그 금융자산의 최초 유효이자율(또는 취득 시 신용이 손상되어 있는 금융자산의 경우에는 신용조정 유효이자율) 또는 (공정가치 위험회피에 해당되는 경우) 수정 유효이자율로 할인한 현재가치로 재계산한다. 발생한 원가나 수수료는 변경된 금융자산의 장부금액에 반영하여 금융자산의 남은 존속기간에 상각한다.

AC-금융자산의 계약상 현금흐름이 변경되는 이유는 여러 가지가 있을 수 있다. 계약상 현금흐름의 변경은 시장상황이나 계약조건에 따라 변경될 수도 있고 발행자의 신용위험이 증가했을 수도 있다. 보유자는 금융자산의 계약상 현금흐름이 재협상되거나 변경되지만 그 금융자산이 제거되지 않는다면 금융상품의 신용위험이 유의적으로 증가하였는지를 다음의 사항을 비교하여 평가한다.[K-IFRS 1109 문단 5.5.12]

① 보고기간 말의 채무불이행 발생 위험(변경된 계약조건에 기초함)

② 최초인식 시점의 채무불이행 발생 위험(변경되기 전 최초 계약조건에 기초함)

이때, AC-금융자산의 계약상 현금흐름이 재협상되거나 변경되지만 제거되지 않는다고 해서 자동적으로 금융자산의 신용위험이 낮다고 보는 것은 아니다. 과도한 원가나 노력 없이 이용할 수 있는 합리적이고 뒷받침될 수 있는 모든 정보에 기초하여 최초인식 후에 신용위험이 유의적으로 증가하였는지를 평가해야 한다.[K-IFRS 1109 B5.5.27]

- 이에는 과거정보, 미래전망정보, 금융자산 기대존속기간의 신용위험 평가를 포함하며 변경을 초래한 상황정보도 포함된다. 전체기간 기대신용손실의 인식조건을 더는 충족하지 않는 증거로는 변경된 계약조건에 따라 제때 지급한 최근까지의 실적을 들 수 있다.
- 고객이 일정기간에 계속해서 제때 지급하고 있다는 것을 입증해야 신용위험이 줄어든 것으로 본다. 계약조건의 변경 후에 단순히 제때 한 번 지급했다고 해서 일반적으로 과거의 미지급이나 불완전한 지급 실적이 지워지지는 않는다.

예 제 계약상 현금흐름의 변경 [K-IFRS 1109 IE66~73]

은행A는 만기에 계약상 잔액 전체의 상환을 요구하는 5년 만기 대출채권을 창출한다. 매년 5%의 이자를 지급하며 계약상 액면금액은 1,000원이다. 유효이자율은 5%이다. 첫 번째 보고기간(기간1) 말에 은행A는 최초인식 후에 신용위험이 유의적으로 증가하지 않았으므로 12개월 기대신용손실에 해당하는 금액(20원)으로 손실충당금을 인식한다.

- 은행A는 후속 보고기간(기간2)에 대출채권의 신용위험이 최초 인식 후에 유의적으로 증가하였다고 판단한다. 따라서 은행A는 해당 대출채권에 전체기간 기대신용손실을 인식한다. 해당 손실충당금 잔액은 30원이다.
- 은행A는 세 번째 보고기간(기간3) 말에 차입자의 유의적인 재무적 어려움에 따라 해당 대출채권의 계약상 현금흐름을 변경한다. 계약상 만기를 1년 연장하여 변경일에 남은 기간은 3년이 된다. 은행A는 이러한 변경에도 해당 대출채권을 제거하지 않는다.
- 은행A는 이러한 변경에 따라 변경된 계약상 현금흐름을 해당 대출채권의 최초 유효이자율인 5%로 할인한 현재가치로 총 장부금액을 재계산한다. 기준서의 문단 5.4.3에 따라

재계산한 총 장부금액과 변경 전 장부금액의 차이는 변경손익으로 인식한다. 은행A는 해당 대출채권의 총 장부금액에 대한 변경손실 300원을 당기손익으로 인식하고 총 장부금액을 700원으로 줄인다.

- 은행A는 변경된 계약상 현금흐름을 고려하여 손실충당금도 재측정하고, 해당 대출채권의 손실충당금을 전체기간 기대신용손실에 해당하는 금액으로 계속 인식해야 하는지를 평가한다. 은행A는 (변경된 현금흐름을 고려한) 현재의 신용위험과 (최초의 변경되지 아니한 현금흐름에 대한) 최초인식 시점의 신용위험을 비교한다. 은행A는 보고기간 말에 해당 대출채권의 신용이 손상되지 않았다고 판단하지만 최초인식 시점의 신용위험에 비해 신용위험이 여전히 유의적으로 증가하였으므로 계속 전체기간 기대신용손실에 해당하는 금액으로 손실충당금을 인식한다. 보고기간 말에 전체기간 기대신용손실에 대한 손실충당금 잔액은 100원이다.

기간	기초총 장부금액	손상	변경손익	이자수익	현금흐름	기말총 장부금액	손실충당금	기말 상각후원가
	A	B	C	D 총액 : A×5%	E	F = A+C +D-E	G	H= F-G
1	1,000원	(20)원		50원	50원	1,000원	20원	980원
2	1,000원	(10)원		50원	50원	1,000원	30원	970원
3	1,000원	(70)원	(300)원	50원	50원	700원	100원	600원

- 은행A는 후속 보고기간 말마다 기준서 문단 5.5.12에 따라 해당 대출채권의 최초인식 시점의 신용위험(최초의 변경되지 아니한 현금흐름에 기초)과 보고기간 말의 신용위험(변경된 현금흐름에 기초)을 비교하여 신용위험이 유의적으로 증가하였는지를 평가한다.
- 해당 대출채권의 변경 후 두 보고기간이 경과되어(기간5) 차입자가 변경일의 예상과 비교할 때 당초 사업계획의 성과를 유의적으로 초과달성하였다. 또 사업전망이 과거 예상에 비해 긍정적이다. 은행A는 과도한 원가나 노력 없이 이용할 수 있는 합리적이고 뒷받침될 수 있는 모든 정보를 평가한 결과 대출채권의 전반적인 신용위험이 줄어들었으며 기대존속기간에 채무불이행 발생 위험이 줄어들었음을 나타내므로 보고기간 말에 차입자의 내부 신용등급을 조정한다.
- 은행A는 긍정적인 전반적 개선을 고려하여 상황을 다시 평가하고 해당 대출채권의 신용위험이 줄어들었으며 최초 인식 후에 신용위험의 유의적인 증가가 더는 없다고 결론 내린다. 따라서 은행A는 다시 12개월 기대신용손실에 해당하는 금액으로 손실충당금을 측정한다.

AC - 금융자산 전체나 일부의 회수를 합리적으로 예상할 수 없는 경우에는 해당 금융자산의 총장부금액을 직접 줄인다. 제각은 금융자산을 제거하는 사건으로 본다. 금융자산의 제거에 대해서는 별도로 설명한다.

FVOCI - 금융자산

FVOCI - 금융자산의 후속측정에 따른 손익은 금융자산을 제거하거나 재분류할 때까지 기타포괄손익으로 인식한다.(단, 손상차손 및 환입과 외환손익은 제외) 금융자산을 제거할 때에는 인식한 기타포괄손익누계액을 재분류 조정으로 자본에서 당기손익으로 재분류한다. FVOCI - 금융자산에 대해 유효이자율법을 사용하여 계산한 이자는 당기손익으로 인식한다.[K-IFRS 1109 문단 5.7.10~11]

- FVOCI - 금융자산으로 측정하는 경우에 당기손익으로 인식하는 금액은 그 금융자산을 AC - 금융자산으로 측정하였더라면 당기손익으로 인식하였을 금액과 같다.

FVOCI - 금융자산은 계약상 현금흐름 수취와 매도 둘 다를 사업모형으로 하는 경우의 금융자산으로 후속적으로 공정가치로 측정한다. 후속적으로 공정가치를 측정하여 공정가치변동분을 기타포괄손익으로 인식하되, FVOCI - 금융자산의 계약상 현금흐름은 원리금이므로 이자수익에 대해서는 AC - 금융자산과 동일하게 유효이자율법을 이용하여 이자수익을 인식한다.

- 기업이 금융자산을 AC - 금융자산으로 분류하든, FVOCI - 금융자산으로 분류하든 후속적으로 측정하는 당기손익은 유효이자율법에 의한 이자수익으로 같다.
- 후속적으로 FVOCI - 금융자산을 공정가치로 측정함에 따라 장부금액이 변동되더라도 이후 후속측정에서 공정가치로 후속측정된 장부금액에 기초해 유효이자율을 재계산하거나 공정가치로 후속측정된 장부금액에 최초의 유효이자율을 적용하는 것이 아니라 최초측정된 장부금액에 유효이자율을 이용하여 이자수익을 계산한다. 이에 따라 AC - 금융자산과 FVOCI - 금융자산에 후속적으로 측정되는 당기손익은 같다.

예 제　FVOCI - 금융자산의 후속측정

기업은 보고기간 초(1월 1일)에 회사채(확정금리 채무상품)를 매입하였다. 기업은 회사채의 계약상 현금흐름 수취와 매도 둘 다를 목적으로 하는 사업모형에 따라 FVOCI - 금융자산으로 분류하였으며 금융자산의 만기까지 보유하였다.

회사채의 내용은 다음과 같다. 거래원가는 없다.

- 액면금액 : 10,000원, 액면이자율 : 연 2%, 만기 : 3년
- 취득금액 : 9,445원(시장이자율 연 4% 반영)

한편, 이 회사채의 후속보고기간의 공정가치측정결과는 다음과 같다.

- 1기말 공정가치 : 9,267원(잔존기간 2년, 시장이자율 6.0% 반영)
- 2기말 공정가치 : 9,714원(잔존기간 1년, 시장이자율 5.0% 반영)
- 만기 공정가치 : 만기 공정가치는 만기상환금액과 일치한다.
- 기업은 이 회사채를 9,445원으로 최초측정한다. 또한, 유효이자율법에 따른 후속측정의 결과로 매 보고기간에 보고하는 이자수익은 아래의 유효이자 해당금액이다.

	기초장부금액	유효이자	액면이자	상각액	기말장부금액
최초측정					9,445
1기	9,445	378	200	178	9,623
2기	9,623	385	200	185	9,808
3기	9,808	392	200	192	10,000

- 기업은 매보고기간에 아래의 공정가치변동액을 기타포괄손익으로 보고한다.

	시장이자율	공정가치	장부금액	공정가치변동액
최초측정	4.0%	9,445	9,445	-
1기말	6.0%	9,267	9,623	-356
2기말	5.0%	9,714	9,808	-93
3기말			10,000	450

FVPL - 금융자산

FVPL - 금융자산의 공정가치변동분은 후속적으로 당기손익으로 인식한다.[K-IFRS 1109 문단 5.7.1] 금융자산의 계약상 현금흐름이 SPPI 조건을 만족하지 못할 경우 사업모형에 관계없이 FVPL - 금융자산으로 분류되며 이 경우 기업은 후속적으로 공정가치를 측정하여 당기손익으로 인식한다.

- 공정가치측정은 공정가치 서열체계의 순서대로 활성시장의 공시가격(〈수준1〉과 〈수준2〉 투입변수)이 있는 경우 그 공시가격을 적용하여 공정가치를 측정하며, 그러한 공시가격을 구할 수 없다면 이익접근법 또는 시장접근법과 같은 가치평가기법을 사용한다.

본서는 기준서에서 정한 내용에 따라 다양한 유형의 금융상품의 공정가치측정을 주요 내용으로 하고 있다. 후술할 다양한 유형의 금융상품의 대부분이 FVPL - 금융자산으로 분류될 것임을 가정하여 이들의 공정가치측정의 구체적이고 실무적인 방법론을 제시[29]한다. 활성시장의 공시가격을 구할 수 없다면 이러한 가치평가기법에 따라 측정된 공정가치로 FVPL - 금융자산을 후속적으로 측정해야 한다.

공정가치측정의 예외

기준서는 가격이 공시되지 않는 일부 지분상품(예 : 비상장주식)과 그러한 자산에 연계되어 있는 일부 파생상품자산에 대한 공정가치측정의 예외를 두고 있다. 원칙적으로 지분상품에 대한 모든 투자와 해당 지분상품에 대한 모든 계약은 공정가치로 측정해야 한다. 그러나 제한된 상황에서 지분상품의 원가가 공정가치의 적절한 추정치가 될 수 있다. 공정가치를 결정하기 위해 이용할 수 있는 더 최근의 정보가 불충분하거나 가능한 공정가치측정치의 범위가 넓고 그 범위에서 원가가 공정가치의 최선의 추정치를 나타낸다면 그러한 경우에 해당할 수 있다.[K-IFRS 1109 B5.2.3~6]

기준서는 원가가 공정가치의 최선의 추정치가 아님을 강조한다. 따라서, 지분상품을 원가로 측정하는 것을 원칙적으로 허용하지 않는다. 기준서는 원가가 공정가치를 나타내지 않을 수 있는 경우의 예로 다음의 경우를 들고 있다. 즉, 다음의 어느 하나에 해당될 경우 그 지분상품을 후속적으로 원가로 측정해서는 안 된다.

① 예산, 계획 및 주요 일정과 비교해 볼 때 피투자자의 성과에 유의적인 변동이 있는 경우
② 피투자자가 이룰 제품의 기술적 수준에 대한 예상이 변동한 경우
③ 피투자자의 지분이나 제품 또는 잠재 제품에 대한 시장에 유의적인 변동이 있는 경우
④ 국제 경제나 피투자자의 경제적 영업 환경에 유의적인 변동이 있는 경우
⑤ 비교 가능한 기업의 성과나 전반적인 시장에 내재된 가치평가에 유의적인 변동이 있는 경우
⑥ 피투자자에게 부정, 상업분쟁, 소송, 경영진이나 전략의 변화와 같은 내부 문제가 있는 경우
⑦ 피투자자의 지분과 관련하여 제3자간 지분상품의 이전이나 새로운 주식의 발행과 같은 피투자자가 외부와의 거래에 따른 증거가 있는 경우

위의 내용이 원가가 공정가치를 나타내지 못하는 예를 모두 망라하지 않는다. 최초인

29) 다양한 유형의 금융상품의 공정가치측정의 방법론에 대해서는 「제2장 공정가치측정」을 참고하기 바란다.

식 후에 피투자자의 성과와 영업에 관해 이용할 수 있는 모든 정보를 이용해야 한다. 그러한 관련 요소가 존재하는 경우에는 원가가 공정가치를 잘 나타내는 것이 아닐 수 있으며 그 경우 공정가치를 측정해야 한다. 원가는, 공시가격이 있는 지분상품의 투자(또는 공시가격이 있는 지분상품에 대한 계약)에 대한 공정가치의 최선의 추정치가 아니다.

활성시장 공시가격이 관측되지 않는 지분상품에 대해 제한된 상황에서 지분상품의 원가를 공정가치의 적절한 추정치로서 인정하는 예외와 관련하여 기준서가 지분상품의 인식에 대해 마치 원가법을 인정하는 것으로 오해하지 않기를 바란다.

- 지분상품의 원가를 공정가치의 적절한 추정치로 인정한다는 것은 원가를 공정가치의 대용치(Proxy)로 사용될 수 있음을 의미한다. 전통적인 의미의 원가법은 후속측정시점에 공정가치측정 없이 최초인식시점의 거래가격을 유지하는 방법으로써 기준서는 지분상품에 대해 이러한 전통적인 원가법을 인정하지 않는다.
- 금융위원회는 2020년 1월 22일, 제5차 금융위 감독지침을 발표[30)]하였으며, 해당 감독지침에서 기업의 실무적 부담을 고려하여「비상장주식에 대한 공정가치평가 관련 가이드라인」을 제시하였다. 동 가이드라인은 비상장주식과 관련하여 기준서에 정한 원가가 공정가치의 최선의 추정치를 나타낼 수 있는 구체적 기준을 제시하였다. 가이드라인에서 제시한 구체적인 예외상황의 조건을 만족할 경우, 후속인식시점에 해당 지분상품을 원가(최초인식시점의 거래가격)로 인식할 수 있다.
- 가이드라인은 구체적인 예외사항의 조건을 만족한 후속인식시점에 한하여 원가를 공정가치의 대용치(Proxy)로 인정한 것으로서, 기업은 해당 후속인식시점에 공정가치로 측정한 것이며 원가법을 적용한 것은 아니다. 따라서, 이후 후속인식시점에 원가를 공정가치의 대용치로 인정할 수 있는 구체적인 예외조건을 만족하지 못한다면, 비록 직전 후속인식시점에 해당 지분상품을 원가로 인식하였다 하더라도 공정가치로 측정해야 한다.

30) 제5차 금융위원회 감독지침과 관련한 세부내용은「제2장 공정가치측정」을 참고하기 바란다.

In-depth **가격이 공시되지 않는 지분상품의 공정가치 예외** [K-IFRS 1109 BC5.13~19]

공시가격이 없는 일부 지분상품에 대한 공정가치측정의 예외는 실무적으로 상당한 영향을 미친다. 이러한 지분상품의 공정가치측정은 재무제표의 신뢰성과 기업의 실질적인 부담을 가중시킬 수 있기 때문이다. 2017년까지 적용된 K-IFRS 1039호가 비상장주식과 같은 가격이 공시되지 않는 지분상품에 대해 폭넓은 공정가치측정의 예외를 허용한데 반해, 2018년부터 적용되는 K-IFRS 1109호는 이러한 공정가치 예외를 기본적으로 허용하지 않으면서 제한적인 예외만을 두고 있다.

이와 관련한 기준서의 도입취지를 살펴본다.

- IASB는 지분상품과 같은 금융자산은 상각할 계약상 현금흐름이 없으므로 상각후원가 측정을 적용할 수 없다고 본다. IAS 39는 〈활성시장에서 공시되는 가격이 없고 공정가치를 신뢰성 있게 측정할 수 없는〉 지분상품(및 이러한 지분상품과 연계되어 있는 일부 파생상품)의 투자에 대하여 공정가치 측정의 예외를 두었다.
- 그러한 지분투자는 손상이 있다면 손상을 차감한 원가로 측정해야 했다. 손상차손은 금융자산의 장부금액과 추정 미래현금흐름을 비슷한 금융자산의 현행시장수익률로 할인한 현재가치의 차이로 측정한다.
- 2009년 공개초안 「분류와 측정」에서는 지분상품에 대한 모든 투자(및 그러한 투자에 연계된 파생상품)는 다음의 이유로 공정가치로 측정해야 한다고 제안하였다.
  - ㉠ 지분상품 투자와 파생상품에 대하여 공정가치는 가장 적절한 정보를 제공한다. 원가는 그러한 금융상품에서 발생하는 미래 현금흐름의 시기, 금액, 불확실성에 대한 예측가치 정보를 거의 제공하지 않는다. 많은 경우에 공정가치는 역사적 원가와 유의적으로 다를 것이다(이는 특히 예외규정에 따라 원가로 측정하는 파생상품의 경우에 그러하다).
  - ㉡ 예외적 원가법 적용규정(「예외규정」)에 따라 원가로 회계처리하는 금융자산의 장부금액이 회수가능액을 초과하지 않도록 IAS 39에서는 원가로 측정하는 금융상품에 대하여 손상을 검토하도록 요구하였다. 손상차손을 계산하는 것은 공정가치를 결정하는 것과 비슷하다(추정된 미래현금흐름을 비슷한 금융자산의 현행시장수익률을 이용하여 할인한 후 장부금액과 비교한다).
  - ㉢ 예외규정을 삭제하게 되면 금융자산의 분류모형이 세 번째 측정속성을 가지지 않게 될 것이며, 추가적인 손상측정 방법이 필요하지 않게 될 것이라는 점에서 복잡성을 줄인다. 반복적으로 공정가치를 결정해야 하는 복잡성의 증가가 있을 수 있으나 그러한 복잡성은 모든 지분상품과 파생상품이 하나의 공통적인 측정속성을 갖는다는 사실에 의해 (적어도 부분적으로) 상쇄된다. 이에 따라 손상에 관한 요구사항이 삭제될 것이다.
- 많은 의견제출자들이 원가는 지분상품에서 발생하는 미래현금흐름에 대한 유용한 정보를 제공하지 않으며 개념적으로 그러한 지분상품은 공정가치와 같은 현행측정속성을 이용해 측정하여야 한다는 점에 동의하였다. 그러한 의견제출자들 중 일부는 예외규정의 삭제에 전반적으로 동의하였으나 측정과 관련된 불확실성에 대한 정보를 공시에 포함시킬 것을 제안하였다.
- 그러나 많은 의견제출자들(주로 비금융기업의 작성자와 일부 감사인)은 공정가치측정의 신뢰성 및 유용성과 반복적으로 공정가치를 결정하는 데에 수반되는 원가와 어려움을 근거로 들어 현재의 예외규정을 삭제하는 제안에 동의하지 않았다. 그들은 일반적으로 IAS 39의 규정과 비슷한 예외규

정을 유지하는 것을 선호하였다. 일부는 그러한 제안이 측정의 복잡성을 증가시키기 때문에 복잡성을 줄이지 않을 것이라고 언급하였다. 더구나 몇몇은 금융자산을 장기간 보유한다면 원가가 유용한 정보를 제공할 수 있을 것이라고 보았다.

- IASB는 그러한 주장에 대해 다음과 같이 고려하였다.
  - ㉠ 공정가치측정의 신뢰성과 유용성 : 의견제출자들은 특정 지분상품에 대한 공정가치측정의 신뢰성 결여 때문에 IAS 39는 예외규정을 포함했다고 언급하면서 이러한 논거가 여전히 타당하다고 주장하였다. 이들은 이용할 수 있고 신뢰성 있는 정보가 부족하다면 공정가치측정을 위해 유의적인 경영진의 판단이 필요하거나 측정이 불가능할지도 모른다고 보았다. 또 그러한 지분상품을 공정가치로 측정하도록 하는 요구사항에 의해 비교가능성이 손상될 것이라고 본다. 그러나 그러한 의견제출자들은 특정 지분상품에 대한 공정가치의 신뢰성 문제를 단독으로 고려해왔다. IASB의 관점에 따르면, 정보의 유용성은 Framework에 있는 네 가지 모든 질적특성(신뢰성, 이해가능성, 목적적합성 및 비교가능성)의 측면에서 평가되어야 한다. 따라서 원가는 신뢰성 있는(객관적인) 금액이지만 목적적합성은 (있다고 하더라도) 거의 없다. IASB의 관점에 따르면, 현재 IAS 39의 예외규정을 이용하여 측정하는 지분상품을 포함하여 모든 지분상품을 공정가치로 측정하는 것은 적절한 측정기법과 투입변수를 이용한다면, Framework에서 언급하는 신뢰성 있는 정보의 기준을 충족한다. IASB는 공정가치측정 과제에서 그러한 목적을 충족하는 방법에 대한 지침을 제공할 것이라고 보았다.
  - ㉡ 반복적으로 공정가치를 측정하는 데에 수반되는 원가와 어려움 : 많은 의견제출자들, 특히 신흥경제국의 의견제출자들은 가치평가에 사용할 신뢰성 있는 정보를 얻는 데에 어려움이 있다고 언급하였다. 또 한편에서 외부 전문가에게 의존할 수밖에 없기 때문에 유의적인 원가가 발생될 것이라고 언급하였다. 반복적으로 공정가치를 결정하도록 하는 요구사항이 공정가치가 주는 유용성의 증분 효익에 의해 상쇄되지 않는 유의적인 원가와 노력을 야기할 것이라는 의문을 제기하였다. IASB는 공정가치측정을 위해 요구되는 정보를 수집하는 능력뿐만 아니라 가치평가방법과 전문지식의 관점에서 그러한 지분상품을 공정가치로 측정하도록 요구하는 것의 원가를 고려하였다. IASB는 지분 투자를 위한 가치평가방법은 잘 발달되어 있으며 많은 복잡한 파생상품을 포함하여 공정가치로 측정해야 하는 다른 금융상품에 요구되는 방법보다 훨씬 덜 복잡한 경우가 대부분이라고 언급하였다. 일부에서는 IFRS를 적용하는 더 작은 기업일수록 내부시스템을 가지고 있지 못하고 보유하고 있는 지분 투자의 공정가치를 쉽게 결정할 수 있는 전문 지식이 없을지도 모른다는 우려를 나타냈으나, IASB는 통상 주주의 기본적 권리에 따라 기업이 가치평가를 수행하기 위해 필요한 정보를 얻을 수 있다고 보았다. IASB는 공정가치를 결정하기 위한 원가가 공정가치측정의 효익보다 클 수 있는 상황이 있다는 점을 인지하였다. 특히, IASB는 일부 국가의 경우 현재 예외규정에 따라 회계처리하면서 개별 투자의 가치는 낮아 보이지만 공시되는 시장가격은 없는 지분상품을 많이 보유하고 있는 기업들이 있다는 점을 주목하였다. 그러나 IASB는 개별적인 또는 합산된 투자의 규모가 중요하다면 기업의 재무상태와 경영성과에 미치는 투자의 영향 때문에 공정가치의 증분 효익은 일반적으로 추가 원가보다 크다고 결론 내렸다.[31)]
- IASB는 원가가 공정가치를 나타낼 수도 있는 상황이 일부 있다고 보았으며, 표명된 우려를 일부 완화시키기 위해 그러한 상황에 대한 추가 적용지침을 제공하기로 결정하였다. 그러나 IASB는

또한 그러한 상황은 금융기관과 투자펀드와 같은 특정 기업이 보유하는 지분투자에는 적용되지 않을 것이라고 보았다.

- IASB는 실무적으로 공정가치를 측정할 수 없는 경우에 지분상품에 단순화된 측정 접근법을 적용해야 하는지를 고려하였다. 또 IASB는 금융상품을 팔거나 사기 위해 기업이 수용하려고 하는 가격이나 순자산의 지분변동에 대한 경영진의 최선의 추정치를 포함하여 가능하고 단순화된 측정 접근법을 논의하였다. 그러나 IASB는 단순화된 측정 접근법은 분류 접근법에 복잡성을 증가시키고 재무제표이용자들에게 정보의 유용성을 감소시킨다고 결론 내렸다. 그러한 단점은 재무제표 작성자의 원가를 줄이는 이점에 의해 상쇄되지 않을 것이다.

기준서는 활성시장 공시가격이 없는 지분상품에 대한 공정가치 예외를 엄격하게 함으로써 그 지분상품을 공정가치로 측정하여 보고해야 함을 강조하고 있다. 또한 공시가격이 없는 지분상품에 대한 예외규정을 삭제한 것과 일관되게 그러한 지분상품에 연계되어 있는 파생상품에 대한 예외규정도 삭제하였다. 즉, 기업이 기존에 지분상품을 신뢰성 있게 측정할 수 없다고 판단하여 지분상품과 그 지분상품을 기초자산으로 하는 파생상품에 대해 공정가치를 측정하지 아니한 예외규정이 삭제됨에 따라, 공시가격이 없는 지분상품을 기초자산으로 하는 파생상품은 공정가치의 예외가 적용되지 않는다.[K-IFRS 1109 BC5.20]

앞서 설명하였듯이, 기준서의 이러한 예외 인정이 원가로 측정되는 금융자산의 범주를 별도로 둔 것은 아니다. 즉, 기업이 공시가격이 없는 지분상품을 원가로 측정하였다고 하여 「원가측정 지분상품」으로 분류되는 것은 아니며, 원가가 공정가치의 추정치로 인정되는 FVPL-금융자산으로 분류하는 것이다.

- FVPL-금융자산은 발행자의 신용위험 증가를 공정가치에 반영하므로 후술할 금융자산에 대한 손상을 인식하지 않는다. 따라서, 제한된 상황에서 예외조건을 만족하여 원가로 측정된 지분상품은 FVPL-금융자산으로 분류하였으므로 손상인식 대상에서 제외된다. 만일, 공정가치의 대용치로써 원가로 후속측정된 지분상품에 손상징후가 있다면 이는 공정가치측정의 예외조건에 위배된 상황이므로 더 이상 원가로 인식해서는 안 되며 해당 지분상품을 공정가치로 측정하고 그 공정가치변동분을 당기손익으로 인식해야 한다.

31) 2011년 5월에 발표한 IFRS 13은 수준 1 투입요소를 동일한 자산이나 부채에 대한 활성시장의 공시가격으로 정의한다. 수준 2 투입요소는 동일한 자산이나 부채에 대해 활성시장이 아닌 시장의 가격을 포함한다. 따라서 IFRS 9는 이러한 지분상품을 '동일한 금융상품에 대한 활성시장의 공시가격(수준 1 투입요소)이 없는 지분상품'으로 언급한다.

손상

기준서의 「손상」과 관련된 요구사항은 AC - 금융자산과 FVOCI - 금융자산에 적용한다. 즉, 금융자산 중 FVPL - 금융자산에 대해서는 손상과 관련된 기준서가 적용되지 아니한다. FVPL - 금융자산은 공정가치 변동분을 당기손익으로 인식하므로 손상과 유사한 상황에 대해 공정가치 하락효과가 당기손익에 반영되기 때문이다.[K-IFRS 1109 문단 5.2.2, 문단 5.5.1] 이는 금융자산에 대한 손상검토는 계약상 현금흐름이 원리금만으로 구성된 금융자산에 한해 적용됨을 의미한다.

본서는 금융상품의 공정가치측정과 이와 관련된 회계를 중점적으로 다루고 있으므로 아래의 손상과 관련된 설명은 특별한 언급이 없는 한 매출채권이나 대여금 등 일반거래와 관련된 금융자산은 배제함을 전제한다.

손상은 금융자산의 최초인식 후에 그 금융자산의 신용위험이 유의적으로 증가한 경우 매 보고기간 말에 전체기간 기대신용손실에 해당하는 금액으로 손실충당금을 측정하는 것을 말한다. 단, 취득 시 신용이 손상되어 있는 금융자산과 매출채권 등에 대해서는 별도의 손상기준을 적용한다.[K-IFRS 1109 문단 5.5.3~8]

- 손상 요구사항의 목적은 금융자산의 최초인식 후에 신용위험이 유의적으로 증가한 모든 금융자산에 대해 미래전망정보를 포함하는 합리적이고 뒷받침될 수 있는 모든 정보를 고려하여 개별평가나 집합평가로 전체기간 기대신용손실을 인식하는 것이다.
- 최초인식 후에 금융자산의 신용위험이 유의적으로 증가하지 아니한 경우에는 보고기간 말에 12개월 기대신용손실 해당액으로 손실충당금을 측정한다.
- 대출약정과 금융보증계약에 손상 요구사항을 적용할 때는 취소 불가능한 약정의 당사자가 된 날을 최초 인식일로 본다.
- 전기에 전체기간 기대신용손실에 해당하는 금액으로 금융자산에 대한 손실충당금을 측정하였으나 당기에 더는 전체기간 기대신용손실의 인식요건을 충족하지 않는다고 판단하는 경우에는 당기 말에 12개월 기대신용손실에 해당하는 금액으로 손실충당금을 측정한다.
- 보고기간 말에 기준서에 따라 인식해야 하는 금액으로 손실충당금을 조정하기 위한 기대신용손실액(또는 환입액)은 손상차손(환입)으로 당기손익에 인식한다.

(1) 신용위험의 유의적인 증가에 대한 판단

기업은 최초인식 후에 금융자산의 신용위험이 유의적으로 증가하였는지를 매 보고기간 말에 평가한다.

- 신용위험의 유의적인 증가를 평가할 때 기대신용손실액의 변동이 아니라 금융자산의 기대존속기간에 걸친 채무불이행 발생위험의 변동을 사용한다. 이러한 평가를 하기 위해 보고기간 말의 금융자산에 대한 채무불이행 발생위험을 최초 인식일의 채무불이행 발생위험과 비교하고 최초인식 후에 신용위험의 유의적인 증가를 나타내는 정보로서 과도한 원가나 노력 없이 이용할 수 있고 합리적이고 뒷받침될 수 있는 정보를 고려한다.
- 보고기간 말에 금융자산의 신용위험이 낮다고 판단된다면 최초인식 후에 해당 금융자산의 신용위험이 유의적으로 증가하지 않았다고 볼 수 있다.
- 최초인식 후에 신용위험이 유의적으로 증가하였는지를 판단할 때 합리적이고 뒷받침될 수 있는 미래전망정보를 과도한 원가나 노력 없이 이용할 수 있다면 연체정보에만 의존해서는 안 된다.
  - ㉠ 연체상태(개별평가 또는 집합평가에 기초) 정보보다 더 미래 전망적인 정보를 이용하기 위해 과도한 원가나 노력이 필요한 경우에는 연체정보를 사용하여 최초인식 후에 신용위험이 유의적으로 증가하였는지를 판단할 수 있다.
  - ㉡ 신용위험의 유의적인 증가를 평가하는 방식과는 상관없이 계약상 지급의 연체일수가 30일을 초과한 경우에는 최초인식 후에 금융자산의 신용위험이 유의적으로 증가했다는 반증 가능한 간주규정을 적용할 수 있다. 다만 계약상 지급의 연체일수가 30일을 초과하였더라도 최초인식 후에 신용위험이 유의적으로 증가하지 아니하였다는 것을 제시하는 합리적이고 뒷받침될 수 있는 정보를 갖고 있고 해당 정보를 과도한 원가나 노력 없이 이용할 수 있다면 그 간주규정을 반증할 수 있다. 계약상 지급의 연체일수가 30일을 초과하지 않았다면 신용위험이 유의적으로 증가하였는지를 판단할 때 이 간주규정을 적용하지 않는다.

(2) FVOCI-금융자산에 대한 손상

FVOCI-금융자산은 그 손실충당금을 인식하고 측정하는 데 손상요구사항을 적용한다. 그러나 해당 손실충당금은 기타포괄손익에서 인식하고 재무상태표에서 금융자산의 장부금액을 줄이지 아니한다.[K-IFRS 1109 문단 5.5.2]

- FVOCI-금융자산은 매 보고기간 말에 공정가치로 측정된 금액을 장부금액으로 보고하여야 하는데 손상을 인식하여 이를 장부금액에서 차감할 경우 공정가치와 다른 금액으로 보고하게 되므로 목적적합한 정보를 제공하지 못할 수 있다.
- 따라서, FVOCI-금융자산은 매 보고기간 말에 공정가치로 보고하고 손상인식금액은 손실충당금이 아닌 기타포괄손익에서 조정한다.

예 제 FVOCI-금융자산의 손상인식 [K-IFRS 1109 IE78~81]

기업은 20×0년 12월 15일에 공정가치가 1,000원인 채무상품을 매입하고 FVOCI-금융자산으로 측정한다. 해당 채무상품의 이자율은 10년의 계약기간에 5%이며 유효이자율도 5%이다. 취득 시 신용이 손상되어 있는 금융자산으로 보지 아니한다.

	차변	대변
FVOCI-금융자산	1,000 원	
현금		1,000 원

- 20×0년 12월 31일(보고기간 말)에 시장이자율 변동에 따라 채무상품의 공정가치가 950원으로 하락하였다. 기업은 최초인식 후에 신용위험이 유의적으로 증가하지 않았다고 판단하고 12개월 기대신용손실에 해당하는 금액인 30원으로 기대신용손실을 측정한다. 사례의 단순화를 위해 이자수익 수취의 분개는 생략한다.

	차변	대변
손상차손(당기손익)	30 원	
기타포괄손익	20 원	
FVOCI-금융자산		50 원

- 보고기간 말에 기타포괄손익에 인식된 누적손실은 20이다. 해당 금액(20원)은 총 공정가치의 변동 50원(=1,000원-950원)에서 이미 인식한 12개월 기대신용손실을 나타내는 누적손상금액의 변동(30원)을 차감하여 계산된다. 누적손상금액 30원을 공시한다.
- 20×1년 1월 1일에 해당 채무상품을 그 시점의 공정가치인 950원에 처분하기로 결정한다. 따라서, FVOCI-금융자산을 제거하고 기타포괄손익누계액을 당기손익으로 재분류한다.

	차변	대변
현금	950 원	
FVOCI－금융자산		950 원
손실(당기손익)	20 원	
기타포괄손익		20 원

(3) 지분상품의 손상

지분상품의 분류 및 측정과 관련한 기준서의 내용을 정리하면 기업은 지분상품을 다음 중 어느 하나로 보고하게 된다.

① FVPL－금융자산 : 지분상품은 계약상 현금흐름이 원리금만으로 구성되지 않으므로 원칙적으로 FVPL－금융자산으로 분류한다.

② FVOCI－금융자산 : 단기매매항목이 아니고 사업결합에서 취득자가 인식하는 조건부 대가가 아닌 지분상품은 FVOCI－금융자산으로 선택할 수 있다.

③ 원가측정 : 예외적인 상황에서 공시가격이 없는 지분상품의 원가가 공정가치의 적절한 추정치가 될 수 있다는 증거가 있는 경우 그 지분상품을 원가로 측정할 수 있다. 그러나 기준서가 원가측정 금융자산에 대한 분류를 허용하는 것은 아니며 예외적으로 원가로 측정된 지분상품은 FVPL－금융자산으로 분류한다.

이와 같이 분류된 지분상품에 대해 손상기준의 적용방식을 정리하면 다음과 같다.

① FVPL－금융자산으로 분류하고 측정하는 지분상품 : 공정가치변동분을 당기손익으로 인식하는 FVPL－금융자산은 신용위험의 증가가 공정가치 하락에 반영되고 이를 당기손익으로 인식하므로 별도로 손상을 인식하지 않는다.

② 선택적으로 FVOCI－금융자산으로 분류된 지분상품 : FVOCI－금융자산으로 선택된 지분상품은 지분상품 발행자의 신용위험 증가가 공정가치 하락으로 반영되며 이러한 공정가치변동분은 기타포괄손익으로 인식하므로 별도로 손상차손을 인식하지 않는다. 이는 FVOCI－금융자산으로 선택적으로 분류된 지분상품을 매각하더라도 처분손익을 인식하지 않는 것과 일관된다. 즉, FVOCI－금융자산으로 선택적으로 분류된 지분상품은 최초인식, 후속측정 및 제거의 과정에서 당기손익을 인식하지 않는다.

③ 원가측정 : 원가로 측정된 공시가격이 없는 지분상품(예 : 비상장주식)은 FVPL-금융자산으로 분류하는 것이므로 원칙적으로 손상인식 대상이 아니다. 만일, 공정가치의 대용치로써 원가로 후속측정된 지분상품에 손상징후가 있다면 이는 공정가치측정의 예외조건에 위배된 상황이므로 더 이상 원가로 인식해서는 안 되며 해당 지분상품을 공정가치로 측정하고 그 공정가치변동분을 당기손익으로 인식해야 한다.

(4) 취득 시 신용이 손상되어 있는 금융자산

일반적인 경우는 아니지만, 취득 시 신용이 손상되어 있는 금융자산은 보고기간 말에 최초인식 이후 전체기간 기대신용손실의 누적변동분만을 손실충당금으로 인식한다.[K-IFRS 1109 문단 5.5.13~14]

- 매 보고기간 말에 전체기간 기대신용손실의 변동액을 손상차손(환입)으로 당기손익에 인식한다. 전체기간 기대신용손실이 최초인식 시점의 추정현금흐름에 포함되었던 기대신용손실액보다 작다 하더라도 전체기간 기대신용손실의 유리한 변동을 손상환입으로 인식한다.

본서는 금융상품의 공정가치측정과 이에 따른 회계처리를 주된 내용으로 하므로 손상과 관련된 방대한 기준서의 일부만을 설명한다. 매출채권과 같은 AC-금융자산에 대한 구체적인 기대신용손실모형의 적용방식에 대해서는 관련 전문서적을 참고하기 바란다.

2.5. 금융자산의 재분류

금융자산의 재분류는 금융자산을 관리하는 사업모형을 변경하는 경우에만 허용된다. 금융자산의 분류에 따라 그 후속측정방법이 일관되게 적용되는데 금융자산의 재분류를 재량적으로 허용하면 기업이 당기손익을 조정할 여지가 있으므로 기업이 사업모형을 변경하는 경우에 한해 재분류를 허용한다. 따라서, SPPI 조건을 만족하는 일부의 경우를 제외하고는 FVPL-금융자산이 다른 금융자산으로 재분류될 여지가 없다.[K-IFRS 1109 문단 4.4.1]

① 지분상품은 원칙적으로 FVPL-금융자산으로 분류하고 선택적으로 FVOCI-금융자산으로 분류한 경우 이를 취소할 수 없으므로 지분상품은 재분류될 여지가 없다.

② SPPI 조건을 만족하지 못하는 그 밖의 금융자산(예 : 전환사채와 같은 복합상품)은 사업모형과 관계없이 FVPL - 금융자산으로 분류하므로 재분류될 여지가 없다. 따라서, 재분류를 검토할 수 있는 금융자산은 SPPI 조건을 만족하는 금융자산에 한정된다.

기준서는 사업모형을 변경하는 경우에만 재분류할 수 있도록 하고 있는데 사업모형의 변경은 매우 드물 것으로 판단된다. 사업모형의 변경에 따른 금융자산 재분류의 실무적 지침은 다음과 같다.[K-IFRS 1109 B4.4.1~3]

- 금융자산을 관리하는 사업모형을 변경하는 경우에는 금융자산을 재분류해야 한다. 사업모형의 변경은 매우 드물 것으로 예상하며 외부나 내부의 변화에 따라 기업의 고위 경영진이 결정해야 하고 기업의 영업에 유의적이고 외부 당사자에게 제시할 수 있어야 한다. 따라서 사업모형의 변경은 사업계열의 취득, 처분, 종결과 같이 영업에 유의적인 활동을 시작하거나 중단하는 경우에만 생길 것이다. 사업모형 변경의 예는 다음과 같다.
  ㉠ 단기매도를 목적으로 상업대여금의 포트폴리오를 보유하고 있는 기업이 상업대여금을 관리하면서 계약상 현금흐름을 수취하기 위해 그 대여금을 보유하는 사업모형을 갖고 있는 회사를 취득한다. 상업대여금의 포트폴리오는 더 이상 매도가 목적이 아니며 취득한 상업 대여금과 함께 관리하는 동시에 계약상 현금흐름을 수취하기 위해 그 포트폴리오 전체를 보유한다.
  ㉡ 금융서비스 회사가 소매부동산 담보부대여업을 중단하기로 결정했다. 회사는 더 이상 새로운 사업을 수용하지 않고 부동산담보대출 포트폴리오를 매도하기 위해 활발히 마케팅활동을 수행한다.
- 사업모형의 목적변경은 재분류일 이전에 유효해야 한다. 예를 들어 금융서비스 회사가 2월 15일에 소매부동산 담보부대여업을 중단하기로 결정하고 이에 따라 4월 1일(다음 보고기간의 첫 번째 날)에 영향을 받는 모든 금융자산을 재분류해야 한다면 2월 15일 후에 소매부동산 담보부대여업 관련 새로운 고객과 거래하거나 종전 사업모형과 일관된 기타 활동에 관여해서는 안 된다.
- 다음은 사업모형의 변경이 아니다.
  ㉠ 특정 금융자산과 관련된 의도의 변경(시장 상황이 유의적으로 변경되는 경우도 포함)
  ㉡ 금융자산에 대한 특정 시장의 일시적 소멸
  ㉢ 기업 내 서로 다른 사업모형을 갖고 있는 부문 간 금융자산의 이전

금융자산을 재분류하는 경우 재분류일부터 전진적으로 적용한다. 재분류일이란 금융자산의 재분류를 초래하는 사업모형의 변경 후 첫 번째 보고기간의 첫 번째 날을 의미한다. 재분류 전에 인식한 손익(손상차손과 환입 포함)이나 이자는 다시 작성하지 않는다.[K-IFRS 1109 문단 5.6.1~7]

최초인식 시점의 각 금융자산 분류를 다른 금융자산으로 재분류할 경우 다음과 같이 처리한다.

① AC - 금융자산을 다른 금융자산으로 재분류

㉠ AC - 금융자산에서 FVPL - 금융자산으로 재분류 : 재분류일의 공정가치로 측정하고 재분류 전 상각후원가와 공정가치의 차이에 따른 손익은 당기손익으로 인식한다.

㉡ AC - 금융자산에서 FVOCI - 금융자산으로 재분류 : 재분류일의 공정가치로 측정하고 재분류 전 상각후원가와 공정가치의 차이에 따른 손익은 기타포괄손익으로 인식한다. 유효이자율과 기대신용손실 측정치는 재분류로 인해 조정되지 않는다.

② FVPL - 금융자산을 다른 금융자산으로 재분류(SPPI 조건을 만족한 FVPL - 금융자산에 대한 사업모형이 변경된 경우임)

㉠ FVPL - 금융자산에서 AC - 금융자산으로 재분류 : 재분류일의 공정가치가 새로운 총장부금액이 된다.

㉡ FVPL - 금융자산에서 FVOCI - 금융자산으로 재분류 : 계속 공정가치로 측정한다.

③ FVOCI - 금융자산을 다른 금융자산으로 재분류

㉠ FVOCI - 금융자산에서 AC - 금융자산으로 재분류 : 재분류일의 공정가치로 측정한다. 재분류 전에 인식한 기타포괄손익누계액은 자본에서 제거하고 재분류일의 금융자산의 공정가치에서 조정한다. 따라서 최초인식 시점부터 상각후원가로 측정했었던 것처럼 재분류일에 금융자산을 측정한다. 이러한 조정은 기타포괄손익에 영향을 미치지만 당기손익에는 영향을 미치지 아니하므로 재분류조정에 해당하지 아니한다.[32] 재분류에 따라 유효이자율과 기대신용손실 측정치는 조정하지 않는다.

---

32) K-IFRS 1001호「재무제표 표시」참조

㉡ FVOCI - 금융자산에서 FVPL - 금융자산으로 재분류 : 계속 공정가치로 측정한다. 재분류 전에 인식한 기타포괄손익누계액은 재분류일에 재분류조정으로 자본에서 당기손익으로 재분류한다.

금융자산의 재분류는 재분류일부터 전진적으로 적용한다. AC - 금융자산과 FVOCI - 금융자산은 최초인식 시점에 유효이자율을 산정해야 하고 이들 금융자산에 대해서는 같은 방식으로 손상요구사항을 적용한다. 따라서 AC - 금융자산과 FVOCI - 금융자산 간의 재분류는 다음과 같이 회계처리 한다.[K-IFRS 1109 B5.6.1~2]

① 이자수익의 인식은 변경하지 않으며 계속 같은 유효이자율을 사용한다.

② 두 금융자산이 같은 방식의 손상을 적용하므로 기대신용손실의 측정은 변경하지 않는다.

㉠ FVOCI - 금융자산에서 AC - 금융자산으로 재분류하는 경우의 손실충당금은 재분류일부터 금융자산의 총장부금액에 대한 조정으로 인식한다.

㉡ AC - 금융자산에서 FVOCI - 금융자산으로 재분류하는 경우 손실충당금은 제거하지 않고 같은 금액의 누적손상금액을 기타포괄손익으로 인식하고 재분류일부터 공시한다.

FVPL - 금융자산에 대하여 이자수익이나 손상차손(환입)을 구분인식할 필요는 없다. 따라서 FVPL - 금융자산에서 다른 금융자산으로 재분류하는 경우의 유효이자율은 재분류일의 금융자산 공정가치에 기초하여 산정한다. 또, 금융자산의 재분류일을 최초 인식일로 본다.

2.6. 금융자산의 제거

금융자산의 제거는 금융자산을 재무제표에서 제거하는 것을 말한다. 제거는 우리에게 익숙한 금융자산의 양도나 처분, 매도와 같은 행위에 초점을 맞추지 않고 금융자산의 인식[33]에 대응하는 개념으로 재무제표에 표시하는 방법을 말한다. 즉, 금융자산의 양도와 같은 행위가 이뤄졌다 하더라도 그 금융자산의 현금흐름에 대한 실질적인 권리가 소멸되지 않고 자산을 보유함으로서 위험과 보상의 이전이 이뤄지지 않았다면 그 금융자산을 재무상태표에서 제거하지 않고 계속 인식하게 되는 것이다.

33) 자산의 취득이라는 행위가 아닌 재무제표에 자산으로 표시할지를 판단하는 것과 같은 논리가 적용된다.

금융자산의 제거여부 판단은 연결실체기준으로 한다. 연결재무제표를 작성하는 기업은 모든 종속기업을 연결한 상태에서 금융자산의 제거여부를 판단한다.[K-IFRS 1109 문단 3.2.1]

- 지배기업 입장에서 금융자산의 제거요건을 만족하였다 하더라도 연결실체범위에서 제거요건을 만족하지 못한 경우 그 금융자산은 실질적인 제거요건을 만족하지 못한다. 예를 들어 지배기업이 종속기업에 금융자산을 양도하였으며 그러한 양도가 기준서에서 정한 제거요건을 모두 만족하였다 하더라도 연결실체에서는 금융자산이 제거된 것이 아니며 이 경우에는 지배기업의 별도재무제표에서도 금융자산을 제거해서는 안 된다.

금융자산은 다음 중 하나에 해당하는 경우에만 제거한다.[K-IFRS 1109 문단 3.2.3]

① 금융자산의 현금흐름에 대한 계약상 권리가 소멸한 경우

② 기준서에서 정한 방법(세부내용은 후술한다)에 따라 금융자산을 양도하며 그 양도가 기준서에서 규정한 제거의 조건(세부내용은 후술한다)을 충족하는 경우

③ 정형화된 매도에 해당하는 경우

이때, 정형화된 매도(매입)란 관련시장의 규정이나 관행에 따라 일반적으로 설정된 기간 내에 해당 금융상품을 인도하는 계약조건에 따른 금융자산의 매도(매입)를 말하며, 정형화된 매도에 해당하는 경우에는 금융자산을 제거하고 매매일이나 결제일에 제거한다.[K-IFRS 1109 문단 3.1.2, 부록A 용어의 정의]

제거검토기준

금융자산의 현금흐름에 대한 계약상 권리가 소멸(위 ①)하였거나 정형화된 매도(위 ③)에 해당하는 경우에는 금융자산을 즉시 제거한다. 그러나 금융자산의 양도(위 ②)는 아래의 조건들을 순차적으로 만족하는지 살펴보고 그 금융자산의 제거여부를 판단한다.

금융자산의 제거여부에 대한 검토기준(「제거검토기준」)은 매우 복잡하다. 이에 이해를 돕기 위해 기준서는 금융자산 제거검토기준에 대한 의사결정 순서도를 다음과 같이 제시하였다.

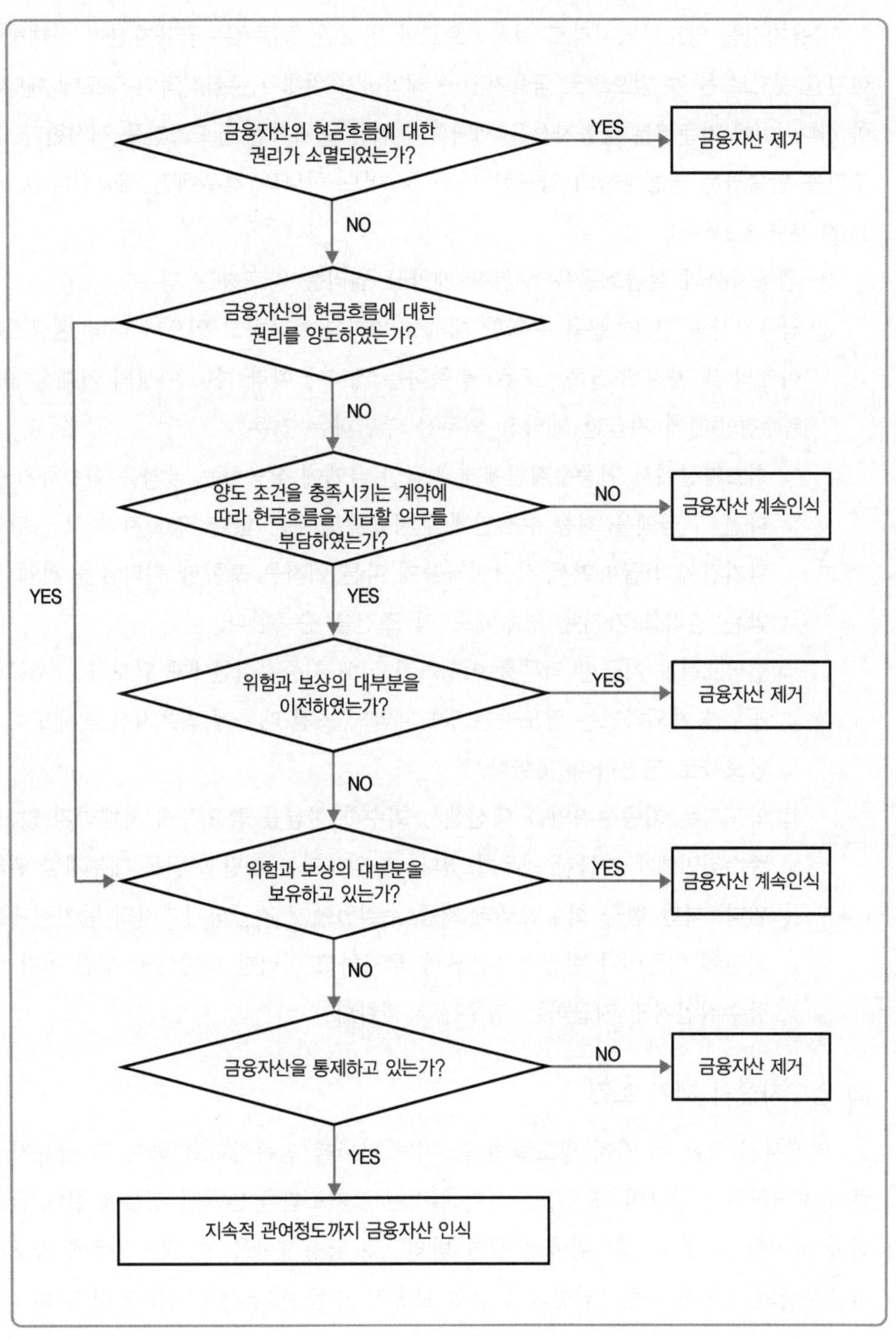
금융자산의 현금흐름에 대한 권리가 소멸되었는가?
YES
금융자산 제거
NO
금융자산의 현금흐름에 대한 권리를 양도하였는가?
NO
양도 조건을 충족시키는 계약에 따라 현금흐름을 지급할 의무를 부담하였는가?
NO
금융자산 계속인식
YES
YES
위험과 보상의 대부분을 이전하였는가?
YES
금융자산 제거
NO
위험과 보상의 대부분을 보유하고 있는가?
YES
금융자산 계속인식
NO
금융자산을 통제하고 있는가?
NO
금융자산 제거
YES
지속적 관여정도까지 금융자산 인식

(1) 양도의 방법

금융자산을 양도하였더라도 형식적으로만 양도된 경우에는 금융자산이 상대방에게 이전된 것으로 볼 수 없으므로 금융자산을 제거하기 위해서는 실질적인 양도에 해당되어야 한다. 이에 기준서는 금융자산을 제거하기 위한 구체적인 양도조건을 제시한다. 제거조건을 만족하는 금융자산의 양도란 다음 중 어느 하나의 경우에만 해당된다.[K-IFRS 1109 문단 3.2.4~5]

① 금융자산의 현금흐름을 수취할 계약상 권리를 양도하는 경우

② 금융자산의 현금흐름을 수취할 계약상 권리를 보유하고 있으나 해당 현금흐름을 아래의 세 가지 조건을 〈모두〉 충족하는 계약에 따라 하나 이상의 거래상대방(최종수취인)에게 지급할 계약상 의무를 부담하는 경우

㉠ 최초자산에서 최종수취인에게 지급할 금액에 상응하는 금액을 회수하지 못한다면 그 금액을 최종 수취인에게 지급할 의무가 없다. 양도자가 그 상당액을 단기간에 선급하면서 시장이자율에 따른 이자를 포함한 원리금을 전액 상환받는 권리를 가지는 경우에도 이 조건을 충족한다.

㉡ 현금흐름을 지급할 의무를 이행하기 위해 최종수취인에게 담보물로 제공하는 경우를 제외하고는 양도자는 양도계약의 조건 때문에 최초자산을 매도하거나 담보물로 제공하지 못한다.

㉢ 양도자는 최종수취인을 대신해서 회수한 현금을 중요하게 지체하지 않고 최종수취인에게 지급할 의무가 있다. 또 양도자는 해당 현금을 재투자할 권리가 없다. 다만 현금 회수일부터 최종 수취인에게 지급하기까지의 단기결제유예기간에 현금이나 현금성자산[34]에 투자하고 이러한 투자에서 생긴 이자를 최종수취인에게 지급하는 경우는 제외한다.

(2) 양도자산의 제거 조건

위에서 설명한 두 가지 양도방법 중 어느 하나를 만족한다고 하여 그 금융자산을 즉시 제거하지는 않으며 그 양도자산이 일정한 제거조건을 만족한 경우에 한해 금융자산을 제거할 수 있다. 즉, 위에서 정한 방법으로 금융자산을 양도한 경우에 양도자는 금융자산의 소유에 따른 〈위험과 보상의 보유정도〉를 평가하여 다음과 같이 회계처리한다.[K-IFRS 1109 문단 3.2.6]

---

34) K-IFRS 1007호 「현금흐름표」에서 정의하는 현금성자산을 말한다.

① 양도자가 금융자산의 소유에 따른 위험과 보상의 대부분을 이전한다면 해당 금융자산을 제거하고 양도하여 생기거나 갖게 된 권리와 의무는 각각 자산과 부채로 인식한다.

② 양도자가 금융자산의 소유에 따른 위험과 보상의 대부분을 보유한다면 해당 금융자산을 계속 인식한다.

③ 양도자가 금융자산의 소유에 따른 위험과 보상의 대부분을 보유하지도 이전하지도 않는다면 양도자가 해당 금융자산을 통제하는지를 판단하여 다음과 같이 회계처리한다.

㉠ 양도자가 금융자산을 통제하고 있지 않다면 해당 금융자산을 제거하고 양도하여 생기거나 보유하게 된 권리와 의무는 각각 자산과 부채로 인식한다.

㉡ 양도자가 금융자산을 통제하고 있다면 해당 금융자산에 지속적으로 관여하는 정도(자세한 내용은 후술한다)까지 그 금융자산을 계속 인식한다.

(3) 위험과 보상의 이전 여부에 대한 판단기준

위 양도자산의 제거조건에서 금융자산의 소유에 따른 위험과 보상의 보유 정도를 평가하도록 하고 있는데 위험과 보상의 이전 여부는 다음과 같이 판단한다. 위험과 보상의 이전 여부는 양도자산의 순현금흐름의 금액과 시기의 변동에 대한 양도 전·후 양도자의 익스포저를 비교하여 평가한다.[K-IFRS 1109 문단 3.2.7~8]

- 금융자산의 미래 순현금흐름의 현재가치 변동에 대한 양도자의 익스포저가 양도의 결과 유의적으로 달라지지 않는다면[35] 양도자는 금융자산의 소유에 따른 위험과 보상의 대부분을 보유하고 있는 것이다.
- 금융자산과 관련된 미래 순현금흐름 현재가치의 변동성과 비교하여 해당 금융자산의 미래 순현금흐름의 현재가치 변동에 대한 양도자의 익스포저가 더는 유의적이지 않다면[36] 양도자는 금융자산의 소유에 따른 위험과 보상의 대부분을 이전한 것이다.
- 소유에 따른 위험과 보상의 대부분을 이전하였는지 아니면 보유하고 있는지가 명백하여 별도의 계산이 불필요한 경우가 있지만 미래 순현금흐름의 현재가치 변동

35) 이러한 예로는 양도자가 확정가격이나 매도가격에 대여자의 이자수익을 더한 금액으로 재매입하기로 하고 금융자산을 매도한 경우가 있다.

36) 이러한 예로는 재매입 시점의 공정가치로 재매입할 수 있는 선택권을 가지면서 금융자산을 매도한 경우 또는 계약상 더 큰 금융자산의 현금흐름에 완전히 비례하는 부분을 양도(예 : 대출채권의 공동인수 후 분할)하되 그 거래가 문단 3.2.5의 조건을 충족하는 경우가 있다.

에 대한 양도 전·후 양도자의 익스포저를 계산하여 비교할 필요가 있는 경우도 있다. 이때 적절한 현행 시장이자율을 할인율로 사용하여 양도자의 익스포저 정도를 계산하고 비교한다. 가능성이 어느 정도 있는 모든 순현금흐름 변동을 고려하되 발생 가능성이 더 높은 결과에 비중을 더 둔다.

(4) 금융자산의 통제 여부에 대한 판단기준

양도자가 금융자산의 소유에 따른 위험과 보상의 대부분을 보유하지도 이전하지도 않는다면 양도자가 해당 금융자산을 통제하는지를 판단해야 한다.[K-IFRS 1109 문단 3.2.9]

- 양도자가 양도자산을 통제하고 있는지는 양수자가 그 자산을 매도할 수 있는 능력을 가지는지에 따라 결정한다. 양수자가 자산전체를 독립된 제3자에게 매도할 수 있는 실질적 능력을 갖고 있으며 양도에 추가제약을 할 필요 없이 그 능력을 일방적으로 행사할 수 있다면 양도자는 양도자산에 대한 통제를 상실한 것이다. 양도자가 양도자산에 대한 통제를 상실하였다면 금융자산을 제거한다.
- 이 경우 외에는 양도자가 양도자산을 통제하고 있는 것이다. 양수자가 금융자산을 자유롭게 매도할 수 있는 능력이 없다면 양도자가 양도한 금융자산을 아직 통제하고 있는 것이므로 양도자는 양도한 금융자산에 대해 〈지속적으로 관여〉하는 정도까지 양도자산을 계속 인식한다.

이와 같이 보유자가 금융자산을 계속 인식할지 또는 제거할지 여부는 금융자산의 현금흐름에 대한 권리소멸여부를 검토한 후 권리가 소멸되었다면 금융자산을 제거하는 것이며 금융자산의 현금흐름에 대한 권리가 소멸되지 않았다면 금융자산의 양도여부, 위험과 보상의 이전여부 및 금융자산에 대한 통제여부를 순차적으로 판단하여 결정한다.

일부제거기준

지금까지 금융자산의 제거여부를 판단함에 있어 금융자산이 하나로 구성된 경우를 가정하였다. 대개의 경우 금융자산 전체에 대해 제거규정을 적용할 것인지 또는 일부에 적용할 것인지를 판단할 경우는 많지 않을 수 있다. 그러나 어떤 경우에는 금융자산의 일부만을 제거해야 할 수도 있는데, 제거대상이 다음 중 하나를 충족하면 금융자산의 일부에 대해 제거여부를 판단한다.[K-IFRS 1109 문단 3.2.2]

① 제거대상이 금융자산(또는 비슷한 금융자산의 집합, 이하 같음)의 현금흐름에서 식별된 특정 부분만으로 구성된다.

- 예를 들어, 이자율스트립채권 계약에서 거래상대방이 채무상품의 현금흐름 중 원금에 대한 권리는 없고 이자부분에 대한 권리만 있는 경우에는 제거검토기준을 이자부분에 적용한다.

② 제거대상이 금융자산의 현금흐름에 완전히 비례하는 부분만으로 구성된다.

- 예를 들어, 거래상대방이 채무상품의 현금흐름 중 90%에 대한 권리를 가지는 계약을 체결하는 경우에는 제거검토기준을 현금흐름의 90%에 적용한다.
- 둘 이상의 거래상대방이 있는 경우라도 양도자가 현금흐름 중 완전히 비례하는 부분을 보유하고 있다면 각 거래상대방이 현금흐름 중 비례하는 부분을 보유하여야 하는 것은 아니다.

③ 제거대상이 금융자산의 현금흐름에서 식별된 특정 부분 중 완전히 비례하는 부분만으로 구성된다.

- 예를 들어, 거래상대방이 채무상품의 현금흐름 중 이자부분의 90%에 대한 권리를 가지는 계약을 체결하는 경우에는 제거검토기준을 해당 이자부분의 90%에 적용한다.
- 둘 이상의 거래상대방이 있는 경우라도 양도자가 현금흐름 중 완전히 비례하는 부분을 보유하고 있다면 각 거래상대방이 특정하여 식별된 현금흐름 중 비례하는 부분을 보유하여야 하는 것은 아니다.

④ 위 ①~③ 외의 모든 경우에는 금융자산의 전체에 적용한다.

- 예를 들어, 금융자산에서 회수되는 현금 중 처음이나 마지막 90%에 대한 권리를 양도하거나 수취채권 집합의 현금흐름 중 90%에 대한 권리를 양도하면서 매입자에게 수취채권 원금의 8%까지 신용손실을 보상하기로 하는 지급보증을 제공하는 경우에는 제거검토기준을 해당 금융자산의 전체에 적용한다.

금융자산제거

금융자산 전체를 제거하는 경우에는 다음 ①과 ②의 차액을 당기손익으로 인식한다. [K-IFRS 1109 문단 3.2.12]

① 금융자산의 장부금액(제거일에 측정)

② 수취한 대가(새로 획득한 모든 자산에서 새로 부담하게 된 모든 부채를 차감한 금액 포함)

양도자가 양도자산의 소유에 따른 위험과 보상의 대부분을 보유하고 있기 때문에 양도자산을 제거하지 않는다면 그 양도자산 전체를 계속 인식하며 수취한 대가는 금융부채로 인식한다. 양도자는 후속기간에 양도자산에서 생기는 모든 수익과 금융부채에서 생기는 모든 비용을 인식한다.[K-IFRS 1109 문단 3.2.15]

양도자산의 일부만이 제거조건을 만족한 경우가 있을 수 있다. 양도자산이 양도하기 전 금융자산 전체 중 일부이고(예 : 채무상품의 현금흐름 중 이자부분의 양도) 그 양도한 부분 전체가 제거조건을 충족한다면, 양도하기 전 금융자산 전체의 장부금액은 계속 인식하는 부분과 제거하는 부분에 대해 양도일 현재 각 부분의 상대적 공정가치를 기준으로 배분한다. 이 경우에 관리용역자산은 계속 인식하는 부분으로 처리한다. 다음 ①과 ②의 차액은 당기손익으로 인식한다.[K-IFRS 1109 문단 3.2.13~14]

① 제거하는 부분에 배분된 금융자산의 장부금액(제거일에 측정)

② 제거한 부분에 대하여 수취한 대가(새로 획득한 모든 자산에서 새로 부담하게 된 모든 부채를 차감한 금액 포함)

- 양도하기 전 금융자산 전체의 장부금액을 계속 인식하는 부분과 제거하는 부분에 배분할 때 계속 인식하는 부분의 공정가치를 측정해야 한다. 계속 인식하는 부분과 비슷한 부분을 매도한 경험이 있거나 해당 부분에 대한 그 밖의 시장거래가 있는 경우에 최근 거래가격이 공정가치에 대한 최선의 추정치가 된다. 계속 인식하는 부분의 공정가치를 추정하기 위한 공시가격이나 최근 시장거래가 없는 경우에 양도하기 전 금융자산 전체의 공정가치와 제거하는 부분에 대하여 양수자에게서 수취한 대가의 차이가 계속 인식하는 부분의 공정가치에 대한 최선의 추정치가 된다.

지속적 관여

양도자가 양도자산의 소유에 따른 위험과 보상의 대부분을 보유하지도 이전하지도 않고 양도자가 양도자산을 통제하고 있다면 그 양도자산에 지속적으로 관여하는 정도까지 그 양도자산을 계속 인식한다. 이때 지속적 관여 정도는 양도자산의 가치변동에 양도자가 노출되는 정도를 말한다. 예를 들면 다음과 같다.[K-IFRS 1109 문단 3.2.16]

① 양도자가 양도자산에 보증을 제공하는 형태로 지속적으로 관여하는 경우에 지속적 관여 정도는 다음의 금액 중 적은 금액이다.

㉠ 양도자산의 장부금액

㉡ 수취한 대가 중 상환을 요구받을 수 있는 최대 금액(보증금액)

② 양도자가 양도자산에 대한 옵션을 매입 또는 발행하는 경우나 매입·발행을 둘 다 하는 경우에 지속적 관여 정도는 양도자산 중 양도자가 재매입할 수 있는 금액이다.

- 공정가치로 측정하는 자산에 대하여 풋옵션을 발행하는 경우에 지속적 관여 정도는 양도자산의 공정가치와 옵션의 행사가격 중 적은 금액이다.

③ 양도자가 양도자산에 대하여 현금결제옵션이나 이와 비슷한 계약을 체결하는 경우에 지속적 관여 정도는 위의 ②에서 설명한 비현금결제옵션의 지속적 관여 정도와 같은 방법으로 측정한다.

양도자가 지속적으로 관여하는 정도까지 금융자산을 계속 인식하는 경우에는 관련 부채도 함께 인식한다. 이때 측정과 관련된 기준서의 다른 요구사항에 관계없이 양도 금융자산과 관련 부채는 양도자가 보유하는 권리와 부담하는 의무를 반영하여 측정한다. 관련 부채는 다음과 같이 측정한다.[K-IFRS 1109 문단 3.2.17~19,21]

① 양도자산을 AC - 금융자산으로 측정한다면 양도자산과 관련 부채의 순장부금액이 양도자가 보유하는 권리와 부담하는 의무의 상각후원가가 되도록 관련 부채를 측정한다.

- 양도자산을 상각후원가로 측정한다면 금융부채를 FVPL - 금융부채로 지정하는 공정가치선택권을 양도자산과 관련된 부채에는 적용할 수 없다.

② 양도자산을 공정가치로 측정한다면 양도자산과 관련 부채의 순장부금액이 양도자가 보유하는 권리와 부담하는 의무를 독립적으로 측정한 공정가치가 되도록 관련 부채를 측정한다.

양도자는 양도자산에서 생기는 수익을 지속적으로 관여하는 정도까지 계속 인식하며 관련 부채에서 생기는 모든 비용을 인식한다. 또, 후속측정할 때 양도자산과 관련 부채의 공정가치 변동액은 서로 간에 일관성 있게 회계처리하며 상계하지 않는다.

만일, 양도자가 금융자산의 일부에만 지속적으로 관여하는 경우[37]에 양도하기 전 금융자산의 장부금액을 지속적 관여에 따라 계속 인식하는 부분과 제거하는 부분에 양도

37) 이러한 예로는 양도자산의 일부를 재매입할 수 있는 옵션을 보유하거나 양도자산의 소유에 따른 위험과 보상의 대부분을 보유한 것으로 볼 수 없는 나머지 지분을 보유하고 양도자산을 통제하고 있는 경우를 들 수 있다.

일 현재 각 부분의 상대적 공정가치를 기준으로 배분하며 다음 ①과 ②의 차액은 당기손익으로 인식한다.

① 제거하는 부분에 배분된 금융자산의 장부금액(제거일에 측정)

② 제거하는 부분에 대하여 수취한 대가

관리용역제공

금융자산 전체가 제거조건을 충족하는 양도로 금융자산을 양도하고 수수료를 대가로 그 양도자산의 관리용역을 제공하기로 한다면 관리용역 제공계약과 관련하여 자산이나 부채를 인식한다.[K-IFRS 1109 문단 3.2.11~11]

- 관리용역 수수료가 용역제공의 적절한 대가에 미달할 것으로 예상한다면 용역제공 의무에 따른 부채를 공정가치로 인식한다.
- 관리용역 수수료가 용역제공의 적절한 대가를 초과할 것으로 예상한다면 양도하기 전 금융자산 전체의 장부금액 중 상대적 공정가치에 따라 배분된 금액을 기준으로 용역제공 권리에 따른 자산을 인식한다.
- 양도의 결과로 금융자산 전체를 제거하지만 새로운 금융자산을 획득하거나 새로운 금융부채나 관리용역부채를 부담한다면 그 새로운 금융자산, 금융부채 및 관리용역 부채를 공정가치로 인식한다.

3 금융부채와 지분상품

금융부채와 지분상품(자본)도 금융상품의 유형이므로 금융상품의 기본요건을 만족해야 한다. 금융상품은 거래당사자 어느 한쪽에게는 금융자산을 생기게 하고 거래상대방에게 금융부채나 지분상품을 생기게 하는 모든 계약을 말한다. 기준서에서 말하는 계약은 우리가 흔히 인지하는 문서상의 계약으로 한정하지 않는다. 금융상품에서의 「계약」은 다음과 같이 정의한다.[K-IFRS 1032 문단 13]

- 「계약」이란 명확한 경제적 결과를 가지고 있고 법적으로 집행가능하기 때문에 당사자가 그러한 경제적 결과를 자의적으로 회피할 여지가 적은 둘 이상의 당사자 사이의 합의를 말한다.

• 금융상품을 포함하여 계약은 다양한 형태로 존재할 수 있으며 반드시 서류로 작성되어야 하는 것은 아니다.

K-IFRS 1032호는 발행자의 입장에서 금융상품을 금융자산, 금융부채 및 지분상품으로 분류하는 방법에 대해 집중적으로 설명한다. 특히 금융부채와 지분상품(자본)의 분류는 발행자의 입장에서 매우 중요한 재무적 영향을 미친다. K-IFRS 1032호의 주요 내용을 간단하게 정리한 후 구체적인 내용을 다시 살펴보도록 한다.

(1) 부채와 자본의 분류방법

① 금융상품의 발행자는 계약의 실질과 금융부채, 금융자산 및 지분상품의 정의에 따라 최초인식 시점에 금융상품이나 금융상품의 구성요소를 금융부채, 금융자산 또는 지분상품으로 분류한다. 이때, 다음의 조건을 〈모두〉 충족하는 경우에 한해 지분상품(자본)으로 분류한다.

• 다음의 계약상 의무를 포함하지 아니한다.

㉠ 거래상대방에게 금융자산을 인도하기로 하는 계약상 의무

㉡ 발행자에게 잠재적으로 불리한 조건으로 거래상대방과 금융자산이나 금융부채를 교환하는 계약상 의무

• 자기지분상품으로 결제되거나 결제될 수 있는 계약으로서 다음 중 어느 하나에 해당한다.

㉠ 변동 가능한 수량의 자기지분상품을 인도할 계약상 의무가 없는 비파생상품

㉡ 확정수량의 자기지분상품에 대하여 확정금액의 현금 등 금융자산의 교환을 통해서만 결제될 파생상품. 자기지분상품에는 다음의 금융상품은 포함되지 않는다.

• 지분상품으로 분류되는 풋가능 금융상품(자세한 내용은 후술한다)

• 지분상품으로 분류되는 후순위 금융상품(자세한 내용은 후술한다)

• 자기지분상품을 미래에 수취하거나 인도하기 위한 계약인 금융상품

② 금융상품 보유자가 금융자산을 수취하기 위해 발행자에게 그 금융상품의 환매를 요구할 권리가 부여된 금융상품(「풋가능 금융상품」)이나 발행자가 청산하는 경우에만 계약상 의무가 있는 금융상품이 특정한 조건을 충족하는 경우 예외적으로 지분상품으로 분류한다.

③ 기업이 수취하거나 인도해야 할 자기지분상품의 공정가치가 계약상 권리나 의무의 금액과 일치하도록 수량이 변동되는 기업자신의 주식이나 그 밖의 지분상품을 인도할 계약에서 자기지분상품을 계약의 결제수단으로 사용하는 경우 이러한 계약은 지분상품이 아니며 금융부채이다.

④ 금융상품 발행자와 보유자 모두가 통제할 수 없는 불확실한 미래 사건의 발생 여부나 불확실한 상황의 결과에 따라 결제하는 금융상품은 금융부채이다.

⑤ 여러 가지 결제방법 중 발행자나 보유자가 결제방법을 선택할 수 있는 파생금융상품은 일반적으로 금융자산이나 금융부채이다.

(2) 복합금융상품

비파생금융상품의 발행자는 금융상품의 조건을 평가하여 해당 금융상품이 자본요소와 부채요소를 모두 포함하고 있는지를 판단해야 하며 각 요소별로 금융부채, 금융자산 또는 지분상품으로 분류해야 한다.

(3) 자기주식

기업이 자기지분상품을 재취득하는 경우에는 이러한 지분상품(「자기주식」)은 자본에서 차감한다. 자기지분상품을 매입, 매도, 발행, 소각하는 경우의 손익은 당기손익으로 인식하지 않는다.

(4) 이자, 배당 및 손익의 회계처리

금융부채인 금융상품이나 금융부채인 구성요소와 관련하여 생기는 이자, 배당, 손익은 수익이나 비용으로 당기손익에 인식한다.

(5) 금융자산과 금융부채의 상계

다음 조건을 모두 충족하는 경우에만 금융자산과 금융부채를 상계하고 재무상태표에 순액으로 표시한다.

① 인식한 자산과 부채에 대해 법적으로 집행가능한 상계 권리를 현재 갖고 있다.

② 차액으로 결제하거나 자산을 실현하는 동시에 부채를 결제할 의도가 있다.

K-IFRS 1032호는 금융상품의 발행자 입장에서 금융부채 또는 지분상품의 분류에 집중된다. 발행자 입장에서 금융상품이 지분상품으로 분류되면 후속측정의 문제가 발

생하지 않는 반면, 금융부채로 분류되면 공정가치측정을 비롯한 다양한 후속측정의 이슈가 있다. 발행자 입장에서 금융상품이 지분상품으로 분류되면 그 지분상품은 K-IFRS 1109호의 적용이 배제된다.

또한, 금융자산 보유자 입장에서도 보유한 금융상품이 K-IFRS 1032호에서 정의한 지분상품으로 분류될지 여부에 따라 후속측정이 달라질 수 있다. 가령, K-IFRS 1109호는 금융자산 중 지분상품에 한해 FVOCI-금융자산으로 선택적으로 분류할 수 있는데 그 금융자산이 지분상품요건을 만족하는지 여부는 K-IFRS 1032호의 지분상품의 정의를 만족해야 한다.

3.1. 금융부채와 지분상품의 의의

금융부채는 다음과 같이 정의한다.[38][K-IFRS 1032 문단 11]

① 다음 중 어느 하나에 해당하는 계약상 의무

㉠ 거래상대방에게 〈현금 등 금융자산〉[39]을 인도하기로 한 계약상 의무

㉡ 잠재적으로 불리한 조건으로 거래상대방과 금융자산이나 금융부채를 교환하기로 한 계약상 의무

② 자기지분상품으로 결제하거나 결제할 수 있는 다음 중 하나의 계약

㉠ 인도할 자기지분상품의 수량이 변동 가능한 비파생상품

㉡ 확정수량의 자기지분상품을 확정금액의 금융자산과 교환하여 결제하는 방법 외의 방법으로 결제하거나 결제할 수 있는 파생상품.

반면, 지분상품은 기업의 자산에서 모든 부채를 차감한 후의 「잔여지분」을 나타내는 모든 계약을 말한다. 앞에서 지분상품의 세부적인 정의를 기술한 바 있는데 위의 금융부채의 정의와 대응된다.

▎금융부채의 특성

발행자 입장에서 금융상품을 금융부채로 분류할 것인지, 지분상품으로 분류할 것인지는 후속적으로 기업의 재무상황에 중요한 영향을 미친다. 기준서는 금융상품의 법적

---

38) 금융부채의 정의는 앞서 기술한 지분상품의 정의와 반대의 내용으로 구성된다.

39) 이하 설명의 편의를 위해 다른 언급이 없는 한, 기준서에서 「현금 등 금융자산」으로 표시된 항목을 「금융자산」으로 간략하게 표시한다.

형식이 아닌 실질에 따라 재무상태표에 분류해야 함을 강조하고 있으므로 금융부채의 본질적인 특성을 파악하는 것은 매우 중요하다.

금융부채와 지분상품을 구분하는 중요한 특성은 금융상품의 거래당사자인 발행자가 거래상대방인 보유자에게 금융자산을 인도해야 할 계약상 의무를 부담하는지와 잠재적으로 불리한 조건으로 보유자와 금융자산이나 금융부채를 교환하는 계약상 의무를 부담하는지 여부이다. 지분상품 보유자가 지분비율에 따라 배당이나 그 밖의 분배를 받을 자격이 있다는 것만으로는 발행자가 보유자에게 금융자산을 반드시 인도해야 하는 것은 아니기 때문에 발행자가 그러한 분배를 해야 할 계약상 의무가 없다. 예외적인 경우를 제외하고 금융부채의 기본적인 두 가지 특성을 만족하면 그 금융상품은 금융부채이다.[K-IFRS 1032 문단 17~20]

- 금융상품은 법적형식이 아니라 실질에 따라 재무상태표에 분류하여야 한다. 일반적으로 실질과 법적형식이 일치하지만 반드시 그런 것은 아니다. 어떤 금융상품은 지분상품의 법적형식을 가지고 있지만 실질적으로는 금융부채에 해당되는 경우가 있고 어떤 금융상품은 지분상품의 특성과 금융부채의 특성이 결합되어 있는 경우도 있다. 이러한 예는 다음과 같다.
  - ㉠ 확정되었거나 결정 가능한 미래시점에 확정되었거나 결정 가능한 금액을 발행자가 보유자에게 의무적으로 상환해야 하는 우선주나 보유자가 발행자에게 특정일이나 그 후에 확정되었거나 결정가능한 금액으로 상환해줄 것을 청구할 수 있는 권리가 있는 우선주(상환우선주)는 금융부채[40]이다.
  - ㉡ 금융상품의 보유자가 발행자에게 해당 금융상품의 환매를 요구하여 금융자산을 수취할 권리가 부여된 금융상품(「풋가능 금융상품」[41])은 금융부채이다.
  - ㉢ 금융자산의 금액이 지수나 다른 항목의 변동에 기초하여 증가하거나 감소될 수 있는 금융상품(파생상품)은 금융부채이다.
- 기업이 계약상 의무를 결제하기 위한 금융자산의 인도를 회피할 수 있는 무조건적인 권리를 가지고 있지 않다면 이러한 의무는 금융부채의 정의를 충족한다. 예를

---

40) 일반기업회계기준은 상환우선주를 법적형식에 맞춰 자본(지분상품)으로 분류한다. 반면, K-IFRS는 상환우선주가 미래특정시점 또는 보유자의 청구에 따라 상환해 줄 의무가 있으므로 실질에 따라 금융부채로 분류한다. 국내 자본시장에서 재무투자자들이 상장예정기업에 상환우선주(대개는 전환상환우선주) 형태의 투자를 선호하고 있어 이러한 기업들이 상장을 앞두고 K-IFRS로 전환하는 과정에서 재무정보에 중요한 영향을 미치는 항목이다.

41) 풋가능 금융상품의 구체적인 개념과 예외적으로 지분상품으로 분류되는 풋가능 금융상품에 대해서는 후술내용을 참고하기 바란다.

들면 다음과 같다.

㉠ 외화의 획득이 곤란하거나 감독기구에서 지급승인을 받을 필요가 있는 등 금융상품의 발행자가 의무를 이행할 능력에 제약이 있더라도 이러한 제약은 해당 발행자의 계약상 의무나 해당 금융상품 보유자의 계약상 권리에 영향을 미치지 않는다.

㉡ 거래상대방이 상환을 요구할 권리를 행사할 수 있는 조건이 있는 계약상 의무는 금융부채이다. 이는 발행자가 금융자산의 인도를 회피할 수 있는 무조건적인 권리를 가지고 있지 않기 때문이다.

• 금융자산을 인도해야 하는 계약상 의무를 분명하게 정하지 않은 금융상품이라도 계약 조건 등에서 간접적으로 계약상 의무를 정할 수 있다. 예를 들면 다음과 같다.

㉠ 분배를 하지 못하거나 금융상품을 상환하지 못한다면 결제해야 하는 비금융의무를 포함하는 금융상품. 비금융의무를 결제하여 금융자산의 인도를 회피할 수 있는 금융상품은 금융부채이다.

㉡ 결제시점에 기업이 금융자산 또는 금융자산의 가치를 실질적으로 초과하는 가치로 결정된 기업자신의 주식 중 하나를 인도해야 하는 금융상품은 금융부채이다.

• 기업이 금융자산을 인도해야 하는 분명한 계약상 의무는 없지만 주식으로 결제할 가치는 현금으로 결제할 가치에 상당한다. 어떤 경우에도 보유자는 최소한 현금으로 결제할 가치와 같은 금액 이상을 수취할 수 있도록 실질적인 보증을 받는 것이다.

풋가능 금융상품

풋가능 금융상품이란 금융상품 보유자가 금융자산을 수취하기 위해 발행자에게 해당 금융상품의 환매를 요구할 권리가 부여된 금융상품 또는 불확실한 미래사건이 일어나거나 금융상품 보유자가 사망하거나 퇴직하는 경우에 발행자에게 자동으로 환매되는 금융상품을 말한다. 풋가능 금융상품은 풋(Put)이 행사되면 발행자가 금융자산으로 그 금융상품을 재매입하거나 상환해야 하는 계약상 의무이므로 기본적으로 금융부채이다.[K-IFRS 1032 문단 18]

• 보유자가 발행자에게 금융상품의 환매를 요구하여 금융자산을 수취할 권리를 보유하는 것은 풋가능 금융상품이 금융부채의 정의를 충족함을 의미한다.

㉠ 예를 들어, 개방형 뮤추얼펀드, 단위형 투자신탁, 파트너십, 일부 조합의 경우 지분보유자나 조합원은 보유자 지분을 언제든지 현금으로 상환받을 권리를 보

유하고 있으므로 지분보유자나 조합원 지분은 부채로 분류된다.

㉡ 이러한 금융상품을 금융부채로 분류하더라도 일부 뮤추얼펀드와 단위형 투자신탁 등과 같이 실질적으로 납입자본이 없는 기업도 재무제표에 〈지분보유자 귀속 순자산〉 또는 〈지분보유자 귀속 순자산 변동액〉과 같은 용어를 사용할 수 있다. 그리고 자본의 정의를 충족하는 적립금 등과 같은 항목과 자본의 정의를 충족하지 못하는 풋가능 금융상품으로 구성되는 총조합원지분의 내용을 추가 공시할 수 있다.[42]

다만, 풋가능 금융상품이 기준서에 정한 엄격한 요건을 만족할 경우 지분상품으로 분류될 수 있다. 기준서는 풋가능 금융상품의 지분상품으로의 분류요건으로 아래에서 설명하는 상품특성요건(문단 16A의 요건)과 발행자 요건(문단 16B의 요건)으로 구분하여 두 요건을 모두 만족할 경우에 한해 지분상품으로의 분류를 허용한다. 따라서 실무적으로 볼 때 풋가능 금융상품이 지분상품으로 분류될 사례는 많지 않은 것으로 판단된다.

(1) 상품특성요건

풋가능 금융상품이 지분상품으로 분류되기 위해서는 아래의 5가지 〈상품특성요건〉을 모두 갖추어야 한다.[K-IFRS 1032 문단 16A]

① 발행자가 청산하는 경우 보유자가 지분비율에 따라 발행자 순자산에 대한 권리를 가진다. 발행자 순자산은 발행자의 자산에 대한 그 밖의 모든 청구권을 차감한 후의 나머지 자산이다. 지분비율은 다음에 따라 결정된다.

- 청산할 때 발행자 순자산을 같은 금액의 단위로 나눈 후 그 금액에 금융상품 보유자가 보유한 단위 수를 곱한다.

② 그 금융상품은 그 밖의 모든 종류의 금융상품보다 후순위인 금융상품의 종류에 포함된다. 그러한 금융상품의 종류에 포함되기 위해서는 해당 금융상품이 다음의 조건을 모두 충족해야 한다.

㉠ 청산할 때 발행자의 자산에 대한 그 밖의 청구권에 우선하지 않는다.

㉡ 그 밖의 모든 종류의 금융상품보다 후순위인 금융상품의 종류에 포함되기 전에 또 다른 금융상품으로 전환할 필요가 없다.

③ 그 밖의 모든 종류의 금융상품보다 후순위인 금융상품의 종류에 포함되는 모든

42) K-IFRS 1032호 사례7(IE32)과 사례8(IE33)은 기준서에서 정하는 자본이 없는 뮤추얼펀드 등이 사용할 수 있는 재무제표의 형식을 설명하고 있다. 이 경우 재무상태표에 지분보유자 귀속 순자산이라는 용어를 사용할 수 있지만 실질적인 성격은 금융부채이다.

금융상품은 같은 특성을 갖는다. 예를 들어, 해당 금융상품이 모두 풋가능해야 하며 해당 종류의 모든 금융상품은 재매입가격이나 상환가격을 계산하기 위해 사용된 공식이나 그 밖의 방법이 같다.

④ 발행자가 금융자산으로 그 금융상품을 재매입하거나 상환해야 하는 계약상 의무를 제외하고는 그 금융상품은 거래상대방에게 금융자산을 인도하거나 발행자에게 잠재적으로 불리한 조건으로 거래상대방과 금융자산이나 금융부채를 교환하는 계약상 의무를 포함하지 않으며 금융부채 정의의 ②에서 설명한 자기지분상품으로 결제하거나 결제할 수 있는 계약이 아니다.

⑤ 금융상품의 존속기간에 걸쳐 금융상품에 귀속되는 총 예상현금흐름은 실질적으로 그 기간에 걸친 발행자의 당기손익, 인식된 순자산의 변동, 인식되었거나 인식되지 않은 순자산의 공정가치변동에 기초한다(해당 금융상품의 영향은 제외).

(2) 발행자요건

풋가능 금융상품을 지분상품으로 분류하기 위해서는 해당 금융상품은 위의 상품특성요건을 모두 갖추어야 할 뿐만 아니라 발행자는 다음 모두에 해당하는 그 밖의 금융상품이나 계약을 보유하지 않아야 한다.[K-IFRS 1032 문단 16B]

① 총 현금흐름이 실질적으로 발행자의 당기손익, 인식된 순자산의 변동, 인식되었거나 인식되지 않은 순자산의 공정가치변동에 기초한다(그러한 금융상품이나 계약의 영향은 제외).

② 풋가능 금융상품 보유자의 나머지 수익을 실질적으로 제한하거나 고정하는 효과가 있다.

발행자요건을 적용하기 위해서 발행자는 위 상품특성요건(문단 16A)에서 기술한 금융상품 보유자와의 비금융계약은 고려하지 않는다. 이 경우 비금융계약은 금융상품을 보유하지 않은 자와 발행자 사이에서 생길 수 있는 동등한 계약의 계약 조건과 비슷한 조건이 있는 계약을 의미한다. 발행자가 이 조건이 충족된다고 판단할 수 없다면 그 풋가능 금융상품은 지분상품으로 분류하지 않는다.

후순위 금융상품

발행자가 청산하는 경우에만 거래상대방에게 지분비율에 따라 발행자 순자산을 인도해야 하는 의무를 발행자에게 부과하는 금융상품(또는 금융상품 요소)이 있을 수 있다.

본서는 이러한 금융상품을 「후순위 금융상품」[43]이라 칭하기로 한다. 후순위 금융상품도 발행자에게 순자산(현금 등 금융자산)을 인도해야 할 계약상 의무가 있으므로 기본적으로 금융부채이다.

다만, 풋가능 금융상품과 마찬가지로 후순위 금융상품이 기준서에 정한 엄격한 요건을 만족할 경우 지분상품으로 분류될 수 있다. 기준서는 후순위 금융상품의 지분상품으로의 분류요건으로 아래에서 설명하는 상품특성요건(문단 16C의 요건)과 발행자 요건(문단 16D의 요건)으로 구분하여 두 요건을 모두 만족한 경우에 한해 지분상품으로의 분류를 허용한다. 따라서 실무적으로 볼 때 후순위 금융상품이 지분상품으로 분류될 사례는 많지 않은 것으로 판단된다.

(1) 상품특성요건

일부 금융상품에는 발행자가 청산하는 경우에만 거래상대방에게 지분비율에 따라 발행자 순자산을 인도해야 하는 계약상 의무가 포함되어 있다. 그러한 의무는 확실히 청산이 일어나고 그 청산을 발행자가 통제할 수 없거나(예 : 존속기간이 정해진 기업), 청산을 하게 될지는 불확실하지만 청산을 해당 금융상품 보유자가 선택할 수 있기 때문에 생겨난다.

이러한 후순위 금융상품은 기본적으로 금융부채이지만 금융부채 정의의 예외로서 그러한 의무를 포함하는 금융상품이 다음의 특성을 모두 갖추고 있다면 지분상품으로 분류된다.[K-IFRS 1032 문단 16C]

① 발행자가 청산하는 경우 보유자가 지분비율에 따라 발행자 순자산에 대한 권리를 가진다. 발행자 순자산은 발행자의 자산에 대한 그 밖의 모든 청구권을 차감한 후의 나머지 자산이다. 지분비율은 다음에 따라 결정된다.

- 청산할 때 발행자 순자산을 같은 금액의 단위로 나눈 후 그 금액에 금융상품 보유자가 보유한 단위 수를 곱한다.

② 그 금융상품은 그 밖의 모든 종류의 금융상품보다 후순위인 금융상품의 종류에 포함된다. 그러한 금융상품의 종류에 포함되기 위해서는 해당 금융상품이 다음의 조건을 모두 충족해야 한다.

㉠ 청산할 때 발행자의 자산에 대한 그 밖의 청구권에 우선하지 않는다.

---

43) 후순위 금융상품은 기준서에서 정의하는 공식적인 용어가 아님에 주의하기 바란다. 기준서는 이 금융상품의 특성을 규정하면서도 이러한 금융상품유형에 대한 간결한 용어를 제시하지 않고 있다. 본서는 설명의 편의를 위하여 K-IFRS 1032호 문단 16C와 16D에서 설명하는 금융상품을 후순위 금융상품으로 지칭하기로 한다.

㉡ 그 밖의 모든 종류의 금융상품보다 후순위인 금융상품의 종류에 포함하기 전에 또 다른 금융상품으로 전환할 필요가 없다.

③ 그 밖의 모든 종류의 금융상품보다 후순위인 금융상품의 종류에 포함되는 모든 금융상품에는 발행자가 청산하는 경우에 지분비율에 따라 발행자 순자산을 인도해야 하는 동일한 계약상 의무를 가지고 있어야만 한다.

(2) 발행자요건

후순위 금융상품을 지분상품으로 분류하기 위해서는 금융상품이 위 상품특성요건을 모두 갖추어야 할 뿐만 아니라 발행자는 다음 모두에 해당하는 그 밖의 금융상품이나 계약을 보유하지 않아야 한다.[K-IFRS 1032 문단 16D]

① 총 현금흐름이 실질적으로 발행자의 당기손익, 인식된 순자산의 변동, 인식되었거나 인식되지 않은 순자산의 공정가치변동에 기초한다(그러한 금융상품이나 계약의 영향은 제외).

② 그 금융상품 보유자의 나머지 수익을 실질적으로 제한하거나 고정하는 효과가 있다.

이 조건을 적용하기 위해서 발행자는 상품특성요건(문단 16C)에서 기술된 금융상품 보유자와의 비금융계약은 고려하지 않는다. 비금융계약은 금융상품을 보유하지 않은 자와 발행자 사이에서 발생할 수 있는 동등한 계약의 계약조건과 비슷한 조건이 있는 계약을 의미한다. 발행자가 이 조건이 충족된다고 판단할 수 없다면 그 금융상품은 지분상품으로 분류하지 않는다.

3.2. 금융부채의 분류

금융자산과 달리 금융부채는 특정한 항목으로 정의하지 않는다. 대신, 금융부채의 기본적인 특성을 정의하고 그러한 특성에 부합하는 금융상품을 금융부채로 분류하며 이를 제외한 금융상품을 지분상품으로 분류한다. 금융부채의 정의에 따라 다음 중 어느 하나의 특성을 가진 금융상품은 금융부채이다.

① 다음 중 어느 하나에 해당하는 계약상 의무

㉠ 거래상대방에게 금융자산을 인도하기로 한 계약상 의무

㉡ 잠재적으로 불리한 조건으로 거래상대방과 금융자산이나 금융부채를 교환하기

로 한 계약상 의무

② 자기지분상품으로 결제하거나 결제할 수 있는 다음 중 하나의 계약

㉠ 인도할 자기지분상품의 수량이 변동 가능한 비파생상품

㉡ 확정수량의 자기지분상품을 확정금액의 금융자산과 교환하여 결제하는 방법 외의 방법으로 결제하거나 결제할 수 있는 파생상품

(1) 거래상대방에게 금융자산을 인도하기로 한 계약상 의무

금융상품의 거래당사자인 발행자가 거래상대방인 보유자에게 금융자산을 인도해야 할 계약상 의무는 금융부채이다. 기업이 계약상 의무를 결제하기 위한 〈금융자산의 인도를 회피할 수 있는 무조건적인 권리〉를 가지고 있지 않다면 이러한 의무는 금융부채이다. 이에는 금융자산을 인도해야 하는 계약상 의무를 분명하게 정하지 않은 금융상품이라도 계약조건에서 간접적으로 계약상의 의무를 정한 경우도 포함된다.

아래는 금융부채의 정의를 만족하지 못하는 예이다.[K-IFRS 1032 AG11~12, AG20, K-IFRS 1109 문단 2.4~7]

- 선수수익과 대부분의 품질보증의무와 같은 항목은 금융자산을 지급할 계약상 의무가 아니라 재화나 용역을 인도하여 해당 항목과 관련된 경제적 효익이 유출될 것이므로 금융부채가 아니다.
- 정부가 부과하는 법적요구에 따라 발생하는 법인세와 관련된 부채는 계약에 의한 것이 아니므로 금융부채가 아니다. 또, K-IFRS 1037호에서 설명하는 충당부채, 우발자산 및 우발부채도 계약에서 생긴 것이 아니므로 금융부채가 아니다.
- 비금융항목을 매도하는 계약은 금융부채가 아니다. 이러한 계약은 거래상대방에게 금융자산을 인도할 의무를 발생키지 않기 때문이다. 단, 비금융항목의 매도계약이 금융자산으로 차액결제 될 수 있거나 금융상품의 교환으로 결제될 수 있는 경우에는 금융부채이다.

㉠ 실물자산을 이전한 날 후로 그에 상응하는 지급을 이연한 경우가 아니라면 실물자산을 수취하거나 인도하는 계약은 계약당사자에게 금융자산이나 금융부채를 생기게 하지 않는다. 계약당사자에게 금융자산이나 금융부채가 생기는 경우의 예로는 외상으로 재화를 매입하거나 매도한 경우를 들 수 있다.

㉡ 다만, 일반상품과 연계되어 있지만 일반상품 실물을 수취하거나 인도하여 결제하지 않는 계약은 확정된 금액을 지급하는 것이 아니고 계약에서 정한 계산

방식에 따라 결정되는 현금을 지급하여 결제하므로 금융부채이다. 예를 들어, 사채 만기시점의 원유시장가격을 확정수량의 원유에 적용하여 사채 원금의 금액을 결정할 수도 있다. 이러한 경우 사채의 원금은 일반상품가격에 연계되어 있으나 현금으로 결제한다. 이러한 계약은 금융부채이다.

(2) 잠재적으로 불리한 조건으로 교환할 계약상 권리

잠재적으로 불리한 조건으로 거래상대방과 금융자산이나 금융부채를 교환하기로 한 계약은 금융부채이다. 이러한 계약유형의 대표적인 예가 파생금융부채이다. 파생금융부채는 다음과 같은 특성을 가진다.[K-IFRS 1032 AG15~AG19]

① 금융상품은 본원적 금융상품과 파생적 금융상품을 포함한다. 본원적 금융상품의 예로는 채권, 채무 및 지분상품을 들 수 있으며, 파생적 금융상품의 예로는 금융변수를 기초변수로 하는 옵션, 선물, 선도, 이자율스왑, 통화스왑을 들 수 있다. 파생적 금융상품은 금융부채의 정의를 충족한다.

② 파생금융상품은 기초항목인 본원적 금융상품에 내재되어 있는 하나 이상의 금융위험을 거래상대방에게 이전하는 효과가 있는 권리와 의무를 생기게 한다.

- 최초거래시점에 파생금융상품은 거래당사자 한편에게 잠재적으로 불리한 조건에 따라 금융자산이나 금융부채를 교환하는 계약상 의무를 부과한다. 그러나 파생금융상품은 일반적으로 계약시점에 기초항목인 본원적 금융상품 자체를 이전하지 아니하고 계약 만기시점에도 기초항목인 본원적 금융상품을 반드시 이전하는 것은 아니다.
- 일부 금융상품 중에는 교환할 권리와 의무가 모두 생기게 하는 금융상품이 있다. 파생금융상품의 최초 계약시점에 교환조건이 결정되기 때문에 금융시장의 가격변동에 따라 계약조건은 유리해질 수도 있고 불리해질 수도 있다.

③ 풋옵션이나 콜옵션의 발행자는 기초항목인 금융상품의 공정가치 변동과 관련된 경제적 효익의 잠재적인 손실을 부담하거나 잠재적인 미래 경제적 효익을 포기하는 의무를 부담한다. 발행자의 계약상 의무는 금융부채의 정의를 충족한다.

- 옵션계약의 기초항목인 금융상품은 다른 기업의 주식과 채무상품을 포함하여 어떠한 금융상품도 될 수 있다. 옵션 때문에 발행자가 금융자산을 양도하는 대신에 채무상품을 발행하는 경우도 있을 수 있으나 옵션이 행사된다면 옵션의 기초항목인 금융상품은 옵션보유자의 금융자산이 될 것이다.

• 잠재적으로 불리한 조건으로 금융자산을 교환할 발행자의 의무는 옵션이 행사될 때 교환되는 기초항목인 금융자산과는 구별된다. 발행자의 의무는 옵션의 행사가능성에 따라 성격이 달라지지 않는다.

④ 미래에 교환하도록 하는 권리와 의무를 포함한 다양한 유형의 파생상품이 있다. 이자율스왑, 통화스왑, 금리캡, 금리칼라, 금리플로어, 대출약정, 증권인수한도약정 및 신용장이 이러한 파생적 금융상품에 포함된다.

• 이자율스왑은 계약의 양 당사자가 변동이자율에 따라 계산된 현금과 고정이자율에 따라 계산된 현금을 미래에 연속적으로 교환하기로 약정한 선도계약의 한 형태로 볼 수 있다.

• 선물계약은 선도계약의 다른 형태로서 계약이 정형화되어 있고 거래소에서 거래된다는 점이 주된 차이다.

(3) 수량이 변동가능한 자기지분상품으로 결제하는 비파생상품

거래상대방에게 금융자산을 인도하기로 한 계약상 의무가 금융부채의 기본적인 개념이다. 어떤 경우에는 기업이 금융자산이 아닌 자기지분상품으로 결제하는 계약을 체결 할 수도 있다. 이때 기업은 보유하고 있는 자기주식으로 결제할 수도 있고 지분상품을 새로 발행하여 결제할 수도 있다. 자기지분상품으로 결제할 경우 결제할 자기지분상품의 수량이 변동가능한지에 따라 다음과 같이 분류한다.

① 인도할 자기지분상품의 수량이 확정된 경우 : 지분상품

② 인도할 자기지분상품의 수량이 변동가능한 경우 : 금융부채

전통적인 재무회계에서 지분상품은 법적형식을 우선하였다. 기업이 지분상품을 발행하여 결제한다면 그 수량이 변동가능한지 여부와 관계없이 자본으로 처리하는 것이 기존의 회계적 관점이었다. 결제할 자기지분상품의 수량이 변동가능하더라도 기업이 보유한 추가적인 자원의 유출이 없기 때문이다. 그러나 기업이 결제할 자기지분상품이 변동될 수 있다면 그러한 계약이 성립된 시점에서 지분상품의 가치는 확정되지 않고 변동가능한 자기지분상품의 수량에 따라 기존 주주의 가치도 변동될 수 있으며 이에 따라 결제할 자기지분상품의 수량이 확정되는 시점까지는 지분상품(자본)으로 분류하지 않고 금융부채로 분류하는 것이다.[K-IFRS 1032 문단 21]

• 단순히 자기지분상품을 인도[44]한다고 하여 그 계약이 지분상품(자본)이 되는 것은

44) 자기지분상품을 인도하는 것에는 지분상품(주식)을 새로 발행하여 결제하는 것을 포함한다.

아니다. 기업은 인도해야 할 자기지분상품의 공정가치가 계약상 권리나 의무의 금액과 일치하도록 수량이 변동되는 기업자신의 주식이나 그 밖의 지분상품을 인도할 의무를 가질 수 있다.

- 이러한 계약상 의무의 금액은 확정금액일 수도 있으며(지분상품으로 분류) 자기지분상품의 시장가격이 아닌 다른 변수(예 : 이자율, 일반상품가격, 금융상품의 가격 등)의 변동의 전부 또는 일부에 따라 변동되는 금액일 수도 있다(금융부채로 분류).
  ㉠ 예를 들어, 100원과 같은 공정가치에 해당하는 자기지분상품을 인도할 계약과 100온스의 금과 같은 공정가치에 해당하는 자기지분상품을 인도할 계약의 경우 이러한 계약은 기업이 자기지분상품을 인도하여 해당 계약을 결제해야 하거나 결제할 수 있더라도 금융부채이다.
  ㉡ 기업이 변동 가능한 수량의 자기지분상품을 계약의 결제수단으로 사용하기 때문에 이러한 계약은 지분상품이 아니다. 따라서 그 계약은 자산에서 모든 부채를 차감한 후의 잔여지분을 나타내지 못한다.
- 반면, 기업이 확정금액의 금융자산을 대가로 확정수량의 자기지분상품을 인도하여 결제하는 계약은 지분상품이다.
  ㉠ 예를 들어, 상대방에게 확정된 가격이나 확정된 사채의 액면금액으로 확정된 수량의 발행자 주식을 매입할 수 있는 권리가 부여된 주식옵션을 발행한 경우의 해당 옵션은 지분상품이다.
  ㉡ 시장이자율의 변동에 따라 계약의 공정가치가 변동되더라도 이러한 시장이자율의 변동이 계약의 결제시점에 지급할 금융자산의 금액이나 인도할 지분상품의 수량에 영향을 미치지 않는다면 그 계약은 지분상품이다.
  ㉢ 이때, 지급한 대가(예 : 옵션의 매입으로 지급한 프리미엄)는 자본에서 직접 차감하며 지분상품의 공정가치변동은 재무제표에 인식하지 않는다.

이와 비슷한 유형으로 기업이 금융자산으로 자기지분상품을 매입할 의무가 포함된 계약의 경우에는 상환금액(예 : 매입선도가격, 옵션계약의 행사가격 등)의 현재가치에 해당하는 금융부채가 생긴다. 최초인식 후에는 K-IFRS 1109호에 따라 해당 금융부채를 후속측정한다. 이때, 계약자체가 지분상품인 경우에도 그러하다.[K-IFRS 1032 문단 23~24]

- 이러한 예로는 현금으로 자기지분상품을 매입해야 하는 선도계약에 따른 의무를 들 수 있다. 이러한 금융부채는 최초에 상환금액의 현재가치로 인식하고 자본에서

부채로 재분류한다.

• 자기지분상품을 인도하지 않고 계약이 종료되는 경우에는 그 금융부채의 장부금액을 자본으로 재분류한다. 자기지분상품을 매입해야 하는 의무가 상대방의 권리 행사에 따라 결정되는 경우에도 상환금액의 현재가치에 해당하는 금융부채가 생긴다. 이러한 예로는 상대방이 기업의 자기지분상품을 확정금액으로 기업에게 매도할 수 있는 권리가 부여된 풋옵션을 발행한 경우를 들 수 있다.

또한, 변동가능한 금액의 금융자산을 대가로 확정된 수량의 자기지분상품을 인도하여 결제하는 계약은 금융부채이다. 이러한 계약의 예로는 금 100온스의 가치에 해당하는 현금을 대가로 자기지분상품 100주를 인도하기로 하는 계약을 들 수 있다.

(4) 자기지분상품을 확정수량 또는 확정금액 외의 방법으로 결제하는 파생상품

기업이 결제를 위하여 확정수량의 자기지분상품을 확정금액의 금융자산과 교환하여 결제하는 방법 외의 방법으로 결제하거나 결제할 수 있는 파생상품은 금융부채이다. 달리 말해, 자기지분상품으로 결제되는 파생상품 계약에서 결제할 자기지분상품의 수량과 금액이 모두 확정된 경우에만 그 파생상품을 지분상품으로 분류하며, 인도할 자기지분상품의 수량 또는 교환할 금융자산의 금액 중 어느 하나라도 확정되어 있지 않다면 이러한 계약은 파생금융부채이다.

• 자기지분상품으로 결제되는 파생상품 계약에서 결제할 자기지분상품의 수량과 금액이 확정되지 않은 대표적인 계약조건이 전환가액조정(re-fixing)이다. 예를 들어, 전환사채 보유자의 전환옵션 행사에 따라 전환사채 발행기업이 이전할 자기지분상품의 수량이 확정되어 있다면 이러한 전환옵션은 발행자의 지분상품(자본)이다. 반면, 전환옵션의 계약조건(예 : 발행기업 보통주가격하락 또는 발행기업 이익감소 등)에 따라 전환가액(전환비율)이 조정(re-fixing)될 수 있다면 보유자의 전환옵션 행사에 따라 발행자가 결제할 자기지분상품 수량이 변동되므로 이러한 경우의 전환옵션은 발행자의 금융부채(파생금융부채)이다.[45]

(5) 조건부 결제조항 및 결제옵션

주가지수, 소비자물가지수, 이자율의 변동, 과세규정의 변경이나 발행자의 미래수

45) 자기지분상품을 확정수량 또는 확정금액 외의 방법으로 결제하는 내재파생상품의 인식과 측정에 대해서는 복합상품에서 구체적으로 설명한다.

익, 순이익, 부채비율과 같이 금융상품 발행자와 보유자 모두가 통제할 수 없는 불확실한 미래사건의 발생 여부나 불확실한 상황의 결과에 따라 금융자산을 인도하여 결제하거나 금융부채로 분류될 그 밖의 방법으로 결제하는 금융상품이 있다. 이 경우 발행자는 금융자산의 인도를 회피할 수 있거나 아니면 금융부채로 분류될 그 밖의 결제방법을 회피할 수 있는 무조건적인 권리를 가지고 있지 않으므로 이러한 금융상품은 다음의 경우를 제외하고는 발행자의 금융부채이다.[K-IFRS 1032 문단 25~27]

① 금융자산을 인도하는 결제방법이나 금융부채로 분류될 그 밖의 결제방법과 관련된 조건부 결제조항이 실질적으로 유효하지 않은 경우

② 발행자가 청산하는 경우에만 금융자산을 인도하는 방법 또는 금융부채로 분류될 그 밖의 방법으로 의무를 결제하도록 요구받을 수 있는 경우

③ 금융상품이 풋가능 금융상품의 상품특성요건(문단 16A의 요건)과 발행자 조건(문단 16B의 요건)을 모두 충족하여 지분상품으로 분류되는 경우

또한, 여러 결제방법(예 : 현금차액결제 또는 현금대가로 주식교환) 중 발행자가 결제방법을 선택할 수 있는 파생금융상품은 금융부채이다. 다만 어떤 결제방법을 선택하더라도 지분상품이 된다면 그렇지 않다.

- 이러한 결제옵션이 있는 파생금융상품으로서 금융부채인 예로는 발행자가 현금으로 차액결제하는 방법과 현금의 대가로 기업자신의 주식을 교환하여 결제하는 방법 중에서 하나를 선택할 수 있는 주식옵션을 들 수 있다.
- 자기지분상품을 대가로 비금융항목을 매입하거나 매도하는 일부계약은 비금융항목을 인도하여 결제하거나 금융상품으로 차액 결제할 수 있으므로 이러한 계약은 지분상품이 아니라 금융부채에 해당한다.

3.3. 지분상품

금융상품의 발행자는 계약의 실질과 금융부채, 금융자산 및 지분상품의 정의에 따라 최초인식 시점에 금융상품이나 금융상품의 구성요소를 금융부채, 금융자산 또는 지분상품으로 분류한다.

다음 조건을 〈모두〉 충족하는 경우만이 지분상품이다.[K-IFRS 1032 문단 16]

① 다음의 계약상 의무를 포함하지 아니한다.

㉠ 거래상대방에게 금융자산을 인도하기로 하는 계약상 의무

㉡ 발행자에게 잠재적으로 불리한 조건으로 거래상대방과 금융자산이나 금융부채를 교환하는 계약상 의무

② 자기지분상품으로 결제되거나 결제될 수 있는 계약으로서 다음 중 어느 하나에 해당한다.

㉠ 변동가능한 수량의 자기지분상품을 인도할 계약상 의무가 없는 비파생상품

㉡ 확정 수량의 자기지분상품에 대하여 확정 금액의 금융자산의 교환을 통해서만 결제될 파생상품. 이러한 목적상 기업이 동일 종류의 비파생 자기지분상품을 보유하고 있는 기존소유주 모두에게 주식인수권, 옵션 또는 주식매입권을 지분비율대로 비례하여 부여하는 경우 어떤 통화로든 확정금액으로 확정수량의 자기지분상품을 취득하는 주식인수권, 옵션 또는 주식매입권은 지분상품이다. 또한 이러한 목적상 자기지분상품에는 다음의 금융상품은 포함되지 않는다.

• 지분상품으로 분류되는 풋가능 금융상품
• 지분상품으로 분류되는 후순위 금융상품
• 자기지분상품을 미래에 수취하거나 인도하기 위한 계약인 금융상품

지분상품의 예를 정리해 보면 다음과 같다.[K-IFRS 1032 AG13~14]

① 풋가능하지 않은 보통주
② 지분상품으로 분류되는 풋가능 금융상품
③ 지분상품으로 분류되는 후순위 금융상품
④ 일부 유형의 우선주
⑤ 지분상품요건을 만족하는 주식매입권이나 매도콜옵션

이때, 앞 ⑤의 지분상품요건을 만족하는 주식매입권이나 매도콜옵션이란 일부 보유자에게 확정금액의 금융자산을 대가로 확정수량의 풋가능하지 않은 발행자의 보통주를 청약하거나 매입할 수 있는 권리(예 : 신주인수권)를 말한다.

확정금액의 금융자산을 대가로 확정수량의 자기지분상품을 발행하거나 매입할 의무는 지분상품이지만 이러한 계약에 기업이 금융자산을 지급할 의무를 포함한다면 상환금액의 현재가치에 해당하는 금융부채가 발생한다. 주주에게 분배하기로 한 공식적인 행위로 주주에 대한 법적의무가 성립되는 때에는 풋가능하지 않은 보통주의 발행자도 부채를 부담하게 된다. 이러한 경우의 예로는 배당을 선언한 경우(미지급배당금)나 기업이 청산을 진행하여 부채를 상환한 후 나머지 자산을 주주들에게 분배할 수 있는 경우를 들 수 있다.

또한, 매입콜옵션이나 이와 비슷한 계약으로서 확정금액의 금융자산을 인도하는 대가로 확정수량의 자기지분상품을 재매입할 권리가 있는 계약은 기업의 금융자산이 아니며 이러한 계약의 대가로 지급한 금액은 자본에서 차감(자기주식)한다.

▍우선주

기업은 여러 가지 권리가 있는 우선주를 발행할 수 있다. 법적형식에 불구하고 실질에 따라 우선주가 금융부채인지 지분상품인지를 판단하기 위하여 발행자는 우선주에 부여된 특정권리를 평가하여 우선주가 본질적으로 금융부채의 특성이 있는지 파악해야 한다.

- 특정시점에 상환하거나 보유자의 선택(상환옵션)에 따라 상환해야 하는 우선주(상환우선주)는 발행자가 보유자에게 금융자산을 이전해야 할 의무가 있으므로 금융부채의 특성을 가진다. 계약에 따라 상환이 청구되었을 때 발행자가 자금의 부족, 법령의 제한, 불충분한 이익이나 적립금 등으로 인하여 우선주를 상환할 의무를 이행하지 못할 잠재적 가능성이 있더라도 계약상 의무가 무효화되는 것은 아니므로 이러한 우선주는 금융부채이다.
- 반면, 현금으로 상환할 수 있는 권리가 〈발행자〉에게 있는 우선주는 발행자가 주식의 보유자에게 금융자산을 이전해야 할 현재의무가 없으므로 금융부채의 정의를 충족하지 못한다. 우선주를 상환할지는 발행자가 재량으로 결정할 수 있으므로 이러한 우선주는 지분상품이다. 그러나 우선주를 발행한 기업이 이러한 선택권을 행사하여 주주들에게 우선주를 상환하겠다는 의도를 통상 공식적으로 통지하게 되면 의무가 생길 수 있다.

상환우선주가 아닌 우선주는 우선주에 부가된 그 밖의 권리에 따라 적절하게 분류한다. 즉, 계약의 실질에 대한 평가와 금융부채 및 지분상품의 정의에 기초하여 분류한다. 분배의 누적여부(누적적우선주)와 관계없이 우선주 보유자에 대한 분배를 발행자의 재량으로 결정하는 경우 그 우선주는 지분상품이다. 다음과 같은 사항은 우선주를 금융부채나 지분상품으로 분류하는 결정에 영향을 미치지 아니한다.

① 과거의 배당 실적

② 미래의 배당 의도

③ 우선주에 배당을 하지 못하는 경우에 생길 수 있는 발행자의 보통주 가격에 미치는 부정적인 영향(우선주에 배당을 못하게 되면 보통주에도 배당이 제한되기 때문)

④ 발행자의 적립금 금액

⑤ 특정기간의 당기순손익에 대한 발행자의 예상

⑥ 특정기간의 당기순손익 금액에 영향을 주는 발행자의 능력 유무

3.4. 금융부채의 최초측정

금융부채의 최초측정은 원칙적으로 금융자산의 방법과 같다.

(1) 최초측정원칙

최초 인식시점에 금융부채는 〈공정가치〉로 측정하며, 당기손익 - 공정가치측정 금융부채[46](이하 「FVPL - 금융부채」)가 아닌 경우라면, 해당 금융부채의 취득과 직접 관련되는 거래원가는 공정가치에서 차감한다.[K-IFRS 1109 문단 5.1.1~5.1.1A]

- FVPL - 금융부채는 후속적으로 공정가치로 측정하게 되므로 금융부채의 발행과 직접 관련되는 비용을 공정가치에 차감하는 방법과 그 비용을 당기비용으로 처리하는 방법 간에 당기손익에 미치는 영향이 없으므로 FVPL - 금융부채의 거래원가는 최초인식 시점의 공정가치에서 차감하지 않고 즉시 비용처리한다.

(2) 거래원가

FVPL - 금융부채가 아니라면, 금융부채의 최초인식 시에 발행과 직접 관련되는 거래원가는 공정가치에 차감한다. 이때, 「거래원가」에는 대리인(판매대리인 역할을 하는 종업원을 포함), 고문, 중개인, 판매자에게 지급하는 수수료와 중개수수료, 감독기구와 증권거래소의 부과금과 양도세 등이 포함된다. 거래원가에는 채무할증액, 채무할인액, 금융원가, 내부관리원가 및 내부보유원가는 포함되지 아니한다.[K-IFRS 1109 B5.4.8]

(3) 거래가격에 다른 대가가 포함된 경우

최초 인식시점에 금융부채의 공정가치는 일반적으로 거래가격이다. 그러나 수취한 대가 중 일부가 그 금융부채가 아닌 다른 것의 대가라면 금융부채의 공정가치를 측정한다.

- 예를 들어, 이자를 지급하지 아니하는 장기차입금이나 장기수취채무의 공정가치는 비슷한 신용등급을 가진 비슷한 금융상품(통화, 기간, 이자율유형, 그 밖의 요소에

---

46) 당기손익 - 공정가치측정 금융부채의 개념과 분류조건은 금융부채의 후속측정을 참고하기 바란다.

관하여 비슷함)의 시장이자율로 할인한 미래 모든 현금지급액의 현재가치로 측정할 수 있다. 추가로 수취한 금액이 어떤 형태로든 부채의 인식기준을 충족하지 못하면 해당 금액은 수익으로 인식하거나 비용에서 차감한다.

• 시장이자율보다 낮은 이자율(예 : 비슷한 대여금의 시장이자율이 8%일 때 5%의 이자율)로 차입하고, 그 대가로 미리 수수료를 지급한다면 차입금은 공정가치(수취하는 수수료를 차감한 후 순액)로 인식한다.

(4) 거래가격과 공정가치가 다른 경우

최초인식 시점에 금융부채의 공정가치가 거래가격과 다를 경우가 있는데 일반적으로 최초인식 시점에 금융부채에 대한 공정가치의 최선의 증거는 거래가격[47]이다. 최초 인식시점에 금융부채의 공정가치가 거래가격과 다르다면 다음과 같이 처리한다.

① 자산이나 부채의 활성시장의 공시가격(〈수준1〉 투입변수)에 따라 입증되거나 관측 가능한 시장의 자료만을 사용하는 평가기법(〈수준2〉 투입변수)에 기초하여 측정된 공정가치라면 그 금융부채를 공정가치로 회계처리하고 최초인식 시점에 공정가치와 거래가격 간의 차이는 손익으로 인식한다.

② 그 밖의 모든 경우에는 최초 인식시점의 공정가치와 거래가격 간의 차이를 이연하기 위해 공정가치측정치에서 그러한 차이를 조정하여 회계처리한다. 최초 인식 후에는 시장참여자가 자산이나 부채의 가격을 결정하는 데에 고려하는 요소(시간 포함)의 변동에서 생기는 정도까지만 이연된 차이를 손익으로 인식한다.

지금까지 설명한 금융부채의 최초인식방법을 요약 정리하면 다음과 같다.

① 금융부채의 최초인식 시점에 공정가치로 측정한다.

② 최초인식 시점에 금융부채의 공정가치는 일반적으로 거래가격이다.

③ 최초인식 시점의 거래가격에 금융부채 이외의 대가가 포함되어 있다면 금융부채의 공정가치를 측정한다.

④ 최초인식 시점에 금융부채의 공정가치와 거래가격이 다르다고 결정한다면, 다음과 같이 회계처리한다.

㉠ 〈수준1〉 및 〈수준2〉 투입변수에 따라 측정된 공정가치가 거래가격과 다르다면 그 차이를 최초인식 시점에 즉시 당기손익으로 인식한다.

---

47) 거래가격은 자산을 취득하면서 지급하거나 부채를 인수하면서 받는 가격(유입가격)이다. 이와 반대로 자산이나 부채의 공정가치는 자산을 매도할 때 받거나 부채를 이전할 때 지급하게 될 가격(유출가격)이다. 자산을 취득하기 위해 지급할 가격으로 반드시 자산을 매도하는 것은 아니다.[K-IFRS 1113 문단 57]

㉡ 〈수준1〉 및 〈수준2〉 투입변수 외의 투입변수에 따라 측정된 공정가치가 거래가격과 다르다면 그 금융부채의 최초인식은 거래가격으로 인식하고 차이는 이연한다.

예 제　채무상품의 최초측정

기업은 회사채를 매년 말 후급으로 연 5%(500원)의 확정이자를 지급하는 조건으로 액면발행(10,000원)하였다. 회사채의 만기는 3년이다. 이 회사채에는 계약에 따른 원리금 외에 다른 유형의 현금흐름이 제공될 계약조건이 없다. 발행시점에 이 회사채와 신용위험이 같은 3년 만기 채무상품의 시장이자율(만기수익률)은 연 6%로 관측된다. 이 회사채는 활성시장에서 관측가능한 공시가격이 없다.

- 같은 신용위험을 가진 채무상품의 시장이자율(6%)을 이용하여 채권평가모형에 따라 공정가치를 측정하면 다음과 같다.
  - ㉠ 원금의 현재가치 = 10,000원 × 0.8396(3년, 6% 현가계수) = 8,396원
  - ㉡ 이자의 현재가치 = 500원 × 2.6730(3년, 6% 연금현가계수) = 1,337원
  - ㉢ 회사채 공정가치 = 원금의 현재가치(8,396원) + 이자의 현재가치(1,337원) = 9,733원
- 이 회사채의 거래가격(10,000원)과 채권평가모형에 의한 공정가치(9,733원)는 267원의 차이가 발생한다. 기업은 이 회사채를 거래가격인 10,000원으로 최초측정한다. 금융부채의 최초측정은 공정가치로 평가하는 것이 원칙이지만, 거래가격은 공정가치의 최선의 추정치이며 거래가격이 〈수준1〉 및 〈수준2〉 투입변수로 측정된 공정가치와 차이가 있는 경우에 한하여 공정가치로 최초측정하고 그 차이를 즉시 당기손익으로 인식한다.
- 채권평가모형에 의해 측정된 공정가치는 〈수준3〉 투입변수에 의해 측정된 공정가치이므로 이러한 공정가치가 거래가격과 다른 경우에는 거래가격으로 최초측정한다. 또, 이 회사채를 상각후원가로 후속측정한다면, 만기까지의 이자비용을 인식하기 위한 유효이자율은 거래가격(10,000원)과 계약상 현금흐름의 현재가치가 일치되는 내재이자율(5%)로 측정한다.

3.5. 금융부채의 후속측정

최초인식 후에는 금융부채를 다음과 같이 후속측정한다. 단, 위험회피 대상으로 지정한 금융부채는 위험회피회계 요구사항[48]을 적용한다.[K-IFRS 1109 문단 5.3.1~2]

금융부채의 후속측정은 기본적으로 〈상각후원가〉로 측정하되, 파생상품부채(주계약에서 분리인식한 내재파생상품 포함) 등 일부 항목에 대해서는 공정가치측정을 원칙으로 한다.

48) 본서는 금융상품의 공정가치측정에 중점을 두고 있으므로 위험회피회계에 대해서 별도로 다루지 않는다. 다만, 위험회피회계서 설명하는 공정가치측정에 대해서는 본서의 공정가치를 측정하는 여러 가치평가기법들을 활용할 수 있다.

즉, 모든 금융부채는 다음을 제외하고는 후속적으로 상각후원가로 측정되도록 분류한다. [K-IFRS 1109 문단 4.2.1~2]

① FVPL-금융부채

• 파생상품부채를 포함한 이러한 부채[49]는 후속적으로 공정가치로 측정한다.

② 금융자산의 양도가 제거조건을 충족하지 못하거나 지속적 관여 접근법이 적용되는 경우에 생기는 금융부채[50]

• 이러한 금융부채는 해당 기준서의 내용[51]을 적용하여 측정한다.

③ 금융보증계약

• 최초 인식 후에 이러한 계약(① 및 ②를 적용하는 계약 제외)의 발행자는 해당 계약을 후속적으로 다음 중 큰 금액으로 측정한다.

㉠ 손실충당금[52]

㉡ 최초 인식금액에서 이익누계액[53]을 차감한 금액

④ 시장이자율보다 낮은 이자율로 대출하기로 한 약정

• 최초 인식 후에 이러한 약정(①을 적용하는 약정 제외)의 발행자는 후속적으로 해당 약정을 다음 중 큰 금액으로 측정한다.

㉠ 손실충당금

㉡ 최초 인식금액에서 이익누계액을 차감한 금액

⑤ 사업결합에서 취득자가 인식하는 조건부 대가[54]

• 이러한 조건부 대가는 후속적으로 당기손익-공정가치로 측정한다.

상각후원가 금융부채

위에서 설명한 5가지 유형의 금융부채를 제외한 모든 금융부채는 후속적으로 상각후원가로 측정한다. 금융부채를 상각후원가로 측정하는 것은 금융부채의 기대존속기간에 추정 미래현금 지급액의 현재가치를 금융부채의 상각후원가로 정확히 일치시키는 유효

49) FVPL-금융부채는 단기매매항목의 정의를 만족하는 경우 등 몇 가지 유형으로 구성된다. 자세한 내용은 후술 내용을 참고하기 바란다.

50) 금융자산의 양도가 제거조건을 만족하지 못하거나 지속적 관여 접근법을 접근하는 상황에 대한 구체적인 설명은 「2. 금융자산」을 참고하기 바란다.

51) K-IFRS 1109호 문단 3.2.15 및 3.2.17

52) 손상인식기준에 따른 손실충당금을 뜻한다.

53) K-IFRS 1115호에 따라 인식한 이익누계액을 뜻한다.

54) K-IFRS 1103호를 적용하는 사업결합에서 취득자가 인식하는 조건부 대가를 뜻한다.

이자율을 계산하고 유효이자율법에 따라 관련기간에 이자비용을 손익으로 인식하고 배분하는 방법을 말한다. 즉, 상각후원가 측정의 방법은 유효이자율법을 적용함을 뜻한다.

후속적으로 상각후원가로 측정하는 금융부채는 최초인식 후 후속적으로 유효이자율법을 적용하여 이자비용을 인식한다. 유효이자율(법)에 대한 기준서의 정의는 다음과 같다.[K-IFRS 1109 부록A]

- 유효이자율법은 금융부채의 상각후원가를 계산하고 관련기간에 이자비용을 당기손익으로 인식하고 배분하는 방법을 말한다.
- 유효이자율은 금융부채의 기대존속기간에 추정 미래현금 지급액의 현재가치를 금융부채의 상각후원가와 정확히 일치시키는 이자율을 말한다.

㉠ 유효이자율을 계산할 때 해당 금융부채의 모든 계약조건(예 : 중도상환옵션, 연장옵션, 콜옵션 및 이와 비슷한 옵션)을 고려하여 기대현금흐름을 추정한다. 그러나 기대신용손실은 고려하지 아니한다.

㉡ 유효이자율의 주요 구성요소에 해당하는 계약당사자 간에 지급·수취하는 수수료와 포인트, 거래원가 및 그 밖의 모든 할증액과 할인액을 반영하여 유효이자율을 계산한다.

㉢ 비슷한 금융부채 집합의 현금흐름과 기대존속기간은 신뢰성 있게 추정할 수 있다고 본다. 금융부채에 대한 현금흐름이나 기대존속기간을 신뢰성 있게 추정할 수 없는 드문 경우에는 전체 계약기간의 계약상 현금흐름을 사용하여 유효이자율을 구한다.

(1) 유효이자율법

금융부채에 유효이자율법을 적용함에 있어 다음의 사항을 고려한다.

첫째, 유효이자율의 주요 구성요소에 해당하는 수수료를 식별한다. 금융부채를 공정가치로 측정하고 공정가치의 변동을 당기손익으로 인식하는 경우를 제외하고는 유효이자율의 주요 구성요소에 해당하는 수수료는 유효이자율의 조정으로 처리한다. 이때, 금융용역에 대한 수수료라고 기술되어 있더라도 그것이 제공받는 용역의 특성과 실질을 나타내지 못할 수 있으므로 그 실질에 따라 판단한다.[K-IFRS 1109 B5.4.1~2]

① 상각후원가로 측정하는 금융부채 : 상각후원가로 측정하는 금융부채를 발행할 때 지급한 발행수수료는 유효이자율의 주요 구성요소에 해당한다. 이러한 수수료는 금융부채에 대한 관여를 발생시키는 요소이다. 금융부채와 관련하여 유효이자율

의 주요 구성요소에 해당하는 수수료와 원가는 투자관리 용역과 같은 용역을 제공하는 권리와 관련된 취급수수료 및 거래원가와 구분한다.

② 공정가치로 측정하는 금융부채 : 금융부채를 공정가치로 측정하고 공정가치변동을 당기손익으로 인식하는 경우 그 수수료는 해당 금융부채를 최초로 인식할 때 비용으로 인식한다.

둘째, 유효이자율의 계산에 반영되는 수수료 등[55]을 금융부채의 기대존속기간에 걸쳐 상각함이 원칙이다. 그러나 이러한 수수료 등과 관련된 기간이 기대존속기간보다 더 짧은 경우에는 그 짧은 기간을 사용한다. 수수료 등과 관련된 변수가 해당 금융부채의 기대만기가 도래하기 전에 시장에서 적용되는 요율로 재결정되는 경우가 이에 해당할 수 있을 것이다. 이 경우 적절한 상각기간은 다음 재결정일까지가 된다.[K-IFRS 1109 B5.4.4]

- 예를 들어 변동금리부 금융부채의 할증액이나 할인액이 마지막 이자지급일 후에 발생하는 이자를 반영하거나 시장이자율에 따라 변동이자율을 재결정한 날 후의 시장이자율 변동을 반영한다면 그 할증액이나 할인액은 다음 재결정일까지 상각한다. 이는 다음 이자율 결정일에 할증액이나 할인액과 관련된 변수 즉 이자율이 시장이자율에 따라 재결정됨에 따라 할증액이나 할인액은 다음의 이자율 재결정일까지의 기간과 관련되기 때문이다.
- 할증액이나 할인액이 금융부채에 특정된 변동이자율의 신용위험 가산율의 변동으로 생기거나 시장이자율에 따라 재결정되는 변수가 아닌 그 외 변수의 변동으로 생긴다면 할증액이나 할인액은 금융부채의 기대존속기간에 상각한다.

셋째, 상각후원가로 측정하는 금융부채는 최초측정시점에 유효이자율이 결정되며 금융부채의 잔여존속기간에 걸쳐 그 유효이자율을 사용하는 것이 일반적이다. 그러나 어떤 경우에는 유효이자율이 조정되어야 할 경우가 있다.[K-IFRS 1109 B5.4.5~5.4.7]

① 적용원칙 : 상각후원가로 측정하는 금융부채는 최초측정 시점의 유효이자율로 금융부채의 잔여 존속기간에 걸쳐 변경없이 적용한다.

② 변동금리부 금융부채 : 시장이자율의 변동을 반영하기 위하여 변동금리부 금융부채의 현금흐름을 주기적으로 재추정하는 경우에는 유효이자율이 변동된다. 최초인식 시점에 변동금리부 금융부채가 만기에 수취할 원금이나 지급할 원금과 같

55) 수수료, 지급되었거나 수취한 포인트, 거래원가 및 그 밖의 할증액이나 할인액을 포함한다.

은 금액으로 인식된다면 일반적으로 미래 이자지급액의 재추정은 해당 부채의 장부금액에 유의적인 영향을 미치지 않는다.

③ 현금흐름추정의 변경 : 금융부채의 현금흐름에 대한 추정을 변경하는 경우에(문단 5.4.3에 따른 계약상 현금흐름의 변경과 기대신용손실에 대한 추정의 변경은 제외) 실제 현금흐름과 변경된 계약상 추정현금흐름을 반영하여 해당 금융부채의 상각후원가를 조정한다. 이때 해당 금융상품의 최초 유효이자율로 계약상 추정미래현금흐름의 현재가치를 계산하는 방식으로 금융부채의 상각후원가를 재계산한다. 이러한 조정금액은 수익이나 비용으로서 당기손익으로 인식한다.

예 제 상각후원가 금융부채의 후속측정

기업은 20×1년 1월 1일, 3년 만기 회사채를 액면금액 10,000원, 매년 말 후급으로 5%의 고정이자를 지급하는 조건으로 액면발행(10,000원)하였다. 이 회사채는 계약상 현금흐름이 원리금만으로 구성되어 있으며 계약상 현금흐름을 변경시킬 어떠한 계약조건도 부여되지 않았다. 이 회사채를 발행하는 과정에서 수수료로 100원이 발생하였다.

- 액면발행된 채무상품의 현재가치(총장부금액)와 계약상 현금흐름을 일치시키는 유효이자율은 액면이자율이 된다. 그러나, 채무상품의 발행과정에서 거래원가가 발생하는 것이 일반적이므로 이러한 거래원가를 반영한 총장부금액(9,900원 = 10,000원 - 100원)에 기초해 유효이자율을 계산해야 한다.
- 최초측정시점의 총장부금액(9,900원)과 계약상 현금흐름의 현재가치를 일치시키는 재계산된 유효이자율은 엑셀프로그램을 이용해 다음과 같이 5.37%로 계산된다.

	현재시점	20×1	20×2	20×3
현금흐름	-9,900	500	500	10,500
유효이자율	5.37%			

- 기업은 계산된 유효이자율을 이용해 다음과 같이 후속측정한다.

	기초총장부금액	이자비용	이자현금흐름	상각액	기말총장부금액
20×2	9,900	532	500	32	9,932
20×3	9,932	533	500	33	9,965
20×4	9,965	535	500	35	10,000

FVPL - 금융부채

FVPL - 금융부채는 후속적으로 공정가치로 측정하여 공정가치변동분을 당기손익으로 인식한다.[K-IFRS 1109 5.3.1, 4.2.1] FVPL - 금융부채는 다음 중 어느 하나의 조건을 충족하는 금융부채로 정의한다.[K-IFRS 1109 부록A 용어의 정의]

① 단기매매항목의 정의를 충족한다.

② 최초인식 시점에 FVPL - 금융부채로 지정한다.

③ 신용위험관리를 위한 위험회피회계에서 정한 방법(문단 6.7.1)에 따라 최초 인식시점 또는 후속적으로 FVPL - 금융부채로 지정한다.

(1) 단기매매금융부채

FVPL - 금융부채의 세 가지 유형 중 실무적으로 가장 자주 접하게 될 항목은 단기매매 금융부채에 해당되어 FVPL - 금융부채로 분류되는 경우일 것이다.

① FVPL - 금융부채로 분류되는 「단기매매항목」은 다음 중 어느 하나에 해당하는 금융부채이다.[K-IFRS 1109 부록A 용어의 정의]

- 주로 단기간에 매각하거나 재매입할 목적으로 취득하거나 부담한다.
- 최초인식 시점에 공동으로 관리하는 특정 금융상품 포트폴리오의 일부로 운용형태가 단기적 이익획득 목적이라는 증거가 있다.
- 파생상품이다(다만 금융보증계약인 파생상품이나 위험회피수단으로 지정되고 위험회피에 효과적인 파생상품은 제외한다).

② 「단기매매 금융부채」의 예는 다음과 같다. 이때, 기업이 단기매매활동의 자금조달에 사용한다는 사실만으로 단기매매 금융부채로 분류할 수 없다.[K-IFRS 1109 BA.7~8]

- 위험회피수단으로 회계처리하지 아니하는 파생상품부채
- 공매자(차입한 금융자산을 매도하고 아직 보유하고 있지 아니한 자)가 차입한 금융자산을 인도할 의무
- 단기간에 재매입할 의도로 발행하는 금융부채(예 : 공정가치 변동에 따라 발행자가 단기간에 재매입할 수 있으며 공시가격이 있는 채무상품)
- 최근의 실제 운용형태가 단기적 이익획득 목적이라는 증거가 있으며 공동으로 관리하는 특정 금융상품 포트폴리오의 일부인 금융부채

In-depth **최근의 실제 운용형태가 단기적 이익획득 목적인 포트폴리오** [K-IFRS 1109 B.11]

단기매매금융자산이나 단기매매금융부채의 정의에서 최근의 실제 운용형태가 단기적 이익획득 목적이라는 증거가 있으며 공동으로 관리되는 특정 금융상품 포트폴리오의 일부인 금융자산이나 금융부채는 단기매매항목으로 분류한다고 기술하고 있다. 이러한 정의를 적용하는 목적상 〈포트폴리오〉는 무엇인가?

- 이 기준서에서 포트폴리오라는 용어를 명시적으로 정의하고 있지는 않지만 포트폴리오라는 용어가 사용되는 문맥상 포트폴리오는 금융자산이나 금융부채로 구성되는 집합이며 그 집합의 일부로서 금융자산이나 금융부채가 관리된다. 이러한 포트폴리오에 포함된 금융상품의 최근 실제 운용형태가 단기적 이익획득 목적이라는 증거가 있는 경우에는 비록 포트폴리오에 속하는 개별금융상품이 실제로는 더 긴 기간 동안 보유될 수 있더라도 그러한 금융상품은 단기매매항목의 조건을 충족한다.

(2) FVPL－금융부채로 지정

기업은 금융부채를 최초인식 시점에 FVPL - 항목으로 지정할 수 있는 선택권을 가지기도 한다. 기업은 다음과 같은 경우 최초인식 시점에 금융부채를 FVPL - 금융부채로 지정할 수 있다. 단, 한번 지정하면 이를 취소할 수 없다.[K-IFRS 1109 문단 4.2.2, 문단 4.3.5]

① 하나 이상의 내재파생상품을 포함하면서 금융자산이 아닌 주계약(주계약이 금융부채 또는 지분상품인 경우)으로 하는 복합계약 전체를 FVPL - 금융부채로 지정할 수 있다. 다만, 다음의 경우는 제외한다.

㉠ 내재파생상품으로 인해 복합계약의 현금흐름이 유의적으로 변경되지 않는 경우

㉡ 비슷한 복합상품을 고려할 때 내재파생상품의 분리가 금지된 것을 별도로 상세하게 분석하지 않아도 명백하게 알 수 있는 경우. 이러한 내재파생상품의 예로는 옵션보유자가 상각후원가에 가까운 금액으로 대출채권을 중도 상환할 수 있는 대출채권에 내재된 중도상환옵션이 있다.

② 금융부채를 FVPL - 금융부채로 지정하는 것이 다음 중 하나 이상을 충족하여 정보를 더 목적 적합하게 하는 경우에는 FVPL - 금융부채로 지정할 수 있다.

㉠ FVPL - 금융부채로 지정하면 회계불일치를 제거하거나 유의적으로 줄인다. [K-IFRS 1109 B4.1.29~32]

- 금융자산이나 금융부채의 측정방법과 인식된 가치변동의 분류방법은 해당 항목의 분류와 위험회피관계 지정여부에 따라 결정되는데, FVPL-항목으로

지정하지 않는다면 금융자산은 후속적으로 당기손익-공정가치로 측정하고 이 자산과 관련되어 있다고 여기는 금융부채는 후속적으로 상각후원가로 측정하는 경우에 인식과 측정의 불일치(회계불일치)가 나타날 수 있다. 이 경우 해당 금융자산과 금융부채를 모두 FVPL-항목으로 분류하면 재무제표가 더 목적적합한 정보를 제공할 것으로 판단할 수 있다.

- 인식이나 측정의 불일치를 초래하는 자산과 부채 전부를 반드시 동시에 취득할 필요는 없다. 각 거래를 최초 인식시점에 FVPL-항목으로 지정하며, 이때 나머지 거래도 일어날 것으로 예상한다면 합리적으로 가능한 지연은 허용된다.
- 불일치를 가져오는 금융자산과 금융부채 중 일부만을 FVPL-항목으로 지정하는 것이 불일치를 제거하거나 유의적으로 줄이지 않아서 더 목적적합한 정보를 제공하게 되지 않는다면 그러한 일부만의 지정은 인정될 수 없다. 그러나 비슷한 금융자산 집합이나 비슷한 금융부채 집합의 일부만을 지정하는 것이 불일치를 유의적으로 줄일 수 있는 경우(다른 지정보다 크게 불일치를 제거할 수 있는 경우)에는 해당 금융자산이나 금융부채의 일부만을 당기손익-공정가치측정 항목으로 지정할 수 있다. 예를 들어, 복수의 비슷한 금융자산과 복수의 비슷한 금융부채의 총액이 각각 50원과 100원이며 금융자산과 금융부채의 측정기준이 서로 다르다면, 최초 인식시점에 금융자산 전체와 금융부채의 일부(예 : 개별 금융부채의 합계가 45원인 부분)를 FVPL-항목으로 지정하여 측정의 불일치를 유의적으로 제거할 수 있다. 그러나 개별 금융상품 전체가 지정의 대상이므로 하나 이상의 개별 금융부채 전체를 지정하여야 한다. 부채의 구성요소(예 : 기준금리 변동 등 특정위험에 따른 가치변동) 또는 특정 부채의 비례적 부분(비율)만을 지정할 수는 없다.

ⓒ 문서화된 위험관리전략이나 투자전략에 따라 금융상품 집합을 공정가치 기준으로 관리하고 그 성과를 평가하며 그 정보를 이사회, 대표이사 등 주요 경영진에게 그러한 공정가치 기준에 근거하여 내부적으로 제공한다.[K-IFRS 1109 B4.1.33~36]

- 금융부채 집합 또는 금융자산과 금융부채의 집합을 관리하고 평가하는 방법에 따라 이를 공정가치로 측정하고 당기손익으로 인식하는 것이 더 목적적합한 정보를 제공하는 것일 수 있다. 이때 중요한 것은 금융상품의 특성

이 아니라 관리 방법과 성과평가 방법이다.

- 예를 들어, (문서화된 위험관리전략이나 투자전략에 따라 금융상품 집합을 공정가치기준으로 관리하고 그 성과를 평가하며 그 정보를 이사회 등 주요 경영진에게 공정가치기준에 근거하여 내부적으로 제공한다는 원칙을 충족한다는 전제하에)하나 이상의 위험을 공유하는 금융자산과 금융부채를 가지고 있으며, 이러한 위험을 문서화된 자산부채 관리방침에 따라 공정가치 기준으로 관리하고 평가한다면 금융부채를 FVPL-항목으로 지정하기 위해 이러한 조건을 사용할 수 있다. 이러한 경우의 예로서 복수의 내재파생상품을 포함하는 구조화된 금융상품을 발행하고, 파생상품과 비파생금융상품의 조합을 이용하여 해당 금융상품의 위험을 공정가치 기준으로 관리하는 경우를 들 수 있다.
- 이러한 조건에서 중요한 것은 해당 금융상품 집합의 관리 방법과 성과평가 방법이다. 따라서, (최초 인식시점의 지정요건에 따라 달라지지만)금융부채를 FVPL-항목으로 지정한 경우에는 공동으로 관리하고 평가하는 모든 적격의 금융부채를 FVPL-금융부채로 지정한다.
- 기업의 전략을 광범위하게 문서화할 필요는 없으나 기준서에서 정한 원칙(문서화된 위험관리전략이나 투자전략에 따라 금융상품 집합을 공정가치기준으로 관리하고 그 성과를 평가하며 그 정보를 이사회 등 주요 경영진에게 공정가치기준에 근거하여 내부적으로 제공한다는 원칙)을 준수하고 있다는 것을 충분히 제시할 수 있어야 한다. 이러한 문서화를 각 항목별로 반드시 하여야 하는 것은 아니며, 포트폴리오별로 할 수도 있다. 예를 들어, 주요 경영진이 승인한 특정부서의 성과관리시스템이 그 부서의 성과를 총수익기준으로 평가하는 것을 명백하게 보여준다면 기준서에서 정한 원칙을 준수하였다는 사실을 제시하기 위하여 추가로 문서화할 필요는 없다.

FVPL-금융부채로 지정된 경우 후속측정은 공정가치로 측정함이 원칙이나 FVPL-금융부채의 공정가치 변동의 원인이 발행기업의 신용위험 변동에 있는 경우 신용위험변동에 따른 공정가치 변동분은 기타포괄손익으로 처리하도록 하고 나머지 공정가치 변동분을 당기손익으로 처리하도록 하고 있다. FVPL-금융부채로 지정된 경우 발행기업의 신용위험변동에 대한 인식은 후술할 「자기신용위험 변동효과」 부분을 참고하기 바란다.

자기신용위험 변동효과

공정가치로 측정하는 금융부채의 손익은 다음의 경우를 제외하고는 당기손익으로 인식한다.[K-IFRS 1109 문단 5.7.1]

① 위험회피관계가 적용되는 경우

② 최초인식 시점에 FVPL-금융부채로 지정한 경우

발행자 입장에서 FVPL-금융부채의 공정가치가 변동되는 이유는 신용위험이 변동되거나 같은 신용위험을 가진 금융부채의 시장이자율이 변동되는 경우로 구분될 것인데, 금융상품의 신용위험이 높아지면 그 금융상품을 보유한 기업(금융자산)은 공정가치측정에 따른 손실을 인식하거나 손상을 기록하는 반면, 그 금융상품을 발행한 기업(금융부채)은 평가이익을 인식해야 하는 모순이 발생한다.

- 이러한 문제로 인해 기준서는 기업이 FVPL-금융부채로 지정한 경우 신용위험변동에 따른 공정가치변동분은 기타포괄손익으로 처리하도록 하고 나머지 공정가치변동분을 당기손익으로 처리하도록 하고 있다.[K-IFRS 1109 문단 5.7.7]
- 다만, 이러한 요구사항이 당기순이익의 회계불일치를 일으키거나 확대하는 경우에는 해당 금융부채의 모든 손익(해당 금융부채의 신용위험 변동효과를 포함)을 당기손익으로 표시한다. 한편, FVPL-금융부채로 지정된 금융부채 중 대출약정과 금융보증계약의 경우에는 모든 손익(해당 금융부채의 신용위험 변동효과를 포함)을 당기손익으로 표시한다.[K-IFRS 1109 문단 5.7.8~9]

기업이 FVPL-금융부채로 지정한 경우 신용위험변동에 따른 공정가치변동분(기타포괄손익으로 처리)과 나머지 공정가치변동분(당기손익으로 처리)으로 구분하는 부분에 대해 좀 더 살펴보자.

- 신용위험(credit risk)은 금융상품의 당사자 중 어느 일방이 의무를 이행하지 않아 거래상대방에게 재무적 손실을 입힐 위험이며, 자기신용위험(own credit risk)은 기업의 신용수준에 따른 신용위험 요소로써 자산고유의 특정위험(asset specific performance risk)과 구분된다.
- 자기신용위험 변동효과는 FVPL-금융부채의 공정가치변동분 중 시장위험을 일으키는 시장상황의 변동으로 인한 공정가치변동이 아닌, FVPL-금융부채 발행기업의 자기신용위험 수준의 변화에 따른 공정가치 변동분을 의미한다.
- 예를 들어, 기업의 채무불이행 위험수준을 나타내는 신용등급의 변화 없이 기업과

같은 위험수준의 일반채권 시장이자율이 상승함으로써 감소하는 금융부채의 공정가치변동분은 당기손익에 포함되는 것이며 기업의 신용등급의 하락(신용위험의 증가)에 따라 감소하는 금융부채의 공정가치변동은 기타포괄손익에 포함된다.

FVPL-금융부채로 지정된 금융부채의 공정가치 변동분 중 자기신용위험 변동효과와 나머지 부분을 구분측정하는 방법에 대해 기준서는 특정 방법을 따를 것을 강요하지 않는다. 다만, 기준서는 자기신용위험 변동효과를 측정함에 있어 부채와 관련된 시장상황의 유의적인 변동요인이 관측된 기준금리에 국한되는 것으로 가정한 하나의 방법을 제안하였다. 본서는 시장상황의 유의적인 변동요인이 관측된 기준금리에 국한되는 가정에 기초해 자기신용위험 변동효과를 측정하는 아래의 방법을 기본법(default method)이라 표현하기로 한다. 기본법에 따른 자기신용위험 변동효과 측정은 다음의 순서대로 수행한다.[56][K-IFRS 1109 B5.7.18]

① 금융부채 특유의 내부수익률 요소 측정 : 기초시점에 관측된 금융부채의 시장가격과 금융부채의 계약상 현금흐름을 이용하여 금융부채의 기초 내부수익률을 계산한 후 이 수익률에서 기초에 관측된 기준금리(실무적으로 무위험이자율을 기준금리의 대용치로 사용)를 차감하여 해당 금융부채 특유의 내부수익률 요소(이를 '위험스프레드'라 한다)를 산출한다.

② 자기신용위험 변동요소 반영 전 금융부채의 공정가치 측정 : 기말에 관측된 기준금리(무위험이자율)와 기초 위험스프레드로 구성되는 할인율(자기신용위험 변동효과 반영 전 위험할인율)과 금융부채의 계약상 현금흐름을 사용하여 자기신용위험 반영 전 금융부채의 공정가치를 측정한다.

③ 자기신용위험 변동효과 측정 : 기말에 관측된 금융부채의 공정가치와 자기신용위험 변동요소 반영 전 금융부채의 공정가치의 차이금액을 자기신용위험 변동효과(기준금리의 변동과 관련되지 않은 공정가치 변동금액)로 측정하고 이를 기타포괄손익(FVOCI)으로 인식한다.

④ 기타 변동효과 측정 : 금융부채의 공정가치 변동총액에서 자기신용위험 변동효과에 해당하는 금액을 차감한 나머지 변동분을 측정하고 이를 당기손익(FVPL)으로 인식한다.

56) 기본법에 따른 자기신용위험 변동효과 측정의 구체적인 적용예는 본서의 「제2장 공정가치측정」을 참고하기 바란다.

광범위한 공정가치측정을 요구하는 금융자산과 달리 금융부채는 후속적으로 상각후원가로 측정하는 것이 일반적이다. 또, 기업이 별도로 금융부채를 공정가치측정 항목으로 지정하지 않는 한 단기매매목적으로 금융부채를 발행하는 경우는 드물 것이다. 실무적인 관점에서 보면, 금융부채를 공정가치로 후속 측정해야 하는 경우는 금융부채가 파생상품의 특성을 가진 경우가 대부분을 차지할 것이다. 특히, 복합상품에 내재된 내재파생상품이 분리요건을 만족한 경우 그러한 내재파생상품은 파생상품 회계처리를 따르는 것이므로 공정가치로 후속측정해야 한다. 금융부채의 분류 및 후속측정에 있어 복합상품은 매우 중요한 영향을 미치므로 복합상품의 개념, 분류 및 측정에 대해서는 별도로 설명하도록 한다.

3.6. 금융부채의 재분류 및 제거

금융부채는 재분류하지 않는다. 금융상품을 보유한 기업(금융자산)에 대해서는 사업모형의 변경에 따른 금융자산의 재분류를 허용하지만 금융상품을 발행한 기업(금융부채)은 이러한 재분류가 요구되는 상황(사업모형의 재검토)이 없기 때문이다.

금융상품을 보유한 기업이 보유한 금융자산을 제거하기 위해서는 매우 복잡한 판단기준과 절차를 가지고 있음을 살펴본 바 있다. 반면, 금융상품을 발행한 기업은 그 금융부채(또는 금융부채의 일부)가 소멸한 경우에만 재무상태표에서 그 금융부채를 제거한다. 이때 소멸은 계약상 의무가 이행되었거나 취소되었거나 만료된 경우를 말한다.[K-IFRS 1109 문단 3.3.1~4]

① 기존 차입자와 대여자가 실질적으로 다른 조건으로 채무상품을 교환한 경우에는 최초의 금융부채를 제거하고 새로운 금융부채를 인식한다.

② 기존 금융부채(또는 금융부채의 일부)의 조건이 실질적으로 변경된 경우(채무자의 재무적 어려움으로 인한 경우와 그렇지 아니한 경우를 포함)에도 최초의 금융부채를 제거하고 새로운 금융부채를 인식한다.

③ 소멸하거나 제3자에게 양도한 금융부채(또는 금융부채의 일부)의 장부금액과 지급한 대가(양도한 비현금자산이나 부담한 부채를 포함)의 차액은 당기손익으로 인식한다.

④ 금융부채의 일부를 재매입하는 경우에 종전 금융부채의 장부금액은 계속 인식하는 부분과 제거하는 부분에 대해 재매입일 현재 각 부분의 상대적 공정가치를 기준으로 배분한다. 다음 ㉠과 ㉡의 차액은 당기손익으로 인식한다.

㉠ 제거하는 부분에 배분된 금융부채의 장부금액

㉡ 제거하는 부분에 대하여 지급한 대가(양도한 비현금자산이나 부담한 부채를 포함)

4 복합계약과 복합금융상품

지금까지 금융부채 및 지분상품(자본)의 분류기준과 금융부채의 측정(최초측정 및 후속측정)을 중심으로 살펴보았다. 공정가치측정을 원칙으로 하는 금융자산과 비교하여, 금융부채는 상각후원가 측정을 원칙으로 하고 공정가치측정은 제한된 요건을 만족하는 금융부채에 한정된다. 이때, 공정가치측정을 요하는 대표적인 금융부채가 파생상품이다. 이에는 복합계약(복합상품)에 내재된 파생요소(내재파생상품)도 포함된다. 파생상품(내재파생상품 포함)은 본질적으로 레버리지가 동반되는 금융상품으로 기초변수에 비해 공정가치변동폭이 크다. 기업이 파생상품 또는 내재파생상품을 금융부채로 인식하게 되면 그러한 금융부채의 공정가치변동에 따른 손익이 재무적으로 중요한 영향을 준다. 이러한 이유로 복합상품인 금융부채의 인식과 측정은 매우 중요하다.

4.1. 전환금융상품

지분상품은 후속적으로 공정가치로 인식하지 않으므로 복합상품의 내재파생요소가 지분상품인지 혹은 금융부채인지를 판단하는 인식은 재무적으로 매우 중요한 영향을 미치며 그 내재파생요소가 파생상품부채로 분리되는 경우 후속적으로 공정가치를 측정하는 과정[57]은 더욱 중요한 영향을 미치게 된다. 기준서는 복합계약(복합상품)과 복합금융상품을 구분하여 기술하고 있는데 본서는 이들을 통합한 개념으로 전환금융상품이라는 용어를 사용하기로 한다.

57) 후술할 「제2장 공정가치측정」에서는 다양한 유형의 금융상품에 대한 공정가치측정 방법론에 대해 다루게 된다. 이에는 전환사채와 같은 복합계약에 대한 공정가치평가가 중요한 부분을 차지한다.

복합상품과 복합금융상품의 개념

기준서에 정한 복합상품(Hybrid instruments)[58]과 복합금융상품(Compound financial instruments)의 개념을 살펴보자.

「복합상품」은 비파생상품인 주계약과 파생요소가 결합된 금융상품을 말하고 「복합금융상품」은 금융상품의 발행자 입장에서 부채와 자본의 성격을 동시에 가지고 있는 금융상품을 말한다. 복합금융상품의 정의에 따르면 복합금융상품이 복합계약의 형태(주계약 및 파생요소로 구성)를 반드시 유지할 필요는 없다.

복합상품은 주계약이 금융자산, 금융부채 또는 지분상품일 수 있는 반면 복합금융상품은 주계약이 금융부채 또는 지분상품에 한정된다. 또한, 복합금융상품은 자본요소와 부채요소로 구성된 금융상품인데 반해 복합상품은 이러한 구분을 전제하지 않는다.

- 전환사채(신주인수권부사채 및 전환상환우선주 포함)는 주계약인 채무상품에 전환옵션(내재파생요소)이 부여된 복합상품이며 이러한 전환옵션이 지분상품요건을 만족한다면, 전환사채는 자본요소와 부채요소가 내재되어 있는 복합금융상품이면서 동시에 복합상품이다. 교환사채는 주계약인 채무상품에 교환옵션(내재파생요소)이 부여된 복합상품이다. 교환옵션은 일반적으로 지분상품요건을 만족하지 못하므로 교환사채는 부채요소만 내재되어 있는 복합상품이며 복합금융상품은 아니다.

이러한 복합상품의 인식과 측정과 관련하여 K-IFRS 1032호는 복합금융상품의 구성요소의 배분에 대해서 설명하는 반면, K-IFRS 1109호는 복합상품(금융자산 및 금융부채)의 내재파생상품의 분리와 후속측정을 다루고 있다.

전환금융상품 회계인식유형

본서는 다양한 유형의 복합상품의 구성요소를 파악하고 자본요소와 부채요소의 배분과정을 살펴본다. 또, 내재파생요소의 분리가능성을 검토한 후 복합상품의 후속측정까지 일련의 과정을 살펴보고자 한다. 기준서의 내용을 설명하는 과정에서 복합금융상품과 복합상품(또는 복합계약)이 혼재되어 사용됨을 유의하기 바란다.

---

58) 기준서는 복합계약(hybrid contracts)이라는 용어를 사용하고 있으나 본서는 이해가 쉬운 복합상품(hybrid instruments)이라는 용어를 주로 사용하되, 기준서 내용이해에 도움이 될 경우에는 복합계약이라는 용어를 사용한다. 금융상품은 계약에 기초하므로 복합계약과 복합상품은 같은 의미로 볼 수 있다.

다음 표[59]는 전환금융상품의 내재파생요소의 특성에 따른 회계인식방법을 7가지 유형으로 정리한 것이다. 표는 전환옵션 또는 전환옵션과 상환옵션이 모두 있는 전환금융상품의 최초측정과 후속측정의 회계인식방법을 설명한 것으로 전환옵션이 자본으로 분류되는 경우(복합금융상품)와 전환옵션이 부채로 분류되는 경우로 구분하고, 상환옵션의 분리여부에 따라 유형을 달리 표시하였다.[60]

구분		유형Ⅰ	유형Ⅱ	유형Ⅲ
회계정책	전환옵션의 분류	전환옵션을 자본으로 분류하는 경우		
	상환옵션의 분류	상환옵션이 없는 경우	상환옵션이 있는 경우	
			상환옵션을 분리하는 경우	상환옵션을 분리하지 않는 경우
회계인식과 측정	최초측정	전환금융상품의 주계약을 금융부채로 분류하고 발행금액에서 주계약의 공정가치를 차감한 잔여가치를 전환권(자본)으로 처리	전환금융상품의 주계약 및 상환권을 각각 금융부채로 분류하고 발행금액에서 주계약과 상환옵션 공정가치를 차감한 잔여 가치를 전환권(자본)으로 처리	전환금융상품의 주계약 및 상환옵션을 하나의 금융부채로 분류하고 발행금액 중 주계약 및 상환옵션 공정가치를 차감한 잔여가치를 전환권(자본)으로 처리
	후속측정	자본으로 분류한 전환권은 후속측정하지 아니하며 계약만기에 기초한 최초 유효이자율로 주계약 장부금액 상각	자본으로 분류한 전환권은 후속측정하지 아니하며 계약만기에 기초한 최초 유효이자율로 주계약 장부금액 상각. 분리인식하는 상환권은 공정가치변동분을 당기손익으로 인식	자본으로 분류한 전환권은 후속측정하지 아니하며 기대만기(예 : 최초 도래하는 상환가능시점)에 기초한 최초 유효이자율로 주계약 장부금액 상각

59) 이 표가 전환금융상품의 모든 상황을 아우르는 것은 아니며 전환금융상품의 계약특성에 따라 달리 적용될 수 있음에 유의해야 한다.

60) 본서가 제시한 전환금융상품의 계약특성과 회계정책에 따른 유형 분류에서 "상환옵션이 없는 경우"의 설명은 전환사채나 비분리형 신주인수권부사채 등을 전제로 한 것으로 전환우선주에는 적용할 수 없음에 유의해야 한다. 상환옵션이 없거나 발행자 상환옵션만 있는 전환우선주의 경우 자기지분상품 결제 비파생 계약으로서 확정수량 및 확정금액 충족여부에 따라 금융상품 전체가 자본(확정수량 충족)이거나 금융부채(확정수량 미충족)로 분류되기 때문이다. 또한, "상환옵션이 있는 경우"의 설명에서 상환옵션이 있는 우선주의 경우에는 투자자 상환옵션이 포함된 전환상환우선주에 한해 적용됨에 유의한다. 즉, 발행자 상환옵션만 있는 전환상환우선주의 경우에는 적용할 수 없으며 그러한 금융상품이 자기지분상품 결제 비파생 계약으로서 확정수량 충족여부에 따라 금융상품 전체가 자본 또는 금융부채로 분류되기 때문이다.

<table>
<tr><th colspan="2">구분</th><th>유형Ⅳ</th><th>유형Ⅴ</th><th>유형Ⅵ</th><th>유형Ⅶ</th></tr>
<tr><td rowspan="4">회계정책</td><td>전환옵션의 분류</td><td colspan="4">전환옵션을 파생부채로 분류하는 경우</td></tr>
<tr><td rowspan="3">상환옵션의 분류</td><td rowspan="3">상환옵션이 없는 경우</td><td colspan="3">상환옵션이 있는 경우</td></tr>
<tr><td>상환옵션 분리</td><td colspan="2">상환옵션 비분리</td></tr>
<tr><td>전환옵션과 상환옵션을 하나의 내재 파생상품으로 분리</td><td>전환옵션만 분리</td><td>전환옵션과 상환옵션을 하나의 내재 파생상품으로 분리</td></tr>
<tr><td rowspan="2">회계인식과 측정</td><td>최초측정</td><td>전환금융상품의 주계약과 전환권을 각각 금융부채로 분류하고 발행금액에서 전환옵션 공정가치를 차감한 잔여가치를 주계약 최초 장부금액으로 인식</td><td>전환금융상품의 주계약 및 하나의 내재파생상품(전환옵션 및 상환옵션)을 금융부채로 분류하고 발행금액에서 내재파생상품 공정가치를 차감한 잔여 가치를 주계약 최초 장부금액으로 인식</td><td>전환금융상품의 주계약(상환옵션 포함) 및 전환권을 각각 금융부채로 분류하고 발행금액에서 전환옵션 공정가치를 차감한 잔여 가치를 주계약 최초장부금액으로 인식</td><td>전환금융상품의 주계약 및 하나의 내재파생상품(전환옵션 및 상환옵션)을 금융부채로 분류하고 발행금액에서 내재파생상품 공정가치를 차감한 잔여 가치를 주계약 최초 장부금액으로 인식</td></tr>
<tr><td>후속측정</td><td>후속적으로 전환권(파생상품부채)의 공정가치를 측정하며 공정가치변동분을 당기손익으로 인식. 잔여가치로 측정된 주계약은 계약만기에 기초한 최초 유효이자율로 주계약 장부금액 상각</td><td>후속적으로 하나의 내재파생상품(전환옵션 및 상환옵션)의 공정가치를 측정하며 공정가치변동분을 당기손익으로 인식. 잔여 가치로 측정된 주계약은 계약만기에 기초한 최초 유효이자율로 주계약 장부금액 상각</td><td>후속적으로 전환권의 공정가치를 측정하며 공정가치변동분을 당기손익으로 인식. 잔여 가치로 측정된 주계약은 기대만기(예 : 최초 도래하는 상환가능시점)에 기초한 유효이자율로 주계약 장부금액 상각</td><td>후속적으로 하나의 내재파생상품(전환옵션 및 상환옵션)의 공정가치를 측정하며 공정가치변동분을 당기손익으로 인식. 잔여 가치로 측정된 주계약은 계약만기에 기초한 최초 유효이자율로 주계약 장부금액 상각</td></tr>
</table>

전환금융상품의 계약특성과 회계정책에 따른 7가지 유형별 회계인식방법을 정리하면 다음과 같다.[61] 유형Ⅰ에서 유형Ⅲ은 전환금융상품의 전환옵션이 자본으로 분류되는 경우 즉, 전환금융상품이 복합금융상품인 경우이다. 반면, 유형Ⅳ에서 유형Ⅶ은 전환옵션이 금융부채(파생상품부채)로 분류되는 경우이다. 또, 유형Ⅰ과 유형Ⅳ는 전환금융상품에 상

61) 각 유형별 공정가치측정 방법은 「제2장 공정가치측정」을 참고하기 바란다.

환옵션이 없는 경우이며, 나머지 유형은 상환옵션이 있는 유형이다.

① 유형Ⅰ : 전환금융상품의 내재파생요소로 전환옵션만 있으며 그러한 전환옵션이 자본으로 분류되는 경우

- 전환금융상품의 주계약을 금융부채로 분류하고 최초거래가격(발행금액)에서 주계약의 공정가치를 차감한 잔여가치를 전환권(자본)으로 처리한다.
- 자본으로 분류한 전환권과 채무상품인 주계약은 후속적으로 공정가치를 측정하지 아니하며 주계약은 계약만기에 기초한 최초 유효이자율로 장부금액을 상각한다.

② 유형Ⅱ : 전환금융상품의 내재파생요소로 전환옵션과 상환옵션이 있으며 전환옵션이 자본으로 분류되고 분리요건을 만족한 상환옵션을 주계약에서 분리인식하는 경우

- 전환금융상품의 주계약과 상환권을 각각 금융부채로 분류하고 발행금액에서 주계약과 상환옵션 공정가치를 차감한 잔여가치를 전환권(자본)으로 처리한다.
- 자본으로 분류한 전환권은 후속적으로 공정가치로 측정하지 아니한다.
- 채무상품인 주계약(일반채무상품)은 후속적으로 공정가치를 측정하지 아니하며 계약만기에 걸쳐 최초 유효이자율로 장부금액을 상각한다.
- 파생상품부채로 분리인식하는 상환권은 후속적으로 공정가치로 측정하며 공정가치변동분을 당기손익으로 인식한다.

③ 유형Ⅲ : 전환금융상품의 내재파생요소로 전환옵션과 상환옵션이 있으며 전환옵션이 자본으로 분류되고 분리요건을 만족하지 아니하는 상환옵션을 주계약에서 분리하지 않는 경우

- 전환금융상품의 일반채무상품과 상환옵션을 하나의 금융부채(주계약)로 분류하고 발행금액에서 부채요소(일반채무상품+상환옵션) 공정가치를 차감한 잔여가치를 전환권(자본)으로 인식한다.[62]
- 자본으로 분류한 전환권은 후속적으로 공정가치로 측정하지 아니한다.
- 채무상품인 주계약(일반채무상품+상환옵션)은 후속적으로 공정가치를 측정하지 아니하며 기대만기(예 : 최초 도래하는 상환가능시점)에 걸쳐 최초 유효이자율로 장부금액을 상각한다.

④ 유형Ⅳ : 전환금융상품의 내재파생요소로 전환옵션만 있으며 그러한 전환옵션이 부채(파생상품부채)로 분류되는 경우

---

62) 전환옵션이 자본으로 분류되는 경우 상환옵션의 분리 여부와 관계없이 잔여가치로 측정되는 전환권 배분액은 같다. 즉, 유형Ⅱ와 유형Ⅲ에서 인식되는 전환권 대가는 같은 금액으로 측정된다.

• 전환금융상품의 주계약과 전환권을 각각 금융부채로 분류하고 최초거래가격(발행금액)에서 전환옵션 공정가치를 차감한 잔여가치를 주계약의 최초 장부금액으로 인식한다.

• 파생상품부채로 분류한 전환권은 후속적으로 공정가치를 측정하여 공정가치변동분을 당기손익으로 인식한다.

• 채무상품인 주계약은 후속적으로 공정가치를 측정하지 아니하며 잔여가치로 측정된 최초 장부금액과 계약상 현금흐름을 일치시키는 최초 유효이자율로 계약만기에 걸쳐 장부금액을 상각한다.

⑤ 유형Ⅴ : 전환금융상품의 내재파생요소로 전환옵션과 상환옵션이 있으며 전환옵션과 상환옵션이 모두 분리요건을 만족함에 따라 전환옵션과 상환옵션을 하나의 내재파생상품으로 주계약에서 분리[63]하여 금융부채(파생상품부채)로 인식하는 경우

• 전환금융상품의 주계약과 하나의 내재파생상품(전환옵션+상환옵션)을 금융부채로 분류하고 최초거래가격(발행금액)에서 복합 내재파생상품(전환옵션+상환옵션)의 공정가치를 차감한 잔여가치를 주계약의 최초 장부금액으로 인식한다.

• 파생상품부채로 분류한 복합 내재파생상품은 후속적으로 공정가치를 측정하여 공정가치변동분을 당기손익으로 인식한다.

• 채무상품인 주계약은 후속적으로 공정가치를 측정하지 아니하며 잔여가치로 측정된 최초 장부금액과 계약상 현금흐름을 일치시키는 최초 유효이자율로 계약만기에 걸쳐 장부금액을 상각한다.

⑥ 유형Ⅵ : 전환금융상품의 내재파생요소로 전환옵션과 상환옵션이 있으며 전환옵션을 주계약에서 분리하여 금융부채(파생상품부채)로 인식하되, 상환옵션은 분리하지 않는 경우[64]

• 전환금융상품의 주계약(일반채무상품+상환옵션)과 전환권을 금융부채로 분류하고 최초거래가격(발행금액)에서 전환옵션(내재파생상품)의 공정가치를 차감한 잔여가치를 주계약(일반채무상품+상환옵션)의 최초 장부금액으로 인식한다.

• 파생상품부채로 분류한 전환권은 후속적으로 공정가치를 측정하여 공정가치변동분을 당기손익으로 인식한다.

---

63) 상환옵션이 주계약에서 분리되는 경우 분리된 상환권은 전환옵션과 상호의존적인 특성을 가지므로 별도의 내재파생상품이 아닌 하나의 내재파생상품으로 분리되는 것이 타당하다. 따라서, 본서가 제시한 유형에는 유형Ⅱ를 제외하고는 상환권이 독립적으로 내재파생상품을 구성하는 경우를 상정하지 아니한다.

64) 금융부채로 인식되는 전환옵션과 상환옵션이 모두 있는 전환금융상품에서 가장 일반적인 유형이다.

• 채무상품인 주계약(일반채무상품+상환옵션)은 후속적으로 공정가치를 측정하지 아니하며 잔여가치로 측정된 최초 장부금액과 계약상 현금흐름을 일치시키는 최초 유효이자율로 기대만기에 걸쳐 장부금액을 상각한다.

⑦ 유형Ⅶ : 전환금융상품의 내재파생요소로 전환옵션과 상환옵션이 있으며 전환옵션을 주계약에서 분리하고 분리요건을 만족하지 않는 상환옵션을 분리하지 아니하지만, 전환옵션과 상환옵션의 상호의존성을 고려하여 전환옵션과 상환옵션을 묶어 하나의 내재파생상품으로 주계약에서 분리[65]한 후 이를 금융부채(파생상품부채)로 인식하는 경우[66]

• 전환금융상품의 주계약과 하나의 내재파생상품(전환옵션+상환옵션)을 금융부채로 분류하고 최초거래가격(발행금액)에서 복합 내재파생상품(전환옵션+상환옵션)의 공정가치를 차감한 잔여가치를 주계약의 최초 장부금액으로 인식한다.

• 파생상품부채로 분류한 복합 내재파생상품은 후속적으로 공정가치를 측정하여 공정가치변동분을 당기손익으로 인식한다.

• 채무상품인 주계약은 후속적으로 공정가치를 측정하지 아니하며 잔여가치로 측정된 최초 장부금액과 계약상 현금흐름을 일치시키는 최초 유효이자율로 계약만기에 걸쳐 장부금액을 상각한다.

표의 내용은 모든 전환금융상품 유형을 포함하는 것은 아니며 전환금융상품의 개별적인 특성에 따라 달리 적용되거나 유형이 변경될 수 있음에 유의해야 한다. 또한, 회계정책의 7가지 유형별로 전환금융상품과 내재파생상품의 공정가치측정 방법에 있어 차이가 있다. 회계정책유형과 그에 따른 공정가치측정 방법의 구체적인 내용은 본서에서 단계적으로 설명한다.[67]

---

65) 복합상품에 내재된 다수의 내재파생상품 중 일부만 분리요건을 충족하는 경우, 분리요건을 충족하지 않는 나머지 내재파생요소도 함께 분리하여 하나의 내재파생상품으로 처리하는 것을 말한다. 즉, 복합상품에 내재된 전환옵션과 상환옵션에 대해 전환옵션은 분리요건을 만족하지만 상환옵션은 분리요건을 만족하지 못하는 경우라 하더라도 전환옵션과 상환옵션은 상호의존성이 있으므로 분리요건을 만족하지 못하는 상환옵션을 전환옵션과 묶어 하나의 내재파생상품으로 분리함을 뜻한다.

66) 유형Ⅴ와 유형Ⅶ은 회계정책은 서로 다르지만 궁극적으로 유형Ⅶ의 회계인식 및 공정가치평가 방법은 유형Ⅴ의 회계인식 및 공정가치평가 방법과 같다.

67) 지면의 한계로 전환금융상품 7가지 회계유형과 그에 따른 공정가치측정 방법을 하나의 표에 담지 못하였다. 회계정책유형에 대한 설명과 그에 대응되는 공정가치측정 방법을 하나의 표로 정리한 내용은 저자의 블로그(blog.naver.com/cyberbiz92)에서 다운받을 수 있다.

4.2. 복합금융상품

복합금융상품은 금융상품의 발행자 입장에서 부채와 자본의 성격을 동시에 가지고 있는 금융상품을 말한다. 복합금융상품의 정의에 따르면 복합금융상품이 복합계약의 형태(주계약 및 파생요소로 구성)를 반드시 유지할 필요는 없으며 복합금융상품의 주계약은 금융부채 또는 지분상품에 한정된다. 아래에서는 복합금융상품의 구성요소와 복합금융상품의 부채요소와 자본요소의 배분에 대해 살펴본다.

▌복합금융상품의 구성요소

복합금융상품에 내재파생요소가 부여되었다 하더라도 복합금융상품 자체는 파생상품이 아니다.

비파생금융상품의 발행자는 금융상품의 조건을 평가하여 그 금융상품이 자본요소와 부채요소를 모두 포함하고 있는지를 판단하고 각 요소별로 금융부채, 금융자산 또는 지분상품으로 분류해야 한다.[68][K-IFRS 1032 문단 28~29, BC22]

- 발행자는 금융부채가 생기게 하는 요소와 발행자의 지분상품으로 전환할 수 있는 옵션을 보유자에게 부여하는 요소를 별도로 분리하여 인식한다. 예를 들면 확정수량 및 확정금액의 발행자의 보통주로 보유자가 전환할 수 있는 사채(예 : 전환옵션이 자본으로 분류되는 전환사채)나 이와 비슷한 금융상품은 복합금융상품이다.
- 발행자의 관점에서 이러한 금융상품은 금융부채(금융자산을 인도하는 계약)의 요소와 지분상품(확정수량의 발행자의 보통주로 전환할 수 있는 권리를 정해진 기간에 보유자에게 부여하는 콜옵션)의 요소로 구성된다.
- 이러한 금융상품을 발행하는 거래는 조기상환 조항이 있는 채무상품과 주식을 매입할 수 있는 주식매입권을 동시에 발행하는 거래나 분리형 주식매입권이 있는 채무상품을 발행하는 거래와 실질적으로 같은 경제적 효과가 있다. 따라서 발행자는 이러한 모든 거래를 부채요소와 자본요소로 분리하여 재무상태표에 표시한다.
- 둘 이상의 별개의 금융상품이 아닌 하나의 금융상품에서 부채와 자본이 모두 발생되는 것은 실질의 문제라기보다는 형식의 문제이므로 하나의 금융상품에 포함된 부채요소와 자본요소를 분리하여 표시하는 것이 기업의 재무상태를 더 충실하게

---

68) 파생상품이 아닌 복합금융상품의 발행자에 대하여 적용하며 복합금융상품의 보유자의 회계처리는 다루지 않는다. 복합금융상품인 금융상품의 분류와 측정과 관련된 보유자의 회계처리는 K-IFRS 1109호에서 다룬다.[K-IFRS 1032 AG30]

표현하는 것이다.

복합금융상품의 일반적인 형태는 발행자의 보통주로 전환할 수 있는 사채(예 : 전환사채)와 같이 전환권(전환옵션)이 내재되어 있고 그 밖의 다른 파생상품의 특성은 내재되지 않은 채무상품이다. 이러한 금융상품을 다음과 같이 부채요소와 자본요소로 분리하여 재무상태표에 표시한다.[K-IFRS 1032 AG31]

- 정해진 원금과 이자금액을 지급해야 하는 발행자의 의무는 금융부채로서 전환사채가 전환되기 전까지 존재한다. 최초인식 시점에 부채요소의 공정가치는 계약상 정해진 미래현금흐름의 현재가치이며 그 미래현금흐름은 해당 금융상품과 조건이 같고 신용상태가 비슷하며 실질적으로 같은 현금흐름을 제공하지만 전환권이 없는 채무상품에 적용되는 그 시점의 시장이자율로 할인한다.
- 지분상품은 부채를 발행자의 자본으로 전환할 수 있는 내재옵션인 전환권이다. 최초인식시점에 전환권(전환옵션)이 외가격상태(out-of-the money)에 있더라도 전환옵션의 가치는 존재한다.

전환옵션을 행사할 가능성이 변동되는 경우에도 전환상품의 부채요소와 자본요소의 분류를 수정하지 않는다. 특히, 전환옵션의 행사로 일부 보유자가 경제적으로 유리해지는 경우에도 그러하다.[K-IFRS 1032 문단 30]

- 전환으로 생기는 세금효과가 보유자마다 다를 수 있기 때문에 보유자는 예상대로 행동하지 않을 수 있다. 전환가능성은 때에 따라 달라진다.
- 발행자가 미래에 원리금을 지급할 계약상 의무는 전환, 금융상품 만기의 도래, 그 밖의 거래로 소멸되기 전까지는 미결제된 상태로 유지된다.

복합금융상품에 포함된 부채요소와 자본요소의 분류는 그 요소가 금융부채 또는 지분상품의 일반적인 정의(또는 특성)에 부합하는지 여부에 따라 판단한다. 만일, 복합금융상품에 포함된 요소를 자본요소로 분류하려면 지분상품에 대한 아래의 조건을 모두 충족해야 한다.

① 다음의 계약상 의무를 포함하지 아니한다.
  ㉠ 거래상대방에게 금융자산을 인도하기로 하는 계약상 의무
  ㉡ 발행자에게 잠재적으로 불리한 조건으로 거래상대방과 금융자산이나 금융부채를 교환하는 계약상 의무
② 자기지분상품으로 결제되거나 결제될 수 있는 계약으로서 다음 중 어느 하나에

해당한다.

㉠ 변동 가능한 수량의 자기지분상품을 인도할 계약상 의무가 없는 비파생상품

㉡ 확정수량의 자기지분상품에 대하여 확정금액의 금융자산의 교환을 통해서만 결제될 파생상품

만일, 복합금융상품에 내재된 전환요소가 위의 지분상품 요건을 만족하지 못하면 그 요소는 부채로 분류해야 하며, 이는 후속적으로 내재파생상품의 분리요건을 검토하여 FVPL - 금융부채로 분류될 수 있다(자세한 내용은 후술한다). 따라서, 복합금융상품에 내재된 요소가 지분상품의 요건을 만족하는지에 대한 판단은 후속적으로 매우 중요한 의미를 가진다.

▍부채요소와 자본요소의 배분

복합금융상품도 일반적인 금융상품의 최초측정 원칙을 따라 복합금융상품의 발행시점에 공정가치로 측정한다. 거래원가의 고려, 공정가치와 거래가격의 차이가 발생할 경우의 처리방법 등은 일반적인 금융상품의 처리방법과 동일하게 인식한다. 다만, 복합금융상품은 부채요소와 자본요소가 모두 포함되어 있고 최초측정에서 이를 분리하여 인식해야 하므로 부채요소와 자본요소의 식별 및 이들 요소에 대한 배분방법을 추가로 고려해야 한다.

지분상품은 자산에서 모든 부채를 차감한 후의 잔여지분을 나타낸다. 따라서 복합금융상품의 최초 장부금액을 부채요소와 자본요소에 배분하는 경우 복합금융상품 전체의 공정가치에서 부채요소 금액을 차감한 나머지 금액을 자본요소에 배분한다(전환금융상품 회계정책 유형별 인식과 측정방법 표「유형 Ⅰ, 유형 Ⅱ, 유형 Ⅲ」). 아래는 복합금융상품의 부채요소와 자본요소를 배분하는 구체적인 방법을 설명한다. 이러한 배분에 따라 부채요소의 최초인식금액(최초장부금액)과 후속측정을 위한 유효이자율 산정 등에 중요한 영향을 미친다.[K-IFRS 1032 문단 31~32, 38]

① 복합금융상품의 자본요소(예 : 전환옵션)가 아닌 파생상품의 특성에 해당하는 가치는 부채요소의 장부금액에 포함한다. 예를 들어 조기상환옵션과 같이 부채의 특성을 가진 내재파생요소는 (주계약에서 분리할지 여부와 별개로) 복합금융상품의 부채요소 장부금액에 포함한다.

② 최초인식 시점에 부채요소와 자본요소에 배분된 금액의 합계는 항상 금융상품 전

체의 공정가치와 같아야 한다. 금융상품의 구성요소를 분리하여 인식하는 최초인식시점에는 어떠한 손익도 생기지 않는다(K-IFRS 1109호에서 금융자산과 금융부채의 측정을 다룬다).

③ 보통주로 전환될 수 있는 사채(전환사채)의 발행자는 자본요소를 포함하지 않은(내재되어 있는 비자본요소인 파생상품의 특성이 모두 포함된) 비슷한 사채의 공정가치를 측정하여 부채요소의 장부금액을 우선 결정한다. 그 다음, 지분상품(금융상품을 보통주로 전환할 수 있는 전환권)의 장부금액은 복합금융상품 전체의 공정가치에서 금융부채의 공정가치를 차감하여 결정한다. 즉, 잔여가치인 지분상품의 가치는 부채가치를 먼저 측정한 후 나머지 금액으로 결정(잔여가치법)한다.

- 복합금융상품에 전환옵션(자본)과 상환옵션이 내재되어 있고 상환옵션을 주계약에서 분리하여 금융부채로 인식한다면 자본으로 인식하는 전환권은 복합금융상품의 최초 거래가액(발행금액)에서 금융부채로 인식되는 금액(주계약 및 상환옵션 공정가치)을 차감한 잔여가치로 인식된다(전환금융상품 회계정책 유형별 인식과 측정방법 표「유형 Ⅱ」).
- 또한, 상환옵션을 주계약에서 분리하지 않더라도 자본으로 인식하는 전환권은 복합금융상품의 최초 거래가액(발행금액)에서 금융부채로 인식되는 금액(주계약+상환옵션 공정가치)을 차감한 잔여가치로 인식되므로 상환옵션의 분리여부와 관계 없이 자본으로 분류하는 전환권의 가액은 같다(전환금융상품 회계정책 유형별 인식과 측정방법 표「유형 Ⅲ」). 이는 상환옵션의 분리여부와 관계 없이 잔여가치로 측정되는 전환권을 인식하기 위해 상환옵션의 공정가치를 별도로 측정해야 함을 뜻한다.[69]

④ 복합금융상품 발행과 관련된 거래원가는 배분된 발행금액에 비례하여 부채요소와 자본요소로 배분한다. 둘 이상의 거래와 관련하여 공통으로 발생한 거래원가(예 : 주식을 발행하는 동시에 해당 주식 외의 다른 주식을 증권거래소에 상장하는 경우의 거래원가)는 비슷한 거래와 일관되고 합리적인 배분기준을 적용하여 각 거래별로 배분한다.

---

69) 이는 회계실무에서 가장 흔하게 발생하는 오류로 잔여가치로 측정되는 전환권(자본)을 측정함에 있어 최초 거래가액에서 순수채무상품(내재옵션이 없는 일반채무상품)의 공정가치만을 차감하는 방식으로 계산해서는 안 된다. 상환옵션이 있는 경우에는 상환옵션의 분리여부와 관계 없이 반드시 상환옵션의 공정가치를 별도로 측정하고 자본으로 분류하는 전환권은 최초 거래가액에서 주계약과 상환옵션의 공정가치를 모두 차감한 잔여가치로 측정해야 한다.

예 제 상환옵션이 있는 복합금융상품에서의 전환권 측정

기업은 20×1년 1월 1일, 만기 5년 액면금액 10,000원의 전환사채를 액면금액으로 발행하였다. 전환사채 보유자는 액면금액 10,000원에 대해 전환사채 발행일로부터 만기까지의 기간 동안 발행자의 보통주 1주로 전환해 줄 것을 요구할 수 있는 전환옵션을 가진다. 또한, 이 전환사채에는 발행일로부터 2년이 되는 날부터 만기까지 연복리 5.0%로 계산한 이자를 더한 금액으로 사채원본을 상환해 줄 것을 요청할 수 있는 투자자 상환권(put-option)이 부여되어 있다. 전환옵션은 기준서에서 정한 자본요건을 만족한다.

- 최초측정일인 발행일(20×1년 1월 1일)의 전환사채 발행조건은 다음과 같다.
  - ㉠ 액면금액 : 10,000원, 액면이자율 : 0.0%
  - ㉡ 만기보장수익률 : 연복리 5.0%, 만기보장원리금 : 12,763원
  - ㉢ 주계약인 채무상품과 비교한 유사채무상품의 시장이자율 : 10.0%
  - ㉣ 상환옵션 공정가치 : 1,500원
- 최초측정일인 발행일(20×1년 1월 1일)의 전환사채의 주계약을 구성하는 일반채무상품(내재파생요소를 고려하지 않은 채무상품)의 현재가치는 시장이자율(10.0%)로 일반채무상품의 계약상 현금흐름을 할인하여 다음과 같이 7,925원으로 계산한다.
  - ㉠ 원금의 현재가치 = 10,000원 × 0.6209(5년, 10.0% 현가계수) = 6,209원
  - ㉡ 이자의 현재가치 = 2,763원 × 0.6209(5년, 10.0% 현가계수) = 1,716원
  - ㉢ 주계약(일반채무상품)의 현재가치 = 7,925원

위 전환사채의 발행조건과 기초정보를 이용하여 자본으로 인식할 전환권을 측정하되, 상환옵션을 분리하는 경우와 분리하지 않는 경우로 구분하여 살펴본다.

① 상환옵션을 분리인식하는 경우 : 분리인식요건을 만족하는 상환옵션을 금융부채로 분리인식하는 경우 자본으로 인식하는 전환권은 복합금융상품의 최초 거래가액에서 모든 부채요소 즉, 주계약(순수채무상품)과 파생상품부채(상환권)를 차감한 잔여가치로 측정한다.

- 전환권 인식액 = 발행금액(10,000원) - {주계약 공정가치(7,925원) + 상환옵션 공정가치(1,500원)} = 575원
- 따라서, 기업은 전환사채 발행일(20×1년 1월 1일)에 주계약 공정가치(7,925원)를 금융부채로 인식하고 상환권 공정가치(1,500원)를 파생상품부채로 인식하며, 잔여가치인 575원을 전환권(자본)으로 인식한다.
- 자본으로 인식한 전환권은 후속측정하지 아니한다. 반면, 파생상품부채로 인식한 상환권은 후속측정일에 공정가치로 측정하고 공정가치변동분만큼 당기손익으로 인식한다. 주계약은 상각후원가로 측정하고 최초 유효이자율(10.0%)로 매 후속측정일에 이자비용을 인식한다.

② 상환옵션을 분리인식하지 않는 경우 : 전환사채에서 상환옵션을 분리인식하지 않는 경우에도 자본으로 인식하는 전환권은 복합금융상품의 최초 거래가액에서 모든 부채요소

즉, 일반채무상품과 상환옵션 공정가치의 합을 차감한 잔여가치로 측정한다. 즉, 상환옵션을 분리하는 경우의 전환권 인식금액과 같다.

- 전환권 인식액 = 발행금액(10,000원) - {일반채무상품 공정가치(7,925원) + 상환옵션 공정가치(1,500원)} = 575원
- 상환옵션을 분리하지 아니하므로 주계약은 일반채무상품과 상환옵션 공정가치의 합인 9,425원으로 측정한다.
- 따라서, 기업은 전환사채 발행일(20×1년 1월 1일)에 주계약 공정가치(9,425원)를 금융부채로 인식하고 잔여가치인 575원을 전환권(자본)으로 인식한다.[70)]
- 상환옵션을 분리하지 않고 주계약에 포함하였으므로 주계약의 최초 유효이자율은 부채요소의 최초측정금액(9,425원)과 기대만기[71)](최초 도래하는 상환가능시점 : 2년) 동안의 계약상 현금흐름을 일치시키는 유효이자율(8.16%)을 다음과 같이 재계산한다.

	이자현금흐름	만기현금흐름	총현금흐름	현재가치	유효이자율
20×1.01.01				9,425	8.16%
20×1.12.31	-	-	-		
20×2.12.31	-	11,025	11,025		

- 자본으로 인식한 전환권과 분리인식하지 아니한 상환권은 후속측정하지 아니한다. 상환옵션 공정가치가 포함된 주계약은 상각후원가로 측정하고 최초 유효이자율(8.16%)로 기대만기 동안 매 후속측정일에 이자비용을 인식한다.

In-depth 부채와 자본요소의 배분에 잔여가치법을 적용하는 이유 [K-IFRS 1032 BC23~31]

종전의 IAS 32는 복합금융상품의 최초장부금액을 부채요소와 자본요소로 배분하는 특정한 방법을 기술하지 않았다. 대신에 고려할 수 있는 다음의 접근법을 제시하였다.

① 차감법 : 더 쉽게 결정할 수 있는 요소를 분리하여 결정된 금액을 금융상품 전체에서 차감한 후의 나머지 금액을 측정이 덜 용이한 요소(주로 자본요소)에 배분하는 접근법

② 상대적공정가치법 : 부채요소와 자본요소를 분리하여 측정하고 필요하다면 구성요소의 금액 합계가 금융자산 전체의 금액과 같아지도록 이들 요소의 금액에 비례하여 조정하는 접근법

---

70) 회계실무에서 일반적으로 발생하는 오류는 상환옵션을 분리하지 않는 전환권 인식에서 최초 거래금액인 10,000원에서 순수채무상품 공정가치인 7,925원을 차감한 2,075원으로 인식하는 것이다. 상환옵션을 분리하지 않더라도 상환옵션의 공정가치를 측정한 후 주계약에 더하여 부채요소를 측정해야 한다. 이러한 오류로 인하여 자본이 과대계상되고 후속적으로 이자비용이 과소계상되는 문제가 발생한다.

71) 상환옵션이 주계약에 포함되었으므로 주계약의 계약상 현금흐름은 순수채무상품과 상환옵션의 계약상 현금흐름을 모두 고려하며, 유효이자율법에 의한 상각은 이러한 계약상 현금흐름을 고려한 기대만기 동안 측정한다. 상환옵션이 주계약에 포함된 경우, 기대만기는 계약상 현금흐름의 특성을 고려하여 결정하는데 실무적으로 최초 상환가능시점을 기대만기로 설정하는 경우가 일반적이다.

최초인식 후 K-IFRS 1109호에 따라 FVPL-금융부채는 공정가치로 측정되며 그 밖의 금융부채는 상각후원가로 측정된다. 부채요소가 FVPL-금융부채로 분류되는 경우 복합금융상품에 상대적 공정가치법이 적용되면 최초인식 후 즉시 손익을 인식할 수 있다. 이는 금융상품의 요소를 분리하여 인식하는 경우 어떠한 손익도 발생하지 않는다고 기술한 IAS 32 문단 31과 상반된다. 지분상품은 모든 부채를 차감한 후의 자산에 대한 잔여지분인 것이 분명한 계약으로 정의되고 재무상태표에 인식되는 자본은 자산과 부채의 측정에 따라 결정된다. 따라서, 대안적 접근법 중 차감법이나 상대적 공정가치법에 기초하여 측정하는 방법은 삭제되어야 하며, 대신에 내재된 비자본 파생상품특성(내재된 콜옵션 특성 등)의 가치를 포함하여 부채요소를 우선 측정해야 하며 나머지 금액은 자본요소에 배분하는 방법(잔여가치법)을 적용하도록 개정되었다. 이 개정의 목적은 하나의 복합금융상품의 부채요소와 자본요소의 분리에 관한 요구사항을 금융부채의 최초측정에 관한 IAS 39의 요구사항과 IAS 32와 Framework에서의 잔여지분이라는 지분상품의 정의와 일관되도록 하는 것이다. 이 접근법에 따르면 일부 복합금융상품의 자본요소를 측정하기 위해 복잡한 옵션가격결정모형의 투입변수를 추정하고 이러한 모형을 적용해야 할 필요가 없다.[72)]

예 제　전환사채의 부채요소와 자본요소의 배분 [K-IFRS 1032 IE35~36]

기업이 1차연도 초에 2,000권의 전환사채를 발행하였다. 사채만기는 3년이고, 권당 액면금액은 1,000원으로 발행하여 총발행금액은 2,000,000원이다. 이자는 매년 말에 연 6%로 지급된다. 사채의 만기이전에는 언제든지 사채권당 250주의 보통주로 전환할 수 있다. 해당 사채의 발행시점에 전환옵션이 없는 유사한 채무에 대한 현행 시장이자율은 연 9%이다.

- 기업은 사채의 부채요소를 먼저 측정하고 사채의 발행금액에서 부채요소의 공정가치를 차감한 잔액을 자본요소로 측정한다. 전환권이 없는 것을 제외하고 그 밖의 내용은 모두 같은 사채의 시장이자율인 연 9%의 할인율을 사용하여 다음과 같이 부채요소의 현재가치를 계산한다.
  ㉠ 원금의 현재가치 = 2,000,000원 × 0.77218(3년, 9% 현가계수) = 1,544,367원
  ㉡ 이자의 현재가치 = 120,000원 × 2.53129(3년, 9% 연금현가계수) = 303,755원
  ㉢ 부채요소의 합계 = 1,848,122원
- 이어서 잔여가치법을 이용해 자본요소의 가치를 아래와 같이 계산한다.
  ㉠ 자본요소가치 = 최초인식금액(2,000,000) - 부채요소가치(1,848,122) = 151,878원

72) 복합금융상품의 내재파생요소가 자본으로 분류되는 경우에만 그러하다.

예제 상환우선주의 부채요소와 자본요소의 배분 [K-IFRS 1032 AG37]

의무적으로 5년 후에 현금으로 상환되어야 하지만 배당은 상환 전까지 발행자의 재량에 따라 지급하는 비누적적 우선주는 상환금액의 현재가치에 상당하는 부채요소가 있는 복합금융상품에 해당한다.

- 부채요소에 관련된 현재가치할인차금의 상각액은 당기손익으로 인식하고 이자비용으로 분류한다. 배당은 자본요소와 관련되므로 당기손익의 분배로 인식한다.
- 의무적으로 상환해야 하는 것은 아니지만 보유자의 선택에 따라 상환을 청구할 수 있거나, 의무적인 전환에 따라 인도할 보통주의 수량이 기초변수(예 : 일반상품)의 변동에 따라 결정되는 금액이나 확정금액과 같은 가치를 가지도록 결정되는 우선주의 경우에도 비슷하게 회계처리한다. 그러나 지급되지 않은 배당을 상환금액에 가산하는 경우에는 금융상품 전체가 부채에 해당하고 배당을 이자비용으로 분류한다.

예제 복수의 내재파생상품이 포함된 복합금융상품의 부채요소와 자본요소의 배분

[K-IFRS 1032 IE37~38, 저자 보충설명추가]

발행자의 콜옵션이 포함된 전환사채의 발행금액이 60원이라고 가정한다. 발행자의 콜옵션이나 자본으로의 전환권이 없는 유사한 사채의 가치는 57원이다. 옵션가격결정모형에 기초하여 전환권이 없는 유사한 사채에 내재된 발행자의 콜옵션 특성의 가치는 2원으로 결정된다. 이 경우 부채요소에 배분되는 가치는 55원(57원 - 2원)이며 자본요소에 배분되는 가치는 5원(60원 - 55원)이다. 부채요소와 자본요소의 배분과정은 다음과 같다.

이 전환사채의 최초인식금액 60원은 다음과 같이 구성된다.

- 전환사채 공정가치(60원) = 일반사채(57원) - 콜옵션가치(2원) + 자본요소(5원)
- 이 전환사채는 보유자가 보통주로 전환할 수 있는 전환권(콜옵션)과 발행자가 만기전에 상환을 청구할 수 있는 수의상환권(콜옵션)이 내재되어 있다. 즉, 전환사채 발행자는 전환권콜옵션을 매도하고 수의상환권(콜옵션)을 매수한 것이다. 따라서, 수의상환권은 (-) 부채요소이다.
- 이 전환사채의 부채요소와 자본요소의 배분은 다음과 같다.
  ㉠ 부채요소 : 일반사채(57원) - 수의상환권(2원) = 55원
  ㉡ 자본요소 : 최초측정금액(60원) - 부채요소(55원) = 5원

4.3. 내재파생상품의 분리 및 측정

부채요소와 자본요소가 모두 포함되어 있는 복합금융상품은 최초측정에서 이를 분리하여 인식한다. 복합금융상품에 자본요소와 부채요소가 모두 포함되어 있는 경우는 대개 비파생상품인 주계약과 내재파생요소가 있는 경우이다. 이때, 내재파생요소가 자본(지분상품)요소로 분류된다면 이러한 자본요소는 후속측정이 불필요하다. 반면, 내재파생요소가 부채요소로 분류된다면 이러한 부채요소는 금융부채의 후속측정에 대한 기준서(K-IFRS 1109호)의 내용을 따른다. 이러한 처리방법은 주계약에 대해서도 같다. 즉, 주계약이 자본요소이면 자본요소는 후속측정이 불필요하며 주계약이 부채요소이면 금융부채의 후속측정에 대한 기준서(K-IFRS 1109호)의 내용을 따라야 한다.

정리하면, K-IFRS 1032호에서 정한 방법에 따라 복합금융상품의 주계약과 내재파생요소의 특성을 자본요소와 부채요소로 각각 분리하되, 주계약 또는 내재파생요소가 자본요소이면 후속측정 과정이 불필요하며, 주계약 또는 내재파생요소가 부채요소이면 K-IFRS 1109호에서 정한 방법에 따라 후속측정한다. K-IFRS 1109호가 내재파생상품에 대한 정의와 그의 후속측정방법을 다루지만 내재파생요소가 지분상품요소이면 K-IFRS 1109호가 적용되지 않기 때문이다.[73)]

- 예를 들어, 전환사채에 내재된 보유자 전환권(전환옵션)이 자본요소로 분리된다면 이를 주계약인 사채(전환요소가 부여되지 않은 경우의 채무상품)와 분리하여 주계약은 부채요소로, 내재파생요소인 전환권은 자본으로 각각 분류한다.
- 전환사채의 부채요소(주계약)는 금융부채의 후속측정 방법(일반적으로 상각후원가 측정)으로 측정하고, 분류된 자본요소(전환권)는 후속측정하지 않는다.
- 반면, 전환사채에 내재된 보유자 전환권(전환옵션)이 부채요소로 분류된다면 주계약과 내재파생요소가 모두 부채요소이므로 자본요소와 부채요소의 분리는 필요하지 않다. 대신 이러한 내재파생상품이 주계약과 분리하여 별도의 파생금융부채로 인식할지 여부를 판단한다.

  ㉠ 보유자 전환옵션(부채요소)이 주계약과의 분리요건을 만족한다면 이를 분리하여 파생상품으로 회계처리한다. 파생상품은 후속적으로 공정가치로 측정하며 그 공정가치변동분은 당기손익으로 인식한다.

---

73) 이 기준서는 다음을 제외한 모든 유형의 금융상품에 적용한다.[K-IFRS 1109 문단 2.1]
(4) K-IFRS 1032호의 지분상품(옵션과 주식매입권 포함)의 정의를 충족하거나 K-IFRS 1032호의 문단 16A·16B나 16C·16D에 따라 지분상품으로 분류해야 하는 발행자의 금융상품.

㉡ 보유자 전환옵션(부채요소)이 주계약과의 분리요건을 만족하지 못한다면 주계약과 분리하지 않고 주계약에 대한 후속측정방법을 따른다. 그러나, 전환옵션은 일반적으로 분리요건을 만족하므로 부채요소로 분류된 전환옵션을 주계약과 분리하지 않는 예외적인 상황은 거의 발생하지 않는다(자세한 내용은 아래에서 설명한다).

만일, 주계약이 부채요소인 전환사채에 내재된 전환옵션을 부채요소로 분류한다면 이 전환사채는 부채요소로만 구성된 복합상품(주계약과 내재파생상품이 모두 부채요소)이다. 따라서, 이 전환사채의 내재파생상품을 별도의 파생상품으로 분리할지 여부를 판단하게 된다.

이러한 내용을 기준서의 설명을 중심으로 자세히 살펴보자.

복합상품에 내재되어 있는 파생요소를 내재파생상품이라 한다. 「내재파생상품」은 파생상품이 아닌 주계약(비파생상품인 주계약)을 포함하는 복합상품의 구성요소로 복합상품의 현금흐름 중 일부를 독립적인 파생상품의 경우와 비슷하게 변동시키는 효과를 가져온다. 내재파생상품은 다음과 같이 정의된다.[K-IFRS 1109 문단 4.3.1]

① 내재파생상품은 내재파생상품이 포함되지 않았을 경우의 계약에 따른 현금흐름의 전부나 일부를 특정된 이자율, 금융상품가격, 일반상품가격, 환율, 가격 또는 비율의 지수, 신용등급이나 신용지수 또는 그 밖의 변수(기초변수)에 따라 변동시킨다.

② 해당변수가 비금융변수인 경우는 계약의 당사자에게 특정되지 않아야 한다.

③ 특정 금융상품에 부가되어 있더라도 계약상 해당 금융상품과는 독립적으로 양도할 수 있거나 해당 금융상품과는 다른 거래상대방이 있는 파생상품은 내재파생상품이 아니며 별도의 금융상품이다.

내재파생상품 분리요건

복합금융상품 및 복합상품(복합계약)에 내재된 파생상품을 주계약에서 분리할지 여부는 그 후속측정에서 중요한 차이가 있다. 복합상품이 자산이 아닌 주계약을 포함하는 경우(즉, 금융부채 또는 지분상품인 경우)에는 다음을 모두 충족하는 경우에만 내재파생상품을 주계약과 분리하여 파생상품으로 회계처리하며 분리대상 내재파생상품은 최초인식 시점과 그 이후 기간에 「FVPL - 금융부채」로 측정한다.[K-IFRS 1109 문단 4.3.3, B4.3.1]

① 내재파생상품의 경제적 특성 및 위험이 주계약의 경제적 특성 및 위험과 밀접하게

관련되어 있지 않다.

② 내재파생상품과 조건이 같은 별도의 금융상품이 파생상품의 정의를 충족한다.

③ 복합계약의 공정가치 변동을 당기손익으로 인식하지 않는다. 즉, FVPL-금융부채에 내재된 파생상품은 분리하지 아니한다.

내재파생상품의 분리요건 중에서 ①의 요건에 대해 주목할 필요가 있다. 왜냐하면, 내재파생상품이 파생상품의 정의를 충족하지 못하면 실질적으로 이를 분리할 필요가 없고(②의 요건), FVPL-금융부채인 복합상품은 주계약과 내재파생상품을 공정가치로 측정하므로 이를 분리할 실익이 없기 때문(③의 요건)이다. 따라서, 복합상품에 내재된 파생상품요소를 분리할지 여부를 결정하는 것은 내재파생상품의 경제적 특성 및 위험이 주계약의 그것과 밀접하게 관련되어 있는지의 여부다(①의 요건).

따라서, 내재파생상품의 경제적 특성 및 위험이 주계약의 그것과 밀접하게 관련되어 있는지의 여부를 판단하는 기준에 대해 구체적으로 살펴볼 필요가 있다.

(1) 주계약의 특성

주계약은 금융상품의 본질적인 계약특성이다. 주계약의 경제적 특성과 위험은 다음과 같이 판단한다.[K-IFRS 1109 B4.3.2]

① 지분상품특성 : 주계약에 만기가 표시되어 있거나 예정되어 있지 않고 주계약이 순자산에 대한 잔여지분을 나타낸다면 그 주계약의 경제적 특성과 위험은 지분상품의 경제적 특성과 위험이 되며 내재파생상품이 주계약과 밀접하게 관련되어 있는 것으로 보기 위해서는 그 내재파생상품이 같은 기업에 관련된 지분특성을 보유하여야 한다.

② 채무상품특성 : 주계약이 지분상품은 아니지만 금융상품의 정의를 충족한다면 그 주계약의 경제적 특성과 위험은 채무상품의 경제적 특성과 위험이 된다.

(2) 주계약과 밀접하게 관련되어 있지 않은 경우

내재파생상품의 경제적 특성과 위험이 주계약과 밀접하게 관련되어 있지 않은 예는 다음과 같다. 아래의 예에 해당되면[74] 그 내재파생상품은 주계약에서 분리하여 파생상품으로 회계처리한다.[K-IFRS 1109 B4.3.5]

74) 내재파생상품의 분리요건 중 나머지 2개 요건(파생상품요건 및 FVPL-금융부채 미지정요건)을 만족하였을 경우를 가정한다.

① 금융상품 보유자가 발행자에게 지분이나 일반상품의 가격이나 지수의 변동에 기초하여 변동되는 금액에 해당하는 금융자산으로 그 금융상품을 재매입하도록 요구할 수 있는 내재풋옵션은 주계약인 채무상품과 밀접하게 관련되어 있지 아니하다.

② 채무상품의 만기를 연장할 수 있는 옵션이나 자동연장조항은 주계약인 채무상품과 밀접하게 관련되어 있지 아니하다.

• 다만, 만기를 연장하는 시점에 현행 시장이자율에 따라 이자율을 동시에 조정하는 경우에는 주계약인 채무상품과 밀접하게 관련되어 있다. 발행된 채무상품의 보유자가 그 채무상품을 기초자산으로 하는 콜옵션을 제3자에게 발행하는 경우에는 콜옵션의 행사로 채무상품의 발행자에게 그 채무상품의 재판매에 참여하거나 재판매를 용이하게 하도록 요구할 수 있다면 채무상품의 발행자는 그 콜옵션을 만기연장 콜옵션으로 본다.

③ 주계약인 채무상품이나 보험계약에 내재된 지분연계 이자나 원금지급계약은 이자나 원금이 지분상품의 가치에 연계되어 결정되는 계약으로서 주계약과 내재파생상품에 내재된 위험이 서로 다르기 때문에 그 내재파생상품은 주계약과 밀접하게 관련되어 있지 아니하다.

④ 주계약인 채무상품이나 보험계약에 내재된 일반상품연계 이자나 원금지급계약은 이자나 원금이 일반상품(예 : 금) 가격에 연계되어 결정되는 계약으로서 주계약과 내재파생상품에 내재된 위험이 서로 다르기 때문에 해당 내재파생상품은 주계약과 밀접하게 관련되어 있지 아니하다.

⑤ 주계약인 채무상품이나 보험계약에 내재된 콜, 풋, 중도상환옵션은 주계약과 밀접하게 관련되어 있지 아니하다[75](K-IFRS 1032호에 따라 전환채무상품의 자본요소를 분리하기 전에 내재된 콜옵션이나 풋옵션이 주채무계약과 밀접하게 관련되어 있는지를 판단한다). 다만, 다음의 경우는 제외한다.

---

75) 국내 금융시장에서 발행되고 있는 전환금융상품에 내재된 조기상환옵션(put option)이나 수의상환옵션(call option)은 주계약과 밀접한 관련이 있는 것으로 판단하고 분리하지 않는 것이 일반적이다. 실제 발행되고 있는 전환금융상품의 발행조건들은 대부분 만기상환 보장수익률과 상환옵션 수익률이 일치하고 최초 거래가액이 할인 또는 할증발행되지 않으므로 기준서의 예외에서 정한 바에 따라 상환옵션이 주계약과 밀접한 관련이 있는 것으로 판단한다. 즉, 유의적으로 할인 또는 할증발행되는 경우 각 행사가능시점의 사채장부금액과 특정시점 행사금액 간의 차이도 유의적일 것이라는 것이 상환옵션 분리인식의 이론적 배경으로써 액면발행 후 액면상환한다면 행사가능시점과 무관하게 상환옵션은 분리하지 아니하는 것이다. 다만, 전환금융상품 발행과정에서 그러한 상환옵션이 적극적인 거래의 대가에 포함되어 유의적으로 할인발행 또는 할증발행되는 경우에는 주계약과 밀접한 관련이 없는 상환옵션으로써 분리되는 것이 타당하다.

㉠ 옵션의 행사가격이 옵션 행사일 현재 주계약인 채무상품의 상각후원가나 주계약인 보험계약의 장부금액과 거의 같다.

㉡ 중도상환옵션의 행사가격이 주계약의 나머지 기간에 해당하는 상실이자의 현재가치에 근사한 금액까지 대여자에게 보상하는 금액이다. 상실이자는 이자율 차이에 중도상환한 원금을 곱한 금액이다. 이자율 차이는 중도상환된 원금을 주계약의 나머지 기간에 비슷한 계약에 재투자했다면 중도상환일에 받게 될 유효이자율을 초과하는 주계약의 유효이자율 부분이다.

⑥ 주계약인 채무상품에 내재되어 있고 당사자 중 일방(수익자)이 특정 준거자산의 소유여부와 관계없이 그 준거자산의 신용위험을 제3자(보증자)에게 이전하는 신용파생상품은 주계약과 밀접하게 관련되어 있지 않다. 이러한 신용파생상품을 통해 준거자산을 직접 소유하지 않는 보증자도 그 준거자산의 신용위험을 부담할 수 있다.

예 제 조기상환옵션의 분리여부에 따른 인식방법

기업은 20×1년 1월 1일(발행일), 만기가 3년이고 액면금액 10,000원인 전환사채(액면이자율 : 0%)를 발행하였다. 이 전환사채에는 확정수량의 보통주를 확정금액으로 전환할 수 있는 전환옵션이 내재되어 있다. 또, 이 전환사채에는 보유자의 요청이 있을 경우 발행일로부터 1년이 되는 시점(20×1년 12월 13일)부터 만기까지의 기간 동안 액면금액(행사가격 : 10,000원)으로 조기에 상환할 수 있는 조기상환옵션(풋옵션)이 부여되어 있다. 발행일에 이 기업의 신용위험과 같은 일반채무상품의 시장이자율은 연 8.0%로 관측되었다. 기업은 이 전환사채에 부여된 조기상환옵션을 내재파생상품으로 분리하여 별도의 파생상품부채로 인식할지에 대해 판단하고자 한다.

• 기업이 발행한 전환사채에 부여된 전환옵션은 확정수량의 보통주를 확정금액으로 전환할 수 있으므로 지분상품요건을 만족한다. 따라서, 발행일에 전환옵션가치는 발행금액(거래가격)에서 부채가치를 차감한 후의 잔여가치이다.
• 발행일에 조기상환옵션을 옵션평가모형으로 평가한 공정가치는 980원으로 측정된다.
• 전환사채 발행일에 내재파생요소(전환옵션 및 상환옵션)가 없는 일반채무상품의 가치는 다음과 같이 7,938원으로 측정된다.
  ㉠ 원금의 현재가치 = 10,000원 × 0.7938(3년, 8.0% 현가계수) = 7,938원
  ㉡ 이자의 현재가치 = 0원 × 2.5770(3년, 8.0% 연금현가계수) = 0원
  ㉢ 주계약(일반채무상품)의 현재가치 = 7,938원
• 기업은 전환사채의 만기상환수익률과 조기상환수익률이 같고, 전환사채 발행과정에서 상환옵션이 적극적인 거래의 대가로써 유의적으로 할인 또는 할증발행되지 않았으므로 조기상환옵션인 내재파생상품을 주계약과 밀접한 관련성이 있다고 판단하고 이를 주계

약에서 분리하지 않는 것이 타당한 것으로 판단하였다. 이에 따라, 발행일에 기업이 인식할 전환권(자본)은 다음과 같이 측정된다.조기상환옵션인 내재파생상품을 주계약과 밀접한 관련성이 있다고 판단하고 이를 주계약에서 분리하지 않는 것이 타당한 것으로 판단하였다. 이에 따라, 발행일에 기업이 인식할 전환권(자본)은 다음과 같이 측정된다.

㉠ 복합계약에서 자본요소의 배분은 부채요소를 측정한 후의 잔여가치로 한다.

㉡ 부채요소인 주계약(일반채무상품 + 조기상환옵션) : 8,918원 = 7,938원 + 980원

㉢ 전환권(자본) : 발행금액(10,000원) - 부채요소(주계약+중도상환옵션) 가치(8,918원) = 1,082원

• 만일, 이 전환옵션이 확정수량의 확정금액의 자기지분상품으로 결제되는 조건이 아닌 경우 그러한 전환옵션은 자본요소로 분류할 수 없고 금융부채로 분류된다. 금융부채로 분류되는 전환옵션은 일반적으로 주계약과 밀접한 관련성이 없으므로 내재파생상품(전환옵션)을 주계약에서 분리하여 FVPL - 금융부채로 분류하며 공정가치로 최초측정(잔여가치법을 적용하지 아니함) 및 후속측정한다. 이 경우 주계약의 최초인식금액은 최초측정시 전환옵션과 조기상환옵션의 공정가치를 차감한 금액이며 총장부금액 및 유효이자율의 계산방법이 달라진다.

⑶ 주계약과 밀접하게 관련되어 있는 경우

내재파생상품의 경제적 특성과 위험이 주계약과 밀접하게 관련되어 있는 예는 다음과 같다. 따라서, 다음에 해당되는 내재파생상품은 주계약에서 분리하지 아니한다.[K-IFRS 1109 B4.3.8]

① 주계약인 이자부 채무상품이나 보험계약에 따라 지급하거나 수령하였을 이자금액을 바꿀 수 있는 이자율이나 이자율지수가 기초변수인 내재파생상품은 주계약과 밀접하게 관련되어 있다. 다만 다음 각 경우에는 주계약과 밀접하게 관련되어 있지 아니하다.

㉠ 복합계약이 보유자가 인식한 투자금액의 대부분을 회수하지 못할 방법으로 결제될 수 있는 경우

㉡ 내재파생상품으로 인해 복합계약의 수익률이 주계약의 최초수익률의 최소 2배가 될 수 있고 동시에 주계약과 조건이 같은 계약의 시장수익률의 최소 2배가 될 수 있는 경우

② 복합상품을 발행할 때 이자율 상한(cap)이 시장이자율 이상이고 이자율 하한(floor)이 시장이자율 이하이며 이자율 상한이나 하한이 주계약에 관하여 레버리지되지 않았다면 채무상품이나 보험계약에 내재된 금리캡이나 금리플로어는 주계약과 밀접하게 관련되어 있다.

• 일반상품과 같은 자산을 매입하거나 매도하는 계약에 포함된 조항으로서 그 자산에 대하여 지급하거나 수취할 가격에 대한 상한이나 하한이 설정된 경우에는 가격에 대한 캡이나 플로어가 계약시점에 외가격 상태이며 레버리지되지 않았다면 가격에 대한 해당 캡이나 플로어는 주계약과 밀접하게 관련되어 있다.

③ 주계약인 채무상품(예 : 이중통화 회사채)에 포함된 내재외화파생상품으로서 외화로 표시된 일련의 원금이나 이자를 지급하는 경우에는 해당 내재외화파생상품은 주계약과 밀접하게 관련되어 있다(K-IFRS 1021호 「환율변동효과」에 따라 화폐성항목의 외환손익은 당기손익으로 반영되므로 이러한 내재파생상품은 주계약과 분리하지 아니한다).

④ 내재외화파생상품이 레버리지 되지 아니하고 옵션의 특성을 포함하지 아니하며 지급하는 통화가 다음 중 하나인 경우에는 주계약인 보험계약이나 비금융상품(예 : 가격이 외화로 표시되는 비금융항목을 매입하거나 매도하는 계약)에 포함된 내재외화파생상품은 주계약과 밀접하게 관련되어 있다.

㉠ 실질적인 계약당사자의 기능통화

㉡ 국제 상거래에서 매입하거나 매도하는 재화나 용역의 가격을 일반적으로 표시하는 통화(예 : 원유 거래의 경우 미국 달러)

㉢ 거래가 일어나는 경제환경에서 비금융항목을 매입하거나 매도하는 계약에서 일반적으로 사용하는 통화. 예를 들어 국내외 거래에서 일반적으로 사용하는 상대적으로 안정되고 유동성이 있는 통화

⑤ 이자스트립이나 원금스트립에 내재된 중도상환옵션은 다음의 조건을 모두 충족하는 주계약과 밀접하게 관련되어 있다.

㉠ 내재파생상품을 포함하지 않는 금융상품의 계약상 현금흐름을 수취할 권리를 분리함에 따라 주계약이 최초로 생긴다.

㉡ 원래의 주계약인 채무계약에 존재하지 아니한 어떠한 조건도 주계약에 포함되지 아니한다.

⑥ 리스계약에 내재된 파생상품은 다음 중 하나에 해당하는 경우에 주계약과 밀접하게 관련되어 있다.

㉠ 소비자물가지수에 리스료를 연계하는 등의 인플레이션 관련 지수로서 해당 리스가 레버리지 되지 아니하고 해당 지수가 기업이 속한 경제 환경의 인플레이션과 관련되어 있는 경우

㉡ 관련 매출액에 따른 조정리스료인 경우

㉢ 변동이자율에 따른 조정리스료인 경우

⑦ 펀드자산의 공정가치를 반영하는 현재의 단위당 가치로 단위당 지급금액을 측정한다면 주계약인 금융상품이나 보험계약에 내재된 단위연계특성은 주계약과 밀접하게 관련되어 있다. 단위연계특성은 내부투자펀드나 외부투자펀드의 단위당 지급금액이 표시되는 계약조건이다.

⑧ 내재파생상품과 주계약인 보험계약이 상호의존적이어서 내재파생상품을 분리하여(주계약을 고려하지 않고) 측정할 수 없다면 주계약인 보험계약에 내재된 파생상품은 주계약과 밀접하게 관련되어 있다.

예제 Equity Kicker [K-IFRS 1109 C.4, 저자일부수정]

기업이 벤처캐피털로부터 후순위차입금을 차입하면서 기업의 주식을 증권거래소에 상장하는 때에 계약상 수취액에 추가하여 기업의 주식을 대가 없이 발행하거나 매우 낮은 가격으로 인도하기로 하는 경우가 있다. 이러한 계약은 투자자(벤처캐피털) 입장에서 주식을 대가 없이 수령하거나 매우 낮은 가격으로 수령할 권리가 부가된 경우(「Equity Kicker」)이다. 이러한 권리가 부여된 후순위 차입금의 이자율은 일반차입금 이자율보다 낮아지게 된다. 이 후순위차입금이 FVPL-금융부채로 선택적으로 분류되지 않음을 전제한다. 기업의 미래상장을 조건으로 주식을 인도하는 이 권리는 발행자(기업) 입장에서 내재파생상품의 정의를 충족하는가?

- 이 계약에 부여된 권리는 내재파생상품의 정의를 충족한다. 주식을 수취할 수 있는 권리의 경제적 특성 및 위험이 주계약인 채무증권의 경제적 특성 및 위험과 밀접하게 관련되어 있지 않고 주식을 대가 없이 수령하거나 매우 낮은 가격으로 수령할 권리는 차입기업 주식가치의 변동에 연동되고 최초 계약 시 순투자금액을 필요로 하지 않거나 시장요소의 변동에 비슷한 영향을 받을 것으로 기대되는 다른 유형의 계약보다 적은 순투자금액을 필요로 하며 미래에 결제된다는 점에서 파생상품의 요건을 충족한다.
- 이러한 권리는 차입기업의 향후 상장이 주식을 수령할 권리에 영향을 미친다고 하더라도 파생상품의 정의를 충족한다. K-IFRS 1109호의 문단 BA.1은 파생상품은 계약단위의 수량과 관계없는 미래사건의 결과에 따른 지급을 수반할 수 있다고 규정하고 있다. 주식을 대가 없이 수령하거나 매우 낮은 가격으로 수령할 권리가 확정된 금액을 지급할 권리를 부여하지는 않으나 미래 사건이 발생하면 옵션의 권리를 부여한다는 점에서 파생상품의 정의를 충족한다.
- 따라서, 채무상품의 발행자는 주계약인 채무상품과 내재파생상품을 분리하여 인식한다. 이때, 주계약인 채무상품은 상각후원가로 후속측정하고 분리된 내재파생상품은 공정가치로 후속측정한다.

In-depth **상환옵션의 분리**

전환금융상품의 내재파생요소인 상환옵션은 주계약에서 분리하지 않는 것이 일반적이다. 즉, 채무상품이 액면금액으로 발행되어 액면금액으로 상환되거나 할인 또는 할증발행되었더라도 매 상환옵션 행사시점의 행사가격이 그 시점의 채무상품 장부금액에 근접하도록 설정되어 있다면 상환옵션은 분리하지 않는다. 반면, 할인 또는 할증발행(액면발행되었더라도 행사금액이 액면금액에 중요한 위약금이 더한 금액으로 약정된 경우 포함)된 상태에서 매 상환옵션 행사시점의 행사가격이 그 시점의 채무상품 장부금액에 근접한 가격이 아닌 특정금액(예 : 액면금액)인 경우에는 (마지막 행사가능시점에 근접한 시점이 아닌 한) 상환옵션을 분리인식함이 타당하다. 이는 일정시점 이후(예 : 2년 이후) 일정기간(예 : 만기인 5년까지 3년간) 행사가능한 상환옵션의 경우 행사시점과 그 시점의 채무상품 장부금액은 회계적 추정에 의해 결정가능하므로 이미 정해진 행사가격과 일치(또는 거의 근접)시킬 수 있으며 여러 행사가능시점 중 가장 이른 시점을 행사시점으로 회계적 추정을 하는 경우 그 '가장 이른 시점'의 채무상품 장부금액은 행사가격과 일치(또는 거의 근접)하므로 상환옵션은 비분리로 인식된다는 것이다. 상환옵션의 분리 또는 비분리 원칙이 목적하는 바는 최초 투자수익률로 발행된 채무상품 장부금액(및 정상적인 상실이자 보상분)만큼 상환옵션 행사가격으로 회수되는 경우 비분리하겠다는 취지이다. 따라서, 액면발행되고 액면가액(및 정상적인 상실이자 보상분)으로 상환옵션이 행사되는 조건인 경우 액면이자만을 통해 최초 투자수익률이 회수되므로 행사시점이 어느 시점일지라도 비분리되는 것이다. 상환옵션 분리원칙의 제정 취지는 깊은 수준으로(deeply) 할인 또는 할증발행된 경우의 발행시점 차이금액이 각 행사시점 행사가격에 포함되어 일시에 회수되는 경우 그 차이는 상환옵션의 공정가치로 인식한다는 것이다.

상환옵션이 비분리되면 그 상환특성은 남은 주계약 채무상품의 유효이자율과 기대만기에 반영하고 상환시점 후속변경(예상)시 금융상품 회계추정 변경으로 처리한다(K-IFRS 1109호 B5.4.6 및 IG B26). 이는 상환옵션이 비분리되었다고 하여 그 상환특성 자체가 회계에서 배제되는 것은 아님을 의미한다. 즉, 분리인식 및 측정되는 상환옵션은 파생상품 공정가치로 인식하는 것이며 비분리되는 경우에는 유효이자율 및 기대만기의 형태로 그 상환특성을 반영하는 것이다. 따라서, 상환옵션을 분리인식 및 측정하는 경우의 주계약 채무상품의 유효이자율은 "계약만기"를 기준으로 인식하고 상환옵션을 비분리하는 경우에는 "기대만기"를 기준으로 하되 가장 이른 상환시점(다수 행사시점의 경우)으로 기대만기를 결정하는 것이 일반적이며 이를 통해 상환옵션 비분리 판단과 일관되는 결과를 얻을 수 있다.

(4) 분리여부에 대한 재평가

기업은 최초로 계약당사자가 되는 시점에 내재파생상품을 주계약과 분리하여 파생상품으로 회계처리해야 할지 판단한다. 계약조건이 변경되어 계약상 필요한 현금흐름이 유의적으로 수정되어 재검토해야 하는 경우가 아니라면 후속적인 재검토는 금지된다. 현금흐름이 유의적으로 수정되었는지는 다음 모두를 고려하여 판단한다.[K-IFRS 1109 B4.3.11]

① 내재파생상품, 주계약 또는 둘 다의 미래 예상현금흐름이 변동된 정도

② 이전에 예상되었던 계약상 현금흐름에 비추어볼 때 현금흐름의 변동이 유의적인지

내재파생상품의 분리측정방법

내재파생상품이 분리요건을 충족할 경우 주계약의 최초 장부금액은 내재파생상품을 분리한 후에 남은 금액으로 측정한다. 즉, 최초측정에서 주계약은 내재파생상품의 공정가치를 차감한 후의 금액으로 한다.[K-IFRS 1109 B4.3.3]

- 옵션이 아닌 다른 유형의 내재파생상품(예 : 내재된 선도계약이나 스왑)은 명시적이거나 묵시적인 실질조건에 기초하여 최초인식시점의 공정가치가 영(0)이 되도록 주계약에서 분리한다.
- 옵션에 기초하는 내재파생상품(예 : 내재된 풋, 콜, 캡, 플로어, 스왑션)은 옵션특성의 명시적인 조건에 기초하여 주계약에서 분리한다. 주계약의 최초 장부금액은 내재파생상품을 분리한 후에 남은 금액이다.

예 제　내재파생상품의 분리측정방법

기업은 교환사채를 액면금액인 10,000원에 발행하였다. 이 교환사채는 사전에 정해진 교환가액으로 기업이 보유한 다른 기업의 보통주로 교환할 수 있는 권리가 포함되어 있다. 교환사채 발행시점에 기업과 신용위험이 같은 일반사채(교환옵션이 없는 사채)의 시장이자율에 따라 측정한 가치는 8,000원이며, 옵션가격결정모형에 따라 측정된 교환옵션의 공정가치는 3,000원이다. 교환옵션은 내재파생상품의 분리요건을 만족하므로 기업은 이 교환옵션을 주계약에서 분리하여 파생상품부채(FVPL - 금융부채)로 인식하기로 하였다.

- 복합계약의 내재파생상품을 분리하여 인식할 경우 주계약의 최초장부금액은 내재파생상품을 분리한 후의 금액으로 측정한다.
  - ㉠ 내재파생상품 공정가치 : 3,000원
  - ㉡ 주계약 최초인식액(장부금액) = 복합계약 최초인식액(10,000원) - 내재파생상품 공정가치(3,000원) = 7,000원

일반적으로 하나의 복합상품에 포함된 복수의 내재파생상품은 하나의 복합내재파생상품으로 처리한다. 그러나 자본으로 분류되는 내재파생상품은 자산이나 부채로 분류되는 내재파생상품과 분리하여 회계처리한다. 또 복합상품에 포함된 둘 이상의 내재파생상품이 서로 다른 위험 익스포저와 관계가 있으며 각각 쉽게 분리할 수 있고 서로 독립적인 경우에는 각각의 내재파생상품을 분리하여 회계처리한다.[K-IFRS 1109 B4.3.4]

• 예를 들어, 전환사채와 같은 전환금융상품에 보유자가 만기이전에 사전에 정해진 가격으로 주계약을 상환해 줄 것을 청구할 수 있는 조기상환옵션(put)과 발행자가 만기이전에 사전에 정해진 가격으로 주계약을 상환할 수 있는 수의상환옵션(call)이 각각 부여되어 복수의 내재파생상품이 포함되어 있는 경우 이를 하나의 복합내재파생상품(상환옵션 파생상품부채)으로 처리한다. 다만, 이러한 내재파생상품에 노출된 위험이 서로 다르고 쉽게 분리할 수 있다면 이를 분리하여 각각의 내재파생상품으로 분리할 수 있다. 이때에는 파생상품부채와 파생상품자산을 각각 인식하게 된다.

• 전환금융상품에 보유자가 사전에 정해진 가격으로 보통주로의 전환을 청구할 수 있는 전환옵션과 보유자 조기상환옵션(put)이 부여되어 복수의 내재파생상품이 포함되었고 그 전환옵션이 자본요소로 분류된다면 자본으로 분류되는 내재파생요소(전환옵션)와 부채로 분류되는 내재파생상품(조기상환옵션)은 서로 분리해야 한다.

• 반면, 전환금융상품의 전환옵션이 부채요소로 분류된다면, 전환금융상품에 내재된 복수의 내재파생상품인 전환옵션과 조기상환옵션은 비록 서로 다른 위험에 노출되어 있더라도 두 내재파생상품이 서로 독립적이지 않고 쉽게 분리할 수 없으므로 전환옵션과 조기상환옵션을 서로 분리하지 않는 것이 타당하다. 전환금융상품에 전환옵션과 조기상환옵션이 함께 부여되어 있을 때, 전환금융상품 보유자는 매 특정기간, 특정노드(i,j)에서 기초자산인 보통주 주가 수준을 감안하여 전환(conversion), 보유(hold) 및 상환(redemption)의 의사결정을 통해 전환금융상품의 공정가치를 측정하게 되므로 전환옵션과 조기상환옵션은 서로 독립적이지 않으며 상호의존적인 구조를 갖기 때문이다.

㉠ 상환옵션 분리 : 상환옵션이 주계약과 밀접한 관련이 없는 것으로 판단되어 주계약에서 분리될 경우, 전환금융상품의 내재파생상품(전환옵션+상환옵션)을 하나의 금융부채로 분류하고 최초측정 및 후속측정 시점에 하나의 내재파생상품(전환옵션+상환옵션)의 공정가치를 파생상품부채로 인식한다(전환금융상품 회계정책 유형별 인식과 측정방법 표「유형 V」).

㉡ 상환옵션 비분리 : 일반적으로 상환옵션은 분리하지 않고 전환옵션만 분리하므로 상환옵션은 주계약에 포함되는 부채요소이다(전환금융상품 회계정책 유형별 인식과 측정방법 표「유형 Ⅵ」). 다만, 상환옵션이 비분리되더라도 전환옵션과 상환옵션의 특성(상호의존성)을 고려하여 이를 함께 분리하는 것이 합리적일 경우(전환금융상품 회계정책 유형별 인식과 측정방법 표「유형 Ⅶ」), 전환금융상품의 내재파

생상품을 하나의 금융부채(전환옵션+상환옵션)로 분류하고 최초측정 및 후속측정 시점에 하나의 내재파생상품(전환옵션+상환옵션)의 공정가치를 파생상품부채로 인식한다. 이는 궁극적으로 위 ㉠의 처리방법(전환금융상품 회계정책 유형별 인식과 측정방법 표「유형 V」)과 동일하게 인식하는 것이다.

In-depth **분리된 내재옵션의 공정가치인식** [K-IFRS 1109 C.1~2, 저자일부수정]

내재파생상품이 비옵션형인 경우와 옵션형인 경우의 최초인식시점의 공정가치 인식방법에는 차이가 있다. 비옵션형(선도, 선물 및 스왑계약 등) 내재파생상품은 최초측정시점의 공정가치가 일반적으로 영(0)이다. 반면, 옵션형 내재파생상품의 공정가치는 최초측정시점 복합계약의 거래가격에 옵션프리미엄이 포함되어 있으므로 일반적으로 영(0)이 아니다.

① 비옵션형 내재파생상품의 최초계약시점의 공정가치 : 비옵션형 내재파생상품을 주계약과 분리하는 경우 주계약과 내재파생상품의 개별조건을 어떻게 식별하는가? 예를 들어, 채무상품인 주계약은 고정금리부 채무상품, 변동금리부 채무상품 또는 무이표채 채무상품 중 어느 것에 해당한다고 보아야 하는가?

- 주계약인 채무상품조건은 복합계약에 명시된 조건이 함축된 실질적인 조건을 반영한다. 명시되거나 함축된 조건이 없는 경우 기업이 조건을 판단한다. 이때, 기업은 특정되지 않는 요소를 식별하거나 복합계약에 명백히 존재하지 않는 내재파생상품을 분리하는 방식 즉 존재하지 않는 현금흐름을 창출하는 방식으로 주계약인 채무상품의 조건을 설정할 수는 없다.
- 예를 들어, 매년 4만원의 고정금리를 지급하고, 만기에 1백만원에 주가지수의 변동을 곱한 계약상의 금액을 상환하는 5년 만기 채무상품의 경우 주계약을 고정금리부 채무상품으로 식별하지 아니하고 변동금리부 주계약과 변동금리를 상쇄시키는 내재 지분스왑으로 식별하는 것은 적절치 않다. 이 경우 복합계약에는 변동이자의 현금흐름이 없기 때문에 주계약은 매년 4만원을 지급하는 고정금리부 채무상품이 된다.
- 복합계약에 포함된 선도나 스왑과 같은 비옵션형 내재파생상품의 조건은 최초계약시점에 내재파생상품의 공정가치가 영(0)이 되도록 결정하여야 한다. 만약 이와 다른 조건으로 비옵션형 내재파생상품을 분리하는 것을 허용한다면 하나의 복합계약을 무수히 많은 조합의 주계약인 채무상품과 내재파생상품으로 분리할 수 있을 것이다. 복합계약에는 존재하지 않았던 레버리지나 비대칭 또는 기타위험을 창출하는 조건을 갖도록 내재파생상품을 분리한다면 이러한 다양한 조합방식이 가능하게 된다. 따라서 복합계약의 최초계약시점에 비옵션형 내재파생상품의 공정가치를 영(0)이 아닌 조건으로 분리하는 것은 적절하지 않다. 내재파생상품의 조건은 복합계약이 발행되었던 시점에 존재하는 조건에 기초해 판단해야 한다.

② 옵션형 내재파생상품의 최초계약시점의 공정가치 : 복합계약에 포함된 비옵션형 내재파생상품의 조건은 최초 계약시점에 비옵션 내재파생상품의 공정가치가 영(0)이 되도록 결정해야 한다고 하였는데 옵션형 내재파생상품이 분리되는 경우에도 복합계약의 최초 계약시점에 옵션형 내재파생상품의 공정가치가 영(0)이 되거나 내재가치가 영(0)이 되도록(등가격 조건으로) 내재옵션의 조건을 결정하여야 하는가?

- 그렇지 않다. 옵션형 내재파생상품을 가진 복합계약의 경제적 실질은 옵션의 행사가격(또는 행사율)에 따라 달라지므로 풋, 콜, 캡, 플로어, 캡션, 플로션, 스왑션 등과 같은 옵션형 내재파생상품은 복합계약에 명시된 옵션조건에 따라 분리한다. 따라서 복합계약의 최초인식시점에 옵션형 내재파생상품의 공정가치 또는 내재가치가 영(0)이 아닐 수 있다.
- 만약, 옵션형 내재파생상품의 공정가치가 영(0)이 되도록 조건을 식별하여야 한다면 일반적으로 옵션의 행사가격(또는 행사율)은 옵션이 무한정하게 외가격의 형태가 되도록 결정되어야 할 것이다. 이는 옵션이 행사될 확률이 전혀 없는 상태를 의미하게 된다. 일반적으로 복합계약에 포함된 옵션의 확률은 영(0)이 아니므로 옵션형 내재파생상품의 공정가치를 영(0)으로 가정하는 것은 복합계약의 경제적 실질에 부합하지 않는다.
- 마찬가지로 옵션형 내재파생상품의 내재가치가 영(0)이 되도록 옵션형 내재파생상품의 조건을 식별하여야 한다면 행사가격이 복합계약을 최초 인식하는 시점의 기초변수의 가격(또는 비율)과 동일하다고 가정하여야 한다. 이 경우의 옵션의 공정가치는 시간가치로만 이루어져 있다. 복합계약의 최초인식시점의 기초변수의 가격(또는 비율)과 합의된 행사가격이 실제로 일치하지 않는다면, 이러한 가정은 옵션의 행사확률을 포함하는 복합계약의 경제적 실질에 부합하지 않는다.
- 옵션형 내재파생상품과 선도(계약)형 내재파생상품(선도, 스왑 등)은 경제적인 실질이 근본적으로 다르다. 선도거래의 경우 특정일의 선도가격과 현물가격의 차이에 기초하여 결제되는 반면 옵션의 경우에는 특정일 혹은 미래의 일정시점에 합의된 행사가격과 현물가격 사이의 관계에 따라 현물가격과 옵션행사가격의 차이에 기초하여 결제가 이루어질 수도 있고 이루어지지 않을 수도 있기 때문이다. 따라서 옵션형 내재파생상품의 행사가격을 조정하게 되면 복합계약의 성격 자체가 바뀌게 된다.
- 한편, 주계약인 채무상품에 포함된 비옵션형 내재파생상품의 조건을 복합금융상품의 최초인식시점에 비옵션형 내재파생상품의 공정가치가 영(0)이 되도록 결정하지 않는 경우 당해 금액은 실질적인 차입 또는 대여를 의미하게 된다. 따라서 위에서 설명한 바와 같이 최초인식시점에 복합계약에 포함된 비옵션형 내재파생상품을 공정가치가 영(0)이 아닌 다른 금액이 되도록 분리하는 것은 적절하지 않다.

4.4. 복합상품의 후속측정

복합금융상품 및 복합상품(복합계약)의 후속측정은 일련의 과정 즉, 복합상품의 구성요소를 먼저 파악하고 구성요소 중 자본요소와 부채요소를 분리하며, 내재파생요소가 부채요소이면 그 내재파생상품의 분리여부를 판단하는 과정을 통해 (복합금융상품과) 복합상품(또는 분리된 내재파생상품)의 최초측정 및 후속측정이 이뤄진다.

복합상품의 후속측정방법은 다음과 같다.[K-IFRS 1109 4.3.4, 4.3.6~7]

① 내재파생상품을 분리한 이후 주계약은 적절한 기준서에 따라 회계처리한다(내재파생

상품을 재무상태표에 별도로 표시하여야 하는지는 다루지 아니한다).

② 주계약과 분리해야 하는 내재파생상품을 취득시점이나 그 후 보고일에 주계약과 분리측정할 수 없는 경우에는 복합상품 전체를 FVPL - 금융부채로 지정한다.

③ 계약조건에 기초하여 내재파생상품의 공정가치를 신뢰성 있게 산정할 수 없는 경우에는 복합상품의 공정가치와 주계약의 공정가치의 차이를 내재파생상품의 공정가치로 산정한다. 이 방법으로 내재파생상품의 공정가치를 산정할 수 없는 경우에는 복합계약을 FVPL - 금융부채로 지정한다.

복합상품(복합계약)과 관련해 지금까지 설명한 내용을 정리하고, 이에 따른 후속측정 방법을 정리하면 다음과 같다.

① 복합상품의 구성요소 파악 : 복합상품의 주계약과 내재파생요소의 특성이 각각 자본요소와 부채요소 중 어느 요소에 해당하는지 파악한다. 발행자 입장에서 복합상품의 구성요소가 자본요소 및 부채요소를 모두 포함하고 있다면 이러한 복합상품은 복합금융상품이다.

- 복합금융상품의 주계약과 내재파생요소가 지분상품 또는 금융부채의 정의에 부합하는지 여부에 따라 판단한다. 내재파생요소가 지분상품의 정의에 부합하면 자본요소로, 금융부채의 정의에 부합하면 부채요소로 분류한다.

② 부채요소와 자본요소의 배분 : 복합금융상품에 부채요소와 자본요소가 모두 있다면 이를 분리하여 각각 부채와 자본에 배분한다.

㉠ 복합금융상품 구성요소의 배분은 부채요소를 먼저 배분하고 나머지를 자본에 배분한다(잔여가치법).

㉡ 자본요소에 배분된 구성요소는 최초측정 이후 후속측정하지 않는다.

㉢ 부채요소에 배분된 요소가 비파생요소인 경우에는 금융부채의 일반적인 후속측정 방법(상각후원가)에 따르고 그 부채요소가 내재파생상품인 경우에는 아래(③)의 분리여부를 검토한다.

③ 내재파생상품의 분리 : 복합상품의 구성요소가 부채요소(내재파생상품)인 경우 내재파생요소의 특성에 따라 분리여부를 결정한다.

㉠ 내재파생요소가 파생상품의 특성을 가지면서 경제적 특성이 주계약과 밀접하게 관련되어 있지 않은 경우 : 내재파생상품을 주계약에서 분리하여 별도의 파생상품부채(FVPL - 금융부채)로 인식한다.

• 내재파생상품을 주계약에서 분리하는 경우 최초측정 시 내재파생상품은 공정가치로 측정하고, 주계약은 내재파생상품의 공정가치를 차감한 후의 잔여금액으로 한다.

㉡ 내재파생요소가 파생상품의 특성을 가지지 않거나 경제적 특성이 주계약과 밀접하게 관련된 경우 : 내재파생상품을 주계약에서 분리하지 않는다.

• 주계약의 금융상품 분류에 의한 후속측정 방법에 따른다.

④ 복합상품의 후속측정 : 분리된 내재파생상품은 FVPL - 금융부채의 후속측정 방법에 따라 공정가치로 측정하고 공정가치변동분은 당기손익으로 인식한다. 내재파생상품을 분리한 이후, (금융부채인) 주계약은 상각후원가로 측정한다.

복합상품(복합금융상품 포함)의 후속측정은 구성요소에 대한 분류가 중요한 영향을 미침을 알 수 있다. 즉, 복합상품에 내재된 파생요소의 분류에 따라 후속측정이 요구되지 않기도 하고 매보고일에 공정가치변동분을 당기손익으로 보고해야 하기도 한다.

파생요소는 본질적으로 레버리지 효과가 크므로 기업의 재무상황에 중요한 영향을 미친다. 최근 회계실무에서의 이슈는 복합상품에 내재된 전환옵션이 지분상품의 정의를 만족하는지 여부이다. 전환사채와 같은 전환형 복합상품에 내재된 전환옵션은 자기지분상품으로 결제될 수 있는 계약으로서 보유자의 요구에 따라 「확정된 자기지분상품 수량」으로 「확정된 금액의 금융자산의 교환」으로 결제되기도 하고 계약조건에 따라 결제될 자기지분상품 수량이 변동되는 조건(전환가액조정 : re-fixing)이 특약되기도 한다. 이러한 복합상품에 내재된 전환요소의 특성에 따라 자본요소와 부채요소의 분리방법과 그 후속측정은 다음과 같이 달라진다.

① 복합상품에 내재된 전환옵션이 확정수량의 자기지분상품에 대해 확정금액의 금융자산으로 교환하는 방식으로 결제되는 경우 : 전환옵션은 지분상품의 정의에 부합하므로 자본요소로 분류하며 후속측정하지 아니한다. 주계약이 부채요소라면 전환옵션의 최초측정은 부채요소를 차감한 잔여가치로 측정한다(전환금융상품 회계정책 유형별 인식과 측정방법 표 「유형 Ⅰ」, 「유형 Ⅱ」, 「유형 Ⅲ」).

② 복합상품에 내재된 전환옵션이 확정수량의 자기지분상품 또는 확정금액의 금융자산 교환이 아닌 경우 : 전환가액조정 특약이 있는 이러한 전환옵션은 지분상품의 요건을 만족하지 못하므로 부채요소로 분류한다(전환금융상품 회계정책 유형별 인식과 측정방법 표 「유형 Ⅳ」, 「유형 Ⅴ」, 「유형 Ⅵ」, 「유형 Ⅶ」).

㉠ 일반적으로 전환옵션은 주계약과 밀접한 관련성이 없고 파생상품요건을 만족하므로 부채요소인 전환옵션은 주계약에서 분리하여 별도의 파생상품부채로 인식한다.

㉡ 최초인식 시점에 전환옵션(파생상품부채)의 공정가치를 측정하고 거래가격에서 전환옵션의 공정가치를 차감하여 잔여가치로 주계약을 측정한다.

㉢ 분리된 전환옵션(파생상품부채)은 후속적으로 공정가치로 측정하며 공정가치변동분은 당기손익으로 인식한다.

전환옵션(전환권)을 FVPL - 금융부채로 분리하고 공정가치로 후속측정하게 되면 발행기업은 상당한 재무적 부담을 안게 된다. 일반적인 금융상품과 달리 파생상품은 적은 순투자금액에도 불구하고 기초자산의 변동에 연계된 재무적 레버리지를 얻기 때문에 기초자산의 가격변동에 비하여 큰 폭으로 가격이 변동되기 때문이다. 전형적인(plain vanilla) 유형의 전환금융상품은 전환옵션행사로 교환될 발행자 지분상품이 확정되는 것이 일반적이지만 국내에서 발행되는 상당수의 전환금융상품은 투자유인을 얻기 위해 기초자산가격이 일정수준 하락하면 옵션의 행사가격(전환가액)을 조정하는 방식으로 교환될 발행자 지분수량이 변동되는 것이 일반적이다.

일부에서는 전환가액조정에 따라 결제할 발행자의 지분상품수량이 변동되더라도 기업이 추가적으로 금융자산을 인도할 의무(파생금융부채의 공정가치변동에 상당하는 현금 등의 추가적인 유출)가 없으므로 전환옵션을 파생상품부채로 분류하는 것은 적절하지 않다고 주장한다. 본서는 이러한 주장에 대해 다음과 같은 이유로, 전환옵션의 행사로 교환될 발행자의 지분상품수량이 확정되지 않은 경우 이를 발행자의 자본으로 분류하지 않고 금융부채로 분류하도록 한 기준서의 설명이 타당하다고 판단한다.

① 교환될 발행자의 지분상품수량이 변동가능한 파생상품인 전환옵션을 금융부채로 분류하는 것은, 〈인도할 자기지분상품의 수량이 변동가능한 비파생상품〉을 금융부채로 분류하는 것과 일관된다.

- 자기지분상품으로 결제하거나 결제할 수 있는 비파생상품 계약으로서 인도할 자기지분상품의 수량이 변동가능한 경우에는 금융부채로 인식하도록 하고 있다. [K-IFRS 1032 문단 11]
- 이러한 금융부채의 조건은 (자기지분상품으로 결제하는 비파생상품과 파생상품 모두의 경우에) 확정되지 아니한 발행자의 지분상품수량으로 결제될 때, 결제되는 지분상

품수량의 변동에 따른 추가적인 금융자산의 인도 의무를 전제하지 않는다. 이는 전환가액 조정에 따른 추가적인 발행자의 현금유출 유무가 금융부채의 판단에 필수적인 전제가 아님을 뜻한다.

② 전환옵션의 행사에 따라 교환될 발행자의 지분상품수량이 변동가능하다면 이러한 전환옵션 보유자는 잠재적으로 발행자의 확정지분상품 보유자(기존 주주)의 잔여가치를 변동시키므로 후속측정하지 않는 자본으로 분류할 수 없다.

- 지분상품은 기업의 자산에서 모든 부채를 차감한 잔여가치이다. 잠재적 주주인 전환옵션 보유자는 전환가액조정(리픽싱)에 의해 이미 지불한 금융자산(전환사채)보다 더 많은 수량의 발행자 지분상품을 결제받을 수 있는데, 이 경우 발행기업의 기존 주주(지분상품 보유자)는 발행시점에 예상하지 못한 추가적인 잔여가치의 변동을 부담한다.
- 지분상품은 기업의 미래현금 창출능력과 요구수익률에 따라 공정가치가 지속적으로 변동되지만 지분상품의 발행 후에는 후속적으로 측정하지 않는다. 즉, 재무제표는 지분의 공정가치를 후속적으로 반영하지 않는다. 그러나, 발행자의 지분상품을 후속적으로 측정하지 않는 것은 지분상품이 발행되는 때나 자기지분상품으로 결제할 수량 및 금액이 확정되어 있을 때에 한정해야 할 것이다. 결제할 자기지분상품이 확정되지 않았다면 발행기업의 지분상품으로 인식할 잔여가치가 확정되지 않은 것이다.

5 주식기준보상

지금까지 금융상품(금융자산, 금융부채 및 지분상품)과 관련된 공정가치인식과 측정에 대한 기준서의 내용을 살펴보았다. 공정가치회계 및 측정과 관련된 또 하나의 중요한 기준서는 주식선택권을 포함한 주식기준보상이다. 주식선택권 등은 금융상품이 아니므로 지금까지 설명한 금융상품의 인식과 측정에 대한 설명과는 원칙적으로 관계가 없으므로 여기서는 주식선택권을 포함한 주식기준보상을 다루는 K-IFRS 1102호의 내용을 다루고자 한다. 다만, 본서는 공정가치회계 및 측정에 중점을 두고 있으므로 K-IFRS 1102호의 내용 중 공정가치회계 및 측정과 관련된 부분을 중심으로 기술하므로 주식기준보상 전반에 대한 내용은 주식기준보상 기준서 또는 다른 해설서를 참고할 것을 권한다.

한편, K-IFRS 1102호 주식기준보상에서 사용하는 〈공정가치〉라는 용어는 K-IFRS 1113호 공정가치 측정에서 정한 공정가치 정의와 일부 관점에서는 다르게 사용한다. 따라서, K-IFRS 1102호에 따라 공정가치를 측정함에 있어 K-IFRS 1113호와 다른 상황에서는 K-IFRS 1102호가 적용됨에 주의한다.[K-IFRS 1102 문단 6A]

5.1. 주식기준보상

기업은 다양한 방식으로 재화나 용역에 대한 대가로 주식으로 보상하는 거래를 하고 있으며 특히, 임직원에게 용역의 제공에 대한 대가로 주식선택권을 부여하는 주식기준보상은 스타트업 기업이나 연구개발을 통해 성과를 도출하고자 하는 많은 기업들이 선호하고 있다. 자금력이 부족한 스타트업 기업 입장에서는 우수한 인력을 유치하기 위해 임직원에게 주식선택권과 같은 주식기준보상거래를 체결하고 임직원은 현재의 낮은 금전적 보상 대신 미래의 기업가치상승을 보상받을 수 있으므로 주식기준보상은 실무적으로 활발히 발생하고 있어 이의 인식과 측정은 중요한 화제가 되고 있다.

▍용어의 정의

주식기준보상의 인식에 대해 이해하기 위해서는 기준서에서 정한 용어에 대한 이해가 필수적으로 선행되어야 한다. 아래에서는 K-IFRS 1102호에서 정한 용어 중 공정가치회계 및 측정과 관련한 용어를 정리하였다. 본서는 기준서에서 나열식으로 기술한 용어의 정의에 대해 핵심용어와 그와 관련된 용어를 연계하여 재구성[76]하였다.

① 주식기준보상거래 : 기업이 주식기준보상약정에서 재화나 용역의 공급자(종업원 포함)에게서 재화나 용역을 공급받거나 연결실체 내 다른 기업이 이러한 재화나 용역을 받을 때 주식기준보상약정에서 기업이 그 공급자에게 결제할 의무가 생기는 거래를 말한다.

- 주식기준보상약정이란, 특정 가득조건이 있다면 그 가득조건이 충족되는 때에 거래상대방에게 대가를 받을 권리를 획득하게 하는 기업(또는 연결실체 내 다른 기업이나 연결실체 내 기업의 주주)과 거래상대방(종업원 포함) 사이의 계약을 의미한다.

---

76) 본서는 K-IFRS 1102호에서 정한 모든 용어를 기술하지 않았으며 일부 용어는 이해의 편의를 위해 핵심용어를 중심으로 본서에서 임의로 재구성한 부분이 있다. 독자의 이해를 돕기 위해 용어의 정의를 재구성한 것은 본서가 기준서를 재해석하려는 의도가 아니므로 필요한 경우 기준서 원문을 확인하기를 권고한다.

- 주식기준보상약정에서 대가란, 기업이나 연결실체 내 다른 기업의 지분상품(주식이나 주식선택권 등)의 가격(또는 가치)에 기초하여 산정하는 금액에 해당하는 기업의 현금이나 그 밖의 자산 또는 기업이나 연결실체 내 다른 기업의 지분상품(주식이나 주식선택권 등)을 말한다.
- 주식결제형 주식기준보상거래란, 기업이 재화나 용역을 제공받는 대가로 자신의 지분상품(주식이나 주식선택권 등)을 부여하거나 기업이 재화나 용역을 제공받지만 이를 제공한 자에게 주식기준보상거래를 결제할 의무가 없는 주식기준보상거래를 말한다.
- 현금결제형 주식기준보상거래란, 기업이 재화나 용역을 제공받는 대가로 기업이나 연결시체 내의 다른 기업의 지분상품(주식이나 주식선택권 등) 가격(또는 가치)에 기초한 금액만큼 현금이나 그 밖의 자산을 지급해야 하는 부채를 재화나 용역의 공급자에게 부담하는 주식기준보상거래를 말한다.

② 주식선택권 : 보유자에게 특정기간 확정되었거나 산정가능한 가격으로 기업의 주식을 매수할 수 있는 권리를 부여하는 계약을 말한다. 주식선택권은 그 권리를 행사할지 여부를 선택할 수 있는 권리(옵션)이며 의무가 아니다.

③ 측정기준일 : 부여된 지분상품의 공정가치(주식선택권 포함)를 측정하는 기준일로서 종업원 및 유사용역제공자와의 주식기준보상거래에서는 〈부여일〉을 측정기준일로 한다. 다만, 종업원 및 유사용역제공자가 아닌 자와의 주식기준보상거래에서는 기업이 거래상대방에게 재화나 용역을 제공받는 날을 측정기준일로 한다.

- 부여일이란, 기업과 거래상대방(종업원 포함)이 주식기준보상약정에 합의한 날(기업과 거래상대방이 거래조건에 대한 이해를 공유한 날)을 말한다. 부여일에 기업은 현금, 그 밖의 자산이나 기업의 지분상품에 대한 권리를 거래상대방에게 부여하며 특정 가득조건이 있다면 그 조건을 충족한 경우에 권리를 부여한다. 주식기준보상거래가 유효하기 위해 일정한 승인절차(주주총회 등)가 필요한 경우 부여일은 승인을 받은 날로 한다.

④ 가득 : 가득은 권리의 획득을 의미한다. 주식기준보상약정에서 거래상대방이 현금, 그 밖의 자산이나 기업의 지분상품을 받을 권리는 가득조건의 충족여부에 따라 더 이상 거래상대방이 권리를 획득하는지가 좌우되지 않을 때 가득된다.

- 가득기간이란, 주식기준보상약정에서 지정하는 모든 가득조건을 충족하여야 하는 기간을 말한다.

⑤ 가득조건 : 주식기준보상약정에 따라 거래상대방이 현금, 그 밖의 자산 또는 기업의 지분상품을 받을 권리를 획득하게 하는 용역을 기업이 제공받을지를 결정짓는 조건을 말한다. 가득조건에는 용역제공조건과 성과조건(비시장조건 및 시장조건)이 있다.

- 용역제공조건이란, 거래상대방에게 특정기간 기업에 용역을 제공하도록 하는 가득조건을 말한다. 거래상대방이 가득기간 중 용역의 제공을 중단한다면 그 이유에 관계없이 용역제공조건을 충족하지 못한다. 용역제공조건은 성과목표달성을 요구하지 않는다.
- 성과조건이란, 거래상대방이 특정기간에 용역을 제공(용역제공조건)[77]하고 그 용역을 거래상대방이 제공하는 동안 특정 성과목표를 달성해야 하는 가득조건을 말한다. 성과목표를 달성하는 기간은 용역제공기간 종료일을 넘을 수 없고 성과목표의 시작일이 용역제공기간의 시작일보다 상당히 앞서지 않는다면 용역제공기간 전에 시작할 수 있다.
- 성과목표는 비시장조건과 시장조건으로 구분된다. 비시장조건은 기업자신의 영업(또는 활동)이나 같은 연결실체 내의 다른 기업의 영업이나 활동(비시장조건)에 기초하며, 시장조건은 기업의 지분상품이나 같은 연결실체 내 다른 기업의 지분상품(주식과 주식선택권 포함)의 가격(또는 가치)에 기초한다.

⑥ 시장조건 : 지분상품의 행사가격, 가득 또는 행사가능성을 좌우하는 것으로 기업지분상품(또는 같은 연결실체 내 다른 기업의 지분상품)의 시장가격(또는 가치)에 관련된 성과조건을 말한다.

- 시장조건의 유형으로는 특정주가를 달성하여야 하거나 주식선택권의 특정 내재가치를 달성하여야 하는 경우 또는 기업의 지분상품(또는 같은 연결실체 다른 기업의 지분상품) 시장가격(또는 가치)을 다른 기업의 지분상품 시장가격의 지수와 비교하여 지정한 목표를 달성하여야 하는 경우들이 있다.
- 내재가치란, 거래상대방이 청약할 수 있는 (조건부나 무조건부) 권리나 제공받을 권리가 있는 주식의 공정가치와 거래상대방이 해당 주식에 대해 지급해야 하는 가격의 차이를 말한다. 예를 들어 주식선택권의 행사가격이 15원이고 기초주식의 공정가치가 20원이라면 내재가치는 5원(=20원-15원)이다.

---

77) 용역제공조건은 명시적이거나 암묵적일 수 있다.

주식기준보상 적용범위

K-IFRS 1102호 주식기준보상 기준서는 기업이 제공받는 재화나 용역의 일부 또는 전부를 특정하여 식별할 수 있는지에 관계없이 특정거래를 제외한 모든 주식기준보상 거래에 적용된다. 다만 다음의 경우에는 K-IFRS 1102호 '주식기준보상'에서 정한 내용이 적용되지 않는다.[K-IFRS 1102 문단 2, 문단 4~6]

① 종업원 등이 기업의 지분상품 보유자 자격으로 거래에 참여하는 경우 : 종업원(또는 다른 거래상대방)이 기업의 지분상품 보유자 자격으로 참여한다면 해당 거래를 주식기준보상거래로 보지 아니한다. 예를 들면 특정 종류의 지분상품 보유자 모두에게 공정가치보다 낮은 금액으로 지분상품을 추가 매입할 수 있는 권리를 부여하는 경우에 이미 그 특정종류의 지분상품을 소유하고 있는 종업원은 그 지분상품 보유자 자격으로 그러한 권리를 부여받게 되므로 해당 거래는 주식기준보상거래에 해당하지 않는다.

② 사업결합 등 : K-IFRS 1103호 '사업결합'에서 정의하는 사업결합이나 동일지배 아래에 있는 기업 또는 사업의 결합에서 재화(취득하는 순자산의 일부)를 취득하는 거래나 K-IFRS 1111호 '공동약정'에서 정의하는 공동기업을 만드는 사업출자에는 주식기준보상 기준서를 적용하지 않는다.

③ 금융상품 관련 계약에 따라 재화나 용역을 제공받는 거래 : K-IFRS 1032호 '금융상품 : 표시' 문단 8~10이나 K-IFRS 1109호 '금융상품' 문단 2.4~2.7의 적용범위에 있는 계약에 따라 재화나 용역을 제공받거나 취득하는 주식기준보상거래에는 K-IFRS 1102호 주식기준보상을 적용하지 아니한다.

연결실체 내 다른 기업(또는 연결실체 내 기업의 주주)이 재화나 용역을 제공받거나 취득하는 기업을 대신하여 해당 주식기준보상거래를 결제할 수 있다. 주식기준보상거래가 그 기업에 제공된 재화나 용역에 대한 지급 이외의 목적이 명확히 아니라면 다음의 경우에 대해서도 주식기준보상거래를 적용한다.[K-IFRS 1102 문단 3A]

① 같은 연결실체 내 다른 기업(또는 연결실체 내 기업의 주주)이 주식기준보상거래를 결제할 의무가 있을 때 재화나 용역을 제공받는 기업

- 예를 들어, 기업의 종업원에 대하여 기업의 특정주주가 보유한 지분상품을 기초로 주식선택권을 부여한 경우 이는 주식기준보상거래에 해당되며 근로용역을 제공받은 그 기업은 주식기준보상을 인식한다.[78)]

• 다른 예로, 종속기업의 종업원에 대하여 지배기업이 지배기업의 지분상품을 기초로 주식선택권을 부여한 경우 이는 주식기준보상거래에 해당되며 근로용역을 제공받은 종속기업은 주식기준보상을 인식한다.

② 같은 연결실체 내 다른 기업이 재화나 용역을 제공받을 때 주식기준보상거래를 결제할 의무가 있는 기업

5.2. 주식기준보상의 인식과 측정

주식기준보상거래에서 제공받는 재화나 용역은 그 재화나 용역을 제공받는 날에 인식한다. 주식결제형 주식기준보상거래로 재화나 용역을 제공받는 경우에는 그에 상응한 자본의 증가를 인식하고, 현금결제형 주식기준보상거래로 재화나 용역을 제공받는 경우에는 그에 상응한 부채의 증가를 인식한다. 주식기준보상거래에서 제공받는 재화나 용역이 자산의 인식요건을 충족하지 못할 때에는 비용으로 인식한다.[K-IFRS 1102 문단 7~9]

- 일반적으로 비용은 재화나 용역을 소비함으로써 발생한다. 예를 들어 용역은 대부분 제공받자마자 소비하므로 공급자가 용역을 제공하는 때에 비용으로 인식[79]한다. 재화는 일정기간에 걸쳐 소비할 수도 있고 재고자산처럼 나중에 판매할 수도 있으므로 재화는 소비하거나 판매할 때 비용으로 인식한다.
- 제공받는 재화나 용역이 자산의 인식요건을 충족하지 못하여 소비하거나 판매하기에 앞서 비용으로 인식할 때도 있다. 예를 들면 연구단계에서 신제품을 개발하기 위해 취득하는 재화는 비록 소비되지 않더라도 자산의 인식요건을 충족하지 못할 수 있다.

본서는 실무적으로 주식기준보상거래 유형의 대부분을 차지하는 주식결제형 주식기준보상거래를 중심으로 설명하고 현금결제형 주식기준보상거래에 대해서는 간략하게 소개하고자 한다. 따라서 본서에서 기술하는 주식기준보상거래는 특별한 언급이 없는 한 「주식결제형」 주식기준보상거래를 전제로 함에 유의하기 바란다.

---

78) K-IFRS 1032호의 금융상품은 거래상대방의 어느 한쪽에게 금융자산을 생기게 하고 다른 한쪽에게는 금융부채나 지분상품을 생기게 하는 계약으로 정의된다. 반면, K-IFRS 1102호 주식기준보상은 기업의 주주가 기업의 종업원에게 지분상품으로 보상한 경우 거래상대방(기업의 주주와 종업원)과 주식기준보상 인식주체(기업)가 차이가 있을 수 있다. 즉, K-IFRS 1102호는 거래당사자와 인식주체가 일치할 것을 전제하지 않는다.

79) 임직원 등에게 부여되는 주식선택권의 경우 임직원 등이 용역을 제공해야 하는 가득기간에 걸쳐 비용으로 인식하는데, 이는 즉시 소비되는 용역을 가득기간 동안 지속적으로 제공하는 것을 의미하는 것이므로 일시적으로 용역을 제공한 대가로 주식기준보상이 이뤄진다면 해당 주식보상비용은 즉시 인식해야 할 것이다.

주식결제형 주식기준보상거래

주식결제형 주식기준보상거래에서는 제공받는 재화나 용역과 그에 상응하는 자본의 증가를 제공받는 재화나 용역의 공정가치로 직접 측정한다. 다만, 제공받는 재화나 용역의 공정가치를 신뢰성 있게 추정할 수 없다면 부여한 지분상품의 공정가치에 기초하여 간접측정한다. 특히, 종업원(「유사용역제공자」 포함, 이하 같음)과의 거래는 제공받는 용역의 공정가치를 신뢰성 있게 추정할 수 없으므로 부여한 지분상품의 공정가치에 기초하여 측정한다.[K-IFRS 1102 문단 10~13]

- 부여한 지분상품의 공정가치는 「부여일」 기준으로 측정한다.
- 주식, 주식선택권, 그 밖의 지분상품은 총 보상의 일부로서 현금급여와 그 밖의 종업원급여에 더하여 종업원에게 부여한다. 이때 종업원에 대한 총보상 중 특정요소에 대응하는 근무용역의 가치를 직접 측정하는 것은 불가능하다. 종업원에게 제공한 근무용역의 공정가치를 직접 측정하기 어려우므로 기업은 부여한 지분상품의 공정가치에 기초하여 근무용역의 공정가치를 측정한다.
- 종업원이 아닌 거래상대방과의 거래에 대해서는 제공받은 재화나 용역의 공정가치를 신뢰성 있게 추정할 수 있다고 보아 제공받은 재화나 용역을 제공받은 날을 기준으로 공정가치로 측정한다. 다만, 제공받는 재화나 용역의 공정가치를 신뢰성 있게 추정할 수 없다면 제공받는 재화나 용역과 그에 상응하는 자본의 증가는 재화나 용역을 제공받는 날을 기준으로 부여된 지분상품의 공정가치에 기초하여 간접적으로 측정한다.

용역제공조건이 유일한 가득조건인 경우

주식기준보상거래가 용역으로 제공되는 거래는 지분상품이 부여되자마자 가득되는 경우와 특정기간에 걸쳐 용역을 제공해야 가득되는 경우로 나뉠 수 있다. 지분상품이 부여되자마자 가득된다면 거래상대방은 지분상품에 대한 무조건적인 권리를 획득하기 위해 특정기간에 용역을 제공할 의무가 없으므로 기업은 제공받은 용역 전부를 부여일에 인식하고 그에 상응하여 자본의 증가를 인식한다. 반면, 거래상대방이 특정기간에 용역을 제공해야 부여한 지분상품이 가득된다면 그 지분상품의 대가로 거래상대방에게 용역을 미래 가득기간에 받는 것으로 보아 기업은 거래상대방이 가득기간 동안 용역을 제공함에 따라 비용을 인식하고 그에 상응하여 자본의 증가를 인식한다.[K-IFRS 1102

문단 14~15, IG11]

- 예를 들어, 종업원에게 3년 동안 근무하는 조건으로 주식선택권을 부여한다면 주식선택권 대가에 해당하는 근무용역을 가득기간(3년)에 걸쳐 제공받는 것으로 보아 가득기간 동안 비용을 인식하고 그에 상응하는 자본의 증가를 인식한다.
- 국내에서 종업원에게 부여하는 대부분의 주식선택권은 근무기간만을 가득조건으로 하는 경우(용역제공조건이 유일한 가득조건인 경우)에 해당한다. 이러한 단순한 유형의 주식선택권은 부여일 시점 지분상품의 공정가치에 기초하여 측정한 주식선택권의 공정가치를 가득기간의 기대퇴사율을 고려하여 가득기간 동안 비용으로 나눠 인식한다.
- 경우에 따라서는 부여한 주식선택권이나 그 밖의 지분상품이 가득기간에 분할하여 가득될 수 있다. 예를 들어 어떤 종업원이 100개의 주식선택권을 부여받았는데 향후 4년 동안 매 회계연도 말에 25개씩의 주식선택권이 가득된다면 분할하여 가득되는 각 부분을 별도의 주식선택권으로 처리하여야 한다. 분할하여 가득되는 각 부분은 가득기간이 서로 상이하므로 공정가치도 다를 것이기 때문이다(예를 들면 가득기간은 주식선택권 행사에서 생기는 현금흐름의 예상시기에 영향을 미치게 된다).[80)]

예 제　근무기간이 유일한 가득조건인 주식선택권　[K-IFRS 1102 IG11 사례 1A]

기업은 종업원 500명에게 각각 주식선택권 100개를 부여하였다. 각 주식선택권은 종업원이 앞으로 3년간 근무할 것을 조건으로 한다. 즉, 가득조건은 3년간의 용역제공조건이며 용역제공조건에는 시장조건이 없다. 부여일 현재 주식선택권의 단위당 공정가치는 15원으로 추정되었다. 기업은 가중평균확률에 기초하여 종업원 중 20%가 부여일로부터 3년 이내에 퇴사하여 주식선택권을 상실할 것으로 추정하였다.

- 만일, 실제 결과가 추정과 일치한다면 기업이 가득기간에 주식선택권의 대가로 제공받는 근무용역에 대해 인식할 금액은 다음과 같다.
  ㉠ 1차연도 주식보상비용 = 50,000개 × 80% × 15원 × 1/3 = 200,000원

80) 분할하여 가득되는 경우라도 주식선택권의 총측정기간(가득기간과 행사기간을 합한 기간)이 같다면 이항옵션모형 등에 의한 공정가치 평가결과는 다르지 않은 것이 일반적이다. 이항옵션모형 등의 옵션평가모형은 헤지포트폴리오를 구성함으로써 무위험이자율이 부(-)의 수치가 아닌 한 옵션의 보유가치(holding value)가 특정시점의 행사가치보다 항상 크기 때문이다. 다만, 분할하여 가득되는 주식선택권의 각 부분의 공정가치가 다른 상황이 있다. 이러한 상황의 예로는 분할하여 가득되는 각 부분의 가득기간과 행사기간을 합한 총측정기간이 다르거나(예 : 총 부여분 중 50%에 대해서는 가득기간 3년, 행사기간 3년을 약정하고 나머지 50%에 대해서는 가득기간 4년, 행사기간 3년을 약정하는 경우), 기대행사기간을 행사기간 종료시점이 아닌 특정시점으로 가정하는 경우 등에는 분할가득되는 부분마다 공정가치가 다를 수 있다. 분할행사조건이 있는 주식선택권의 공정가치측정의 실무적인 방법은 「제2장 공정가치측정」을 참고하기 바란다.

㉡ 2차연도 주식보상비용 = 50,000개 × 80% × 15원 × 2/3 - 200,000원 = 200,000원
㉢ 3차연도 주식보상비용 = 50,000개 × 80% × 15원 × 3/3 - 400,000원 = 200,000원

• 만일, 1차연도 중에 20명이 퇴사하였고 기업은 가득기간(3년)에 퇴사할 것으로 기대되는 종업원의 추정비율을 20%(100명)에서 15%(75명)로 수정하였다. 2차연도에 22명이 더 퇴사하였고 기업은 가득기간 전체에 걸쳐 퇴사할 것으로 기대되는 종업원의 추정비율을 다시 15%에서 12%(60명)로 변경하였다. 3차연도에 15명이 더 퇴사하여 결국 3차연도 말 현재 57명이 퇴사하여 주식선택권을 상실하였고 총 44,300개(443명 × 100개)의 주식선택권이 가득되었다.

㉠ 1차연도 주식보상비용 = 50,000개 × 85% × 15원 × 1/3 = 212,500원
㉡ 2차연도 주식보상비용 = 50,000개 × 88% × 15원 × 2/3 - 212,500원 = 227,500원
㉢ 3차연도 주식보상비용 = 44,300개 × 15원 - 440,000원 = 224,500원

가득조건에 시장조건인 성과조건이 부과된 경우

가득조건에 특정 가득조건이 충족될 것을 조건으로 부여될 수 있다. 예를 들어 종업원에게 주식이나 주식선택권을 부여할 때 특정기간 계속 근무할 조건 외에 경우에 따라서는 목표주가상승을 달성하는 것과 같은 시장조건인 성과조건을 부과할 수 있다. 종업원에게 시장조건인 성과조건을 충족할 때까지 계속 근무하는 것을 조건으로 주식선택권을 부여하며 가득기간은 성과조건이 충족되는 시점에 따라 달라진다면 주식선택권 대가에 해당하는 근무용역을 미래 기대가득기간에 걸쳐 받는다고 본다. 이때, 기대가득기간은 부여일 현재 가장 실현가능성이 높다고 판단되는 성과조건의 결과에 기초하여 추정한다.[K-IFRS 1102 문단 15, 19~21, IG13~14] 아래에서는 시장조건인 성과조건이 부과된 경우의 인식과 측정방법에 대해 기준서에서 제시한 예제와 함께 설명한다.

• 성과조건이 시장조건이면 부여한 주식선택권 공정가치를 추정할 때 사용하는 가정에 맞게 기대가득기간을 추정하며 후속적으로 수정하지 아니한다.
• 목표주가와 같은 시장조건이 부여된 경우에는 그러한 시장조건을 고려하여 공정가치를 측정한다. 따라서 시장조건이 있는 지분상품을 부여한 때에는 그 시장조건이 충족되었는지에 관계없이 다른 모든 가득조건(예 : 정해진 기간에 계속 근무하는 종업원에게 제공받는 근무용역)을 충족하는 거래상대방에게서 제공받는 재화나 용역을 인식한다.

예 제 **주식선택권에 시장조건이 부과된 경우** [K-IFRS 1102 IG13 사례 5]

기업은 1차연도 초에 고위 임원에게 3년간 근무할 것을 조건으로 주식선택권 10,000개를 부여하였다[81]. 다만, 1차연도 초에 50원인 기업의 주가가 3차연도 말에 65원 이상으로 상승하지 않는다면 이 주식선택권은 행사될 수 없다.[82] 3차연도 말에 기업의 주가가 65원 이상이 되면 이 임원은 주식선택권을 다음 7년 동안(즉, 10차연도 말까지) 언제든지 행사할 수 있다.

기업은 주식선택권의 공정가치를 측정할 때 이항모형[83]을 적용하며 모형 내에서 3차연도 말에 기업의 주가가 65원 이상이 될 가능성(즉, 주식선택권이 행사가능하게 될 가능성)과 그렇지 못할 가능성(즉, 주식선택권이 상실될 가능성)을 고려한다. 기업은 이러한 시장조건이 부과된 주식선택권의 공정가치를 단위당 24원으로 측정하였다.

- 시장조건이 달성되는지 여부와 관계없이 다른 모든 가득조건(예 : 정해진 기간 동안 계속 근무하는 종업원에게 제공받는 근무용역)을 충족하는 거래상대에게서 제공받는 용역을 인식하여야 하므로 주가목표 달성여부는 중요하지 않다. 주가목표가 달성되지 못할 가능성은 이미 부여일에 주식선택권의 공정가치를 추정할 때 고려되었다. 따라서, 이 임원이 3년의 근무기간을 채울 것으로 예상하고 실제로 그러할 경우 각 회계연도에 인식할 주식보상비용[84]은 다음과 같다.
  - ㉠ 1차연도 주식보상비용 = 10,000개 × 24원 × 1/3 = 80,000원
  - ㉡ 2차연도 주식보상비용 = 10,000개 × 24원 × 2/3 - 80,000원 = 80,000원
  - ㉢ 3차연도 주식보상비용 = 10,000개 × 24원 × 3/3 - 160,000원 = 80,000원
- 각 연도별 주식보상비용 인식금액은 시장조건의 달성 결과에 관계없이 인식된다. 다만, 이 임원이 2차연도 중에 퇴사한다면 1차연도에 인식한 금액은 2차연도에 환입될 것이다. 이는 시장조건과는 달리 용역제공조건은 부여일에 주식선택권의 공정가치를 추정할 때 고려하지 않기 때문이다. 대신에 용역제공조건은 궁극적으로 가득될 지분상품의 수량에 기초하여 거래금액을 조정함으로써 고려한다.

---

81) 가득조건은 용역제공조건이며 용역제공조건은 시장조건이 아님을 뜻한다.

82) 가득조건은 시장조건임을 뜻한다.

83) 본 예제에서는 이항모형을 이용하여 시장조건을 반영함을 가정하였다. 본 예제와 같이 특정시점에 특정 목표주가를 달성할 것을 시장조건으로 한다면 이항모형의 경우의 수에 따른 확률을 이용하여 주식선택권의 공정가치를 측정할 수 있다. 그러나, 시장조건이 특정기간의 목표주가의 경로에 의존하는 경우, 예를 들어 가득기간 중 일정기간이상 목표주가 이상을 지속적으로 유지하여야 하거나 가득기간 중 일정기간 이상 평균주가가 목표주가를 상회하여야 하는 경우와 같이 보다 복잡한 시장조건이 부여된 상황에서는 격자형태(lattice)로 재결합하는 이항모형으로 그러한 시장조건을 반영하는 것은 불가능하므로 이러한 경우에는 독립적인 주가경로를 생성하는 몬테카를로 시뮬레이션 모형을 이용하게 된다. 세부적인 내용은 본서의 「옵션평가모형」 부분을 참고하기 바란다.

84) 본 사례는 성과조건이 시장조건이므로 측정기준일(부여일) 현재 주식선택권의 공정가치를 추정할 때 이러한 시장조건을 고려하여 가치평가기법에 반영하므로 부여일 이후 기간에 그러한 시장조건이 충족되었는지는 고려하지 않는다. 즉, 본 사례의 경우 부여일 측정된 주식선택권 공정가치(24원)는 시장조건의 충족 여부와 관계없이 후속적으로 수정하지 아니한다.

• 위의 사례에서 시장조건의 결과는 가득기간에 영향을 주지 않는다. 그러나 성과조건이 충족되는 시점에 따라 가득기간이 변동된다면 부여된 지분상품의 대가로 종업원에게 제공받을 근무용역을 미래에 기대가득기간에 걸쳐 받게 될 것으로 보아야 한다. 또 성과조건과 관련하여 가능성이 가장 높은 결과에 기초하여 기대가득기간을 추정하여야 한다. 만약, 성과조건이 시장조건이라면 기대가득기간의 추정치는 부여된 주식선택권의 공정가치를 추정할 때 사용된 가정과 일관되어야 하고 후속적으로 수정하지 않는다. 아래의 사례는 이러한 요구사항을 예시하고 있다.[K-IFRS 1102 IG14]

예 제 가득기간을 좌우하는 시장조건이 부여된 주식선택권 [K-IFRS 1102 IG14 사례 6]

기업은 1차연도 초에 고위 임원 10명에게 각각 존속기간이 10년인 주식선택권 10,000개를 부여하였다. 이 주식선택권은 해당 임원이 주가목표가 달성될 때까지 계속하여 근무한다면[85] 기업의 주가가 현재의 50원에서 70원으로 상승할 때 가득되며[86] 즉시 행사가능하다.

기업은 이항모형을 이용하여 부여한 주식선택권의 공정가치를 측정하였으며 모형 내에서 주식선택권이 존속하는 10년 동안 목표주가가 달성될 가능성과 그렇지 못할 가능성을 고려하였으며 이에 따른 주식선택권의 공정가치를 단위당 25원으로 추정하였다. 또한, 이항모형 적용결과 가능한 가득일의 분포상에서 최빈치는 5년 후로 결정되었다. 즉, 가능한 모든 결과 중에서 목표주가가 5차연도 말에 달성될 가능성이 가장 높다. 이에 기업은 기대가득기간을 5년으로 추정하였다. 또, 기업은 2명의 임원이 5차연도 말까지 퇴사할 것으로 추정하여 5차연도 말에 80,000개(=10,000개×8명)의 주식선택권이 가득될 것으로 추정하였다.

• 1차연도부터 4차연도까지, 5차연도 말까지 총 2명이 퇴사할 것이라는 추정에는 변함이 없으나 3차연도, 4차연도 및 5차연도에 각 1명씩 총 3명이 퇴사하였다. 주가목표는 실제로 6차연도에 달성되었다. 6차연도 말에 주가목표가 달성되기 전에 1명의 임원이 추가로 퇴사하였다.
• 기업은 부여일에 추정한 기대가득기간에 걸쳐 제공받는 근무용역을 인식해야 하고 이러한 추정을 수정할 수 없다. 기업은 1차연도부터 5차연도까지 임원으로부터 제공받은 근무용역을 인식해야 한다. 따라서 거래금액은 궁극적으로 70,000개(=10,000개×5차연도 말 현재 근무하고 있는 임원 7명)의 주식선택권에 기초하여 결정된다.
• 한편, 6차연도에 추가로 임원 1명이 퇴사하였음에도 불구하고 이미 5년의 기대가득기간을 채웠으므로 6차연도에는 어떠한 조정도 하지 않는다.
• 기업이 1차연도부터 5차연도까지 인식할 주식보상비용[87]은 다음과 같다.

---

85) 가득조건은 용역제공조건이며 용역제공조건은 시장조건이 아님을 뜻한다.
86) 가득조건은 시장조건이며 시장조건에 따라 가득기간이 변함을 뜻한다.
87) 본 사례는 성과조건이 시장조건이므로 측정기준일(부여일) 현재 주식선택권의 공정가치를 추정할 때 이러한 시장조건을 고려하여 가치평가기법에 반영하므로 부여일 이후기간에 그러한 시장조건이 충족되었는지는 고려

㉠ 1차연도 주식보상비용 = 80,000개 × 25원 × 1/5 = 400,000원
㉡ 2차연도 주식보상비용 = 80,000개 × 25원 × 2/5 - 400,000원 = 400,000원
㉢ 3차연도 주식보상비용 = 80,000개 × 25원 × 3/5 - 800,000원 = 400,000원
㉣ 4차연도 주식보상비용 = 80,000개 × 25원 × 4/5 - 1,200,000원 = 400,000원
㉤ 5차연도 주식보상비용 = 70,000개 × 25원 × 5/5 - 1,600,000원 = 150,000원

가득조건에 비시장조건인 성과조건이 부과된 경우

가득조건에 비시장조건인 가득조건이 충족될 것을 조건으로 부여될 수 있다. 예를 들어 종업원에게 주식이나 주식선택권을 부여할 때 특정기간 계속 근무할 조건 외에 경우에 따라서는 목표이익 또는 목표이익성장률을 달성하는 것과 같은 비시장조건인 성과조건을 부과할 수 있다. 종업원에게 비시장조건인 성과조건을 충족할 때까지 계속 근무하는 것을 조건으로 주식선택권을 부여하며 가득기간은 그러한 비시장조건인 성과조건이 충족되는 시점에 따라 달라진다면 주식선택권 대가에 해당하는 근무용역을 미래 기대가득기간에 걸쳐 받는다고 본다. 이때, 기대가득기간은 부여일 현재 가장 실현가능성이 높다고 판단되는 비시장조건인 성과조건의 결과에 기초하여 추정한다.[K-IFRS 1102 문단 15, 19~21, IG12] 아래에서는 비시장조건인 성과조건이 부과된 경우의 인식과 측정 방법에 대해 기준서에서 제시한 예제와 함께 설명한다.

- 성과조건이 시장조건이 아니면 후속적인 정보로 추정한 기대가득기간이 앞서 추정했던 기대가득기간과 다르면 기대가득기간 추정치를 변경한다.
- 시장조건이 아닌 가득조건은 측정기준일 현재 주식 또는 주식선택권의 공정가치를 추정할 때 고려하지 아니한다. 대신에 시장조건이 아닌 가득조건은 거래금액을 측정할 때 포함하는 지분상품의 수량을 조정하는 방식으로 고려함으로써 부여한 지분상품 대가로 제공받는 재화나 용역에 대해 인식하는 금액이 궁극적으로 가득되는 지분상품의 수량에 기초하여 결정될 수 있도록 한다.
- 따라서, 거래상대방(예 : 종업원)이 정해진 용역제공기간을 다 채워 근무하지 못하거나 시장조건이 아닌 가득조건이 충족되지 못하여 부여한 지분상품이 가득되지 못한다면 누적기준으로 볼 때 제공받은 재화나 용역에 대해 어떠한 금액도 인식하지 아니한다.

하지 않는다. 즉, 본 사례의 경우 부여일 측정된 주식선택권 공정가치(25원)은 시장조건의 충족 여부와 관계없이 후속적으로 수정하지 아니한다.

예 제 가득되는 지분상품수량을 좌우하는 성과조건이 부과된 주식선택권

[K-IFRS 1102 IG12 사례 3]

기업은 1차연도 초에 판매부서 종업원 100명에게 각각 주식선택권을 부여하였다. 주식선택권은 종업원이 계속 근무하면서 특정제품의 판매고가 매년 최소 5%만큼 증가하면 3차연도 말에 가득된다. 제품판매고가 연평균 5% 내지 10% 증가하는 경우에 각 종업원은 주식선택권 100개를 받게 된다. 제품판매고가 연평균 10% 내지 15% 증가하는 경우에는 각 종업원이 주식선택권 200개를 받게 된다. 제품판매고가 연평균 15% 이상 증가하는 경우에는 각 종업원이 주식선택권 300개를 받게 된다.[88)]

부여일에 기업은 주식선택권의 단위당 공정가치를 20원으로 추정하였다. 또한 기업은 부여일로부터 3년 동안 제품판매고가 연평균 10% 내지 15% 증가하여 3차연도 말까지 종업원 1인당 200개의 주식선택권이 가득될 것으로 추정하였다. 또한, 기업은 가중평균된 확률에 기초하여 3차연도 말이 되기 전에 20%의 종업원이 퇴사할 것으로 추정하였다.

- 1차연도 말에 7명이 퇴사하였고 기업은 여전히 3차연도 말까지 총 20명이 퇴사할 것으로 예상하였다. 따라서 기업은 80명의 종업원이 3년 동안 계속 근무할 것으로 예상하였다. 제품판매는 12% 증가하였으며 기업은 이 증가율이 다음 2개연도에도 계속될 것으로 추정하였다.
- 2차연도 말까지 5명이 추가로 퇴사하여 총 퇴사자는 12명이 되었다. 기업은 3차연도에 3명만이 더 퇴사할 것으로 예상하여 3년의 기간 동안 총 15명이 퇴사하여 85명의 종업원이 남을 것으로 예상하였다. 제품판매는 18% 증가하여 2년간 연평균 증가율이 15%에 달하였다. 기업은 3년의 기간 동안 제품판매가 연평균 15% 이상 증가하여 3차연도 말에는 종업원 1인당 300개의 주식선택권을 받을 것으로 예상하였다.
- 3차연도 말까지 추가로 2명이 퇴사하여 3년의 기간 동안 총 14명이 퇴사하였으며 86명이 남아 있다. 기업의 판매는 3년 동안 연평균 16% 증가하였다. 따라서 86명의 종업원이 1인당 300개의 주식선택권을 받는다.
- 기업이 1차연도부터 3차연도까지 인식할 주식보상비용[89)]은 다음과 같다.

  ㉠ 1차연도 주식보상비용 = 80명 × 200개 × 20원 × 1/3 = 106,667원
  ㉡ 2차연도 주식보상비용 = 85명 × 300개 × 20원 × 2/3 - 106,667원 = 233,333원
  ㉢ 3차연도 주식보상비용 = 80명 × 300개 × 20원 × 3/3 - 340,000원 = 176,000원

---

88) 이 주식기준보상거래는 두 가지 가득조건이 있다. 첫 번째 가득조건은 3년간의 용역제공조건이며 용역제공조건은 시장조건이 아니다. 두 번째 가득조건은 제품판매량에 따라 주식선택권의 수량이 결정되는 비시장성과조건이다.

89) 본 사례는 성과조건이 비시장조건이므로 측정기준일(부여일) 현재 주식선택권의 공정가치(20원)를 추정할 때 이러한 비시장조건을 고려하지 않으며 지분상품의 수량을 조정하는 방식으로 고려함으로써 부여한 지분상품 대가로 제공받는 재화나 용역에 대해 인식하는 금액이 궁극적으로 가득되는 지분상품의 수량에 기초하여 결정될 수 있도록 한다. 이는 비시장조건인 성과조건이 부과된 주식선택권의 단위당 공정가치(20원)는 후속적으로 변동되지 않는 대신 부여되는 수량에 의해 조정됨을 뜻한다.

예 제 기대가득기간을 좌우하는 성과조건이 부여된 주식선택권

[K-IFRS 1102 IG12 사례 2]

기업은 1차연도 초에 종업원 500명에게 가득기간 중 계속 근무할 것을 조건으로 각각 주식 100주를 부여하였다.[90] 부여한 주식은 기업의 이익이 18% 이상 성장하면 1차연도 말에, 2년간 이익이 연평균 13% 이상 성장하면 2차연도 말에, 3년간 이익이 연평균 10% 이상 성장하면 3차연도 말에 가득된다.[91] 1차연도 초 현재 부여한 주식의 단위당 공정가치는 30원이며 이는 부여일의 주가와 같다. 부여일부터 3년간은 배당금이 지급되지 않을 것으로 예상된다.

- 1차연도 말까지 기업의 이익은 14% 증가하였으며 30명이 퇴사하였다. 기업은 2차연도에도 비슷한 비율로 이익이 성장하여 2차연도 말에 주식이 가득될 것으로 예상하였다. 또한 2차연도에 30명이 추가로 퇴사하여 2차연도 말에는 총 440명이 각각 100주를 가득할 것으로 예상하였다.
- 2차연도 말까지 기업의 이익은 10% 증가하는 데 그쳐 2차연도 말에 주식이 가득되지 못하였다. 이 연도에 28명이 퇴사하였다. 기업은 3차연도에 25명이 추가로 퇴사할 것이라고 예상하였으며 3차연도에는 이익이 최소한 6% 이상 성장하여 연평균 10%를 달성할 것이라고 예상하였다.
- 3차연도 말까지 23명이 퇴사하였고 기업의 이익은 8% 증가하여 연평균 10.67% 증가하였다. 따라서 3차연도 말에 총 419명의 종업원이 각각 100주를 받았다.
- 기업이 1차연도부터 3차연도까지 인식할 주식보상비용[92]은 다음과 같다.

  ㉠ 1차연도 주식보상비용 = 440명 × 100주 × 30원 × 1/2 = 660,000원

  ㉡ 2차연도 주식보상비용 = 417명 × 100주 × 30원 × 2/3 - 660,000원 = 174,000원

  ㉢ 3차연도 주식보상비용 = 419명 × 100주 × 30원 × 3/3 - 834,000원 = 423,000원

예 제 행사가격을 좌우하는 성과조건이 부과된 주식선택권 [K-IFRS 1102 IG12 사례 4]

기업은 1차연도 초에 고위임원에게 3차연도 말까지 근무할 것을 조건으로 주식선택권 10,000개를 부여하였다.[93] 주식선택권의 행사가격은 40원이다. 그러나 3년 동안 기업의 이익이 연평균 10% 이상 증가하면 행사가격은 30원으로 인하된다.[94]

90) 가득조건은 용역제공조건이며 용역제공조건은 시장조건이 아님을 뜻한다.

91) 가득조건은 비시장 성과조건임을 뜻한다.

92) 본 사례는 성과조건이 비시장조건이므로 측정기준일(부여일) 현재 주식선택권의 공정가치(30원)를 추정할 때 이러한 비시장조건을 고려하지 않으며 지분상품의 수량을 조정하는 방식으로 고려함으로써 부여한 지분상품 대가로 제공받는 재화나 용역에 대해 인식하는 금액이 궁극적으로 가득되는 지분상품의 수량에 기초하여 결정될 수 있도록 한다. 이는 비시장조건인 성과조건이 부과된 주식선택권의 단위당 공정가치(30원)는 후속적으로 변동되지 않는 대신 부여되는 수량에 의해 조정됨을 뜻한다.

93) 가득조건은 용역제공조건이며 용역제공조건은 시장조건이 아님을 뜻한다.

94) 가득조건은 비시장 성과조건임을 뜻한다.

부여일에 주식선택권의 공정가치는 행사가격이 개당 30원인 경우 16원으로 추정되었으며 행사가격이 40원인 경우 주식선택권의 공정가치는 12원으로 추정되었다.

- 1차연도에 기업의 이익은 12% 성장하였고 기업은 이익이 이 비율로 계속하여 성장할 것으로 예상하였다. 따라서 기업은 이익목표가 달성되어 주식선택권의 행사가격이 30원이 될 것으로 예상하였다.
- 2차연도에 기업의 이익은 13% 증가하였으며 기업은 여전히 이익목표가 달성될 것으로 예상하였다.
- 3차연도에 기업의 이익은 3% 성장하여 이익목표를 달성하지 못하였다. 이 임원이 3년간 근무함에 따라 용역제공조건은 충족되었다. 3차연도 말에 이익목표가 달성되지 못하였으므로 가득된 주식선택권 10,000개의 행사가격은 40원이다.
- 시장조건이 아닌 성과조건의 달성여부가 행사가격을 좌우하므로 이러한 성과조건의 효과(즉, 행사가격이 40원이 될 가능성과 30원이 될 가능성)는 부여일에 주식선택권의 공정가치를 추정할 때 고려하지 않는다. 그 대신에 기업은 각 경우(행사가격이 40원이 되는 경우와 30원이 되는 경우)에 주식선택권의 부여일 현재 공정가치를 추정하고 궁극적으로 아래에서 예시하는 것과 같이 성과조건의 결과를 반영하여 거래금액을 수정한다.
- 기업이 1차연도부터 3차연도까지 인식할 주식보상비용은 다음과 같다.
  - ㉠ 1차연도 주식보상비용 = 10,000개 × 16원 × 1/3 = 53,333원
  - ㉡ 2차연도 주식보상비용 = 10,000개 × 16원 × 2/3 - 53,333원 = 53,334원
  - ㉢ 3차연도 주식보상비용 = 10,000개 × 12원 × 3/3 - 106,667원 = 13,333원

만일 주식기준보상거래에 비가득조건이 있다면 부여한 지분상품(주식선택권 포함)을 추정할 때 모든 비가득조건을 고려한다. 이는 비가득조건이 있는 지분상품을 부여하면 그러한 비가득조건이 충족되는지에 관계 없이 시장조건이 아닌 모든 가득조건(예 : 정해진 기간에 계속 근무하는 종업원에게서 제공받는 근무용역)을 충족하는 거래상대방에게서 제공받는 재화나 용역을 인식한다.

주식기준보상의 조건변경

기업은 이미 부여한 지분상품의 조건을 바꿀 때도 있다. 예를 들어 이미 종업원에게 부여한 주식선택권의 행사가격을 낮추어 주식선택권의 공정가치를 높일 수 있다. 기업이 지분상품을 부여한 당시의 조건을 변경하는지, 부여한 지분상품을 취소하거나 중도청산할지와는 관계없이 제공받는 근무용역[95]은 최소한 지분상품의 부여일 당시의 공정

95) 조건변경과 관련된 기준서는 편의상 종업원과의 주식기준보상거래를 전제로 조건변경 영향에 관한 회계처리를 설명하지만 부여한 지분상품의 공정가치에 기초하여 종업원이 아닌 자와의 주식기준보상거래를 측정할 때에도 동일하게 적용한다.[K-IFRS 1109 문단 26]

가치에 따라 인식[96]한다. 다만, 주식기준보상약정의 총 공정가치를 높이거나 종업원에게 더 유리하도록 조건을 변경하는 때에는 조건변경의 영향을 인식한다.[K-IFRS 1102 문단 26~27, B42~43]

- 조건변경으로 인해 조건변경 직후 지분상품의 공정가치가 조건변경 직전과 비교하여 증가하는 경우(예 : 행사가격의 인하)[97]에는 부여한 지분상품의 대가로 제공받는 근무용역에 대해 인식할 금액을 측정할 때 그 측정치에 증분공정가치를 포함한다.
- 「증분공정가치」란 조건변경된 지분상품 공정가치와 당초 지분상품 공정가치의 차이를 말하며 이 두 공정가치는 모두 조건을 변경한 날에 추정한 금액이다. 가득기간 중에 조건이 변경된다면 그 증분공정가치는 조건을 변경한 날로부터 변경된 지분상품이 가득되는 날까지의 기간에 제공받는 근무용역에 대해 인식한 금액을 측정할 때 포함하고 부여일에 측정한 당초 지분상품의 공정가치는 당초 가득기간의 잔여기간에 걸쳐 인식한다.
- 가득일 후에 조건이 변경되면 증분공정가치를 즉시 인식한다. 다만, 종업원이 변경된 지분상품에 대하여 무조건적인 권리를 획득하려고 추가 용역제공기간을 근무해야 한다면 증분공정가치를 추가된 가득기간에 걸쳐 인식한다.
- 마찬가지로, 조건이 변경되어 부여한 지분상품의 수량이 증가하는 경우에도 부여한 지분상품의 대가로 제공받는 근무용역으로써 인식할 금액을 측정할 때 그 측정치에 추가로 부여한 지분상품의 조건변경일 현재 공정가치를 포함한다. 예를 들어 가득기간 중에 조건이 변경되면 부여일에 측정한 당초 지분상품의 공정가치는 당초 가득기간의 잔여기간에 걸쳐 인식하며 이에 추가하여 조건변경일에 부여한 추가 지분상품의 공정가치를 조건변경일부터 추가 지분상품이 가득되는 날까지 제공받는 근무용역에 대해 인식할 금액의 측정치에 포함한다.
- 다만, 가득기간을 줄이거나 '비시장조건인' 성과조건을 변경 또는 제거함으로써 종업원에게 유리하도록 가득조건조건을 변경[98]할 때에는 위의 증분공정가치의 인식방법을 적용하지 않고 비시장조건인 성과조건이 부과된 경우의 처리방법(K-IFRS 1102 문단 19~21의 적용방법을 말함)을 따른다.

---

96) 다만, 부여일에 정했던 비시장조건인 가득조건이 충족되지 않아 지분상품이 가득되지 못한다면 그렇지 아니하다.[K-IFRS 1109 문단 27]

97) 주식선택권의 행사가격 인하로 인한 증분공정가치 측정이 요구되는 경우는 실무적으로 종종 발생한다. 국내의 주식선택권 부여계약은 대부분 부여일 이후의 유상증자(전환사채와 같은 전환금융상품 포함) 등의 가액이 주식선택권 행사가격보다 낮다면 그 유상증자가액으로 행사가액을 하향조정하는 조항이 포함된다.

98) 시장조건인 성과조건의 변경 또는 제거로 인해 종업원에게 유리하도록 가득조건이 변경되었다면 증분공정가치를 측정하는 일반적인 방법을 따른다.

예제 **부여한 주식선택권의 행사가격이 후속적으로 조정되는 경우**

[K-IFRS 1102 IG12 사례 7]

기업은 1차연도 초에 종업원 500명에게 각각 주식선택권 100개를 부여하였다. 각 주식선택권은 종업원이 앞으로 3년간 근무할 것을 조건으로 한다.99) 기업은 주식선택권의 단위당 공정가치를 15원으로 추정하였다. 기업은 가중평균확률에 기초하여 3년의 기간 동안 100명의 종업원이 퇴사하여 주식선택권에 대한 권리를 상실할 것으로 추정하였다.

- 1차연도에 40명의 종업원이 퇴사하였다고 가정하자. 또한 1차연도 말까지 주가가 하락하여 1차연도 말에 기업이 주식선택권의 행사가격을 조정하였고 조정된 그 주식선택권이 3차연도 말에 가득된다고 가정하자. 기업은 추가로 70명의 종업원이 2차연도와 3차연도에 퇴사할 것으로 추정하여 3년의 가득기간 중 퇴사할 것으로 예상되는 종업원 수는 총 110명이다.
- 2차연도에 추가로 35명의 종업원이 퇴사하였으며 기업은 3차연도에 30명이 더 퇴사하여 3년의 가득기간에 걸쳐 퇴사할 것으로 예상되는 종업원을 총 105명으로 추정하였다.
- 3차연도에 총 28명의 종업원이 퇴사하여 가득기간 중 총퇴사자는 103명이 되었다. 근무를 계속한 397명의 종업원은 3차연도 말에 주식선택권을 가득하였다.

행사가격을 조정한 날에 기업은 당초 주식선택권의 공정가치(즉, 행사가격을 조정하기 전의 공정가치)를 5원으로 추정하였고 조정된 주식선택권의 공정가치를 8원으로 추정하였다.

- 기업은 주식기준보상약정의 총공정가치를 증가시키거나 종업원에게 유리하게 조건을 변경하는 경우에는 추가로 조건변경의 영향을 인식해야 한다. 가득기간 중에 조건변경이 있는 경우 당초 지분상품에 대해 부여일에 측정한 공정가치는 당초 가득기간에 걸쳐 인식하며 이에 추가하여 조건변경일에 부여한 증분공정가치를 조건변경일로부터 변경된 지분상품이 가득되는 날까지 제공받는 근무용역에 대해 인식한 금액의 측정치에 포함한다.
- 주식선택권의 단위당 증분공정가치는 3원(=8원 - 5원)이 된다. 이 금액은 당초 주식선택권의 가치 15원에 기초한 주식보상비용에 추가하여 2년의 잔여가득기간에 걸쳐 인식한다. 기업이 1차연도부터 3차연도까지 인식할 주식보상비용은 다음과 같다.
  - ㉠ 1차연도 주식보상비용 = (500명 - 110명) × 100개 × 15원 × 1/3 = 195,000원
  - ㉡ 2차연도 주식보상비용
    = (500명 - 105명) × 100개 × (15원 × 2/3 + 3원 × 1/2) - 195,000원 = 259,250원
  - ㉢ 3차연도 주식보상비용
    = (500명 - 103명) × 100개 × (15원 + 3원) - (195,000원+259,250원) = 260,350원

---

99) 가득조건은 용역제공조건이며 용역제공조건은 시장조건이 아님을 뜻한다.

부여한 지분상품의 조건변경이 주식기준보상약정의 총공정가치를 감소시키거나 종업원에게 불리하게 이루어지면 조건이 변경되지 않은 것으로 보고 부여한 지분상품의 대가로 제공받는 근무용역을 계속하여 인식한다.[K-IFRS 1102 문단 26~27, B44]

- 조건변경으로 인해 부여한 지분상품의 공정가치가 조건변경 직전과 직후를 비교하여 감소하는 때에는 공정가치 감소분에 대해 회계처리를 하지 않으며 지분상품의 대가로 제공받는 근무용역에 대해 인식할 금액은 계속해서 부여한 지분상품의 부여일 현재 공정가치에 기초하여 측정한다.
- 조건이 변경되어 부여한 지분상품의 수량이 줄어든다면 부여한 지분상품의 일부가 취소된 것으로 보아 주식기준보상의 취소 또는 청산에 대한 기준서(K-IFRS 1102 문단 28, 아래에서 설명)에 따라 인식한다.
- 가득기간을 늘리거나 비시장조건인 성과조건을 변경하거나 추가할 때와 같이 가득조건을 종업원에게 불리하게 변경한 때는 변경된 가득조건을 고려하지 않는다.

예 제　부여한 주식선택권의 가득조건이 불리하게 조정되는 경우

[K-IFRS 1102 IG12 사례 8]

기업은 1차연도 초에 종업원들에게 3년간 근무할 것과 3년 동안 판매부서의 특정제품 판매수량이 50,000개 이상이 될 것을 조건으로 각각 주식선택권 1,000개를 부여하였다. 부여일에 주식선택권의 단위당 공정가치는 15원이다.

기업은 2차연도에 판매목표를 100,000개로 증가시켰다. 3차연도 말까지 기업은 55,000개를 팔았고 주식선택권은 상실되었다. 3년 동안 근무한 판매부서의 종업원은 총 12명이다.

- 성과조건의 변경으로 인해 주식선택권이 가득될 가능성이 당초보다 낮아지고 이는 종업원에게 불리하므로 기업이 제공받는 근무용역을 인식할 때 변경된 성과조건을 고려하지 않으며 3년에 걸쳐 제공받는 근무용역을 당초의 가득조건에 기초하여 인식한다.
- 이에 따라 궁극적으로 기업이 3년에 걸쳐 인식할 누적 보상비용은 180,000원(=12명×1,000개×15원)이 된다.
- 만일, 성과목표를 조정하는 대신 주식선택권이 가득되기 위해 필요한 근무용역기간을 3년에서 10년으로 증가시킨 경우에도 위와 같은 결과가 발생할 것이다. 이러한 조건변경으로 인해 주식선택권이 가득될 가능성이 당초보다 낮아지고 이는 종업원에게 불리하므로 기업이 제공받는 근무용역을 인식할 때 변경된 용역제공조건은 고려하지 않고 당초 가득기간인 3년에 걸쳐 근무한 12명의 종업원에게서 제공받는 근무용역을 인식한다.

주식선택권 부여일에 이미 재부여 특성이 있다면 주식기준보상의 조건변경과 구분되어야 함에 주의한다. 부여한 주식선택권의 공정가치를 측정기준일에 추정할 때 그 주식선택권에 재부여 특성이 있다면 주식선택권 부여일에는 재부여 특성을 고려하지 아니하며 사후적으로 재부여 주식선택권을 부여할 때 그 재부여 주식선택권을 새로운 주식선택권으로 회계처리한다.[K-IFRS 1102 문단 22]

주식기준보상의 취소 또는 청산

부여한 지분상품이 가득기간 중에 취소되거나 중도청산되면 다음과 같이 회계처리한다. 다만, 가득조건이 충족되지 못해 부여된 지분상품이 상실되어 취소될 때는 제외한다[100].[K-IFRS 1102 문단 28]

- 취소나 중도청산으로 부여한 지분상품이 일찍 가득된 것으로 보아 회계처리하므로 취소하거나 중도청산을 하지 않는다면 잔여가득기간에 제공받을 용역에 대해 인식할 금액을 즉시 인식한다.
- 취소나 중도청산으로 종업원에게 지급하는 금액은 자기지분상품의 재매입으로 보아 자본에서 차감한다. 다만, 지급액이 부여한 지분상품의 재매입일 현재 공정가치를 초과할 때는 그 초과액을 비용으로 인식한다. 그러나 주식기준보상약정에 부채요소가 포함되어 있다면 취소일이나 중도청산일에 해당 부채의 공정가치를 재측정한다. 부채요소를 결제하기 위해 지급한 금액이 있다면 부채의 상환으로 처리한다.
- 기업이 종업원에게 새 지분상품을 부여하면서 그 새 지분상품을 부여한 날에 부여한 지분상품이 취소한 지분상품을 대체하는 것으로 본다면 원래 부여했던 지분상품의 조건을 변경하는 회계처리처럼 대체지분상품을 부여하는 회계처리를 한다. 이때 부여한 증분공정가치는 대체지분상품을 부여한 날 현재 대체지분상품의 공정가치와 취소한 지분상품의 순공정가치의 차이금액이다. 취소한 지분상품의 순공정가치는 취소 직전 공정가치에서 자본의 감소로 회계처리하는 지급액을 차감한 금액이다. 기업이 새로 부여한 지분상품을 취소한 지분상품의 대체로 보지 않는 경우에는 새로운 지분상품을 부여한 것으로 처리한다.

100) 예를 들어 가득기간 중 종업원이 퇴사함으로써 가득조건을 충족하지 못함에 따라 부여된 지분상품이 상실된 때는 근로용역을 제공받지 못한 것이므로 문단 28의 취소 또는 중도청산의 경우처럼 주식보상비용을 즉시 인식하는 것이 아니라 실질적으로 환입되는 것이다.

▍현금결제형 주식기준보상거래

현금결제형 주식기준보상거래의 경우에 제공받는 재화나 용역과 그 대가로 부담하는 부채를 부채의 공정가치로 측정한다. 또, 부채가 결제될 때까지 매 보고기간 말과 결제일에 부채의 공정가치를 재측정하고 공정가치의 변동액은 당기손익으로 인식한다.[K-IFRS 1102 문단 30~33]

- 기업은 특정기간 기업의 주가상승액에 기초하여 종업원에게 미래에 지분상품이 아닌 현금을 받는 권리를 획득하게 하는 주가차액보상권(SARs : Share Appreciation Rights)을 종업원 총보상의 일부로 부여할 수 있다. 다른 대안으로서 기업이 주식을 받을 수 있는 권리(주식선택권의 행사로 주식을 받을 수 있는 권리 포함)를 부여할 때 반드시 현금으로 상환(예 : 고용의 중단)하거나 종업원 선택으로 현금으로 상환할 수 있는 권리를 부여함으로써 종업원에게 미래에 현금을 받는 권리를 부여할 수 있으며 이러한 약정들은 현금결제형 주식기준보상거래의 예이다.
- 종업원에게 제공받는 근무용역과 그 대가로 부담하는 부채는 근무용역을 제공받는 기간에 인식한다. 예를 들어, 부여하자마자 가득되는 주가차액보상권의 경우 종업원이 현금에 대한 권리를 획득하기 위해 정해진 용역제공기간에 근무해야 할 의무가 없으므로 반증이 없는 한 종업원에게 이미 근무용역을 제공받은 것으로 본다. 따라서, 기업은 제공받는 용역과 그 대가지급에 관한 부채를 즉시 인식한다. 만약 종업원이 특정용역 제공기간을 근무해야만 주가차액보상권이 가득된다면 제공받는 근무용역과 그 대가로 부담하는 부채는 그 용역제공기간에 종업원이 근무용역을 제공할 때 인식한다.
- 주가차액보상권(SARs)을 부여함에 따라 인식하는 부채는 부여일과 부채가 결제될 때까지 매 보고기간 말과 결제일에 주가차액보상권의 공정가치로 측정한다. 공정가치를 측정할 때에는 옵션가격결정모형을 사용하며 주가차액보상권의 부여조건과 측정기준일까지 종업원에게 근무용역을 제공받은 정도를 고려한다.

예 제 **현금결제형 주식기준보상거래** [K-IFRS 1102 IG12 사례 12]

기업은 종업원 500명에게 앞으로 3년간 근무할 것을 조건으로 현금결제형 주가차액보상권(SARs)을 각각 100개씩 부여하였다.

- 1차연도 중에 35명이 퇴사하였으며 기업은 2차연도와 3차연도에도 추가로 60명이 퇴사할 것으로 추정하였다. 2차연도에 40명이 퇴사하였고 기업은 3차연도에 추가로 25명이 퇴사할 것으로 추정하였다.
- 3차연도에 22명이 퇴사하였으며 3차연도 말에 150명이 SARs을 행사하였고 4차연도 말에 140명이 SARs을 행사하였다. 나머지 113명은 5차연도 말에 SARs을 행사하였다.
- 기업이 매 회계연도 말에 추정한 주가차액보상권(SARs)의 공정가치는 다음과 같다. 3차연도 말에 계속근무자는 부여받았던 주가차액보상권을 모두 가득하였다. 한편, 3차연도, 4차연도 및 5차연도 말에 행사된 주가차액보상권의 내재가치(현금지급액과 일치)는 다음과 같다.
  - ㉠ 1차연도 공정가치 = 14.40원
  - ㉡ 2차연도 공정가치 = 15.50원
  - ㉢ 3차연도 공정가치 = 18.20원 (내재가치 = 15원)
  - ㉣ 4차연도 공정가치 = 21.40원 (내재가치 = 20원)
  - ㉤ 5차연도 공정가치 = 0원 (내재가치 = 25원)
- 기업이 각 연도별로 인식할 주식보상비용과 부채잔액은 다음과 같다.
  - ① 1차연도 부채잔액 = 194,400원
    주식보상비용 = (500명 - 95명) × 100개 × 14.40원 × 1/3
    = 194,400원
  - ② 2차연도 부채잔액 = 194,400원 + 218,933원
    = 413,333원
    주식보상비용 = (500명 - 100명) × 100개 × 15.50원 × 2/3 - 194,400원
    = 218,933원
  - ③ 3차연도 부채잔액 = 413,333원 + 47,127원
    = 460,460원 (권리행사자는 현금지급)
    주식보상비용101) = 253명(= 500명 - 97명 - 150명) × 100개 × 18.20 - 413,333원
    + 150명 × 100개 × 15.00원
    = 47,127원 + 225,000원
    = 272,127원

101) 3차연도 말은 가득기간 종료시점으로 3차연도 말에 권리를 행사한 자(100명)에 대해 내재가치(15.00원)만큼 지급하였으므로 권리를 행사한 150명에 대해서는 내재가치를 적용해 주식보상비용(225,000원)을 인식한다. 반면, 가득조건을 만족하였으나 권리를 행사하지 않은 253명(최초 500명에서 누적퇴사자 97명과 권리행사자 150명을 차감)에 대해서는 공정가치(18.20원)를 적용하여 주식보상비용(47,127원)을 인식한다.

④ 4차연도 부채잔액 = 460,460원-218,640원
= 241,820원 (권리행사자는 현금지급)

주식보상비용 = 113명(= 253명 - 140명) × 100개 × 21.40원 - 460,460원
+ 140명 × 100개 × 20.00원
= (-)218,640원 + 280,000원
= 61,360원

⑤ 5차연도 부채잔액 = 241,820원 - 241,820원
= 0원 (권리행사자는 현금지급)

주식보상비용 = 0원 - 241,820원 + 113명 × 100개 × 25.00원
= (-)241,820원 + 282,500원
= 40,680원

Financial Valuation

제 2 장 공정가치측정

우리는 「제2부 가치평가모형」에서 금융상품의 공정가치를 측정하는 다양한 가치평가기법을 살펴보았다. 「제2부 가치평가모형」의 가치평가기법들은 재무보고 목적에 제한되지 않는 일반적인 평가모형이다. 기업이 내재가치를 측정하고자 하거나 M&A과정에서 필수적인 의사결정의 단계로 이러한 가치평가모형을 유용하게 활용할 수 있다.

「제2장 공정가치측정」은 「제1장 공정가치회계」에서 살펴본 K-IFRS의 금융상품의 회계처리기준과 일반적인 가치평가모형을 접목해 가는 과정으로 구성된다. K-IFRS가 도입된 이래 금융상품을 포함한 재무상태표 구성항목의 공정가치측정에 대한 요구가 높아지고 있다. 특히 K-IFRS 1109호의 도입은 이러한 공정가치측정 요구를 더욱 강화하고 있으며, 이러한 추세는 앞으로 지속될 것이라 예상된다. 반면, 복잡한 유형의 금융상품이 지속적으로 개발되고 있는데다 원칙중심의 회계처리를 지향하는 K-IFRS의 난해한 표현들은 공정가치측정의 실무현장에 혼란이 있는 것도 사실이다.

금융상품의 공정가치측정과 관련된 K-IFRS의 내용과 일반적인 가치평가기법들을 접목하려는 본서의 시도는 위험할 수 있다. 특정한 형식을 가진 금융상품의 공정가치측정방법을 예시로 제안할 수 있지만 그러한 금융상품에 내재된 일반적이지 않은 특성으로 인해 전혀 다른 가정과 평가방법을 필요로 할 수 있기 때문이다. 본서에서 제시한 일반화된 유형의 금융상품이 그 개별특성으로 인해 전혀 다른 금융상품으로 재분류되어야 할 수 있으며 이러한 가능성에 대해 독자들의 각별한 주의를 요한다.

1 지분상품

다음 조건을 〈모두〉 충족하는 경우만이 지분상품이다.[K-IFRS 1032 문단 16]

① 다음의 계약상 의무를 포함하지 아니한다.

㉠ 거래상대방에게 금융자산을 인도하기로 하는 계약상 의무

㉡ 발행자에게 잠재적으로 불리한 조건으로 거래상대방과 금융자산이나 금융부채를 교환하는 계약상 의무

② 자기지분상품으로 결제되거나 결제될 수 있는 계약으로서 다음 중 어느 하나에 해당한다.

㉠ 변동가능한 수량의 자기지분상품을 인도할 계약상 의무가 없는 비파생상품

㉡ 확정수량의 자기지분상품에 대하여 확정금액의 금융자산의 교환을 통해서만 결제될 파생상품. 이러한 목적상 기업이 동일종류의 비파생 자기지분상품을 보유하고 있는 기존소유주 모두에게 주식인수권, 옵션 또는 주식매입권을 지분비율대로 비례하여 부여하는 경우, 어떤 통화로든 확정금액으로 확정수량의 자기지분상품을 취득하는 주식인수권, 옵션 또는 주식매입권은 지분상품이다. 또한 이러한 목적상 자기지분상품에는 다음의 금융상품은 포함되지 않는다.

- 지분상품으로 분류되는 풋가능 금융상품
- 지분상품으로 분류되는 후순위 금융상품
- 자기지분상품을 미래에 수취하거나 인도하기 위한 계약인 금융상품

법적형식에 불구하고 지분상품의 정의를 만족하는지 여부를 판단하는 것은 보유자(금융자산)와 발행자(자본 또는 금융부채) 모두에게 중요하다. 예를 들어 보유자의 상환요청권리가 부여된 상환우선주는 법적형식은 자본이나 거래상대방에게 금융자산을 인도하기로 한 계약상 의무가 있으므로 이러한 금융상품은 발행자의 지분상품(자본)이 아니라 금융부채이다. 지분상품의 정의가 공정가치 측면에서 보유자와 발행자에게 미치는 영향은 다음과 같은 것들이 있다.

① 발행자 : 자본으로 분류되는 금융상품은 후속측정하지 아니한다. 반면, 금융부채로 분류되는 금융상품은 후속측정(일반적으로 상각후원가)하고, 그러한 금융부채가 FVPL - 금융부채(예 : 내재파생상품) 요건을 만족할 경우 후속적으로 공정가치로 측정하여 공정가치변동분을 당기손익으로 반영하므로 발행자에게 미치는 재무적 영향이 크다.

② 보유자 : 보유한 금융상품이 지분상품이면 원칙적으로 FVPL - 금융상품으로 분류하고 채무상품인 경우 SPPI 조건과 사업모형을 검토하여 적절하게 분류한다. 특히, 보유자는 지분상품에 한해 FVOCI - 금융자산으로 분류할 수 있는 선택권을 가지므로 법적형식에 불구하고 보유한 금융자산이 지분상품의 정의를 만족하는 경우에 한해 이러한 공정가치선택권이 가능하다.

본장에서는 아래 유형의 지분상품의 공정가치측정 방법과 회계에 대해 살펴본다.

① 보통주

② 우선주

③ 신주인수권

1.1. 보통주

보통주는 자산에서 모든 부채를 차감한 후의 순자산에 대한 청구권이다. 즉, 순자산의 잔여지분이며 가장 후순위에 있는 금융상품이다. 보통주에 그 특성을 바꿀 수 있는 다른 요소가 없는 전형적인 유형의 보통주는 발행자의 자본(지분상품)이며, 보유자의 금융자산이다.

- 전형적인 유형의 보통주 발행자는 발행시점의 공정가치로 인식하며 후속측정을 필요로 하지 않는다. 즉, 보통주의 공정가치가 변동되더라도 발행자는 이를 후속측정할 필요가 없다.
- 보통주 보유자는 이를 후속적으로 공정가치로 측정하여 공정가치변동분을 당기손익으로 인식한다.

보통주 발행자와 보유자는 최초측정 시점에 공정가치로 측정하며 거래원가(신주발행비용 또는 매입부대비용 등)를 가감한 금액으로 인식한다. 다만, 보통주 보유자가 이를 FVPL - 금융자산으로 분류할 경우 거래원가를 가산하지 않는다.

- 최초측정 시점의 공정가치의 최선의 추정치는 거래가격이다. 〈수준1〉 투입변수로 측정된 공정가치와 거래가격간의 차이가 있는 경우를 제외하고는 거래가격으로 공정가치로 최초측정한다.
- 거래가격에 다른 대가가 포함되어 있는 경우 금융상품의 공정가치를 별도로 측정한다.

보통주 공정가치

보통주 발행자는 후속측정을 필요로 하지 않는다. 따라서, 보통주의 공정가치측정은 보유자에게 있어 중요하다. 보통주 보유자의 최초측정 및 후속측정 방법은 다음과 같다.

① 보통주는 일반적으로 SPPI 조건을 만족하지 못하므로 보유자는 이를 「FVPL - 금융자산」으로 분류하고 후속적으로 공정가치로 측정하며 공정가치변동분을 당기손익으로 인식한다.

- 보통주의 활성시장 공시가격을 관측할 수 있다면 이러한 〈수준1〉 투입변수를 이용하여 산정된 공정가치로 후속측정한다. 반면, 보통주의 활성시장 공시가격을 관측할 수 없다면 일반적으로 인정되는 가치평가모형을 이용하여 공정가치를 측정한다.

② 전형적인 유형의 보통주는 지분상품의 정의를 만족하므로 이러한 보통주를 보유한 자는 최초인식 시점에 「FVOCI - 금융자산」으로 분류할 선택권이 있다. 보통주를 FVOCI - 금융자산으로 분류할 경우 후속적으로 공정가치로 측정하되, 공정가치 변동분을 기타포괄손익으로 인식한다.

- 보유자가 보통주를 FVOCI - 금융자산으로 선택적으로 분류한 경우 후속적으로 이를 취소할 수 없다.
- 보유자가 보통주를 FVOCI - 금융자산으로 선택적으로 분류한 경우 제거에 따른 손익을 기타포괄손익으로 인식한다. 즉, 누적적으로 인식한 기타포괄손익을 포함하여 제거에 따른 손익을 당기손익으로 인식하지 못한다.

보통주가 재무제표에 미치는 영향을 고려할 때 회계실무에서 보유자의 후속측정은 매우 중요하다. 보통주는 채무상품에 비해 미래현금흐름의 불확실성으로 인해 추정이 어렵고 미래현금흐름에 대응되는 요구수익률(할인율) 산정과정이 복잡하다.

본서의 「제2부 가치평가모형」 중 현금흐름할인모형과 상대가치평가모형은 활성시장 공시가격이 없는 보통주의 공정가치측정에 가장 많이 활용되는 평가기법이다. 기업은 활성시장의 공시가격을 관측할 수 없는 보통주에 대해 이러한 가치평가기법을 활용하여 후속적으로 평가해야 한다. 본서는 현금흐름할인모형 등 가치평가모형에 대해 상세히 기술하고 있다. 보통주의 특성상 본서에서 기술하고 있는 다양한 가치평가모형을 그대로 활용할 수 있으므로 본 장에서는 추가적으로 보통주의 공정가치측정 방법을 기술하지 않는다.

예 제　FVOCI-금융자산으로 분류된 지분상품의 처분

기업은 20×1년 1월 1일, 활성시장에서 거래되지 않는 다른 기업의 보통주를 10,000원에 매입하였다. 기업은 이 보통주를 공정가치선택권(FVO)을 이용하여 FVOCI-금융자산으로 분류하는 회계정책을 채택하였다. 기업은 최초측정일(20×1년 1월 1일) 및 후속측정일(20×1년 12월 31일)의 보통주 공정가치를 현금흐름할인모형에 따라 각각 9,000원 및 15,000원으로 측정하였다. 기업은 20×2년 6월 30일 보통주를 25,000원에 매도하였다. 최초 측정시점 및 제거시점(매도일)의 거래가격은 공정가치이다.

① 최초측정 : 최초측정 시점 공정가치의 최선의 추정치는 거래가격이다. 〈수준1〉 또는 〈수준2〉 투입변수로 측정된 공정가치가 관측되지 아니하며 거래가격에 다른 대가가 없는 한, 최초측정 시점의 공정가치는 거래가격으로 인식하므로 기업은 최초측정일에 〈수준3〉으로 측정된 공정가치(9,000원)에 불구하고 거래가격(10,000원)으로 인식한다. 한편, 기업은 채택된 회계정책에 따라 이 보통주를 FVOCI-금융자산으로 분류한다.

② 후속측정 : 기업은 보통주를 후속측정일(20×1년 12월 31일)에 공정가치(15,000원)로 측정하며, 보통주의 공정가치변동액 5,000원(= 15,000원 - 10,000원)을 기타포괄손익으로 보고한다.

③ 제거 : 기업은 FVOCI-금융자산으로 선택적으로 분류된 보통주는 제거에 따른 손익을 기타포괄손익으로 인식한다. 즉, 누적적으로 인식한 기타포괄손익을 포함하여 제거에 따른 손익을 당기손익으로 인식하지 못한다.

- 제거일 현재 기업은 공정가치변동액 10,000원(= 25,000원 - 15,000원)을 기타포괄손익으로 보고한다. 또한, 제거일 현재까지 누적적으로 인식한 기타포괄손익(5,000원)도 당기손익으로 대체하지 아니한다.
- 만일, 기업이 이 보통주를 FVPL-금융자산으로 분류하였다면, 후속측정일(20×1년 12월 31일) 공정가치변동분(5,000원)과 제거에 따른 손익(10,000원)을 각 측정일이 속한 보고일의 당기손익으로 인식한다.

비상장주식평가 가이드라인

기준서는 가격이 공시되지 않는 일부 지분상품(예 : 비상장주식)과 그러한 자산에 연계되어 있는 일부 파생상품자산에 대한 공정가치측정의 예외를 두고 있다. 원칙적으로 지분상품에 대한 모든 투자와 해당 지분상품에 대한 모든 계약은 공정가치로 측정해야 한다. 그러나 제한된 상황에서 지분상품의 원가가 공정가치의 적절한 추정치가 될 수 있다. 공정가치를 결정하기 위해 이용할 수 있는 더 최근의 정보가 불충분하거나 가능한 공정가치측정치의 범위가 넓고 그 범위에서 원가가 공정가치의 최선의 추정치를 나타낸다면 그러한 경우에 해당할 수 있다.[K-IFRS 1109 B5.2.3~6]

기준서는 원가가 공정가치의 최선의 추정치가 아님을 강조한다. 따라서, 지분상품을 원가로 측정하는 것을 원칙적으로 허용하지 않는다. 기준서는 원가가 공정가치를 나타내지 않을 수 있는 경우의 예로 다음의 경우를 들고 있다. 즉, 다음의 어느 하나에 해당될 경우 그 지분상품을 후속적으로 원가로 측정해서는 안 된다.[K-IFRS 1109 B5.2.4]

① 예산, 계획 및 주요 일정과 비교해 볼 때 피투자자의 성과에 유의적인 변동이 있는 경우

② 피투자자가 이룰 제품의 기술적 수준에 대한 예상이 변동한 경우

③ 피투자자의 지분이나 제품 또는 잠재 제품에 대한 시장에 유의적인 변동이 있는 경우

④ 국제 경제나 피투자자의 경제적 영업 환경에 유의적인 변동이 있는 경우

⑤ 비교 가능한 기업의 성과나 전반적인 시장에 내재된 가치평가에 유의적인 변동이 있는 경우

⑥ 피투자자에게 부정, 상업분쟁, 소송, 경영진이나 전략의 변화와 같은 내부 문제가 있는 경우

⑦ 피투자자의 지분과 관련하여 제3자 간 지분상품의 이전이나 새로운 주식의 발행과 같은 피투자자가 외부와의 거래에 따른 증거가 있는 경우

위의 내용이 원가가 공정가치를 나타내지 못하는 예를 모두 망라하지 않는다. 최초인식 후에 피투자자의 성과와 영업에 관해 이용할 수 있는 모든 정보를 이용해야 한다. 그러한 관련 요소가 존재하는 경우에는 원가가 공정가치를 잘 나타내는 것이 아닐 수 있으며 그 경우 공정가치를 측정해야 한다. 원가는, 공시가격이 있는 지분상품의 투자(또는 공시가격이 있는 지분상품에 대한 계약)에 대한 공정가치의 최선의 추정치가 아니다.[1] 지분상품의 원가를 공정가치의 적절한 추정치로 인정한다는 것은 원가를 공정가치의 대용치(Proxy)로 사용될 수 있음을 의미한다. 전통적인 의미의 원가법은 후속측정 시점에 공정가치측정 없이 최초인식시점의 거래가격을 유지하는 방법으로써 기준서는 지분상품에 대해 이러한 전통적인 원가법을 인정하지 않는다.

이와 같이, K-IFRS 1109호는 가격이 공시되지 않는 지분상품[2]에 대해 공정가치측

---

1) 활성시장 공시가격이 관측되지 않는 지분상품에 대해 제한된 상황에서 지분상품의 원가를 공정가치의 적절한 추정치로서 인정하는 예외와 관련하여 기준서가 지분상품의 인식에 대해 마치 원가법을 인정하는 것으로 오해하지 않기를 바란다.

2) 이하, 본서 「1.1. 보통주」에서 "가격이 공시되지 않는 지분상품"을 편의상 "비상장주식"으로 표현하기로 한다.

정을 원칙으로 하고 있지만, 현실적으로 기업이 보유하고 있는 다수의 비상장주식에 대해 공정가치를 측정하는 것은 피투자회사로부터 관련 자료를 확보하기가 쉽지 않으며 상당한 시간과 비용이 수반된다. 이에 금융위원회는 기업의 실무적인 부담을 덜어주는 취지에서 2020년 1월 22일, 제5차 금융위 회계감독지침을 통해 「비상장주식에 대한 공정가치평가 관련 가이드라인」을 발표하고 원가를 공정가치의 대용치로 사용할 수 있는 판단기준을 구체적으로 제시하였다. 해당 가이드라인에서 제시한 구체적인 예외상황의 조건을 만족할 경우, 후속인식시점에 해당 지분상품을 원가(최초인식시점의 거래가격)로 인식할 수 있다.

제5차 금융위 회계감독지침에 따라 비상장주식의 원가를 공정가치의 대용치로 사용할 수 있는 구체적인 조건을 정리하면 다음과 같다. 동 지침에 따라 기업이 비상장주식의 원가를 공정가치의 대용치로 사용하기 위해서는 3개의 기본조건을 모두 만족해야 한다. 다만, 각 기본조건의 세부조건 중 어느 하나에 해당하면 기본조건을 만족한 것이므로 예외적용대상이 적지 않음을 알 수 있다.[3]

<table>
<tr><th>구분</th><th colspan="2">기본조건1</th><th>기본조건2</th><th colspan="2">기존조건3</th></tr>
<tr><td>포괄적 예외</td><td colspan="5">비상장주식 금액이 투자기업의 재무제표 작성을 위한 〈중요성 판단기준〉에 미달하는 경우 가이드라인과 상관없이 원가로 측정가능</td></tr>
<tr><td rowspan="3">원가를 공정가치의 대용치로 사용가능한 조건</td><td rowspan="2">세부조건1</td><td rowspan="2">기준서에서 공정가치로 측정해야 하는 경우(K-IFRS 1109 B5.2.4에 열거된 공정가치로 측정해야 하는 경우를 말함)가 아닌 때</td><td rowspan="3">과거 또는 당기에 가치변동에 대한 명확한 증거(**)가 없는 경우
** 예: 피투자기업의 유의적인 재무적 어려움, 채무불이행이나 연체같은 계약위반, 파산 등</td><td>세부조건1</td><td>피투자기업이 직전 사업연도말 자산총액이 120억원 미만인 경우</td></tr>
<tr><td>세부조건2</td><td>피투자기업이 설립된 지 5년이 경과하지 않은 경우</td></tr>
<tr><td>세부조건2</td><td>피투자기업으로부터 공정가치 측정을 위한 충분한 자료를 얻을 수 없는 경우</td><td>세부조건3</td><td>투자기업이 비상장주식을 취득한 시점부터 2년이 경과하지 않은 경우</td></tr>
</table>

이 가이드라인은 구체적인 예외사항의 조건을 만족한 후속인식시점에 한하여 원가를 공정가치의 대용치(Proxy)로 인정한 것으로서, 기업은 해당 후속인식시점에 공정가치로 측정한 것이며 원가법을 적용한 것은 아니다. 따라서, 이후 후속인식점에 원가를 공정가

3) 제5차 금융위 회계감독지침 내용의 이해를 돕기 위해 본서가 정리한 표임을 밝힌다. 따라서, 금융위 감독지침의 내용을 정확히 이해하기 위해서는 해당 보도자료를 직접 확인하길 권한다.

치의 대용치로 인정할 수 있는 구체적인 예외조건을 만족하지 못한다면, 비록 직전 후속 인식시점에 해당 지분상품을 원가로 인식하였다 하더라도 공정가치로 측정해야 함에 주의해야 한다.

풋 거래상대방이 제3자인 경우

보통주에 내재된 풋요소의 거래상대방이 보통주 발행자가 아닌 제3자라면 그 보통주는 풋가능 금융상품이 아니다.[4] 풋가능 금융상품은 보유자가 〈발행자〉에게 환매를 요구할 수 있는 권리이기 때문이다. 이러한 보통주는 발행자의 지분상품(자본)이다.

반면, 보유자는 보통주에 내재된, 거래상대방이 제3자인 풋요소가 파생상품의 정의를 만족한다면 그 풋요소를 별도의 파생상품으로 인식한다. 이때의 풋요소는 별도의 파생상품계약(풋옵션 파생금융상품)이므로 풋요소를 공정가치로 측정하고 FVPL-금융자산으로 인식한다. 즉, 보유자 입장에서 내재파생상품을 분리하지 않는 복합계약과 달리 이러한 풋요소는 별도의 파생상품이므로 분리인식하는 것이 타당하다. 만일, 풋요소가 파생상품의 정의를 만족하지 않는다면 풋요소를 분리하지 않고 금융상품 전체를 지분상품으로 인식한다. 한편, 보통주 발행자는 그 풋요소로 인해 금융자산을 인도할 계약상 의무나 잠재적으로 불리한 조건으로 금융자산이나 부채를 교환할 계약상 의무가 없기 때문에 보통주 전체를 지분상품으로 분류함이 타당하리라 판단된다.

> K-IFRS 1109 문단 4.3.1
> 「내재파생상품」은 파생상품이 아닌 주계약(비파생주계약)을 포함하는 복합상품의 구성요소로 복합상품의 현금흐름 중 일부를 독립적인 파생상품의 경우와 비슷하게 변동시키는 효과를 가져온다.
> ③ 특정 금융상품에 부가되어 있더라도 계약상 해당 금융상품과는 독립적으로 양도할 수 있거나 해당 금융상품과는 다른 거래상대방이 있는 파생상품은 내재파생상품이 아니며 별도의 금융상품이다.

---

4) 이러한 계약의 대표적인 유형이 주주간 계약이다. 예를 들어 보통주 보유자가 자신이 보유한 보통주를 일정조건 하에 보통주 발행자의 다른 주주(예 : 최대주주)에게 매각할 수 있는 권리(풋옵션)를 가진 경우를 들 수 있다. 이 경우 풋옵션 거래의 당사자는 보통주 보유자(풋옵션 매입자)와 보통주 발행자 외의 제3자(예 : 최대주주)이며, 보통주 보유자는 파생상품자산을 인식하고 풋옵션 결제의무가 있는 제3자는 파생상품부채를 인식한다. 반면, 보통주 발행자는 그러한 풋요소에 대한 어떠한 의무도 없으므로 부채로 인식하지 아니하며 다른 부채조건이 없는 한 지분상품으로 분류한다.

예제 보통주를 제3자에게 매각할 수 있는 권리가 부여된 경우

기업(보통주 발행자)은 보통주를 주당 10,000원에 발행하였다. 주식인수계약에 따르면 보유자는 인수일로부터 3년의 기간 내에 이 보통주를 주당 10,000원에 발행기업의 최대주주인 A에게 매도할 선택적 권리(풋옵션)를 가진다. 보통주 매입일 현재 풋옵션의 공정가치는 옵션평가모형을 이용하여 주당 2,000원으로 측정되었다.

- 보통주 발행자인 기업은 보통주 발행 이후 금융자산을 인도할 계약상 의무나 잠재적으로 불리한 조건으로 금융자산이나 부채를 교환할 계약상 의무가 없으므로 이 보통주를 지분상품으로 분류한다.
- 보통주 보유자는 주식인수계약에 따라 발행자 외의 제3자에게 보통주를 사전에 정해진 가격으로 매각할 수 있는 옵션을 가진다. 그러나, 보통주 인수계약에 포함된 풋요소는 선택적 권리의 거래상대방이 보통주 발행자가 아닌 제3자이므로 내재파생상품이 아닌 별도의 파생상품이다. 따라서, 보유자는 계약에 포함된 풋요소를 별도의 파생상품자산으로 분리하고 이를 FVPL - 금융자산으로 분류하여 후속적으로 공정가치로 측정하며, 공정가치변동분을 당기손익으로 인식한다.
- 보유자는 보통주 매입일 현재 풋옵션의 공정가치 2,000원을 FVPL - 금융자산(파생상품자산)으로 인식하고 후속측정한다. 복합상품인 금융자산은 내재파생요소를 분리하여 인식하지 않지만, 이 보통주에 내재된 풋요소는 별도의 파생상품이므로 이를 분리하여 별도의 금융자산으로 인식한다.

1.2. 우선주

우선주(Preferred Stock)는 보통주에 비해 이익의 배당 또는 잔여재산의 분배 등의 재산적 이익에 관하여 우선적 지위에 있는 지분상품이다. 기업은 정관에 정해진 바에 따라 다양한 유형의 우선주를 발행할 수 있다.

- 예를 들어, 약정된 배당을 우선적으로 받고 보통주 배당상황에 따라 추가적으로 배당을 받을 수 있는 참가적 우선주나 우선주 배당액이 일정한 비율이나 일정한 금액에 이르지 않을 때에는 부족액을 다음 사업연도 이후에 우선적으로 누적배당하도록 하는 누적적 우선주 등이 있다.

일반적으로 우선주 발행기업은 우선주에 배당이 지급되기 전에는 보통주에 배당을 지급할 수 없고 일부 우선주에는 누적적 배당권이 부여되므로 보통주에 비해 배당우선권을 가진다. 보유자는 보통주에 비해 안정적인 수익을 제공받고 청산과정에서 보통주보다 우선권을 가진다. 배당을 얻지 못할 경우에는 일시적으로 의결권이 부여되기도 한다. 또,

발행자의 이익성장에 따라 배당규모도 커질 수 있으므로 우선주 보유자는 채무상품 보유자에 비해 기대이익이 커질 수 있다. 반면, 발행자의 배당가능이익이 부족한 경우 우선주 보유자는 배당을 강제할 수 없으므로 채무상품 보유자에 비해 투자이익회수의 불확실성이 커질 수 있다.

전형적인 유형의 우선주는 지분상품요건을 만족한다.

- 우선주 〈발행자〉는 거래상대방에게 금융자산을 인도할 계약상 의무가 없고, 잠재적으로 불리한 조건으로 거래상대방과 금융자산이나 금융부채를 교환할 계약상 의무가 없다. 따라서, 우선주 발행자는 우선주를 공정가치(거래가격)로 최초측정한 후 후속측정이 불필요하다.
- 우선주 〈보유자〉는 이 금융자산을 원칙적으로 「FVPL - 금융자산」으로 분류하고, 후속적으로 공정가치로 측정한다. 우선주는 지분상품의 정의를 만족하므로 보유자의 선택에 따라 FVOCI - 금융자산으로 분류할 수 있지만, 이를 제거하더라도 당기손익으로 인식하지 않는다.

상장기업은 이익배당에 있어 우선적 권리가 부여된 전형적인 형태의 우선주를 발행하는 경우를 흔히 볼 수 있지만 활성시장에서 거래되지 않는 비상장기업은 전형적인 형태의 우선주를 발행하는 경우가 드물고 우선주에 다양한 내재파생요소(전환옵션 또는 상환옵션)가 부여된 복합계약이 주로 발행된다. 복합상품의 성격을 지닌 우선주에 보유자 상환권이 부여된 경우에는 지분상품의 기본요건(금융자산을 양도할 계약상 권리가 없을 것)을 만족하지 못하므로 지분상품이 아닌 금융부채로 분류한다.

▌우선주 공정가치

우선주의 공정가치는 일반적으로 배당할인모형을 이용해 평가한다. 배당할인모형을 적용할 경우 우선주에 귀속되는 예상현금흐름(배당예상액)을 우선주 요구수익률로 할인하여 다음과 같이 측정한다.

$$P_p = \sum_{i=1}^{n=\infty} \frac{div^e{}_i}{(1+r_p)^i}$$

- P_p : 우선주의 공정가치
- $div^e{}_i$: i기 예상배당금
- r_p : 우선주 요구수익률

• 전형적인 배당우선주로서 기업이 충분한 배당가능이익을 확보하고 있고 안정적 배당성향을 유지하고 있다면, 우선주 보유자는 채권보유자와 유사한 수준의 위험을 부담하므로 기업의 신용위험을 반영한 무보증 회사채 만기수익률을 우선주 요구수익률로 볼 수 있다.

• 기업의 배당가능이익이 충분하지 않거나 안정적인 배당률을 유지하지 못하는 기업은 보통주 자본비용을 우선주 요구수익률로 보아 보통주 평가와 유사한 방식을 사용할 수 있다. 보통주 자본비용을 활용하는 경우에는 실질적으로 우선주 지분가치는 보통주 지분가치와 동일한 방식으로 평가하게 된다.

우선주의 기대현금흐름은 채무상품과 보통주의 중간적 성격을 가지고 있는데, 이러한 우선주의 공정가치평가 방법에 대한 체계적인 연구가 부족한 편이다. 실무적으로 우선주의 공정가치는 우선주에서 예상되는 현금흐름의 특성(배당가능성, 배당률)을 종합적으로 고려하여 배당할인모형이나 현금흐름할인모형을 이용하여 평가하는 것이 일반적이다.

예 제 배당할인모형을 이용한 우선주 공정가치평가

기업A는 기업B가 발행한 우선주를 주당 10,000원에 매입하였다. 이 우선주에는 계약상 현금흐름(예상배당금)을 변동시킬 어떠한 형태의 파생요소도 내재되어 있지 않다. 기업B는 오랜 기간 동안 안정적인 이익과 배당정책을 유지하고 있고, 향후에도 배당과 관련한 현금흐름이 중요하게 변동될 것으로 예상될 만한 증거는 없다. 기업B의 배당정책은 기업A가 매입한 가격(10,000원) 대비 연평균 4.0%의 배당수익률을 제공하며, 기업B의 과거 이익규모 및 성장성과 기업B의 장기배당정책을 고려할 때 이러한 배당수익률은 연평균 1.0% 성장할 것으로 예상된다. 후속 보고일에 기업A는 이러한 정보에 기초해 기업B가 발행한 우선주를 배당할인모형을 이용해 공정가치를 평가하였다. 기업A는 우선주 요구수익률로 기업B의 신용상태 및 현금흐름의 불확실성을 고려하여 기업B의 회사채 요구수익률(4.5%)을 적용하는 것이 합리적이라고 판단하였다.

• 비록, 기업B가 발행한 우선주가 안정적인 배당을 제공하더라도 배당금은 기업B의 배당정책에 따라 달라지므로 이러한 우선주의 계약상 현금흐름은 SPPI 조건을 만족하지 않는다. 따라서, 기업A는 우선주를 FVPL - 금융자산으로 분류하고 후속적으로 공정가치로 측정하여 공정가치변동분을 당기손익으로 인식한다.

• 후속보고일에 기업B의 안정적인 이익과 배당정책에 따라 우선주는 안정적인 배당현금흐름이 예상되므로 기업B는 항상성장 영구연금모형을 이용하여 평가하였다.

㉠ 우선주 공정가치 : 예상배당금(400원) ÷ [우선주요구수익률(4.5%) - 배당성장률(1.0%)] = 11,429원

㉡ 공정가치변동액(당기손익) : 11,429원 - 10,000원 = 1,429원

▌전환우선주

전환우선주는 다른 종류의 지분상품(보통주)으로 전환할 수 있는 선택적 권리가 내재된 지분상품이다. 일반적인 유형의 전환우선주는 거래상대방에게 금융자산을 인도할 계약상 의무가 없고 잠재적으로 불리한 조건으로 거래상대방과 금융자산이나 금융부채를 교환하기로 하는 계약상 의무도 부여되지 않으므로 지분상품이다. 다만, 전환우선주에 내재된 전환옵션이 확정수량의 보통주로의 교환을 통해서만 결제되는 경우에 한해 이러한 전환옵션을 지분상품으로 분류할 수 있다.

- 예를 들어, 전환우선주에 내재된 전환옵션의 계약조건이 우선주 1주를 보통주 1주로 전환할 수 있는 권리이지만, 보통주 가격이 일정수준 이하로 하락할 경우 우선주 1주와 교환할 보통주를 1.5주로 조정(re-fixing)하도록 결제조건이 변경될 수 있다면 이 전환옵션은 지분상품의 요건을 만족하지 못한다.
- 발행자는 이러한 복합상품(전환우선주)에 내재된 전환옵션(내재파생상품)의 분리인식 여부를 검토하여, 그 내재파생상품이 분리요건을 만족하면 이를 「FVPL - 금융부채」로 분류하고 후속적으로 공정가치로 측정하며 공정가치변동분을 당기손익으로 인식한다.
  - ㉠ 전환우선주의 존속기간이 정해져 있고 존속기간이 도래하는 시점까지 보유자의 전환청구가 없을 경우 자동으로 보통주 전환이 이뤄지는 경우가 있다. 이 경우 전환우선주 보유자는 전환여부를 선택적으로 결정할 수 있는 파생요소가 없는 비파생상품으로 분류되며 발행자는 내재파생상품의 분리여부를 고려할 필요가 없다.[5)]
  - ㉡ 반면, 전환우선주의 존속기간이 정해져 있고 존속기간이 도래하는 시점까지 실질적인 상환약정이 있는 경우(예 : 존속기간 내에 상장이 이뤄지지 않는 경우에는 상환을 청구할 권리가 있는 경우)에는 이러한 전환우선주는 명칭에 불구하고 상환요소가 있는 것이므로 내재파생상품의 분리여부를 고려한다.
- 전환우선주 보유자는 내재파생요소를 주계약에서 분리하지 않고 복합상품 전체를 하나의 금융자산으로 분류한다. 이때, 전환우선주의 기대현금흐름은 SPPI 조건을 만족하지 못하므로 보유자는 전환우선주를 FVPL - 금융자산으로 분류하고 후속적으로 공정가치로 측정한다.

---

5) 전환우선주의 전환권이 비파생상품인 경우에는 전환약정의 특성(확정수량 및 확정금액의 자기지분상품으로 교환 등)을 고려하여 전환우선주 전체를 자본 또는 금융부채로 분류한다.

예 제 **전환우선주**

기업은 보통주 1주와 교환할 수 있는 전환우선주를 10,000원에 발행하였다. 전환우선주에는 이러한 교환조건을 변경시킬 어떠한 계약조건이 없다. 보유자와 발행자는 전환옵션을 행사할 경우 확정수량의 보통주를 수취(결제)한다. 전환우선주 발행과 관련하여 발행자와 보유자는 각각 50원의 거래원가를 부담하였다. 보유자는 매입일로부터 10년 이내의 기간 동안 언제든지 우선주를 보통주로 전환할 수 있는 선택적 권리를 가지며, 보유자가 전환가능기간 내에 전환권을 행사하지 않을 경우 전환우선주는 일반우선주로 존속한다. 기업이 발행한 보통주는 활성시장에서 거래되고 있으나 이 전환우선주는 활성시장 공시가격이 없다. 발행일(최초측정일)에 전환우선주에 내재된 전환옵션의 공정가치를 이항옵션모형(전환우선주 전체의 공정가치에서 일반우선주 공정가치를 차감하여 산정)을 이용하여 1,200원으로 측정하였다.

① 전환우선주 발행자 : 전환우선주에 내재된 파생요소(전환옵션)는 확정수량 및 확정금액의 보통주로 전환된다. 즉, 전환우선주에 내재된 전환옵션은 확정수량의 자기지분상품을 확정수량의 금융자산의 교환을 통해서 결제될 파생상품요소이므로 이는 지분상품의 요건을 만족한다.

- 발행자는 전환우선주 전체를 지분상품으로 분류하고 후속적으로 측정하지 않는다. 전환우선주 발행자는 내재된 전환옵션 매도자이지만 이러한 전환옵션이 지분상품의 요건을 만족하므로 후속적으로 전환옵션의 공정가치변동분을 인식하지 않는다. 또한, 전환우선주의 주계약(우선주)과 내재파생요소 모두 지분상품이므로 이러한 복합상품의 주계약과 내재파생요소를 분리할 필요가 없다.
- 발행자는 최초측정일에 전환우선주를 공정가치로 측정한다. 거래가격(10,000원)은 공정가치의 최선의 추정치이다(보통주가 활성시장에서 거래되고 있으나 전환우선주는 활성시장의 공시가격이 관측되지 아니하므로 거래가격으로 최초측정한다). 발행자는 최초측정일에 공정가치(거래가격 : 10,000원)에서 거래원가(50원)를 차감한 9,950원으로 인식한다.

② 전환우선주 보유자 : 전환우선주의 계약상 현금흐름은 원리금만으로 구성되어 있지 않다. 전환우선주의 주계약(우선주)의 계약상 현금흐름이 약정배당을 지급하는 경우라 하더라도 이러한 계약상 현금흐름이 원리금으로만 구성된 것으로 판단할 수 없다. 따라서, 보유자의 사업모형과 관계없이 이 전환우선주를 FVPL - 금융자산으로 분류하여 공정가치로 측정하고 후속적으로 공정가치변동분을 당기손익으로 인식한다(전환우선주가 지분상품의 요건을 만족하므로 FVOCI - 금융자산으로 선택적으로 분류할 수 있다).

- 보유자는 최초측정일에 전환우선주를 공정가치로 측정하며, 최초거래가격(10,000원)은 공정가치의 최선의 추정치이다. 보유자가 전환우선주를 FVPL - 금융자산으로 분류하였으므로 거래원가는 즉시 비용으로 인식한다. 따라서, 보유자는 전환우선주 매입일에 공정가치(10,000원)로 최초측정한다.

- 보유자는 복합상품(전환우선주) 전체를 하나의 금융자산으로 인식한다. 즉, 전환우선주에 내재된 파생요소(전환옵션)가 내재파생상품의 분리요건을 만족하는지 여부와 관계없이 주계약(우선주)과 내재파생요소(전환옵션)를 분리하지 않고 하나의 금융자산으로 인식한다. 보유자는 복합상품(전환우선주)에서 내재파생요소(전환옵션)를 분리하지 않으므로 최초측정일에 복합상품의 공정가치를 주계약과 전환옵션에 배분할 필요가 없다.
- 보유자는 후속측정일에 전환우선주를 공정가치로 측정하고 공정가치변동분을 당기손익으로 인식한다.

본 예제는 보유자가 전환가능기간 내에 전환권을 행사하지 않을 경우 일반우선주로 존속하는 경우를 가정하였다. 그러나 국내에서 발행되고 있는 전환우선주는 보유자가 전환가능기간 내에 전환권을 행사하지 않을 경우 보통주로 자동전환되는 조건이 부여되는 경우가 대부분이다. 이와 같이 존속기간 만료 시점에 보통주로 자동전환되는 전환우선주는 내재파생요소가 없는 비파생계약이라는 점을 주의해야 한다. 파생상품은 세 가지 조건(기초변수의 변동에 따라 가치가 변동할 것, 최초계약 시 순투자금액이 필요하지 않거나 적은 순투자금액이 필요할 것 그리고 미래에 결제될 것)을 만족해야 하는데, 존속기간 만료시점에 보통주로 자동전환되는 전환우선주의 전환요소는 이러한 파생상품의 요건에 부합하지 않는다. 이러한 유형의 전환우선주는 최초 계약시점에 투자금액이 모두 지불되고 미래에 결제되지 아니하므로 내재파생요소가 없는 비파생계약으로 봄이 타당하다.

풋가능 우선주

우선주 보유자가 발행자에게 다른 금융자산으로 환매를 요청할 권리가 부여된 풋가능 우선주는 발행자의 자본(지분상품)이 아니며 금융부채이다. 이러한 풋요소가 포함된 금융상품을 풋가능 금융상품이라 하는데, 풋가능 금융상품은 금융상품 보유자가 금융자산을 수취하기 위해 발행자에게 해당 금융상품의 환매를 요구할 권리가 부여된 금융상품(예 : 상환우선주) 또는 불확실한 미래사건[6]이 일어나거나 금융상품 보유자가 사망하거나 퇴직하는 경우에 발행자에게 자동으로 환매되는 금융상품을 말한다. 풋가능 금융상품은 풋(Put)이 행사되면 발행자가 금융자산으로 그 금융상품을 재매입하거나 상환해야 하는 계약상 의무이므로 기본적으로 금융부채이다.[K-IFRS 1109 문단 18]

기업은 다양한 유형의 종류주식을 발행할 수 있다. 특히 기업은 우선주 발행과정에서

6) 전환우선주 발행기업에 중대한 경제적 사건, 예를 들어 전환우선주 발행기업의 외부감사의견이 적정의견이 아닌 경우 전환우선주 보유자가 발행자에게 상환을 요청할 수 있는 권리가 부여된 경우가 있다. 이러한 전환우선주는 확정대확정(fixed-for-fixed) 요건 만족여부와 관계없이 금융부채이다. 국내에서 발행되는 전환우선주 중 일부에는 이러한 풋요소가 있는 조항이 포함된 경우가 있으므로 실무적으로 주의가 필요하다.

다양한 계약조건을 포함하기도 하는데 우선주 보유자가 발행자에게 우선주의 환매를 요구할 권리가 부여되어 있다면 이러한 풋가능 우선주는 발행자의 지분상품이 아니며 금융부채로 분류한다. 또, 풋가능 우선주를 보유한 자는 이러한 금융상품이 지분상품 요건을 만족하지 못하므로 선택적으로 FVOCI - 금융자산으로 분류할 수 없다(FVPL - 금융자산으로 분류). 기준서는 이러한 풋가능 금융상품의 분류에 대해 설명하지만 구체적으로 이를 어떤 방식으로 인식할지는 제시하지 않는다. 아래에서 제시하는 풋가능 우선주 보유자와 발행자의 인식과 측정방법은 기준서에서 별도로 설명하는 내용이 아니며 금융상품의 일반적인 인식과 측정의 방법에 기초해 적용한 것임을 유의하기 바란다. 한편, 풋가능 우선주에 내재된 풋(put)의 거래상대방이 (발행자가 아닌) 제3자이면 풋가능 금융상품의 정의에 부합하지 않으므로 다음의 내용이 적용되지 아니한다.

(1) 풋가능 우선주 발행자

발행자는 풋가능 우선주(예 : 상환우선주 또는 특정한 경제적 사건이 있는 경우 상환의무가 있는 전환우선주)를 자본(지분상품)이 아닌 금융부채로 인식한다. 풋가능 우선주 보유자는 발행자에게 다른 금융자산으로 환매를 요구할 권리가 있다. 따라서, 발행자는 풋요소가 내재파생상품의 요건을 만족하는지 여부와 풋요소가 내재파생상품이라면 분리요건을 만족하는지를 순차적으로 검토하여 다음과 같이 처리한다.

① 풋요소가 내재파생상품이 아니라면 발행자는 풋가능 우선주 전체를 금융부채로 인식하고 상각후원가로 후속측정한다(발행자가 풋가능 우선주를 FVPL - 금융부채로 지정하지 않음을 가정한다. 이하 모든 설명에서 같다).

② 풋요소가 내재파생상품이라면(풋요소가 내재파생상품이면 풋가능 우선주는 복합계약으로 보는 것이다) 분리요건을 검토하여 다음과 같이 회계처리한다.

㉠ 분리요건을 만족하는 경우 내재파생상품(풋옵션)을 주계약에서 분리하여 「FVPL - 금융부채」로 분류하고 후속적으로 공정가치로 측정하며, 공정가치 변동분을 당기손익으로 인식한다.

㉡ 분리요건을 만족하지 않는 경우 주계약을 포함한 전체 복합계약을 상각후원가로 측정한다.

풋가능 우선주에 내재된 풋요소가 내재파생상품의 정의를 만족하지 못하면 이러한 풋요소의 분리여부를 검토할 필요가 없다. 내재파생상품은 다음과 같이 정의된다.

K-IFRS 1109 문단 4.3.1
「내재파생상품」은 파생상품이 아닌 주계약(비파생주계약)을 포함하는 복합상품의 구성요소로 복합상품의 현금흐름 중 일부를 독립적인 파생상품의 경우와 비슷하게 변동시키는 효과를 가져온다.
① 내재파생상품은 내재파생상품이 포함되지 않았을 경우의 계약에 따른 현금흐름의 전부나 일부를 특정된 이자율, 금융상품가격, 일반상품가격, 환율, 가격 또는 비율의 지수, 신용등급이나 신용지수 또는 그 밖의 변수(기초변수)에 따라 변동시킨다.
② 해당변수가 비금융변수인 경우는 계약의 당사자에게 특정되지 않아야 한다.
③ 특정 금융상품에 부가되어 있더라도 계약상 해당 금융상품과는 독립적으로 양도할 수 있거나 해당 금융상품과는 다른 거래상대방이 있는 파생상품은 내재파생상품이 아니며 별도의 금융상품이다.

발행자 입장에서, 우선주에 풋요소가 있다하더라도 복합계약의 특성을 변동시키는 기초변수가 없다면 이는 내재파생상품이 아니다. 풋요소가 기초변수 없이 단순히 일정 시점에 상환할 것을 요구할 수 있는 권리라면 이러한 풋요소는 내재파생상품이 아니다. 풋요소가 내재파생상품이 아니면 풋가능 우선주 전체를 하나의 금융부채로 분류하고 상각후원가로 후속측정한다. 이러한 예로는 상환시기가 정해진 상환우선주를 들 수 있다. 반면, 기초변수(보통주 가격 또는 채권가격)의 변동에 따라 보유자가 사전에 정해진 행사가격으로 환매를 요구할 권리가 있다면 이러한 풋요소는 내재파생상품이 된다. 풋요소가 내재파생상품이면 이러한 풋가능 우선주는 복합계약이다. 복합상품에 내재된 파생상품을 주계약에서 분리할지 여부를 다음과 같이 판단한다.

K-IFRS 1109 문단 4.3.3
복합계약이 자산이 아닌 주계약을 포함하는 경우(즉, 금융부채인 경우)에는 다음을 모두 충족하는 경우에만 내재파생상품을 주계약과 분리하여 파생상품으로 회계처리하며 분리대상 내재파생상품은 최초인식시점과 그 이후 기간에 「FVPL-금융부채」로 측정한다.
① 내재파생상품의 경제적 특성 및 위험이 주계약의 경제적 특성 및 위험과 밀접하게 관련되어 있지 않다.
② 내재파생상품과 조건이 같은 별도의 금융상품이 파생상품의 정의를 충족한다.
③ 복합계약의 공정가치 변동을 당기손익으로 인식하지 않는다. 즉, FVPL-금융부채에 내재된 파생상품은 분리하지 아니한다.

발행자는 내재파생상품의 분리요건을 검토하여 분리요건을 만족하는 경우 이를 분리하여 FVPL-금융부채로 인식하고 후속적으로 공정가치로 측정한다. 앞서 설명하였듯이 내재파생상품의 분리요건에서 가장 중요한 기준은 경제적 특성 및 위험이 주계약의 그 것과 밀접하게 관련되었는지의 여부다. 예를 들어, 보통주 가격의 변동에 따라 풋옵션 행사여부를 결정하는 풋요소는 주계약과 내재파생상품 간에 밀접한 관련성이 없는 것이며, 이때에는 주계약에서 분리하여 파생상품부채를 인식한다.

(2) 풋가능 우선주 보유자

풋가능 우선주 보유자는 이러한 금융자산을 FVPL - 금융자산으로 분류하고 후속적으로 공정가치로 측정한다. 풋가능 우선주는 지분상품이 아니므로 FVOCI - 금융자산으로의 선택적 분류는 불가능하다. 이때, 풋가능 우선주 보유자는 풋요소의 분리가능성을 검토하지 아니하며 하나의 금융자산으로 인식하고 측정한다.

(3) 지분상품으로 분류되는 풋가능 우선주

기준서는 풋가능 금융상품을 금융부채로 분류하는 것이 원칙임을 설명하면서, 일정한 조건을 만족할 경우 지분상품으로 분류할 수 있도록 허용한다.

- 풋가능 우선주가 지분상품으로 분류되기 위한 아래의 조건(상품특성요건 및 발행자 요건)을 모두 만족할 경우 이러한 풋가능 우선주를 금융부채가 아닌 지분상품으로 분류할 수 있다.

> K-IFRS 1032 문단 16A~16B
>
> 풋가능 금융상품이 다음의 상품특성요건(문단 16A의 요건)과 발행자 요건(문단 16B의 요건)을 모두 만족할 경우 지분상품으로의 분류를 허용한다.
>
> (1) 상품특성요건
>
> 풋가능 금융상품이 지분상품으로 분류되기 위해서는 아래의 5가지 〈상품특성요건〉을 모두 갖추어야 한다.
>
> ① 발행자가 청산하는 경우 보유자가 지분비율에 따라 발행자 순자산에 대한 권리를 가진다. 발행자 순자산은 발행자의 자산에 대한 그 밖의 모든 청구권을 차감한 후의 나머지 자산이다. 지분비율은 다음에 따라 결정된다.
>
> - 청산할 때 발행자 순자산을 같은 금액의 단위로 나눈 후 그 금액에 금융상품 보유자가 보유한 단위 수를 곱한다.
>
> ② 그 금융상품은 그 밖의 모든 종류의 금융상품보다 후순위인 금융상품의 종류에 포함된다. 그러한 금융상품의 종류에 포함되기 위해서는 해당 금융상품이 다음의 조건을 모두 충족해야 한다.
>
> ㉠ 청산할 때 발행자의 자산에 대한 그 밖의 청구권에 우선하지 않는다.

㉡ 그 밖의 모든 종류의 금융상품보다 후순위인 금융상품의 종류에 포함되기 전에 또 다른 금융상품으로 전환할 필요가 없다.

③ 그 밖의 모든 종류의 금융상품보다 후순위인 금융상품의 종류에 포함되는 모든 금융상품은 같은 특성을 갖는다. 예를 들어, 해당 금융상품이 모두 풋가능해야 하며 해당 종류의 모든 금융상품은 재매입가격이나 상환가격을 계산하기 위해 사용된 공식이나 그 밖의 방법이 같다.

④ 발행자가 금융자산으로 그 금융상품을 재매입하거나 상환해야 하는 계약상 의무를 제외하고는 그 금융상품은 거래상대방에게 금융자산을 인도하거나 발행자에게 잠재적으로 불리한 조건으로 거래상대방과 금융자산이나 금융부채를 교환하는 계약상 의무를 포함하지 않으며 금융부채 정의의 ②에서 설명한 자기지분상품으로 결제하거나 결제할 수 있는 계약이 아니다.

⑤ 금융상품의 존속기간에 걸쳐 금융상품에 귀속되는 총 예상현금흐름은 실질적으로 그 기간에 걸친 발행자의 당기손익, 인식된 순자산의 변동, 인식되었거나 인식되지 않은 순자산의 공정가치변동에 기초한다(해당 금융상품의 영향은 제외).

(2) 발행자요건

풋가능 금융상품을 지분상품으로 분류하기 위해서는 해당 금융상품은 위의 상품특성요건을 모두 갖추어야 할 뿐만 아니라 발행자는 다음 모두에 해당하는 그 밖의 금융상품이나 계약을 보유하지 않아야 한다.

① 총 현금흐름이 실질적으로 발행자의 당기손익, 인식된 순자산의 변동, 인식되었거나 인식되지 않은 순자산의 공정가치 변동에 기초한다(그러한 금융상품이나 계약의 영향은 제외).

② 풋가능 금융상품 보유자의 나머지 수익을 실질적으로 제한하거나 고정하는 효과가 있다.

발행자요건을 적용하기 위해서 발행자는 위 상품특성요건(문단 16A)에서 기술한 금융상품 보유자와의 비금융계약은 고려하지 않는다. 이 경우 비금융계약은 금융상품을 보유하지 않은 자와 발행자 사이에서 생길 수 있는 동등한 계약의 계약 조건과 비슷한 조건이 있는 계약을 의미한다.

풋 거래상대방이 제3자인 경우

우선주에 내재된 풋요소의 거래상대방이 우선주 발행자가 아닌 제3자라면 그 우선주는 풋가능 금융상품이 아니다.[7] 풋가능 금융상품은 보유자가 〈발행자〉에게 환매를 요

7) 이러한 계약의 대표적인 유형이 주주간 계약이다. 예를 들어 우선주 보유자가 자신이 보유한 우선주를 일정조건하에 우선주 발행자의 다른 주주(예 : 최대주주)에게 매각할 수 있는 권리(풋옵션)를 가진 경우를 들 수 있다. 이 경우 풋옵션 거래의 당사자는 우선주 보유자(풋옵션 매입자)와 우선주 발행자 외의 제3자(예 : 최대주주)이며, 우선주 보유자는 파생상품자산을 인식하고 풋옵션 결제 의무가 있는 제3자는 파생상품부채를 인식한다. 반면,

구할 수 있는 권리이기 때문이다. 이러한 우선주는 발행자의 지분상품(자본)이다.

반면, 보유자는 우선주에 내재된, 거래상대방이 제3자인 풋요소가 파생상품의 정의를 만족한다면 그 풋요소를 별도의 파생상품으로 인식한다. 이때의 풋요소는 별도의 파생상품계약(풋옵션)이므로 풋요소를 공정가치로 측정하고 FVPL-금융자산으로 인식한다. 즉, 보유자 입장에서 내재파생상품을 분리하지 않는 복합상품과 달리 이러한 풋요소는 별도의 파생상품이므로 분리인식하는 것이 타당하다. 만일, 풋요소가 파생상품의 정의를 만족하지 않는다면 풋요소를 분리하지 않고 금융상품 전체를 지분상품으로 인식한다. 한편, 발행자는 이러한 풋요소로 인해 금융자산을 인도할 계약상 의무나 잠재적으로 불리한 조건으로 금융자산이나 부채를 교환할 계약상 의무가 없기 때문에 우선주 전체를 지분상품으로 분류함이 타당하리라 판단된다.

1.3. 신주인수권

신주인수권은 기업이 발행할 지분상품을 정해진 가격으로 인수할 수 있는 권리를 말하며, 신주인수권증서는 신주인수권을 표시한 증서를 말한다. 신주인수권은 기존 주주의 보유주식에 비례하여 신주를 우선적으로 배정받을 수 있는 권리가 일반적이나 신주인수권부사채에 내재파생상품의 형식(분리형 신주인수권부사채의 경우 별도의 파생상품)으로 부여되기도 한다. 특히, 최근에는 증권인수업무 등에 관한 규정[8]의 개정으로 기업공개 과정에서 대표주관회사는 일정조건하에 신주인수권을 부여받을 수 있음에 따라 신규상장기업이 대표주관회사에 신주인수권을 부여하는 경우가 있다. 이 경우에는 신주인수권을 공정가

우선주 발행자는 그러한 풋요소에 대한 어떠한 의무도 없으므로 부채로 인식하지 아니하며 다른 부채조건이 없는 한 지분상품으로 분류한다.

8) 증권 인수업무 등에 관한 규정 제10조의 2 (신주인수권)

① 대표주관회사가 기업공개를 위한 대표주관업무 수행의 보상으로 발행회사로부터 신주를 취득할 수 있는 권리(이하 "신주인수권"이라 한다)에 관한 계약을 발행회사와 체결하는 경우 다음 각 호의 요건을 모두 충족하여야 한다.

1. 신주인수권을 행사하여 취득할 수 있는 주식의 수량은 공모주식 수량의 10% 이내일 것
2. 신주인수권의 행사기간은 상장일로부터 3개월 이후 18개월 이내일 것
3. 신주인수권의 행사가격은 공모가격 이상일 것

② 대표주관회사는 제1항에서 정하는 신주인수권에 관한 계약을 체결한 경우 그 사실을 증권신고서에 기재하여야 하며 해당 권리를 행사하여 신주를 취득한 경우 자신의 홈페이지에 다음 각 호의 사항을 지체 없이 개시하여야 한다.

1. 발행회사명
2. 신주인수권 계약 체결일 및 행사일
3. 신주인수권 행사로 취득한 주식의 종류 및 수량
4. 주당 취득가격

치로 측정하고 K-IFRS 1102호에 따라 신주인수권의 공정가치를 주식기준보상거래로 인식[9]하여야 함에 주의한다.

기업이 유상증자를 결정하면 통상적으로 기존 주가보다 낮은 가격으로 신주를 인수할 권리를 부여하기 때문에 신주인수권 발생시점부터 내가격 상태(in-the-money)가 형성되는 경우가 있다. 신주인수권 보유자는 이러한 신주인수권의 내재가치(주가와 행사가격의 차이)를 이용해 신주인수권을 매각하거나 활성시장 공시가격보다 저렴한 가격에 유상증자에 참여할 수 있다.

신주인수권은 보유자의 선택적 권리이며 의무가 아니다. 신주인수권은 기초변수(주가)에 따라 가치가 변동되며 계약시점에 적은 순투자금액이 요구된다. 또, 신주인수권을 행사하는 시점에 유상증자금액을 지급하므로 미래시점에 결제된다. 즉, 신주인수권은 파생상품(옵션) 요건을 만족한다.

예 제 기업공개과정에서 부여된 신주인수권의 인식

기업은 기업공개를 통해 코스닥시장에 상장되었으며 증권인수업무 등에 관한 규정에 따라 대표주관회사에 기업의 보통주를 기업공개시 공모가격인 9,000원에 총 20,000주를 매수할 수 있는 신주인수권을 부여하였다. 대표주관회사는 해당 신주인수권을 상장일로부터 3개월이 지난 시점에서 1년간 행사할 수 있다. 기업은 해당 신주인수권의 공정가치를 옵션평가모형에 의해 주당 1,200원으로 측정하였다.

- 기업은 대표주관회사에 부여한 신주인수권이 기업공개를 위한 용역제공의 대가로 보고 이를 K-IFRS 1102호에 따른 주식보상거래로 인식하였다.
- 기업은 대표주관회사에 신주인수권을 부여한 시점에 주식보상비용에 해당하는 신주인수권의 공정가치를 신주발행비용으로 하여 주식발행초과금에서 차감하고 같은 금액을 자본으로 인식하였다.
- 자본으로 인식할 신주인수권 공정가치 = 1,200원 × 20,000주 = 24,000,000원

신주인수권의 분류

대개의 경우 신주인수권은 확정수량의 지분상품으로 결제되므로 지분상품의 요건을 만족한다. 기준서는 확정수량의 자기지분상품으로 결제되는 신주인수권은 지분상품임

9) 대표 주관회사에 부여하는 신주인수권은 일반적으로 기업공개를 위해 대표주관회사가 제공한 용역의 대가로 볼 수 있으므로 K-IFRS 1102호의 주식보상거래에 해당되는 것으로 판단된다. 대표 주관회사로부터 제공받는 용역의 대가는 용역을 제공받는 시점에 가득이 완료되었으므로 신주인수권의 공정가치를 즉시 주식보상비용으로 인식하는 것이 타당할 것이다. 이때, 해당 주식보상비용을 신주발행비(주식발행초과금의 차감항목)로 인식할지 또는 판매관리비와 같은 당기손익으로 인식할지는 개별적인 상황에 따라야 판단하여야 할 것이다.

을 명시하고 있다.

K-IFRS 1032 문단 16
다음 조건을 〈모두〉 충족하는 경우만이 지분상품이다.
② 자기지분상품으로 결제되거나 결제될 수 있는 계약으로서 다음 중 어느 하나에 해당한다.
㉡ 확정수량의 자기지분상품에 대하여 확정금액의 금융자산의 교환을 통해서만 결제될 파생상품. 이러한 목적상 기업이 동일종류의 비파생 자기지분상품을 보유하고 있는 기존소유주 모두에게 주식인수권, 옵션 또는 주식매입권을 지분비율대로 비례하여 부여하는 경우, 어떤 통화로든 확정금액으로 확정수량의 자기지분상품을 취득하는 주식인수권, 옵션 또는 주식매입권은 지분상품이다.

신주인수권 발행자와 보유자 입장에서 각각 신주인수권을 어떻게 분류하고 인식할지에 대해 살펴보자.

① 발행자 : 기존 주주의 보유 주식수에 비례하여 유상증자를 결정한 기업(신주인수권 발행자)은 신주인수권을 별도의 지분상품으로 분류함이 원칙이다. 그러나, 대개 유상증자 결정시점(신주인수권 발생시점)부터 증자대금이 결제되는 시기까지 짧은 기간이며 이를 정형화된 거래[10]로 판단할 수 있다면 별도의 파생상품으로 인식할 필요가 없으리라 판단된다. 그러나, 증권인수업무 등에 관한 규정에 따라 신규상장기업이 대표주관회사에 신주인수권을 부여한 경우에는 해당 신주인수권을 부여한 시점에 신주인수권의 공정가치를 자본으로 인식하여야 할 것이다. 또한, 기업이 분리형 신주인수권부사채를 발행한 경우 신주인수권 행사기간이 장기간으로 설정되므로 신주인수권의 인식이 중요해진다. 신주인수권부사채와 관련된 사항은 후술내용을 참고하기 바란다.

② 보유자 : 보유자는 신주인수권을 「FVPL - 금융자산」으로 분류하고 후속적으로 공정가치로 측정하며, 공정가치변동분은 당기손익으로 인식한다. 신주인수권은 거래상대방으로부터 금융자산(주식)을 수취할 계약상 권리로 금융자산의 정의를 만족하고, 신주인수권의 계약상 현금흐름은 SPPI 조건을 만족하지 못하므로 「FVPL - 금융자산」으로 분류하며 후속적으로 공정가치로 평가한다. 신주인수권은 대개 확정수량의 지분상품으로 결제되므로 지분상품의 요건을 만족하지만, 동시에 단기매매항목의 정의(파생상품은 단기매매항목으로 판단함)를 만족하므로 FVOCI - 금융자산으로 분류할 수 없을 것으로 판단된다.

---

10) 정형화된 매입 또는 매도 : 관련 시장의 규정이나 관행에 따라 일반적으로 정해진 기간 내에 해당 금융상품을 인도하는 계약조건에 따른 금융자산의 매입 또는 매도

예 제 **신주인수권의 최초측정 및 후속측정**

기업A는 기업B의 보통주를 900원으로 인수할 수 있는 신주인수권을 150원에 매입하였다. 신주인수권의 매입시점 기업B의 보통주 공시가격은 1,100원이다. 이 신주인수권은 활성시장의 공시가격이 관측되지 않으며 매입시점의 신주인수권에 대해 옵션평가모형으로 공정가치를 평가한 결과 180원으로 측정되었다.

기업A의 후속보고일은 신주인수권을 매입한 후 1개월이 지난 시점이며 기업A는 이 신주인수권을 계속 보유하고 있다. 신주인수권은 후속보고일로부터 2개월의 잔여기간 동안 보통주를 인수할 수 있는 권리가 부여되어 있다. 후속보고일 현재 기업B의 보통주 주가는 1,000원으로 하락하였으며, 옵션평가모형으로 측정된 신주인수권의 공정가치는 120원이다.

① 최초측정 : 기업A는 신주인수권을 공정가치로 최초측정한다. 신주인수권의 활성시장의 공시가격이 없으므로 거래가격(150원)은 공정가치의 최선의 추정치이다.

- 기업A는 신주인수권을 〈수준3〉 투입변수로 측정된 공정가치(180원)가 아닌 거래가격(150원)으로 최초측정한다. 또한, 기업A는 이 신주인수권을 FVPL - 금융자산으로 분류하고 후속적으로 공정가치로 측정한다.
- 최초측정시점(매입시점)에 신주인수권의 내재가치(기초변수가격 - 행사가격)는 200원(1,100원 - 900원)으로 거래가격(150원)보다 크다. 옵션의 잔여행사기간의 기초자산 가격변동성에 따른 시간가치를 고려해 옵션가격이 결정되는 것이므로 내재가치만으로 옵션의 공정가치를 설명할 수 없다.

② 후속측정 : 후속 보고일에 기업A는 이 신주인수권을 공정가치로 측정한다. 신주인수권의 활성시장 공시가격이 없으므로 기업A는 옵션평가모형을 이용해 신주인수권의 공정가치를 120원으로 측정하였다.

- 후속 보고일에 기업A는 신주인수권의 공정가치변동분 30원(150원 - 120원)을 당기손실로 인식하고 FVPL - 금융자산의 장부금액을 120원으로 보고한다.

신주인수권 공정가치

신주인수권 보유자는 신주인수권을 원칙적으로 FVPL - 금융자산으로 분류하고 후속적으로 공정가치로 측정하며 공정가치변동분을 당기손익으로 인식한다. 앞서 살펴보았듯이 신주인수권은 파생상품(콜옵션)의 정의를 만족하므로 신주인수권의 공정가치는 이러한 파생상품의 특성을 고려하여 평가한다.

- 신주인수권은 보유자가 사전에 정해진 행사가격(인수가격)으로 기초자산(주식)을 매입할 수 있는 콜옵션이므로 옵션평가모형을 이용하여 공정가치를 측정한다.
- 대부분의 신주인수권은 행사기간 내에 언제든지 권리를 행사할 수 있는 아메리칸 옵션 유형이므로 이항옵션모형을 적용하는 것이 바람직하다. 다만, 신주인수권의

행사기간이 짧거나 만기에만 권리를 행사할 수 있는 경우에는 유러피안 옵션 유형에 적용하는 블랙숄즈모형을 적용할 수 있다.

예 제　신주인수권 공정가치측정 [한영회계법인 외부평가기관 평가의견서 편집인용]

기업A는 기업B가 발행한 분리형 신주인수권부사채에서 분리된 신주인수권을 인수하였으며 신주인수권의 인수가격결정을 위해 블랙숄즈모형과 이항옵션모형을 이용하여 평가한 가액을 참고하였다. 평가대상 금융자산은 상장기업인 기업B가 발행한 신주인수권부사채에서 분리된 신주인수권이다.

① 블랙숄즈모형 : 블랙숄즈모형은 주가변동에 대한 일정한 가정 하에 주식매수와 옵션매도를 적절하게 결합한 무위험 포트폴리오를 구성할 수 있고 그 수익률은 무위험수익률과 같다는 가정으로 산출되는 옵션평가모형이다. 블랙숄즈모형에 도입된 가정과 신주인수권(콜옵션)의 평가결과는 다음과 같다.

㉠ 기초자산가격 : 평가시점 현재의 기초자산인 보통주 종가(21,100원)를 기초자산가격으로 하였다.

㉡ 행사가격 : 옵션계약에 따른 약정가액인 5,051원을 적용하였다.

㉢ 잔존만기 : 평가시점으로부터 신주인수권의 잔존만기는 3일이다.

㉣ 무위험이자율 : K-IFRS 1102호의 적용지침과 통상적으로 사용되는 가치평가방법론에서는 옵션만기일과 동일한 만기를 갖는 국고채 이자율을 사용하도록 권장하고 있으나, 옵션만기일과 평가기준일 사이의 기간에 해당되는 국고채가 존재하지 않으므로 잔여만기일이 가장 근접한 3개월 만기 국고채 이자율인 2.69%를 사용하였다.

㉤ 연변동성 : 과거 1년간 기초자산인 기업B의 일별주가를 이용하여 연간주가변동성을 산출하였다. 단, 배당이 있는 경우 배당액을 가산한 배당조정 후 주가를 사용하였다. 이에 따라 연속복리 무위험이자율과 연간 주가변동성은 각각 2.65% 및 48.5%로 계산되었다.

㉥ 신주인수권 평가액 : 블랙숄즈모형에 따라 기업B가 발행한 신주인수권(콜옵션)을 평가한 결과 주당 신주인수권가치는 16,050원으로 계산되었다.

② 이항옵션모형 : 이항옵션모형은 기초자산의 가격변동이 상승과 하락, 즉 이항확률분포를 따른다는 가정하에 도출된 옵션평가모형이다. 블랙숄즈모형에서 표시한 정보에 추가하여 이항옵션모형에 의한 공정가치측정을 위한 기본정보는 다음과 같다.

- 일일변동성(σ) : 3.07951%(과거 1년간의 일일변동성)
- 주가상승계수(u) : $\exp(\sigma) = 1.0312742$
- 주가하락계수(d) : $1 \div u = 0.9696742$
- 헤지확률(p) : 49.34983%

㉠ 기초자산 가격트리 생성 : 콜옵션의 만기는 현재시점에서 3일 후이고 주가변동성을 매일 단위로 측정하므로 기초자산 가격트리는 총 3개의 time step으로 구성된다.

	t=0	t=1	t=2	t=3
0	21,100	21,760	22,440	23,142
1		20,460	21,100	21,760
2			19,840	20,460
3				19,238

㉡ 만기 콜옵션가격 : 만기 콜옵션가격은 아래와 같이 계산된다.

콜옵션가격산식	콜옵션가격
$Cu^3d^0 = Max[0,\ (u^3 \times d^0 \times S) - K]$	18,091
$Cu^2d^1 = Max[0,\ (u^2 \times d^1 \times S) - K]$	16,709
$Cu^1d^2 = Max[0,\ (u^1 \times d^2 \times S) - K]$	15,409
$Cu^0d^3 = Max[0,\ (u^0 \times d^3 \times S) - K]$	14,187

㉢ 옵션가격트리 생성 : 옵션가격트리는 만기옵션가격에서 소급하여 현재시점까지 역순으로 다음과 같이 도출한다.

	t=0	t=1	t=2	t=3
0	16,050	16,710	17,390	18,091
1		15,410	16,049	16,709
2			14,789	15,409
3				14,187

㉣ 이항옵션모형에 의해 계산된 기업B의 신주인수권 공정가치는 16,050원으로 블랙숄즈모형과 같은 값으로 평가되었다. 이는 옵션의 잔존만기가 3일에 불과해 유러피안옵션(블랙숄즈모형)과 아메리칸옵션(이항옵션모형)간에 차이가 거의 없는 경우이다.

2 채무상품

채무상품은 계약상 현금흐름이 원리금으로 구성된 금융상품을 통칭한다. 채무상품의 유형에 따라 계약상 현금흐름이 원리금 외의 현금흐름으로 변동되는 복합계약의 형태가 있으나, 이들 복합계약의 기본현금흐름도 원리금에 기초한다.

채무상품은 발행자와 보유자 간의 회계처리방식에 있어 큰 차이가 있다. 계약상 현금흐름이 원리금만으로 구성된 단순한 형태의 채무상품의 경우, 발행자는 이 채무상품을 금융부채로 분류한 후 상각후원가로 후속측정한다. 반면 보유자는 이러한 채무상품을 보유자의 사업모형에 따라 AC - 금융자산, FVOCI - 금융자산 또는 FVPL - 금융자산 중 어느 하나로 분류하고 분류된 방식과 일관되게 후속측정한다. 이러한 채무상품의 기본현금흐름을 변동시키는 내재파생요소에 의해 계약상 현금흐름이 단순한 원리금이 아니라면 이러한 금융상품의 발행자(금융부채)와 보유자(금융자산)의 회계처리는 더욱 복잡해진다.

본 장에서는 계약상 현금흐름이 원리금으로만 구성된 단순한 형태의 채무상품의 회계인식과 공정가치측정 방법에 대해 설명한다.

계약상 현금흐름이 원리금으로만 구성된 단순화된 채무상품을 본서는 「일반채무상품」으로 정의한다. 계약상 현금흐름이 원리금으로만 구성된 일반채무상품은 다음의 예를 들 수 있다.

① 확정금리부채권 : 계약상 현금흐름이 원리금으로 구성되고, 계약기간 동안 확정된 이자를 지급하며 만기에 상환할 금액이 확정된 채무상품을 말한다.

② 변동금리부채권 : 계약상 현금흐름이 원리금으로 구성되고, 계약기간 동안 시장이자율 또는 다른 지표에 따라 변동되는 이자를 지급하며 만기에 상환할 금액이 확정된 채무상품을 말한다.

③ 할인채권 : 계약상 현금흐름이 만기에만 발생하는 채무상품으로 만기까지 이자지급이 없으며 채무상품의 만기에 상환할 금액이 확정된 채무상품을 말한다.

④ 영구채권 : 계약상 현금흐름이 이자로만 구성되고 만기가 특정되지 아니한 채무상품을 말한다.

⑤ 외화표시채권 : 계약상 현금흐름이 본원통화가 아닌 외화로 표시된 경우의 채무상품을 말한다.

2.1. 채무상품 발행자

계약상 현금흐름이 단순히 원리금으로만 구성된 채무상품은 거래상대방에게 금융자산을 인도할 계약상 의무를 가지므로 금융부채로 분류한다.

① 최초측정 : 금융부채는 공정가치로 최초측정한다. 채무상품의 활성시장 공시가격(〈수준1〉투입변수)이 관측되지 않는 한, 채무상품의 거래가격(발행금액)을 공정가치의 최선의 추정치로 본다. 채무상품의 발행과 직접 관련되는 비용은 공정가치에서 차감하여 최초측정한다.

- 채무상품을 거래가격(발행금액)으로 최초측정하므로 이 채무상품과 동일한 조건하에서 유사한 신용상태와 실질적으로 같은 현금흐름을 제공하는 다른 채무상품의 시장수익률(예 : 만기수익률) 정보를 관측할 필요가 없다. 채무상품 발행자는 거래가격에서 채무상품의 거래원가(예 : 사채발행비용)를 차감한 금액과 이 채무상품의 미래현금흐름의 현재가치를 일치시키는 유효이자율을 계산한다.
- 채무상품의 거래가격에 채무상품 외의 다른 대가가 포함되었다면 이 채무상품의 공정가치를 측정한다. 총 거래가격에서 채무상품의 공정가치를 차감한 금액을 다른 대가의 가치에 배분한다.
- 채무상품이 활성시장에서 거래되고 있다면 활성시장의 공시가격(〈수준1〉 투입변수)으로 채무상품의 공정가치를 최초측정한다. 공정가치와 거래가격의 차이는 즉시 당기손익으로 인식한다.

② 후속측정 : 계약상 현금흐름이 원리금으로만 구성된 단순한 형태의 채무상품은 계약상 현금흐름을 변동시킬 요소가 없으므로 상각후원가로 후속측정한다. 상각후원가로 후속측정한다 함은 채무상품의 기대존속기간의 추정 미래현금지급액의 현재가치와 금융부채의 상각후원가를 정확히 일치시키는 유효이자율을 계산하고 유효이자율에 따라 관련기간에 이자비용을 손익으로 인식하고 배분하는 방법을 말한다.

예 제 채무상품의 최초측정 및 후속측정

기업은 20×1년 1월 1일 계약상 현금흐름이 단순히 원리금으로만 구성된 채무상품(회사채)을 액면금액(10,000원)으로 발행하였다. 이 채무상품의 만기는 5년이며, 액면금액은 10,000원이고 액면이자율은 연 6.0%(연 600원)이다. 이 채무상품의 발행과 관련된 비용(거래원가)은 150원이다. 채무상품 발행일의 이 채무상품과 동일한 조건하에서 유사한 신용상태와 실질적으로 같은 현금흐름을 제공하는 다른 채무상품의 시장이자율(만기수익률)은 8.0%이다.

① 최초측정 : 금융부채의 최초측정시점에 거래가격은 공정가치의 최선의 추정치이다. 따라서, 이 금융부채와 같은 조건하의 동일신용위험 채무상품의 시장이자율은 고려하지 않고 거래가격을 최초측정시점의 공정가치로 보며 공정가치(거래가격)에서 거래원가를 차감한 금액으로 금융부채를 최초인식한다.

- 공정가치에서 거래원가를 차감한 상각후원가와 금융부채의 미래예상 현금흐름의 현재가치를 일치시키는 유효이자율을 다음과 같이 측정한다.
  - ㉠ 상각후원가(최초인식 총장부금액) : 거래가격(10,000원) - 거래원가(150원) = 9,850원
  - ㉡ 상각후원가와 미래예상 현금흐름의 현재가치를 일치시키는 유효이자율은 다음과 같이 6.36%로 측정된다. 유효이자율은 엑셀프로그램(IRR)이나 재무계산기를 통해 계산할 수 있다.

	현재시점	20×1	20×2	20×3	20×4	20×5
현금흐름	-9,850	600	600	600	600	10,600
유효이자율	6.36%					

- 최초인식시점에 공정가치(거래가격)에서 거래원가를 차감하므로 기업은 이 금융부채의 상각후원가를 9,850원으로 인식한다. 발행금액(10,000원)과 상각후원가의 차이금액(150원)은 후속측정기간 동안 이자비용으로 배분된다.
- 실무적으로 채무상품의 발행과 관련된 직·간접 비용이 발생하므로 거래가격 그대로 최초인식되는 경우는 드물다. 예를 들어, 기업이 채무상품을 액면금액으로 발행하더라도 대부분의 경우에 거래원가가 발생하므로 거래원가를 고려하여 계산된 상각후원가와 미래예상현금흐름의 현재가치를 일치시키는 유효이자율에 대한 계산이 필요하다.

② 후속측정 : FVPL - 금융부채 외의 금융부채는 후속적으로 상각후원가로 측정한다. 상각후원가로 후속측정한다 함은 채무상품의 기대존속기간의 추정 미래현금지급액의 현재가치와 금융부채의 상각후원가를 정확히 일치시키는 유효이자율을 계산하고 유효이자율에 따라 관련기간에 이자비용을 손익으로 인식하고 배분하는 방법을 말한다.

- 기업은 이 금융부채의 잔존만기(5년) 동안 유효이자율법을 이용하여 다음과 같이 후속측정한다.

	기초총장부금액	이자비용	이자현금흐름	상각액	기말총장부금액
20×1	9,850	626	600	26	9,876
20×2	9,876	628	600	28	9,905
20×3	9,905	630	600	30	9,934
20×4	9,934	632	600	32	9,966
20×5	9,966	634	600	34	10,000

• 기업은 후속기간 동안 총장부금액에 최초측정시점에 산출한 유효이자율(6.36%)을 곱하여 계산된 금액을 이자비용으로 인식한다. 후속기간 동안 인식할 이자비용은 다음과 같다.

㉠ 20×1년 이자비용 : 9,850원×6.36%=626원

㉡ 20×2년 이자비용 : 9,876원×6.36%=628원

㉢ 20×3년 이자비용 : 9,905원×6.36%=630원

㉣ 20×4년 이자비용 : 9,934원×6.36%=632원

㉤ 20×5년 이자비용 : 9,966원×6.36%=634원

예 제 　다른 대가가 포함된 경우의 채무상품 측정

기업은 20×1년 1월 1일 계약상 현금흐름이 단순히 원리금으로만 구성된 채무상품(회사채)을 액면금액(10,000원)으로 발행하였다. 이 채무상품의 만기는 5년이며, 액면금액은 10,000원이고 액면이자율은 연 6.0%(연 600원)이다. 이 채무상품의 발행과 관련된 비용(거래원가)은 150원이다. 채무상품 발행일의 이 채무상품과 동일한 조건하에서 유사한 신용상태와 실질적으로 같은 현금흐름을 제공하는 다른 채무상품의 시장이자율(만기수익률)은 8.0%이다. 기업은 이 채무상품을 발행하면서 거래상대방에게 용역을 제공하기로 하였으며 이러한 대가는 채무상품의 발행가액에 포함되어 있다. 이 채무상품과 유사한 다른 채무상품의 시장이자율(8.0%)보다 낮은 액면이자율(6.0%)이 적용됨에도 불구하고 액면금액으로 발행된 것은 이러한 용역대가가 포함된 것으로 입증된다.

① 최초측정 : 일반적으로 금융부채의 최초측정시점에 거래가격은 공정가치의 최선의 추정치이다. 그러나 이 채무상품의 거래가격(발행금액)에는 다른 용역대가가 포함되어 있으므로 기업은 금융부채를 공정가치로 측정한다. 또한, 채무상품의 공정가치에서 거래원가를 차감하여 금융부채를 최초인식한다.

• 금융부채의 공정가치는 발행시점, 이 채무상품과 동일한 조건 하에서 유사한 신용상태와 실질적으로 같은 현금흐름을 제공하는 다른 채무상품의 시장이자율(8.0%)을 이용하여 다음과 같이 측정한다.

㉠ 원금의 현재가치 : 10,000원×0.6806(5년, 8.0% 현가계수)=6,806원

㉡ 이자의 현재가치 : 600원×3.9927(5년, 8.0% 연금현가계수)=2,396원

㉢ 금융부채 공정가치 : 원금 현재가치(6,806원)+이자 현재가치(2,396원)
=9,202원

• 채무상품의 발행금액에 포함된 다른 용역대가는 다음과 같이 798원으로 인식한다. 이러한 용역대가는 수익인식기준과 관련된 기준서(K-IFRS 1115호)에 따라 처리하며 최초측정일에 수익인식기준의 요건을 만족하지 못한 경우 부채로 인식한다.

㉠ 금융부채 공정가치 : 9,202원

㉡ 용역대가 : 채무상품 거래가격(10,000원)-금융부채 공정가치(9,202원)=798원

• 거래가격에 다른 대가가 포함된 경우에는 금융부채를 공정가치로 측정하고 이 공정가치에서 거래원가를 추가로 차감한 금액으로 최초측정한다.

㉠ 금융부채 상각후원가 : 금융부채 공정가치(9,202원) - 거래원가(150원) = 9,052원

㉡ 금융부채 상각후원가와 이 채무상품의 미래예상현금흐름의 현재가치를 일치시키는 유효이자율은 다음과 같이 8.40%로 측정된다.

	현재시점	20×1	20×2	20×3	20×4	20×5
현금흐름	-9,052	600	600	600	600	10,600
유효이자율	8.40%					

• 기업은 이 금융부채의 상각후원가를 9,052원으로 인식한다. 발행금액(10,000원)과 상각후원가의 차이금액(958원)은 현재가치할인차금으로 인식하여 후속측정기간 동안 이자비용으로 배분된다. 현재가치할인차금에 대응되는 항목으로 기업은 채무상품의 거래가격에 포함되어 있는 용역대가 798원(기타부채)과 거래원가(현금지출)를 각각 인식한다.

② 후속측정 : FVPL - 금융부채 외의 금융부채는 후속적으로 상각후원가로 측정한다. 상각후원가로 후속측정한다 함은 채무상품의 기대존속기간의 추정 미래현금지급액의 현재가치와 금융부채의 상각후원가를 정확히 일치시키는 유효이자율을 계산하고 유효이자율에 따라 관련기간에 이자비용을 손익으로 인식하고 배분하는 방법을 말한다.

• 기업은 이 금융부채의 잔존만기(5년) 동안 유효이자율법을 이용하여 다음과 같이 후속측정한다.

	기초총장부금액	이자비용	이자현금흐름	상각액	기말총장부금액
20×1	9,052	760	600	160	9,212
20×2	9,212	774	600	174	9,386
20×3	9,386	788	600	188	9,574
20×4	9,574	804	600	204	9,779
20×5	9,779	821	600	221	10,000

• 기업은 후속기간 동안 총장부금액에 유효이자율(8.40%)을 곱하여 계산된 금액을 이자비용으로 인식한다. 즉, 후속기간 동안 인식할 이자비용은 다음과 같다.

㉠ 20×1년 이자비용 : 9,052원×8.40% = 760원

㉡ 20×2년 이자비용 : 9,212원×8.40% = 774원

㉢ 20×3년 이자비용 : 9,386원×8.40% = 788원

㉣ 20×4년 이자비용 : 9,574원×8.40% = 804원

㉤ 20×5년 이자비용 : 9,779원×8.40% = 821원

2.2. 채무상품 보유자

채무상품은 거래상대방으로부터 금융자산을 수취할 계약상 권리이므로 금융자산의 요건을 만족한다. 단순한 유형의 채무상품에 대해 발행자는 후속적으로 상각후원가로 측정하는 반면 보유자는 계약상 현금흐름의 특성과 기업의 사업모형에 따라 분류하고 분류된 바에 따라 일관되게 후속측정한다.

일반적으로 단순한 형태의 일반채무상품은 계약상 현금흐름이 원리금만으로 구성되므로 SPPI 조건을 만족한다. SPPI 조건을 만족하는 금융자산의 분류기준은 기업의 사업모형이다. 「사업모형」은 현금흐름을 창출하기 위해 금융자산을 관리하는 방식을 뜻한다. 기업은 아래의 사업모형에 따라 금융자산을 다음 중 어느 하나로 분류한다.

① 금융자산의 계약상 현금흐름 수취가 목적인 사업모형 : 「AC - 금융자산」
② 금융자산의 계약상 현금흐름 수취 및 매도가 목적인 사업모형 : 「FVOCI - 금융자산」
③ 그 밖의 사업모형(금융자산의 매도가 목적인 사업모형) : 「FVPL - 금융자산」

보유자의 사업모형 평가는 다음의 상황을 고려한다.

> K-IFRS 1109 B4.1.2~1.2B
>
> ① 사업모형은 최악의 상황 시나리오나 위기상황 시나리오 같이 발생할 것이라고 합리적으로 예상되지 않는 시나리오에 근거하여 평가하지 않는다.
>
> • 금융자산을 위기상황 시나리오에서만 매도할 것으로 예상하는 경우, 그러한 시나리오가 발생하지 않을 것이라고 합리적으로 예상한다면 그 시나리오는 해당 금융자산의 사업모형 평가에 영향을 미치지 않는다.
>
> • 현금흐름이 사업모형을 평가했던 시점의 예상과 다르게 실현되더라도(예 : 예상보다 금융자산을 더 많이 또는 더 적게 매도한 경우) 사업모형을 평가할 때 이용할 수 있었던 모든 관련 정보를 고려하였다면 재무제표에 과거기간의 오류가 있는 것은 아니며 그 사업모형에서 보유하고 있는 나머지 금융자산의 분류에 영향을 미치지 않는다.
>
> • 새로 창출 또는 매입하는 금융자산의 사업모형 평가에는 과거 현금흐름이 실현된 방식에 대한 정보와 그 정보와 관련된 그 밖의 모든 정보와 함께 고려한다.
>
> ② 사업모형은 특정사업목적을 위해 금융자산 집합을 함께 관리하는 방식을 반영하는 수준에서 결정하며 개별상품에 대한 경영진의 의도와는 무관하다. 이는 금융상품별 분류접근법이 아니며 더 높은 수준으로 통합하여 결정해야 한다.
>
> • 기업은 금융상품을 관리하는 둘 이상의 사업모형을 가질 수 있으며 금융자산 분류를 보고실체 수준에서 결정할 필요는 없다. 예를 들어 계약상 현금흐름을 얻기 위해 관리하는 투자 포트폴리오와 공정가치 변동을 실현하기 위해 거래할 목적으로 관리하는 다른 투자 포트폴리오를 보유하고 있을 수 있다.

- 어떤 상황에서는 금융자산을 관리하는 수준을 반영하기 위해 금융자산 포트폴리오를 하위 포트폴리오로 세분화하는 것이 적절할 수도 있다. 예를 들면 부동산담보대출 포트폴리오를 창출하거나 매입하면서 일부는 계약상 현금흐름의 수취 목적으로 관리하고 나머지는 매도 목적으로 관리할 수 있다.

③ 사업모형은 단순한 주장이 아닌 사실에 근거해야 한다. 이는 사업모형의 목적을 이루기 위해 수행하는 활동을 통해 관찰할 수 있다. 사업모형을 평가할 때는 판단이 필요하며 이러한 평가는 단일요소나 하나의 활동에 좌우되지 않는다. 대신에 평가일에 이용할 수 있는 아래와 같은 증거들을 고려한다.

㉠ 사업모형과 사업모형에서 보유하는 금융자산의 성과를 평가하고 그 평가내용을 주요 경영진에게 보고하는 방식

㉡ 사업모형과 사업모형에서 보유하는 금융자산의 성과에 영향을 미치는 위험과 위험을 관리하는 방식

㉢ 사업의 경영진에 대한 보상방식(예 : 관리하는 자산의 공정가치에 기초하여 보상하는지 아니면 수취하는 계약상 현금흐름에 기초하여 보상하는지)

AC-금융자산

계약상 현금흐름 수취가 목적인 사업모형은 금융자산의 존속기간에 걸쳐 계약상 지급액을 수취하여 현금흐름을 실현하도록 관리한다. 즉, 금융자산을 보유하기도 하고 매도하기도 하면서 전반적인 수익을 관리하는 것이 아니라 계약상 현금흐름을 수취하기 위해 금융자산을 관리하는 경우이다. 기업이 금융자산의 사업모형을 계약상 현금흐름을 수취하는 것을 목적으로 하는 경우 그 금융자산을 AC-금융자산으로 분류하고 그러한 분류에 따라 일관되게 후속측정한다.

K-IFRS 1109 B4.1.2C~3B

계약상 현금흐름을 수취하는 것을 목적으로 하는 사업모형은 다음의 내용을 고려한다.

① 금융자산의 현금흐름이 계약상 현금흐름의 수취를 통해 실현되는지의 판단은 과거매도의 빈도, 금액, 시기, 이유 및 미래 매도활동에 대한 예상을 고려한다.

② 매도자체가 사업모형을 결정하지는 아니하므로 이를 단독으로 고려해서는 안 된다. 매도에 대한 과거정보와 미래예상은 금융자산을 관리하는 기업의 공식적인 목적이 어떻게 성취되는지와 구체적으로 현금흐름이 어떻게 실현되는지와 관련된 증거를 제공한다. 과거 매도의 이유와 상황을 현재 상황과 비교하여 과거의 매도정보를 고려해야 한다.

③ 사업모형의 목적이 계약상 현금흐름을 수취하기 위한 것이더라도 모든 금융상품을 만기까지 보유할 필요는 없다. 금융자산의 매도가 일어나거나 미래에 일어날 것으로 예

상되는 경우에도 사업모형은 계약상 현금흐름을 수취하기 위해 금융자산을 보유하는 것일 수 있다.

④ 금융자산의 신용위험이 증가하여 이를 매도하더라도 계약상 현금흐름을 수취하기 위해 자산을 보유하는 것이 목적인 사업모형일 수 있다. 신용위험이 증가했는지 판단하기 위해서 미래전망 정보를 포함하여 합리적이고 뒷받침될 수 있는 정보를 고려한다.

㉠ 매도의 빈도와 금액에 상관없이 신용위험 증가로 인해 매도한다고 해서 계약상 현금흐름을 수취하기 위해 금융자산을 보유하는 것이 목적인 사업모형과 상충되는 것이 아니다. 이는 금융자산의 신용의 질이 계약상 현금흐름을 수취할 수 있는 능력과 관련되기 때문이다.

㉡ 신용악화로 인한 잠재적인 신용손실을 최소화하는 것이 목적인 신용위험 관리활동은 이러한 사업모형에 필수적이다. 신용위험 증가로 인한 매도의 예로서 문서화한 투자방침에서 정한 신용기준을 더는 충족하지 못하게 되어 금융자산을 매도하는 경우를 들 수 있다. 그러나 이러한 방침이 없는 경우에는 다른 방법으로 신용위험의 증가로 인한 매도임을 제시할 수도 있다.

⑤ 금융자산의 신용위험 증가로 인한 것이 아니라 신용집중 위험을 관리하기 위한 매도와 같이 그 밖의 이유로 인한 매도도 계약상 현금흐름을 수취하기 위해 금융자산을 보유하는 것이 목적인 사업모형과 일관될 수 있다.

㉠ 매도금액이 유의적이더라도 매도가 빈번하지 않거나 매도가 빈번하더라도 매도금액이 유의적이지 않다면 계약상 현금흐름 수취를 위한 사업모형과 일관될 수 있다.

㉡ 하나의 포트폴리오에서 드물지 않게 매도가 일어나고 매도금액이 유의적인 경우에는 해당 매도가 계약상 현금흐름을 수취하는 목적과 일관되는지 평가할 필요가 있다. 평가는 제3자가 금융자산을 매도하도록 강제하는지 또는 기업의 재량에 따른 것인지와는 관련이 없다. 매도빈도나 매도금액이 증가한 이유를 설명하고 매도를 사업모형의 변경으로 반영해야 하는 것이 아님을 제시할 수 있다면 그 매도가 반드시 계약상 현금흐름을 수취하기 위해 금융자산을 보유하는 목적과 상충되는 것은 아니다.

㉢ 금융자산의 만기가 가까운 시점에 매도하고 매도로 수취하는 대가가 남은 계약상 현금흐름의 수취액과 거의 같다면 그 매도는 계약상 현금흐름을 수취하기 위해 금융자산을 보유하는 목적과 일관될 수 있다.

기업이 SPPI 조건을 만족하는 채무상품을 사업모형에 따라 AC-금융자산으로 분류할 경우 공정가치로 최초측정하고 후속적으로 상각후원가로 측정한다.

① 최초인식 시점의 공정가치의 최선의 추정치는 거래가격이므로 거래가격에 거래원가를 가산한 금액으로 최초측정한다.

② 상각후원가로 후속측정한다 함은 채무상품의 기대존속기간의 추정 미래현금지급액의 현재가치와 금융자산의 상각후원가를 정확히 일치시키는 유효이자율을 계산

하고 유효이자율에 따라 관련기간에 이자수익을 손익으로 인식하고 배분하는 방법을 말한다.

예 제 AC-금융자산의 최초측정 및 후속측정

기업은 20×1년 1월 1일 다른 기업이 발행한 채무상품을 액면금액으로 매입하였다.

- 금융자산(채무상품)의 계약상 만기는 5년이고 액면금액은 10,000원이며 액면이자율은 연 6.0%(연 600원)이다. 이 채무상품의 SPPI 조건을 검토한 결과 금융자산의 계약상 현금흐름이 원리금으로 구성된 것으로 판단하였다.
- 채무상품의 취득과 관련된 비용(거래원가)은 50원이다.
- 채무상품 발행일에 이 채무상품과 동일한 조건 하에서 유사한 신용상태와 실질적으로 같은 현금흐름을 제공하는 다른 채무상품의 시장이자율(만기수익률)은 연 8.0%이다.
- 기업은 이 채무상품에 대해 계약상 현금흐름 수취를 목적으로 하는 사업모형으로 분류하기로 결정함에 따라 이 채무상품을 AC-금융자산으로 분류하였다.

① 최초측정 : AC-금융자산의 최초측정 시점에 거래가격은 공정가치의 최선의 추정치이다. 따라서, 이 금융자산과 같은 조건하의 동일신용위험 채무상품의 시장이자율은 고려하지 않고 거래가격을 최초측정시점의 공정가치로 본다. 또한, 공정가치(거래가격)에서 거래원가를 가산한 금액으로 AC-금융자산을 최초인식한다.

- 금융자산의 공정가치(거래가격)에서 거래원가를 더한 상각후원가와 AC-금융자산의 미래예상 현금흐름의 현재가치를 일치시키는 유효이자율을 다음과 같이 측정한다.
  - ㉠ 상각후원가 : 거래가격(10,000원) + 거래원가(50원) = 10,050원
  - ㉡ 상각후원가와 미래예상 현금흐름의 현재가치를 일치시키는 유효이자율은 다음과 같이 5.88%로 측정된다.

	현재시점	20×1	20×2	20×3	20×4	20×5
현금흐름	-10,050	600	600	600	600	10,600
유효이자율	5.88%					

- 최초인식시점에 공정가치(거래가격)에 거래원가를 가산하므로 기업은 이 AC-금융자산의 상각후원가를 10,050원으로 인식한다.
- 일반적으로 채무상품의 매입과 관련된 직·간접 비용이 발생하므로 거래가격으로 최초인식되는 경우는 드물다. 즉, 기업이 채무상품을 액면금액으로 매입하더라도 대부분의 경우에 거래원가가 발생하므로 거래원가를 고려하여 계산된 상각후원가와 미래예상현금흐름의 현재가치를 일치시키는 유효이자율에 대한 계산이 필요하다.

② 후속측정 : AC-금융자산은 후속적으로 상각후원가로 측정한다. 상각후원가로 후속측정한다 함은 채무상품의 기대존속기간의 추정 미래현금지급액의 현재가치와 AC-금융자산의 상각후원가를 정확히 일치시키는 유효이자율을 계산하고 유효이자율에 따라 관련기간에 이자수익을 손익으로 인식하고 배분하는 방법을 말한다.

• 기업은 AC-금융자산의 잔존만기(5년) 동안 유효이자율법을 이용하여 후속측정한다.

	기초총장부금액	이자수익	이자현금흐름	상각액	기말총장부금액
20×1	10,050	591	600	-9	10,041
20×2	10,041	591	600	-9	10,032
20×3	10,032	590	600	-10	10,022
20×4	10,022	589	600	-11	10,011
20×5	10,011	589	600	-11	10,000

• 기업은 후속기간동안 총장부금액에 유효이자율(5.88%)을 곱하여 계산된 금액을 이자수익으로 인식한다. 후속기간 동안 인식할 이자수익은 다음과 같다.

㉠ 20×1년 이자수익 : 10,050원×5.88%=591원
㉡ 20×2년 이자수익 : 10,041원×5.88%=591원
㉢ 20×3년 이자수익 : 10,032원×5.88%=590원
㉣ 20×4년 이자수익 : 10,022원×5.88%=589원
㉤ 20×5년 이자수익 : 10,011원×5.88%=589원

FVOCI-금융자산

계약상 현금흐름 수취와 금융자산의 매도 둘 다를 통해 목적을 이루는 사업모형은 금융자산의 존속기간에 걸쳐 계약상 지급액을 수취하여 현금흐름을 실현하도록 관리한다. 이 사업모형에서 경영진은 계약상 현금흐름의 수취와 금융자산의 매도 둘 다가 사업모형의 목적을 이루는 데에 필수적이라고 결정한다. 기업이 금융자산의 사업모형을 계약상 현금흐름 수취와 매도 둘 다를 목적으로 하는 경우 그 금융자산을 FVOCI-금융자산으로 분류하고 그러한 분류에 따라 일관되게 후속측정한다.

K-IFRS 1109 B4.1.4A~4B
계약상 현금흐름 수취와 매도 둘 다를 목적으로 하는 사업모형은 다음의 내용을 고려한다.
① 다양한 목적이 이 사업모형과 일관될 수 있다. 예를 들어 매일 유동성수요를 관리하거나 특정 이자수익률 수준을 유지하거나 금융자산을 조달하는 부채의 듀레이션에 금융자산의 듀레이션을 맞추는 것일 수 있다. 이러한 목적을 이루기 위해 금융자산의 계약상 현금흐름을 수취하기도 하고 매도하기도 한다.
② 계약상 현금흐름을 수취하기 위해 금융자산을 보유하는 것이 목적인 사업모형과 비교하면 이 사업모형에서는 더 빈번하게 더 많은 금액을 매도할 것이다. 사업모형의 목적을 이루기 위해서 금융자산의 매도가 부수적이 아니라 필수적이기 때문이다.

③ 계약상 현금흐름 수취와 금융자산의 매도 둘 다가 사업모형의 목적을 이루는 데에 필수적이기 때문에 이러한 사업모형에서 일어나야만 하는 매도의 빈도나 금액에 대한 기준은 없다.

기업이 SPPI 조건을 만족하는 채무상품을 사업모형에 따라 「FVOCI - 금융자산」으로 분류할 경우 공정가치로 최초측정하고 후속적으로 공정가치로 측정하여 공정가치변동분을 기타포괄손익으로 인식한다.

① 최초인식 시점의 공정가치의 최선의 추정치는 거래가격이므로 거래가격에 거래원가를 가산한 금액으로 최초측정한다.

② FVOCI - 금융자산은 후속적으로 공정가치로 측정하고 공정가치변동분을 기타포괄손익으로 인식(단, 손상차손및 환입과 외환손익은 제외)한다. 단, FVOCI - 금융자산의 계약상 현금흐름은 원리금이므로 이자수익에 대해서는 AC - 금융자산과 동일하게 유효이자율법을 이용하여 이자수익을 인식한다.

- 기업이 금융자산을 AC - 금융자산으로 분류하든, FVOCI - 금융자산으로 분류하든 후속적으로 측정하는 당기손익은 유효이자율법에 의한 이자수익으로 같다.
- 후속적으로 FVOCI - 금융자산을 공정가치로 측정함에 따라 장부금액이 변동되더라도 이후 후속측정에서 공정가치로 측정된 장부금액에 기초해 유효이자율을 재계산하거나 공정가치로 후속측정된 장부금액에 최초의 유효이자율을 적용하는 것이 아니라 최초측정된 장부금액에 유효이자율을 이용하여 이자수익을 계산한다.

③ FVOCI - 금융자산을 제거할 때에는 인식한 기타포괄손익누계액을 재분류 조정하여 자본에서 당기손익으로 재분류한다.

- FVOCI - 금융자산으로 측정하는 경우에 당기손익으로 인식하는 금액은 그 금융자산을 AC - 금융자산으로 측정하였더라면 당기손익으로 인식하였을 금액과 같다.

예 제 FVOCI - 금융자산의 최초측정 및 후속측정

기업은 20×1년 1월 1일 다른 기업이 발행한 채무상품을 액면금액으로 매입하였다.
- 금융자산(채무상품)의 계약상 만기는 5년이고 액면금액은 10,000원이며 액면이자율은 연 6.0%(연 600원)이다. 채무상품의 SPPI 조건을 검토한 결과 금융자산의 계약상 현금흐름이 원리금으로 구성된 것으로 판단하였다.
- 채무상품의 취득과 관련된 비용(거래원가)은 50원이다.

• 기업은 이 채무상품에 대해 계약상 현금흐름 수취와 매도 둘 다를 목적으로 하는 사업모형으로 분류하기로 결정하였으며, 이에 따라 이 채무상품을 FVOCI - 금융자산으로 분류하였다.

• 기업은 이 채무상품의 최초측정 후 매보고일에 공정가치를 후속측정하기 위해 이 채무상품과 동일한 조건하에서 유사한 신용상태와 실질적으로 같은 현금흐름을 제공하는 다른 채무상품의 시장이자율(만기수익률)을 다음과 같이 관측하였다.

㉠ 20×1년 말 시점, 4년 만기 동일조건 동일위험 채무상품의 시장이자율 : 8.0%

㉡ 20×2년 말 시점, 3년 만기 동일조건 동일위험 채무상품의 시장이자율 : 9.0%

• 기업은 20×3년 초(20×2년말 후속측정 다음날)에, 이 채무상품을 9,300원에 매도하였으며 이러한 매도를 통해 금융자산의 현금흐름에 대한 계약상 권리가 소멸되었다고 판단하였다. 따라서 이 금융자산은 제거조건을 만족한다.

① 최초측정 : FVOCI - 금융자산의 최초측정 시점에 거래가격은 공정가치의 최선의 추정치이므로 거래가격을 최초측정시점의 공정가치로 본다. 또한, 공정가치(거래가격)에서 거래원가를 가산한 금액으로 FVOCI - 금융자산을 최초인식한다.

• 금융자산의 공정가치(거래가격)에서 거래원가를 더한 상각후원가와 FVOCI - 금융자산의 미래예상 현금흐름의 현재가치를 일치시키는 유효이자율을 측정하였다.

㉠ 상각후원가 : 거래가격(10,000원) + 거래원가(50원) = 10,050원

㉡ 상각후원가와 미래예상 현금흐름의 현재가치를 일치시키는 유효이자율은 다음과 같이 5.88%로 측정된다.

	현재시점	20×1	20×2	20×3	20×4	20×5
현금흐름	-10,050	600	600	600	600	10,600
유효이자율	5.88%					

• 최초인식시점에 공정가치(거래가격)에 거래원가를 가산하므로 기업은 이 FVOCI - 금융자산의 상각후원가를 10,050원으로 인식한다.

② 후속측정 : FVOCI - 금융자산은 후속적으로 공정가치로 측정하고 공정가치변동분을 기타포괄손익으로 인식한다. 다만, FVOCI - 금융자산의 계약상 현금흐름은 원리금이므로 이자수익에 대해서는 AC - 금융자산과 동일하게 유효이자율법을 이용하여 이자수익을 인식한다.

• 기업은 FVOCI - 금융자산을 잔존만기(5년) 동안 보유할 경우를 가정하여 유효이자율법으로 다음과 같이 후속측정한다. 즉, 기업은 후속기간동안 총장부금액에 유효이자율(5.88%)을 곱하여 계산된 금액을 이자수익으로 인식한다. FVOCI - 금융자산에 대해 인식할 이자수익은 AC - 금융자산과 동일한 방법으로 측정된다.

	기초총장부금액	이자수익	이자현금흐름	상각액	기말총장부금액
20×1	10,050	591	600	-9	10,041
20×2	10,041	591	600	-9	10,032

	기초총장부금액	이자수익	이자현금흐름	상각액	기말총장부금액
20×3	10,032	590	600	-10	10,022
20×4	10,022	589	600	-11	10,011
20×5	10,011	589	600	-11	10,000

• 기업은 20×1년말 시점의 동일조건·동일위험 채무상품의 시장이자율(YTM) 8.0%를 이용하여 FVOCI-금융자산의 공정가치를 다음과 같이 측정하였다.

㉠ 원금의 현재가치 : 10,000원×0.7350(8.0%, 4년 현가계수)=7,350원

㉡ 이자의 현재가치 : 600원×3.3121(8.0%, 4년 연금현가계수)=1,987원

㉢ 금융자산의 공정가치 : 7,350원+1,987원=9,337원

• 또한, 기업은 20×2년말 시점의 동일조건·동일위험 채무상품의 시장이자율(YTM) 9.0%를 이용하여 FVOCI-금융자산의 공정가치를 다음과 같이 측정하였다.

㉠ 원금의 현재가치 : 10,000원×0.7722(9.0%, 3년 현가계수)=7,722원

㉡ 이자의 현재가치 : 600원×2.5313(9.0%, 3년 연금현가계수)=1,519원

㉢ 금융자산의 공정가치 : 7,722원+1,519원=9,241원

• 이에 따라 기업은 20×1년과 20×2년에 다음과 같이 당기손익(이자수익)과 기타포괄손익(공정가치변동분)을 보고한다.

㉠ 20×1년말 공정가치변동 누적액 : 20×1년말 공정가치(9,337원)-20×1년말 상각후원가(10,041원)=(-)704원

㉡ 20×2년말 공정가치변동 누적액 : 20×2년말 공정가치(9,241원)-20×2년말 상각후원가(10,032원)=(-)791원

㉢ 20×2년말 기타포괄손익 추가인식액 : (-)791원-(-)704원=(-)87원

	시장이자율	이자수익	공정가치	총장부금액	누적기타 포괄손익
최초측정	5.88%	-	10,050	10,050	-
20×1년말	8.00%	591	9,337	10,041	-704
20×2년말	9.00%	591	9,241	10,032	-791

• 최초측정 시점의 유효이자율(5.88%)에 비해 후속측정 시점의 이자율이 상승함에 따라 금융자산의 공정가치가 하락하였다. 이 채무상품을 FVOCI-금융자산으로 분류하였으므로 최초인식된 유효이자율에 따른 이자수익을 당기손익으로 인식하고 공정가치변동분을 (누적)기타포괄손익으로 인식한다.

• 기업은 20×2년 후속측정 다음 날(20×3년초)에 이 채무상품을 9,300원에 매도하였으며 이러한 매도를 통해 금융자산의 계약상 현금흐름에 대한 권리가 소멸되었으므로 FVOCI-금융자산을 제거하고 제거손익을 당기손익으로 인식한다. 이때, 누적적으로 인식한 기타포괄손익누계액을 재분류조정으로 자본에서 당기손익으로 재분류한다.

㉠ 제거시점의 제거손익 : 거래가격(9,300원) - 공정가치(9,241원) = (+)59원
㉡ 기타포괄손익누계액(자본) : (-)791원
㉢ 총제거손익(당기손익) : 59원 + (-)791원 = (-)732원

• 이때, FVOCI - 금융자산에 대해 후속적으로 인식할 당기손익은 AC - 금융자산과 같다. 즉, 이 FVOCI - 금융자산을 AC - 금융자산으로 분류하였더라도 제거시점의 당기손익은 아래와 같이 (-)732원으로 같다.
㉠ 제거시점의 AC - 금융자산 장부금액(상각후원가) : 10,032원
㉡ 제거손익(당기손익) : 거래가격(9,300원) - 상각후원가(10,032원) = (-)732원

FVPL - 금융자산

계약상 현금흐름 수취목적의 사업모형이나 계약상 현금흐름 수취와 매도 둘 다가 아닌 사업모형, 즉 금융자산의 매도를 통해 목적을 이루는 사업모형을 적용하는 금융자산은 FVPL - 금융자산으로 분류하고 후속적으로 공정가치변동분을 당기손익으로 인식한다.

K-IFRS 1109 B4.1.5~6
금융자산을 계약상 현금흐름 수취목적의 사업모형이나 계약상 현금흐름 수취와 매도 둘 다가 목적인 사업모형으로 보유하지 않는 경우에는 해당 금융자산은 FVPL - 금융자산으로 분류하며 다음의 내용을 참고한다.

① 금융자산의 매도를 통해 현금흐름을 실현할 목적으로 금융자산을 관리하는 사업모형은 금융자산의 공정가치에 기초하여 의사결정하고 공정가치를 실현하기 위해 관리한다.
② 이 경우 기업은 적극적으로 매입하고 매도하게 된다. 금융자산을 보유하는 동안 계약상 현금흐름을 수취하더라도 계약상 현금흐름의 수취와 금융자산의 매도 둘 다를 통해 이뤄지는 것은 아니다. 이는 계약상 현금흐름의 수취가 사업모형의 목적을 이루는 데에 필수적이 아니라 부수적이기 때문이다.
③ 공정가치 기준으로 관리하고 그 성과를 평가하는 금융자산은 계약상 현금흐름을 수취하기 위해 보유하는 것이 아니며 계약상 현금흐름의 수취와 금융자산의 매도 둘 다를 위해 보유하는 것도 아니다. 기업은 공정가치 정보에 중점을 두어 금융자산의 성과를 평가하고 의사결정에 공정가치정보를 이용한다.
④ 단기매매의 정의를 충족하는 금융자산은 계약상 현금흐름을 수취하기 위해 보유하는 것이 아니며 계약상 현금흐름의 수취와 금융자산의 매도 둘 다를 위해 보유하는 것도 아니다. 이러한 금융자산 포트폴리오는 계약상 현금흐름의 수취가 사업모형의 목적을 이루는 데에 부수적일 뿐이다. 따라서 이러한 금융자산 포트폴리오는 당기손익 - 공정가치로 측정해야 한다.

기업이 SPPI 조건을 만족하는 채무상품을 사업모형에 따라 「FVPL - 금융자산」으로 분류할 경우 공정가치로 최초측정하고 후속적으로 공정가치로 측정하여 공정가치변동분을 당기손익으로 인식한다.

① 최초인식 시점의 공정가치의 최선의 추정치는 거래가격이다. 이때, FVPL - 금융자산으로 분류할 경우 거래원가를 가산하지 아니한 금액으로 최초측정한다.

② FVPL - 금융자산은 후속적으로 공정가치로 측정하고 공정가치변동분을 당기손익으로 인식한다. 이때, 채무상품인 FVPL - 금융자산의 계약상 현금흐름도 원리금이므로 이자수익에 대해서는 AC - 금융자산과 동일하게 유효이자율법을 이용하여 이자수익을 인식한다.

- 공정가치측정은 공정가치 서열체계의 순서대로 활성시장의 공시가격이 있는 경우 그 공시가격으로 공정가치를 측정하며 그러한 공시가격을 구할 수 없다면 이익접근법 또는 시장접근법과 같은 가치평가기법을 사용한다.

예 제 FVPL - 금융자산의 최초측정 및 후속측정

기업은 20×1년 1월 1일 다른 기업이 발행한 채무상품을 액면금액으로 매입하였다.

- 금융자산(채무상품)의 계약상 만기는 5년이고 액면금액은 10,000원이며 액면이자율은 연 6.0%(연 600원)이다. 채무상품의 SPPI 조건을 검토한 결과 금융자산의 계약상 현금흐름이 원리금으로 구성된 것으로 판단하였다.
- 채무상품의 매입과 관련된 비용(거래원가)은 50원이다.
- 기업은 이 채무상품의 매도를 목적으로 하는 사업모형으로 분류하기로 결정하였으며, 이에 따라 이 채무상품을 FVPL - 금융자산으로 분류하였다.
- 기업은 이 채무상품의 최초측정 후 매보고일에 공정가치를 후속측정하기 위해 이 채무상품과 동일한 조건하에서 유사한 신용상태와 실질적으로 같은 현금흐름을 제공하는 다른 채무상품의 시장이자율(만기수익률)을 다음과 같이 관측하였다.
  - ㉠ 20×1년 말 시점, 4년 만기 동일조건 동일위험 채무상품의 시장이자율 : 8.0%
  - ㉡ 20×2년 말 시점, 3년 만기 동일조건 동일위험 채무상품의 시장이자율 : 9.0%
- 기업은 20×3년 초(20×2년말 후속측정 다음날)에, 이 채무상품을 9,300원에 매도하였으며, 이러한 매도를 통해 금융자산의 현금흐름에 대한 계약상 권리가 소멸되었다고 판단하였다. 따라서 이 금융자산은 제거조건을 만족한다.

① 최초측정 : FVPL - 금융자산의 최초측정 시점에 거래가격은 공정가치의 최선의 추정치이므로 거래가격을 최초측정시점의 공정가치로 본다. FVPL - 금융자산은 거래원가를 공정가치에 가산하지 아니한다.

- FVPL-금융자산은 공정가치(거래가격)에 거래원가를 더하지 아니하므로 액면발행된 이 금융자산의 유효이자율은 액면이자율(6.0%)이다.
- 최초인식시점에 FVPL-금융자산을 공정가치(거래가격)인 10,000원으로 인식한다.
- 거래원가 50원은 즉시 당기손익으로 인식한다.

② 후속측정 : FVPL-금융자산은 후속적으로 공정가치로 측정하고 공정가치변동분을 당기손익으로 인식한다. 다만, FVPL-금융자산의 계약상 현금흐름은 원리금이므로 이자수익에 대해서는 AC-금융자산과 동일하게 유효이자율법을 이용하여 이자수익을 인식한다.

- 기업은 FVPL-금융자산을 잔존만기(5년) 동안 보유할 경우를 가정하여 유효이자율법으로 다음과 같이 후속측정한다. 즉, 기업은 후속기간동안 총장부금액에 유효이자율(6.0%)을 곱하여 계산된 금액을 이자수익으로 인식한다. FVPL-금융자산에 대해 인식할 이자수익은 AC-금융자산과 동일한 방법으로 측정된다.

	기초총장부금액	이자수익	이자현금흐름	상각액	기말총장부금액
20×1	10,000	600	600	-	10,000
20×2	10,000	600	600	-	10,000
20×3	10,000	600	600	-	10,000
20×4	10,000	600	600	-	10,000
20×5	10,000	600	600	-	10,000

- 기업은 20×1년말 시점의 동일조건·동일위험 채무상품의 시장이자율(YTM) 8.0%를 이용하여 FVPL-금융자산의 공정가치를 다음과 같이 측정하였다.
  - ㉠ 원금의 현재가치 : 10,000원×0.7350(8.0%, 4년 현가계수)=7,350원
  - ㉡ 이자의 현재가치 : 600원×3.3121(8.0%, 4년 연금현가계수)=1,987원
  - ㉢ 금융자산의 공정가치 : 7,350원+1,987원=9,337원
- 또한, 기업은 20×2년말 시점의 동일조건·동일위험 채무상품의 시장이자율 9.0%를 이용하여 FVPL-금융자산의 공정가치를 다음과 같이 측정하였다.
  - ㉠ 원금의 현재가치 : 10,000원×0.7722(9.0%, 3년 현가계수)=7,722원
  - ㉡ 이자의 현재가치 : 600원×2.5313(9.0%, 3년 연금현가계수)=1,519원
  - ㉢ 금융자산의 공정가치 : 7,722원+1,519원=9,241원
- 이에 따라 기업은 20×1년과 20×2년에 인식할 당기손익(이자수익 및 평가손익)을 다음과 같이 보고한다.

	시장이자율	이자수익	공정가치	장부금액	평가손익
최초측정	6.00%		10,000	10,000	-
20×1년말	8.00%	600	9,337	10,000	-663
20×2년말	9.00%	600	9,241	9,337	-96

- 최초측정 시점의 유효이자율(6.0%)에 비해 후속측정 시점의 이자율이 상승하여 금융자산의 공정가치가 하락하였다. 이 채무상품을 FVPL - 금융자산으로 분류하였으므로 이자수익 및 공정가치변동분을 당기손익으로 인식한다.
- 기업은 20×2년 후속측정 다음 날(20×3년초)에 이 채무상품을 9,300원에 매도하였으며 이러한 매도를 통해 금융자산의 계약상 현금흐름에 대한 권리가 소멸되었으므로 FVPL - 금융자산을 제거하고 제거손익을 당기손익으로 인식한다.
  ㉠ 매도거래가격 : 9,300원
  ㉡ FVPL - 금융자산 장부금액 : 9,241원
  ㉢ 제거손익 = 9,300원 - 9,241원 = 59원
- FVPL - 금융자산에 대한 일련의 거래로 인해 이 금융자산의 전체보유기간 인식할 당기손익은 결과적으로 FVOCI - 금융자산(앞의 예제)의 경우와 같이 450원으로 같다.

	거래원가	이자수익	평가이익	처분손익	합계
FVOCI - 금융자산	-	1,182	-	-732	450
FVPL - 금융자산	-50	1,200	-759	59	450

2.3. 할인채권

할인채권은 만기까지의 기간 동안 이자 지급 없이 만기에만 약정된 상환금액을 지급하는 채권을 말한다. 현실적으로 할인채권이 발행·유통되는 경우는 드물다. 일반적으로 할인채권은 국공채와 같이 신용위험이 낮은 발행자가 짧은 만기로 발행하는 경우가 대부분이다. 이러한 이유로 할인채권 자체의 공정가치측정이 요구되는 경우는 많지 않다고 볼 수 있겠다. 그렇지만 할인채권 평가는 공정가치측정에서 중요하다. 전환사채나 전환상환우선주와 같은 복합상품은 내재된 전환옵션으로 인해 주계약인 채무상품의 액면이자가 0%인 경우가 종종 있기 때문이다. 전환사채나 전환상환우선주의 주계약(채무상품)이 할인채권 형태이면 이러한 주계약은 할인채권의 평가방법을 따라야 하므로 할인채권의 평가구조를 이해하는 것은 매우 중요하다.

일반적으로 할인채권은 다음과 같은 특성을 가진다.

① 할인채권은 채무상품의 만기에 원금(또는 원금과 상환할증금)을 지급하며 존속기간 동안 액면이자를 지급하지 않으므로 할인발행된다(상환할증금이 있는 경우 액면발행되기도 한다).

② 할인발행된 후 만기에 약정된 상환금액을 지급하므로 발행시점(매입시점)부터 만기까지 이자율 변동위험이 없다. 즉, 할인채권 보유자는 보유기간 시장이자율 변동에 따른 액면이자의 재투자위험이 없다.

③ 할인채권의 만기상환금액과 현재가치를 일치시키는 내재이자율(유효이자율)을 현물이자율(Spot rate)이라 한다.

④ 할인채권은 발행시점부터 유효이자율을 고정시키는 효과가 있으므로 단기채권인 경우가 많다.

할인채권의 내재이자율을 현물이자율이라고 한다. 현물이자율은 이표채권의 내재이자율인 만기수익률(YTM)과 구분된다. 이표채권은 발행일부터 만기까지 이자지급횟수와 금액이 클수록 시장이자율 변동에 따른 재투자위험이 발생한다. 만기가 같더라도 현물이자율과 만기수익률은 서로 다르기 때문에 실무적으로 쉽게 관측할 수 있는 만기수익률 자료를 이용해 할인채권을 평가할 경우 잘못된 평가결과를 얻을 수 있다.

- 할인채권의 공정가치평가에 있어 가장 중요한 점은 할인채권의 계약상 현금흐름의 현재가치 계산은 만기수익률이 아닌 현물이자율을 할인율로 적용해야 한다는 점이다.
- 현물이자율(r_n)은 다음과 같이 할인채권의 계약상 현금흐름(만기상환금액으로만 구성된 현금흐름)의 현재가치를 현재시점가격과 일치시키는 내재이자율이다.

$$V_0 = \frac{FV}{(1+r_n)^n}$$

- $V_{(0,\ n)}$: 만기가 n인 할인채권가치
- FV : 액면금액
- r_n : 현물이자율(만기 = n)
- n : 만기

- 반면, 만기수익률은 다음과 같이 이표채권의 계약상 현금흐름(만기상환금액과 기간별 이자로 구성된 현금흐름)의 현재가치를 현재시점의 채권가격과 일치시키는 내재이자율이다.

$$V_0 = \frac{C_1}{(1+YTM_n)} + \frac{C_2}{(1+YTM_n)^2} + \cdots + \frac{C_n + FV}{(1+YTM_n)^n}$$

$$= \sum_{i=1}^{n} \frac{C_i}{(1+YTM_n)^i} + \frac{FV}{(1+YTM_n)^n}$$

- V_0 : 채권의 현재가치
- C_i : 액면이자
- FV : 액면금액
- YTM_n : 만기수익률(만기 = n)
- n : 채권만기

활성시장 공시가격이 없는 금융상품의 공정가치평가를 위해서는 〈수준3〉 투입변수를 활용하게 되는데, 할인채권은 만기가 단기인 경우가 대부분이며 발행자의 신용위험도 다양하지 않다. 이는 할인채권의 공정가치평가를 위한 〈수준3〉 투입변수를 관측하는 것이 현실적으로 불가능함을 의미한다. 할인채권의 공정가치평가에 있어 현물이자율을 관측할 수 없으므로 실무적으로 이표채권의 만기수익률을 그대로 이용하기도 하는데, 만기가 같은 이표채권의 만기수익률을 할인채권의 공정가치평가를 위한 〈수준3〉 투입변수로 이용할 경우 다음과 같은 문제가 발생한다.

- 할인채권의 공정가치평가에 있어 만기수익률을 이용하려면 만기수익률을 내재이자율로 하는 이표채권은 그 할인채권과 동일한 조건하에서 유사한 신용상태와 실질적으로 같은 현금흐름을 제공해야 한다.[11] 할인채권과 비교하여 만기와 신용위험이 같은 이표채권의 내재이자율(만기수익률)은 그러한 조건을 일부 만족할 수 있다. 그러나 할인채권과 이표채권은 실질적으로 같은 현금흐름을 구성하지 않는다. 즉, 만기에만 상환금액이 지급되는 할인채권과 정해진 시점에 이자를 지급하는 이표채권의 현금흐름은 가장 중요하며 근본적인 차이이다.

할인채권의 내재이자율인 현물이자율과 이표채권의 내재이자율인 만기수익률 간의 이러한 차이는 이자율의 기간구조[12]에 기인한다. 만일, 특정 만기수익률의 잔존만기별 수익률이 모두 같다면 이때의 만기수익률은 현물이자율과 일치한다. 반면, 특정 만기수익률의 잔존만기별 수익률이 다르면 이때의 만기수익률은 현물이자율과 다르다.

11) 유사채무상품이 되려면 이 채무상품과 동일한 조건하에서 유사한 신용상태와 실질적으로 같은 현금흐름을 제공하는 다른 채무상품이어야 한다(K-IFRS 1032호 AG31).

12) 이자율 기간구조와 현물이자율 및 만기수익률에 대한 자세한 설명은 「제3장 옵션평가모형」을 참고하기 바란다.

• 예를 들어, 3년 만기 이표채권의 만기수익률(YTM_3)이 8%이고, 1년 및 2년 만기수익률(YTM_1, YTM_2)도 모두 8%라면, 이때의 3년 만기수익률(YTM_3)은 3년 만기 현물이자율(r_3)과 같다. 그러나, 이자율의 기간구조로 인해 1년, 2년 및 3년 만기수익률이 같을 수 없다. 더욱이 이표채권의 일반적인 이자지급횟수는 분기단위이므로 분기별 만기수익률이 만기별로 동일한 경우는 거의 없다. 즉, 현실세계에서 이표채권 만기수익률이 현물이자율과 같은 경우는 만기가 극히 짧은 경우(예 : 3개월 또는 6개월 만기)의 채무상품에서만 가능할 것이다.

현실적으로 할인채권이 발행되는 경우가 드물기 때문에 현물이자율을 관측하는 것은 어렵다. 대안적인 방법으로 할인채권과 동일한 조건 하에서 유사한 신용위험을 가진 이표채권의 만기수익률을 이용해 현물이자율을 추출하는 방법(bootstrapping)을 이용한다. 이표채권의 만기수익률을 이용해 현물이자율을 추출하는 방법과 추출한 현물이자율로 할인채권의 공정가치를 평가하는 방법을 살펴보자.

(1) 현물이자율 추출[13)]

이표채권의 만기수익률에서 현물이자율을 추출하는 방법(bootstrapping)은 「만기수익률에 따라 계산된 이표채권의 현재가치」와 「기간별 현물이자율을 이용해 계산된 이표채권의 현재가치」가 같아야 하는 점을 이용한다. 만일 두 채권의 가치가 다르다면 높은 가격의 채권을 매도하고 낮은 가격의 채권을 매입함으로써 차익거래가 발생하기 때문이다. 예를 들어 5년 만기 현물이자율을 추출하는 과정은 다음과 같다. 채권의 액면금액은 모든 경우에 10,000원임을 가정한다.

① 만기수익률(YTM) 실측 : 할인채권과 동일한 조건하에서 유사한 신용위험을 가진 5년 만기 이표채권의 잔존만기수익률을 아래와 같이 관측한다. 일반적으로 이자율 기간구조에 의해 같은 신용위험이더라도 만기가 길수록 이자율이 상승한다. 이표채권의 이자지급 주기는 1년을 가정한다.[14)]

	1년	2년	3년	4년	5년
잔존만기수익률	5.00%	5.50%	6.00%	6.50%	7.00%

13) 현물이자율 추출방법은 옵션평가모형에서 이미 살펴본바 있다. 만기수익률을 이용해 현물이자율을 추출하는 이론적 배경은 「제3장 옵션평가모형」을 참고하기 바란다.

14) 실측되는 이표채권의 일반적인 이자지급 주기는 3개월인 경우가 일반적이다. 본서는 편의상 이자지급 주기를 1년으로 설정한 것임에 유의하기 바란다. 관측된 이표채권의 이자지급 주기가 3개월이면 현물이자율 추출도 3개월 단위로 이뤄져야 한다.

② 1년 현물이자율(r_1) 추출 : 1년 현물이자율은 1년 만기수익률과 같다.15) 즉 1년 만기수익률(YTM_1 = 5.00%)이 1년 현물이자율(r_1 = 5.00%)이 된다.

③ 2년 현물이자율(r_2) 추출 : 2년 현물이자율은 1년 현물이자율(r_1 = 5.00%)과 2년 만기수익률(YTM_2 = 5.50%)을 이용해 추출한다. 이때, 액면금액이 10,000원인 이표채권에 대해 2년 만기수익률(YTM_2 = 5.50%)과 동일한 액면이자(C_i = 550원)를 지급하는 이표채권의 현재가치는 아래와 같이 액면금액(10,000원)이 된다.

$$V(0,2) = \frac{C_1}{(1+YTM_2)} + \frac{C_2+FV}{(1+YTM_2)^2}$$

$$= \frac{550}{(1+5.50\%)} + \frac{10{,}550}{(1+5.50\%)^2} = 10{,}000.^{00}$$

• 차익거래가 발생하지 않기 위해서는 위의 2년 만기수익률(YTM_2 = 5.50%)을 이용해 계산한 2년 만기 이표채권의 현재가치(10,000원)가 아래의 기간별 현물이자율을 이용하여 계산한 2년 만기 이표채권의 현재가치와 일치해야 한다. 두 산식에 의한 채권가격이 일치해야 함을 이용해 2년 현물이자율을 추출하는 것이다.

$$V(0,2) = \frac{C_1}{(1+r_1)} + \frac{C_2+FV}{(1+r_2)^2}$$

$$= \frac{550}{(1+r_1)} + \frac{10{,}550}{(1+r_2)^2} = 10{,}000.^{00}$$

• 위 산식을 만족하는 2년 현물이자율(r_2)은 다음과 같이 5.51%로 계산된다. 이때, 1년 현물이자율은 위에서 구한 값(r_1 = 5.00%)을 이용한다.

$$r_2 = \sqrt[2]{\frac{C_2+FV}{V(0,2) - \left(\frac{C_1}{(1+r_1)}\right)}} - 1 = 5.51\%$$

$$r_1 = 5.00\%$$

15) 본서는 편의상 측정주기를 1년으로 하고 이자지급주기도 1년을 가정하였으므로 1년 현물이자율과 1년 만기수익률이 같은 것으로 표현하였다. 그러나 국내 채권평가회사가 공시하는 이표채권의 만기수익률은 이자지급주기를 3개월(국채는 6개월)로 가정하여 공시하고 있으므로 1년 만기수익률과 1년 현물이자율은 다르다. 또한, 같은 이유로 채권평가사의 최소 공시주기인 3개월 만기수익률과 3개월 현물이자율도 같지 않음에 주의하기 바란다.

④ 3년 현물이자율(r_3) 추출 : 3년 현물이자율은 1년 현물이자율(r_1 = 5.00%), 2년 현물이자율(r_2 = 5.51%) 그리고 3년 만기수익률(YTM_3 = 6.00%)을 이용해 다음과 같이 추출된다. 이때, 3년 만기수익률(YTM_3 = 6.00%)과 동일한 액면이자(C_i = 600원)를 지급하는 이표채권의 현재가치는 아래와 같이 액면금액(10,000원)이 된다.

$$V(0,3)=\frac{C_1}{(1+YTM_3)}+\frac{C_2}{(1+YTM_3)^2}+\frac{C_3+FV}{(1+YTM_3)^3}$$

$$=\frac{600}{(1+6.00\%)}+\frac{600}{(1+6.00\%)^2}+\frac{10,600}{(1+6.00\%)^3}=10,000.^{00}$$

• 2년 현물이자율을 구할 때와 마찬가지로 3년 만기수익률(YTM_3 = 6.00%)을 이용해 계산한 3년 만기 이표채권의 현재가치(10,000원)는 기간별 현물이자율(r_i)을 이용하여 계산한 3년 만기 이표채권의 현재가치와 일치해야 한다.

$$V(0,3)=\frac{C_1}{(1+r_1)}+\frac{C_2}{(1+r_2)^2}+\frac{C_3+FV}{(1+r_3)^3}$$

$$=\frac{600}{(1+r_1)}+\frac{600}{(1+r_2)^2}+\frac{10,600}{(1+r_3)^3}=10,000.^{00}$$

• 위 산식을 만족하는 3년 현물이자율(r_3)은 다음과 같이 6.04%로 계산된다. 이때, 앞에서 구한 1년 현물이자율(r_1 = 5.00%)과 2년 현물이자율(r_2 = 5.51%)을 이용한다.

$$r_3=\sqrt[3]{\frac{C_3+FV}{V(0,3)-\left(\frac{C_1}{(1+r_1)}+\frac{C_2}{(1+r_2)^2}\right)}}-1=6.04\%$$

$$r_1=5.00\% \qquad r_2=5.51\%$$

⑤ 4년 및 5년 현물이자율 추출 : 같은 방식으로 나머지 만기의 현물이자율을 추출하면, 4년 현물이자율(r_4)은 6.59%, 5년 현물이자율(r_5)은 7.15%로 추출된다. 만기가 길수록 현물이자율이 높아지는 현상이 관측된다. 추출된 만기별 현물이자율(r_i)을 정리하면 다음과 같다. 5년 만기수익률(YTM_5 = 7.00%)과 추출된 5년 만기 현물이자율(r_5 = 7.15%) 간에 차이가 있음을 알 수 있다.

	1년	2년	3년	4년	5년
Spot rate$_i$	5.00%	5.51%	6.04%	6.59%	7.15%

(2) 할인채권 공정가치

현물이자율 추출방법에 의해 추출된 현물이자율을 이용해 할인채권의 공정가치를 평가한다. 할인채권은 만기에만 현금흐름이 발생하므로 만기가 5년이고, 액면금액이 10,000원인 할인채권의 공정가치는 5년 현물이자율(r_5 = 7.15%)을 이용해 다음과 같이 계산된다.

$$V_0 = \frac{FV}{(1+r_n)^n} = \frac{10,000}{(1+7.15\%)^5} = 7,079.^{57}$$

- 만일, 할인채권의 공정가치평가에 있어 현물이자율을 이용하지 않고, 실측된 만기수익률(YTM_3 = 7.00%)을 이용하여 계산하면 다음과 같이 도출된다.

$$V_0 = \frac{FV}{(1+YTM_5)^5} = \frac{10,000}{(1+7.00\%)^5} = 7,129.^{86}$$

- 이때는 과대평가된 할인채권(7,129.^{86}원)을 매도하고 만기가 같은 할인채권을 공정가치(7,079.^{57}원)에 매입함으로써 차익거래이익을 얻을 수 있다.

(3) 할인채권 평가모형의 활용

현실적으로 할인채권이 발행 및 유통되는 경우는 드물기 때문에 할인채권의 공정가치평가가 직접적으로 필요한 경우는 흔하지 않을 것이다. 다만, 전환사채 등 복합상품은 전환옵션과 같은 내재파생요소에 의해 보유자는 충분한 기회이익을 얻을 수 있어 주계약인 채무상품의 액면이자율이 0%로 발행되는 경우가 있다.

- 액면이자율이 0%(액면이자가 0%이면서 만기보장수익률이 제공되는 채무상품 포함)인 채무상품은 주계약이 할인채권임을 뜻한다. 따라서, 복합상품의 내재파생요소(또는 자본요소와 부채요소)에서 주계약을 분리할 경우 할인채권인 주계약은 현물이자율을 이용해 공정가치를 평가한다.
- 또한, 확정이자를 지급하되 발행일로부터 만기에 다가갈수록 액면이자율이 증가하는 형태의 계약상 현금흐름을 구성하는 채무상품[16](만기이전까지 낮은 액면이자를

지급하다가 만기보장수익률을 추가 제공하는 경우 포함)의 공정가치측정에는 할인채권 평가에 요구되는 현물이자율을 활용하여 주계약을 평가한다.

- 자본요소와 부채요소로 구성된 복합금융상품에서 주계약이 금융부채이고 내재요소가 자본인 경우에는 부채요소의 공정가치를 먼저 측정하고 내재파생요소인 자본요소를 잔여가치로 측정하므로 주계약의 공정가치평가가 더욱 중요하다.

예 제　주계약이 할인채권인 복합금융상품의 공정가치

기업은 20×1년 1월 1일 전환사채를 액면금액 10,000원으로 발행하였다. 전환사채의 만기는 5년이고 액면이자율은 0%이다. 이 전환사채와 동일한 조건하에서 유사한 신용상태의 다른 채무상품에 비해 낮은 이자율을 제공함에도 불구하고 전환사채를 액면발행하는 것은 전환사채에 내재된 전환옵션 때문이다. 전환옵션은 만기까지의 기간 동안 언제든지 확정수량 및 확정금액의 보통주로 전환할 수 있는 권리이다(전환옵션은 자본요건을 만족한다).

- 전환사채 발행일에 이 전환사채와 동일한 조건하에서 유사한 신용상태와 실질적으로 같은 현금흐름을 제공하면서 전환옵션이 없는 채무상품(유사채무상품)의 잔존만기별 수익률(YTM) 실측결과는 다음과 같다.

	1년	2년	3년	4년	5년
YTM	5.00%	5.50%	6.00%	6.50%	7.00%

- 유사채무상품의 잔존만기수익률 실측결과를 이용하여 만기별 현물이자율(Spot $rate_i$)을 추출한 결과는 다음과 같다.

	1년	2년	3년	4년	5년
Spot $rate_i$	5.00%	5.51%	6.04%	6.59%	7.15%

- 기업은 추출된 5년 만기 현물이자율을 이용해 전환사채의 주계약의 공정가치를 다음과 같이 측정하였다.
  - ㉠ 원금의 현재가치 : 10,000원×0.707957(5년, 7.15% 현가계수)=7,079.^{57}원
  - ㉡ 이자의 현재가치 : 0원
  - ㉢ 주계약의 공정가치 : 7,079.^{57}원
- 발행기업은 전환사채의 공정가치를 다음과 같이 최초측정한다. 전환옵션이 자본요건을 만족하므로 거래가격(발행금액)에서 부채의 공정가치를 차감한 잔여가치를 자본요소(전환권)에 배분한다.
  - ㉠ 주계약(채무상품)의 공정가치 : 할인채권의 현재가치(7,079.^{57}원)
  - ㉡ 자본요소(전환권)의 공정가치 : 거래가격(10,000원) - 주계약 공정가치(7,079.^{57}원) =2,920.^{43}원

16) 이러한 step-up 방식의 이자를 지급하는 채무상품의 공정가치평가의 구체적인 방법은 본서의 「제2부 가치평가모형」 부분을 참고하기 바란다.

3 복합상품

복합상품(복합계약)은 비파생상품인 주계약과 파생요소가 결합된 금융상품을 말한다. 이때, 비파생상품인 주계약은 대개 파생요소가 없는 일반채무상품을 말한다. 앞서 살펴본 채무상품(할인채권 포함)이 여기에 해당한다. 복합상품은 이러한 비파생상품인 주계약에 파생요소가 부여되어 금융상품의 특성을 변화시킨다. 예를 들어 전환옵션은 비파생상품인 일반채무상품을 특성이 전혀 다른 지분상품(예 : 보통주)으로 변형시키는 파생요소이다.

3.1. 복합상품 유형

복합상품에는 전환사채, 신주인수권부사채 및 전환상환우선주와 같이 원본증권을 발행자의 다른 유형의 증권으로 변화시키는 전환금융상품 유형과 교환사채와 같이 원본증권이 발행자가 보유한 다른 유형의 증권으로 교환할 수 있는 교환금융상품 등 다양한 유형이 있을 수 있다. 금융시장의 발달에 따라 지금까지 존재하지 아니한 새로운 유형의 복합상품이 나타날 수도 있을 것이다. 다만, 국내에서 발행되는 복합상품의 대부분이 전환금융상품이므로 본서에서 다루는 복합상품은 전환형 복합상품 즉, 전환금융상품으로 가정한다. 또한, 교환사채와 같은 교환형 복합상품도 전환금융상품과 특성이 유사하므로 전환금융상품의 범주에 포함하여 설명한다.

본서가 공정가치측정 방법에 대해 설명할 전환금융상품 유형은 다음과 같다.

① 전환사채

② 신주인수권부사채

③ 교환사채

④ 전환상환우선주

복합계약 형태의 채무상품을 포함하여 다양한 유형의 복합상품이 있지만 이들 금융상품의 법적 형식이나 명칭에 따라 금융상품을 분류하거나 공정가치를 측정하는 것은 아니다. 일반적으로 통용되는 용어로 표시되는 금융상품이라 하더라도 그 금융상품의 계약상 권리와 의무 그리고 현금흐름의 특성에 따라 기준서의 적용방식이 달라진다. 따라서, 본서에서 설명하는 다양한 유형의 복합상품에 대해 금융상품의 분류 및 측정방법이 일반화되어 사용되어서는 안 됨에 유의하기 바란다.

3.2. 복합상품 공정가치평가

우리는 앞서 전환금융상품 회계정책 유형별 인식과 측정방법을 7가지 유형으로 분류하고 구체적인 회계인식방법을 살펴보았다. 다음 표는 전환금융상품 회계정책 유형별 인식과 측정의 7가지 유형에 대해 다시 표시한 것이다.17) 아울러 본장에서는 7가지 유형별 전환금융상품의 주계약과 내재파생요소의 공정가치측정 방법에 대해 설명한다.18)

구분		유형I	유형II	유형III
회계정책	전환옵션의 분류	전환옵션을 자본으로 분류하는 경우		
	상환옵션의 분류	상환옵션이 없는 경우	상환옵션이 있는 경우	
			상환옵션을 분리하는 경우	상환옵션을 분리하지 않는 경우
회계인식과 측정	최초측정	전환금융상품의 주계약을 금융부채로 분류하고 발행금액에서 주계약의 공정가치를 차감한 잔여가치를 전환권(자본)으로 처리	전환금융상품의 주계약 및 상환권을 각각 금융부채로 분류하고 발행금액에서 주계약과 상환옵션 공정가치를 차감한 잔여가치를 전환권(자본)으로 처리	전환금융상품의 주계약 및 상환옵션을 하나의 금융부채로 분류하고 발행금액 중 주계약 및 상환옵션 공정가치를 차감한 잔여가치를 전환권(자본)으로 처리
	후속측정	자본으로 분류한 전환권은 후속측정하지 아니하며 계약만기에 기초한 최초 유효이자율로 주계약 장부금액 상각	자본으로 분류한 전환권은 후속측정하지 아니하며 계약만기에 기초한 최초 유효이자율로 주계약 장부금액 상각. 분리인식하는 상환권은 공정가치변동분을 당기손익으로 인식	자본으로 분류한 전환권은 후속측정하지 아니하며 기대만기(예 : 최초 도래하는 상환가능시점)에 기초한 최초 유효이자율로 주계약 장부금액 상각

17) 본서가 제시한 전환금융상품의 계약특성과 회계정책에 따른 유형 분류에서 "상환옵션이 없는 경우"의 설명은 전환사채나 비분리형 신주인수권부사채 등을 전제로 한 것으로 전환우선주에는 적용할 수 없음에 유의해야 한다. 상환옵션이 없거나 발행자 상환옵션만 있는 전환우선주의 경우 자기지분상품 결제 비파생 계약으로서 확정수량 및 확정금액 충족여부에 따라 금융상품 전체가 자본(확정수량 충족)이거나 금융부채(확정수량 미충족)로 분류되기 때문이다. 또한, "상환옵션이 있는 경우"의 설명에서 상환옵션이 있는 우선주의 경우에는 투자자 상환옵션이 포함된 전환상환우선주에 한해 적용됨에 유의한다. 즉, 발행자 상환옵션만 있는 전환상환우선주의 경우에는 적용할 수 없으며 그러한 금융상품이 자기지분상품 결제 비파생 계약으로서 확정수량 충족여부에 따라 금융상품 전체가 자본 또는 금융부채로 분류되기 때문이다.

18) 지면의 한계로 전환금융상품 7가지 회계유형과 그에 따른 공정가치측정 방법을 하나의 표에 담지 못하였다. 회계정책유형에 대한 보다 상세한 설명과 그에 대응되는 공정가치측정 방법을 하나의 표로 정리한 내용은 저자의 블로그(blog.naver.com/cyberbiz92)에서 다운받을 수 있다.

구분		유형Ⅳ	유형Ⅴ	유형Ⅵ	유형Ⅶ
회계정책	전환옵션의 분류	전환옵션을 파생부채로 분류하는 경우			
	상환옵션의 분류	상환옵션이 없는 경우	상환옵션이 있는 경우		
			상환옵션 분리	상환옵션 비분리	
			전환옵션과 상환옵션을 하나의 내재 파생상품으로 분리	전환옵션만 분리	전환옵션과 상환옵션을 하나의 내재 파생상품으로 분리
회계인식과 측정	최초측정	전환금융상품의 주계약과 전환권을 각각 금융부채로 분류하고 발행금액에서 전환옵션 공정가치를 차감한 잔여가치를 주계약 최초 장부금액으로 인식	전환금융상품의 주계약 및 하나의 내재파생상품(전환옵션 및 상환옵션)을 금융부채로 분류하고 발행금액에서 내재파생상품 공정가치를 차감한 잔여 가치를 주계약 최초 장부금액으로 인식	전환금융상품의 주계약(상환옵션 포함) 및 전환권을 각각 금융부채로 분류하고 발행금액에서 전환옵션 공정가치를 차감한 잔여가치를 주계약 최초장부금액으로 인식	전환금융상품의 주계약 및 하나의 내재파생상품(전환옵션 및 상환옵션)을 금융부채로 분류하고 발행금액에서 내재파생상품 공정가치를 차감한 잔여가치를 주계약 최초 장부금액으로 인식
	후속측정	후속적으로 전환권(파생상품부채)의 공정가치를 측정하며 공정가치변동분을 당기손익으로 인식. 잔여가치로 측정된 주계약은 계약만기에 기초한 최초 유효이자율로 주계약 장부금액 상각	후속적으로 하나의 내재파생상품(전환옵션 및 상환옵션)의 공정가치를 측정하며 공정가치변동분을 당기손익으로 인식. 잔여 가치로 측정된 주계약은 계약만기에 기초한 최초 유효이자율로 주계약 장부금액 상각	후속적으로 전환권의 공정가치를 측정하며 공정가치변동분을 당기손익으로 인식. 잔여 가치로 측정된 주계약은 기대만기(예 : 최초 도래하는 상환가능시점)에 기초한 유효이자율로 주계약 장부금액 상각	후속적으로 하나의 내재파생상품(전환옵션 및 상환옵션)의 공정가치를 측정하며 공정가치변동분을 당기손익으로 인식. 잔여 가치로 측정된 주계약은 계약만기에 기초한 최초 유효이자율로 주계약 장부금액 상각

전환금융상품의 회계인식과 측정방법에 따른 7가지 유형별 공정가치측정 방법에 대해 살펴보자.

먼저, 기준서는 복합상품에 내재된 「내재파생상품」의 공정가치를 다음과 같이 측정하도록 하고 있다.[K-IFRS 1109 문단 4.3.6~7]

① 내재파생상품의 공정가치를 개별적으로 측정가능한 경우에는 내재파생상품을 직접 측정한다.

- 복합상품의 내재파생상품이 주계약 또는 다른 내재파생요소와의 상호의존성 없이 독립적으로 측정가능한 경우는 드물다. 내재파생상품의 공정가치를 독립적으로 측정가능한 경우는 내재파생상품이 아닌 별도의 파생상품인 경우가 대부분이다.

② 계약조건에 기초하여 내재파생상품의 공정가치를 신뢰성 있게 산정할 수 없는 경우에는 복합상품의 공정가치와 주계약의 공정가치의 차이를 내재파생상품의 공정가치로 산정한다.

- 복합상품은 그 계약특성으로 인해 내재파생상품의 공정가치를 직접적으로 측정하기 어려운 구조이므로 전환금융상품을 포함한 대부분의 복합상품은 내재파생상품을 직접적으로 신뢰성 있게 측정할 수 없다.
- 따라서, 일반적인 상황에서 내재파생상품의 공정가치는 복합상품의 공정가치와 주계약의 공정가치(또는 주계약의 공정가치와 다른 내재파생상품의 공정가치 합계)의 차이로 측정한다.

③ 위 ②의 방법으로도 내재파생상품의 공정가치를 산정할 수 없는 경우에는 복합상품 전체를 FVPL-금융부채로 지정한다.

정리하면, 일반적으로 전환금융상품에 내재된 내재파생상품의 공정가치는 직접 측정하지 않고 전환금융상품 전체의 공정가치를 먼저 측정한 후 주계약(또는 주계약과 분리되지 아니하는 다른 내재파생요소의 합계)의 공정가치의 차이를 내재파생상품의 공정가치로 측정하는 방법을 채택한다. 이는 전환금융상품에 내재된 파생요소가 전환금융상품에서 독립적으로 분리되어 거래될 수 없으며,[19] 주계약과 다른 내재파생요소 간에 유기적으로 연결되어 상호의존적이기 때문이다.

전환금융상품의 계약특성과 회계정책에 따른 7가지 유형의 회계인식 방법별 공정가치 측정 방법을 요약하면 다음과 같다. 유형Ⅰ에서 유형Ⅲ은 전환금융상품의 전환옵션이 자본으로 분류되는 경우 즉, 전환금융상품이 복합금융상품인 경우이다. 반면, 유형Ⅳ에서

19) 전환금융상품 중 분리형 신주인수권부사채의 신주인수옵션은 원본증권에서 독립적으로 거래될 수 있으므로 분리형 신주인수권부사채는 주계약과 신주인수권을 각각의 금융상품으로 인식함이 타당하다. 즉, 분리형 신주인수권부사채의 채권요소와 지분요소가 독립적으로 거래될 수 있으므로 주계약과 다른 내재파생요소 간의 상호의존성을 고려할 필요가 없다. 따라서, 본장에서 전환금융상품의 7가지 유형별 공정가치측정 방법은 분리형 신주인수권부사채(대용납입이 불가능한 비분리형 신주인수권부사채 포함)에 대해서는 달리 적용될 수 있다. 자세한 내용은 신주인수권부사채 부분을 참고하기 바란다.

유형Ⅶ은 전환옵션이 금융부채(파생상품부채)로 분류되는 경우이다. 또, 유형Ⅰ과 유형Ⅳ는 전환금융상품에 상환옵션이 없는 경우이며, 나머지 유형은 상환옵션이 있는 유형이다.

① 유형Ⅰ : 전환금융상품의 내재파생요소로 전환옵션만 있으며 그러한 전환옵션이 자본으로 분류되는 경우

- 회계인식 : 전환금융상품의 주계약을 금융부채로 분류하고 최초거래가격(발행금액)에서 주계약의 공정가치를 차감한 잔여가치를 전환권(자본)으로 처리한다. 자본으로 분류한 전환권과 채무상품인 주계약은 후속적으로 공정가치를 측정하지 아니하며 주계약은 계약만기에 기초한 최초 유효이자율로 장부금액을 상각한다.
- 공정가치측정 : 자본으로 분류하는 전환권은 전환금융상품 최초 거래가격(발행금액)에서 채권평가모형으로 측정한 주계약 공정가치를 차감한 잔여가치로 측정한다. 자본으로 분류한 전환권은 후속적으로 공정가치측정이 불필요하다.

② 유형Ⅱ : 전환금융상품의 내재파생요소로 전환옵션과 상환옵션이 있으며 전환옵션이 자본으로 분류되고 상환옵션을 주계약에서 분리하는 경우

- 회계인식 : 전환금융상품의 주계약과 상환권을 각각 금융부채로 분류하고 발행금액에서 주계약과 상환옵션 공정가치를 차감한 잔여가치를 전환권(자본)으로 처리한다. 자본으로 분류한 전환권은 후속적으로 공정가치를 측정하지 아니한다. 채무상품인 주계약은 후속적으로 공정가치를 측정하지 아니하며 계약만기에 걸쳐 최초 유효이자율로 장부금액을 상각한다. 파생상품부채로 분리인식하는 상환권은 후속적으로 공정가치로 측정하며 공정가치변동분을 당기손익으로 인식한다.
- 공정가치측정 : 자본으로 분류하는 전환권은 전환금융상품 최초 거래가격(발행금액)에서 채권평가모형으로 측정한 주계약 공정가치와 금리옵션부채권 평가모형(Black-Derman-Toy 모형 등)으로 측정한 상환옵션 공정가치를 모두 차감한 잔여가치로 측정하므로 공정가치측정이 불필요하다. 또한, 자본으로 분류한 전환권은 후속적으로도 공정가치측정이 불필요하다. 반면, 분리인식하는 상환권은 후속적으로 금리옵션부채권 평가모형으로 공정가치를 측정한다.

③ 유형Ⅲ : 전환금융상품의 내재파생요소로 전환옵션과 상환옵션이 있으며 전환옵션이 자본으로 분류되고 상환옵션을 주계약에서 분리하지 않는 경우

- 회계인식 : 전환금융상품의 일반채무상품과 상환옵션을 하나의 금융부채(주계약)로 분류하고 발행금액에서 부채요소(일반채무상품+상환옵션) 공정가치를 차감한 잔여가치를 전환권(자본)으로 인식한다.[20] 자본으로 분류한 전환권은 후속적으로

공정가치로 측정하지 아니한다. 채무상품인 주계약(일반채무상품+상환옵션)은 후속적으로 공정가치를 측정하지 아니하며 기대만기(예 : 최초 도래하는 상환가능시점)에 걸쳐 최초 유효이자율로 장부금액을 상각한다.

- 공정가치측정 : 자본으로 분류하는 전환권은 전환금융상품 최초 거래가격(발행금액)에서 채권평가모형으로 측정한 일반채무상품 공정가치와 금리옵션부채권 평가모형(Black-Derman-Toy 모형 등)으로 측정한 상환옵션 공정가치를 차감한 잔여가치로 측정하므로 공정가치측정이 불필요하다. 자본으로 분류한 전환권은 후속적으로도 공정가치측정이 불필요하다. 또한, 분리인식하지 않는 상환옵션에 대해서도 후속측정이 불필요하다.

④ 유형Ⅳ : 전환금융상품의 내재파생요소로 전환옵션만 있으며 그러한 전환옵션이 부채(파생상품부채)로 분류되는 경우

- 회계인식 : 전환금융상품의 주계약과 전환권을 각각 금융부채로 분류하고 최초거래가격(발행금액)에서 전환옵션 공정가치를 차감한 잔여가치를 주계약의 최초 장부금액으로 인식한다. 파생상품부채로 분류한 전환권은 후속적으로 공정가치를 측정하여 공정가치변동분을 당기손익으로 인식한다. 채무상품인 주계약은 후속적으로 공정가치를 측정하지 아니하며 잔여가치로 측정된 최초 장부금액과 계약상 현금흐름을 일치시키는 최초 유효이자율로 계약만기에 걸쳐 장부금액을 상각한다.
- 공정가치측정 : 파생상품부채로 분류하는 전환권은 최초측정 및 후속측정에서 전환금융상품 평가모형에 의해 공정가치를 측정한다. 이때, 전환권 공정가치는 전환금융상품 평가모형(Tsiveriotis-Fernandes 모형 등)에 의해 측정된 전환금융상품 전체 공정가치에서 채권평가모형으로 측정된 일반채무상품 공정가치를 차감하는 방식으로 측정한다.

⑤ 유형Ⅴ : 전환금융상품의 내재파생요소로 전환옵션과 상환옵션이 있으며 전환옵션과 상환옵션이 모두 분리요건을 만족함에 따라 전환옵션과 상환옵션을 하나의 내재파생상품으로 주계약에서 분리[21]하여 금융부채(파생상품부채)로 인식하는 경우

---

20) 전환옵션이 자본으로 분류되는 경우 상환옵션의 분리 여부와 관계없이 잔여가치로 측정되는 전환권 배분액은 같다. 즉, 유형Ⅱ와 유형Ⅲ에서 인식되는 전환권 대가는 같은 금액으로 측정된다.

21) 상환옵션이 주계약에서 분리되는 경우 분리된 상환옵션은 전환옵션과 상호의존적인 특성을 가지므로 별도의 내재파생상품이 아닌 하나의 내재파생상품으로 분리되는 것이 타당하다. 따라서, 본서가 제시한 유형에는 유형Ⅱ를 제외하고는 상환옵션이 독립적으로 내재파생상품을 구성하는 경우를 상정하지 아니한다.

• 회계인식 : 전환금융상품의 주계약과 하나의 내재파생상품(전환옵션 및 상환옵션)을 금융부채로 분류하고 최초거래가격(발행금액)에서 「복합 내재파생상품[22](전환옵션 및 상환옵션)」의 공정가치를 차감한 잔여가치를 주계약의 최초 장부금액으로 인식한다. 파생상품부채로 분류한 복합 내재파생상품은 후속적으로 공정가치를 측정하여 공정가치변동분을 당기손익으로 인식한다. 채무상품인 주계약은 후속적으로 공정가치를 측정하지 아니하며 잔여가치로 측정된 최초 장부금액과 계약상 현금흐름을 일치시키는 최초 유효이자율로 계약만기에 걸쳐 장부금액을 상각한다.

• 공정가치측정 : 파생상품부채로 분류하는 복합 내재파생상품(전환옵션 및 상환옵션)은 전환금융상품 평가모형(Tsiveriotis-Fernandes 모형 등)에 의해 공정가치를 측정한다. 이때, 복합 내재파생상품 공정가치는 Tsiveriotis-Fernandes 모형 등에 의해 측정된 전환금융상품 전체 공정가치에서 채권평가모형으로 측정된 일반채무상품 공정가치를 차감하는 방식으로 측정한다.

⑥ 유형Ⅵ : 전환금융상품의 내재파생요소로 전환옵션과 상환옵션이 있으며 전환옵션을 주계약에서 분리하여 금융부채(파생상품부채)로 인식하되, 상환옵션은 분리하지 않는 경우[23]

• 회계인식 : 전환금융상품의 주계약(일반채무상품+상환옵션)과 전환권을 각각 금융부채로 분류하고 최초거래가격(발행금액)에서 전환권(내재파생상품)의 공정가치를 차감한 잔여가치를 주계약(일반채무상품+상환옵션)의 최초 장부금액으로 인식한다. 파생상품부채로 분류한 전환권은 후속적으로 공정가치를 측정하여 공정가치변동분을 당기손익으로 인식한다. 채무상품인 주계약(일반채무상품+상환옵션)은 후속적으로 공정가치를 측정하지 아니하며 잔여가치로 측정된 최초 장부금액과 계약상 현금흐름을 일치시키는 최초 유효이자율로 기대만기에 걸쳐 장부금액을 상각한다.

• 공정가치측정 : 파생상품부채로 분류하는 전환권은 최초측정 및 후속측정에서 전환금융상품 평가모형에 의해 공정가치를 측정한다. 이때, 전환옵션 공정가치는 Tsiveriotis-Fernandes 모형 등에 의해 측정된 전환금융상품 전체 공정가치에서 채권평가모형으로 측정된 일반채무상품 공정가치와 금리옵션부채권 평가모형

22) 본서는 복수의 내재파생상품을 하나의 내재파생상품으로 분리인식할 경우 그러한 하나의 내재파생상품을 「복합 내재파생상품」으로 정의한다.

23) 금융부채로 인식되는 전환옵션과 상환옵션이 모두 있는 전환금융상품에서 가장 일반적인 유형이다.

(Black-Derman-Toy 모형 등)에 의해 측정된 상환옵션 공정가치를 모두 차감하는 방식으로 측정한다. 한편, 전환옵션 공정가치를 측정하는 다른 방식으로 상환옵션 요소를 배제한 전환금융상품 평가모형에 의해 측정된 전환금융상품 전체 공정가치에서 채권평가모형으로 측정된 일반채무상품의 가치를 차감하는 방식으로 측정할 수도 있다.[24]

⑦ 유형Ⅶ : 전환금융상품의 내재파생요소로 전환옵션과 상환옵션이 있으며 전환옵션을 주계약에서 분리하고 분리요건을 만족하지 않는 상환옵션을 분리하지 아니하지만, 전환옵션과 상환옵션의 상호의존성을 고려하여 전환옵션과 상환옵션을 묶어 하나의 내재파생상품으로 주계약에서 분리[25]한 후 금융부채(파생상품부채)로 인식하는 경우[26]

- 회계인식 : 전환금융상품의 주계약과 하나의 내재파생상품(전환옵션 및 상환옵션)을 금융부채로 분류하고 최초거래가격(발행금액)에서 복합 내재파생상품(전환옵션 및 상환옵션)의 공정가치를 차감한 잔여가치를 주계약의 최초 장부금액으로 인식한다. 파생상품부채로 분류한 복합 내재파생상품(전환옵션 및 상환옵션)은 후속적으로 공정가치를 측정하여 공정가치변동분을 당기손익으로 인식한다. 채무상품인 주계약은 후속적으로 공정가치를 측정하지 아니하며 잔여가치로 측정된 최초 장부금액과 계약상 현금흐름을 일치시키는 최초 유효이자율로 계약만기에 걸쳐 장부금액을 상각한다.
- 공정가치측정 : 파생상품부채로 분류하는 복합 내재파생상품(전환옵션 및 상환옵션)은 최초측정 및 후속측정에서 전환금융상품 평가모형에 의해 공정가치를 측정한다. 이때, 복합 내재파생상품 공정가치는 Tsiveriotis-Fernandes 모형 등에 의해 측정된 전환금융상품 전체 공정가치에서 채권평가모형으로 측정된 일반채무상품 공정가치를 차감하는 방식으로 측정한다.

---

24) 다만, 이러한 방법은 만기보장수익률이 액면이자를 크게 상회하는 경우 전환권 공정가치를 과대평가하는 문제가 있을 수 있다. 따라서 상환요소를 고려한 전환금융상품 공정가치에서 일반채무상품과 상환옵션 공정가치를 차감하는 일반적인 평가방법을 사용할 것을 권한다.

25) 복합상품에 내재된 다수의 내재파생상품 중 일부만 분리요건을 충족하는 경우, 분리요건을 충족하지 않는 나머지 내재파생요소도 함께 분리하여 하나의 내재파생상품으로 처리하는 것을 말한다. 즉, 복합상품에 내재된 전환옵션과 상환옵션에 대해 전환옵션은 분리요건을 만족하지만 상환옵션은 분리요건을 만족하지 못하는 경우라 하더라도 전환옵션과 상환옵션은 상호의존성이 있으므로 분리요건을 만족하지 못하는 상환옵션을 전환옵션과 묶어 하나의 내재파생상품으로 분리함을 뜻한다.

26) 유형Ⅴ와 유형Ⅶ은 회계정책은 서로 다르지만 궁극적으로 유형Ⅶ의 회계인식 및 공정가치평가 방법은 유형Ⅴ의 회계인식 및 공정가치평가 방법과 같다.

전환금융상품에는 다양한 유형이 있음을 설명하였는데, 국내에서 발행되는 전환금융상품의 상당 부분이 전환사채로 구성되어 있으므로 지금부터는 전환사채에 대한 공정가치 측정 방법을 구체적으로 설명하고 기타 전환금융상품은 전환사채와 차이점을 중심으로 설명한다.

4 전환사채

전환사채는 사채의 형태로 발행되지만 계약조건에 따라 보유자의 청구에 의해 발행자의 지분상품으로 전환할 수 있는 복합계약 금융상품이다. 보유자의 전환청구대상은 대개 발행자의 보통주이지만 다른 형태의 발행자 금융상품(예 : 전환상환우선주)으로 전환할 수 있는 경우도 있다. 전환사채에 부여된 전환옵션은 보유자의 의무가 아닌 선택적 권리(옵션)이다.

전환사채에 부여된 전환옵션은 다음의 3가지 파생상품 요건을 모두 만족한다.

① 기초변수의 변동에 따라 가치가 변동한다 : 전환옵션의 기초변수는 발행자의 지분상품(보통주)이다. 보통주가격이 변동되면 전환옵션의 가치도 변동된다.

② 순투자금액 : 전환옵션 보유자는 최초계약 시 적은 순투자금액을 부담한다. 기초자산을 직접 매입하는 것과 비교하여 보유자는 옵션프리미엄만을 지불하므로 다른 유형의 계약보다 적은 순투자금액이 필요하다.

③ 미래에 결제된다 : 전환옵션 보유자는 옵션행사시점에 금융자산(전환사채)으로 결제한다. 전환사채 매입시점에는 전환옵션에 대한 프리미엄(전환옵션의 공정가치)만을 지급한다.

전환사채에 부여된 전환옵션은 내재파생요소[27]이다. 전환사채와 같은 전환형 복합상품은 정형화되어 있지 않으며 기본계약(주계약)에 전환옵션 외에 추가적인 내재파생요소를 부여하거나 계약당사자를 복수로 구성하는 방법으로 변형된 복합계약을 구성할 수 있다. 이러한 이유로 전환사채를 정형화된 계약구조로 일반화할 수 없으며 전환사채의 구체적인 계약조건에 따라 전환사채(그리고 연계된 다른 복합계약)의 공정가치를 평가하고

27) 드문 경우지만 전환옵션의 거래당사자(전환옵션 매도자)가 발행자가 아닌 제3자라면 이러한 전환옵션은 내재파생상품이 아니라 별도의 파생상품이다. 독립적인 파생상품은 발행자와 보유자 모두 전환옵션을 주계약에서 분리하여 파생상품자산 및 파생상품부채로 인식해야 한다.

회계처리해야 한다.

가장 일반적인 형태의 전환사채는 채무상품인 주계약에 기본파생요소인 전환옵션과 보유자 및 발행자의 상환옵션을 추가로 부여하는 방식이다.

① 주계약 : 계약상 현금흐름이 원리금으로만 구성된 채무상품

② 전환옵션 : 보유자의 전환요청(conversion)에 따라 발행자의 자기지분상품으로 전환해 줄 것을 요청할 수 있는 선택적 권리

③ 조기상환옵션 : 보유자의 요청(put)에 따라 발행자에게 전환사채를 환매해 줄 것을 요청할 수 있는 선택적 권리(풋옵션)

④ 수의상환옵션[28] : 발행자의 요청(call)에 따라 전환사채를 재매입할 수 있는 선택적 권리(콜옵션)

4.1. 전환사채의 인식과 측정

가장 기본적인 유형의 전환사채는 채무상품인 주계약에 전환사채의 고유특성을 결정하는 파생요소인 전환옵션이 부여된 복합상품이지만, 현실에서는 주계약에 전환옵션만 부여된 전환사채가 발행되는 경우는 드물다. 대개, 투자자는 선택의 범위를 넓히고 안정적인 현금흐름을 확보하기 위해 조기상환옵션을 요구하며 나아가 다른 계약조건을 추가적으로 요구하기도 한다. 또 발행자는 투자자의 선택의 범위를 넓혀준 대가로 같은 조건의 유사한 신용상태의, 실질적으로 같은 현금흐름을 제공하는 채무상품을 발행할 때보다 낮은 이자율로 자금을 조달할 수 있다. 다만, 발행자의 상환옵션(수의상환옵션)은 부여되지 않거나 부여조건이 발행자에게 불리한 경우가 많다.

내재파생상품의 공정가치는 다음과 같이 측정한다.[K-IFRS 1109 문단 4.3.6~7]

① 내재파생상품의 공정가치를 개별적으로 측정가능한 경우에는 내재파생상품을 직접 측정한다.

- 복합상품의 내재파생상품이 주계약 또는 다른 내재파생요소와의 상호의존성 없이 독립적인 경우는 복합상품의 특성상 드물다. 따라서, 내재파생상품의 공정가치를 개별적 · 독립적으로 측정하는 것은 불가능하다.

② 계약조건에 기초하여 내재파생상품의 공정가치를 신뢰성 있게 산정할 수 없는 경우

28) 수의상환옵션도 조기상환옵션과 같은 유형의 옵션이다. 다만, 본서는 보유자의 상환옵션과 구분하기 위해 발행자의 상환옵션은 수의상환옵션으로 표시한다. 발행자에 상환옵션이 부여된 채권을 수의상환채권 또는 콜옵션부채권이라 하고, 보유자에게 상환옵션이 부여된 채권을 풋옵션부채권이라 한다.

에는 복합상품의 공정가치와 주계약의 공정가치의 차이를 내재파생상품의 공정가치로 산정한다.

- 복합상품은 그 계약특성으로 인해 내재파생상품의 공정가치를 직접적으로 측정하기 어려우므로 전환금융상품을 포함한 대부분의 복합상품은 내재파생상품을 직접적으로 신뢰성 있게 측정할 수 없다. 따라서, 복합상품의 공정가치와 주계약의 공정가치의 차이를 내재파생상품의 공정가치로 측정하는 방법이 일반적이다.

③ 위 ②의 방법으로도 내재파생상품의 공정가치를 산정할 수 없는 경우에는 복합상품 전체를 FVPL-금융부채로 지정한다.

전환사채에 내재된 내재파생상품의 공정가치는 직접 측정하지 않고 전환사채 전체의 공정가치를 먼저 측정한 후 주계약의 공정가치의 차이를 내재파생상품의 공정가치로 측정하는 방법을 채택한다. 이는 전환금융상품에 내재된 파생요소가 전환금융상품에서 독립적으로 분리되어 거래될 수 없으며 주계약과 다른 내재파생요소 간에 유기적으로 연결되어 상호의존적이기 때문이다.

전환사채에 전환옵션과 보유자의 조기상환옵션, 그리고 발행자의 수의상환옵션이 모두 내재된 복합계약인 경우 이러한 복합상품의 경제적 특성과 발행자와 보유자입장에서의 인식방법을 요약정리하면 다음과 같다.

	주계약	전환옵션	조기상환옵션	수의상환옵션
옵션성격	-	전환옵션	풋옵션	콜옵션
발행자 포지션	-	매도	매도	매수
보유자 포지션	-	매수	매수	매도
기초변수	-	지분상품가격	채무상품가격	채무상품가격
공정가치평가 방법	채권평가모형	옵션평가모형	옵션평가모형	옵션평가모형
발행자 인식[29)	금융부채	지분상품/ 금융부채	금융부채	금융부채
보유자 인식	복합상품	복합상품	복합상품	복합상품

전환사채의 구성요소별 공정가치평가 방법은 다음과 같다.[30)]

① 주계약 : 계약상 현금흐름이 원리금으로만 구성된 일반채무상품은 채권평가모형을

29) 내재파생상품 중 상환옵션을 주계약에서 분리하여 파생상품부채로 인식하거나 주계약에서 분리하지 않고 주계약에 포함하는 경우 모두에 있어 궁극적으로 상환옵션은 금융부채를 구성한다. 자세한 설명은 후술한다.

30) 본서가 제시한 7가지 회계정책 및 회계인식 방법에 따라 전환사채 구성요소의 측정방법이 달라질 수 있는데 가장 일반적인 상황(유형VI)을 가정하여 기술하였다.

이용하여 공정가치를 측정한다. 채권평가모형 적용을 위한 할인율은 계약상 현금흐름의 특성에 따라 다른데, 액면이자가 만기까지 일정한 금액이 지급될 경우에는 발행자의 신용위험에 대응되는 관측가능한 만기수익률(YTM)을 이용할 수 있다. 반면, 계약상 현금흐름이 만기상환할증금을 추가로 지급하는 구조이거나 이자지급이 정형화되지 않은 형태인 경우에는 시점별 현물이자율(spot rate)을 이용한다.

② 전환옵션 : 지분상품(보통주)을 기초자산으로 하는 전환옵션의 공정가치는 직접적으로 측정되지 아니하며 전환금융상품 평가모형(Tsiveriotis-Fernandes 모형, Goldman-Sachs 모형 등)에 의해 측정된 전환금융상품 전체가치에서 채권평가모형에 의해 측정된 주계약가치와 금리옵션부채권 평가모형(Black-Derman-Toy 모형, Hull- White 모형 등)에 의해 측정된 상환옵션가치를 차감하여 측정한다.

③ 상환옵션 : 채권가격(또는 시장이자율)을 기초자산으로 하는 상환옵션의 공정가치는 금리옵션부채권 평가모형(Black-Derman-Toy 모형, Hull-White 모형 등)에 의해 측정한다.

전환사채를 구성하는 각 항목의 특성과 회계처리방법 및 공정가치평가 방법을 살펴보자.

주계약

전환사채의 주계약은 계약상 현금흐름이 원리금으로 구성된 채무상품이다. 주계약은 거래상대방(보유자)에게 금융자산을 인도하기로 한 계약상 의무이므로 금융부채의 정의를 만족한다. 또한 전환사채 보유자는 거래상대방(발행자)으로부터 금융자산을 수취할 계약상 권리이므로 금융자산의 정의를 만족한다.

① 발행자 : 전환사채 발행자는 전환사채에 내재된 파생요소의 특성이 자본요소인지, 또는 부채요소인지를 판단한다.

- 전환사채 발행자는 복합계약에 내재된 파생요소가 자본요건을 만족할 경우 주계약(금융부채)과 파생요소(지분상품)를 분리한다.
- 내재파생요소가 자본요건을 만족하지 못할 경우(금융부채로 분류하는 내재파생상품인 경우), 이러한 내재파생상품을 주계약에서 분리할지 여부를 기준서에서 정한 방법에 따라 판단한다(자세한 내용은 후술한다).
- 채무상품인 주계약은 후속적으로 상각후원가로 측정한다.

② 보유자 : 전환사채 보유자는 내재파생요소의 특성에 관계없이 전환사채를 하나의

금융자산으로 분류한다.

- 전환사채의 내재파생요소가 자본요건을 만족하는지 또는 내재파생상품 분리요건을 만족하는지 여부와 관계없이 하나의 복합상품으로 인식한다.
- 전환사채의 계약상 현금흐름은 SPPI 조건을 만족하지 못하므로 전환사채 전체를 「FVPL - 금융자산」으로 분류하고 공정가치로 측정하며 후속적으로 공정가치 변동분을 당기손익으로 인식한다.

③ 주계약의 공정가치 : 주계약인 일반채무상품의 공정가치는 이 채무상품과 동일한 조건하에서 유사한 신용상태와 실질적으로 같은 현금흐름을 제공하지만 전환요소가 없는 다른 채무상품(유사채무상품31))의 시장이자율을 할인율로 한 현재가치로 측정한다.

- 〈발행자〉는 다음과 같이 주계약의 공정가치를 측정한다.
  ㉠ 주계약의 계약상 현금흐름이 단순 이표채권인 경우 유사채무상품의 만기수익률(YTM)을 이용하여 공정가치를 측정한다. 다만, 주계약의 계약상 현금흐름이 할인채권(액면이자율이 0%인 채무상품)인 경우나 정형화되지 않은 형태(예 : Step-up 방식으로 이자를 지급하는 경우)인 경우에는 현물이자율(Spot rate)을 이용하여 주계약의 공정가치를 측정한다.
  ㉡ 발행자는 주계약을 후속적으로 상각후원가로 측정하므로 최초측정 이후에는 주계약의 공정가치를 측정할 필요가 없다. 다만, 전환옵션이 금융부채인 경우에는 전환옵션의 후속 공정가치를 측정하기 위한 과정의 일환으로 주계약의 공정가치측정이 필요하다.
- 〈보유자〉는 전환사채의 내재파생요소를 분리하지 않고 하나의 복합상품으로 인식하므로 주계약에 대한 공정가치를 별도로 산출하지 않는다. 즉, 전환사채 보유자는 전환사채 전체를 Tsiveriotis-Fernandes 모형 등 전환금융상품 평가모형에 의해 하나의 금융상품으로 공정가치를 측정한다.
- 금융상품의 「최초측정」 시점에는 거래가격을 공정가치의 최선의 추정치로 보므로 복합상품의 구성요소별 배분을 필요로 한다.
  ㉠ 〈발행자〉는 전환사채의 전환옵션이 자본요건을 만족한다면 최초 거래가격(발

---

31) 본서는 동일한 조건하에서 유사한 신용상태와 실질적으로 같은 현금흐름을 제공하지만 전환요소가 없는 다른 채무상품을 「유사채무상품」으로 정의한다. 이러한 유사채무상품의 특성을 기준서에서 설명하고 있지만 (K-IFRS 1032 AG31), 유사채무상품이라는 표현은 기준서가 공식적으로 정한 용어가 아니며 설명의 편의상 본서에서 정한 용어임에 주의하기 바란다.

행금액)에서 주계약(채무상품)의 공정가치를 차감한 잔여가치를 자본요소에 배분한다.

㉡ 전환요소가 자본요건을 만족하지 못해 내재파생상품(금융부채)으로 판단하고 이러한 내재파생상품을 분리인식한다면 〈발행자〉는 주계약을 내재파생상품의 공정가치를 측정한 후의 잔여가치로 측정한다.

㉢ 〈보유자〉는 전환사채를 하나의 복합상품으로 인식하므로 내재된 파생요소의 특성에 관계없이 내재파생요소의 공정가치를 차감한 후의 잔여가치를 주계약의 공정가치로 측정한다. 이러한 구성요소별 공정가치의 배분은 재무상태표에 별도로 표시되지 않으며 이자수익 인식 등을 위한 보조적인 과정이다.[32)]

전환옵션

전환옵션은 전환사채에 부여되는 기본옵션이다. 전환옵션은 전환사채의 계약상 현금흐름이 원리금으로 구성되는 일반적인 채무상품의 현금흐름구조를 변형시키는 파생요소이다. 전환옵션은 발행자의 지분상품(보통주[33)])을 기초자산으로 하며 사전에 정해진 전환가격(conversion price) 또는 전환비율(conversion ratio)로 옵션행사기간 동안 보유자의 선택에 따라 기초자산으로 전환해 줄 것을 요구할 수 있는 권리이다. 전환사채에 부여된 전환옵션으로 인해 보유자는 유사채무상품에 비해 낮은 이자율을 수취하므로 전환사채 발행시점에 보유자는 옵션프리미엄을 발행자에게 지급한다. 그러나 전환옵션에 대한 순투자금액(옵션프리미엄)은 기초자산을 직접 매입하는 것에 비해 현저히 적은 금액을 지급한다. 또, 보유자는 전환사채 발행시점이 아닌 전환옵션의 행사시점에 금융자산(전환사채)으로 결제한다. 따라서, 전환사채에 내재된 전환옵션은 파생상품의 모든 요건을 만족한다.

32) 보유자는 복합계약을 하나의 금융자산으로 인식하고 후속적으로 복합계약 전체를 공정가치로 측정한다. 이때, 후속적인 공정가치측정은 복합계약의 구성요소별로 이뤄지지만 이러한 후속측정이 최초측정 시의 구성요소별 배분으로부터의 영향은 없다. 따라서, 복합계약 보유자가 거래가격으로 최초측정할 경우 복합계약의 구성요소별 공정가치 배분이 반드시 필요한 것은 아니다.

33) 실무적으로 전환사채에 내재된 전환옵션행사로 교환될 지분상품이 보통주가 아닌 경우가 있다. 보통주가 활성시장에서 거래되는 상장기업의 경우 대부분의 경우에 전환옵션의 기초자산은 보통주이다. 그러나, 비상장기업이 발행하는 전환사채의 전환옵션은 (의결권이 있는) 전환상환우선주를 기초자산으로 하는 경우가 있다. 전환사채 보유자는 전환옵션행사를 통해 (의결권이 있는) 전환상환우선주로 전환한 후 기업공개 후 후속적으로 보통주로 전환하기도 한다. 다만, 본서는 설명의 편의상 전환사채에 내재된 전환옵션의 기초자산은 발행자의 보통주임을 전제한다.

① 발행자 : 전환사채 발행자는 전환사채에 내재된 전환옵션이 자본요소인지, 또는 부채요소인지를 판단한다.

- 전환사채 발행자는 전환사채에 내재된 전환옵션이 자본요건을 만족할 경우 주계약에서 전환옵션을 분리하여 자본으로 인식한다.
  - ㉠ 전환옵션의 행사로 확정수량의 자기지분상품(보통주)을 확정금액으로 결제하는 경우 이러한 전환옵션은 지분상품(자본) 요건을 만족한다. 지분상품 요건을 만족하는 전환옵션은 주계약에서 분리하여 자본으로 인식하며 후속적으로 측정하지 않는다.
  - ㉡ 전환옵션의 행사로 교환되는 자기지분상품이 확정수량 및 확정금액으로 결제하는 경우 외의 방법(예 : re-fixing 조건에 의해 전환가액의 변동이 가능한 경우)으로 결제되는 경우 이러한 전환옵션은 지분상품(자본) 요건을 만족하지 못한다. 지분상품 요건을 만족하지 못하는 전환옵션은 내재파생상품(금융부채)으로 분류한다.
  - ㉢ 최초측정시점의 거래원가는 전환사채 발행시점에 요소별로 배분된 금액(주계약 및 전환옵션에 각각 배분된 금액)에 비례하여 배분한다.34)
- 전환옵션이 지분상품요건을 만족하지 못할 경우, 전환옵션은 내재파생상품(금융부채)으로 인식한다.
  - ㉠ 전환옵션이 내재파생상품의 분리요건을 만족할 경우, 주계약(채무상품인 금융부채)에서 분리하여 별도의 파생상품부채로 인식한다.
  - ㉡ 일반적으로 전환옵션의 경제적 특성과 위험은 주계약과 밀접하게 관련되어 있지 않다. 예외적인 상황이 아니라면 전환옵션은 내재파생상품의 분리요건을 만족하며 이러한 전환옵션은 별도의 파생상품부채로 인식한다.
  - ㉢ 주계약에서 분리된 전환옵션(내재파생상품)은 FVPL - 금융부채(파생상품부채)로 분류하고 후속적으로 공정가치로 측정하며 공정가치변동분은 당기손익으로 인식한다.

② 보유자 : 전환사채 보유자는 전환옵션의 특성에 관계없이 전환사채 전체를 하나의

---

34) 기준서는 최초측정시점의 거래원가를 전환사채의 구성요소별로 배분함에 있어 자본요소와 부채요소로 분류되는 경우에 한해 기술하고 있다(K-IFRS 1032 AG33). 반면, 복합계약의 내재파생상품을 주계약에서 분리하여 별도의 금융부채로 인식하는 경우에는 거래원가의 배분방법을 명확히 설명하지 않는다. 본서는 전환사채의 내재파생요소가 자본요소로 분류되든, 별도의 파생상품부채로 분류되든 동일한 거래원가 배분방법을 적용하는 것으로 가정한다. 전환사채 보유자는 복합계약을 FVPL - 금융자산으로 인식하므로 거래원가의 배분이 불필요하다.

금융자산으로 분류한다.

- 보유자는 전환옵션이 자본요건을 만족하는지 여부와 관계없이 전환사채 전체를 하나의 금융자산으로 인식한다.
- 전환사채의 계약상 현금흐름은 SPPI 조건을 만족하지 못하므로 전환사채 전체를 「FVPL - 금융자산」으로 분류하고 공정가치로 측정하며 후속적으로 공정가치 변동분을 당기손익으로 인식한다.

③ 전환옵션의 공정가치 : 전환옵션은 보통주를 기초자산으로 하는 옵션이므로 전환옵션에 부여된 계약조건에 따라 옵션평가모형으로 공정가치를 측정[35]한다.

- 〈발행자〉 입장에서, 전환옵션이 확정수량 및 확정금액의 자기지분상품으로 교환되는 방식으로 결제될 경우 지분상품 요건을 만족하므로 자본으로 분류하고 최초측정시점과 후속측정시점에 공정가치를 측정하지 않는다.

  ㉠ 전환옵션이 자본으로 분류되면 최초측정 시점의 거래가격을 공정가치의 최선의 추정치로 보므로 전환사채 발행금액(거래가격)에서 주계약의 공정가치를 차감한 잔여가치를 전환옵션의 가치로 측정한다. 따라서, 이 경우 발행자는 전환옵션의 공정가치측정이 불필요하다.

  ㉡ 발행자는 자본으로 인식한 전환옵션에 대해 후속측정하지 않으므로 공정가치 측정이 불필요하다.

- 〈발행자〉 입장에서, 전환옵션이 확정수량 및 확정금액의 자기지분상품으로 교환되는 방식 외의 방식으로 결제(예 : re-fixing 조건)될 경우, 이러한 전환옵션(내재파생상품)을 파생상품부채(FVPL - 금융부채)로 분리한다. 파생상품부채는 매 보고일 옵션평가모형을 이용하여 공정가치를 후속측정한다.

  ㉠ 전환옵션을 파생금융부채로 분리할 경우, 최초측정 및 후속측정에서 옵션평가모형을 이용하여 공정가치를 측정한다.

  ㉡ 최초측정시점에 전환사채의 주계약은 거래가격에서 전환옵션의 공정가치를 차감한 후의 잔여금액으로 측정한다.

  ㉢ 후속측정시점에 전환사채의 주계약(채무상품)은 상각후원가로 측정하는 반면, 전환옵션은 FVPL - 금융부채(파생상품부채)로 분류되므로 옵션평가모형을 이

35) 동일한 조건을 가진 전환옵션이 활성시장에서 거래되는 경우는 드물다. 본서는 전환사채에 내재된 전환옵션의 활성시장 공시가격을 관측할 수 없는 경우를 가정한다. 따라서, 전환옵션의 공정가치측정은 〈수준3〉 투입변수를 이용하여 측정된 경우임을 전제한다.

용하여 공정가치로 측정한다.

ⓔ 파생상품부채로 분류되는 전환옵션은 Tsiveriotis-Fernandes 모형 등 전환금융상품 평가모형에 의해 측정된 전환사채 전체공정가치에서 주계약 공정가치를 차감한 금액으로 측정한다.[36)]

• 전환사채 〈보유자〉는 후속적으로 전환사채 전체를 공정가치로 측정한다. 즉, 보유자는 Tsiveriotis-Fernandes 모형이나 Goldman-Sachs 모형과 같은 전환금융상품 평가모형을 활용하여 전환사채 전체의 공정가치를 측정한다.[37)]

▌상환옵션

전환사채의 내재파생요소인 상환옵션은 조기상환옵션(put option)과 수의상환옵션(call option)으로 구분된다. 조기상환옵션(수의상환옵션)은 전환사채의 주계약인 일반채무상품(전환옵션이 제외된 채무상품) 가격을 기초자산으로 하며, 사전에 정해진 행사가격(상환금액 : Put_i, $Call_i$)으로 옵션행사기간 동안 전환사채 보유자의 선택에 따라 전환사채를 환매(수의상환)해 줄 것을 요구할 수 있는 권리이다. 상환옵션 보유자는 옵션행사를 통해 그러한 옵션이 없는 유사채무상품의 가격보다 높은(낮은) 금액으로 환매(수의상환)할 수 있으므로 전환사채 발행시점에 풋옵션(콜옵션) 보유자는 옵션프리미엄을 발행자(보유자)에게 지급한다. 상환옵션 대가(순투자금액)는 기초자산을 직접 매도하는 것에 비해 현저히 적은 금액을 지급한다. 또, 옵션보유자는 전환사채 발행시점이 아닌 상환옵션의 행사시점에 결제한다. 따라서, 전환사채에 내재된 상환옵션은 파생상품의 모든 요건을 만족한다.

① 발행자 : 상환옵션이 행사될 경우 발행자는 금융자산(현금)을 인도할 계약상 의무를 부담하므로 이러한 옵션은 발행자의 자본(지분상품)이 아니며 내재파생상품(금융부채)이다. 따라서, 내재파생상품의 경제적 특성 및 위험이 주계약과의 관련성을 검토하여 분리여부를 판단한다.

36) 전환사채의 내재파생요소로 전환옵션이 있는 경우에 한정된다. 전환사채에 상환옵션이 있는 경우에는 회계정책 유형에 따라 복잡한 공정가치평가 구조를 필요로 한다. 자세한 내용은 후술한다.

37) 옵션의 공정가치를 평가하는 다양한 유형의 모형이 있으며, 기준서는 이 중 특정모형을 반드시 적용하도록 명시하지 않는다. 기대행사기간에 대한 가정과 옵션행사 가능기간의 설정 등을 고려할 때, 실무적으로 발행되는 대부분의 전환사채에 부여된 전환옵션은 아메리칸 옵션 유형이다. 기준서는 옵션에 부여된 계약조건을 고려하되, 아메리칸 옵션 유형에 대해서는 이항옵션모형을 적용할 것을 권고한다.[K-IFRS 1102 BC147~151] 본서에서 소개하는 Tsiveriotis-Fernandes 모형이나 Goldman-Sachs 모형은 이항옵션모형에 기초해 개발된 모형이다.

- 일반적으로, 주계약인 채무상품에 내재된 풋옵션 또는 중도상환옵션은 주계약과 밀접하게 관련되어 있다. 즉, 조기상환옵션(수의상환옵션)은 주계약과 밀접한 관련이 있는 것으로 판단하고 분리하지 않는다. 국내에서 발행되고 있는 전환금융상품의 발행조건들은 만기상환 보장수익률과 상환옵션 수익률이 일치하고 최초 거래가액이 할인 또는 할증발행되지 않는 경우가 많으므로 기준서(K-IFRS 1109 B4.3.5)의 예외(아래 ㉠ 또는 ㉡)에서 정한 바에 따라 상환옵션이 주계약과 밀접한 관련이 있는 것으로 판단하는 것이 일반적이다. 다만, 전환금융상품 발행과정에서 그러한 상환옵션이 적극적인 거래의 대가에 포함되어 유의적으로 할인발행 또는 할증발행되는 경우에는 주계약과 밀접한 관련이 없는 상환옵션으로써 분리되는 것이 타당하다.
  ㉠ 옵션의 행사가격이 옵션 행사일 현재 주계약인 채무상품의 상각후원가와 거의 같다.
  ㉡ 중도상환옵션의 행사가격이 주계약의 나머지 기간에 해당하는 상실이자의 현재가치에 근사한 금액까지 대여자에게 보상하는 금액이다. 상실이자는 이자율 차이에 중도상환한 원금을 곱한 금액이다. 이자율 차이는 중도상환된 원금을 주계약의 나머지 기간에 비슷한 계약에 재투자했다면 중도상환일에 받게 될 유효이자율을 초과하는 주계약의 유효이자율 부분이다.
- 따라서, 일반적으로 발행자는 전환사채의 상환옵션을 분리하지 않고 주계약에 포함하며 상환옵션을 후속적으로 인식하지 아니한다(유형Ⅲ 및 유형Ⅵ).[38]
- 다만, 상환옵션이 비분리 되더라도 전환옵션과 상환옵션의 상호의존성을 고려하여 전환옵션과 상환옵션을 묶어 하나의 내재파생상품으로 주계약에서 분리[39]하는 회계정책(유형Ⅶ)을 선택한 경우에는 주계약에 포함하지 않고 하나의 내재파생상품(전환옵션+상환옵션)으로 측정한다.[40]
- 상환옵션이 분리요건을 만족하는 경우에는 전환옵션과 상환옵션의 상호의존성

38) 상환옵션을 분리인식하지 않지만 전환옵션의 공정가치를 측정하기 위해 금리옵션부채권 모형을 이용한 상환옵션의 공정가치평가는 반드시 필요하다.

39) 복합상품에 내재된 다수의 내재파생상품 중 일부만 분리요건을 충족하는 경우, 분리요건을 충족하지 않는 나머지 내재파생요소도 함께 분리하여 하나의 내재파생상품으로 처리하는 것을 말한다. 즉, 복합상품에 내재된 전환옵션과 상환옵션에 대해 전환옵션은 분리요건을 만족하지만 상환옵션은 분리요건을 만족하지 못하는 경우라 하더라도 전환옵션과 상환옵션은 상호의존성이 있으므로 분리요건을 만족하지 못하는 상환옵션을 전환옵션과 묶어 하나의 내재파생상품으로 분리함을 뜻한다.

40) 유형Ⅴ와 유형Ⅶ은 회계정책은 서로 다르지만 궁극적으로 유형Ⅶ의 회계인식 및 공정가치평가 방법은 유형Ⅴ의 회계인식 및 공정가치평가 방법과 같다.

을 고려하여 전환옵션과 상환옵션을 묶어 하나의 내재파생상품으로 주계약에서 분리한다(유형V). 그러나, 전환옵션이 자본으로 분류되는 경우에는 상환옵션과 전환옵션을 하나의 내재파생상품으로 묶을 수 없으므로 불가피하게 상환옵션을 별도의 내재파생상품으로 인식(유형II)하고 공정가치를 측정하며 후속적으로 공정가치변동분을 당기손익으로 인식한다.

② 보유자 : 전환사채 보유자는 상환옵션의 특성에 관계없이 전환사채 전체를 하나의 FVPL-금융자산으로 분류하고 공정가치를 측정하므로 상환옵션의 공정가치를 별도로 측정 및 인식할 필요가 없다.

③ 상환옵션의 공정가치 : 조기상환옵션(수의상환옵션)은 채무상품가격을 기초자산으로 하는 풋옵션(콜옵션)이므로 조기상환옵션(수의상환옵션)에 부여된 계약조건에 따라 금리파생상품 평가모형(Black-Derman-Toy 모형, Hull-White 모형 등)으로 공정가치를 측정한다.

• 〈발행자〉는 전환사채에 내재된 기본옵션인 〈전환옵션〉의 특성에 따라 다음과 같이 상환옵션의 공정가치를 측정한다.

㉠ 전환옵션이 자본요소이면, 부채요소(일반채무상품 및 상환옵션)의 공정가치를 먼저 측정한 후 잔여가치를 전환옵션의 가치로 인식한다. 따라서 전환옵션이 자본요소이면 상환옵션의 분리와는 별개로 공정가치측정을 필요로 한다. 즉, 상환옵션이 분리되는 경우 금리파생상품 평가모형으로 측정된 조기상환권(수의상환권)을 별도의 파생상품부채(부의 파생상품부채)로 인식하고 후속적으로 공정가치를 측정한다(유형II). 또한, 상환옵션이 분리되지 않는 경우에도 잔여가치인 전환권을 인식하기 위해 최초측정에서 금리파생상품 평가모형으로 상환권을 측정하되 그 상환권이 주계약에 포함되므로 후속적인 공정가치측정은 불필요하다(유형III).

㉡ 전환옵션이 부채요소이면, 주계약과 모든 내재파생요소(전환옵션 및 상환옵션)가 부채요소이므로 내재파생요소의 공정가치를 차감한 잔여금액을 주계약의 최초인식 장부금액으로 측정한다. 따라서, 전환옵션이 부채요소이면 금리파생상품 평가모형을 이용하여 상환옵션의 공정가치를 측정하여 궁극적으로 전환옵션의 공정가치를 측정한다(유형VI).[41] 다만, 상환옵션을 전환옵션과 하나

41) 측정된 상환옵션 공정가치는 분리되는 전환옵션의 공정가치를 측정하기 위한 과정의 일환으로 상환옵션의 공정가치를 측정하는 것이며 상환권을 별도로 인식하는 것은 아니다.

의 내재파생상품으로 분리하는 회계정책유형(유형Ⅴ 및 유형Ⅶ)에서는 상환옵션의 공정가치측정 없이 전환사채 전체 공정가치에서 일반채무상품의 공정가치를 차감하는 방법으로 복합 내재파생상품(전환옵션+상환옵션)의 공정가치를 측정할 수 있다.

- 전환사채 〈보유자〉는 후속적으로 전환사채 전체를 공정가치로 측정한다. 즉, 보유자는 Tsiveriotis-Fernandes 모형이나 Goldman-Sachs 모형과 같은 전환금융상품 평가모형을 활용하여 전환사채 전체 공정가치를 측정하고 상환옵션과 같은 개별 내재파생요소에 대한 공정가치측정은 불필요하다.

전환사채의 계약조건에 따라 내재파생요소의 분류와 인식방법이 달라진다. 내재파생요소의 분류 및 인식방법에 따라 주계약의 최초측정금액 산정방식이 달리 적용될 수 있고, 내재파생요소의 후속측정 방법에 있어 전혀 다른 결과를 가져온다. 아래에서는 전환사채의 다양한 계약조건을 상정하여 그러한 계약조건을 고려한 전환사채의 인식과 후속측정 방법을 예제를 곁들여 설명하기로 한다.

4.2. 전환옵션이 자본요소인 경우

전환사채의 기본파생요소인 전환옵션은 보유자의 선택에 따라 전환사채를 발행자의 지분상품(보통주)으로 전환해 줄 것으로 요구할 수 있는 권리이다. 발행자 입장에서 전환옵션은 자기지분상품(보통주)으로 결제할 수 있는 파생상품계약이며, 다음 중 어느 하나로 구분된다.

① 확정수량의 자기지분상품을 확정금액의 금융자산과 교환하여 결제하는 방법으로 결제할 수 있는 파생상품

② 확정수량의 자기지분상품을 확정금액의 금융자산과 교환하여 결제하는 방법 외 방법(변동가능한 자기지분상품 수량으로 교환하거나 변동가능한 금액으로 교환하는 방법)으로 결제할 수 있는 파생상품

전환옵션이 위의 ①에 해당하는 파생상품 계약이면 그 전환옵션은 지분상품(자본) 요건을 만족한다. 전환옵션이 자본요소인 전환사채는 부채요소와 자본요소로 구성된 복합금융상품[42]이다. 전환옵션이 자본요소인지의 여부는 전환사채 발행자에게 중요하다. 보유

42) 복합금융상품은 부채요소와 자본요소를 모두 가진 금융상품으로 정의된다. 전환옵션이 자본요소의 요건을 만족하지 못하면 그러한 전환사채는 부채요소로만 구성되므로 기준서에서 정의하는 복합금융상품이 아니며,

자는 전환옵션이 자본요소인 지의 여부와 관계없이 전환사채를 하나의 금융자산으로 분류하는 반면, 발행자는 자본요소 여부에 따라 최초측정 및 후속측정방법에 있어 중요한 차이가 있기 때문이다. 아래에서는 전환옵션이 자본요건을 만족한 상황에서 〈발행자〉의 전환사채 인식과 측정을 다루기로 한다.

부채요소와 자본요소의 분리

〈발행자〉는 전환사채의 계약조건을 평가하여 전환사채가 자본요소와 부채요소를 모두 포함하고 있는지를 판단해야 하며 각 요소별로 기준서에 정한 바에 따라 금융부채 또는 지분상품으로 분류해야 한다.[K-IFRS 1032 문단 28~29]

- 전환사채 발행자는 금융부채가 생기게 하는 요소(부채요소)와 발행자의 지분상품으로 전환할 수 있는 옵션을 보유자에게 부여하는 요소(자본요소)를 별도로 분리하여 인식한다.
- 예를 들어, 확정수량의 발행자의 보통주로 전환할 수 있는 사채나 이와 비슷한 금융상품은 복합금융상품이다. 발행자의 관점에서 이러한 금융상품은 금융부채(금융자산을 인도하는 계약)의 요소와 지분상품(확정수량의 발행자의 보통주로 전환할 수 있는 권리를 정해진 기간에 보유자에게 부여하는 전환옵션)의 요소로 구성된다.
- 이러한 금융상품을 발행하는 거래는 조기상환 조항이 있는 채무상품과 주식을 매입할 수 있는 주식매입권을 동시에 발행하는 거래나 분리형 주식매입권이 있는 채무상품을 발행하는 거래와 실질적으로 같은 경제적 효과가 있다. 따라서 전환사채 발행자는 이러한 모든 거래를 부채요소와 자본요소로 분리하여 재무상태표에 표시한다.

자본으로 분류된 전환요소는 후속측정하지 않는다. 전환사채 발행시점의 전환옵션은 기초자산가격(보통주 주가)과 행사가격이 일치하거나 비슷한 상태(등가격 상태)인 경우가 많다. 전환권을 행사할 가능성이 변동되는 경우, 특히 전환권의 행사로 일부 보유자가 경제적으로 유리해지는 경우에도 전환상품의 부채요소와 자본요소의 분류를 수정하지 않는다.[K-IFRS 1032 문단 30]

- 전환사채 발행시점의 전환가격이 기초자산가격보다 높은 외가격 상태인 경우라 하더라도 전환요소는 옵션만기까지의 기초자산의 가격변동성으로 인해 시간가치를 가진다. 반대로, 전환사채 발행시점에 기초자산가격이 전환가격보다 현저히 높아

일반적인 복합상품(또는 복합계약)의 범주에 포함된다.

깊은 내가격 상태라 하더라도 발행시점의 내재가치(기초자산가격 - 전환가격)는 기초자산의 변동성에 따라 후속적으로 소멸되기도 한다.

- 발행자가 전환옵션을 자본요소로 분류하면, 기초자산가격의 변동으로 보유자가 전환옵션을 행사할 가능성이 변동되더라도 최초의 분류를 수정하지 않으며 전환옵션의 공정가치를 측정하지 않는다.43)

발행자는 전환사채의 최초측정 시에, 자본요소인 전환옵션의 공정가치를 전환사채의 부채가치를 차감한 후의 잔여가치로 측정한다. 즉, 전환사채의 주계약인 채무상품을 채권평가모형을 이용하여 부채가치(상환요소가 있는 경우에는 금리파생상품 평가모형을 이용하여 상환옵션 공정가치를 포함한 부채가치를 말한다)를 먼저 측정하고, 전환사채의 전체 공정가치(일반적으로 거래가격인 전환사채 발행금액)에서 부채가치를 차감한 잔여가치를 전환옵션의 공정가치로 측정한다.[K-IFRS 1032 문단 31~32]

- 지분상품은 기업의 자산에서 모든 부채를 차감한 후의 잔여지분을 나타낸다. 따라서 전환사채의 최초 장부금액을 부채요소와 자본요소에 배분하는 경우 전환사채 전체의 공정가치에서 부채요소의 금액을 차감한 나머지 금액을 자본요소에 배분한다.
- 전환사채의 자본요소(예 : 보통주 전환옵션)가 아닌 파생상품의 특성(예 : 수의상환옵션)에 해당하는 가치는 부채요소의 장부금액에 포함한다.
- 최초 인식시점에 부채요소와 자본요소에 배분된 금액의 합계는 항상 금융상품 전체의 공정가치와 같아야 한다. 금융상품의 구성요소를 분리하여 인식하는 최초 인식시점에는 어떠한 손익도 생기지 않는다.
- 보통주로 전환될 수 있는 사채의 발행자는 자본요소를 포함하지 않은(내재되어 있는 비자본요소인 파생상품의 특성이 모두 포함된) 비슷한 사채의 공정가치를 측정하여 부채요소(상환요소가 있는 경우에는 금리파생상품 평가모형을 이용하여 상환옵션 공정가치를 포함한 부채요소)의 장부금액을 우선 결정한다. 그 다음, 지분상품(금융상품을 보통주로 전환할 수 있는 전환권)의 장부금액은 전환사채 전체의 공정가치에서 금융부채의 공정가치를 차감하여 결정한다.

---

43) 발행자가 전환옵션을 자본요소로 분류하는지와 관계없이 전환사채 보유자는 전환옵션의 공정가치 변동에 따라 복합계약 전체의 공정가치가 변동되므로 이러한 공정가치변동분을 후속적으로 측정하여 당기손익으로 반영한다. 이러한 접근법은 전환사채를 발행한 기업의 보통주 공정가치평가와 일관된다. 왜냐하면, 전환사채를 발행한 기업의 보통주 주주는 기업가치의 상승분을 잔여재산 청구권자인 주주가 온전히 얻지 못하고, 전환사채 보유자에 잠재적 지분가치를 공정가치보다 낮은 가격(행사가격)으로 이전시키기 때문이다. 따라서, 보통주 가치평가에서는 전환사채에 내재된 전환옵션을 (자본으로 분류하였는지와 관계없이) 공정가치로 재측정해야 한다.

예 제 　전환옵션이 자본요소인 경우의 인식과 측정

기업은 20×1년 1월 1일, 만기 5년 액면금액 10,000원의 전환사채를 액면금액으로 발행하였다. 이 전환사채의 보유자는 전환사채 발행일로부터 만기까지의 기간 동안 언제든지 발행자의 보통주로 전환해 줄 것을 요구할 수 있는 전환옵션을 가진다. 보유자가 전환옵션을 행사하면, 발행자는 확정수량의 보통주를 발행한다. 전환사채의 액면이자율은 연 2%이며 매년 후급 조건이다. 전환사채 발행일에, 이 전환사채와 동일한 조건 하에서 유사한 신용상태와 실질적으로 같은 현금흐름을 제공하는 〈유사채무상품〉의 시장이자율은 7%이다. 한편, 전환사채 발행일에 전환옵션의 공정가치는 2,400원으로 측정되었다.

① 전환옵션의 특성 : 전환사채 발행자는 보유자의 전환요청에 대해 확정수량의 보통주로 결제하므로 전환사채에 내재된 전환옵션은 지분상품요건을 만족한다. 이에 따라 발행자는 전환옵션을 주계약에서 분리하여 자본요소로 인식한다. 이 전환사채는 자본요소와 부채요소가 모두 있는 복합금융상품에 해당한다.

② 최초인식 : 금융상품은 최초인식 시점에 공정가치로 인식한다. 이때, 최초인식 시점에 금융상품의 공정가치에 대한 최선의 추정치는 거래가격(발행금액)이다. 즉, 이 전환사채의 공정가치는 발행금액인 10,000원이다.

- 전환사채의 최초 장부금액을 부채요소와 자본요소에 배분하는 경우 전환사채 전체의 공정가치에서 별도로 결정된 부채요소의 금액을 차감한 나머지 금액을 자본요소에 배분한다.
- 전환사채의 부채요소(주계약인 채무상품)의 공정가치는 유사채무상품의 시장이자율 7%를 이용하여 다음과 같이 7,950원으로 계산된다.
  - ㉠ 원금의 현재가치 : 10,000원×0.7130(5년, 7% 현가계수)=7,130원
  - ㉡ 이자의 현재가치 : 200원×4.1000(5년, 7% 연금현가계수)=820원
  - ㉢ 채무상품의 현재가치 : 원금현재가치(7,130원)+이자현재가치(820원)=7,950원
- 전환사채의 자본요소(전환옵션)는 전환사채의 공정가치에서 부채요소의 금액을 차감한 나머지 금액을 배분한다.
  - ㉠ 전환사채 공정가치(거래가격) : 10,000원
  - ㉡ 전환요소 배분액 : 전환사채 공정가치(10,000원) - 부채요소금액(7,950원)
=2,050원
- 최초인식 시점에 옵션평가모형에 의해 측정된 전환옵션의 공정가치(2,400원)는 전환옵션의 분류 및 인식금액에 영향을 미치지 아니한다.

③ 후속측정 : 전환사채의 주계약(채무상품)은 상각후원가로 측정하여 만기까지 유효이자율에 따른 이자비용을 인식한다. 자본요소로 분류된 전환옵션은 후속측정하지 않는다.

- 전환사채의 발행일로부터 만기까지 기업이 인식할 이자비용은 다음의 상각표와 같이 계산된다.

	기초장부금액	이자비용	이자현금흐름	상각액	기말장부금액
20×1	7,950	557	200	357	8,307
20×2	8,307	581	200	381	8,688
20×3	8,688	608	200	408	9,096
20×4	9,096	637	200	437	9,533
20×5	9,533	667	200	467	10,000

예 제 전환옵션이 자본요소이면서 상환옵션이 있는 경우의 인식과 측정

기업은 20×1년 1월 1일, 만기 5년 액면금액 10,000원의 전환사채를 액면금액으로 발행하였다. 이 전환사채의 보유자는 전환사채 발행일로부터 만기까지의 기간 동안 언제든지 발행자의 보통주로 전환해 줄 것을 요구할 수 있는 전환옵션을 가진다. 보유자가 전환옵션을 행사하면, 발행자는 확정수량의 보통주를 발행한다. 전환사채의 액면이자율은 연 2%이며 매년 후급 조건이다. 전환사채 발행일에, 이 전환사채와 동일한 조건 하에서 유사한 신용상태와 실질적으로 같은 현금흐름을 제공하는 〈유사채무상품〉의 시장이자율은 7%이다. 또한, 이 전환사채의 보유자는 전환사채 발행일로부터 2년이 되는 시점에 1회에 한하여 10,800원으로 조기상환을 청구할 권리(풋옵션)를 가진다.

기업은 전환사채 발행일에 전환옵션의 공정가치를 2,400원으로 측정하였다. 또한, 기업은 전환사채 발행일에 금리파생상품 평가모형으로 측정된 조기상환옵션의 공정가치는 500원으로 산정되었다. 기업은 이 상환옵션이 주계약으로부터의 분리요건을 만족하지 못하는 것으로 판단한다.

① 전환옵션의 특성 : 전환사채 발행자는 보유자의 전환요청에 대해 확정수량의 보통주로 결제하므로 전환사채에 내재된 전환옵션은 지분상품요건을 만족한다. 이에 따라 발행자는 전환옵션을 주계약에서 분리하여 자본요소로 인식한다. 이 전환사채는 자본요소와 부채요소가 모두 있는 복합금융상품에 해당한다.

② 최초인식 : 금융상품은 최초인식 시점에 공정가치로 인식한다. 이때, 최초인식 시점에 금융상품의 공정가치에 대한 최선의 추정치는 거래가격(발행금액)이다. 즉, 이 전환사채의 공정가치는 발행금액인 10,000원이다.

- 전환사채의 최초 장부금액을 부채요소와 자본요소에 배분하는 경우 전환사채 전체의 공정가치에서 모든 부채요소(일반채무상품 및 상환옵션)의 금액을 차감한 나머지 금액을 자본요소에 배분한다.
- 전환사채의 부채요소(일반채무상품 및 상환옵션) 중 일반채무상품의 공정가치는 유사채무상품의 시장이자율 7%를 이용하여 다음과 같이 7,950원으로 계산된다.

㉠ 원금의 현재가치 : 10,000원×0.7130(5년, 7% 현가계수) = 7,130원

㉡ 이자의 현재가치 : 200원×4.1000(5년, 7% 연금현가계수) = 820원

ⓒ 채무상품의 현재가치 : 원금현재가치(7,130원) + 이자현재가치(820원) = 7,950원

- 전환사채의 부채요소는 일반채무상품의 공정가치와 상환옵션의 공정가치의 합인 8,450원으로 인식한다.
  - ㉠ 일반채무상품의 공정가치 : 7,950원
  - ㉡ 상환옵션의 공정가치 : 500원
  - ㉢ 전환사채 부채요소 : 일반채무상품(7,950원) + 상환옵션(500원) = 8,450원
- 전환사채의 자본요소(전환옵션)는 전환사채의 공정가치에서 부채요소(일반채무상품 및 상환옵션)의 금액을 차감한 나머지 금액을 배분한다.
  - ㉠ 전환사채 공정가치(거래가격) : 10,000원
  - ㉡ 전환요소 배분액 : 전환사채 공정가치(10,000원) - 부채요소금액(8,450원) = 1,550원
- 최초인식 시점에 옵션평가모형에 의해 측정된 전환옵션의 공정가치(2,400원)는 전환옵션의 분류 및 인식금액에 영향을 미치지 아니한다.

③ 후속측정 : 전환사채의 주계약(일반채무상품 + 상환옵션)은 상각후원가로 측정하여 기대만기에 걸쳐 유효이자율에 따른 이자비용을 인식한다. 이때, 유효이자율은 주계약의 최초 장부금액(8,450원)과 계약상 현금흐름을 일치시키는 내재이자율로 측정한다.

④ 상환옵션을 주계약에서 분리하는 경우 : 상환옵션을 주계약에서 분리하는 경우 금리파생상품 평가모형으로 측정된 상환옵션 공정가치(500원)를 별도의 파생상품부채로 분리인식하고 상환옵션의 공정가치를 후속적으로 측정하여 공정가치변동분을 당기손익으로 인식한다. 이때, 상환옵션을 주계약에서 분리하더라도 최초 측정시점에 인식할 전환권(자본)은 배분액은 1,550원[= 10,000원-(7,950원 + 500원)]으로 같다.

거래원가의 고려

금융상품의 거래원가는 대리인, 고문, 중개인 판매자에게 지급하는 수수료와 중개수수료, 감독기구와 증권거래소의 부과금과 양도세 등이 포함된다. 거래원가에는 채무할증액, 채무할인액, 금융원가, 내·외부 관리원가는 포함되지 아니한다. 거래원가는 금융상품의 공정가치에 가감한다. 즉, 금융자산은 공정가치에 가산하고 금융부채는 공정가치에서 차감한다. 다만, 전환사채와 같은 복합상품은 일반적인 금융상품과 달리 자본요소와 부채요소를 분리해야 하므로 거래원가를 요소별로 배분해야 하는 문제가 발생한다. 전환사채의 최초측정시점의 거래원가는 전환사채 발행시점에 요소별로 배분된 금액(주계약 및 전환옵션에 각각 배분된 금액)에 비례하여 배분한다. 거래원가가 있는 경우 다음의 과정을 거쳐 전환사채를 최초측정하게 된다.

① 부채요소(주계약인 일반채무상품 또는 일반채무상품과 분리되지 않는 상환옵션의 합)의

공정가치를 먼저 측정한다. 부채요소의 공정가치는 유사채무상품의 시장이자율을 이용하여 원리금의 현재가치를 측정한다.

② 전환사채의 공정가치(일반적으로 거래가격)에서 부채요소를 차감하여 전환옵션 배분액을 계산한다.

③ 거래원가를 부채요소 배분액과 자본요소(전환권) 배분액에 비례하여 배분한다.

④ 부채요소에 배분된 거래원가를 차감한 금액(상각후원가)과 채무상품의 계약상 현금흐름의 현재가치를 일치시키는 유효이자율을 계산한다. 거래원가가 부채요소에 배분되었으므로 채무상품의 공정가치에 사용된 유사채무상품의 시장이자율은 더 이상 부채요소의 유효이자율이 아니다. 새로이 계산된 유효이자율을 이용하여 잔존만기 동안의 이자비용을 계산한다.

⑤ 자본요소에 배분된 거래원가를 차감한 금액으로 자본으로 인식한다.[44]

예 제　거래원가의 배분

기업은 20×1년 1월 1일, 만기 5년 액면금액 10,000원의 전환사채를 액면금액으로 발행하였다. 이 전환사채 보유자는 전환사채 발행일로부터 만기까지의 기간 동안 언제든지 발행자의 보통주로 전환해 줄 것을 요구할 수 있는 전환옵션을 가진다. 보유자가 전환옵션을 행사하면, 발행자는 확정수량의 보통주를 발행한다. 전환사채의 액면이자율은 연 2%이며 매년 후급 조건이다. 전환사채 발행일에, 〈유사채무상품〉의 시장이자율은 7%이다. 전환사채 발행과정에서 120원의 거래원가가 발생하였다.

① 전환옵션의 특성 : 전환사채 발행자는 보유자의 전환요청에 대해 확정수량의 보통주로 결제하므로 전환사채에 내재된 전환옵션은 지분상품요건을 만족한다. 이에 따라 발행자는 전환옵션을 주계약에서 분리하여 자본요소로 인식한다. 이 전환사채는 자본요소와 부채요소가 모두 있는 복합금융상품에 해당한다.

② 공정가치배분 : 금융상품은 최초인식 시점에 공정가치로 인식한다. 이때, 최초인식 시점에 금융상품의 공정가치에 대한 최선의 추정치는 거래가격(발행금액)이다. 즉, 이 전환사채의 공정가치는 발행금액인 10,000원이다.

- 전환사채의 최초 장부금액을 부채요소와 자본요소에 배분하는 경우 전환사채 전체의 공정가치에서 부채요소의 금액을 차감한 나머지 금액을 자본요소에 배분한다.
- 전환사채의 부채요소(주계약인 채무상품)의 공정가치는 유사채무상품의 시장이자율 7%를 이용하여 다음과 같이 7,950원으로 계산된다.
  ㉠ 원금의 현재가치 : 10,000원×0.7130(5년, 7% 현가계수)=7,130원
  ㉡ 이자의 현재가치 : 200원×4.1000(5년, 7% 연금현가계수)=820원
  ㉢ 채무상품의 현재가치 : 원금현재가치(7,130원)+이자현재가치(820원)=7,950원

44) 관련된 이연법인세 인식이 요구될 수 있으나 이는 본서의 기술범위를 벗어나므로 구체적인 설명을 생략한다.

• 전환사채의 자본요소(전환옵션)는 전환사채의 공정가치에서 부채요소의 금액을 차감한 나머지 금액을 배분한다.

㉠ 전환사채 공정가치(거래가격) : 10,000원

㉡ 전환요소 배분액 : 전환사채 공정가치(10,000원) - 부채요소금액(7,950원) = 2,050원

③ 거래원가배분 : 전환사채 발행시점의 거래원가는 전환사채의 부채요소 배분액과 전환옵션 배분액에 비례하여 배분한다.

• 거래원가(120원)를 주계약(채무상품)과 전환옵션에 다음과 같이 배분한다.

㉠ 주계약에 배분되는 거래원가 : 120원×7,950원÷10,000원=95원

㉡ 전환옵션에 배분되는 거래원가 : 120원×2,050원÷10,000원=25원

• 채무상품의 공정가치(7,950원)에서 채무상품에 배분된 거래원가(95원)를 차감한 상각후원가(7,855원)를 계산하고, 이러한 상각후원가와 원리금의 현재가치를 일치시키는 유효이자율을 다음과 같이 7.27%로 계산한다.

	현재시점	20×1	20×2	20×3	20×4	20×5
현금흐름	-7,855	200	200	200	200	10,200
유효이자율	7.27%					

• 전환사채의 공정가치 중 전환요소 배분액(2,050원)에서 전환요소에 배분된 거래원가(25원)를 차감한 금액(2,025원)을 자본으로 인식한다.

• 유효이자율(7.27%)을 이용하여 만기까지의 기간 동안 주계약인 채무상품의 이자비용을 다음과 같이 인식한다.

	기초장부금액	이자비용	이자현금흐름	상각액	기말장부금액
20×1	7,855	571	200	371	8,226
20×2	8,226	598	200	398	8,624
20×3	8,624	627	200	427	9,051
20×4	9,051	658	200	458	9,509
20×5	9,509	691	200	491	10,000

상환할증금

전환사채 보유자는 전환옵션을 통해 채무상품을 지분상품으로 전환함으로써 레버리지 투자이익을 극대화 할 수 있기 때문에 신용위험이 비슷한 유사채무상품과 비교하여 낮은 액면이자율을 수취한다. 다만, 전환사채를 발행한 기업의 이익성장에 대한 기대와 기업공개를 통한 투자금 회수의 불확실성이 높을 경우 이러한 낮은 액면이자율은 전환사채 투자를 망설이게 만드는 요인이 된다. 보통주 전환이 되지 않을 경우 전환사채의

액면이자율은 화폐의 시간가치도 보전하지 못하기 때문이다. 전환사채 보유자는 전환옵션행사를 통해 이익을 극대화하는 것이 가장 중요한 투자목표이지만, 보통주로의 전환이 실패하더라도 화폐의 시간가치를 포함한 최소한의 이익을 얻고자 한다. 이러한 이유로 액면이자율이 낮은 전환사채는 보유자가 만기까지 전환옵션을 행사하지 않을 경우에 한하여, 만기이전에 지급한 액면이자에 추가한 대가를 지급하게 되는데 이를 상환할증금이라 한다.

전환사채 보유자와 발행자는 다음의 사항을 고려하여 상환할증금이 있는 전환사채를 인식하고 측정한다.

① 상환할증금은 만기까지 전환옵션이 행사되지 않을 경우 발행자가 보유자에게 지급하는 금액이므로 주계약인 채무상품의 계약상 현금흐름을 구성한다.

- 복합금융상품의 부채요소 공정가치를 측정하기 위한 할인율은 동일한 조건 하에서 유사한 신용상태와 실질적으로 같은 현금흐름을 제공하면서 전환옵션이 없는 다른 채무상품(유사채무상품)의 시장이자율이다.
- 상환할증금이 주계약인 채무상품의 계약상 현금흐름을 구성하므로 상환할증금을 포함한 채무상품의 원리금을 유사채무상품의 시장이자율로 할인하여 현재가치를 측정한다.

② 상환할증금이 있는 전환사채에 대한 유사채무상품의 시장이자율은 관측가능한 일반이표채권의 만기수익률(YTM)에서 추출(bootstrapping)된 현물이자율을 사용한다.

- 일반적으로 관측가능한 유사채무상품의 시장이자율 정보는 대부분 표준적인 (Plain vanilla type) 일반이표채권(Straight bond)의 만기수익률(YTM)이다. 표준적인 형태의 일반이표채권이란 주기적(대개 3개월)으로 이자를 지급하며 만기에 액면금액을 상환하는 채권을 말한다. 만기이전에 낮은 액면이자를 지급하다가 만기에 (액면금액을 상회하는) 상환할증금을 지급하는 전환사채의 주계약은 이러한 표준적인 형태의 일반이표채권의 현금흐름과 실질적으로 같다고 볼 수 없다.

㉠ 전환사채의 주계약이 만기이전에 이자지급이 없다가 만기에 액면금액(또는 액면금액에 상환할증금을 더한 금액)을 지급하는 채무상품이라면, 이는 할인채권의 현금흐름을 구성하므로 일반이표채권의 만기수익률을 유사채무상품의 시장이자율로 사용할 수 없다. 이 경우에는 만기수익률에서 추출한 현물이자율(Spot rate)을 사용해야 한다.

㉡ 만기이전에 낮은 액면이자를 지급하다가 만기에 상환할증금을 추가 지급하는 채무상품도 일반이표채권과 실질적으로 같은 현금흐름을 제공하는 것이 아니므로 일반이표채권의 만기수익률을 유사채무상품 시장이자율로 사용할 수 없다. 이러한 채무상품의 이자지급유형은 일반이표채권과 다르므로 이자(액면이자 및 상환할증이자)의 현금흐름시기에 대응되는 기간별 현물이자율을 사용한다.

예 제 이자지급 없이 상환할증금만 있는 전환사채

기업은 20×1년 1월 1일, 만기 5년 액면금액 10,000원의 전환사채를 액면금액으로 발행하였다. 전환사채 보유자는 전환사채 발행일로부터 만기까지의 기간 동안 언제든지 발행자의 보통주로 전환해 줄 것을 요구할 수 있는 전환옵션을 가진다. 보유자가 전환옵션을 행사하면, 발행자는 확정수량의 보통주를 발행한다. 전환사채의 액면이자율은 0%이다. 대신에 기업은 만기까지 보유자가 전환옵션을 행사하지 않을 경우 전환사채 만기시점에 만기보장수익률로 연복리 5.0%를 가산한 상환할증금을 더한 금액을 지급한다. 만기보장수익률(연복리 5.0%)을 고려한 만기상환금액은 액면금액의 127.63%에 해당한다. 전환사채 발행일에, 이 전환사채와 동일한 조건하에서 유사한 신용상태와 실질적으로 같은 현금흐름을 제공하는 〈유사채무상품〉의 만기수익률 정보로부터 추출된 5년 만기 현물이자율은 7.5%이다.

① 전환옵션의 특성 : 전환사채 발행자는 보유자의 전환요청에 대해 확정수량의 보통주로 결제하므로 전환사채에 내재된 전환옵션은 지분상품요건을 만족한다. 이에 따라 발행자는 전환옵션을 주계약에서 분리하여 자본요소로 인식한다.

② 최초인식 : 금융상품은 최초인식 시점에 공정가치로 인식한다. 이때, 최초인식 시점에 금융상품의 공정가치에 대한 최선의 추정치는 거래가격(발행금액)이다. 즉, 이 전환사채의 공정가치는 발행금액인 10,000원이다.

- 전환사채의 최초 장부금액을 부채요소와 자본요소에 배분하는 경우 전환사채 전체의 공정가치에서 부채요소의 금액을 차감한 나머지 금액을 자본요소에 배분한다.
- 전환사채의 부채요소의 공정가치는 만기상환할증금을 고려한 채무상품의 계약상 현금흐름을 유사채무상품의 시장이자율 7.5%(현물이자율)로 할인하여 계산한다.
  - ㉠ 원금의 현재가치 : 10,000원×0.6966(5년, 7.5% 현가계수)=6,966원
  - ㉡ 상환할증금의 현재가치 : 2,763원×0.6966(5년, 7.5% 현가계수)=1,925원
  - ㉢ 이자의 현재가치 : 0원
  - ㉣ 채무상품의 현재가치 : 원금의 현재가치(6,966원)+상환할증금의 현재가치(1,925원)=8,891원
- 전환사채의 자본요소(전환옵션)는 전환사채의 공정가치에서 부채요소의 금액을 차감한 나머지 금액을 배분한다.
  - ㉠ 전환사채 공정가치(거래가격) : 10,000원

ⓛ 전환요소 배분액 : 전환사채 공정가치(10,000원) - 부채요소금액(8,891원) = 1,109원

③ 후속측정 : 전환사채의 주계약(채무상품)은 상각후원가로 후속측정하여 만기까지 유효이자율에 따른 이자비용을 인식한다. 자본요소로 분류된 전환옵션은 후속측정하지 않는다.

- 전환사채의 발행일로부터 만기까지 기업이 인식할 이자비용은 다음의 상각표와 같이 계산된다.

	기초장부금액	이자비용	이자현금흐름	상각액	기말장부금액
20×1	8,891	667	-	667	9,558
20×2	9,558	717	-	717	10,274
20×3	10,274	771	-	771	11,045
20×4	11,045	828	-	828	11,873
20×5	11,873	890	-	890	12,763

- 상환할증금이 있는 전환사채는 후속적으로 상각후원가로 측정함에 따라 (전환옵션의 행사가 없다면) 상각후원가 장부금액이 만기상환금액으로 조정된다.

예 제 이자지급이 일정하지 않은 경우의 전환사채

기업은 20×1년 1월 1일, 만기 5년 액면금액 10,000원의 전환사채를 액면금액으로 발행하였다. 전환사채 보유자는 전환사채 발행일로부터 만기까지의 기간 동안 언제든지 발행자의 보통주로 전환해 줄 것을 요구할 수 있는 전환옵션을 가진다. 보유자가 전환옵션을 행사하면, 발행자는 확정수량의 보통주를 발행한다. 전환사채 발행일에 주계약(채무상품)과 전환옵션의 공정가치측정을 위한 기본자료는 다음과 같다.

- 계약상 현금흐름 : 전환사채 발행일로부터 3년간 연 2.0%(200원)의 이자를 지급하고, 3년 이후 만기까지 연 7.0%(700원)의 이자를 지급한다. 만기에 액면금액을 상환하며 상환할증금은 없다.
- 주계약인 채무상품은 〈step-up 방식〉으로 이자를 지급한다. 이러한 현금흐름유형은 기업의 신용위험과 유사한 일반채권의 만기수익률에 가정된 현금흐름유형과 실질적으로 같지 않다고 판단할 근거를 제공한다. 따라서, 신용위험이 유사한 일반채권의 만기수익률(YTM) 자료에 기초해 추출(bootstrapping)된 다음의 현물이자율 정보를 활용하여 주계약의 공정가치를 측정한다.

	1년물	2년물	3년물	4년물	5년물
현물이자율	5.0%	5.5%	6.0%	6.5%	7.0%
현가계수	0.9524	0.8985	0.8396	0.7773	0.7130

① 전환옵션의 특성 : 전환사채 발행자는 보유자의 전환요청에 대해 확정수량의 보통주로 결제하므로 전환사채에 내재된 전환옵션은 지분상품요건을 만족한다. 이에 따라 발행자는 전환옵션을 주계약에서 분리하여 자본요소로 인식한다.

② 최초인식 : 금융상품은 최초인식 시점에 공정가치로 인식한다. 이때, 최초인식 시점에 금융상품의 공정가치에 대한 최선의 추정치는 거래가격(발행금액)이다. 즉, 이 전환사채의 공정가치는 발행금액인 10,000원이다.

- 전환사채의 최초 장부금액을 부채요소와 자본요소에 배분하는 경우 전환사채 전체의 공정가치에서 부채요소의 금액을 차감한 나머지 금액을 자본요소에 배분한다.
- 전환사채의 부채요소의 공정가치는 현금흐름의 발생시기에 대응되는 기간별 현물이자율을 할인율로 하여 다음과 같이 9,131원으로 측정한다.

	현재가치	20×1	20×2	20×3	20×4	20×5
이자현재가치	2,001	190	180	588	544	499
원금현재가치	7,130	-	-	-	-	7,130
원리금현재가치	9,131	190	180	588	544	7,629

③ 후속측정 : 전환사채의 주계약은 상각후원가로 후속측정하여 만기까지 유효이자율에 따른 이자비용을 인식한다. 자본요소로 분류된 전환옵션은 후속측정하지 않는다.

- 현물이자율을 이용한 방식으로 주계약의 공정가치를 측정하였으므로, 이 주계약의 계약상 현금흐름의 현재가치와 주계약의 공정가치를 일치시키는 유효이자율을 다음과 같이 6.91%로 계산한다.

	현재시점	20×1	20×2	20×3	20×4	20×5
현금흐름	-9,131	200	200	700	700	10,700
유효이자율	6.91%					

- 전환사채의 발행일로부터 만기까지 기업이 인식할 이자비용은 다음의 상각표와 같이 계산된다.

	기초장부금액	이자비용	이자현금흐름	상각액	기말장부금액
20×1	9,131	631	200	431	9,562
20×2	9,562	661	200	461	10,023
20×3	10,023	693	700	-7	10,016
20×4	10,016	692	700	-8	10,008
20×5	10,008	692	700	-8	10,000

전환사채의 전환

전환사채 보유자는 기초자산(보통주) 가격의 변동에 따라 전환사채를 기초자산으로 전환할지 여부를 결정한다. 전환사채 보유자가 전환옵션을 행사하여 전환사채를 기초자산(보통주)으로 전환할 경우 발행자는 부채요소로 인식한 주계약(주계약에 포함되거나 분리된 상환요소 포함)을 제거하고 자본으로 인식한다. 이와 관련하여, K-IFRS 1032호는 (전환옵션이 자본요소인 경우) 만기시점[45]에 전환사채가 전환되는 경우에 발행자는 부채를 제거하고 자본으로 인식하도록 하고 있다. 최초 인식시점의 자본요소는 자본의 다른 항목으로 대체될 수 있지만 계속하여 자본으로 유지되며, 만기시점에 전환사채의 전환에 따라 손익을 인식하지 않도록 하고 있다.[K-IFRS 1032 AG32]

- 전환사채 발행자는 전환과 관련된 계약조건의 변경이 없는 한, 최초 측정일에 자본으로 인식한 전환요소(전환권대가)를 재측정하지 아니한다. 따라서, 전환사채 전환일 발행자의 지분상품 공정가치(전환사채 발행기업 보통주 주가)는 전환인식에 영향을 미치지 아니하며[46] 전환에 따른 손익을 인식하지 않는다.
- 전환일의 부채요소를 측정한다. 즉, 주계약(순수채무상품 또는 상환요소가 포함된 부채요소)은 전환일까지의 상각후원가로 재측정하며, 분리인식된 상환요소가 있는 경우 전환일 현재의 상환요소의 공정가치를 측정한다.
- 전환일의 부채요소를 제거하고 이를 자본으로 인식한다. 이미 인식한 자본요소(전환권)는 자본의 다른 항목(주식발행초과금)으로 대체될 수 있다.

예 제 전환옵션이 자본요소인 경우의 전환사채 전환인식과 측정

기업은 20×1년 1월 1일, 만기 5년 액면금액 10,000원의 전환사채를 액면금액으로 발행하였다. 이 전환사채의 보유자는 전환사채 발행일로부터 만기까지의 기간 동안 언제든지 발행자의 보통주 1주로 전환해 줄 것을 요구할 수 있는 전환옵션을 가진다. 보유자가 전환옵션을 행사하면, 발행자는 확정수량의 보통주를 발행한다. 전환사채의 액면이자율은 연 2%이며 매년 후급 조건이다. 전환사채 발행일에, 이 전환사채와 동일한 조건하에서 유사한 신용상태와 실질적으로 같은 현금흐름을 제공하는 〈유사채무상품〉의 시장이자율은 7%이다. 또한, 이 전환사채의 보유자는 전환사채 발행일로부터 2년이 되는 시점에 1회에 한하여 10,800원

---

45) K-IFRS 1032호 AG32는 "만기시점"에 전환사채가 전환되는 경우로 표시하고 있으나 이를 주계약의 만기시점 전환에 한정되는 것으로 해석할 필요는 없으리라 판단된다. 즉, K-IFRS 1032호 AG32는 만기 전환만 규정하고 있으나 기준서의 해석상 조기전환 시에도 유추적용할 수 있는 것으로 보는 견해가 일반적이다.

46) "전환옵션이 부채요소인 경우"에는 전환일 발행자 지분상품의 공정가치(보통주 가격)가 전환인식에 영향을 미칠 수도 있다. 자세한 내용은 〈전환옵션이 부채요소인 경우〉 부분을 참고하기 바란다.

으로 조기상환을 청구할 권리(풋옵션)를 가진다. 기업은 전환사채 발행일(20×1년 1월 1일) 및 후속측정일(20×1년 12월 31일)에 금리파생상품 평가모형으로 측정된 조기상환옵션의 공정가치를 각각 500원 및 600원으로 산정하였다. 기업은 이 상환옵션이 주계약으로부터의 분리요건을 만족하는 것으로 판단한다.

한편, 전환사채 보유자는 20×2년 6월 30일, 기초자산인 보통주로 전환하였으며 전환일 현재 기업이 발행한 보통주의 활성시장 공시가격은 18,000원으로 측정되었다. 또한, 전환일 금리파생상품 평가모형으로 측정된 조기상환옵션의 공정가치는 700원으로 측정되었다.

① 전환옵션의 특성 : 전환사채 발행자는 보유자의 전환요청에 대해 확정수량의 보통주로 결제하므로 전환사채에 내재된 전환옵션은 지분상품요건을 만족한다. 이에 따라 발행자는 전환옵션을 주계약에서 분리하여 자본요소로 인식한다. 이 전환사채는 자본요소와 부채요소가 모두 있는 복합금융상품에 해당한다.

② 최초인식 : 금융상품은 최초인식 시점에 공정가치로 인식한다. 이때, 최초인식 시점에 금융상품의 공정가치에 대한 최선의 추정치는 거래가격(발행금액)이다. 즉, 이 전환사채의 공정가치는 발행금액인 10,000원이다.

- 전환사채의 최초 장부금액을 부채요소와 자본요소에 배분하는 경우 전환사채 전체의 공정가치에서 모든 부채요소(주계약 및 상환옵션)의 금액을 차감한 나머지 금액을 자본요소에 배분한다.
- 전환사채의 부채요소(주계약 및 상환옵션) 중 주계약의 공정가치는 유사채무상품의 시장이자율 7%를 이용하여 다음과 같이 7,950원으로 계산된다.
  ㉠ 원금의 현재가치 : 10,000원×0.7130(5년, 7% 현가계수)=7,130원
  ㉡ 이자의 현재가치 : 200원×4.1000(5년, 7% 연금현가계수)=820원
  ㉢ 채무상품의 현재가치 : 원금현재가치(7,130원)+이자현재가치(820원)=7,950원
- 전환사채의 부채요소는 주계약 공정가치와 상환옵션의 공정가치의 합인 8,450원으로 인식한다.
  ㉠ 주계약의 공정가치 : 7,950원
  ㉡ 상환옵션의 공정가치 : 500원
  ㉢ 전환사채 부채요소 : 주계약(7,950원)+상환옵션(500원)=8,450원
- 전환사채의 자본요소(전환옵션)는 전환사채의 공정가치에서 부채요소(주계약 및 상환옵션)의 금액을 차감한 나머지 금액을 배분한다.
  ㉠ 전환사채 공정가치(거래가격) : 10,000원
  ㉡ 전환요소 배분액 : 전환사채 공정가치(10,000원) - 부채요소금액(8,450원)
  =1,550원

③ 보고일 후속측정 : 전환사채의 주계약은 상각후원가로 측정하여 계약만기(5년)에 걸쳐 유효이자율에 따른 이자비용을 인식한다. 이때, 유효이자율은 주계약의 최초 장부금액(7,950원)과 계약상 현금흐름을 일치시키는 내재이자율로 측정한다. 또한, 분리인식하는 상환옵션의 공정가치를 측정하고 공정가치변동분을 당기손익으로 인식한다. 자본요소로 분류된 전환옵션은 후속측정하지 않는다.

③ 보고일 후속측정 : 전환사채의 주계약은 상각후원가로 측정하여 계약만기(5년)에 걸쳐 유효이자율에 따른 이자비용을 인식한다. 이때, 유효이자율은 주계약의 최초 장부금액(7,950원)과 계약상 현금흐름을 일치시키는 내재이자율로 측정한다. 또한, 분리인식하는 상환옵션의 공정가치를 측정하고 공정가치변동분을 당기손익으로 인식한다. 자본요소로 분류된 전환옵션은 후속측정하지 않는다.

- 전환사채의 주계약(채무상품)은 상각후원가로 측정하여 만기까지 유효이자율에 따른 이자비용을 인식한다. 전환사채의 발행일로부터 만기까지 기업이 인식할 이자비용은 다음의 상각표와 같이 계산된다. 따라서, 기업은 후속측정일(20×1년 12월 31일)에 이자비용으로 557원을 인식한다.

	기초장부금액	이자비용	이자현금흐름	상각액	기말장부금액
20×1	7,950	557	200	357	8,307
20×2	8,307	581	200	381	8,688
20×3	8,688	608	200	408	9,096
20×4	9,096	637	200	437	9,533
20×5	9,533	667	200	467	10,000

- 분리인식하는 상환옵션은 공정가치로 측정하며 공정가치변동분은 당기손익으로 인식한다. 즉, 후속측정일(20×1년 12월 31일) 상환옵션의 공정가치 변동분 100원(=600원 - 500원)을 비용으로 인식한다.
- 기업은 후속측정 보고일(20×1년 12월 31일) 현재 이자비용(557원)과 파생상품평가손실(100원)을 당기손익(657원)으로 보고하며, 주계약(8,307원)과 파생상품부채(600원)를 부채요소(8,907원)로 인식한다.

④ 전환일 후속측정 : 전환사채 보유자의 전환에 따라 기업은 전환일의 부채요소를 측정하고, 이미 인식한 자본요소는 재측정하지 아니한다. 즉, 기업은 주계약을 전환일까지의 상각후원가로 측정하고 분리인식된 상환요소를 전환일 현재의 공정가치로 측정하되, 이미 자본으로 인식한 전환옵션(전환권대가)은 재측정하지 아니한다.

- 기업은 전환일(20×2년 6월 30일)에 이자비용으로 291원을, 주계약으로 8,498원으로 인식한다(액면이자 지급일 사이에 전환 시 기간경과이자를 지급함을 가정한다).
  - ㉠ 이자비용 인식액 : 8,307원×7%×6월÷12월=291원
  - ㉡ 주계약 상각후원가 : 8,307원+(291원 - 100원)=8,498원
- 기업은 전환일(20×2년 6월 30일)에 금리파생상품 평가모형으로 측정된 상환옵션의 공정가치를 파생상품부채(700원)로 측정하고 상환옵션의 공정가치변동분을 파생상품부채 평가손실(100원)로 인식한다.
  - ㉠ 파생상품부채(분리인식하는 상환옵션) : 700원
  - ㉡ 파생상품 평가손실 : 전환일 공정가치(700원) - 직전 후속측정일 공정가치(600원) =100원

• 기업은 전환일(20×2년 6월 30일)에 부채요소(주계약 및 파생상품부채)를 제거하고 자본으로 인식한다. 이미 인식한 자본요소(전환권)는 재측정하지 아니한다(자본의 다른 항목으로 대체될 수 있다).

㉠ 전환일 부채요소 : 주계약(8,498원)+파생상품부채(700원) = 9,198원

㉡ 전환일 자본요소 : 전환권대가(1,550원)

㉢ 전환일 자본인식총액 : 부채요소(9,198원) + 자본요소(1,550원) = 10,748원

• 기업은 전환일(20×2년 6월 30일) 전환사채의 기초자산인 보통주 공정가치(18,000원)는 고려하지 아니한다. 즉, 전환일 자본인식총액(10,748원)과 보통주 공정가치(18,000원)의 차이로 인한 손익은 인식하지 아니한다.

전환사채 보유자의 공정가치측정

지금까지 전환사채 발행자를 중심으로 살펴보았다. 전환사채 〈발행자〉는 전환옵션이 지분상품요건을 만족할 경우 최초측정 시점에 전환옵션을 자본요소로 분류하고 후속적으로 측정하지 않으며 전환사채의 주계약인 부채요소(채무상품)는 최초측정 시점의 유효이자율로 만기까지 유효이자율법에 의해 주계약의 장부금액을 표시한다. 따라서 전환옵션 외에 다른 내재파생요소가 없고 그 전환옵션이 지분상품요건을 만족한다면, 전환사채 〈발행자〉는 후속적으로 공정가치를 측정할 필요가 없다.

반면, 전환사채 〈보유자〉는 전환옵션이 지분상품요건을 만족하는지 여부와 관계없이 전환사채 전체를 「FVPL - 금융자산」으로 분류하고 후속적으로 공정가치로 측정하며 공정가치변동분을 당기손익으로 인식한다.

① 전환사채의 계약상 현금흐름은 내재된 전환요소로 인해 잠재적으로 원리금 외의 현금흐름(발행자 보통주)을 포함한다. 즉, 전환사채의 계약상 현금흐름은 SPPI 조건을 만족하지 못한다.

② 전환사채의 계약상 현금흐름이 SPPI 조건을 만족하지 못하므로 보유자는 전환사채 전체를 하나의 FVPL - 금융자산으로 분류한다. 보유자는 전환사채를 후속적으로 공정가치로 측정하며 공정가치변동분을 당기손익으로 인식한다.

③ 전환사채 보유자는 하나의 복합계약 단위로 분류한다. 즉, 전환사채의 계약상 현금흐름의 특성에 따라 금융자산을 분류하므로 발행자가 전환옵션을 자본요소로 분류하는지의 판단은 보유자에게 유의미한 정보가 아니다.

전환사채 보유자는 최초측정 및 후속측정 시점에 전환사채의 공정가치를 다음과 같

이 측정한다. 이때, FVPL - 금융자산의 거래원가는 당기손익으로 인식하므로 전환사채 매입과정에서 지급된 거래원가는 즉시 당기손익으로 인식한다.

① 최초측정 : 보유자는 전환사채 전체의 공정가치를 거래가격으로 인식한다. 최초측정 시점에 금융상품의 공정가치의 최선의 추정치는 거래가격이므로 거래가격이 〈수준1〉 또는 〈수준2〉 투입변수에 따라 관측된 공정가치와 다른 경우가 아니라면 거래가격으로 최초측정한다.

- 예외적인 경우[47]를 제외하고는 보유자는 최초측정시점에 전환사채의 공정가치를 별도로 측정할 필요가 없다.
- 최초측정시점에 전환사채의 공정가치를 측정할 필요는 없지만 실무적으로는 최초측정시점에 주계약과 전환옵션을 포함한 내재파생요소의 배분이 필요할 수도 있다.

㉠ 보유자가 전환사채의 공정가치변동분 전체를 하나의 당기손익 항목으로 처리하는 경우에는 내재파생요소의 배분이 불필요하다.

㉡ 반면, 보유자가 계약상 현금흐름이 원리금으로 구성되는 주계약에 대한 이자수익과 나머지 공정가치변동분을 구분하고자 할 경우에는 주계약에 배분될 가치를 측정하고[48] 이에 따른 유효이자를 구분인식할 수 있다. 다만, 이러한 구분이 당기손익 총액에 미치는 영향은 없다.

- 최초측정 시점에 발행자는 거래원가를 전환사채 거래가격에서 차감하며 주계약과 전환옵션에 공정가치비율로 배분하는 반면, 보유자는 거래원가를 전환사채 구성요소별로 배분하지 않고 즉시 비용으로 처리한다.

② 후속측정 : 보유자는 후속측정일의 모든 투입변수를 이용하여 전환금융상품 평가모형(Tsiveriotis-Fernandes 모형, Goldman-Sachs 모형 등)에 따라 전환사채의 공정가치를 측정한다.

---

47) 거래가격에 다른 대가가 포함되어 있다면 금융상품의 공정가치를 측정한다. 이 경우에는 〈수준3〉 투입변수에 의해 측정된 공정가치가 허용된다.

48) 이와 관련하여 기준서는 명확하게 설명하지 않는다. 다만, FVPL - 금융자산으로 분류한 일반채무상품의 경우와 마찬가지로 복합계약의 채무상품인 주계약에 대해서도 이자수익과 공정가치변동분을 구분하여 표시할 필요가 있으리라 판단된다.

예 제 전환사채 보유자의 최초측정 및 후속측정

기업은 20×1년 1월 1일 다른 기업이 발행한 전환사채를 액면금액(10,000원)으로 매입하였다. 이 전환사채의 만기는 5년이고 액면이자율은 연 2.0%이다. 상환할증금은 없다. 전환사채 보유자인 이 기업은 전환사채 발행일로부터 만기까지의 기간 동안 언제든지 발행자의 보통주로 전환해 줄 것을 요구할 수 있는 전환옵션을 가진다.

- 최초측정일인 발행일(20×1년 1월 1일)의 공정가치측정을 위한 정보는 다음과 같다.
  - ㉠ 전환금융상품 평가모형을 이용해 측정된 전환사채의 공정가치 : 10,350원
  - ㉡ 주계약인 채무상품과 비교한 유사채무상품의 시장이자율 : 7.0%
  - ㉢ 거래원가 : 50원
- 후속측정일(20×1년 12월 31일)의 공정가치측정을 위한 정보는 다음과 같다.
  - ㉠ 전환금융상품 평가모형을 이용해 측정된 전환사채의 공정가치 : 12,414원
  - ㉡ 주계약인 채무상품과 비교한 유사채무상품의 시장이자율 : 6.0%

위 정보를 이용하여 전환사채 보유자인 기업은 최초측정일 및 후속측정일에 이 전환사채 전체를 하나의 FVPL-금융자산으로 분류하고 다음과 같이 측정하고 인식한다. 기업은 보유한 전환사채의 공정가치변동분 중 주계약(채무상품)의 이자수익을 구분하지 않고 공정가치변동분 전체를 당기손익으로 인식하고자 한다.

① 최초측정 : 금융자산은 최초인식 시점에 공정가치로 인식한다. 이때, 최초인식 시점에 금융상품의 공정가치에 대한 최선의 추정치는 거래가격(발행금액)이다. 즉, 이 전환사채의 공정가치는 발행금액인 10,000원이다.

- 보유자가 전환사채의 공정가치변동분에서 이자수익을 구분하지 않을 경우에는 최초측정에서 주계약과 내재파생요소의 배분은 불필요하다.

② 후속측정 : 후속측정일 시점의 투입변수를 반영하여 전환사채 전체의 공정가치를 측정한다. 이자수익을 구분인식하지 아니하므로 후속측정일 현재 유사채무상품의 시장이자율을 활용한 주계약 공정가치측정은 불필요하다.

- 전환사채의 공정가치를 후속측정한다. 보유자는 후속측정일의 투입변수(기초자산가격, 변동성, 잔존만기, 무위험이자율 및 위험이자율 등)를 전반적으로 검토하여 전환금융상품 평가모형에 따라 전환사채의 공정가치(12,414원)를 측정한다.
- 전환사채 보유자는 이자수익을 구분하지 않고 전환사채 공정가치변동분 전체를 당기손익으로 인식한다. 20×1년 당기손익으로 인식할 금액은 2,414원(=12,414원 -10,000원)이다.

4.3. 전환옵션이 부채요소인 경우

전환사채의 기본 파생요소인 전환옵션은 보유자의 선택에 따라 전환사채를 발행자의 지분상품(보통주)으로 전환해 줄 것으로 요구할 수 있는 권리이다. 지금까지는 전환사채에 내재된 전환옵션이 〈확정수량의 지분상품〉으로 교환하여 결제하는 파생상품인 경우를 가정하였다. 이러한 전환옵션은 지분상품요건을 만족하므로 전환사채 발행자의 자본으로 분류된다. 반면, 기업이 전환사채를 발행하면서 계약조건에 따라 전환으로 교환될 발행자의 지분상품이 확정되지 않았다면 이러한 전환옵션은 지분상품요건을 만족하지 못하며 부채로 분류한다.

국내에서 발행되는 전환사채의 다수는 전환옵션의 행사로 교환될 발행자의 지분상품수량이 확정되지 않은 채 발행된다. 교환될 지분상품의 수량이 확정되지 않았다는 것은 계약에 정해진 사유(보통주 주가 또는 기업손익의 하락 등)가 발생할 경우 기존의 행사가격(전환가액)을 조정(리픽싱)하는 방법으로 교환될 지분상품의 수량이 변동됨[49]을 뜻한다. 이 경우 발행자는 전환옵션을 다음과 같이 인식하고 측정한다.

① 전환옵션의 계약조건에서 교환될 발행자 지분상품수량이 확정되지 않았다면 이러한 전환옵션은 발행자의 부채(금융부채)로 인식한다.

② 전환옵션은 「내재파생상품」의 요건을 만족한다.

③ 전환사채에 내재된 전환옵션은 주계약의 경제적 특성 및 위험과 밀접하게 관련되어 있지 아니하므로 발행자는 이 전환옵션을 주계약에서 분리한다.

④ 주계약에서 분리된 내재파생상품은 「FVPL - 금융부채」의 요건을 만족하므로 후속적으로 공정가치로 측정하고 공정가치변동분을 당기손익으로 인식한다.

전환옵션을 FVPL-금융부채(파생상품부채)로 분리하고 공정가치로 후속측정하게 되면 발행기업은 상당한 재무적 부담을 안게 된다. 일반적인 금융상품과 달리 파생상품은 적은 순투자금액에도 불구하고 기초자산의 변동에 연계된 재무적 레버리지를 얻기 때문에 기초자산의 가격변동에 비하여 큰 폭으로 가격이 변동되기 때문이다. 전형적인(Plain vanilla) 유형의 전환사채는 전환옵션행사로 교환될 발행자 지분상품이 확정되는 것이 일반적이지만 국내에서 발행되는 상당수의 전환사채는 투자유인을 얻기 위해 기초자산가격이 일정수준 하락하거나 기타 발행계약에 정한 사유(예 : IPO 공모가격에 따른 조정)에 해당되면 옵

49) 단순히 액면분할이나 무상증자로 인해 교환할 지분상품 수량이 변동되는 것은 실질적인 수량변동이 아니며 산술적인 재계산에 불과하므로 액면분할이나 무상증자에 따른 전환가액조정을 교환될 지분상품수량의 변동으로 보지 않는다.

션의 전환가격(전환비율)을 조정하는 방식으로 교환될 발행자 지분수량이 변동되는 것이 일반적이다.

일부에서는 전환가격조정에 따라 결제할 발행자의 지분상품수량이 변동되더라도 기업이 추가적으로 금융자산을 인도할 의무(파생금융부채의 공정가치변동에 상당하는 현금 등의 추가적인 유출)가 없으므로 전환옵션을 파생상품부채로 분류하는 것은 적절하지 않다고 주장한다. 이러한 주장에 대해 본서는 다음과 같은 이유로, 전환옵션의 행사로 교환될 발행자의 지분상품수량이 확정되지 않은 경우 이를 발행자의 자본으로 분류하지 않고 금융부채로 분류하도록 한 기준서의 설명이 타당하다고 판단한다.50)

① 교환될 발행자의 지분상품수량이 변동가능한 파생상품인 전환옵션을 금융부채로 분류하는 것은, 〈인도할 자기지분상품의 수량이 변동가능한 비파생상품〉을 금융부채로 분류하는 것과 일관된다.

- 자기지분상품으로 결제하거나 결제할 수 있는 비파생상품 계약으로서 인도할 자기지분상품의 수량이 변동가능한 경우에는 금융부채로 인식하도록 하고 있다. [K-IFRS 1032 문단 11]
- 이러한 금융부채의 조건은 (자기지분상품으로 결제하는 비파생상품과 파생상품 모두의 경우에) 확정되지 아니한 발행자의 지분상품수량으로 결제될 때, 결제되는 지분상품수량의 변동에 따른 추가적인 금융자산의 인도 의무를 전제하지 않는다. 이는 전환가격 조정에 따른 추가적인 발행자의 현금유출 유무가 금융부채의 판단에 필수적인 전제가 아님을 뜻한다.

---

50) 이와 관련하여 K-IFRS 1032호는 판단근거나 구체적 지침을 제공하지 않는다.
관련하여, IASB는 2020년 4월 회의에서 K-IFRS 1032호의 "확정대확정(fixed-for-fixed)" 조건을 명확히 하는 원칙인 기초원칙(foundation principle)을 다음과 같이 정의하였다.
① 기초지분상품(underlying)과 교환되는 기능통화 단위의 금액이 확정되어 있고 다음에 해당되지 않는다면 그 금액이 변동되지 않을 때, 그리고 그럴 때에만 자기지분상품으로 결제되는 파생상품은 확정대확정(fixed-for-fixed) 조건을 충족함.
㉠ 보존 조정(preservation adjustments)
㉡ 시간의 경과조정(passage of time adjustments)
② 보존 조정(preservation adjustments) : 파생상품 발행자가 확정대확정 조건을 조정할 때 미래 주주의 상대적인 경제적 이익을 기존 자기지분상품 보유자의 경제적 이익보다 같거나 적은 수준으로 보존하는 조정
③ 시간의 경과조정(passage of time adjustments) : 파생상품 발행자가 확정대확정 조건을 조정할 때 시간의 경과를 반영하여 현재가치로 확정 현금금액을 조정(예 : 버뮤다 옵션에서 행사일마다 달라지는 행사가격을 할인율을 사용하여 현재가치를 반영하도록 조정). 다만, 할인율의 적정성은 고려하지 않음.
한편, 확정대확정 조건에 대한 IASB의 상기 기초원칙에 대해 IASB는 각국의 feedback을 지속적으로 수취하고 있으며 관련 내용을 발표하고 있다. 따라서, 현재 단계에서는 IASB의 상기 기초원칙이 기준서의 일부를 구성하는 것은 아님을 유의하기 바란다.

② 전환옵션의 행사에 따라 교환될 발행자의 지분상품수량이 변동가능하다면 이러한 전환옵션 보유자는 잠재적으로 발행자의 확정지분상품 보유자(기존 주주)의 잔여가치를 변동시키므로 후속측정하지 않는 자본으로 분류할 수 없다.

- 지분상품(자본)은 기업의 자산에서 모든 부채를 차감한 잔여가치이다. 잠재적 주주인 전환옵션 보유자는 전환가액조정(리픽싱)에 의해 이미 지불한 금융자산(전환사채)보다 더 많은 수량의 발행자 지분상품을 결제받을 수 있는데, 이 경우 발행기업의 기존 주주(지분상품 보유자)는 발행시점에 예상하지 못한 추가적인 잔여가치의 변동을 부담한다.
- 지분상품은 기업의 미래현금 창출능력과 요구수익률에 따라 공정가치가 지속적으로 변동되지만 지분상품의 발행 후에는 후속적으로 측정하지 않는다. 즉, 재무제표는 지분의 공정가치를 후속적으로 반영하지 않는다. 그러나, 발행자의 지분상품을 후속적으로 측정하지 않는 것은 지분상품이 발행되는 때나 자기지분상품으로 결제할 수량 및 금액이 확정되어 있을 때에 한정해야 할 것이다. 결제할 자기지분상품이 확정되지 않았다면 발행기업의 지분상품으로 인식할 잔여가치가 확정되지 않은 것이다.

전환옵션의 분리인식

전환옵션이 지분상품요건을 만족하지 못하여 부채로 분류되면 그 전환사채는 자본요소가 없으므로 복합금융상품이 아니며, 내재파생상품이 내재된 복합계약이다. 내재파생상품은 파생상품이 아닌 주계약(비파생주계약)을 포함하는 복합상품의 구성요소로 복합상품의 현금흐름 중 일부를 독립적인 파생상품의 경우와 비슷하게 변동시키는 효과를 가져온다. 내재파생상품의 요건은 다음과 같다.[K-IFRS 1109 문단 4.3.1]

① 내재파생상품은 내재파생상품이 포함되지 않았을 경우의 계약에 따른 현금흐름의 전부나 일부를 특정된 이자율, 금융상품가격, 일반상품가격, 환율, 가격 또는 비율의 지수, 신용등급이나 신용지수 또는 그 밖의 변수(기초변수)에 따라 변동시킨다.

② 해당변수가 비금융변수인 경우는 계약의 당사자에게 특정되지 않아야 한다.

③ 특정 금융상품에 부가되어 있더라도 계약상 해당 금융상품과는 독립적으로 양도할 수 있거나 해당 금융상품과는 다른 거래상대방이 있는 파생상품은 내재파생상품이 아니며 별도의 금융상품이다.

전환사채에 내재된 전환옵션은 일반적으로 위의 모든 조건을 만족하므로 내재파생상품에 해당된다. 이때, 전환옵션이 내재파생상품에 해당되더라도 다음의 분리인식요건을 모두 충족하는 경우에 한해 주계약에서 분리하여 파생상품으로 회계처리한다. 분리인식요건을 만족하지 못하였다면 이는 주계약의 일부를 구성하는 것으로 본다.

① 내재파생상품의 경제적 특성 및 위험이 주계약의 경제적 특성 및 위험과 밀접하게 관련되어 있지 않다.

② 내재파생상품과 조건이 같은 별도의 금융상품이 파생상품의 정의를 충족한다.

③ 복합상품의 공정가치 변동을 당기손익으로 인식하지 않는다. 즉, FVPL - 금융부채에 내재된 파생상품은 분리하지 아니한다.

전환사채에 내재된 전환옵션은 파생상품의 정의를 만족하며 주계약의 채무상품특성과 구별되는 지분상품 특성이므로 주계약과 밀접하게 관련되어 있지 않다. 따라서, 전환옵션은 주계약에서 분리하여 별도의 파생상품부채(FVPL - 금융부채)로 인식한다.

전환사채의 최초측정

전환사채 〈발행자〉는 최초측정 시점에 부채요소인 전환옵션의 공정가치를 먼저 측정하고 전환사채 전체의 공정가치에서 전환옵션의 공정가치를 차감한 후의 남은 금액으로 주계약의 최초장부금액을 인식한다[51].[K-IFRS 1109 B4.3.3]

- 옵션이 아닌 다른 유형의 내재파생상품(예 : 내재된 선도계약이나 스왑)은 명시적이거나 묵시적인 실질조건에 기초하여 최초인식시점의 공정가치가 영(0)이 되도록 주계약에서 분리한다.
- 옵션에 기초하는 내재파생상품(예 : 내재된 풋, 콜, 캡, 플로어, 스왑션)은 옵션특성의 명시적인 조건에 기초하여 주계약에서 분리한다. 주계약의 최초 장부금액은 내재파생상품을 분리한 후에 남은 금액이다.

최초인식시점에 전환사채 발행과정에서 발생하는 거래원가는 금융상품의 일반적인 처리방법과 마찬가지로 전환사채의 공정가치에서 차감한다. 이때, 기준서는 복합계약의

51) 전환사채 전체의 공정가치에서 전환옵션의 공정가치를 먼저 차감한 후 남은 금액으로 주계약의 최초장부금액을 인식하는 기준서의 설명은 전환사채 거래가격(전환사채 발행금액)이 공정가치와 같거나 근사한 상황임을 가정한 것임에 유의해야 한다. 최초 인식시점에 금융상품 공정가치의 최선의 증거는 일반적으로 거래가격(제공하거나 수취한 대가의 공정가치)이다(K-IFRS 1109호 B5.1.2A). 다만, 현실적으로는 거래가격이 최초 인식시점의 금융상품의 공정가치가 아닌 경우가 종종 발생하며, 공정가치(수준3으로 측정된 공정가치 포함)와 거래가격이 다를 경우에는 전환사채 전체의 공정가치에서 전환옵션의 공정가치를 차감한 후의 남은 금액으로 주계약을 인식해서는 안 된다. 세부적인 내용은 후술한다.

거래원가를 주계약과 내재파생상품에 어떤 방식으로 배분할지에 대해 명확하게 정하지 않고 있다. 다만, 기준서가 부채요소와 자본요소를 모두 가진 복합금융상품의 거래원가를 부채요소와 자본요소에 배분된 금액에 비례하여 분배하도록 하고 있으므로 복합상품에 대해서도 이러한 기준을 동일하게 적용할 수 있겠다.[52] 한편, 전환사채 보유자는 전환사채를 FVPL-금융자산으로 분류하므로 거래원가를 즉시 손익으로 처리한다.

예 제　전환옵션이 부채요소인 경우의 최초측정

기업은 20×1년 1월 1일, 만기 5년 액면금액 10,000원의 전환사채를 액면금액으로 발행하였다. 전환사채 보유자는 액면금액 10,000원에 대해 전환사채 발행일로부터 만기까지의 기간 동안 발행자의 보통주 1주로 전환해 줄 것을 요구할 수 있는 전환옵션을 가지되, 발행자의 보통주 주가가 하락하면 전환옵션의 전환가격을 비례하여 낮추도록 하는 계약조건이 포함되었다. 전환가격 조정하한은 최초 전환가액(10,000원)의 70%에 해당하는 금액(7,000원)이다. 이러한 계약조건으로 인해 결제해야 할 보통주 수량이 확정되지 아니하였으므로 기업은 전환사채의 전환옵션을 주계약에서 분리하여 파생상품부채로 인식하기로 한다.

전환사채 발행조건과 공정가치측정을 위한 투입변수에 대한 정보는 다음과 같다.

• 최초측정일인 발행일(20×1년 1월 1일)의 전환사채 발행조건은 다음과 같다.

㉠ 액면금액 : 10,000원, 액면이자율 : 0.0%
㉡ 주계약인 채무상품과 비교한 유사채무상품의 시장이자율 : 7.0%
㉢ 거래원가는 없다.
㉣ 상환옵션은 없다.
㉤ 만기상환수익률 : 0.0%(액면금액으로 상환)

• 전환사채 발행일(20×1년 1월 1일)의 전환옵션의 공정가치측정을 위한 정보는 다음과 같다. 편의상 옵션측정주기는 1년으로 한다.

㉠ 보통주 공시가격 : 10,000원
㉡ 전환가격 : 10,000원
㉢ 전환비율 : 액면가격÷전환가격 = 1.0(주가하락 시 1년 단위로 전환비율 조정)
㉣ 무위험이자율 : 2.0%(편의상 이자율 기간구조는 고려하지 않는다)
㉤ 위험이자율 : 7.0%(편의상 이자율 기간구조는 고려하지 않는다)
㉥ 연간 주가변동성 : 25.0%, 주가상승계수(u) : 1.2840, 주가하락계수(d) : 0.7788
㉦ 헤지확률(p) : 0.4778
㉧ 전환가능기간 : 전환사채 발행일로부터 만기까지의 기간

---

52) 기준서는 FVPL-금융부채의 경우 후속적으로 공정가치로 평가하여 공정가치변동분을 당기손익으로 반영하므로 최초측정시점에 거래원가를 당기손익으로 처리하도록 하고 있다. 다만, 전환옵션이 부채요소인 전환사채는 후속적으로 상각후원가로 측정하는 부분(주계약)과 후속적으로 공정가치로 측정하는 부분(전환옵션)이 모두 있으므로 거래원가를 배분하는 것이 타당하리라 생각된다. 이와 관련하여 기준서는 명확하게 설명하지 않는다.

발행자는 전환사채 발행일의 계약조건과 투입변수 정보에 기초해 다음과 같이 인식한다.

① 전환옵션의 특성 : 전환사채 발행자는 보유자의 전환요청에 대해 변동수량의 보통주로 결제하므로 전환사채에 내재된 전환옵션은 파생상품부채로 분류한다. 발행자는 전환옵션을 공정가치로 측정하고 후속적으로 공정가치변동분을 당기손익으로 인식한다.

② Tsiveriotis-Fernandes 모형을 이용하여 발행일에 전환옵션의 공정가치를 다음과 같이 4,274원으로 측정한다.

- 일반채무상품의 공정가치는 다음과 같이 7,130원으로 측정한다.
  - ㉠ 원금의 현재가치 : 10,000원×0.7130(5년, 7% 현가계수)=7,130원
  - ㉡ 이자의 현재가치 : 0원
  - ㉢ 채무상품의 현재가치 : 원금현재가치(7,130원)+이자현재가치(0원)=7,130원
- 기초자산의 가격트리를 다음과 같이 생성한다.

	t=0	20×1	20×2	20×3	20×4	20×5
0	10,000	12,840	16,487	21,170	27,183	34,903
1		7,788	10,000	12,840	16,487	21,170
2			6,065	7,788	10,000	12,840
3				4,724	6,065	7,788
4					3,679	4,724
5						2,865

- Tsiveriotis-Fernandes 모형에 의한 전환사채 가격트리를 다음과 같이 생성하여 최초측정일 현재 전환사채 전체의 공정가치를 11,404원으로 측정한다. 복합상품 가격트리는 매 시점 각 노드(i,j)별로 전환가치와 보유가치를 비교하여 산정하되, 전환가치 산정에서 시가조정 리픽싱효과를 고려한다.53)

	t=0	20×1	20×2	20×3	20×4	20×5
0	11,404	13,470	16,597	21,170	27,183	34,903
1		10,000	11,233	13,170	16,487	21,170
2			8,916	10,000	10,883	12,840
3				8,694	9,324	10,000
4					9,324	10,000
5						10,000

- 최초측정일 전환옵션의 공정가치를 다음과 같이 4,274원으로 측정한다.
  - ㉠ 전환사채 공정가치 : 11,404원
  - ㉡ 주계약 공정가치 : 7,130원

53) Tsiveriotis-Fernandes 모형에 의한 전환사채 공정가치평가의 중간 과정(지분가치트리, 부채가치트리, 보유가치트리 및 전환비율 트리 등)은 생략하고 전환사채 가격트리만 표시하였다.

㉢ 전환옵션 공정가치 : 전환사채 공정가치(11,404원) - 주계약 공정가치(7,130원) = 4,274원

② 발행자는 전환사채 발행금액(거래가격)을 공정가치로 인식한다. 전환사채의 주계약은 전환사채 전체의 공정가치(10,000원)에서 전환옵션의 공정가치(4,274원)를 차감한 후의 남은 금액(5,726원)으로 주계약의 최초장부금액을 인식한다.

• 전환사채의 주계약(채무상품)은 후속적으로 상각후원가로 측정한다. 이때, 유효이자율은 최초측정에서 인식한 주계약 장부금액(5,726원)과 계약상 현금흐름의 현재가치를 일치시키는 내재이자율로 다음과 같이 11.80%로 측정한다.

	현재시점	20×1	20×2	20×3	20×4	20×5
현금흐름	-5,726	-	-	-	-	10,000
유효이자율	11.80%					

• 최초측정일에 주계약 장부금액을 잔여가치로 측정하므로 유사채무상품의 시장이자율(7.0%)이 유효이자율이 되는 것은 아니며 별도로 측정해야 함에 유의한다.

• 전환사채의 주계약(채무상품)은 상각후원가로 후속측정하여 만기까지 유효이자율(11.80%)에 따른 이자비용을 다음과 같이 인식한다.

	기초장부금액	이자비용	이자현금흐름	상각액	기말장부금액
20×1	5,726	675	-	675	6,402
20×2	6,402	755	-	755	7,157
20×3	7,157	844	-	844	8,001
20×4	8,001	944	-	944	8,945
20×5	8,945	1,055	-	1,055	10,000

거래가격과 공정가치가 다른 경우

전환사채 거래가격에 다른 대가가 포함되어 있지 않은 상황에서 공정가치와 거래가격이 다른 경우가 있을 수 있다. 최초 인식시점에 전환사채의 공정가치의 최선의 증거는 일반적으로 거래가격(제공하거나 수취한 대가의 공정가치)이다. 다만, 최초 인식시점에 공정가치가 거래가격과 다르다고 결정한다면 전환사채의 최초인식시점에 다음과 같이 회계처리한다.[K-IFRS 1109호 B5.1.2A]

① 그러한 공정가치가 같은 자산이나 부채에 대한 활성시장의 공시가격(〈수준1〉 투입변수)에 따라 입증되거나 관측가능한 시장의 자료만을 사용하는 평가기법(〈수준2〉 투입변수)에 기초한 공정가치라면 그 전환사채를 공정가치로 회계처리한다. 최초

인식 시점에 공정가치와 거래가격 간의 차이는 손익으로 인식한다.

② 그 밖의 모든 경우에는 최초인식 시점의 공정가치와 거래가격 간의 차이를 이연하기 위해 공정가치측정치에서 그러한 차이를 조정하여 회계처리한다. 최초 인식 후에는 시장참여자가 자산이나 부채의 가격을 결정하는 데에 고려하는 요소(시간 포함)의 변동에서 생기는 정도까지만 이연된 차이를 손익으로 인식한다.

실무적으로 〈수준3〉 투입변수에 따라 측정된 전환사채의 공정가치[54)]가 거래가격(전환사채 발행가격) 간의 차이가 발생하는 경우[55)]가 종종 발생한다. 전환사채 거래가격이 공정가치(수준3으로 측정된 공정가치 포함)와 다른 상황은 여러 원인이 있을 수 있는데 이러한 예로는 다음과 같은 상황을 들 수 있다.

- 활성시장 공시가격을 기초자산으로 하는 전환사채의 최초 인식시점의 기초자산가격(예 : 전환사채 발행기업이 상장기업이며 상장기업의 주가를 기초자산으로 하는 경우를 말한다)과 전환사채의 계약조건에 따른 전환가격에 현저한 차이가 있는 경우(예 : 깊은 내가격상태로 발행하는 경우)에는 전환사채의 공정가치와 거래가격 간에 유의적으로 중요한 차이가 발생할 수 있다. 상장기업이 전환사채를 발행하는 경우에는 증권의 발행 및 공시 등에 관한 규정에서 정한 전환가격 결정방식[56)]에 의해 결정해야 하는데, 해당 규정에서 정한 방법에 따른 전환가격과 최초 인식시점의 기초자산의 활성시장 공시가격이 현저히 차이가 날 경우에는 가치평가기법에 의해 측정된 공정

---

54) 전환사채의 공정가치를 측정하는 가치평가기법(Tsiveriotis-Fernandes 모형 등)에 의해 측정된 공정가치를 뜻한다. 이때, 가치평가기법에 사용된 투입변수가 〈수준1〉 또는 〈수준2〉에 해당되더라도(예 : 기초자산가격으로 활성시장에서 관측되는 주가를 투입변수로 사용) 그러한 가치평가기법에 의해 도출된 공정가치는 〈수준3〉으로 분류됨에 유의하기 바란다.

55) 전환사채 공정가치(수준3으로 측정된 공정가치)와 거래가격이 다른 경우는 전환사채 공정가치와 거래가격이 유의적으로 차이가 발생하는 경우에 한한다. 즉, 현실적으로 수준3으로 측정된 전환사채 공정가치가 거래가격이 일치하는 상황은 발생할 수 없으므로 수준3으로 측정된 전환사채 공정가치가 거래가격에 근사하거나 유의적으로 중요한 차이가 없다면, 전환사채 거래가격을 전환사채 공정가치의 최선의 추정치로 보아야 할 것이다.

56) 증권의 발행 및 공시등에 관한 규정 제5-22조(전환사채의 전환가액 결정)

① 주권상장법인이 전환사채를 발행하는 경우 그 전환가액은 전환사채 발행을 위한 이사회결의일 전일을 기산일로 하여 그 기산일부터 소급하여 산정한 다음 각호의 가액 중 높은 가액(법 제165조의6제1항제3호의 방법으로 사채를 모집하는 방식으로 발행하는 경우에는 낮은 가액) 이상으로 한다. 다만, 전환에 따라 발행할 주식이 증권시장에서 시가가 형성되어 있지 않은 종목의 주식인 경우에는 제5-18조제3항을 준용한다.

㉠ 1개월 가중산술평균주가, 1주일 가중산술평균주가 및 최근일 가중산술평균주가를 산술평균한 가액

㉡ 최근일 가중산술평균주가

㉢ 청약일전(청약일이 없는 경우에는 납입일) 제3거래일 가중산술평균주가

② 제1항에 불구하고 주권상장법인이 발행하는 전환사채가 다음 각호의 어느 하나에 해당하는 경우에는 전환가액을 제1항 본문의 규정에 의하여 산정한 가액의 100분의 90이상으로 할 수 있다.

㉠ 2 이상의 신용평가회사가 평가한 해당 채권의 신용평가등급(해당 채권의 발행일부터 과거 3월 이내에 평가한 채권의 등급이 있는 경우 그 등급으로 갈음할 수 있다)이 투기등급(BB+ 이하)인 경우

㉡ 해당 사채를 「자산유동화에 관한 법률」에 따라 발행하는 유동화증권의 기초자산으로 하는 경우

가치와 거래가격에는 유의적으로 중요한 차이가 발생할 수 있다. 또한, 해당 규정에서 정한 전환가격 결정은 이사회결의일을 기준일로 하므로 이사회결의일과 전환사채 발행시점에 차이로 인해 전환가격과 전환사채 발행시점의 주가가 현저히 차이가 날 경우에도 가치평가기법에 의해 측정된 공정가치와 거래가격에는 유의적으로 중요한 차이가 발생할 수 있다.

- 비상장기업이 발행하는 전환사채의 전환가격이 거래가격(발행가격)과 동일한 경우에는 전환사채에 내재된 전환옵션의 시간가치가 없는 것으로 보는 효과가 있으므로 가치평가기법에 의해 측정된 공정가치와 거래가격에는 차이가 발생할 수 있다.[57]

기준서는 전환사채 거래가격(발행가액)과 최초인식 시점의 공정가치가 유의적으로 중요한 차이가 있는 상황에서는 거래가격 간의 차이를 이연하기 위해 공정가치 측정치에서 그러한 차이를 조정하여 회계처리하고 최초 인식 후에는 시장참여자가 자산이나 부채의 가격을 결정하는 데에 고려하는 요소(시간 포함)의 변동에서 생기는 정도까지만 이연된 차이를 손익으로 인식하도록 하고 있다.[K-IFRS 1109호 B5.1.2A] 이에 따라 전환사채 거래가격과 공정가치가 유의적으로 중요한 차이가 있다면 전환사채 발행자는 최초 인식시점에 전환사채를 공정가치로 인식(전환사채의 주계약과 내재파생요소를 모두 공정가치로 인식함을 의미)하고 공정가치와 거래가격의 차이를 조정[58]해야 한다. 즉, 이러한 상황에서는 K-IFRS 1109호 B4.3.3에서 정한 방법(전환사채 전체의 공정가치에서 전환

57) 금융선진국에서 발행되는 전환사채는 전환옵션의 시간가치를 고려하여 전환가격이 발행금액보다 높은 외가격 상태로 발행되는 경우가 보편화되어 있다. 다만, 전환가격과 발행금액이 같더라도 기초자산의 변동성 또는 만기상환할증금이 과도하지 않다면 공정가치와 거래가격의 차이가 유의적으로 중요하지 않은 경우가 일반적이다.

58) 기준서는 거래가격과 공정가치의 차이를 인식하는 구체적인 방법을 제시하지 않고 있다. 아래는 전환사채의 거래가격(발행금액)과 가치평가기법에 의해 도출된 공정가치(수준3)의 차이를 처리하는 실무적인 방법을 소개한다. 아래 내용은 거래가격과 공정가치의 차이의 발생원인이 최초측정일 전환사채의 기초자산인 활성시장 주가와 증권의 발행 및 공시등에 관한 규정에 따라 산정된 전환가액의 차이에 기인한 경우를 가정한 것이다. 한편, 아래 내용은 실무적으로 사용되고 있는 방법의 유형들에 불과하므로 본서가 이러한 방법에 대한 이론적인 적합성을 다루지는 아니함에 유의하기 바란다.
① 거래가격과 공정가치의 차이는 전환사채 거래가격에 (전환사채 투자자에 대한) 다른 대가가 포함된 것으로 보아 최초 인식시점에 전환사채(주계약 및 내재파생요소 포함)를 공정가치로 인식하고 거래가격과 공정가치의 차이를 최초 인식시점에 즉시 손익으로 인식한다.
② 거래가격과 공정가치의 차이는 최초인식시점의 주가와 전환가격의 차이로 인해 발생하였으므로 최초인식시점에 전환사채(주계약 및 내재파생요소 포함)를 공정가치로 인식하고 거래가격과 공정가치의 차이를 전환시점까지 이연한 후 전환시점에 일괄 인식한다.
③ 거래가격과 공정가치의 차이는 최초인식시점의 주가와 전환가격의 차이 외에 기타 여러 요소들(예 : 신용위험)에 의해 복합적인 원인에 기초하므로 최초인식시점에 전환사채(주계약 및 내재파생요소 포함)를 공정가치로 인식하고 거래가격과 공정가치의 차이는 일정기간(예 : 전환사채 존속기간) 동안 비용으로 인식(예 : 거래가격과 공정가치의 차이 해당액을 전환사채 존속기간 동안 정액법으로 상각)한다.

옵션의 공정가치를 차감한 후의 남은 금액으로 주계약의 최초장부금액을 인식하는 방법)을 적용할 수 없음에 유의하기 바란다.

예 제 거래가격과 공정가치가 다른 전환사채 발행 시 회계처리

* 본 예제는 회계기준원 질의회신 [2019-I-KQA018] 내용을 인용하였으며 이해를 돕기 위해 일부내용을 편집하였음을 밝힌다.

기업은 20×1년 4월 1일, 투자자의 조기상환권이 포함된 전환사채를 총 100억원에 발행하기로 이사회에서 결의하였고 20×1년 4월 16일에 전환사채를 발행하였다. 발행일 현재 전환사채의 공정가치는 183억원(가치평가기법에 의해 측정된 공정가치는 적정한 것으로 가정함)으로 주계약인 사채권의 공정가치는 61억원이며 내재파생상품인 조기상환청구권과 전환권의 공정가치는 각각 21억원 및 101억원으로 평가되었다. 전환사채의 공정가치(183억원)와 거래가격(100억원) 간에 중요한 차이가 발생한 이유는 이사회결의일(20×1년 4월 1일)로부터 전환사채 발행일(20×1년 4월 16일) 사이의 기간 중 전환사채 발행회사의 주가가 급등한 데 있다.

기업은 전환사채에 내재된 조기상환청구권이 주계약과의 분리요건을 충족하지 않는 것으로 판단하여 조기상환청구권을 주계약인 사채의 장부금액에 포함(즉, 상환권 비분리)하였고 분리요건을 충족한 전환권은 자본요건을 만족하지 못하는 것으로 판단하여 별도의 파생상품부채로 분류하였다.

- K-IFRS 1109호 문단 5.1.1과 B5.1.2A에 따르면 금융상품은 최초 인식시점에 공정가치로 측정하며 일반적으로 금융상품 공정가치의 최선의 증거는 거래가격(발행가액)으로 보았다. 한편, K-IFRS 1109호 문단 B4.3.3에서 복합상품의 주계약의 최초 장부금액은 내재파생상품을 분리한 후에 남은 금액(residual amount)으로 규정하고 있으며, 이 규정을 적용하면 주계약(비분리 조기상환권 포함)의 최초 장부금액은 거래가격인 100억원에서 분리인식 파생상품부채(전환권)의 공정가치인 101억원을 차감하여 인식하게 되고 주계약의 최초 장부금액은 (-)1억원으로 계산된다.
- 이와 같이 전환사채를 K-IFRS 1109호 B4.3.3에 따라 회계처리하면 주계약의 최초 장부금액 (-)1억원은 공정가치가 아니므로 금융상품의 최초인식 원칙을 규정하는 K-IFRS 1109호 문단 5.1.1과 상충되는 문제가 발생한다.

㉠ 공정가치와 거래가격의 차이가 금융상품이 아닌 다른 것(비금융요소)에 대한 대가일 수 있으므로 주의를 기울일 필요가 있다. 비금융요소에 대한 대가가 있고 자산의 인식기준을 충족하지 못하면 해당 금액은 비용으로 인식하거나 수익에서 차감해야 한다. 반면, 미래 재화나 용역의 수취에 대한 대가를 기업이 지급한 것으로서 다른 기준서의 자산의 인식기준을 충족한다면 금융자산 외의 자산으로 인식하는 경우도 있을 것이다.

㉡ 공정가치와 거래가격의 차이가 금융요소라면 그 차이는 공정가치 측정기법에 따라 달리 처리한다. 공정가치가 활성시장의 공시가격(수준1 투입변수)에 따라 입증되거나 관측가능한 시장의 자료만을 사용하는 평가기법에 기초하여 측정되었다면 공정가치와 거래가격의 차이는 당기손익으로 인식한다. 그 밖의 모든 경우에는 그 차이를 K-IFRS 1109호 B5.1.2A에 따라 이연한다.

- 질의사례와 같이 금융상품의 공정가치가 거래가격과 명백하게 다른 경우에는 거래가격이 공정가치의 최선의 증거로 볼 수 없으므로 최초 장부금액을 거래가격으로 측정하는 것은 적절하지 않다. 전환권이 파생상품부채로 분류되어 K-IFRS 1109호의 적용범위에 포함되는 경우 최초 인식시점에 각각의 금융상품(조기상환권이 포함된 주계약 및 분리인식 내재파생상품부채)을 공정가치로 측정해야 한다.
- 이러한 회계처리를 따른다면 K-IFRS 1109호 B4.3.3을 적용하여 전환사채 전체의 공정가치에서 내재파생상품을 분리한 후에 남은 금액(residual amount)을 주계약의 장부금액으로 측정하더라도 K-IFRS 문단 5.1.1과 상충되지 않는다. 이에 따른 최초 인식시점의 회계처리는 다음과 같다.[59)]

㉠ 전환사채 최초 인식액 = 183억원 (가치평가기법에 의해 측정된 공정가치)

㉡ 내재파생상품 최초 인식액 = 101억원 (가치평가기법에 의해 측정된 공정가치)

㉢ 주계약(조기상환권 포함) = 82억원 (가치평가기법에 의해 측정된 공정가치이면서 잔여금액으로 측정된 금액)

㉣ 거래가격과 공정가치의 차이 = 83억원

전환사채의 후속측정

전환사채 발행자는 주계약(채무상품)에서 전환옵션을 FVPL - 금융부채로 분리한 후, 주계약과 전환옵션을 다음과 같이 후속측정한다.

① 전환사채의 주계약(채무상품)은 후속적으로 상각후원가로 측정한다. 이때, 상각후원가 계산에 적용할 유효이자율은 최초측정시점의 주계약 장부금액(전환사채 공정가치에서 전환옵션 공정가치를 차감한 금액)과 주계약의 계약상 현금흐름의 현재가치를 일치시키는 유효이자율을 계산한다. 기준서에서 정한 사유에 해당하지 않는 한 최초측정시점에 산출한 유효이자율을 수정하지 않는다.

② 주계약에서 분리한 내재파생상품(전환옵션)은 후속적으로 공정가치로 측정하며, 공정가치변동분을 당기손익으로 인식한다. 전환옵션의 공정가치를 측정하기 위한 투입변수는 후속측정일에 관측된 투입변수를 사용한다.

---

59) 본 예제로 인용된 한국회계기준원 질의회신에서 공정가치와 거래가격의 차이금액에 대한 후속처리방법에 대해서는 기술하지 아니하였다.

반면, 전환사채 보유자는 주계약과 전환옵션을 분리하지 않고 복합계약 전체를 FVPL - 금융자산으로 분류하고 후속적으로 공정가치로 측정하며 공정가치 변동분을 당기손익으로 인식한다.

주계약에서 분리하는 전환옵션(전환권)의 공정가치 후속측정방법은 기본적으로 최초측정에서 적용한 방법과 같다. 전환사채의 내재파생요소로 전환옵션만 존재하고 그러한 전환옵션이 금융부채로 분류되는 경우의 후속측정방법은 다음과 같다.

① 주계약 공정가치측정 : 주계약(일반채무상품)은 후속적으로 공정가치를 측정하지 않지만 내재파생요소인 전환옵션의 공정가치측정을 위해 후속측정일 현재 주계약(일반채무상품)의 공정가치를 측정한다. 주계약 공정가치는 후속측정일 현재 잔여기간 주계약의 계약상 현금흐름을 유사채무상품의 (이자율의 기간구조가 고려된) 시장이자율을 할인율로 하여 채권평가모형을 적용하여 측정한다.

② 전환사채 공정가치측정 : 전환금융상품 평가모형(Tsiveriotis-Fernandes 모형, Goldman-Sachs 모형 등)을 활용하여 후속측정일 현재 전환사채 전체 공정가치를 측정한다. 전환사채의 공정가치를 측정하기 위한 투입변수는 후속측정일에 관측된 투입변수를 사용한다.

③ 전환옵션 공정가치측정 : 전환사채 전체 공정가치에서 주계약 공정가치를 차감하여 후속측정일 현재 전환옵션의 공정가치를 측정한다. 파생상품부채로 인식한 전환권의 공정가치변동분은 당기손익으로 인식한다.

예 제　전환옵션이 부채요소인 경우의 후속측정

기업은 20×1년 1월 1일, 만기 5년 액면금액 10,000원의 전환사채를 액면금액으로 발행하였다. 전환사채 보유자는 액면금액 10,000원에 대해 전환사채 발행일로부터 만기까지의 기간 동안 발행자의 보통주 1주로 전환해 줄 것을 요구할 수 있는 전환옵션을 가지되, 발행자의 보통주 주가가 하락하면 전환옵션의 전환가격을 비례하여 낮추도록 하는 계약조건이 포함되었다. 전환가격 조정하한은 최초 전환가액(10,000원)의 70%에 해당하는 금액(7,000원)이다. 이러한 계약조건으로 인해 결제해야 할 보통주 수량이 확정되지 아니하였으므로 기업은 전환사채의 전환옵션을 주계약에서 분리하여 파생상품부채로 인식하기로 한다.

전환사채 발행조건과 공정가치측정을 위한 투입변수에 대한 정보는 다음과 같다.

- 최초측정일인 발행일(20×1년 1월 1일)의 전환사채 발행조건은 다음과 같다.
  - ㉠ 액면금액 : 10,000원, 액면이자율 : 0.0%
  - ㉡ 주계약인 채무상품과 비교한 유사채무상품의 시장이자율 : 7.0%

㉢ 거래원가는 없다.

㉣ 상환옵션은 없다.

㉤ 만기상환수익률 : 0.0%(액면금액으로 상환)

- 전환사채 발행일(20×1년 1월 1일)의 주계약과 전환옵션은 다음과 같이 인식되었다.

  ㉠ 전환사채 전체 공정가치 : 11,404원

  ㉡ 전환옵션 공정가치 : 4,274원

  ㉢ 주계약 최초장부금액 : 5,726원(유효이자율 : 11.80%)

- 후속측정일(20×1년 12월 31일)에 주계약과 전환옵션의 공정가치측정을 위한 투입변수는 다음과 같다.

  ㉠ 보통주 공시가격 : 12,000원

  ㉡ 전환가격 : 10,000원

  ㉢ 전환비율 : 액면가격÷전환가격 = 1.0(주가하락 시 1년 단위로 전환비율 조정)

  ㉣ 무위험이자율 : 2.0%(편의상 이자율 기간구조는 고려하지 않는다)

  ㉤ 위험이자율 : 8.0%(편의상 이자율 기간구조는 고려하지 않는다)

  ㉥ 연간 주가변동성 : 30.0%, 주가상승계수(u) : 1.3499, 주가하락계수(d) : 0.7408

  ㉦ 헤지확률(p) : 0.4587

  ㉧ 전환가능기간 : 전환사채 발행일로부터 만기까지의 기간

전환사채 발행자와 보유자는 각각 후속측정일(20×1년 12월 31일)에 다음과 같이 공정가치를 측정하고 인식한다.

(1) 전환사채 발행자

① 후속측정방법 : 발행자는 최초측정시점에 산출한 유효이자율(11.80%)을 이용하여 주계약을 상각후원가로 후속측정한다. 또한, 파생상품부채로 인식한 전환옵션의 공정가치를 후속측정하여 공정가치변동분을 당기손익으로 인식한다.

② 주계약은 최초측정시점의 유효이자 산출표에 따른 이자비용을 계산한다. 따라서, 발행자가 후속측정일(20×1년 12월 31일)에 인식할 이자비용은 675원이다. 또한, 유효이자율을 수정해야 할 사유가 발생하지 않는다면 잔여 후속측정기간의 이자비용의 인식방법도 같다.

	기초장부금액	이자비용	이자현금흐름	상각액	기말장부금액
20×1	5,726	675	-	675	6,402
20×2	6,402	755	-	755	7,157
20×3	7,157	844	-	844	8,001
20×4	8,001	944	-	944	8,945
20×5	8,945	1,055	-	1,055	10,000

③ Tsiveriotis-Fernandes 모형을 이용하여 후속측정일에 전환옵션의 공정가치를 다음과 같이 5,616원으로 측정한다. 모든 투입변수는 후속측정일에 관측된 〈수준3〉 투입변수이다. 전환사채의 잔존만기는 4년으로 조정된다.

- 일반채무상품의 공정가치는 다음과 같이 7,350원으로 측정한다.
  ㉠ 원금의 현재가치 : 10,000원×0.7350(4년, 8% 현가계수) = 7,350원
  ㉡ 이자의 현재가치 : 0원
  ㉢ 채무상품의 현재가치 : 원금현재가치(7,350원) + 이자현재가치(0원) = 7,350원
- 후속측정일에 무위험이자율을 제외한 투입변수가 변동되었다. 기초자산가격이 10,000원에서 12,000원으로 상승하였으며 가격변동성이 25%에서 30%로 확대되었다. 위험이자율도 7%에서 8%로 상승하였다. 후속측정일의 전환사채 공정가치는 투입변수의 이러한 변동효과를 모두 고려한다.
- 기초자산의 가격트리를 다음과 같이 생성한다.

	t=0	20×2	20×3	20×4	20×5
0	12,000	16,198	21,865	29,515	39,841
1		8,890	12,000	16,198	21,865
2			6,586	8,890	12,000
3				4,879	6,586
4					3,614

- Tsiveriotis-Fernandes 모형에 의한 전환사채 가격트리를 다음과 같이 생성하여 최초측정일 현재 전환사채 전체의 공정가치를 12,966원으로 측정한다. 복합상품 가격트리는 매 시점 각 노드(i,j)별로 전환가치와 보유가치를 비교하여 산정하되, 전환가치 산정에서 시가조정 리픽싱효과를 고려한다.60)

	t=0	20×2	20×3	20×4	20×5
0	12,966	16,462	21,865	29,515	39,841
1		10,611	12,643	16,198	21,865
2			9,408	10,392	12,000
3				9,231	10,000
4					10,000

- 후속측정일 전환옵션의 공정가치를 다음과 같이 5,616원으로 측정한다.
  ㉠ 전환사채 공정가치 : 12,966원
  ㉡ 주계약 공정가치 : 7,350원

60) Tsiveriotis-Fernandes 모형에 의한 전환사채 공정가치평가의 중간 과정(지분가치트리, 부채가치트리, 보유가치트리 및 전환비율 트리 등)은 생략하고 전환사채 가격트리만 표시하였다.

㉢ 전환옵션 공정가치 : 전환사채 공정가치(12,966원) - 주계약 공정가치(7,350원) = 5,616원

• 후속측정일 전환옵션의 공정가치(5,616원)는 최초측정일(4,274원)에 비해 상승하였는데 기초자산 가격변동폭에 비해 전환옵션의 가치변동폭이 크게 나타난다. 옵션은 적은 순투자금액으로 레버리지이익을 얻는 파생상품이기 때문이다.

④ 후속측정일에 전환사채와 관련하여 발행자가 인식할 손익을 정리하면 다음과 같다.

• 주계약 이자비용 : 675원

• 전환옵션 파생상품평가손실 : 후속측정 파생상품부채(5,616원) - 최초측정 파생상품부채(4,274원) = 1,342원

(2) 전환사채 보유자

① 후속측정방법 : 전환사채 보유자는 전환사채 전체를 하나의 FVPL - 금융자산으로 분류하고 후속적으로 공정가치로 측정한다.

② 보유자는 공정가치변동분 중 이자수익을 구분하여 인식하지 않고 후속측정일의 전환사채 전체 공정가치의 변동분을 당기손익으로 인식하기로 한다.

• 최초측정일 전환사채 공정가치 : 10,000원

• 후속측정일 전환사채 공정가치 : 12,966원

• 공정가치변동액(당기손익) : 후속측정일 공정가치(12,966원) - 최초측정일 공정가치(10,000원) = 2,966원

전환사채의 전환

전환사채 보유자는 기초자산(보통주) 가격의 변동에 따라 전환사채를 기초자산으로 전환할지 여부를 결정한다. 전환사채 보유자가 전환옵션을 행사하여 전환사채를 기초자산(보통주)으로 전환할 경우 발행자는 부채요소로 인식한 주계약(주계약에 포함되거나 분리된 상환요소 포함)과 파생상품부채(전환옵션과 함께 하나의 내재파생상품부채로 분리인식한 상환옵션이 있는 경우 그 상환요소 포함)를 제거하고 자본으로 인식한다.

이와 관련하여, K-IFRS 1032호나 1109호는 〈파생상품부채〉로 인식한 전환권이 행사된 경우에 대해 명시적인 규정을 두고 있지 않다. 앞서 살펴보았듯이 전환옵션이 자본요소인 경우에는 발행자가 전환에 따라 인식할 손익은 없는 것으로 하였으나(K-IFRS 1032 AG32), 전환권이 파생상품부채로 인식된 전환사채가 전환되는 경우의 회계처리는 규정하고 있지 않다. 또한, K-IFRS 해석서 2119호는 금융부채를 소멸시키기 위해 채권자에게 지분상품을 발행할 때 발행한 지분상품을 공정가치로 측정하도록 하고 있으나, 주식을 발행하여 금융부채를 소멸시키는 것이 금융부채의 최초 조건에 따른 것일 경우는 해당

해석서의 적용 범위에서 제외하도록 하고 있어 동 해석서가 직접적으로 적용되기에는 한계가 있다.

이에 대해 회계실무에서는 전환일 현재까지 인식된 전환사채의 부채요소를 전환에 따른 손익인식 없이 자본으로 대체할 수 있다는 주장(K-IFRS 1032호 준용)과 전환일 현재까지 인식된 전환사채의 부채요소를 전환시점 지분상품의 공정가치를 이용하여 전환에 따른 손익을 인식할 수 있다는 주장(K-IFRS 해석서 2119호 준용)이 모두 허용되고 있는 상황이다.[61)]

전환옵션이 부채요소인 전환사채의 전환시점 인식방법을 정리하면 다음과 같다.

- 전환일의 부채요소를 측정한다. 즉, 주계약(순수채무상품 또는 상환요소가 포함된 부채요소)은 전환일까지의 상각후원가로 재측정하며, 전환일 현재의 분리인식된 파생상품부채(전환옵션과 함께 분리하여 하나의 내재파생상품부채로 인식한 상환옵션이 있는 경우 그 상환요소 포함)의 공정가치를 측정한다.
- 전환일의 부채요소를 제거하고 이를 자본으로 인식한다. 이때, 전환일 현재 측정된 부채요소(전환시점 상각후원가로 측정된 주계약 및 공정가치로 측정된 파생상품부채)를 전환에 따른 손익인식 없이 자본으로 대체(K-IFRS 1032호 준용)하거나 측정된 부채요소와 전환일 현재 지분상품 공정가치의 차이를 전환에 따른 손익으로 인식(K-IFRS 해석서 2119호 준용)한다.[62)]

예 제　전환옵션이 부채요소인 경우의 전환사채 전환인식과 측정

기업은 20×1년 1월 1일, 만기 5년 액면금액 10,000원의 전환사채를 액면금액으로 발행하였다. 전환사채의 액면이자율은 연 0.0%이며, 만기에 액면금액으로 상환한다(즉, 만기보장수익률은 0.0%이다). 이 전환사채의 보유자는 전환사채 발행일로부터 만기까지의 기간 동안 언제든지 발행자의 보통주 1주로 전환해 줄 것을 요구할 수 있는 전환옵션을 가진다. 이 전환사채는 기초자산인 보통주의 가격변동에 따라 전환비율이 하향 조정될 수 있는 리픽싱 조항이 부여되어 있다. 이러한 계약조건으로 인해 결제해야 할 보통주 수량이 확정되지 아니하였으므로 기업은 전환사채의 전환옵션을 주계약에서 분리하여 파생상품부채로 인식하기로 한다. 한편, 전환사채 보유자는 20×2년 6월 30일, 기초자산인 보통주로 전환하였다.

---

61) 자세한 내용은 한국공인회계사회, “K-IFRS 실무사례와 해설(기준서 제1109호 금융상품)”을 참고하기 바란다. 한국공인회계사회 해설서와 이를 참고한 본서의 실무의견은 향후 기준서의 보완에 따라 변경될 수 있음에 유의하기 바란다.

62) 전환사채의 전환에 따른 손익을 인식하는 방법과 손익을 인식하지 않는 방법 모두에 있어 전환시점 부채요소의 재측정(주계약은 상각후원가로 재측정하고 파생상품부채는 공정가치로 재측정)을 필요로 하는 점은 같다.

기업은 전환사채 발행일(20×1년 1월 1일)과 후속측정일(20×1년 12월 31일) 그리고 전환일(20×2년 6월 30일)에 기초자산인 지분상품 공정가치와 이를 투입변수로 하여 전환금융상품 평가모형으로 측정된 전환옵션의 공정가치를 다음과 같이 산정하였다. 주계약 장부금액은 최초 유효이자율에 의한 상각후원가이다.

	지분상품 공정가치	전환사채 공정가치	주계약 공정가치	전환옵션 공정가치	주계약 장부금액
발행일(20×1.01.01)	10,000	11,404	7,130	4,274	5,726
보고일(20×1.12.31)	12,000	12,966	7,350	5,616	6,402
전환일(20×2.06.30)	15,000	15,044	7,891	7,153	6,779

① 최초인식 : 금융상품은 최초인식 시점에 공정가치로 인식한다. 이때, 최초인식 시점에 금융상품의 공정가치에 대한 최선의 추정치는 거래가격(발행금액)이므로 이 전환사채의 공정가치는 발행금액인 10,000원이다.

- 전환사채의 주계약은 전환사채 전체의 공정가치(10,000원)에서 전환옵션의 공정가치(4,274원)를 차감한 후의 남은 금액(5,726원)으로 주계약의 최초 장부금액을 인식한다.
- 전환사채의 주계약은 후속적으로 상각후원가로 측정한다. 이때, 유효이자율은 최초측정에서 인식한 주계약 장부금액(5,726원)과 계약상 현금흐름의 현재가치를 일치시키는 내재이자율로 다음과 같이 11.80%로 측정한다.

	현재시점	20×1	20×2	20×3	20×4	20×5
현금흐름	-5,726	-	-	-	-	10,000
유효이자율	11.80%					

② 보고일 후속측정 : 발행자는 최초측정 시점에 산출한 유효이자율(11.80%)을 이용하여 주계약을 상각후원가로 후속측정한다. 또한, 파생상품부채로 인식한 전환옵션의 공정가치를 후속측정하여 공정가치변동분을 당기손익으로 인식한다.

- 주계약은 최초측정시점의 유효이자 산출표에 따른 이자비용을 계산한다. 따라서 발행자가 후속측정일(20×1년 12월 31일)에 인식할 이자비용은 675원이다. 또한, 유효이자율을 수정해야 할 사유가 발생하지 않는다면 잔여 후속측정기간의 이자비용의 인식방법도 같다.

	기초장부금액	이자비용	이자현금흐름	상각액	기말장부금액
20×1	5,726	675	-	675	6,402
20×2	6,402	755	-	755	7,157
20×3	7,157	844	-	844	8,001
20×4	8,001	944	-	944	8,945
20×5	8,945	1,055	-	1,055	10,000

- 분리인식하는 전환옵션은 공정가치로 측정하며 공정가치변동분은 당기손익으로 인식한다. 즉, 후속측정일(20×1년 12월 31일) 전환옵션의 공정가치변동분 1,342원(=5,616원 - 4,274원)을 비용으로 인식한다.
- 기업은 후속측정 보고일(20×1년 12월 31일) 현재 이자비용(675원)과 파생상품평가손실(1,342원)을 당기비용(2,017원)으로 보고하며, 주계약(6,402원)과 파생상품부채(5,616원)를 부채요소(12,018원)로 인식한다.

③ 전환일 후속측정 : 전환사채 보유자의 전환에 따라 기업은 전환일의 부채요소를 측정한다. 즉, 기업은 주계약을 전환일까지의 상각후원가로 측정하고 분리인식된 전환요소를 전환일 현재의 공정가치로 측정한다. 기업은 전환에 따른 손익을 인식하는 방법과 전환에 따른 손익을 인식하지 않는 방법 모두를 고려하고 있다.

- 기업은 전환사채의 주계약을 상각후원가로 후속측정하여 최초측정일부터 전환일(20×2년 6월 30일)까지 유효이자율(11.80%)에 따른 이자비용을 다음과 같이 인식한다.
  - ㉠ 이자비용 인식액 : 6,402원×11.80%×6월÷12월=377원
  - ㉡ 주계약 상각후원가 : 6,402원+(377원 - 0원)=6,779원
- 기업은 전환일(20×2년 6월 30일)에 전환금융상품 평가모형으로 측정된 전환옵션의 공정가치를 파생상품부채(7,153원)로 측정하고 전환옵션의 공정가치변동분을 파생상품부채 평가손실(1,537원)로 인식한다.
  - ㉠ 파생상품부채(분리인식하는 전환옵션) : 7,153원
  - ㉡ 파생상품 평가손실 : 전환일 공정가치(7,153원) - 직전 후속측정일 공정가치(5,616원)=1,537원
- 전환에 따른 손익을 인식하지 않는 경우, 기업은 전환일(20×2년 6월 30일)에 부채요소(주계약 및 파생상품부채)를 제거하고 자본으로 인식하며 전환시점 지분상품 공정가치는 고려하지 아니한다.
  - ㉠ 전환에 따라 인식하는 손익 : 없음
  - ㉡ 전환일 자본인식총액 : 주계약(6,779원)+파생상품부채(7,153원)=13,932원
  - ㉢ 전환일이 속하는 보고기간 손익 : 이자비용(377원)+파생상품평가손실(1,537원)=1,914원
- 전환에 따른 손익을 인식하는 경우, 기업은 전환일(20×2년 6월 30일)에 부채요소(주계약 및 파생상품부채)를 제거하고 자본으로 인식하며 전환일 지분상품 공정가치(15,000원)를 고려한다.
  - ㉠ 전환일 부채요소 : 주계약(6,779원)+파생상품부채(7,153원)=13,932원
  - ㉡ 전환에 따라 인식하는 손익 : 전환일 부채요소(13,932원) - 전환일 지분상품 공정가치(15,000원)=(-)1,068원
  - ㉢ 전환일 자본인식총액 : 전환일 지분상품 공정가치(15,000원)
  - ㉣ 전환일이 속하는 보고기간 손익 : 이자비용(377원)+파생상품평가손실(1,537원)+전환손실(1,068원)=2,982원

4.4. 상환옵션의 분리

일반적인 유형의 전환사채는 전환옵션을 기본파생요소로 하는 복합계약이다. 그러나, 실무적으로 대부분의 전환사채는 만기이전에 사채원본을 환매해 줄 것을 청구할 수 있는 보유자의 조기상환옵션(put)이 내재된 전환사채가 발행되는 경우가 대부분이다. 어떤 경우에는 만기이전에 발행자가 사채원본을 상환할 수 있는 수의상환옵션(call)이 부여되는 경우도 있다.

전환사채에 내재된 상환옵션(조기상환옵션 및 수의상환옵션)은 다음과 같이 금융부채의 요건과 파생상품요건을 모두 만족한다. 전환사채 발행자는 조기상환옵션과 수의상환옵션에 대해 자본으로 분류될 여지가 없으므로 이러한 내재파생상품을 주계약에서 분리할지의 여부만 판단한다. 전환사채 보유자는 전환사채 전체를 하나의 금융자산으로 분류하므로 상환옵션의 분리여부를 고려할 필요가 없다.

① 조기상환옵션 : 전환사채의 주계약인 채무상품(전환옵션이 제외된 채무상품) 가격을 기초자산으로 하며, 사전에 정해진 행사가격(조기상환금액)으로 옵션행사기간 동안 전환사채 보유자의 선택에 따라 복합계약을 환매해 줄 것을 요구할 수 있는 권리(풋옵션)이다. 조기상환옵션 보유자는 옵션행사를 통해 그러한 옵션이 없는 유사채무상품의 가격보다 높은 금액으로 환매할 수 있으므로 전환사채 발행시점에 보유자는 옵션프리미엄을 발행자에게 지급한다. 조기상환옵션 대가는 기초자산을 직접 매도하는 것에 비해 현저히 적은 금액을 지급한다. 또, 보유자는 전환사채 발행시점이 아닌 상환옵션의 행사시점에 금융자산으로 결제한다. 따라서, 전환사채에 내재된 조기상환옵션은 금융부채의 정의에 부합하며 파생상품의 모든 요건을 만족한다.

② 수의상환옵션 : 전환사채의 주계약인 채무상품(전환옵션이 제외된 채무상품) 가격을 기초자산으로 하며, 사전에 정해진 행사가격(수의상환금액)으로 옵션행사기간 동안 전환사채 발행자의 선택에 따라 복합계약을 상환할 수 있는 권리(콜옵션)이다. 수의상환옵션 보유자(전환사채 발행자)는 옵션행사를 통해 그러한 옵션이 없는 유사채무상품의 가격보다 낮은 금액으로 상환할 수 있으므로 전환사채 발행시점에 발행자는 옵션프리미엄을 차감한 금액으로 발행한다. 수의상환옵션 대가는 기초자산을 직접 매입하는 것에 비해 현저히 적은 금액을 지급한다. 또, 발행자는 전환사채 발행시점이 아닌 상환옵션의 행사시점에 금융자산으로 결제한다. 따라서, 전환사채에 내재된 수의상환옵션은 금융부채의 정의에 부합하며 파생상품의 모든 요건을 만족한다.

전환사채에 내재된 상환옵션이 내재파생상품의 요건을 만족하므로 발행자는 이러한 상환옵션(보유자의 풋옵션 및 발행자의 콜옵션)을 분리할지 여부를 고려한다. 보유자는 상환옵션을 주계약에서 분리하지 않고 복합상품 전체를 FVPL - 금융자산으로 분류하므로 아래의 내재파생상품 분리여부의 판단기준은 〈발행자〉에게만 해당된다.

▌상환옵션의 분리인식

일반적으로 주계약인 채무상품에 내재된 풋옵션 또는 중도상환옵션은 주계약과 밀접하게 관련되어 있다. 따라서, 전환사채 〈발행자〉는 상환옵션에 대해 주계약과 밀접한 관련이 있는 것으로 판단하고 분리하지 않는 경우가 일반적이다.

- 국내에서 발행되고 있는 전환금융상품의 발행조건들은 대부분 만기상환 보장수익률과 상환옵션 수익률이 일치하고 최초 거래가액이 할인 또는 할증발행되지 않으므로 기준서(K-IFRS 1109 B4.3.5)의 예외(아래 ㉠ 또는 ㉡)에서 정한 바에 따라 상환옵션이 주계약과 밀접한 관련이 있는 것으로 판단한다.
  - ㉠ 상환옵션의 행사가격이 옵션행사일 현재 주계약인 채무상품의 상각후원가와 거의 같다.
  - ㉡ 상환옵션의 행사가격이 주계약의 나머지 기간에 해당하는 상실이자의 현재가치에 근사한 금액까지 대여자에게 보상하는 금액이다. 상실이자는 이자율 차이에 중도상환한 원금을 곱한 금액이다. 이자율 차이는 중도상환된 원금을 주계약의 나머지 기간에 비슷한 계약에 재투자했다면 중도상환일에 받게 될 유효이자율을 초과하는 주계약의 유효이자율 부분이다.
- 다만, 전환금융상품 발행과정에서 상환옵션이 적극적인 거래의 대가에 포함되어 유의적으로 할인발행 또는 할증발행되는 경우에는 주계약과 밀접한 관련이 없는 상환옵션으로서 분리될 수 있다.

정리하면, 일반적으로 발행자는 전환사채의 상환옵션을 분리하지 않고 주계약에 포함하며 상환옵션을 후속적으로 인식하지 아니한다(유형Ⅲ 및 유형Ⅵ).[63]

- 참고할 점은 〈상환옵션이 비분리〉 되더라도 기업의 회계정책에 따라 전환옵션과 상환옵션의 상호의존성을 고려하여 전환옵션과 상환옵션을 묶어 하나의 내재파생

63) 조기상환옵션을 분리인식하지 않지만 전환옵션의 공정가치를 측정하기 위해 금리옵션부채권 모형을 이용한 조기상환옵션의 공정가치평가는 반드시 필요하다.

상품으로 주계약에서 분리[64]하는 회계정책(유형Ⅶ)을 선택할 수 있다.[65] 이 경우에는 상환옵션을 주계약에 포함하지 않고 하나의 내재파생상품(전환옵션+상환옵션)으로 측정한다.[66]

반면, 전환사채의 계약특성에 따라 상환옵션이 〈분리요건을 만족〉하는 경우, 전환옵션과 상환옵션의 상호의존성을 고려하여 전환옵션과 상환옵션을 묶어 하나의 내재파생상품으로 주계약에서 분리한다. 즉, 개별적으로 분리 대상이면서 상호의존성이 있는 복수의 내재파생상품은 K-IFRS 제1109호 AG B4.3.4에서 정한 바에 따라 하나의 내재파생상품으로 분리하는 것이 타당하다.

- 전환사채 보유자 및 발행자의 상환옵션행사 의사결정은 상환요소의 행사조건만을 고려하는 것이 아니라 전환가치 및 보유가치를 통합적으로 고려하여 판단한다. 따라서, 전환옵션이 부채로 분류되는 경우에는 분리요건을 만족하는 상환옵션이라 하더라도 전환옵션과의 상호의존성을 고려하여 하나의 내재파생상품으로 묶어 분리한다(유형Ⅴ).
- 반면, 전환옵션이 자본으로 분류되는 경우에는 상환옵션과 전환옵션을 하나의 내재파생상품으로 묶을 수 없으므로 불가피하게 상환옵션을 별도의 내재파생상품으로 인식(유형Ⅱ)하고 공정가치를 측정하며 후속적으로 공정가치변동분을 당기손익으로 인식한다.

▍상환옵션의 공정가치

상환옵션은 일반적으로 주계약에서 분리하지 않지만 그러한 상환옵션이 분리요건을 만족할 경우 (파생상품부채인) 전환옵션과의 상호의존성을 고려하여 하나의 내재파생상품(전환옵션+상환옵션)으로 분리함은 설명하였다. 전환사채에 내재된 상환옵션의 공정가치측정 방법은 복합상품의 상황에 따라 다음과 같이 달라진다.

---

64) 복합상품에 내재된 다수의 내재파생상품 중 일부만 분리요건을 충족하는 경우, 분리요건을 충족하지 않는 나머지 내재파생요소도 함께 분리하여 하나의 내재파생상품으로 처리하는 것을 말한다. 즉, 복합상품에 내재된 전환옵션과 상환옵션에 대해 전환옵션은 분리요건을 만족하지만 상환옵션은 분리요건을 만족하지 못하는 경우라 하더라도 전환옵션과 상환옵션은 상호의존성이 있으므로 분리요건을 만족하지 못하는 상환옵션을 전환옵션과 묶어 하나의 내재파생상품으로 분리함을 뜻한다.

65) 국내 회계실무에서는 상환옵션이 비분리 대상이더라도 전환옵션과 상환옵션의 상호의존성을 고려하여 전환옵션과 상환옵션을 묶어 하나의 내재파생상품으로 주계약에서 분리하는 회계정책(유형Ⅶ)을 채택하는 경우가 대부분이다.

66) 유형Ⅴ와 유형Ⅶ은 회계정책은 서로 다르지만 궁극적으로 유형Ⅶ의 회계인식 및 공정가치평가 방법은 유형Ⅴ의 회계인식 및 공정가치평가 방법과 같다.

① 전환옵션이 자본요소이고 상환옵션을 분리하는 경우(유형Ⅱ) : 상환옵션을 분리하는 경우 원칙적으로 상호의존성이 있는 전환옵션을 묶어 하나의 내재파생상품으로 분리해야 하나, 전환옵션이 자본요소이므로 복합 내재파생상품을 구성할 수 없다. 이 경우에는 Black-Derman-Toy 모형 등 금리파생상품 평가모형을 이용하여 상환옵션의 공정가치를 직접 산출하고 인식한다.

- 상환옵션을 분리인식하므로 최초측정 및 후속측정 시점에 금리파생상품 평가모형을 이용하여 공정가치를 직접 측정하고 공정가치변동분을 당기손익으로 인식한다.

② 전환옵션이 자본요소이고 상환옵션을 분리하지 않는 경우(유형Ⅲ) : 상환옵션은 주계약에 포함되고 별도의 파생상품부채로 인식하지 않지만, 최초측정 시 (아래의 산식과 같이) 잔여가치로 측정되는 전환권을 산정하기 위해 금리파생상품 평가모형을 이용한 상환옵션의 공정가치를 측정하는 과정이 필요하다.

- 전환권(자본) 배분액 = 전환사채 최초거래가격(발행금액) - {주계약 공정가치(채권평가모형) + 상환옵션 공정가치(금리파생상품 평가모형)}
- 분리하지 않는 상환옵션을 후속적으로 측정하지 않는다.

③ 전환옵션이 부채요소이고 상환옵션을 분리하는 경우(유형Ⅴ) : 상환옵션이 분리요건을 만족할 경우 (파생상품부채인) 전환옵션과의 상호의존성을 고려하여 하나의 내재파생상품(전환옵션 + 상환옵션)의 공정가치를 다음과 같이 측정하여 분리한다.

- 복합 내재파생상품(전환옵션 + 상환옵션) 공정가치 = 전환사채 전체공정가치(전환금융상품 평가모형) - 일반채무상품 공정가치(채권평가모형)
- 상환옵션을 복합 내재파생상품으로 분리하는 경우의 복합 내재파생상품 공정가치는 Tsiveriotis-Fernandes 모형 등에 의해 측정한 전환사채 전체 공정가치에서 채권평가모형을 이용하여 (내재파생요소가 고려되지 않은) 일반채무상품의 공정가치를 차감하는 방법으로 측정하므로 상환옵션의 공정가치측정이 필요하지 않다.

④ 전환옵션이 부채요소이고 상환옵션을 분리하지 않는 경우(유형Ⅵ) : 상환옵션이 분리되지 않는 일반적인 상황에서 다음 산식과 같이 (파생상품부채인) 전환옵션의 공정가치를 측정하기 위하여 금리파생상품 평가모형을 이용하여 상환옵션의 공정가치를 측정한다.

- 전환권(내재파생상품) 공정가치 = 전환사채 전체공정가치(전환금융상품 평가모형) - {일반채무상품 공정가치(채권평가모형) + 상환옵션 공정가치(금리파생상품 평가모형)}

• 전환사채의 내재파생요소 중 전환옵션만 분리하는 경우, 그 전환옵션의 공정가치는 Tsiveriotis-Fernandes 모형 등에 의해 측정한 전환사채 전체공정가치에서 채권평가모형을 이용하여 측정한 (내재파생요소가 고려되지 않은) 일반채무상품의 공정가치와 Black-Derman-Toy 모형 등 금리파생상품 평가모형을 이용하여 측정된 상환옵션 공정가치를 차감하는 방법으로 측정하므로 상환옵션의 공정가치측정이 필요하다.

⑤ 전환옵션이 부채요소이고 상환옵션을 분리하지 않지만 전환옵션과의 상호의존성을 고려하여 하나의 내재파생상품으로 분리하는 경우(유형Ⅶ) : 하나의 내재파생상품(전환옵션+상환옵션)으로 분리하므로 유형Ⅴ와 동일하게 복합 내재파생상품의 공정가치를 측정한다.

• 복합 내재파생상품(전환옵션+상환옵션) 공정가치 = 전환사채 전체공정가치(전환금융상품 평가모형) - 일반채무상품 공정가치(채권평가모형)
• 상환옵션을 복합 내재파생상품으로 분리하는 경우의 복합 내재파생상품 공정가치는 Tsiveriotis-Fernandes 모형 등에 의해 측정한 전환사채 전체 공정가치에서 채권평가모형을 이용하여 (내재파생요소가 고려되지 않은) 일반채무상품의 공정가치를 차감하는 방법으로 측정하므로 상환옵션의 공정가치측정이 필요하지 않다.

한편, 전환사채 발행자에게 수의상환옵션(call option)이 부여된 경우의 회계인식은 (포지션이 반대인 것을 제외하고는) 조기상환옵션과 기본적으로 같다.[67]

• 국내 금융현장에서 발행되고 있는 전환사채에 내재된 수의상환옵션의 부여조건은 조기상환옵션과 비슷한 경우가 많은데 그러한 부여조건에 따라 금리파생상품 평가모형(Black-Derman-Toy 모형 등)에 의해 수의상환옵션의 공정가치를 측정하면 대부분 「0」으로 측정되곤 한다.[68] 이는 국내 금융환경에서 전환사채 발행자의 신용위험과 비교하여 발행자 상환옵션에 유리한 조건을 부여하는 경우가 흔치 않기 때문이다.
• 그럼에도 불구하고, 수의상환옵션의 부여 여부는 전환사채의 공정가치에 중요한 영향을 미친다. 발행자의 수의상환 가능성(callability)이 낮으므로 수의상환옵션 자

67) 이때의 수의상환옵션(call option)은 전형적인 유형의 발행자 콜옵션을 의미하며 전환사채를 제3자에게 매도할 것을 요청할 수 있는 권리인 제3자 지정 콜옵션은 해당하지 않는다.

68) 전형적인 유형의 수의상환옵션(call option)의 공정가치가 0원으로 측정됨을 의미하며 제7차 금융위 회계감독지침에 따라 전환사채를 제3자에게 매도할 것을 요청할 수 있는 제3자 지정콜옵션의 공정가치는 이에 해당하지 아니함을 유의하기 바란다.

체로는 직접적인 공정가치가 없거나 낮을 것이나 전환사채 전체로는 수의상환옵션이 전환사채 보유자의 보유(hold)를 억제하는 전환유도효과(forced conversion)가 있기 때문이다. 또한, 전환사채 중 일부에서는 발행자의 수의상환옵션(call option)이 부여된 기간에는 전환옵션의 행사가 불가능한 경우가 있는데, 이러한 전환제한조건(CoCo)은 전환사채 전체 공정가치에 유의적으로 중요한 영향을 미치므로 이러한 제약조건이 있는 경우에는 이를 반드시 고려해야 한다. 때로는 수의상환옵션이 부여된 기간에는 보유자의 조기상환옵션(put option)에 대해서도 권리행사가 제한되는 경우도 있는데 이러한 상환제한조건도 전환사채 전체 공정가치에 유의적으로 중요한 영향을 미치므로 주의가 필요하다. 즉, 수의상환옵션 존재 여부는 전환금융상품 전체 공정가치평가에 중요한 영향을 미친다.

예 제　조기상환옵션의 공정가치측정

기업은 20×1년 1월 1일, 만기 5년 액면금액 10,000원의 전환사채를 액면금액으로 발행하였다. 전환사채 보유자는 전환사채 발행일로부터 만기까지의 기간 동안 언제든지 발행자 보통주로 전환해 줄 것을 요구할 수 있는 전환옵션을 가진다. 전환옵션은 보통주 가격의 하락 시에 전환비율이 조정되는 리픽싱 조항이 포함되어 있다. 또, 보유자는 20×2년 12월 31일부터 만기까지의 기간 동안에 조기상환수익률 연단리 4.0%의 이자에 해당하는 금액을 더한 금액으로 환매해 줄 것을 요구할 수 있는 조기상환옵션을 가진다. 전환사채의 만기보장수익률은 조기상환수익률과 같은 연단리 4.0%이다.

전환사채 발행일에 일반채무상품, 전환옵션 및 조기상환옵션의 공정가치측정을 위한 기본자료는 다음과 같다.

- 계약상 현금흐름 : 전환사채 발행일로부터 만기까지 연 2.0%(200원)의 이자를 지급하되, 만기까지 전환이 이뤄지지 않을 경우 연단리 4.0%에 해당하는 누적이자를 재계산하여 지급한다. 즉, 만기보장수익률은 조기상환수익률과 같다.
- 최초측정일에 관측가능한 유사채무상품의 잔존기간별 만기수익률(YTM)로부터 추출(bootstrapping)한 현물이자율은 다음과 같다.

	1년물	2년물	3년물	4년물	5년물
현물이자율	7.000%	7.519%	8.055%	8.613%	9.198%
현가계수	0.9346	0.8650	0.7926	0.7186	0.6441

- 신용위험이 유사한 유사채무상품의 만기수익률 자료에 기초해 Black-Derman-Toy 모형에 따른 기간별 단기선도이자율 트리를 다음과 같이 생성하였다.

	$_0f_1$	$_1f_2$	$_2f_3$	$_3f_4$	$_4f_5$
0	7.00%	8.28%	9.63%	11.06%	12.60%
1		7.80%	9.13%	10.54%	12.06%
2			8.66%	10.06%	11.56%
3				9.60%	11.09%
4					10.65%

- 최초측정일에 Tsiveriotis-Fernandes 모형을 이용해 평가된 전환사채의 공정가치는 11,250원이다.
- 기업은 전환사채에 내재된 상환옵션의 특성을 고려할 때 주계약에서 분리하지 않는 것이 타당한 것으로 판단하였다. 기업은 주계약에서 전환옵션만을 분리하여 파생상품부채로 인식하는 회계처리정책(유형Ⅵ)과 상환옵션을 분리하지 않지만 전환옵션과 상환옵션의 상호의존성을 고려하여 하나의 내재파생상품(전환권+상환권)으로 분리하는 회계정책(유형Ⅶ)을 모두 고려하고 있다.

(1) 주계약과 내재파생요소의 특성

① 채무상품의 특성 : 채무상품의 계약상 현금흐름은 만기이전에 연단리 2.0%의 액면이자를 지급하다가 만기까지 전환이 이뤄지지 않을 경우 만기보장수익률로 연단리 4.0%를 제공하는 step-up 방식의 이자를 지급한다.

② 전환옵션의 특성 : 발행자는 리픽싱 조항으로 인해 보유자의 전환요청에 대해 확정되지 않은 수량의 보통주로 결제하므로 전환사채에 내재된 전환옵션은 지분상품요건을 만족하지 못하며 주계약에서 분리하여 파생상품부채(FVPL-금융부채)로 인식한다.

③ 상환옵션의 특성 : 전환사채 보유자는 2년이 되는 시점부터 조기상환금액으로 발행자에게 환매해 줄 것으로 요청할 수 있다. 보유자의 조기상환옵션의 조건은 만기수익률과 같고 상환옵션이 적극적인 거래의 대가에 포함되어 최초 거래가격이 유의적으로 할인·할증발행되지 않아 발행자는 이러한 상환옵션이 주계약과 밀접한 관련이 있는 것으로 판단하였다. 즉, 이 상환옵션은 주계약에서 분리하지 않기로 하였다.

(2) 주계약에서 상환옵션을 분리하지 않고 전환옵션만 분리하여 파생상품부채로 인식하는 경우(유형Ⅵ)의 회계인식 및 공정가치측정

① 회계인식방법 : 전환사채 발행자는 발행금액(10,000원)에서 주계약에서 분리인식하는 전환옵션 공정가치를 차감한 나머지 금액을 주계약(일반채무상품+상환옵션)의 최초 장부금액으로 인식한다.

② 공정가치측정방법 : 전환옵션이 부채요소로 분류되고 상환옵션을 주계약에서 분리하지 아니하므로 전환옵션 공정가치는 (Tsiveriotis-Fernandes 모형 등 전환금융상품 평가모형에 의해 측정된) 전환사채 전체공정가치에서 (현물이자율을 할인율로 하는 채권평가모형으로 측정된) 일반채무상품 공정가치와 (Black-Derman-Toy 모형 등 금리파생상품 평가모형에 의해 측정된) 상환옵션 공정가치를 차감한 금액으로 산정된다.

③ 전환사채 전체공정가치 : Tsiveriotis-Fernandes 모형을 이용해 평가된 전환사채 전체의 공정가치는 11,250원이다.

④ 일반채무상품 공정가치 : 이자지급이 일정하지 아니한 계약상 현금흐름을 구성하는 채무상품은 만기별 현물이자율을 할인율로 한 채권평가모형에 의해 일반채무상품의 공정가치를 측정한다. 이때, 액면이자율(2.0%)과 만기보장수익률(4.0%)에 따른 계약상 현금흐름을 고려한다. 이자지급이 일정하지 아니한 일반채무상품의 공정가치는 다음과 같이 7,876원으로 측정된다.

	현재가치	20×1	20×2	20×3	20×4	20×5
이자현금흐름	-	200	200	200	200	1,200
원금현금흐름	-	-	-	-	-	10,000
이자현재가치	1,435	187	173	159	144	772
원금현재가치	6,441	-	-	-	-	6,441
원리금현재가치	7,876	187	173	159	144	7,213

⑤ 조기상환옵션의 공정가치 : Black-Derman-Toy 모형에 의한 조기상환옵션의 공정가치는 다음과 같이 풋옵션부채권의 공정가치와 일반채권(straight bond) 공정가치의 차이금액으로 측정한다.

- 만기상환금액은 만기상환원리금이다.
  ㉠ 만기누적 원리금 : 10,000원 + 10,000원 × 4.0% × 5년 = 12,000원
  ㉡ 만기누적 액면이자 : 10,000원 × 2.0% × 4년 = 800원
  ㉢ 만기상환원리금 : 만기누적 원리금(12,000원) - 만기누적 액면이자(800원)
  = 11,200원
- 일반채권의 현재가치는 Black-Derman-Toy 모형에 의해 추정된 단기선도이자율을 이용하여 다음과 같이 7,876원으로 측정한다.

	현재가치	20×1	20×2	20×3	20×4	20×5
0	7,876	8,356	8,774	9,358	10,147	11,200
1		8,497	8,890	9,443	10,195	11,200
2			8,999	9,523	10,240	11,200
3				9,599	10,282	11,200
4					10,322	11,200
5						11,200

- 풋옵션부채권의 현재가치는 Black-Derman-Toy 모형에 의해 추정된 단기선도이자율과 각 시점별 행사가격을 이용하여 다음과 같이 9,356원으로 측정된다. 조기상환옵션의 최초행사 가능시점인 20×2년부터 풋옵션부채권의 가치는 모든 node에 있어 행사가격으로 고정(anchor)됨을 알 수 있다.

	현재가치	20×1	20×2	20×3	20×4	20×5
행사가격		-	10,600	10,800	11,000	11,200
0	9,356	9,989	10,600	10,800	11,000	11,200
1		10,033	10,600	10,800	11,000	11,200
2			10,600	10,800	11,000	11,200
3				10,800	11,000	11,200
4					11,000	11,200
5						11,200

• 풋옵션부채권과 일반채권의 현재가치의 차이금액으로 조기상환옵션의 공정가치를 다음과 같이 1,480원으로 측정한다.

㉠ 풋옵션부채권의 현재가치 : 9,356원

㉡ 일반채권의 현재가치 : 7,876원

㉢ 조기상환옵션의 공정가치 : 풋옵션부채권가치(9,356원) - 일반채권가치(7,876원) = 1,480원

⑥ 전환옵션의 공정가치 : 전환옵션의 공정가치는 전환사채 전체공정가치에서 일반채무상품과 조기상환옵션의 공정가치를 차감하여 다음과 같이 1,894원으로 측정한다.

• 전환사채 전체공정가치(Tsiveriotis-Fernandes 모형) : 11,250원

• 일반채무상품 공정가치(현물이자율을 할인율로 한 채권평가모형) : 7,876원

• 조기상환옵션 공정가치(Black-Derman-Toy 모형) : 1,480원

• 전환옵션 공정가치 = 전환사채 전체공정가치(11,250원) - {일반채무상품 공정가치(7,876원) + 조기상환옵션 공정가치(1,480원)} = 1,894원

⑦ 주계약 및 내재파생상품의 최초인식 : 상환옵션을 분리하지 아니하므로 전환사채의 내재파생요소 중 전환옵션을 파생상품부채(FVPL-금융부채)로 분리하고 최초거래가격(발행금액)에서 분리하는 전환옵션 공정가치를 차감한 잔여금액을 주계약(일반채무상품 + 조기상환옵션)으로 인식한다.

• 전환권(파생상품부채) 최초인식액 : 1,894원

• 주계약(일반채무상품 + 조기상환옵션) 최초인식액 : 8,106원(= 10,000원 - 1,894원)

⑧ 유효이자율 : 주계약(일반채무상품 + 조기상환옵션)의 최초 장부금액과 계약상 현금흐름을 일치시키는 유효이자율을 계산하고 기대만기에 걸쳐 상각한다. 이때, 기대만기는 최초 상환가능시점(20×2년말)으로 한다.

• 주계약(일반채무상품 + 조기상환옵션)의 최초 장부금액(8,106원)과 기대만기(2년) 동안의 계약상 현금흐름의 현재가치를 일치시키는 유효이자율을 다음과 같이 15.59%로 계산한다. 이때, 20×2년말 조기상환가격은 10,600원(= 10,000원 + (4% × 2년 - 2% × 1년)으로 계산된다.

	현재시점	20×1	20×2	20×3	20×4	20×5
현금흐름	-8,106	200	10,600	-	-	-
유효이자율	15.59%					

• 주계약(일반채무상품+조기상환옵션)의 유효이자율(15.59%)에는 조기상환옵션의 공정가치가 포함되어 있다.

• 주계약(일반채무상품+조기상환옵션)의 유효이자 계산표는 다음과 같다.

	기초장부금액	이자비용	이자현금흐름	상각액	기말장부금액
20×1	8,106	1,264	200	1,064	9,170
20×2	9,170	1,430	600	830	10,000

• 만일, 최초 상환가능시점(20×2년말)이 도래하였음에도 보유자가 전환사채를 전환 또는 상환하지 않고 보유하고 있는 경우에는 기대만기를 재설정하되, 최초 계산된 유효이자율에 의해 주계약(일반채무상품+조기상환옵션) 장부금액(상각후원가)을 수정한다. 이에 따른 상각후원가 차이금액은 즉시 당기손익으로 인식한다.

(3) 주계약에서 상환옵션을 분리하지 않지만 전환옵션과 상환옵션의 상호의존성을 고려하여 전환권과 상환권을 하나의 내재파생상품(복합 내재파생상품)으로 인식하는 경우(유형Ⅶ)의 회계인식 및 공정가치측정

① 회계인식방법 : 전환사채 발행자는 발행금액(10,000원)에서 주계약에서 분리인식하는 복합 내재파생상품(전환옵션+상환옵션)의 공정가치를 차감한 나머지 금액을 주계약의 최초 장부금액으로 인식한다.

② 공정가치측정방법 : 전환옵션과 상환옵션을 하나의 내재파생상품으로 분리하므로 복합 내재파생상품(전환옵션+상환옵션)의 공정가치는 (Tsiveriotis-Fernandes 모형 등 전환금융상품 평가모형에 의해 측정된) 전환사채 전체공정가치에서 (현물이자율을 할인율로 하는 채권평가모형으로 측정된) 일반채무상품 공정가치를 차감한 금액으로 산정한다. 하나의 내재파생상품으로 분리하므로 상환옵션에 대한 공정가치측정은 불필요하다.

③ 전환사채 전체공정가치 : Tsiveriotis-Fernandes 모형을 이용해 평가된 전환사채 전체의 공정가치는 11,250원이다.

④ 일반채무상품 공정가치 : 일반채무상품의 공정가치는 위의 (2)에서 측정한 값과 같은 7,876원으로 측정된다.

⑤ 복합 내재파생상품의 공정가치 : 복합 내재파생상품(전환옵션+상환옵션)의 공정가치는 전환사채 전체공정가치에서 일반채무상품의 공정가치를 차감하여 다음과 같이 3,374원으로 측정한다.

• 전환사채 전체공정가치(Tsiveriotis-Fernandes 모형) : 11,250원

• 일반채무상품 공정가치(현물이자율을 할인율로 한 채권평가모형) : 7,876원

• 복합 내재파생상품 공정가치 = 전환사채 전체공정가치(11,250원) - 일반채무상품 공정가치(7,876원) = 3,374원

⑥ 주계약 및 내재파생상품의 최초인식 : 복합 내재파생상품(전환옵션 + 상환옵션)을 파생상품부채(FVPL-금융부채)로 분리하고 최초거래가격(발행금액)에서 분리하는 복합 내재파생상품의 공정가치를 차감한 잔여금액을 주계약으로 인식한다.

• 전환권(복합 파생상품부채) 최초인식액 : 3,374원

• 주계약(일반채무상품) 최초인식액 : 6,626원(10,000원 - 3,374원)

⑦ 유효이자율 : 주계약(일반채무상품)의 최초 장부금액과 계약상 현금흐름을 일치시키는 유효이자율을 계산하고 계약만기(5년)에 걸쳐 상각한다.

• 주계약(일반채무상품)의 최초 장부금액(6,626원)과 계약만기(20×5년말) 동안의 계약상 현금흐름의 현재가치를 일치시키는 유효이자율을 다음과 같이 13.17%로 계산한다.

	현재시점	20×1	20×2	20×3	20×4	20×5
현금흐름	-6,626	200	200	200	200	11,200
유효이자율	13.17%					

• 주계약(일반채무상품)의 유효이자 계산표는 다음과 같다.

	기초장부금액	이자비용	이자현금흐름	상각액	기말장부금액
20×1	6,626	873	200	673	7,298
20×2	7,298	961	200	761	8,060
20×3	8,060	1,062	200	862	8,921
20×4	8,921	1,175	200	975	9,896
20×5	9,896	1,304	1,200	104	10,000

제3자 지정 콜옵션

전통적인 발행자 수의상환권(call option)은 시장이자율이 하락하는 경우 발행한 전환사채를 정해진 가격으로 매입 및 소각한 후 낮은 시장이자율로 재발행하기 위한 목적으로 부여된다. 때로는 전환사채 발행 이후 기업환경의 변화로 전환사채의 전환으로 인한 지분희석을 방지하는 수단으로 사용되기도 한다. 반면, 국내에서는 전형적인 유형의 발행자 수의상환권(call option)에 더하여 발행자가 지정한 자로 하여금 해당 전환사채를 매입할 수 있는 지정권리를 포함시키는 경우가 빈번한데 이를 회계실무에서는 제3자

지정 콜옵션이라 칭하고 있다.[69] 즉, 제3자 지정 콜옵션은 발행자가 수의상환권을 행사할 수 있으면서 동시에 발행자는 지정한 자에게 전환사채 투자자가 보유한 전환사채를 매도할 것을 청구할 권리가 포함된 계약이다.

금융위원회는 기업의 회계처리 불확실성을 해소하기 위해 시장에 미치는 영향이 큰 회계기준의 해석에 대해 감독지침을 제공하고 있으며 제3자 지정 콜옵션에 대한 회계처리 지침이 7번째에 해당함에 따라 실무에서는 제7차 금융위원회 회계감독지침이라는 용어를 사용한다. 금융위원회에서 제공한 회계감독지침은 다음과 같다.

① 제약 및 바이오 기업의 연구개발비 회계처리 관련 감독지침(2018.9.19.)

② 신 리스기준서 시행 전후 해운사 및 화주 간 장기운송계약 회계처리 관련 감독지침 (2019.4.23.)

③ 물적분할 시 모기업의 별도재무제표 회계처리기준 적용 관련 감독지침 (2019.12.16.)

④ 회계부정 조사관련 가이드라인(2019.12.24.)

⑤ 비상장주식에 대한 공정가치평가 관련 가이드라인(2020.1.22.)

⑥ 코로나19 상황에서 자산손상을 인식시 활용할 감독지침 및 후속조치 (2021.2.8.)

⑦ 전환사채 콜옵션 회계처리에 대한 감독지침(2022.5.4.)

금융위원회는 전환사채 발행계약에 포함된 전형적인 콜옵션 계약에 발행자가 지정하는 제3자가 전환사채의 전체 또는 일부를 매입할 수 있는 권리를 「제3자 지정 콜옵션」으로 정의하고 해당 제3자 지정 콜옵션을 〈별도의 파생상품자산〉으로 하여 전환사채에서 분리하며 FVPL-금융자산에 해당하는 제3자 지정 콜옵션은 후속적으로 공정가치로 측정하여 당기손익으로 인식해야 하는 것으로 발표하였다. 금융위원회는 이와 같은 제7차 금융위

69) 본서는 전판에서 이를 콜옵션부 전환사채로 설명하였다. 콜옵션부 전환사채는 분리형 신주인수권부사채의 대용수단으로 각광받게 되었다. 과거에 활발히 발행되었던 분리형 신주인수권부사채가 상속수단으로 악용되거나 부당하게 대주주의 지배권을 강화하는 목적으로 사용된다는 비판이 제기되자 금융당국은 2013년 9월부터 분리형 신주인수권부사채 발행을 전면 금지하였다. 이후 2016년부터는 공모방식의 분리형 신주인수권부사채의 발행을 허용하였으나 공모방식의 분리형 신주인수권부사채가 발행된 경우는 거의 없다. 대신 전환사채에 내재된 전형적인 발행자 콜옵션을 개량하여 제3자에게 매도할 것을 요청할 수 있는 권리를 포함하는 방식을 통해 과거의 분리형 신주인수권부사채와 유사한 효과를 얻을 수 있어 전환사채 발행시장에서 큰 인기를 얻게 되었다. 전환사채 발행시장에서는 이를 콜옵션부 전환사채라는 표현을 관용적으로 사용하였는데 이와 관련한 금융위원회 지침이 발표된 이후 제3자 지정 콜옵션이라는 용어가 회계실무에서 활발히 사용되고 있으므로 본서에서도 혼란을 방지하고자 회계실무에서 사용되는 용어를 사용한다.

원회 회계감독지침의 판단근거를 다음과 같이 제시하였다.[70)]

- 금융위원회는 이러한 감독지침의 판단근거로 특정 금융상품에 부가되어 있는 파생상품이더라도 해당 금융상품과 독립적으로 양도할 수 있거나 해당 금융상품과는 다른 거래상대방이 있는 파생상품은 별도의 금융상품이므로(K-IFRS 1109호 문단 4.3.1), 제3자 지정 콜옵션은 전환사채와 분리하여 별도의 파생상품자산으로 인식함이 타당하다.
- 회사가 콜옵션의 행사자로서 회사가 아닌 제3자를 지정할 수 있다는 것은 회사가 실질적으로 해당 콜옵션을 제3자에게 양도할 수 있다는 것을 의미하며 이때 그 지정된 제3자가 콜옵션을 행사하여 전환사채에 대한 권리를 가지게 된다면 그 콜옵션은 별도로 양도할 수 있다고 판단할 수 있다.
- 기업이 콜옵션을 제3자에게 양도하더라도 이자, 원금의 지급, 전환권 행사에 따른 지분상품의 발행 등 전환사채에 대한 발행자의 의무를 여전히 기업이 부담한다면 해당 콜옵션은 K-IFRS 1109호 문단 4.3.1의 독립적으로 양도할 수 있는 요건을 충족하므로 내재파생상품이 아닌 별도의 금융상품으로 처리하는 것이 타당하다.

제3자 지정 콜옵션에 대한 경제적 성격과 기준서의 요구사항에 대한 검토결과 금융위원회가 제3자 지정 콜옵션을 전환사채와는 독립적인 별도의 파생상품자산으로 인식하여야 한다는 감독지침이 발표된 이후 이와 관련된 공정가치평가 방법론에 대한 다양한 논의가 진행되었다. 금융위원회 감독지침에 따라 별도의 파생상품으로 인식되는 제3자 지정 콜옵션은 아래의 사항을 고려하여 공정가치를 측정하여야 할 것이다.

① 기초자산 : 제3자 지정 콜옵션의 기초자산은 전환사채이다. 이때 전환사채는 발행자의 수의상환권(call option of issuer)이 없는 전환사채로 봄이 타당하다. 금융위원회 감독지침에 따르면 제3자 지정 콜옵션은 발행기업이 자신의 권리를 제3자에게 양도할 수 있으므로 K-IFRS 1109호 문단 4.3.1에 따라 별도의 파생상품으로 인식할 수 있는 것으로 설명하고 있으므로 발행자의 수의상환권(call option of issuer)과 제3자에게 양도할 수 있는 권리를 하나의 회계단위로 규정한 것이다. 이에 따라 제3자 지정 콜옵션의 기초자산은 발행자 수의상환권이 없는 전환사채

70) 본서는 공정가치평가와 관련된 실무해설을 목적으로 집필되었다. 따라서, 금융위원회가 발표한 제7차 금융위원회 감독지침에 따라 전환사채 계약에 포함된 제3자 지정 콜옵션이 K-IFRS 1109호 문단 4.3.1에서 정한 〈별도의 파생상품〉으로서의 인식요건을 만족하는지에 대한 의견표명을 하지 않음을 양해해 주길 바란다. 금융위원회가 한국채택국제회계기준에 대한 해석권한을 가지는 것은 아니므로 IASB에 의해 해당 내용이 재해석될 여지를 배제할 수 없으나 금융위원회 감독지침은 IASB의 반대해석이 제기되지 않는 한 K-IFRS 적용에 있어 유효한 것으로 해석되어야 할 것이다.

가 되어야 한다.

② 기초자산의 확률적 변동 : 제3자 지정 콜옵션의 기초자산인 전환사채는 지분상품으로 전환할 수 있는 권리(지분상품특성)와 전환사채를 만기 또는 만기이전에 상환받을 수 있는 권리(채무상품특성)를 모두 가진 금융상품이다. 일반적으로 지분상품이 기초자산인 경우 무위험포트폴리오를 구성함으로써 무위험이자율을 할인율로 하여 옵션가치를 측정할 수 있으나 전환사채와 같이 지분상품특성과 채무상품특성을 모두 가진 경우, 기초자산(전환사채)의 기초자산(보통주 주가)의 확률적 변동에 따라 옵션이익(pay-off)을 고려하여 기초자산(전환사채)을 지분상품으로 전환하거나 채무상품으로 회수할 수도 있고, 이외에도 지분상품과 채무상품이 혼재된 상태로 보유하는 의사결정도 할 수 있으므로 무위험이자율과 위험이자율을 모두 고려하는 혼합할인모형(Blended Discount Model)을 적용해야 한다.

③ 결제자의 신용위험: 금융상품은 거래당사자 어느 한쪽에게는 금융자산을 생기게 하고 거래상대방에게 금융부채 또는 지분상품을 생기게 하는 모든 계약을 말한다.[K-IFRS 1032호 문단 11] 전환사채 발행기업은 제3자 지정 콜옵션을 보유한 상태(long position)로써 파생상품자산을 인식하며 전환사채 투자자는 전환사채 발행기업에 제3자 지정 콜옵션을 부여한 상태(short position)로써 파생상품부채를 인식해야 하므로 금융부채를 인식하는 전환사채 투자자는 제3자 지정 콜옵션의 공정가치평가에서 원칙적으로 결제자의 신용위험을 포함한 불이행위험 고려해야 한다.[K-IFRS 1113호 문단 42~44] 다만, 금융부채를 인식하는 전환사채 투자자는 제3자 콜옵션의 기초자산인 전환사채를 보유하고 있으므로 실질적으로 채무불이행 상황이 발생하기 어려우므로 실무적으로는 결제자의 신용위험을 고려하지 않는 것이 일반적이다.

한국공인회계사회는 「K-IFRS 실무사례와 해설 Series 11 복합금융상품」을 발간하여 금융위원회 감독지침에 따라 전환사채 발행기업이 제3자 지정 콜옵션을 파생상품자산으로 인식하기 위한 공정가치 측정방법을 제시하였다. 동 해설서는 전환사채 발행계약에 포함된 제3자 지정 콜옵션을 별도의 금융상품으로 평가함에 있어 발행자 보유상황의 반영 여부와 그에 따른 제3자 지정시점의 추정에 대해 2가지 견해를 제시하고 이러한 2가지 견해에 기초하여 「제3자 이연지점관점」에서의 평가방법과 「제3자 가상지점관점」에서의 평가방법을 제안하였다. 제3자 지정 콜옵션의 공정가치 평가방법에 대한 세부적인 내용은 한국공인회계사가 발간한 「K-IFRS 실무사례와 해설 Series 11 복합금융상품」을 참고하기 바란다.[71]

제7차 금융위 회계감독지침에 따라 제3자 지정 콜옵션을 (발행자 입장에서) 별도의 파생상품자산으로 인식하는 것과 관련하여 중요한 회계이슈는 아래의 2가지가 제시되고 있다.

① 상환권 분리 : 본서는 앞서 「제1장 공정가치회계」에서 전환사채와 같은 복합상품이 액면금액으로 발행된 경우에는 복합상품의 내재파생요소 중 상환권은 주계약과 밀접하게 관련되어 있는 것으로 보아 주계약에서 분리하지 않는 것이 원칙임을 설명하였다. 다만, 복합상품의 전환권이 자본요건을 만족하지 못하여 내재파생상품부채로 분리하는 경우 전환권과 상환권의 상호의존성 및 상호억제성을 고려하여 전환권과 상환권을 묶어 하나의 복합내재파생상품부채로 분리인식할 수 있음도 설명한 바 있다. 그러나, 전환사채의 계약조항에 제3자 지정 콜옵션이 포함된 경우 제7차 금융위 회계감독지침에 따라 이를 별도의 파생상품자산으로 인식하게 되므로 이때의 전환사채는 액면발행되지 않고 할인발행되었으므로 전환사채에 내재된 상환권은 주계약과 밀접하게 관련되지 아니하므로 상환권(Put)은 주계약에서 분리되어야 한다.

- 전환사채가 액면발행되었다 함은, 기업이 전환사채를 발행하면서 수취한 현금과 금융부채로 인식할 (주계약과 내재파생상품요소를 모두 포함한) 전환사채는 현금수취액과 일치함을 의미한다.[72] 예를 들어, 기업이 전환사채를 1,000원에 발행하였으며 같은 금액(1,000원)을 금융부채(주계약 및 분리인식하는 내재파생요소 포함)와 지분상품(자본으로 인식하는 내재파생상품)으로 인식하는 경우 이는 액면발행된

71) 필자는 전환사채와 같이 지분상품과 채무상품의 특성을 모두 가진 금융상품을 기초자산으로 하는 파생상품의 평가방법에 대한 국내외 자료를 검토하였으나 그러한 파생상품을 평가하는 방법을 다루는 신뢰할 수 있는 자료를 찾지 못하였다. 또한, 「K-IFRS 실무사례와 해설 Series 11 복합금융상품」 집필진도 제3자 지정 콜옵션 평가와 관련된 신뢰할 수 있는 학술자료를 확보하지 못함에 따라 실무적으로 활용가능한 방법을 제시하였다. 다만, 동 해설서에서 소개한 2가지 방법은 기본가정(또는 견해)의 차이로 인해 평가결과에 차이가 있으며 상황에 따라 그 차이는 유의적으로 중요할 수 있음을 감안하기 바란다. 이에 집필진도 해설서에서 제시한 2가지 견해 외에 향후 또 다른 견해가 나올 수 있는 가능성을 배제하지 않음을 명시하고 있다. 이와 관련하여 본서는 한국공인회계사회가 발간한 해설서에서 제시한 2가지 방법에 대한 이론적 정합성이나 학술적인 타당성에 대해서는 어떠한 의견을 표명하지 않음을 명확히 하고자 한다. 다만, 평가방법의 이해를 돕기 위해 필자의 개인 블로그(blog.naver.com/cyberbiz92)에 해설서에서 제시한 2가지 방법에 대해 간단한 도해를 이용하여 설명하는 자료를 업로드하였으니 참고하기 바란다.

72) 전환사채의 거래가격(발행금액)이 공정가치의 최선의 추정치로 판단되는 경우임을 전제한다. 즉, 최초측정일 현재 거래가격과 공정가치가 같은 일반적인 상황임을 전제한다. 이하 제3자 지정 콜옵션과 관련한 설명에서 같다.

것이며, 이 경우 상환권은 원칙적으로 주계약에서 분리하지 않는다(단, 전환권이 부채요소이면서 전환권과 상환권을 하나의 복합내재파생상품으로 분리하는 경우 제외).

- 제3자 지정 콜옵션으로 인해 할인발행되었다 함은, 기업이 전환사채를 발행하면서 수취한 현금과 제3자 지정 콜옵션을 자산으로 인식하고 금융부채는 수취한 현금과 제3자 지정 콜옵션을 합한 금액으로 발행된 것이므로 실질적으로 할인발행된 것이다. 예를 들어, 기업이 전환사채를 1,000원에 발행하여 1,000원의 현금을 수취하고, 제3자 지정 콜옵션이 100원으로 평가되었다면, 기업은 공정가치가 1,100원인 전환사채를 1,000원에 발행한 것이므로 할인발행된 것이다. 할인발행된 전환사채의 투자자의 조기상환권(Put)은 더 이상 주계약과 밀접하게 관련된 것이 아니므로 주계약에서 분리하여 파생상품부채로 인식해야 한다.
- 이러한 상황은 전환사채에 내재된 전환요소가 자본요건을 만족하는 경우에 유의적으로 중요한 회계처리의 변화를 가져온다. 전환사채에 내재된 전환요소가 자본요건을 만족하는 경우, 기업은 주계약과 투자자 조기상환권(Put)이 밀접하게 관련된 것으로 보아 조기상환권(Put)을 분리인식하지 않는 데 반해(회계정책 유형 III), 제3자 지정 콜옵션이 있는 경우 조기상환권(Put)은 반드시 주계약에서 분리하여 별도의 파생상품부채로 인식해야 한다(회계정책 유형 II).[73)]
- 반면, 전환사채에 내재된 전환요소가 자본요건을 만족하지 못한 경우에는 주계약에서 조기상환권(Put)을 분리하지 않고 전환권만을 내재파생상품부채로 인식한 경우(회계정책 유형 VI) 외에는 이미 전환권과 조기상환권(Put)을 묶어 하나의 내재파생상품부채로 주계약에서 분리(회계정책 유형 V 및 회계정책 유형 VII)하였으므로 조기상환권(Put) 분리인식에 대한 회계이슈와 무관하다.

② 공정가치배분 : 제7차 금융위 회계감독지침에 의해 (발행자 입장에서) 제3자 지정 콜옵션을 별도의 파생상품자산으로 인식한다 함은 제3자 지정 콜옵션이 전환사채의 내재파생상품이 아닌 것이므로 전환사채 발행시점에 기업은 2개 이상의 금융상품(금융자산, 금융부채 및 지분상품)을 각각의 회계단위로 분리하여 인식해야 하며, (전환권이 자본요소인 경우를 제외하고는) 거래가격을 별도의 회계단위인 금융자산과 금융부채의 공정가치로 배분해야 한다.

---

73) 제7차 금융위 회계감독지침은 해당 지침이 발표되기 전 기업이 제3자 지정 콜옵션을 내재파생요소로 인식한 경우 이를 소급하여 재분류하도록 하고 있으므로, 전환권을 자본으로 인식하고 조기상환권(Put)을 주계약에서 분리하지 아니한 기업은 조기상환권(Put)을 주계약에서 분리하여 별도의 파생상품부채로 인식하도록 수정하여야 한다.

• 전환사채에 내재된 전환권이 자본요건을 만족하지 못하여 금융부채로 인식하는 경우에는 기업은 금융자산과 금융부채를 각각 공정가치로 인식한다. 이때, 거래가격이 공정가치의 최선의 추정치[74]라면 그 거래가격을 금융자산과 금융부채의 공정가치에 비례하여 배분[75]하여야 할 것이다.

• 전환사채에 내재된 전환권이 자본요건을 만족하여 자본으로 인식하는 경우에는 전환권을 잔여가치로 인식하므로 거래가격의 배분은 고려하지 않는다.[76]

예 제 　제3자 지정 콜옵션에 의한 상환권의 분리인식 및 공정가치 배분

기업은 전환사채를 액면금액인 10,000원에 발행하였다. 이 전환사채에는 기업의 지분상품으로 전환할 수 있는 전환권과 만기이전에 전환사채를 상환해 줄 것을 요청할 수 있는 투자자 조기상환권(Put option)이 내재되어 있으며, 전환사채를 인수한 투자자는 기업 또는 기업이 지정하는 자에게 이 전환사채를 매도해야 할 의무가 있는 제3자 지정 콜옵션이 포함되어 있다.

전환사채 발행일 현재 전환사채와 내재파생요소 그리고 제3자 지정 콜옵션의 공정가치 측정결과는 다음과 같다. 기업은 전환사채 거래가격이 공정가치의 최선의 추정치에 해당한다고 판단하였다.

• 전환사채 발행금액 : 10,000원 (권면액 : 10,000원)
• 전환사채 공정가치 : 11,500원 (Tsiveriotis-Fernandes 모형)
• 주계약 공정가치 : 7,000원 (채권평가모형)
• 조기상환권(Put Option) 공정가치 : 2,500원 (Black-Derman-Toy 모형)
• 제3자 지정 콜옵션 공정가치 : 800원 (KICPA 제안모형, 최대행사가능비율 적용)

(1) 전환권이 자본요건을 만족하는 경우

기업은 전환사채에 내재된 전환요소가 확정대확정(fixed-for-fixed) 요건을 만족하는 것으로 판단하였으며 전환권을 자본으로 분류하였다. 또한, 제3자 지정 콜옵션을 별도의 파생

74) 만일, 거래가격이 공정가치의 최선의 추정치가 아닌 상황이라면(거래가격과 공정가치가 다른 경우), 금융자산과 금융부채의 공정가치로 최초 인식하므로 거래가격의 배분이슈는 없을 것이다.

75) 일부에서는 전환권이 부채요소로 인식된 상황에서 제3자 지정 콜옵션으로 인해 금융자산(제3자 지정 콜옵션)과 AC-금융부채(주계약) 그리고 FVPL-금융부채(파생상품부채)로 3개의 금융상품이 형성되므로 거래가격을 3개의 금융상품의 공정가치에 비례하여 배분하는 것이 더 적절하다는 주장을 제기하기도 한다. 본서는 파생상품부채로 분리한 FVPL-금융부채는 기준서에 의해 내재파생요소를 분리인식한 것에 불과하므로 거래가격의 배분대상은 금융자산(제3자 지정 콜옵션)과 금융부채(내재파생요소 분리전 전환사채)로 제한함이 합리적이라 판단한다.

76) 전환사채의 거래가격과 공정가치의 차이가 유의적으로 차이가 있는 경우에도 기업은 부채요소(주계약과 상환권)를 공정가치로 측정하여 인식하며 그러한 부채요소의 공정가치는 실질적으로 거래가격을 상회할 수 없다. 따라서, 전환사채의 전환권이 자본요소로 분류된다면 전환권은 잔여가치로 측정되므로 거래가격을 금융자산(제3자 지정 콜옵션)과 금융부채(주계약 및 분리인식하는 조기상환권)의 공정가치로 배분할 상황은 발생하지 않을 것이다.

상품자산으로 인식하였으며 이에 따라 전환사채는 실질적으로 할인발행된 효과가 발생하였으므로 상환권은 주계약과 밀접하게 관련되어 있지 않는 경우에 해당하므로 전환사채에 내재된 투자자 조기상환권을 주계약에서 분리하여 파생상품부채로 인식하였다.

전환사채의 최초측정일 현재 기업은 다음과 같이 회계처리하였다.

① 금융자산 : 기업은 제3자 지정 콜옵션을 별도의 파생상품자산으로 인식하였다.

㉠ 현금 : 10,000원 (거래가격으로 인식)

㉡ 파생상품자산(제3자 지정 콜옵션) : 800원 (공정가치로 인식)

② 금융부채 : 기업은 주계약과 파생상품부채의 공정가치를 각각 금융부채로 인식하였다.

㉠ 주계약(AC-금융부채) : 7,000원 (공정가치로 인식)

㉡ 파생상품부채(조기상환권) : 2,500원 (공정가치로 인식)

③ 지분상품 : 기업은 자본요건을 만족하는 전환권을 잔여가치로 인식하였다.

㉠ 전환권(자본) : 1,300원 = (10,000원 + 800원) - (7,000원 + 2,500원)

한편, 최초측정일 전환사채의 공정가치 11,500원은 회계인식과 무관하다. 다만, 해당 전환사채는 제3자 지정 콜옵션의 기초자산이 되므로 제3자 지정 콜옵션 공정가치측정을 위해 공정가치측정이 요구되며, 이때의 전환사채는 콜옵션 요소(발행자 콜옵션 포함)를 고려하지 않은 조건에서의 공정가치로 측정된다.

⑵ 전환권과 상환권을 하나의 복합내재파생상품으로 분리하는 경우

기업은 전환사채에 내재된 전환요소가 확정대확정(fixed-for-fixed) 요건을 만족하지 않는 것으로 판단하였으며 전환권과 상환권의 상호의존 및 상호억제효과를 고려하여 하나의 복합내재파생상품으로 분리하고 이를 파생상품부채로 인식하였다. 또한, 제3자 지정 콜옵션을 제7차 금융위 회계감독지침에 따라 별도의 파생상품자산으로 인식하였다.

전환사채의 최초측정일 현재 기업은 다음과 같이 회계처리하였다.

① 공정가치배분 : 기업은 전환사채 거래가격(10,000원)을 금융자산과 금융부채의 공정가치에 비례하여 다음과 같이 배분하였다.

㉠ 전환사채 배분 = 10,000원 × (11,500원 ÷ (11,500원 - 800원) = 10,748원

㉡ 제3자 콜옵션 배분 = 10,000원 × (800원 ÷ (11,500원 - 800원) = 748원

② 금융자산 : 기업은 제3자 지정 콜옵션을 별도의 파생상품자산으로 인식하였다.

㉠ 현금 : 10,000원 (거래가격으로 인식)

㉡ 파생상품자산(제3자 지정 콜옵션) : 748원 (공정가치로 인식)

③ 금융부채 : 기업은 주계약과 파생상품부채(전환권 및 상환권)를 각각 금융부채로 인식하였다. 주계약은 전환사채 공정가치에서 주계약 공정가치를 차감한 잔여가치로 측정하였다(K-IFRS 1109 B4.3.3 적용).

㉠ 파생상품부채(전환권 및 조기상환권) = 11,500원 - 7,000원 = 4,500원

㉡ 주계약(AC-금융부채) = 10,748원 - 4,500원 = 6,248원 (잔여가치로 인식)

4.5. 기대배당금의 고려

전환사채를 발행한 기업이 과거에 배당을 실시한 적이 있거나 전환사채 존속기간 중 배당을 실시할 재무계획을 가지고 있는 경우에는 전환사채의 공정가치평가에서 기대배당금을 고려해야 한다. 전환사채 보유자는 전환사채를 발행한 기업이 전환사채의 기초자산인 보통주에 배당을 실시하더라도 그러한 배당을 수취할 권리가 없으므로 배당락이 기초자산가격에 미치는 영향을 반영하여 공정가치를 측정한다.

① 배당가능성에 대한 검토 : 기초자산(보통주)에 대한 기업의 배당가능성을 살펴야 한다. 만일, 과거에 배당을 한 적이 없고 전환사채 만기까지 배당가능성이 거의 없다고 판단한다면 전환사채 평가모형에서 배당을 고려하지 않을 수 있다.

② 기대배당금의 추정 : 기업이 기초자산인 보통주에 꾸준히 배당을 하였거나 기업의 배당정책 또는 계약에 의해 앞으로 배당이 지급될 것이라는 합리적인 기대가 있다면 기대배당금을 추정해야 한다.

- 일반적으로 기대배당금에 대한 가정은 공개된 정보에 근거해야 한다. 기업이 배당금을 지급하지 않고 있으며 앞으로도 그러한 계획이 없다면 기대배당금을 영(0)으로 가정한다. 그러나 설립초기의 기업은 과거에 배당실적이 없더라도 전환사채의 잔여만기에 배당금을 지급하기 시작할 것으로 예상할 수도 있는데 이러한 기업은 과거의 배당수익률(0)과 적절하게 비교가능한 유사기업들의 평균배당수익률을 평균한 값을 사용할 수 있다.

③ 전환사채 공정가치측정 : 전환사채 보유자는 기업이 보통주에 대한 배당을 실시할 경우 예상되는 배당금을 수취할 권리가 없으므로 가격변동성을 반영한 기초자산가격은 배당락효과가 반영되지 않아 과대평가되므로 기대배당금의 현재가치만큼 기초자산가격을 조정하여 전환사채의 공정가치를 측정해야 한다.

- 전환사채 공정가치측정에서 기대배당효과를 고려하는 방법은 시가배당률을 가정하여 위험중립확률을 수정하는 방법과 기대배당금을 가정하여 배당락 효과가 반영된 기초자산가격트리를 수정하는 방법을 사용할 수 있다.[77)]
- 기대배당금은 과거의 배당금 증가형태를 고려해야 한다. 예를 들어 기업의 배당정책에 의해 매년 3% 정도 배당금이 올랐다면 충분한 증거가 있는 경우를 제외하고

77) 본서는 블랙숄즈모형 및 이항옵션모형 각각에 대해 시가배당률을 가정하는 경우와 기대배당금을 가정하는 경우를 구분하여 설명한 바 있다. 평가방법의 자세한 설명은 본서의 「제2부 가치평가모형」의 「제3장 옵션평가모형」의 〈블랙숄즈모형〉 및 〈이항옵션모형〉의 내용을 참고하기 바란다.

는 옵션의 잔여만기 동안 고정배당금을 지급하는 것으로 가정해서는 안 된다. [K-IFRS 1102 B35~B36]

전환사채 공정가치측정에 있어 기대배당효과의 반영은 경영자의 예측(또는 주장)에 기반한다. 일반적으로 경영자는 기대배당금 형태로 재무계획을 수립하므로 시가배당률에 기반한 위험중립확률을 수정하는 방법은 현실적인 한계가 있다. 또한, 시가배당률은 연속배당수익률을 가정하고 있어 공정가치측정 대상이 지수연계옵션인 경우에 최적화되어 있으며 특정시점에 배당이 이산적으로 이뤄지는 지분상품을 기초자산으로 하는 경우에는 한계가 있음을 참고하기 바란다.

5 신주인수권부사채

신주인수권부사채는 사채의 형태로 발행되지만 계약조건에 따라 보유자의 청구에 의해 발행자의 지분상품(신주)을 인수할 수 있는 복합계약 금융상품으로써 신주인수권부사채 보유자가 신주인수권을 행사하더라도 주계약(채무상품)이 소멸되지 않고 만기까지 보유할 수 있다는 점에서 전환에 의해 주계약이 소멸되는 전환사채와 차이가 있다.[78] 신주인수권부사채에 부여된 신주인수옵션은 보유자의 의무가 아닌 선택적 권리(옵션)이다.

신주인수권부사채에 부여된 신주인수옵션은 다음의 3가지 파생상품 요건을 모두 만족한다.

① 기초변수의 변동에 따라 가치가 변동한다 : 신주인수옵션의 기초변수는 발행자의 지분상품(보통주)이다. 보통주 가격이 변동되면 신주인수옵션의 가치도 변동된다.

② 순투자금액 : 신주인수옵션 보유자는 최초계약 시 적은 순투자금액을 부담한다. 기초자산을 직접 매입하는 것과 비교하여 보유자는 옵션프리미엄만을 지불하므로 다른 유형의 계약보다 적은 순투자금액이 필요하다.

③ 미래에 결제된다 : 신주인수옵션 보유자는 옵션행사시점에 금융자산(현금 또는 대용납입이 가능한 경우 신주인수권부사채)으로 결제하며 신주인수권부사채 발행자의 지분상품을 수취한다. 신주인수권부사채 매입시점에는 신주인수옵션에 대한 프리미엄(신주인수옵션의 공정가치)만을 지급한다.

---

78) 다만, 대용납입이 가능한 비분리형 신주인수권부사채는 신주인수옵션 행사에 의해 주계약이 소멸될 수 있다. 이러한 신주인수권부사채는 전환사채와 경제적 실질이 유사하며 그에 따른 회계인식 및 공정가치측정 방법도 유사하다. 자세한 내용은 후술한다.

앞서 살펴보았듯이, 전환사채에 부여된 전환옵션은 기본적으로 내재파생요소이다. 반면, 신주인수권부사채는 분리형인지 또는 비분리형인지에 따라 신주인수옵션의 파생요소 특성이 달라질 수 있다. 즉, 비분리형 신주인수권부사채(non-detachable Bond with Warrant)에 부여된 신주인수옵션은 신주인수옵션이 행사되기 전까지는 주계약(채무상품)으로부터 독립적으로 거래될 수 없으므로 내재파생요소인 반면, 분리형 신주인수권부사채(detachable Bond with Warrant)에 부여된 신주인수옵션은 주계약으로부터 독립적으로 거래될 수 있으므로 내재파생요소가 아닌 별도의 파생상품이다. 따라서, 신주인수권부사채에 부여된 신주인수옵션이 분리형인지 또는 비분리형인지에 따라 회계인식 및 공정가치측정 방법이 달라질 수 있다.

신주인수권부사채와 같은 전환형 복합상품은 정형화되어 있지 않으며 기본계약(주계약)에 (내재파생요소 또는 별도의 파생상품인) 신주인수옵션 외에 추가적인 내재파생요소를 부여하거나 계약당사자를 복수로 구성하는 방법으로 변형된 복합계약을 구성할 수 있다. 이러한 이유로 신주인수권부사채를 정형화된 계약구조로 일반화할 수 없으며 신주인수권부사채의 구체적인 계약조건에 따라 신주인수권부사채(그리고 연계된 다른 복합계약)의 공정가치를 평가하고 회계처리해야 한다.

가장 일반적인 형태의 신주인수권부사채는 채무상품인 주계약에 기본 파생요소인 신주인수옵션과 보유자 및 발행자의 상환옵션을 추가로 부여하는 방식이다.

① 주계약 : 계약상 현금흐름이 원리금으로만 구성된 채무상품

② 신주인수옵션 : 보유자의 신주인수권(warrant) 행사에 따라 발행자의 자기지분상품(신주 또는 보유 중인 자기주식)의 인수를 요청할 수 있는 선택적 권리. 단, 계약에 따라 신주인수옵션은 주계약으로부터 독립적으로 거래될 수도 있고(분리형), 독립적으로 거래되지 아니할 수 있다(비분리형).

③ 조기상환옵션 : 보유자의 요청(put)에 따라 발행자에게 신주인수권부사채를 환매해 줄 것을 요청할 수 있는 선택적 권리(풋옵션)

④ 수의상환옵션 : 발행자의 요청(call)에 따라 신주인수권부사채를 재매입할 수 있는 선택적 권리(콜옵션)

5.1. 신주인수권부사채 발행자의 인식과 측정

가장 기본적인 유형의 신주인수권부사채는 채무상품인 주계약에 신주인수권부사채의 고유특성을 결정하는 파생요소(내재파생요소 또는 별도의 파생상품)인 신주인수옵션이

부여된 복합상품이지만, 현실에서는 주계약에 신주인수옵션만 부여된 신주인수권부사채가 발행되는 경우는 드물고, 투자자의 요청에 따라 투자자의 선택 범위를 넓히고 안정적인 현금흐름을 확보하기 위해 조기상환옵션이 부여되기도 하며 나아가 다른 계약조건을 추가적으로 요구하기도 한다. 또, 발행자는 투자자의 선택의 범위를 넓혀준 대가로 같은 조건의 유사한 신용상태의 실질적으로 같은 현금흐름을 제공하는 채무상품(유사채무상품)을 발행할 때보다 낮은 이자율로 자금을 조달할 수 있다. 다만, 발행자의 상환옵션(수의상환옵션)은 부여되지 않거나 부여조건이 발행자에게 불리한 경우가 많다.

신주인수권부사채는 주계약으로부터 신주인수옵션(warrant)이 분리될 수 있는 분리형 신주인수권부사채(detachable BW)와 신주인수옵션이 복합상품에 내재된 비분리형 신주인수권부사채(non-detachable BW)로 구분된다. 또한, 비분리형 신주인수권부사채는 신주인수권리를 행사함에 있어 채무상품을 대용납입(신주납입대금을 보유자의 현금 등 금융자산으로 지불하지 않고 신주인수권부사채로 납입하는 방법)하여 지불할 수 있는 경우와 그렇지 않은 경우로 세분화될 수 있다.79) 이러한 신주인수권부사채의 특성으로 인해 전환사채의 인식과 측정에서 설명한 부분과 다른 유형의 접근법을 필요로 한다.

신주인수권부사채의 유형별로 발행자의 회계인식과 공정가치측정 방법을 정리하면 다음과 같다. 다만, 다음 표는 신주인수권부사채에 〈상환옵션〉이 부여되지 않은 상태에서 〈신주인수옵션〉이 파생상품부채인 상황(신주인수옵션이 자본요건을 만족하지 못하는 상황)에 기초하여 분류한 것이다. 따라서, 상환옵션이 부여된 경우에는 아래 표와 전환사채 부분에서 설명한 각 유형에 따른 회계인식 및 공정가치측정 방법의 내용을 함께 고려해야 한다. 또한, 〈신주인수옵션〉이 자본인 경우에는 (분리형 또는 비분리형에 관계 없이) 전환사채에서 설명한 회계인식과 공정가치측정 방법을 동일하게 적용할 수 있으므로 신주인수옵션이 자본요건을 만족하는 경우에는 전환사채에서 설명한 내용을 참고하기 바란다.80)

---

79) 분리형 신주인수권부사채가 대주주의 지분확보 또는 상속증여의 목적으로 남용되는 문제로 인해 금융감독원은 2013년 9월부터 분리형 신주인수권부사채의 발행을 전면금지하였다. 그러나 분리형 신주인수권부사채의 발행을 전면금지함에 따른 부작용의 우려도 적지 않다고 판단하여, 2016년부터는 공모방식에 한해 분리형 신주인수권부사채의 발행을 허용하고 있다. 이에 최근에는 분리형 신주인수권부사채가 공모형태로 발행되기도 하나 발행이 활발하지는 아니하며 대부분 비분리형으로 발행되고 있다. 이러한 비분리형 신주인수권부사채의 상당수는 대용납입이 가능한 방식인 것으로 파악된다.

80) 신주인수옵션이 자본요건을 만족할 경우에는, 최초측정에서 신주인수권을 잔여가치로 측정하고 후속적으로 공정가치를 측정하지 아니하므로 실질적으로 전환사채의 경우와 차이가 없다. 반면, 신주인수옵션이 자본요건을 만족하지 못하여 파생상품부채로 분류되는 경우에는 신주인수권부사채의 분리유형과 대용납입 가능여부에 따라 공정가치측정 방법이 달라진다.

유형		신주인수옵션이 부채인 경우	
		회계인식	공정가치측정
분리형 신주인수권부사채		신주인수권부사채의 주계약과 신주인수권을 각각 금융부채로 분류하고 (별도의 파생상품인) 신주인수권과 주계약의 공정가치를 최초 측정하고 인식한다.[81] 후속적으로 신주인수권(별도의 파생상품부채)의 공정가치를 측정하며 공정가치변동분을 당기손익으로 인식한다. 주계약은 만기(계약만기 또는 기대만기)에 걸쳐 최초 유효이자율로 주계약 장부금액을 상각한다.[82]	신주인수권은 최초측정 및 후속측정에서 옵션 평가모형(이항옵션모형 등 일반적인 콜옵션 평가모형)으로 직접 측정한다.
비분리형 신주인수권부사채	대용 납입이 불가능한 경우	신주인수권부사채의 주계약과 신주인수권을 각각 금융부채로 분류하고 발행금액에서 (내재파생상품인) 신주인수옵션 공정가치를 차감한 잔여가치를 주계약 최초 장부금액으로 인식한다. 후속적으로 신주인수권(내재파생상품부채)의 공정가치를 측정하며 공정가치변동분을 당기손익으로 인식한다. 잔여가치로 측정된 주계약은 만기(계약만기 또는 기대만기)에 걸쳐 최초 유효이자율로 주계약 장부금액을 상각한다.	
	대용 납입이 가능한 경우		분리인식하는 파생상품부채로 분류하는 신주인수권은 최초측정 및 후속측정에서 전환금융상품 평가모형에 의해 공정가치를 측정한다. 이때, 신주인수권 공정가치는 전환금융상품 평가모형(Tsiveriotis-Fernandes 모형 등)에 의해 측정된 비분리형 신주인수권부사채 전체 공정가치에서 채권평가모형으로 측정된 일반채무상품 공정가치를 차감하는 방식으로 측정한다.[83]

81) 분리형 신주인수권부사채의 주계약과 신주인수권은 독립적인 금융상품이다. 주계약과 신주인수권이 모두 〈수준3〉 투입변수로 측정됨을 전제로 하는 상황에서, 기준서는 거래가격에 비파생요소인 금융상품과 파생요소인 금융상품이 모두 포함되어 있을 경우에 대한 최초측정 인식방법을 구체적으로 정하고 있지 않다. 이와 관련한 본서의 견해는, 〈수준3〉 투입변수로 측정된 주계약 공정가치와 신주인수권 공정가치의 상대적 비율로 배분하여 최초측정하는 것이 타당하다는 주장이 합리적이라고 판단하며 이러한 견해에 기초하여 기술한다. 다만, 일부에서는 내재파생요소가 있는 복합계약의 분리인식방법을 설명하고 있는 K-IFRS 1109호 B4.3.3.의 내용을 준용하여 거래가격에서 파생요소 공정가치를 차감한 나머지 금액을 주계약으로 인식하는 방법을 제시하기도 한다. 이와 관련하여 향후 기준서가 보완되거나 해석서가 추가될 경우 본서의 설명이 달라질 수 있음을 유의하기 바란다.

정리하면, (신주인수권부사채 발행자 입장에서) 신주인수옵션이 자본인 경우에는 (분리형 또는 비분리형에 관계없이) 앞에서 설명한 전환사채의 유형별 분류에 따른 회계인식 방법과 공정가치측정 방법을 이용할 수 있으며, 신주인수옵션이 부채로 분류되면서 대용납입이 가능한 비분리형 신주인수권부사채에 대해서도 전환사채의 유형별 분류에 따른 회계인식 방법과 공정가치측정 방법을 이용할 수 있다. 반면, 신주인수옵션이 부채로 분류되는 상황하에서 분리형 신주인수권부사채와 대용납입이 불가능한 비분리형 신주인수권부사채에 대해서는 신주인수옵션의 공정가치를 (전환금융상품 평가모형이 아닌) 직접적으로 측정한다는 점에서 차이가 있다. 분리형 신주인수권부사채에 부여된 (별도의 파생상품인) 신주인수옵션과 대용납입이 불가능한 비분리형 신주인수권부사채에 부여된 (내재파생상품인) 신주인수옵션은 주계약과 상호의존성 없이 독립적으로 측정할 수 있기 때문이다.[84]

신주인수권부사채의 주계약, 신주인수옵션 및 상환옵션의 회계인식 및 공정가치측정과 관련하여 지금까지 설명한 특이사항을 제외하고는 기본적으로 전환사채의 특성과 유사하므로 전환사채 부분에서 설명한 부분을 참고하기 바란다.

---

82) 신주인수권부사채에 상환요소가 있는 경우, 주계약의 유효이자율 측정방법 및 상각기간은 상환요소의 분리여부에 따라 달라진다. 즉, 상환요소를 분리할 경우에는 계약만기에 걸쳐 상각하고 상환요소를 분리하지 않을 경우에는 기대만기에 걸쳐 상각한다. 또한, 최초 유효이자율의 측정도 상환요소의 분리여부에 따라 달라짐에 주의해야 한다. 다만, 본서의 신주인수권부사채에 대한 설명에서는 상환요소를 배제한 상태로 설명하고 있음을 상기하기 바란다. 상환요소를 고려할 경우에 대한 자세한 내용은 전환사채 부분을 참고하기 바란다.

83) 통상적으로 신주인수권부사채 발행기업의 신용위험보다 만기보장수익률이 낮으므로 보유자는 대용납입을 통해 신주인수대금을 지불하는 것이 유리하다. 이는 일반적인 상황에서 대용납입이 가능한 비분리형 신주인수권부사채에 대해 전환사채와 같은 방식으로 공정가치를 측정함을 뜻한다. 만일, 예외적인 상황으로 신주인수권부사채 발행기업의 신용위험보다 만기보장수익률이 높다면 보유자는 현금 등 금융자산으로 신주인수대금을 지불하는 것이 대용납입보다 유리하므로 이러한 상황에서는 분리형 신주인수권부사채에서 설명한 공정가치측정 방법을 따라야 할 것이다.

84) 분리형 신주인수권부사채에 부여된 신주인수옵션은 주계약과 독립적으로 거래되는 별도의 파생상품이므로 직접적으로 측정함이 타당하다. 또한, 비분리형 신주인수권부사채에 부여된 신주인수옵션은 주계약에서 분리되어 거래될 수 없지만 신주인수옵션을 행사할 경우 주계약에서 분리되고 주계약이 계약만기까지 유지될 수 있으므로 신주인수옵션과 주계약은 상호의존적이지 않다. 반면, 대용납입이 가능한 비분리형 신주인수권부사채는 신주인수옵션을 행사할 경우 주계약이 신주인수대금으로 납입될 수 있으므로 실질적으로 전환사채의 경제적 실질과 같아진다. 통상적으로 신주인수권부사채 발행기업의 신용위험에 비해 만기보장수익률이 낮으므로 보유자는 신주인수대금을 현금 등 금융자산으로 지불하기보다 주계약(채무상품)으로 대용납입하는 것이 유리하기 때문이다.

예 제 분리형 신주인수권부사채의 인식과 측정

기업은 20×1년 1월 1일, 만기 5년 액면금액 10,000원의 분리형 신주인수권부사채를 액면금액으로 발행하였다. 신주인수권부사채 보유자는 액면금액 10,000원에 대해 신주인수권부사채 발행일로부터 만기까지의 기간 동안 발행자의 보통주 신주 1주를 인수할 것을 요구할 수 있는 신주인수옵션을 가지되, 발행자의 보통주 주가가 하락하면 신주인수옵션의 행사가격을 비례하여 낮추도록 하는 계약조건이 포함되었다. 기업은 이 신주인수권부사채의 신주인수옵션이 분리형이므로 주계약에서 독립적으로 거래되며, 신주인수옵션 행사가격의 계약조건으로 인해 결제해야 할 보통주 수량이 확정되지 아니하였으므로 기업은 독립적으로 거래되는 신주인수권(신주인수옵션)을 자본으로 인식하지 않고 별도의 파생상품부채로 인식하기로 한다.

분리형 신주인수권부사채 발행조건과 공정가치측정 관련 정보는 다음과 같다.

- 최초측정일(20×1년 1월 1일)의 분리형 신주인수권부사채 발행조건은 다음과 같다.
  - ㉠ 액면금액 : 10,000원, 액면이자율 : 0.0%
  - ㉡ 주계약인 채무상품과 비교한 유사채무상품의 시장이자율 : 7.0%
  - ㉢ 거래원가는 없다.
  - ㉣ 상환옵션은 없다.
  - ㉤ 만기상환수익률 : 0.0%(액면금액으로 상환)
- 기업은 신주인수권부사채 발행일(20×1년 1월 1일)에 신주인수권의 공정가치를 3,000원으로 측정하였다. 기업은 이 신주인수권이 주계약과 독립적으로 거래되므로 신주인수권부사채의 부채요소와의 상호억제성 및 상호의존성을 고려하지 않고 기초자산 가격과 신주인수권 행사가격을 주요 투입변수로 한 독립적인 이항옵션모형에 따라 신주인수권의 공정가치를 측정하였다.
- 기업은 신주인수권부사채 발행일(20×1년 1월 1일)에 주계약의 공정가치를 다음과 같이 7,130원으로 측정하였다.
  - ㉠ 원금의 현재가치 : 10,000원×0.7130(5년, 7% 현가계수) = 7,130원
  - ㉡ 이자의 현재가치 : 0원
  - ㉢ 채무상품의 현재가치 : 원금현재가치(7,130원) + 이자현재가치(0원) = 7,130원

발행자는 분리형 신주인수권부사채 발행일의 계약조건과 공정가치측정 관련 정보에 기초해 다음과 같이 인식한다.

① 신주인수권의 특성 : 분리형 신주인수권부사채 발행자는 신주인수권이 주계약으로부터 독립적으로 최초의 거래당사자 외의 제3자와 거래가능하고 보유자의 신주인수권리의 행사에 대해 변동수량의 보통주로 결제하므로 신주인수권은 (내재파생상품이 아닌) 별도의 파생상품부채로 분류한다. 발행자는 신주인수권을 공정가치로 측정하고 후속적으로 공정가치변동분을 당기손익으로 인식한다.

② 기업은 발행일(20×1년 1월 1일)에 거래가격(10,000원)을 옵션평가모형을 이용하여 측정된 신주인수권의 공정가치(3,000원)와 채권평가모형에 의해 측정된 주계약의 공정가치(7,130원)에 비례하여 다음과 같이 배분한다.[85)]

- 분리형 신주인수권부사채의 신주인수권은 내재파생상품이 아니며 주계약인 채무상품과 상호의존 및 상호억제 특성이 없는 별도의 파생상품이다. 따라서, 분리형 신주인수권부사채의 신주인수권은 지분요소와 부채요소의 상호의존 및 상호억제 특성을 가진 복합상품의 공정가치측정에 사용되는 Tsiveriotis-Fernandes 모형 등의 평가모형이 아닌 일반적인 콜옵션 평가모형(이항옵션모형 등)을 사용하여 공정가치를 측정한다.
- 최초 측정시점에 기업은 분리형 신주인수권부사채를 구성하는 별도의 금융상품인 주계약과 신주인수권에 대하여 〈수준3〉 투입변수로 측정된 공정가치의 비중으로 거래가격(10,000원)을 배분한다.
- 신주인수권 배분 : 10,000원×3,000원÷(3,000원+7,130원)=2,962원
- 주계약 배분 : 10,000원×7,130원÷(3,000원+7,130원)=7,038원

③ 기업은 발행일(20×1년 1월 1일)에 신주인수권(2,962원)을 측정하고 이를 별도의 파생상품부채로 인식한다.

④ 기업은 발행일(20×1년 1월 1일)에 주계약(7,038원)을 최초장부금액으로 인식한다.

- 신주인수권부사채의 주계약(채무상품)은 후속적으로 상각후원가로 측정한다. 이때, 유효이자율은 최초측정에서 인식한 주계약 장부금액(7,038원)과 계약상 현금흐름의 현재가치를 일치시키는 내재이자율로 다음과 같이 7.28%로 측정한다.

	현재시점	20×1	20×2	20×3	20×4	20×5
현금흐름	-7,038	-	-	-	-	10,000
유효이자율	7.28%					

- 분리형 신주인수권부사채의 주계약(채무상품)은 상각후원가로 후속측정하여 만기까지 유효이자율(7.28%)에 따른 이자비용을 다음과 같이 인식한다.

85) 분리형 신주인수권부사채의 주계약과 신주인수권은 독립적인 금융상품이다. 주계약과 신주인수권이 모두 〈수준3〉 투입변수로 측정됨을 전제로 하는 상황에서, 기준서는 거래가격에 비파생요소인 금융상품과 파생요소인 금융상품이 모두 포함되어 있을 경우에 대한 최초측정 인식방법을 구체적으로 정하고 있지 않다. 이와 관련한 본서의 견해는, 〈수준3〉 투입변수로 측정된 주계약 공정가치와 신주인수권 공정가치의 상대적 비율로 배분하여 최초측정하는 것이 타당하다는 의견이 합리적이라고 판단하며 이러한 견해에 기초하여 기술하였다. 다만, 일부에서는 내재파생요소가 있는 복합계약의 분리인식방법을 설명하고 있는 K-IFRS 1109호 B4.3.3.의 내용을 준용하여 거래가격에서 파생요소 공정가치를 차감한 나머지 금액을 주계약으로 인식하는 방법을 제시하기도 한다. 이와 관련하여 향후 기준서가 보완되거나 해석서가 추가될 경우 본서의 설명이 달라질 수 있음을 유의하기 바란다.

	기초장부금액	이자비용	이자현금흐름	상각액	기말장부금액
20×1	7,038	512	-	512	7,551
20×2	7,551	549	-	549	8,100
20×3	8,100	589	-	589	8,689
20×4	8,689	632	-	632	9,322
20×5	9,322	678	-	678	10,000

예 제 비분리형 신주인수권부사채의 인식과 측정

기업은 20×1년 1월 1일, 만기 5년 액면금액 10,000원의 비분리형 신주인수권부사채를 액면금액으로 발행하였다. 신주인수권부사채 보유자는 액면금액 10,000원에 대해 신주인수권부사채 발행일로부터 만기까지의 기간 동안 발행자의 보통주 신주 1주를 인수할 것을 요구할 수 있는 신주인수옵션을 가지되, 발행자의 보통주 주가가 하락하면 신주인수옵션의 행사가격을 비례하여 낮추도록 하는 계약조건이 포함되었다. 기업은 이 신주인수권부사채의 신주인수옵션이 내재파생요소의 분리인식요건을 만족하는 것으로 판단하여 주계약에서 분리하되, 신주인수옵션 행사가격의 계약조건으로 인해 결제해야 할 보통주 수량이 확정되지 아니하였으므로 신주인수권(신주인수옵션)을 자본으로 인식하지 않고 내재파생상품부채로 분리인식하기로 한다.

비분리형 신주인수권부사채 발행조건과 공정가치측정 관련 정보는 다음과 같다.

- 최초측정일(20×1년 1월 1일)의 비분리형 신주인수권부사채 발행조건은 다음과 같다.
  - ㉠ 액면금액 : 10,000원, 액면이자율 : 0.0%
  - ㉡ 주계약인 채무상품과 비교한 유사채무상품의 시장이자율 : 7.0%
  - ㉢ 거래원가는 없다.
  - ㉣ 상환옵션은 없다.
  - ㉤ 만기상환수익률 : 0.0%(액면금액으로 상환)
- 기업은 비분리형 신주인수권부사채 발행일(20×1년 1월 1일)에 신주인수권부사채 및 내재파생요소의 공정가치를 다음과 같이 측정한다.
  - ㉠ 신주인수권부사채의 부채요소로부터 독립적인 이항옵션모형에 따라 평가한 신주인수권 공정가치 : 3,000원
  - ㉡ 신주인수권부사채에 내재된 지분요소와 부채요소의 상호의존특성 및 상호억제특성을 고려하여 Tsiveriotis-Fernandes 모형에 따라 평가한 신주인수권부사채 전체 공정가치 : 11,500원
  - ㉢ 파생요소가 없는 일반채무상품의 공정가치는 다음과 같이 7,130원으로 측정한다.
    - 원금의 현재가치 : 10,000원×0.7130(5년, 7% 현가계수)=7,130원
    - 이자의 현재가치 : 0원
    - 채무상품의 현재가치 : 원금현재가치(7,130원)+이자현재가치(0원)=7,130원

(1) 대용납입 조건이 없는 비분리형 신주인수권부사채

발행자는 대용납입 조건이 없는 비분리형 신주인수권부사채 발행일의 계약조건과 공정가치측정 관련 정보에 기초해 다음과 같이 인식한다.

① 신주인수권의 특성 : 비분리형 신주인수권부사채는 보유자가 신주인수권을 행사하더라도 주계약이 만기까지 유지되는 복합상품이다. 비분리형 신주인수권부사채 발행자는 보유자의 신주인수권리의 행사에 대해 변동수량의 보통주로 결제하며 신주인수권은 주계약과 밀접하게 관련되어 있지 아니하므로 신주인수권을 내재파생상품부채로 분리인식한다. 발행자는 분리인식한 신주인수권을 공정가치로 측정하고 후속적으로 공정가치변동분을 당기손익으로 인식한다.

② 기업은 옵션평가모형을 이용하여 발행일(20×1년 1월 1일)에 신주인수권의 공정가치(3,000원)를 측정하고 이를 파생상품부채로 인식한다.86)

- 대용납입 조건이 없는 비분리형 신주인수권부사채의 신주인수권은 주계약인 채무상품과 상호의존성 및 상호억제 특성이 없는 내재파생요소이다. 따라서, 대용납입 조건이 없는 비분리형 신주인수권부사채의 내재파생요소인 신주인수권은 지분요소와 부채요소의 상호의존성 및 상호억제 특성을 가진 복합상품의 공정가치평가에 사용되는 Tsiveriotis-Fernandes 모형 등의 평가모형이 아닌 일반적인 콜옵션 평가모형(이항옵션모형 등)을 사용하여 공정가치를 측정한다.

③ 발행자는 신주인수권부사채 발행금액(거래가격)을 공정가치로 인식한다. 비분리형 신주인수권부사채의 주계약은 신주인수권부사채 거래가격(10,000원)에서 신주인수권 공정가치(3,000원)를 차감한 후의 남은 금액(7,000원)으로 주계약의 최초장부금액을 인식한다.87)

86) "분리형 신주인수권부사채"와 "대용납입조건이 없는 비분리형 신주인수권부사채"는 주계약인 채무상품과 상호의존성 및 상호억제성이 없으므로 부채요소의 고려 없이 일반적인 콜옵션 평가모형으로 신주인수옵션의 공정가치를 측정하는 공통점이 있다. 그러나, 분리형 신주인수권부사채의 신주인수권은 별도의 파생상품인 반면 비분리형 신주인수권부사채의 신주인수권은 내재파생상품이라는 중요한 차이가 있다. 본서는 앞의 예제에서 분리형 신주인수권부사채의 신주인수권 최초측정은 거래가격을 주계약과 신주인수권의 상대적 공정가치로 배분한 금액을 인식하는 것으로 설명하였다(이는 기준서의 보완이나 해석서의 제정으로 변경될 수 있다). 그러나 비분리형 신주인수권부사채의 신주인수권은 내재파생상품이므로 K-IFRS 1109호 B4.3.3.에 따라 내재파생요소의 공정가치를 먼저 인식하고 주계약을 잔여가치로 인식한다는 점에서 중요한 차이가 있다. 즉, "분리형 신주인수권부사채"와 "대용납입조건이 없는 비분리형 신주인수권부사채"의 신주인수권은 일반적인 콜옵션 평가모형으로 공정가치를 측정하는 공통점이 있으나 최초인식 금액에는 차이가 있음을 유의하기 바란다.

87) 기준서는 내재파생상품의 공정가치를 개별적으로 측정가능한 경우에는 내재파생상품을 직접적으로 측정하며, 내재파생상품의 공정가치를 직접적으로 신뢰성 있게 산출할 수 없는 경우에 복합상품의 공정가치와 주계약의 공정가치의 차이로 측정하도록 한다(K-IFRS 1109 문단 4.3.6~7). 대용납입 조건이 없는 비분리형 신주인수권부사채는 신주인수권을 행사하더라도 주계약이 만기까지 유지되는 복합상품이므로 신주인수권은 부채요소의 영향을 받지 않는 복합상품 내의 독립적인 내재파생요소이다. 따라서, 대용납입 조건이 없는 비분리형 신주인수권부사채의 신주인수권은 그 공정가치를 개별적으로 측정가능한 경우이다.

• 비분리형 신주인수권부사채의 주계약(채무상품)은 후속적으로 상각후원가로 측정한다. 이때, 유효이자율은 최초측정에서 인식한 주계약 장부금액(7,000원)과 계약상 현금흐름의 현재가치를 일치시키는 내재이자율로 다음과 같이 7.39%로 측정한다.

	현재시점	20×1	20×2	20×3	20×4	20×5
현금흐름	-7,000	-	-	-	-	10,000
유효이자율	7.39%					

• 최초측정일에 주계약 장부금액을 잔여가치로 측정하므로 유사채무상품의 시장이자율(7.0%)이 유효이자율이 되는 것은 아니며 별도로 측정해야 함에 유의한다.

• 비분리형 신주인수권부사채의 주계약(채무상품)은 상각후원가로 후속측정하여 만기까지 유효이자율(7.39%)에 따른 이자비용을 다음과 같이 인식한다.

	기초장부금액	이자비용	이자현금흐름	상각액	기말장부금액
20×1	7,000	518	-	518	7,518
20×2	7,518	556	-	556	8,073
20×3	8,073	597	-	597	8,670
20×4	8,670	641	-	641	9,311
20×5	9,311	689	-	689	10,000

(2) 대용납입 조건이 있는 비분리형 신주인수권부사채

발행자는 대용납입 조건이 있는 비분리형 신주인수권부사채 발행일의 계약조건과 공정가치측정 관련 정보에 기초해 다음과 같이 인식한다.

① 신주인수권의 특성 : 비분리형 신주인수권부사채는 보유자가 신주인수권을 행사하더라도 주계약이 채무상품으로 유지되는 복합상품이다. 다만, 대용납입 조건으로 인해 보유자는 신주인수권 행사 시 현금 등 금융자산으로 결제하는 방법과 주계약으로 대체납입하여 결제하는 방법 중 유리한 방법을 선택할 수 있다. 이 비분리형 신주인수권부사채 발행자는 보유자의 신주인수권리의 행사에 대해 변동수량의 보통주로 결제하며 신주인수권은 주계약과 밀접하게 관련되어 있지 아니하므로 신주인수권을 내재파생상품부채로 분리인식한다. 발행자는 분리인식한 신주인수권을 공정가치로 측정하고 후속적으로 공정가치변동분을 당기손익으로 인식한다.

② 기업은 발행일(20×1년 1월 1일)에 Tsiveriotis-Fernandes 모형에 따라 측정한 신주인수권부사채 전체 공정가치(11,500원)에서 파생요소가 없는 일반채무상품의 공정가치(7,130원)을 차감한 잔여가치(4,370원)를 신주인수권의 공정가치로 측정하고 이를 파생상품부채로 인식한다.

• 대용납입 조건이 있는 비분리형 신주인수권부사채의 신주인수권은 주계약인 채무상품과 상호의존 및 상호억제 특성이 있는 내재파생요소이다. 보유자는 대용납입 조건으로 인해 신주인수권 행사 시 현금 등 금융자산으로 결제하는 방법과 주계약으로

대체납입하여 결제하는 방법 중 유리한 방법을 선택할 수 있는데, 주계약의 보장수익률(0.0%)이 시장이자율(7.0%)보다 낮으므로 보유자는 현금 등 금융자산으로 결제하는 방법보다 주계약으로 대용납입하는 것이 유리하다.

• 따라서, 대용납입 조건이 있는 비분리형 신주인수권부사채의 내재파생요소인 신주인수권은 지분요소와 부채요소의 상호의존 및 상호억제 특성을 가진 복합상품에 사용되는 Tsiveriotis-Fernandes 모형 등의 전환금융상품 평가모형을 사용하여 신주인수권부사채 전체 공정가치를 먼저 측정하고, 일반채무상품의 공정가치를 차감하는 방법으로 신주인수권의 공정가치를 측정한다.88)

㉠ 신주인수권부사채 전체 공정가치(Tsiveriotis-Fernandes 모형) : 11,500원

㉡ 일반채무상품 공정가치(채권평가모형) : 7,130원

㉢ 신주인수권 공정가치 : 신주인수권부사채 전체 공정가치(11,500원) - 일반채무상품 공정가치(7,130원) = 4,370원

③ 발행자는 신주인수권부사채 발행금액(거래가격)을 공정가치로 인식한다. 비분리형 신주인수권부사채의 주계약은 신주인수권부사채 거래가격(10,000원)에서 신주인수권 공정가치(4,370원)를 차감한 후의 남은 금액(5,630원)으로 주계약의 최초장부금액을 인식한다.

• 비분리형 신주인수권부사채의 주계약(채무상품)은 후속적으로 상각후원가로 측정한다. 이때, 유효이자율은 최초측정에서 인식한 주계약 장부금액(5,630원)과 계약상 현금흐름의 현재가치를 일치시키는 내재이자율로 다음과 같이 12.18%로 측정한다.

	현재시점	20×1	20×2	20×3	20×4	20×5
현금흐름	-5,630	-	-	-	-	10,000
유효이자율	12.18%					

• 최초측정일에 주계약 장부금액을 잔여가치로 측정하므로 유사채무상품의 시장이자율(7.0%)이 유효이자율이 되는 것은 아니며 별도로 측정해야 함에 유의한다. 또한, 대용납입 조건이 없는 경우와 비교하여 주계약 장부금액과 그에 따른 유효이자율에 있어 유의적인 차이가 있음에 주의한다. 이는 대용납입 조건이 있는 비분리형 신주인수권부사채 보유자는 대용납입 조건이 없는 경우와 비교하여 신주인수권 행사에 따른 결제금액의 차이로 인해 내재파생요소인 신주인수권의 공정가치에 차이가 있음을 뜻한다.

88) 채무상품의 보장수익률이 시장이자율보다 높은 경우라면 비분리형 신주인수권부사채 보유자는 대용납입이 오히려 불리하므로 이와 같은 접근은 타당하지 않다. 그러나, 복합상품 주계약의 보장수익률이 유사한 신용위험의 일반채무상품(파생요소가 없는 채무상품)의 시장수익률보다 높은 경우는 상식을 벗어난다. 이 경우에는 그 복합상품에 다른 대가가 있는 것이 아닌지 살피는 것이 우선일 것이다. 즉, 대부분의 복합상품 주계약의 보장수익률은 시장수익률보다 낮은 것으로 보는 것이 합리적이며 본서도 이와 같이 일반적인 상황임을 전제로 기술하였다.

• 비분리형 신주인수권부사채의 주계약(채무상품)은 상각후원가로 후속측정하여 만기까지 유효이자율(12.18%)에 따른 이자비용을 다음과 같이 인식한다.

	기초장부금액	이자비용	이자현금흐름	상각액	기말장부금액
20×1	5,630	685	-	685	6,315
20×2	6,315	769	-	769	7,084
20×3	7,084	863	-	863	7,947
20×4	7,947	968	-	968	8,915
20×5	8,915	1,085	-	1,085	10,000

5.2. 신주인수권부사채 보유자의 인식과 측정

지금까지 신주인수권부사채 발행자를 중심으로 살펴보았다. 신주인수권부사채 〈발행자〉는 신주인수옵션이 지분상품요건을 만족할 경우 최초측정 시점에 신주인수옵션을 자본요소로 분류하고 후속적으로 측정하지 않으며 신주인수권부사채의 주계약인 부채요소(채무상품)는 최초측정 시점의 유효이자율로 만기까지 유효이자율법에 의해 주계약의 장부금액을 표시한다. 따라서 신주인수옵션 외에 다른 내재파생요소가 없고 그 신주인수옵션이 지분상품요건을 만족한다면, 신주인수권부사채 〈발행자〉는 후속적으로 공정가치를 측정할 필요가 없다. 반면, 신주인수권부사채 〈보유자〉는 신주인수옵션이 지분상품요건을 만족하는지 여부와는 무관하며 신주인수권부사채의 계약조건이 분리형인지 또는 비분리형인지에 따라 다음과 같이 회계인식 및 공정가치측정 방법이 달라짐에 주의해야 한다.

〈보유자〉 입장에서 신주인수권부사채의 유형별 회계인식과 공정가치측정 방법을 정리하면 다음과 같다.

<table>
<tr><th colspan="2">유형</th><th>회계인식</th><th>공정가치측정</th></tr>
<tr><td colspan="2">분리형
신주인수권부사채</td><td>신주인수권부사채의 채무상품(주계약)과 신주인수권(별도 파생상품자산)을 각각 금융자산으로 분류한다. 후속적으로 신주인수권의 공정가치를 측정하며 공정가치변동분을 당기손익으로 인식한다. 채무상품은 사업모형에 따라 분류하고 후속측정한다.[89]</td><td>별도의 파생상품자산으로 분류하는 신주인수권은 최초측정 및 후속측정에서 옵션평가모형(이항옵션모형 등 일반적인 콜옵션 평가모형)으로 직접 측정하고, 채무상품은 사업모형에 따라 분류된 방법에 따라 후속측정한다.</td></tr>
<tr><td rowspan="2">비분리형
신주인수권
부사채</td><td>대용
납입이
불가능한
경우</td><td rowspan="2">신주인수권부사채 전체를 하나의 FVPL-금융자산으로 분류하고 후속적으로 공정가치로 측정하며 공정가치변동분을 당기손익으로 인식한다. 거래가격이 〈수준1〉 또는 〈수준2〉 투입변수에 따라 관측된 공정가치와 다른 경우가 아니라면 최초 측정시점의 공정가치의 최선의 추정치는 거래가격이다.</td><td>옵션평가모형(이항옵션모형 등 일반적인 콜옵션 평가모형)으로 측정된 신주인수권 공정가치와 채권평가모형 등으로 측정된 채무상품의 공정가치를 합산한 가치(Bond plus Option 모형)로 신주인수권부사채의 공정가치를 후속측정한다. 거래가격이 공정가치라면 최초측정은 불필요하다.</td></tr>
<tr><td>대용
납입이
가능한
경우</td><td>전환금융상품 평가모형(Tsiveriotis-Fernandes 모형 등)에 의해 신주인수권부사채 전체 공정가치를 후속측정한다.[90] 거래가격이 공정가치라면 최초측정은 불필요하다.</td></tr>
</table>

이하에서는 〈보유자〉 입장에서, 신주인수권부사채의 유형별 회계인식과 공정가치측정 방법의 세부내용을 살펴본다.

89) 분리형 신주인수권부사채로부터 신주인수권을 분리한 채무상품 금융자산이 SPPI 조건을 만족함을 전제로 한다. 만일, 신주인수권을 분리한 채무상품이 SPPI 조건을 만족하지 못할 경우 그 채무상품은 사업모형에 따른 분류가 적용되지 아니하며 FVPL-금융자산으로 분류해야 한다.

90) 통상적으로 신주인수권부사채 발행기업의 신용위험보다 만기보장수익률이 낮으므로 보유자는 대용납입을 통해 신주인수대금을 지불하는 것이 유리하다. 이는 일반적인 상황에서 대용납입이 가능한 비분리형 신주인수권부사채에 대해 전환사채와 같은 방식으로 공정가치를 측정함을 뜻한다. 만일, 예외적인 상황으로 신주인수권부사채 발행기업의 신용위험보다 만기보장수익률이 높다면 보유자는 현금 등 금융자산으로 신주인수대금을 지불하는 것이 대용납입보다 유리하므로 이러한 상황에서는 분리형 신주인수권부사채에서 설명한 공정가치측정 방법(Bond plus Option 모형)을 따라야 할 것이다.

비분리형 신주인수권부사채 보유자

비분리형 신주인수권부사채 〈보유자〉는 신주인수옵션이 지분상품요건을 만족하는지 여부와 관계 없이 신주인수권부사채 전체를 하나의 「FVPL - 금융자산」으로 분류하고 후속적으로 공정가치로 측정하며 공정가치변동분을 당기손익으로 인식한다.

① 신주인수권부사채의 계약상 현금흐름은 내재된 전환요소(신주인수옵션)로 인해 잠재적으로 원리금 외의 현금흐름(발행자 보통주)을 포함한다. 즉, 비분리형 신주인수권부사채의 계약상 현금흐름은 SPPI 조건을 만족하지 못한다.

② 신주인수권부사채의 계약상 현금흐름이 SPPI 조건을 만족하지 못하므로 보유자는 비분리형 신주인수권부사채 전체를 하나의 FVPL - 금융자산으로 분류한다. 보유자는 신주인수권부사채를 후속적으로 공정가치로 측정하며 공정가치변동분을 당기손익으로 인식한다.

③ 신주인수권부사채 보유자는 하나의 복합계약 단위로 분류한다. 즉, 신주인수권부사채의 계약상 현금흐름의 특성에 따라 금융자산을 분류하므로 발행자가 신주인수옵션을 자본요소로 분류하는지의 판단은 보유자에게 유의미한 정보가 아니다.

보유자는 최초측정 및 후속측정 시점에 비분리형 신주인수권부사채의 공정가치를 다음과 같이 측정한다. 이때, FVPL - 금융자산의 거래원가는 당기손익으로 인식하므로 신주인수권부사채 매입과정에서 지급된 거래원가는 즉시 당기손익으로 인식한다.

① 최초측정 : 보유자는 신주인수권부사채 전체의 공정가치를 거래가격으로 인식한다. 최초측정 시점에 금융상품의 공정가치의 최선의 추정치는 거래가격이므로 거래가격이 〈수준1〉 또는 〈수준2〉 투입변수에 따라 관측된 공정가치와 다른 경우가 아니라면 거래가격으로 최초측정한다. 예외적인 경우[91]를 제외하고는 보유자는 최초측정시점에 신주인수권부사채의 공정가치를 별도로 측정할 필요가 없다.[92] 최초측정 시점에 발행자는 거래원가를 신주인수권부사채 거래가격에서 차감하며

---

91) 거래가격에 다른 대가가 포함되어 있다면 금융상품의 공정가치를 측정한다. 이 경우에는 〈수준3〉 투입변수에 의해 측정된 공정가치가 허용된다.

92) 최초측정시점에 신주인수권부사채의 공정가치를 측정할 필요는 없지만 실무적으로는 최초측정시점에 주계약과 신주인수옵션을 포함한 내재파생요소의 배분이 필요할 수도 있다. 보유자가 신주인수권부사채의 공정가치 변동분 전체를 하나의 당기손익 항목으로 처리하는 경우에는 내재파생요소의 배분이 불필요한 반면, 보유자가 계약상 현금흐름이 원리금으로 구성되는 주계약에 대한 이자수익과 나머지 공정가치변동분을 구분하고자 할 경우에는 주계약에 배분될 가치를 측정하고 이에 따른 유효이자를 구분인식할 수 있다. 이러한 구분이 당기손익 총액에 미치는 영향은 없다. 다만, 이와 관련하여 기준서는 명확하게 설명하지 않는데 FVPL - 금융자산으로 분류한 일반채무상품의 경우와 마찬가지로 복합계약의 채무상품인 주계약에 대해서도 이자수익과 공정가치변동분을 구분하여 표시할 수 있으리라 판단된다.

주계약과 신주인수옵션에 공정가치비율로 배분하는 반면, 보유자는 거래원가를 신주인수권부사채 구성요소별로 배분하지 않고 즉시 비용으로 처리한다.

② 후속측정 : 보유자는 후속측정일의 모든 투입변수를 이용하여 신주인수권부사채의 공정가치를 측정한다. 이때, 대용납입이 가능한 비분리형 신주인수권부사채의 공정가치는 전환금융상품 평가모형(Tsiveriotis-Fernandes 모형 등)에 따라 측정하며, 대용납입 조건이 없는 비분리형 신주인수권부사채의 공정가치는 신주인수옵션 공정가치와 채무상품 공정가치의 합계(Bond plus Option 모형)로 측정한다.

- 대용납입이 가능한 비분리형 신주인수권부사채 보유자는 신주인수옵션 행사시점에 (현금 등 금융자산으로) 신주인수대금을 납입할지 또는 채무상품으로 대용납입할지 선택할 수 있다. 일반적으로 발행자의 신용위험(시장수익률)보다 채무상품의 만기보장수익률이 낮으므로 신주인수대금을 현금 등 금융자산으로 납입하는 것보다 대용납입하는 것이 유리하다. 즉, 대용납입이 가능한 비분리형 신주인수권부사채의 경제적 실질은 전환사채와 유사한 것으로 볼 수 있으므로 전환금융상품 평가모형(Tsiveriotis-Fernandes 모형 등)을 이용하여 공정가치를 측정한다.
- 대용납입 조건이 없는 비분리형 신주인수권부사채 보유자는 신주인수옵션 행사시점에 (현금 등 금융자산으로) 신주인수대금을 납입하여 기초자산(보통주)을 인수하고 채무상품을 여전히 보유한다. 이 경우 특정시점의 채무상품 공정가치는 신주인수옵션의 행사여부에 영향을 미치지 아니하므로 비분리형 신주인수권부사채의 지분요소(신주인수옵션)와 부채요소(채무상품) 간의 상호억제성과 상호의존성이 없다. 따라서, 대용납입 조건이 없는 비분리형 신주인수권부사채의 공정가치는 신주인수옵션(콜옵션)과 채무상품의 공정가치를 각각 측정한 후 이를 합산한 가치(Bond plus Option 모형)로 측정한다.

예제 비분리형 신주인수권부사채 보유자의 인식과 측정

기업은 20×1년 1월 1일, 다른 기업이 발행한 만기 5년의 비분리형 신주인수권부사채를 액면금액(10,000원)으로 매입하였다. 신주인수권부사채 보유자는 액면금액 10,000원에 대해 신주인수권부사채 발행일로부터 만기까지의 기간 동안 발행자의 보통주 신주 1주를 인수할 것을 요구할 수 있는 신주인수옵션을 가진다.

- 비분리형 신주인수권부사채 발행조건 및 공정가치측정 관련 정보는 다음과 같다.
  ㉠ 액면금액 : 10,000원, 액면이자율 : 0.0%
  ㉡ 최초측정일(20×1년 1월 1일), 유사채무상품의 시장이자율 : 7.0%

㉢ 후속측정일(20×1년 12월 31일), 유사채무상품의 시장이자율 : 8.0%

㉣ 거래원가 및 상환옵션은 없다.

㉤ 만기상환수익률 : 0.0%(액면금액으로 상환)

• 기업은 비분리형 신주인수권부사채 발행일(20×1년 1월 1일)에 신주인수권부사채 및 내재파생요소의 공정가치를 다음과 같이 측정한다.

㉠ 신주인수권부사채의 부채요소로부터 독립적인 이항옵션모형에 따라 평가한 신주인수권 공정가치 : 3,000원

㉡ 신주인수권부사채에 내재된 지분요소와 부채요소의 상호의존 및 상호억제특성을 고려하여 Tsiveriotis-Fernandes 모형에 따라 평가한 신주인수권부사채 전체 공정가치 : 11,500원

㉢ 파생요소가 없는 일반채무상품의 공정가치는 다음과 같이 7,130원으로 측정한다.

- 원금의 현재가치 : 10,000원×0.7130(5년, 7% 현가계수) = 7,130원
- 이자의 현재가치 : 0원
- 채무상품의 현재가치 : 원금현재가치(7,130원) + 이자현재가치(0원) = 7,130원

• 기업은 후속측정일(20×1년 12월 31일)에 비분리형 신주인수권부사채 및 내재파생요소의 공정가치를 다음과 같이 측정한다.

㉠ 신주인수권부사채의 부채요소로부터 독립적인 이항옵션모형에 따라 평가한 신주인수권 공정가치 : 3,200원

㉡ 신주인수권부사채에 내재된 지분요소와 부채요소의 상호의존특성 및 상호억제특성을 고려하여 Tsiveriotis-Fernandes 모형에 따라 평가한 신주인수권부사채 전체 공정가치 : 12,500원

㉢ 파생요소가 없는 일반채무상품의 공정가치는 다음과 같이 7,350원으로 측정한다.

- 원금의 현재가치 : 10,000원×0.7350(4년, 8% 현가계수) = 7,350원
- 이자의 현재가치 : 0원
- 채무상품의 현재가치 : 원금현재가치(7,350원) + 이자현재가치(0원) = 7,350원

위 정보를 이용하여 비분리형 신주인수권부사채 보유자인 기업은 최초측정일 및 후속측정일에 이 신주인수권부사채 전체를 하나의 FVPL-금융자산으로 분류하고 다음과 같이 측정하고 인식한다. 기업은 보유한 비분리형 신주인수권부사채의 공정가치변동분 중 주계약(채무상품)의 이자수익을 구분하지 않고 공정가치 변동분 전체를 당기손익으로 인식하고자 한다.

(1) 대용납입 조건이 없는 비분리형 신주인수권부사채 보유자

보유자는 대용납입 조건이 없는 비분리형 신주인수권부사채의 계약조건과 공정가치측정 관련 정보에 기초해 최초측정일(20×1년 1월 1일) 및 후속측정일(20×1년 12월 31일)에 다음과 같이 인식한다.

① 최초측정 : 금융자산은 최초인식 시점에 공정가치로 인식한다. 이때 최초인식 시점에 금융상품의 공정가치에 대한 최선의 추정치는 거래가격(발행금액)이다. 즉, 이 신주인수권부사채의 공정가치는 발행금액인 10,000원이다.

• 보유자가 신주인수권부사채의 공정가치변동분에서 이자수익을 구분하지 않을 경우에는 최초측정에서 주계약과 내재파생요소의 배분은 불필요하다.

② 후속측정 : 후속측정일의 투입변수를 반영하여 비분리형 신주인수권부사채의 공정가치를 측정한다. 기업은 옵션평가모형을 이용하여 측정된 신주인수권의 공정가치와 채무상품의 공정가치의 합계(Bond plus Option 모형)로 신주인수권부사채의 공정가치를 측정한다.

• 대용납입 조건이 없는 비분리형 신주인수권부사채의 신주인수권은 주계약인 채무상품과 상호의존 및 상호억제 특성이 없는 내재파생요소이다. 따라서, 대용납입 조건이 없는 비분리형 신주인수권부사채의 내재파생요소인 신주인수권은 지분요소와 부채요소의 상호의존 및 상호억제 특성을 가진 복합상품의 공정가치평가에 사용되는 Tsiveriotis-Fernandes 모형 등의 평가모형이 아닌 일반적인 콜옵션 평가모형(이항옵션모형 등)을 사용하여 공정가치를 측정한다.

• 후속측정일 신주인수권부사채 공정가치는 신주인수권 공정가치와 채권평가모형으로 측정된 주계약 공정가치의 합계로 측정하고 인식한다.

㉠ 신주인수권 공정가치(이항옵션모형) : 3,200원

㉡ 일반채무상품 공정가치(채권평가모형) : 7,350원

㉢ 신주인수권부사채 공정가치 : 신주인수권 공정가치(3,200원) + 일반채무상품 공정가치(7,350원) = 10,550원

• 후속측정일 신주인수권부사채 보유자는 이자수익을 구분하지 않고 신주인수권부사채 공정가치변동분 전체를 당기손익으로 인식한다. 후속측정일 당기손익으로 인식할 금액은 550원(= 10,550원 - 10,000원)이다.

(2) 대용납입 조건이 있는 비분리형 신주인수권부사채

보유자는 대용납입 조건이 있는 비분리형 신주인수권부사채의 계약조건과 공정가치측정 관련 정보에 기초해 최초측정일(20×1년 1월 1일) 및 후속측정일(20×1년 12월 31일)에 다음과 같이 인식한다.

① 최초측정 : 금융자산은 최초인식 시점에 공정가치로 인식한다. 이때 최초인식 시점에 금융상품의 공정가치에 대한 최선의 추정치는 거래가격(발행금액)이다. 즉, 이 신주인수권부사채의 공정가치는 발행금액인 10,000원이다.

• 보유자가 신주인수권부사채의 공정가치변동분에서 이자수익을 구분하지 않을 경우에는 최초측정에서 주계약과 내재파생요소의 배분은 불필요하다.

② 후속측정 : 후속측정일의 투입변수를 반영하여 비분리형 신주인수권부사채 전체의 공정가치를 측정한다. 대용납입 조건이 있는 비분리형 신주인수권부사채의 신주인수권은 주계약인 채무상품과 상호의존 및 상호억제 특성이 있는 내재파생요소이다. 보유자는 대용납입 조건으로 인해 신주인수권 행사 시 현금 등 금융자산으로 결제하는 방법과 주계약으로 대체납입하여 결제하는 방법 중 유리한 방법을 선택할 수 있는데, 주계약의 보장수익률(0.0%)이 시장이자율(8.0%)보다 낮으므로 보유자는 현금 등 금

융자산으로 결제하는 방법보다 주계약으로 대용납입하는 것이 유리하다. 따라서, 대용납입 조건이 있는 비분리형 신주인수권부사채는 지분요소와 부채요소의 상호의존 및 상호억제 특성을 가진 복합상품에 사용되는 Tsiveriotis-Fernandes 모형 등의 전환금융상품 평가모형을 사용하여 신주인수권부사채 전체 공정가치를 측정한다.

- 신주인수권부사채의 공정가치를 후속측정한다. 보유자는 후속측정일의 투입변수(기초자산가격, 변동성, 잔존만기, 무위험이자율 및 위험이자율 등)를 전반적으로 검토하여 전환금융상품 평가모형에 따라 신주인수권부사채의 공정가치(12,500원)를 측정한다.
- 후속측정일 신주인수권부사채 보유자는 이자수익을 구분하지 않고 신주인수권부사채 공정가치변동분 전체를 당기손익으로 인식한다. 후속측정일 당기손익으로 인식할 금액은 2,500원(=12,500원-10,000원)이다.

분리형 신주인수권부사채 보유자

분리형 신주인수권부사채 〈보유자〉는 신주인수옵션이 지분상품요건을 만족하는지 여부와 관계없이 신주인수권부사채에서 별도의 파생상품인 신주인수권을 「FVPL-금융자산」으로 인식하여 후속적으로 공정가치로 측정하며 공정가치변동분을 당기손익으로 인식한다. 반면, 신주인수권부사채의 채무상품 부분은 (SPPI 조건을 만족함을 전제로) 사업모형에 따라 분류하고 그에 따라 후속측정한다.

① 분리형 신주인수권부사채는 채무상품과 신주인수권(warrant)이 독립적으로 거래되는 금융상품으로 신주인수권은 내재파생상품의 정의를 만족하지 않는 별도의 파생상품이다.93) 파생상품은 FVPL-금융자산으로 분류하고 후속적으로 공정가치로 측정하며 공정가치변동분을 당기손익으로 인식한다.

② 분리형 신주인수권부사채의 채무상품 부분의 계약상 현금흐름이 SPPI 조건을 만족할 경우 보유자는 사업모형에 따라 AC-금융자산, FVOCI-금융자산 또는 FVPL-금융자산 중 어느 하나로 분류한다. 만일, 채무상품의 계약상 현금흐름이 SPPI 조건을 만족하지 못할 경우 보유자는 이를 FVPL-금융자산으로 분류하고 그에 따라 후속측정한다.

93) 특정 금융상품에 부가되어 있더라도 계약상 해당 금융상품과는 독립적으로 양도할 수 있거나 해당 금융상품과는 다른 거래상대방이 있는 파생상품은 내재파생상품이 아니며 별도의 금융상품이다.[K-IFRS 1109 문단 4.3.1]

③ 신주인수권부사채의 신주인수권 부분과 채무상품 부분에 대해 각각의 계약상 현금흐름의 특성에 따라 금융자산을 분류하고 측정하므로 발행자가 신주인수옵션을 자본요소로 분류하는지의 판단은 보유자에게 유의미한 정보가 아니다.

보유자는 최초측정 및 후속측정 시점에 분리형 신주인수권부사채의 공정가치를 다음과 같이 측정한다.

① 최초측정 : 보유자는 신주인수권부사채의 공정가치를 거래가격으로 인식한다. 최초측정 시점에 금융상품의 공정가치의 최선의 추정치는 거래가격이므로 거래가격이 〈수준1〉 또는 〈수준2〉 투입변수에 따라 관측된 공정가치와 다른 경우가 아니라면 거래가격으로 최초측정한다.[94]

② 후속측정 : 보유자는 후속측정일의 모든 투입변수를 이용하여 신주인수권부사채의 공정가치를 측정한다.

- 분리형 신주인수권부사채 보유자는 신주인수옵션 행사시점에 (현금 등 금융자산으로) 신주인수대금을 납입하여 기초자산(보통주)을 인수하고 채무상품을 여전히 보유한다. 특정시점의 채무상품 공정가치는 신주인수권의 행사여부에 영향을 미치지 아니하므로 신주인수권 공정가치와 채무상품 공정가치 간의 상호억제성과 상호의존성이 없다.
- 보유자는 별도의 파생상품자산인 신주인수권에 대해서는 발행자의 지분상품(보통주)을 기초자산으로 하는 콜옵션 평가모형(이항옵션모형 등)으로 공정가치를 후속측정하고, 채무상품에 대해서는 (SPPI 조건을 만족함을 전제로) 사업모형에 따라 분류된 방법에 따라 후속측정한다.

94) 분리형 신주인수권부사채의 주계약과 신주인수권은 독립적인 금융상품이다. 주계약과 신주인수권이 모두 〈수준3〉 투입변수로 측정됨을 전제로 하는 상황에서, 기준서는 거래가격에 비파생요소인 금융상품(주계약)과 파생요소인 금융상품(신주인수권)이 모두 포함되어 있을 경우에 대한 최초측정 인식방법을 구체적으로 정하고 있지 않다. 이와 관련한 본서의 견해는, 〈수준3〉 투입변수로 측정된 주계약 공정가치와 신주인수권 공정가치의 상대적 비율로 배분하여 최초측정하는 것이 타당하다는 의견이 합리적이라고 판단하며, 이러한 견해에 기초하여 기술한다. 다만, 일부에서는 내재파생요소가 있는 복합계약의 분리인식방법을 설명하고 있는 K-IFRS 1109호 B4.3.3.의 내용을 준용하여 거래가격에서 파생요소 공정가치를 차감한 나머지 금액을 주계약으로 인식하는 방법을 제시하기도 한다. 이와 관련하여 향후 기준서가 보완되거나 해석서가 추가될 경우 본서의 설명이 달라질 수 있음을 유의하기 바란다.

예 제 분리형 신주인수권부사채 보유자의 인식과 측정

기업은 20×1년 1월 1일, 다른 기업이 발행한 만기 5년의 분리형 신주인수권부사채를 액면금액(10,000원)으로 매입하였다. 신주인수권부사채 보유자는 액면금액 10,000원에 대해 신주인수권부사채 발행일로부터 만기까지의 기간 동안 발행자의 보통주 신주 1주를 인수할 것을 요구할 수 있는 신주인수옵션을 가진다.

- 분리형 신주인수권부사채 발행조건 및 공정가치측정 관련 정보는 다음과 같다.
  - ㉠ 액면금액 : 10,000원, 액면이자율 : 0.0%
  - ㉡ 최초측정일(20×1년 1월 1일), 유사채무상품의 시장이자율 : 7.0%
  - ㉢ 후속측정일(20×1년 12월 31일), 유사채무상품의 시장이자율 : 8.0%
  - ㉣ 거래원가 및 상환옵션은 없다.
  - ㉤ 만기상환수익률 : 0.0%(액면금액으로 상환)
- 기업은 최초측정일(20×1년 1월 1일)에 다음과 같이 공정가치를 측정한다.
  - ㉠ 신주인수권부사채의 부채요소로부터 독립적인 이항옵션모형에 따라 평가한 신주인수권 공정가치 : 3,000원
  - ㉡ 파생요소가 없는 일반채무상품의 공정가치는 다음과 같이 7,130원으로 측정한다.
    - 원금의 현재가치 : 10,000원×0.7130(5년, 7% 현가계수) = 7,130원
    - 이자의 현재가치 : 0원
    - 채무상품의 현재가치 : 원금현재가치(7,130원) + 이자현재가치(0원) = 7,130원
- 기업은 후속측정일(20×1년 12월 31일)에 다음과 같이 공정가치를 측정한다.
  - ㉠ 신주인수권부사채의 부채요소로부터 독립적인 이항옵션모형에 따라 평가한 신주인수권 공정가치 : 3,200원
  - ㉡ 파생요소가 없는 일반채무상품의 공정가치는 다음과 같이 7,350원으로 측정한다.
    - 원금의 현재가치 : 10,000원×0.7350(4년, 8% 현가계수) = 7,350원
    - 이자의 현재가치 : 0원
    - 채무상품의 현재가치 : 원금현재가치(7,350원) + 이자현재가치(0원) = 7,350원

위 정보를 이용하여 보유자인 기업은 최초측정일(20×1년 1월 1일) 및 후속측정일(20×1년 12월 31일)에 분리형 신주인수권부사채 중 신주인수권을 별도의 파생상품으로 보아 FVPL-금융자산으로 분류한다. 또한, 주계약은 SPPI 조건을 만족하는 것으로 판단하였으며 기업의 사업모형에 따라 AC-금융자산으로 분류한다.

① 최초측정 : 금융자산은 최초인식 시점에 공정가치로 인식한다. 이때 최초인식 시점에 금융상품의 공정가치에 대한 최선의 추정치는 거래가격(발행금액)이다. 즉, 이 신주인수권부사채의 공정가치는 발행금액인 10,000원이다.

- 기업은 최초측정시점(20×1년 1월 1일)에 거래가격(10,000원)을 옵션평가모형을 이용하여 〈수준3〉 투입변수로 측정된 신주인수권의 공정가치(3,000원)와 채권평가모형에 의해 측정된 채무상품의 공정가치(7,130원)에 비례하여 다음과 같이 배분한다.[95]

---

95) 분리형 신주인수권부사채의 주계약과 신주인수권은 독립적인 금융상품이다. 주계약과 신주인수권이 모두 〈수준3〉 투입변수로 측정됨을 전제로 하는 상황에서, 기준서는 거래가격에 비파생요소인 금융상품(주계약)과 파

㉠ 신주인수권 인식 : 10,000원×3,000원÷(3,000원+7,130원)=2,962원

㉡ 채무상품 인식 : 10,000원×7,130원÷(3,000원+7,130원)=7,038원

- 기업은 최초측정시점에 분리형 신주인수권부사채 중 신주인수권을 FVPL-금융자산으로 분류하고 2,962원을 인식한다. 또한 분리형 신주인수권부사채 중 채무상품을 AC-금융자산으로 분류하고 7,038원을 인식한다.

② 후속측정 : 후속측정일의 투입변수를 반영하여 신주인수권(FVPL-금융자산)의 공정가치를 측정하고 유효이자율법을 이용하여 채무상품(AC-금융자산)을 인식한다.

- 신주인수권은 주계약인 채무상품과 상호의존성 및 상호억제성이 없는 별도의 파생상품이다. 따라서, 신주인수권은 지분요소와 부채요소의 상호의존 및 상호억제 특성을 가진 복합상품의 공정가치평가에 사용되는 Tsiveriotis-Fernandes 모형 등의 평가모형이 아닌 일반적인 콜옵션 평가모형(이항옵션모형 등)을 사용하여 공정가치를 측정한다.
- 보유자는 신주인수권 공정가치 변동분(238원=3,200원-2,962원)을 당기손익으로 인식한다.
- 분리형 신주인수권부사채의 주계약(채무상품)은 후속적으로 상각후원가로 측정한다. 이때, 유효이자율은 최초측정에서 인식한 주계약 장부금액(7,038원)과 계약상 현금흐름의 현재가치를 일치시키는 내재이자율로 다음과 같이 7.28%로 측정한다.

	현재시점	20×1	20×2	20×3	20×4	20×5
현금흐름	-7,038	-	-	-	-	10,000
유효이자율	7.28%					

- 분리형 신주인수권부사채의 주계약(채무상품)은 상각후원가로 후속측정하여 만기까지 유효이자율(7.28%)에 따른 이자수익을 다음과 같이 인식한다.

	기초장부금액	이자수익	이자현금흐름	상각액	기말장부금액
20×1	7,038	512	-	512	7,551
20×2	7,551	549	-	549	8,100
20×3	8,100	589	-	589	8,689
20×4	8,689	632	-	632	9,322
20×5	9,322	678	-	678	10,000

생요소인 금융상품(신주인수권)이 모두 포함되어 있을 경우에 대한 최초측정 인식방법을 구체적으로 정하고 있지 않다. 이와 관련한 본서의 견해는, 〈수준3〉 투입변수로 측정된 주계약 공정가치와 신주인수권 공정가치의 상대적 비율로 배분하여 최초측정하는 것이 타당하다는 의견이 합리적이라고 판단하며, 이러한 견해에 기초하여 기술하였다. 다만, 일부에서는 내재파생요소가 있는 복합계약의 분리인식방법을 설명하고 있는 K-IFRS 1109호 B4.3.3.의 내용을 준용하여 거래가격에서 파생요소 공정가치를 차감한 나머지 금액을 주계약으로 인식하는 방법을 제시하기도 한다. 이와 관련하여 향후 기준서가 보완되거나 해석서가 추가될 경우 본서의 설명이 달라질 수 있음을 유의하기 바란다.

• 만일, 기업이 분리형 신주인수권부사채의 주계약을 사업모형에 따라 공정가치로 평가하는 금융자산(FVOCI-금융자산 또는 FVPL-금융자산으로 분류)으로 분류할 경우, 후속측정일 유사채무상품의 시장이자율(8.0%)에 따라 측정된 공정가치(7,350원)로 인식한다.

5.3. 기대배당금의 고려

신주인수권부사채를 발행한 기업이 과거에 배당을 실시한 적이 있거나 신주인수권부사채 존속기간 중 배당을 실시할 재무계획을 가지고 있는 경우에는 신주인수권부사채의 공정가치평가에서 기대배당금을 고려해야 한다. 신주인수권부사채 보유자는 신주인수권부사채를 발행한 기업이 신주인수권부사채의 기초자산인 보통주에 배당을 실시하더라도 그러한 배당을 수취할 권리가 없으므로 배당락이 기초자산가격에 미치는 영향을 반영하여 공정가치를 측정한다.

① 배당가능성에 대한 검토 : 기초자산(보통주)에 대한 기업의 배당가능성을 살펴야 한다. 만일, 과거에 배당을 한 적이 없고 신주인수권부사채 만기까지 배당가능성이 거의 없다고 판단한다면 신주인수권부사채 평가모형에서 배당을 고려하지 않을 수 있다.

② 기대배당금의 추정 : 기업이 기초자산인 보통주에 꾸준히 배당을 하였거나 기업의 배당정책 또는 계약에 의해 앞으로 배당이 지급될 것이라는 합리적인 기대가 있다면 기대배당금을 추정해야 한다.

• 일반적으로 기대배당금에 대한 가정은 공개된 정보에 근거해야 한다. 기업이 배당금을 지급하지 않고 있으며 앞으로도 그러한 계획이 없다면 기대배당금을 영(0)으로 가정한다. 그러나 설립초기의 기업은 과거에 배당실적이 없더라도 신주인수권부사채의 잔여만기에 배당금을 지급하기 시작할 것으로 예상할 수도 있는데 이러한 기업은 과거의 배당수익률(0)과 적절하게 비교가능한 유사기업들의 평균배당수익률을 평균한 값을 사용할 수 있다.

③ 신주인수권부사채 공정가치측정 : 신주인수권부사채 보유자는 기업이 보통주에 대한 배당을 실시할 경우 예상되는 배당금을 수취할 권리가 없으므로 가격변동성을 반영한 기초자산가격은 배당락효과가 반영되지 않아 과대평가되므로 기대배당금의

현재가치만큼 기초자산가격을 조정하여 신주인수권부사채의 공정가치를 측정해야 한다.

- 신주인수권부사채 공정가치측정에서 기대배당효과를 고려하는 방법은 시가배당률을 가정하여 위험중립확률을 수정하는 방법과 기대배당금을 가정하여 배당락 효과가 반영된 기초자산가격트리를 수정하는 방법을 사용할 수 있다.[96]
- 기대배당금은 과거의 배당금 증가형태를 고려해야 한다. 예를 들어 기업의 배당정책에 의해 매년 3% 정도 배당금이 올랐다면 충분한 증거가 있는 경우를 제외하고는 옵션의 잔여만기 동안 고정배당금을 지급하는 것으로 가정해서는 안 된다. [K-IFRS 1102 B35~B36]

신주인수권부사채 공정가치측정에 있어 기대배당 효과의 반영은 경영자의 예측(또는 주장)에 기반한다. 일반적으로 경영자는 기대배당금 형태로 재무계획을 수립하므로 시가배당률에 기반한 위험중립확률을 수정하는 방법은 현실적인 한계가 있다. 또한, 시가배당률은 연속배당수익률을 가정하고 있어 공정가치측정 대상이 지수연계옵션인 경우에 최적화되어 있으며 특정시점에 배당이 이산적으로 이뤄지는 지분상품을 기초자산으로 하는 경우에는 한계가 있음을 참고하기 바란다.

---

96) 본서는 블랙숄즈모형 및 이항옵션모형 각각에 대해 시가배당률을 가정하는 경우와 기대배당금을 가정하는 경우를 구분하여 설명한 바 있다. 평가방법의 자세한 설명은 본서의 「제2부 가치평가모형」의 「제3장 옵션평가모형」의 〈블랙숄즈모형〉 및 〈이항옵션모형〉의 내용을 참고하기 바란다.

6 교환사채

교환사채는 계약조건에 따라 보유자의 청구에 의해 발행자의 다른 금융상품으로 교환할 수 있는 복합계약 금융상품이다. 교환청구대상은 발행자의 자기지분상품 외의 다른 금융상품(대개 제3자가 발행한 지분상품 또는 채무상품)이며 교환사채에 부여된 교환권은 보유자의 의무가 아닌 선택적 권리(옵션)이다.97)

교환사채에 부여된 교환옵션은 다음의 3가지 파생상품 요건을 모두 만족한다.

① 기초변수의 변동에 따라 가치가 변동한다 : 교환옵션의 기초변수는 발행자가 보유한 다른 금융상품이다. 기초자산인 금융상품의 가격이 변동되면 교환옵션의 가치도 변동된다.

② 순투자금액 : 교환옵션 보유자는 최초계약 시 적은 순투자금액을 부담한다. 기초자산을 직접 매입하는 것과 비교하여 보유자는 옵션프리미엄만을 지불하므로 다른 유형의 계약보다 적은 순투자금액이 필요하다.

③ 미래에 결제된다 : 교환옵션 보유자는 옵션행사시점에 금융자산(교환사채)으로 결제한다. 교환사채 매입시점에는 교환옵션에 대한 프리미엄(교환옵션의 공정가치)만을 지급한다.

교환사채에 부여된 교환옵션은 내재파생요소이다. 일반적인 형태의 교환사채는 채무상품인 주계약에 기본파생요소인 교환옵션이 부여된 경우이지만 전환사채처럼 보유자 및 발행자의 상환청구옵션을 추가로 부여하기도 한다.

① 주계약 : 계약상 현금흐름이 원리금으로만 구성된 채무상품

② 교환옵션 : 보유자의 요청(exchange)에 따라 발행자가 보유한 다른 금융상품으로 전환해 줄 것을 요청할 수 있는 선택적 권리

③ 조기상환옵션 : 보유자의 요청(put)에 따라 발행자에게 교환사채를 환매해 줄 것을 요청할 수 있는 선택적 권리(풋옵션)

---

97) 교환사채의 교환대상은 교환사채 발행기업이 보유한 금융자산(제3자가 발행한 지분상품 또는 채무상품)이다. 다만, 최근 들어 교환사채 발행기업이 보유한 자기지분상품 즉, 자기주식을 교환대상으로 한 교환사채를 발행하는 경우가 늘고 있다. 자기주식을 교환대상으로 하는 교환사채는 자기지분상품을 결제수단으로 하는 점에서 경제적 실질에서 교환사채가 아닌 전환사채이다. 따라서, 명칭 여하에 불구하고 자기지분상품을 결제수단으로 하는 교환사채는 본서의 전환사채 부분에서 설명하고 있는 내용을 활용하는 것이 타당하다. 본장에서 설명하는 교환사채는 자기지분상품(자기주식)이 아닌 발행자의 금융자산을 결제수단으로 하는 경우에 한정됨을 참고하기 바란다.

④ 수의상환옵션 : 발행자의 요청(call)에 따라 교환사채를 재매입할 수 있는 선택적 권리(콜옵션)

6.1. 교환사채의 인식과 측정

전환사채와 교환사채에 내재된 전환옵션과 교환옵션은 사전에 정해진 행사가격으로 기초자산을 결제할 수 있는 옵션이라는 공통점이 있다. 그러나 전환사채의 전환옵션과 비교하여 교환사채의 교환옵션에는 다음과 같은 중요한 차이가 있다. 이 특성의 차이로 인해 전환사채와 비교하여 교환사채에 대한 인식과 측정방법이 달라진다.

① 전환사채의 전환옵션은 보유자의 전환청구에 따라 자기지분상품으로 결제(신주발행)하므로 금융자산을 인도할 계약상 의무가 없지만 교환사채의 교환옵션은 보유자의 교환요청에 따라 발행자의 다른 금융자산을 인도해야 할 의무가 있다. 즉, 교환옵션은 금융자산을 인도할 계약상 의무가 있으므로 자본요소로 분류될 여지가 없고 기본적으로 내재파생상품(금융부채)이다. 이는 (확정수량의 자기지분상품으로 결제하는) 전환사채의 전환옵션을 자본요소로 분류하는 것과 대비된다.

② 전환옵션은 결제할 기초자산이 발행자의 자기지분상품이다. 반면, 교환옵션은 결제할 기초자산이 교환사채 발행자 외의 제3자가 발행한 지분상품이나 채무상품을 포함한 모든 유형의 금융자산일 수 있다. 전환옵션의 공정가치측정은 기초자산인 지분상품(보통주)으로 한정되므로 기초자산가격과 가격변동성 측정이 단순한 반면, 교환옵션의 공정가치측정은 기초자산이 지분상품(다른 기업이 발행한 보통주) 외에 채무상품(국채나 다른 기업이 발행한 회사채 등)이 될 수 있고, 심지어 비금융자산(재고자산이나 유형자산)이 될 수도 있어 보다 복잡한 옵션평가과정이 필요할 수 있다.

전환사채와 달리 교환사채의 교환옵션이 자본으로 분류될 여지가 없으므로 교환사채의 회계정책에 따른 회계인식과 측정 유형 분류표는 다음과 같이 4가지 유형으로 분류된다.

<table>
<tr><th rowspan="2"></th><th colspan="3">회계정책</th><th colspan="2">회계인식과 측정</th></tr>
<tr><th colspan="3">상환옵션의 분류</th><th>최초측정</th><th>후속측정</th></tr>
<tr><td>유형 I</td><td colspan="3">상환옵션이 없는 경우</td><td>교환금융상품의 주계약과 교환권을 각각 금융부채로 분류하고 발행금액에서 교환권 공정가치를 차감한 잔여가치를 주계약 최초 장부금액으로 인식</td><td>후속적으로 교환권(파생상품부채)의 공정가치를 측정하며 공정가치변동분을 당기손익으로 인식. 잔여가치로 측정된 주계약은 계약만기에 기초한 최초 유효이자율로 주계약 장부금액 상각</td></tr>
<tr><td>유형 II</td><td rowspan="3">상환옵션이 있는 경우</td><td>상환옵션 분리</td><td>교환옵션과 상환옵션을 하나의 내재파생상품으로 분리</td><td>교환금융상품의 주계약 및 하나의 내재파생상품(교환옵션 및 상환옵션)을 금융부채로 분류하고 발행금액에서 내재파생상품 공정가치를 차감한 잔여가치를 주계약 최초 장부금액으로 인식</td><td>후속적으로 하나의 내재파생상품(교환옵션 및 상환옵션)의 공정가치를 측정하며 공정가치변동분을 당기손익으로 인식. 잔여가치로 측정된 주계약은 계약만기에 기초한 최초 유효이자율로 주계약 장부금액 상각</td></tr>
<tr><td>유형 III</td><td rowspan="2">상환옵션 비분리</td><td>교환옵션만 분리</td><td>교환금융상품의 주계약(상환옵션 포함) 및 교환권을 각각 금융부채로 분류하고 발행금액에서 교환권 공정가치를 차감한 잔여가치를 주계약 최초장부금액으로 인식</td><td>후속적으로 교환권의 공정가치를 측정하며 공정가치변동분을 당기손익으로 인식. 잔여가치로 측정된 주계약은 기대만기(예 : 최초 도래하는 상환가능시점)에 기초한 유효이자율로 주계약 장부금액 상각</td></tr>
<tr><td>유형 IV</td><td>교환옵션과 상환옵션을 하나의 내재파생상품으로 분리</td><td>교환금융상품의 주계약 및 하나의 내재파생상품(교환옵션 및 상환옵션)을 금융부채로 분류하고 발행금액에서 내재파생상품 공정가치를 차감한 잔여가치를 주계약 최초 장부금액으로 인식</td><td>후속적으로 하나의 내재파생상품(교환옵션 및 상환옵션)의 공정가치를 측정하며 공정가치변동분을 당기손익으로 인식. 잔여가치로 측정된 주계약은 계약만기에 기초한 최초 유효이자율로 주계약 장부금액 상각</td></tr>
</table>

6.2. 교환사채의 내재요소별 인식과 측정

일반적인 유형의 교환사채는 채무상품인 주계약에 교환사채의 고유특성을 결정하는 파생요소인 교환옵션이 부여된 복합계약이다. 교환옵션 보유자는 기초자산가격이 행사가격을 밑돌 경우 권리를 포기하고 주계약의 계약상 현금흐름만 수취할 수 있는 선택적 권리를 가진다. 대신 발행자는 보유자의 선택의 범위를 넓혀준 대가로 같은 조건의 유사한 신용상태의 실질적으로 같은 현금흐름을 제공하는 채무상품을 발행할 때보다 낮은 이자율로 자금을 조달할 수 있다. 투자자는 선택의 범위를 넓히고 안정적인 현금흐름을 확보하기 위해 조기상환옵션을 요구하기도 한다. 교환사채에 교환옵션과 보유자의 조기상환옵션, 그리고 발행자의 수의상환옵션이 모두 내재된 복합상품인 경우 이러한 복합상품의 경제적 특성과 발행자와 보유자 입장에서의 인식방법을 요약정리하면 다음과 같다.

	주계약	교환옵션	조기상환옵션	수의상환옵션
옵션성격	-	교환옵션	풋옵션	콜옵션
발행자 포지션	-	매도	매도	매수
보유자 포지션	-	매수	매수	매도
기초변수	-	금융상품가격	채무상품가격	채무상품가격
공정가치평가 방법	채권평가모형	옵션평가모형	옵션평가모형	옵션평가모형
발행자 인식	금융부채	금융부채	금융부채	금융부채
보유자 인식	복합상품	복합상품	복합상품	복합상품

대부분의 전환사채에 전환옵션 외에 조기상환옵션과 수의상환옵션이 부여되는 것과 달리 교환사채는 교환옵션만이 부여되는 경우가 많다. 따라서, 지금부터는 특별한 언급이 없다면 교환옵션 만이 부여된 경우를 가정하여 교환사채의 인식과 측정방법에 대해 살펴본다. 다만, 교환사채에 조기상환옵션과 수의상환옵션이 부여되었다면 전환사채에서 살펴본 방식을 활용할 수 있다. 주의할 점은 교환사채에 부여된 교환옵션은 자본요소로 분류될 여지가 없으므로 전환사채의 내용을 인용할 때에는 전환옵션을 부채요소로 인식된 경우만을 참고하여야 한다.

교환사채를 구성하는 주계약 및 교환옵션의 특성과 이에 따른 교환사채의 인식 그리고 공정가치측정 방법을 살펴보자.

▎교환사채 주계약의 인식과 측정

교환사채의 주계약은 계약상 현금흐름이 원리금으로 구성된 채무상품이다. 주계약은 거래상대방(보유자)에게 금융자산을 인도하기로 한 계약상 의무이므로 금융부채의 정의를 만족한다. 또한 교환사채 보유자는 거래상대방(발행자)으로부터 금융자산을 수취할 계약상 권리를 가지므로 금융자산의 정의를 만족한다.

① 발행자 : 교환사채 발행자는 교환사채에 내재된 교환옵션을 주계약에서 분리할지 여부를 판단한다.

- 교환옵션은 발행자가 보유한 다른 금융자산(예 : 제3자가 발행한 지분상품)을 인도할 계약상 의무이므로 지분상품요건을 만족하지 못한다.
- 교환옵션은 내재파생상품의 정의를 만족한다. 발행자는 이러한 내재파생상품을 주계약에서 분리할지 여부를 기준서에서 정한 방법에 따라 판단한다.
- 채무상품인 주계약은 후속적으로 상각후원가로 측정한다.

② 보유자 : 보유자는 교환사채를 하나의 금융자산으로 분류한다.

- 교환사채의 계약상 현금흐름은 SPPI 조건을 만족하지 못하므로 교환사채 전체를 「FVPL - 금융자산」으로 분류하고 공정가치로 측정하며 후속적으로 공정가치 변동분을 당기손익으로 인식한다.

③ 주계약의 공정가치 : 주계약인 일반채무상품의 공정가치는 이 채무상품과 동일한 조건 하에서 유사한 신용상태와 실질적으로 같은 현금흐름을 제공하지만 교환요소가 없는 다른 채무상품(유사채무상품)의 시장이자율을 할인율로 한 현재가치로 측정한다.

- 발행자는 주계약에 대해 채무상품의 일반적인 가치평가방법(채권평가모형)에 따라 공정가치를 측정한다.

㉠ 주계약의 계약상 현금흐름이 단순이표채권인 경우 유사채무상품의 만기수익률(YTM)을 이용하여 공정가치를 측정한다. 다만, 주계약의 계약상 현금흐름이 할인채권(이자지급 없이 만기에 상환할증금을 추가 지급하는 경우 포함)인 경우나 이자지급 방법이 정형화되지 않은 형태(예 : Step-up 방식으로 이자를 지급하는 경우)인 경우에는 시점별 현물이자율을 이용하여 공정가치를 측정한다.

㉡ 발행자는 주계약을 후속적으로 상각후원가로 측정하므로 최초측정 이후에는 주계약의 공정가치를 측정할 필요가 없다. 다만, 교환옵션의 공정가치를 후속

측정하기 위한 과정의 일환으로 주계약의 공정가치측정이 필요하다.

• 교환사채의 「최초측정」 시점에는 거래가격을 공정가치의 최선의 추정치로 보므로 복합상품의 구성요소별 배분을 필요로 한다.

㉠ 교환요소는 자본요건을 만족하지 못하는 내재파생상품(금융부채)이며 일반적으로 내재파생상품의 분리요건을 만족한다. 따라서, 교환사채 〈발행자〉는 교환옵션의 공정가치를 측정한 후의 잔여가치로 주계약의 장부금액을 측정한다.

㉡ 〈보유자〉는 교환사채를 하나의 복합상품으로 인식하므로 최초측정시점에 교환사채의 구성요소별 배분은 기본적으로 불필요하다. 다만, 당기손익의 구성항목(이자수익 및 공정가치변동분)을 분류하고자 하는 경우에는 주계약과 교환옵션의 공정가치를 배분할 수 있다. 주계약의 공정가치는 교환옵션의 공정가치를 차감한 후의 잔여가치로 측정한다.

교환옵션의 인식과 측정

교환옵션은 교환사채에 부여되는 기본옵션이다. 교환옵션은 교환사채의 계약상 현금흐름이 원리금으로 구성되는 일반적인 채무상품의 현금흐름구조를 변형시키는 파생요소이다. 교환옵션은 발행자가 보유한 금융자산(제3자가 발행한 지분상품 또는 채무상품 등)을 기초자산으로 하며 사전에 정해진 교환가격(exchange price) 또는 교환비율(exchange ratio)로 옵션행사기간 동안 보유자의 선택에 따라 기초자산으로 교환해 줄 것을 요구할 수 있는 권리이다. 교환사채에 부여된 교환옵션으로 인해 보유자는 유사채무상품에 비해 낮은 이자율을 수취하므로 교환사채 발행시점에 보유자는 옵션프리미엄을 발행자에게 지급한다. 그러나 교환옵션에 대한 순투자금액(옵션프리미엄)은 기초자산을 직접 매입하는 것에 비해 현저히 적은 금액을 지급한다. 또, 보유자는 교환사채 발행시점이 아닌 교환옵션의 행사시점에 금융자산(교환사채)으로 결제한다. 따라서, 교환사채에 내재된 교환옵션은 파생상품의 모든 요건을 만족한다.

① 발행자 : 발행자 입장에서 교환사채에 내재된 교환옵션은 파생상품의 모든 요건을 만족함과 동시에 금융부채의 요건을 만족하는 내재파생상품이다. 또한, 일반적으로 교환옵션은 내재파생상품의 분리요건을 만족하므로 이를 주계약에서 분리하여 별도의 파생상품부채로 인식한다.

• 일반적으로 교환옵션의 경제적 특성과 위험은 주계약과 밀접하게 관련되어 있지

않다. 예외적인 상황이 아니라면 교환옵션은 내재파생상품의 분리요건을 만족하며 이러한 교환옵션은 별도의 파생상품부채로 인식한다.

- 주계약에서 분리된 교환옵션은 「FVPL - 금융부채」(파생상품부채)로 분류하고 후속적으로 공정가치로 측정하며 공정가치변동분은 당기손익으로 인식한다.
- 최초측정시점의 거래원가는 교환사채 발행시점에 요소별로 배분된 금액(주계약 및 교환옵션에 각각 배분된 금액)에 비례하여 배분한다.[98]

② 보유자 : 교환사채 보유자는 교환사채 전체를 하나의 금융자산으로 분류한다.

- 교환사채의 계약상 현금흐름은 SPPI 조건을 만족하지 못하므로 교환사채 전체를 「FVPL - 금융자산」으로 분류하고 공정가치로 측정하며 후속적으로 공정가치 변동분을 당기손익으로 인식한다.

③ 교환옵션의 공정가치 : 교환옵션은 다양한 유형의 금융상품(지분상품, 채무상품 및 기타 금융상품)을 기초자산으로 하는 옵션이므로 교환옵션에 부여된 계약조건에 따라 옵션평가모형으로 공정가치를 측정한다.

- 〈발행자〉는 교환옵션을 파생상품부채(FVPL - 금융부채)로 인식하므로 매 보고일에 옵션평가모형을 이용하여 공정가치를 후속측정한다. 교환옵션의 공정가치는 교환사채 전체가치에서 주계약 공정가치를 차감하는 방법으로 산출한다. 최초측정시점 주계약의 장부금액은 거래가격에서 교환옵션의 공정가치를 차감한 후의 잔여금액으로 측정한다.
- 〈발행자〉는 교환사채의 주계약(채무상품)을 상각후원가로 측정하므로 후속적으로 공정가치측정이 불필요하다. 교환옵션은 옵션평가모형을 이용하여 공정가치로 측정한다. 이때, 기초자산이 지분상품인 교환옵션은 전환금융상품 평가모형(Tsiveriotis-Fernandes 모형 등)을 활용하여 교환사채 전체 공정가치를 측정한다. 반면, 기초자산이 채무상품인 교환옵션은 금리파생상품 평가모형을 활용하여 교환사채 전체 공정가치를 측정한다. 후속측정하는 교환옵션 공정가치는 교환사채 전체 공정가치에서 주계약 공정가치(분리되지 아니하는 상환옵션이 있는 경우 이를 포함한 가치)를 차감하여 산정한다.

---

98) 기준서는 최초측정시점의 거래원가를 전환사채의 구성요소별로 배분함에 있어 자본요소와 부채요소로 분류되는 경우에 한해 기술하고 있다(K-IFRS 1032 AG33). 반면, 복합계약의 내재파생상품을 주계약에서 분리하여 별도의 금융부채로 인식하는 경우에는 거래원가의 배분방법을 명확히 설명하지 않는다. 본서는 교환사채에 대해서도 동일한 거래원가 배분방법을 적용하는 것으로 가정한다. 한편, 교환사채 보유자는 복합계약을 FVPL - 금융자산으로 인식하므로 거래원가의 배분이 불필요하다.

• 〈보유자〉는 후속적으로 교환사채 전체에 대해 옵션평가모형을 이용하여 공정가치를 측정한다.

예 제　거래원가를 고려한 교환사채의 최초측정

기업A는 20×1년 1월 1일, 만기 5년 액면금액 10,000원의 교환사채를 액면금액으로 발행하였다. 교환사채 보유자인 기업B는 교환사채 발행일로부터 만기까지의 기간 동안 언제든지 기업A가 보유한 기업C의 보통주로 교환해 줄 것을 요구할 수 있는 교환옵션을 가진다. 교환사채의 액면이자율은 연 2%이며 매년 후급 조건이다. 교환사채 발행일에, 〈유사채무상품〉의 시장이자율은 7%이다. 교환사채 발행과정에서 80원의 거래원가가 발생하였다. 기업A는 교환사채 발행일에 Tsiveriotis-Fernandes 모형을 이용하여 교환사채의 전체공정가치를 11,100원으로 측정하였다.

① 교환옵션의 특성 : 기업A는 기업B의 교환요청에 대해 보유하고 있는 기업C의 보통주로 결제하므로 교환옵션은 내재파생상품의 분리요건을 만족한다. 따라서, 기업A는 교환옵션을 주계약에서 분리하여 파생상품부채로 인식하고 후속적으로 공정가치로 측정한다.

② 공정가치배분 : 금융상품은 최초인식 시점에 공정가치로 인식한다. 교환옵션의 공정가치는 교환사채 전체공정가치(11,100원)에서 아래의 주계약 공정가치(7,950원)를 차감한 3,150원으로 측정된다.

• 채권평가모형을 이용한 주계약 공정가치
  ㉠ 이자현재가치 : 200원×4.1002(7.0%, 5년 연금현가계수) = 820원
  ㉡ 원금현재가치 : 10,000원×0.7130(7.0%, 5년 현가계수) = 7,130원
  ㉢ 주계약 공정가치 : 이자현재가치(820원) + 원금현재가치(7,130원) = 7,950원

• 교환옵션 공정가치 : 교환사채 전체공정가치(11,100원) - 주계약 공정가치(7,950원) = 3,150원

③ 거래원가 배분전 교환사채 구성요소 인식 : 최초인식 시점에 금융상품의 공정가치에 대한 최선의 추정치는 거래가격(발행금액)이다. 즉, 이 교환사채의 공정가치는 발행금액인 10,000원이다.

• 주계약의 최초 장부금액은 교환사채의 공정가치(10,000원)에서 교환옵션의 공정가치(3,150원)를 차감한 6,850원으로 측정한다.

④ 거래원가배분 : 교환사채 발행시점의 거래원가(80원)는 교환사채의 구성요소별 배분액에 비례하여 배분한다.

• 거래원가(80원)를 주계약(채무상품)과 교환옵션에 다음과 같이 배분한다.
  ㉠ 주계약에 배분되는 거래원가 : 80원×6,850원÷10,000원 = 55원
  ㉡ 교환옵션에 배분되는 거래원가 : 80원×3,150원÷10,000원 = 25원

⑤ 주계약의 최초장부금액 : 주계약에 배분된 금액(6,850원)에서 배분된 거래원가(55원)를 차감한 6,795원으로 최초측정하며, 아래와 같이 10.58%로 유효이자율을 계산한다.

	현재시점	20×1	20×2	20×3	20×4	20×5
현금흐름	-6,795	200	200	200	200	10,200
유효이자율	10.58%					

• 주계약은 유효이자율을 이용하여 후속적으로 상각후원가로 측정한다. 기업A가 만기까지 인식할 이자비용은 유효이자 계산표에 따라 다음과 같이 계산된다.

	기초장부금액	이자비용	이자현금흐름	상각액	기말장부금액
20×1	6,795	719	200	519	7,314
20×2	7,314	774	200	574	7,888
20×3	7,888	835	200	635	8,522
20×4	8,522	902	200	702	9,224
20×5	9,224	976	200	776	10,000

⑤ 교환권(파생상품부채)의 최초장부금액 : 교환옵션의 공정가치(3,150원)에 배분된 거래원가(25원)를 차감한 3,125원으로 최초측정한다.

예 제 기초자산이 지분상품인 교환사채 발행자의 최초측정 및 후속측정

기업A는 20×1년 1월 1일, 만기 5년 액면금액 10,000원의 교환사채를 액면금액으로 기업B에게 발행하였다. 기업B는 교환사채 10,000원당 교환사채 발행일로부터 만기까지의 기간 동안 언제든지 기업A가 보유한 기업C의 보통주 1주로 교환(교환비율 고정)해 줄 것을 요구할 수 있는 교환옵션을 가진다. 교환사채의 액면이자율 및 만기보장수익률은 0.0%이며 거래원가는 없다. 편의상 교환옵션측정주기는 1년으로 한다.

(1) 발행일(20×1년 1월 1일)에 교환옵션 공정가치측정을 위한 투입변수

㉠ 기업C가 발행한 보통주 공시가격 : 10,000원
㉡ 교환가격 : 10,000원(교환가격 및 교환비율 고정)
㉢ 교환비율 : 액면금액(10,000원)÷교환가격(10,000원) = 1.0
㉣ 연간 주가변동성 : 25.0%, 주가상승계수(u) : 1.2840, 주가하락계수(d) : 0.7788
㉤ 헤지확률(p) : 0.4778
㉥ 무위험이자율 : 연 2.0%(편의상 이자율 기간구조는 고려하지 않는다)
㉦ 위험이자율 : 연 10.0%(편의상 이자율 기간구조는 고려하지 않는다)

(2) 후속측정일(20×1년 12월 31일)에 교환옵션 공정가치측정을 위한 투입변수

㉠ 기업C가 발행한 보통주 공시가격 : 12,000원
㉡ 교환가격 : 10,000원(교환가격 및 교환비율 고정)
㉢ 연간 주가변동성 : 30.0%, 주가상승계수(u) : 1.3499, 주가하락계수(d) : 0.7408

㉣ 헤지확률(p) : 0.4587

㉤ 무위험이자율 : 연 2.0%(편의상 이자율 기간구조는 고려하지 않는다)

㉥ 위험이자율 : 연 9.0%(편의상 이자율 기간구조는 고려하지 않는다)

교환사채 발행자는 발행일과 후속측정일의 계약조건과 투입변수 정보에 기초해 교환사채의 주계약과 파생상품부채인 교환옵션을 다음과 같이 측정하고 인식한다.

(1) 교환사채 발행일(20×1년 1월 1일)

① 교환사채 전체 공정가치 : 최초측정시점에 교환옵션은 기업C가 발행한 보통주가격과 가격변동성 및 행사조건을 이용하여 Tsiveriotis-Fernandes 모형에 의해 다음과 같이 교환사채 전체 공정가치를 10,134원으로 측정한다.

• 기초자산의 가격트리 생성

	t=0	20×1	20×2	20×3	20×4	20×5
0	10,000	12,840	16,487	21,170	27,183	34,903
1		7,788	10,000	12,840	16,487	21,170
2			6,065	7,788	10,000	12,840
3				4,724	6,065	7,788
4					3,679	4,724
5						2,865

• Tsiveriotis-Fernandes 모형에 의한 지분가치트리를 다음과 같이 생성한다.

	t=0	20×1	20×2	20×3	20×4	20×5
0	6,849	10,559	15,443	21,170	27,183	34,903
1		3,719	6,500	10,800	16,487	21,170
2			1,319	2,816	6,014	12,840
3				-	-	-
4					-	-
5						-

• Tsiveriotis-Fernandes 모형에 의한 부채가치트리를 다음과 같이 생성한다.

	t=0	20×1	20×2	20×3	20×4	20×5
0	3,285	2,323	1,055	-	-	-
1		4,826	3,951	2,233	-	-
2			6,600	6,318	4,725	-
3				8,187	9,048	10,000
4					9,048	10,000
5						10,000

• Tsiveriotis-Fernandes 모형에 의한 보유가치트리를 다음과 같이 생성한다.

	t=0	20×1	20×2	20×3	20×4	20×5
0	10,134	12,882	16,498	21,170	27,183	34,903
1		8,546	10,450	13,032	16,487	21,170
2			7,919	9,135	10,739	12,840
3				8,187	9,048	10,000
4					9,048	10,000
5						10,000

• Tsiveriotis-Fernandes 모형에 의한 교환사채 전체가치트리를 다음과 같이 생성한다.

	t=0	20×1	20×2	20×3	20×4	20×5
0	10,134	12,882	16,498	21,170	27,183	34,903
1		8,546	10,450	13,032	16,487	21,170
2			7,919	9,135	10,739	12,840
3				8,187	9,048	10,000
4					9,048	10,000
5						10,000

② 교환옵션 공정가치 : 교환옵션 공정가치를 다음과 같이 3,925원으로 측정한다.

• 일반채무상품의 공정가치는 다음과 같이 6,209원으로 측정한다.

㉠ 원금의 현재가치 : 10,000원×0.6209(5년, 10% 현가계수)=6,209원

㉡ 이자의 현재가치 : 0원×3.7908(5년, 10% 연금현가계수)=0원

㉢ 주계약 현재가치 : 6,209원(=6,209원+0원)

• 교환사채 전체공정가치(10,134원)에서 주계약(일반채무상품) 공정가치(6,209원)를 차감한 3,925원을 교환옵션 공정가치로 측정한다.

③ 주계약 장부금액 : 주계약 최초장부금액은 교환사채의 발행금액(10,000원)에서 교환옵션의 공정가치(3,925원)를 차감한 후의 남은 금액(6,075원)으로 인식한다.

• 교환사채의 주계약(채무상품)은 후속적으로 상각후원가로 측정한다. 이때, 유효이자율은 최초측정에서 인식한 주계약 장부금액(6,075원)과 계약상 현금흐름의 현재가치를 일치시키는 내재이자율로 다음과 같이 10.48%로 측정한다.

	현재시점	20×1	20×2	20×3	20×4	20×5
현금흐름	-6,075	-	-	-	-	10,000
유효이자율	10.48%					

• 교환사채의 주계약(채무상품)은 상각후원가로 후속측정하여 만기까지 유효이자율에 따른 이자비용을 다음과 같이 인식한다.

	기초장부금액	이자비용	이자현금흐름	상각액	기말장부금액
20×1	6,075	637	-	637	6,712
20×2	6,712	704	-	704	7,415
20×3	7,415	777	-	777	8,193
20×4	8,193	859	-	859	9,051
20×5	9,051	949	-	949	10,000

(2) 교환사채 후속측정일(20×1년 12월 31일)

① 후속측정방법 : 교환사채 발행자(기업A)는 최초측정시점에 산출한 유효이자율(10.48%)을 이용하여 주계약을 상각후원가로 후속측정한다. 또한, 파생상품부채로 인식한 교환옵션의 공정가치를 후속측정하여 공정가치변동분을 당기손익으로 인식한다.

② 주계약의 후속측정 : 최초측정시점의 유효이자 산출표에 따른 이자비용을 계산한다. 따라서, 발행자가 후속측정일(20×1년 12월 31일)에 인식할 이자비용은 637원이다. 또한, 유효이자율을 수정해야 할 사유가 발생하지 않는다면 잔여 후속측정기간의 이자비용의 인식방법도 같다.

③ 교환사채의 후속측정 : Tsiveriotis-Fernandes 모형을 이용하여 후속측정일에 교환사채의 공정가치를 다음과 같이 측정한다. 모든 투입변수는 후속측정일에 관측된 〈수준3〉 투입변수이다. 교환사채의 잔존만기는 4년으로 조정된다.

• 기초자산 가격트리 생성 : 후속측정일에 무위험이자율을 제외한 투입변수가 변동되었다. 기초자산(기업C가 발행한 보통주)가격이 10,000원에서 12,000원으로 상승하였으며 가격변동성이 25%에서 30%로 확대되었다. 후속측정일의 공정가치는 투입변수의 이러한 변동효과를 모두 고려한다.

	t=0	20×2	20×3	20×4	20×5
0	12,000	16,198	21,865	29,515	39,841
1		8,890	12,000	16,198	21,865
2			6,586	8,890	12,000
3				4,879	6,586
4					3,614

• Tsiveriotis-Fernandes 모형에 의한 지분가치트리를 다음과 같이 생성한다.

	t=0	20×2	20×3	20×4	20×5
0	9,945	15,215	21,865	29,515	39,841
1		5,849	10,146	16,198	21,865
2			2,426	5,396	12,000
3				-	-
4					-

• Tsiveriotis-Fernandes 모형에 의한 부채가치트리를 다음과 같이 생성한다.

	t=0	20×2	20×3	20×4	20×5
0	2,629	1,211	-	-	-
1		4,288	2,447	-	-
2			6,595	4,947	-
3				9,139	10,000
4					10,000

• Tsiveriotis-Fernandes 모형에 의한 보유가치트리를 다음과 같이 생성한다.

	t=0	20×2	20×3	20×4	20×5
0	12,574	16,425	21,865	29,515	39,841
1		10,138	12,593	16,198	21,865
2			9,021	10,343	12,000
3				9,139	10,000
4					10,000

• Tsiveriotis-Fernandes 모형에 의한 교환사채 전체가치트리를 다음과 같이 생성하고, 후속측정일의 교환사채 전체 공정가치를 12,574원으로 측정한다.

	t=0	20×2	20×3	20×4	20×5
0	12,574	16,425	21,865	29,515	39,841
1		10,138	12,593	16,198	21,865
2			9,021	10,343	12,000
3				9,139	10,000
4					10,000

④ 교환옵션 공정가치 : 교환옵션 공정가치를 다음과 같이 5,490원으로 측정한다.

• 일반채무상품의 공정가치는 다음과 같이 7,084원으로 측정한다.

㉠ 원금의 현재가치 : 10,000원×0.7084(4년, 9% 현가계수)=7,084원

㉡ 이자의 현재가치 : 0원×3.2397(4년, 9% 연금현가계수)=0원

㉢ 주계약 현재가치 : 7,084원(=7,084원+0원)

• 교환사채 전체공정가치(12,574원)에서 주계약(일반채무상품) 공정가치(7,084원)를 차감한 5,490원을 교환옵션 공정가치로 측정한다. 기초자산의 가격변동폭에 비해 교환옵션의 가격변동폭이 크게 나타난다. 옵션은 적은 순투자금액으로 레버리지이익을 얻는 파생상품이기 때문이다.

⑤ 후속측정일에 발행자(기업A)가 인식할 손익을 정리하면 다음과 같다.

- 주계약 이자비용 : 637원
- 교환권 파생상품평가손실 : 후속측정 파생상품부채(5,490원) - 최초측정 파생상품부채(3,925원) = 1,565원
- 교환사채의 후속측정에 따른 당기손익 인식액 : 이자비용(637원) + 파생상품평가손실(1,565원) = 2,202원

상환옵션의 인식과 측정

교환사채에 보유자의 조기상환옵션(put)이나 발행자의 수의상환옵션(call)이 내재되어 있는 경우, 발행자는 이러한 상환옵션이 주계약의 경제적 특성 및 위험과 밀접하게 관련되어 있는지를 파악하여 주계약과 분리하여 별도의 파생상품부채로 인식할지를 결정한다. 보유자는 교환사채 전체를 하나의 FVPL - 금융자산으로 분류하므로 상환옵션의 분리인식이 불필요하다.

교환사채에 상환옵션이 부여된 경우의 인식과 공정가치측정 방법의 구체적인 내용은 (전환옵션이 부채요소인 경우에 해당하는) 전환사채의 설명을 참고하기 바란다.

6.3. 기대배당금의 고려

교환사채를 발행한 기업이 과거에 배당을 실시한 적이 있거나 교환사채 존속기간 중 배당을 실시할 재무계획을 가지고 있는 경우에는 교환사채의 공정가치평가에서 기대배당금을 고려해야 한다. 교환사채 보유자는 교환사채를 발행한 기업이 교환사채의 기초자산인 보통주에 배당을 실시하더라도 그러한 배당을 수취할 권리가 없으므로 배당락이 기초자산가격에 미치는 영향을 반영하여 공정가치를 측정한다.

① 배당가능성에 대한 검토 : 기초자산(보통주)에 대한 기업의 배당가능성을 살펴야 한다. 만일, 과거에 배당을 한 적이 없고 교환사채 만기까지 배당가능성이 거의 없다고 판단한다면 교환사채 평가모형에서 배당을 고려하지 않을 수 있다.

② 기대배당금의 추정 : 기업이 기초자산인 보통주에 꾸준히 배당을 하였거나 기업의 배당정책 또는 계약에 의해 앞으로 배당이 지급될 것이라는 합리적인 기대가 있다면 기대배당금을 추정해야 한다.

- 일반적으로 기대배당금에 대한 가정은 공개된 정보에 근거해야 한다. 기업이 배당

금을 지급하지 않고 있으며 앞으로도 그러한 계획이 없다면 기대배당금을 영(0)으로 가정한다. 그러나 설립초기의 기업은 과거에 배당실적이 없더라도 신주인수권부사채의 잔여만기에 배당금을 지급하기 시작할 것으로 예상할 수도 있는데 이러한 기업은 과거의 배당수익률(0)과 적절하게 비교가능한 유사기업들의 평균배당수익률을 평균한 값을 사용할 수 있다.

③ 교환사채 공정가치측정 : 교환사채 보유자는 기업이 보통주에 대한 배당을 실시할 경우 예상되는 배당금을 수취할 권리가 없으므로 가격변동성을 반영한 기초자산가격은 배당락효과가 반영되지 않아 과대평가되므로 기대배당금의 현재가치만큼 기초자산가격을 조정하여 교환사채의 공정가치를 측정해야 한다.

- 교환사채 공정가치측정에서 기대배당효과를 고려하는 방법은 시가배당률을 가정하여 위험중립확률을 수정하는 방법과 기대배당금을 가정하여 배당락 효과가 반영된 기초자산가격트리를 수정하는 방법을 사용할 수 있다.[99]
- 기대배당금은 과거의 배당금 증가형태를 고려해야 한다. 예를 들어 기업의 배당정책에 의해 매년 3% 정도 배당금이 올랐다면 충분한 증거가 있는 경우를 제외하고는 옵션의 잔여만기 동안 고정배당금을 지급하는 것으로 가정해서는 안 된다. [K-IFRS 1102 B35~B36]

교환사채 공정가치측정에 있어 기대배당 효과의 반영은 경영자의 예측(또는 주장)에 기반한다. 일반적으로 경영자는 기대배당금 형태로 재무계획을 수립하므로 시가배당률에 기반한 위험중립확률을 수정하는 방법은 현실적인 한계가 있다. 또한, 시가배당률은 연속배당수익률을 가정하고 있어 공정가치측정 대상이 지수연계옵션인 경우에 최적화되어 있으며 특정시점에 배당이 이산적으로 이뤄지는 지분상품을 기초자산으로 하는 경우에는 한계가 있음을 참고하기 바란다.

7 전환상환우선주

기업은 여러 가지 권리가 있는 우선주를 발행할 수 있다. 다양한 권리의 부여로 인해 우선주의 지분특성이 변경되기도 한다. 우선주가 금융부채인지 지분상품인지를 판단하기

99) 본서는 블랙숄즈모형 및 이항옵션모형 각각에 대해 시가배당률을 가정하는 경우와 기대배당금을 가정하는 경우를 구분하여 설명한 바 있다. 평가방법의 자세한 설명은 본서의 「제2부 가치평가모형」의 「제3장 옵션평가모형」의 〈블랙숄즈모형〉 및 〈이항옵션모형〉의 내용을 참고하기 바란다.

위해 발행자는 우선주에 부여된 권리를 평가하여 우선주가 본질적으로 금융부채의 특성이 있는지 파악해야 한다.[K-IFRS 1032 AG25]

• 특정 시점에 상환하거나 보유자의 선택에 따라 상환해야 하는 우선주는 발행자가 보유자에게 금융자산을 이전해야 할 의무가 있으므로 금융부채의 특성을 가지고 있다. 계약에 따라 상환이 청구되었을 때 발행자가 자금의 부족, 법령의 제한, 불충분한 이익이나 적립금 등으로 인하여 우선주를 상환할 의무를 이행하지 못할 잠재적 가능성이 있더라도, 계약상 의무가 무효화되지 않는다.

• 현금으로 상환할 수 있는 권리가 발행자에게 있는 우선주(발행자 수의상환옵션이 내재된 우선주)는 발행자가 주식의 보유자에게 금융자산을 이전해야 할 현재의무가 없으므로 금융부채의 정의를 충족하지 못한다. 이 경우 우선주를 상환할지는 발행자가 재량으로 결정할 수 있다. 그러나 우선주를 발행한 기업이 이러한 선택권을 행사하여 주주들에게 우선주를 상환하겠다는 의도를 통상 공식적으로 통지하게 되면 의무가 생길 수 있다.

7.1. 전환상환우선주의 인식과 측정

전환상환우선주(또는 상환전환우선주)는 법적으로는 지분상품(우선주)의 형태[100]로 발행되지만 주계약(우선주)에 부여된 보유자 상환옵션(또는 상환약정)으로 인해 주계약이 금융부채로 분류되는 금융상품이다. 전환상환우선주에는 보유자의 청구에 의해 정해진 전환가격(또는 전환비율)으로 발행자의 지분상품을 인수할 수 있는 전환옵션이 기본적으로 내재되어 있다. 즉, 전환상환우선주에는 (법적형식으로는 자본이지만) 채무상품인 주계약에 전환옵션과 발행자 상환옵션을 기본옵션으로 하는 복합상품이다. 여기에 보유자 상환옵션을 추가로 부여하기도 한다. 전환상환우선주는 보유자의 상환옵션 또는 상환약정이 복합계약 전체를 부채요소로 분류하게 한다. 전환상환우선주를 금융부채로 분류하게 하는 상환약정 또는 상환옵션은 다음의 특징을 가진다.

① 상환약정 : 계약에 의해 특정시점에 전환상환우선주를 상환하도록 하는 확정상환약정이 있다면 이러한 전환상환우선주는 거래상대방에게 금융자산을 인도하기로 한 계약상 의무이므로 금융부채의 요건을 만족한다. 확정상환약정이 있는 전환상환우선주의 주계약은 상환우선주이다.

---

100) 일반기업회계기준은 법적형식에 따라 전환상환우선주를 자본으로 분류한다.

② 상환옵션 : 보유자의 선택에 따라 전환상환우선주를 환매해 줄 것을 요구할 수 있는 상환옵션이 부여되어 있다면 이러한 전환상환우선주는 잠재적으로 불리한 조건으로 거래상대방과 금융자산이나 금융부채를 교환하기로 하는 계약상 의무이므로 금융부채의 요건을 만족한다. 상환옵션이 있는 전환상환우선주의 주계약은 금융부채인 우선주(우선주 부채)이다. 주계약에서 상환옵션을 분리할지 여부는 기준서에서 정한 바대로 별도로 검토한다.

- 일부 전환우선주에 있어 법적 형식에 불구하고 일정 조건을 만족하지 못할 경우(예 : 일정 기간 내에 IPO가 이뤄지지 않을 경우) 보유자가 상환을 청구할 수 있는 선택적 상환약정이 포함되기도 한다. 이러한 전환우선주는 금융상품의 명칭여하에 불구하고 전환상환우선주와 유사한 특성을 가진 복합상품이다.

특정시점에 전환상환우선주를 상환하도록 하는 확정상환약정은 보유자의 선택적 권리(옵션)가 아니며 그 자체가 금융부채이다. 상환우선주는 금융자산을 인도하기로 한 계약상 의무를 구성하고 그러한 상환우선주에서 분리할 내재파생요소가 없다. 반면, 계약조건이 보유자의 선택에 따라 전환상환우선주를 환매해 줄 것을 요구할 수 있다면 이러한 계약은 보유자의 상환옵션이 되며 내재파생상품을 분리할지 여부를 추가로 고려해야 한다. 실무적으로, 발행되고 있는 대부분의 전환상환우선주는 보유자의 선택에 의해 상환여부를 결정하는 상환옵션이 부여된 경우이다. 특정시점에 상환하도록 하는 확정상환약정이 있는 경우는 대부분 전환상환우선주로 발행되지 않고 상환우선주로 발행되고 있다. 이에 본서는 확정상환약정이 있는 경우는 배제하고 상환옵션이 부여된 경우만을 가정하여 전환상환우선주의 인식방법에 대해 설명하기로 한다. 전환상환우선주의 구성요소를 정리하면 다음과 같다.

① 주계약 : 전환상환우선주의 주계약은 우선주 부채이다. 보유자의 조기상환옵션으로 인해 경제적 실질에 따라 금융부채로 분류되는 우선주 부채이다.

② 조기상환옵션 : 보유자의 요청(put)에 따라 발행자에게 전환상환우선주를 환매해 줄 것을 요청할 수 있는 선택적 권리(풋옵션)

③ 전환옵션 : 보유자의 요청(conversion)에 따라 정해진 행사가격으로 발행자의 자기지분상품으로 전환할 수 있는 선택적 권리

④ 수의상환옵션 : 발행자의 요청(call)에 따라 전환상환우선주를 재매입할 수 있는 선택적 권리(콜옵션)

전환상환우선주의 구성요소를 살펴보면 전환사채의 구성요소와 거의 흡사함을 알 수 있다. 전환상환우선주와 전환사채는 법적형식으로는 큰 차이가 있지만 두 금융상품의 실질은 사실상 거의 차이가 없다. 두 금융상품은 다음과 같은 특징을 지닌다.

- 전환사채와 전환상환우선주는 주계약이 금융부채이며 전환옵션이 내재되어 있다는 점에서 실질적으로 비슷한 금융상품이다.
- 전환사채와 전환상환우선주는 확정수량의 발행자 지분상품으로 결제될 경우 전환옵션이 자본요소로 분류된다는 점에서 비슷한 유형의 복합금융상품이다.
- 전환상환우선주는 기본적으로 보유자 상환옵션이 내재되어 있다. 실무적으로 대부분의 전환사채에도 보유자 상환옵션을 추가로 부여하기 때문에 전환상환우선주와 전환사채의 내재파생상품이 유사하게 구성된다.
- 결과적으로 두 금융상품의 중요한 차이는 주계약의 법적 형식이다. 주계약의 법적 형식은 금융상품의 계약상 현금흐름에 영향을 미칠 수 있다. 전환사채의 주계약은 법적 형식이 채무이므로 주주에 우선청구권을 가지며 채무불이행 상황이 아니면 계약상 원리금을 수취(지급)한다. 반면, 전환상환우선주의 주계약은 법적 형식이 자본이므로 재산청구권에 있어 채권자에 우선하지 않는다. 배당가능이익이 없을 경우에는 전환상환우선주 보유자는 예상현금흐름을 수취하지 못할 위험이 있다.
- 전환사채와 전환상환우선주의 경제적 실질에 차이가 없으므로 전환사채와 비교하여 전환상환우선주의 인식과 측정방법은 큰 차이가 없다. 다만, 전환상환우선주의 주계약(우선주 부채)은 전환사채의 주계약(채무상품)에 비해 상환의 법적 제한에 따른 현금흐름의 불확실성이 높아질 수 있으므로 이를 감안하여 주계약의 공정가치를 측정해야 한다.

이하에서는 전환상환우선주와 전환사채의 경제적 실질에 차이가 있는 부분에 한해 추가적으로 기술한다. 아래의 설명을 제외하고는 전환상환우선주의 인식과 측정방법은 전환사채와 거의 차이가 없으므로 전환사채의 인식과 측정에서 설명한 부분을 참고하기 바란다. 즉, 전환상환우선주를 구성하는 주계약, 전환옵션 및 상환옵션의 구성상황에 따른 회계인식방법의 7가지 유형(유형Ⅰ~유형Ⅶ)에 대한 구체적인 내용은 전환사채에서 설명한 내용과 중복되므로 본 장에서는 해당 설명은 생략한다.

7.2. 공정가치측정을 위한 추가고려사항

전환사채와 비교하여 전환상환우선주는 주계약의 법적 형식이 다르다는 점과 이에 따른 주계약의 계약상 현금흐름의 구조가 다르다는 점을 제외하곤 보유자 및 발행자 모두에 있어 인식과 측정방법이 유사하다. 다만, 전환상환우선주의 주계약이 부채특성을 가진 우선주 부채인데 우선주의 현금흐름은 일반적인 채무상품과 다를 수 있다. 이러한 특성으로 인해 전환사채와 비교하여 전환상환우선주의 공정가치측정에 있어 복합계약의 만기와 기대배당금 그리고 이들을 고려한 공정가치평가 방법을 살펴볼 필요가 있다.

복합계약의 만기

앞에서 살펴본 전환사채, 신주인수권부사채 및 교환사채는 주계약의 법적형식이 채무상품이므로 복합상품의 만기가 특정되어 있다. 이러한 복합상품에 내재된 상환옵션은 주계약의 만기 내에 중도상환할 수 있는 선택적 권리이다. 반면 전환상환우선주는 주계약의 법적 형식이 지분상품이므로 원칙적으로 복합상품의 만기가 특정되지 않는다.[101] 전환상환우선주는 상환만기가 특정되지 않지만 대부분의 경우 상환옵션의 행사기간 내에 기초자산인 보통주로 전환되거나 주계약의 상환이 이뤄질 것으로 합리적으로 기대된다.[102] 특히 국내에서 발행되고 있는 대부분의 전환상환우선주는 전환옵션 만기까지 권리가 실행되지 않는 경우 자동전환되는 존속기간을 설정하는 경우가 대부분이다. 따라서, 다른 예외적인 계약조건이 있지 않는 한 존속기간(존속기간이 정해지지 않은 경우 상환옵션의 만기)을 전환상환우선주의 만기로 간주하는 것이 타당하다고 판단된다.

계약상 현금흐름의 특성

전환상환우선주의 주계약인 우선주의 계약상 현금흐름은 기대배당이다. 전형적인 유형의 우선주 주주는 보통주 주주에 비해 안정적인 배당을 수취하고 잔여재산에 대한 우선적 배분권을 가진다.

---

101) 상환우선주는 특정시점에 상환하도록 계약하는 것이 일반적이므로 주계약의 만기가 특정된 경우이다. 반면 전환상환우선주는 주계약의 만기가 특정되는 경우는 드물고 대부분 전환옵션과 연계된 존속기간에 의해 만기가 예정된다.

102) 실제로 발행되는 전환사채의 사례를 보면 주계약의 만기가 5년인 경우가 많은데, 전환상환우선주의 상환옵션의 만기는 10년인 경우가 많다. 전환상환우선주의 상환옵션 만기가 충분히 긴 기간에 해당되므로 상환옵션 만기내의 기간으로 주계약의 만기를 정하는 것은 합리적이라 판단된다.

- 우선주의 공정가치평가에 전통적으로 사용되어 온 배당할인모형(DDM)은 우선주에 귀속되는 예상현금흐름(배당예상액)을 우선주 요구수익률로 할인하여 측정한다. 이때, 우선주 배당이 일정한 성장률(g)로 성장할 경우에는 항상성장 영구연금모형을 이용하여 평가할 수 있다.
- 전환상환우선주의 주계약을 구성하는 우선주 부채는 원리금의 상환가능성에 대한 불확실성을 제외하고는 실질적으로 일반채무상품의 계약상 현금흐름과 같다고 볼 수 있다. 따라서, 실무적으로 전환상환우선주의 주계약을 구성하는 우선주 부채는 채권평가모형을 이용한 공정가치측정 방법을 활용하고 있다.
- 이때, 우선주 부채의 공정가치를 측정함에 있어 채무상품의 액면이자에 대응하는 배당금은 계약특성과 발행자의 재무상황을 고려하여 판단하여야 할 것이다.

㉠ 확정배당형 : 전환상환우선주의 계약에 따라 확정된 배당금을 지급하기로 약속된 경우이다. 발행금액의 일정비율을 지급하되, 배당가능이익이 없는 경우에는 누적적으로 배당하기도 하고 비누적적으로 배당하기도 한다. 따라서, 계약특성이 확정배당형인 경우에는 그러한 확정배당예상액을 주계약의 계약상 현금흐름에 반영한다.

㉡ 안정배당형 : 전환상환우선주 계약조건에 의해 확정된 배당금을 지급하기로 약정되어 있지 않지만, 발행자가 과거부터 꾸준히 안정적으로 배당을 지급해 오고 있으며 그러한 배당정책은 향후에도 유지될 것으로 기대되는 경우이다. 이러한 안정배당형은 계약특성에 의해 발행자가 반드시 지급하는 것이 아니므로 그러한 기대배당금이 부채요소를 구성하는 것으로 볼 수 없다. 발행자의 배당정책이 안정배당형으로 판단되면 전환상환우선주의 자본요소 배분을 고려할 수 있다.[103)]

㉢ 비배당형 : 전환상환우선주 계약조건에 의해 확정된 배당금을 지급하기로 약정되어 있지 않거나, 확정된 배당금을 지급하는 것으로 약정되어 있으나 발행자의 재무상황을 고려했을 때 전환상환우선주의 만기 내에 그러한 배당이 실행될 수 있을지에 대한 상당한 의문이 있는 경우이다. 이러한 상황에서는 비록 확정배당금이 주계약의 계약상 현금흐름을 구성할 것이나 확정배당의 실행이 가능한지에 대한 세부적인 검토가 필요하다.

---

103) 현실적으로 전환상환우선주에 확정배당 지급계약이 포함되어 있지 않지만 발행자가 안정적인 배당을 지급하는 정책을 유지하는 경우는 거의 찾아볼 수 없다. 국내에서 발행되는 전환상환우선주의 대부분은 성숙기업이 아닌 성장기업이 발행하기 때문이다. 따라서, 실무적인 관점에서 본다면 기대배당금의 자본요소 배분을 추가로 고려해야 할 사례는 흔치 않으리라 판단된다.

기대배당금의 고려

우리는 앞서 「제3장 옵션평가모형」을 지분상품인 기초자산에 배당금이 있을 경우와 없을 경우를 구분하여 다음과 같이 콜옵션의 공정가치를 측정함을 살펴보았다.

① 옵션보유자에게 배당금을 수취할 권리가 있는 경우 : 옵션보유자가 기초자산인 주식에 지급되는 배당금이나 배당등가물(배당금 해당액을 현금으로 지급하거나 배당금만큼 행사가격을 조정)에 대한 권리가 있다면 옵션평가모형에서 배당이 없는 것처럼 평가한다. 즉, 옵션보유자가 배당을 수취할 권리가 있다면 옵션평가모형에서의 기대배당금은 「0」이다. 이와 비슷하게 옵션의 부여일 현재의 기초자산의 공정가치를 추정할 때 기대배당금과 관련하여 어떤 조정도 필요하지 않다.[K-IFRS 1102 B31~33]

- 이는 옵션보유자가 옵션기간 동안 지급될 배당금을 수취할 권리가 있다면 기초자산인 주식의 배당지급에 따른 현금흐름이 옵션보유자에게도 귀속되므로 배당락에 의한 기초자산 가격하락효과가 상쇄되기 때문이다.

② 옵션보유자에게 배당금을 수취할 권리가 없는 경우 : 옵션보유자가 기초주식에 지급될 배당금(또는 배당등가물)에 대한 권리를 갖고 있지 않다면 기대배당금의 현재가치를 고려하여 기초자산의 현재가격을 조정하는 방식으로 옵션의 공정가치를 측정해야 한다. 즉, 옵션의 공정가치를 측정할 때 기대배당금을 옵션평가모형에 반영하여야 한다.[K-IFRS 1102 B34]

- 일반적으로 기초자산의 현재가격에서 기대배당금의 현재가치를 차감하는 방식으로 평가한다. 옵션보유자가 옵션기간 동안 예상되는 배당금을 수취할 권리가 없다면 가격변동성을 반영한 기초자산가격에는 배당락 효과가 반영되지 않아 과대평가되므로 기대배당금의 현재가치만큼 조정되어야 하는 것이다.

전환사채나 신주인수권부사채에 내재된 전환옵션 및 신주인수옵션의 경우 옵션보유자에게 배당금을 수취할 권리가 없는 경우가 대부분이다. 전환사채나 신주인수권 또는 신주인수권부사채 보유자는 기초주식의 배당이 있더라도 전환이 이뤄지지 않은 상태에서는 배당금을 수취할 권리가 없다. 반면, 보통주에 배당이 지급될 경우 전환상환우선주 보유자도 배당을 수취할 권리가 있다. 따라서, 일반적인 경우를 가정하여 전환상환우선주는 전환사채 등과 비교하여 전환옵션의 평가에 있어 다음과 같이 달리 적용한다.

① 전환사채(또는 신주인수권사채)의 전환옵션(또는 신주인수옵션) : 옵션보유자는 배당을

수취할 권리가 없으므로 기초자산인 보통주에 배당이 지급될 것으로 예상된다면 기대배당금의 현재가치를 차감한 금액으로 기초자산의 현재가격을 조정한다.

② 전환상환우선주의 전환옵션 : 옵션보유자는 기초자산인 보통주에 배당이 지급되면 이를 수취할 권리가 있으므로 보통주에 배당이 지급될지 여부를 고려할 필요 없이 기초자산의 현재가격에서 기대배당금을 조정하지 않는다.

▎상환개시시점 조정의 고려

전환상환우선주는 발행기업의 재무상황에 따라 보유자의 계약상의 권리에 불구하고 조기상환 청구가 제한될 수 있다. 전환사채와 같은 채무형 복합상품 보유자는 발행자의 형식적인 상환재원(상법에 따른 배당가능이익)에 관계없이 주계약의 만기 전이라도 조기상환옵션을 행사할 수 있는 반면, 전환상환우선주는 발행자의 실질적인 상환재원(현금 등 금융자산)이 충분하더라도 형식적인 상환재원(상법에 따른 배당가능이익)이 부족할 경우 조기상환이 불가능하다. 따라서, 전환상환우선주는 계약에서 정한 조기상환약정을 전환금융상품 평가모형에 그대로 반영하는 것이 적절하지 않을 수 있으므로[104] 전환상환우선주의 공정가치측정은 형식적인 상환재원의 확보시기에 대한 가정을 반영할 수 있다.

전환상환우선주의 공정가치측정에서 형식적인 상환재원에 따라 상환개시시점을 고려하는 몇 가지 방법을 소개하고 해당 방법의 장단점을 살펴보자.

① 발행기업의 신용위험을 조정하는 방법 : 전환상환우선주의 공정가치측정은 기초자산인 보통주의 확률적 변동을 고려하므로 기초자산가격이 전환가격을 상회하는 상황(내가격상태)에서는 전환이 이뤄지며 기초자산가격이 전환가격을 하회하는 상황(외가격상태)에서는 투자자의 상환요구 가능성이 높아지므로 상환재원(상법에 따른 배당가능이익)은 전환상환우선주 발행자(금융부채 결제자)의 신용위험과 관련이 있으며 채무형 복합상품의 채무불이행 위험과 비교하여 형식적인 상환재원의 채무불이행위험을 추가로 고려하여 전환상환우선주 발행기업의 현재 신용위험보다 높은 수

104) 상환재원의 확보시기에 대한 가정과 관련하여, 전환상환우선주의 상환요소를 분리하지 않는 경우(본서의 전환금융상품 회계정책 유형별 인식과 측정방법 표「유형 Ⅵ」)에는 상환요소를 분리하는 경우보다 공정가치측정에 미치는 영향이 상대적으로 작다. 즉, 전환상환우선주의 내재파생상품 중 전환옵션만 분리하는 경우에는 전환금융상품 전체 공정가치에서 주계약과 조기상환옵션의 공정가치를 각각 차감하는 방법으로 (분리인식하는) 전환옵션의 공정가치를 산정하는데, 전환상환우선주 전체 공정가치에서 상환재원의 확보시기를 조정하지 않으면서 동시에 상환옵션의 공정가치측정에서도 상환재원의 확보시기를 조정하지 않음으로서 잔여가치로 산출되는 전환옵션의 공정가치에는 상환재원의 확보시기에 대한 가정의 영향이 상대적으로 감소한다.

준으로 위험이자율을 조정하는 방법을 말한다.

- 본서는 이러한 접근방법에 대해 회의적인 입장이다. 전환상환우선주 상환을 위한 법적 상환재원의 발생시기에 대한 추정은 발행기업의 신용위험과 직접적으로 관련된다고 보기 어렵기 때문이다. 즉, 상환재원의 확보시기가 결제자의 채무불이행위험의 일부를 구성할 수 있으나 실질적인 상환재원(현금 등 금융자산)이 아닌 상법에서 정한 형식적인 상환재원의 확보시점을 결제자의 신용위험수준으로 계량화할 수는 없을 것이다.
- 특히, 전환상환우선주는 대부분 스타트업 기업이 발행하고 있는데 이들 기업은 측정시점에 이미 상당한 수준의 결손금을 기록하고 있고 측정시점 이후 상당한 기간 동안 손실을 유지할 것이 예상되는 상황에서 결제자의 신용위험수준을 상향조정하더라도 전환상환우선주의 발행계약에 따른 상환개시시점[105]에는 영향이 없으므로 전환상환우선주의 공정가치를 왜곡할 가능성이 높다.

② 재무계획을 감안하여 상환개시시점을 조정하는 방법 : 기업의 경영진이 예상하고 있는 재무계획에 따라 측정일 현재 존재하는 결손금과 향후 재무계획에 따른 추정이익이 전환상환우선주 원리금을 상환할 수 있는 수준의 상환재원이 확보되는 시점으로 상환개시시점을 조정하는 방법을 말한다.

- 예를 들어, 전환상환우선주 발행계약에 따른 조기상환옵션의 행사가 발행일로부터 3년이 지난 시점부터 가능하지만 기업의 측정일 현재 결손금 수준과 재무계획을 고려할 경우 발행일로부터 7년이 지난 시점부터 행사가능할 것으로 예상하는 경영자의 가정을 반영한다.[106]
- 이러한 접근방법은 전환상환우선주 공정가치평가 실무에서 활발히 사용되고 있는데, 본서에서 설명하고 있는 전환금융상품 평가모형들은 기초자산을 지분상품으로 제한하고 이자율의 확률적 변동을 고려하지 않으며, 전환금융상품의 기초자산의 확률적 변동이 전환금융상품의 부채요소의 공정가치에 미치는 영향을

---

105) 국내에서 발행되는 전환상환우선주의 대부분은 발행일로부터 3년이 되는 시점부터 투자자의 조기상환권리가 행사가능한 계약조항이 포함되어 있다. 스타트업 기업의 경우 계약상 조기상환권 행사개시시점(3년)까지 기존 결손금을 보전하고 전환상환우선주 원리금(발행금액 및 조기상환수익률)을 상환할 회계상 이익을 기록할 것으로 예상하는 것은 비현실적인데 반해 결제자의 신용위험을 조정하는 방법은 계약상 조기상환권 행사개시시점(3년)에 상환재원이 마련됨을 전제한다.

106) 전환상환우선주의 기초자산가격을 〈수준3〉 투입변수를 이용하여 별도로 측정하는 경우에는 실무적으로 기초자산가격 추정에 도입된 경영자의 재무계획(추정이익 및 그에 따른 이익잉여금)을 활용하여 형식적인 상환재원의 확보시기를 조정하기도 한다.

고려하지 않으므로 기초자산가격과 발행기업의 신용위험은 독립적임을 가정하고 있다. 현실적으로 스타트업 기업의 경우 주가상승이 기업의 이익상승(또는 손실감소)과 직접적으로 관련되지 않으며, 반대로 기업의 주가하락이 기업의 이익하락(또는 손실증가)과 무관한 경우가 많다. 이러한 상황을 고려할 때 기업의 재무계획을 고려하여 법적 상환재원확보시기를 예상하고 이에 따라 상환개시시점을 조정하는 방법은 현실적인 대안이 될 수 있을 것이다.

- 다만, 기업의 재무계획은 측정일마다 변동될 수 있으며 이러한 추정의 변경이 전환상환우선주의 공정가치의 불확실성을 높일 수 있는 요인이 될 수 있는 점을 주의할 필요가 있다.

예 제 **전환옵션이 자본요소인 전환상환우선주의 인식 및 측정**

기업은 20×1년 1월 1일, 전환상환우선주를 주당 10,000원에 발행하였다. 전환상환우선주 보유자는 발행일로부터 전환옵션의 존속기간(5년)까지의 기간 동안 언제든지 발행자의 보통주로 전환해 줄 것을 요구할 수 있는 전환옵션을 가진다. 보유자가 전환옵션을 행사하면 발행자는 확정수량의 보통주를 발행하며, 존속기간(5년)동안 전환옵션이 행사되지 않으면 자동으로 전환된다. 발행자의 수의상환옵션은 부여되지 않았다. 전환상환우선주의 발행조건과 공정가치측정에 요구되는 정보는 다음과 같다.

- 조기상환옵션 : 옵션만기(5년) 동안 언제든지 발행금액(10,000원)으로 상환할 수 있다(조기상환수익률 : 0%).
- 확정배당률 : 발행금액의 0%
- 최초측정일의 유사채무상품 시장이자율(5년 현물이자율) : 8.0%
- 최초측정일(20×1년 1월 1일), Tsiveriotis-Fernandes 모형에 의해 측정한 전환상환우선주 전체 공정가치 : 11,100원
- 최초측정일(20×1년 1월 1일)의 조기상환옵션 공정가치 : 1,000원
- 기업은 전환상환우선주에 부여된 조기상환옵션이 분리요건을 만족하지 않는 것으로 판단하고 이를 주계약에 포함하기로 한다.

① 전환옵션 특성 : 전환상환우선주 발행자는 보유자의 전환요청에 대해 확정수량의 보통주로 결제하므로 전환상환우선주에 내재된 전환옵션은 지분상품요건을 만족한다. 이에 따라 발행자는 전환옵션을 주계약에서 분리하여 자본요소로 인식한다. 이 전환상환우선주는 자본요소와 부채요소가 모두 있는 복합금융상품에 해당한다.

② 최초인식 : 금융상품은 최초인식 시점에 공정가치로 인식한다. 이때, 최초인식 시점에 금융상품의 공정가치에 대한 최선의 추정치는 거래가격(발행금액)이다. 즉, 이 전환상환우선주의 공정가치는 발행금액인 10,000원이다.

- 채권평가모형을 이용한 일반채무상품 공정가치는 다음과 같이 측정한다.

㉠ 이자(확정배당금)현재가치 : 0원×3.3121(5년, 8% 연금현가계수) = 0원
㉡ 원금현재가치 : 10,000원×0.6806(5년, 8.0% 현가계수) = 6,806원
㉢ 주계약 공정가치 : 이자현재가치(0원) + 원금현재가치(6,806원) = 6,806원

- 전환상환우선주의 최초 장부금액을 부채요소와 자본요소에 배분하는 경우 전환상환우선주 전체의 공정가치에서 별도로 결정된 부채요소의 금액을 차감한 나머지 금액을 자본요소에 배분한다.
- 전환상환우선주의 부채요소(주계약)는 일반채무상품의 공정가치와 (주계약에서 분리하지 아니하는) 조기상환옵션의 공정가치의 합으로 계산된다.

㉠ 일반채무상품 공정가치 : 6,806원
㉠ 조기상환옵션 공정가치 : 1,000원
㉢ 부채요소(주계약) 공정가치 : 일반채무상품(6,806원) + 조기상환옵션(1,000원) = 7,806원

- 자본요소(전환옵션)는 전환상환우선주 전체 공정가치에서 부채요소의 금액을 차감한 나머지 금액을 배분한다.

㉠ 전환상환우선주 공정가치(거래가격) : 10,000원
㉡ 전환요소 배분액 : 전환상환우선주(10,000원) - 부채요소(7,806원) = 2,194원

- 주계약(일반채무상품 + 조기상환옵션)의 최초 장부금액(7,806원)과 기대만기 동안의 계약상 현금흐름을 일치시키는 유효이자율을 계산하고 기대만기에 걸쳐 주계약 장부금액을 상각한다.

예 제　전환옵션이 부채요소인 전환상환우선주의 인식 및 측정

기업은 20×1년 1월 1일, 주당 10,000원으로 전환상환우선주를 발행하였다. 전환상환우선주 보유자는 발행일로부터 5년이 되는 시점까지 언제든지 발행자 보통주로 전환해 줄 것을 요구할 수 있는 전환옵션을 가지며, 5년이 되는 시점까지 보유자가 전환 또는 상환을 청구하지 않을 경우 자동으로 보통주로 전환되는 존속기간을 설정하고 있다. 전환옵션은 보통주 가격의 하락 시에 발행금액의 70%까지 전환비율이 조정되는 리픽싱 조항이 포함되어 있다. 이러한 계약조건으로 인해 결제해야 할 보통주 수량이 확정되지 아니하였으므로 기업은 전환상환우선주의 전환옵션을 주계약에서 분리하여 파생상품부채로 인식하기로 한다. 또, 보유자는 20×2년 12월 31일부터 만기까지의 기간 동안에 조기상환수익률 연단리 4.0%의 이자에 해당하는 금액을 더한 금액으로 상환해 줄 것을 요구할 수 있는 조기상환옵션을 가진다. 전환상환우선주의 우선배당금은 0%이며 만기보장수익률과 조기상환수익률은 연단리 4.0%이다.

전환상환우선주 발행일(20×1년 1월 1일)에 우선주부채, 전환옵션 및 조기상환옵션의 공정가치측정을 위한 기본자료는 다음과 같다. 거래원가는 없으며 상환재원은 충분한 것으로 가정한다.

• 전환상환우선주 발행일(20×1년 1월 1일)의 주계약, 전환옵션 및 상환옵션의 공정가치 측정을 위한 정보는 다음과 같다. 편의상 옵션측정주기는 1년으로 한다.

㉠ 보통주가격 : 10,000원

㉡ 전환가격 : 10,000원

㉢ 전환비율 : 1.0(주가하락 시 발행금액의 70%까지 전환비율 조정)

㉣ 무위험이자율 : 관측가능한 만기수익률(YTM)과 그로부터 추출(bootstrapping)된 현물이자율(spot-rate) 그리고 이자율 기간구조를 반영한 단기선도 무위험이자율은 다음과 같다.

	1년물	2년물	3년물	4년물	5년물
만기수익률	1.800%	1.900%	2.000%	2.100%	2.200%
현물이자율	1.800%	1.901%	2.003%	2.105%	2.209%
현가계수	0.9823	0.9630	0.9422	0.9200	0.8965
단기선도이자율	1.800%	2.002%	2.206%	2.414%	2.625%

㉤ 위험이자율 : 관측가능한 만기수익률(YTM)과 그로부터 추출(bootstrapping)된 현물이자율(spot-rate) 그리고 이자율 기간구조를 반영한 단기선도 위험이자율은 다음과 같다.

	1년물	2년물	3년물	4년물	5년물
만기수익률	7.000%	7.500%	8.000%	8.500%	9.000%
현물이자율	7.000%	7.519%	8.055%	8.613%	9.198%
현가계수	0.9346	0.8650	0.7926	0.7186	0.6441
단기선도이자율	7.000%	8.040%	9.135%	10.304%	11.570%

㉥ 연간 주가변동성 : 25.0%, 주가상승계수(u) : 1.2840, 주가하락계수(d) : 0.7788

㉦ 헤지확률(p) : 이자율 기간구조에 따른 동적 헤지를 반영한 헤지확률은 다음과 같다.

	1년	2년	3년	4년	5년
헤지확률	0.4738	0.4758	0.4778	0.4798	0.4819

㉧ 전환가능기간 : 전환상환우선주 발행일로부터 존속기간(5년)까지의 기간

㉨ Black-Derman-Toy 모형에 따른 기간별 단기선도이자율 트리는 다음과 같다.

	${}_0f_1$	${}_1f_2$	${}_2f_3$	${}_3f_4$	${}_4f_5$
0	7.00%	8.28%	9.63%	11.06%	12.60%
1		7.80%	9.13%	10.54%	12.06%
2			8.66%	10.06%	11.56%
3				9.60%	11.09%
4					10.65%

• 기업은 전환상환우선주에 내재된 상환옵션의 특성을 고려할 때 주계약에서 분리하지 않는 것이 타당한 것으로 판단하였다.

(1) 주계약과 내재파생요소의 특성

① 주계약의 특성 : 주계약인 우선주부채의 계약상 현금흐름은 만기이전에 연 0%의 액면이자(우선배당금)를 지급하다가 만기까지 전환이 이뤄지지 않을 경우 만기보장수익률로 연단리 4.0%를 제공하는 step-up 방식의 이자를 지급한다.

② 전환옵션의 특성 : 발행자는 리픽싱 조항으로 인해 보유자의 전환요청에 대해 확정되지 않은 수량의 보통주로 결제하므로 전환상환우선주에 내재된 전환옵션은 지분상품 요건을 만족하지 못하며 주계약에서 분리하여 파생상품부채(FVPL-금융부채)로 인식한다.

③ 상환옵션의 특성 : 전환상환우선주 보유자는 2년이 되는 시점부터 조기상환금액으로 발행자에게 상환해 줄 것으로 요청할 수 있다. 보유자의 조기상환옵션의 조건은 만기수익률과 같고 상환옵션이 적극적인 거래의 대가에 포함되어 최초 거래가격이 유의적으로 할인·할증발행되지 않아 발행자는 이러한 상환옵션이 주계약과 밀접한 관련이 있는 것으로 판단하여 상환옵션은 주계약에서 분리하지 않기로 하였다.

(2) 주계약에서 상환옵션을 분리하지 않고 전환옵션만 분리하여 파생상품부채로 인식하는 경우(유형Ⅵ)의 회계인식 및 공정가치측정

① 회계인식방법 : 전환상환우선주 발행자는 발행금액(10,000원)에서 주계약에서 분리인식하는 전환옵션 공정가치를 차감한 나머지 금액을 주계약(일반채무상품+상환옵션)의 최초 장부금액으로 인식한다.

② 공정가치측정방법 : 전환옵션이 부채요소로 분류되고 상환옵션을 주계약에서 분리하지 아니하므로 전환옵션 공정가치는 (Tsiveriotis-Fernandes 모형 등 전환금융상품평가모형에 의해 측정된) 전환상환우선주 전체 공정가치에서 (현물이자율을 할인율로 하는 채권평가모형으로 측정된) 일반채무상품 공정가치와 (Black-Derman-Toy 모형 등 금리파생상품 평가모형에 의해 측정된) 상환옵션 공정가치를 차감한 금액으로 산정된다.

③ 주계약 공정가치 : 이자지급이 일정하지 아니한 계약상 현금흐름을 구성하는 채무상품은 만기별 현물이자율을 할인율로 한 채권평가모형에 의해 주계약의 공정가치를 측정한다. 이때, 액면이자율(0.0%)과 만기보장수익률(연단리 4.0%)에 따른 계약상 현금흐름을 고려한다. 이자지급이 일정하지 아니한 주계약의 공정가치는 다음과 같이 7,729원으로 측정된다.

	현재가치	20×1	20×2	20×3	20×4	20×5
계약상현금흐름	-	-	-	-	-	12,000
현물이자율 현가계수	-	0.9346	0.8650	0.7926	0.7186	0.6441
이자현재가치	7,729	-	-	-	-	7,729

④ 전환상환우선주 전체공정가치 : Tsiveriotis-Fernandes 모형을 이용해 평가된 전환상환우선주 전체의 공정가치는 다음과 같이 11,197원으로 측정된다.

- 기초자산의 가격트리를 다음과 같이 생성한다.

	t=0	20×1	20×2	20×3	20×4	20×5
0	10,000	12,840	16,487	21,170	27,183	34,903
1		7,788	10,000	12,840	16,487	21,170
2			6,065	7,788	10,000	12,840
3				4,724	6,065	7,788
4					3,679	4,724
5						2,865

- Tsiveriotis-Fernandes 모형에 의한 전환상환우선주 가격트리를 다음과 같이 생성하여 최초측정일 현재 전환상환우선주 전체의 공정가치를 11,197원으로 측정한다. 복합상품 가격트리는 매 시점 각 노드(i,j)별로 전환가치와 보유가치를 비교하여 산정하되, 전환가치 산정에서 시가조정 리픽싱효과를 고려한다.107)

	t=0	20×1	20×2	20×3	20×4	20×5
0	11,197	13,293	16,487	21,170	27,183	34,903
1		10,304	11,340	13,190	16,487	21,170
2			10,800	11,200	11,600	12,840
3				11,200	11,600	12,000
4					11,600	12,000
5						12,000

⑤ 조기상환옵션의 공정가치 : Black-Derman-Toy 모형에 의한 조기상환옵션의 공정가치는 다음과 같이 풋옵션부채권의 공정가치와 일반채권(straight bond) 공정가치의 차이금액으로 측정한다.

- 만기상환금액은 만기상환원리금이다.
  - ㉠ 만기누적 원리금 : 10,000원 + 10,000원 × 4.0% × 5년 = 12,000원
  - ㉡ 만기누적 액면이자 : 10,000원 × 0.0% × 4년 = 0원
  - ㉢ 만기상환원리금 : 만기누적 원리금(12,000원) - 만기누적 액면이자(0원) = 12,000원
- 일반채권의 현재가치는 Black-Derman-Toy 모형에 의해 추정된 단기선도이자율을 이용하여 다음과 같이 7,729원으로 측정한다. Black-Derman-Toy 모형에 의해 측정된 주계약 공정가치(7,729원)와 위에서 살펴본 바와 같이 현물이자율을 이용하여 측정된 주계약 공정가치(7,729원)가 일치하여 차익거래가 발생하지 않음을 알 수 있다.

	현재가치	20×1	20×2	20×3	20×4	20×5
0	7,729	8,197	8,815	9,619	10,657	12,000
1		8,343	8,936	9,709	10,708	12,000
2			9,051	9,794	10,757	12,000
3				9,875	10,802	12,000
4					10,845	12,000
5						12,000

- 풋옵션부채권의 현재가치는 Black-Derman-Toy 모형에 의해 추정된 단기선도이자율과 각 시점별 행사가격을 이용하여 다음과 같이 9,342원으로 측정된다. 조기상환옵션의 최초행사 가능시점인 20×2년부터 풋옵션부채권의 가치는 모든 node에 있어 행사가격으로 고정(anchor)됨을 알 수 있다.

	현재가치	20×1	20×2	20×3	20×4	20×5
행사가격		-	10,800	11,200	11,600	12,000
0	9,342	9,974	10,800	11,200	11,600	12,000
1		10,019	10,800	11,200	11,600	12,000
2			10,800	11,200	11,600	12,000
3				11,200	11,600	12,000
4					11,600	12,000
5						12,000

- 풋옵션부채권과 일반채권의 현재가치의 차이금액으로 조기상환옵션의 공정가치를 다음과 같이 1,613원으로 측정한다.
  - ㉠ 풋옵션부채권의 현재가치 : 9,342원
  - ㉡ 일반채권의 현재가치 : 7,729원
  - ㉢ 조기상환옵션의 공정가치 : 풋옵션부채권가치(9,342원) - 일반채권가치(7,729원) = 1,613원

⑥ 전환옵션의 공정가치 : 전환옵션의 공정가치는 전환상환우선주 전체공정가치에서 일반채무상품과 조기상환옵션의 공정가치를 차감하여 다음과 같이 1,855원으로 측정한다.

- 전환상환우선주 전체공정가치(Tsiveriotis-Fernandes 모형) : 11,197원
- 일반채무상품 공정가치(현물이자율을 할인율로 한 채권평가모형) : 7,729원
- 조기상환옵션 공정가치(Black-Derman-Toy 모형) : 1,613원
- 전환옵션 공정가치 = 전환상환우선주 전체공정가치(11,197원) - {일반채무상품 공정가치(7,729원) + 조기상환옵션 공정가치(1,613원)} = 1,855원

107) Tsiveriotis-Fernandes 모형에 의한 전환상환우선주 공정가치평가의 중간과정(지분가치트리, 부채가치트리, 보유가치트리 및 전환비율 트리 등)은 생략한다.

⑦ 주계약 및 내재파생상품의 최초인식 : 상환옵션을 분리하지 아니하므로 전환상환우선주의 내재파생요소 중 전환옵션을 파생상품부채(FVPL-금융부채)로 분리하고 최초거래가격(발행금액)에서 분리하는 전환옵션 공정가치를 차감한 잔여금액을 주계약(일반채무상품+조기상환옵션)으로 인식한다.

- 전환권(파생상품부채) 최초인식액 : 1,855원
- 주계약(일반채무상품+조기상환옵션) 최초인식액 : 8,145원(=10,000원 - 1,855원)

⑧ 유효이자율 : 주계약(일반채무상품+조기상환옵션)의 최초 장부금액과 계약상 현금흐름을 일치시키는 유효이자율을 계산하고 기대만기에 걸쳐 상각한다. 이때, 기대만기는 최초 상환가능시점(20×2년말)으로 한다.

- 주계약(일반채무상품+조기상환옵션)의 최초 장부금액(8,145원)과 기대만기(2년) 동안의 계약상 현금흐름의 현재가치를 일치시키는 유효이자율을 다음과 같이 15.15%로 계산한다. 이때, 20×2년말 조기상환가격은 10,800원[=10,000원+(4%×2년 - 0%×1년]으로 계산된다.

	현재시점	20×1	20×2	20×3	20×4	20×5
현금흐름	-8,145	-	10,800	-	-	-
유효이자율	15.15%					

- 주계약(일반채무상품+조기상환옵션)의 유효이자율(15.15%)에는 조기상환옵션의 공정가치가 포함되어 있다.
- 주계약(일반채무상품+조기상환옵션)의 유효이자 계산표는 다음과 같다.

	기초장부금액	이자비용	이자현금흐름	상각액	기말장부금액
20×1	8,145	1,234	-	1,234	9,379
20×2	9,379	1,421	-	1,421	10,800

- 만일, 최초 상환가능시점(20×2년말)이 도래하였음에도 보유자가 전환상환우선주를 전환 또는 상환하지 않고 보유하고 있는 경우에는 기대만기를 재설정하되, 최초 계산된 유효이자율에 의해 주계약(주계약+조기상환옵션) 장부금액(상각후원가)을 수정한다. 이에 따른 상각후원가 차이금액은 즉시 당기손익으로 인식한다.

(3) 주계약에서 상환옵션을 분리하지 않지만 전환옵션과 상환옵션의 상호의존성을 고려하여 전환권과 상환권을 하나의 내재파생상품(복합 내재파생상품)으로 인식하는 경우(유형Ⅷ)의 회계인식 및 공정가치측정

① 회계인식방법 : 전환상환우선주 발행자는 발행금액(10,000원)에서 주계약에서 분리인식하는 복합 내재파생상품(전환옵션+상환옵션)의 공정가치를 차감한 나머지 금액을 주계약의 최초 장부금액으로 인식한다.

② 공정가치측정방법 : 전환옵션과 상환옵션을 하나의 내재파생상품으로 분리하므로 복합 내재파생상품(전환옵션+상환옵션)의 공정가치는 (Tsiveriotis-Fernandes 모형

등 전환금융상품 평가모형에 의해 측정된) 전환상환우선주 전체공정가치에서 (현물이자율을 할인율로 하는 채권평가모형으로 측정된) 일반채무상품 공정가치를 차감한 금액으로 산정한다. 하나의 내재파생상품으로 분리하므로 상환옵션에 대한 공정가치측정은 불필요하다.

③ 전환상환우선주 전체공정가치 : Tsiveriotis-Fernandes 모형을 이용해 평가된 전환상환우선주 전체의 공정가치는 위의 (2)에서 측정한 값과 같은 11,197원이다.

④ 일반채무상품 공정가치 : 일반채무상품의 공정가치는 위의 (2)에서 측정한 값과 같은 7,729원으로 측정된다.

⑤ 복합 내재파생상품의 공정가치 : 복합 내재파생상품(전환옵션+상환옵션)의 공정가치는 전환상환우선주 전체공정가치에서 일반채무상품의 공정가치를 차감하여 다음과 같이 3,468원으로 측정한다.

- 전환상환우선주 전체공정가치(Tsiveriotis-Fernandes 모형) : 11,197원
- 일반채무상품 공정가치(현물이자율을 할인율로 한 채권평가모형) : 7,729원
- 복합 내재파생상품 공정가치 = 전환상환우선주 전체공정가치(11,197원) - 일반채무상품 공정가치(7,729원) = 3,468원

⑥ 주계약 및 내재파생상품의 최초인식 : 복합 내재파생상품(전환옵션+상환옵션)을 파생상품부채(FVPL-금융부채)로 분리하고 최초거래가격(발행금액)에서 분리하는 복합 내재파생상품의 공정가치를 차감한 잔여금액을 주계약으로 인식한다.

- 전환권(복합 파생상품부채) 최초인식액 : 3,468원
- 주계약(일반채무상품) 최초인식액 : 6,532원(= 10,000원 - 3,468원)

⑦ 유효이자율 : 주계약(일반채무상품)의 최초 장부금액과 계약상 현금흐름을 일치시키는 유효이자율을 계산하고 계약만기(5년)에 걸쳐 상각한다.

- 주계약(일반채무상품)의 최초 장부금액(6,532원)과 계약만기(20×5년말) 동안의 계약상 현금흐름의 현재가치를 일치시키는 유효이자율을 다음과 같이 12.94%로 계산한다.

	현재시점	20×1	20×2	20×3	20×4	20×5
현금흐름	-6,532	-	-	-	-	12,000
유효이자율	12.94%					

- 주계약(일반채무상품)의 유효이자 계산표는 다음과 같다.

	기초장부금액	이자비용	이자현금흐름	상각액	기말장부금액
20×1	6,532	845	-	845	7,377
20×2	7,377	954	-	954	8,331
20×3	8,331	1,078	-	1,078	9,409
20×4	9,409	1,217	-	1,217	10,626
20×5	10,626	1,374	-	1,374	12,000

8 FVPL-금융부채 지정

최초 인식시점에 금융부채는 공정가치로 측정한다.[K-IFRS 1109 문단 5.1.1] 반면, 모든 금융부채는 다음을 제외하고는 후속적으로 상각후원가로 측정되도록 분류한다.[K-IFRS 1109 문단 4.2.1]

① 당기손익-공정가치측정 금융부채(FVPL - 금융부채) : 파생상품부채를 포함한 이러한 부채는 후속적으로 공정가치로 측정한다.

② 금융자산의 양도가 제거조건을 충족하지 못하거나 지속적 관여 접근법이 적용되는 경우에 생기는 금융부채 : 이러한 금융부채는 해당 기준서의 내용(K-IFRS 1109호 문단 3.2.15, 3.2.17)을 적용하여 측정한다.

③ 금융보증계약 : 최초 인식 후에 이러한 계약(① 및 ②를 적용하는 계약 제외)의 발행자는 해당 계약을 후속적으로 다음 중 큰 금액으로 측정한다.

㉠ 손실충당금[108]

㉡ 최초 인식금액에서 이익누계액[109]을 차감한 금액

④ 시장이자율보다 낮은 이자율로 대출하기로 한 약정 : 최초 인식 후에 이러한 약정(①을 적용하는 약정 제외)의 발행자는 후속적으로 해당 약정을 다음 중 큰 금액으로 측정한다.

㉠ 손실충당금

㉡ 최초 인식금액에서 이익누계액을 차감한 금액

⑤ 사업결합에서 취득자가 인식하는 조건부 대가[110] : 이러한 조건부 대가는 후속적으로 당기손익 - 공정가치로 측정한다.

기준서가 위의 5가지 예외를 제외하고는 모든 금융부채를 상각후원가(AC-금융부채)로 측정하도록 하고 있으므로 금융부채가 파생상품(내재파생상품 포함) 등에 해당되지 않는다면 금융부채의 후속적인 공정가치측정 이슈는 없다고 볼 수 있다. 다만, 위의 5가지 예외에 해당되지 않더라도 일정한 조건을 만족하는 금융부채에 대해 상각후원가가 아닌 공정가치로 측정하는 당기손익-공정가치측정 금융부채(FVPL - 금융부채)로 측정할 수 있도록 하고 있으며 이를 「FVPL-금융부채 지정선택권」이라 한다.

108) 손상인식기준에 따른 손실충당금을 뜻한다.

109) K-IFRS 1115호에 따라 인식한 이익누계액을 뜻한다.

110) K-IFRS 1103호를 적용하는 사업결합에서 취득자가 인식하는 조건부 대가를 뜻한다.

이에 본장에서는 기업이 FVPL-금융부채 지정선택권을 이용하여 금융부채를 FVPL-금융부채로 지정한 경우의 공정가치측정과 관련된 주요 내용을 살펴본다.

8.1. FVPL-금융부채 지정

기업은 최초인식 시점에 〈FVPL-금융부채 지정선택권〉에 의해 금융부채를 FVPL - 금융부채로 지정할 수 있으며 한번 지정하면 이를 취소할 수 없다.[K-IFRS 1109 문단 4.2.2]

FVPL-금융부채 지정은 다음과 같이 두 가지 유형으로 분류할 수 있다.

① 복합상품의 주계약이 금융자산이 아니면서(복합상품의 주계약이 금융부채 또는 지분상품임을 의미) 하나 이상의 내재파생상품을 포함하는 복합상품의 공정가치를 측정함에 있어 FVPL-금융부채로 지정함으로써 공정가치측정의 복잡성을 줄이거나 신뢰성을 높일 수 있는 경우[K-IFRS 1109호 문단 4.3.5]

② 금융부채를 FVPL-금융부채로 지정하는 것이 정보를 더 목적적합하게 하는 경우[K-IFRS 1109호 문단 4.2.2]

(1) 공정가치측정의 복잡성을 줄이거나 신뢰성을 높일 수 있는 경우

복합상품의 주계약이 금융자산이 아니면서(복합상품의 주계약이 금융부채 또는 지분상품) 하나 이상의 내재파생상품을 포함하는 경우에는 해당 복합상품 전체를 FVPL - 금융부채로 지정할 수 있다. 다만, 다음의 경우는 제외한다.[K-IFRS 1109 4.3.5, B4.3.9~10]

① 내재파생상품으로 인해 복합계약의 현금흐름이 유의적으로 변경되지 않는 경우

② 비슷한 복합상품을 고려할 때 내재파생상품의 분리가 금지된 것을 별도로 상세하게 분석하지 않아도 명백하게 알 수 있는 경우. 이러한 내재파생상품의 예로는 옵션보유자가 상각후원가에 가까운 금액으로 대출채권을 중도 상환할 수 있는 대출채권에 내재된 중도상환옵션이 있다.

복합상품의 주계약이 금융자산이 아니면서(주계약이 금융부채 또는 지분상품) 하나 이상의 내재파생상품을 포함하는 복합상품의 거래당사자가 되는 경우에는 내재파생상품을 식별하고 주계약에서 분리해야 하는지를 판단하여 분리대상 내재파생상품은 최초인식시점과 그 이후 기간에 공정가치로 측정함이 원칙이나 이러한 방법이 전체 금융부채를 공정가치로 측정하여 당기손익으로 인식하는 것보다 더 복잡하거나 신뢰성이 더 낮은 측정치를 이끌어 낼 수 있으므로 기준서는 그러한 복합상품 전체를 FVPL-금융부

채로 지정하는 것을 허용하고 있다.

- FVPL-금융부채 지정은 주계약과 분리해야 하는 내재파생상품이나 분리할 수 없는 내재파생상품 모두에 적용할 수 있다.

(2) FVPL-금융부채로 지정하는 것이 정보를 더 목적적합하게 하는 경우

금융부채를 FVPL - 금융부채로 지정하는 것이 다음 중 하나 이상을 충족하여 정보를 더 목적적합하게 하는 경우에는 FVPL - 금융부채로 지정할 수 있다. 다만, 한번 지정하면 이를 취소할 수 없다.[K-IFRS 1109 4.2.2, B4.1.29~36]

① FVPL - 금융부채로 지정하면 회계불일치를 제거하거나 유의적으로 줄인다.

- 금융자산이나 금융부채의 측정방법과 인식된 가치변동의 분류방법은 해당 항목의 분류와 위험회피관계 지정여부에 따라 결정되는데, FVPL-항목으로 지정하지 않는다면 금융자산은 후속적으로 당기손익-공정가치로 측정하고 이 자산과 관련되어 있다고 여기는 금융부채는 후속적으로 상각후원가로 측정하는 경우에 인식과 측정의 불일치(회계불일치)가 나타날 수 있다. 이 경우 해당 금융자산과 금융부채를 모두 FVPL-항목으로 분류하면 재무제표가 더 목적적합한 정보를 제공할 것으로 판단할 수 있다.
- 인식이나 측정의 불일치를 초래하는 자산과 부채 전부를 반드시 동시에 취득할 필요는 없다. 각 거래를 최초 인식시점에 FVPL-항목으로 지정하며, 이때 나머지 거래도 일어날 것으로 예상한다면 합리적으로 가능한 지연은 허용된다.
- 불일치를 가져오는 금융자산과 금융부채 중 일부만을 FVPL-항목으로 지정하는 것이 불일치를 제거하거나 유의적으로 줄이지 않아서 더 목적적합한 정보를 제공하게 되지 않는다면 그러한 일부만의 지정은 인정될 수 없다. 그러나 비슷한 금융자산 집합이나 비슷한 금융부채 집합의 일부만을 지정하는 것이 불일치를 유의적으로 줄일 수 있는 경우(다른 지정보다 크게 불일치를 제거할 수 있는 경우)에는 해당 금융자산이나 금융부채의 일부만을 당기손익-공정가치측정 항목으로 지정할 수 있다. 예를 들어, 복수의 비슷한 금융자산과 복수의 비슷한 금융부채의 총액이 각각 50원과 100원이며 금융자산과 금융부채의 측정기준이 서로 다르다면, 최초 인식시점에 금융자산 전체와 금융부채의 일부(예 : 개별 금융부채의 합계가 45원인 부분)를 FVPL-항목으로 지정하여 측정의 불일치를 유의적으로 제거할 수 있다. 그러나 개별 금융상품 전체가 지정의 대상이므로

하나 이상의 개별 금융부채 전체를 지정하여야 한다. 부채의 구성요소(예 : 기준금리 변동 등 특정위험에 따른 가치변동) 또는 특정 부채의 비례적 부분(비율)만을 지정할 수는 없다.

② 문서화된 위험관리전략이나 투자전략에 따라 금융상품 집합을 공정가치 기준으로 관리하고 그 성과를 평가하며 그 정보를 이사회, 대표이사등 주요 경영진에게 그러한 공정가치 기준에 근거하여 내부적으로 제공한다.

- 금융부채 집합 또는 금융자산과 금융부채의 집합을 관리하고 평가하는 방법에 따라 이를 공정가치로 측정하고 당기손익으로 인식하는 것이 더 목적적합한 정보를 제공하는 것일 수 있다. 이때 중요한 것은 금융상품의 특성이 아니라 관리방법과 성과평가방법이다.
- 예를 들어, (문서화된 위험관리전략이나 투자전략에 따라 금융상품 집합을 공정가치 기준으로 관리하고 그 성과를 평가하며 그 정보를 이사회 등 주요 경영진에게 공정가치 기준에 근거하여 내부적으로 제공한다는 원칙을 충족한다는 전제하에) 하나 이상의 위험을 공유하는 금융자산과 금융부채를 가지고 있으며, 이러한 위험을 문서화된 자산부채 관리방침에 따라 공정가치 기준으로 관리하고 평가한다면 금융부채를 FVPL-항목으로 지정하기 위해 이러한 조건을 사용할 수 있다. 이러한 경우의 예로서 복수의 내재파생상품을 포함하는 구조화된 금융상품을 발행하고, 파생상품과 비파생금융상품의 조합을 이용하여 해당 금융상품의 위험을 공정가치 기준으로 관리하는 경우를 들 수 있다.
- 이러한 조건에서 중요한 것은 해당 금융상품 집합의 관리 방법과 성과평가 방법이다. 따라서, (최초 인식시점의 지정요건에 따라 달라지지만) 금융부채를 FVPL-항목으로 지정한 경우에는 공동으로 관리하고 평가하는 모든 적격의 금융부채를 FVPL-금융부채로 지정한다.
- 기업의 전략을 광범위하게 문서화할 필요는 없으나 기준서에서 정한 원칙(문서화된 위험관리전략이나 투자전략에 따라 금융상품 집합을 공정가치기준으로 관리하고 그 성과를 평가하며 그 정보를 이사회 등 주요 경영진에게 공정가치기준에 근거하여 내부적으로 제공한다는 원칙)을 준수하고 있다는 것을 충분히 제시할 수 있어야 한다. 이러한 문서화를 각 항목별로 반드시 하여야 하는 것은 아니며, 포트폴리오별로 할 수도 있다. 예를 들어, 주요 경영진이 승인한 특정부서의 성과관리시스템이 그 부서의 성과를 총수익기준으로 평가하는 것을 명백하게 보여준다면

기준서에서 정한 원칙을 준수하였다는 사실을 제시하기 위하여 추가로 문서화 할 필요는 없다.

FVPL-금융부채로 지정된 경우 후속측정은 공정가치로 측정한다. 다만, FVPL-금융부채의 공정가치 변동의 원인이 발행기업의 신용위험 변동에 있는 경우 신용위험변동에 따른 공정가치 변동분(자기신용위험 변동효과)은 기타포괄손익으로 처리하도록 하고 나머지 공정가치변동분을 당기손익으로 처리하도록 하고 있다. FVPL-금융부채로 지정된 경우 아래에서는 자기신용위험 변동효과의 측정방법을 설명한다.

8.2. 자기신용위험 변동효과의 측정

FVPL-금융부채의 공정가치 변동은 발행기업의 신용위험이 변동되거나 같은 신용위험을 가진 금융부채의 시장이자율이 변동되는 경우로 구분된다. 금융상품의 신용위험이 높아지면 그 금융상품을 보유한 기업(금융자산 보유자)은 공정가치측정에 따른 손실을 인식하거나 손상을 기록하는 반면, 그 금융상품을 발행한 기업(금융부채)은 평가이익을 인식해야 하는 모순이 발생한다.

- 이러한 문제로 인해 기준서는 기업이 FVPL-금융부채로 지정한 경우 신용위험변동에 따른 공정가치변동분은 기타포괄손익으로 처리하도록 하고 나머지 공정가치변동분을 당기손익으로 처리하도록 하고 있다.[K-IFRS 1109 문단 5.7.7]
- 다만, 이러한 요구사항이 당기순이익의 회계불일치를 일으키거나 확대하는 경우에는 해당 금융부채의 모든 손익(해당 금융부채의 신용위험 변동효과를 포함)을 당기손익으로 표시한다. 한편, FVPL-금융부채로 지정된 금융부채 중 대출약정과 금융보증계약의 경우에는 모든 손익(해당 금융부채의 신용위험 변동효과를 포함)을 당기손익으로 표시한다.[K-IFRS 1109 문단 5.7.8~9]

기업이 FVPL-금융부채로 지정한 경우 신용위험변동에 따른 공정가치변동분(기타포괄손익으로 처리)과 나머지 공정가치변동분(당기손익으로 처리)으로 구분하는 부분에 대해 좀 더 살펴보자.

- 신용위험(credit risk)은 금융상품의 당사자 중 어느 일방이 의무를 이행하지 않아 거래상대방에게 재무적 손실을 입힐 위험이며, 자기신용위험(own credit risk)은 기업의 신용수준에 따른 신용위험 요소로써 자산고유의 특정위험(asset specific performance risk)과 구분된다.

- 자기신용위험 변동효과는 FVPL-금융부채의 공정가치변동분 중 시장위험을 일으키는 시장상황의 변동으로 인한 공정가치변동이 아닌, FVPL-금융부채 발행기업의 자기신용위험 수준의 변화에 따른 공정가치 변동분을 의미한다.
- 예를 들어, 기업의 채무불이행 위험수준을 나타내는 신용등급의 변화 없이 기업과 같은 위험수준의 일반채권 시장이자율이 상승함으로써 감소하는 금융부채의 공정가치변동분은 당기손익에 포함되는 것이며 기업의 신용등급의 하락(신용위험의 증가)에 따라 감소하는 금융부채의 공정가치변동은 기타포괄손익에 포함된다.

FVPL-금융부채로 지정된 금융부채의 공정가치 변동분 중 자기신용위험 변동효과와 나머지 부분을 구분 측정하는 방법에 대해 기준서는 특정방법을 따를 것을 강요하지 않는다. 다만, 기준서는 자기신용위험 변동효과를 측정함에 있어 부채와 관련된 시장상황의 유의적인 변동요인이 관측된 기준금리에 국한되는 것으로 가정하여 하나의 방법을 제안하였다.[111] 본서는 시장상황의 유의적인 변동요인이 관측된 기준금리에 국한되는 가정에 기초해 자기신용위험 변동효과를 측정하는 아래의 방법을 기본법(default method)이라 표현하기로 한다. 기본법에 따른 자기신용위험 변동효과 측정은 다음의 순서대로 수행한다.[K-IFRS 1109 B5.7.18]

① 금융부채 특유의 내부수익률 요소 측정: 기초시점에 관측된 금융부채의 시장가격과 금융부채의 계약상 현금흐름을 이용하여 금융부채의 기초 내부수익률을 계산한 후 이 수익률에서 기초에 관측된 기준금리(실무적으로 무위험이자율을 기준금리의 대용치로 사용)를 차감하여 해당 금융부채 특유의 내부수익률 요소(이를 '위험스프레드'라 한다)를 산출한다.

② 자기신용위험 변동요소 반영 전 금융부채의 공정가치 측정: 기말에 관측된 기준금리(무위험이자율)와 기초 위험스프레드로 구성되는 할인율(자기신용위험 변동효과 반영 전 위험할인율)과 금융부채의 계약상 현금흐름을 사용하여 자기신용위험 반영 전 금융부채의 공정가치를 측정한다.

---

111) 기준서는 부채의 신용위험 변동에 따른 공정가치 변동금액은 다음 중 하나의 방법으로 사용하도록 하고 있다. 본서는 아래의 방법 중 ①의 방법에 대해 기준서에서 평가과정을 비교적 자세하게 소개하고 있어 해당 방법을 소개하였다. 다만, 기준서는 ①의 방법을 예시로만 다루고 있으므로 ②의 내용에 의해 합리적인 다른 방법을 사용할 수 있다.[K-IFRS 1109 B5.7.16]
① 부채의 공정가치 변동금액 중 시장위험을 일으키는 시장상황의 변동으로 인한 것이 아닌 변동금액
② 부채의 신용위험 변동에 따른 공정가치 변동금액을 더 충실하게 표현할 것으로 여겨지는 대체적인 방법

③ 자기신용위험 변동효과 측정: 기말에 관측된 금융부채의 공정가치와 자기신용위험 변동요소 반영 전 금융부채의 공정가치의 차이금액을 자기신용위험 변동효과(기준금리의 변동과 관련되지 않은 공정가치 변동금액)로 측정하고 이를 기타포괄손익(FVOCI)으로 인식한다.

④ 기타 변동효과 측정: 금융부채의 공정가치 변동총액에서 자기신용위험 변동효과에 해당하는 금액을 차감한 나머지 변동분을 측정하고 이를 당기손익(FVPL)으로 인식한다.

예 제 **자기신용위험 변동효과** [K-FRS 1109 IE2~5] *이해를 돕기 위해 저자수정보완

기업은 20×1년 1월 1일(기초)에 액면금액이 150,000원이고 연간 고정이자율이 8%이며 만기가 10년인 사채를 액면발행하였다. 이 이자율은 특성이 비슷한 사채의 시장이자율과 일치한다. 즉, 사채발행금액(액면금액)은 공정가치이다.

기업은 관측가능한 기준금리로 LIBOR를 사용한다. 사채의 발행시점에 LIBOR는 5%이다. 20×1년 12월 31일(기말)의 정보는 다음과 같다.

- LIBOR는 4.75%로 하락하였다.
- 사채의 공정가치는 153,811원(아래참고)이고 이는 이자율 7.6%와 일치한다.
- 이자율 7.6%는 LIBOR가 5%에서 4.75%로 하락한 것을 반영하며 0.15%의 하락은 시장상황과 관련하여 그 밖의 변동이 없다면 이 금융상품의 신용위험 변동을 반영한다고 가정한다.

기업은 수익률 곡선이 수평이라고 가정하는데 이자율의 모든 변동은 수익률 곡선의 평행이동에서 생기며 LIBOR의 변동만이 시장상황과 관련된 변동이다. 기업은 시장위험을 일으키는 시장상황의 변동에 기인하지 않는 사채의 공정가치변동금액(자기신용위험 변동효과)을 기본법(default method)에 따라 다음의 3단계를 거쳐 추정하였다.

① 금융상품 특유의 내부수익률 요소 측정 : 기초에 관측된 부채의 시장가격과 부채의 계약상 현금흐름을 이용하여 부채의 기초 내부수익률을 계산한다. 이 수익률에서 기초에 관측된 기준금리를 차감하여 해당 금융상품에 특유한 내부수익률 요소를 구한다.
  - 기초에 만기 10년, 액면이자율 8%인 사채의 내부수익률은 8%이다.
  - 관측된 기준금리인 LIBOR는 5%이므로 해당 금융상품에 특유한 내부수익률 요소(이하 본서에서 "기초위험스프레드"라 정함)는 3%(=8%-5%)이다.

② 자기신용위험 변동요소 반영 전 금융부채 공정가치측정 : 기말에 관측된 기준금리와 기말시점에 산정된 해당 금융상품에 특유한 내부수익률 요소의 합을 할인율(신용위험 변동 반영 전 이자율)로 하여 금융부채의 계약상 현금흐름의 현재가치를 산출한다.
  - 기말에 해당 금융상품의 계약상 현금흐름은 원금 150,000원(10차 연도)과 매년 이자 12,000원(=150,000×8%, 2차연도~10차연도)으로 구성된다.

- 신용위험변동 반영 전 이자율은 7.75%이다. 이는 기말시점의 LIBOR 4.75%에 해당 금융상품에 특유한 요소(기초위험스프레드)인 3%를 더한 것이다.
- 기말시점 자기신용위험 변동요소 반영 전 금융부채의 공정가치는 기말시점의 계약상 현금흐름을 신용위험변동 반영 전 이자율(7.75%)로 할인한 현재가치이다.
  ㉠ 원금의 현재가치 = 150,000원 × 0.5108(9년, 7.75% 현가계수) = 76,619원
  ㉡ 이자의 현재가치 = 12,000원 × 6.3124(9년, 7.75% 현가계수) = 75,748원
  ㉢ 부채현재가치 = 원금현재가치(76,619원) + 이자현재가치(75,748원) = 152,367원

③ 자기신용위험 변동효과측정 : 기말 금융부채의 시장가격(신용위험변동요소가 반영된 부채의 공정가치)과 ②에서 산정한 자기신용위험변동요소 반영 전 부채의 공정가치의 차이금액을 자기신용위험변동효과로 측정하고 이를 기타포괄손익에 표시한다.

- 기말시점 금융부채의 시장가격은 기말시점의 계약상 현금흐름을 시장이자율(7.60%)로 할인한 현재가치이다.
  ㉠ 원금의 현재가치 = 150,000원 × 0.5172(9년, 7.60% 현가계수) = 77,586원
  ㉡ 이자의 현재가치 = 12,000원 × 6.3521(9년, 7.60% 현가계수) = 76,226원
  ㉢ 부채공정가치 = 원금현재가치(77,586원) + 이자현재가치(76,226원) = 153,811원
- 자기신용위험 변동효과(기타포괄손익) = 기말시점 금융부채 공정가치(153,811원) - 기말시점 신용위험변동요소 반영 전 금융부채 공정가치(152,367원) = 1,444원
- 당기손익인식 공정가치변동효과는 다음과 같이 2,367원으로 측정된다.
  ㉠ 총공정가치 변동액 = 기말시점 금융부채 공정가치(153,811원) - 기초시점 금융부채 공정가치(150,000원) = 3,811원
  ㉡ 당기손익인식 공정가치변동효과 = 총공정가치변동액(3,811원) - 자기신용위험변동효과(1,444원) = 2,367원

9 주식선택권

기업은 다양한 방식으로 재화나 용역에 대한 대가로 주식으로 보상하는 거래를 하고 있으며 특히, 임직원에게 용역의 제공에 대한 대가로 주식선택권을 부여하는 주식기준보상은 스타트업 기업이나 연구개발을 통해 성과를 도출하고자 하는 많은 기업들이 선호하고 있다. 자금력이 부족한 스타트업 기업 입장에서는 우수한 인력을 유치하기 위해 임직원에게 주식선택권을 부여하고 임직원은 현재의 낮은 금전적 보상 대신 미래의 기업가치 상승을 보상받을 수 있으므로 주식선택권을 활용한 주식기준보상은 활발히 활용되고 있으므로 이의 인식과 측정의 중요성은 높아지고 있다.

본서는 주식기준보상거래의 여러 유형 중 주식선택권의 공정가치 측정방법에 대해 다루고자 한다. 주식선택권은 보유자에게 특정기간 확정되었거나 산정가능한 가격으로 기업의 주식을 매수할 수 있는 권리를 부여하는 계약을 말한다. 주식선택권은 그 권리를 행사할지 여부를 선택할 수 있는 권리(옵션)이며 의무가 아니다.

- 주식선택권은 부여일을 측정기준일로 한다. 〈부여일〉이란 기업과 주식선택권 거래상대방이 주식선택권 부여계약에 합의한 날을 말한다.
- 부여일에 기업은 현금, 그 밖의 자산이나 기업의 지분상품에 대한 권리를 거래상대방에게 부여하며 특정 가득조건이 있다면 그 조건을 충족한 경우에 권리를 부여한다. 주식선택권이 유효하기 위해 일정한 승인절차(주주총회 등)가 필요한 경우 부여일은 승인을 받은 날로 한다.

본서는 주식선택권의 공정가치 측정방법을 설명하는 과정에서 주식선택권의 거래상대방을 〈종업원〉으로 한정하여 표현한다. 주식선택권 부여대상은 기업의 종업원으로 제한되지 않지만[112] 기업의 종업원이 거래상대방이 되는 경우가 대부분이므로 설명의 편의를 위해 주식선택권의 거래상대방을 〈종업원〉으로 일괄적으로 기술하였음을 유의하기 바란다.

9.1. 주식선택권 공정가치

주식선택권은 기업이 종업원에게 근로용역의 대가로 특정기간 확정되었거나 산정가능한 가격(행사가격)으로 기업의 주식을 매수할 수 있는 권리를 부여하는 계약으로서 종업원은 그 권리를 행사할지 여부를 자신이 선택할 수 있으며 권리를 행사해야 할 의무가 아니다. 즉, 주식선택권은 파생상품 중 콜옵션의 특성을 가지고 있다.

- 우리는 본서 「제2부 가치평가모형」의 「제3장 옵션평가모형」에서 콜옵션의 공정가치를 평가하는 모형을 살펴보았다. 옵션을 평가하는 여러 방법 중 본서가 소개한 방법과 각 방법의 주요 특성은 아래와 같다.
  ① 블랙숄즈모형(1973년) : 블랙과 숄즈는 옵션가격을 결정하는 수학적 모형을 제시하였는데 이를 블랙숄즈모형(Black-Scholes Model)이라 한다. 블랙숄즈모형은 만기에만 옵션을 행사할 수 있는 유러피안 콜옵션을 기본모델로 하고 있다. 블랙숄

112) 실제 주식선택권의 기업의 임직원 외에도 기업의 연구개발에 중요한 역할을 수행할 수 있는 외부인에게 부여되는 경우가 많으며 이들에게 부여되는 주식선택권도 기본적으로 본서에서 설명하는 주식선택권의 공정가치 평가방법에서 벗어나지 아니한다.

즈모형은 매우 엄격한 가정하에 도출되어 실험실 모형이라는 비판을 받기도 한다. 블랙숄즈모형에 도입된 가정은 다음과 같다.

㉠ 기초자산과 옵션이 거래되는 자본시장은 완전시장으로 시장참여자에게는 정보의 편의가 없고 시장에는 차익거래 기회가 존재하지 않으며 기초자산 및 옵션 투자자는 무위험이자율로 대출과 차입이 가능하다. 이때 무위험이자율은 옵션 만기까지 일정함을 전제한다. 또 거래비용과 관련된 세금이 없으며 누구나 기초자산의 공매도를 자유롭게 할 수 있다.

㉡ 기초자산의 확률과정과 이에 연동된 옵션거래는 단절 없이 연속적으로 일어나는 연속시간(continuous time) 모형을 가정한다.

㉢ 블랙숄즈모형에서의 옵션은 행사만기일에만 행사가 가능한 유러피안 옵션이며 옵션만기까지 기초자산의 배당은 없다.

㉣ 기초자산가격은 기하브라운 운동(geometric Brownian motion)을 따르고 표준정규확률분포로 연속적으로 변화하며 기초자산 수익률의 분산으로 측정되는 기초자산가격 변동성은 시간의 경과에 관계없이 일정하다.

② 이항옵션모형(1976년) : 콕스(Cox)와 루빈스타인(Rubinstein)에 의해서 제시된 옵션평가모형으로 기초자산의 가격변동이 상승과 하락, 즉 이항확률분포를 따른다는 가정하에 도출되었다. 이항옵션모형은 평가방법이 단순하면서도 옵션가격이 결정되는 원리를 쉽게 이해할 수 있으며 옵션만기를 단계적으로 확대함으로써 만기 중 언제든지 권리를 행사할 수 있는 아메리칸 옵션에 적용할 수 있는 장점이 있다. 또 이항옵션모형의 기본가정을 응용하여 다양한 조건이 부여된 파생요소 평가에 활용가능하다.

㉠ 이항옵션모형은 기초자산인 주식과 옵션을 적절히 결합하여 주가의 상승 또는 하락과 무관한 일정한 수익률을 얻는 헤지포트폴리오를 구성함으로서 현재시점의 옵션가격을 도출하는 것이다. 이항옵션모형에서 도출된 옵션가격은 투자자들이 주관적으로 평가하는 주가의 상승 또는 하락 확률과는 관계없이 결정되며 옵션가격을 결정하는 변수는 헤지확률이다. 헤지확률은 주가변동성에 의해 결정된다.

㉡ 이항옵션모형은 현재시점에서 옵션만기까지 기초자산가격의 오르고 내림을 반영한 기초자산 가격트리를 생성하고, 만기시점의 콜옵션가격에서 현재시점까지 소급(rolled-back)하여 옵션가격트리를 생성하여 콜옵션가격을 도출하는 과

정이다.

㉢ 이항옵션모형과 같은 격자(lattice) 방식은 기초자산의 가격변동횟수만큼 생성할 수 있기 때문에 무한한 확장성을 가진다. 즉 기초자산의 가격변동횟수만큼 확장함으로써 만기가 긴 기간 동안 기초자산의 가격이 매일, 매주 또는 매월 변동되는 경우에도 적용할 수 있다.

③ 최소자승 몬테카를로 시뮬레이션(1996년) : 몬테카를로 시뮬레이션은 결과의 무작위 추출을 사용하여 확률적 과정(stochastic process)을 시뮬레이션하는 것으로 수많은 독립적인 주가경로(independent stock price path)를 생성하여 각각의 경로에서의 옵션가격을 계산하고 모든 경로의 평균값으로 옵션가격을 도출한다. 최소자승 몬테카를로 시뮬레이션(LSMC: Least-Squares Monte Carlo Simulation)은 UCLA의 Francis A. Longstaff와 Eduardo S. Schwartz가 아메리칸 유형의 옵션에 적용할 수 있도록 회귀분석기반 기법(regression-based method)에 기초해 보유가치를 계산할 수 있도록 개발되었다. LSMC 모형은 주가경로가 독립적이므로 옵션이익(pay-off)이 주식가격의 경로에 의존하는 경우에도 적용할 수 있으며 옵션의 기초자산이 늘어나는 경우에도 적용가능하다는 장점이 있으나 처리해야 할 데이터가 많고 계산시간이 오래 걸리는 단점이 있다. 또한, 충분한 정도의 시행횟수가 동반되지 않으면 결과값의 신뢰성에 제약이 있을 수 있다.

• 학술적인 목적의 주식선택권의 가치평가와 달리 재무보고 목적의 주식선택권의 공정가치측정은 K-IFRS 1102호에서 정한 주식기준보상거래를 인식하고 측정하는 방법을 고려해야 한다. K-IFRS 1102호에서 정한 바에 따라 주식선택권의 공정가치를 측정함에 있어 반드시 고려해야 할 사항을 정리하면 다음과 같다.

① 가득기간 : 가득은 권리의 획득을 의미하며 〈가득기간〉은 주식선택권 부여계약에 정한 모든 가득조건을 충족해야 하는 기간을 말한다.

② 가득조건 : 주식선택권 부여계약에 따라 종업원이 기업의 지분상품(현금 및 그 밖의 자산을 포함한다)을 받을 권리를 획득하게 하는 용역을 기업이 제공받을지를 결정짓는 조건을 말한다. 주식선택권의 공정가치측정에서 가득조건은 중요한 고려요소이며 가득조건의 유형에 따라 공정가치 측정방법이 결정되기도 하고 투입변수에 대한 가정이 달라질 수 있다. 가득조건에는 용역제공조건과 성과조건(비시장조건 및 시장조건)이 있다.

㉠ 용역제공조건이란, 종업원에게 특정기간 기업에 용역을 제공하도록 하는 가득

조건을 말한다. 종업원이 가득기간 중 용역의 제공을 중단한다면 그 이유에 관계없이 용역제공조건을 충족하지 못한다. 용역제공조건은 성과목표달성을 요구하지 않는다.

㉡ 성과조건이란, 거래상대방이 특정기간에 용역을 제공(용역제공조건)하고 그 용역을 거래상대방이 제공하는 동안 특정 성과목표를 달성해야 하는 가득조건을 말한다. 성과목표를 달성하는 기간은 용역제공기간 종료일을 넘을 수 없고 성과목표의 시작일이 용역제공기간의 시작일보다 상당히 앞서지 않는다면 용역제공기간 전에 시작할 수 있다.

㉢ 성과목표는 비시장조건과 시장조건으로 구분된다. 비시장조건은 기업자신의 영업(또는 활동)이나 같은 연결실체 내의 다른 기업의 영업이나 활동(비시장조건)에 기초하며, 시장조건은 기업 지분상품이나 같은 연결실체 내 다른 기업의 지분상품(주식과 주식선택권 포함)의 가격(또는 가치)에 기초한다.

㉣ 시장조건 : 지분상품의 행사가격, 가득 또는 행사가능성을 좌우하는 것으로 기업 지분상품(또는 같은 연결실체 내 다른 기업의 지분상품)의 시장가격(또는 가치)에 관련된 성과조건을 말한다. 시장조건의 유형으로는 특정주가를 달성하여야 하거나 주식선택권의 특정 내재가치를 달성하여야 하는 경우 또는 기업의 지분상품(또는 같은 연결실체 다른 기업의 지분상품) 시장가격(또는 가치)을 다른 기업의 지분상품 시장가격의 지수와 비교하여 지정한 목표를 달성하여야 하는 경우들이 있다.

• 주식선택권은 기업이 자신의 종업원에게 부여하는 경우에 제한되는 것이 아님에 주의해야 한다. 아래의 경우에는 기업이 자신의 종업원과 주식선택권 부여계약을 체결하지 아니하였으나, 기업은 부여일에 주식선택권의 공정가치를 측정하고 주식보상비용을 인식해야 한다.

① 같은 연결실체 내 다른 기업(또는 연결실체 내 기업의 주주)이 주식기준보상거래를 결제할 의무가 있을 때 재화나 용역을 제공받는 기업은 주식선택권의 공정가치를 측정하고 인식한다. 예를 들어, 기업의 종업원에 대하여 기업의 특정주주가 보유한 지분상품을 기초로 주식선택권을 부여한 경우 이는 주식기준보상거래에 해당되며 근로용역을 제공받은 그 기업은 주식기준보상을 인식한다. 또는, 기업의 종업원과 기업의 지배기업이 지배기업의 지분상품을 기초로 한 주식선택권 부여계약을 체결한 경우에도 근로용역을 제공받은 그 기업은 주식기준보상을 인식한다.

② 같은 연결실체 내 다른 기업이 재화나 용역을 제공받을 때 주식기준보상거래를 결제할 의무가 있는 기업은 주식보상비용을 인식한다.

주식선택권의 공정가치를 측정함에 있어 실무적으로 중요한 이슈가 되는 경우는 다음과 같다. 아래의 상황에 따라 주식선택권 공정가치 평가과정에서 투입변수로 고려해야 하는 경우가 있고, 때로는 주식선택권 평가방법이 달라져야 할 수 있다.

① 용역제공조건이 주식선택권의 유일한 가득조건인 경우

② 주식선택권의 가득조건에 성과조건(시장요인 또는 비시장요인)이 포함된 경우

③ 주식선택권의 조건이 종업원에 유리하게 변경됨에 따라 증분공정가치의 측정이 요구되는 경우

이하에서는 위의 상황에 따라 주식선택권의 공정가치를 측정하는 방법에 대해 구체적으로 살펴본다.

9.2. 가득조건에 따른 주식선택권 공정가치측정

주식선택권에는 다양한 유형의 가득조건이 부여된다. 주식선택권에서 있어 가득조건이란 주식선택권 부여계약에 따라 종업원이 기업의 지분상품(현금 및 그 밖의 자산을 포함한다)을 받을 권리를 획득하게 하는 용역을 기업이 제공받을지를 결정짓는 조건을 말한다. 가득조건의 유형에 따라 공정가치 측정방법이 결정되기도 하고 투입변수에 대한 가정이 달라질 수 있다.

- 가득조건에는 용역제공조건과 성과조건(비시장조건 및 시장조건)으로 구분된다. 본서는 실무적으로는 관찰되는 다양한 가득조건 유형과 그에 따른 주식선택권의 공정가치 평가방법에 대해 다뤄보고자 한다. 다만, 주식선택권에 부여된 가득조건이 명확하게 파악되지 않고 경영진의 주장(가정 또는 예측)이 포함되는 경우가 다수 있으므로 본서에서 소개하는 가득조건 유형별 주식선택권의 공정가치 평가방법이 배타적으로 허용되는 것이 아님을 유의하기 바란다.
- 주식선택권의 공정가치측정과 그에 따른 회계처리는 밀접한 관계가 있으므로 측정된 공정가치에 대한 인식방법도 더불어 설명한다. 주식선택권의 인식에 있어 설명의 편의를 위해 본서에서는 특별히 언급하지 않은 경우를 제외하고는 기대퇴사율(또는 부여일 이후 가득기간 내 퇴사로 인해 가득조건을 만족하지 못함에 따른 상실될 수량)을 고려하지

않고, 최초 부여일 현재 모든 종업원이 가득기간 동안 계속 근로용역을 제공하고 있음을 가정하는 점을 감안하기 바란다.

▎용역제공조건이 유일한 가득조건인 경우

가장 일반적으로 부여되는 주식선택권 유형은 일정기간 용역을 제공하는 조건을 유일한 가득조건으로 하는 유형이다. 자금력이 부족한 스타트업 기업이나 연구개발을 통해 성과를 얻고자 하는 기업은 종업원에게 근로용역의 제공에 대한 대가로 주식선택권을 부여함으로써 기업은 적은 비용으로 우수한 인력을 확보하고 종업원은 현재의 낮은 금전적 보상 대신 미래의 기업가치상승을 보상받는 형태로 활용되고 있으므로 근로용역 외에 추가적인 가득조건을 부여하지 않는 것이 일반적이다.

- 특정기간에 용역을 제공해야 부여한 지분상품이 가득된다면 그 지분상품의 대가로 용역을 가득기간에 받는 것으로 보아 기업은 가득기간동안 용역을 제공받는 것으로 보아 가득기간 동안 비용을 인식하고 그에 상응하여 자본의 증가를 인식한다.[K-IFRS 1102 문단 15, IG11]
- 예를 들어, 종업원에게 3년 동안 근무하는 조건으로 주식선택권을 부여한다면 주식선택권 대가에 해당하는 근무용역을 가득기간(3년)에 걸쳐 제공받는 것으로 보아 가득기간 동안 비용을 인식하고 그에 상응하는 자본의 증가를 인식한다.

예 제 **일정기간 용역제공이 유일한 가득조건인 주식선택권의 인식과 측정**

20×1년초, 기업은 주주총회를 걸쳐 종업원 100명에게 각각 1,000개의 주식선택권을 부여하기로 하고 주식선택권 부여계약을 체결하였다. 주식선택권을 부여받은 종업원은 부여일로부터 3년간 근로용역을 제공해야 하며 해당기간 중 퇴사할 경우 주식선택권은 취소된다. 3년간 근무한 종업원은 부여일로부터 3년이 되는 20×4년초부터 20×7년말까지 4년간 언제든지 주식선택권을 행사할 수 있다. 편의상 측정주기는 연간단위로 한다.

주식선택권 부여일 현재 공정가치측정을 위해 필요한 정보는 다음과 같다.

- 계약일 보통주 공정가치 : 주당 1,000원 (기대배당금은 없음)
- 행사조건 : 주당 800원으로 행사가능기간동안 언제든지 권리행사가능
- 무위험이자율 : 연 2.0% (이자율 기간구조는 고려하지 아니함)
- 주가변동성 : 연 40% (주가상승계수 = 1.4918, 주가하락계수 = 0.6703)
- 위험중립확률 : 0.4259

(1) 주식선택권의 공정가치측정

기업은 이항옵션모형을 이용하여 종업원에 부여한 주식선택권을 다음과 같이 공정가치를 측정하였다. 기업은 주식선택권의 기대행사기간에 대한 합리적이고 신뢰할 수 있는 정보가 부족한 것으로 보아 행사가능일로부터 옵션보유자의 최대이익을 얻을 수 있는 기간(4년)을 기대행사기간으로 가정하였다(즉, 총 측정기간은 부여일로부터 기대행사만료일까지 7년이다).

① 기초자산 주가트리의 생성 : 측정일 현재 주가(1,000원)와 주가변동성을 반영한 상승계수와 하락계수를 이용해 기초자산가격트리를 다음과 같이 생성하였다.

	현재시점	20×1	20×2	20×3	20×4	20×5	20×6	20×7
0	1,000	1,492	2,226	3,320	4,953	7,389	11,023	16,445
1		670	1,000	1,492	2,226	3,320	4,953	7,389
2			449	670	1,000	1,492	2,226	3,320
3				301	449	670	1,000	1,492
4					202	301	449	670
5						135	202	301
6							91	135
7								61

② 콜옵션트리생성 : 옵션행사가격(800원)과 위험중립확률을 이용해 만기시점 콜옵션이익(pay-off)으로부터 현재시점까지 무위험이자율을 할인율로 하여 소급한 콜옵션의 현재가치는 다음과 같이 516원으로 측정되었다.

	현재시점	20×1	20×2	20×3	20×4	20×5	20×6	20×7
0	516	908	1,557	2,595	4,200	6,620	10,239	15,645
1		243	458	842	1,495	2,551	4,169	6,589
2			91	190	387	764	1,441	2,520
3				21	50	121	289	692
4					0	0	0	0
5						0	0	0
6							0	0
7								0

(2) 주식선택권의 회계처리

기업은 주식선택권의 대가로 종업원이 근로용역을 제공해야 하는 가득기간 동안 주식보상비용을 인식하고 그에 상응하여 자본의 증가를 인식한다. 기업은 부여일로부터 가득기간 동안 종업원 중 약 15%(15명)가 퇴사하여 주식선택권을 상실할 것으로 추정하였다.

① 가득기간 동안 인식할 주식선택권 총 공정가치 : 단위당 주식선택권 공정가치(516원)× 가득예상 종업원수(85명)×인당 부여주식수(1,000주)=43,860,000원

② 주식선택권 회계처리 : 기업은 가득기간 동안 주식선택권 공정가치를 주식보상비용으로 비용으로 인식하고 같은 금액을 자본으로 인식한다. 20×1년 중 퇴사자는 5명으로 기업은 20×1년 가득기간 기대퇴사율을 15%(15명)로 유지하였다. 20×2년 중 종업원 중 3명이 퇴사하여 누적퇴사자는 8명이 되었다. 이에 따라 기업은 가득기간 총 퇴사자를 12명(=8명×3÷2)으로 예측하고 기대퇴사율을 12%로 수정하였다. 20×3년 중 종업원 중 6명이 퇴사하여 최종퇴사자는 18명이며 가득조건을 충족한 종업원은 총 82명이다.

㉠ 20×1년 주식보상비용=516원×85명×1,000개×1/3=14,620,000원

㉡ 20×2년 주식보상비용=516원×88명×1,000개×2/3-14,620,000원 =15,652,000원

㉢ 20×3년 주식보상비용=516원×82명×1,000개×3/3-(14,620,000원 +15,652,000원)=12,040,000원

가득조건이 없는 경우

가득조건이 없는 주식선택권이 부여되는 경우가 있다. 이러한 상황은 종업원이 부여일 현재 이미 근로용역이 제공되어 기업이 어떠한 가득조건 없이 주식선택권을 행사할 권리를 부여할 경우에 발생한다. 주식선택권의 부여는 관련 법령에 의해 규제되고 있으므로 실무적으로는 어떠한 가득조건 없이 주식선택권을 부여하는 경우는 없을 것이다. 그러나 계약의 법적형식과 달리 K-IFRS 1102호의 주식기준보상으로 인식해야 하는 경우가 있다.

① 이미 제공된 근로용역의 대가로 기업(또는 연결실체 내 다른 기업) 또는 기업의 주주가 추가적인 가득조건 없이 종업원에게 지분상품을 무상으로 제공하는 경우

- 기업의 지분상품을 무상으로 제공한다면 이는 주식선택권(옵션)이 아니지만, 기업의 지분상품을 근로용역의 대가로 무상으로 제공한다면 이는 K-IFRS 1102호의 주식기준보상거래에 해당하므로 기업은 이를 주식보상비용으로 인식해야 할 것이다.

② 이미 제공이 끝난 용역의 대가로 기업(또는 연결실체 내 다른 기업) 또는 기업의 주주가 추가적인 가득조건 없이 종업원에게 지분상품을 일정한 행사가격으로 매입할 수 있는 권리를 부여하는 경우

- 이러한 상황은 기업의 주주(또는 연결실체 내 다른 기업의 주주)가 종업원에게 이미 제공된 근로용역의 대가로 자신이 보유한 주식을 일정기간 내에 정해진 가격으로 매입할 수 있는 권리를 부여하는 경우이다. 이는 형식적으로는 파생상품계약(콜옵션)의 형태이나 K-IFRS 1102호의 주식기준보상거래에 해당한다.[113]

만일, 기업의 〈주주(또는 연결실체 내 다른 기업의 주주)〉가 기업의 종업원에게 주식선택권을 부여할 경우 기업은 거래당사자가 아님에도 불구하고 이러한 주식기준보상거래에 따른 주식보상비용을 인식해야 함에 주의할 필요가 있다. 이러한 상황에서는 거래당사자(주식선택권을 부여하는 자와 부여받는 자)와 주식기준보상거래를 인식하는 당사자가 다르다는 특징이 있다. 즉, 주식선택권을 부여하는 자(기업의 주주 또는 연결실체 내 다른 기업의 주주)가 아닌 근로용역을 제공받은(또는 제공받을) 기업이 주식보상비용을 인식해야 함을 의미한다.[114]

- 다만, 기업의 주주(또는 연결실체 내 다른 기업의 주주)가 기업의 종업원에게 어떠한 가득조건 없이 지분상품을 무상으로 제공하거나 주식선택권을 부여한 경우라 하더라도 그러한 지분상품의 무상제공 또는 주식선택권이 종업원의 근로용역의 대가인지에 대한 확인이 필요하다. 만일, 그러한 지분상품의 무상제공 또는 주식선택권이 종업원의 근로용역에 대한 대가가 아니라면 이는 K-IFRS 1102호에 따른 주식기준보상거래에 해당하지 아니하므로 기업은 그러한 주식선택권과 관련하여 주식보상비용을 인식해선 안 될 것이다.

113) 이러한 계약의 형식은 "주식선택권"으로 표시하지 않는다. 사회통념상 주식선택권은 기업이 종업원에게 근로용역의 대가로 제공되는 것이므로 기업의 주주가 종업원에게 부여하는 이러한 계약은 파생금융상품(콜옵션)으로 오인될 수 있는 점이다. 만일, 이러한 유형의 계약에 대해 기업이 K-IFRS 1032호에 따른 금융상품으로 접근할 경우 이 계약의 거래당사자는 "기업의 주주"와 "종업원"으로써 기업은 금융상품의 인식주체가 되지 못하므로 기업이 주식기준보상거래를 인식하지 않는 오류가 발생할 수 있다.

114) 이는 K-IFRS 1032호에 따른 금융상품의 인식을 위해서는 거래당사자가 인식의 주체가 되어야 한다는 점에서 중요한 차이가 있다. 즉, 금융상품은 거래당사자 중 어느 한쪽에게는 금융자산을 생기게 하고 거래상대방에게는 금융부채나 지분상품을 생기게 하는 모든 계약으로 정의되므로 거래당사자가 아닌 자가 금융상품을 인식할 수 없는 반면, K-IFRS 1102호에 따른 주식기준보상거래는 거래당사자가 반드시 주식보상비용을 인식할 주체가 되어야 하는 것은 아님을 뜻한다.

예 제 가득조건이 없는 주식선택권의 인식과 측정

20×1년초, A기업의 2대 주주인 B사는 기업의 최대주주이자 대표이사인 C씨와 주주간 계약을 체결하였다. 이 계약에 따르면 A기업의 최대주주이자 대표이사인 C씨는 기업의 2대 주주인 B사가 보유한 A기업의 주식 50,000주 중 10,000주를 계약일로부터 7년 동안 언제든지 주당 800원에 매수할 수 있는 권리가 포함되어 있다. 이 계약에 따르면 C씨는 A기업에 일정기간 이상 근무해야 하거나 기타 다른 어떠한 제약 없이 권리를 행사할 수 있다. 기업은 2대 주주인 B사가 C씨와 체결한 주주간 계약은 C씨가 대표이사로 근무하면서 기업의 가치를 높이는 데 기여한 공로에 대한 대가로 판단하였다. 편의상 측정주기는 연간단위로 한다.

주주간 계약 체결일 현재 공정가치측정을 위해 필요한 정보는 다음과 같다.

- 계약일 보통주 공정가치 : 주당 1,000원 (기대배당금은 없음)
- 행사조건 : 주당 800원으로 계약체결일로부터 7년간 언제든지 권리행사가능
- 무위험이자율 : 연 2.0% (이자율 기간구조는 고려하지 아니함)
- 주가변동성 : 연 40% (주가상승계수 = 1.4918, 주가하락계수 = 0.6703)
- 위험중립확률 : 0.4259

(1) 주식선택권의 공정가치측정

A기업은 주주인 B사와 최대주주인 C씨 간의 주주간 계약을 주식기준보상거래에 해당하는 주식선택권으로 인식하고 이항모형을 이용하여 공정가치를 측정하였다. A기업은 주식선택권의 기대행사기간에 대한 합리적이고 신뢰할 수 있는 정보가 부족한 것으로 보아 옵션보유자의 최대이익을 얻을 수 있는 기간(7년)을 기대행사기간으로 가정하였다.

① 기초자산 주가트리의 생성 : 측정일 현재 주가(1,000원)와 주가변동성을 반영한 상승계수와 하락계수를 이용해 기초자산가격트리를 다음과 같이 생성하였다.

	현재시점	20×1	20×2	20×3	20×4	20×5	20×6	20×7
0	1,000	1,492	2,226	3,320	4,953	7,389	11,023	16,445
1		670	1,000	1,492	2,226	3,320	4,953	7,389
2			449	670	1,000	1,492	2,226	3,320
3				301	449	670	1,000	1,492
4					202	301	449	670
5						135	202	301
6							91	135
7								61

② 콜옵션트리생성 : 옵션행사가격(800원)과 위험중립확률을 이용해 만기시점 콜옵션이익(pay-off)으로부터 현재시점까지 무위험이자율을 할인율로 하여 소급한 콜옵션의 현재가치는 다음과 같이 516원으로 측정되었다.

	현재시점	20×1	20×2	20×3	20×4	20×5	20×6	20×7
0	516	908	1,557	2,595	4,200	6,620	10,239	15,645
1		243	458	842	1,495	2,551	4,169	6,589
2			91	190	387	764	1,441	2,520
3				21	50	121	289	692
4					0	0	0	0
5						0	0	0
6							0	0
7								0

(2) 주식선택권의 회계처리

A기업의 경영진은 B사와 C씨 간의 주주간 계약을 주주인 B사가 C씨가 대표이사로 근무하면서 기업의 가치를 높이는 데 기여한 공로에 대한 대가로 판단하여 주식기준보상거래로 인식하였으며, 동 계약에 따르면 C씨가 A기업에 일정기간 이상 근무해야 하거나 기타 다른 어떠한 제약 없이 권리를 행사할 수 있으므로 모든 가득조건이 이미 충족된 상태로 보아 계약체결일에 주식선택권 공정가치 전체를 주식보상비용으로 인식하였다.

① 주식선택권 공정가치 : 단위당 주식선택권 공정가치(516원)×부여주식수(10,000주) = 5,160,000원

② 주식선택권 회계처리 : A기업은 주주간 계약 체결일(20×1년초)에 주식선택권 공정가치 5,160,000원을 주식보상비용으로 즉시 비용으로 인식하고 같은 금액을 자본으로 인식한다.

배당이 예상되는 경우

옵션보유자가 기초주식에 지급될 배당금(또는 배당등가물)에 대한 권리를 갖고 있지 않다면 기대배당금의 현재가치를 고려하여 기초자산의 현재가격을 조정하는 방식으로 옵션의 공정가치를 측정해야 한다. 즉, 옵션의 공정가치를 측정할 때 기대배당금을 옵션평가모형에 반영하여야 한다. 기대배당금의 옵션평가모형에의 반영은 일반적으로 기초자산의 현재가격에서 기대배당금의 현재가치를 차감하는 방식으로 평가한다. 옵션보유자가 옵션기간 동안 예상되는 배당금을 수취할 권리가 없다면 가격변동성을 반영한 기초자산가격은 배당락효과가 반영되지 않아 과대평가되므로 기대배당금의 현재가치만큼 조정되어야 하는 것이다.[K-IFRS 1102 B31~B36]

• 주식선택권은 기초자산(일반적으로 보통주)의 배당이 있더라도 옵션보유자(종업원)에

게 배당금을 수취할 권리가 없는 경우가 대부분이다. 따라서 옵션기간 중 배당이 예상되지만 옵션보유자에게 배당금을 수취할 권리가 없는 주식선택권의 공정가치 평가에서는 기초자산의 배당락효과를 고려해야 한다.

• 일반적으로 기대배당금에 대한 가정은 공개된 정보에 근거해야 한다. 기업이 배당금을 지급하지 않고 있으며 앞으로도 그러한 계획이 없다면 기대배당금을 영(0)으로 가정한다. 그러나 설립초기의 기업은 과거에 배당실적이 없더라도 옵션의 잔여만기에 배당금을 지급하기 시작할 것으로 예상할 수도 있는데 이러한 기업은 과거의 배당수익률(0)과 적절하게 비교가능한 유사기업들의 평균배당수익률을 평균한 값을 사용할 수 있다. 기대배당수익률을 가격결정요소로 하는 옵션평가모형도 기대배당수익률이 아닌 기대배당금을 사용할 수 있도록 수정할 수 있다.115)

• 기대배당금은 과거의 배당금 증가형태를 고려해야 한다. 예를 들어 기업의 배당정책에 의해 매년 3% 정도 배당금이 올랐다면 충분한 증거가 있는 경우를 제외하고는 옵션의 잔여만기 동안 고정배당금을 지급하는 것으로 가정해서는 안 된다. 기업의 과거 배당정책이나 기대배당금에 대한 합리적인 추론에 의해 배당이 없을 것으로 예상된다면, 기초자산(보통주) 보유자와 옵션보유자 모두 배당에 대한 권리가 없을 것이므로 옵션평가모형에서 이를 고려할 필요가 없다.

예 제　배당이 예상되는 경우 주식선택권의 공정가치측정

20×1년초, 기업은 주주총회를 걸쳐 종업원 100명에게 각각 1,000개의 주식선택권을 부여하기로 하고 주식선택권 부여계약을 체결하였다. 주식선택권을 부여받은 종업원은 부여일로부터 3년간 근로용역을 제공해야 하며 해당기간 중 퇴사할 경우 주식선택권은 취소된다. 3년간 근무한 종업원은 부여일로부터 3년이 되는 20×4년초부터 20×7년말까지 4년간 언제든지 주식선택권을 행사할 수 있다. 편의상 측정주기는 연간단위로 한다.

주식선택권 부여일 현재 공정가치측정을 위해 필요한 정보는 다음과 같다.

• 계약일 보통주 공정가치 : 주당 1,000원
• 행사조건 : 주당 800원으로 행사가능기간 동안 언제든지 권리행사가능
• 무위험이자율 : 연 2.0% (이자율 기간구조는 고려하지 아니함)
• 주가변동성 : 연 40% (주가상승계수 = 1.4918, 주가하락계수 = 0.6703)
• 위험중립확률 : 0.4259

115) 본서는 「제2부 가치평가모형」의 「제3장 옵션평가모형」에서 블랙숄즈모형 및 이항옵션모형 각각에 대해 시가배당률을 가정하는 경우와 기대배당금을 가정하는 경우 옵션가치평가방법을 설명한 바 있다. 배당이 예상되는 경우 옵션의 공정가치 평가방법의 자세한 설명은 해당 내용을 참고하기 바란다.

• 기대배당금 : 주당 10원 (매년말 배당락을 가정하며 배당성장은 없음을 가정)
• 시가배당률 : 1% (부여일 주가대비 시가배당률)
• 기대행사기간 : 기대행사기간에 대한 합리적이고 신뢰할 수 있는 정보가 부족한 것으로 보아 행사가능일로부터 옵션보유자의 최대이익을 얻을 수 있는 기간(4년)을 기대행사기간으로 가정하였다(총측정기간은 부여일로부터 기대행사만료일까지 7년).

(1) 기대배당금을 가정한 경우의 주식선택권 공정가치측정

기업은 이항옵션모형에 기대배당금의 현재가치를 이용한 수정주가를 이용하여 종업원에 부여한 주식선택권을 다음과 같이 공정가치를 측정하였다.

① 기초자산 주가트리 : 측정일 현재 주가(1,000원)와 주가변동성을 반영한 상승계수와 하락계수를 이용해 배당이 없는 상황의 기초자산가격트리를 다음과 같이 생성하였다.

	현재시점	20×1	20×2	20×3	20×4	20×5	20×6	20×7
0	1,000	1,492	2,226	3,320	4,953	7,389	11,023	16,445
1		670	1,000	1,492	2,226	3,320	4,953	7,389
2			449	670	1,000	1,492	2,226	3,320
3				301	449	670	1,000	1,492
4					202	301	449	670
5						135	202	301
6							91	135
7								61

② 기대배당금의 현재가치 : 경영진은 20×1년말부터 20×7년말까지 매년 10원의 배당금을 지급할 것으로 계획하고 있으며 이에 따른 기대배당금의 현재가치(할인율 : 무위험이자율)는 다음과 같이 계산되었다.

	현재시점	20×1	20×2	20×3	20×4	20×5	20×6	20×7
기대배당금		10	10	10	10	10	10	10
배당현재가치	65	56	47	38	29	19	10	0

③ 기대배당금의 현재가치를 차감한 조정주가트리 생성 : 측정일 현재 주가(1,000원)에서 기대배당금의 현재가치(65원)를 차감한 후 수정기초자산(935원)에 기초해 상승계수와 하락계수를 이용해 1차 조정된 기초자산가격트리를 다음과 같이 생성하였다.

	현재시점	20×1	20×2	20×3	20×4	20×5	20×6	20×7
0	935	1,395	2,082	3,105	4,633	6,911	10,310	15,381
1		627	935	1,395	2,082	3,105	4,633	6,911
2			420	627	935	1,395	2,082	3,105
3				282	420	627	935	1,395

	현재시점	20×1	20×2	20×3	20×4	20×5	20×6	20×7
4					189	282	420	627
5						127	189	282
6							85	127
7								57

④ 배당락효과를 반영한 수정주가트리 생성 : 조정된 주가트리에 시점별 배당금의 현재가치를 가산하여 배당락효과가 반영된 수정주가트리를 다음과 같이 생성하였다.

	현재시점	20×1	20×2	20×3	20×4	20×5	20×6	20×7
0	1,000	1,451	2,129	3,143	4,662	6,931	10,320	15,381
1		683	982	1,433	2,110	3,125	4,643	6,911
2			467	665	964	1,415	2,091	3,105
3				320	449	646	945	1,395
4					218	301	430	627
5						146	199	282
6							95	127
7								57

⑤ 콜옵션트리생성 : 옵션행사가격(800원)과 위험중립확률을 이용해 만기시점 콜옵션이익(pay-off)으로부터 현재시점까지 무위험이자율을 할인율로 하여 소급한 주식선택권(콜옵션)의 현재가치는 다음과 같이 467원으로 측정되었다.

	현재시점	20×1	20×2	20×3	20×4	20×5	20×6	20×7
0	467	826	1,423	2,384	3,879	6,143	9,526	14,581
1		217	412	760	1,359	2,337	3,849	6,111
2			80	168	343	682	1,297	2,305
3				18	43	104	249	595
4					0	0	0	0
5						0	0	0
6							0	0
7								0

(2) 시가배당률을 가정한 경우의 주식선택권 공정가치측정

기업은 이항옵션모형에 시가배당률을 이용한 조정위험중립확률을 이용하여 종업원에 부여한 주식선택권을 다음과 같이 공정가치를 측정하였다.

① 배당이 없는 가정하의 기초자산 주가트리의 생성 : 측정일 현재 주가(1,000원)와 주가

변동성을 반영한 상승계수와 하락계수를 이용해 배당이 없는 상황의 기초자산가격트리를 생성하였다(기대배당금을 가정한 경우의 기초자산 주가트리 참고)

② 연속배당수익률을 반영하여 조정한 위험중립확률을 다음과 같이 계산하였다.

• 수정위험중립확률 = [(EXP(2% - 1%) - 0.6703)] ÷ (1.4918 - 0.6703) = 0.4135

③ 콜옵션트리생성 : 옵션행사가격(800원)과 연속배당수익률을 반영한 조정위험중립확률(0.4135)을 이용해 만기시점 콜옵션이익(pay-off)으로부터 현재시점까지 무위험이자율을 할인율로 하여 소급한 주식선택권(콜옵션)의 현재가치는 다음과 같이 467원으로 측정되었다.

	현재시점	20×1	20×2	20×3	20×4	20×5	20×6	20×7
0	467	843	1,479	2,520	4,153	6,589	10,223	15,645
1		218	423	796	1,446	2,520	4,153	6,589
2			81	174	365	739	1,426	2,520
3				19	46	114	280	692
4					0	0	0	0
5						0	0	0
6							0	0
7								0

④ 본 사례에서 기대배당금을 가정하여 계산된 주식선택권 공정가치(467원)와 시가배당률을 가정하여 계산된 주식선택권의 공정가치(467원)가 일치하는 것으로 나타났다. 다만, 두 방법 간에는 기본가정의 차이로 인해 특정시점의 보유가치(holding value)는 달리 측정되며 상황에 따라 두 방법 간에는 차이가 발생할 수 있음을 참고하기 바란다.

⑤ 한편, 유러피안 옵션을 가정한 블랙숄즈모형을 이용할 경우, 기대배당금의 현재가치(65원)를 차감한 수정주가(935원)에 기초해 측정된 주식선택권 공정가치는 460원으로 측정되어 이항옵션모형과 차이가 있는 것으로 파악되었다.

용역제공조건에 분할행사조건이 포함된 경우

주식선택권의 가득조건이 용역제공조건으로 제한되는 상황에서 특정기간 말에 모두 동시에 가득되지 않고 분할하여 가득되는 조건이 있을 수 있다. 예를 들어 100개의 주식선택권을 부여받은 종업원이 향후 4년 동안 매년 25개씩의 주식선택권이 가득되는 경우를 들 수 있다. 이때에는 분할하여 가득되는 각 부분을 별도의 주식선택권으로 처리함이 원칙이다. 왜냐하면 분할되는 각 부분은 가득기간이 서로 상이함에 따라 공정가치가 다를 것이기 때문이다.[K-IFRS 1102 IG11]

실무적으로는 분할행사조건이 포함된 주식선택권은 다음과 같이 3가지 유형의 분할행사 조건부 주식선택권이 관찰된다. 다만, 기업의 선택에 따라 다양한 방식의 분할행사조건을 부여할 수 있으므로 아래의 유형 외에 새로운 유형의 분할행사조건부 주식선택권이 있을 수 있음에 유의하기 바란다.116)

① 각 분할행사단계(Stage)별로 가득조건이 충족되고 모든 분할행사단계(Stage)의 행사종료시점은 동일한 경우 : 부여된 총 주식선택권 중 주식선택권 부여일로부터 특정기간이 순차적으로 도래할 때마다 가득되지만 분할행사되는 각 주식선택권의 행사종료시점은 모두 동일한 경우를 말한다.

- 예를 들어 총 100개의 주식선택권을 부여받은 종업원이 최소 가득기간인 3년이 경과되는 시점부터 4년간 순차적으로 25개씩 행사가능하며, 순차적으로 행사가능한 수량의 행사종료시점은 부여일로부터 7년이 되는 날로 모두 같은 경우이다. 이 유형에 해당하는 주식선택권의 가득기간과 행사기간 그리고 총측정기간을 정리하면 다음과 같다.

	가득기간	행사수량	행사가능기간	총측정기간
Stage 1	3년	25개	4년	7년
Stage 2	4년	25개	3년	7년
Stage 3	5년	25개	2년	7년
Stage 4	6년	25개	1년	7년

- 이 유형의 분할행사조건부 주식선택권의 경우, 분할행사단계(Stage)별로 가득기간이 다르므로 주식보상비용의 인식은 각 분할행사단계(Stage)별로 달리 적용되어야 할 것이다. 다만, 이 유형의 분할행사조건부 주식선택권의 공정가치평가에는 〈기대행사기간에 대한 가정〉에 따라 다음과 같은 두 가지 방식을 고려할 수 있다.117)

㉠ 각 분할행사단계(Stage)의 가득기간은 상이하나 총측정기간은 동일하므로 보

116) 필자의 실무경험으로는 본서의 예시에서 제시한 3가지 유형의 분할행사조건부 주식선택권이 모두 관찰되었는데 주식선택권 부여계약의 세부조항에 따라 본서에서 제시한 3가지 유형과는 전혀 다른 유형으로 분류될 수 있으므로 주의를 요한다.

117) 기준서는 두 가지 방식 중 두 번째 방식을 설명하고 있다. 그러나 실무에서는 오히려 첫 번째 방식이 활발히 활용되는데 두 번째 방식을 사용할 경우 분할행사조건에 따른 현금흐름의 예상시기(즉, 분할행사단계별 기대행사시기)에 대한 합리적인 예측을 필요로 하기 때문이다. 반면, 첫 번째 방식은 보유자의 기대이익을 최대화할 것임을 가정하는 방법(콜옵션은 무위험포트폴리오 구성을 통해 행사가치보다 보유가치가 항상 크거나 같다)으로 옵션평가모형 내에서 보유자의 합리적인 의사결정을 가정하므로 더 선호되는 경향이 있다.

유자는 기대이익을 최대화함을 가정하여 모든 분할행사단계(Stage)의 기대행사기간을 행사종료시점으로 가정하는 방식 : 이 가정을 적용할 경우 모든 분할행사단계(Stage)에 있어 주식선택권의 단위당 공정가치는 같은 값으로 측정되며 기업은 분할행사단계(Stage)별 가득기간에 따라 주식보상비용을 인식하고 분할행사단계(Stage)별로 기대퇴사율을 각각 적용해야 할 것이다.

㉡ 각 분할행사단계(Stage)별로 기대행사기간을 별도로 추정하는 방식 : 종업원은 각 분할행사단계가 도래한 시점에 권리를 행사할 가능성이 높으므로 분할행사단계의 행사가능기간 중 행사비중을 재배분하는 방식을 고려할 수 있다. 예를 들어 최초로 도래하는 분할행사단계(Stage 1)의 경우 종업원은 가득기간이 충족된 첫해에 권리를 행사하는 비중이 이후 잔여행사기간(3년)보다 높을 것으로 예상하여 분할행사단계(Stage)별 주식선택권의 공정가치를 각각 측정하는 방식이다. 이는 분할행사조건부 주식선택권의 경우 현금흐름의 예상시기에 영향을 미치므로 별도의 주식선택권으로 처리해야 한다는 기준서의 취지와 일관된다.

② 분할행사단계와 관계없이 특정시점에 가득조건이 충족되고 행사종료시점은 동일한 경우 : 부여된 총 주식선택권의 가득기간은 동일하지만 분할행사단계별로 행사기간에만 제한이 있는 경우를 말한다.

• 예를 들어 총 100개의 주식선택권을 부여받은 종업원은 가득기간 3년이 경과되는 시점부터 부여받은 모든 주식선택권에 대한 행사권리가 발생하되(즉, 가득기간인 3년이 되면 분할행사단계가 도래하지 아니한 부분에 대해서도 추가적인 근로용역을 제공할 필요가 없음), 가득기간 충족일로부터 향후 4년간 순차적으로 25개씩 행사가능한 경우이다. 이 유형의 주식선택권의 가득기간과 거치기간, 행사기간 그리고 총측정기간을 정리하면 다음과 같다.

	가득기간	행사수량	거치기간	행사가능기간	총측정기간
Stage 1	3년	25개	-	4년	7년
Stage 2	3년	25개	1년	3년	7년
Stage 3	3년	25개	2년	2년	7년
Stage 4	3년	25개	3년	1년	7년

• 이와 같은 분할행사조건부 주식선택권의 경우, 분할행사단계(Stage)별로 가득기간이 같으므로 기업은 주식보상비용을 분할행사단계(Stage)와 무관하게 가득기

간(3년) 동안 인식한다. 이 유형의 분할행사조건부 주식선택권의 공정가치측정은 위의 ① 유형과 같이 두 가지 방식을 고려할 수 있을 것이다.

③ 각 분할행사단계(Stage)별로 가득조건이 충족되고 분할행사단계(Stage)의 행사종료시점이 다른 경우 : 부여된 총 주식선택권 중 주식선택권 부여일로부터 특정기간이 순차적으로 도래할 때마다 가득되고 분할행사되는 각 주식선택권의 행사기간이 같은 경우(즉, 분할행사단계별로 행사종료시점이 다른 경우)를 말한다.

- 예를 들어 총 100개의 주식선택권을 부여받은 종업원이 최소 가득기간인 3년이 경과되는 시점부터 4년간 순차적으로 25개씩 행사가능하며, 각 분할행사단계의 행사기간은 2년으로 같은 경우이다. 이 유형에 해당하는 주식선택권의 가득기간과 행사기간 그리고 총측정기간을 정리하면 다음과 같다.

	가득기간	행사수량	행사가능기간	총측정기간
Stage 1	3년	25개	2년	5년
Stage 2	4년	25개	2년	6년
Stage 3	5년	25개	2년	7년
Stage 4	6년	25개	2년	8년

- 이와 같은 분할행사조건부 주식선택권의 경우, 분할행사단계(Stage)별로 가득기간이 다르므로 각 분할행사단계(Stage)별로 주식보상비용을 달리 인식해야 하며, 이와 같은 주식선택권은 기대행사기간에 대한 가정에 관계없이 각 분할행사단계(Stage)별로 주식선택권의 공정가치를 각각 측정해야 한다.

예 제　분할행사의무가 있는 주식선택권의 공정가치측정

20×1년초, 기업은 주주총회를 걸쳐 종업원 100명에게 각각 1,000개의 주식선택권을 부여하기로 하고 주식선택권 부여계약을 체결하였다. 주식선택권을 부여받은 종업원은 부여일로부터 3년이 지난 20×4년초부터 부여받은 주식선택권의 25%를 행사할 수 있고, 부여일로부터 4년이 지난 20×5년초부터 25%를, 부여일로부터 5년이 되는 20×6년초부터 25%를 행사할 수 있으며, 부여일로부터 6년이 되는 20×7년초에 나머지 25%를 행사할 수 있다.

종업원은 부여일로부터 분할행사되는 각 시점일 현재까지 근로용역을 제공해야 하며 각 분할행사기간 중 퇴사할 경우 주식선택권은 취소된다. 각 시점별로 부여받은 주식선택권은 20×7년말까지 행사할 수 있으며 20×7년말이 경과되면 모든 주식선택권은 소멸된다. 편의상 측정주기는 연간단위로 한다.

주식선택권 부여일 현재 공정가치측정을 위해 필요한 정보는 다음과 같다.

• 행사조건 : 주당 800원으로 각 시점별 행사가능기간 동안 언제든지 권리행사가능
• 무위험이자율 : 연 2.0% (이자율 기간구조는 고려하지 아니함)
• 주가변동성 : 연 40% (주가상승계수 = 1.4918, 주가하락계수 = 0.6703)
• 위험중립확률 : 0.4259

기업이 부여한 이 주식선택권의 가득기간, 행사기간 및 총측정기간은 다음과 같다.

	가득기간	행사수량	행사가능기간	총측정기간
Stage 1	3년	250개	4년	7년
Stage 2	4년	250개	3년	7년
Stage 3	5년	250개	2년	7년
Stage 4	6년	250개	1년	7년

기업은 분할행사의무가 있는 이 주식선택권에 대해 다음의 두 가지 방법에 따라 공정가치를 측정하고 인식할 것을 고려 중이다.

(1) 분할행사단계의 구분 없이 주식선택권의 공정가치를 측정하고 가득기간별로 주식보상비용을 인식하는 방법

• 각 분할행사단계(Stage)의 가득기간은 상이하나 총측정기간은 동일하므로 보유자는 기대이익을 최대화함을 가정하여 모든 분할행사단계(Stage)의 기대행사기간을 행사종료시점으로 가정한다. 이 가정에 따르면 모든 분할행사단계(Stage)에 있어 주식선택권의 단위당 공정가치는 같으며 기업은 분할행사단계(Stage)별 가득기간에 따라 주식보상비용을 인식하고 분할행사단계(Stage)별로 기대퇴사율을 각각 적용해야 할 것이다.
• 따라서, 기업은 분할행사단계를 구분하지 않고 이항옵션모형을 이용하여 종업원에 부여한 주식선택권에 대해 다음과 같이 공정가치를 측정하고 주식보상비용을 인식하였다.

① 기초자산 주가트리 : 측정일 현재 주가(1,000원)와 주가변동성을 반영한 상승계수와 하락계수를 이용해 기초자산가격트리를 다음과 같이 생성하였다.

	현재시점	20×1	20×2	20×3	20×4	20×5	20×6	20×7
0	1,000	1,492	2,226	3,320	4,953	7,389	11,023	16,445
1		670	1,000	1,492	2,226	3,320	4,953	7,389
2			449	670	1,000	1,492	2,226	3,320
3				301	449	670	1,000	1,492
4					202	301	449	670
5						135	202	301
6							91	135
7								61

② 콜옵션트리생성 : 옵션행사가격(800원)과 위험중립확률을 이용해 만기시점 콜옵션이익(pay-off)으로부터 현재시점까지 무위험이자율을 할인율로 하여 소급한 주식선택권(콜옵션)의 현재가치는 다음과 같이 516원으로 측정되었다.

	현재시점	20×1	20×2	20×3	20×4	20×5	20×6	20×7
0	516	908	1,557	2,595	4,200	6,620	10,239	15,645
1		243	458	842	1,495	2,551	4,169	6,589
2			91	190	387	764	1,441	2,520
3				21	50	121	289	692
4					0	0	0	0
5						0	0	0
6							0	0
7								0

③ 기업은 주식선택권의 단위당 공정가치를 이용하여 각 분할행사단계별 가득기간에 따른 연간 인식할 주식보상비용을 다음과 같이 계산하였다(기대퇴사율을 고려하지 않음).

	행사수량	단위공정가치	종업원수	가득기간	연간주식 보상비용	전체주식 보상비용
Stage 1	250	516	100	3	4,300,000	12,900,000
Stage 2	250	516	100	4	3,225,000	12,900,000
Stage 3	250	516	100	5	2,580,000	12,900,000
Stage 4	250	516	100	6	2,150,000	12,900,000
합계						51,600,000

④ 기업은 다음과 같이 연도별 주식보상비용을 인식하였다(기대퇴사율을 고려하지 않음).

연도	Stage 1	Stage 2	Stage 3	Stage 4	합계
20×1년	4,300,000	3,225,000	2,580,000	2,150,000	12,255,000
20×2년	4,300,000	3,225,000	2,580,000	2,150,000	12,255,000
20×3년	4,300,000	3,225,000	2,580,000	2,150,000	12,255,000
20×4년	-	3,225,000	2,580,000	2,150,000	7,955,000
20×5년	-	-	2,580,000	2,150,000	4,730,000
20×6년	-	-	-	2,150,000	2,150,000
합계	12,900,000	12,900,000	12,900,000	12,900,000	51,600,000

(2) 분할행사단계별로 기대행사기간에 대한 별도의 가정을 도입하여 주식선택권의 공정가치를 측정하고 가득기간별로 주식보상비용을 인식하는 방법

- 기업은 주식선택권을 부여받은 종업원이 각 분할행사단계가 도래한 시점에 권리를 행사하는 비중이 그 이후 기간에 비해 높을 것으로 예상하였다. 기업은 충분하고 신뢰성 있는 정보에 기초해 종업원은 각 분할행사단계가 도래한 첫해에 가득된 수량의 50%를 행사하고 나머지 행사가능기간 동안 가득된 수량의 50%를 연평균 같은 비율로 행사할 것으로 가정하였다.
- 기업은 각 분할행사단계에 대한 기대행사기간을 적용하기로 함에 따라 이항옵션모형을 이용하여 측정기간을 아래와 같이 4가지로 구분하여 각각의 단위당 공정가치를 측정한 후 각 분할행사단계별 총공정가치를 측정하였으며, 분할행사단계별 가득기간을 적용하여 주식보상비용을 인식하였다. 즉, 기업은 분할행사단계별 주식선택권을 각각 별개의 주식선택권(#1-SO, #2-SO, #3-SO 및 #4-SO으로 구분)으로 보아 각각의 공정가치를 측정하였다.

㉠ #1-SO : 총측정기간이 7년인 주식선택권 (가득기간 3년이며 행사기간이 4년)
㉡ #2-SO : 총측정기간이 6년인 주식선택권 (가득기간 3년이며 행사기간이 3년)
㉢ #3-SO : 총측정기간이 5년인 주식선택권 (가득기간 3년이며 행사기간이 2년)
㉣ #4-SO : 총측정기간이 4년인 주식선택권 (가득기간 3년이며 행사기간이 1년)

① 기초자산 주가트리 : 측정일 주가(1,000원)와 주가변동성을 반영한 상승계수와 하락계수를 이용해 기초자산가격트리를 다음과 같이 생성하였다.

	현재시점	20×1	20×2	20×3	20×4	20×5	20×6	20×7
0	1,000	1,492	2,226	3,320	4,953	7,389	11,023	16,445
1		670	1,000	1,492	2,226	3,320	4,953	7,389
2			449	670	1,000	1,492	2,226	3,320
3				301	449	670	1,000	1,492
4					202	301	449	670
5						135	202	301
6							91	135
7								61

② 총측정기간 7년(#1-SO)의 콜옵션트리생성 : 옵션행사가격(800원)과 위험중립확률을 이용해 만기시점 콜옵션이익(pay-off)으로부터 현재시점까지 무위험이자율을 할인율로 하여 소급한 주식선택권(콜옵션)의 현재가치는 다음과 같이 516원으로 측정되었다.

	현재시점	20×1	20×2	20×3	20×4	20×5	20×6	20×7
0	516	908	1,557	2,595	4,200	6,620	10,239	15,645
1		243	458	842	1,495	2,551	4,169	6,589

	현재시점	20×1	20×2	20×3	20×4	20×5	20×6	20×7
2			91	190	387	764	1,441	2,520
3				21	50	121	289	692
4					0	0	0	0
5						0	0	0
6							0	0
7								0

③ 총측정기간 6년(#2-SO)의 콜옵션(주식선택권)을 다음과 같이 489원으로 측정하였다.

	현재시점	20×1	20×2	20×3	20×4	20×5	20×6
0	489	875	1,522	2,567	4,184	6,605	10,223
1		221	426	801	1,457	2,536	4,153
2			76	163	342	708	1,426
3				15	35	83	200
4					0	0	0
5						0	0
6							0

④ 총측정기간 5년(#3-SO)의 콜옵션(주식선택권)을 다음과 같이 458원으로 측정하였다.

	현재시점	20×1	20×2	20×3	20×4	20×5
0	458	842	1,495	2,551	4,169	6,589
1		190	387	764	1,441	2,520
2			50	121	289	692
3				0	0	0
4					0	0
5						0

⑤ 총측정기간 4년(#4-SO)의 콜옵션(주식선택권)을 다음과 같이 426원으로 측정하였다.

	현재시점	20×1	20×2	20×3	20×4
0	426	801	1,457	2,536	4,153
1		163	342	708	1,426
2			35	83	200
3				0	0
4					0

⑥ 기업은 충분하고 신뢰성 있는 정보에 기초해 종업원은 각 분할행사단계가 도래한 첫해에 가득된 수량의 50%를 행사하고 나머지 행사가능기간 동안 가득된 수량의 50%를 연평균 같은 비율로 행사할 것으로 가정하였다. 이러한 가정에 기초해 분할행사단계(Stage)별 단위당 공정가치를 다음과 같이 측정하였다.

	1차연도 행사비율	2차연도 행사비율	3차연도 행사비율	4차연도 행사비율	행사비율 합계	가중평균 단위당 공정가치
분류	#4-SO	#3-SO	#2-SO	#1-SO		
단위공정가치	426	458	489	516		
Stage 1	50%	17%	17%	17%	100%	457
Stage 2	50%	25%	25%	0%	100%	450
Stage 3	50%	50%	0%	0%	100%	442
Stage 4	100%	0%	0%	0%	100%	426

⑦ 기업은 주식선택권의 단위당 공정가치를 이용하여 각 분할행사단계별 가득기간에 따른 연간 인식할 주식보상비용을 다음과 같이 계산하였다(기대퇴사율을 고려하지 않음).

	행사수량	단위공정가치	종업원수	가득기간	연간주식 보상비용	전체주식 보상비용
Stage 1	250	457	100	3	3,808,333	11,425,000
Stage 2	250	450	100	4	2,812,500	11,250,000
Stage 3	250	442	100	5	2,210,000	11,050,000
Stage 4	250	426	100	6	1,775,000	10,650,000
합계						44,375,000

⑧ 기업은 다음과 같이 연도별 주식보상비용을 인식하였다(기대퇴사율을 고려하지 않음).

연도	Stage 1	Stage 2	Stage 3	Stage 4	합계
20×1년	3,808,333	2,812,500	2,210,000	1,775,000	10,605,833
20×2년	3,808,333	2,812,500	2,210,000	1,775,000	10,605,833
20×3년	3,808,333	2,812,500	2,210,000	1,775,000	10,605,833
20×4년		2,812,500	2,210,000	1,775,000	6,797,500
20×5년			2,210,000	1,775,000	3,985,000
20×6년				1,775,000	1,775,000
합계	11,425,000	11,250,000	11,050,000	10,650,000	44,375,000

성과조건이 비시장조건인 경우

가득조건에 비시장조건인 성과조건이 충족될 것을 조건으로 부여될 수 있다. 비시장조건인 성과조건(예: 목표매출 달성, 목표이익 달성 또는 연구개발성공 등)이 가득조건을 구성할 경우 해당 가득조건은 측정기준일 현재 주식 또는 주식선택권의 공정가치를 추정할 때 고려하지 아니한다.[K-IFRS 1102 문단 15, 19~21]

- 기대가득기간은 부여일 현재 가장 실현가능성이 높다고 판단되는 비시장조건인 성과조건의 결과에 기초하여 추정한다. 만일, 후속적인 정보로 추정한 기대가득기간이 앞서 추정했던 기대가득기간과 다르면 기대가득기간 추정치를 변경한다.
- 주식선택권의 공정가치측정에서 비시장조건을 고려하지 아니할 경우 단위당 공정가치가 과대계상될 위험이 있다. 따라서, 비시장조건인 성과조건이 포함된 주식선택권은 다음과 같은 방식으로 반영한다.

  ㉠ 비시장조건에 따라 가득되는 수량이 달라지는 경우 : 가득기간 동안 지분상품의 수량을 조정하는 방식으로 고려함으로써 부여한 지분상품 대가로 제공받는 재화나 용역에 대해 인식하는 금액이 궁극적으로 가득되는 지분상품의 수량에 기초하여 결정될 수 있도록 한다.

  ㉡ 비시장조건에 따라 가득시점이 결정되는 경우 : 종업원에게 비시장조건인 성과조건을 충족할 때까지 계속 근무하는 것을 조건으로 주식선택권을 부여하며 가득기간은 그러한 비시장조건인 성과조건이 충족되는 시점에 따라 달라진다면 주식선택권 대가에 해당하는 근무용역을 미래 기대가득기간에 걸쳐 받는다고 본다. 이때, 후속적인 정보로 추정한 기대가득기간이 앞서 추정했던 기대가득기간과 다르면 기대가득기간 추정치를 변경한다.
- 따라서, 종업원이 용역제공기간 동안 비시장조건인 성과조건을 달성하지 못한다면 누적기준으로 볼 때 종업원으로부터 제공받은 근로용역과 관련하여 어떠한 금액도 인식하지 아니한다.

예 제 비시장조건에 따라 가득시점이 결정되는 주식선택권의 인식과 측정

20×1년초, 기업은 주주총회를 걸쳐 신약 임상연구개발 핵심인력 10명에게 각각 10,000개의 주식선택권을 부여하기로 하고 주식선택권 부여계약을 체결하였다. 주식선택권을 부여받은 종업원은 부여일로부터 3년이 지난 20×4년초부터 4년간 아래의 마일스톤 조건을 달성할 경우 주식선택권을 행사할 수 있다. 기업이 연구개발 중인 신약은 측정일 현재 임상2상이 진행 중이며 기대가득시점은 충분하고 합리적인 자료에 기초해 예상되었다.

구분	비시장조건	행사비율	기대가득시점
milestone 1	-	25%	부여일로부터 3년(20×4년초)
milestone 2	임상2상 통과	25%	부여일로부터 4년(20×5년초)
milestone 3	임상3상 통과	25%	부여일로부터 5년(20×6년초)
milestone 4	신약판매승인	25%	부여일로부터 6년(20×7년초)

종업원은 부여일로부터 비시장조건이 가득되는 시점까지 근로용역을 제공해야 하며, 각 시점별로 부여받은 주식선택권은 20×7년말까지 행사할 수 있으며 20×7년말이 경과되면 모든 주식선택권은 소멸된다. 편의상 측정주기는 연간단위로 한다.

주식선택권 부여일 현재 공정가치측정을 위해 필요한 정보는 다음과 같다.

- 계약일 보통주 공정가치 : 주당 1,000원 (배당지급계획은 없음)
- 행사조건 : 주당 800원으로 행사가능기간동안 언제든지 권리행사가능
- 무위험이자율 : 연 2.0% (이자율 기간구조는 고려하지 아니함)
- 주가변동성 : 연 40% (주가상승계수 = 1.4918, 주가하락계수 = 0.6703)
- 위험중립확률 : 0.4259

20×3년말까지 경영진이 예상한 마일스톤별 기대가득기간의 변동은 없었다. 반면, 기업의 임상연구개발이 괄목한 발전이 있었으며 20×4년말 경영진은 당초 예상과 달리 20×5년말에 임상2상 및 임상3상이 동시에 통과될 것으로 예측하였으며 이어서 20×6년말에는 신약판매승인이 이뤄질 것으로 예측하였다. 그리고 경영진의 수정된 예측대로 임상승인 및 판매승인이 이뤄져 20×6년말에 부여된 주식선택권이 모두 가득되었다. 편의상 기대퇴사율을 고려하지 아니하며 실제 퇴사자도 없는 것으로 가정한다.

(1) 주식선택권의 공정가치측정

비시장조건인 성과조건은 주식선택권의 공정가치측정에서 고려하지 아니하므로 기업은 공정가치측정 과정에서 마일스톤 단계별 성공가능성을 고려하지 아니하였다.

① 기초자산 주가트리 : 측정일 현재 주가(1,000원)와 주가변동성을 반영한 상승계수와 하락계수를 이용해 기초자산가격트리를 다음과 같이 생성하였다.

	현재시점	20×1	20×2	20×3	20×4	20×5	20×6	20×7
0	1,000	1,492	2,226	3,320	4,953	7,389	11,023	16,445
1		670	1,000	1,492	2,226	3,320	4,953	7,389
2			449	670	1,000	1,492	2,226	3,320
3				301	449	670	1,000	1,492
4					202	301	449	670
5						135	202	301
6							91	135
7								61

② 콜옵션트리생성 : 옵션행사가격(800원)과 위험중립확률을 이용해 만기시점 콜옵션이익(pay-off)으로부터 현재시점까지 무위험이자율을 할인율로 하여 소급한 콜옵션의 현재가치는 다음과 같이 516원으로 측정되었다.

	현재시점	20×1	20×2	20×3	20×4	20×5	20×6	20×7
0	516	908	1,557	2,595	4,200	6,620	10,239	15,645
1		243	458	842	1,495	2,551	4,169	6,589
2			91	190	387	764	1,441	2,520
3				21	50	121	289	692
4					0	0	0	0
5						0	0	0
6							0	0
7								0

(2) 주식선택권의 회계처리

비시장조건인 성과조건이 포함된 주식선택권으로써 가득기간이 그러한 비시장조건인 성과조건이 충족되는 시점에 따라 달라진다면 주식선택권 대가에 해당하는 근무용역을 미래 기대가득기간에 걸쳐 받는다고 본다. 기대가득기간은 부여일 현재 가장 실현가능성이 높다고 판단되는 비시장조건인 성과조건의 결과에 기초하여 추정한다. 후속적인 정보로 추정한 기대가득기간이 앞서 추정했던 기대가득기간과 다르면 기대가득기간 추정치를 변경한다.

① 부여일 현재(20×1년초) 주식선택권의 단위당 공정가치를 이용하여 각 milestone별 가득기간에 따른 연간 인식할 주식보상비용을 다음과 같이 계산하였다(기대퇴사율을 고려하지 않음).

구분	행사수량	단위 공정가치	종업원수	가득기간	연간주식 보상비용	전체주식 보상비용
milestone 1	2,500	516	10	3	4,300,000	12,900,000
milestone 2	2,500	516	10	4	3,225,000	12,900,000
milestone 3	2,500	516	10	5	2,580,000	12,900,000
milestone 4	2,500	516	10	6	2,150,000	12,900,000
합계						51,600,000

② 부여일 현재(20×1년초) 기업은 다음과 같이 연도별 주식보상비용을 인식하기로 하였다(기대퇴사율을 고려하지 않음).

연도	milestone 1	milestone 2	milestone 3	milestone 4	합계
20×1년	4,300,000	3,225,000	2,580,000	2,150,000	12,255,000
20×2년	4,300,000	3,225,000	2,580,000	2,150,000	12,255,000

연도	milestone 1	milestone 2	milestone 3	milestone 4	합계
20×3년	4,300,000	3,225,000	2,580,000	2,150,000	12,255,000
20×4년	-	3,225,000	2,580,000	2,150,000	7,955,000
20×5년	-	-	2,580,000	2,150,000	4,730,000
20×6년	-	-	-	2,150,000	2,150,000
합계	12,900,000	12,900,000	12,900,000	12,900,000	51,600,000

이에 따라 기업이 20×1년부터 20×3년까지 인식한 주식보상비용은 다음과 같다.

㉠ 20×1년말 인식한 주식보상비용 = 12,255,000원 (누적인식액 : 12,255,000원)

㉡ 20×2년말 인식한 주식보상비용 = 12,255,000원 (누적인식액 : 24,510,000원)

㉢ 20×3년말 인식한 주식보상비용 = 12,255,000원 (누적인식액 : 36,765,000원)

한편, 20×4년말 경영진은 당초 예상과 달리 20×5년말에 임상2상 및 임상3상이 동시에 통과될 것으로 예측하였으며 이어서 20×6년말에는 신약판매승인이 이뤄질 것으로 예측하였다.

③ 이러한 추정의 변경을 소급하여 계산할 경우, 부여일 현재(20×1년초) 주식선택권의 단위당 공정가치를 이용하여 milestone별 가득기간에 따른 연간 인식할 주식보상비용을 다음과 같이 재계산할 수 있다(이해를 돕기 위해 소급하여 계산한 것이며, 추정의 변경에 따른 효과를 소급하여 수정하는 것은 아님).

구분	행사수량	단위 공정가치	종업원수	가득기간	연간주식 보상비용	전체주식 보상비용
milestone 1	2,500	516	10	3	4,300,000	12,900,000
milestone 2	2,500	516	10	4	3,225,000	12,900,000
milestone 3	2,500	516	10	4	3,225,000	12,900,000
milestone 4	2,500	516	10	5	2,580,000	12,900,000
합계						51,600,000

④ 이러한 추정의 변경을 소급하여 계산할 경우, 부여일 현재(20×1년초) 기업은 다음과 같이 연도별 주식보상비용을 인식하였을 것이다(이해를 위해 소급하여 계산한 것이며, 추정의 변경에 따른 효과를 소급하여 수정하는 것은 아님. 편의상 기대퇴사율은 고려하지 않음).

연도	milestone 1	milestone 2	milestone 3	milestone 4	합계
20×1년	4,300,000	3,225,000	3,225,000	2,580,000	13,330,000
20×2년	4,300,000	3,225,000	3,225,000	2,580,000	13,330,000
20×3년	4,300,000	3,225,000	3,225,000	2,580,000	13,330,000
20×4년		3,225,000	3,225,000	2,580,000	9,030,000

연도	milestone 1	milestone 2	milestone 3	milestone 4	합계
20×5년			0	2,580,000	2,580,000
20×6년				0	0
합계	12,900,000	12,900,000	12,900,000	12,900,000	51,600,000

⑤ 경영진의 수정된 예측대로 임상승인 및 판매승인이 이뤄져 20×6년말에 부여된 주식선택권이 모두 가득되었으므로 기업의 20×3년까지 주식보상비용 누적인식액과 20×4년부터 20×6년까지 인식한 주식보상비용은 다음과 같다.

㉠ 20×3년말까지 주식보상비용 누적인식액 : 36,765,000원(=12,255,000원×3년)

㉡ 20×4년말 수정예측에 따른 주식보상비용 누적인식액 : 49,020,000원 (=13,330,000원+13,330,000원+13,330,000원+9,030,000원)

㉢ 20×4년말 주식보상비용=12,255,000원(=49,020,000원-36,765,000원)

㉣ 20×5년말 주식보상비용=2,580,000원 (누적인식액 : 51,600,000원)

㉤ 20×6년말 주식보상비용=0원 (누적인식액 : 51,600,000원)

성과조건이 시장인 경우

주식선택권에 특정기간 동안 계속 근무할 조건 외에 경우에 따라서는 목표주가상승을 달성하는 것과 같은 시장조건인 성과조건을 부과할 수 있다. 종업원에게 시장조건인 성과조건을 충족할 때까지 계속 근무하는 것을 조건으로 주식선택권을 부여하며 가득기간은 성과조건이 충족되는 시점에 따라 달라진다면 주식선택권 대가에 해당하는 근무용역을 미래 기대가득기간에 걸쳐 받는다고 본다. 이때, 기대가득기간은 부여일 현재 가장 실현가능성이 높다고 판단되는 성과조건의 결과에 기초하여 추정하며 후속적으로 수정하지 아니한다.[118)][K-IFRS 1102 문단 15, 19~21]

- 목표주가와 같은 시장조건이 부여된 경우에는 그러한 시장조건을 고려하여 주식선택권의 공정가치를 측정한다. 따라서 시장조건이 있는 주식선택권을 부여한 때에는 그 시장조건이 충족되었는지에 관계없이 다른 모든 가득조건(예: 정해진 기간에 계속 근무하는 종업원에게 제공받는 근무용역)을 충족하는 거래상대방에게서 제공받는 재화나 용역을 인식한다.

118) 비시장조건인 성과조건이 포함된 주식선택권은 공정가치 측정과정에서 그러한 성과조건을 고려하지 않는 대신 후속적으로 비시장조건에 대한 추정의 변경을 반영하는 반면, 시장조건인 성과조건이 부여된 주식선택권은 부여일에 그러한 시장조건을 고려하여 주식선택권의 공정가치를 측정하므로 부여일 이후 최초의 예상과 다르게 성과조건 충족이 이뤄지더라도 주식선택권 인식결과를 수정하지 아니한다.

- 시장조건이 부여되는 주식선택권은 그러한 시장조건의 계약특성에 따라 가치평가 기법이 달라져야 할 수 있다. 단순한 형태의 시장조건, 예를 들어 특정시점에 특정 목표주가를 달성할 것을 시장조건으로 한다면 이항옵션모형을 이용하여 모형의 재결합구조를 고려하여 산출된 경우의 수에 따른 확률을 이용하여 주식선택권의 공정가치를 측정할 수 있다.
- 실무적으로는 시장조건이 부여된 주식선택권의 대부분은 복잡한 경로의존(Path dependent) 조건을 가지고 있다. 예를 들어 가득기간 중 일정기간 이상 목표주가 이상을 지속적으로 유지하여야 하거나 가득기간 중 일정기간 이상 평균주가가 목표주가를 상회하여야 하는 경우와 같이 보다 복잡한 시장조건이 부여된 상황에서는 격자형태(lattice)로 재결합하는 이항모형의 경우의 수에 따른 확률로는 그러한 시장조건을 반영하는 것이 불가능하다. 이 경우에는 독립적인 주가경로를 생성하는 최소자승-몬테카를로 시뮬레이션(LSMC)을 이용하게 된다. LSMC 모형을 이용한 옵션평가의 세부적인 내용은 본서의 「제2부 가치평가모형」의 「제3장 옵션평가모형」 부분을 참고하기 바란다.

예 제　시장조건인 성과조건이 포함된 주식선택권의 인식과 측정

20×1년초, 기업은 주주총회를 걸쳐 기업의 미래성장을 주도하여 중장기적인 기업가치상승을 도모하고자 대표이사에게 시장조건을 가득조건으로 하는 조건강화형 주식선택권을 부여하였다. 대표이사는 부여일로부터 3년이 지난 시점에서 3년의 기간 중 기업의 주가가 5일 연속 행사가격의 2배 이상 유지되는 경우에 총 10,000주를 행사할 수 있으며 주식선택권의 행사기간은 부여일로부터 3년이 지난 시점에서 3년이 되는 날이다.

주식선택권 부여일 현재 공정가치측정을 위해 필요한 정보는 다음과 같다.

- 계약일 보통주 공정가치 : 주당 22,750원 (배당지급계획은 없음)
- 행사조건 : 주당 23,363원으로 성과조건을 달성할 시점부터 20×6년말까지 행사가능
- 무위험이자율 : 관측된 만기수익률(YTM)을 이용해 현물이자율을 다음과 같이 추출

	1년물	2년물	3년물	4년물	5년물	6년물
현물이자율	0.682%	0.932%	1.129%	1.420%	1.547%	1.669%

- 측정주기 : 일간(daily), 연 248 영업일 가정
- 위험중립확률 : 현물이자율에 기초해 단기선도이자율 산정하여 동적헤지확률계산
- 주가변동성 : 연 58.77% (주가상승계수 = 1.0380, 주가하락계수 = 0.96337)
- 성과조건반영 : LSMC 모형에 독립적인 주가경로를 생성하고, 20×4년초부터 20×6년말까지 3년의 기간 동안 목표주가(46,726원)를 5일 연속달성하는지 여부 반영

• 기대가득기간 : LSMC 모형에 의해 생성된 독립적인 주가경로를 통해 파악된 성과조건 달성기간의 평균값인 20×5년말(부여일로부터 5년이 되는 날)로 예측
• 시뮬레이션 시행횟수(iteration) : 1백만회

20×4년초부터 20×6년말까지의 기간 중 20×4년말에 성과조건에 따른 목표주가를 5일 연속달성하였으며 이에 따라 20×4년말에 대표이사의 주식선택권은 가득되었다.

(1) 시장조건인 성과조건이 있는 주식선택권의 공정가치측정

시장조건인 성과조건은 주식선택권의 공정가치측정 과정에서 고려한다. 대표이사의 부여계약에서 정한 시장조건인 성과조건을 최소자승 몬테카를로 시뮬레이션(LSMC)에 의해 측정한 결과 주식선택권의 단위당 공정가치는 11,079원으로 측정되었다. 본서는 LSMC 모형의 특성상 측정의 중간과정은 생략한다. 한편, 이항모형을 이용해 시장조건인 성과조건이 없는 일반적인 주식선택권의 단위당 공정가치는 12,018원으로 측정되었다. 이는 목표주가달성이라는 시장조건을 만족하여야 하는 주식선택권은 용역제공만을 가득조건으로 하는 주식선택권의 공정가치보다 낮게 측정됨을 뜻한다.

(2) 시장조건인 성과조건이 있는 주식선택권의 회계처리

시장조건인 성과조건이 포함된 주식선택권으로써 기대가득기간은 부여일 현재 가장 실현가능성이 높다고 판단되는 성과조건의 결과에 기초하여 추정하며 후속적으로 수정하지 아니한다. 기업은 부여일 현재 기대가득기간을 부여일로부터 5년이 되는 날(20×5년말)로 예측하였으며, 이후 실제 성과조건을 달성한 시점(20×4년)은 고려하지 않는다. 이에 따른 연도별 주식보상비용 인식액은 다음과 같다.

• 매년 인식할 주식보상비용 = 11,079원 × 10,000개 × 1/5 = 22,158,000원
• 20×5년말까지 인식한 누적주식보상비용 = 22,158,000원 × 5년 = 110,790,000원

9.3. 주식선택권의 증분공정가치 측정

주식선택권의 조건이 변경될 수 있다. 주식선택권의 조건변경은 기업과 종업원의 변경계약에 의해 이뤄지기도 하고 주식선택권 부여계약에 포함된 조항에 의해 자동으로 조건이 변경되기도 한다. 특히 국내 주식선택권 부여계약은 부여일 이후에 이뤄지는 유상증자(전환사채와 같은 전환금융상품 포함) 등의 가액이 주식선택권의 행사가격보다 낮은 경우 그 유상증자가액으로 행사가액을 하향조정하는 조항이 포함되는 것이 일반적이다. 이와 같이 행사가격 하향조정 등 주식선택권의 공정가치를 높이거나 종업원에게 더 유리하도록 조건을 변경하는 때에는 조건변경의 영향을 인식한다. 즉, 조건변경으로 인해 조건변경 직후 주식선택권의 공정가치가 조건변경 직전과 비교하여 증가하는 경우에는 부여한 주식선택권의 대가로 제공받는 근무용역에 대해 인식할 금액을 측정할 때 그 측정치에 증분

공정가치를 포함한다.[K-IFRS 1102 문단 26~27, B42~43]

- 「증분공정가치」란 조건변경된 주식선택권의 공정가치와 당초 주식선택권의 공정가치의 차이를 말하며 이 두 공정가치는 모두 조건을 변경한 날에 추정한 금액이다. 가득기간 중에 조건이 변경된다면 그 증분공정가치는 조건을 변경한 날로부터 변경된 주식선택권이 가득되는 날까지의 기간에 제공받는 근무용역에 대해 인식한 금액을 측정할 때 포함하고 부여일에 측정한 당초 주식선택권의 공정가치는 당초 가득기간의 잔여기간에 걸쳐 인식한다.
- 가득일 후에 조건이 변경되면 증분공정가치를 즉시 인식한다. 다만, 종업원이 변경된 주식선택권에 대하여 무조건적인 권리를 획득하려고 추가 용역제공기간을 근무해야 한다면 증분공정가치를 추가된 가득기간에 걸쳐 인식한다.
- 마찬가지로, 조건이 변경되어 부여한 주식선택권의 수량이 증가하는 경우에도 부여한 주식선택권의 대가로 제공받는 근무용역으로써 인식할 금액을 측정할 때 그 측정치에 추가로 부여한 주식선택권의 조건변경일 현재 공정가치를 포함한다. 예를 들어 가득기간 중에 조건이 변경되면 부여일에 측정한 당초 주식선택권의 공정가치는 당초 가득기간의 잔여기간에 걸쳐 인식하며 이에 추가하여 조건변경일에 부여한 추가 주식선택권의 공정가치를 조건변경일부터 추가 주식선택권이 가득되는 날까지 제공받는 근무용역에 대해 인식할 금액의 측정치에 포함한다.

예 제　주식선택권의 증분공정가치 인식과 측정

20×1년초, 기업은 주주총회를 결쳐 종업원 100명에게 각각 1,000개의 주식선택권을 부여하기로 하고 주식선택권 부여계약을 체결하였다. 주식선택권을 부여받은 종업원은 부여일로부터 3년간 근로용역을 제공해야 하며 해당기간 중 퇴사할 경우 주식선택권은 취소된다. 3년간 근무한 종업원은 부여일로부터 3년이 되는 20×4년초부터 20×7년말까지 4년간 언제든지 주식선택권을 행사할 수 있다. 편의상 측정주기는 연간단위로 한다.

주식선택권 부여일 현재 공정가치측정을 위해 필요한 정보는 다음과 같다.

- 계약일 보통주 공정가치 : 주당 1,000원 (기대배당금은 없음)
- 행사조건 : 주당 800원으로 행사가능기간 동안 언제든지 권리행사가능
- 무위험이자율 : 연 2.0% (이자율 기간구조는 고려하지 아니함)
- 주가변동성 : 연 40% (주가상승계수 = 1.4918, 주가하락계수 = 0.6703)
- 위험중립확률 : 0.4259
- 기대행사기간 : 가득기간 이후부터 4년이 되는 날 (총측정기간 : 7년)
- 기대퇴사율 : 기대퇴사율 및 실제 퇴사여부는 고려하지 아니함

한편, 기업은 20×1년말 주당 600원으로 유상증자를 실시하였으며 이러한 유상증자에 따라 주식선택권 부여계약에 포함된 조항에 의해 종업원에게 부여된 주식선택권의 행사가격이 800원에서 600원으로 조정되었다.

행사가격 변경일(20×1년말) 현재 공정가치측정을 위해 필요한 정보는 다음과 같다.

- 보통주 공정가치 : 주당 900원 (기대배당금은 없음)
- 행사조건 : 주당 600원으로 조정
- 무위험이자율 : 연 1.5% (이자율 기간구조는 고려하지 아니함)
- 주가변동성 : 연 30% (주가상승계수 = 1.3499, 주가하락계수 = 0.7408)
- 위험중립확률 : 0.4504
- 기대퇴사율 및 실제 퇴사여부는 고려하지 아니함

(1) 부여일 주식선택권의 공정가치측정 및 주식보상비용 인식

① 기초자산 주가트리의 생성 : 측정일 현재 주가(1,000원)와 주가변동성을 반영한 상승계수와 하락계수를 이용해 기초자산가격트리를 다음과 같이 생성하였다.

	현재시점	20×1	20×2	20×3	20×4	20×5	20×6	20×7
0	1,000	1,492	2,226	3,320	4,953	7,389	11,023	16,445
1		670	1,000	1,492	2,226	3,320	4,953	7,389
2			449	670	1,000	1,492	2,226	3,320
3				301	449	670	1,000	1,492
4					202	301	449	670
5						135	202	301
6							91	135
7								61

② 콜옵션트리생성 : 옵션행사가격(800원)과 위험중립확률을 이용해 만기시점 콜옵션이익(pay-off)으로부터 현재시점까지 무위험이자율을 할인율로 하여 소급한 콜옵션의 현재가치는 다음과 같이 516원으로 측정되었다.

	현재시점	20×1	20×2	20×3	20×4	20×5	20×6	20×7
0	516	908	1,557	2,595	4,200	6,620	10,239	15,645
1		243	458	842	1,495	2,551	4,169	6,589
2			91	190	387	764	1,441	2,520
3				21	50	121	289	692
4					0	0	0	0
5						0	0	0
6							0	0
7								0

③ 주식보상비용 : 부여일 현재 행사조건에 따른 연도별 주식보상비용은 다음과 같다.

	20×1	20×2	20×3	합계
주식보상비용	17,200,000	17,200,000	17,200,000	51,600,000

(2) 증분공정가치의 측정 및 회계처리

20×1년말 주식선택권의 행사가격이 800원에서 600원으로 조정됨에 따라 증분공정가치를 측정한다. 증분공정가치란 조건변경된 주식선택권의 공정가치와 당초 주식선택권의 공정가치의 차이를 말하며 두 공정가치는 모두 조건을 변경한 날에 추정한 금액이다. 가득기간 중에 조건이 변경된다면 그 증분공정가치는 조건을 변경한 날로부터 변경된 주식선택권이 가득되는 날까지의 기간에 제공받는 근무용역에 대해 인식한 금액을 측정할 때 포함하고 부여일에 측정한 당초 주식선택권의 공정가치는 당초 가득기간의 잔여기간에 걸쳐 인식한다.

① 기초자산 주가트리의 생성 : 조건변경일 현재 주가(900원)와 주가변동성을 반영한 상승계수와 하락계수를 이용해 기초자산가격트리를 다음과 같이 생성하였다.

	조건변경일	20×2	20×3	20×4	20×5	20×6	20×7
0	900	1,215	1,640	2,214	2,988	4,034	5,445
1		667	900	1,215	1,640	2,214	2,988
2			494	667	900	1,215	1,640
3				366	494	667	900
4					271	366	494
5						201	271
6							149

② 조건변동된 주식선택권 공정가치 : 변경된 옵션행사가격(600원)과 조건변경일 현재 시장변수를 이용하여 주식선택권의 단위당 공정가치를 다음과 같이 431원으로 측정되었다.

	조건변경일	20×2	20×3	20×4	20×5	20×6	20×7
0	431	694	1,084	1,640	2,406	3,442	4,845
1		227	393	658	1,058	1,623	2,388
2			97	187	349	624	1,040
3				26	59	133	300
4					0	0	0
5						0	0
6							0

③ 조건변동 전 주식선택권 공정가치 : 변경 전 옵션행사가격(800원)과 조건변경일 현재 시장변수를 이용하여 주식선택권의 단위당 공정가치가 다음과 같이 328원으로 측정되었다.

	조건변경일	20×2	20×3	20×4	20×5	20×6	20×7
0	328	556	913	1,449	2,212	3,245	4,645
1		151	278	499	864	1,426	2,188
2			51	105	213	427	840
3				9	20	44	100
4					0	0	0
5						0	0
6							0

④ 증분공정가치 : 조건변경일 현재의 시장변수를 반영하여 공정가치를 측정하였으며, 변경 후 행사가격(600원) 및 변경 전 행사가격(800원)에 따른 공정가치차이를 증분공정가치로 다음과 같이 측정하였다.

	20×1	20×2	20×3	합계
변경후 행사가격에 의한 주식보상비용	-	14,366,667	14,366,667	28,733,333
변경전 행사가격에 의한 주식보상비용	-	10,933,333	10,933,333	21,866,667
증분공정가치	-	3,433,333	3,433,333	6,866,667

⑤ 주식보상비용인식 : 가득기간 중 조건변경에 따른 증분공정가치는 조건을 변경한 날로부터 변경된 주식선택권이 가득되는 날까지의 기간에 제공받는 근무용역에 대해 인식하고 부여일에 측정한 당초 주식선택권의 공정가치는 당초 가득기간의 잔여기간에 걸쳐 인식한다. 증분공정가치를 감안한 각 연도별 주식보상비용 인식액은 다음과 같다.

	20×1	20×2	20×3	합계
부여일 공정가치에 따른 주식보상비용	17,200,000	17,200,000	17,200,000	51,600,000
증분공정가치에 따른 주식보상비용	-	3,433,333	3,433,333	6,866,667
연도별 주식보상비용 인식액	17,200,000	20,633,333	20,633,333	58,466,667

10 파생금융상품

기업은 사업진행과정에서 다양한 방식으로 자금을 조달한다. 기업의 자금조달방식의 유형으로는 계약상 현금흐름이 원리금으로만 구성된 채무상품(장단기차입금 및 회사채 등)이 될 수 있고, 원리금 외에 지분상품으로 전환할 수 있는 옵션이 추가된 채무형 복합상품(전환사채, 신주인수권부사채 및 교환사채 등)을 들 수 있다. 기업은 이러한 채무상품 또는 채무형 복합상품은 원리금 상환의무에 따른 부담이 있으며, 투자자는 기업의 채무불이행

위험에 노출되어 있다. 기업은 지분상품(보통주 및 우선주)이나 지분형 복합상품(전환우선주 및 전환상환우선주)으로 자금을 조달하기도 한다. 기업입장에서 지분상품이나 지분형 복합상품은 원리금 상환의무가 없거나 감소할 수 있지만 기업의 지배주주는 지분희석화 부담을 가진다. 반면, 지분상품에 투자한 투자자는 기업의 미래현금흐름에 의해 지분상품의 보유가치 상승을 공유할 수 있으나 투자금을 회수하지 못할 위험을 감수해야 한다.

특히 재무적 투자자(FI : Financial Investor)를 포함한 경영권을 확보하지 못한 지분상품 투자자는 기업이 투자시점에 제시한 사업계획대로 이뤄지지 못함에 따라 투자가치가 상실되거나 기업이 의도적으로 기업공개를 지연함으로써 투자금을 회수하지 못할 위험에 노출될 수밖에 없는데 이들 투자자들은 투자계약과 별도로 기업의 지배주주와의 계약 즉, 주주간 계약을 통해 그러한 위험을 회피하는 방법을 사용하기도 한다.

이러한 주주간 계약에는 거래당사자의 이해관계에 따라 다양한 계약특성이 포함되며 그러한 계약특성이 K-IFRS 1032호에 따른 〈금융상품〉의 정의를 만족하는 경우 거래당사자는 금융상품을 인식하고 K-IFRS 1032호 또는 1109호에서 정한 바에 따라 공정가치를 측정해야 할 경우가 있다.[119)]

본서가 주주간 계약을 위주로 파생금융상품을 별도의 장르로 분류하여 공정가치측정에 대해 설명하는 이유는 이러한 주주간 계약 중 일부가 K-IFRS 1109호에서 정한 파생상품의 정의를 만족하기 때문이다. 반대로, 주주간 계약에 포함된 계약특성이 K-IFRS 1109호에서 정의된 파생상품의 정의를 만족하지 못함에도 불구하고 계약조항상의 문구가 마치 파생상품인 것처럼 표현되어 있는 경우가 있어 어려움을 겪기도 한다. 이에 본서는 실무적으로 관측되는 다양한 주주간 계약유형 일부를 소개하고 그러한 주주간 계약 유형 중 파생상품의 요건을 만족하는 경우의 인식과 측정방법에 대해 다뤄보고자 한다. 다만, 파생금융상품이 주주간 계약에 한해 발생하는 것은 아니므로 주주간 계약 외에 실무적으로 관찰되는 비정형화된 거래[120)]인 파생금융상품에 대해서도 함께 살펴보기로 한다.

---

119) 주주간 계약의 계약특성이 금융상품의 요건을 만족함에도 불구하고 기업이 이를 인지하지 못하고 금융상품을 인식하지 않는 경우가 종종 발생한다. 이는 주주간 계약은 본 계약(투자유치계약 또는 주식매매계약 등)과 별도로 체결되며, 본 계약의 거래당사자(기업 및 투자자)와 주주간 계약의 거래당사자(기업의 지배주주 및 투자자)가 달라 본 계약에 따른 금융상품인식(예 : 투자유치 기업의 금융부채 또는 지분상품 인식)과 주주간 계약에 따른 금융상품인식(예 : 주주간 계약을 체결한 기업의 지배주주의 금융부채 인식)이 별도로 이뤄져야 함을 인지하지 못하는 경우가 있기 때문이다.

120) 본서는 정형화된 파생상품거래에 대해서는 다루지 않는다. 정형화된 거래는 환율위험을 피하기 위해 기업이 금융기관과 체결하는 선도계약이나 활성시장에서 거래되는 선물 및 옵션거래 등으로 이들 파생상품계약과 관련한 공정가치측정 및 인식과 관련된 중요한 회계이슈는 없으므로 본서에서 설명하는 파생금융상품은 모두 비정형화된 거래임을 전제로 함에 유의하기 바란다.

재무보고목적으로 측정하는 파생금융상품은 K-IFRS 1032호에서 정한 금융상품의 정의를 만족하면서 K-IFRS 1109호에서 정한 파생상품의 정의를 만족해야 한다. 본서는 재무보고목적으로 측정하는 금융상품에 한정하여 설명하므로 금융시장 현장에서 실질적으로 파생상품으로 분류되더라도 이러한 기준서상의 파생상품의 요건을 만족하지 못하는 경우에 대해서는 다루지 아니함에 유의하기 바란다. 또한, 재무보고 목적의 금융상품은 계약에 기반해야 하므로 계약에 명시되지 않고 관행적으로 이뤄지는 경우[121]에는 금융상품으로 볼 수 없으며, 계약의 형식적인 표현[122]이 아닌 실질적인 계약특성에 의해 금융상품 및 파생금융상품[123] 해당여부를 판단해야 한다.

10.1. 파생금융상품 인식

주주간 계약을 포함한 다양한 유형의 계약이 기준서에서 정한 금융상품 또는 파생금융상품에 해당하는지에 대한 판단이 우선되어야 한다. 주주간 계약 등이 금융상품 및 파생금융상품에 해당된다면 이를 인식하고 측정하기 위해서는 그 주주간 계약 등의 계약특성에 따른 회계단위를 정하여야 한다. 어떤 경우에는 주주간 계약 등에 표시된 여러 조항이 하나의 회계단위를 구성하기도 하고 다른 경우에는 주주간 계약 등에 표시된 하나의 조항에서 여러 개의 회계단위로 구분[124]되어야 하므로 계약특성에 따른 회계단위를 어떻게 정의하는지에 따라 공정가치 측정방법이 달라짐에 유의해야 한다. 또한, 파생금융상품을 포함한 금융상품의 결제자는 금융부채를 인식함에 있어 신용위험을 포함한 채무불이행을 추가로 고려하도록 하고 있다.

---

121) K-IFRS 1032호는 금융상품의 정의에서 계약을 핵심조건으로 하고 있으며 반드시 문서로 작성되어야 하는 것은 아님을 명시하고 있다. 그러나 문서로 작성되지 않은 계약이라도 거래당사자가 그 계약에 따른 경제적 결과를 자의적으로 회피할 여지가 적은 합의로 정하고 있으므로 실무적으로 볼 때, 문서로 작성되지 않은 일반적인 관행을 계약의 범주에 포함시킬 여지는 드물 것으로 생각된다.

122) 예를 들어 투자계약이나 주주간 계약에 〈주식매수선택권〉이란 표현이 종종 사용되는데 〈선택권〉이라는 계약상의 표현에 불구하고 해당 계약의 특성이 옵션유형의 파생금융상품에 해당하지 않는 경우가 있다.

123) 본서는 필요에 따라 파생상품 또는 파생금융상품이란 용어를 혼용하여 사용한다. 기준서는 원칙적으로 〈파생상품〉이라는 용어를 사용하고 있으나, 때로는 〈파생금융상품〉이란 용어가 이해에 도움이 되기도 한다. 본서에서 사용하는 〈파생상품〉 및 〈파생금융상품〉은 같은 의미이며 기준서에서 정의한 재무보고 목적의 금융상품으로 한정한다.

124) 분리형 신주인수권부사채의 신주인수권이나 제7차 금융위 감독지침에 따른 제3자 지정 콜옵션은 하나의 조항에서 여러 개의 회계단위로 구분되는 대표적인 예이다. 이 경우 공정가치측정은 각각의 회계단위별로 이뤄져야 한다.

파생금융상품

주주간 계약을 포함한 다양한 유형의 계약의 특정 계약특성을 파생금융상품으로 인식하기 위해서는 해당 조항의 계약특성이 K-IFRS 1032호에서 정한 금융상품의 정의를 만족하고 K-IFRS 1109호에서 정한 파생상품의 정의를 만족해야 한다. 이들 조건을 만족하지 못하는 경우 해당 조항의 형식적인 명칭여하에 불구하고 파생금융상품으로 인식되지 아니한다.

금융상품은 금융자산과 금융부채 그리고 지분상품으로 구분된다. 「금융상품」은 거래당사자 어느 한쪽에게는 금융자산을 생기게 하고 거래상대방에게 금융부채나 지분상품을 생기게 하는 모든 계약을 말한다. 금융상품은 금융자산, 금융부채 및 지분상품을 모두 아우르는 개념이다.[K-IFRS 1032 문단 11]

금융상품에서 말하는 「계약」은 우리가 흔히 알고 있는 문서상의 계약으로 한정하지 않는다. 금융상품에서의 계약은 다음과 같이 정의한다.[K-IFRS 1032 문단 13]

- 「계약」이란 명확한 경제적 결과를 가지고 있고 법적으로 집행가능하기 때문에 당사자가 그러한 경제적 결과를 자의적으로 회피할 여지가 적은 둘 이상의 당사자 사이의 합의를 말한다. 금융상품을 포함하여 계약은 다양한 형태로 존재할 수 있으며 반드시 서류로 작성되어야 하는 것은 아니다.

금융상품에서 「계약」은 핵심 전제조건이다. 계약에 의하지 않은 부채나 자산은 금융상품으로 보지 않기 때문이다. 예를 들어 금융상품으로 보지 않는 자산 또는 부채 항목은 다음과 같은 것들이 있다.[K-IFRS 1032 AG10~AG12]

- 〈재고자산〉이나 〈유형자산〉과 같은 실물자산과 〈특허권〉이나 〈상표권〉과 같은 무형자산은 금융자산이 아니다. 이러한 실물자산이나 무형자산은 금융자산처럼 그 자산을 통제함으로서 현금과 같은 금융자산이 유입될 기회를 제공하지만 현금 등 금융자산을 수취할 현재의 계약상 권리가 없기 때문이다.
- 어떤 자산의 미래 경제적 효익이 현금과 같은 금융자산을 수취할 권리가 아니라 재화나 용역의 수취라면 그 자산은 금융자산이 아니다.

반면, 금융상품을 수취, 인도 및 교환하는 계약상 권리나 계약상 의무는 그 자체로 금융상품이다. 일련의 계약상 권리로 현금을 수취하거나 지분상품을 취득할 수 있게 된다면 그 계약상 권리는 금융상품의 정의를 충족한다. 또, 계약상 의무로 현금을 지급하거나 지분상품을 발행한다면 그 계약상 의무는 금융상품의 정의를 충족한다. 이때 계약상 권리를 행사할 능력이나 계약상 의무의 이행에 필요한 조건은 절대적일 수도 있고 미래사건의 발생여부를 조건으로 할 수도 있다.

- 예를 들어, 금융보증[125]은 자금차입자가 채무를 이행하지 못하는 경우에 자금대여자가 보증인에게 현금을 수취할 계약상 권리이며 이에 대응하여 보증인이 자금대여자에게 현금을 지급할 계약상 의무이다. 이러한 계약상 권리와 의무는 자금대여자의 권리행사와 보증인의 의무이행 모두가 자금차입자의 채무불이행이라는 미래사건의 발생을 조건으로 하고 있더라도 보증의 부담이라는 과거사건이나 거래의 결과로 존재한다. 조건부 권리나 의무는 이에 관련되는 자산과 부채가 항상 재무제표에 인식되지 않더라도 금융자산과 금융부채의 정의를 충족한다.

주주간 계약을 포함한 다양한 유형의 계약특성이 K-IFRS 1032호에서 정한 금융상품의 정의를 만족할 경우 K-IFRS 1109호에서 정한 파생상품의 정의를 만족하는지를 검토한다. 파생상품(파생금융상품)은 선물계약(futures), 선도계약(forward), 스왑계약(swap) 및 옵션계약(option) 등을 들 수 있다. 이들을 포함하여 기준서는 다음의 세 가지 특성을 모두 가진 금융상품이나 그 밖의 계약을 파생상품으로 정의한다.[K-IFRS 1109 부록A 용어의 정의]

① 기초변수의 변동에 따라 가치가 변동한다. 기초변수는 이자율, 금융상품가격, 일반상품가격, 환율, 가격 또는 비율의 지수, 신용등급 또는 신용지수나 그 밖의 변수를 말한다. 다만, 비금융변수의 경우에는 계약의 당사자에게 특정되지 않아야 한다.[126]

② 최초계약 시 순투자금액이 필요하지 않거나(예 : 선도계약 및 선물계약), 시장요소의 변동에 비슷한 영향을 받을 것으로 예상되는 다른 유형의 계약보다 적은 순투자금액(예 : 옵션계약)이 필요하다.

③ 미래에 결제된다.

기업이 파생상품 계약을 체결함으로써 미래에 금융자산을 수취할 권리가 발생하거나 잠재적으로 유리한 조건으로 거래상대방과 금융자산과 금융부채를 교환할 계약상 권리를 갖게 될 경우 그 파생상품은 금융자산에 해당된다. 또 파생상품 계약을 체결함으로써 미래에 금융자산을 인도할 의무가 발생하거나 잠재적으로 불리한 조건으로 거래상대방

125) 금융보증은 금융상품의 요건을 만족하지만 파생상품의 요건을 만족하지 못하는 대표적인 예이다. 자세한 내용은 후술한다.

126) 비금융변수가 계약의 당사자에게 특정된다면 파생상품이 아니라 보험계약 또는 보증계약이다.

과 금융자산과 금융부채를 교환할 의무를 부담하게 된다면 그 파생상품은 금융부채에 해당된다.

• 금융자산인 파생상품은 계약상 현금흐름이 이자와 원금만으로 구성되지 아니하므로 당기손익-공정가치측정 금융자산(FVPL-금융자산)으로 분류하게 되고 금융부채인 파생상품은 당기손익-공정가치측정 금융부채(FVPL-금융부채)로 분류된다.

파생상품의 정의에서 기술된 3가지 요건은 주주간 계약 등을 파생금융상품으로 인식할지 여부와 파생금융상품으로 인식할 경우 회계단위의 구성과정에 중요한 영향을 미친다. 따라서, 파생상품의 정의를 만족하는 3가지 요건에 대해 자세히 살펴볼 필요가 있다.

(1) 기초변수

파생상품은 독립적으로 구성되지 않고 기초변수(또는 기초자산)가 있을 경우에만 존재하는 금융상품이다. 파생상품은 연계된 기초변수(또는 기초자산)의 변동에 따라 파생상품의 공정가치가 변동된다. 이때, 기초자산은 금융변수가 될 수도 있고 비금융변수가 될 수도 있다.[127] 금융변수인 기초자산의 예로는 주가(보통주 가격), 지분형 복합상품가격(예 : 전환상환우선주), 채무형 복합상품(예 : 전환사채), 환율, 지수(예 : KOSPI 200, S&P 500 등), 이자율(예 : LIBOR, 국채금리) 등이 있다.

• 파생상품의 단위는 화폐금액, 주식수, 무게나 부피의 단위, 계약에서 정해진 그 밖의 단위를 계약단위의 수량(notional amount)으로 하되, 파생상품의 투자자나 발행자가 처음 계약할 때에 계약단위의 수량을 투자하거나 수취하여야 하는 것은 아니다.
• 이와는 달리 계약단위의 수량과 관계없는 미래사건의 결과에 따라 변동할 수 있는 금액(기초변수의 변동에 비례적이지 않음)이나 확정된 금액을 지급해야 하는 파생상품이 있을 수 있다. 예를 들어, 6개월 LIBOR가 100 베이시스 포인트 증가하면 1,000원을 정액으로 지급하는 계약은 비록 정해진 계약단위의 수량이 없더라도 파생상품이다.[K-IFRS 1109 BA.1]

(2) 최초 순투자금액

파생상품을 정의하는 특성 중의 하나는 시장요인의 변동에 비슷하게 반응할 것으로

127) 비금융변수인 기초자산의 예로는 유가, 곡물가격, 지진재해지수 등이 있다. 실무적으로 파생상품의 기초자산이 비금융변수인 경우는 흔하지 않다. 따라서 본서는 파생상품의 기초자산이 비금융변수인 경우에 대해서는 다루지 않는다. 기초자산이 비금융변수인 경우의 인식에 대해서는 본서의 「제1장 공정가치회계」 부분을 참고하기 바란다.

기대되는 다른 유형의 계약에 필요한 최초 순투자금액보다 적은 금액이 필요하다는 점이다. 파생상품의 유형별로 순투자금액 조건을 만족하는지 살펴보자.

① 선도계약 및 선물계약 : 선도 및 선물계약은 최초 계약시에 권리와 의무의 순공정가치가 영(0)이으므로 최초 순투자금액은 영(0)인 경우가 일반적이다.

- 선물거래 증거금은 거래의 이행을 보증하기 위한 것으로 순투자금액이 아니다. 증거금은 거래상대방 또는 청산소에 대한 일종의 담보이며 현금, 유가증권 또는 그 밖의 유동성이 높은 특정 자산의 형태를 가질 수 있으며 증거금은 별도로 회계처리가 필요한 별도의 자산이다.[K-IFRS 1109 B.10] 따라서, 선도계약 및 선물계약은 파생상품의 정의를 충족한다.

② 옵션계약 : 옵션이 연계된 기초금융상품을 획득하는 데 필요한 투자금액보다 옵션프리미엄이 작으므로 옵션계약은 파생상품의 정의를 충족한다.

③ 스왑계약 : 스왑계약은 파생상상품의 정의를 충족한다. 예를 들어, 처음 계약할 때 공정가치가 같은 다른 통화를 교환하는 통화스왑은 최초 순투자금액이 영(0)이므로, 파생상품의 정의를 충족한다.

(3) 미래 결제

파생상품은 현재시점이 아닌 미래에 결제되는 특성을 가진다. 선도거래나 선물거래는 현재시점에 계약이 체결되지만 결제는 사전에 약속된 특정일에 결제된다. 옵션은 현재시점에 옵션프리미엄이 지급되나 기초변수가격과 행사가격의 차액은 미래에 결제되므로 미래결제요건을 만족한다. 총액결제(선도거래)든 차액결제(선물거래 또는 옵션계약)든 미래결제요건을 만족한다.

- 정형화된 매매거래는 매매일과 결제일 사이에 거래가격을 고정하는 거래이므로 파생상품의 정의를 충족하지만 그 계약기간이 짧기 때문에 파생금융상품으로 인식하지 아니한다. 기준서는 정형화된 매매거래에 대한 특별한 회계처리를 정하고 있다.

회계단위

회계단위는 인식기준과 측정개념이 적용되는 권리나 권리의 집합(자산 또는 자산의 집합), 의무나 의무의 집합(부채 또는 부채의 집합) 또는 권리와 의무의 집합(자산과 부채의 집합)으로 정의된다.[재무보고를 위한 개념체계 문단 4.48, 문단 4.6, 문단 4.29~4.30]

① 〈권리〉는 자산의 정의와 관련된 개념이다. 자산은 과거사건의 결과로 기업이 통제하는 현재의 경제적자원이며 경제적자원은 경제적효익을 창출할 잠재력을 지닌 권리이다. 경제적효익을 창출할 잠재력을 지닌 권리는 다른 당사자의 의무에 해당하는 권리와 다른 당사자의 의무에 해당하지 않는 권리로 구분될 수 있다.

- 다른 당사자의 의무에 해당하는 권리는 현금을 수취할 권리, 재화나 용역을 제공받을 권리, 유리한 조건으로 다른 당사자와 경제적자원을 교환할 권리(예 : 유리한 조건으로 경제적자원을 구매하는 선도계약 또는 경제적자원을 구매하는 옵션) 그리고 불확실한 특정 미래사건이 발생하면 다른 당사자가 경제적효익을 이전하기로 한 의무로 인해 효익을 얻을 권리를 포함하여 다양한 형태를 갖는다.
- 다른 당사자의 의무에 해당하지 않는 권리는 유형자산 또는 재고자산과 같은 물리적 대상에 대한 권리(예 : 물리적 대상을 사용할 권리 또는 리스제공자산의 잔존가치에서 효익을 얻을 권리)나 지적재산 사용권리 등이 있다.

② 〈의무〉는 부채의 정의와 관련된 개념이다. 의무란 기업이 회피할 수 있는 실제 능력이 없는 책무나 책임을 말하며 항상 다른 당사자에게 이행해야 한다. 다른 당사자는 다른 기업(또는 사람)이나 그 집단 또는 사회 전반이 될 수 있다. 의무를 이행할 대상인 당사자의 신원을 알 필요는 없다.

- 한 당사자가 경제적자원을 이전해야 하는 의무가 있는 경우, 다른 당사자는 그 경제적자원을 수취할 권리가 있다. 그러나 한 당사자가 부채를 인식하고 이를 특정 금액으로 측정해야 한다는 요구사항이 다른 당사자가 자산을 인식하거나 동일한 금액으로 측정해야 한다는 것을 의미하지는 않는다. 예를 들어, 한 당사자의 부채와 이에 상응하는 다른 당사자의 자산에 대해, 서로 다른 인식기준이나 측정 요구사항이 표현하고자 하는 것을 가장 충실히 표현하고 가장 목적적합한 정보를 선택하기 위한 결정이라면, 특정 회계기준은 그러한 서로 다른 기준이나 요구사항을 포함할 수 있다.

인식기준과 측정개념이 자산이나 부채 그리고 관련 수익과 비용에 어떻게 적용될 것인지를 고려하여 그 자산이나 부채에 대해 회계단위를 선택한다.[재무보고를 위한 개념체계 문단 4.49~4.50]

- 어떤 경우에는 인식을 위한 회계단위와 측정을 위한 회계단위를 서로 다르게 선택하는 것이 적절할 수 있다. 예를 들어, 계약은 개별적으로 인식될 수 있지만 계약포

트폴리오의 일부로 측정될 수도 있다. 표시와 공시를 위해 자산, 부채, 수익 및 비용은 통합하거나 구성요소로 분리하여야 할 수 있다.

- 또한, 기업이 자산의 일부 또는 부채의 일부를 이전(제거)하는 경우, 그때 회계단위가 변경되어 이전된 구성요소와 잔여구성요소가 별도의 회계단위가 될 수도 있다.

유용한 정보를 제공하기 위해 회계단위를 선택해야 하는데 이는 자산이나 부채에 대해 제공된 정보와 이와 관련된 수익과 비용에 대해 제공된 정보가 목적적합해야 함을 의미한다.[재무보고를 위한 개념체계 문단 4.51, 4.53~4.55]

- 다음과 같은 권리와 의무가 있는 경우, 권리와 의무의 집합을 단일의 회계단위로 취급하는 것이 각각의 권리나 의무를 별도의 회계단위로 취급하는 것보다 더 목적적합한 정보를 제공할 수 있다.
  - ㉠ 별도의 거래 대상이 될 수 없거나 그럴 가능성이 낮다.
  - ㉡ 서로 다른 형식으로 만료(expire)될 수 없거나 그럴 가능성이 낮다.
  - ㉢ 유사한 경제적 특성과 위험을 가지며, 따라서 기업의 미래순현금유입 또는 순현금유출에 대한 전망에 대해 유사한 시사점을 가질 가능성이 높다.
  - ㉣ 기업이 현금흐름을 창출하기 위해 수행하는 사업활동에 함께 사용되며, 그러한 상호의존적인 미래현금흐름의 추정치를 참고하여 측정된다.
- 자산이나 부채에 대해 제공된 정보와 이와 관련된 수익과 비용에 대해 제공된 정보는 발생한 거래나 그 밖의 사건의 실질을 충실하게 표현해야 한다. 따라서 서로 다른 원천에서 발생하는 권리나 의무를 단일 회계단위로 취급[128]하거나 단일의 원천에서 발생하는 권리나 의무를 분리[129]해야 할 수도 있다. 이와 마찬가지로, 서로 관련 없는 권리나 의무를 충실하게 표현하기 위해, 이들을 별도로 인식하고 측정해야 할 수 있다.
- 권리와 의무 모두 동일한 원천에서 발생하는 경우가 있다. 예를 들어, 일부 계약은 각 당사자의 권리와 의무 모두를 성립시킨다. 그러한 권리와 의무가 상호의존적이고 분리될 수 없다면 이는 단일한 불가분의 자산이나 부채를 구성하며 단일의 회계

---

128) 주주간 계약 등 다양한 계약 내의 여러 조항에 표시된 복수의 권리가 상호의존적인 경우 하나의 회계단위로 인식되어야 할 수 있고, 여러 조항에 표시된 권리와 의무가 상호의존적인 경우에도 하나의 회계단위(권리와 의무를 하나의 자산 또는 부채로 인식함을 의미)로 취급해야 할 수 있다.

129) 예를 들어 주주간 계약을 포함한 다양한 계약 내의 특정 계약조항에 거래당사자를 분리시키는 특성이 포함될 수 있다. 단일의 원천에서 발행하는 권리(또는 의무)가 서로 다른 거래당사자를 형성하는 경우에는 금융상품의 정의에 따라 거래당사자별로 인식해야 하므로 이를 별도의 회계단위로 취급해야 할 수 있다.

단위를 형성한다.130) 반대로, 권리가 의무와 분리될 수 있는 경우 권리와 의무를 별도로 분리하여 하나 이상의 자산과 부채를 별도로 식별하는 것이 적절할 수 있다.131) 다른 경우에는 분리가능한 권리와 의무를 단일 회계단위로 묶어 단일의 자산이나 부채로 취급하는 것이 더 적절할 수 있다. 단일 회계단위로 권리와 의무의 집합을 처리하는 것은 자산과 부채를 상계하는 것과 다르다.132)

• 가능한 회계단위는 아래의 예를 들 수 있다.

㉠ 개별 권리 또는 개별 의무

㉡ 단일의 원천(계약)에서 발생하는 모든 권리, 모든 의무 또는 모든 권리와 의무

㉢ 이러한 권리 또는 의무의 하위 집합(예: 유형자산의 한 항목에 포함된 권리집합 중 어떤 하위 집합의 권리의 소비행태가 그 유형자산 항목의 내용연수와 다른 경우에 그러한 권리의 하위 집합)

㉣ 유사한 항목들로 구성된 포트폴리오에서 발생하는 권리 또는 의무의 집합

㉤ 유사하지 않은 항목들로 구성된 포트폴리오에서 발생하는 권리 또는 의무의 집합(예 : 단일 거래로 처분될 자산과 부채의 포트폴리오)

㉥ 개별 항목들로 구성된 포트폴리오 내의 특정 위험노출

결제자의 신용위험

신용위험(credit risk)이란 금융상품의 당사자 중 어느 한편이 의무를 이행하지 않아 상대방에게 재무손실을 입힐 위험을 말한다.[K-IFRS 1107 부록 A 용어의 정의] 즉, 신용위험은 금융상품(금융부채)의 결제자(short position)의 의무와 관련된다.

공정가치측정에서 신용위험의 고려는 중요한 요소이다. 활성시장에 관측되는 가격(수

130) 예를 들어 주주간 계약을 포함한 다양한 계약 내의 특정 계약특성에 의해 거래당사자에게 콜옵션 권리와 풋옵션 의무를 동시에 가지고 있으며, 그러한 계약상 권리가 상호의존적이고 분리될 수 없는 상황이라면 기업은 이를 하나의 회계단위로 취급해야 하며 그에 맞게 공정가치를 측정해야 함을 의미한다. 즉, 이 경우 특정 계약특성에 권리와 의무가 모두 포함되어 있더라도 계약상 권리가 상호의존적이고 분리될 수 없는 상황인 경우 금융자산과 금융부채로 회계단위를 분리인식해서는 안 됨을 의미한다.

131) 예를 들어 제7차 금융위 회계감독지침에 의해 전환사채계약에 포함된 제3자 지정 콜옵션을 별도의 파생상품 자산으로 분리하는 경우가 이에 해당된다. 기업은 전환사채 발행계약을 통해 금융부채(의무)를 인식함과 동시에 제3자 지정 콜옵션에 대해서는 금융자산(권리)을 인식하게 된다.

132) 권리와 의무를 하나의 회계단위로 인식하는 것은 자산과 부채를 각각 인식하고 측정한 후 이를 상계하는 것과 다름을 의미한다. 이는 공정가치측정에서 중요한 시사점을 부여한다. 예를 들어 계약에 포함된 권리와 의무가 상호의존적이고 분리할 수 없는 금융상품으로 하나의 회계단위로 인식한다면 측정과정에서 권리와 의무를 각각 측정하고 이를 상계해서는 안 되며 공정가치 측정단계에서 권리와 의무를 동시에 고려해야 함을 의미한다.

준1 투입변수 또는 수준2 투입변수)이 없을 경우 다양한 가치평가기법133)을 사용하여 공정가치를 측정(수준3 투입변수)하게 되는데 이러한 가치평가기법을 사용할 경우 다음의 요인을 모두 고려하여 측정해야 한다.[재무보고를 위한 개념체계 문단 6.14]

① 미래현금흐름의 추정치

② 측정대상 자산이나 부채에 대한 미래현금흐름의 추정금액이나 시기가 그 현금흐름에 내재된 불확실성으로 인해 변동할 가능성

③ 화폐의 시간가치

④ 현금흐름에 내재된 불확실성을 부담하는 것에 대한 가격(위험할증 또는 위험할인)

- 불확실성을 부담하기 위한 가격은 그 불확실성의 정도에 따라 달라진다. 이러한 가격은 투자자들이 일반적으로 현금흐름이 확실한 자산(부채)보다 현금흐름이 불확실한 자산(부채)을 취득하는(인수하는) 데 더 적은(많은) 금액을 지급(요구)할 것이라는 사실도 반영한다.

⑤ 그 밖의 요소(예: 상황에 따라 시장참여자들이 유동성을 고려한다면 그 유동성)

공정가치 평가기법을 사용함에 있어 위의 ②와 ④에 언급된 요인에는 상대방이 기업에 대한 부채를 이행하지 못하거나(신용위험), 기업이 자신의 부채를 이행하지 못할 가능성(자신의 신용위험)이 포함된다.[재무보고를 위한 개념체계 문단 6.15]

- 본서에서 다룬 대부분의 가치평가기법은 재무보고를 위한 개념체계에서 요구하는 (신용위험을 포함한) 위험요소를 고려하고 있다. 예를 들어, 현금흐름할인모형을 적용할 경우 미래현금흐름의 불확실성에 대한 투자자의 요구수익률로 할인하여 공정가치를 산정한다. 또한, 복합상품의 공정가치를 측정하는 모형(Tsiveriotis-Fernandes 모형 및 Goldman-Sachs 모형)은 혼합할인모형(Blended Discount Model)으로써 기초자산의 확률적 변동에 따른 상황(지분상품 또는 채무상품)에서 결제자의 신용위험을 고려하고 있다. 더욱이, 금리옵션부채권 평가모형(Black-Derman-Toy 모형 및 Hull-White 모형)은 결제자의 신용위험의 특성을 측정하는 것이 목적이다.
- 반면, 본서에서 다루는 가치평가기법 중 일부 모형은 이러한 결제자의 신용위험을 고려하지 않는다. 예를 들어, 블랙숄즈모형, 이항옵션모형 및 몬테카를로 시뮬레이

---

133) 본서의 제2부 가치평가모형에서 설명하는 아래의 가치평가기법이 모두 해당된다.

① 현금흐름할인모형(위험조정할인모형 포함)

② 상대가치평가모형(P-Multiple, EV-Multiple)

③ 옵션평가모형(블랙숄즈모형, 이항옵션모형, 몬테카를로 시뮬레이션, 전환금융상품 평가모형, 금리옵션부채권 평가모형, Backsolve and Calibration Approach)

션 모형은 원칙적으로 무위험 포트폴리오를 구성함을 전제로 하고 있으므로 이들 모형에 의해 측정된 공정가치는 결제자의 신용위험을 고려하지 않고 무위험이자율을 할인율로 사용하는 특성이 있다.

특히, 기준서는 금융부채의 공정가치측정에서 신용위험의 고려를 강조한다.

부채의 공정가치에는 채무불이행 위험이 반영되며 채무불이행 위험은 기업자신의 신용위험을 포함하지만 신용위험만으로 한정되지 않는다.[134] 부채의 공정가치측정에 있어 채무불이행위험은 부채의 이전 전·후에 동일한 것으로 가정한다. 부채의 공정가치 측정 시에는 신용위험의 영향뿐만 아니라 의무가 이행되거나 이행되지 않을 가능성에 영향을 줄 수 있는 그 밖의 요소를 고려한다.[K-IFRS 1113 문단 42~43]

주주간 계약을 포함한 다양한 유형의 계약 내에 포함된 계약특성에 따라 파생금융상품(자산 또는 부채)의 공정가치를 측정함에 있어 신용위험의 고려가 필수적인 이유는 파생상품의 공정가치를 다루는 기법의 대부분[135]이 무위험포트폴리오를 구성함으로써 신용위험을 헤지할 수 있음을 가정하고 있기 때문이다. 반면, 재무보고 목적의 파생금융상품의 공정가치측정에서는 가치평가기법의 특성과 별개로 결제자의 신용위험에 대한 고려가 불가피하다. 이와 관련하여 재무보고 목적의 파생금융상품의 공정가치측정에서 신용위험을 고려하는 실무적인 접근으로 다음과 같은 방법을 고려할 수 있다. 다만, 아래의 방법들은 본서가 실무적인 상황을 고려하여 제시하는 예시에 불과하며, 구체적인 계약의 특성에 따라 아래에서 제시한 방법을 수정하거나 일부를 변경해야 하는 것이 바람직할 수 있으며, 그 밖의 다른 합리적인 방법을 고려할 수 있음을 유의하기 바란다.

① 자기지분상품으로 결제하는 파생금융상품 : 자기지분상품으로 결제하는 파생금융상품은 결제자의 신용위험을 고려하지 않는다. 이는 거래상대방의 결제요청이 있을 경우 결제자는 자기지분상품을 발행하는 방식으로 결제하므로 실질적으로 신용위험이 없기 때문이다.

- 예를 들어, 신주인수권(Warrant)을 발행한 기업은 옵션보유자가 권리를 행사할 경우 신주(자기지분상품)를 발행하는 방법으로 결제하므로 신용위험이 사실상 제

134) 채무불이행 사유는 기업자신의 신용위험 외에도 외부적인 요인(예 : 감독기관의 규제)에 의해 발생할 수도 있다. 다만, 본서는 주주간 계약의 공정가치측정 목적을 고려할 때 채무불이행 사유는 기업자신의 신용위험으로 한정되는 것으로 가정한다.

135) 다만, 전환금융상품의 공정가치를 측정하는 가치평가기법(Tsiveriotis-Fernandes, Goldman-Sachs)은 결제자의 신용위험을 고려한다. 즉, 혼합할인모형은 내재파생요소의 공정가치를 측정함에 있어 결제자의 신용위험을 고려하도록 설계된 것이므로 파생상품요소를 다루는 모든 가치평가기법이 신용위험을 배제하는 것은 아니다.

거된다. 이 경우 이항옵션모형 등을 적용하여 공정가치를 측정할 때 사용하는 이론적 모형(무위험포트폴리오 구성)의 수정 없이 무위험이자율을 할인율로 사용한다. 다만, 이러한 신주인수권을 발행한 기업은 대개 그 신주인수권을 자본으로 분류[136]하므로 이러한 상황은 신주인수권을 파생상품자산으로 인식하는 경우에 해당되는 경우가 일반적일 것이다.

- 주주간 계약에 의해 자기지분상품으로 결제하는 파생상품부채를 인식해야 할 경우가 있을 수 있다. 예를 들어 종속기업에 투자한 재무적 투자자는 투자금 회수의 안전장치로 종속기업이 특정기간 내에 기업공개(IPO)에 실패할 경우 최대주주이자 상장기업인 지배기업에게 지배기업의 신주를 교부해 줄 것을 요청할 수 있는 권리가 부여된 주주간 계약을 체결할 수 있다. 이 경우 지배기업은 주주간 계약상의 의무가 발생한 시점에 재무적 투자자의 행사가격에 대응되는 지배기업의 자기지분상품을 발행하여야 한다면 이러한 상황은 지배기업이 결제할 자기지분상품 수량이 확정되지 아니하였으므로 지배기업은 파생상품부채를 인식한다. 다만, 지배기업은 자기지분상품으로 결제하므로 실질적으로 신용위험이 제거되므로 무위험이자율을 할인율로 하여 파생상품부채의 공정가치를 측정함이 타당하다.
- 전환사채와 같은 전환금융상품에도 기초자산의 확률적 변동에 따라 자기지분상품으로 결제하는 상황(내가격상태)에서는 전환사채 보유자가 권리를 행사할 경우 결제자는 신주(자기지분상품)를 발행하여 결제하므로 신용위험이 사실상 제거되므로 이러한 상황에서는 혼합할인모형 내에서 무위험이자율이 할인율로 사용된다.

② 보유 중인 다른 지분상품으로 결제하는 파생금융상품 : 결제자가 보유하고 있는 다른 지분상품으로 결제하는 파생금융상품은 결제자의 신용위험을 고려하지 않는다. 이는 거래상대방의 결제요청이 있을 경우 결제자는 보유 중인 다른 지분상품으로 결제하므로 신용위험의 대부분이 제거[137]되기 때문이다.

- 예를 들어, 기업이 발행한 보통주를 인수한 재무적 투자자가 자신의 투자금 회수 조치의 일환으로 기업의 주가가 일정수준 하락할 경우 기업이 보유 중인 다른

136) 자기지분상품으로 결제하는 신주인수권이 확정대확정(fixed-for-fixed) 요건을 만족하지 못할 경우 기업은 이를 파생상품부채로 인식해야 할 것이다. 다만, 신주인수권이 변동가능한 수량 및 금액으로 발행되는 경우는 거의 없으므로 실무적으로 파생상품부채로 인식하는 경우는 드물 것이다.

137) 기업이 보유 중인 다른 기업의 지분상품으로 결제하는 경우 이론적으로는 현금과 같은 금융자산으로 결제하는 상황과 다르지 않으므로 신용위험을 고려해야 한다는 주장이 있을 수 있다. 본서는 이와 같은 주장을 배척하지 아니하며 신용위험의 상대적인 크기를 표현하기 위해 신용위험의 대부분이 제거된다고 기술하였다.

지분상품으로 결제를 요청할 수 있는 권리를 가지고 있고 기업이 다른 지분상품을 처분할 수 없는 안전장치를 확보하고 있다면, 실질적으로 신용위험의 대부분이 제거될 것이므로 파생상품부채의 공정가치를 측정함에 있어 이론적 모형(무위험포트폴리오 구성)의 수정 없이 무위험이자율을 할인율로 사용할 수 있다.

- 교환사채와 같은 전환금융상품에도 기초자산(다른 기업의 지분상품)의 확률적 변동에 따라 발행기업이 보유 중인 기초자산으로 결제하는 상황(내가격상태)에서는 교환사채 보유자가 권리를 행사할 경우 결제자는 보유 중인 기초자산(다른 기업의 지분상품)으로 결제하므로 신용위험의 대부분이 제거되는 것으로 보아 혼합할인모형 내에서 무위험이자율이 할인율로 사용된다.

③ 현금 등 금융자산으로 결제하는 파생금융상품 : 현금 등 금융자산으로 결제하는 파생금융상품에 대해서는 원칙적으로 결제자의 신용위험을 고려하여 공정가치를 측정한다.

- 예를 들어, 종속기업이 발행한 보통주를 인수한 재무적 투자자가 자신의 투자금 회수조치의 일환으로 종속기업의 이익이 일정수준 이하로 하락하거나, 일정기간 내에 사전에 정한 조건을 만족한 기업공개(Q-IPO)에 실패할 경우 지배기업이 재무적 투자자에게 사전에 약정한 금액으로 종속기업의 보통주를 매수해야 할 의무(풋옵션)가 있다면 이러한 파생상품부채의 공정가치측정에는 결제자인 지배기업의 신용위험이 고려된 할인율을 적용하여야 할 것이다.
- 주주간 계약의 상당부분이 일정조건에 따라 현금 등 금융자산으로 결제해야 하는 파생금융상품에 해당한다. 따라서, 이러한 유형의 파생금융상품을 결제할 기업(파생상품부채)과 파생금융상품을 보유한 기업(파생상품자산) 모두 결제자의 신용위험을 반영하여 공정가치를 측정해야 함에 유의해야 한다.
- 본서에서 소개한 옵션평가모형 중 블랙숄즈모형, 이항옵션모형 및 최소자승-몬테카를로 시뮬레이션 모형(LSMC)은 모두 무위험 포트폴리오를 구성함을 전제하여 무위험이자율을 할인율로 사용하므로 재무보고 목적에서의 파생금융상품의 평가를 위해 이항옵션모형 등을 적용할 때에는 무위험이자율을 결제자의 신용위험이 반영된 위험이자율을 사용하는 방법으로 수정 적용하여야 할 것이다.[138]

---

138) John C. Hull, 「선물옵션 투자의 이론과 전략(Options, Futures, and other Derivatives)」 중 "23.7 파생상품계약에서의 신용위험" 중 "상대방 채무불이행 위험을 반영하여 파생상품가치를 조정하는 방법"에 기술된 내용을 참고하기 바란다. Hull 교수는 파생상품의 가치가 위험중립 세계에서의 기대이득에 적용되는 할인율을 무위험이자율에서 위험이자율로 증가시킴으로써 평가될 수 있는 과정을 기술하고 있다.

④ 결제자의 신용위험이 매우 낮은 파생금융상품 : 파생금융상품의 결제자가 금융기관 또는 신용위험이 매우 낮은 기업(또는 주체)인 경우에는 그러한 채무불이행 위험이 최소화되므로 파생금융상품의 공정가치 측정에서 신용위험을 고려하지 않는다.

- 결제자의 신용위험이 매우 낮은 경우에는 공정가치측정에서 신용위험이 미치는 영향이 미미하거나 그러한 신용위험의 대부분이 제거되므로 실무적으로 신용위험을 고려하지 않을 수 있을 것이다.139)
- 다만, 이러한 주장은 다분히 실무적인 관점에서 고려할 수 있는 대안에 불과하므로 금융기관 등이 결제자인 경우 파생금융상품의 공정가치측정에서 신용위험을 고려할지 여부는 전문가적 판단에 따라야 할 것이다.

한편, 금융부채의 공정가치측정은 〈회계단위〉에 근거하여 신용위험을 고려해야 함에 주의할 필요가 있다. 제3자의 신용보강을 포함하여 부채를 발행했지만 이를 부채와 분리하여 회계처리하는 경우 발행자는 부채의 공정가치를 측정할 때 신용보강(예 : 제3자의 보증)의 영향을 포함하지 않는다. 신용보강을 부채와 분리하여 회계처리하는 경우에 발행자는 부채의 공정가치측정에서 자신의 신용수준을 고려하되 제3자 보증인의 신용수준은 고려하지 않는다.[K-IFRS 1113 문단 44]

- 예를 들어, 금융부채를 발행한 종속기업에 대해 지배기업이 해당 금융부채에서 약정된 계약상 현금흐름이 투자자에게 귀속될 수 있도록 총 수입스왑(TRS : Total Return Swap) 계약을 체결함으로써 종속기업의 신용위험이 보강되었더라도 종속기업은 자신의 신용위험에 근거하여 금융부채의 공정가치를 측정해야 한다.
- 금융부채의 공정가치측정은 〈회계단위〉에 기초해 신용위험을 고려해야 하는 바 종속기업이 인식할 회계단위(종속기업이 발행한 금융부채)와 지배기업이 인식할 회계단위(총 수입스왑계약에 따른 파생상품부채)는 분리되어 회계처리되어야 하므로 각 회계단위에 상응하는 신용위험을 고려해야 한다. 즉, 종속기업은 총 수입스왑계약(TRS)에 의해 신용이 보강된 금융부채를 발행하였더라도 회계단위별로 채무불이행 위험효과를 반영하여 종속기업은 자신의 신용위험으로 측정된 공정가치로 금융부채를 인식하고 지배기업은 자신의 신용위험을 반영하여 측정된 파생상품부채(TRS)를 인식한다.

139) 관련하여, Hull 교수는 「선물옵션 투자의 이론과 전략(Options, Futures, and other Derivatives)」에서 결제자가 "금융기관"인 경우 재무보고목적의 파생상품평가에서 신용위험의 고려가 필수적이지 않은 것으로 기술하고 있다. 다만, 이는 실무적인 관점에서 Hull 교수가 제시한 방법이므로 그러한 접근이 적절한지에 대해서는 개별적 상황에 따라 판단해야 할 것이다.

10.2. 파생금융상품 공정가치

주주간 계약을 포함한 다양한 유형의 계약이 기준서에서 정한 파생금융상품에 해당할 경우 그 파생금융상품의 공정가치측정은 구체적인 상황에 따라 달라지므로 특정 계약유형을 일반화하여 파생금융상품의 공정가치 측정방법을 제시하는 것은 적절하지 않다. 다만, 본서는 실무적인 적용에 참고할 수 있는 수준에서 흔히 관찰되는 몇 가지 유형의 파생금융상품을 소개하고 이의 공정가치 측정과 관련된 내용에 대해 기술한다. 거듭 당부하자면 모든 금융상품은 계약에 기초해 인식하고 해당 계약의 특성에 맞춰 공정가치를 측정해야 하므로 본서에서 설명하는 파생금융상품의 유형별 공정가치측정에 대한 방법론을 일반화하지 않아야 함에 주의하기 바란다.

▎선도계약 유형

선도계약(Forward)이란, 미래의 일정시점에 거래당사자가 합의한 가격에 금융상품을 인도를 요구할 수 있는 계약을 말한다. 실무적으로 금융상품을 기초자산으로 한 비정형화된 선도계약이 발생하는 경우는 매매일(계약일)과 결제일(거래일)이 다른 경우에 발생한다. 선도계약에 대한 인식과 측정을 이해하기 위해서는 매매일, 결제일 및 정형화된 매매거래(또는 비정형화된 매매거래)에 대해 기준서에서 정한 개념을 먼저 이해할 필요가 있다.[140)]

① 매매일 : 금융상품[141)]을 매입하거나 매도하기로 약정한 날(계약일)을 말한다. 매매일의 회계처리는 매매일에 수취할(발행할) 금융자산(금융부채)과 그 금융자산(금융부채)에 대하여 지급할(수취할) 금융부채(금융자산)를 인식하는 것과 매매일에 매도(상환)한 금융자산(금융부채)을 제거하고 처분손익을 인식하는 것을 말한다. 일반적으로 소유권을 이전하는 〈결제일〉까지는 금융자산과 그에 대응되는 금융부채에 이자가 생기지 않는다.[K-IFRS 1109 B3.1.5]

---

140) 매매일과 결제일에 관한 기준서의 정의를 숙지하기 바란다. 회계실무관행에서 사용하는 용어와 기준서에서 사용하는 용어의 차이로 혼란을 가져오는 경우가 있는데 매매일과 결제일이 대표적인 사례다. 실무에서는 "매매일"을 계약일로, "결제일"을 발행일 또는 거래일로 표현하거나, 기준서에서 정의한 "매매일"을 결제일로 오해하는 경우가 있다. 이 경우 기준서에서 정한 바에 따라 선도계약(파생상품자산 또는 부채)을 인식해야 함에도 불구하고 용어에 대한 오해로 인해 이를 인식하지 않는 오류가 발생할 수 있으므로 주의를 요한다.

141) 기준서는 매매일과 결제일에 대한 개념을 〈금융자산〉을 중심으로 설명하고 있다. 매매일과 결제인은 금융자산과 금융부채에 동일하게 적용되므로 본서는 이해를 돕기 위해 기준서에 금융자산을 중심으로 설명된 부분을 괄호의 내용을 첨언하여 금융부채에도 동일하게 적용하는 것으로 수정 기술하였다.

② 결제일 : 금융상품을 인수하거나 인도하는 날(거래일)을 말한다. 결제일의 회계처리는 금융자산(금융부채)을 인수하는 날(발행하는 날)에 금융자산(금융부채)을 인식하는 것과 금융자산(금융부채)을 인도하는 날(상환하는 날)에 금융자산(금융부채)을 제거하고 처분손익을 인식하는 것을 말한다.[K-IFRS 1109 B3.1.6]

- 결제일 회계처리방법을 적용하는 경우에는 이미 취득한(발행한) 금융자산(금융부채)에 대한 회계처리와 같은 방법으로 수취할 금융자산(금융부채)의 공정가치에 대한 모든 변동을 매매일과 결제일의 기간 중에 회계처리한다.
- 따라서, AC-금융자산 및 AC-금융부채의 가치변동은 인식하지 아니하고, FVPL-금융자산 및 FVPL-금융부채의 가치변동은 당기손익으로 인식한다.[142]

③ 정형화된 매매거래 : 정형화된 매매거래는 매매일과 결제일 사이에 거래가격을 고정하는 거래를 말한다. 정형화된 매매거래는 파생상품의 정의를 충족하지만 계약기간이 짧기 때문에 파생금융상품으로 인식하지 아니한다.[K-IFRS 1109 BA.4]

- 예를 들어, 활성시장 공시가격이 있는 지분상품(예: 상장기업주식)에 대해 매수를 주문하여 체결된 날(기준서에 따른 매매일을 뜻하며, 일반적으로 계약일로 인식되는 날)로부터 매수된 지분상품의 소유권을 가지게 되는 날(기준서에 따른 결제일을 뜻하며, 일반적으로 매매거래가 완료된 날) 사이에 활성시장 공시가격이 변동되므로 K-IFRS 1109호에서 정한 파생상품의 정의를 충족한다. 다만, 이러한 정형화된 매매거래는 매매일과 결제일 사이의 기간이 짧아 파생금융상품으로 인식할 실익이 없으므로 기준서는 이러한 정형화된 매매거래에 대해서는 파생금융상품을 인식하지 않고, 매매일 또는 결제일 중 선택하여 인식하거나 제거할 수 있도록 하였다.[K-IFRS 1109 문단 3.1.2]
- 정형화된 매매거래가 아닌 경우, 매매일과 결제일의 기간 중에 가치가 변동되는 금융상품(가치의 변동에 대하여 차액결제를 요구하거나 차액결제를 허용하는 계약)은 매매일과 결제일의 기간 중에 파생상품으로 회계처리한다.[K-IFRS 1109 B3.1.4]

142) 다만, FVOCI-금융자산에 대한 가치변동은 기타포괄손익으로 인식한다.

예제 **매매일과 결제일이 다른 비정형화된 거래에 대한 선도계약 인식**

기업A는 20×1년 12월 8일, 이사회를 개최하고 기업B가 발행할 전환사채를 인수하기로 결의하였다. 기업A가 인수하기로 한 전환사채는 인수시점에 따라 Tranche A와 Tranche B로 구분된다. Tranche A와 Tranche B는 인수시점(발행시점)을 제외하고 모든 계약조건이 동일하다. 20×1년 12월 20일, 기업A와 기업B의 대표이사는 기업B가 발행할 전환사채 Tranche A와 Tranche B를 액면금액인 10,000원으로 인수(발행)하는 계약을 체결하였다.

20×2년 2월 3일, 기업B는 전환사채 Tranche A를 발행하고 기업A는 계약에 따라 해당 Tranche A를 액면금액인 10,000원에 인수하고 인수대금을 지급하였다. 또한, 1년 후인 20×3년 2월 3일, 기업B는 전환사채 Tranche B를 발행하고 기업A는 계약에 따라 해당 Tranche B를 액면금액인 10,000원에 인수하고 인수대금을 지급하였다.

파생상금융상품의 인식 및 측정에 필요한 정보는 다음과 같다.

- 이사회 결의일(20×1년 12월 8일) 전환사채의 공정가치 : 11,000원
- 매매일(20×1년 12월 20일) 전환사채의 공정가치 : 11,100원
- 보고일(20×1년 12월 31일) 전환사채 Tranche A 및 B 공정가치: 10,900원
- 결제일(20×2년 2월 3일) 전환사채 Tranche A 공정가치 : 10,500원
- 보고일(20×2년 12월 31일) 전환사채 Tranche B 공정가치: 10,700원
- 결제일(20×3년 2월 3일) 전환사채 Tranche B 공정가치: 10,400원

기업A는 기업B가 발행한 전환사채를 인수하는 과정이 매매일과 결제일이 다른 비정형화된 거래에 해당하는 것으로 판단하여 파생금융상품을 인식하고 다음과 같이 회계처리한다.

① 이사회결의일(20×1년 12월 8일) : 기업A는 어떠한 회계처리도 인식하지 아니한다.
- 금융자산이나 금융부채는 금융상품의 계약당사자가 되는 때에만 재무상태표에 인식한다(K-IFRS 1109 문단 3.1.1). 이때 계약이란 명확한 경제적 결과를 가지고 있고 대개 법적으로 집행가능하기 때문에 당사자가 그러한 경제적 결과를 자의적으로 회피할 여지가 적은 둘 이상의 당사자 사이의 합의를 말한다(K-IFRS 1032 문단 13).
- 예정된 미래 거래는 그 발생가능성에 관계없이 자산도 부채도 아니다. 그 이유는 기업이 현재 계약의 당사자가 된 것이 아니기 때문이다.[K-IFRS 1109 B3.1.2(5)]
- 기업B가 발행할 전환사채의 인수를 위한 기업A의 이사회 결의는 예정된 미래 거래에 불과하며 기업A는 이사회 결의만으로 두 당사자 간의 합의가 완결되지 않아 계약이 성립되지 아니하였으므로 계약당사자는 요구하는 금융상품의 인식요건을 만족하지 않는다. 따라서, 기업A는 이사회결의일(20×1년 12월 8일)에 금융상품을 인식하는 어떠한 회계처리도 요구되지 않는다.

② 매매일(20×1년 12월 20일) : 기업A는 비정형화된 매매거래에 대해 매매일과 결제일 사이에 파생금융상품(선도계약)으로 인식한다.
- 매매일에 기업A는 Tranche A 및 B에 대해 파생상품자산(선도계약)으로 인식하고 파생상품자산의 공정가치인 22,200원(= 11,100원×2)을 인식한다.

• 매매일에 기업A는 Tranche A 및 B에 대해 약정된 지급액인 20,000원을 미지급금(AC-금융부채)으로 인식하고 파생상품자산의 공정가치와 확정지급액인 미지급금의 차이금액 2,200원을 당기손익(파생상품평가이익)으로 인식한다.

③ 보고일(20×1년 12월 31일) : 기업A는 공정가치로 측정하는 금융자산(FVPL-금융자산)인 파생상품(선도계약)을 후속적으로 공정가치인 21,800원(=10,900원×2)으로 측정하고 공정가치변동분 400원(=22,200원-21,800원)을 당기손익(파생상품평가손실)으로 인식한다.

④ Tranche A 결제일(20×2년 2월 3일) : 기업A는 최초 인식시점에 금융자산을 공정가치(10,500원)로 인식하고, 직전 보고일 파생상품자산(10,900원)을 제거하고 공정가치변동분 400원(=10,900원-10,500원)을 당기손익(파생상품평가손실)으로 인식한다. 또한, Tranche A 미지급금 10,000원에 대해 약정된 거래가격 10,000원을 지급하고 제거한다.

⑤ 보고일(20×2년 12월 31일) : 기업A는 전환사채 Tranche B 관련 선도계약을 후속적으로 공정가치(10,700원)로 측정하고 공정가치변동분 200원(=10,900원-10,700원)을 당기손익(파생상품평가손실)으로 인식한다.

⑥ Tranche B 결제일(20×3년 2월 3일) : 기업A는 Tranche B를 공정가치(10,400원)로 인식하고, 직전 보고일 파생상품자산(10,700원)을 제거하고 공정가치변동분 300원(=10,700원-10,400원)을 당기손익(파생상품평가손실)으로 인식한다. Tranche B 미지급금 10,000원에 대해 약정된 거래가격 10,000원을 지급하고 제거한다.

콜옵션 계약유형

콜옵션(Call Option) 계약은 거래당사자 간에 정해진 기간(만기) 내에 정해진 가격(행사가격)으로 미리 약속한 기초자산을 매입하는 선택권을 말한다. 콜옵션 계약 매입자는 콜옵션 계약 매도자로부터 기초자산을 매수할 권리를 부여받으므로 콜옵션 계약 매매일(계약일)에 그 권리에 대한 대가를 지불해야 하며 이를 콜옵션가격 또는 콜옵션 프리미엄이라 한다. 대표적인 콜옵션 계약유형으로 주식매입선택권[143](주식매수선택권)과 같은 계약특성이 있다.

콜옵션 계약유형은 기초자산이 되는 금융상품의 거래당사자 사이에 체결되기도 하지만, 별도의 주주간 계약을 통해 이뤄지는 경우가 일반적이다. 예를 들어, 기업이 종속기

143) 주식매입선택권이라는 계약조항이 콜옵션 계약을 의미하지는 않음에 주의해야 한다. 계약은 거래당사자 간에 합의에 의해 작성되는 것이며, 주식매입선택권을 법적으로나 경제적으로 콜옵션 계약유형으로 정한 바가 없으므로 용어의 정의는 개별 계약에서 정한 바에 따른다. 필자의 경험으로는 계약특성이 풋옵션 계약 성격임에도 불구하고 해당 계약조항에서는 주식매입선택권이라는 용어를 사용한 경우도 있으므로 본서에서 참고목적으로 제시한 용어에 불구하고 계약특성에 따라 파생상품 계약유형을 판단해야 함에 각별한 주의를 요한다.

업을 재무적 투자자(FI)에게 경영권을 포함한 지분상품을 매각할 목적으로 주식매매계약(SPA: Stock Purchase Agreement) 또는 유상증자(Capital Increase) 계약을 체결하고자 할 경우, 재무적 투자자는 경영에 직접 참여하지 못함에 따른 위험을 회피하고자 인수대상 기업의 경영권을 포함한 지분상품 전체를 즉시 인수하지 않고 약정된 행사가격으로 정해진 기간에 잔여 지분상품을 매수할 권리(콜옵션 계약)를 확보하고자 한다.

- 이 경우, 기업은 재무적 투자자의 콜옵션 권리행사가 있을 경우 보유하고 있는 지분상품을 정해진 행사가격으로 매도해야 할 의무가 있다. 기업은 이러한 주주간 계약이 아래의 파생상품의 정의에 부합하므로 계약체결일(매매일)에 파생상품부채(콜옵션 계약 매도)를 인식해야 할 것이다.
  ① 기초변수의 변동에 따른 가치변동여부 : 기초변수는 종속기업의 지분상품이다. 종속기업의 지분상품은 확률적 변동에 따라 그 가격이 상승할 수도 있고 하락할 수도 있는 반면, 재무적 투자자는 기업과 사전에 약정된 행사가격으로 종속기업의 지분상품을 매수할 수 있는 권리가 있으므로 기초변수의 변동에 따라 콜옵션 계약의 가치가 변동된다.
  ② 순투자금액 : 주주간 계약을 통해 재무적 투자자의 위험을 회피하기 위한 이러한 계약에 대해서는 예외적인 상황이 아니라면 이 계약에 대해 대가를 지급하지 않거나 적은 금액을 지불한다.
  ③ 미래에 결제 : 기초변수에 해당하는 금융상품(지배기업이 보유한 종속기업의 지분상품)의 결제는 주주간 계약 체결시점이 아닌 재무적 투자자가 권리를 행사하는 시점에 결제된다.
- 이 경우, 콜옵션 계약의 옵션보유자(재무적 투자자)의 권리행사가 이뤄질 경우 결제자인 기업은 보유하고 있는 종속기업의 지분상품을 이전하게 된다. 따라서, 예외적인 상황이 아니라면 콜옵션 계약의 공정가치측정에서 결제자의 신용위험을 고려하지 않는다. 즉, 콜옵션 계약을 이항모형에 의해 측정할 경우 사용되는 할인율은 무위험이자율을 사용한다. 만일, 콜옵션 계약의 결제가 결제자의 자기지분상품이라면[144], 결제자의 신용위험은 완전히 제거되므로 결제자의 신용위험에 대한 고려 없이 무위험이자율을 이용하여 옵션평가모형을 적용한다.

많은 경우에 있어, 콜옵션 계약과 관련하여 기업은 재무적 투자자로부터 콜옵션 계약

144) 파생금융상품에 해당하지 않지만, K-IFRS 1102호에 의한 주식결제형 주식선택권이 이 경우에 해당된다.

에 대한 대가(옵션가격 또는 옵션프리미엄)를 별도로 수취하지 않는 경우가 대부분이다.[145] 위의 사례에서 기업이 종속기업의 지분상품을 재무적 투자자에게 이전하는 계약의 유형(주식매매계약 또는 유상증자계약)에 따라 이와 관련된 파생금융상품의 최초인식에서 차이가 발생할 수 있다.

- 만일, 기업이 재무적 투자자로부터 종속기업의 지분상품을 신규로 발행하는 계약(유상증자)을 본 계약으로 하고 기업과 재무적 투자자 간에 별도의 주주간 계약을 체결하여 재무적 투자자에게 콜옵션 계약의 권리를 부여[146]하였으며, 그에 대한 별도의 대가를 수취하지 않았다면, 기업은 주주간 계약 체결일(최초측정일)에 콜옵션 계약을 공정가치로 인식(파생상품부채)하고 콜옵션 계약의 공정가치에 해당하는 금액을 즉시 비용으로 인식한다. 그리고 FVPL-금융부채에 해당하는 콜옵션 계약을 후속적으로 공정가치로 측정하고 공정가치변동분을 당기손익으로 인식한다.
- 반면, 기업이 재무적 투자자에 자신이 보유한 종속기업 지분상품의 일부를 이전하는 계약(SPA)을 본 계약으로 하고, 해당 본 계약 내에 기업이 보유한 종속기업 지분상품의 나머지에 대해 재무적 투자자가 매수할 수 있는 콜옵션 계약이 포함[147]되어 있고, 콜옵션 계약에 대한 대가가 명시적으로 표시되지 않았다면, 기업은 본 계약 체결일(최초측정일)에 본 계약의 총 거래가격을 지분상품 매매계약과 콜옵션 계약에 배분해야 할 수 있다.[148] 최초측정일에 공정가치로 인식된 콜옵션 계약(파생상품부채)을 후속적으로 공정가치로 측정하고 공정가치변동분을 당기손익으로 인식한다.

---

145) 일부거래에서 이러한 콜옵션 계약에 대한 대가를 별도로 수취(지급)하는 경우도 있다. 다만, 필자의 경험으로 볼 때, 많은 경우에 본 계약(주식매매계약 또는 유상증자계약)에 포함되거나 주주간 계약을 통해 별도로 체결된 콜옵션 계약유형이나 풋옵션 계약유형에 대해 별도의 대가(옵션프리미엄)를 지급하지 않는 경우가 대부분인데, 대개 투자자는 이러한 콜옵션 계약 또는 풋옵션계약을 투자금 회수 관련 위험방어를 위한 보완계약으로 수준으로 인식하고 있기 때문으로 생각된다.

146) 이는 본 계약(유상증자계약)과 주주간 계약(콜옵션 계약)이 구분되었으며 본 계약의 거래당사자는 종속기업과 재무적 투자자이고, 주주간 계약의 거래당사자는 기업과 재무적 투자자이므로 회계단위 및 금융상품 인식에서 2개의 계약은 완전히 분리된 금융상품으로 인식됨을 의미한다.

147) 이는 본 계약인 주식매매계약에 콜옵션 계약이 포함되었으며 주식매매계약과 콜옵션 계약의 거래당사자가 기업과 재무적 투자자로 같음을 의미한다.

148) 다만, 계약상황에 따라 달리 해석될 수 있는 여지를 배제하지 않는다. 예를 들어 본 계약의 총 거래가격은 지분상품 매매계약에 대한 대가로 인식하고 콜옵션 계약 매도에 따른 파생상품부채에 대응되는 공정가치를 즉시 비용으로 인식하는 것이 타당하다는 주장이 있을 수 있다. 반대로, 콜옵션 계약의 공정가치를 파생상품부채로 먼저 인식하고 총 거래가격의 나머지를 지분상품의 매각대금으로 인식하는 것이 타당하다는 주장도 가능하다. 필자의 의견으로는 (매우 드물지만) 본 계약의 지분상품이 활성시장 공시가격이 관측되는 금융상품이라면 수준1로 측정된 지분상품의 공정가치에 기초해 관련 손익을 측정하고 나머지 금액을 콜옵션 계약의 공정가치로 인식하는 것이 적절하며, 지분상품의 수준1 공정가치가 아닌 대부분의 경우에 콜옵션 계약의 공정가치측정에서 기초자산인 지분상품의 공정가치가 함께 측정되므로 지분상품과 콜옵션 계약의 공정가치에 비례하여 배분하는 것이 타당한 것으로 판단된다.

예 제 **주주간 계약에 포함된 콜옵션 계약 매도의 인식**

기업은 20×1년 1월 1일, 기업의 사업부문 중 하나를 분할하여 신규기업을 설립하였으며, 분할된 신규기업의 총발행주식수는 10,000주이고, 신규기업의 주주는 기업(60%)과 재무적 투자자(40%)로 구성되었다. 기업의 최종목적은 신규기업의 경영권을 포함한 지분전체를 재무적 투자자에게 양도하는 것이나, 재무적 투자자는 기업이 일정기간 신규기업의 경영을 책임지길 원하고 있다. 이에 기업과 재무적 투자자는 20×1년 3월 1일, 주주간 계약을 체결하고 기업은 재무적 투자자가 계약일로부터 1년이 되는 시점(20×2년 3월 1일)부터 12년이 되는 시점까지 기업이 보유한 신규기업의 잔여지분(60%)을 매수할 수 있는 권리를 부여하였다. 한편, 기업은 재무적 투자자의 권리행사기간이 장기인 점을 고려하여 1주당 기본행사가격(5,000원)에 주주간 계약일로부터 3년간은 연복리 4.6%를 더한 금액을 행사가격으로 하고, 3년이 되는 날로부터 옵션만기까지의 기간은 연복리 5.6%를 더한 금액으로 행사가격을 정하는 Step-up 방식으로 정하였다.

기업은 옵션행사기간 동안 언제든지 권리를 행사할 수 있는 아메리칸 옵션이면서 행사가격이 Step-up 방식으로 조정되는 계약특성을 반영하여 이항옵션모형을 이용하여 파생금융상품(콜옵션)의 공정가치를 측정하였다.

한편, 재무적 투자자는 주주간 계약 체결일로부터 5년이 되는 날(20×5년 3월 1일)에 콜옵션을 행사하여 기업이 보유한 지분(60%)을 권리행사시시점의 행사가격인 6,381원(= 5,000원 × $(1+4.6\%)^3$ × $(1+5.6\%)^2$)에 전량 인수하였다. 기업은 신규기업을 종속회사로 분류하고 기업의 별도재무제표에서 원가(5,000원)로 인식하였다. 파생금융상품인식을 위한 공정가치 측정결과는 다음과 같다.

- 매매일(20×1년 3월 1일) 기초자산 공정가치 : 주당 5,000원
- 매매일(20×1년 3월 1일) 콜옵션의 공정가치 : 주당 2,500원
- 결제일(20×5년 3월 1일) 기초자산 공정가치 : 주당 7,600원
- 결제일(20×5년 3월 1일) 콜옵션의 공정가치 : 주당 3,400원

기업은 주주간 계약에 따른 콜옵션 매도계약을 파생상품부채로 인식하고 매매일과 결제일에 다음과 같이 인식하였다.

① 매매일(20×1년 3월 1일) : 기업은 비정형화된 매매거래에 대해 매매일과 결제일 사이에 파생상품부채를 인식한다.
- 매매일에 기업은 콜옵션의 공정가치 15,000,000원(= 2,500원 × 6,000주)을 파생상품부채로 인식한다.
- 기업은 주주간 계약을 통해 재무적 투자자에게 콜옵션 계약을 매도하였으나 그 대가를 별도로 수취하지 아니하였다. 따라서, 기업은 매매일에 콜옵션계약의 공정가치 15,000,000원을 즉시 당기손익(파생상품평가손실)으로 인식한다.

② 결제일(20×5년 3월 1일) : 기업은 후속적으로 파생상품부채의 공정가치를 후속측정하고 공정가치변동분을 당기손익으로 인식한다.

- 기업은 매매일로부터 결제일까지 파생상품부채의 공정가치 누적 변동분 5,400,000원(=(3,400원-2,500원)×6,000주)에 대해 기간귀속 시점별로 당기손익(파생상품평가손익)을 인식한다. 결제일 현재 파생상품부채 잔액은 20,400,000원이다.
- 기업은 거래상대방(재무적 투자자)으로부터 보유지분 6,000주를 주당 6,381원에 매도하여 현금 38,286,000원을 수취하였으며, 파생상품부채 잔액(20,400,000원)을 상계하고 보유지분 장부금액(30,000,000원)을 제거한 차액(28,686,000원)을 처분이익으로 인식하였다.
- 기업은 주주간 계약의 결제를 통해 누적적으로 다음과 같이 8,286,000원의 이익을 기록하였으며 이는 콜옵션 행사가격의 Step-up에 따른 이익금액과 일치한다.
  ㉠ 누적인식손실(파생상품평가손실)=20,400,000원(=15,000,000+5,400,000원)
  ㉡ 누적인식이익(처분이익)=28,686,000원
  ㉢ 누적이익=28,686,000원-20,400,000원=8,286,000원
  ㉣ 콜옵션 Step-up 이익=(6,381원-5,000원)×6,000주=8,286,000원

풋옵션 계약유형

풋옵션(Put Option) 계약은 거래당사자 간에 정해진 기간(만기) 내에 정해진 가격(행사가격)으로 미리 약속한 기초자산을 매도하는 선택권을 말한다. 풋옵션 계약 매입자는 풋옵션매도자에게 기초자산을 매도할 거래할 권리를 부여받으므로 풋옵션 계약 매매일(계약일)에 그 권리에 대한 대가를 지불해야 하며 이를 풋옵션가격 또는 풋옵션 프리미엄이라 한다. 대표적인 풋옵션 계약유형으로 주식매수청구권[149]과 같은 계약특성이 있다.

풋옵션 계약유형은 기초자산이 되는 금융상품의 거래당사자 사이에 체결되기도 하지만, 별도의 주주간 계약을 통해 이뤄지는 경우가 일반적이다. 특히, 재무적 투자자는 투자금 회수에 대한 보완책으로 풋옵션 계약을 적극적으로 활용하고 있어 기업이 풋옵션 계약을 금융부채(파생상품부채)로 인식해야 하는 경우가 흔하게 발생한다.

본서는 콜옵션 계약과 비교하여 풋옵션 계약에는 다양한 유형이 존재하고 그러한 풋옵션 계약의 특성에 따른 공정가치측정 및 회계인식이 달라질 수 있는 상황에 대해 기술하고자 한다. 다만, 모든 금융상품의 인식과 측정은 〈계약〉의 특성에 기반한 인식 및

149) 주식매수청구권이라는 계약조항이 풋옵션 계약을 의미하지는 않음에 주의해야 한다. 일부 계약에서는 풋옵션 계약 특성을 "주식매도청구권"이라는 표현을 사용하기도 한다. 계약은 거래당사자 간에 합의에 의해 작성되는 것이며, 주식매수청구권(주식매도청구권)을 법적으로나 경제적으로 풋옵션 계약유형으로 정한 바가 없으므로 용어의 정의는 개별 계약에서 정한 바에 따른다. 따라서, 본서에서 참고목적으로 제시한 용어에 불구하고 계약특성에 따라 파생상품 계약유형을 판단해야 함에 각별한 주의를 요한다.

측정이 중요한데 풋옵션 계약은 그러한 계약특성의 미세한 차이에 따라 전혀 다른 인식 및 측정이 요구될 수 있으므로 본서에서 기술하는 내용을 일반화하지 않기를 바란다.

① 풋옵션 계약과 금융보증 계약의 구분 : 풋옵션 계약이 재무적 투자자의 투자금 회수에 대한 보완방법으로 활용되는 특성으로 인해 풋옵션 계약특성을 금융보증 계약으로 인식하거나 금융보증 계약특성을 풋옵션 계약으로 인식하는 경우가 종종 발생한다. 특히, 대부분의 풋옵션 계약이 기업이 다른 기업(예 : 종속기업)의 투자자와 주주간 계약형태로 체결되는 특성이 있어 기업이 다른 기업(예 : 종속기업)의 채무불이행 위험에 대해 제공하는 금융보증계약 유사한 계약구조를 가지므로 특정 계약이 풋옵션 계약특성인지 또는 금융보증 계약특성인지에 대한 구분은 인식과 측정에서 중요하다.

- 금융보증계약은 채무상품의 최초 계약조건이나 변경된 계약조건에 따라 지급기일에 특정 채무자가 지급하지 못하여(채무불이행), 보유자(채무상품인 금융자산 보유자)가 입은 손실을 보상하기 위해 발행자(금융보증계약 결제자)가 특정 금액을 지급하여야 하는 계약으로 정의된다.[K-IFRS 1109 부록 A 용어의 정의]
- 금융보증 계약에 대한 정의를 통해 풋옵션 계약의 특성과 비교하여 금융보증 계약은 다음과 같은 차이가 있다.

㉠ 풋옵션 계약은 모든 유형의 금융상품이 기초자산이 될 수 있다. 풋옵션 계약의 기초자산은 지분상품이 될 수 있고 채무상품이 될 수 있다. 반면, 금융보증 계약은 특정 채무자가 지급기일에 채무상품을 결제하지 못하는 상황(채무불이행)에 금융보증 계약을 제공한 자가 특정 금액을 지급해야 하는 의무이므로 금융보증계약의 대상이 지분상품이 될 수 없다. 지분상품[150]은 채무불이행이 발생하지 않기 때문이다.

㉡ 금융보증계약은 자금차입자가 채무를 이행하지 못하는 경우에 자금대여자가 보증인에게 현금을 수취할 계약상 권리이며 이에 대응하여 보증인이 자금대여자에게 현금을 지급할 계약상 의무이다. 이러한 계약상 권리와 의무는 자금대여자의 권리행사와 보증인의 의무이행 모두가 자금차입자의 채무불이행이라는 미래사건의 발생을 조건으로 하고 있더라도 보증의 부담이라는 과거사

150) 전환상환우선주와 같은 지분형 복합상품의 주계약은 재무제표에서 AC-금융부채로 인식하지만, 법률적으로 채무불이행이 발생하지 않는다. 예를 들어 전환상환우선주의 존속기간이 만료되는 시점에 기업이 상환재원의 부족으로 투자자의 상환요구를 이행하지 않더라도 법률적으로 채무불이행이 성립되지 아니하며 통상적으로 존속기간의 자동연장과 같은 특약조항을 통해 투자자의 권리를 보호하는 방법을 사용한다.

건이나 거래의 결과로 존재한다. 조건부 권리나 의무는 이에 관련되는 자산과 부채가 항상 재무제표에 인식되지 않더라도[151] 금융자산과 금융부채의 정의를 충족한다.[K-IFRS 1032 AG8]

ⓒ 풋옵션 계약은 기초자산의 가치변동에 따라 풋옵션 계약의 가치가 변동된다. 즉, 풋옵션매입자의 권리행사가 있을 경우 풋옵션매도자는 정해진 행사가격으로 기초자산을 매입하게 되므로 풋옵션매도자의 손실은 행사가격과 기초자산가격의 차이로 측정된다. 반면, 금융보증계약은 채무자가 채무상품을 결제하지 못하는 상황(채무불이행)에서 금융보증계약 결제자는 채무상품 전체를 결제해야 하므로(all-or-nothing) 기초자산의 변동에 따라 가치가 변동되는 파생상품의 조건을 만족하지 못한다.

② 신용위험의 고려 : 신용위험(credit risk)이란 금융상품의 당사자 중 어느 한편이 의무를 이행하지 않아 상대방에게 재무손실을 입힐 위험을 말한다.[K-IFRS 1107 부록 A 용어의 정의] 즉, 신용위험은 금융상품(금융부채)의 결제자(short position)의 의무와 관련된다.

- 기준서는 금융부채의 공정가치측정에서 신용위험의 고려를 강조한다. 부채의 공정가치에는 채무불이행 위험이 반영되며 채무불이행 위험은 기업자신의 신용위험을 포함하지만 신용위험만으로 한정되지 않는다.[152][K-IFRS 1113 문단 42~43]
- 풋옵션 계약은 풋옵션매입자의 권리행사가 있는 경우 풋옵션매도자는 현금 등 금융자산으로 결제해야 한다. 현금 등 금융자산으로 결제하는 파생금융상품은 원칙적으로 결제자의 신용위험을 고려하여 공정가치를 측정해야 하며, 풋옵션 계약을 결제할 기업(파생상품부채)과 풋옵션 계약을 보유한 기업(파생상품자산) 모두 결제자의 신용위험을 반영하여 공정가치를 측정해야 한다.
- 본서에서 소개한 옵션평가모형 중 블랙숄즈모형, 이항옵션모형 및 최소자승-몬테카를로 시뮬레이션 모형(LSMC)은 모두 무위험 포트폴리오를 구성함을 전제하여 무위험이자율을 할인율로 사용하므로 재무보고 목적에서의 풋옵션 계약의 평가를 위해 이항옵션모형 등을 적용할 때에는 결제자의 신용위험이 반영된 위

151) 본서는 금융보증계약 자체를 다루지는 아니하므로 기업이 금융보증계약을 금융부채로 인식하는 경우와 인식하지 않는 경우에 대한 설명을 생략한다.

152) 채무불이행 사유는 기업자신의 신용위험 외에도 외부적인 요인(예 : 감독기관의 규제)에 의해 발생할 수도 있다. 다만, 본서는 주주간 계약의 공정가치측정 목적을 고려할 때 채무불이행 사유는 기업자신의 신용위험으로 한정되는 것으로 가정한다.

험이자율을 사용하는 방법으로 수정 적용해야 한다.

③ 풋옵션 계약특성에 비금융변수(계량변수 또는 비계량변수)[153]가 포함된 경우 : 풋옵션 계약은 기초변수의 확률적 변동이 풋옵션 계약의 가치에 중요한 영향을 미치므로 풋옵션 계약특성을 구성하는 다양한 투입변수의 확률적(Stochastic) 변동의 적용방식은 풋옵션 계약의 공정가치측정에서 매우 중요하다.[154] 만일, 기초변수가 시장변수(예 : 상장기업주가, 시장이자율 등) 또는 비시장금융변수(예 : 공정가치로 측정된 비시장성 지분상품이 기초자산이 되는 경우)에 해당하고 행사가격도 확정금액(Step-up 행사가격 포함)이거나 시장변수(예 : 과거일정기간 평균주가[155])인 경우에는 일반적인 옵션평가모형에 의해 풋옵션 계약의 공정가치를 측정할 수 있다. 반면, 풋옵션 계약특성에 비금융변수(계량변수 또는 비계량변수)가 포함되고 그러한 비금융변수가 풋옵션 계약의 공정가치측정에 있어 중요한 투입변수라면 그러한 비금융변수에 대한 고려가 필요하다. 예를 들면 다음과 같은 상황의 비금융변수는 풋옵션 계약의 공정가치측정에 중요한 영향을 미치는 투입변수가 될 것이다.

- 기업이 재무적 투자자에게 풋옵션 계약을 매도하는 계약을 체결하면서 풋옵션 계약의 기초자산(예 : 종속기업 지분상품)의 이익수준[156]이 사전에 정한 기준을 하회할 경우 재무적 투자자가 기업에게 자신이 보유한 종속기업의 지분상품을 매도할 수 있는 권리가 있다면, 종속기업의 이익수준은 풋옵션 계약의 중요한 투입변수가 될 것이다. 만일, 이러한 풋옵션 계약의 핵심투입변수인 계량변수(종속기업의 이익수준)에 대한 확률적(Stochastic) 변동을 고려하지 않고 확정(determinant)

---

153) 본서는 파생상품의 공정가치측정을 위한 투입변수를 크게 금융변수와 비금융변수로 구분하고 금융변수는 시장금융변수와 비시장금융변수로, 비금융변수는 계량변수와 비계량변수로 세분화하여 다음과 같이 정의하기로 한다. 다만 아래의 용어정의는 설명의 편의를 위해 본서가 정한 것으로 기준서의 공식용어가 아님을 밝힌다.

① 금융변수 : 금융변수는 다음과 같이 시장변수와 비시장변수로 구분한다.

㉠ 시장변수 : 활성시장 공시가격이 관측되거나(예 : 상장기업주가, 상장채권가격 등) 시장정보를 제공하는 기관을 통해 관측가능한 변수(예 : 채권평가기관이 제공하는 만기수익률 등) 및 그러한 시장변수를 통해 가치평가기법에 적용할 수 있도록 도출가능한 변수(예 : 현물이자율, 기초자산변동성, 헤지확률 등)

㉡ 비시장금융변수 : 가치평가기법에 의해 도출된 공정가치변수(예 : 비상장기업 지분상품 공정가치 등)

② 비금융변수 : 비금융변수는 다음과 같이 계량변수와 비계량변수로 구분한다.

㉠ 계량변수 : 숫자로 표시가능한 비금융변수(예 : 매출액, 영업이익, 당기순이익 등)

㉡ 비계량변수 : 숫자로 표시할 수 없는 비금융변수(예 : 기업공개성공, 임상시험성공 등)

154) K-IFRS 1102호에 따른 주식선택권의 공정가치측정에서는 시장조건을 성과조건으로 하는 경우를 제외한 나머지 변수에 대해서는 주식선택권의 공정가치측정에서 고려하지 아니한다. 반면, 파생금융상품의 공정가치 측정은 시장변수를 포함한 금융변수와 비금융변수가 파생금융상품의 공정가치에 중요한 영향을 미칠 경우에는 이를 고려해야 함에 주의한다.

155) 이색옵션(exotic option) 중 아시안 옵션(Asian Option)이 이러한 유형에 해당한다.

156) 일반적으로 매출액, 영업이익 또는 EBITDA와 같은 이익지표가 주로 사용된다.

변수를 가정하여 측정된 풋옵션 계약의 공정가치는 계약특성이 제대로 반영되지 못할 것이다.

- 기업이 재무적 투자자에게 풋옵션 계약을 매도하는 계약을 체결하면서 풋옵션 계약의 행사가격이 이익수준에 따라 결정되는 경우(예: 행사가격이 기초자산인 지분상품 발행기업의 EBITDA의 일정배수로 결정), 풋옵션 행사이익(pay-off)은 기초자산가격(금융변수)과 행사가격(계량변수)의 차이에 의해 결정되므로 계량변수인 행사가격의 확률적 변동에 대한 가정 및 적용방식은 풋옵션 계약의 공정가치에 중요한 영향을 미치게 될 것이다.
- 기업과 재무적 투자자 간에 체결되는 풋옵션 계약의 가장 흔한 예는 풋옵션 계약의 기초자산을 발행한 기업(예 : 종속기업)이 일정기간 내에 일정조건의 기업공개(Q-IPO)에 실패할 경우, 재무적 투자자는 자신이 보유한 풋옵션의 기초자산(종속기업의 지분상품)을 기업에게 매도할 수 있는 주주간 계약이다. 이러한 풋옵션 계약의 핵심 투입변수는 정해진 조건을 만족하는 기업공개의 성공여부이며 그러한 비계량변수(Q-IPO 성공여부)는 풋옵션 행사이익(pay-off)을 결정하는 핵심변수이므로 비계량변수의 확률적 변동효과에 대한 합리적 가정을 적용하여 풋옵션 계약의 공정가치를 측정해야 할 것이다.

④ 하나의 풋옵션 계약조항을 복수의 회계단위로 분리하거나 복수의 풋옵션 계약조항을 하나의 회계단위로 통합하여 인식해야 하는 경우 : 계약특성을 분석하여 회계단위를 구분하는 것은 파생금융상품의 인식과 측정을 위한 출발점이다. 회계단위는 인식기준과 측정개념이 적용되는 권리(자산), 의무(부채) 또는 권리와 의무의 집합(자산 또는 부채)이다.[재무보고를 위한 개념체계 문단 4.48, 문단 4.6, 문단 4.29~4.30]

- 자산이나 부채에 대해 제공된 정보와 이와 관련된 수익과 비용에 대해 제공된 정보는 발생한 거래나 그 밖의 사건의 실질을 충실하게 표현해야 한다. 따라서 풋옵션 계약 내의 여러 다른 조항에 기술된 권리나 의무를 하나의 회계단위로 취급해야 할 수 있고, 반대로 풋옵션 계약 내의 하나의 조항에 기술된 권리나 의무를 분리[157]해야 할 수도 있다.

157) 예를 들어 풋옵션 계약 내의 특정 조항에 거래당사자를 분리시키는 특성이 포함될 수 있다. 단일의 원천에서 발행하는 권리(또는 의무)가 서로 다른 거래당사자를 형성하는 경우에는 금융상품의 정의에 따라 거래당사자별로 인식해야 하므로 이를 별도의 회계단위로 취급한다.

• 권리와 의무 모두 동일한 원천에서 발생하는 경우가 있다. 예를 들어, 풋옵션 계약의 특정 조항은 풋옵션 매도자인 기업의 파생상품부채 및/또는 파생상품자산(풋옵션 매입자인 재무적 투자자의 파생상품자산 및/또는 파생상품부채) 모두를 성립시키기도 한다.

㉠ 풋옵션 계약 내 복수의 조항을 하나의 회계단위로 인식하는 경우 : 풋옵션 계약에 기술된 복수의 조항에 풋옵션 매도자인 기업의 권리와 의무가 상호의존적이고 분리될 수 없다면 이는 단일한 불가분의 자산이나 부채를 구성하므로 기업은 하나의 회계단위(파생상품자산 또는 파생상품부채 중 어느 하나)로 인식해야 한다.[158]

㉡ 풋옵션 계약 내 하나의 조항을 복수의 회계단위로 인식하는 경우 : 풋옵션 계약 내 하나의 조항에서 풋옵션 매도자인 기업의 권리가 의무와 분리될 수 있는 경우 권리와 의무를 별도로 분리하여 파생상품자산과 파생상품부채를 별도로 식별하는 것이 적절할 수 있다. 다만, 어떤 경우에는 분리가능한 권리와 의무라 하더라도 하나의 회계단위로 묶어 하나의 파생상품자산이나 파생상품부채로 취급하는 것이 더 적절할 수 있다. 이때, 하나의 회계단위로 권리와 의무의 집합을 처리하여 파생상품자산 또는 파생상품부채를 인식하는 것은 자산과 부채를 상계하는 것과 다르다.

예 제 비금융변수를 투입변수로 하는 풋옵션 계약의 회계단위의 인식 및 측정

기업은 지분 100%를 보유한 종속기업에 대해 재무적 투자자로부터 투자를 유치하기로 하고, 종속기업과 재무적 투자자는 20×1년 1월 1일, 보통주 1주당 10,000원으로 총 4,000주를 유상증자하는 본 계약을 체결하였으며, 재무적 투자자는 같은 날 주금납입을 완료하였다. 이를 통해 기업은 종속기업의 지분 60%에 해당하는 6,000주를 보유하고 있고, 재무적 투자자는 종속기업의 지분 40%(4,000주)를 보유한 2대 주주가 되었다.

한편, 본 계약을 체결한 20×1년 1월 1일, 기업과 재무적 투자자는 별도의 주주간 계약을 체결하였으며, 해당 주주간 계약에는 다음과 같이 3개의 풋옵션 계약이 포함되어 있다. 다만, 각 풋옵션 계약은 별도의 계약조항을 구성하고 있으나 어느 하나의 계약이 실행되면 나머지 풋옵션 계약은 실효된다.

158) 예를 들어 주주간 계약 내에 기업의 콜옵션 권리와 풋옵션 의무를 동시에 가지고 있으며, 그러한 계약상 권리와 의무가 상호의존적이고 분리될 수 없는 상황이라면 기업은 이를 하나의 회계단위(파생상품자산 또는 파생상품부채)로 취급해야 하며 그에 맞게 공정가치를 측정해야 함을 의미한다. 즉, 계약특성에 권리와 의무가 모두 포함되어 있더라도 계약상 권리와 의무가 상호의존적이고 분리될 수 없는 상황인 경우 파생금융자산과 파생금융부채로 회계단위를 분리인식해서는 안 됨을 의미한다.

① 제1풋옵션 : 재무적 투자자는 주주간 계약 체결일로부터 5년이 되는 날에 자신이 보유한 종속기업의 지분전체를 최초 투자금액(주당 10,000원)으로 기업에게 매도할 수 있다. 재무적 투자자의 제1풋옵션 행사는 계약 체결일로부터 5년이 되는 날로 한정된다.

② 제2풋옵션 : 재무적 투자자는 주주간 계약 체결일로부터 2년이 되는 날부터 4년이 되는 날이 속하는 주주총회일까지 종속기업 주당 EBITDA가 2,000원을 상회하지 못하는 경우 자신이 보유한 종속기업의 지분 전체를 최초 투자금액(10,000원)에 연복리 3%를 가산한 금액으로 기업에게 매도할 수 있다. 재무적 투자자의 제2풋옵션 행사는 종속기업의 주당 EBITDA가 확정되는 주주총회일로부터 30일 이내에 가능하다.

③ 제3풋옵션 : 재무적 투자자는 주주간 계약 체결일로부터 3년이 되는 날까지 종속기업이 보통주 1주당 15,000원을 상회하는 금액으로 코스닥시장 또는 코스피시장에 상장하지 못할 경우 자신이 보유한 지분전체를 최초 투자금액(10,000원)에 연복리 4%를 가산한 금액으로 기업에게 매도할 수 있다. 재무적 투자자의 제3풋옵션 행사는 계약체결일로부터 3년이 되는 날로부터 1년간 언제든지 가능하다.

기업은 금융변수로만 구성된 제1풋옵션과 계량변수가 포함된 제2풋옵션 그리고 비계량변수가 포함된 제3풋옵션에 대해 각 투입변수에 대한 합리적 가정을 도입하였으며, 그러한 가정에 따라 핵심투입변수의 확률적 변동이 고려된 풋옵션의 주주간 계약 체결일 현재 1주당 공정가치를 다음과 같이 도출하였다.

- 제1풋옵션을 독립된 회계단위로 가정하여 평가한 공정가치 : 주당 2,000원
- 제2풋옵션을 독립된 회계단위로 가정하여 평가한 공정가치 : 주당 3,500원
- 제3풋옵션을 독립된 회계단위로 가정하여 평가한 공정가치 : 주당 3,200원
- 제1,2,3풋옵션을 하나의 회계단위로 가정하여 평가한 공정가치 : 주당 4,400원

기업은 주주간 계약에 포함된 제1풋옵션, 제2풋옵션 및 제3풋옵션과 관련하여 하나의 회계단위로 보아 다음과 같이 파생상품부채를 인식하였다.

① 회계단위 : 주주간 계약에 포함된 제1풋옵션, 제2풋옵션 및 제3풋옵션의 거래당사자는 기업과 재무적 투자자로 동일하다. 또한, 해당 풋옵션들은 모두 기업의 의무에 해당하며 기업의 의무와 분리되는 권리는 없다.

- 제1풋옵션, 제2풋옵션 및 제3풋옵션의 기초자산은 모두 종속기업의 지분상품으로 동일하다. 각 풋옵션의 권리행사조건(행사기간, 행사가격 및 행사발동조건 등)은 모두 다르지만 권리행사조건의 차이가 계약조항에 포함된 의무를 분리시켜야 할 이유는 없다.
- 반면, 옵션보유자인 재무적 투자자는 제1풋옵션, 제2풋옵션 및 제3풋옵션에 대해 독립적이고 배타적인 권리행사가 불가능하다. 옵션보유자가 제1풋옵션, 제2풋옵션 및 제3풋옵션 중 어느 하나의 권리를 행사할 경우, 나머지 권리는 소멸되므로 옵션보유자 입장에서 권리는 상호의존적이다.

- 주주간 계약에 포함된 각 풋옵션 권리는 독립적이고 배타적으로 행사할 수 없으며, 각 권리는 상호의존적이므로 기업은 제1풋옵션, 제2풋옵션 및 제3풋옵션을 하나의 회계단위로 인식한다.

② 인식 : 기업은 최초측정일에 주주간 계약에 포함된 제1풋옵션, 제2풋옵션 및 제3풋옵션을 하나의 회계단위로 하여 파생상품부채를 공정가치로 인식하고 후속적으로 파생상품부채의 공정가치변동분을 당기손익으로 인식한다.

- 기업은 최초측정일에 제1,2,3 풋옵션을 하나의 회계단위로 측정한 주당 공정가치인 4,400원을 파생상품부채로 인식한다.
- 제1,2,3 풋옵션을 하나의 회계단위로 측정한다 함은 각 풋옵션 요소의 투입변수의 특성(금융변수, 계량변수 및 비계량변수)을 하나의 옵션평가모형에서 고려하여 공정가치를 측정함을 뜻한다.
- 기업은 최초측정일에 파생상품부채로 17,600,000원(=4,400원×4,000주)을 인식하고 풋옵션에 대한 대가를 별도로 수취하지 아니하였으므로 같은 금액만큼 파생상품평가손실을 인식한다.

참고문헌

기업가치평가 (Valuation; Measuring and Managing the value of Companies), Tim Koller, Marc Goedhart, David Wessels, 김종일 · 정경일 · 권대욱 옮김 (인피니티북스)

Valuation; 실무자를 위한 기업가치평가 이론과 해설, 대표저자 박대준 (삼일인포마인)

기업가치평가실무, 김종일 · 강진홍 · 정호준 (조세통람)

K-IFRS 실무사례와 해설, '복합금융상품' (한국공인회계사회)

IFRS 중급회계, 신현걸 · 최창규 · 김현식 (도서출판 탐진)

IFRS 고급회계, 이만우 · 신현걸 · 최창규 · 김현식 (도서출판 탐진)

한국채택국제회계기준 Ⅰ, Ⅱ, Ⅲ (한국공인회계사회)

한국채택 국제회계기준해설, 김태식 (삼일인포마인)

K-IFRS 공정가치평가, 김태식 (삼일인포마인)

실물옵션과 불확실성하의 가치평가, 박범조 (시그마프레스)

채권의 가치평가와 투자전략, 윤평식 (도서출판 탐진)

파생상품의 이해, 윤평식 (도서출판 탐진)

파생상품의 원리, 윤평식 (도서출판 탐진)

투자론; 가치평가중심, 윤평식 (도서출판 탐진)

파생상품이론, 원재환 (신론사)

현대재무관리, 박정식 · 박종원 · 조재호 (다산출판사)

통계학개론, 박광태 · 박명섭 (홍문사)

기업가치평가; 이론과실무, 김찬일 (경문사)

IFRS 중급회계, 표영인 · 이윤원 · 이아영 · 최종윤 (명경사)

IFRS 중급회계, 정운오 · 나인철 · 이명곤 · 조성표 (경문사)

삼정KPMG IFRS Brief, IFRS Newsletters 2015.09

IFRS 적용 실무해설, 삼일회계법인 2017 10월호

월간조세 2018.06월호; K-IFRS 1109호 (금융상품의 도입과 회계이슈), 강진홍 (영화조세통람)

월간공인회계사 2019.10월호; 전환상환우선주 발행자 회계처리, 양유정 (한국공인회계사회)

IFRS와 금융상품의 공정가치평가, 송인만 · 노형식 2011.03 (한국금융연구원)

전환사채의 가격결정과 이를 이용한 차익거래 전략연구, 문숙영 (고려대학교)

전환사채 가격평가에 관한 실증연구; Ayache-Forsyth-Vetzal 모델을 중심으로, 김동언

확률적 이자율 모형(Generalized Ho-Lee Model) 하에서 Merton 모형을 이용한 전환사채 가격결정모형, 양성원 (한양대학교)

전환사채 가격결정요인분석; 이론적 예측에 대한 실증적 검증 및 CB시장 효율성에 대한 시사점, 반기범·정무권·조성순

한국채권시장의 변동성; 평가와 시사점, 백인석·황세운 (자본시장연구원)

옵션의 복제위험과 변동성 스마일 현상; S&P 500 주가지수옵션을 이용한 실증분석, 박재원·김동석 2008.08

변동성 측정방법에 따른 KOSPI 200 지수의 변동성 예측비교, 최영수·이현정 (한국통계학회 논문집)

국고채 수익률의 변동성 요인분석, 박은수 (산은조사월보 2017 3월호)

실현변동성 예측력 향상에 관한 연구, 유시용 (중앙대학교)

전환확률을 고려한 전환사채 주식비중의 추정, 이성호 (명지대학교)

Hull-White 이자율 모형에 대한 수치적 방법론의 구현, 김귀재 (연세대학교)

Options, Futures, and other Derivatives, John C. Hull (Pearson)

Investment Valuation 2nd Edition, Aswath Damodaran

Convertible Bond Pricing, Balazs Mezofi 2015.10. (Sovency Analytics)

Convertible Bonds; A Technical Introduction 2002.01. (Barclays Capital)

Quantitative Strategies Research Notes; Valuing Convertible Bonds as Derivatives 1994.11. (Goldman-Sachs)

Valuing Convertible Bonds with Credit Risk, Kostas Tsiveriotis & Chris Fernandes 1998.09.

How should a convertible bond be decomposed, Song-Ping Zhu & Jing Zhang 2011.07.

Two Methods for Valuing Convertible Bonds, Tomas Sorensson (Scand J. Mgmt Vol 9)

Method of Pricing Convertible Bonds, Ariel Zadikov 2010.11. (University of Cape Town)

Pricing of convertible bonds with hard call features, Wever J.O & Koning Ruud H 2003 (University of Groningen)

The Valuation of Convertible Bonds With Credit Risk, E Ayache, P. A. Forsyth & K. R. Vetzal 2002.03.

Next Generation Models for Convertible Bonds with Credit Risk, E Ayache, P. A. Forsyth & K. R. Vetzal 2002.03. (Wilmott magazine)

Impact of Different Interest Rate Models on Bond Value Measures, Gerald W. Buetow. Jr Bernd Hanke & Frank J. Fabozzi 2001.12. (Institutional Investor Inc)

The General Hull-White Model and Super Calibration, John Hull & Alan White 2000.08.

Calibrating the Black-Derman-Toy model, Phelim P. Boyle, Ken Seng & Weidong Tian 2000.01. (University of Waterloo)

Numerical Procedures for Implementing Term Structure Single-Factor Models, John Hull & Alan White 1994

Using Hull-White Interest-Rate Trees, John Hull & Alan White 1996

An Introduction to Financial Option Valuation; Mathematics, Stochastics and Computation (Cambridge)

Financial Valuation; Application and Models, James R. Hitchner (Wiley)

Pricing Interest Rate Derivatives Using Black-Derman-Toy Short Rate Binominal Tree, Shing Hing Man, 2011.08.

Participaing Convertible Preferred Stock in Venture Capital Exits, Sridhar Arcot (Journal of Business Venturing)

Convertible Securities; Structure, Valuation, Market Environment and Asset Allocation, John P Calamos Sr (Calamos Investments)

Evaluation of Convertible Securities, S T Kassouf Ph D, University of California (Analytical Publishers Co.)

Beyond Preferred Stock; Valuation of Complex Equity and Hybrid Instruments, OIV Conferrence, Milan Amanda A Miller Ph D (EY)

The Pricing and Performance of Convertible Preferred Stock Offering Following Issuance, Vitaly S Guzhva

A look at Current Financial Reporting Issue; Hybrid Preferred Stock Instruments, PWC 2015.01.

Valuing Common and Preferred Shares in Venture Capital Financings, Dietmar P J Leisen 2010.01.

Implementing a Trinomal Convertible Bond Pricing Model, Stuart McGay (Berkeley Research Group)

Institutional Investment Management; Equity and Bond Portfolio Strategies and Applications, Frank J. Fabozzi (John Wiley & Sons, Inc)

What is the Interquartile Range Rule; How to Detect the Presence of Outliers, Courtney Taylor 2018.04.

Anomaly detection by robust statistics, Peter J. Rousseeuw & Mia Hubert 2018.04.

Detecting outliers; Do not use standard deviation around the mean, use absolute deviation around the median, Journal of Experimental Social Psychology, Christoper Leys, Christophe Ley, Olivier Klein, Philippe Bernard, Laurent Licata

Robust estimation of historical volatility and correlations in risk management, Alexander Tchemiser & Dmitri H. Rubisov 2005.03.

Financial Analyst Journal Vol 61; Practical Issues in Forecasting Volatility, Ser-Huang Poon & Clive Granger 2005.11.

Predicting Long-Term Stock Return Volatility, Implication for Accounting and Valuation of Equity Derivatives, Andrew W Alford & James R Boatsman, American Accounting Association 1995.10.

Estimation Historical Volatility, Michael W Brand & Jonathan Kinlay

저 • 자 • 약 • 력

• 강 진 홍

한국공인회계사 세무사
고려대학교 경영학과
고려대학교 경영대학원
딜로이트 안진회계법인
한국기업평가
삼경회계법인
서린회계법인
(현)이정회계법인 파트너

저서 "기업가치평가실무" (조세통람)
한국공인회계사회 가치평가위원회 위원
한국공인회계사회 실무특강 및 개업지원교육 교수진
한국회계학회 공정가치회계 분과위원
국세청 재산평가심의위원회 심의위원(전)
경기평택항만공사 평택항발전 자문위원(전)

cyberbiz92@naver.com
blog.naver.com/cyberbiz92

공정가치평가

저　　자　강진홍
발 행 인　서원진
편집·교정　류현수, 박가온, 김영림
편집디자인　이은희, 황자애, 이미영
발 행 처　㈜조세통람
펴 낸 날　2018년 11월 2일 초판 발행
　　　　　2025년 1월 6일 개정4판 발행

저자와의 협의하에 인지생략

주　　소　서울특별시 중구 동호로 14길 5-6(신당동)
등　　록　1976. 11. 5. 제9-81호
대표전화　02) 2231-7027
F A X　02) 2234-1754
구입문의　02) 2231-7027~9

I S B N　979-11-6064-329-9 13320
정　　가　**85,000 원**

(주)조세통람은 좋은 책을 만들기 위해 독자 여러분의 의견을 기다립니다.
독자 의견 및 도서 문의 메일 : josetop@inaus.co.kr